༄༅། །ཚབ་འགག་རྡོ་མགྲིན་གྱི་ཞིབ་རྩོམ་ཕྱོགས་བསྒྲིགས། （སྟོད་ཆ།）

བོད་ཅེས་པའི་མི་རིགས་འདི་དུས་ནམ་གྲུབ་པར་དཔྱད་པ།
བོད་ཀྱི་མངའ་བདག་སྔོན་མའི་རབས་དབང་མཛད་བཙུ་གཉིས་སྐོར་བཤད་པ།
རྒྱལ་པོ་སྲོང་བཙན་སྒམ་པོས་སྤུ་རྒྱལ་བོད་ཀྱི་མངའ་ཁོངས་རྒྱ་
བསྐྱེད་ཅིང་སྲ་བརྟན་དུ་གཏོང་ཐུབ་པའི་རྒྱུ་རྐྱེན་གཙོ་བོ་གླེང་བ།
བོད་རྗེ་དགུ་པ་ནི་ལོ་ངམ་ཏ་རྗེ་ཡིན་དགོས།
བློན་པོ་རི་ལས་སྐྱེས་ཀྱི་རིགས་རུས་དང་མཛད་རྗེས་ལ་དཔྱད་པ།
བློན་པོ་མགར་སྟོང་བཙན་གྱི་མཛད་རྗེས་སྐོར་ཅུང་ཟད་གླེང་བ།
ཁྲིམ་ཤིང་ཀོང་ཇོ་བོད་ཀྱི་བཙན་པོ་སུ་ལ་བསུས་པའི་སྐོར་གླེང་བ།
ཁྲི་སྲོང་ལྡེ་བཙན་བཙུན་མོ་སུ་ཞིག་ལ་འཁྲུངས་པའི་སྐོར་གླེང་བ།
བོད་རིགས་དང་ལྷོ་པ་རིགས་བར་གྱི་འབྲེལ་བ་བཤད་པ།
བོད་རིགས་དང་ཆང་རིགས་བར་གྱི་འབྲེལ་བ་བཤད་པ།
ཡུལ་ལྷ་གཞི་བདག་དང་བོད་མི་རིགས་ཀྱི་འབྲེལ་བ་བརྗོད་པ།
རུས་ལྷ་དང་འབྲེལ་བའི་བོད་ཀྱི་རུས་མིང་དང་
ཡུལ་མིང་སྐོར་བརྗོད་པ།
བཙན་པོའི་དུས་རབས་ཀྱི་བོད་ཀྱི་རྩོམ་རིག་གི་
ཁྱད་ཆོས་གཙོ་བོ་འགའ་གླེང་བ།

ཀྲུང་གོའི་བོད་རིག་པ་དཔེ་སྐྲུན་ཁང་།

图书在版编目 (CIP) 数据

恰嘎·旦正论文集：全2册：藏文/恰嘎·旦正著.—北京：中国藏学出版社，2018.1

ISBN 978-7-5211-0017-4

Ⅰ. ①恰… Ⅱ. ①恰… Ⅲ. ①藏学—文集—藏语 Ⅳ. ①K281.4-53

中国版本图书馆CIP数据核字(2018)第009556号

恰嘎·旦正论文集（上、下册） 恰嘎·旦正 著

责任编辑 加羊达杰
封面设计 李建雄
出　　版 中国藏学出版社
排　　版 北京叶知舟数码快印有限公司
印　　刷 中国电影出版社印刷厂
版　　次 2018年1月第1版
开　　本 787mm×1092mm 1/16
印　　张 51.25
印　　数 0001-2000
书　　号 ISBN 978-7-5211-0017-4/K·512
定　　价 86.00元

该图书若有质量问题，请与本社联系

E-mail：zangxue615@sina.com 电话：010-64917618

དཀར་ཆག

༄༅། །བོད་ཅེས་པའི་མི་རིགས་འདི་དུས་ནམ་
གྲུབ་པར་དཔྱད་པ།

དེ་ཡང་གངས་རིའི་ལྗོངས་འདིར་གནའ་བོའི་སྤྲ་མི་ནས་འགྲོ་བ་མིའི་རིགས་བྱུང་ཞིང་འཕེལ་ལ་ཕྱོགས་མང་པོར་ཁྱབ་པའི་ལོ་རྒྱུས་ཀྱི་དུས་ཡུན་རིང་མོའི་ཁྲོད་དུ་རང་བྱུང་ཁོར་ཡུག་དང་། གནམ་གཤིས་ཆ་རྐྱེན། འཚོ་བའི་དངོས་པོ་བཅས་ཀྱི་རྐྱེན་ལ་བརྟེན་ནས། མིའི་བྱད་གཟུགས་དང་། སེམས་ཁམས། ཁྲག་རྒྱུད། གཤིས་ཀ ལུས་སྟོབས། ནུས་པ། མོས་པ་སོགས་ལའང་འགྱུར་བ་བྱུང་ཞིང་། འགྱུར་བ་དེ་ལ་བརྟེན་ནས་ལྗོང་དང་། སྟོང་། སེ། རྨུ་ཞེས་པའི་རུས་རྒྱུད་ཆེན་པོ་བཞི་བྱུང་བ་དང་། རུས་ཆེན་དེ་དག་གི་ནང་གསེས་སུའང་དུས་ཀྱི་འཁོར་ལོའི་འགྲོས་དང་བསྟུན་ནས་བྱེ་བྲག་གི་དབྱེ་བ་མང་དུ་འཕེལ་ཞིང་། རུས་རྒྱུད་དང་མི་གྲངས་མང་དུ་འཕེལ་བ་དང་ཆབས་ཅིག་མ་རྔོས་པའི་ལོ་ཏོག་དང་ཞིང་ཏོག རི་སྐྱེས་སྤྲོག་ཆགས་སོགས་རང་བྱུང་གི་འཚོ་བའི་མཐུན་རྐྱེན་ཟད་པར་གྱུར་པས། རུས་ཚོ་ཕན་ཚུན་བར་འཚོ་བའི་མཐུན་རྐྱེན་དང་སྡོད་གནས་ཀྱི་དོན་དུ་འཁྲུག་རྩོད་བྱས་ནས་མ་འཆམས་པས་ཕྱོགས་སོ་སོར་གྱེས་པ་རེད། དེ་ཡང《བཀའ་ཆེམས་ཀ་ཁོལ་མ》ལས། ལྗོང་ལ་གཡུ་རུ་བྱིན། སྟོང་ནི་གཙང་གཡས་རུར་བསྐོས། སེ་ལ་གཙང་གཡོན་རུ་བྱིན། རྨུ་ནི་དབུ་རུར་བསྐོས”ཞེས་པ་ལྟར་ན། རུས་ཆེན་དེ་དག་འཚོ་བའི་མཐུན་རྐྱེན་གྱི་དོན་དུ་ཕན་ཚུན་འཛིང་མོ་བྱས་པ་དང་མཉམ་དུ་ཁོར་ཡུག་དང་། གནམ་གཤིས། བཟའ་བཏུང་བཅས་ཀྱི་ཆ་རྐྱེན་ལ་དམིགས་ནས། དབུས་

གཙང་རུ་བཞིར་གྱེས་ནས་རུས་རྒྱུད་ཚོ་ཁག་ཏུ་གྱུར་ལ། རུས་ཚོ་དེ་དག་ནང་གསེས་སུའང《རྒྱ་བོད་ཡིག་ཚང་ཆེན་མོ》ལས། ཕོ་བོ་ལྡོང་ལ་མཆེ་དྲུག་ཡོད། །སྟོད་ན་སྤུ་ཚབ་འབྲིང་ཡས་གཉིས། །བར་ན་རོ་འཛོག་རག་ཤི་གཉིས། །སྨད་ན་མི་ཉག་གྱི་ཐན་གཉིས། །ཆེ་དྲུག་མཚན་ན་བཙུན་དྲུག་དེ། །བི་རི་འ་མདོ་དང་གླིང་པ་གཉིས། །རོ་འཛོ་ལ་ཕུ་པ་དང་མདའ་པ་གཉིས། །གྱི་ཐན་ལ་རྒྱས་བསྡུས་ཆེ་ཆུང་གཉིས། །དེ་ཆེ་བཙུན་སྤྱིལ་མ་བཅུ་གཉིས་ཡིན། །སེ་ཁྱུང་དབྲའི་ཆེ་དྲུག་དེ། །སྟོད་ན་ཞང་ཞུང་ཁྱུང་པོ་གཉིས། །བར་ན་མར་པ་སྤུ་རང་གཉིས། །སྨད་ན་རེ་ཁེ་ཉག་ལེ་གཉིས། །ཆེ་དྲུག་མཚན་གྱི་བཙུན་དྲུག་དེ། །ཀྲི་ལ་རྩེ་ཤ་དང་རྩེ་ཚན་གཉིས། །བྲག་ཏུ་ལ་གུ་གུ་དང་རྗོར་ཉེ་གཉིས། །ཉག་ལེ་ལ་ཁོ་པོ་དང་ཁོ་དབྲ་གཉིས། །དེ་ཆེ་བཙུན་སྤྱིལ་མ་བཅུ་གཉིས་ཡིན། །ཁྲི་ཟམ་འབྲུའི་ཆེ་དྲུག་དེ། །ཤར་ན་གྱི་དང་རོང་པོ་གཉིས། །ལྷོ་ན་སྙེ་དང་རི་ཐོ་གཉིས། །སྨད་ན་འབྲོམ་དང་ངོ་ཀྲོ་གཉིས། །ཆེ་དྲུག་མཚན་གྱི་བཙུན་དྲུག་དེ། །ཕྱས་དང་སྦྱོས་དང་ཚ་ཕྲོམ་གསུམ། །ཞུག་པས་སྟོང་ཉེ་ཉེ་ལྷ་གསུམ། །ཆེ་བཙུན་སྤྱིལ་མ་བཅུ་གཉིས་ཡིན། །སྐུ་ཚ་ལྷའི་ཆེ་དྲུག་དེ། །ཕོས་རུས་སྟག་རུས་སྟོད་ན་ཡོད། །དྲེ་ཅན་ཁྲབ་ཅན་སྟོད་ན་ཡོད། །དྲེ་རྗེ་སྤྱིན་ཕོག་སྟོད་ན་ཡོད། །ཆེ་དྲུག་མཚན་གྱི་བཙུན་དྲུག་དེ། །ལྷ་ལ་བྱེས་པ་ཡུལ་པ་གཉིས། །ལྟག་རུས་ཡུལ་སྟག་འབྲོག་སྟག་གཉིས། །དབས་ལ་ཆེ་སྐོར་ཆུང་སྐོར་གཉིས། །ཆེ་བཙུན་སྤྱིལ་མ་བཅུ་གཉིས་ཡིན། །①ཞེས་པ་བཞིན། རུས་ཚན་བརྒྱ་ཕྲག་ལྷག་ཏུ་གྱེས་ནས་གངས་ལྗོངས་ས་ཡི་ཁྱོན་ཡོངས་སུ་ཁྱབ་པར་གྱུར་པ་དང་རུས་ཚོ་སྣ་ཚོགས་བྱུང་བ་ལས་དང་ཐོག་དབུས་གཙང་རུ་བཞི་ཙམ་གྱི་རུས་རྒྱུད་ཚོ་ཁག་རྣམས་ཤ་ཁྲག་གི་འབྲེལ་བ་རྙིང་པ་ཉམས་དམས་སུ་གྱུར་ཏེ། ཕན་ཚུན་མཉམ་སྦྲེལ་དང་གཅིག་གྱུར་བྱུང་ནས་སྐྱེ་འགྲོའི་

① དཔལ་འབྱོར་བཟང་པོས་བརྩམས་ཤིང་། 1985ལོའི་ཟླ་6པར་སི་ཁྲོན་མི་རིགས་དཔེ་སྐྲུན་ཁང་གིས་པར་དུ་བསྒྲུན།

ཐུན་མོང་ཚོགས་པ་གསར་པ་ཞིག་སྐྱེ་མི་རིགས་སུ་གྲུབ་པ་རེད། འོ་ན་དེ་ལྷ་བུའི་མི་རིགས་ལ་བོད་ཅེས་འབོད་དོན་ཅི་ཡིན། དེ་དུས་སྐབས་ནམ་ཞིག་ལ་གྲུབ་པ་ཡིན་ཟེར་ན། གཤམ་དུ་དེ་དག་རེ་རེ་བཞིན་ཅུང་ཟད་བརྗོད་པར་བྱ།

དང་པོ། བོད་ཅེས་པའི་གོ་དོན་བཤད་པ།

གངས་རིའི་ཁྲོད་ཀྱི་མི་རིགས་འདིའི་མིང་ལ་བོད་ཅེས་འབོད་དོན་ཅི་ཡིན་པའི་ཐད་མཁས་པ་སོ་སོའི་བཞེད་ཚུལ་མི་འདྲ་སྟེ། ཁ་ཅིག་གིས་བུད་པའམ་བྱོན་པ་ཞེས་པ་ལས་བྱུང་བར་བཤད་པ་དང་། ཁ་ཅིག་གིས་འོ་དེ་ཞེས་པ་ལས་བྱུང་བར་བཞེད། ཁ་ཅིག་གིས་འདོད་རྒྱལ་གྱི་མིང་དུ་འདོད། ཁ་ཅིག་གིས་བོན་ལས་བོད་ཀྱི་ཐ་སྙད་བྱུང་བར་བཞེད། དེ་ཡང་བཞེད་པ་དང་པོའི་རྗེན་སའི་ལུང་ནི་སློབ་དཔོན་ཤེས་རབ་གོ་ཆས་མཛད་པའི《ལྷ་ལས་ཕུལ་བྱུང་གི་བསྟོད་འགྲེལ》ལས། "རུ་པ་ཏི་བྱ་བའི་རྒྱལ་པོ་དམུང་གི་ཚོགས་གཅིག་དང་བཅས་པ་གཡུལ་འགྱེད་པའི་ཚེ། བུད་མེད་ཀྱི་ཆ་ལུགས་སུ་བྱས་ཏེ་བྲོས་ནས་རི་ཁ་བ་ཅན་གྱི་རི་ཁྲོད་དུ་ཞུགས་ཏེ། གནས་པའི་རིགས་ལ་དེང་སང་ན་ཡང་བོད་ཅེས་བྱ་བར་གྲགས་པ་ཡིན་ནོ"ཞེས་པ་སྟེ་སྔོན་རྒྱ་གར་གྱི་རྒྱལ་པོ་རུ་པ་ཏི་དམུང་ཚོགས་དང་བཅས་པ་རང་གི་ཡུལ་ནས་བུད་དེ་ཁ་བ་ཅན་དུ་ཡོང་བས་ན་བུད་ཅེས་པ་དང་། བུད་ལས་བོད་ཅེས་པའི་ཐ་སྙད་བྱུང་བར་འདོད་པ་རེད། བོད་མི་རིགས་འདི་དངོས་གནས་སློབ་དཔོན་ཤེས་རབ་གོ་ཆའི་བཞེད་པ་ལྟར་རྒྱ་གར་གྱི་རྒྱལ་པོ་རུ་པ་ཏི་དམུང་དང་བཅས་པ་འབའ་ཞིག་ནས་འཕེལ་གྲུབ་བྱུང་བ་ཡིན་ན། བུད་ཅེས་པའི་ཐ་སྙད་འགྱོར་ཡང་སྲིད་མོད། འོན་ཀྱང་གངས་རིའི་ཁྲོད་འདིའི་འགྲོ་བ་མི་རྣམས་ནི་གནའ་བོའི་སྤྲ་མི་ནས་རིམ་འགྱུར་བྱུང་ཞིང་རྗེ་ཆས་རྙིང་མའི་དུས་ནས་ལྷོངས་འདིར་འཚོ་གནས་བྱས་ཡོད་པར་མ་

ཟད། ཀུན་མཁྱེན་འཇིགས་མེད་དབང་པོས་རྒྱ་གར་གྱི་རྒྱལ་པོ་ཉ་པ་ཧྲི་འཁོར་དང་བཅས་པ་ལས་བོད་བྱུང་བའི་བཤད་སྒྲོས“དེ་ནི་བོད་ཀྱི་འགྲོ་བ་བྱེ་བྲག་པ་ཞིག་ལ་བསམས་ན་ཉུང་ཞིང་། སྤྱིའི་བྱུང་ཚུལ་དུ་མི་རིགས་ཧྲེ་འབྲུག་པ་དེ་རྩོད་དུས་ཀྱི་ཐོག་མར་བྱུང་བ་ཡིན་ལ། རྫོགས་ལྡན་གྱི་དུས་སུ་གསུངས་པའི《འཁོར་ལོ་སྡོམ་པའི་རྒྱུད》དུ། བོད་ཅེས་ཡུལ་ཉི་ཤུ་རྩ་བཞིའི་ཡ་གྱལ་དུ་བགྲང་བའི་ཕྱིར་རོ། །དེས་ན་མིའི་འགྲོ་བ་ཙམ་ནི་གནས་པའི་བསྐལ་པ་ནས་བྱུང་བར་བྱས་ན་འཐད་པར་མཐོང་། ……”①ཞེས་རྒྱལ་པོ་ཉ་པ་ཧྲི་དཔུང་དང་བཅས་པ་གངས་རིའི་ཁྲོད་དུ་མ་ཡོང་གོང་ནས་བོད་ཅེས་ཐ་སྙད་བྱུང་ཡོད་པར་བསྟན་པས། བུད་ཅེས་པ་ལས་བྱུང་བར་མི་འདོད། གལ་ཏེ་དེའི་སྔོན་དུ་བོད་ཅེས་པའི་ཐ་སྙད་འདི་བྱུང་མེད་ཀྱང་བོད་དང་བུད་གཉིས་གནའ་ནས་གོ་དོན་མི་འདྲ་ལ་དེ་གཉིས་གདམ་ང་བྱེད་པ་དེ་བས་ཀྱང་མཐོང་དཀོན་པ་རེད། ལྟ་བ་གཉིས་པ་སྟེ་སྨྲ་རྒྱལ་བཙན་པོ་དང་པོ་གཉའ་ཁྲི་ལ་འོ་དེ་ཞེས་གསོལ་བ་ལས་རྗེའི་མིང་ཡུལ་ལ་ཐོགས་ནས་བོད་ཅེས་པའི་ཐ་སྙད་བྱུང་བར་འདོད་པ་དེའང་མི་འཐད་དེ། གཉའ་ཁྲི་བཙན་པོའི་སྔོན་གྱི་དབང་མཛད་བཅུ་གཉིས་ཀྱི་དུས་ནས་བོད་ཅེས་པའི་ཐ་སྙད་བྱུང་ཡོད་པ་གཤམ་དུ་གསལ་བ་ལྟར་རོ། །དེས་ན་བོན་ཞེས་པའི་ཐོག་མའི་གོ་དོན་ནི་འདོད་རྒྱལ་གྱི་མིང་དང་རྗེས་གྲུབ་ཀྱི་མིང་ངམ་ཞང་ཞུང་གི་སྐད་གང་ཡིན་པ་ད་ལྟ་ཉིད་དུ་ཁ་ཚོན་གཅོད་དཀའ་ཉུང་། གཡུང་དྲུང《ལས་རྣམ་པར་དག་པའི་རྒྱུད》ལས། “གཡུང་དྲུང་གི་བོན་བྱུང་སྟེ་བ་དང་། རྒྱལ་མ་བྱུང་བའི་གོང་དུ་བོན་བྱུང་བ་དང་། རྒྱལ་ཁྲིམས་མེད་པའི་གོང་དུ་བོན་ཁྲིམས་ཡོད་པའི་དོན་གྱིས་བོན་ཁམས་ཞེས་གྲགས་སོ”ཞེས་པ་དང་། 《ལེགས་བཤད་མཛོད》ལས། “བོད་ཁམས་ཞེས་པ་ནི་བོན་ཁམས་ཞེས་པའི་

① 1986ལོའི་ཟླ་12པར་ཀན་སུའུ་མི་རིགས་དཔེ་སྐྲུན་ཁང་གིས་པར་དུ་བསྐྲུན་པའི《ཙོ་ནེའི་བསྟན་འགྱུར་དཀར་ཆག》ཅེས་པར་གསལ།

སྤྲ་ཟུར་ཆག་སྟེ་བོད་ཁམས་ཞེས་གྲགས་པར་སྣ་རབས་པས་བཞེད་”ཅེས་པ་ལྟར་ན། བོད་ཀྱི་རྒྱལ་པོ་གནམ་རི་སྲོང་བཙན་གྱི་སྔོན་ན་བོད་དུ་བོན་ལུགས་འབའ་ཞིག་དར་ནས། རྒྱལ་ཁམས་ནི་བོན་གྱི་རྒྱལ་ཁམས། རིས་ནི་བོན་གྱི་མངའ་རིས་སུ་གྱུར་པས། ཡུལ་གྱི་མིང་ལ་བོན་ཁམས་ཟེར་བ་དང་། ཡུལ་དེར་གནས་པའི་གང་ཟག་སྤྱི་ལ་བོན་པོ་ཟེར་ལ། བོན་ཞེས་པའི་སྤྲ་ཟུར་ཆག་ནས་བོད་ཅེས་གྲགས་པར་སྙམ། རྒྱུ་མཚན་ནི། གནའ་དུས་སུ་བོན་དང་བོད་གཉིས་དོན་གཅིག་མིང་གི་རྣམ་གྲངས་སུ་འགྲོ་བར་མ་ཟད། ཉུས་རྒྱུད་གཅིག་མིན་ལ་མ་བལྟོས་པར་ཆོས་ལུགས་གཅིག་ལ་དད་པའི་ཉུས་ཚོ་སྤྱིའི་མིང་ལ་ཟེར་བས། མི་རིགས་གྲུབ་པའི་མཚན་ཉིད་དང་ཡང་ཤིན་ཏུ་མཐུན་པས་སོ། །

གཉིས་པ། བོད་མི་རིགས་འདི་དུས་ནམ་གྲུབ་ཚུལ་བཤད་པ།

དེ་ཡང་མཁས་པ་ལྡེའུས་མཛད་པའི《རྒྱ་བོད་ཀྱི་ཆོས་འབྱུང་རྒྱས་པ》ལས། བདུན་པ་མ་སངས་ཉུ་དགུས་དབང་བྱས་ཏེ། །ཡུལ་གྱི་མིང་ནི་བོད་ཁམས་གཡང་དྲུག་ཟེར། །……བརྒྱད་པ་སླུས་དབང་བྱས་བོད་ཁམས་གླིང་དགུར་བཏགས། །ཞེས་པ་ལྟར་ན། གཉའ་ཁྲི་བཙན་པོའི་སྔོན་དུ་དབང་མཛད་བཅུ་གཉིས་བྱོན་པའི་བདུན་པ་དང་བརྒྱད་པའི་དུས་སུ་གྲུབ་པ་དང་། གསང་སྔགས་རྡོ་རྗེ་ཐེག་པ་ལྟར་ན། 《རྡོ་རྗེ་མཁའ་འགྲོའི་རྒྱུད》ལས་ཀྱང་། བོད་ཡུལ་དུ་ནི་ལྷན་སྐྱེས་ཏེ། །ཞི་ཞིང་གསལ་བའི་གཟུགས་ཅན་མ། །ཆུ་སྲིན་རྒྱལ་མཚན་ལག་ན་ཐོགས། །ཐག་གི་ཁྲིམ་ལ་བརྟེན་ཏེ་གནས། །རང་བྱུང་གི་ནི་སྐྱེ་གནས་ཅན། །ཞེས་སྟོན་པ་ཤཱཀྱ་ཐུབ་པས《རྡོ་རྗེ་མཁའ་འགྲོའི་རྒྱུད》གསུངས་དུས་བོད་ཡུལ་འདི་ཡུལ་ཉི་ཤུ་རྩ་བཞིའི་ཡ་གྱལ་དུ་བགྲངས་ཤིང་། 《འདུལ་བ་ལུང་རྣམ་འབྱེད》དང《དུས་ཀྱི་འཁོར་ལོ》ཡང་བོད་དང་

གངས་ལྗོངས་ཞེས་ཐེངས་མང་པོར་གསུངས་ཡོད་པ་འགོས་ལོ་གཞོན་ནུ་དཔལ་གྱིས་གསུངས།① དེ་དག་ལས་བོད་ཅེས་པ་མ་མཐའ་ཡང་སྟོན་པ་ཤཱཀྱ་ཐུབ་པ་སྐུ་བཞུགས་དུས་ནས་བྱུང་ཡོད་པ་ཤེས།

དེ་བཞིན་དུ《ཧན་རྗེས་མའི་དེབ་ཐེར་ལས་ནུབ་ཆང་གི་སྐོར》ལས་ཧན་ནུབ་མའི་རྒྱལ་པོ་ཧུ་ཧེ་དབྱི་ཡོན་གྱི་ཁྲི་ལོ་བཅུ་གསུམ་པར"སྨི་ཐང་ཆང་གི་རིགས་རྒྱུད་ཡོད་དོ་ཅོག་མི་གྲངས་སྟོང་ལ་ཉེ་བ་ཙམ་ལས་མེད་པ་རྨ་ཆུའི་འབྱུང་ཁུངས་ས་ཆར་རྒྱང་སྐྱོད་བྱས་ནས། ཧྥོད་ཆང་ལ་བརྟེན་ནས་བཙའ་སྡོད་བྱས་པ་ཡིན"②ཞེས་སྤྱི་ལོ་101ཙམ་ལ་བོད་ཅེས་པ་འདི་བྱུང་ཡོད་པར་མ་ཟད། ཤར་ཕྱོགས་མ་ཧྲ་ཅོ་ནའི་ཡུལ་དུའང་ཁྱབ་ཡོད་པ་བསྟན་ཡོད། དེས་ན་གངས་རིའི་ལྗོངས་འདིར་བོད་ཅེས་པའི་ཐ་སྙད་དེ་ཤིན་ཏུ་སྔ་བའི་དུས་ནས་བྱུང་ཡོད་པ་སྨོས་མ་དགོས། འོ་ན"ཧྥོད་ཆང"དེ་བོད་ཡིན་པ་གང་གིས་ཤེས་ཞེ་ན། 《ཐང་ཡིག་གསར་མ》ལས། "ཐུ་ཧྥོད་ནི་ནུབ་ཀྱི་འཇང་གི་རུས་སུ་གཏོགས་ལ། དེར་ཡང་རིགས་བརྒྱ་དང་ལྔ་བཅུ་མཆིས། རྨ་ཆུ་དང་། ཙོང་ཆུ། འབྲི་ཆུ། རྒྱལ་མོ་རྔུལ་ཆུའི་འབབ་ཡུལ་དུ་བཀྲམས་ཏེ། ཀྲུང་གོ་དང་འབྲེལ་ནི་མ་བྱུང་། སྤོད་ས་ཞི་ཀྲི་ཆུ་བོའི་རྒྱུད་དུ་བྱེད། མེས་པོར་སྤུ་རྒྱལ་དུ་འབོད་ཅིང་། དཔའ་ཞིང་མཛངས་ལ་འཇང་པ་ཁ་ཤས་བསྡུ་རུབ་ཀྱིས་དེར་གཞི་བཙུགས། ཧྥོད(发)དང་ཧྥོ(蕃)སྒྲ་ཉེ་ཕྱིར་དེའི་རྗེས་རབས་ལ་ཐུ་ཧྥོད(吐蕃)དུ་གྲགས་ཤིང་། རུས་ནི་སྤུ་རྒྱལ་དུ་བྱ"ཞེས་པ་དང་། 《དེབ་དཀར》མཁན་པོའི་ཞལ་ནས། "རང་རེའི་ཡུལ་འདི་ལ་ཆེས་སྔ་མོ་ཞིག་ནས། རང་སྐད་དུ་བོད་ཀྱི་ཡུལ་ཞེས་བྱ་བར་གྲགས། རྒྱ་གར་བ་རྣམས་རང་རེ་ལ་ཧྥོ་ཊ་བྱ་བར་འབོད། དེ་ནི་གནའ་དུས

① 1985ལོའི་ཟླ་དང་པོར་སི་ཁྲོན་མི་རིགས་དཔེ་སྐྲུན་ཁང་གིས་པར་དུ་བསྐྲུན་པའི《དེབ་ཐེར་སྔོན་པོ》རུ་གསལ།

② 1984ལོའི་ཟླ་6པར་ཧྲང་ཧེ་མི་དམངས་དཔེ་སྐྲུན་ཁང་གིས་པར་དུ་བསྐྲུན་པའི《ཏི་དང་ཆང》(氐与羌)བྱ་བར་དྲངས་ཡོད།

ཀྱི་སྐོག་ལ་བོད་ཅེས་བརྗོད་ཆེ་བོ་དང་ད་སྒྲ་གཉིས་ཀ་གསལ་བར་འཐོན་པའི་དབང་གིས། བོད། སྟོད། སྟོཏ། ཞེས་རིམ་གྱིས་འགྱུར་ནས། དོན་ལ་བོད་བྱ་བའི་ཚིག་འདི་ག་རང་རྒྱ་སྐད་དུ་ཕར་ཟུར་ཆག་པ་ཡིན་གྱི། རྒྱ་གར་པས་ཚུར་བཏགས་པ་ཞིག་ནི་མིན་པར་སེམས་ཞེས་པ་ལྟར་ན། རྒྱ་ནག་པས་ཐང་རྒྱལ་རབས་ཀྱི་སྔོན་ལ་རང་རེ་རྣམས་ལ་སྟོད་ཆང་དུ་འབོད་པའི་སྟོད་ནི་རང་སྐད་ཀྱི་བོད་ཅེས་པ་དེ་ཕར་ལ་ཟུར་ཆག་པ་དང་། ཆང་ཞེས་པ་ནི་རྒྱ་སྐད་དེ་ར་ལུག་འཚོ་མཁན་གྱི་དོན་ཡིན་ལ། དེ་དང་ཐོག་གནའ་བོའི་རྒྱ་ནག་པས་ཁོ་ཚོ་དང་འབྲེལ་ཞིང་རྒྱུས་ཡོད་པའི་ར་ལུག་འཚོ་བའི་ཚོ་ཁག་གམ་མི་ལ་ཟེར་ཏུང་། ཕྱིས་སུ་ཁོ་ཚོའི་འབྲེལ་འདྲིས་ཀྱི་རྒྱ་ཇེ་ཆེར་ཕྱིན་པ་དང་བསྟུན་ནས་ཆང་ཞེས་པ་དེའི་གོ་དོན་ཡང་ཇེ་ཆེར་སོང་ནས། ནུབ་ཕྱོགས་གངས་རིའི་ལྗོངས་འདིའི་ཏུས་ཚོའམ་མི་རིགས་སྤྱི་ལ་ནུབ་ཆང་དུ་འབོད་ཅིང་། ཏུས་ཚོ་སོ་སོའི་བྱེ་བྲག་གི་དབྱེ་བ་འབྱེད་ཚེའང་ཏུས་ཀྱི་མིང་མཐར་ཆང་སྦྱར་ནས་འབོད་པའི་སྲོལ་ཆགས་པར་ཏུས་ཚན་ལྡོང་ལ་ལྡོང་ཆང(党项羌)ཟེར་བ་དང་། ཏུས་ཚན་འབྲི་ལས་གྲུབ་པའི་སུམ་པ་ཏུ་སྡེ་ལ་སུམ་པ་ཆང(苏毗羌)ཟེར་བ། ཏུས་ཚན་ཞང་ཞུང་ལས་གྲུབ་པའི་ཞང་ཞུང་ཏུ་སྡེ་ལ་ཞང་ཞུང་ཆང(羊同羌)སོགས་འབོད་པ་ལས་མཚོན། སྟོད་ཀྱི་རྗེས་སུ་ཆང་སྦྱོར་བའང་གནས་ལུགས་དེ་ལས་མ་འདས།

ཐང་རྒྱལ་རབས་ཀྱི་རྗེས་སུ་བོད་ལ་ཐུ་སྟོད་དུ་འབོད་པའང་བོད་ཅེས་པའི་རང་སྐད་འདི་རིམ་པར་འགྱུར་ནས་ཟུར་ཆག་པ་ཡིན་ལ། དེ་བཞིན་དུ་རྒྱ་གར་བས་སྟོཏ་ཞེས་པ་དང་། སོག་པོས་ཐུ་སྟོད་ཐུ། དབྱིན་ཇི་པས་ཐུ་ཧྥད་ཐུ། འཇར་པན་པས་ཆི་ཧྥད་ཐུ་སོགས་སུ་འབོད་པའང་དུས་ནམ་ཞིག་ནས་བྱུང་ཡོད་པ་གསལ་པོར་མི་ཤེས་ཏུང་། མི་རིགས་དེ་དག་གི་སྐད་ལ་ཕར་ཟུར་ཆག་པ་སྨོས་མ་དགོས། བོད་ཅེས་པའི་ཐ་སྙད་དེ་མ་མཐའ་ཡང་དབང་མཛད་བཅུ་གཉིས་ཀྱི་དུས་ནས་གྲུབ་ཡོད་པར་མ་ཟད། སྐབས་དེའི་བོད་ཅེས་པར་མི་རིགས་ཀྱི་མཚན་ཉིད་ཀྱང་ཚང་ཡོད་

པ་རེད། དེ་ཡང་མི་རིགས་ནི་ཨ་མེ་རི་ཁའི་ཕྱུལ་དུ་བྱུང་བའི་སྤྱི་ཚོགས་ཚན་རིག་མཁན་མོར་གེན་གྱིས"མཉམ་འདྲེས་ཀྱི་རྒྱ་ཆེན་དྲག་ཏུ་རྫོལ་བའི་གློང་དུ། ཐུས་རྒྱུད་དེ་ཤ་ཁྲག་གི་འབྲེལ་བ་རྙིང་པའང་ཉམས་དམས་སུ་གྱུར་ཀྱང་། སྤྱི་ལ་མངའ་བའི་སྐད་རིགས་ཐུན་མོང་བ་དང་། ས་ཁོངས་ཐུན་མོང་བ། དཔལ་འབྱོར་གྱི་འཚོ་བ་ཐུན་མོང་བ། རིག་གནས་ཐུན་མོང་བ། བསམ་པའི་ངོ་བོ་སོགས་ཀྱང་ཐུན་མོང་གཅིག་ཏུ་གྱུར་པར་མ་ཟད། དེའི་རྨང་གཞིའི་ཐོག་ཚོ་པ་ཁག་ཀྱང་མཉམ་སྦྲེལ་དང་གཅིག་གྱུར་བྱུང་སྟེ་སྐྱེ་འགྲོའི་ཐུན་མོང་ཚོགས་པ་གསར་པ་ཞིག་ཏུ་གྲུབ་པོ"ཞེས་པ་བཞིན། བོད་མི་རིགས་འདི་ཡང་གདོད་མའི་སྤྲ་མི་ནས་འགྲོ་བ་མིར་གྱུར་ཅིང་། ཐུས་རྒྱུད་དང་ཚོ་པ་མང་པོར་འཕེལ་ནས་དབང་མཛད་བཙུ་གཉིས་ཀྱི་དུས་སུ་སླེབས་ཚེ་དེང་རབས་མི་རིགས་ཀྱི་མཚན་ཉིད་ཡོངས་སུ་ཚང་ཡོད་པ་འདི་ལྟར།

1.ཐུན་མོང་གི་སྐད་རིགས་ཡོད་པ། སྐབས་དེར་དེང་རབས་ཀྱི་འཕྲུལ་ཆས་སྒྲ་ཕབ་འཁོར་ལོ་སོགས་མེད་པས་སྐབས་དེའི་བོད་སྐད་ནི་འདི་འདྲ་ཡིན་ཞེས་བརྗོད་པར་དཀའ་ཐུང་། 《བདལ་འབུམ》ལས། "ཡུལ་བྱེ་མ་གཡུང་དྲུང་དུ་ཞང་ཞུང་སྟོད་རྒྱུད་མཐུ་ཆེན་གྱིས་བོད་ཤ་རི་དབུ་ཆེན་ལ་བོན་ཁྲི་སྟེ་བཤད་ཅིང་བསྒྱུར"①ཅེས་པ་དང་། བོན་དཔེ་གཞན་དུའང་བོན་གཞུང་ཕལ་ཆེར་ཞང་ཞུང་སྟོང་རྒྱུད་མཐུ་ཆེན་ལ་བོད་སེ་ལྡེ་མེ་གསུམ་གྱིས་ཞུས་པས་ཞང་ཞུང་གི་སྒྲ་ལས་བོད་སྐད་དུ་བསྒྱུར་བར་བརྗོད་ཅིང་།② བོན་གྱི་བསྟན་འབྱུང་རྣམས་སུ་ད་ལྟའི་བོད་ཡིག་འདི་མི་ལོ་བདུན་སྟོང་ནས་བརྒྱད་སྟོང་ཡན་གྱི་སྔར་ཡིག་ནས་འགྱུར་ཡོང་བར་བཤད་ལ། 1994ལོར་བོད་རང་སྐྱོང་ལྗོངས་བོད་ཀྱི་སྐད་ཡིག་འཁྲིད་སྟོན་ཨུ་ཡོན་ལྷན་ཁང་གིས་མངའ་རིས་ས་ཁུལ་གྱི་བྲག་བརྐོས་རི་མོའི་ཁྲོད་དུ་སྤྱི་ལོའི་སྔོན་གྱི་མི་ལོ་ཆིག་སྟོང་ཡར་སྔོན

① 1985ལོའི་ཟླ་5པར་མི་རིགས་དཔེ་སྐྲུན་ཁང་གིས་པར་དུ་བསྐྲུན་པའི《ལེགས་བཤད་མཛོད》དུ་དྲངས་ཡོད།
② གོང་དང་མཚུངས།

གྱི་སྨྲར་ཡིག་གི་རྗེས་ཤུལ་རྙེད་པར་①བརྟགས་ན། སྐབས་དེའི་བོད་ཁམས་གཡང་དྲུག་གམ་བོད་ཁམས་གླིང་དགུའི་རུས་ཚོ་སྤྱི་ལ་ཐུན་མོང་གི་སྐད་རིགས་དང་སྐད་རིགས་དེ་དང་མཐུན་པའི་འདྲ་གཟུགས་ཡི་གེ་ཡོད་ལ། སྐད་རིགས་དེ་བོད་ཁམས་གཡང་དྲུག་གམ་བོད་ཁམས་གླིང་དགུར་ཐུན་མོང་དུ་སྤྱོད་པར་མ་ཟད། ཡུལ་ཁམས་དེ་དང་ཉེ་བའི་སྤོ་བོ་སོགས་སུའང་ཡོངས་སུ་གོ་བ་སྤོ་བོ་ཡུལ་གྱི་མི་སྣ་ཞུ་བེ་ར་བྱ་བ་བོན་པོ་ནུས་མཐུ་ཅན་རྣམས་ཀྱིས་སྤྱུགས་ནས་བོད་ལ་སླེབས་ཚེ་བོད་ཀྱིས་མི་རྗེ་འཚོལ་བ་དང་ཕྲད་ནས"ཁྱོད་ཅི་འདྲ་ཞིག་ཡིན་བྱས་པས། ང་སྤུ་བོའི་ཡུལ་གྱི་མི་གཅིག་ཡིན་ཟེར་བས། འོ་ན་ཕྱུག་སོར་དང་ལྷེ་ངོ་མཚར་ཆེ་བ་གཅིག་འདུག་པ། ཁྱོད་ལ་ནུས་མཐུ་འདྲ་བ་ཅི་ཡོད་བྱས་པས། ཁོ་ན་རེ་ནུས་མཐུ་དང་རྫུ་འཕྲུལ་ཆེ་དྲགས་པས་བཤུགས་པ་ཡིན་ཟེར"②ཞེས་པས་རྟོགས་ཐུབ།

2.མངའ་ཁོངས་ཐུན་མོང་བ་ཡོད་པ། མི་རིགས་ཤིག་ཡིན་ན་དེ་འགྲུབ་བྱེད་ཀྱི་རུས་ཚོ་སྤྱི་ལ་ས་ཁོངས་ཐུན་མོང་བ་ཞིག་དགོས་པ་ཡིན་ན། དབང་མཛད་བཅུ་གཉིས་དུས་ཀྱི་བོད་ཀྱི་ས་ཁོངས་ཐུན་མོང་བ་ནི། སྔོན་བྱུང་གི་ཡིག་ཚང་རྣམས་སུ་བོད་ཁམས་གཡང་དྲུག་གམ་བོད་ཁམས་གླིང་དགུ་སོགས་ཡིན་པར་བསྟན་ཡོད། དེ་ད་ལྟའི་ས་ཁྱོན་འདི་ཙམ་ཡིན་ཞེས་མཛུབ་མོས་རྟགས་འབྲི་མི་ཐོད་པས། བོད་ཁམས་གླིང་དགུ་དེ་རྒྱལ་ཕྲན་སིལ་མ་བཅུ་གཉིས་སུ་གྱུར་བའི་ཁྱབ་ཁོངས་ལས་དཔྱད་དགོས་པར་གྱུར། དེ་ཡང་རྒྱལ་ཕྲན་སིལ་མ་བཅུ་གཉིས་ཀྱི་མངའ་ཁོངས་ནི《ཏུན་ཧོང་གཏེར་ཡིག》དང《ལྡེའུ་ཆོས་འབྱུང》སོགས་ལོ་རྒྱུས་ཡིག་ཚང་སྔ་ཤོས་དག་ན་འདི་ལྟར་འཁོད་ཡོད། "རྒྱལ་ཕྲན་བཅུ་གཉིས་ནི། ཡུལ་འཆིམས་ཡུལ་ནག་པོ་དགུ་སུལ་ན། རྒྱལ་པོ་འཆིམས་རྗེ་ནེ་གུ། བློན་པོ་དང་དང་དེང་། ཡུལ་ཞང་ཞུང་

① 1994ལོའི་ཟླ་2པའི་ཚེས་20ཉིན་གྱི《མཚོ་སྔོན་བོད་ཡིག་གསར་འགྱུར》གྱི་པར་ངོས་4པར་གསལ།

② 1987ལོའི་ཟླ་6པར་བོད་ལྗོངས་མི་དམངས་དཔེ་སྐྲུན་ཁང་གིས་པར་དུ་བསྐྲུན་པའི《རྒྱ་བོད་ཀྱི་ཆོས་འབྱུང་རྒྱས་པ》རུ་གསལ།

ན། རྒྱལ་པོ་ཞང་ཞུང་དར་གྱི་རྗེ་ལི་ག་ཤུར་བཞུགས། བློན་པོ་སྨ་ར་སངས་རྗེ། ཡུལ་མྱང་རོ་མཆད་དཀར་ན། རྒྱལ་པོ་རྩང་རྗེ་ཐོད་དཀར། བློན་པོ་བན། ཡུལ་སྣུབས་ཡུལ་གླིང་དགུ་ན། རྒྱལ་པོ་སྣུབས་རྗེ་སྲིད་པ། བློན་པོ་རྨེའུ་དང་འབྲོ། ཡུལ་ཉང་རོ་ཤམ་པོ་ན། རྒྱལ་པོ་ཡོང་ངམ་ཁྱི་རོམ། བློན་པོ་ཤེའུ་དང་ཡུག ཡུལ་གྱི་ར་ལྡོངས་སྟོན་ན། རྒྱལ་པོ་ཀྱི་རྗེ་རྨངས་པོ། བློན་པོ་ངས་མི་དང་འབྲོ། ཡུལ་ངས་པོ་ཁྲ་སྣ་ན། རྒྱལ་པོ་གུང་ཁྲི་ཟིངས་པོ་རྗེ་ཁྲི་འབངས་གསུམ། བློན་པོ་འགར་དང་སྐན། ཡུལ་འོལ་ཕུ་ཡང་མཁར་ན། རྒྱལ་པོ་ཟིན་འབྲང་རྗེ། བློན་པོ་གོ་དང་སྤྲས། ཡུལ་གྲིས་སྣ་རོལ་མོ་གོང་ན། རྒྱལ་པོ་དྲང་རྗེ་གོང་ནམ་བཞུགས། བློན་པོ་སྦྲད་དང་ཞུ། ཡུལ་ཉང་ཡུལ་རྣམ་གསུམ་ན། རྒྱལ་པོ་ཉང་བཙུན་སླང་རྒྱབ་བཞུགས། བློན་པོ་དེ་ཙ་སྤུན་གཉིས་བཞུགས། ཡུལ་དྭགས་ཡུལ་སེ་མོ་གྲུ་བཞི་ན། རྒྱལ་པོ་དྭགས་རྗེ་ལྩེ་མང་བཞུགས། བློན་པོ་སྣ་དང་ཀམ་མོ། ཡུལ་འབྲོག་མོ་རྣམ་གསུམ་ན། རྒྱལ་པོ་སེར་ཁྲི། བློན་པོ་རྐང་རེ་ནག་པོ"ཞེས་བྱའོ། །

རྒྱལ་ཕྲན་དེ་དག་གི་མིང་ལ་བརྟགས་ན། མང་ཆེ་བ་ཙུས་རྒྱུད་ཚོ་ཁག་ལས་གྲུབ་པར་མ་ཟད། དེ་དག་གི་མངའ་ཁོངས་ཕལ་ཆེ་བ་ད་ལྟའང་འོལ་ཁྱི་ཙམ་ཞིག་ངོས་འཛིན་ཐུབ། དེ་ཡང་འཆིམས་ཡུལ་ནི་བོད་ཀྱི་ཙུས་ཚན་མཆིམས་ཙན་གྱིས་བཟུང་བའི་ཡུལ་ཏེ་ད་ལྟའི་གྲ་ནང་རྫོང་གི་མཆིམས་ཞེས་པའི་ས་ཡི་ཁྱོན་ལ་ཟེར་ཞིང་། ཞང་ཞུང་ཡང་སྟོང་བཙན་དུས་སུ་སྟོད་གྲུ་གུའི་སོ་མཚམས་ནས་སྨད་སུམ་པའི་སོ་མཚམས་བར་དུ་བཤད་ཀྱང་།① སྐབས་འདིའི་ཞང་ཞུང་ཞེས་པ་ས་ཁྱོན་དེ་འདྲ་ཆེན་པོ་ཞིག་ལ་སྟོན་གྱི་མེད་པར་ད་ལྟའི་མངའ་རིས་ཀྱི་ས་སྣེ་ཟིན་པ་ཙམ་ལ་གོ་བར་སྙམ། མྱང་རོ་མཆད་ཀར་ནི་རྒྱལ་རྩེ་རྫོང་ཁོངས་ར་སོག་ཤང་གི་བྱེ་

① 1987ལོའི་ཟླ་6པར་བོད་ལྗོངས་མི་དམངས་དཔེ་སྐྲུན་ཁང་གིས་པར་དུ་བསྐྲུན་པའི《རྒྱ་བོད་ཀྱི་ཆོས་འབྱུང་རྒྱས་པ》ཏུ་གསལ།

དཀར་གྲོང་ཚོའམ་པ་སྣམ་རྫོང་ཁོངས་ནོར་ཁྲུང་ཤང་གི་ཕྱུ་དཀར་གྲོང་ཚོ་ཡིན་པར་བཤད། སྐབས་ཡུལ་ཡང་བོད་ཀྱི་ཡབ་འབངས་རུས་དྲུག་གི་ཡ་རྒྱལ་གནུབས་ཀྱིས་བཟུང་བའི་ཡུལ་ལ་ཟེར་ཏེ་ད་ལྟའི་གཙང་རིན་སྤུངས་རྒྱུད་ཡིན། ཡུལ་ཉང་རོ་ཤམ་པོ་ནི་ད་ལྟའི་རྒྱལ་རྩེ་རྫོང་ཡིན་པ་ཇོ་ནང་ཏཱ་ར་ན་ཐས་གསུངས།① ཀྱི་ར་ལྗོངས་ཀྱང་རུས་ཚན་གྱི་ཅན་འཚོ་གནས་བྱེད་ས་སྐྱེ་དབུ་རུའི་ཀྱི་སྟོད་ཀྱི་སྨད་ཅེས་པ་དེ་ཡིན་པར་སྙམ། ཡུལ་ངས་པོ་ཁྲ་སྣ་ནི་ཏུན་ཧོང་ཡིག་རྙིང་ལྟར་ན། ལྷ་ས་གྲོང་ཁྱེར་གྱི་བྱང་ངོས་འཕན་ཡུལ་ཟེར་བ་དེ་ཡིན། ས་ཁུལ་དེར་བོད་ཀྱི་བཙན་པོ་གནམ་རི་སྲོང་བཙན་གྱི་སྔོན་ལ་ངས་པོར་འབོད་ཀྱང་བཙན་པོ་དེས་ཡུལ་ཁམས་དེ་དབང་དུ་བཟུང་རྗེས། བཀའ་ཐབ་ནས་ཡུལ་ངས་པོ་ཞེས་པ་ནས་འཕན་པོ་ཞེས་པར་བརྗེས་པ་རེད།② འོལ་ཕུ་ཡང་མཁར་རམ་འོལ་ཡུལ་སྤྱང་གར་ཞེས་པ་ནི་གཞིས་རྩེ་ས་ཁུལ་རྣམ་གླིང་རྫོང་ཁོངས་འུ་ཡུག་བྱ་བའི་ས་ཆ་ཡིན་པར་བཤད། ཉང་ཡུལ་རྣམ་གསུམ་ཡང་རུས་ཚན་ཉང་སྟོད་པའི་ཡུལ་ལམ་ཉང་ཆུ་འབབ་ཡུལ་ཏེ་གོང་པོ་རྒྱ་མདའ་ནས་ཉིང་ཁྲི་རྫོང་བར་གྱི་ས་ཡི་ཁྱོན་ཡིན་ལ། དྭགས་ཡུལ་སེ་མོ་གྲུ་བཞི་ནི་རུས་ཚན་དྭགས་ཀྱིས་བཟུང་བའི་ཡུལ་ཏེ་ད་ལྟའི་བོད་ལྗོངས་ཀྱི་རྒྱ་ཚ་རྫོང་དང་སྣང་རྫོང་གཉིས་ཀྱི་མངའ་ཁོངས་དེ་དག་ཡིན། ཡུལ་ཀྲིས་སྣ་རོལ་མོ་གོང་དང་ཡུལ་འབྲོག་མོ་རྣམ་གསུམ་ཡང་ད་ལྟའི་ས་ཆ་འདི་རེད་ཅེས་མཚུབ་མོ་འཛུགས་མི་ཕོད་རུང་དབུས་གཙང་གཉིས་ཀྱི་ཁྱོན་ལས་འདས་མེད་པར་སྙམ། དེས་ན་རྒྱལ་ཕྲན་བཅུ་གཉིས་གོང་བུ་གཅིག་ཏུ་གྱུར་པའི་དུས་དེ་དབང་མཛད་བཅུ་གཉིས་ཀྱི་བདུན་པ་དང་བརྒྱད་པའི་དུས་ཀྱི་བོད་ཁམས་གླིང་དགུ་ཞེས་པའི་མངའ་ཁོངས་ཀྱང་དབུས་གཙང་རུ་བཞི་

① 1983ལོའི་ཟླ་5པར་བོད་ལྗོངས་མི་དམངས་དཔེ་སྐྲུན་ཁང་གིས་པར་དུ་བསྐྲུན་པའི《མྱང་ཡུལ་སྟོད་སྨད་བར་གསུམ་གྱི་ངོ་མཚར་གཏམ་གྱི་ལེགས་བཤད་མཁས་པའི་འཇུག་ངོགས》ཞེས་པར་གསལ།

② 1980ལོའི་ཟླ་10པར་མི་རིགས་དཔེ་སྐྲུན་ཁང་གིས་པར་དུ་བསྐྲུན་པའི《ཏུན་ཧོང་ནས་ཐོན་པའི་བོད་ཀྱི་ལོ་རྒྱུས་ཡིག་ཆ》ཞེས་པར་གསལ།

ཙམ་ཡིན་ལ། དེ་ནི་སྐབས་དེའི་བོད་ཀྱི་ཐུན་མོང་གི་ས་ཁོངས་ཀྱང་ཡིན་ནོ། །

3.དཔལ་འབྱོར་གྱི་འཚོ་བ་ཐུན་མོང་བ་ཡོད་པ། མཁས་པ་ལྡེའུས་མཛད་པའི《རྒྱ་བོད་ཆོས་འབྱུང་རྒྱས་པ》ལས། "དེ་ལྟར་བསྐོས་པའི་རྒྱལ་པོ་ཕྱོགས་བཞི་ཁ་ནགྲགས། བོད་དབུས་ན་རྔོངས་པས་ཁས་ཉེན་ཏེ། ཀོལ་དུ་མི་ཐུབ་བྲག་རི་བཙན་པོ་འཛིན་སྐད། དེའི་དུས་སུ་ཕྱོགས་བཞིའི་རྒྱལ་པོ་བཞི་འདུལ་བར་འདོད་ནས། དབང་མཛད་བཅུ་གཉིས་བྱུང"ཞེས་པ་དང་། 《རྡོ་རྗེ་མཁའ་འགྲོའི་རྒྱུད》ལས་ཀྱང་བྲག་གིཁྱིམ་ལ་བརྟེན་ཏེ་གནས་ཞེས་པ་ལྟར་ན་དུས་དེར་བྲག་རི་བཙན་པོ་དང་རི་བོའི་རྩེ་མོ་སོགས་སུ་གནས་བཅའ་བ་དང་། 《བཀའ་ཐང་སྡེ་ལྔ》ལས། "དེ་ནས་མ་སངས་སྤུན་དགུས་དབང་བྱས་ཏེ། །ཡུལ་མིང་བོད་ཁམས་གཡང་དྲུག་བྱ་བར་བཏགས། །སྡེ་རྟགས་མདའ་མདུང་མཚོན་ཆ་དེ་ནས་བྱུང་། །དེ་ནས་ཟ་རམས་སྐྱེས་དྲུག་དབང་བྱས་ཏེ། །ཡུལ་མིང་སྟོང་སྡེ་བཙོ་བརྒྱད་བྱ་བར་བཏགས། །སྡེ་རྟགས་རྟ་ཞོན་རྣ་ཆ་འདོགས་པ་བྱུང་། །"ཞེས་པ་དང་། ལྷོ་ཁའི་སྣེ་གདོང་རྫོང་གི་སྐྱེར་པ(钦巴)གྲོང་ཚོ་ནས་རྡོ་ཆས་གསར་པའི་དུས་ཀྱི་ཁང་ཞུལ་གཅིག་དང་ཇ་ཆས་སོན་རྙེད་བྱུང་ཞིང་།① དེ་སྡེ་རྒྱལ་ཕྲན་སིལ་མ་བཅུ་གཉིས་ཀྱི་ཡ་གྱལ་ངས་པོ་ཁྲ་སྣའི་ལྷོ་ཕྱོགས་ཏེ་ཆུ་གོང་གྲོང་ཚོ་ནས་ད་ཕན་ལོ་3700—4000ལྷག་འདས་པའི་གནའ་བོའི་རིག་གནས་རྗེས་ཤུལ་ཞིག་བྱུད་པ་ལས་ལྕགས་རིགས་ཡི་ལས་བཟོས་པའི་མདའ་མགོ་དང་ཕྱུགས་ཟོག་གི་རུས་པ།② ཇ་ཆས་སྣ་ཚོགས་བཅས་རྙེད་པ་ཕྱོགས་བསྡུས་ཀྱིས་དཔྱད་པ་བཏང་ན། སྐབས་དེའི་བོད་རྣམས་ཀྱིས་རྐྱང་དང་། འབྲོང་། རྐོ། གཉན་སོགས་རི་སྐྱེས་སྲོག་ཆགས་བཏུལ་ནས་ཞིང་ཕྱུགས་ཐོན་སྐྱེད་གཉེར་བ་དང་། ཟངས་ལྕགས་ཀྱི

① 1985ལོའི《གནའ་རྫས》དུས་དེབ་དགུ་པར་འཕོད་པའི《བོད་ལྗོངས་ཀྱི་གནའ་རྫས་རྟོག་དཔྱོད་བྱ་བ་ཕྱིར་དྲན་བྱེད་པ》ཞེས་པར་གསལ།

② 1995ལོའི《བོད་ལྗོངས་ཞིབ་འཇུག》ཆེད་བསྒྲིགས་དུས་དེབ་སྟེང་འཕོད་པའི《བོད་ལྗོངས་ས་མཐོའི་གནའ་རྫས་བརྟག་དཔྱད་དང་འབྱུང་འགྱུར་གྱི་མདུན་ལམ》ཞེས་པར་གསལ།

གཏེར་རྫོ་བཞུས་ནས་ཐོན་སྐྱེད་ཡོ་བྱད་དང་མཚོན་ཆ་སྣ་ཚོགས་སྐྲུན་པ། འཇིམ་བཟོ་དང་འཁེལ་འཐག་བཟོ་ལས་གཉེར①ནས་འཚོ་བའི་མཐུན་རྐྱེན་སྦྱོར་བ་སོགས་དཔལ་འབྱོར་གྱི་འཚོ་བ་ཐུན་མོང་བ་གྲུབ་ཡོད་ངེས།

4.**ཐུན་མོང་གི་རིག་གནས་ཡོད་པ།** དེ་ཡང《གཡུང་དྲུང་བོན་གྱི་བསྟན་འབྱུང་ཕྱོགས་བསྡུས》ལས། དབང་མཛོད་བཅུ་གཉིས་ཀྱི་ཡ་རྒྱལ་ལྟས་དབང་མཛོད་དུས་སྨྲ་དང་མི་ཡིས་མགོན་བྱེད་བོན་བསྟན་སྲུང་ཞེས་པ་དང་། བདུད་སྲིན་གྱིས་དབང་བྱེད་དུས་འགལ་རྐྱེན་བྱུང་ན་ཡུལ་ལྷ་དམར་གྱིས་གསོལ་ཞེས་པ། མི་ལས་གདོན་གྱུར་བདུད་ཀྱིས་དབང་མཛོད་དུས་སྟོན་པ་ བྱོན་ནས་ཐམས་ཅད་དབང་དུ་བསྡུས་ཞེས་དབང་མཛོད་བཅུ་གཉིས་ཀྱིས་དུས་སུ་བོན་ལུགས་དར་ཡོད་པ་བསྟན་ཅིང་།《སྲིད་པ་སྤྱི་མདོ》ལྟར་ན། སྟོན་པ་གཤེན་རབ་བྱོན་པའི་སྔོན་དུ་བོད་ན་གདོན་བོན་དང་། བདུད་བོན། བཙན་བོན་སོགས་གདོད་མའི་བོན་ཡོད་ལ།《བཀའ་ཆེམས་ཀ་ཁོལ་མ》དང《ཆོས་འབྱུང་མེ་ཏོག་སྙིང་པོ་སྦྲང་རྩིའི་བཅུད》སོགས་སུ་རྒྱལ་པོ་གཉའ་ཁྲི་བཙན་པོ་དེ་སྤོ་བོ་ཡུལ་ནས་ལྷ་རི་ཡོར་པོའི་མགུལ་དུ་སླེབས་ཚེ། སེ་བོན་དང་། རྨུ་བོན། ཤོང་བོན། འོབ་བོན། སྣམ་ལྷ་བོན། འབྲོ་བོན། ཁྱུང་བོན། ཤེ་བོན། གཉེན་བོན། འཇག་བོན། ཕྱོག་ལྷ་བོན་ལ་སོགས་པ་ཤེས་པ་ཅན་བཅུ་གཉིས་དང་ཕྲད་ནས་དེ་དག་གིས་གཉའ་བའི་ཁྲི་ལ་བཞག་པར་གསུངས་པ་དང་། བོད་ལྗོངས་ཇ་ཐོག་རྫོང་ཁོངས་ཀྱི་སྤྲ་རྒྱལ་བཙན་པོ་མ་བྱོན་གོང་གི་བྲག་རིས་སུ་གཡུང་དྲུང་གི་རི་མོ་མང་དུ་བཀོད་ཅིང་། བོད་ལྗོངས་ཆབ་མདོ་ས་ཁུལ་གྱི་མཁར་རོ་ས་ཁུལ་ནས་ད་ལྟའི་བར་ལོ་སྟོང་ཕྲག་ལྔ་ཙམ་སོང་བའི་གནའ་ཤུལ་སོན་སྙེད་བྱུང་བ

---

① 1988ལོའི་ཟླ་11པར་བོད་ལྗོངས་མི་དམངས་དཔེ་སྐྲུན་ཁང་གིས་པར་དུ་བསྐྲུན་པའི《གཡུང་དྲུང་བོན་གྱི་བསྟན་འབྱུང་ཕྱོགས་བསྡུས》སུ་དབང་མཛོད་བཅུ་གཉིས་ཀྱི་རྗེས་མ་བཞིའི་རིང་ལ"ལྕགས་རིགས་རྙེད་ཅིང་རྫོ་བཟོ་ཤེང་གཙོད་ཤེས། །སྤུ་བྲེག་ཐག་ཆེམ་ཞིང་འདེབས་སོགས་ཤེས་དུས། །འབྲོག་དང་ཡུལ་པ་ཞེས་པའི་སྲིད་པ་བྱུང་། །"ཞེས་འཁོད་པས་ཀྱང་དེ་ལྟར་བརྗོད་པ་ཡིན།

ལས་ལྷ་མཆོད་སའི་སྡིངས་ཆ་ཡོད་པ་བཅས་ཕྱོགས་བསྡུས་ཀྱིས་བརྟགས་ན། སྐབས་དེར་དབུས་གཙང་རུ་བཞི་ཙམ་དུ་མ་ཟད་སྟོད་མངའ་རིས་སྐོར་གསུམ་དང་སྨད་མདོ་ཁམས་སྐང་དྲུག་ཏུའང་སྐྱོབ་པའི་ལྷ་ལ་ར་ལུག་དང་། ཤ་བ། མཛོ་གཡག་སོགས་དམར་མཆོད་བྱས་ནས་མགོན་དུ་བཀུར་བ་དང་། གནོད་པའི་འདྲེ་དེ་དགར་བར་བྱེད་པ། ཕྱྭ་གཡང་བཀུག་ནས་ནོར་ཕྱུགས་སྤེལ་བ། བྱད་ལྟེམས་བྱས་ནས་སྡང་དགྲ་འདུལ་བའི་གདོད་མའི་བོན་དར་ལ། རྩིས་དང་མོ་འདེབས་པ་ལ་བརྟེན་ནས་སྔ་ཕྱིའི་ལྟས་བརྟག་པ་དང་ལེགས་ཉེས་ཀྱི་དབྱེ་བ་འབྱེད་པ། སྐྱེ་དངོས་དང་། རྩི་ཤིང་། གཏེར་རྫས། སྤྲོག་ཆགས་སོགས་ཀྱི་སྨན་སྦྱད་ནས་ནད་གསོ་བའི་རིག་གནས་ཀྱང་ཡོད་པ་གཡུང་དྲུང་བོན་གྱི་སྟོན་པ་གཤེན་རབ་མི་བོ་ཆེ་དང་ཐབས་གཅིག་ཏུ་བཞུགས་པའི་བོན་ལ་ལོ་བོན་རྩིས་འདེབས་དང་སྨན་བོན་འབྲིང་ཏང་སོགས་ཡོད་ཅིང་། རྒྱལ་ཕྲན་སིལ་མ་བཅུ་གཉིས་ཀྱི་དུས་སུ་དུག་ལ་སྨན་མཆིས་པ་སོགས་ལས་ཤེས། དེས་ན་བོན་དང་བོན་གྱི་རིག་གནས་དེ་དག་གི་ཤུགས་རྐྱེན་འོག་བོད་པ་རྣམས་ཀྱིས་འཇིག་རྟེན་འདིའི་དངོས་པོ་ཡོད་ཚད་ལ་འདྲ་ཤེས་སམ་ལྷ་གནས་པར་བསམ་པ་དང་། ཡུལ་ལྷ་དམར་གྱིས་མཆོད་མཁན་དང་དགྲ་འདུལ་སྡིག་གཅོད་ཀྱི་ལས་ལ་མཁས་ཤིང་དཔའ་བ་དེ་བསྟོད་པའི་གནས་སུ་འདོད་པའི་སེམས་ཁམས་ཐུན་མོང་བ་ཞིག་ཀྱང་ཆགས་ཡོད་པ་ཡིན།

ཁོ་བོས་འདི་ལྟར་བརྗོད་པ་ལ་ཁ་ཅིག་གིས་སྐབས་དེའི་བོད་ཅེས་པ་ནི་རུས་རྒྱུད་དམ་རུས་རྒྱུད་ཚོ་པ་ཡིན་ལ་མི་རིགས་མིན་ཟེར་ན་མི་འཐད་དེ། ཨ་མེ་རི་ཁའི་ཕུལ་དུ་བྱུང་བའི་སྤྱི་ཚོགས་ཚན་རིག་མཁན་མོར་གེན་གྱིས“རུས་རྒྱུད་ནི་གཅིག་མཐུན་གྱི་མེས་པོ་ནས་བརྒྱུད་པའི་ཉེ་དུ་ལས་གྲུབ་པའི་ཚོགས་པ་ཞིག་ཡིན། དེ་ལྟ་བུའི་ཚོགས་པའི་དབྱེ་བ་ནི་རུས་རྒྱུད་ཀྱི་ཁྱད་མིང་སྒོ་ནས་འབྱེད་དགོས། དེ་ནི་ཁྲག་རྒྱུན་གྱི་འབྲེལ་བ་ལ་བརྟེན་ནས་གྲུབ་པས་སོ”ཞེས་པ་ལྟར་ན། རུས་རྒྱུད་ནི་

གཅིག་མཐུན་གྱི་རུས་མིང་ལྡན་པའི་ཉེ་དུའི་ཚོགས་པ་ཞིག་ཡིན་ལ། དབང་མཛད་བཅུ་གཉིས་དུས་ཀྱི་བོད་ཅེས་པ་ནི་བོད་ཁམས་གཡང་དྲུག་གམ་བོད་ཁམས་གླིང་དགུའམ་སྟོང་སྡེ་བཅོ་བརྒྱད་ཟེར་བའི་ས་ཁོངས་སུ་གནས་པའི་རུས་ཚོ་མང་པོ་མཉམ་སྡེབ་དང་གཅིག་གྱུར་བྱུང་བའི་ཐུན་མོང་གི་ཚོགས་པ་ཞིག་ལ་ཟེར་བ་སྐབས་དེར་ཡུལ་གྱི་མིང་ལ་བོད་ཁམས་གཡང་དྲུག་ཅེས་པ་དང་བོད་ཁམས་གླིང་དགུ་སོགས་སུ་འབོད་པ་དང་། ཕྱིས་སུ་རུས་རྒྱུད་མཆིམས་དང་། གནུབས། ཀྱི། ཉང་། སྦྲིབས། ཇོགས། དྭགས་སོགས་གཞི་རྐང་དུ་གྱུར་པའི་རྒྱལ་ཕྲན་བཅུ་གཉིས་སུ་ཕྱོར་ཅིང་། རྒྱལ་ཕྲན་རེ་རེར་ཡང་ཡུལ་ཞང་ཞུང་ན……བློན་པོ་ཁྲུང་པོ་ར་སངས་རྗེས་དང་། སྟོང་མ་ཅོ་གཉིས། ……ཡུལ་ངས་པོའི་ཁྲ་སུམ་ན་བློན་པོ་མགར་དང་མཉན……ཡུལ་འོ་ཡུལ་གྱི་སྤྱང་ཀར་ན……བློན་པོ་ཇོགས་དང་དབའ་གཉིས་སོགས་བློན་པོ་རུས་ཚན་མི་འདྲ་བ་གཉིས་རེ་ཡོད་པ་ལས་མངོན་པར་གསལ་ལ། 《ཐང་ཡིག་གསར་མ》ལས་ཐུ་ཧྥོད་ནི་བོད་ཅེས་པའི་སྤྲ་རིམ་འགྱུར་བྱུང་ནས་ཐོན་པ་དང་། རུས་ནི་སྤུ་རྒྱལ་ཡིན་པར་བསྟན་པ་ལས་ཀྱང་བོད་ཅེས་པ་རུས་རྒྱུད་དམ་རུས་ཚོའི་མིང་མིན་པ་གསལ་པོར་རྟོགས་པས་སོ། །

ཡང་། རུས་ཚོ་མཉམ་འབྲེལ་ཡིན་ཟེར་ནའང་མི་འཐད་དེ། ཚོ་ཁག་མཉམ་འབྲེལ་གྱི་རྩ་འཛུགས་ནི་དམག་འཁྲུག་དང་རང་སྲུང་གི་མཁོ་བ་ལྟར་ཕན་ཚུན་འདྲ་མཉམ་གྱི་རྨང་གཞིའི་སྟེང་ཚུགས་པ་ཡིན་པས། སྲིད་དབང་ཐད་གཅིག་ཁོངས་གཅིག་ལ་མི་གཏོགས། དེ་ལ་གྲོས་མོལ་ཚོགས་པ་དང་མི་དམངས་ཚོགས་ཆེན་སོགས་དོ་དམ་ལས་ཁུངས་ལས་ཐུན་མོང་སྤྱི་ལ་ཁྱབ་པའི་ཆེས་མཐོའི་སྲིད་འཛིན་དཔོན་རིགས་མེད་ལ།① དབང་མཛད་བཅུ་གཉིས་ཀྱི་ནང་གསེས་བདུན་པ་དང་

① ཨ་མེ་རི་ཁའི་ཕྱུལ་དུ་བྱུང་བའི་སྤྱི་ཚོགས་ཚན་རིག་པ་མོར་གན་གྱིས་བརྩམས་པའི《གནའ་རབས་སྤྱི་ཚོགས》ལས་དེ་ལྟར་བརྗོད་ཡོད།

བརྒྱད་པའི་དུས་ཀྱི་བོད་ཅེས་པ་ནི་མ་སངས་རུ་དགུ་དང་ཀླུ་སོགས་དབང་མཛད་རྣམས་ཀྱི་ཆབ་སྲིད་མངའ་ཁོངས་ཏེ་བོད་ཁམས་གཡང་དྲུག་གམ་བོད་ཁམས་གླིང་དགུ་བྱ་བར་འདུས་པའི་འབངས་མིའི་སྤྱི་མིང་ལ་ཟེར། དེ་ལྟ་བུའི་ཆབ་འབངས་སྤྱི་ལ་དབང་མཛད་ཅེས་པའི་ཆེས་མཐོའི་སྲིད་འཛིན་དཔོན་རིགས་ཡོད་པར་མ་ཟད། རུས་ཚོ་ཚང་མས་དེའི་གཅིག་གྱུར་གྱི་བཀོད་འདོམས་བརྩི་བཞིན་ཡོད་པ་དབང་མཛད་བཅུ་གཅིག་པའི་རྗེས་སུ་རྒྱལ་ཕྲན་སིལ་མ་བཅུ་གཉིས་སམ་བཞི་བཅུར་ཕྱེར་ཞེས་པ་ལས་ངེས་ཐུབ། དེ་ཡང་སིལ་བུར་ཕྱེར་ཅེས་པ་ལས་སིལ་བུར་མ་ཕྱེར་གོང་ལ་ཆབ་སྲིད་གཅིག་ལ་དབང་བའི་མངའ་འབངས་སམ་རུས་ཚོ་དུ་མ་མཉམ་འདྲེས་ཀྱི་མི་རིགས་གཅིག་གྱུར་པ་ཞིག་ཡོད་པ་མཚོན། གལ་ཏེ་ཆབ་སྲིད་གཅིག་ལ་དབང་བའི་མངའ་འབངས་སམ་རུས་ཚོ་དུ་མ་མཉམ་འདྲེས་ཀྱི་མི་རིགས་ཞིག་མེད་ན་སིལ་བུར་འཕྱེར་བྱ་མེད་པས། རྒྱལ་ཕྲན་སིལ་མ་བཅུ་གཉིས་སམ་བཞི་བཅུར་ཕྱེར་ཅེས་པའི་ཚིག་ཀྱང་བརྗོད་དོན་མེད་པ་རེད།

མདོར་ན། བོད་ཅེས་པ་ནི་དབང་མཛད་བཅུ་གཉིས་ཀྱི་དུས་སུ་དབུས་གཙང་ཙམ་གྱི་ས་ཡི་ཁྱོན་དུ་གནས་ཤིང་བོན་པོའི་ལུགས་ལ་དད་པའི་ཆབ་འབངས་སྤྱི་ལ་གོ་ཞིང་། ཕྱིས་སུ་སྤུ་རྒྱལ་བཙན་པོའི་གདུང་རབས་རིམ་བྱོན་གྱི་དུས་སུ་ཕྱོགས་བཞིར་མངས་ཁོངས་རྒྱ་བསྐྱེད་པ་དང་ཆབས་ཅིག བོད་ཅེས་པའི་ཁྱབ་རྒྱའང་ཇེ་ཆེར་སོང་ནས་སྟོད་མངའ་རིས་སྐོར་གསུམ་ནས་བར་དབུས་གཙང་རུ་བཞི་དང་སྨད་མདོ་ཁམས་སྒང་དྲུག་བར་དུ་གནས་པའི་འགྲོ་བ་མི་སྤྱིའི་མིང་དུ་གྱུར་པ་རེད།། །།

༄༅། །བོད་ཀྱི་མངའ་བདག་སྤྱན་མའི་རབས་དབང་མཛད་བཙུ་གཉིས་སྐོར་བཤད་པ།

དེ་ཡང་རང་རེ་བོད་ནི་གནམ་གྱི་དབུས། སའི་དཀྱིལ། གླིང་གི་སྙིང་པོ། གངས་ཀྱི་ར་བ། ཆུ་བོ་ཀུན་གྱི་འགོ་བོ། རི་མཐོ་ས་གཙང་ཞེས་གྲགས་པ་དོན་དང་ལྡན་པའི་ཡུལ་ལྗོངས་འདི་ཉུ་ལོ་ངོ་ཁྲི་ཕྲག་སུམ་བརྒྱ་ཙམ་གྱི་སྔ་རོལ①ནས་སྤྲེའུ་རིགས་ནས་འགྲོ་བ་མིའི་རིགས་སུ་འགྱུར་བར་བརྩམས་ཤིང་། རྫོངས་ཤིང་བླུན་པའི་གདོང་མའི་སྤྲེའུ་རིགས་ནས་སྨྲ་ཤེས་དོན་གོ་བའི་དེང་རབས་མིར་འགྱུར་བའི་བར་དུ་ཕྱི་ནང་གི་རྒྱུ་རྐྱེན་སྣ་ཚོགས་ལ་བརྟེན་ནས་ལོ་རྒྱུས་འཕེལ་རྒྱས་ཀྱི་དུས་རིམ་ཁ་ཙང་མང་པོ་ཞིག་བརྒྱུད་པ་ལས། དབང་མཛད་བཙུ་གཉིས་ཀྱི་དུས་སྐབས་ནི་བོད་ཀྱི་སྤྱི་ཚོགས་འཕེལ་རིམ་གལ་ཆེན་ཞིག་ཡིན་པས། རང་རེའི་ཤེས་རིག་དར་ཚུལ་ལ་ཞིབ་འཇུག་བྱེད་པར་མེད་དུ་མི་རུང་བའི་ལོ་རྒྱུས་ཀྱི་དུས་རིམ་ཞིག་ཏུ་མཐོང་ཡང་། ཞིབ་འཇུག་གི་དཔྱད་རྩོམ་སྤེལ་བ་ནི་ཆེར་མ་མཐོང་། རེ་གཉིས་ཙམ་སྣང་བའང་སྤྲོལ་རྒྱུན་གྱི་འཆིང་རྒྱ་ལས་བརྒལ་ཐུབ་མེད། མི་རིགས་གང་ཞིག་ཡིན་རུང་རང་ཉིད་ཀྱི་མཆེད་པའི་ཁུངས་དང་འཕེལ་བའི་ལོ་རྒྱུས་ཆ་ཚང་ཞིང་དོན་དུ་གནས་པ་ཞིག་མ་ཤེས་ན་ནི་མི་རིགས་དེའི་སྐྱོན་མཚང་ཡིན་ལ། སྔོས་སུ་ད་ལྟ་འཛམ་གླིང་ཡངས་པའི་དཀྱིལ་འཁོར་ཀུན་ནས་བོད་རིག་པར་ཞིབ་འཇུག་བྱེད་པའི་དུས་བབ་འདི་ལ་བདག་

---

① བོད་ལྗོངས་མི་དམངས་དཔེ་སྐྲུན་ཁང་གིས་པར་དུ་བསྐྲུན་པའི《བོད་ལྗོངས་གནའ་རྫས་རྗོག་ཞིབ་གནད་བསྡུས》ཀྱི་ཤོག་ངོས་142པ་ཏུ་གསལ།

ཅག་གིས་ད་དུང་གདོད་མའི་འདུ་ཤེས་ཀྱིས་བཅིངས་པའི་ལྷ་སྲུང་རྣམས་ལ་དཔྱད་འཛོག་ཅི་ཡང་མེད་པར་ཡོད་ཚད་བདེན་པར་འཛིན་པའམ། ཡང་ན་དེ་ཙམ་ལ་བློ་ཚིམས་ནས་བག་ལ་ཉལ་བ་ནི་དེ་བས་ཀྱང་ངོ་གནོང་དགོས་པ་ཞིག་རེད། དེས་ན་རང་མི་རིགས་བྱུང་འཕེལ་གྱི་ལོ་རྒྱུས་ངོ་མ་ཇི་བཞིན་དུ་ངེས་པར་བྱེད་པ་དང་། མེས་པོ་རྣམས་ཀྱི་བཟང་གི་ཉམས་མྱོང་ཕྱོགས་སྡོམ་དང་ངན་གྱི་བསླབ་བྱ་དང་ལེན་བྱས་ནས། གངས་ཅན་བོད་ཀྱི་ཡུལ་འདི་སྟོབས་འབྱོར་ལྡན་ཞིང་ཤེས་རིག་དར་བའི་དེང་རབས་ཅན་གྱི་སྤྱི་ཚོགས་ཤིག་ཏུ་འཛུགས་སྐྲུན་བྱེད་པར་སྣན་པའི་རྒྱུ་རྐྱེན་འཚོལ་བར་བྱ་རྒྱུ་ནི། ང་ཚོས་གནའ་བོའི་ལོ་རྒྱུས་ལ་ཞིབ་འཇུག་བྱེད་པའི་རྩ་བའི་ལས་འགན་ཡིན་པས། རང་ནུས་གང་ལྕོགས་ཀྱིས་སྔར་གྱི་ཚད་ལྡན་ཡིག་ཚང་དང་གནའ་རྫས་རྗེས་ཞིབ་ཀྱི་འབྲས་བུ་ཟུང་དུ་སྦྲེལ་བའི་སྒོ་ནས། གནའ་རབས་བོད་ཀྱི་ལོ་རྒྱུས་སྟེང་བྱུང་བའི་དབང་མཛད་བཅུ་གཉིས་སྐོར་མདོར་ཙམ་གླེང་བ་ལ། བློ་ལྡན་རྣམས་ཀྱིས་དཔྱད་པར་འཚལ།

དང་པོ། དབང་མཛད་བཅུ་གཉིས་འགྲོ་བ་མི་ཡིན་མིན་བཤད་པ།

བོད་ཀྱི་བཙན་པོའི་ཐོག་མ་གཉའ་ཁྲིའི་སྔ་རོལ་དུའང་སྐབས་དེའི་མངའ་ཁོངས་སྤྱི་ལ་དབང་སྒྱུར་མཁན་བཅུ་ཕྲག་ལྷག་ཕྱོན་སྤྱོད་བ་རྣ་བས་ཐོས་པ་ཙམ་མིན་པར་བོད་ཀྱི་ལོ་རྒྱུས་ཡིག་ཚང་སྔ་ཤོས་དག་ལས། དང་པོ་གནོད་སྦྱིན་ནག་པོ་ཞེས་བྱ་བ་བྱུང་སྟེ། ཡུལ་གྱི་མིང་ཡང་བཟངས་ཡུལ་རྒྱན་མེད་བྱ་བར་བཏགས། །ལག་ཆར་མདའ་གཞུ་འཕེན་པ་དེ་ནས་བྱུང་། །གཉིས་པ་རེ་སྟེ་མགོ་གཡག་བདུད་ཀྱིས་བྱས། །ཡུལ་གྱི་མིང་ཡང་བདུད་ཡུལ་གླིང་དགུ་ཟེར། །སྟ་རེ་དགྲ་སྟ་དུས་དེར་ལག་ཆར་བྱུང་། །གསུམ་པ་གཉའ་རིང་ཕྲག་མེད་སྲིན་གྱིས་བྱས། །ཡུལ་གྱི་མིང་ཡང་

ནག་པོ་དགུ་དུལ་ཟེར། །ལག་ཆར་སྲིན་མོ་ཧང་དང་སྤྱོགས་གཉིས་བྱུང་། །བཞི་པ་དམར་འཇམ་ཞེས་བྱ་ལྷ་ཡིས་བྱས། །ཡུལ་གྱི་མིང་ནི་ལྷ་ཡུལ་གུང་ཐང་ཟེར། །ལག་ཆར་ཁ་ཏཾ་རྩེ་གསུམ་དེ་ནས་བྱུང་། །ལྔ་པ་ཀླུས་དབང་བྱས་ངམ་ཤྲང་ཅང་ཤྲང་ཟེར། །ལག་ཆ་མདུང་ལ་ཅྱེད་པ་དེ་ནས་བྱུང་། །དྲུག་པ་འདྲེས་དབང་བྱས་ལང་ཏང་ལིང་ཏང་ཟེར། །ལག་ཆར་རྒྱུག་པ་སྐྱོན་ཅན་དེ་ནས་བྱུང་། །བདུན་པ་མ་སངས་ཙ་དགུས་དབང་བྱས་ཏེ། །ཡུལ་གྱི་མིང་ནི་བོད་ཁམས་གཡང་དྲུག་ཟེར། །ལག་ཆར་དོང་རལ་ཕུབ་ཆུང་དེ་ནས་བྱུང་། །བརྒྱད་པ་ཀླུས་དབང་བྱས་བོད་ཁམས་གླིང་དགུར་བཏགས། །དགུ་པ་མི་མ་ཡིན་གྱིས་དབང་བྱས་ཏེ། །ཡུལ་མིང་ནི་ངམ་ཡུལ་ནག་པོར་བཏགས། །བཅུ་པ་ཟ་རིད་སྲུན་དྲུག་གིས་དབང་བྱས་ཏེ། །ཡུལ་གྱི་མིང་ལ་སྟོང་སྟེ་བཙོ་བརྒྱད་ཟེར། །བཅུ་གཅིག་རྒྱལ་ཕྲན་བཅུ་གཉིས་དབང་བྱས་སྐད། །ཀུན་གྱི་ཐ་མར་སིལ་མ་བཞི་བཅུ་བྱས། །ཡུལ་གྱི་མིང་ནི་བཟངས་ཡུལ་གྱུད་དུ་བཏགས། །①ཞེས་ཞལ་མཐུན་པར་གསལ་པོར་བསྟན་ཡོད་ཀྱང་། རང་རེ་རྣམས་ཀྱིས་དབང་མཛད་པ་དེ་དག་གནོད་སྦྱིན་དང་། བདུད། སྲིན་པོ། ལྷ། འདྲེ། གཉན། ཀླུ་བཅས་མི་མ་ཡིན་པར་ངོས་འཛིན་ཞིང་། ད་ལྟའི་བོད་རིག་པར་ཞིབ་འཇུག་བྱེད་མཁན་གྱི་ཆེད་མཁས་ལ་ལས་ཀྱང་དེར་རྗེས་སུ་ཡི་རང་ཞུ་བཞིན་ཡོད།

ཡོངས་གྲགས་སུ་གནོད་སྦྱིན་དང་། འདྲེ། མ་སངས། གཉན། འཇིག་རྟེན་གྱི་ལྷ་བཅས་ནི་གཟུགས་མེད་ཀྱི་ལྷ་འདྲེ་སྟེ་དྲི་ཟའི་རིགས་སུ་བཤད་ཅིང་། བདུད་ནི་སེམས་ཅན་ལ་གནོད་སྐྱེལ་ཞིང་དགེ་བར་བགེགས་བྱེད་མཁན་འདོད་ལྷ་རིགས་དྲུག་གི་བྱེ་བྲག་ཅིག་ལ་ཟེར། སྲིན་པོ་ནི་དབེན་པའི་གླིང་ཕྲན་དག་ན་གནས་ཤིང་མི་ཤ་ཟ་བའི་སྡིག་ཅན་པ་ལ་སྟོན། ཀླུ་ནི་དབང་ཆེ་བ་འགའ་ཞིག་ལྷ་ལའང་གཏོགས་ལ་

① བོད་ལྗོངས་མི་དམངས་དཔེ་སྐྲུན་ཁང་གིས་པར་དུ་བསྐྲུན་པའི《ལྡེའུ་ཆོས་འབྱུང་》དང་། 《བཀའ་ཐང་སྡེ་ལྔ》《ཉང་ཆོས་འབྱུང་》སོགས་སུ་གསལ།

ཕལ་ཆེར་དུད་འགྲོར་གཏོགས་ཟེར་བས། བོད་མི་རིགས་འདི་སྤྲ་ནས་མིར་གྱུར་ཏེ་རྗེ་ཆས་གསར་པའི་དུས་སྐབས་ཙམ་ལ་སླེབས་ཚེ་གཟུགས་མེད་ཀྱི་ལྷ་འདྲེ་དང་། དུད་འགྲོ་སོགས་ཀྱི་བཀོད་འདོམས་འོག་ཐོན་སྐྱེད་བྱེད་ཅིང་འཚོ་བ་རོལ་བ་ཡིན་ཞེ་ན། གདོད་མའི་ལྷ་སྲུང་གི་འདུ་ཤེས་བཅངས་ནས་བསམ་གཞིག་བྱས་ན་འོས་ཀྱང་སྲིད་མོད། ལོ་རྒྱུས་དངོས་གཙོ་སྨྲ་བའི་ལྟ་བས་བལྟས་ན་དེ་ནི་གདོད་མའི་མི་རྣམས་ཀྱིས་དབང་མཛད་པ་དེ་དག་གི་ངོ་བོ་ཇི་བཞིན་དུ་མ་རྟོགས་པ་ལས་བྱུང་བའི་འཇིག་རྟེན་གྱི་ལྟ་ཚུལ་ཞིག་ཡིན་ལས་ཆེ། དོན་དམ་དུ་དེ་དག་གཟུགས་མེད་ཀྱི་ལྷ་འདྲེ་དང་དབེན་པའི་གླིང་ཕྲན་ནམ་རྒྱ་མཚོ་སོགས་སུ་གནས་པའི་སྲོག་ཆགས་ཡན་གར་བ་ཞིག་མིན་པར་སྨྲ་ཤེས་དོན་གོ་བའི་འགྲོ་བ་མི་རྐྱང་རྐྱང་ཡིན་པ་རེད། དེ་ཡང《ས་སྐྱའི་གདུང་རབས་ངོ་མཚར་བང་མཛོད》དང་། 《ས་པཎ་རྟོགས་བརྗོད་བསྐལ་བཟང་ལེགས་ལམ》དུ་མ་སངས་སྤུན་བདུན་གྱི་བྱུང་རབས་འདི་ལྟར་བཀོད་དེ། "གདུལ་བྱའི་དོན་དུ་འཇམ་པའི་དབྱངས་ཉིད་གནམ་ལྷ་སྤྱི་རིང་གཡུ་རིང་གཡུ་སེ་སྤེ་མཆེད་གསུམ་དུ་གྲགས་པ་མི་ཡུལ་དུ་བབས་པ་ལ་མིའི་རྗེ་ཞུས་པས། གནམ་ལྷ་ཆུང་བ་གཡུ་སེས་མི་རྗེ་མཛད་པས། སྲས་སེ་ཡི་ལི་སྤུན་བཞིར་གྲགས་པ་བྱུང་། དེ་དག་གིས་ལྡོང་རུས་ཆེན་བཅོ་བརྒྱད་དང་འཐབ། དེའི་གྲོགས་ལ་གནམ་ལྷ་བར་བ་གཡུ་རིང་གིས་བྱོན་ཏེ་ལྡོང་བཏུལ་ནས་བྲན་དུ་བྱས། བར་བ་གཡུ་རིང་འདིས་དམུའི་བུ་མོ་དམུ་ཟ་ལྡེམ་བུ་ཁབ་ཏུ་བཞེས་པས་སྲས་མ་བཟང་སྤུན་བདུན་དུ་གྲགས་པ་བྱུང་།" ཞེས་པ་ལྟར་ན་དབང་མཛད་བཅུ་གཉིས་ཀྱི་ཡ་གྱལ་མ་སངས་ཞེས་པ་ནི"མིའི་འགྲོ་བ་དང་ཤིན་ཏུ་ཉེ་བའི་འགྲོ་བ་སྟེ་གཉན"①མིན་པར། འཇམ་པའི་དབྱངས་ཀྱི་སྤྲུལ་པར་གྲགས་པའི་གནམ་ལྷ་གཡུ་རིང་ཞེས་པ་དང་བོད་ཀྱི་རུས་ཚན

① སེ་ཁྲིན་མི་རིགས་དཔེ་སྐྲུན་ཁང་གིས་པར་དུ་བསྐྲུན་པའི《ཞང་བོད་གནའ་རབས་ཀྱི་ལོ་རྒྱུས་ནོར་བུའི་མེ་ལོང》ལས་མ་སངས་ནི་མིའི་འགྲོ་བ་དང་ཤིན་ཏུ་ཉེ་བའི་གཉན་ཡིན་ཟེར།

དགུ་ལ་སྐྱེས་པའི་བུ་མོ་དགུ་ཟ་ལྡེམ་བུ་ཞེས་པ་གཉིས་བཤོས་པ་ལས་སྐྱེས་པའི་སྤྱུན་མཆེད་བདུན་ལ་ཟེར་བ་མངོན་པར་གསལ།

ཡང་"མ་སངས་སྤྱི་རྗེ་བྱ་བ་དེ་མི་ཡུལ་དུ་བཞུགས་ནས་ཐོག་ལྷ་འོད་ཅན་གྱི་བུ་མོ་ཐོག་ལྕམ་ འུར་མོ་ཁབ་ཏུ་བཞེས་པ་ལ་སྲས་ཐོག་ཚད་བང་པོ་སྟག་ཏུ་གྲགས་པ་འཁྲུངས་ཏེ། དེས་ཀླུའི་བུ་མོ་ཀླུ་ལྕམ་བྲ་མ་ཁབ་ཏུ་བཞེས་པས་ཀླུ་ཚ་སྟག་པོ་འོད་ཅན་བྱ་བ་སྲས་སུ་བྱུང་། དེ་ཡན་ཆད་བར་སྣང་ལ་བཞུགས་པར་བཤད་ཅིང་། ཀླུ་ཚ་དེས་མོན་བཟའ་མཚོ་མོ་རྒྱལ་ཁབ་ཏུ་བཞེས་པ་ལ་སྲས་གཅིག་གཡའ་དང་སྤྱང་གི་མཚམས་སུ་སྐྱེས་ཤིང་། འདི་འདྲ་རེ་རེ་ཙམ་ཡིན་ཞེས་གྲགས་པས་མཚན་ཡང་གཡའ་སྤྱང་སྐྱེས་གཅིག་ཏུ་བཏགས"①ཞེས་མ་སངས་སྤུན་བདུན་གྱི་མཐའ་མ་མ་སངས་སྤྱི་རྗེ་དང་དེའི་བུ་རབས་ཚ་རྒྱུད་རྣམས་ཀྱིས་རིམ་བཞིན་དགུའི་བུ་མོ་དགུ་ཟ་ལྡེམ་བུ་དང་། ཐོག་ལྕམ་འུར་མོ། ཀླུ་ལྕམ་བྲ་མ། མོན་བཟའ་མཚོ་མོ་རྒྱལ་བཅས་རིགས་རྒྱུད་མི་འདྲ་བའི་བུ་མོ་དག་ཁབ་ཏུ་བཞེས་པར་བསྟན་པ་ལས་མ་སངས་སྤུན་བདུན་དང་དེའི་བུ་རབས་ཚ་རྒྱུད་རྣམས་འགྲོ་བ་མི་ཡིན་པར་མ་ཟད། སྐབས་དེར་ཁྱོ་ཤུག་ངེས་བསྟན་ཡོད་པའི་སྤྱི་ཚོགས་སུ་འཕེལ་བ་མངོན་འདུག

དེ་བཞིན་གནོད་སྦྱིན་ནག་པོ་དང་། རེ་ཏི་མགོ་ཡག་བདུད། སྲིན་པོ་གཉའ་རིང་ཕྲག་མེད། དམར་འཛམ་ལྷ་སོགས་ཀྱང་དེ་ལས་མ་འདས་ཏེ། བོད་ཀྱི་རིག་གནས་མང་པོའི་མཆེད་ཁུངས་སམ་འབྱུང་གནས་ལྟ་བུར་གྱུར་པའི་གནའ་བོའི་རྒྱལ་ཁབ་རྒྱ་གར་ལ་མཚོན་ནའང་གནོད་སྦྱིན་དང་། སྲིན་པོ། དྲི་ཟ། ཀླུ། མིའམ་ཅི་སོགས་ནི་མི་རིགས་དང་མི་རིགས་ནང་གསེས་ཀྱི་ཁྱད་པར་དུ་བཤད། དེ་ཡང་དྲི་ཟ་དང་མིའམ་ཅི་ནི་ཨཱརྱཱའི་རིགས་ཡིན་ཞིང་། གནོད་སྦྱིན་དང་སྲིན་པོ་ནི་མ་ལ་

① མི་རིགས་དཔེ་སྐྲུན་ཁང་གིས་པར་དུ་བསྐྲུན་པའི《ས་སྐྱའི་གདུང་རབས་ངོ་མཚར་བང་མཛོད》ཀྱི་ཤོག་ངོས་7—8བར་དུ་གསལ།

ཡའི་ངོས་དང་ལྷོ་ཕྱོགས་ཀྱི་མཐར་གནས་པའི་ཨཱཪྻཎ་མ་ཡིན་པའི་རིགས་ཡིན་པ་དང་། ཀླུའམ་ན་ག་ནི་རང་རེའི་བོད་ནས་འབབ་པའི་གཙང་པོའི་ཆུ་མཇུག་གི་ཡུལ་རྣམས་སུ་གནས་པའི་མི་ནག་པོའི་རིགས་ལ་ཟེར་བ་རེད། འོ་ན། དབང་མཛོད་བཅུ་གཉིས་ཀྱི་མིང་ལ་དེ་ལྟར་འདོགས་དོན་ཅི་ཡིན་ཞེ་ན།

1.ཁོང་ཚོའི་ཐུགས་རྒྱུད་དང་། མོས་པ། བྱེད་ལས་སོགས་ཀྱི་ཆ་ནས་བཏགས་པ་ཡིན། དེ་ཡང་གང་ཟག་ཅིག་གི་བྱེད་ལས་ལ་དམིགས་ནས་མིང་འདོགས་པ་ནི་མིའི་རིགས་སྤྱིའི་ལུགས་སྲོལ་ལྟ་བུར་གྱུར་པ་བཞིན་རང་རེའི་བོད་པ་རྣམས་ཀྱང་དེ་ལས་མ་འདས་ཏེ། དཔེར་ན། གཉའ་ཁྲི་བཙན་པོ་སྤོ་བོ་ཡུལ་གྱི་བུད་མེད་བྱ་མོ་བཙུན་བྱ་བ་ལ་འཁྲུངས་པའི་མི་ངོ་མ་ཞིག་ཡིན་ཡང་། ཁོང་ཉིད་བོད་ཀྱི་བཙན་པོར་བཞུགས་རྗེས་རྒྱལ་ཕྲན་སིལ་མ་བཅུ་གཉིས་ལ་སོགས་པའི་རུས་རྒྱུད་ཚོ་ཁག་རྣམས་གཅིག་སྡུད་བྱས་ནས་ཕྱིའི་བཙན་འཛུལ་པ་བཀག་ཅིང་ནང་གི་འཁྲུག་རྩོད་ཞི་བར་བྱས་པ་དང་། མི་རྣམས་དམག་འཁྲུག་དང་མུ་གེའི་སྡུག་བསྔལ་ལས་བསྐྱབས་ཤིང་དཔལ་འབྱོར་གོང་དུ་སྤེལ་ནས་བོད་རྣམས་བདེ་སྐྱིད་ཀྱི་དཔལ་ལ་དྲངས་པས། ཕྱི་རབས་པས་ཁོང་གི་མཛད་པ་དང་མཐུ་སྟོབས་སོགས་ལ་ཆེས་ཆེར་བསྟོད་པ་དང་སྐྱེ་བོ་གཞན་ལས་ཁྱད་དུ་འཕགས་པ་ཞིག་ཡིན་པར་སྟོན་ཆེད། བོན་རྣམས་ཀྱིས་གནམ་ལྷ་ཡབ་ལྷ་བདག་དྲུག་གི་ཚ་བོ་དང་ཁྲི་བདུན་ཚིགས་ཀྱི་སྲས་ཡིན་པར་བརྗོད་པ་དང་། བན་རྣམས་ཀྱིས་རྒྱ་གར་གྱི་མང་བཀུར་རྒྱལ་པོའི་གདུང་རྒྱུད་དུ་བཤད། དེ་བཞིན་དུ་ལྷ་ཐོ་ཐོ་རི་གཉན་བཙན་ནི་འཕགས་པ་ཀུན་ཏུ་བཟང་པོའི་སྤྲུལ་པ་དང་། སྲོང་བཙན་སྒམ་པོ་ནི་འཕགས་པ་སྤྱན་རས་གཟིགས་ཀྱི་སྤྲུལ་པ། ཁྲི་སྲོང་ལྡེ་བཙན་ནི་འཇམ་དཔྱངས་རྒྱལ་པོའི་སྤྲུལ་པ། ཁྲི་རལ་པ་ཅན་ནི་ཕྱག་ན་རྡོ་རྗེའི་སྤྲུལ་པ། གླང་དར་མ་ནི་མ་རུང་བདུད་ཀྱི་སྤྲུལ་པ་བཅས་ཡིན་པར་བརྗོད་པའང་ཕྱིས་ཀྱི་མི་དང་ཁྱད་པར་དུ་ནང་བསྟན་པ་དག་གིས་ཁོང་ཚོའི་ཐུགས་རྒྱུད་དང་མོས་པ། མཐུ་སྟོབས། མཛད་

པ། དད་མོས་སོགས་ལ་དམིགས་ནས་བཤད་པ་རང་རེ་རྣམས་ཀྱིས་ད་ལྟའང་ཤ་ཁྲག་ལ་ཟམ་ཞིང་སྡིག་པའི་ལས་ལ་དགའ་བའི་མིར་བདུད་རྒན་ནམ་བདུད་མོ་ཟེར་ཞིང་། གཡོ་སྒྱུ་ཆེ་ཞིང་བྱ་སྤྱོད་ངན་པའི་མི་ལ་འདྲེ་རྒན་ནམ་འདྲེ་མོའི་མིང་གིས་འབོད་པ། གཤིས་རྒྱུད་དྲང་ཞིང་བསམ་པ་དཀར་བ། སྡིག་པར་འཛེམ་ཞིང་བྱ་སྤྱོད་བཟང་བའི་མི་ལ་མི་བཟང་ལྷ་ཞིག་རེད་ཅེས་པ་སོགས་ལས་མཚོན་ནོ། །

དེ་མིན་གཡུང་དྲུང་བོན་གྱི་སྟོན་པ་གཤེན་རབ་མི་བོ་ཆེ་མ་བྱོན་པའི་སྔོན་ལ་བདུད་བོན་དང་། གདོན་བོན། བཙན་བོན་སོགས་ཀྱི་རྣམ་གྲངས་མང་དུ་བགྲངས་པའང་སེམས་ཅན་ལ་གནོད་འཚེ་གཏོང་ཞིང་དགེ་བར་བགེགས་བྱེད་པའི་བདུད་དང་། གདོན། བཙན་སོགས་ཀྱི་ཆོས་ལུགས་ཡིན་པས་དེ་ལྟར་བརྗོད་པ་མ་ཡིན་ཏེ་གདོན་བོན་དེ་དག་གིས་སེམས་ཅན་གྱི་རིགས་འགའ་ཞིག་བསད་ནས་ཤ་རུས་ཀྱིས་མཆོད་པ་འབུལ་བ་དང་ཤེ་ཚུ་སྟེ་ཁྲག་གི་སྐྱེམས་མཆོད་པའི་སྤྱོད་ཚུལ་ལ་དམིགས་ནས་གསོལ་བ《སྲིད་པ་སྤྱི་མདོ》བྱ་བའི་བོན་དཔེ་རྙིང་པ་ལས་གསལ། དེས་ན་དབང་མཛད་བཅུ་གཉིས་ལས་མང་ཆེ་བ་མི་མ་ཡིན་པ་རྐྱང་རྐྱང་དུ་བརྗོད་པའང་དབང་མཛད་མཁན་ཚོ་པའམ་མི་སྣེར་གྱི་རང་གཤིས་དང་། མོས་པ། བྱེད་ལས། དབང་སྒྱུར་བྱེད་ཐབས། དཔུང་འཇུག་བྱེད་སྟངས། ཆོས་ལུགས་དད་མོས་བཅས་ཀྱི་ཆ་ནས་བཏགས་པ་སྟེ། ཐུགས་རྒྱུད་རྩུབ་ཅིང་སྡིག་པའི་ལས་ལ་དགའ་བ། བདེན་རྫུན་གྱི་དབྱེ་བ་མི་འབྱེད་པ། གཡོ་སྒྱུ་ཆེ་ཞིང་མདའ་གྲི་མདུང་གསུམ་དང་སྟ་རེ་དགྲ་སྟ། ཕུབ་ཆུང་སྒྲོགས་སོགས་མཚོན་ཆ་འཁོར་ཆེན་གསར་སྐྲུན་བྱས་ནས་རྟག་པར་གཡུལ་འགྱེད་པ། དྲག་པོའི་དཔུང་དང་བཙན་པོའི་ཁྲིམས་ལ་བརྟེན་ནས་རུས་རྒྱུད་ཚོ་ཁག་རྣམས་དབང་དུ་བསྡུས་ཤིང་གཉའ་གནོན་བྱེད་པ་བཅས་ལ་གནོད་སྦྱིན་ནག་པོ་དང་། མགོ་གཡག་བདུད། གཉའ་རིང་ཁྲག་མེད། སྲིན་པོ། འདྲེ་སོགས་སུ་འབོད་ཅིང་། དེ་དག་གི་མངའ་ཁོངས་ལའང་སོ་སོར་བཟང་ཡུལ་རྒྱན་

མེད་དང་། བདུད་ཡུལ་གླིང་དགུ། ནག་པོ་དགུ་དུལ། ལང་ཏང་ལིང་ཏང་། ངམ་ཡུལ་ནག་པོ་བཅས་སུ་འབོད་ལ། ཐུགས་རྒྱུད་འཇམ་ཞིང་ཞི་བདེ་ལ་ཐུགས་མོས་ཆེ་བ། སྣང་བླང་གི་རྣམ་གཞག་གསལ་ཞིང་འཇུག་ལྡོག་ལ་མཁྱེན་པ་ཡངས་པ། ཉེ་རིང་ལ་ཕྱོགས་ཞེན་ཆུང་ཞིང་དྲང་བདེན་གྱིས་ཞལ་ལྕེ་གཅོད་པ། ཞི་བའི་ཐབས་ཀྱིས་མངའ་འབངས་སྐྱོང་ཞིང་དྲག་པོ་དཔུང་གིས་ཕྱི་དགྲ་འདུལ་བ་བཅས་བྱེད་པའི་ཚོ་ཁག་གམ་མི་ལ་ལྷ་ཀླུ་གཉན་གསུམ་སོགས་སུ་འབོད་ཅིང་། དེ་དག་གི་མངའ་ཁོངས་སུའང་ལྷ་ཡུལ་གུང་ཐང་དང་བོད་ཁམས་གཡང་དྲུག་གམ་བོད་ཁམས་གླིང་དགུ་བཅས་སུ་བཏགས་པ་རེད།

2.**གདོད་མའི་དུས་ཀྱི་དུས་རྟགས་སམ་སྐབས་གནས་སོགས་ཀྱི་མིང་ཚོ་ཁག་གམ་དབང་མཛད་པའི་མིང་དུ་གྱུར་པར་རྟོག་པ།** དེ་ཡང་གདོད་མའི་མི་རྣམས་ཀྱིས་གཙོ་བོར་རྫོན་ལས་ལ་བརྟེན་ནས་འཚོ་བའི་དུས་སུ་རང་བྱུང་ཁམས་ཀྱི་གནོད་འཚེ་སྣ་ཚོགས་དང་གཅན་གཟན་སོགས་སྲོག་ཆགས་གཞན་གྱི་ཡ་ང་བའི་འཇིགས་སྣང་མང་པོ་ཐེབས་ཤིང་། འཚོ་བའི་ཁོར་ཡུག་དེ་ལྟ་བུའི་ཁྲོད་དུ་མིའི་རིགས་ཀྱིས་གཞན་ལ་སྐྱབས་རེ་བཙོལ་བའི་བློ་སྐྱེས་ཤིང་བློ་དེའི་ཤུགས་ཀྱིས་རང་ཉིད་སྲོག་ཆགས་ག་གེ་མོ་ཞིག་དང་གཉེན་གྱི་འབྲེལ་བ་ཡོད་པའམ། ཡང་ན་དེ་རང་གི་མེས་པོ་ཡིན་པར་བསམ་ཞིང་སྲོག་ཆགས་དེས་གཉེན་མི་ནང་བཞིན་དུས་དང་རྣམ་པ་ཀུན་ཏུ་རང་ཉིད་ལ་གནོད་པ་མི་བྱེད་པར་མ་ཟད། གང་ས་གང་དུ་རང་ཉིད་ལ་གྲོགས་བྱེད་པ་དང་། དེ་དག་གི་མི་ལས་ལྷག་པའི་སྟོབས་ཤུགས་དང་སྤོབས་པ་ཐོབ་པར་གྱུར་ནས། རང་ཉིད་འཚོ་གནས་དང་སྲུང་སྐྱོབ་བྱེད་པའི་ནུས་པ་ཟབ་དྲག་ཏུ་འགྱུར་བའི་རེ་སྒོན་བཅའ་ཞིང་། གཉེན་ཉེ་དང་མེས་པོར་མཐོང་བའི་སྲོག་ཆགས་དེ་དག་ཀུས་རྒྱུད་ཚོགས་པ་སོ་སོའི་ཁྱད་པར་འབྱེད་པའི་མཚོན་རྟགས་སམ་རང་ཉིད་ལ་གྲོགས་བྱེད་པའི་སྐྱབས་གནས་སུ་བཀུར་བ་ཡིན། དེ་ནས་མི་རྣམས་ལ་

དངོས་པོ་ཀུན་ལ་བླ་སྲོག་ཡོད་པའི་འདུ་ཤེས་བྱུང་རྗེས། མི་རྣམས་ཀྱིས་ཡང་ལྷ་ཀླུ་གཉན་གསུམ་ལ་སོགས་པར་གཉེན་གྱི་འབྲེལ་བ་ཡོད་པ་དང་། ཡང་ན་དེ་དག་རང་རང་གི་མེས་པོ་ཡིན་པར་བསམ་ཞིང་། གཉེན་ཉེ་དང་མེས་པོ་དེ་དག་གིས་ཐོག་མཐའ་ཀུན་ཏུ་རང་ཉིད་ལ་མགོན་སྐྱོབ་བྱེད་པའི་རེ་སྐོན་བཅོལ་བ་ལས། རུས་རྒྱུད་ཚོ་པའམ་མི་སོ་སོའི་སྐྱབས་གནས་དང་རུས་རྟགས་བྱུང་བ་རེད། སྐྱབས་གནས་དང་རུས་རྟགས་སོགས་ཀྱི་མིང་དེ་དུས་ཀྱི་འཁོར་ལོའི་འགྲོས་དང་བསྟུན་ནས་རུས་དང་། དཔོན་རིགས། ཚོ་པ། གནས་ཡུལ་སོགས་ཀྱི་མིང་དུ་འགྱུར་བ་ནི་འཛམ་གླིང་མི་རིགས་སྤྱི་ལ་ཁྱབ་པའི་ཆོས་ཉིད་དུ་གྱུར་ཡོད་པ་རེད།

རང་རེ་བོད་པ་རྣམས་ལ་མཚོན་ན་འང་མིའི་རིགས་ཀྱིས་ལྷ་ཀླུ་གཉན་སྲིན་སོགས་དང་གཉེན་བསྡེབས་པ་དང་། ཡང་ན་དེ་དག་ལས་མིའི་རིགས་མཆེད་པའི་བཤད་སྲོལ་ཤིན་ཏུ་མང་བ་དཔེར་ན། 《གཡུང་དྲུང་བོན་གྱི་བསྟན་འབྱུང་ཕྱོགས་བསྡུས》①ལས། མི་ཡི་རིགས་རུས་སྡེ་རབས་དང་པོའི་དུས། །དབུས་གཙང་ལྷ་དང་དག་གོང་བདུད་ལས་ཆད། །ཟེར་བའི་བཤད་སྲོལ་ཡོད་ཅིང་དོན་དུ་ནི། །ལྷ་ཀླུ་གཉན་དང་བདུད་བཙན་དམུ་སོགས་ཀྱི། །ཚ་བོར་གྱུར་མང་སྤྱིར་བཏང་གཉན་ཚ་ལས། །ཆད་པའི་རུས་ཆེན་སྡེ་བཞི་ལས་འཕེལ་ཏེ། །བར་སྐབས་མིའུ་གདུང་དྲུག་སོགས་ཟེར། །ཞེས་པ་དང་། དེ་མིན་བཙན་པོ་ཐོག་མ་གཉའ་ཁྲི་ནི་ནམ་མཁའི་ལྷའམ་ཐེའུ་རང་གང་རུང་གི་རྒྱུད་ལ་འབྲུངས་པ་དང་། བོད་རྣམས་སྲིན་པོ་དང་། རྒྱ་རྣམས་ཀླུ་དང་། ཧོར་ནི་ལྷ་མ་ཡིན། རྒྱ་གར་ལྷ་བཅས་ལས་མཆེད་པར་སྨྲ་ཞིང་། བོད་ཀྱི་རླངས་རིགས་དང་འཕོན་རིགས་ཀྱང་ནམ་མཁའི་ལྷ་ལས་མཆེད་པར་འདོད་པ་ལྟ་བུ་རེད། གདོད་མའི་མི་རྣམས་ཀྱི་གཞན་ལ་སྐྱབས་བཅོལ་བའི་རང་གཤིས་ལ་བརྟེན་ནས། ལྷ་ཀླུ་གཉན་སྲིན་སོགས་རང་གི་གཉེན་ཉེ་དང་མེས་པོ་ཡིན་

① བོད་ལྗོངས་མི་དམངས་དཔེ་སྐྲུན་ཁང་གིས་པར་དུ་བསྐྲུན།

པའི་འདུ་ཤེས་བཟུང་ཞིང་། དེ་དག་ལ་དད་པ་དང་མཆོད་བཀུར་བྱས་ནས་རང་གི་ཚེ་ལ་གནོད་པ་མི་བྱེད་པ་དང་། ལས་དོན་ལ་བགེགས་རྐྱེན་མི་འབྱུང་ཞིང་བསམ་དོན་མ་ལུས་ཡིད་བཞིན་དུ་འགྲུབ་པའི་རེ་བ་བཅོལ་བས། མི་རེ་རེ་དང་ཉུས་རྒྱུད་ཚོ་པ་སོ་སོའི་སྐྱབས་གནས་སུ་གྱུར་པ་རེད།

གདོད་མའི་མི་རྣམས་ཀྱི་ཤེས་རིག་མ་རྒྱས་པ་དང་འཚོ་བའི་མཐུན་རྐྱེན་གཙོ་བོར་རྫོན་ལས་ལ་བརྟེན་པའི་དུས་སུ་དགེ་སྡིག་གི་དབྱེ་བ་མེད་པར་མ་ཟད། གསོད་གཅུབ་སོགས་སྡིག་པའི་ལས་ལ་དགའ་ཞིང་མཁས་པ་དང་། ཤ་ཁྲག་གི་འཚོ་བར་ཕྱོགས་མཁན་དེ་ཚོ་ལེགས་པའི་ཚད་གཞིར་བརྩི་ཡང་སྲིད། ཀུན་སྤྱོད་ཀྱི་ཚད་གཞི་དེ་ལྟ་བུའི་གནས་ཚུལ་འོག་ཏུ་རང་རང་གི་སེམས་པོ་དེ་ལྷ་ཀླུ་གཉན་གསུམ་མ་ཟད་གནོད་སྦྱིན་དང་བདུད་སྲིན་སོགས་དང་འབྲེལ་བ་ཡོད་པའི་འདུ་ཤེས་ཀྱང་སྐྱེ་སྲིད་ལ། ཉུས་ཚོ་གཞན་དང་ཁྱད་པར་འབྱེད་པའི་རྟགས་མཚན་དང་རང་ལ་གྲོགས་བྱེད་པའི་མགོན་དུའང་བརྩི་སྲིད་ངེས་རེད། དེ་ཡང་གཡུང་དྲུང་བོན་གྱི་སྟོན་པ་གཤེན་རབ་མ་བྱོན་གོང་དུ་བོད་ཀྱི་མི་རྣམས་ཀྱིས་སེམས་ཅན་གྱི་རིགས་འགའ་ཞིག་བསད་ནས་ཤ་ཉུས་ཀྱི་མཆོད་པ་འབུལ་བ་དང་། ཤེ་ཚུ་སྟེ་ཁྲག་གི་སྐྱེམས་མཆོད་པའི་བདུད་བོན་དང་གདོན་བོན་ལ་དད་ཅིང་། སྐྱེ་འགྲོའི་ཤ་ཁྲག་ལ་ལོངས་སྤྱོད་ཅིང་བགེགས་ལ་གྲོགས་བྱེད་པ། བདུད་དང་གཉེན་འབྲེལ་བྱེད་པ། གཞན་པའི་སྐྱེ་འགྲོ་ཡོངས་ལ་གནོད་འཚེ་བྱེད་པའི་བཙན་རྗེ་བྱ་བ་སྐྱབས་སུ་བསྟེན་པ་ལས་གསལ་པོར་མཚོན། དེ་གདོད་མའི་དུས་སུ་མ་ཟད་རྒྱལ་པོ་ཁྲི་སྲོང་ལྡེའུ་བཙན་གྱི་དུས་སུ་བསམ་ཡས་གཙུག་ལག་ཁང་བཞེངས་ཚེའང་ཡང་ཁང་དང་། ལྷོ་ཕྱོགས་མཛོད་གསུམ། ཡག་ཤ་སྟེང་འོག བདུད་འདུལ་སྔགས་པའི་གླིང་། སྨྲ་བསྒྱུར་རྒྱ་གར་གླིང་། ཁྲུས་ཁང་གླིང་སོགས་ཀྱི་ཆོས་སྐྱོང་དེ་སོ་སོར་གནོད་སྦྱིན་ཟངས་འབེ་ཅན་དང་། གནོད་སྦྱིན་ནག་པོ་མཆེད་གསུམ། གནོད་སྦྱིན་གང་བ་བཟང་པོ། གནོད་སྦྱིན་དེད་དཔོན་ཉེ་ཤུ

བརྒྱད། གནོད་སྦྱིན་སྣང་མགོ་ཅན། ཀླུ་རྒྱལ་རྒྱ་གདོལ་སོགས་ལ་གཏད་པ་①དང་། ད་ལྟའང་ཡར་ལྷ་ཤམ་པོ་དང་། སྐུ་ལ་མཁར་རི། གནོད་སྦྱིན་གང་བཟང་། གཉན་ཆེན་ཐང་ལྷ་སོགས་ཡུལ་ལྷ་གཞི་བདག་ཏུ་བསྟེན་ཞིང་ཉིན་རྒྱུན་མཆོད་བཀུར་བྱས་ནས་འཇིག་རྟེན་འདིའི་གྲོགས་དང་སྐྱབས་སུ་རེ་ཞིང་། ཀླུ་ལ་མཆོད་བཀུར་བྱས་ནས་ས་སྲུང་ཞིང་ཆར་ཆུ་ཞུ་བ། ཐ་ན་ཚོ་ཁག་དང་དུད་ཁྱིམ་ལ་ལས་ད་ལྟ་ད་ཏུང་ཐེའུ་རང་དང་ཤ་བཟའ་ཧོར་མོ། ཕྲ། ཁྱི། སྟག་སོགས་སྲུང་མའམ་ བླར་བསྟེན་ཞིང་གསོལ་མཆོད་བྱེད་པ་ལས་ཀྱང་རྟོགས་ཐུབ།

གདོད་མའི་བོད་པ་རྣམས་ཀྱིས་དེ་ལྟར་ལྷ་ཀླུ་གཉན་སྲིན་དང་གནོད་སྦྱིན་སོགས་ལ་སྐྱབས་བཅོལ་ཅིང་གསོལ་མཆོད་བྱས་པ་ལ་བརྟེན་ནས་སྐྱབས་གནས་དང་བླའི་མིང་ཁུར་རྒྱུད་དང་ཚོ་པའི་མིང་དུ་ཐོགས་པའང་རང་རེ་རྣམས་ཀྱི་ད་ལྟའི་སྲོལ་ལས་ཤེས། དེ་ཡང་སྲུང་མར་དཔལ་ལྡན་ལྷ་མོ་བསྟེན་པའི་དུད་ཁྱིམ་དང་ཚོ་པས་བུ་ཕྲུག་སྐྱེས་ན་མིང་ལ་དཔལ་ལྡན་རྒྱལ། དཔལ་ལྡན་དོན་གྲུབ། དཔལ་ལྡན་ཚེ་རིང་། དཔལ་ལྡན་བཀྲ་ཤིས། ལྷ་མོ་སྐྱིད། ལྷ་མོ་འཚོ། ལྷ་མོ་ཚེ་རིང་སོགས་འདོགས་པ་དང་། རྡོ་རྗེ་ཕག་མོར་གཏད་ནས་སྐྱེས་པའི་མི་ལ་རྡོ་རྗེ་རྒྱལ་དང་། རྡོ་རྗེ་ཐར། ཕག་མོ་དོན་གྲུབ། ཕག་མོ་ཚེ་རིང་། རྡོ་རྗེ་བཀྲ་ཤིས། ཕག་རྒྱལ། རྡོ་རྗེ་འཚོ། རྡོ་རྗེ་སྐྱིད། ཕག་མོ་འཚོ། རྡོ་རྗེ་སྒྲོལ་མ་སོགས་འདོགས་ཤིང་།② ཀླུ་ལ་དད་ཅིང་གསོལ་མཆོད་བྱེད་དགའ་བའི་དུད་ཁྱིམ་དང་ཚོ་པའི་ཁྲིད་དུ་མིང་ལ་ཀླུ་འབུམ། ཀླུ་བྱམས། ཀླུ་མོ་འཚོ། ཀླུ་མོ་རྒྱལ། ཀླུ་མོ་བྱམས་སོགས་ཟེར་བ་ཤིན་ཏུ་མང་ལ། གཡུང་དྲུང་བོན་ལ་དད་པའི་དུད་ཁྱིམ་དང་ཚོ་པའི་ཁྲིད་དུ་མིང་ལ་གཡུང་དྲུང་རྒྱལ་དང་། གཡུང་དྲུང་ཐར། གཡུང་དྲུང་འཚོ། གཡུང་དྲུང་སྐྱིད་སོགས་ཟེར་བ་ཧ་ཅང་

① 《ལྡེའུ་ཆོས་འབྱུང་》གི་ཤོག་ངོས་350—353བར་དུ་གསལ།

② མདོ་སྨད་དུ་བྱ་ཁྱུང་དགོན་པར་སོང་ནས་ལྷ་རྡོ་རྗེ་ཕག་མོར་གཏད་ནས་སྐྱེས་པའི་མིར་རྟག་ཏུ་མིང་དེ་ལྟར་འདོགས།

མང་། ཡང་རྒྱ་ནག་གི་ཡུལ་ལྷ་བུན་ཁྲང་ལ་དད་མཁན་རྣམས་ཀྱིས་བྱིས་པར་མིང་འདོགས་དུས་བུན་ཁྲང་དང་། བུན་ཁྲང་རྒྱལ། བུན་ཁྲང་ཐར། བུན་ཁྲང་སྐྱིད། བུན་ཁྲང་འཚོ། ཡུལ་ལྷ་སྐྱིད་སོགས་ཟེར། མདོ་སྨད་ཕྱོགས་སུ་ཨ་མྱེས་ཤ་བོ་ཞེས་པའི་གནས་བདག་ཅིག་ཡོད་པ་དེར་གཏད་ནས་སྐྱེས་པའི་མི་ལ་ཤ་བོ་སྐྱབས། ཤ་བོ་རྒྱལ། ཤ་བོ་སྐྱིད། ཤ་བོ་སྒྲོལ་མ། ཤ་མོ་ཚེ་རིང་སོགས་ཟེར་བ་ཡིན། དེ་མིན་ལྷའི་མིང་ཚོ་པའི་མིང་དུ་འགྱུར་བར་མཚོན་ནའང་། འཇང་གིས་ཁྲི་ལ་བླ་བྱེད་པས་འཇང་ཁྲི་དམར་ཚང་ཟེར་བ་དང་། མཚོ་སྔོན་ཞིང་ཆེན་དཔའ་ལུང་རྫོང་གི་སྟག་ཚང་གྲོང་ཚོར་གཙན་གཟན་སྟག་ལ་བླ་བྱེད་པས་མིང་ཡང་དེ་ལྟར་ཐོགས་པ་ཡིན། ཡང་མཚོ་སྔོན་ཞིང་ཆེན་ཐུན་ཏེ་རྫོང་གི་ཕྱ་དཀར་ཚོ་པར་མི་རྣམས་ཀྱིས་སྔོན་ཆད་ཕྱ་དཀར་པོ་ཞིག་ལ་བླ་བྱས་པས་ཕོ་ཚོའི་གྲོང་ཚོའི་མིང་ལའང་ཕྱ་དཀར་ཞེས་འབོད་ཀྱིན་ཡོད་པར་བཤད། དཔེ་འདི་དང་འདི་ལྟ་བུ་བོད་ཁམས་གཞན་དུའང་མང་པོ་ཡོད་སྲིད་ཀྱང་བརྟད་གཅོད་པའི་ཁོམ་ལོང་མ་བྱུང་བས་རེ་ཞིག་འདི་ཙམ་གྱིས་འཐུས་པར་བྱ།

དེས་ན་དབང་མཛད་བཅུ་གཉིས་ཀྱི་མིང་ལ་གནོད་སྦྱིན་ནག་པོ་དང་ལྷ་ཀླུ་གཉན་སྲིན་སོགས་ཟེར་བའང་དེ་དག་མི་མ་ཡིན་པའི་ལྷ་འདྲེ་དངོས་ཡིན་པས་དེ་ལྟར་ཟེར་བ་མིན་ཏེ། རྒྱ་རིགས་ཀྱིས་གདོད་མའི་དུས་སུ་ཉི་མ་དང་མེ་ལྷར་མཆོད་བཀུར་བྱས་ཏེ་སྐྱབས་བཅོལ་བ་ལ་བརྟེན་ནས། རྒྱལ་པོ་ཐོག་མ་དག་གི་མིང་ལའང“炎帝”དང“黄帝”ཞེས་མེ་ལྷའི་མིང་ཐོགས་པ་ལྟར། གདོད་མའི་བོད་པ་རྣམས་ཀྱིས་བསྟེན་པའི་བླ་དང་གསོལ་བའི་མགོན་གྱི་མཚན་དུས་ཀྱི་འཁོར་ལོའི་འགྲོས་དང་བསྟུན་ནས་རུས་ཚོའམ་དབང་མཛད་པའི་མིང་དུ་ཐོགས་པ་རེད། དེར་བརྟེན་དབང་མཛད་དེ་དག་ནི་ལྷ་ཀླུ་གཉན་སྲིན་སོགས་ལ་སྐྱབས་བཅོལ་བའི་རུས་རྒྱུད་ཚོ་ཁག་གམ་ཚོ་ཁག་དེ་དག་གི་འགོ་གཙོ་ཀྲུང་ཀྲུང་ཡིན་ཞེ་

ནའང་དོན་དང་གནས་པར་སྙམ་མོ། །

གཉིས་པ། དབང་མཛད་བཅུ་གཉིས་བྱོན་པའི་དུས་རབས་བཤད་པ།

དེ་ཡང་དབང་མཛད་བཅུ་གཉིས་ནི་སྐབས་དེའི་བོད་ཀྱི་མངའ་ཁོངས་སྤྱི་ལ་དབང་སྒྱུར་བའི་འགྲོ་བ་མི་རྒྱང་རྒྱང་ཡིན་པའི་དབང་དུ་བྱས་ན། ང་ཚོས་ཐོག་མར་ངེས་དགོས་པ་ནི་དབང་མཛད་དེ་དག་དུས་སྐབས་ནམ་ཞིག་ལ་བྱོན་པ་དེ་ཡིན་པས། འདིར་དེའི་སྐོར་ཙམ་ཟད་གླེང་ན། 《གཡུང་དྲུང་བོན་གྱི་བསྟན་འབྱུང་ཕྱོགས་བསྡུས》ལས། དེ་རྗེས་མི་ལས་གདོན་གྱུར་བདུད་ཀྱིས་བཟུང་། །རྩི་ཤིང་རྗོ་ཁང་བྲག་ལ་གནས་བཅས་ནས། །བོད་ཀྱི་ཆུ་བོ་བཞི་འདུས་འགོ་མཇུག་བཟུང་། །མི་དང་བསྡོངས་ཏེ་གཉེན་ལ་དོ་ཏུ་བསྡོ། །བདུད་སྲིན་མི་དང་སྲིད་བསྲེབས་དམག་དཔུང་འདྲེན། །སྟོན་པ་བྱོན་ནས་ཐམས་ཅད་དབང་དུ་བསྡུས། །ལྷ་སྲིན་སྡེ་བརྒྱད་བཀའ་བསྒོས་དམ་ལ་བཞག །མི་ལ་ལྷ་གསོལ་བྱུར་ཕུད་བཀའ་ལུང་ཐོག །ཅེས་དབང་མཛད་བཅུ་གཉིས་ཀྱི་ཡ་གྱལ་བདུད་ཀྱིས་དབང་མཛད་དུས་གཡུང་དྲུང་བོན་གྱི་སྟོན་པ་གཤེན་རབ་འབྲུངས་པར་བསྟན་ཡོད། དེས་ན་གཡུང་དྲུང་བོན་གྱིས་བཤད་སྲོལ་ལ་སྟོན་པ་གཤེན་རབ་འབྲུངས་ནས་མི་ལོ་ཆིག་ཁྲི་བདུན་སྟོང་དགུ་བརྒྱ་ལྷག་འདས①ཞེས་པ་དང་། མི་ལོ་སུམ་སྟོང་བརྒྱད་བརྒྱ་འདས②ཞེས་པ་གཉིས་ཡོད་པ་ལས་སྔ་མ་དེ་སྔ་དྲགས་པར་སྙམ། ཕྱི་མ་ལྟར་ན་དབང་མཛད་བཅུ་གཉིས་ཀྱི་ཡ་གྱལ་བདུད་ཀྱིས་དབང་མཛད་པའི་དུས་སྐབས་ནི་ལོ་སུམ་སྟོང་བརྒྱད་བརྒྱའི་སྔོན་ཡིན་ལ། སྐབས་དེར་མདའ་གྱི་མདུང་གསུམ་དང་། སྟ་རེ་དགྲ་སྟ། ཕུབ་དང་ཆ་རྒྱན་སོགས་ཡོད་པ་ལ་བརྟགས་ན། བོད་ཀྱི་སྤྱི་ཚོགས་འཕེལ་རྒྱས་སུ་ཕྱིན་ནས་

① 《གཡུང་དྲུང་བོན་གྱི་བསྟན་འབྱུང་ཕྱོགས་བསྡུས》ཀྱི་ཤོག་ངོས་66པར་གསལ།
② 《ཞང་བོད་གནའ་རབས་ཀྱི་ལོ་རྒྱུས་ནོར་བུའི་མེ་ལོང》དུ་དྲངས་ཡོད།

ཐངས་དང་ལྕུགས་སོགས་བཙོ་སྦྱངས་བྱས་ནས་ཐོན་སྐྱེད་ལག་ཆ་དང་། འཚོ་བའི་ཡོ་བྱད། དམག་འཐབ་ཀྱི་མཚོན་ཆ། མཛེས་བྱེད་ཀྱི་རྒྱན་ཆ་སོགས་ལས་སྣོན་བྱེད་ཤེས་པའི་དུས་ལ་སླེབས་ཡོད།

འོ་ན་དུས་སྐབས་དེ་ནམ་ཞིག་ལ་ངོས་འཛིན་དགོས་ཤེ་ན། བོད་ལྗོངས་སུ་ལོ་ངོ་སྟོང་ཕྲག་གསུམ་སྔོན་གྱི་ཐངས་ཆས་ཐོན་པ་དང་། 《བོད་ལྗོངས་ཀྱི་གནའ་རྫས་རྟོག་ཞིབ་གནད་བསྡུས》ལས་བོད་འདི་སྤྱི་ལོ་སྔོན་གྱི་ལོ་ཆིག་སྟོང་ཙམ་ནས་ལྕགས་རིགས་དུས་སྐབས་སུ་སླེབས་པར་འདོད་པ་ལ་གཞིགས་ན། ལག་ཆར་མདའ་གཞུ་འཕེན་པ་དེ་ནས་བྱུང་། །སྟ་རེ་དགྲ་སྟ་དུས་དེར་ལག་ཆར་བྱུང་། །ལག་ཆར་ཁ་ཏཾ་རྩེ་གསུམ་དེ་ནས་བྱུང་། །ལག་ཆ་མདུང་ལ་བྱེད་པ་དེ་ནས་བྱུང་། །①ཞེས་པ་དེའང་ལོ་ངོ་སྟོང་ཕྲག་གསུམ་གྱི་སྔ་རོལ་ཡིན་པར་སྙམ་ལ། བོད་ལྗོངས་ཀྱི་ཆབ་མདོ་མཁར་རོ་ས་ཁུལ་དུ་ལོ་སྟོང་ཕྲག་བཞི་ལྔའི་སྔོན་གྱི་ཊུས་པའི་རྒྱན་ཆ་མང་པོ་ཐོན་པ་དང་། ལོ་ངོ་སྟོང་ཕྲག་གསུམ་བཞིའི་སྔོན་དུ་བྲིས་པའི་བོད་ལྗོངས་ཤན་རྩྭ་རྫོང་གི་ཇགས་གླིང་གི་བྲག་རིས་སུ་མི་གཉིས་ཀྱིས་ནོར་ཞིག་གི་སྣ་ནང་དུ་ཐག་པ་དྲངས་ནས་སྔོན་དུ་འཁྲིད་པ་དང་། སྐྱ་མི་ཞིག་གིས་ཕྱིས་སུ་འདེད་ཅིང་དེའི་རྗེས་སུ་ཁྱི་གཉིས་འབྲང་བར་བཀོད་པ་②ལྟར་ན། བོད་ཀྱིས་ལོ་ངོ་སྟོང་ཕྲག་གསུམ་བཞིའི་སྔོན་ནས་འབྲོང་བཟུང་ནས་ནོར་དུ་བཏུལ་བ་དང་། རྐྱང་བཟུང་ནས་ཞོན་པར་འདུལ་གྱིན་ཡོད་པས། 《རྒྱལ་པོ་བཀའ་ཐང》ལས། དེ་ནས་ཟ་རམ་སྐྱེས་དྲུག་དབང་བྱས་ཏེ། །ཡུལ་མིང་སྟོང་སྡེ་བཅོ་བརྒྱད་བྱ་བར་བཏགས། །སྔ་རྟགས་རྟ་ཞོན་རྣ་ཆ་འདོགས་པ་བྱུང་། །ཞེས་རྐྱང་རྒོད་བཏུལ་ནས་བཞོན་པ་བྱེད་པ་དང་རྣ་རྒྱན་འདོགས་པའི་སྲོལ་བྱུང་བར་བཀོད་པ་དེ་ཉི་མ་མཐར་ཡང་ལོ་སྟོང་ཕྲག་གསུམ་གྱི་སྔ་རོལ་གྱི་བྱུང་བ་ཡིན་

① 《ལྡེའུ་ཆོས་འབྱུང》གི་ཤོག་ངོས་224—259བར་དུ་གསལ།

② བོད་ལྗོངས་མི་དམངས་དཔེ་སྐྲུན་ཁང་གིས་པར་དུ་བསྐྲུན་པའི《བོད་ལྗོངས་གནའ་རྫས་རྟོག་ཞིབ་གནད་བསྡུས》ཀྱི་ཤོག་ངོས་114པར་གསལ།

པར་ངེས། དེས་ན་དབང་མཛད་བཅུ་གཉིས་བྱོན་པའི་དུས་ནི་མ་མཐར་ཡང་ལོ་སྟོང་ཕྲག་གསུམ་གྱི་སྔ་རོལ་ནས་སྤྱི་ལོ་སྟོན་གྱི་དུས་རབས་གཉིས་པའི་བར་ཡིན་པར་སྙམ་མོ། །

གསུམ་པ། དབང་མཛད་བཅུ་གཉིས་ཀྱི་མངའ་ཁོངས་བཤད་པ།

གོང་དུ་བརྗོད་པ་ལྟར་དབང་མཛད་བཅུ་གཉིས་དེ་ལོ་ངོ་སུམ་སྟོང་གི་སྔ་རོལ་ནས་སྤྱི་ལོ་སྟོན་གྱི་དུས་རབས་གཉིས་པའི་བར་དུ་རིམ་བཞིན་བྱོན་པའི་བོད་སྤྱི་ལ་དབང་སྒྱུར་མཁན་རྐྱང་རྐྱང་ཡིན་ན། དེ་དག་གི་དབང་སྒྱུར་མངའ་ཁོངས་ཀྱི་རྒྱ་ཁྱོན་ངེས་པར་བྱེད་པ་ནི་སྐབས་འདིའི་གཡོལ་ཐབས་མེད་པའི་དཔྱད་གཞིར་གྱུར་འདུག དེས་ན་དབང་མཛད་དེ་དག་གི་ཡུལ་གྱི་མིང་ལ་བརྟགས་ན་དབང་མཛད་བཅུ་གཉིས་ཀྱི་གཉིས་པ་རེ་སྟེ་མགོ་གཡག་བདུད་དང་བརྒྱད་པ་གླུས་དབང་བྱེད་དུས་ཡུལ་གྱི་ཁྱོན་ལ་གླིང་དགུ་ཡོད་པ་དང་། བཅུ་པ་ཟ་རིད་སྤུན་དྲུག་དག་གིས་དབང་བྱེད་དུས་སྟོང་སྡེ་བཅོ་བརྒྱད་ཡོད་ཀྱང་། དེ་དག་ད་ལྟའི་ས་ཆ་གང་དག་ལ་ཁྱབ་པ་གསལ་པོ་ཞིག་རྟོགས་དཀའ་བས། སྐབས་དེའི་མངའ་ཁོངས་སིལ་བུར་ཐོར་བ་ལས་གྲུབ་པའི་རྒྱལ་ཕྲན་སིལ་མ་བཅུ་གཉིས་ཀྱི་མངའ་ཁོངས་ལས་བརྟག་དགོས་པར་གྱུར།

དེ་ཡང་རྒྱལ་ཕྲན་སིལ་མ་བཅུ་གཉིས་ནི། ཏུན་ཧོང་ཡིག་རྙིང་དང《ལྡེའུ་ཆོས་འབྱུང》སོགས་ལོ་རྒྱུས་ཡིག་ཚང་སྔ་ཤོས་སུ་བྱུང་བ་ལྟར་ཡིན།(གོང་གི་རྩོམ་ཡིག་ཏུ་ཆ་ཚང་དྲངས་ཡོད།) རྒྱལ་ཕྲན་དེ་དག་གི་མིང་ལ་བརྟགས་ན་མང་ཆེ་བ་ཏུས་རྒྱུད་ཚོ་ཁག་ལས་གྲུབ་པར་མ་ཟད། དེ་དག་གི་མངའ་ཁོངས་ཕལ་ཆེ་བ་ད་ལྟའང་འོལ་སྤྱི་ཙམ་ཞིག་ངོས་འཛིན་ཐུབ། དེ་ཡང་འཆིམས་ཡུལ་ནི་བོད་ཀྱི་ཏུས་ཚན་མཆིམས་ཅན་གྱིས་བཟུང་བའི་ཡུལ་ཏེ་ད་ལྟའི་གྲ་ནང་རྫོང་གི་མཆིམས་ཞེས་པའི་ས་ཡི་ཁྱོན་

ལ་ཟེར་ཞིང་། ཞང་ཞུང་ཡང་སྲོང་བཙན་དུས་སུ་སྟོད་གྲུ་གུའི་སོ་མཚམས་ནས་སྨད་སུམ་པའི་སོ་མཚམས་བར་དུ་བཤད་ཀྱང་།① སྐབས་འདིའི་ཞང་ཞུང་ཞེས་པ་ས་ཁྱོན་དེ་འདྲ་ཆེན་པོ་ཞིག་ལ་སྟོན་གྱི་མེད་པར། ད་ལྟའི་མངའ་རིས་ཀྱི་ས་སྣེ་ཟིན་པ་ཙམ་ལ་གོ་བར་སྙམ། མྱང་རོ་མཆེད་ཀར་ནི་རྒྱལ་རྩེ་རྫོང་ཁོངས་ར་སོག་ཤང་གི་བྱེ་དཀར་གྲོང་ཚོའམ་པ་སྣམ་རྫོང་ཁོངས་ནོར་ཁྱུང་ཤང་གི་བྱ་དཀར་གྲོང་ཚོ་ཡིན་པར་བཤད། སྟབས་ཡུལ་ཡང་བོད་ཀྱི་ཡབ་འབངས་རུས་དྲུག་གི་ཡ་གྱལ་གནུབས་ཀྱིས་བཟུང་བའི་ཡུལ་ལ་ཟེར་ཏེ་ད་ལྟའི་གཙང་རིན་སྤུངས་རྫོང་ཡིན། ཡུལ་ཉང་རོ་ཤམ་པོ་ནི་ད་ལྟའི་རྒྱལ་རྩེ་རྫོང་ཡིན་པ་རྗེ་ནང་ཏྭ་ར་ན་ཐས་གསུངས།② ཀྱི་ར་ལྗོངས་ཀྱང་རུས་ཚན་གྱི་འཚོ་གནས་བྱེད་ས་སྐྱེ་དབུ་རུའི་ཀྱི་སྟོད་ཀྱི་སྨད་ཅེས་པ་དེ་ཡིན་པར་སྙམ། ཡུལ་ངས་པོ་ཁྲ་སྣ་ནི་ཏུན་ཧོང་ཡིག་རྙིང་ལྟར་ན། ལྷ་ས་གྲོང་ཁྱེར་གྱི་བྱང་ངོས་འཕན་ཡུལ་ཟེར་བ་དེ་ཡིན། ས་ཁུལ་དེར་བོད་ཀྱི་བཙན་པོ་གནམ་རི་སྲོང་བཙན་གྱི་སྔོན་ལ་ངས་པོར་འབོད་ཀྱང་བཙན་པོ་དེས་ཡུལ་ཁམས་དེ་དབང་དུ་བཟུང་རྗེས། བཀའ་ཕབ་ནས་ཡུལ་ངས་པོ་ཞེས་པ་ནས་འཕན་པོ་ཞེས་པར་བརྗེས་པ་རེད།③ འོལ་ཕུ་ཡང་མཁར་རམ་འོལ་ཡུལ་སྤྱང་ཀར་ཞེས་པ་ནི་གཞིས་རྩེ་ས་ཁུལ་རྣམ་གླིང་རྫོང་ཁོངས་འུ་ཡུག་བྱ་བའི་ས་ཆ་ཡིན་པར་བཤད། ཉང་ཡུལ་རྣམ་གསུམ་ཡང་རུས་ཚན་ཉང་སྟོད་པའི་ཡུལ་ལམ་ཉང་ཆུ་འབབ་ཡུལ་ཏེ་ཀོང་པོ་རྒྱ་མདའ་ནས་ཉིང་ཁྲི་རྫོང་བར་གྱི་ས་ཡི་ཁྱོན་ཡིན་ལ། དྭགས་ཡུལ་སེ་མོ་གྲུ་བཞི་ནི་རུས་ཚན་དྭགས་ཀྱིས་བཟུང་བའི་ཡུལ་དེ་ད་ལྟའི་བོད་ལྗོངས་ཀྱི་རྒྱ་ཚ་རྫོང་དང་གླང་རྫོང་གཉིས་ཀྱི་མངའ་ཁོངས་དེ་དག་ཡིན། ཡུལ་ཀྲིས་སྣ་རོལ་མོ་གོང་དང་ཡུལ་འབྲོག་མོ་

① 《ལྡེའུ་ཆོས་འབྱུང་》གི་ཤོག་གྲངས་259པར་གསལ།

② བོད་ལྗོངས་མི་དམངས་དཔེ་སྐྲུན་ཁང་གིས་པར་དུ་བསྐྲུན་པའི《མྱང་ཡུལ་སྟོད་སྨད་བར་གསུམ་གྱི་ངོ་མཚར་གཏམ་གྱི་ལེགས་བཤད་མཁས་པའི་འཇུག་ངོགས》ཀྱི་ཤོག་གྲངས་92པར་གསལ།

③ 《ཏུན་ཧོང་ནས་ཐོན་པའི་བོད་ཀྱི་ལོ་རྒྱུས་ཡིག་ཆ》ཡི་ཤོག་གྲངས་55པར་གསལ།

རྣམ་གསུམ་ཡང་ད་ལྟའི་ས་ཆ་འདི་རེད་ཅེས་མཚུབ་མོ་འཛུགས་མི་ཐོད་ཏུང་དབུས་གཙང་གཉིས་ཀྱི་ཁྱོན་ལས་འདས་མེད་པར་སྙམ། མདོར་ན། རྒྱལ་ཕྲན་སིལ་མ་བཅུ་གཉིས་ཀྱི་མངའ་ཁོངས་ནི་ཕལ་ཆེར་དབུས་གཙང་གཉིས་ཀྱི་ཁོངས་སུ་འདུས། དེས་ན་རྒྱལ་ཕྲན་བཅུ་གཉིས་གོང་བུ་གཅིག་ཏུ་གྱུར་པའི་དུས་ཏེ་དབང་མཛད་བཅུ་གཉིས་ཀྱི་དང་པོ་གནོན་སྦྱིན་ནག་པོ་ནས་བཅུ་པ་ཟ་རིད་སྤུན་དྲུག་བར་གྱི་དབང་སྒྱུར་མངའ་ཁོངས་ཀྱང་ཆེས་ཆེ་ནའང་དབུས་གཙང་ཅུ་བཞིའི་ཁྱོན་ལས་བརྒལ་མེད་པ་མངོན་དུ་གསལ་ལོ། །

བཞི་པ། དབང་མཛད་བཅུ་གཉིས་དུས་ཀྱི་དཔལ་འབྱོར་གནེར་ཚུལ་བཤད་པ།

དེ་ཡང་དབང་མཛད་བཅུ་གཉིས་ནི་ལོ་ངོ་སྟོང་ཕྲག་གསུམ་གྱི་སྔ་རོལ་ནས་རིམ་པར་བྱོན་པ་གཞི་བྱས་ནས་ཅུང་ཟད་དཔྱད་ན། དུས་སྐབས་དེར་བོད་ཀྱི་སྤྱི་ཚོགས་ཕྱོགས་ཡོངས་ནས་འཕེལ་རྒྱས་བྱུང་སྟེ། ཞིང་ཕྱུགས་ཐོན་སྐྱེད་དང་ལག་ཤེས་བཟོ་ལས་རིགས་ཅན་རེ་གཉེར་གྱིན་ཡོད་པ་རེད། བོད་ལྗོངས་ཆབ་མདོ་ས་ཁུལ་གྱི་མཁར་རོ་གྲོང་ཚོའི་ཉེ་འདབས་སུ་ལོ་ངོ་སྟོང་ཕྲག་བཞི་ལྔའི་སྔོན་གྱི་གནའ་ཤུལ་སྣེ་གྲུ་བཞི་མ་ཞིག་ཁྲི་ཙམ་རྙེད་པ་ལས་ཁང་པ་ཉེར་བདུན་དང་ལོ་ཏོག་ཁྲེ(粟)འབོར་ཆེན་ཐོན་པ་ལྟར་ན།① སྐབས་དེར་ས་བབ་དམའ་ཞིང་གནམ་གཤིས་དྲོ་བ་དང་ཆུ་ཁུངས་འཛོམས་པའི་ས་ཆར་གྲོང་ཚོ་ཆགས་ནས་གཏན་སྡོད་བྱེད་ཅིང་། སྤང་ཐང་ཞིང་དུ་སློས་ནས་ལོ་ཏོག་འདེབས་འཛུགས་བྱེད་པ་དང་། 《བཀའ་ཐང་སྡེ་ལྔ》ལས་དབང་མཛད་བཅུ་གཉིས་ཀྱི་ལྔ་པ་ཟ་རམས་སྐྱེས་དྲུག་གི་རིང་ལ་ཧ་ཞོན་པའི་སྲོལ་དར་གསུངས་པ་བཞིན་དུས་སྐབས་དེར་བོད་པ་རྣམས་ཀྱིས་རྟ་དང་། འབྲོང་། གནའ། རྒོ་

① བོད་ལྗོངས་མི་དམངས་དཔེ་སྐྲུན་ཁང་གིས་པར་དུ་བསྐྲུན་པའི《བོད་ལྗོངས་གནའ་རྫས་རྟོག་ཞིབ་གནད་བསྡུས》ཀྱི་ཤོག་ངོས་34པར་གསལ།

བ། ཕག་རྐོད་སོགས་རི་སྐྱེས་སྲོག་ཆགས་རྣམས་བཟུང་ནས་རྟ་ནོར་ར་ཕག་སོགས་སུ་བཏུལ་ཏེ་ཕྱུགས་ལས་ཐོན་སྐྱེད་ཀྱང་གཉེར་གྱིན་ཡོད་པ་ལོ་ངོ་སྟོང་ཕྲག་བཞི་ཙམ་འགོར་བའི་བོད་ལྗོངས་ཤན་རྩ་རྫོང་ཁོངས་ཀྱི་ཛགས་གླིང་བྲག་རིས་སུ་རྟར་བཞོན་ནས་གཡག་འདེད་ཅིང་ཁྱི་ཁྲིད་པ་སོགས་བཀོས་ཡོད་པ་དང་། ལོ་སྟོང་ཕྲག་བཞི་ལྔའི་སྔོན་གྱི་མཁར་རོའི་གནའ་ཤུལ་ནས་ཕག་དང་གནའ་སོགས་སྲོག་ཆགས་བཅུ་ཕྲག་འགའི་རུས་པ་ཐོན་པ་དང་། ཐོག་ཁང་རིམ་པ་གཉིས་ཅན་ཡོད་པའི་གཤམ་འོག་ཏུ་ཕྱུགས་ཟྡོག་འཇུག་པ་བཅས་ལས་རྟོགས་ཐུབ།

དེ་མིན་བོད་ལྗོངས་ཉིང་ཁྲི་ས་ཁུལ་གྱི་མེ་ཏོག་ཤང་མེ་ཏོག་གྲོང་ཚོ་དང་ཉིང་ཁྲི་རང་དུ་རྗེ་ཆས་གསར་པའི་དུས་ཀྱི་ཟྭ་ཆས་ཐོན་ཅིང་།① ཆབ་མདོ་ས་ཁུལ་གྱི་ཞོ་ཨེན་ཏེ་ས་ཆར་ལོ་ངོ་སྟོང་ཕྲག་བཞིའི་སྔོན་གྱི་དུར་ཐོན་པ②ལས་ཟྭ་ཆས་ཡོད་པ་དང་། མཁར་རོ་གནའ་ཤུལ་ལས་ཟྭ་ཆས་སྣ་ཚོགས་ཐོན་ཅིང་ཟྭ་ངོས་སུ་ཐགས་འཐག་པའི་རི་མོ་ཡོད་པ་བཅས་ལ་བརྟགས་ན། སྐབས་དེར་ས་ཟྭ་བསྒྲིགས་ནས་དཀར་ཡོལ་དང་སྡེར་མ་སོགས་འཚོ་བའི་ཡོ་བྱད་སྣ་ཚོགས་ལས་ཏེ་བཀོལ་སྤྱོད་དམ་བརྗེ་རེས་བྱེད་ཅིང་། བལ་སྐུད་ལ་སོགས་པས་ཐགས་བཏགས་ནས་གོན་ཆས་དང་སྒྲ་གུར་སོགས་བཟོ་བར་མ་ཟད། གནའ་བོའི་ཡིག་ཚང་རྣམས་སུ། ལག་ཆར་མདའ་གཞུ་འཕེན་པ་དེ་ནས་བྱུང་། །སྟ་རེ་དགྲ་སྟ་དུས་དེར་ལག་ཆར་བྱུང་། །ལག་ཆར་ཁ་ཏཾ་རྩེ་གསུམ་དེ་ནས་བྱུང་། །ཞེས་པ་ཇི་བཞིན་ཟངས་ལྕགས་བཙོ་སྦྱངས་བྱས་ནས་མདའ་གྱི་མདུང་གསུམ་སོགས་དགྲ་འཐབ་ཀྱི་མཚོན་ཆ་དང་། འཚོ་བའི་ཡོ་བྱད། ཐོན་སྐྱེད་ཀྱི་ལག་ཆ། མཛེས་པའི་རྒྱན་ཆ་བཅས་བཟོས་ནས་བཀོལ་སྤྱོད་དང་ཚོང་ཟོག་བརྗེ་རེས་བྱེད་པ་བོད་ལྗོངས་སུ་ལོ་ངོ་སུམ་སྟོང་སྔོན་གྱི་ཟངས་ཆས་

① བོད་ལྗོངས་མི་དམངས་དཔེ་སྐྲུན་ཁང་གིས་པར་དུ་བསྐྲུན་པའི《བོད་ལྗོངས་གནའ་རྫས་རྟོག་ཞིབ་གནད་བསྡུས》ཀྱི་ཤོག་ངོས་49པར་གསལ།

② གོང་འཕོད་དེབ་ཀྱི་ཤོག་ངོས་43པར་གསལ།

ཐོན་པ་ལས་གསལ་པོར་རྟོགས་ཐུབ། མདོར་ན། དབང་མཛད་བཅུ་གཉིས་ཀྱི་རྗེས་མ་བཞིའི་རིང་ལ་བཟོ་ཞིང་ཕྱུགས་གསུམ་དང་ལག་ཤེས་བཟོ་ལས་དར་བར་བརྗོད་པ་བཞིན་སྐབས་དེ་དག་ཏུ་ སྔར་གྱི་མ་རྙོས་ལོ་ཏོག་འཐུ་བ་དང་། རི་སྐྱེས་སྤྲོག་ཆགས་རྔོན་པ་སོགས་ཀྱི་རྒྱང་གཞིའི་སྟེང་ཞིང་ཕྱུགས་ལས་དང་། ལག་ཤེས་བཟོ་ལས། དངོས་ཟོག་བརྗེ་རེས་བཅས་ཀྱི་ལས་བྱུང་བས། སྐབས་དེའི་སྤྱི་ཚོགས་རྩིལ་པོ་གོང་དུ་འཕེལ་བར་དཔལ་འབྱོར་གྱི་ཆ་རྐྱེན་ངེས་ཅན་ཞིག་བསྐྲུན་པ་རེད།

ལྔ་པ། དབང་མཛད་བཅུ་གཉིས་དུས་ཀྱི་སྤྱི་ཚོགས་ཀྱི་ངོ་བོ་བཤད་པ།

དེ་ཡང་དབང་མཛད་བཅུ་གཉིས་ནི་ལོ་ངོ་སུམ་སྟོང་སྔོན་ནས་སྤྱི་ལོ་སྔོན་གྱི་དུས་རབས་གཉིས་པའི་བར་དུ་དབུས་གཙང་ཙམ་གྱི་ས་ཡི་དཀྱིལ་འཁོར་ལ་དབང་སྒྱུར་མཁན་ཡིན་པ་གཞིར་བྱས་ནས། སྐབས་དེའི་སྤྱི་ཚོགས་ཀྱི་ངོ་བོ་ཙུང་ཟད་སྤྲོས་ན། མིའི་རིགས་བྱུང་བ་ནས་གདོད་མའི་མི་ཚོགས་དང་། མ་རྒྱུད་སྤྱི་ཚོགས། ཕ་རྒྱུད་སྤྱི་ཚོགས། གྲལ་རིམ་སྤྱི་ཚོགས་བཅས་རྣམ་པ་མི་འདྲ་བ་བཞི་བརྒྱུད་པ་ལས། སྐབས་དེའི་སྤྱི་ཚོགས་ནི་གྲལ་རིམ་སྤྱི་ཚོགས་སུ་མངོན་པར་སླེབས་ཡོད་པར་སྙམ། རྒྱུ་མཚན་ནི།

1.**གྲལ་རིམ་གྱི་དབྱེ་བ་གསལ་ཞིང་འགལ་བ་ཛ་དྲག་ཡིན་པ།** གྲལ་རིམ་ནི་ལོ་རྒྱུས་ཀྱི་སྣང་ཚུལ་ཞིག་སྟེ་མིའི་རིགས་ཀྱི་ཐོན་སྐྱེད་གོང་དུ་འཕེལ་བའི་ལོ་རྒྱུས་ཀྱི་དུས་རིམ་ངེས་ཅན་ཞིག་དང་འབྲེལ་བ་ཡོད་ལ། དེས་ན་རང་རེ་བོད་ལ་གྲལ་རིམ་གྱི་དབྱེ་བ་ནམ་བྱུང་བ་ཡིན་ཞེ་ན། དུས་འདི་ལས་བྱུང་བ་ཡིན་ཞེས་ཁ་ཚོན་གཅོད་དཀའ་མོད། བོད་ལྗོངས་མཁར་རོ་ས་ཁུལ་དུ་ལོ་སྟོང་ཕྲག་བཞི་ལྷའི་སྔོན་གྱི་རྗེ་ཆས་གསར་པའི་དུས་སྐབས་ཀྱི་རྗེས་ཤུལ་སླེ་གྲུ་བཞི་མ་ཁྲི་ཚོ་གཅིག་ཙམ་བྱུང་བ་ལས་རྗེ་

བརྩིགས་ཀྱིས་གྲུབ་པའི་ཐོག་ཁང་རིམ་པ་གཉིས་ཅན་དང་། སྤྱིལ་བུ་དང་ཆ་འདྲ་བའི་ཁང་པ་རླུམ་གོར་རམ་གྲུ་བཞི་སོགས་རིགས་མི་འདྲ་བ་ཉི་ཤུ་རྩ་བདུན་ཡོད་ཅིང་། རྡོ་བརྩིགས་ཅན་གྱི་ཐོག་ཁང་དེ་སྤྱིལ་བུ་ལྟ་བུའི་ཁང་པ་ལས་རྒྱ་ཆ་མང་ཞིང་རྒྱ་ཁྱོན་ཆེ་བ། རྒྱུ་སྤུས་བཟང་བ། བཀོད་པ་ལེགས་པ་བཅས་ལ་བརྟགས་ན། སྐབས་དེར་ཁྱིམ་ཚང་དང་གྲོང་ཚོ་གྲུབ་ཡོད་པ་མངོན་གསལ་ཡིན་ལ། ས་དེར་འབྲུ་རིགས་ཁྲེ(粟)འབོར་ཆེན་ཐོན་པ་ལས་སྐབས་དེར་ཐོན་སྐྱེད་ནུས་ཤུགས་དང་ཞིང་ལས་ཐོན་རྫས་ལ་འཕེལ་རྒྱས་ངེས་ཅན་ཞིག་བྱུང་ནས། འབྲུ་རིགས་ལྷག་མ་ཡོད་པར་ངེས་པས། དབུལ་ཕྱུག་དང་གྲལ་རིམ་གྱི་དབྱེ་བ་འབྱུང་བའི་ཆ་རྐྱེན་འཛོམས་པ་རེད།

མ་སངས་སྤུན་དགུའི་བྱུང་རབས་སུ་གནམ་ལྷ་སྤྱི་རིང་གཡུ་རིང་གཡུ་སེ་ཟེར་བའི་སྤུན་མཆེད་གསུམ་བྱོན་པའི་ཚུང་བ་གཡུ་སེ་མིའི་རྗེ་བོ་མཛད་པ་དང་། དེར་སྲས་བཞི་བྱུང་བ་རྣམས་ཀྱིས་ལྷོང་ཏུས་ཆེན་བཅོ་བརྒྱད་དང་འཐབ་ནས་བྲན་དུ་བཀོལ་བར་བརྗོད། དེའི་ཐོག་ནས་ཀྱང་མ་སངས་སྤུན་དགུ་མ་བྱོན་པའི་སྔ་རོལ་ནས་དབང་སྒྱུར་མཁན་དང་དབང་སྒྱུར་སྒྲོང་མཁན་གྱི་དབྱེ་བ་ཡོད་པ་ཤེས་ཤིང་། 《རྒྱལ་པོ་བཀའ་ཐང》ལས། གཙུག་ལག་རྒྱལ་པོ་གདུག་པ་སྦྲུལ་ལྟར་འཁྱིལ། །ཆོས་ཀྱི་རྒྱལ་པོ་ཁྲི་ལ་སྤྱང་ལྟར་འཇབ། །ནོར་གྱི་རྒྱལ་པོ་བེའུ་ལ་ཁྲ་ལྟར་འཇུམ། །ཧོར་གྱི་རྒྱལ་པོ་ཤིང་ལ་སྟར་ལྟར་འཚབ། །ཕྱོགས་བཞིའི་རྒྱལ་པོ་ཕྱོགས་ནས་དར་བའི་ཚེ། །དེ་དུས་བོད་ཁམས་མི་ལ་རྗེ་མེད་པས། །རི་བྲན་བྲག་མཁར་ཀུན་ལ་རྫོང་ཡང་བཅས། །གོས་དང་ཁ་ཟས་བཙན་མཁར་ནོར་བུ་བཅུག །ཆོལ་དུ་མི་ཐུབ་དམག་གྲངས་ཉུང་བའི་དུས། །རང་ལ་དབང་མེད་ཚོགས་རྒྱབ་སྲབ་པའི་དུས། །བོད་ཡུལ་གངས་རི་རྩེ་དགུའི་ལྡོངས་འདི་རུ། །སྤྲུ་རྒྱལ་གོང་དུ་མངའ་མཛད་དྲུག་ཏུ་བྱུང་། །ཞེས་པ་ལྟར་ན། དབང་མཛད་བཅུ་གཉིས་ཀྱི་དང་པོ་གནོད་སྦྱིན་ནག་པོའི་དུས་སུ་སླེབས་ཚེ། ནང་ཁུལ་དུ་གྲལ་རིམ་གྱི་དབྱེ་བ་ཡོད་ཅིང་། ཕྱི་ཕྱོགས་སུ་བཙན་གནོམ་གྱི་

ཁྱད་པར་ཡོད་པར་མ་ཟད། ཕྱི་ནང་གཉིས་ཀྱི་གྲལ་རིམ་འགལ་བ་དེ་དག་ཇ་དྲག་ཏུ་གྱུར་པ་ལ་བརྟེན་ནས། གཅིག་གྱུར་གྱི་དབང་མཛད་མཁན་བྱུང་ཞིང་་ཏུས་རྒྱུད་ཚོ་ཁག་གོང་བུ་གཅིག་ཏུ་བསྒྱུར་ཏེ། ཕྱིའི་བཙན་འཛུལ་པ་འགོག་ཀོལ་དང་ནང་གི་གྱེན་ལོག་པར་གཞའ་གནོན་བྱས་པ་རེད།

2.**དབང་སྒྱུར་ལས་ཁུངས་ཚུགས་པ།** དབང་མཛད་བཅུ་གཉིས་ཀྱི་དུས་སུ་དབང་སྒྱུར་མི་སྣ་དང་ཚ་འཛུགས་ག་འདྲ་ཡོད་ཅེ་ན། སྐབས་དེར་ཏུ་རྒྱུད་ཚོ་ཁག་སྤྱི་ལ་དབང་སྒྱུར་མཁན་ཡོད་པ་དབང་མཛད་བཅུ་གཉིས་ཞེས་པ་དང་། རྒྱལ་ཕྲན་སིལ་མ་བཅུ་གཉིས་སུ་ཐོར་བ་ལས་ཤེས་ཤིང་། དབང་མཛད་དེ་དག་ལ་ཞི་དྲག་ཟུང་གི་ལས་ལ་བློ་འདྲི་ས་བློན་པོ་འགའ་རེ་ཡོད་པ་ཏུན་ཧོང་ཡིག་ཆེང་དང་། 《ལྡེའུ་ཆོས་འབྱུང》《རྒྱ་བོད་ཀྱི་ཆོས་འབྱུང་རྒྱས་པ》《མཁས་པའི་དགའ་སྟོན》སོགས་སུ་རྒྱལ་ཕྲན་སིལ་མ་བཅུ་གཉིས་འདྲེན་སྐབས་རྒྱལ་ཕྲན་རེ་ལ་རྒྱལ་པོ་རེ། རྒྱལ་པོ་རེ་ལ་བློན་པོ་གཉིས་རེ་ཡོད་པར་བསྟན་པས་ཤེས། དེ་མིན《ལྡེའུ་ཆོས་འབྱུང》ལས་བཙན་པོ་གཉའ་ཁྲིས་རྒྱལ་ཕྲན་སིལ་མ་བཅུ་གཉིས་གཅིག་གྱུར་བྱས་ནས་སྤུ་རྒྱལ་བཙན་པོའི་ཁྲི་ལ་མངའ་སྒྱུར་དུས་ཆབ་སྲིད་དང་། གཡུལ་འཁྲིད། ཆོས་ལུགས་བཅས་ལ་ཁ་ལོ་སྒྱུར་བའི་སྐུ་སྲུང་ལྷ་བོན་རེ་ཡོད་པར་བཀོད་པ་དང་དེའི་སྔོན་ནས་བོན་ལུགས་ཡོད་པ་ཟུང་དུ་སྦྲེལ་ནས་བརྟག་གཞིག་བྱས་ན། དབང་མཛད་བཅུ་གཅིག་གི་དུས་སུའང་སྐུ་སྲུང་རིམ་གྲོ་སྒྲུབ་པའི་བོན་གཤེན་ཡོད་པ་ངེས་ཅན་ཡིན་ལ། དབང་མཛད་བཅུ་གཉིས་ཀྱི་གཉིས་པ་མགོ་གཡག་བདུད་དང་། བརྒྱད་པ་ཀླུས་དབང་མཛད་ཚེ་བདུད་ཡུལ་གླིང་དགུའམ་བོད་ཡུལ་གླིང་དགུར་ཕྱེ་བ་དང་། བཅུ་པ་ཟ་རིད་སྤུན་དྲུག་གིས་དབང་སྒྱུར་དུས་སྟོང་སྡེ་བཅོ་བརྒྱད་དུ་ཕྱེ་བར་བལྟས་ན། གླིང་རེ་རེ་དང་སྟོང་སྡེ་རེ་རེ་ལའང་དབང་སྒྱུར་མི་སྣ་རེ་ཡོད་པ་ནི་སྨོས་མ་དགོས། དེས་ན་དབང་མཛད་པ་དང་། བློན་པོ། སྐུ་སྲུང་བོན་གཤེན་སོགས་ལས་མངའ་ཁོངས་སྤྱིའི་ཆབ་

སྲིད་དང་། དཔལ་འབྱོར། དམག་དོན། ཆོས་ལུགས་བཅས་ལ་གཅིག་གྱུར་གྱིས་ཁ་ལོ་སྒྱུར་བའི་དབང་སྒྱུར་ལས་ཁུངས་སམ་རྩ་འཛུགས་གྲུབ་པ་དང་། གླིང་དཔོན་ནམ་སྟོང་དཔོན་སོ་སོ་དང་དེ་དག་གི་ལག་རོགས་སོགས་ལས་རང་རང་གི་དབང་ཤུགས་ཁྱབ་ཁོངས་ཀྱི་ལས་དོན་སྣ་ཚོགས་ལ་དབང་སྒྱུར་བའི་རྩ་འཛུགས་གྲུབ་ཡོད་པ་ནི་རྗེས་དཔག་ཚད་མས་རྟོགས་ཐུབ།

3.**དབང་སྒྱུར་བྱ་ཐབས་ཡོད་པ།** དེ་ཡང《མཁས་པའི་དགའ་སྟོན》ལས། རྒྱལ་ཕྲན་དེ་རྣམས་འཐབ་རྩོད་གསོད་གཅོད་དགའ། །ཕྱིགས་ཉེས་མི་བརྩི་བཀྱོན་འབེབས་བཙོན་རར་འཛུད། །ཅེས་པ་ལྟར་ན། དབང་མཛད་བཅུ་གཅིག་གི་རྗེས་སུ་བོད་ལ་གཅིག་གྱུར་གྱི་དབང་མཛད་མ་བྱུང་བས། རྒྱལ་ཕྲན་སིལ་མ་བཅུ་གཉིས་སུ་ཐོར་ཅིང་དེ་དག་གིས་རང་རང་གི་དབང་སྒྱུར་མངའ་ཁོངས་རྒྱ་བསྐྱེད་ཅིང་དཔལ་འབྱོར་གྱི་ཁེ་ཕན་སྲུང་སྐྱོབ་བྱེད་པའི་ཆེད་དུ་ཕྱི་ཕྱོགས་སུ་གཡུལ་བཀྱེས་ནས་ཕན་ཚུན་གསོད་རེས་བྱེད་པ་དང་། ནང་ཁུལ་དུ་དཀར་ནག་གི་དབྱེ་བ་དང་ཕྱིགས་ཉེས་ཀྱི་ཁྱད་པར་མི་འབྱེད་པར་བཀའ་བཀྱོན་ཞིང་བཙོན་དུ་འཇུག་པ་སོགས་དྲག་རྩུབ་ཀྱི་ལས་སྣ་ཚོགས་བགྱིས་ནས། བོད་འབངས་རྣམས་ལ་དམག་འཁྲུག་དང་བཙན་གནོན། བཀྲེས་ལྟོགས་བཅས་ཀྱི་སྡུག་བསྔལ་བསྐྱེད་པ་རེད། དེས་ན་བཙོན་ཁང་སོགས་བཙན་ཤེད་ཀྱི་ལས་ཁུངས་འཛུགས་པ་དང་དེར་བཙུག་ནས་ཉེས་ཆད་གཅོད་པའི་ལུགས་དེ་ཡང་རྒྱལ་ཕྲན་སིལ་མ་བཅུ་གཉིས་སུ་ཐོར་བའི་དུས་དེ་ལ་གློ་བུར་དུ་བྱུང་བ་མིན་པར། དེའི་སྔོན་གྱི་དབང་མཛད་བཅུ་གཅིག་སྟེ་གཅིག་གྱུར་ཡིན་པའི་དུས་ནས་ཡོད་པའི་ལུགས་ཀྱི་རྒྱུན་མཐུད་ཡིན་པར་འདོད།

《ལྡེའུ་ཆོས་འབྱུང》ལས། རྐུ་ལ་ལན་མཆིས། སྡང་ལ་བྱམས་མཆིས། དུག་ལ་སྨན་མཆིས། དགྲ་ལ་ཟིན་མཆིས། གདོན་ལ་ལྷ་མཆིས། རྫུན་ལ་བདེན་མཆིས། སྲི་དང་ཅན་ལ་གནན་ཐབས་མཆིས། བྱད་ལྟེམས་ལ་བསྒྲལ་ཐབས་མཆིས། གཡོ་ལ་

དྲང་མཆིས། གཡག་ལ་མཚོན་མཆིས་ཞེས་པ་ལས་སྤུ་རྒྱལ་བཙན་པོ་གཉའ་ཁྲིའི་སྤྱི་རོལ་དུ་བོད་ན་གཞན་གྱི་དངོས་པོ་བརྐུས་ན་ལན་འཇལ་དགོས་པ་དང་། གཞན་ལ་སྣང་ཞིང་གཅེ་བ་གཏོང་མཁན་ལ་བྱམས་པའི་སེམས་ཀྱིས་ཐེ་གཏོགས་བྱེད་པའི་ཞལ་ལྕེ་དང་རྫུན་བཤད་མཁན་ལ་ལྷ་སྐུ་གཉན་པོ་དཔང་དུ་བཞག་ནས་མནའ་བོར་བའི་བདེན་ཁྲིམས་ཡོད་ཅིང་། ཚོང་ཟོག་བརྗེ་རེས་བྱེད་དུས་གཡོ་བྱས་ནས་གཞན་མགོ་བསྐོར་བ་སོགས་བྱུང་ན་དྲང་པོ་ཐིག་གིས་ཞལ་ལྕེ་གཅོད་པ་མངོན་པར་གསལ། དེར་མ་ཟད་སྐྱོབ་པའི་ལྷ་ལ་མཆོད་བཀུར་བྱེད་པ་དང་། རིགས་མཐོ་ཞིང་རང་ལས་རྒན་པའི་མི་ལ་གུས་བཀུར་བྱ་དགོས་པའི་ཁྲིམས་ཀྱང་ཡོད་པ《བཀའ་ཐང་སྡེ་ལྔ》ལས། དེ་ནས་རྒྱལ་ཕྲན་བཅུ་གཉིས་དབང་བྱས་ཏེ། །ཡུལ་གྱི་མིང་ནི་སྭ་ཁ་བརྒྱད་དུ་བཏགས། །ཕྱི་རྟགས་ཕྱུག་དང་ཞི་ས་དེ་ནས་བྱུང་། །ཞེས་པས་མཚོན།

དེས་ན་མདོ་ལས། ཡི་ལོས་གསོག་འཇོག་བྱས་ནས་ནི། འཛིན་ཆགས་རྣམས་ཀྱི་ཞིང་དཔོན་སྣབས། ཞིང་དང་ས་ལུ་མ་བྱིན་པར་ལེན་པ་རྣམས་ལ་སྐྱོབ་པར་བྱེད་པ་ལ་རྒྱལ་རིགས། ཆོས་ཀྱིས་སྐྱེ་རྒུ་སྐྱོང་བའི་ཚུལ་ཁྲིམས་དང་ཤེས་རབ་ཉམས་སུ་བླངས་ཏེ་གནས་པ་ལ་རྒྱལ་པོ་ཞེས་པ་ལྟར་ན། མིའི་རིགས་ཐུན་མོང་གིས་ལོ་ཏོག་འདེབས་འཇུགས་བྱེད་ཤེས་པ་དང་། འབྲུ་རིགས་ཀྱི་དོན་དུ་ཕན་ཚུན་གསོད་རེས་བྱེད་པ་དང་། རྫུན་བཤད་པ། གཡོ་བྱེད་པ་ལ་སོགས་པའི་ལས་བྱས་པར་ལེགས་ཉེས་ཀྱི་ཤན་འབྱེད་པ། བརྩོན་འགྲུས་དང་སྙིང་སྟོབས་ཆེ་བ། ཐམས་ཅད་ལ་བྱམས་ཤིང་བློ་སྙོམ་ཆེ་བ། སྤྱོད་པ་བཟླ་བ་ཐམས་ཅད་ལ་མཁས་པ་བཅས་ཀྱི་མི་ཞིག་དཔོན་དུ་བསྐོས་ཤིང་། སྐྱེ་བོ་མང་པོས་བཀུར་བ་ལས་རྒྱལ་པོ་བྱུང་བ་དང་། རྒྱལ་པོ་དེས་ཚུལ་དང་མི་མཐུན་པའི་སྤྱོད་པ་སྣ་ཚོགས་འགོག་པའི་དོན་དུ་ལུགས་ཀྱི་ཁྲིམས་བཟོས་པ་སྟེ། ཚུལ་དང་མི་མཐུན་པའི་ལས་བྱུང་བ་ནས་དེ་འགོག་པའི་ཁྲིམས་ཀྱང་བྱུང་བ་རེད། དེར་བརྟེན་རྒྱལ་ཕྲན་སིལ་མ་བཅུ་གཉིས་དུས་སུ་རྐུ་ལ་ལན་འཇལ་

བ་དང་རྫུན་ལ་བདེན་ཁྲིམས་གཅོད་པ། གཡོ་བྱེད་མཁན་ལ་དྲང་བདེན་གྱི་ཞལ་ལྕེ་གཅོད་པ། རང་ལས་རིགས་མཐོ་བ་དང་ལོ་རྒན་པ་ལ་ཕྱག་དང་ཞེ་ས་བྱེད་པ་ལ་སོགས་པའི་ཁྲིམས་ལུགས་རྣམས་ཀྱང་དུས་སྐབས་དེ་རང་དུ་བྱུང་བ་མ་ཡིན་ཏེ། གདོད་མའི་བོད་པ་རྣམས་ཀྱིས་ཞིང་ཕྱུགས་ཐོན་སྐྱེད་གཉེར་ཤེས་ཤིང་ཐོན་འབབ་བརྐྱ་འཕྲོག་བྱེད་པ་དང་། དེའི་དོན་དུ་རྫུན་བཤད་ཅིང་གཡོ་བྱེད་པ། རང་ལས་རིགས་མཐོ་ཞིང་ན་སོ་རྒན་པའི་མི་ལ་གུས་བཀུར་མི་བྱེད་པ་ལ་སོགས་པའི་སྤྱོད་པ་ཐོན་པ་དང་བསྟུན་ནས་བཟོས་པ་ཡིན་པར་ངེས།

གོང་གསལ་ཕྱོགས་གསུམ་གྱི་ཐོག་ནས་དབང་མཛད་བཅུ་གཉིས་ལས་སྔོན་མ་བཅུ་གཅིག་ནི་ད་ལྟའི་དབུས་གཙང་གཉིས་ཀྱི་ས་ཡི་ཁྱོན་ལ་ཁྱབ་པའི་རུས་རྒྱུད་ཚོ་ཁག་སྤྱིར་དབང་མཛད་མཁན་ཡིན་ཞིང་། སྐབས་དེའི་སྤྱི་ཚོགས་ཀྱི་ངོ་བོ་ནི་གྲལ་རིམ་ཡོད་པའི་སྤྱི་ཚོགས་སུ་བར་བརྒྱལ་བྱས་ཟིན་པ་ར་སྤྱོད་བྱས་སོ། །

དྲུག་པ། ཐ་མ་རྒྱལ་ཕྲན་སིལ་མ་བཅུ་གཉིས་སུ་ཐོར་བའི་ཚུལ་བཤད་པ།

གོང་དུ་བརྗོད་པ་ལྟར་དབུས་གཙང་ཙམ་གྱི་ས་ཡི་དཀྱིལ་འཁོར་དུ་གནས་པའི་བོད་ཀྱི་རུས་རྒྱུད་ཚོ་ཁག་སྤྱི་ལ་གནོད་སྦྱིན་ནག་པོ་སོགས་གཅིག་གྱུར་གྱི་དབང་མཛད་བཅུ་གཅིག་རིམ་པར་བྱོན་པའི་རྗེས་སུ། ཕྱི་ཕྱོགས་ནས་རྒྱ་གར་དང་། ཕྲོམ་གེ་སར། སྟག་གཟིག་སོགས་ཀྱིས་བཙན་འཛུལ་གྱི་འཇིགས་སྣང་བསྐུལ་བ་དང་། ནང་ཁུལ་དུ་དཔུང་གི་སྟོབས་ཆེ་ཞིང་ནོར་གྱི་འབྱོར་པས་ཕྱུག་པའི་རྒྱལ་ཕྲན་གྱིས་རང་ཚུགས་བཙུང་ནས། སྤྱི་ཁྱབ་ཀྱི་བཀོད་འདོམས་དང་ཁྲིམས་ལུགས་མ་བརྩིས་པ་དང་ཡང་ན་གྲེན་ལོག་བྱེད་པ་ལ་སོགས་པའི་འགལ་རྐྱེན་སྣ་ཚོགས་ལ་བརྟེན་ནས། བོད་ཁམས་གླིང་དགུའམ་བོད་ཁམས་གཡང་དྲུག་དེ་ཁྲིམས་འགོ་མི་གཅིག་པའི་རྒྱལ་ཕྲན་

བཅུ་གཉིས་སུ་ཕྱེ་བ་རེད།

དེའང་སྟོན་གྱི་ཡིག་ཚང་ཁ་ཅིག་ཏུ①མི་ཉག་དང་། སུམ་པ། འ་ཞ་སོགས་ཀྱང་གཉའ་ཁྲི་བཙན་པོ་ཡན་ཆད་ཀྱི་རྒྱལ་ཕྲན་སིལ་མ་བཅུ་གཉིས་ཀྱི་ཡ་གྱལ་དུ་བགྲངས་ཀྱང་ཞིབ་ཏུ་བརྟག་དགོས་པ་ཞིག་སྟེ། མི་ཉག་ཅེས་པ་ནི《མཁས་པའི་དགའ་སྟོན》ལས་གསལ་བ་ལྟར་ན། ཤར་ནི་རྒྱ་ནག་ལྷོ་ན་འཇང་ནུབ་ན་བོད་བྱང་ཧོར་གྱིས་བཅད་པའི་དབུས་ནི་མི་ཉག་གི་རྒྱལ་ཁམས་ཡིན་ཞིང་། སི་ཁྲིན་ཞིང་ཆེན་ཁོངས་དཀར་མཛེས་བོད་རིགས་རང་སྐྱོང་ཁུལ་གྱི་དར་རྩེ་མདོའི་ནུབ་ཕྱོགས་ནས་ཧྲའུའི་ཤར་ཕྱོགས་བར་གྱི་ས་ཆར་ཡང་ཟེར་བ་ཡིན།② སུམ་པ་ནི《ལྡེའུ་ཆོས་འབྱུང》ལས། "སུམ་པའི་རུ་མཚམས་ནི། ཤར་གཏེ་ཡུལ་བྲི་ནག ནུབ་སྤེལ་ཞབས་སྟིང་པོ་ཆེ། བྱང་ནགས་པ་ཤོད་གཟི་འཕྲང་། ལྷོ་མི་སྡི་ཚུ་ནག དབུས་ནི་རྒྱ་ཤོད་སྟག་པ་འཚལ་པོ"ཞེས་བཀོད་ཅིང་། དེ་ད་ལྟའི་དབང་དུ་བྱས་ན་ཤར་ངོས་ནི་བྱང་ལྷ་རི་འགོ་རྫོང་ཁུལ་དུ་གནས་པ་དང་། ནུབ་ངོས་ནི་བྱང་གནམ་མཚོ་རྒྱུད། བྱང་ངོས་ནི་འབྲི་རུ་རྫོང་གི་ནུབ་རྒྱུད། ལྷོ་ངོས་ནི་འདམ་གཞུང་རྫོང་གི་ཤར་ལྷོའི་མཚམས་ཏེ་འཕན་པོ་རྒྱུད། དབུས་ནི་འབྲི་རུ་རྫོང་གི་ལྷོ་ནུབ་མི་སྡི་ཁའི་བརྒྱུད་བཅས་ཀྱི་ས་ཡི་ཁྱོན་ཡིན་ལ། འ་ཞ་ད་ལྟའི་དབང་དུ་བྱས་ན་དབུས་གཙང་གི་ཤར་ཕྱོགས་ཁམས་ནང་ཆེན་ནས་བཙམས། མཚོ་ཁྲི་ཤོར་རྒྱལ་མོ་ནས་ལྷོ་ཕྱོགས། སྡེ་དགེའི་ནུབ་བྱང་། ཤར་མཐའ་རྒྱལ་རོང་ལ་ཐུག་པའི་བར་གྱི་མངའ་ཁོངས་ལ་ཟེར་བ་ཆན་ནམ་མཁའི་ནོར་བུས《ཞང་བོད་གནའ་རབས་ཀྱི་ལོ་རྒྱུས་མདོར་བསྡུས》ལས་གསུངས།③ ཞང་ཞུང་ཡང་སྟོད་གྲུ་གུའི་སོ་མཚམས་ནས་སྨད་སུམ་པའི་སོ་མཚམས་བར་གྱི་ས་ཡི་ཁྱོན་ལ(སྔོན་བཙན་གྱི་དུས་ལ)ཟེར། དེ་ལྟར་རྒྱལ་ཕྲན་དེ་བཞིའི་ཁོངས་

① 《གཏོ་ཕུག》དང《བོད་མི་བུ་གདོང་དྲུག་གི་རུས་མཛོད་མེ་ཏོག་སྐྱེད་ཚལ》ལས་དེ་ལྟར་བརྗོད་འདུག

② 《བོད་རྒྱ་ཚིག་མཛོད་ཆེན་མོ》རུ་གསལ།

③ སི་ཁྲིན་མི་རིགས་དཔེ་སྐྲུན་ཁང་གིས་1990ལོར་པར་དུ་བསྐྲུན།

སུ་དགུས་གཙང་གཉིས་ཕུད་ཏ་ལམ་ད་ལྟའི་བོད་ཁམས་ཡོངས་རྫོགས་འདུས་པས། སྟོད་གཅིག་གྱུར་དུས་ཀྱི་རྒྱལ་ཁམས་ལས་མཆེད་པའི་རྒྱལ་ཕྲན་སིལ་མ་བཅུ་གཉིས་ཀྱི་ཡ་གྱལ་ཡིན་མི་སྲིད་ལ། 《ལྡེའུ་ཆོས་འབྱུང་》ལས། "དེ་ནས་ཁད་ཀྱིས་རྒྱལ་ཕྲན་བཅུ་གཉིས་ཀྱི་སྙིན་པོ་མཛད་ནས། འགྲེང་མགོ་ནག་གི་རྗེ་དང་དུད་རྫོག་ཆགས་ཀྱི་རྗེན་དང་བདག་པོ་མཛད"ཅེས་གཉའ་ཁྲི་བཙན་པོ་དེ་རྒྱལ་ཕྲན་བཅུ་གཉིས་ཀྱི་སྤྱི་ཁྱབ་རྒྱལ་པོ་མཛད་པར་བསྟན་པ་དེ་ཡང་ནུས་ཐབས་མེད་པ་རེད། དེ་ལྟ་བས་ན་རྒྱལ་ཕྲན་དེ་དག་ནི་སྨྲ་དང་བྲག་སྲིན་ལས་མཆེད་པའི་རུས་ཚན་ལྗོང་དང་། འབྲུ། སྨྲ། རྣ་བཅས་ལས་གྲུབ་པའི་རྒྱལ་ཕྲན་ཡིན་ཡང་རྒྱལ་པོ་གཉའ་ཁྲིའི་ཡན་གྱི་རྒྱལ་ཕྲན་སིལ་མ་བཅུ་གཉིས་ཀྱི་ཡ་གྱལ་ནི(ཞང་ཞུང་གི་ས་སྐེ་ཟིན་པ་ཙམ་ཕུད)ཡིན་མི་སྲིད་པར་འདོད།

དེ་བཞིན་དུ་གཉའ་ཁྲི་སྔོན་གྱི་རྒྱལ་ཕྲན་སིལ་མ་བཅུ་གཉིས་དེ་སུམ་པའི་ཡུལ་ནས་བྱུང་ཞེས་པར་ཡང་མི་འཐད་དེ། རྒྱལ་ཕྲན་བཅུ་གཉིས་ཀྱི་མངའ་ཁོངས་དེ་སུམ་པའི་ཡུལ་ན་དངོས་འཛིན་ས་མེད་ལ། གཉའ་ཁྲི་བཙན་པོས་རྒྱལ་ཕྲན་དེ་དག་མང་ཆེ་བ་གོང་བུ་གཅིག་ཏུ་བསྡུས་ནས་གཅིག་གྱུར་གྱི་སྲིད་དབང་འཛུགས་སའམ་ཆབ་དཔལ་རིག་གསུམ་གྱི་ལྡེ་གནས་ཆགས་སའང་སུམ་པའི་ཡུལ་དུ་དངོས་འཛིན་ས་མེད། དེས་ན་རྒྱལ་ཕྲན་སིལ་མ་བཅུ་གཉིས་ནི་གོང་དུ་བརྗོད་པ་ལྟར་དགུས་གཙང་ཙམ་གྱི་ས་ཡི་ཁྱོན་ལས་ཆེས་ཆེར་བརྒལ་མེད་ལ། རྒྱལ་ཕྲན་དེ་དག་ནི་གཙོ་བོར་རུས་རྒྱུད་ཚོ་པ་ལས་གྲུབ་ཅིང་། གཅིག་ཁོངས་གཅིག་ལ་མི་གཏོགས་པའི་ཁྲིམས་མགོ་རང་བཙན་གྱི་རྒྱལ་ཕྲན་ཡིན་པ་རེད། 《ཉང་ཆོས་འབྱུང་》ལས། "དེའི་དུས་སུ་བོད་འདིར་སྲིའུའི་རྒྱུད་རྣམས་བདུད་དང་། གནོད་སྦྱིན་ལ་སོགས་པ་མངའ་མཛད་རིམ་པ་བདུན་གྱི་ཐ་མ་ལ། རྒྱལ་སིལ་བུའི་བཅུ་གཉིས་རྒྱལ་ཕྲན་མོ་ངན་ལ་སོགས་པས་དབང་བྱས་ནས། གཅིག་ལ་གཅིག་མི་ཉན་ཏེ་མ་འཆམས་པས་དམངས་རྣམས་མནར་

ནས་བརྟུངས”ཞེས་པ་ལྟར་ན། རྒྱལ་ཕྲན་དེ་དག་གིས་རང་རང་གི་མངའ་ཁོངས་རྒྱ་བསྐྱེད་པ་དང་། དབང་སྒྱུར་གྱི་གོ་གནས་སྲུང་སྐྱོབ་བྱེད་པ། དཔལ་འབྱོར་གྱི་ཆ་རྐྱེན་ཇེ་ལེགས་སུ་གཏོང་བ་བཅས་ཀྱི་དོན་དུ་རྒྱལ་ཕྲན་ཕན་ཚུན་བར་མངའ་ཁོངས་བཙན་བཟུང་དང་། རྒྱུ་ནོར་འཕྲོག་བཅོམ། མི་དམངས་དམར་གསོད་བཅས་ཀྱི་འཁྲུག་རྩོད་ཡུན་རིང་བྱུས་པར་མ་ཟད། ད་དུང་མཐའ་བཞིའི་རྒྱལ་པོས་ཀྱང་བཙན་འཛུལ་གྱི་འཇིགས་སྣང་བསྐུལ་བས། བོད་མི་རྣམས་དམག་འཁྲུག་གི་འཇིགས་པ་དང་། ཆབ་སྲིད་ཀྱི་གཉའ་གནོན། དབུལ་ཕོངས་ཀྱི་སྡུག་བསྔལ་སོགས་ཚད་མེད་མྱངས་པའི་གནས་སུ་བསྐྱུལ་ཅིང་། སྤྱི་ཚོགས་ཀྱི་རྒྱུ་རྐྱེན་དེ་དང་དེ་ལྟ་བུར་བརྟེན་ནས། རྒྱལ་ཕྲན་སིལ་མ་བཅུ་གཉིས་ཀྱི་ནང་གསེས་སུའང་རིམ་བཞིན་ཕ་ཚན་སོ་སོ་ལས་གྲུབ་པའི་ཚོ་ཁག་ཉེར་ལྔའམ་བཞི་བཅུ་སོགས་བྱུང་ཞིང་། དེ་ནི་བོད་ཀྱི་ལོ་རྒྱུས་ཐོག་སྟོད་སིལ་མའི་དུས་ཡིན་ནོ།། །།

༄༅། །རྒྱལ་པོ་སྲོང་བཙན་སྒམ་པོས་སྤུ་རྒྱལ་བོད་ཀྱི་མངའ་ཁོངས་རྒྱ་བསྐྱེད་ཅིང་སྲ་བརྟན་དུ་གཏོང་ཐུབ་པའི་རྒྱུ་རྐྱེན་གཙོ་བོ་གླེང་བ།

དང་པོ། མངའ་ཁོངས་རྒྱ་བསྐྱེད་ཐུབ་པའི་རྒྱུ་རྐྱེན།

རང་རེ་བོད་འདིར་རྒྱལ་པོ་ཐོག་མ་གཉའ་ཁྲི་བཙན་པོ་ནས་སྣང་དར་མའི་བར་དུ་རྒྱལ་རབས་ཞེ་གཉིས་བྱོན། དེ་དག་བྱོན་པའི་དུས་སྐབས་མི་འདྲ་ཞིང་དབང་བསྒྱུར་མངའ་ཁོངས་ལ་ཆེ་ཆུང་ཡོད་ཀྱང་། ཁོང་ཚོ་ནི་དུས་སྐབས་སོ་སོའི་བོད་ཀྱི་ཆེས་མཐོའི་དབང་སྒྱུར་བ་གནས་འཛིན་མཁན་ཡིན་པས། རང་རང་གི་ཐབས་དང་ཤེས་རབ་ལ་བརྟེན་ནས་སྤུ་རྒྱལ་བོད་ཀྱི་མངའ་ཁོངས་རྒྱ་བསྐྱེད་ཅིང་། ཆབ་སྲིད་དང་། དཔལ་འབྱོར། རིག་གནས་བཅས་འཕེལ་རྒྱས་སུ་བཏང་སྟེ། བོད་ཀྱི་སྤྱི་ཚོགས་ཧྲིལ་པོ་གོང་ནས་གོང་དུ་སྤེལ་བར་མཛད་རྗེས་ངེས་ཅན་རེ་བསྐྲུན་པ་རེད། ཁྱད་པར་དུ་རྒྱལ་རབས་སོ་གསུམ་པ་སྲོང་བཙན་སྒམ་པོ་ནི་རླབས་ཆེ་བའི་ཆབ་སྲིད་པ་དང་དམག་དོན་པ་ཞིག་ཡིན་ཏེ། ཁོང་གིས་དགུང་ལོ་བཅུ་གསུམ་སྟེང་ཡབ་ཀྱི་ཁྲི་ལ་དབང་བསྒྱུར་རྗེས། ཐོག་མར་རྒྱལ་ཕྲན་ཞང་ཞུང་དང་། སུམ་པ། ཉག་ཉི། དྭགས་པོ། ཀོང་པོ། མྱང་པོ་བཅས་ངོ་ལོག་པ་སླར་ཡང་འབངས་སུ་བཀུག་ནས། བཙན་པོ་གོང་མའི་དུས་ཀྱི་མངའ་ཁོངས་སྲ་བརྟན་དུ་བཏང་ཐོག འ་ཞ་དང་། གྲུ་གུ། ཏང་ཞང་སོགས་

རྒྱལ་ཕྲན་རྣམས་བཏུལ་ནས་ཆབ་འོག་ཏུ་བསྡུས། རྒྱ་དང་འཐབ་ནས་རྒྱའི་མངའ་འབངས་སུ་ཡོད་པའི་ཆང་པ་རྣམས་ཀྱང་བོད་ལ་མགོ་འཛུལ་དུ་བཅུག་པ་དང་། རྒྱའི་ཞིང་ཆེན་ཞོང་ཅོ་བཙོམ། རྒྱ་རྗེ་ཐང་ཐའི་ཙུང་གི་སྲས་མོ་ཝུན་ཤིང་ཀོང་ཇོ་ཡང་ཞི་དྲག་ཟུང་འབྲེལ་གྱི་ཐབས་ལ་བརྟེན་ནས་བཙུན་མོར་བླངས། དེར་མ་ཟད་ཡོ་རྒྱུས་ཡིག་ཆ་ཁ་ཅིག་ཏུ་བལ་པོ་སྟེ་ད་ལྟའི་ནེ་པ་ལ་རྒྱལ་ཁབ་ཡོངས་རྫོགས་དབང་དུ་བསྡུས་ལ། རྒྱ་གར་བྱང་ཕྱོགས་ཀྱི་ལྷུགས་རི་ཅན་གྱི་གྲོང་ཁྱེར་བརྒྱ་དང་བརྒྱད་ཙམ་ཡང་དབང་འོག་ཏུ་བསྡུས་པར་བཤད།

སྐབས་དེར་ནུབ་ཕྱོགས་འཛིན་མའི་ཁྱོན་འདི་ན་བོད་ཀྱི་དམག་དཔུང་ལ་འགྲན་པའི་ཟླ་དང་བྲལ་བས། ཆབ་སྲིད་དང་དཔལ་འབྱོར་གང་གི་ཐད་ནས་ཀྱང་དར་ཞིང་རྒྱས་པའི་ཐང་རྒྱལ་རབས་ཀྱིས་ཀྱང་དཔུང་གི་གྲོགས་སུ་བསྟེན་ཞིང་། རྒྱལ་པོ་སྲོང་བཙན་རང་གིས་ཀྱང་ཐང་རྒྱལ་ཀའོ་ཙུང་ལ"གནམ་གྱི་སྲས་ཁྲིར་བཞུགས་མ་ཐག་ཡིན་པས། འོག་ཏུ་གློ་བ་རིང་བ་འདྲ་བྱུང་ན། ཁོ་བོས་དམག་དྲངས་ཏེ་གྲོགས་ཏན་བྱས་ཆོག"ཅེས་ཡི་གེ་ཕུལ།① མདོར་ན་རྒྱལ་པོ་སྲོང་བཙན་སྒམ་པོས་ཤར་གྱི་རྒྱའི་ཞིང་ཆེན་ཞོང་ཅོ་ནས་ནུབ་ཀྱི་ཞང་ཞུང་བར་དང་། ལྷོ་རུ་མ་མཐའ་ཡང་གནའ་བོའི་རྒྱ་བལ་གྱི་ས་མཚམས་ནས་བྱང་གི་གྲུ་གུ་བར་གྱི་ས་ཡི་ཁྱོན་ལ་མངའ་བསྒྱུར། དེས་ན་རྒྱལ་པོ་སྲོང་བཙན་སྒམ་པོས་དུས་ཡུན་ཐུང་ཐུང་ནང་དུ་སྤུ་རྒྱལ་བོད་ཀྱི་མངའ་ཁོངས་དེ་ཙམ་དུ་རྒྱ་བསྐྱེད་ཐུབ་པའི་རྒྱུ་རྐྱེན་གང་ཡིན་ཞེ་ན། དེར་ཕྱི་ཡུལ་དང་རང་ངོས་ཀྱི་རྒྱུ་རྐྱེན་མང་པོ་ཡོད་ན་ཡང་གཙོ་ཆེ་བ་ནི། རྒྱལ་པོ་གནམ་རི་སྲོང་བཙན་དང་སྟག་རི་གཉན་གཟིགས་སོགས་བཙན་པོ་གོང་མ་རྣམས་ཀྱི་མཛད་རྗེས་ལེགས་པོ་རྨང་གཞིར་བྱས་པ་དེ་རེད།

དེ་ཡང་ཐོག་མར་རང་རེ་ཁ་བ་རི་བའི་ལྗོངས་འདིར་བྲག་སྲིན་མོ་དང་སྤྲེའུ་

① 《ཐང་ཡིག་གསར་རྙིང་ལས་བྱུང་བའི་བོད་ཆེན་པོའི་སྲིད་ལུགས》སུ་གསལ།

བྱང་ཆུབ་སེམས་དཔའ་གཉིས་ལས་ཕྲུ་གུ་དྲུག་སྐྱེས་པ་དེ་མང་དུ་འཕེལ་ནས་སེ་དང་། རྨུ། ལྡོང་། སྟོང་ལ་སོགས་པའི་རུས་ཚན་བཞིའམ་དྲུག་ཏུ་མཆེད་དེ་ཡུལ་ངེས་ཅན་རེ་བཟུང་བས་རུས་རྒྱུད་ཆེ་བར་གྱུར། རུས་རྒྱུད་ཆེ་བ་དེ་དག་རིམ་བཞིན་མི་གྲངས་འཕེལ་རྒྱས་དང་རུས་ཚན་ཇེ་མང་། མངའ་ཁོངས་ཇེ་ཆེར་སོང་ནས་རྒྱལ་ཕྲན་མང་པོར་གྱུར། སྔོན་གྱི་རྒྱལ་རབས་ཆོས་འབྱུང་རྣམས་སུ་རྒྱལ་ཕྲན་སིལ་མ་བཅུ་གཉིས་སམ་བཞི་བཅུ་བྱུང་བར་སྣང་ཡང་དེ་དག་རེ་རེ་གསལ་པོར་གསུངས་མེད། འདིར་ཆོས་འབྱུང《མཁས་པའི་དགའ་སྟོན》དང་ཏུན་ཧོང་ཡིག་རྙིང་གཞིར་བཟུང་ནས་རགས་བསྡུས་བྱས་ན་འདི་ཙམ་ཞིག་ཡོད་དེ། སྤུ་རྒྱལ། ཞང་ཞུང་། མྱང་རོའི་ཕྱེད་ཀར། གནུབས་ཡུལ་གླིང་དགུ། ཉང་རོ་ཤམ་པོ། སྐྱི་རོའི་ལྗང་སྟོན། ངས་པོ་ཁྲ་སུམ། དབྱེ་རོ་ཡུལ་བཞི། འོ་ཡུལ་སྤང་ཀར། ཇེགས་ཡུལ་གྱི་གྲུ་བཞི། ཀླུམ་རོའི་ཡ་སུམ། སྲིབས་ཡུལ་གྱི་རབ་གོང་། ཀོང་ཡུལ་བྲེ་སྣ། མྱང་ཡུལ་རྣམ་གསུམ། དྭགས་ཡུལ་གྲུ་བཞི། མཆིམས་ཡུལ་གྱི་དགུ་ཡུལ། སུམ་པ། གཙང་བོད། འ་ཞ། གྲུ་གུ། འཛང་བཅས་སོ། །རྒྱལ་ཕྲན་དེ་དག་ལས་སྤུ་རྒྱལ་བོད་ཀྱི་རྒྱལ་ཁབ་དེ་རིམ་བཞིན་དར་ཞིང་རྒྱས་པས། ཁྲིམ་མཆོས་རྒྱལ་ཕྲན་རྣམས་རང་གི་མངའ་འོག་ཏུ་བསྡུས།

དཔེར་ན། རྒྱལ་པོ་གཉའ་ཁྲི་བཙན་པོའི་སྐུ་རིང་ལ་རྒྱལ་ཕྲན་སུམ་པའི་བོན་པོ་ཨོ་ཡོང་རྒྱལ་བ་བཏུལ་ཅིང་། རྒྱལ་ཕྲན་གནུབས་ཀྱི་གླིང་དགུ་འབངས་སུ་བཀུག རྒྱལ་ཕྲན་ཉང་རོ་ཤམ་པོ་དང་ཀོང་ཡུལ་བྲེ་སྣ་སོགས་རྒྱལ་པོ་གྲི་གུམ་བཙན་པོའི་གོང་ནས་དབང་འོག་ཏུ་ཚུད། རྒྱལ་པོ་འབྲོང་གཉན་ལྡེ་རུའི་སྐུ་རིང་ལ་རྒྱལ་ཕྲན་དྭགས་པོ་དང་སུམ་པ་གཉིས་ལ་གཉེན་འབྲེལ་བཙུགས་ནས་དེ་སྲིད་འོག་ཏུ་བསྡུ་བར་རྨང་གཞི་བཏིང་། མེས་པོ་སྟག་རི་གཉན་གཟིགས་ཀྱི་སྐུ་རིང་ལ“རྒྱལ་ཕྲན་རྣམས་ཀྱི་སུམ་གཉིས་མངའ་འོག་འདུས། བན་པ་རྗེ། འ་ཞ་རྗེ། དྲང་གར་རྗེ། ཟིན་པོ་རྗེ། ཞང་ཞུང་རྗེ་རྣམས་བཏུལ། ཉང་སྣས་གནོད་གསུམ་འབངས་སུ་

ཚུད།”① རྒྱལ་པོ་འདིའི་རིང་ལ་སྤུ་རྒྱལ་བོད་ཀྱི་དྲག་པོའི་དཔུང་དང་དཔལ་འབྱོར་གྱི་སྟོབས་ སྟེར་ལས་དར་རྒྱས་སུ་གྱུར་པས། ད་ལྟའི་བོད་ལྗོངས་འཕན་ཡུལ་ཕྱོགས་སུ་ཡོད་པའི་རྒྱལ་ཕྲན་ངས་པོ་ཁྲ་སུམ་གྱི་རྗེ་བོ་དགུ་གྲི་ཟིང་པོ་རྗེ་དང་ཁོའི་བློན་པོ་དབྱི་ཚབ་སོགས་མི་མཐུན་པ་བྱུང་བའི་ཚེ་ནའང་སྣག་རི་གཉན་གཟིགས་ཀྱི་དྲུང་དུ་བྲོས་ནས་ཁོང་ལ་སྐྱབས་བཅོལ་ཅིང་ལྷན་དུ་མནའ་བཅད། འོན་ཀྱང་ཟིང་པོ་རྗེ་ལ་དགྲ་ལན་མ་ལོན་པར་རྒྱལ་པོ་གྲོངས་པས། ལས་དོན་དེ་གནམ་རི་སྲོང་བཙན་བར་དུ་ལུས་དགོས་པ་བྱུང་། དེ་ནས་རྒྱལ་པོ་གནམ་རི་སྲོང་བཙན་གྱི་རིང་ལ་རྒྱལ་ཕྲན་ངས་པོ་ཁྲ་སུམ་ལ་དམག་དྲངས་ནས་མཁར་ཡུ་སྣ་ཕབ་ཅིང་། དགུ་གྲི་ཟིང་པོ་རྗེ་བཏུལ། མངའ་ཁོངས་ཡོངས་རྫོགས་དབང་དུ་བསྡུས། ས་མིང་ཡང་ངས་པོ་ནས་འཕན་ཡུལ་དུ་བསྒྱུར། རྒྱལ་ཕྲན་གཙང་བོད་ཀྱི་རྗེ་བོ་བཏུལ་ཅིང་མངའ་ཁོངས་ཡོངས་རྫོགས་དབང་འོག་ཏུ་བསྡུས། སྟར་རྒྱལ་པོ་སྣག་རི་གཉན་གཟིགས་ཀྱིས་རྒྱལ་ཕྲན་དྭགས་པོ་སྲིད་འོག་ཏུ་བཙུད་ཀྱང་ངོ་ལོག་པ་ལ་ཡང་སེང་གོ་མི་ཆེན་མངགས་ནས་དྭགས་པོ་ཡོངས་རྫོགས་འབངས་སུ་བཀུག ད་དུང“མཐའ་ཡི་རྒྱ་དང་གྲུ་གུ་འོག་ཏུ་བཏུལ། ཡོ་གསར་སྐང་ལ་ལུག་ཤའི་ལག་པ་རློན་པ་བརྩིགས་པ་ལ་འཇོགས་ནས་རྒྱའི་མཁར་ཕབ། མཆིལ་པའི་ཏེ་ལ་སྨྲ་སེ་བཏགས་པ་བཏང་བས་རྒྱ་ཡུལ་སེར་བཏང་”②བར་ཡང་བཤད། མདོར་ན་རྒྱལ་པོ་འདིའི་རིང་ལ་སྤུ་རྒྱལ་བོད་ཀྱི་ཆབ་སྲིད་གནས་ལས་མཐོ་ཞིང་། དབུ་རྔོག་རི་བས་བཙན་པས་བློན་འབངས་རྣམས་ཀྱིས་རྒྱལ་པོའི་མཚན་ལའང་གནམ་རི་སྲོང་བཙན་དུ་གསོལ་ལོ། །

གོང་གསལ་བཙན་པོ་རྣམས་ཀྱིས་མཛད་རྗེས་ལ་བལྟས་ན་རྒྱལ་པོ་གཉའ་ཁྲི་བཙན་པོའི་ཡར་སྔོན་དུ་སྤུ་རྒྱལ་བོད་ཀྱི་རྒྱལ་ཁམས་ནི་ཡར་ལུང་ཕྱོགས་ཙམ་

① 《ཆོས་འབྱུང་མཁས་པའི་དགའ་སྟོན》དུ་གསལ།

② གོང་དང་མཚུངས།

གྱི་ཡུལ་གྲུ་ཆུང་ཆུང་ཞིག་ཡིན་ཞིང་། རྒྱལ་པོ་གཉའ་ཁྲི་བཙན་པོ་ནས་འགོ་བཟུང་སྟེ་རྒྱལ་རབས་རིམ་བྱོན་རྣམས་ཀྱིས་རིམ་བཞིན་རྒྱ་བསྐྱེད་པས། སྲོང་བཙན་སྒམ་པོའི་སྐུ་རིང་ལ་སླེབས་དུས་རྒྱལ་ཁྲབ་ས་ཁུལ་མ་མང་ཆེ་བ་ཕྱི་ཚུལ་དུ་གཅིག་བསྡུས་བྱས། དེ་ནི་རྒྱལ་པོ་སྲོང་བཙན་སྒམ་པོས་འཛམ་གླིང་ཕྱེད་ལ་ཁ་ལོ་བསྒྱུར་ཐུབ་པའི་རྒྱུ་རྐྱེན་གཙོ་བོ་སྟེ། མངའ་ཁོངས་ཀྱི་རྨང་གཞི་དང་དམག་དཔུང་གི་འབྱུང་ཁུངས། དཔལ་འབྱོར་གྱི་རྟེན་གཞི་རེད། གལ་ཏེ་རྒྱལ་རབས་གོང་མ་རྣམས་ཀྱིས་བསྐྲུན་པའི་རྨང་གཞི་དེ་འདྲ་ཞིག་མེད་ན་རྒྱལ་པོ་སྲོང་བཙན་སྒམ་པོས་སྤྱི་ལོར་དུ་བོད་ཀྱི་རུས་རྒྱུད་ཚོ་པ་ཁག་ལས་གྲུབ་པའི་རྒྱལ་ཁྲབ་རྣམས་དང་རྒྱ་གར་ནག་གི་ས་ཁུལ་མང་པོ་དབང་འོག་ཏུ་བསྡུ་མི་ཐུབ་ཅིང་། རྒྱལ་པོ་སྲོང་བཙན་སྒམ་པོས་འཛམ་གླིང་ཕྱེད་ལ་མངའ་བསྒྱུར་ཅེས་པ་དང་། བོད་ཀྱི་རྒྱལ་ཁོངས་གཅིག་སྡུད་བྱས་ཟེར་བ་དེ་ཡང་རྒྱལ་རབས་གོང་མ་དེ་དག་གིས་དབང་འོག་ཏུ་བསྡུས་པའི་མངའ་ཁོངས་སྲ་བརྟན་དུ་བཏང་ཐོག འ་ཞ་དང་། སུ་སུ། ཆང་། བལ་པོ། རྒྱ་གར་ནག་གི་ས་ཁུལ་མང་པོ་དབང་དུ་བསྡུས་པ་དེར་གོ་བར་སྙམ།

གཉིས་པ། མངའ་ཁོངས་བདེ་འཇགས་དང་སྲིད་དབང་སྲ་བརྟན་དུ་གཏོང་ཐུབ་པའི་རྒྱུ་རྐྱེན།

རྒྱལ་པོ་གཉའ་ཁྲི་བཙན་པོ་ནས་སྲོང་བཙན་སྒམ་པོ་བར་གྱི་རྒྱལ་རབས་རིམ་བྱོན་རྣམས་ཀྱིས་རྒྱལ་ཁྲབ་ས་ཁུལ་མ་མང་པོ་བཏུལ་ཅིང་དབང་འོག་ཏུ་བསྡུས་མྱོང་རུང་། ཁོང་ཚོས་རྒྱལ་ཁྲབ་དེ་དག་མགོ་འཛུལ་བ་དང་ཡང་ན་སྤུ་རྒྱལ་བོད་ཀྱི་ཁོངས་གཏོགས་རྒྱལ་ཁྲབ་ཡིན་པ་ཁས་བླངས་པ་ཙམ་ལས་དེ་དག་གི་འགོ་གཙོ་དང་སྒྲིག་གཞི། ལམ་ལུགས་བཅས་རང་སོར་བཞག་པ་དང་། དབང་སྒྱུར་གྱི་བྱེད་ཐབས་ཏེ་

སྲིད་སྐྱོང་གི་ཞི་དྲག་རྩ་འཛུགས་ཆ་ཚང་ཞིག་མེད་པར་བརྟེན། སྲིད་འོག་ཏུ་བསྡུས་པའི་རྒྱལ་ཕྲན་རྣམས་སྤུ་རྒྱལ་བོད་ཀྱི་སྟོབས་ཤུགས་ཉམས་རྒུད་ལ་བསྟུན་ནས་རྒྱུན་དུ་ངོ་ལོག་གམ་གྱེན་ལོག་བྱས། དཔེར་ན། རྒྱལ་ཕྲན་མྱང་རོ་ཤམ་པོ་དང་། གོང་ཡུལ་བྲེ་སྣ། མྱང་ཡུལ་རྣམས་རྒྱལ་རབས་དགུ་པའི་སྟེ་རོལ་ནས་སྤུ་རྒྱལ་བོད་ཀྱི་མངའ་འོག་ཏུ་ཚུད་ཀྱང་མྱང་རོ་ཤམ་པོ་དེ་ གྲི་གུམ་བཙན་པོའི་རིང་ལ་ངོ་ལོག དེར་མ་ཟད་རྒྱལ་ཕྲན་དེའི་འགོ་གཙོ་ལོ་ངམ་གྱིས་རྒྱལ་པོ་གྲི་གུམ་བཙན་པོ་གྲོངས་ནས་སྤུ་རྒྱལ་བོད་ཀྱི་རྒྱལ་ས་ལོ་བཅུ་གསུམ་ལ་བཟུང་། གོང་ཡུལ་བྲེ་སྣ་དང་མྱང་ཡུལ་ཡང་རྒྱལ་པོ་སྲོང་བཙན་སྒམ་པོའི་སྐུ་ཚེ་སྟོད་ལ་ངོ་ལོག རྒྱལ་ཕྲན་དྭགས་པོ་དེ་རྒྱལ་པོ་སྟག་རི་གཉན་གཟིགས་ཀྱི་སྐུ་རིང་ལ་ཆབ་འོག་ཏུ་བསྡུས་ཀྱང་རྒྱལ་པོ་གནམ་རི་སྲོང་བཙན་སྐབས་སུ་སླེབས་དུས་ངོ་ལོག དེ་ནས་གནམ་རི་སྲོང་བཙན་གྱིས་ཕྱིར་དབང་དུ་བསྡུས་ཀྱང་རྒྱལ་པོ་སྲོང་བཙན་གྱི་སྐུ་ཚེ་སྟོད་ལ་ངོ་ལོག རྒྱལ་ཕྲན་སུམ་པ་དང་ཞང་ཞུང་གཉིས་ཀྱང་སྟག་རི་གཉན་གཟིགས་ཀྱི་སྐུ་རིང་ལ་སྤུ་རྒྱལ་བོད་ཀྱི་སྲིད་འོག་ཏུ་བསྡུས་ཟིན་ཀྱང་། སྲོང་བཙན་སྒམ་པོའི་སྐུ་ཚེ་སྟོད་ལ་ངོ་ལོག ད་དུང་རྒྱལ་པོ་སྟག་རི་གཉན་གཟིགས་ཀྱི་རིང་ལ་རྒྱལ་ཕྲན་འ་ཞ་ལའང་དམག་དྲངས་ནས་དེའི་རྗེ་བོ་བཏུལ་ཀྱང་། འབངས་རྣལ་མར་འགུགས་མ་ཐུབ་པ་དང་། རྒྱལ་པོ་གནམ་རི་སྲོང་བཙན་གྱིས་མཐའ་འཁོར་གྱི་རྒྱ་དང་གྲུ་གུ་བཏུལ་ཟིན་འབངས་རྣལ་མར་བཀུག་ནས་ཡུན་རིང་དབང་སྒྱུར་བྱེད་མ་ཐུབ་པ་ལ་སོགས་པ་ལྟ་བུའོ། །

ཡིན་ནའང་རྒྱལ་པོ་སྲོང་བཙན་སྒམ་པོས་བཙན་པོ་གོང་མའི་དུས་ཀྱི་མངའ་ཁོངས་སྲ་བརྟན་དུ་བཏང་ཐོག ད་དུང་མངའ་ཁོངས་སྔར་ལས་རྒྱ་བསྐྱེད་ཅིང་། རྒྱལ་རབས་གོང་མ་རྣམས་ཀྱི་བསླབ་བྱ་ཕྱོགས་སྡོམ་བྱས་ནས། སྔོན་ཆད་དབང་དུ་བསྡུས་པའི་རྒྱལ་ཕྲན་རྣམས་ངོ་ལོག་པ་ནི་དེ་དག་ལ་དབང་སྒྱུར་བའི་སྒྲིག་གཞི་དང་ཁྲིམས་ལུགས་ཆ་ཚང་ཞིག་མེད་པའི་རྐྱེན་ཡིན་པ་མཁྱེན་ཏེ། སྤུ་རྒྱལ་བོད་ཀྱི་སྔར་

ཡོད་ཀྱི་ཡུལ་སྐྱོང་ལེགས་པོ་དང་དེའི་སྟེང་དུ་དགེ་བ་བཅུ་གཞིར་བཟུང་ཞིང་། དབང་དུ་བསྡུས་པའི་རྒྱལ་ཁྲུན་གཞན་པ་དང་མཐའ་འཁོར་གྱི་སྟོན་ཐོན་རྒྱལ་ཁབ་རྣམས་ཀྱི་ཁྲིམས་སྐྱོང་དཔེར་བལྟས་ནས། ཆབ་སྲིད་དང་དམག་དཔུང་། དཔལ་འབྱོར་བཅས་ཀྱི་སྒྲིག་གཞི་དང་ཁྲིམས་ལུགས་ཙུང་ཟད་ཆ་ཚང་ཞིང་གོ་རིམ་ལྡན་པ་ཞིག་བཙུགས། དེ་ཡང་ཐོག་མར་རིམ་པ་སོ་སོའི་སྲིད་འཛིན་སྒྲིག་གཞི་བཙུགས་ཤིང་དཔོན་རིགས་མི་སྣ་བསྐོས།

1.ཆེས་མཐོའི་དབང་སྒྱུར་ལས་ཁུངས་ཏེ་བཙན་པོ་སྲིད་གཞུང་བཙུགས་པ། བཙན་པོ་སྲིད་གཞུང་ནི་རྒྱལ་པོ་དང་། སྲིད་བློན། དམག་དཔོན། མངན་དཔོན། ཁབ་སོའི་ཅོག་གི་བླ། ཁྲ་དཔོན། ཞིང་དཔོན། རྩིས་པ་ཆེན་མོ། ཚིབས་དཔོན། ཁྲལ་དཔོན། གཟིམ་དཔོན། སྣམ་ཕྱི་བ། ནང་དཔོན་ནམ་ཞལ་ལྕེ་པ། ཁྲིམས་དཔོན་བཅས་ལས་གྲུབ་ཅིང་། དེ་དག་ནང་གི་གོ་གནས་མཐོ་ཤོས་ནི་རྒྱལ་པོ་ཡིན། དེས་ཆབ་སྲིད་དང་། དཔལ་འབྱོར། རིག་གནས། དམག་དོན་ལ་སོགས་པའི་དབང་ཆ་ཡོད་དོ་ཅོག་གཅིག་སྡུད་ཀྱིས་བཟུང་ཡོད། དེའི་འོག་ཏུ་སྤྱི་ཁྱབ་རིམ་པའི་དབང་ཆ་དང་གོ་གནས་བཟུང་བའི་དགུང་བློན་ཆེ་འབྲིང་ཆུང་གསུམ་དང་། ནང་བློན་ཆེ་འབྲིང་ཆུང་གསུམ། བཀའ་བློན་ཆེ་འབྲིང་ཆུང་གསུམ་བཅས་ཡོད། དེ་དག་སྤྱི་ཁྱབ་རིམ་པའི་སྲིད་བློན་ཆེན་པོ་ཡིན་པའི་ཆ་ནས་འདྲ་ཙུང་། ནང་གསེས་སུ་ལས་འགན་མི་འདྲ་ལ། གོ་གནས་ལའང་ཁྱད་པར་ཙུང་ཟད་རེ་ཡོད། དགུང་བློན་རྣམས་གསུམ་གྱི་ལས་འགན་གཙོ་བོ་ནི་རྒྱལ་པོའི་གཅིག་གྱུར་གྱི་འགོ་ཁྲིད་འོག་སྲིད་གཞུང་གི་ཚོགས་འདུ་སྡུད་པ་དང་གཤམ་འོག་གི་དཔོན་རིགས་མི་སྣ་སྐོང་འཛིན་བྱེད་པ། ས་ཁུལ་གྱི་དབྱེ་མཚམས་དང་དམག་དཔུང་བཅོས་སྒྲིག་བྱེད་པ། བཀའ་ཁྲིམས་གསར་པ་ཁྱབ་བསྒྲགས་བྱེད་པ་སོགས་ཡིན། ནང་བློན་ཆེ་འབྲིང་ཆུང་གསུམ་གྱི་ལས་འགན་གཙོ་བོ་ནི་དཔལ་འབྱོར་དང་རིག་གནས་ལ་སོགས་པའི་ལས་དོན་གལ་ཆེན་

རྣམས་གཉེར་རྒྱུ་དེ་རེད། བཀའ་བློན་ཆེ་འབྲིང་ཆུང་གསུམ་གྱི་ལས་འགན་ནི་རྒྱལ་པོ་དང་བློན་ཆེན་རྣམས་ཀྱིས་བཀའ་ཕབ་པ་ཁྲིམས་དང་མཐུན་མིན་ལ་ཞིབ་བཤེར་བྱེད་པ་དང་། ཁྲིམས་ལུགས་སྐོར་གྱི་བྱ་བ་གལ་ཆེན་རྣམས་གཉེར་རྒྱུ་དེ་རེད།

སྤྱི་ཁྱབ་བློན་ཆེན་དགུའི་ནང་གསེས་ཀྱི་གོ་གནས་ལ་རིམ་པ་ལྔ་ཡོད་དེ། གོ་གནས་མཐོ་ཤོས་ནི་དགུང་བློན་ཆེན་པོ་ཡིན། དེའི་འོག་ཏུ་དགུང་བློན་འབྲིང་དང་ནང་བློན་ཆེན་པོ་ཡིན། དེའི་འོག་ཏུ་དགུང་བློན་ཆུང་བ་དང་ནང་བློན་འབྲིང་བ། བཀའ་བློན་ཆེན་པོ་བཅས་ཡིན། དེའི་འོག་ཏུ་ནང་བློན་ཐ་ཆུང་དང་བཀའ་བློན་འབྲིང་བ་ཡིན། མཐའ་མ་བཀའ་བློན་ཆུང་བ་ཡིན།

གཞན་ཡང་། དམག་དཔོན་དང་། མངན་དཔོན། ཁབ་སོའི་ཅོག་གི་བླ། ཁྲུ་དཔོན་སོགས་དཔོན་རིགས་བཅུ་གཅིག་གི་ལས་འགན་མི་འདྲ་ཞིང་དབང་ཤུགས་ཁྱབ་ཁོངས་ལ་ཆེ་ཆུང་ཡོད་ཙང་། གོ་གནས་ཀྱི་རིམ་པ་ཕལ་ཆེར་གཅིག་འདྲ་ཡིན་ཏེ་ཚང་མ་བཙན་པོ་སྲིད་གཞུང་གི་དཔོན་རིགས་མི་སྣར་གཏོགས་ཤིང་། སྤྱི་ཁྱབ་བློན་ཆེན་རྣམས་ཀྱི་ལག་རོགས་པ་ཡིན། དེ་ཡང་ཙ་ཆེན་ལྔའི་དམག་དཔུང་ལ་བདག་གཉེར་དང་བཀོད་འདོམས་བྱེད་པའི་སྤྱི་ཁྱབ་དམག་དཔོན་དང་། སྲིད་གཞུང་གི་ཕྱི་ཕྱོགས་ལས་དོན་གལ་ཆེན་གཉེར་བའི་ཕྱི་བློན་གཉིས་ནི་གཙོ་བོར་དགུང་བློན་རྣམ་གསུམ་གྱི་ལག་རོགས་པ་ཡིན། སྲིད་གཞུང་གི་འབྲུ་རིགས་དང་གསེར་དངུལ་སོགས་ནོར་སྲིད་ལ་དོ་དམ་བྱེད་པའི་མངན་དཔོན་དང་། འབྲོག་ཕྱོགས་ཀྱི་ནོར་ཕྱུགས་དང་ཐོན་སྐྱེད་དཔྱ་ཁྲལ་སོགས་ལ་དོ་དམ་བྱེད་པའི་ཁྲུ་དཔོན། ཞིང་ལས་ས་ཁུལ་གྱི་ཐོན་སྐྱེད་དང་ཡོང་འབབ། དཔྱ་ཁྲལ་སོགས་ལ་དོ་དམ་བྱེད་པའི་ཞིང་དཔོན། སྲིད་གཞུང་གི་ནོར་སྲིད་ཀྱི་འགྲོ་སོང་དང་དམག་དོན་གྱི་གཏོང་ཡོང་། དཔྱ་ཁྲལ་གྱི་བསྡུ་འབབ་བཅས་ལ་ཞིབ་འཇུག་དང་རྩིས་བཤེར་བྱེད་པའི་རྩིས་དཔོན། རྒྱལ་བློན་རྣམས་ཀྱི་ཆིབས་རྟ་དང་དམག་རྟ་བསྡུ་གཏོང་བྱ་རྒྱུ་དང་། འགྲིམ་འགྲུལ་བདེ་

འཇགས་ལ་ལྷ་རྟོག་ཉེན་ཟློན་བྱེད་པའི་ཆིབས་དཔོན། ས་གནས་སོ་སོའི་དཔྱ་ཁྲལ་སྡུད་པའི་ཁྲལ་དཔོན། རྒྱལ་པོའི་ཕོ་བྲང་གི་འཚོ་བ་དང་ཁོར་ཡུག་བདེ་འཇགས་བཅས་ལ་ངོ་དམ་བྱེད་པའི་གཟིམ་དཔོན། བཙན་པོའི་སྐུ་སྲུང་གི་ལས་འགན་སྒྲུབ་པའི་ཉེན་རྟོག་དམག་དཔོན་ཏེ་སྣམ་ཕྱི་བ་བཅས་ནི་གཙོ་བོ་ནང་བློན་རྣམ་གསུམ་གྱི་ལག་རོགས་པ་ཡིན། ཉེས་པའི་ཆེ་ཆུང་ལ་བལྟས་ནས་ཁྲིམས་ལུགས་ལྟར་ཁྲིམས་ཐག་གཅོད་པའི་སྤྱི་ཁྱབ་དྲང་དཔོན་དང་། དྲང་དཔོན་གྱིས་ཁྲིམས་ཐག་བཅད་པ་དེ་ཉེས་ཅན་ལ་དངོས་སུ་ལག་བསྟར་བྱེད་པའི་ཁྲིམས་དཔོན་ནི་གཙོ་བོ་སྤྱི་ཁྱབ་བཀའ་བློན་རྣམ་གསུམ་གྱི་ལག་རོགས་པ་ཡིན།

2.བོད་ཀྱི་མངའ་ཁོངས་ཡོངས་རྫོགས་སྤྱིའི་སྲིད་འཛིན་ས་ཁུལ་ཆེན་པོ་དྲུག་ཏུ་ཕྱེ་བ། དབུ་རུ་དང་། གཡོ་རུ། གཡས་རུ། རུ་ལག སུམ་པའི་རུ། ཞང་ཞུང་རུ་བཅས་དང་། དེ་དག་ལ་དབང་སྒྱུར་བྱེད་མཁན་གོང་དུ་བཤད་པའི་སྤྱི་ཁྱབ་རིམ་པའི་བློན་ཆེན་དགུ་དང་དམག་དཔོན་ཕུད། ད་དུང་རུ་སྟེ་རེར་ཐད་ཀར་དབང་སྒྱུར་བྱེད་མཁན་རུ་དཔོན་རྐན་པ་གཉིས་དང་གཞོན་པ་གཉིས་རེ་བསྐོས། རུ་སྟེ་ཆེན་པོ་ལྔ་ནི་བཙན་པོ་སྲིད་གཞུང་འོག་གི་ཆེས་མཐོའི་དམག་སྲིད་གཅིག་གྱུར་གྱིས་ངོ་དམ་བྱེད་པའི་ས་ཁུལ་ཡིན་པས། དེ་དག་ལ་དབང་སྒྱུར་བའི་རུ་དཔོན་རྣམས་ཀྱང་དམག་སྲིད་གཉིས་ཀའི་དཔོན་པོ་ཡིན།

བཙན་པོ་སྲིད་གཞུང་དང་ཆེས་མཐོའི་སྲིད་འཛིན་ས་ཁུལ་གྱི་དབང་སྒྱུར་མི་སྣ་ནི་རྒྱལ་ཕྲན་སོ་སོ་ནས་བློ་རིག་རྩེ་བའི་རྗེ་བོ་དང་བློན་པོ་ཡར་འཕེན་དང་མངག་གཏོང་བྱས་པ་ཡིན་པས། དབང་སྒྱུར་སྒྲིག་གཞི་དེ་གཉིས་བཙུགས་པ་ནི་རྒྱལ་ཕྲན་སོ་སོ་གོང་མའི་གཅིག་གྱུར་གྱི་དབང་འོག་ཏུ་བསྡུས་པར་མ་ཟད། དེ་དག་གི་ས་གནས་སྟོབས་ཤུགས་ཉམས་ཞན་དུ་བཏང་ཞིང་བཙན་པོའི་སྲིད་གཞུང་གི་དབང་སྒྱུར་སྟོབས་ཤུགས་ཇེ་དྲག་ཏུ་བཏང་བ་རེད།

3.ཏུ་སྡེ་ཆེན་པོ་ལྔའི་མངའ་ཁོངས་སུ་འདང་དབང་རིས་ཞེས་པའི་ས་ཁུལ་བཅོ་བརྒྱད་ཕྱེ་བ། དེ་ནི་སྔོན་གྱི་རྒྱལ་བློན་རྙིང་པ་དང་རྒྱལ་ཕྲན་གྱི་རྒྱལ་པོ། ཚོ་དཔོན། ཏུས་རྒྱུད་ཚོ་པ་ཁག་བཙན་པོའི་གཅིག་གྱུར་གྱི་སྲིད་འོག་ཏུ་འཛུད་པའི་དུས་མཚུངས་སུ་ཁོ་ཚོས་སྔར་ཡང་གྱེན་ལོག་འབྱུང་བ་འགོག་ཆེད། དེ་དག་གིས་སྐོར་བཟུང་བྱས་པའི་འབྲོག་ཐང་དང་། ས་ཞིང་། ཐན་གཡོག ཕྱུགས་ཟོག་རྣམས་ཏུ་སྡེ་དང་བཙན་པོ་སྲིད་གཞུང་གིས་གཏན་ལ་ཕབ་པའི་བཀའ་ཁྲིམས་བརྩི་སྲུང་བྱེད་དགོས་པ་དང་། དཔྱ་ཁྲལ་མ་ཆད་པར་འབུལ་བའི་ཆ་རྐྱེན་འོག་སྔར་བཞིན་སྐོར་འཛིན་གྱི་དབང་ཆ་ཡོད་པར་བྱས་པ་དེ་རེད།

4.དམག་དོན་གྱི་མཁོ་བ་གཞིར་བཟུང་ནས་ཏུ་སྡེ་ཆེན་པོ་ལྔ་དེ་རྒོད་ཀྱི་སྟོང་སྡེ་ཞེས་པའི་དམག་གི་སྡེ་ཚན་དྲུག་ཅུ་རྩ་གཅིག་ཏུ་ཕྱེ་བ། དེ་ཡང་དབུ་རུ། གཡོན་རུ། གཡས་རུ། རུ་ལག ཞང་ཞུང་རུ་བཅས་ལ་སྟོང་སྡེ་བཅུ་རེ་དང་། སུམ་པའི་རུ་ལ་སྟོང་སྡེ་བཅུ་གཅིག་བཅས་སྟོང་སྡེ་དྲུག་ཅུ་རེ་གཅིག་ཏུ་ཕྱེ།(སྟོང་སྡེ་རེ་རེའི་མིང་འདིར་བཀོད་ན་ཡིག་ཚོགས་མང་སྣམ་ནས་མ་བཀོད། གསལ་པོར་ཤེས་འདོད་ན《ཆོས་འབྱུང་མཁས་པའི་དགའ་སྟོན》ལ་གཟིགས་པར་འཚལ།) སྟོང་སྡེ་རེ་ལ་དམག་མི་སྟོང་ཕྲག་བཅུ་རེ་ཡོད་ཅིང་། དེར་མི་ལོང་བའི་སྡེ་ཚན་ལ་སྟོང་བུ་ཆུང་ཟེར། སྟོང་སྡེ་རེ་རེའང་ལྔ་བརྒྱ་ཆེན་མོ་ཞེས་པའི་དམག་གི་སྡེ་ཚན་ཉི་ཤུར་ཕྱེ། དེ་དག་རེ་རེ་ལ་དམག་མི་ལྔ་བརྒྱ་རེ་ཡོད།

དམག་གི་སྡེ་ཚན་དེ་དག་ལ་དོ་དམ་དང་བཀོད་འདོམས་བྱེད་མཁན་ཡང་སྟོང་སྡེ་ལ་སྟོང་དཔོན་དང་། སྟོང་བུ་ཆུང་ལ་སྟོང་བུ་ཆུང་རྗེ། ལྔ་བརྒྱ་ཆེན་མོའི་དམག་སྡེ་ལ་ལྔ་བརྒྱ་ཆེན་མོ་ཞེས་པའི་དམག་དཔོན་ཡོད། སྟོང་སྡེ་དེ་དག་གི་དམག་མི་རྣམས་ནི་རྒྱུན་པར་ཐོན་སྐྱེད་བྱེད་པ་དང་ཆབས་ཅིག་མཐའ་མཚམས་སྲུང་ཞིང་། འཐབ་འཁྲུག་བྱུང་ན་འཐབ་དམག་ཡིན།

གཞན་ཡང་། ཐུ་ཧྗོད་ཀྱི་མངའ་ཁོངས་རྒྱ་སྐྱེད་པ་དང་མཐའ་མཚམས་སྲུང་

བར་བྱས་རྗེས་ཆེན་པོ་ཡོད་པའི་དམག་དཔུང་རྣམས་ཀྱང་སྟོད་ཀྱི་དཔའ་སྡེ་དང་། སྨད་ཀྱི་དཔའ་སྡེ། བར་གྱི་དཔའ་སྡེ་བཅས་དཔའ་སྡེ་གསུམ་དུ་ཕྱེ། དཔའ་སྡེ་རེ་རེར་དམག་མི་ཅི་ཙམ་རེ་ཡོད་པ་ལོ་རྒྱུས་དེབ་ཐེར་རྣམས་སུ་གསལ་པོར་གསུངས་མེད་ཀྱང་། དེ་དག་ནི་བོད་ཀྱི་མངའ་ཁོངས་རྒྱ་བསྐྱེད་པ་དང་མཐའ་མཚམས་སྲུང་བར་བྱས་རྗེས་ཆེན་པོ་བསྒྲུན་པའི་སྟོང་སྡེ་འགའ་རེའི་སྤྱི་མིང་ཙམ་ཡིན་ནམ་སྙམ།

དམག་དཔུང་གི་སྡེ་ཚན་རིམ་པ་མང་པོར་ཕྱེ་བ་དང་དཔོན་རིགས་མི་སྣ་བསྐོས་ནས་སོ་སོར་ལས་བགོས་བྱས་པ་དེས་རྒྱལ་ཕྲན་སོ་སོའི་སྟེར་ཡོད་དམག་ཤུགས་ཁ་འཐོར་དུ་བཏང་ཞིང་བཀོད་འདོམས་ཀྱི་དབང་ཆ་བཙན་པོ་སྲིད་གཞུང་དུ་གཅིག་སྡུད་བྱས་པས། དམག་དཔུང་རྩ་འཛུགས་དང་དོ་དམ། བཀོད་འདོམས་བྱེད་པར་སྟབས་བདེ་བཟོས་པ་དང་། རྒྱལ་ཕྲན་རྣམས་ཕྱིར་ངོ་ལོག་པར་དམག་ཤུགས་ཀྱི་རྟེན་གཞི་མེད་པར་བཟོས།

5.གཡུང་ངམ་ཁེང་ཞེས་པའི་བཙན་པོ་དང་སྲིད་གཞུང་གི་ཁོངས་སུ་གཏོགས་པའི་འབངས་མིའི་རིམ་པ་ཕྱེ་བ། རྒྱལ་པོའི་ཕོ་བྲང་གི་བྲན་དུ་གཏོགས་པའི་ལས་རིགས་སོ་སོའི་འབངས་མི་ལ་སྣུབས་རྗེ་སྲིད་པ་ལ་སོགས་རྗེ་དགུ། ལོ་ངམ་རྟ་རྫི་སོགས་རྫི་བདུན། ག་རོད་སྣ་མཁན་སོགས་མཁན་དྲུག རྒྱ་ཇ་ཚོང་པ་ལ་སོགས་ཚོང་པ་ལྔ། གདགས་སྦྲ་འཛིན་སོགས་འཛིན་གསུམ་བཅས་རིམ་པ་ལྔར་ཕྱེ། ནམ་པ་ལྡེ་རྒྱལ།(ཞང་ཞུང་།) བལ་པོ་ལི་རྒྱལ། སུམ་པ་ལྷུགས་རྒྱལ།(མཚོ་སྔོན་དང་བར་ཁམས་ས་ཁུལ།) མོན་རྩེ་རྒྱལ(མོན་པ་ཏུས་རྒྱུད་ཚོ་པ)བཅས་ནི་ལོ་དང་དུས་ལྟར་དཔྱ་ཁྲལ་ངེས་ཅན་རེ་འབུལ་བའི་བཙན་པོ་སྲིད་གཞུང་གི་ཁོངས་གཏོགས་འབངས་མིར་བཀོད། དེས་རྒྱལ་པོའི་ཕོ་བྲང་གི་འཚོ་བ་དང་བཙན་པོ་སྲིད་གཞུང་གི་དཔལ་འབྱོར་གྱི་ཡོང་འབབ་ལ་འགན་ལེན་ཡོད་པར་བྱས།

རིམ་པ་སོ་སོའི་དབང་སྒྱུར་སྒྲིག་གཞི་འཛུགས་པ་དང་ཆབས་ཅིག འབུམ་

གསེར་ཐོག་ཤ་བ་ཅན་གྱི་ཁྲིམས། རྒྱལ་ཁམས་དཔེར་བླངས་ཀྱི་ཁྲིམས། མདོ་ལོན་ཞུ་བཅད་ཀྱི་ཁྲིམས། དབང་ཆེན་བཅད་ཀྱི་སྤྱི་ཁྲིམས། ཁབ་སོ་ནང་པའི་ཁྲིམས། དཔའ་མཚན་དྲུག་སོགས་ཁྲིམས་ལུགས་སྣ་ཚོགས་ཀྱང་གཏན་ལ་ཕབ། དེ་དག་ཅུང་ཟད་རྒྱས་པར་བཤད་ན།

(1) འབུམ་གསེར་ཐོག་ཤ་བ་ཅན་གྱི་ཁྲིམས་ཞེས་པ་ནི། དེ་སྔ་རྒྱལ་པོ་སྟག་རི་གཉན་གཟིགས་ཀྱི་བློན་པོ་ཁྲི་ངོར་སྣང་མང་བཙན་གྱིས་གཏན་ལ་ཕབ་པའི་བྲི་དང་སྲང་ཞོ་ལ་སོགས་པའི་ཚད་གཞི་དེ་རྒྱལ་ཡོངས་གཅིག་གྱུར་གྱི་གཞོར་འདེགས་ཚད་གཞིར་སྒྱུར་བཅོས་བྱས་ནས་བཀའ་ཡིས་དྲིལ་བསྒྲགས་པ་ལ་ཟེར། ཐབས་ཤེས་དེས་བོད་ཀྱི་ཞིང་ཕྱུགས་ཐོན་ཇུས་བརྗེ་རེས་བྱེད་པ་དང་ཚོང་ལས་འཕེལ་རྒྱས་སུ་འགྲོ་བར་ཡར་སྐུལ་བྱས་ཤིང་། བོད་ཀྱི་ས་གནས་སོ་སོའི་དཔལ་འབྱོར་གྱི་འབྲེལ་བ་སྔར་ལས་སྲ་བརྟན་དུ་བཏང་བས། བོད་ཀྱི་སྤྱི་ཚོགས་དཔལ་འབྱོར་དར་བར་ཆ་རྐྱེན་བཟང་པོ་བསྐྲུན།

(2) རྒྱལ་ཁབ་དཔེར་བླངས་ཀྱི་ཁྲིམས་ལ་ནང་གསེས་སུ་དབྱེ་ན་རྒྱལ་ཁྲིམས་བཅོ་ལྔ། ཁྲིམས་ཆེན་བདུན། མི་ཆོས་གཙང་མ་བཅུ་དྲུག་གི་ཁྲིམས་བཅས་བསྡོམས་པས་སུམ་ཅུ་སོ་བརྒྱད་ཡོད།

རྒྱལ་ཁྲིམས་བཅོ་ལྔ་ནི། ཕྱིའི་བཙན་འཛུལ་པ་དང་ནང་གི་གྱེན་ལོག་པ་བཏུལ་ནས་རྒྱལ་ཁམས་བདེ་ལ་འགོད་པ། ནང་གི་ཆབ་སྲིད་དང་། དཔལ་འབྱོར། རིག་གནས་བཅས་ཀྱི་བྱ་བ་ལེགས་པོར་བསྒྲུབས་ནས་འབངས་རྣམས་བདེ་བར་སྐྱོང་བ། ཕྱི་མར་ཕན་ཕྱིར་དམ་པའི་ཆོས་ལ་འབད་པ། དམ་པའི་ལྷ་ཆོས་ལ་དད་པ་མེད་པའི་མིར་མི་བཤད་པ། གསང་སྔགས་ཀྱི་ཆོས་རྒྱུ་ནོར་ལ་མི་འཚོང་བ། བྲན་གཡོག་རྗེར་མི་བསྐོ་བ། དཔའ་བོ་བྱས་རྗེས་ཅན་ལ་སྟག་ཞྭགས་ཀྱི་སྟོད་གོས་བྱིན་ནས་གཟེངས་སུ་བསྟོད་པ། ལས་བཟང་པོ་སྒྲུབ་མཁན་ལ་བྱ་དགའ་བྱིན་

ནས་བསྟོད་པ། ཤེས་རབ་ལྡན་པའི་མི་ལ་ཡིག་ཚང་གིས་བསྟོད་པ། སྟར་མ་ལ་ཕྲ་ཞྭ་བསྐོན་ནས་འཕྱ་དམོད་བྱེད་པ། ངན་པ་ལ་ཐ་ཚིག་བསྒྲགས་ནས་ཕྱིར་འབུད་བྱེད་པ། ཉེས་ཅན་ལ་ཆད་པ་ནན་པོ་གཅོད་པ། རང་ལུས་སྐྱེད་པའི་ཕ་མ་ལ་མནར་གཅོད་མི་བྱེད་པ། རང་ལས་མཆེད་པའི་བུ་ལ་མི་མནར་བ། རང་གི་བཟའ་ཟླ་ལ་མནར་གཅོད་མི་གཏོང་བ་བཅས་ཡིན།

ཁྲིམས་ཆེན་བདུན་ནི། མིའི་སྲོག་གཅོད་མི་ཆོག་པ། མ་བྱིན་པ་ལེན་མི་ཆོག་པ། ལོག་གཡེམ་བྱེད་མི་ཆོག་པ། རྫུན་བཤད་མི་ཆོག་པ། ཆང་ལ་ཚོད་འཛིན་དགོས་པ། འབངས་དང་བྲན་གཡོག་སོགས་ཀྱིས་རང་རང་གི་རྗེ་དཔོན་ལ་གྱེན་ལོག་བྱེད་མི་ཆོག་པ། བང་སོ་འབྲུ་མི་ཆོག་པ་བཅས་སོ། །

མི་ཆོས་གཙང་མ་བཅུ་དྲུག་གི་ཁྲིམས་ནི། དཀོན་མཆོག་ལ་དད་གུས་བྱེད་དགོས་པ། ཕ་མ་ལ་དྲིན་གཟོ་ཞིང་བཀུར་སྟི་བྱ་དགོས་པ། མི་དྲིན་ཅན་དང་ཕ་ཁུ་རྒན་གསུམ་གྱི་ཡི་མི་གཅོད་ཅིང་བཟང་པོའི་ལན་བྱེད་པ། རིགས་མཐོ་བ་དང་རང་ལས་རྒན་པའི་མིར་གུས་བཀུར་བྱ་དགོས་པ། ལས་དང་སྤྱོད་པ་ཐམས་ཅད་ཡ་རབས་ཀྱི་རྗེས་སུ་འབྲང་བ། དམ་པའི་ཆོས་དང་ཡི་གེ་ལ་བློ་འཇུག་ཅིང་དོན་ཤེས་པར་བྱེད་པ། ལས་རྒྱུ་འབྲས་ལ་ཡིད་ཆེས་ཤིང་མི་དགེ་བ་འབའ་ཞིག་ལ་འཛེམ་པ། གཞན་ལ་བསམ་ངན་མི་བྱ་ཕན་པ་བསྒྲུབ་པ། གཞི་དྲང་པོར་བྱ་ཞིང་བློ་སེམས་དཔང་དུ་འཛོག་པ། ཟས་ཆང་ལ་ཚོད་འཛིན་ཅིང་ཁྲེལ་ཡོད་པར་བྱེད་པ། བུ་ལོན་དུས་སུ་འཇལ་ལ། བྲེ་སྲང་ལ་གཡོ་ཟོལ་མི་བྱེད་པ། མ་བསྐོས་མ་བཙོལ་བའི་བྱ་བར་རྟོག་འཇུག་མི་བྱེད་པ། གྲོས་ཀྱི་ནང་དུ་བུད་མེད་ཀྱི་ཁ་ལ་མི་ཉན་པར་རང་ཚུགས་འཛིན་པ། ངག་འཇམ་པོས་སྐད་ཆ་ཤོད་དགོས་པ། མནའ་དང་དམ་བཞག་སྲོག་ལྟར་གཅེས་པར་འཛིན་པ་བཅས་སོ། །

རྒྱལ་ཁམས་དཔེར་བླངས་ཀྱི་ཁྲིམས་སུམ་ཅུ་སོ་བརྒྱད་ནི་སྐབས་དེའི་བོད་ཀྱི་

སྤྱི་ཚོགས་ཀྱི་ངོ་བོ་དང་དབང་སྒྱུར་གྲལ་རིམ་གྱི་དགོས་མཁོ་ལྟར་གཏན་ལ་ཕབ་པ་ཞིག་རེད། དེས་རིམ་པ་སོ་སོའི་དབང་སྒྱུར་གྲལ་རིམ་གྱི་ཆབ་སྲིད་ཀྱི་གོ་གནས་སྲ་བརྟན་དང་དཔལ་འབྱོར་གྱི་ཁེ་ཕན་སྲུང་སྐྱོབ་བྱས་པར་མ་ཟད། དམུ་རྒོད་དང་། ཧྲ་ཧྲོ། ཁྲིལ་མེད་ལ་སོགས་པའི་སྤྱོད་ངན་བཀག་ནས་བོད་འབངས་རྣམས་ཡ་རབས་ཀྱི་ལམ་དུ་འཛུད་པར་ཡང་ནུས་པ་ཆེན་པོ་བཏོན།

(3) མདོ་ལོན་ཞུ་བཅད་ཀྱི་ཁྲིམས་ནི། ཁྲིམས་སར་ཞུ་གཏུག་བྱེད་མཁན་གཉིས་ཀྱི་ནང་ནས་དབང་ཆེ་ཞིང་ཁ་དྲག་པའི་མི་ལ་བདེན་པ་དེ་ཙམ་མེད་པ་དང་། ཉམ་ཆུང་བདེན་པ་ཡོད་པའི་མི་གཉིས་ཐུག་ན། ཕན་ཚུན་རྩོད་པའི་ཚིག་ཉག་ཉོག་བསྒྱུར་ནས་དོན་གྱི་སྙིང་པོ་བླངས་ཏེ་ཁ་དྲག་པ་ངོ་མི་ཚ་ཞིང་། ཉམ་ཆུང་བདེན་ཡོད་ཀྱི་བློ་མི་ཕམ་པའི་སྒོ་ནས་ཁྲིམས་ཐག་གཅོད་དགོས་པ་ལ་ཟེར།

(4) དབང་ཆེན་བཅད་ཀྱི་ཁྲིམས་ནི། ཞུ་གཏུག་བྱེད་མཁན་ནག་ཉེས་ཡོད་མཉམ་ཡིན་ཚེ་ནག་ཉེས་ཆེ་ཆུང་ལ་གཞིགས་ཏེ་ཉེས་ཆད་འདྲ་མཉམ་དང་། ཡང་ན་ཆེ་ཆུང་གི་ཁྱད་པར་ཡོད་པའི་སྒོ་ནས་ཁྲིམས་ཐག་གཅོད་པ་ལ་ཟེར།

(5) ཁབ་སོ་ནང་པའི་ཁྲིམས་ནི། ཞུ་གཏུག་བྱེད་མཁན་ཕྱོགས་གཉིས་ཀས་ཕན་ཚུན་བསམ་ཤེས་དང་གུན་གསབ་སྤྲོད་རེས་བྱེད་དུ་བཅུག་སྟེ་གཉིས་ཀ་བློ་ཡིད་ཚིམ་པའི་བྱ་ཐབས་ལ་བརྟེན་ནས་ཁྲིམས་ཐག་གཅོད་པ་ལ་ཟེར།①

གོང་གསལ་གྱི་ཁྲིམས་ཡིག་གསུམ་ནི་ཞལ་ལྕེ་པས་ཁྲིམས་ཐག་གཅོད་ལུགས་གསུམ་རེད། འདི་ལས་སྐབས་དེར་ཞལ་ལྕེ་པས་ཁྲིམས་ཐག་གཅོད་ཚེ་ཞུ་གཏུག་བྱེད་མཁན་གྱི་དབང་ཤུགས་ཆེ་ཆུང་དང་འཆད་མཁས་མིན་ལ་མི་བལྟ་བར། ནག་ཉེས་ཀྱི་ཆེ་ཆུང་ལ་ཡང་ཡང་བརྟགས་རྗེས། དེ་དང་འོས་པའི་ཁྲིམས་ཐག་གཅོད་པ་དང་ཡང་ན་ཞུ་གཏུག་བྱེད་མཁན་ཕན་ཚུན་གཉིས་ཀ་ཡིད་ཚིམ་པའི་ཁྲིམས་ཐག་

① ནོར་བ་མི་འབྱུང་བའི་ཆེད་དུ་དུང་དཀར་བློ་བཟང་འཕྲིན་ལས་མཆོག་གི་གསུང་རྩོམ་ལས་བཤུས་པ་ལགས།

གཅོད་དགོས་པ་གསལ་པོར་མཚོན་པས། 《ཐང་ཡིག་གསར་རྙིང་ལས་བྱུང་བའི་བོད་ཆེན་པོའི་སྲིད་ལུགས》ལས། "ཉེས་ཆུང་དུ་ལའང་མིག་འདོན། ཆང་འབྲིག སྣ་གཅོད། ལྩག་གཞུ། དེ་དག་དཔོན་གྱི་འདོད་མོས་བཞིན་བགྱིད་པ་ལས་ངེས་གཏན་མེད"ཅེས་པར་ཡིད་ཆེས་ཉམས།

(6) དཔའ་མཚན་དྲུག་སོགས་དམག་གི་ཁྲིམས་ནི། གཡུལ་སར་རྒྱལ་ཁབ་ཀྱི་དོན་དུ་རང་སྲོག་ཤོར་བའི་བྱས་རྗེས་ཅན་དང་། དམག་དཔོན་བྱས་རྗེས་ཅན་རྣམས་ལ་ཞིང་ས་དང་། ནོར་ཕྱུགས། བྲན་གཡོག་སོགས་འོས་འཚམ་གྱི་བྱ་དགའ་སྦྱོད་པ་དང་། དཔའ་བོ་རྣམས་ལ་གོང་རས་དམར་པོ་དང་སྟག་ལྤགས་ཀྱི་སྟོད་གོས་གཟིངས་བསྟོད་ཀྱི་བྱ་དགའ་སྦྱོད་ཅིང་། དཔའ་བོའི་ཁྱིམ་ཚང་གི་སྒོའི་སྟེང་དུ་ལྩགས་ཀྱི་བྱང་བུ་རེ་བཏེགས་ནས་བསྟོད་པ། གཡུལ་ས་ནས་བྲོས་པའི་མི་རྣམས་མགོ་ལ་ཝའི་རྗ་མའི་ཞྭ་བསྒོན་ནས་ཁྲོམ་བསྐོར་དུ་ཁྲིད་པ་དང་། དཔུང་སྡེ་དང་མང་ཚོགས་ཀྱི་དཀྱིལ་དུ་ཆང་ལག་བཞི་ག་ས་ལ་བཙུགས་ནས་ཁྱིའི་སྐད་རྒྱག་ཏུ་འཇུག་པ་སོགས་བྱས་ནས་འཕྱ་དམོད་བྱེད་པ་རེད། དེ་འདྲའི་དམག་ཁྲིམས་བཙན་པོ་ཞིག་ཡོད་པའི་རྐྱེན་གྱིས་དམག་དཔུང་དུ་དམག་དང་དམག་དཔོན་དཔའ་བོ་མང་པོ་བྱུང་ཞིང་། ཕྱིའི་བཙན་འཛུལ་པ་བཀག་ནས་མཐའ་མཚམས་སྲུང་བ་དང་། ནང་གི་ཟིང་འཁྲུག་མནན་ནས་རྒྱལ་ཁམས་བདེ་ལ་འགོད་པར་ཕན་ནུས་ཆེན་པོ་ཐོན།

མདོར་ན། རྒྱལ་པོ་སྲོང་བཙན་སྒམ་པོས་ཏུས་རྒྱུད་ཚོ་པ་ཁག་ལས་གྲུབ་པའི་རྒྱལ་ཕྲན་མང་པོ་དབང་དུ་བསྡུས་རྗེས། རྒྱལ་ཁམས་བདེ་འཇགས་སུ་འགོད་པ་དང་སྲིད་དབང་སྲ་བརྟན་དུ་གཏོང་ཐུབ་པའི་རྒྱུ་རྐྱེན་གཙོ་བོ་ནི། ཆབ་སྲིད་དང་། དཔལ་འབྱོར། དམག་དོན་བཅས་ཀྱི་སྒྲིག་གཞི་དང་ཁྲིམས་ལུགས་ཙུང་ཟད་ཆ་ཚང་བ་ཞིག་བཙུགས་པ་དེ་རེད། ཁོང་གིས་དེ་འདྲའི་སྔ་ན་མེད་པའི་དབང་སྒྱུར་སྒྲིག་གཞི་

དང་ཁྲིམས་ལུགས་བཙན་པོ་ལ་བརྟེན་ནས་ཆབ་སྲིད་བསྐྱངས་པས། ཕྱིའི་དགྲ་བོའི་བཙན་འཛུལ་ཁེགས་ཤིང་། ནང་ཁུལ་དུ་རྒྱལ་ཕྲན་ནམ་བྲན་གཡོག་རྣམས་ཀྱིས་གྱེན་ལོག་དང་འཁྲུག་རྙོད་བྱེད་པའི་གནས་ཚུལ་མ་བྱུང་བར་མ་ཟད། ཚང་མ་རྒྱལ་ཁབ་གཅིག་ཏུ་གྱུར་ཅིང་འབངས་མི་ཕན་ཚུན་བློ་མཐུན་པར་གྱུར། དེ་འདྲའི་བདེ་ཞིང་འཇགས་པའི་མངའ་ཁོངས་སུ་བོད་འབངས་རྣམས་ཀྱིས་ཞིང་ཕྱུགས་ཐོན་སྐྱེད་དང་རིག་གནས་ལས་དོན་ལ་འབད་པ་བྱས་པས། བོད་ཀྱི་དཔལ་འབྱོར་དང་རིག་གནས་ཀྱང་སྔར་ལས་འཕེལ་རྒྱས་བྱུང་། རྒྱལ་པོ་སྲོང་བཙན་སྒམ་པོས་ཁྲིམས་ལུགས་སྣ་ཚོགས་གཏན་ལ་ཕབ་པ་དེ་མངའ་ཁོངས་བདེ་འཇགས་དང་སྲིད་དབང་སྲ་བརྟན་དུ་གཏོང་བའི་ཡོ་བྱད་དུ་གྱུར་པར་མ་ཟད། བོད་ཀྱི་སྤྱི་ཚོགས་རྫིལ་པོ་དེ་རིག་གནས་ཡོད་པ་དང་། སྤྱོད་པ་བཟང་བ། ཁྲིམས་ལུགས་ཡོད་པ་བཅས་ཀྱི་ཤེས་རིག་ལྡན་པའི་སྤྱི་ཚོགས་སུ་འཕེལ་བར་ཡང་ནུས་པ་ཧ་ཅང་ཆེན་པོ་བསྐྱེད་དོ།། །།

༄༅། །བོད་རྗེ་དགུ་པ་ནི་ལོ་ངམ་རྟ་རྫི་ཡིན་དགོས།

ཁ་བ་རི་བོས་ཀུན་ནས་བསྐོར་བའི་རང་རེའི་བསིལ་ལྡན་ལྗོངས་འདིར་གནའ་ནས་ད་བར་དུ་མཚན་སྙན་གྱི་བ་དན་སྒྲིད་པའི་རྩེ་ན་གཡོ་བའི་སྐྱེས་བུ་དམ་པ་བསམ་གྱིས་མི་ཁྱབ་པ་དང་བརྗོད་ཀྱིས་མི་ལང་བ་འབྱུངས་པ་ལས་བོད་རྗེ་བརྒྱད་པ་གྲི་གུམ་བཙན་པོའི་སྐབས་ཀྱི་ལོ་ངམ་རྟ་རྫི་བྱ་བར་དཔྱད་གཏམ་རགས་ཙམ་བརྗོད་པར་བྱ།

དང་པོ། ལོ་ངམ་རྟ་རྫི་བོད་ཀྱི་རྒྱལ་པོར་མ་བཞུགས་གོང་དུ་མི་གང་འདྲ་ཞིག་ཡིན་པའི་སྐོར།

དེ་ཡང་ལོ་ངམ་རྟ་རྫིས་གྲི་གུམ་བཙན་པོ་བཀྲོངས་པ་དང་བོད་ཀྱི་རྒྱལ་ས་བཟུང་བའི་སྐོར་ལ་སྔོན་བྱོན་མཁས་པ་རྣམས་བཞེད་དགོངས་གཅིག་ཏུ་མཐུན་ཡང་། ལོ་ངམ་རྟ་རྫི་དེ་བོད་ཀྱི་རྒྱལ་པོར་མ་བཞུགས་པའི་སྔོན་ལ་འབངས་སམ་རྟ་རྫི། བློན་པོའམ་རྒྱལ་ཕྲན་གྱི་འགོ་གཙོ་གང་ཞིག་ཡིན་པའི་སྐོར་ལ་མི་མཐུན་པའི་བཞེད་པ་ཅི་རིགས་མཆིས། ལ་ལས་འབངས་ལོ་ངམ་རྟ་རྫི①ཟེར། ལ་ལས་གྲི་གུམ་བཙན་པོའི་རྟ་རྫིར་འདོད། ལ་ལས་གྲི་གུམ་བཙན་པོའི་བློན་པོར་འདོད། ལ་ལས་རྒྱལ་ཕྲན་ལོ་ངམ་རྟ་རྫི་ཟེར། འོ་ན་དོན་དམ་དུ་ཅི་ཞིག་ཡིན་ཟེར་ན། 《མཁས་པའི་

① 《རྒྱ་བོད་ཡིག་ཚང་ཆེན་མོ》ར་གསལ། 《མཁས་པའི་དགའ་སྟོན》དུ་ཡང་སྐབས་འགར་དེ་ལྟར་གསུངས།

དགའ་སྟོན》ལས། "རྒྱལ་ཕྲན་ལོ་ངམ་ཏ་རྗི་བྱ་བ་ལ། འཐབ་ཟླ་བཙོལ་ཏེ་འཐབ་པས་གྲི་ཏུ་བཀྲོངས"ཟེར་བ་དང་། ཤར་རྫ་བཀྲ་ཤིས་རྒྱལ་མཚན་གྱིས་བརྩམས་པའི《ལེགས་བཤད་རིན་པོ་ཆེའི་གཏེར་མཛོད》(གཤམ་དུ《ལེགས་བཤད་མཛོད》དུ་བསྡུ་བར་བྱ)དུ་གྲི་གུམ་བཙན་པོས་ལོ་ངམ་ཏ་རྗི་ལ་འཐབ་ཟླ་བཙོལ་སྐབས། "……ལོ་ངམ་གྱིས་ན་རེ། ཁྱོད་སྤྱི་ཕུད་ཀྱི་རྒྱལ་པོ་ཆེན་པོ་ཡིན། བདག་རྒྱལ་ཕྲན་བཅུ་གཉིས་ཀྱི་ཡ་བ་ཡིན། རྒྱལ་འབངས་འབྲུག་པ་ག་ལ་འོས། རྗེའི་འཐབ་ཟླ་བདག་གིས་མི་འོང་བས་བཀའ་དེ་མི་གསུང་བར་ཞུ་བྱས་ཀྱང་མ་གསན་ཏེ་ཁྱོད་རང་དམག་གྱིས་ལ་ཤོག མི་འོང་ན་བདག་གིས་དམག་བྱ་ལ་ཁྱོད་འཁོར་བཅས་སྒྱུར་དུ་བཀླག་པར་བྱ་གསུངས"ཞེས་བཀོད་པར་ཞིབ་ཏུ་བརྟགས་ན། ལོ་ངམ་ཏ་རྗི་དེ་འབངས་ཕལ་པ་ཞིག་གམ་ཏ་རྗི་ཅི་ཡང་མ་ཡིན་ཏེ། རྒྱལ་པོའི་འགྲན་ཟླར་ལང་ཐུབ་པའི་རྒྱལ་ཕྲན་ཞིག་གི་འགོ་གཙོ་ཡིན་པར་མ་ཟད། ད་དུང་དམག་དཔུང་དང་འཁོར་གཡོག་ཀྱང་ངེས་ཅན་ཞིག་ཡོད་པ་གསལ་པོར་རྟོགས་ཐུབ།

དེར་མ་ཟད་ལོ་ངམ་ཏ་རྗི་དེ་དཔའ་དང་རྩལ། ལུས་ཀྱི་ཆ་ལུགས་ཐད་ནས་ཀྱང་རྒྱལ་པོ་དང་འདྲ་བ་ཞིག་ཡིན་པ་ལས། འབངས་མི་ཕལ་པའམ་ཏ་རྗི་ཞིག་མིན་པ《མཁས་པའི་དགའ་སྟོན》དུ《ཀ་ཁོལ་མའི》ཚིག་ལུང་དུ་དྲངས་པ་ལས"ཁ་ཆེའི་རྒྱལ་པོ་དང་གཡུལ་སྤྲད་ནས་བོད་རྒྱལ་ནས་ལོག་པའི་ལམ་དུ་ཁ་ཆེའི་མི་ལུས་པ་ཞིག་ན་རེ། བོད་ཀྱི་དཔའ་བོས་གཞུ་ཀ་བ་ཙམ་ལ་མདའ་ཕྲུམ་ཙམ་འཕེན་པ་བྱུང་། ཕ་གི་ན་ཟེར་ནས་ཕ་བོང་ལ་ལྡེམ་མེ་འདུག་པ་དམག་མི་ཚོས་མཐོང་བས། ལ་ལ་ན་རེ་རྒྱལ་པོ་ཡིན་ཟེར། ལ་ལ་ན་རེ་འབངས་ལོ་ངམ་ཏ་རྗི་ཡིན་ཟེར་བས། དེ་གཉིས་གང་ཡིན་བརྟག་པའི་སྙན་ཕྲ་བཅུག་པས་རྒྱལ་པོས་རྩལ་འགྲན་ཟེར་བ་ལ་ལོ་ངམ་གྱིས་ངས་མ་ཐུབ་ན་ང་ལ་ཆད་པ་འོང་སྙམ་ནས་གྲུ་ལོག་སྨྲས་ཟེར"ཞེས་གསུངས། ལོ་ངམ་ཏ་རྗི་དེ་འབངས་ཕལ་པའམ་ཏ་འཚོ་བའི་རྗི་བོ་ཞིག་ཡིན་ན། དཔའ་རྩལ་དང་ལུས་ཀྱི་དཔངས་རྒྱལ་

པོ་དང་འདྲ་བ་ཞིག་ཡིན་སྲིད་ཀྱང་། རྗེ་འབངས་ཀྱི་ཆ་ལུགས་ལ་འགྲུལ་གཞི་ཡོང་མི་སྲིད། བོད་འདིར་སྔོན་ཆད་རྒྱལ་ཕྲན་བཅུ་གཉིས་བྱུང་བ་འགོས་གཞོན་ནུ་དཔལ་གྱི《དེབ་ཐེར་སྔོན་པོ》ལས་ཀྱང་གསལ་བ་སྟེ། "བོད་འདིའི་རྒྱལ་རབས་ནི། སྔོན་ཆད་རྒྱལ་ཕྲན་སིལ་མ་བཅུ་གཉིས་ལ་སོགས་བྱུང་ཟེར་ཡང་རྒྱལ་ཕྲན་ཉིད་དུ་ཟད་ཅིང་། དེ་དག་གི་བརྒྱུད་པས་བསྟན་པ་ལ་བྱ་བ་བྱས་པའི་གཏམ་ཡང་ཡོད་པ་མ་ཡིན་ནོ"ཞེས་གསུངས་འདུག དེས་ན་ལོ་ངམ་རྟ་རྫི་དེ་རྒྱལ་ཕྲན་ཞིག་གི་རྒྱལ་པོའམ་འགོ་གཙོ་ཡིན་པར་སྙམ། འདི་ལྟར་བརྗོད་ན《རྒྱལ་རབས་གསལ་བའི་མེ་ལོང》དང་། 《དེབ་ཐེར་དཔྱིད་ཀྱི་རྒྱལ་མོའི་གླུ་དབྱངས》ཚལ་པ་ཀུན་དགའ་རྡོ་རྗེས་བརྩམས་པའི《དེབ་ཐེར་དམར་པོ》སོགས་ལས་བློན་པོ་ལོ་ངམ་དུ་འབོད་པར་ཡང་མི་འགལ། རྒྱུ་མཚན་ནི། གནའ་བོའི་རྒྱལ་ཕྲན་གྱི་རྒྱལ་པོའམ་འགོ་གཙོ་ལ་ལ་རྒྱུན་དུ་ཆོ་པའམ་རྒྱལ་ཕྲན་གྱི་འགོ་གཙོ་ཡིན་ཞིང་། རྒྱལ་ཁབ་སྤྱིའི་སྲིད་དོན་ལ་གྲོས་མཛད་སྐབས་རྒྱལ་པོའི་བློན་པོ་ཡིན་པ་ཏུན་ཧོང་བྲག་ཕུག་ལས་ཐོན་པའི་བཙན་པོ་རིམ་བྱུང་གི་ལོ་རྒྱུས་སུ་གསལ་བས་སོ། །

ལོ་ངམ་རྟ་རྫི་དེ་རྟ་འཚོ་བའི་རྫི་བོ་ཞིག་མིན་པ་བློན་པོ་ལོ་ངམ་རྟ་རྫི་ཟེར་བ་དང་། རྒྱལ་ཕྲན་ལོ་ངམ་རྟ་རྫི་ཞེས་པའི་ཚིག་སྦྱོར་ལས་ཀྱང་ཤེས་ཐུབ། གལ་ཏེ་རྟ་འཚོ་བའི་རྫི་བོ་ཡིན་ན། རྟ་རྫི་ཞེས་པའི་མིང་གི་འགོ་ལ་བློན་པོ་ཞེས་པ་དང་། རྒྱལ་ཕྲན་ཞེས་པའི་ཐ་སྙད་སྦྱོར་དོན་མེད། ཡོད་ཟེར་ན་རྟ་རྫི་དེས་བློན་པོའི་འགན་དང་རྒྱལ་ཕྲན་གྱི་རྒྱལ་པོའི་འགན་ཡང་གཅིག་ལྷུགས་བྱ་དགོས་པས། དེ་འདྲའི་སྲོལ་ལོ་སྟོང་ཚོ་གཅིག་ལྷག་གི་སྔ་རོལ་གྱི་བྲན་གཡོག་སྤྱི་ཚོགས་སུ་ག་ལ་ཡོད། དེང་གི་དུས་ལའང་རི་བོང་གི་རྭ་ལྟར་མཐོང་དཀོན་པ་ནི་ཀུན་གྱིས་མཁྱེན་གསལ་རེད། ཡང་། རྟ་རྫི་ཞེས་པའི་ཐ་སྙད་དེ་རྟ་འཚོ་བའི་རྫི་བོར་གོ་དགོས་ཟེར་ན། ལོ་ངམ་རྟ་རྫིས་གྲི་གུམ་བཙན་པོ་བཀྲོངས་ཏེ་ཁོ་རང་རྒྱལ་པོར་བཞུགས་ཤིང་གྲི་གུམ་བཙན་པོའི་བཙུན་

མོ་ཏ་རྗེར་བསྐོས་རྗེས། ལོ་ངམ་ཏ་རྗེ་དེ་རྒྱལ་པོ་ཡིན་པ་ལས་ཏ་རྗེ་མིན་པས། ལོ་ངམ་ཞེས་པའི་གཞུག་གི་ཏ་རྗེའི་ཐ་སྙད་དེ་དོར་ནས། རྒྱལ་པོ་ལོ་ངམ་ཞེས་བརྗོད་དགོས་ཅང་། 《ཧྲུ་ཐིག་རྒྱུད་འབུམ》ལས། "དེ་ནས་ལོ་བཅུ་གསུམ་ལོན་པའི་རྗེས་སུ་རྒྱལ་པོ་ལོ་ངམ་ཏ་རྗེ་བསད། སྤུ་ལྡེ་གོང་རྒྱལ་གདན་ས་ཐོབ་པོ"ཞེས་སྨྲར་བཞིན་མ་དོར་བར་རྒྱལ་པོ་ལོ་ངམ་ཏ་རྗེ་ཞེས་བྲིས་ཡོད་པ་ངོ་མཚར་ཆེ།

ཡང་། ལོ་ངམ་ཏ་རྗེ་དེ་འབངས་མི་ཕལ་པ་དང་ཏ་རྗེ་ཞིག་མིན་པ་ལོ་ངམ་ཏ་རྗེས་གྲི་གུམ་བཙན་པོ་བཀྲོངས་རྗེས་ཁོ་རང་རྒྱལ་པོར་བཞུགས་པ་དང་། རྒྱལ་པོའི་སྲས་གསུམ་པོ་ཀོང་པོ་དང་། ཉང་པོ། སྤོ་བོ་གསུམ་དུ་བྲོས་པ། བློན་པོ་དྲག་པ་རྣམས་བསད་པ། ཞན་པ་རྣམས་སྤྱུགས་པ། བཙུན་མོ་ཏ་རྗེར་བསྐོས་པ། སྲས་མོ་ལྷམ་ཁབ་ཏུ་བཞེས་པ་སོགས་ལས་ཀྱང་གསལ་པོར་མཚོན་འདུག ཕྱིར་རྒྱལ་པོ་ཞིག་ཡིན་ན་རང་སྒྲོག་ཕངས་པ་མེད་པར་རྒྱལ་ས་དཀྱུ་རྟེན་དུ་བཞག་ནས་མངའ་འོག་གི་བྲན་གཡོག་ཅིག་ལ་དངོས་སུ་འཐབ་པའི་དགོས་པ་མེད། ཡོད་ཀྱང་རྒྱལ་སྲས་དང་རྒྱལ་པོར་རྗེས་སུ་ཡི་རང་བྱེད་པའི་བློན་པོའམ་དམག་དཔུང་ཡོད་པས། རྒྱལ་པོ་གྲོངས་རྗེས་བྲན་གཡོག་ཁོ་རང་ཡུལ་གཞན་དུ་འགྲོ་དགོས་པ་ལས། རྒྱལ་ས་བཟུང་ནས་བདེ་བར་སྡོད་ག་ལ་ནུས། ཡིན་ནའང་། ལོ་ངམ་ཏ་རྗེ་ནི་དེ་ལས་ལྡོག་སྟེ། ཁོ་རང་རྒྱལ་པོར་བཞུགས་ནས་བློན་པོ་དང་བཙུན་མོ་སོགས་ལ་མནར་གཅོད་བཏང་བ་དེ་ནི་དོན་དངོས་དང་མཐུན་པ་ཞིག་མ་རེད། རྒྱུ་མཚན་ནི། དུས་སྐབས་དེའི་བོད་ཀྱི་སྤྱི་ཚོགས་ནི་བྲན་གཡོག་སྤྱི་ཚོགས་ཡིན་ཞིང་། སྐབས་དེའི་བཙན་པོ་སྲིད་གཞུང་ནི་རྒྱལ་པོ་དང་། བློན་པོ། སྐུ་གཤེན། དམག་མི་བཅས་ལས་གྲུབ་པའི་སྲིད་གཞུང་ཞིག་རེད། དེ་འདྲའི་སྲིད་གཞུང་ཞིག་ཟ་སློག་ཏུ་གཏོང་དགོས་ན། ཟ་འཛུགས་དང་དམིགས་ཡུལ་ཡོད་པའི་སྤྱི་ཚོགས་ཀྱི་ཚོགས་པའམ་གྲལ་རིམ་གྱི་སྟོབས་ཤུགས་ངེས་ཅན་ཞིག་དགོས་པ་ལས། རང་གི་ལུས་ལ་ཡང་རང་དབང་མེད་པའི་

བྲན་གཡོག་ཅིག་གིས་མི་ནུས་པས་སོ། །

ཡང་རྒྱལ་པོ་ཁྲི་གུམ་བཙན་པོས་བོན་བསྒྱུབས་ཤིང་བོན་གཤེན་རྣམས་རྒྱང་དུ་སྤྱུགས་པས་རྒྱལ་པོར་མི་དགའ་བའི་བོན་པོ་རྣམས་དང་བོན་ལ་དད་པའི་མང་ཚོགས་ཀྱི་རྒྱབ་སྐྱོར་ཐོབ་ཅེ་ན་གནས་ལུགས་མེད་པ་མིན། ཡིན་ནའང《ལེགས་བཤད་མཛོད》ལས། "ཁྲི་གུམ་བཙན་པོས་ཡུལ་འདིར་ངའི་རྒྱལ་སྲིད་དང་ཁྱོད་ཀྱི་བོན་སྲིད་གཉིས་མི་ཤོང་བས་བོན་པོ་རྣམས་སྤྱུགས་ཤིག"ཅེས་བཀའ་ཕེབས་པ་ལས་བོན་པོ་རྣམས་དབང་ལ་དགའ་ཞིང་རྒྱལ་པོའི་སྲིད་ལ་ཐེ་གཏོགས་བྱེད་པ་གསལ་པོར་མངོན་འདུག དེར་བརྟེན་ལོ་ངམ་ཧྲ་རྗེས་རྒྱལ་པོ་བཀྲོངས་པའི་ལས་ལ་བོན་པོ་རྣམས་ཀྱིས་སྐུལ་སློང་དང་རྒྱབ་རོགས་བྱེད་སྲིད་ཀྱང་། རྒྱལ་པོ་གྲོངས་རྗེས་རྒྱལ་ས་ཁོ་རང་ཚོས་འཛིན་པ་ལས། རིགས་དམན་བྲན་གཡོག་གཅིག་རྒྱལ་པོར་བསྐོ་མི་སྲིད། དེས་ན་ལོ་ངམ་ཧྲ་རྗེ་ཞེས་པ་གཅིག་ནས་རྒྱལ་པོ་སྲོང་བཙན་སྒམ་པོའི་དུས་སུ་ལོ་ངམ་ཧྲ་རྗེ་ཞེས་པ་ཞིག་ཡོད་པ་དེར་འཁྲུལ་བའམ། ཡང་ན་ཁོའི་མིང་དངོས་དེ་དང་སྒྲ་འདྲ་བ་ཞིག་ཡིན་པ་ལ། སྲོང་བཙན་ཕྱིས་ཀྱི་ལོ་རྒྱུས་སྨྲ་བ་རྣམས་ཀྱིས་ཡི་གེར་འགོད་སྐབས་དེ་ལྟར་བྲིས་པར་སྙམ། གཉིས་ནས་ཁྲི་གུམ་བཙན་པོས་རང་གི་རྒྱལ་སྲིད་འཚོར་བར་དོགས་ནས་བོན་གཤེན་རྣམས་རྒྱང་དུ་སྤྱུགས་པས། བོན་པོ་རྣམས་མ་དགའ་བར་རྒྱལ་པོ་དེ་ང་རྒྱལ་ཁེངས་དྲེགས་ཆེ་ཞིང་དམུ་རྐོད་ཟླ་སློ་ཞིག་ཡིན་པ་བསྒྲུབ་ཆེད། བསམ་བཞིན་དུ་ལོ་ངམ་ཧྲ་རྗེ་ཞེས་པའི་མིང་དེ་གཡར་བ་རེད་སྙམ།

གཉིས་པ། གྲི་གུམ་བཙན་པོ་དང་ལོ་ངམ་ཏ་རྗེ་ གཉིས་འཐབ་པའི་རྒྱུ་རྐྱེན་སྐོར།

བོན་གྱི་ལོ་རྒྱུས་ལས། གྲི་གུམ་བཙན་པོ་དང་ལོ་ངམ་ཏ་རྗེ་གཉིས་འཁྲུགས་པ་དང་རྒྱལ་པོ་གྲི་གུམ་བཙན་པོ་གྲོངས་པ་ནི། བོན་གྱི་བཀའ་ཆད་ཀྱིས་རྒྱལ་པོའི་ཐུགས་སུ་གདོན་ཞུགས་པས་འབངས་ལོ་ངམ་ཏ་རྗེ་ལ་བཙན་གྱིས་འཐབ་ཟླ་བཅོལ་ནས་གྲོངས་པར་བཤད། འདི་ནི་ཚན་རིག་དང་མཐུན་པ་ཞིག་མ་ཡིན་ཏེ། རྒྱལ་པོ་གྲི་གུམ་བཙན་པོས་རྒྱལ་སྲིད་ཀྱི་དོན་དུ་བོན་གཤེན་རྣམས་རྒྱང་དུ་སྤྱུགས་པས། བོན་པོ་རྣམས་མ་དགའ་བར་རྒྱལ་པོར་དམའ་འབེབས་དང་། བོན་ལ་ཆེར་བསྟོད་པའི་བཤད་ཕྱོགས་སམ། དོན་དངོས་འགེབ་སྲུང་བྱེད་པའི་ཐབས་ཤིག་ཡིན་པར་སྣམ། དེ་བཞིན་དུ《རྒྱལ་རབས་གསལ་བའི་མེ་ལོང》དུ། "རྒྱལ་པོ་གྲི་གུམ་བཙན་པོ་དེ། ཐུགས་གདོན་གྱིས་བསླུས་ཏེ། བློན་པོ་ལོ་ངམ་ཏ་རྗེ་ཟེར་བ་གཅིག་ལ། ཁྱོད་ཀྱིས་ངའི་འཐབ་ཡ་བྱེད་དགོས་ཟེར"ཞེས་བཀོད་པ་དང་། 《རྒྱ་བོད་ཡིག་ཚང》དུ། "རྒྱལ་པོས། འབངས་ལོ་ངམ་ཏ་རྗེ་བྱ་བ་ལ་ཁྱོད་ཀྱིས། ངའི་འཐབ་ཟླ་བྱེད་དགོས་ཟེར། ཐུགས་ལ་གདོན་གསོལ་བའི། གསུང་སྣ་ཚོགས་བྱུང་བ་ལ། ཞུ་བ་ཕུལ་ཀྱང་མ་མོས་པར་ཉང་རོང་རྫིབས་ཀྱི་ཐལ་ལ་ཚལ་དུ། རྗེ་འབངས་འཐབ"ཅེས་བཀོད་ནས། གྲི་གུམ་བཙན་པོ་དང་ལོ་ངམ་ཏ་རྗེ་གཉིས་འཐབ་པའི་རྒྱུ་རྐྱེན་ནི་རྒྱལ་པོའི་ཐུགས་ལ་གདོན་ཞུགས་པ་དེ་ཡིན་པར་བསྟན་པ་དང་། ཏུན་ཧོང་ཡིག་རྙིང་ལས། "མངོན་པར་དགུང་དུ་གཤེགས་པ་ལས་སྤྱོགས་པ་འཕྲུལ་དང་བྱིན་ཆེད་པོ་མངའ་བས། ཏྲོད་དང་དྲེགས་མ་ཐུབ་སྟེ། བཙན་འདྲན་བདའ་ནས། ཡབ་འབངས་པ་དགུའ་དང་། ཡུམ་འབངས་ཚན་གསུམ་ལ་དགྲ་ཙ་རྒལ་གཡག་ཏུ་ཏྲུང་ཕོད་དམ་

ཞེས་བཀའ་སྩལ་ཏ། སོ་སོ་ནས་ཀུན་གྱིས་སྨྲེ་ཡོད་ཆེས་གསོལ་ཏོ། ཡོ་ངམ་རྟ་ཧྲིས་ཀྱང་སྨྲེ་ཡོད་ཅེས་གསོལ་བ་ལས་མ་གནང་སྟེ”ཞེས་རྒྱལ་པོ་གྱི་གྲུམ་དེར་གནམ་ལ་འཕུར་ཐུབ་པ་ལ་སོགས་པའི་རྫུ་འཕྲུལ་དང་མཐུ་ནུས་ཆེན་པོ་ལྡན་པས། ང་རྒྱལ་ཁེངས་དྲེགས་ཆེ་ཞིང་དྲག་པོའི་ལས་ལ་དགའ་བ། ཐ་ན་རང་གི་ཡབ་འབངས་དང་ཡུམ་འབངས་རྣམས་ཀྱང་དགྲ་རུ་བཟུང་ཞིང་བཙན་གྱིས་འཐབ་ཟླ་བཅོལ་བའི་མི་དམུ་རྒོད་གཏུམ་པོ་ཞིག་ཡིན་པར་བརྗོད་པའང་བོན་གཞུང་རྣམས་ཀྱི་སྨྲ་རྗེས་འབྲངས་པ་ཡིན་པར་སྙམ།

འོ་ན་དངོས་དོན་ནི་ཅི་ཡིན་ཞེ་ན། དེ་ནི་རྒྱལ་པོ་གཉའ་ཁྲི་བཙན་པོའི་ཡན་ཏུ་བོན་བྱུང་བ་ནས་བཟུང་བོད་ཀྱི་བཙན་པོ་རྣམས་བོན་ལ་དད་ཅིང་དེ་འཛིན་སྐྱོང་སྤེལ་གསུམ་བྱེད་པར་མཐུན་རྐྱེན་མང་པོ་བསྒྲུབས་པར་མ་ཟད། རྒྱལ་པོ་རེ་ལ་རིམ་གྲོ་སོགས་སྒྲུབ་པའི་སྐུ་སྲུང་བོན་གཤེན་རེ་མཛད་དེ་གཙིགས་སུ་བཀུར་བས། བོན་གཤེན་རྣམས་ཀྱི་སྤྱི་ཚོགས་ཀྱི་གོ་གནས་རབ་ཏུ་མཐོ། དཔེར་ན། “སྐུ་ལ་གཙིགས་སུ་དབུ་སྐྲ་སེལ་མ་རྟེ་རྒྱལ་འབྲེག་ཏུ་མེད་པ། དར་ལ་སེང་དཀར་པོའི་འཁྱིང་ཐོད་ལ་བྱ་རྒོད་ཀྱི་ལྡེམ་ཡོད་བཙུགས་པ། དབྱི་དཀར་གྱི་སླག་པ་ལ་སྟག་གཟིག་གྲུང་གསུམ་གྱི་གོང་ལག་བྱས་པ། ཟ་འོག་གི་འབོ་ལྷམ་ལ་དངུལ་གྱི་ཆག་སྒྲོག་བཏགས་པ་གནང་། གསུང་ལ་གཙིགས་སུ་གཤེན་ངག་ཚིག་གསུམ་མ་སྨྲས་པར། གོང་ནས་རྒྱལ་པོས་བཀའ་མི་གསོལ། འོག་ནས་བློན་པོའི་གྲོས་མི་འཆལ། གཤེན་སླུ་ཐེངས་གསུམ་མ་བླངས་པར། རྒྱལ་བློན་བྲོ་སླུ་མི་རོལ། གསུངས་དབྱངས་བོན་ལ་རོལ་དུས་གྲལ་གང་ཞལ་མི་སྨྲ། ཐུགས་མཉེས་པའི་གཙིགས་སུ། སྟོང་ཡང་རྒྱལ་པོ་དང་མཉམ། རྐུས་ན་ཡང་རང་འགྱུར་དགུ་བཅུ་ཆལ་དུ་བྱས། ཆབ་ལ་གཤེགས་ན་རྗེ་ཡང་ཕྱིན་ཆིབས་སྐྱོན་པ་ལགས་སོ། །དྲལ་ཆ་ཡང་གཤེན་པོ་གཡས་དྲལ། བློན་པོ་

གཡོན་དྲལ། བར་གྱི་གུང་ལ་རྒྱལ་པོ་བཞུགས།"① དེ་ལྟར་བོད་ཀྱི་རྒྱལ་པོ་བརྒྱད་པ་གྲི་གུམ་བཙན་པོའི་སྐུ་ཚེ་སྨད་དུ་སླེབས་ཚེ། རྒྱལ་ཁམས་ནི་བོན་གྱི་རྒྱལ་ཁམས་དང་། མངའ་རིས་ནི་བོན་གྱི་མངའ་རིས་སུ་གྱུར་ཅིང་། བོན་གཤེན་རྣམས་ཀྱང་རྒྱལ་པོའི་སྐུ་རིམ་ཙམ་སྒྲུབ་པ་ནས་རིམ་བཞིན་རྒྱལ་པོའི་ཆབ་སྲིད་ལ་ཐེ་གཏོགས་བྱེད་མཁན་དུ་གྱུར། དེས་ན་གཡུང་དྲུང་བོན་གྱི་བསྟན་པ་དེ་ཞང་ཞུང་ནས་ཐོན་པས། བོན་གཤེན་རྣམས་ཞང་ཞུང་དང་དེའི་རྒྱལ་པོ་ལ་དགའ་བ་དང་། སྐབས་དེར་ཞང་ཞུང་ནི་ཁྲིམ་མཚོས་རྒྱལ་ཁབ་འགའི་ནང་རིག་གནས་དང་། དཔལ་འབྱོར། ཆབ་སྲིད་གང་གི་ཆ་ནས་ཀྱང་དར་ཞིང་རྒྱས་པས། རྒྱལ་པོ་གྲི་གུམ་བཙན་པོས་རང་གི་རྒྱལ་སྲིད་བོན་གཤེན་རྣམས་དང་ཞང་ཞུང་རྒྱལ་པོའི་ལག་ཏུ་འཚོར་བར་དོགས་ནས། ཐོག་མར་བོན་གཤེན་རྣམས་ལ"ང་ཡི་རྒྱལ་སྲིད་དང་ཁྱོད་ཀྱི་བོན་སྲིད་གཉིས་མངའ་རིས་འདི་རུ་མི་ཤོང་བ་འདྲ་བས། ལྷ་བོན་སྔོ་བཞི་དང་། གེ་ཁོག་ཐེས་འཕེན་དང་། གཙོ་གྲིམ་བུ་ལན་ཚ་རྣམས་བདག་གི་སྐུ་སྲུང་དུ་བཞག་བཙལ། ཕྱི་མ་རྣམས་བོད་རུ་བཞི་ལས་འདས་པར་གཤེགས་ཤིག"②ཅེས་གསུངས་པ་དང་། "དབུའི་ཞྭ་ཆེས་ན་ལུས་པོ་རྟལ་ཏེ་འཆི། ཟས་ཞིམ་པོ་ཟོས་གྲགས་ན་སྐྱུག་བྲོ། ཤིག་འཁྲིམས་ཁང་ཞུགས་ན་སྲི་བོའི་རྩུག་སྡོག བོན་པོ་མགོ་མཐོས་པ་འདིས། རྗེའི་མངའ་ཐང་ཐོགས་པར་འཆི་འོ"③ཞེས་གསུངས་ནས། སྐུ་སྲུང་བོན་གཤེན་བཞི་བཞག་པ་ལས་གཞན་ཚང་མ་བོད་རུ་བཞིའི་མཐའ་རུ་སྤྱུགས། 《དར་རྒྱས་གསལ་སྒྲོན》ལས། "ང་དང་མཉམ་པའི་བོན་གཤེན་རྣམས་ནི་མཐའ་རུ་སྤྱུགས། ད་ང་ལ་འཐབ་ཟླ་འོས་པ་མི་ཧ་ཧྲག་པ་ཁྱོད་ལས་མེད།" ཅེས་བཀོད་པ་ལ་བརྟགས་ན། རྒྱལ་པོ་གྲི་གུམ

① 《གཡུང་དྲུང་བོན་གྱི་རྒྱུད་འབུམ》དུ་གསལ། 《ལེགས་བཤད་རིན་པོ་ཆེའི་གཏེར་མཛོད》དུ་ཡང་དེ་ལྟར་གསུངས་ཡོད།

② 《དབང་ཆེན》ལས་དེ་ལྟར་གསུངས་པ《ལེགས་བཤད་རིན་པོ་ཆེའི་གཏེར་མཛོད》དུ་ལུང་དྲངས་ཡོད།

③ 《གཡུང་དྲུང་བོན་གྱི་རྒྱུད་འབུམ》དུ་གསལ།

བཙན་པོས་དེ་ལྟར་ཐོག་མར་རང་ལ་འགྲན་བཟོད་ཅིང་རྒྱལ་སྲིད་ལ་ཐེ་གཏོགས་བྱེད་པའི་བོན་གཤེན་རྣམས་རྒྱང་དུ་སྐྱུགས་པ་དང་། དེ་ནས་རྒྱལ་ཕྲན་གྱི་རྗེ་བོ་ལས་ལོ་ངམ་རྟ་ཛི་ནི་བོན་ལ་དད་ཅིང་བློ་གྲོས་ཀྱི་དཔལ་འབར་བ། དཔའ་རྩལ་ལ་འགྲན་ཟླ་མེད་པ་ཞིག་ཡིན་པས། དེར་བློ་མ་བདེ་བར་དམག་དྲངས་ཀྱང་། ལོ་ངམ་རྟ་ཛི་དེ་མ་གཞི་ནས་འགྲན་ཟླ་བྲལ་བ་ཞིག་ཡིན་ཐོག བོན་གཤེན་རྣམས་ཀྱིས་ཕྱོགས་གང་ཐད་ནས་རྒྱབ་རོགས་བྱས་པས། གྲི་གུམ་བཙན་པོ་གཡུལ་ལས་གྲོངས་པར་སྨམ།

ལོ་ངམ་རྟ་ཛི་དང་བོན་གཤེན་རྣམས་ཀྱི་འབྲེལ་བ་གང་འདྲ་ཡིན་པ་ལོ་རྒྱུས་དེབ་ཐེར་སོགས་སུ་གསལ་པོར་གསུངས་མེད་ཀྱང་། རྒྱལ་པོ་གྲི་གུམ་བཙན་པོས་ལོ་ངམ་རྟ་ཛི་ལ་འཐབ་ཟླ་བཙོལ་རྗེས"ལོ་ངམ་བློ་སེམས་མ་བདེ་བར་ཡོད་ཙ་ན། དེ་ནུབ་རྨི་ལམ་དུ་བོན་གྱི་བཀའ་སྲུང་སྐྱེས་ཕྲན་ཆས་བཟང་ཞིག་ཏུ་སྤྲུལ་བ་ཞིག་ན་རེ། ལོ་ངམ་ཁྱོད་སྐྲག་མི་དགོས་ཀྱི་རྒྱལ་པོ་ནི་བོན་གྱི་དབུ་ཡོག་གིས་མ་བདུད་ཀྱིས་སྙིང་དཀྲུགས་ནས་ཡོད་ཀྱི། ཁྱོད་ཀྱི་སྟོབས་ཀྱིས་མི་ཐུབ་ཀྱང་ལྷ་དབྱེའི་རྫས་འདི་རྣམས་བྱས་ཤིང་འཐབ་ན་ཐུབ་པས་རྒྱལ་པོ་ལ་འདི་སྐད་སློས་ཤིག ང་ཅི་ནས་ཀྱང་ཐུགས་དགྱེས་ན་རྗེའི་འཐབ་ཟླ་བདག་གིས་མི་འོང་མོད། ཀུ་རེའི་ཚུལ་དུ་རོལ་མོ་ཞིག་འབུལ་བ་ལགས་པས། ཟླ་བ་ཕྱི་མའི་ཉ་ལ་རྒྱལ་རྟ་ཕུམ་དམར་ལ་ཆིབས་ལ་བྱོན། སྲིལ་དང་བྱི་ལ་སྦ་ཤད་དང་ཕྱི་ཤད་ལ་ཐོགས། དཔྲལ་བར་དངུལ་དཀར་མེ་ལོང་གིས་བརྒྱན། རལ་གྲི་དམུ་ཚ་ཀླད་ལ་བསྐོར་ཞིང་། བ་དམར་གླང་དམར་བཀྱ་ལ་ཐལ་སྒྲོ་མདུང་རྩེ་སྲིན་མོ་ཁྲང་བཙུག་པ་རེ་ཁོལ་ལ་བྱོན། དེ་རྣམས་ཕྱོགས་ཐུབ་ཀྱི་རྫས་ལགས་སོ། །དེ་ལྟར་མ་བྱས་ན་བདག་ཅག་ཡོད་པའི་ས་ཕྱོགས་ཀྱི་ལྷ་འདྲེ་རྣམས་ཡ་ང་ཏུ་འཕྱུང་བས་རྗེའི་སྐུ་ཚེ་ལ་གནོད་པ་གང་ནས་འོང་མ་ངེས་ལགས་པས་དེ་ལྟར་

མཛད་པར་ཞུ་ཞེས་སྨྲས་ཤིག”①ཅེས་པ་དང་། 《ཡོངས་རྫེའི་འགྲེལ་པ》ལས། “ལོ་ངམ་ནུབ་མོ་ཤིན་ཏུ་སྨུག་ཅིང་ཡོད་པའི་སྐབས་སུ། བོན་གྱི་བཀའ་སྲུང་ཀླུ་སྲས་སྐྱེས་ཅིག་འོང་ནས་ལུང་བསྟན་ཏེ། ལོ་ངམ་འཇིགས་སྐྲག་མི་དགོས་རྒྱལ་པོ་ལ་ཞུ་བ་འདི་ལྟར་ཐོངས”ཞེས་གསུངས་པར་ཞིབ་ཏུ་བརྟགས་ན་ལོ་ངམ་རྟ་རྫི་དེ་བོན་ལ་དད་ཅིང་། བོན་གཤེན་རྣམས་དང་འབྲེལ་བ་དམ་པོ་ཡོད་པ། རྒྱལ་པོ་གྲི་གུམ་ལས་རྒྱལ་བ་ཡང་ཕོ་གཅིག་པུའི་བློ་གྲོས་དང་དཔའ་རྩལ་ལ་བརྟེན་པ་མིན་པར། བོན་གཤེན་རྣམས་ཀྱིས་བསམ་བློའི་ཐད་ངར་ཤུགས་བསྣན་ཅིང་འཁྲུག་ཚུལ་ཐད་འཐབ་ཇུས་བཏོན་པ་དང་ངམ་ཤུགས་ལས་མཚོན་འདུག དེས་ན་རྒྱལ་པོ་གྲི་གུམ་དང་ལོ་ངམ་རྟ་རྫི་གཉིས་བར་གྱི་འཐབ་རྩོད་ཀྱི་ངོ་བོ་ནི་སྐབས་དེའི་དབང་སྒྱུར་གྲལ་རིམ་ནང་ཁུལ་དུ་སྲིད་དབང་འཐོབ་རེས་བྱེད་ཅིང་། རང་རང་གི་དབང་སྒྱུར་གོ་གནས་དང་དཔལ་འབྱོར་ཁེ་ཕན་སྲུང་སྐྱོབ་བྱེད་པའི་འཐབ་རྩོད་ཅིག་ཡིན་པས། ཕོ་གཉིས་འཁྲུག་པའི་རྒྱུ་རྐྱེན་ཡང་དེ་རེད།

གསུམ་པ། ལོ་ངམ་རྟ་རྫིས་བོད་ཀྱི་རྒྱལ་ས་བཟུང་བར་མ་ཟད་ལོ་བཅུ་གསུམ་ལ་རྒྱལ་ས་བཟུང་རིང་བོད་ཀྱི་བཟོ་ཞིང་ཕྱུགས་གསུམ་དང་སྤྱི་ཚོགས་རིལ་པོ་འཕེལ་རྒྱས་སུ་འགྲོ་བར་ཤུགས་རྐྱེན་ཆེན་པོ་བཏང་།

ལོ་ངམ་རྟ་རྫིས་གྲི་གུམ་བཙན་པོ་བཀྲོངས་རྗེས་སྲས་གསུམ་པོ་ཀོང་པོ་སོགས་སུ་སྤྲོས་པ་དང་། ལོ་ངམ་རྟ་རྫིས་རྒྱལ་སྲིད་བཟུང་ནས་གྲི་གུམ་བཙན་པོའི་བཙུན་མོ་གཡོག་ཏུ་བཀོལ་བར་གྲུབ་མཐའ་སོ་སོའི་མཁས་པའི་བཞེད་པ་ཡོངས་སུ་མཐུན། འོན་ཀྱང་ལོ་ངམ་རྟ་རྫིས་བོད་ཀྱི་རྒྱལ་སྲིད་དུས་ཡུན་ཅི་ཙམ་བཟུང་བ་ལོ་རྒྱུས་ཡིག་ཆ་

① 《ལེགས་བཤད་རིན་པོ་ཆེའི་གཏེར་མཛོད》དུ་གསལ།

མང་པོའི་ནང་གསུངས་མེད། ལ་ལས་གསུངས་ཀྱང་གཅིག་མཐུན་ཞིག་མེད། དཔེར་ན། བསྒྲགས་པ་རིན་ཆེན་གླིང་གྲགས་སུ"བཙན་པོའི་སྲས་གསུམ་ཡང་ཉང་རོང་སྤུ་ཡུལ་དུ་གཤེགས་སོ། །དེ་ནས་ལོ་གསུམ་དུ་རྒྱལ་ས་ལོ་ངམ་གྱིས་བཟུང"ཟེར། 《ཡོངས་རྫེའི་འགྲེལ་པ》ལས་ཀྱང"རྒྱལ་པོས་བོན་བསྒྱུབས་མ་ཐག་ལོ་སུམ་ཅུ་རྩ་དྲུག་ལ་འདས་སོ། །ལོ་ངམ་ཡང་ལོ་གསུམ་ནས་དུག་གིས་འདས"ཞེས་གསུངས། 《ལེགས་བཤད་མཛོད》ལས། "དམུ་ཐག་བཟང་ཡག་དང་དམུ་སྐས་ཐེམ་དགུ་ཆད་པས། སྤུ་ས་ལ་ལུས་པ་དེ་ལོ་ངམ་གྱིས་ཟངས་ཁ་སྦྱོད་དུ་བཅུག་སྟེ་འདའ་ལེ་ཟང་ཁ་ནས་ཉང་ཆུ་ལ་བསྐྱུར་རོ། །སྲས་སྤུ་ལྡེའུ་དང་ཉ་ཁྲི་གཉིས་དྭགས་ཀོང་གཉིས་སུ་སྤྱུགས། བློན་པོ་དྲག་པ་རྣམས་བསད། ཞན་པ་རྣམས་སྤྱུགས། བཙུན་མོ་ལུག་རྫི་བྱེད་དུ་བཅུག སྲས་མོ་ལྷ་ལྕམ་ཁབ་ཏུ་བླངས་ནས་རྒྱལ་ས་ལོ་བཅུ་གསུམ་ཁོས་བཟུང་ངོ"ཞེས་བཀོད། 《ཐུ་ཐིག་རྒྱུད་འབུམ》ལས། "དེ་ནས་ལོ་བཅུ་གསུམ་ལོན་པའི་རྗེས་སུ་རྒྱལ་པོ་ལོ་ངམ་རྟ་རྫི་བསད། སྤུ་ལྡེ་གོང་རྒྱལ་གདན་ས་ཐོབ་བོ"ཞེས་བཀོད།

དེས་ན་འདི་ལ་དཔྱད་པ་འདི་ཙམ་མཆིས་ཏེ། སྔོན་གྱི་ལོ་རྒྱུས་རྣམས་སུ་གསལ་བ་ལྟར་ན་བློན་པོ་རུ་ལས་སྐྱེས་ནི་ལོ་ངམ་རྟ་རྫིས་བོད་ཀྱི་རྒྱལ་ས་འཕྲོག་ཅིང་གྲི་གུམ་བཙན་པོའི་བཙུན་མོ་གཡོག་ཏུ་བཀོལ་རྗེས་འབྲུངས་པ་དང་། དེ་ལོ་བཅུར་ལོན་ཚེ་མ་ལ་རང་གི་ཕའི་གནས་ཚུལ་དྲིས་ཤིང་། ཕུ་བོ་སྤུ་དེ་གུང་རྒྱལ་སོགས་སྤྱན་དྲངས་ནས་ལོ་ངམ་རྟ་རྫི་བསད་པ་རེད། དེས་ན་ལོ་ངམ་རྟ་རྫིས་མ་མཐར་ཡང་བློན་པོ་རུ་ལས་སྐྱེས་ལོ་བཅུ་ཁ་ཞིག་ལ་སླེབ་རེག་བར་དུ་བོད་ཀྱི་རྒྱལ་ས་བཟུང་བས། བཤད་ཚུལ་དང་པོར་ཡིད་རྟོན་བྱེད་དཀའ་བར་སྣམ། དེ་བཞིན《རྒྱ་བོད་ཡིག་ཚང》དུ"དེ་ནས་སྤུ་དེ་ཡར་ལུངས་སུ་གདན་དྲངས་ནས། བོན་པོ་སྤྱ་རའི་བུ། ཀེ་རྒྱལ་སྨན་ཆེས་ཀྱི་བཏུལ་ནས་བལྟས་པས། ལོ་བཅུ་གསུམ་སོང་བའི་སྤུར་

ཟླངས་དེ་ཁ་ཆེ་བས། སྐད་ངར་ར་ར་ཟེར་བས། ཡུལ་དེའི་མིང་ཡང་ང་ར་ཐང་དུ་བཏགས"ཞེས་བཀོད་པ་ལས་ཀྱང་ལོ་ངམ་ཏ་ཛྲིས་གྱི་གུམ་བཙན་པོ་བཀྲོངས་ཏེ་ཚུར་བསྐུར་བ་ནས་ཐུ་ལས་སྐྱེས་ཀྱིས་ལོ་ངམ་ཏ་ཛྲི་བསད་དེ་གྱི་གུམ་བཙན་པོའི་སྲུར་རྙེད་པའི་བར་དུ་ལོ་བཅུ་གསུམ་སོང་བ་བསྟན་ཡོད། དེས་ན་ལོ་ངམ་ཏ་ཛྲིས་བོད་ཀྱི་རྒྱལ་ས་ལོ་བཅུ་གསུམ་བཟུང་ཞེས་པ་དེ་དོན་ལ་གནས་པར་སྙམ།

འོ་ན་དེའི་རྒྱལ་སྲིད་སྐྱོང་ཚུལ་གང་འདྲ་ཡིན་ཞིང་མཛད་རྗེས་ཅི་འདྲ་ཡོད་ཟེར་ན། དེར་འདི་དང་འདི་ཙམ་ཡོད་ཅེས་པའི་ལོ་རྒྱུས་ཡིག་ཆ་ཁུངས་བཙུན་པ་ད་ལྟ་མཐོང་མ་མྱོང་ཐུང་། མ་མཐོང་བ་ནི་མེད་པ་མིན་ཟེར་བ་བཞིན། ཁོ་བོས་མ་མཐོང་བ་ནི་གཏན་ནས་མེད་པ་ག་ལ་ཡིན།(མཐོང་མཁན་ཡོད་ན་ཁ་གསབ་བྱེད་རོགས་ཞུ།) སྤྱིར་རྒྱལ་ཁབ་གང་དང་མི་རིགས་སུ་ཞིག་ཡིན་ཐུང་། རང་རང་ལ་ལོ་རྒྱུས་ཆ་ཚང་རེ་ལོས་ཡོད། འོན་ཀྱང་ལོ་རྒྱུས་བྱུང་བའི་དུས་སྐབས་དེའི་མི་དང་ཕྱིས་ཀྱི་ལོ་རྒྱུས་སྨྲ་བ་སུ་ཡིན་ཐུང་སྤྱི་ཚོགས་ངེས་ཅན་ཞིག་ཏུ་གནོགས་པས། ལོ་རྒྱུས་འཆད་པ་དང་རྩོམ་པའི་དུས་སུའང་རང་རང་གནོགས་པའི་སྤྱི་ཚོགས་དེའི་ཆབ་སྲིད་ལ་ཞབས་འདེགས་ཞུ་ཆེད། ལོ་རྒྱུས་ཀྱི་ངོ་བོ་ཇི་མ་ཇི་བཞིན་དུ་མི་བརྗོད་པར་མ་ཟད། འགེབ་སྲུང་དང་འཁྱོག་བཤད། ཡང་ན་སྒྲོ་སྐུར་ཅི་རིགས་བྱེད་པ་མི་རིགས་གང་ཞིག་དང་དུས་ནམ་ཞིག་ལའང་ཡོད་པ་བློ་ལྡན་ཀུན་གྱིས་མཁྱེན་གསལ་རེད།

རྒྱལ་པོའི་ལོ་རྒྱུས་དང་བླ་མའི་རྣམ་ཐར་ལ་ཀུན་ཏུ་འགྲེམ་ཆོག་པའི་མདོན་སུམ་གྱི་ལོ་རྒྱུས་སམ་རྣམ་ཐར་ཞེས་པ་དང་། ཀུན་ལ་འགྲེམ་མི་ཆོག་པའི་གསང་བའི་ལོ་རྒྱུས་སམ་གསང་རྣམ་ཞེས་པ་གཉིས་རེ་ཡོད་པ་དང་། དོན་གྱི་བྱུང་བ་གཅིག་ལ་རྒྱན་དུ་འགྲེལ་བ་སྣ་ཚོགས་བྱེད་པའང་གནད་དེ་ལ་ཐུག དཔེར་ན། བོད་ཀྱི་རྒྱལ་པོ་ཐོག་མ་གཉའ་ཁྲི་བཙན་པོའི་འབྱུང་ཁུངས་གང་ཡིན་པའི་སྐོར་ལ་གནམ་གྱི་ལྷ་ལས་མི་ཡུལ་གྱི་རྗེ་བོར་བྱོན་ཟེར་བ་དང་། རྒྱ་གར་གྱི་ཤཱཀྱའི་རྒྱལ་རིགས་ལས་ཆད་ཟེར་

བ་སོགས་བཤད་ཚུལ་མི་འདྲ་བ་བཞི་བྱུང་བ་ལ། བོན་པོ་རྣམས་གནམ་ལ་དགའ་བས་བཤད་ཚུལ་དང་པོར་འཐད་ཅིང་། ནང་བསྟན་པ་རྣམས་རང་གི་སྟོན་པ་དང་ཆོས་ཀྱི་ཁུངས་རྒྱ་གར་ཡིན་པས་བཤད་ཚུལ་གཉིས་པར་འཐད་པ་ལྟ་བུ་རེད། བོད་ཀྱི་ལོ་རྒྱུས་དེབ་ཐེར་ལ་ལར་སྲོང་བཙན་ཡན་གྱི་རྒྱལ་པོ་རྣམས་ཆོས་ཀྱི་རྒྱལ་པོ་མིན་ཟེར་ནས་དེ་དག་གི་ལོ་རྒྱུས་ཞིབ་མོར་མི་བརྗོད་པའང་གནད་འདིར་ཐུག དེ་བཞིན་ལོ་ངམ་རྟ་རྫི་དེ་མི་དཔའ་མཛངས་ཅན་ཞིག་ཡིན་པ་དང་། བོད་ཀྱི་རྒྱལ་ས་བཟུང་བ་ཁས་བླངས་བཞིན་དུ་དེར་མཛད་རྗེས་འདི་དང་འདི་འདྲ་ཡོད་པར་མི་བརྗོད་པ་ཡང་། དེར་མཛད་རྗེས་གཏན་ནས་མེད་པ་ག་ལ་ཡིན། རྒྱུ་མཚན་ཞིག་ཡོད་དེ། ལོ་ངམ་རྟ་རྫི་རྒྱལ་རྒྱུད་མིན་པས་རྒྱལ་པོར་ཁས་མ་བླངས་པའི་རྐྱེན་ཨེ་ཡིན་ནམ་སྙམ། དེས་ན་ལོ་ངམ་རྟ་རྫིའི་མཛད་རྗེས་ནི།

1.**བཟོ་ཞིང་ལས་རིགས་ལ་རྨང་གཞི་བཏིང་བ།** རྒྱལ་པོ་སྤུ་དེ་གུང་རྒྱལ་དང་བློན་པོ་རུ་ལས་སྐྱེས་ཀྱི་སྐུ་རིང་ལ་ཤིང་གི་གཞོལ་དང་། ལྕགས་དང་ཟངས་བཞུ་བ། སྤང་ཐང་ལ་ས་ཞིང་གསར་སྤོལ། ཆུ་ཡུར་བཟོ་བ། ཤིང་གི་ཟམ་པ་འཛུགས་པ། སོལ་བ་སྲེག་པ། ཀོ་བའི་སྐྱིན་བཟོ་བ་བཅས་བྱས་ནས་བཟོ་ཞིང་ལས་རིགས་འཕེལ་རྒྱས་སུ་གཏོང་བར་རྨང་གཞི་ལེགས་པོ་བཏིང་། གལ་ཏེ་ལོ་ངམ་རྟ་རྫི་དང་གྲི་གུམ་བཙན་པོ་སོགས་རྒྱལ་རབས་གོང་མ་རྣམས་ཀྱི་རྨང་གཞི་མེད་ན། རྒྱལ་པོ་སྤུ་དེ་གུང་རྒྱལ་གྱི་རིང་ལ་གློ་བུར་དུ་གསར་གཏོད་བྱེད་མི་སྲིད་ལ་འཕེལ་རྒྱས་སུ་དེ་བས་ཀྱང་འགྲོ་མི་ཐུབ། རྒྱལ་རབས་ལོ་རྒྱུས་རྣམས་སུ་ཟངས་ལྕགས་བཞུ་བ་ལ་སོགས་པའི་ལག་རྩལ་དེ་བློན་པོ་རུ་ལས་སྐྱེས་ཀྱི་མཛངས་པའི་མཛད་རྗེས་སུ་བརྗོད་ཙང་། བློན་པོ་རུ་ལས་སྐྱེས་པོ་ནས་གསར་གཏོད་བྱས་པ་མིན་པ་རྒྱལ་པོ་གྲི་གུམ་བཙན་པོ་དང་ལོ་ངམ་རྟ་རྫི་གཉིས་འཁྲུག་སྐབས་གྲི་གུམ་བཙན་པོས་རལ་གྲི་ལྷད་ལ་བསྐོར་ནས་རྨུ་ཐག་བཅད་པ་དང་། ལོ་ངམ་རྟ་རྫིས་མདའ་འཕངས་ཏེ་གྲི་གུམ་བཙན་པོ་

བཀྲོངས་ཤིང་། དེའི་སྒུར་ཟངས་ཀྱི་གཙུར་བཙུག་སྟེ་ལྕགས་གཟེར་བཏབ་ནས་ཚུར་བསྐྱུར་བ་སོགས་ལས་ཀྱང་གསལ། ཟངས་ལྕགས་བཞུ་བ་དང་སྦྱིན་བཟོ་བ་སོགས་ཀྱི་ལག་རྩལ་དེ་བློན་པོ་རུ་ལས་སྐྱེས་ཁོ་ནས་གསར་གཏོད་མཛད་པ་ཡིན་ན་ལོ་ངམ་རྟ་རྫི་དང་གྲི་གུམ་བཙན་པོའི་སྐུ་རིང་ལ་བོད་དུ་ཟངས་ལྕགས་དང་སྦྱིན་སོགས་ཀྱང་མེད་དགོས་ཏེ། ཟངས་ཀྱི་གཙུ་དང་ལྕགས་གཟེར། མདའ་སོགས་ག་ལ་ཡོད། དེས་ན་བློན་པོ་རུ་ལས་སྐྱེས་ཀྱི་མཛངས་པའི་མཛད་རྗེས་སུ་བརྩི་བ་དེ་དག་ལོ་ངམ་རྟ་རྫི་དང་གྲི་གུམ་བཙན་པོ་སོགས་རྒྱལ་རབས་གོང་མ་རྣམས་ཀྱི་སྐུ་རིང་ནས་གསར་གཏོད་བྱས་པའི་ལག་རྩལ་དེ་ལེགས་བསྒྱུར་དང་འཕེལ་རྒྱས་སུ་བཏང་ཞེས་བརྗོད་ན་ཡིད་ངོར་བདེ་ལ་དོན་དུ་འང་གནས།

2.ལོ་ངམ་རྟ་རྫིས་བོད་ཀྱི་བསྟན་པ་བསྐྱབས། རྒྱལ་རབས་ཆོས་འབྱུང་རྣམས་སུ་ལོ་ངམ་རྟ་རྫིས་བོད་བསྟན་ཇི་ལྟར་བསྐྱབས་པ་དང་དེ་སྤེལ་བར་ཕན་པའི་བྱ་བ་ཅི་བྱས་པ་གསལ་པོར་གསུངས་མེད་ཀྱང་། རྒྱལ་པོ་གྲི་གུམ་བཀྲོངས་པ་དེ་བོན་གྱི་བསྟན་པར་མཚོན་ན་གཤེན་རྗེ་ལག་དམར་ཞིག་ཚར་བཅད་པ་དང་འདྲ། གལ་ཏེ་མ་བཀྲོངས་ན་བོན་གྱི་བསྟན་པ་ཡུན་རིང་རྗེག་མེད་དུ་བསྒྲུབ་ངེས་ཡིན་པ་གོང་དུ་སྨྲས་པ་ལས་གསལ། ཡང་ལོ་ངམ་རྟ་རྫི་དེ་བོན་ལ་དད་ཅིང་བོན་གཤེན་རྣམས་ཀྱི་རྒྱབ་རོགས་འོག་གྲི་གུམ་བཙན་པོ་ལས་རྒྱལ་བ་ཡིན་པས། རྒྱལ་ས་བཟུང་རྗེས་བོན་བསྟན་སྐྱོབ་པའི་ལས་ལ་འབད་པ་ལས། བོན་ལ་དད་ལོག་བྱས་ནས་གྲི་གུམ་བཙན་པོའི་ལས་རྒྱུན་མི་འཛིན་པ་རིག་པས་དཔྱད་ནའང་ཤེས། ལོ་ངམ་རྟ་རྫི་བོན་ལ་མི་སྣང་བ་བོན་གྱི་ལོ་རྒྱུས་རྣམས་སུ་ལོ་ངམ་རྟ་རྫིར་ངན་སྨྲས་ཀྱི་ཚིག་གཅིག་ཀྱང་མཐོང་རྒྱུ་མེད་པ་ལས་ཀྱང་གསལ། དེས་ན་ལོ་ངམ་རྟ་རྫིས་བོད་ཀྱི་རྒྱལ་ས་བཟུང་རྗེས་བོན་བསྟན་སླར་གསོ་བྱེད་པའི་བྱ་བར་མཐུན་རྐྱེན་མང་པོ་བསྒྲུབས་ཏེ། རྒྱལ་པོ་སྤུ་དེ་གུང་རྒྱལ་གྱི་དུས་སུ་བོན་བསྟན་བསྐྱར་དུ་དར་བར་རྨང་གཞི་བཙུགས་པར་

ཐེ་སི་ཚོམ།

སྲོན་གྱི་ལོ་རྒྱུས་རྣམས་སུ་ལོ་ངམ་ཧྲ་ཐེ་རྗེས་རྒྱལ་ས་ཕྱོགས་ཟེར་བ་དང་། རྒྱལ་ས་ལོ་བཅུ་གསུམ་ལ་བཟུང་ཞེས་ཁས་བླངས་བཞིན་དུ་བོད་ཀྱི་རྒྱལ་རབས་གྲས་སུ་མ་དྲངས་པ་ནི། སྐབས་དེའི་བོད་ཀྱི་སྤྱི་ཚོགས་ཀྱི་ལམ་ལུགས་དང་འབྲེལ་བ་ཆེན་པོ་ཡོད་པར་སྙམ། དེ་ཡང་སྐབས་དེའི་བོད་ཀྱི་སྤྱི་ཚོགས་ནི་བྲན་གཡོག་ལམ་ལུགས་ཀྱི་སྤྱི་ཚོགས་ཡིན་པས། རིགས་རུས་མཆོག་དམན་དེ་དབང་སྒྱུར་གོ་གནས་བཟུང་ཚོག་མིན་གྱི་ཆ་རྐྱེན་དང་པོར་བརྩི། རྒྱལ་རིགས་དང་རྗེ་རིགས་ཡིན་ན་རིགས་མཐོ་ཤོས་དང་བཟང་ཤོས་སུ་བརྩི་ཞིང་། རྒྱལ་ཁབ་ཀྱི་ཆབ་སྲིད་དང་། དམག་དོན། དཔལ་འབྱོར། རིག་གནས་བཅས་ཀྱི་དབང་ཆ་འཛིན་མཁན་ཡིན། འབངས་རྣམས་གདོལ་རིགས་སུ་བརྩི་ཞིང་། བྲན་གཡོག་བདག་པོའི་བཀའ་བཞིན་དུད་འགྲོ་ལྟར་ངལ་རྩོལ་བྱེད་མཁན་ཡིན་པ་ལས། ཆབ་སྲིད་ཀྱི་གོ་གནས་འཛིན་པའི་དབང་ཆ་གཏན་ནས་མེད། ལམ་ལུགས་དེའི་ཤན་ཤུགས་ད་ལྟ་ད་དུང་ཡོད་པ་མི་བཟང་པོའི་རྒྱུད། གཡག་བཟང་པོའི་ཀོ་ཞེས་པའི་གཏམ་དཔེ་ལས་ཀྱང་མཚོན། དེས་ན་ལོ་ངམ་ཧྲ་རྗེ་བོད་ཀྱི་རྒྱལ་རབས་གྲས་སུ་མ་བཀོད་པ་ཡང་རྒྱལ་རྒྱུད་མིན་པའི་རྐྱེན་ཡིན་ནམ་སྙམ། སྤྱིར་རྒྱལ་པོར་ཁས་ལེན་མི་ལེན་དེ་རྒྱལ་ས་བཟུང་མ་བཟུང་དང་རྒྱལ་སྲིད་བསྐྱངས་མ་བསྐྱངས། རྒྱལ་ཁོངས་ངེས་ཅན་ཞིག་གི་དབང་སྒྱུར་པ་ཡིན་མིན་སོགས་ཀྱི་སྒོ་ནས་འཇོག་དགོས་པ་ལས་རྒྱལ་རྒྱུད་ཡིན་མིན་གྱི་སྒོ་ནས་བཞག་པ་མིན། གལ་ཏེ་ཡིན་ཟེར་ན་ཀྲུང་གོའི་རྒྱལ་མོ་ཝུའུ་ཙེ་ཐེན(武则天)དང་། ཡོན་དང་ཆིང་གི་རྒྱལ་རབས་རིམ་བྱུང་སོགས་ཀྱི་ཐོག་མའི་རྒྱལ་པོ་ནི་རྒྱལ་རྒྱུད་མིན་པར་མ་ཟད། ཡོན་དང་ཆིང་གི་རྒྱལ་རབས་རིམ་བྱུང་རྣམས་མི་རིགས་ཀྱང་གཅིག་མིན་པ་ཀུན་ལ་གསལ་རུང་། དེ་དག་ཀྲུང་གོའི་རྒྱལ་པོ་མིན་ཞེས་སུས་ཀྱང་བརྗོད་མི་ནུས་པ་ལྟ་ཅི། ཡང་རྒྱལ་རྒྱུད་ཡིན་ཡང་རྒྱལ་སྲིད་མ་བཟུང་ན་རྒྱལ་པོར་མི་འབོད་

པ་རྒྱལ་པོ་སླང་དར་གྱི་སྲས་འོད་སྲུང་སོགས་ལྷ་བུ་རེད། དེས་ན་ཡོ་ངམ་ཏ་ཛཱི་དེ《རྫུ་ཐིག་རྒྱུད་འབུམ》ལས། རྒྱལ་པོ་ཡོ་ངམ་ཏ་ཛཱི་ཞེས་འབོད་པ་ལྟར་བོད་ཀྱི་རྒྱལ་པོ་མཛད་པར་སྣམ།

མཇུག་བསྡུ་བ།

ད་ནི་ཚིག་བརྒྱ་བཤད་པའི་མདོ་གཅིག་ཏུ་བསྡུས་ན་ཁོ་བོའི་བརྗོད་འདོད་ཀྱི་དོན་ནི་བཞི་ཡོད་དེ། 1. ཡོ་ངམ་ཏ་ཛཱི་དེ་ཏ་འཚོ་བའི་ཛཱི་བོའམ་འབངས་ཕལ་པ་ཅི་ཡང་མ་ཡིན། ཁྲི་གུམ་བཙན་པོའི་བློན་པོའམ་རྒྱལ་ཕྲན་ཞིག་གི་འགོ་གཙོ་རེད། 2. ཡོ་ངམ་ཏ་ཛཱི་དང་གྲི་གུམ་བཙན་པོ་གཉིས་འབྲུགས་པའི་རྒྱུ་རྐྱེན་ནི་དབང་སྒྱུར་གྲལ་རིམ་ནང་ཁུལ་དུ་སྲིད་དབང་འཕྲོག་རེས་བྱེད་པ་དང་། རང་རང་གི་དབང་སྒྱུར་གོ་གནས་དང་དཔལ་འབྱོར་ཁེ་ཕན་སྲུང་སྐྱོབ་བྱེད་རྒྱུ་དེ་རེད། 3. ཡོ་ངམ་ཏ་ཛཱིས་བོད་ཀྱི་རྒྱལ་ས་བཟུང་བར་མ་ཟད། ཡོ་བཅུ་གསུམ་རིང་རྒྱལ་སྲིད་བསྐྱངས་ནས་བོད་ཀྱི་བཟོ་ཞིང་ཕྱུགས་གསུམ་དང་སྤྱི་ཚོགས་འཕེལ་རྒྱས་སུ་འགྲོ་བར་ནུས་པ་ངེས་ཅན་བསྐྱེད་ཡོད་པ་ལགས་སོ།། །།

སྨྲས་པ།

དཔའ་མཛངས་ཟུང་གི་འོད་འབར་སྐྱེས་བུ་གང་། །
བོད་རྗེ་ཁྲི་ལ་འདེགས་པའི་དགའ་སྟོན་འདི། །
གཟུར་གནས་མཁས་པའི་ལེགས་བཤད་རིན་ཆེན་མཛོད། །
སྤྱོད་པའི་ལེགས་སྐྱེས་ཡིན་ནོ་བཞེས་པར་མཁྱེན། །

ཞེས་1987ལོར་གྲོང་ཁྱེར་ལན་གྲུར་བྲིས་སོ། །

༄༅། །བློན་པོ་རི་ལས་སྐྱེས་ཀྱི་རིགས་ཏུས་དང་མཛད་རྗེས་ལ་དཔྱད་པ།

བོད་རྒྱལ་དགུ་པ་སྤུ་དེ་གུང་རྒྱལ་གྱི་བློན་པོ་ཏུ་ལས་སྐྱེས་ཀྱིས་སྐབས་དེའི་བོད་ཀྱི་སྤྱི་ཚོགས་འཕེལ་རྒྱས་དང་མི་དམངས་ཀྱི་དགོས་མཁོ་ལྟར་ཐོན་སྐྱེད་ཡོ་བྱད་སྔོན་ཐོན་ཅན་དུ་བསྒྱུར་བ་དང་། ཐོན་སྐྱེད་བྱེད་སྟངས་ལེགས་བཅོས་བྱས་ཤིང་། བཟོ་ཞིང་ཐོན་སྐྱེད་དང་འགྲིམ་འགྲུལ་ལས་རིགས་འཕེལ་རྒྱས་སུ་བཏང་སྟེ་བོད་ཀྱི་སྤྱི་ཚོགས་གོང་དུ་སྤེལ་བར་བྱས་རྗེས་བརྗོད་ཀྱིས་མི་ལང་བ་བསྐྲུན་པས། ཁོང་གི་སྙན་པའི་གྲགས་པ་དེ་ད་ལྟ་ད་དུང་གངས་ཅན་སྐྱེ་འགྲོ་ཡོངས་ཀྱི་ཟ་བའི་རྒྱུན་དུ་སྤུད་པ་དང་། ཁོང་གི་དཔའ་ཞིང་མཛངས་པའི་གཟུགས་བརྙན་དེ་ད་ལྟའི་བར་དུ་བོད་རིགས་མི་དམངས་ཀྱི་སེམས་སུ་ལྷམ་མེར་གནས་ཤིང་། མཛངས་བློན་བདུན་གྱི་དང་པོར་བཀོད་དེ་ལག་ཟུང་སྙིམ་པ་སྦྱར་ནས་གཙུག་ཏུ་བཀུར་ཞིང་མགྲིན་པ་གཟེངས་སུ་བཏེགས་ནས་བསྟོད་སྒྲ་འབུལ་གྱི་ཡོད། བློན་པོ་འདི་བོད་ཀྱི་སྤྱི་ཚོགས་འཕེལ་རྒྱས་དང་ཐད་ཀར་འབྲེལ་བ་ཆེན་པོ་ཡོད་པ་ཞིག་ཡིན་པས། ཁོང་ཉིད་དུས་ནམ་ཞིག་ལ་ཡུལ་གང་དུ་ཡབ་ཡུམ་སུར་འཁྲུངས་པ་དང་། ཁྱད་པར་དུ་ཁོང་གི་མཛད་རྗེས་ནི་དུས་རབས་དང་པོ་ཙམ་གྱི་བོད་ཀྱི་སྤྱི་ཚོགས་ཀྱི་ངོ་བོ་ཐག་གཅོད་པའི་དཔྱད་གཞི་གཙོ་གྲས་སུ་འཁྲུམས་པས། དེ་དག་ཇི་མ་ཇི་བཞིན་དུ་ཤེས་རྒྱུ་དགོས་གལ་ཤིན་ཏུ་ཆེ་ཞིང་། བོད་ལ་རྒྱལ་པོ་སྲོང་བཙན་སྒམ་པོའི་སྔ་རོལ་དུ་ད་ལྟར་ཆོས་ཆོས་སྲིད་གཉིས་ཀར་སྤྱོད་པའི་བརྡ་སྦྱོར་ཡི་གེ་འདི་མེད་པས། ད་ལྟའི་ཡོངས་

གྲགས་ཀྱི་རྒྱལ་རབས་དེབ་ཐེར་དང་ཆོས་འབྱུང་སོགས་སུ་དེའི་ཡབ་ཡུམ་དང་མཛད་རྗེས་ཙུང་ཟད་རེ་བཀོད་ཡོད་པ་དེ་དག་ཀྱང་ངག་རྒྱུན་ཙམ་ལ་བརྟེན་ནས་བྲིས་པ་དང་ཡང་ན་རྩོམ་པ་པོ་རང་རང་གི་འདོད་ཚུལ་འདྲེས་པས། བཞེད་ཚུལ་ལ་ལ་གཅིག་མཐུན་མིན་པ་དང་ལ་ལ་དོན་ལ་མི་གནས་པའི་སྐྱོན་མི་ཉུང་བ་ཞིག་ཡོད་པས་འདིར་གནད་དོན་དེ་སྐོར་རང་བློས་དཔོག་ཚོད་ཙམ་གྱིས་དཔྱད་པར་བྱ།

དེ་ཡང་ཐོག་མར་བློན་པོ་དེ་གདུང་རྒྱུད་སུ་ལ་འཁྲུངས་པར་མཚོན་ན། ཡོངས་གྲགས་ཀྱི་རྒྱལ་རབས་དེབ་ཐེར་དང་ཆོས་འབྱུང་རྣམས་སུ་རྒྱལ་ཕྲན་སྨྲང་རོ་ཤམ་པོའི་རྗེ་བོ་ལོ་ངམ་རྟ་རྫིས་རྒྱལ་པོ་གྲི་གུམ་བཙན་པོ་བཀྲོངས་ཤིང་། དེའི་བཙུན་མོ་ཀླུ་བཙུན་བཟའ་མི་བྲན་དུ་བཀོལ་སྐབས་རྟ་འཚོ་རུ་ཕྱིན་པའི་རྨི་ལམ་དུ་ས་དེའི་གནས་བདག་ཡར་ལྷ་ཤམ་པོ་དང་བཤོས་པ་རྨིས་ནས་ཉིང་མཚམས་སྦྱར་བར་①གསུངས། ཡང《ལེགས་བཤད་རིན་པོ་ཆེའི་གཏེར་མཛོད》དུ“……དེ་ནས་བུས་ཕ་ན་ཡར་རྟ་འཚོར་ཕྱིན་པས་ཉིན་གཅིག་མི་དཀར་རྟ་དཀར་ཅན་ཞིག་བྱུང་ནས་ང་ནི་ཡར་ལྷ་ཤམ་པོ་ཡིན། ཁྱོད་ངའི་བུ་ཡིན། ཕ་གྲི་རུམ་བཙན་པོ་བྱ་བ་ཡོད་པ་ནི་ལོ་ངམ་གྱིས་བསད་ནས་རྒྱལ་ས་ཁོས་ཐོབ་པ་ཡིན་ཟེར་རོ། །དེར་བུས་མ་ལ་དེ་སྐད་སྨྲས་པས། མས་ཀྱང་ཡིན། དེ་དག་དེ་ལྟར་ཡིན་ཏེ། རྒྱལ་ས་འདི་ཀུན་ཁྱོད་ཀྱི་ཕ་མེས་ཀྱི་ཕོ་བྲང་ཡིན། གཅེན་པོ་ཤྲུ་ལྡེའུ་གོང་རྒྱལ་བྱ་བ་ད་ལྟ་ཀོང་ཡུལ་དུ་བྲོས་ནས་ཡོད”ཅེས་བཀོད་པ་དང་། དེ་བཞིན་དུ《ལྡེའུ་ཆོས་འབྱུང》དུ“དེ(རུ་ལས་སྐྱེས་ལ་ཟེར)ཆེར་སྐྱེས་ནས་མ་མ་ལ་ངའི་ཕ་སུ་ཡིན་ཟེར་ནས། ཁྱོད་ཕ་ལོང་ངམ་གྱིས་བསད་དོ”ཞེས་བློན་པོ་རུ་ལས་སྐྱེས་ཀྱི་ཕ་གྲི་གུམ་བཙན་པོ་ཡིན་པར་བསྟན་ལ། ཁུན་ཧོང་ཡིག་རྙིང་དུ་རུས་མཚན་བཀྲགས་ལ་འཁྲུངས་པར་བརྗོད་ཡོད།

① 《རྒྱལ་རབས་གསལ་བའི་མེ་ལོང》《ཆོས་འབྱུང་མཁས་པའི་དགའ་སྟོན》《དེབ་དམར》《དཔྱིད་ཀྱི་རྒྱལ་མོའི་གླུ་དབྱངས》སོགས་སུ་གསལ།

འོ་ན་བཞེད་དགོངས་དེ་དག་ལས་གང་ཞིག་ཚད་མར་བཟུང་ན་འོས་ཞེ་ན། ཁོ་བོས་འདི་ལྟར་སྙམ་སྟེ། བཞེད་ཚུལ་དང་པོ་བློན་པོ་ཏུ་ལས་སྐྱེས་འཇིག་རྟེན་ལྷ་ཡི་བུར་འཁྲུངས་པར་བསྟོད་པ་ཙམ་སྟེ། དེ་ཡང་བློན་པོ་ཏུ་ལས་སྐྱེས་ནར་སོན་རྗེས་རྒྱལ་པོ་སྤུ་དེ་གུང་རྒྱལ་གྱི་གཡུལ་འགྱེད་ཀྱི་དཔུང་རོགས་དང་སྲིད་སྐྱོང་བའི་ལག་རོགས་སུ་གྱུར་ཅིང་། བོད་ཀྱི་ཐོན་སྐྱེད་ནུས་ཤུགས་འཕེལ་རྒྱས་སུ་གཏོང་བ་དང་ཐོན་སྐྱེད་བྱེད་སྟངས་ལེགས་སྒྱུར་བྱས་ནས་སྤྱི་ཚོགས་ཧྲིལ་པོ་གོང་དུ་འཕེལ་བར་ཕྱག་རྗེས་བླ་ན་མེད་པ་བསྐྲུན་པས། ཕྱིས་འབྱུང་ལོ་རྒྱུས་སྨྲ་བ་རྣམས་ཀྱིས་ཁོང་ལ་ཆེས་ཆེར་བསྟོད་ཆེད་འཁྲུངས་སའི་རིགས་ཀྱང་འཇིག་རྟེན་གྱི་ལྷ་ཡར་ལྷ་ཤམ་པོ་ཡིན་པར་བརྗོད་ཡོད་པ་དེ་ནི་ཆེ་བསྟོད་བྱེད་འོས་པ་ཞིག་ཡིན་ན་དེའི་ཆེ་བ་བརྗོད་ཆེད་སྐུ་དང་རིགས་ཀྱང་ལྷ་ལ་སྦྱོར་བའི་སྲོལ་རང་རེ་བོད་ལ་ཡོད་པ་དཔེར་ན། རྒྱལ་པོ་གཉའ་ཁྲི་བཙན་པོ་མི་ཡི་རྗེ་བོར་ནམ་མཁའི་ལྷ་ལས་བབས་པ་དང་། འཕགས་པ་སྤྱན་རས་གཟིགས་ཀྱི་ཐུགས་ཀ་ནས་འོད་ཟེར་འཕྲོས་ཏེ་རྒྱལ་པོ་གནམ་རི་སྲོང་བཙན་གྱི་བཙུན་མོ་འབྲི་བཟའ་ཐོད་དཀར་མའི་ལྷུམས་སུ་ཞུགས་ནས་རྒྱལ་པོ་སྲོང་བཙན་སྒམ་པོ་འཁྲུངས་པ། གླིང་གེ་སར་རྒྱལ་པོ་དེ་ལྷ་ཆེན་ཚངས་པ་དཀར་པོའི་སྲས་ཡིན་པ་སྟེང་ཕྱོགས་ལྷ་ཡིས་འཇིག་རྟེན་མགོ་ནག་མི་ཡི་སྤྱི་དཔོན་དུ་མངགས་པ་①སོགས་ཕྱོགས་མཐུན་གྱི་ལོ་རྒྱུས་མང་དུ་ཡོད་པ་ལས་མཚོན་ཐུབ་ཅིང་། ཚུལ་དེ་ལྟ་བུ་ནི་ལོ་རྒྱུས་དངོས་སུ་ཁས་ལེན་བྱ་ཐབས་བྲལ་བ་ཞིག་སྟེ། མི་ཉིད་མཚམས་སྦྱོར་བ་ལ་ཕའི་རྒྱུ་མི་དགོས་པར། ཨ་མའི་རྨི་ལམ་གྱི་རྒྱུས་ཀྱང་ཆོག་པ་དང་། རྨི་ལམ་དུ་ཆགས་པ་སྤྱོད་པ་ལའང་བུ་ཕྲུག་སྐྱེས་པ་ཁས་ལེན་དགོས་ལ། དེ་ལྟར་བརྗོད་ན་ང་ཚོའི་ཆོས་ལུགས་དང་། ལྷ་སྲུང་། ཡུལ་སྲོལ་གོམས་འདྲིས་ལ་ཆ་རྒྱུས་ཕྲན་བུ་ཙམ་ཡང་མེད་པའི་མི་རྣམས་སྨོས་ཅི། ང་ཚོ་རང་གིས་ཉན་ནའང་བློར་མི་འབབ་པ་

① གླིང་གེ་སར་རྒྱལ་པོའི་སྒྲུང《འཁྲུངས་སྐོར》དང《འཛམ་གླིང་སྤྱི་བསང》དུ་གསལ།

ཞིག་ཏུ་སྣང་ལ། ཕའི་དངོས་རྒྱུ་ཁེགས་ན་བུ་ཕྲུག་མི་སྐྱེ་བ་ད་ལྟ་འཛམ་གླིང་གི་སྔོན་ཐོན་ཚན་རིག་གི་ཞིབ་འཇུག་འབྲས་བུས་ར་སྤྲོད་བྱས་ཟིན་པ་ལྟར་ད་ལྟ་སྨྲུམ་འགོག་བྱས་པའི་བུད་མེད་རྣམས་ཀྱི་སེམས་ན་གསལ་ལྷང་ངེར་ཡོད་པ་བཞིན་ནོ། །

བཞེད་ཚུལ་གཉིས་པ་ལྟར་ན། རྒྱལ་པོ་གྲི་གུམ་བཙན་པོ་སྐུ་གྲོངས་དུས་བློན་པོ་རྭ་ལས་སྐྱེས་ཡུམ་གྱི་ལྟུམས་སུ་ཡོད་དགོས་པ་དང་། རྒྱལ་སྲས་ཉ་ཁྲི་ཤ་ཁྲི་དང་བློན་པོ་རྭ་ལས་སྐྱེས་རྣམས་ཀྱང་རིགས་རུས་ཚོ་འབྲང་གཅིག་པའི་སྤུན་ཟླ་ཡིན་དགོས་ཀྱང་། ད་ལྟ་བོད་རང་སྐྱོང་ལྗོངས་ཀྱི་རིན་ཐང་བྲལ་བའི་གནའ་རབས་རིག་གནས་དངོས་རྫས་ཏེ། ལོ་ངོ་ཆིག་སྟོང་ཉིས་བརྒྱ་ཙམ་གྱི་སྔོན་ལ་བརྐོས་པའི་ཀོང་པོ་དེ་མོའི་རྗོ་བརྐོས་ཡི་གེ་དང་ཏུན་ཧོང་ཡིག་རྙིང་གཉིས་སུ་རྒྱལ་པོ་གྲི་གུམ་བཙན་པོ་ལ་སྲས་ཉ་ཁྲི་དང་ཤ་ཁྲི་གཉིས་ལས་བཀོད་མེད་ཅིང་། 《མཁས་པའི་དགའ་སྟོན》དུ"རྒྱལ་པོས(སྤུ་དེ་གུང་རྒྱལ་ལ་གོ)མི་མཆོག་རྭ་ལས་སྐྱེས་ཁྱོད་ཀྱིས། ང་ཡི་ཡབ་ཀྱི་གོ་བགྱིས་རྒྱལ་སར་བཏོན།" ཞེས་པ་དང་། བློན་པོ་རྭ་ལས་སྐྱེས་ཀྱི་མས་བུའི་དྲིས་ལན་དུ"ཁྱོད་ཀྱི་ཕ་ནི་རྦུས་བསད་དོ། །ཁྱོད་ཀྱི་ཇོ་བོ་བཙན་པོ་ནི། ལོ་ངམ་རྟ་རྫིས་བཀྲོངས"①ཞེས་བཀོད་པ་དེས་ཀྱང་བློན་པོ་རྭ་ལས་སྐྱེས་དེ་རྒྱལ་པོ་གྲི་གུམ་བཙན་པོའི་སྲས་མིན་པ་མངོན་སུམ་དུ་གསལ་བས། བཞེད་ཚུལ་གཉིས་པ་དེ་ཡང་ཡིད་རྟོན་དཀའ་བའི་གནས་སུ་མཐོང་། དེས་ན་བློན་པོ་དེ་རྒྱལ་པོ་གྲི་གུམ་བཙན་པོའི་སྲས་ཡིན་པར་བརྗོད་པའི་དོན་ཡང་གང་དུ་སྨྲས་པ་དང་འདྲ་སྟེ། བློན་པོ་རྭ་ལས་སྐྱེས་ལ་ཆེས་ཆེར་བསྟོད་ཆེད་ཕོང་འབྱུངས་སའི་རིགས་ཀྱང་རྒྱལ་རིགས། རྗེ་རིགས། དམངས་རིགས། གདོལ་རིགས་བཞི་ལས་མཆོག་རྒྱལ་རིགས་ཡིན་པ་བསྟན་པར་སྣམ།

དེ་ལྟར་ན་ཏུན་ཧོང་ཡིག་རྙིང་དུ"འུང་གི་འོག་ཏུ་བཀྲགས་ཀྱི་བུ་ལྟ་བུ་རྭ་ལ་

① ཏུན་ཧོང་ཡིག་རྙིང་དུ་གསལ།

སྐྱེས་པ་ཚན་དང་། རྒྱ་པ་ཚན་དུ་འཐབས་སོ། རྒྱས་བཀྲགས་རབས་བཅད། དུད་སྣ་ཚོ་ལོ། བཀྲགས་ཀྱི་ཆུང་མ་གཅིག་གྲོས་ཏེ། ཕ་མྱིང་གི་ཡུལ་དུ་ཐར་ཏོ། ལྟོ་ན་བུ་ཁྱེར་ཏེ་སོང་བ་བྱུང་ངོ་། བུ་སྤུས་ལ་འགྲེང་ནུས་ཙམ་ནས། མ་ལ་མི་གང་བྱ་གང་ལ་རྫོ་བོ་ཡོད་ན་ངའི་རྫོ་བོ་གར་རེ། མྱི་གང་བྱ་གང་ལ། ཕ་ཡོད་ན་ངའི་ཕ་ག་རེ་ཞེས་ཟེར་ཏོ། ང་ལ་སྟོན་ཅིག་ཅེས་མཆི་ན། ……མས་ཀྱང་གདོད་བསྟན་ཏེ། ཁྱོད་ཀྱི་ཕ་ནི་རྒྱས་བསད་དོ། ཁྱོད་ཀྱི་རྫོ་བོ་བཙན་པོ་ནི། ལོ་ངམ་རྟ་རྫིས་བཀྲོངས”ཞེས་བློན་པོ་རུ་ལས་སྐྱེས་དེ་གནས་སྐྱོང་ཡར་ལྷ་ཤམ་པོའམ་གྱི་གུམ་བཙན་པོ་གང་གི་བུར་ཡང་མ་འབྲུངས་པར་རུས་ཚན་བཀྲགས་ལ་འབྲུངས་པ་གསལ་པོར་བསྟན་པ་དེ་ནི་དོན་ལ་གནས་པ་ཞིག་ཡིན་པར་སེམས་ཏེ། དེ་ལྟར་ཞེ་ན་ལོ་ངོ་ཆིག་སྟོང་ལྷག་ཙམ་གྱི་གོང་དུ་བྱུང་ཞིང་ལོ་རྒྱུས་མཁན་པོའི་བརྩོས་སླད་ཀྱི་སྨྱུག་རྩེས་མ་རེག་པར་ཡུན་རིང་ས་འོག་ཏུ་ལུས་པའི་ཡིག་རྙིང་འདི་རིགས་ཚད་མར་འཛིན་འོས་སུ་མཆིས་པ་ལྟ་ཅི། བོད་གནའ་རབས་ཀྱི་རུས་ཚན་ལ་བཀྲགས་ཞེས་པ་ཞིག་ཡོད་པ་རྒྱལ་རབས་དེབ་ཐེར་དང་རུས་མཛོད་སོགས་སུ་རྒྱུན་དུ་མཐོང་བས་ཀྱང་ངེས་སོ། །

གཞན་དུ་བློན་པོ་འདིའི་མཛད་རྗེས་ཀྱི་ཆར་དཔྱད་ན། ཡོངས་གྲགས་སུ། མཛངས་པའི་ལས་སུ་ཤིང་བསྲེགས་སོལ་བ་བྱུང་། །དེ་ཡིས་རྡོ་བཞུ་གསེར་དངུལ་ཟངས་ལྕགས་བྱུང་། །ཤིང་ལ་མིག་ཕུག་གཤོལ་དང་གཉའ་ཤིང་བྱས། །ས་གཞི་བརྐོས་ནས་ཕུ་ཆུ་ཡུར་དུ་དྲངས། །རྨོན་པ་དོར་བསྡེབས་སྤང་ཐང་ཞིང་དུ་རྨོས། །བཀལ་བས་མི་ཐར་ཆུ་ལ་ཟམ་པ་བཙུགས། རྨོས་པའི་ལོ་ཏོག་ཐོག་མར་འདི་ནས་བྱུང་། །①ཞེས་གྲགས་པ་ལས་དེ་ཡིས་རྡོ་བཞུ་གསེར་དངུལ་ཟངས་ལྕགས་བྱུང་ཟེར་བ་འདིས་བོད་ཀྱི་སྤྱི་ཚོགས་ལྕགས་རིགས་དུས་སྐབས་སུ་སླེབ་འགོ་བརྩམས་པ་

① 《ཆོས་འབྱུང་མཁས་པའི་དགའ་སྟོན》དུ་གསལ། 《རྒྱལ་རབས་གསལ་བའི་མེ་ལོང》དང་། 《དེབ་དམར》《དེབ་དམར་གསར་པ》《དཔྱིད་ཀྱི་རྒྱལ་མོའི་གླུ་དབྱངས》སོགས་སུའང་ཕལ་ཆེར་འདི་དང་མཐུན་པར་གསུངས་འདུག

དང་།① ཨེ་ཤར་ཡ་ལྷོ་ནུབ་དང་ཨེ་ཛིབ་སོགས་ས་ཁུལ་དང་ཡོ་རོབ་པ་ཁ་ཤས་ཀྱིས་ཏ་ལམ་ལོ་སྟོང་ཕྲག་དྲུག་བདུན་གྱི་སྔོན་ནས་ཟངས་སྤྱོད་འགོ་བཙམས་པ།② ཡོ་རོབ་གླིང་གི་ཤར་ལྷོ་དང་། ཨེ་ཤར་ཡ་ལྷོ་མ། ཨ་ཧྥེ་རི་ཀ་བྱང་མ། རྒྱ་ནག་སོགས་སུ་སྤྱི་ལོའི་སྔོན་གྱི་ལོ་ཉིས་སྟོང་གི་མཇུག་ནས་ལོ་ཆིག་སྟོང་གི་སྟོད་བར་དུ་ཐེ་གཞུག་ཏུ་ལྕགས་ཆས་དུས་སྐབས་སུ་འཕེལ་བ་③ཞེས་ཐུབ་པར་མ་ཟད། ད་ལྟ་མདོ་དབུས་མཐོ་སྒང་གི་གནའ་བོའི་རིག་གནས་རྗེས་ཤུལ་དང་མགོ་རུས་སོགས་ལ་ཚན་རིག་ཞིབ་བཤེར་བྱས་པ་ལས་རང་རེ་བོད་རིགས་ཀྱི་མེས་པོ་རྣམས་རྨ་ཆུ་འབབ་ཡུལ་ནས་རྒྱ་རིགས་བྱུང་བ་དང་། ཧིན་ཧྲུ་ཆུའི་འབབ་ཡུལ་ལས་རྒྱ་གར་བ་བྱུང་བ་བཞིན་ལོ་ངོ་ཁྲི་ཕྲག་མང་པོའི་སྔོན་དུ་ཡར་ལུང་གཙང་པོའི་འགྲམ་རྒྱུད་དུ་བྱུང་བ་མཁས་པ་ཚོས་མ་བགྲོས་གཅིག་མཐུན་གྱི་སྒོ་ནས་ངོས་འཛིན་བྱས་ཡོད། དེས་ན་འཛམ་གླིང་གི་མི་རིགས་གཞན་རྣམས་རྒྱུན་ཆད་མེད་པར་འཕེལ་རྒྱས་སུ་འགྲོ་བཞིན་པ་ལྟར་བོད་མི་རིགས་བྱུང་བ་ནས་བློན་པོ་རུ་ལས་སྐྱེས་བར་གྱི་ལོ་ཁྲི་ཕྲག་མང་པོའི་རིང་ལ་འཕེལ་རྒྱས་ཕྲན་བུ་ཙམ་ཡང་མེད་པར་རྡོ་ཆས་སྤྱད་ནས་མ་རྒྱས་ལོ་ཏོག་གམ་ལྡུམ་རིགས་འཐུ་བ་དང་རི་དྭགས་རྔོན་པ་ཙམ་ལ་བརྟེན་ཏེ་འཚོ་བ་ཡིན་ཞེར་ན། ལོ་རྒྱུས་འཕེལ་རྒྱས་ཀྱི་ཆོས་ཉིད་དང་རྩ་བ་ནས་འགལ་ལ། རྒྱལ་པོ་སྤུ་དེ་གུང་རྒྱལ་གྱི་སྐུ་རིང་དུ་བློན་པོ་མཛངས་པ་ཞིག་གི་བློ་གྲོས་ལ་བརྟེན་ནས་གློ་བུར་དུ་རྡོ་ཆས་གསར་པའི་དུས་སྐབས། ཟངས་ཆས་དུས་སྐབས། ལྕགས་ཆས་དུས་སྐབས་གསུམ་ལྷན་དུ་འཕེལ་ཞེར་ན་འཐད་དོན་ལ་མི་གནས་པར་སྣམ།

2. སྐབས་དེར་བོད་ཀྱིས་གསེར་དངུལ་ཟངས་ལྕགས་བཞུ་ཤེས་པ་དེ་བློན་པོ་རུ་ལས་སྐྱེས་ཁོ་ནའི་མཛངས་པའི་མཛད་རྗེས་སུ་བརྩིས་ན་མི་འཐད་དེ། ཡོངས་

① མི་དམངས་དཔེ་སྐྲུན་ཁང་གིས་དཔར་དུ་བསྐྲུན་པའི《འཛམ་གླིང་གི་ལོ་རྒྱུས》(《世界史》)སུ་གསལ།
② གོང་དང་མཚུངས།
③ གོང་དང་མཚུངས།

གྲགས་སུ་བོད་ཀྱི་ཟངས་ལུགས་སོགས་བཞུ་བའི་ལག་རྩལ་དེ་བློན་པོ་རུ་ལས་སྐྱེས་ཀྱིས་གསར་གཏོད་མཛད་པར་བཤད་ཀྱང་། དེའི་སྔ་རོལ་ལ་བོད་དུ་ཟངས་ལུགས་ཀྱི་ཡོ་བྱད་མང་པོ་སྤྱོད་པ་རྒྱལ་རབས་ལོ་རྒྱུས་ཁག་ལས་གསལ་བ་དཔེར་ན། 《ཆོས་འབྱུང་མཁས་པའི་དགའ་སྟོན》དང《ལྡེའུ་ཆོས་འབྱུང》སོགས་སུ། དང་པོར་གནོད་སྦྱིན་ནག་པོས་དབང་བྱས་ཏེ། །ཡུལ་གྱི་མིང་ཡང་བཟངས་ཡུལ་རྒྱན་མེད་བྱ་བར་བཏགས། །མཚོན་ཆ་མདའ་གཞུ་དེ་ཡི་དུས་སུ་བྱུང་། །དེ་ནས་རེ་ཏི་མགོ་གཡག་བདུད་ཀྱིས་བྱས། །མིང་ཡང་བདུད་ཡུལ་ཁ་རག་རོང་དགུར་བཏགས། །སྟ་རེ་དགྲ་སྟ་དེ་ཡི་དུས་སུ་བྱུང་། །……དེ་ནས་དམར་འཇམ་ལྷ་ཡིས་དབང་བྱས་ཏེ། །ལྷ་ཡུལ་གུང་ཐང་ལག་ཆར་ཆུ་གྲི་བྱུང་། །ཞེས་འཁོད་པ་ལས་རྒྱལ་པོ་གཉའ་ཁྲི་བཙན་པོའི་སྔོན་དུ་བོད་ལ་དབང་མཛད་བཅུ་གཉིས་བྱུང་བ་དེ་དག་གི་རིང་ནས་བོད་ལ་ཟངས་ལུགས་ཀྱི་མཚོན་ཆ་ཡོད་པ་མངོན་པར་གསལ་ལོ། རྒྱལ་རབས་ཆོས་འབྱུང་ཕལ་མོ་ཆེར་རྒྱལ་པོ་གྲི་གུམ་བཙན་པོ་དང་ལོ་ངམ་རྟ་རྫི་གཉིས་འཁྲུག་སྐབས་གྲི་གུམ་བཙན་པོས་རལ་གྲི་གླད་ལ་བསྐོར་ནས་དམུ་ཐག་བཅད་པ་དང་། ལོ་ངམ་རྟ་རྫིས་མདའ་འཕངས་ཏེ་གྲི་གུམ་བཙན་པོ་བཀྲོངས་ཤིང་། དེའི་སྤུར་ཟངས་ཀྱི་གཅུར་བཙུག་སྐྱེ་ལུགས་གཟེར་བཏབ་ནས་ཆུར་བསྐྱུར་བ་སོགས་བཀོད་པས་ཀྱང་རུ་ལས་སྐྱེས་ཀྱི་སྔོན་ནས་བོད་དུ་ཟངས་ལུགས་ཀྱི་ཡོ་བྱད་དང་མཚོན་ཆ་སྤྱོད་མུས་ཡིན་པ་གསལ་བར་བྱུང་བ་འདི་གོང་གསལ་ལོ་རྒྱུས་འཕེལ་རིམ་གྱི་ཆོས་ཉིད་དང་མཐུན་ཞིང་། མཚོ་སྔོན་ཞིང་ཆེན་གྱི་མཚོ་ལྷོ་བོད་རིགས་རང་སྐྱོང་ཁུལ་དུ་རང་རྒྱལ་གྱི་ཆེས་གནའ་བོའི་ཟངས་ཀྱི་མེ་ལོང་ཞིག་བཙལ་རྙེད་བྱུང་བ་དེའང་དུས་རབས་དང་པོའི་སྔོན་ལ་བོད་ཀྱིས་ཟངས་བཞུ་ཤེས་པའི་མཚོན་བྱེད་དུ་བཀོད་མི་ཆོག་པ་མེད་ལ། ཡང་དེ་དག་རྒྱལ་ཁབ་གཞན་དང་མི་རིགས་གཞན་གྱི་ཡིན་ཟེར་ནའང་མི་འཐད་དེ། བློན་པོ་རུ་ལས་སྐྱེས་ཀྱི་སྔོན་ལ་བོད་རིགས་འདི་ད་དུང་རྗོ་ཆས་རྙིང་པའི་

དུས་སྐབས་སུ་ལུས་ཡོད་ན། རྡོ་བརྡར་ནས་ཐོན་སྐྱེད་ཡོ་བྱད་བཟོ་བ་ཙམ་ཡང་མི་ཤེས་པར་ལྷུམ་རིགས་སམ་མ་རྨོས་ལོ་ཏོག་འཐུ་བ་དང་རྔོན་ལས་ལ་བརྟེན་ནས་འཚོ་བའི་གདོད་མའི་མི་རིགས་ཤིག་གིས་རྒྱལ་ཁབ་གཞན་པའམ་མི་རིགས་གཞན་དག་ལ་འབྲེལ་བ་བྱས་ཏེ་མི་རིགས་དེ་དག་གི་སྔོན་ཐོན་ཡོ་བྱད་ནང་འདྲེན་བྱེད་ཤེས་པ་འདི་སྤྱི་ཚོགས་དང་བསམ་སྤྱོད་ཀྱི་ཆུ་ཚད་དང་ཡ་འགལ་དུ་གྱུར་པས་སོ། །

3. སྔོན་པོ་ཏུ་ལས་སྐྱེས་ཀྱི་སྐུ་རིང་ནས་བོད་ལ་རྨོས་པའི་ལོ་ཏོག་ཐོག་མར་བྱུང་བར་གྲགས་ཀྱང་། 1978ལོར་ཆབ་མདོ་མཁར་རོ་གྲོང་ཚོར་གནའ་བོའི་རྫིག་རྫང་གི་ཤུལ་ཁག་ལྔ་དང་རྡོ་བ་དང་རུས་པ་རྫ་བཅས་ལས་གྲུབ་པའི་སྤྱོད་ཆས་སུམ་བརྒྱར་ཉེ་བ། འདབ་ཆགས་དང་རི་དྭགས་ཀྱི་ཀེང་རུས་ཇི་སྙེད་བྱུང་བ་ལ་ཚན་རིག་མཁས་ཅན་རྣམས་ཀྱིས་བརྟག་དཔྱད་བྱས་པར་ད་ཕན་ཏ་ལམ་དུས་ཡུན་ལོ་ངོ་བཞི་སྟོང་དྲུག་བརྒྱ་དགུ་བཅུ་ཡན་འདས་ཟིན་པ་དང་། སྐབས་དེའི་མི་རྣམས་རྡོ་ཆས་གསར་པའི་དུས་སྐབས་སུ་གནས་ཤིང་། ཕོ་ཚོས་ཞིང་ལས་གཙོ་བོར་བྱེད་པའི་གཏན་སྡོད་ཀྱི་འཚོ་བ་སྐྱེལ་གྱི་ཡོད་པ་ཤེས་རྟོགས་བྱུང་ཞིང་། ད་ལྟ་བོད་ལྗོངས་ས་ཁུལ་དུ་རྡོ་ཆས་གསར་པའི་དུས་སྐབས་ཀྱི་རིག་གནས་རྗེས་ཤུལ་བསྡོམས་པས་ཁག་ཉེར་ལྔ་ཙམ་རྙེད་པ་དང་། རྡོ་ཆས་ཕྲ་བའི་རིགས་ཉིས་བརྒྱ་དྲུག་ཅུ་རེ་ལྔ་ཙམ་བཙལ་རྙེད་བྱུང་བར་བརྟག་དཔྱད་བྱས་པའི་ཐོག་ནས་ཀྱང་རང་ཅག་ཁ་བའི་ལྗོངས་འདིར་ལོ་ངོ་བཞི་སྟོང་དྲུག་བརྒྱ་ལྷག་གི་སྔོན་ནས་ཞིང་ལས་ལོ་ཏོག་འདེབས་འཛུགས་བྱེད་ཀྱི་ཡོད་པ་བདེན་དཔང་བྱས་ཡོད། ཏུན་ཧོང་ཡིག་རྙིང་དུ་ཡང་སྔོན་པོ་ཏུ་ལས་སྐྱེས་ཀྱིས་རྒྱལ་པོ་གྲི་གུམ་བཙན་པོའི་སྤུར་སླུ་བའི་ཡོན་ལ་བྱིའུ་ཤ་ཙ་དམར་བ། སྐྲ་ཁམ་པ། བྱ་ལོ། མིག་བྱ་མིག་ལྟར་མས་ནས་འགེབས་པ། ལག་པ་ཆུ་བྱ་ལྟར་འབྲེལ་བ་ཞིག་ས་ཕྱོགས་ཀུན་ལ་འཚོལ་སྐབས། ཡུལ་ཡར་ལུང་སོག་ཁའི་གཡེའི་གང་བར་བྱ་བར་ཞིང་ཞིག་གི་སྟེང་ན་བུད་མེད་ཡུར་མ་བྱེད་ཀྱིན་ཡོད་པར་བྱིས་པ་དེ་འདྲ་ཞིག

ཡོད་པ་མཐོང་ཚུལ་བྲིས་ཡོད་པ་དེས་ཀྱང་སྔོན་པོ་རུ་ལས་སྐྱེས་ཀྱི་སྐྱ་རིང་ལ་སླེབས་དུས་བོད་ཀྱི་ཐོག་མའི་འབྱུང་ཡུལ་ཡར་ལུང་ས་ཁུལ་དུ་ལོ་ཏོག་རྩོ་འདེབས་ཀྱི་སྲོལ་ཡོད་པར་མ་ཟད་སྤྱུ་གུ་ཐོན་རྗེས་དེར་གནོད་པའི་ཛྭ་ལྷུམ་རིགས་ཡུར་བའི་ཐོན་སྐྱེད་བྱེད་སྟངས་ཀྱང་ཡོད་པ་བསྟན་པས་རྨོས་པའི་ལོ་ཏོག་ཐོག་མར་བྱུང་ཞེས་པ་དོན་ལ་མི་གནས་པ་མངོན་སུམ་དུ་གྲུབ་པ་དེ་ལྟར་ན་ཕྱིར་སྡོད་རང་མི་བསྟན་འཛིན་རྣམ་དག་གིས་རྒྱལ་པོ་གཉའ་ཁྲི་བཙན་པོའི་ཡར་སྔོན་དུ་བོད་ལ་དབང་མཛད་བཅུ་གཉིས་བྱུང་བའི་མཐའ་མ་བཞིའི་རིང་ལྕགས་རིགས་རྙེད་ཅིང་རྗེ་བཟོ་དང་ཞིང་ལས་ཤེས་པ། དུད་འགྲོའི་སྤུ་རིགས་བྲིགས་ནས་ཐགས་འཐག་ཅིང་འཚེམ་དྲུབ་བྱེད་པ། འབྲོག་ཏུ་གནས་པའི་མི་རྣམས་ཀྱིས་སྡོད་གནས་སྦྲ་དང་གུར་ལ་བཅའ་ཞིང་འཚོ་རྟེན་ནོར་དང་ལུག་ལ་བྱེད་པ། རོང་དུ་གནས་པའི་མི་རྣམས་རྗེ་ལས་གྲུབ་པའི་མཁར་དང་ཁང་པར་གནས་བཅའ་ཞིང་། ལས་སུ་འབྲུ་དྲུག་དང་ཉུང་མ་འདེབས་པ། ད་དུང་བ་སླང་དང་ར་ལུག འབྲི་གཡག མཛོ་མཛོ་མོ། རྟ་དྲེལ་སོགས་ཀྱང་བཀོལ་སྤྱོད་བྱེད་ཤེས་པ་གནའ་བོའི་དཔེ་རྙིང་ལུང་དྲངས་ནས་བཤད་འདུག་པ་ཡང་①ལུང་རིགས་ཀྱི་སྒྲུབ་བྱེད་ཁུངས་ལྡན་ཡོད་པ་ཞིག་ཡིན་པར་སེམས།

དེ་ལྟར་རྒྱལ་རབས་ཆོས་འབྱུང་སྔ་ཕྱིས་རྣམས་དང་། ལོ་ངོ་སྟོང་ཕྲག་དུ་མའི་སྔ་རོལ་ནས་ད་ལྟའི་བར་དུ་བོད་རིགས་རང་ཉིད་གནས་བཅའ་བའི་ས་ཁུལ་གྱི་རིག་གནས་རྗེས་ཤུལ་དང་བེད་སྤྱོད་བྱས་སྒྲོང་བའི་ཡོ་བྱད་རྣམས་ལ་ཚན་རིག་བརྟག་དཔྱད་བྱས་པའི་འབྲས་རྟགས། ལོ་སྟོང་ཕྲག་གཅིག་ལྷག་ཙམ་ལ་བྱེ་མའི་འོག་ཏུ་བག་ཏུ་ཉལ་བའི་གཏེར་ཡིག་སྣ་གྲངས་བཅས་ཕལ་ཆེར་ཕྱོགས་མཐུན་གྱི་སྒོ་ནས་གསལ་བཤད་བྱུང་བའི་ལོ་རྒྱུས་ཀྱི་སྙོམ་ཚིག་ནི་རང་རེ་བོད་འདི་ཡང་འཛམ་

① བསྟན་འཛིན་རྣམ་དག་གིས་བརྩམས་པའི《སྔ་རབས་བོད་ཀྱི་བྱུང་བ་བརྗོད་པའི་འབེལ་གཏམ་ལུང་གི་སྙིང་པོ》རུ་གསལ།

གླིང་གི་མི་རིགས་སྤྱི་དང་འདྲ་བར་ཡར་ལུང་གཙང་པོའི་འགྲམ་རྒྱུད་ས་ཁུལ་ལས་བྱུང་བ་ནས་རྒྱུན་ཆད་མེད་པར་འཕེལ་རྒྱས་སུ་སོང་སྟེ་མ་མཐར་ལོ་ངོ་སྟོང་ཕྲག་བཞི་ལྔའི་སྔོན་དུ་རྡོ་ཆས་གསར་པའི་དུས་སྐབས་སུ་སླེབས་ནས་རྡོ་ཁང་དུ་གཏན་སྡོད་བྱེད་ཅིང་རྡོ་སོགས་ལས་བཟོས་པའི་ཐོན་སྐྱེད་ཡོ་བྱད་སྤྱད་ནས་ཞིང་ལས་ལོ་ཏོག་འདེབས་འཛུགས་བྱས་ཏེ་འཚོ་ཞིང་གནས་ལ། ད་དུང་ཕྱུགས་ཟོག་བཏུལ་ནས་བསྐོལ་སྤྱོད་བྱེད་པ་དང་། རྫ་ཆས་བཟོ་བ། སྣམ་བུ་འཁེལ་འཐག་སོགས་ཀྱི་ལག་རྩལ་སྲོལ་རྒྱུན་ཡང་ཡོད་པར་མངོན་ཞིང་། དེ་ནས་དབང་མཛད་བཅུ་གཉིས་ཏེ་རྒྱལ་ཕྲན་བཅུ་གཉིས་ཀྱི་རིང་ལ་སླེབས་ཚེ་ཟངས་ལྕགས་ལས་སྣོན་བྱས་ཏེ་མཚོན་ཆ་དང་ཐོན་སྐྱེད་ཡོ་བྱད་བཟོས་ནས་སྤྱོད་འགོ་བཙམས་པར་སེམས་པ་དེ་ཡིན། འོན་ཀྱང་སྔོན་བྱོན་མཁས་དབང་མང་ཆེ་བའི་ཆོས་འབྱུང་དུ་སྤོམ་ཚིག་འདི་དང་ཅུང་ཟད་མི་མཐུན་པར་གསུངས་པ་ཅི་ཞེ་ན། ཁོ་བོས་འདི་ལྟར་སེམས་ཏེ། བློན་པོ་རུ་ལས་སྐྱེས་ནི་ཐུགས་དཀྱིལ་ཆེ་ལ་དཔའ་མཛངས་ལྡན་པ་ཞིག་ཡིན་ཞིང་། དེ་རྒྱལ་པོ་སྤུ་དེ་གུང་རྒྱལ་གྱི་བློན་པོར་མ་བཞུགས་གོང་གྲི་གུམ་བཙན་པོའི་སྐུ་གདུང་འཚོལ་བ་དང་། ལོ་ངམ་རྟ་རྫིའི་སྲིད་དབང་གཏོར་སྐྱོལ། རྒྱལ་པོ་སྤུ་དེ་གུང་རྒྱལ་རྒྱལ་སར་འགོད་པ་བཅས་ལ་བྱས་རྗེས་ཆེན་པོ་བཞག་སྐྱོང་བ་ཞིག་ཡིན་ལ། རྒྱལ་པོ་སྤུ་དེ་གུང་རྒྱལ་གྱི་བློན་པོའི་མཛད་རྗེས་སུ་གསེར་དངུལ་ཟངས་ལྕགས་ཀྱི་གཏེར་ཁར་ལས་མང་བ་རྙེད་ཅིང་དེ་བཙོ་སྦྱངས་བྱེད་པའི་ལག་རྩལ་ལེགས་སྒྱུར་བྱས་ནས། གསེར་དངུལ་གྱི་རྒྱན་ཆ་དང་། ཟངས་ལྕགས་ཀྱི་མཚོན་ཆ་དང་ཐོན་སྐྱེད་ཡོ་བྱད། འཚོ་བའི་སྤྱོད་ཆས་སོགས་སྔོན་ཐོན་ཅན་འཕོར་ཆེན་བསྐྲུན་ཅིང་། སྔར་གྱི་ཞིང་ལས་ཡོ་བྱད་སྔོན་ཐོན་ཅན་དུ་བསྒྱུར་ནས་ས་སྟོང་གསར་སྤྲོལ་གྱིས་ས་ཞིང་འདེབས་ཁྱོན་རྒྱ་ཆེར་བཏང་ཐོག་ཆུ་ཡུར་གསར་བཟོ་དང་། བསྐྱོད་དཀའ་བའི་ཆུ་བོར་ཟམ་པ་འཛུགས་པ་སོགས་བྱས་ཏེ་བཟོ་ཞིང་ཐོན་སྐྱེད་དང་འགྲིམ་འགྲུལ་ལས་རིགས་

འཕེལ་རྒྱས་སུ་བཏང་སྟེ། བོད་ལ་བཀའ་དྲིན་ཤིན་ཏུ་ཆེ་བས་རྗེས་ཀྱི་ལོ་རྒྱུས་སྨྲ་བ་རྣམས་ཀྱིས་ཁོང་ལ་ཆེས་ཆེར་བསྟོད་པའི་ཚུལ་གྱིས་བསྔགས་པའི་ཚིག་འབྲུ་རྒྱ་ཡན་དུ་སོང་བས་ཕྱི་རབས་ཀྱིས་བོད་ཀྱི་གསེར་དངུལ་ཟངས་ལྕགས་བཞུ་བའི་ལག་རྩལ་གསར་གཏོད་བྱེད་མཁན་དང་། ཞིང་ལས་རྨོ་འདེབས་ཀྱི་སྲོལ་ཐོག་མར་འབྱེད་མཁན་དུ་གོ་དགོས་པ་འདི་བྱུང་བ་ལས་རིམ་གྱིས་གོ་ལོག་ཏུ་འགྲོ་གཞིར་གྱུར་པ་ཞིག་ཡིན་སྙམ་མོ།། །།

༄༅། །བློན་པོ་མགར་སྟོང་བཙན་གྱི་མཛད་རྗེས་སྐོར་ཅུང་ཟད་གླེང་བ།

བོད་ཀྱི་རྒྱལ་རབས་སོ་གསུམ་པ་སྲོང་བཙན་སྒམ་པོར་མེད་དུ་མི་རུང་བའི་བློན་ཆེན་བཞི་ཡོད་པ་ལས་ལུགས་གཉིས་འཕྲིན་ལས་མཁའ་ལ་ཐོགས་མེད་དུ་སྐྱོད་པའི་མཁའ་ལྡིང་དབང་པོ། གངས་ཅན་བོད་ལ་བཀའ་དྲིན་རི་རབ་ལྟར་ཆེ་བའི་བློན་པོ་མགར་རམ་མགར་སྟོང་བཙན་ཡུལ་བཟུང་གི་མཛད་རྗེས་སྐོར་ལ་དཔྱད་པ་རགས་ཙམ་བྱས་ན།

ཐོག་མར་མགར་ཞེས་པ་ནི་ཁོང་གི་རུས་ཡིན། དེ་ཡང་བྲག་སྲིན་མོ་དང་སྤྲེའུ་བྱང་ཆུབ་སེམས་དཔའ་གཉིས་ཀྱི་བུ་ཚ་རྣམས་སོ་སོར་བསེ་དང་། དམུ། ལྡོང་། སྟོང་བཅས་རུས་བཞིར་གྱེས། ཕྱིས་སུ་དེ་དག་ལས་ལྷ་རིགས་སྒོ་དང་། བསེ་ཁྱུང་སྒྲ། དམུ་ཚ་སྨ། ཨ་སྒྱོ་ལྡོང་། ཨ་ཐང་འབྲུ་ཞེས་པའི་རུས་བཟང་པོ་སྟེ་ཚན་ལྔ་དང་། དཔའ་ཡི་ཚན་དང་བློ་ཡི་ཚན་ཞེས་པའི་རིགས་ངན་གཉིས་བཅས་བསྡོམས་པའི་རུས་ཆེན་བདུན་བྱུང་། དེ་ནས་རུས་ཆེན་དེ་དག་གི་ནང་གསེས་སུ་རིགས་རུས་བྱེ་བྲག་མང་དུ་བྱུང་བའི་ནང་། ལྷ་རིགས་སྒོ་ལ་བྱེ་བྲག་ཏུ་འགར་ཀེ་འགོལ་གསུམ། གསུང་གསེར་འབྲོམ་གསུམ། ཧེ་འབུམ་བཞག་གསུམ། ཤོས་སྟག་འཕྱུང་གསུམ། གཅེས་སེང་རམ་གསུམ། ཕྱུག་པོ་བུ་གསུམ་སྟེ་བཅོ་བརྒྱད་བྱུང་། བློན་པོ་མགར་ནི་འགར་ཀེ་འགོལ་གསུམ་ཞེས་པའི་འགར་གྱི་རིགས་སུ་འཁྲུངས། དེས་ན"སྒོ་རིགས་འཁྲུལ་མེད་དུ་འཁྲུངས་པའི་ཚོགས་རྣམས་ནི་ཡ་རབས་ཀྱི་ཡོན་ཏན་དང་སྤྱོད་ཚུལ་ཀུན་ལྡན་

ལ། དེའི་སྙིང་པོ་རྩལ་སྣ་དགུ་དང་ཡང་དགུ་འཛོམས་པ། ཁྱད་པར་དུ་བློ་མ་རྣམས་ནི་བྱང་ཆུབ་སེམས་དཔའི་བློ་ཚད་ལྡན་གྱི་རིགས་སྐྱེས་བུ་དམ་པ་བློ་མ་ལྷའི་རིགས་ཁོ་ན་ཡིན"①ཞེས་པ་ལྟར་ཉུས་ཆེན་སྣོ་རིགས་ལས་མཆེད་པའི་མགར་རིགས་ལ་ཞི་དྲག་ཟུང་ལ་བློ་གྲོས་ཡོངས་སུ་རྫོགས་པའི་སྐྱེས་མཆོག་དམ་པ་མང་དུ་འབྲུངས་ཤིང་། སྤུ་རྒྱལ་བོད་ཀྱི་བཙན་པོ་རིམ་བྱོན་རྣམས་ཀྱི་བློན་པོར་བཞུགས་པའང་བློན་པོ་མགར་ཁོ་ན་མ་ཡིན་ཏེ། ཁོང་གི་ཕ་རོལ་དུ་མགར་སྲྀ་ཛཱ་ཤུན་གྱིས་རྒྱལ་རབས་ཉེར་དྲུག་པ་ཁྲི་སྲྀ་དཔུང་བཙན་གྱི་བློན་པོ་མཛད་པ་དང་། མགར་མང་ཞམ་སུམ་སྣང་བྱ་བས་རྒྱལ་པོ་སྲོང་བཙན་སྒམ་པོའི་བློན་པོ་མཛད་པ།② ཁོང་གི་སྲུན་མཆེད་མགར་ཉེན་གང་ཧྲོན་དང་སྲས་མགར་བཙན་སྙ་ལྡོམ་བུ། མགར་ཁྲི་འབྲིང་བཙན་བྲོད་བཅས་ཀྱིས་ཕྱི་གཞུག་ཏུ་རྒྱལ་རབས་སོ་ལྔ་པ་མང་སྲོང་མང་བཙན(གཞམ་དུ་མང་སྲོང་དུ་འབོད་རྒྱུ)དང་། སོ་དྲུག་པ་འདུས་སྲོང་མང་པོ་རྗེའི་བློན་པོ་མཛད་པ་སོགས་མང་དུ་མཆིས།

སྟོང་བཙན་ཡུལ་བཟུང་ཞེས་པ་ནི་ཁོང་གི་མིང་ཡིན་པ་སྨོས་མི་དགོས། 《ཐང་ཡིག་གསར་རྙིང་ལས་བྱུང་བའི་བོད་ཆེན་པོའི་སྲིད་ལུགས》དང《དེབ་དཀར》སོགས་སུ་བློན་པོ་མགར་ཡི་གེར་རྫོངས་པར་བསྟན་ཀྱང་། 《མཁས་པའི་དགའ་སྟོན》དུ་རྒྱལ་པོ་སྲོང་བཙན་སྒམ་པོས་བཙུན་མོ་དང་ཕྱི་ནང་གི་བློན་པོ། བོད་འབངས་བཅས་ལ་ཞལ་གདམས་གསུངས་པ་བློན་པོ་མགར་གྱིས་ཟངས་ཀྱི་གླེགས་བུར་བྲིས་ཞེས་ཐེངས་གཅིག་མིན་གཉིས་མིན་དུ་གསུངས་ཡོད་ལ། ཏུན་ཧོང་བྲག་ཕུག་ནས་ཐོན་པའི《བོད་ཀྱི་ལོ་རྒྱུས་ཡིག་ཆའི་དོན་ཆེན་གནད་བསྡུས་ཀྱི་ལོ་ཚིགས》བྱ་བར་ཡང་། "ཡོས་བུའི་ལོ་ལ་བབ་སྟེའ། བཙན་པོ་མེར་ཁེ་ན་བཞུགས་ཤིང་། བློན་སྟོང་

① 《བོད་མི་བུ་གདོང་དྲུག་གི་ཉུས་མཛོད་མེ་ཏོག་སྐྱེད་ཚལ》དུ་གསལ།
② ཏུན་ཧོང་ནས་ཐོན་པའི་བཙན་པོ་རིམ་བྱུང་གི་ལོ་རྒྱུས་སུ་གསལ།

རྩན་གྱིས། འགོར་ཏིར། བཀའ། ཁྲིམས་ཀྱི་ཡི་གེ་བྲིས་པར་ལོ་གཅིག”ཅེས་འཁོད་པར་དཔྱད་ན་བློན་པོ་མགར་གྱིས་ཡི་གེ་གཏན་ནས་མི་ཤེས་པ་ག་ལ་ཡིན། ལྷག་དོན་བློན་པོ་ཐོན་མིས་གཙོས་བོད་མི་རིག་པ་ཅན་རྣམས་ཀྱིས་རྒྱ་གར་གྱི་ཡི་གེར་དཔེ་བལྟས་ནས། རང་རེའི་བོད་ཀྱི་སྐད་དང་མཐུན་པའི་ད་ལྟའི་ཡི་གེ་འདི་གསར་བཟོ་བྱས་རྗེས། གོང་དུ་རྒྱལ་པོ་སྲོང་བཙན་སྐུ་དངོས་ཀྱིས་སྣེ་ཁྲིད་དེ་སློབ་པ་དང་། གཤམ་དུ་འབངས་ཕལ་པ་རྣམས་ཀྱང་དམ་པའི་ཆོས་དང་ཡི་གེ་ལ་བློ་འཇུག་དགོས་ཞེས་མི་ཆོས་གཙང་མ་བཅུ་དྲུག་གི་ཁྲིམས་སུ་བཀོད་ན། འཇུག་ལྡོག་གི་གནད་ལ་མཁྱེན་རྩལ་ཡངས་ཤིང་རྒྱལ་སྲིད་ཀྱི་དོན་ཆེན་སྐྱོང་བའི་བློན་ཆེན་མགར་སྟོང་བཙན་ལྟ་བུས་མི་སློབ་པར་དེ་ལྟར་འདུག་སྲིད་དམ། དེས་ན་བློན་པོ་མགར་ཡི་གེར་རྫོངས་ཞེས་པ་དེ་ཁོང་གི་སྐུ་ཚེའི་སྟོད་ལ་གོ་དགོས་པར་སྙམ། བློན་པོ་མགར་གྱིས་སྐུ་ཚེ་ཧྲིལ་པོར་བོད་ཀྱི་མངའ་ཁོངས་རྒྱ་བསྐྱེད་དང་། མཐའ་མཚམས་སྲུང་སྐྱོབ། བོད་ཀྱི་རིག་གནས་དང་དཔལ་འབྱོར་གོང་དུ་སྤེལ་ནས་སྟོབས་འབྱོར་ལྡན་པའི་རྒྱལ་ཁབ་ཅིག་འཛུགས་སྐྲུན་བྱས་པའི་བྱ་གཞག་རླབས་པོ་ཆེའི་ཁྲོད་དུ་ཕྱུག་རྗེས་བསམ་གྱིས་མི་ཁྱབ་པ་འཇོག་གནང་མཛད་ཡོད་ན། ཁོང་ནི་གངས་ཅན་ལྗོངས་འདིར་དྲིན་ཅན་མ་ལྟར་བཀའ་དྲིན་བླ་མེད་དུ་ཆེ་ཞིང་། རང་ཅག་ཕྱི་རབས་པ་ཚོ་དགའ་ཞིང་བཀུར་འོས་པའི་མི་དམ་པ་ཡིན་པས། ད་ནི་ཁོང་གི་མཛད་རྗེས་གཙོ་བོ་རྣམས་དུས་རིམ་གཉིས་སུ་ཕྱེ་ནས་བརྗོད་པར་བྱའོ། །

དང་པོ། རྒྱལ་པོ་སྲོང་བཙན་སྒམ་པོའི་བློན་པོ་མཛད་རིང་གི་ཕྱག་རྗེས་གླེང་བ།

ཡོངས་གྲགས་ཀྱི་རྒྱལ་རབས་དེབ་ཐེར་རྣམས་སུ་བློན་པོ་མགར་སྟོང་བཙན་ཡུལ་བཟུང་གིས་རྒྱལ་རབས་གཉིས་སམ་གསུམ་གྱི་བློན་པོ་མཛད་པར་གསུངས་པ་ལས་ཐོག་མར་རྒྱལ་པོ་སྲོང་བཙན་སྒམ་པོའི་བློན་པོ་མཛད་རིང་གི་ཕྱག་རྗེས་བརྗོད་ན། རྒྱལ་པོ་སྲོང་བཙན་སྒམ་པོར་ཕྱི་བློན་དྲུག་དང་། ནང་བློན་དྲུག མེད་དུ་མི་རུང་བའི་བློན་པོ་བཞི་བཅས་བློན་པོ་གཙོ་བཞག་བཅུ་དྲུག་ཡོད་པ་ལས་དང་ཐོག་རྒྱལ་པོས་བློ་གཏོད་ཅིང་ཐུགས་འདང་ཆེ་བའི་བློན་པོ་ནི་ཁྱུང་པོ་སྤུངས་སད་ཟུ་ཙེ་ཡིན་པ་འདྲ་ཡང་། ཕྱིས་སུ་བློན་པོ་དེ་རྒྱལ་པོར་ངོ་ལོག་རྗེས་བློན་པོ་མགར་རང་བཞིན་གྱིས་གཞུང་རྒྱུད་བརྟན་ཞིང་སྲིད་དང་གཡུལ་གྱི་ལས་ལ་རབ་ཏུ་མཁས་པས། རྒྱལ་པོའི་སྲིད་ཀྱི་ལག་རྟེན་དང་གཡུལ་གྱི་དཔུང་གྲོགས་སུ་གྱུར། དེ་ཡང་ཁྱུང་པོ་སྤུངས་སད་ཟུ་རྩེ་བྱ་བ་ནི་གཙང་བོད་ཀྱི་རྒྱལ་པོ་མར་མུན་གྱི་བློན་པོ་ཡིན། དེས་རྒྱལ་པོ་གནམ་རི་སྲོང་བཙན་གྱི་སྐུ་རིང་ལ་རྒྱལ་པོ་མར་མུན་གྱི་མགོ་བཅད་དེ། གཙང་བོད་ཀྱི་དུད་ཁྲིམ་ཁྲི་ཚོ་གཉིས་བཙན་པོའི་ཕྱག་ཏུ་ཕུལ་ནས་བཙན་པོར་གློ་བ་ཉེ་བ། བཙན་པོས་ཀྱང་གཙང་བོད་ཀྱི་དུད་ཁྲིམ་ཁྲི་ཚོ་གཉིས་ཀ་ཁྱུང་པོ་སྤུངས་སད་ཟུ་ཙེ་གློ་བ་ཉེ་བའི་བྱ་དགར་གནང་ཞིང་བློན་ཆེན་པོར་བསྐོས། དེའི་ཕྱིས་སུ་བློན་པོ་མོང་སྟོན་པོ་བྱ་བ་བཙན་པོར་གློ་བ་རིངས་ནས་བཙན་པོ་དགྲོང་རྩིས་བྱེད་པའང་ཟུ་ཙེས་ཚོར་ནས་བཙན་པོར་སྙན་པས། མོང་སྟོན་པོ་ལ་བཀྱོན་ཕབ་སྐྱེ་བསད་ཅིང་ཁོ་ལ་སྟེར་ལས་ཐུགས་འདང་ཇེ་ཆེར་གྱུར།

བཙན་པོ་གནམ་རི་སྲོང་བཙན་སྐུ་གྲོངས་རྗེས་རྒྱལ་པོ་སྲོང་བཙན་སྒམ་པོས་

ཀྱང་ཁོ་པ་བློན་པོར་བཀོད་ཅིང་ཐུགས་འདང་རབ་ཏུ་ཆེ་ནའང་། ཟླ་ཅེ་དེ་གཡོ་སྒྱུ་དང་ཧམ་སེམས་ཆེ་བ་ཞིག་ཡིན་པས། སྤུ་རྒྱལ་བོད་ཀྱི་རྒྱལ་སྲིད་འཛྲོག་པའི་སླད་དུ་རྒྱལ་པོ་སྲོང་བཙན་ལ་སྔོན་བཙན་པོ་གནམ་རི་སྲོང་བཙན་གྱི་རིང་ལ་བདག་གིས་གཙང་བོད་འབངས་སུ་བཀུག་ཏུང་། ཡབ་རྒྱལ་པོས་སྤྱན་གྱིས་མ་གཟིགས། ཞབས་ཀྱིས་མ་བཅགས། ད་ལྟ་ཁྱེད་ཉིད་ཡབ་རྒྱལ་པོའི་ཁྲི་ལ་མངའ་སྒྱུར་བའི་ཚེ་ན། ངེད་གཙང་བོད་དུ་ལན་ཞིག་ཕེབས་ནས་ལྟ་གཟིགས་རེ་གནང་བར་མཛོད། བདག་གིས་ཁྲི་བོམས་སུ་དགྱེས་སྐྱེམས་སྔོན་མོ་བསྒྲིགས་ནས་བསུ་བ་ཞུ་ཞེས་ཞུས་པས། རྒྱལ་པོས་ཀྱང་ཞལ་གྱིས་བཞེས་པ་ལ། བློན་པོ་མགར་གཙང་བོད་ཀྱི་ཁྲི་བོམས་སུ་ཕེབས་ནས་བརྟགས་པའི་ཚེ། ཟླ་ཅེས་རྒྱལ་པོ་བསུ་བར་སྐད་བཏགས་ནས་དགྲོང་རྒྱུའི་སྒྱུ་བཤམས་པ་ཤེས་ཤིང་། མྱུར་དུ་ཕྱིར་ལོག་ནས་རྒྱལ་པོའི་སྔན་དུ་གསོལ་ཅིང་བཀག་པས། རྒྱལ་པོའི་སྐུ་སྲོག་ཉེན་ཁའི་གནས་ལས་བསྐྱབས། ཟླ་ཅེས་རང་སྲོག་བཅད་ནས་གྲོངས། གལ་ཏེ་བློན་པོ་མགར་གྱིས་རྒྱལ་པོའི་སྐུ་སྲོག་མ་བསྲུངས་ཚེ། བོད་ཀྱི་ཏུས་རྒྱུད་ཚོ་པ་ཁག་གཅིག་ཏུ་སྒྱུར་པའི་རྒྱལ་ཁབ་སྟོབས་ལྡན་ཞིག་བཙུགས་ནས་ཕྱིའི་བཙན་འཛུལ་གྱི་འཇིགས་པ་མེད་པར་རིག་གནས་དང་དཔལ་འབྱོར། སངས་རྒྱས་ཀྱི་བསྟན་པ་སོགས་སྤེལ་རྒྱུ་ལྟ་ཞོག ནང་གི་ཤ་ཏུས་འཁྲིལ་བའི་སྤུན་ཟླ་རྣམས་ཀྱང་ཕན་ཚུན་གསོད་རེས་བྱེད་པའི་དགྲ་དགའ་གཉེན་སྡུག་གི་བྱ་བའི་ཉེར་ལེན་ལས། མཐའ་མ་བོད་ཀྱི་ཏུས་རྒྱུད་ཚོ་པ་རྣམས་སིལ་བུར་ཐོར་ཅིང་རྒྱལ་ཁབ་གཞན་གྱི་བཙན་འཛུལ་དང་འཇིགས་སྐུལ་འོག་ལྷུང་ངེས་ཡིན། དེས་ན་བློན་པོ་མགར་གྱིས་རྒྱལ་པོའི་སྐུ་སྲོག་བསྐྱབས་པ་དེ་བོད་དང་བོད་མི་རིགས་བསྐྱབས་པ་དང་ཁྱད་པར་ཅི་ཡོད་དེ་ཡི་ནས་མེད་དོ། །

བློན་པོ་མགར་གྱིས་རྒྱལ་པོ་སྲོང་བཙན་སྒམ་པོར་རོགས་རམ་གྱིས་བོད་ཀྱི་ཏུས་རྒྱུད་ཚོ་པ་རྣམས་གཅིག་སྒྱུར་བཟོས་པ་མ་ཟད། ད་དུང་རྒྱལ་པོ་དང་ལྷན་ཅིག་ཏུ་སྤུ་རྒྱལ་བོད་ཀྱི་སྟར་ཡོད་ཀྱི་ཡུལ་སྲོལ་གོམས་འདྲིས་ལེགས་པོ་རྣམས་དང་ལྷ་ཆོས་

དགེ་བ་བཅུ་གཞིར་བཟུང་། དབང་དུ་བསྡུས་པའི་རྒྱལ་ཕྲན་གཞན་དང་མཐའ་འཁོར་སྡོན་འབོན་རྒྱལ་ཁབ་ཀྱི་ཁྲིམས་སྲོལ་ལ་དཔེ་བྱས་ཏེ། ཁྲི་རྩེ་འབུམ་བཞེར་གྱི་ཁྲིམས། འབུམ་གསེར་ཐང་ཤ་བ་ཅན་གྱི་ཁྲིམས། རྒྱལ་ཁམས་དཔེར་བླངས་ཀྱི་ཁྲིམས། མདོ་ལོན་ཞུ་བཅད་ཀྱི་ཁྲིམས། དབང་ཆེན་བཅད་ཀྱི་ཁྲིམས། ཁབ་སོ་ནང་པའི་ཁྲིམས་བཅས་བཀའ་ཁྲིམས་ཆེན་པོ་དྲུག་བཟོས(འདི་དག་ཞིབ་ཏུ་ཤེས་འདོད་ན《མཁས་པའི་དགའ་སྟོན》ལ་གཟིགས་པར་འཚལ)ནས། རྒྱལ་ཁམས་བདེ་ལ་བཀོད་ཅིང་སྲིད་དབང་སྲུ་བརྟན་དུ་བཏང་བ་དང་། བོད་ཀྱི་སྤྱི་ཚོགས་རྗིལ་པོ་དེ་རིག་གནས་ཡོད་ལ་ཀུན་སྤྱོད་བཟང་བ་དང་། ཁྲིམས་ལུགས་ཡོད་པ་བཅས་ཀྱི་ཤེས་རིག་ལྡན་པའི་སྤྱི་ཚོགས་ཤིག་ཏུ་སྒྱུལ་སྤེལ་བཏང་ཡོད།

བློན་པོ་མགར་གྱིས་རང་རེ་བསིལ་ལྡན་ཁ་བའི་ལྗོངས་འདིར་སངས་རྒྱས་ཀྱི་བསྟན་པ་དར་བ་དང་། རྒྱལ་ཁབ་གཞན་གྱི་རིག་གནས་སྒྱུ་རྩལ་དང་། ཐོན་སྐྱེད་ལག་རྩལ། ཚན་རིག་ཤེས་བྱ་སོགས་འདྲེན་པའི་ཆེད་དུ་རྒྱལ་པོའི་བཀའ་ལྟར་སྔ་གཞུག་ཏུ་བལ་པོ་དང་ཐང་རྒྱལ་རབས་ཀྱི་རྒྱལ་ས་ཁྲང་ཨན་དུ་བལ་བཟའ་ཁྲི་བཙུན་དང་རྒྱ་བཟའ་ཀོང་ཇོ་གཉིས་རྒྱལ་པོའི་བཙུན་མོར་སློང་བའི་ཕོ་ཉར་ཕྱིན། དེ་ཡང་ཐོག་མར་བལ་ཡུལ་དུ་ཕེབས་ནས་གཉེན་སློང་བར་བརྩམས་པ་ན། བལ་རྒྱལ་གྱིས་བོད་དུ་དཀོན་མཆོག་གསུམ་གྱི་རྟེན་བཞེངས་པ་དང་། དགེ་བ་བཅུའི་ཁྲིམས་འཆའ་བ། འདོད་ཡོན་གྱི་ལོངས་སྤྱོད་བལ་ཡུལ་དང་མཉམ་པ་ཞིག་བྱེད་ནུས་ན་མ་གཏོགས་སྲས་མོ་མི་སྟེར་བར་གསུངས་ཀྱང་། བློན་པོ་མགར་སྟོང་བཙན་ཡུལ་བཟུང་གིས་རིན་ཆེན་ནོར་གྱི་ལེགས་སྐྱེས་འབུལ་བ་དང་དྲག་པོ་དཔུང་གི་སྟོབས་ཤུགས་ངོམ་པ་ཟུང་དུ་འབྲེལ་བའི་ཐབས་ལ་བརྟེན་ནས། བལ་རྒྱལ་གྱི་སྲས་མོ་ཁྲི་བཙུན་བྱ་བ་དེ་རྒྱལ་པོ་སྲོང་བཙན་གྱི་བཙུན་མོར་བསུས་པ་དང་ཆབས་ཅིག་ཤཱཀྱ་མུ་ནེ་དགུང་ལོ་བརྒྱད་པའི་སྐུ་ཚད་ཅན་རྒྱལ་བ་ཉིད་ཀྱིས་རབ་གནས་མཛད་པ་དེ་དང་། སངས་རྒྱས་འོད་སྲུངས་

གྱིས་རབ་གནས་མཛད་པའི་བྱམས་པ་ཆོས་འཁོར། ཙན་དན་གྱི་སྒྲོལ་མ་རང་བྱོན་སོགས་ཀྱིས་ཐོག་དྲངས་མགོ་དགུའི་ཡོ་བྱད་རྣམས་ཀྱང་གདན་དྲངས།

བལ་བཟའ་དེ་ཇི་ལྟར་ཐོབ་པའི་ཚུལ་ལ་ཡོངས་གྲགས་ཀྱི་རྒྱལ་རབས་དེབ་ཐེར་རྣམས་སུ་བློན་པོ་མགར་སྟོང་བཙན་གྱིས་གཙོ་བྱས་པའི་གཉེན་སློང་པོ་ཉ་རྣམས་བལ་ཡུལ་དུ་ཕེབས་ཁར་རྒྱལ་པོ་སྲོང་བཙན་གྱིས་བལ་རྗེས་བཀའ་ལུང་མི་འདྲ་བ་གསུམ་བསྐུད་པར་གསུངས་པ་མཁྱེན་ནས། བཀའ་ཤོག་མི་འདྲ་བ་གསུམ་དེ་དག་གི་ལན་དུ་གནང་། དེ་ནས་བོད་ཀྱི་གཉེན་སློང་པོ་ཉ་རྣམས་བལ་རྗེའི་མདུན་དུ་སླེབས་ནས་བལ་རྗེས་བཀའ་ལུང་མི་འདྲ་བ་གསུམ་གནང་བའི་ཚེ། བློན་པོ་མགར་གྱིས་བཀའ་ཤོག་དེ་དག་རིམ་པ་བཞིན་བལ་རྗེའི་ཕྱག་ཏུ་ཕུལ་བ་ལ། བཀའ་ཤོག་དང་པོའི་སྙིང་དུ་བལ་པོའི་ཡི་གེས“ཁྱེད་བལ་པོའི་རྒྱལ་པོ་ལ་དགེ་བ་བཅུའི་ཁྲིམས་ཡོད། ང་བོད་མཐའ་འཁོབ་ཀྱི་རྒྱལ་པོ་ལ་དེ་བཞིན་མེད་དེ། རྒྱལ་པོ་ཁྱོད་ཁྲིམས་ཡོད་པ་ལ་དགའ་ནས་བུ་མོ་སྐྱེར་ན། ངས་སྐུ་ལུས་ཀྱི་སྤྲུལ་པ་ལྔ་སྟོང་དུ་སྤྲུལ་ནས། དགེ་བ་བཅུ་དང་ལྡན་པའི་ཁྲིམས་སྔ་དྲོ་ཞིག་ལ་འཆའ་ནུས་པར་བྱེད་དོ། །དེ་ངོ་མཚར་མི་ཆེའམ། དེ་ལྟར་བྱས་ཀྱང་བུ་མོ་མི་སྐྱེར་ན། ངས་སྤྲུལ་པའི་དམག་ཁྲི་ཕྲག་ལྔ་བཏང་ནས། ཁྱོད་གསོད། ལྷ་གཅིག་ཕྲོགས། གྲོང་ཁྱེར་ཐམས་ཅད་བཅོམ་པར་བྱ”ཞེས་བཀོད་ཡོད་པ་དང་། བཀའ་ཤོག་གཉིས་པར“ཁྱེད་བལ་པོའི་རྒྱལ་པོ་ལ་གཙུག་ལག་བརྩིག་པའི་ནུས་པ་ཡོད། ང་མཐའ་འཁོབ་ཀྱི་རྒྱལ་པོ་ལ་དེ་བཞིན་མེད་དེ། རྒྱལ་པོ་ཁྱོད་ལྷ་ཁང་བརྩིག་པ་ལ་དགའ་ནས་བུ་མོ་སྐྱེར་ན། ངས་སྐུ་ལུས་ཀྱི་བཀོད་པ་ལྔ་སྟོང་སྤྲུལ་ནས། ལྷ་ཁང་བརྒྱ་རྩ་བརྒྱད་དུ་བཞེངས་ཏེ། སྒོ་ཐམས་ཅད་ཁྱེད་ཀྱི་ཕྱོགས་སུ་བསྟན་ལ་བཞག་གོ། དེ་ངོ་མཚར་མི་ཆེའམ། དེ་ལྟར་བྱས་ཀྱང་བུ་མོ་མི་སྐྱེར་ན། སྤྲུལ་པའི་དམག་ཁྲི་ཕྲག་ལྔ་དེར་བཏང་ནས། ཁྱོད་གསོད། ལྷ་གཅིག་ཕྲོགས། གྲོང་ཁྱེར་ཐམས་ཅད་བཅོམ་པར་བྱའོ”ཞེས་བཀོད་

ཡོད། བཀའ་ཤོག་གསུམ་པར"ཁྱེད་བལ་པོའི་རྒྱལ་པོ་ལ་ལོངས་སྤྱོད་ཡོད། ང་བོད་མཐའ་འཁོབ་ཀྱི་རྒྱལ་པོ་ལ་དེ་བཞིན་མེད་དེ། རྒྱལ་པོ་ཁྱོད་ནོར་ལོངས་སྤྱོད་ཡོད་པ་ལ་དགའ་ནས་བུ་མོ་སྟེར་ན། ངས་སྐུ་ལུས་ཀྱི་བཀོད་པ་ལྔ་སྟོང་དུ་སྤྲུལ་ནས། རིན་པོ་ཆེ། གསེར། དངུལ། དར་ཟབ་གོས་དང་རྒྱན། བཟའ་བཏུང་ལ་སོགས་ཀྱི་ལོངས་སྤྱོད་དཔག་ཏུ་མེད་པ་བྱེད་ཅིང་། ཁྱད་པར་ཕྱུགས་བཞི་ནས་ལས་སྒོ་ཕྱེ་སྟེ། མཐའི་ནོར་ཐམས་ཅད་ངའི་སྒོ་དྲུང་དུ་འོང་ཞིང་། ལོངས་སྤྱོད་དང་ལྡན་པར་བྱེད་དོ། །དེ་ངོ་མཚར་མི་ཆེའམ། དེ་ལྟར་བྱས་ཀྱང་བུ་མོ་མི་སྟེར་ན། སྤྲུལ་བའི་དམག་ཁྲི་ལྔ་དེར་བཏང་ནས། ཁྱོད་གསོད། ལྷ་གཅིག་ཕྲོགས། གྲོང་ཁྱེར་ཐམས་ཅད་བཅོམ་པར་བྱའོ"ཞེས་སྨྲང་བས། བལ་རྗེ་སྐྲག་ནས་ལྷ་སྲས་ཁྲི་བཙན་བོད་ཀྱི་རྒྱལ་པོའི་བཙུན་མོར་གནང་ཞེས་བལ་བཟའ་ཁྲི་བཙུན་བོད་རྒྱལ་སྲོང་བཙན་སྒམ་པོའི་བཙུན་མོར་ཐོབ་པ་ནི། རྒྱལ་པོ་སྲོང་བཙན་སྒམ་པོས་བལ་རྗེས་ཅི་གསུང་མཁྱེན་ནས། འཕྲིན་ཡིག་ཐོག་འཕྲུལ་དང་དཔུང་གི་སྟོབས་ངོམ་པས་བལ་རྗེས་མ་བཟོད་པར་གནང་བར་བསྟན་ཀྱང་། དེ་ནི་ལོ་རྒྱུས་དངོས་གཙོ་སྨྲ་བའི་ལྟ་བ་དང་མཐུན་ཐབས་མེད།

གང་ཡིན་ཞེ་ན། རྒྱལ་པོ་སྲོང་བཙན་སྒམ་པོས་དེ་སྔ་བལ་རྗེའི་ཞལ་མ་མཐོང་ལ་གསུང་ཡང་ཐོས་མྱོང་མེད་པས་དེས་ཅི་གསུང་མཁྱེན་ཐེར་བ་ག་ལ་སྲིད། ཡང་ན་ཁོང་ལ་མ་འོངས་སྔོན་དཔག་ཐུབ་པའི་བློ་གྲོས་དང་ལྡན་ཐེར་ནའང་། རྒྱལ་པོ་སྲོང་བཙན་སྒམ་པོའི་སྔོན་ལ་བོད་བལ་གཉིས་དབར་རིག་གནས་སྤེལ་རེས་སོགས་ཅི་ཡང་མ་བྱུང་བས། བཀའ་ཤོག་སྙིང་དུ་བལ་ཡིག་ཇི་ལྟར་འབྱུང་སྲིད། དེས་ན་བཀའ་ཤོག་དེ་དག་གི་སྙིང་དུ་བཀོད་པའི་སྐད་ཆ་ནི་བློན་པོ་མགར་གྱིས་བལ་རྗེའི་བཀའ་བབ་དང་བསྟུན་ནས་གསུངས་པ་ཡིན་ལ། བལ་རྗེས་རང་གི་སྲས་མོ་བོད་ཀྱི་རྒྱལ་པོའི་བཙུན་མོར་སྟེར་འདོད་མེད་བཞིན་དུ་བྱིན་པའང་གནད་དེ་ལ་ཐུག་ཡོད་པས། ཡོངས་གྲགས་ཀྱི་ལོ་རྒྱུས་

རྣམས་སུ་བལ་རྗེ་རྒྱལ་པོ་སྲོང་བཙན་གྱི་བཀའ་འཕྲིན་ལ་སྐྱག་ནས་ཕྱིན་པར་བསྟན་པ་དེ། ལོ་རྒྱུས་སྨྲ་བ་རྣམས་ཀྱིས་རྒྱལ་པོ་སྲོང་བཙན་ལ་ཆེ་བསྟོད་ཀྱི་སྐད་དུ་བློན་པོ་མགར་གྱི་མཛད་རྗེས་དེ་ཁོང་ལ་སྤྱར་བར་སྣམ།

བལ་བཟའ་ཁྲི་བཙུན་དེ་བོད་རྒྱལ་སྲོང་བཙན་སྒམ་པོའི་བཙུན་མོར་བསུས་རྗེས། བློན་པོ་མགར་འཁོར་དང་བཅས་པ་ཡང་ཐང་རྒྱལ་རབས་ཀྱི་རྒྱལ་ས་ཁྲང་ཨན་དུ་རྒྱ་བཟའ་ཀོང་ཇོ་སློང་བའི་གཉེན་གྱི་ཕོ་ཉར་ཕེབས། དེ་ཡང་རྒྱའི་ཡིག་ཚང་ལྟར་ན་རྒྱ་བཟའ་ཀོང་ཇོ་དེའི་སྔོན་ལའང་ཐེངས་གཅིག་སློང་ཕྱོང་བ་དང་། ཐེངས་དེར་རྒྱུས་མ་ཕྱིན་པས། བོད་ཀྱིས་རྒྱའི་ས་མཚམས་དང་འབྲེལ་བའི་ཏང་ཞང་དང་པེ་ལན་སོགས་འཇང་པ་ཁག་ལ་དམག་དྲངས་ཏེ་ཕམ་པར་བྱས་ཤིང་། བོད་དམག་ཁྲི་ཚོ་ཉི་ཤུ་ལྷག་སུང་ཀྲིག་ཏུ་དྲངས་ནས་ཀོང་ཇོ་སྙེར་དགོས་པའི་འཇིགས་བསྐུལ་ནས་ས་མཚམས་ཀྱི་མི་རྣམས་བློ་མི་བདེ་བ་བཟོས་ཕྱོང་བ་རེད།① དེས་ན་ཐེངས་གཉིས་པར་བློན་པོ་མགར་གྱིས་གཙོ་བྱས་པའི་བོད་ཀྱི་གཉེན་སློང་ཕོ་ཉ་རྒྱ་ཡུལ་ལ་འགྱོར་སྐབས། གེ་སར་དང་། སྟག་གཟིག ཁྲོམ། རྒྱ་གར་བཅས་ནས་ཀྱང་གཉེན་སློང་བའི་ཕོ་ཉ་མང་དུ་སླེབས་ཤིང་གཉེན་སློང་བར་བརྩམས་པ་ན། རྒྱལ་སྲས་ཀྱིས་བོད་ཀྱིས་རྒྱའི་དམག་དཔུང་ཐམས་ཅད་ཕུང་བར་བྱས་ཤིང་། མཐའ་མཚམས་སུ་འཇིགས་སྣང་བསྐུལ་བ་འཕོན་དུ་བཟུང་ཡོད་པས། ཀོང་ཇོ་གེ་སར་དམག་གི་རྒྱལ་པོར་སྙེར་འདོད་པ་ལས་བོད་ལ་བཏང་བར་མ་འཐད། ཡུམ་གྱིས་བོད་ཀྱིས་རྒྱའི་ལོངས་སྤྱོད་ཀྱི་དོད་མི་ཐུབ་སྙམ་ནས་སྟག་གཟིག་ནོར་གྱི་རྒྱལ་པོར་སྙེར་བར་འཐད། རྒྱ་བཟའ་མོ་རང་ཁྲོམ་གྱི་རྒྱལ་པོ་གཟུགས་བཟང་བས་ཁྲོམ་ལ་འགྲོ་བར་འཐད། ཡབ་རྒྱལ་པོ་ཆོས་ལ་དགའ་བས་ཀོང་ཇོ་རྒྱ་གར་ལ་གནང་བར་འཐད། བོད་ལ་འཁོན་འཛིན་པ་ལས་དགའ་མཁན་གཅིག་ཀྱང་མ་བྱུང་། འོན་ཀྱང་ཁ་སྔ་བ་

① 《ཐང་ཡིག་རྙིང་མའི་ཐུ་རྟོད་ཀྱི་ལོ་རྒྱུས》སུ་གསལ།

བོད་ཡིན་པས་རྒྱལ་ཁྲིམས་ལ་བརྟེན་དགོས་པ་བྱུང་སྟེ། རྒྱལ་པོས་བློན་པོ་རྣམས་རིག་པ་གང་ཆེ་ལ་སྟེར་བར་གསུངས་ནས། རྒྱའི་གཡུ་བཞག་འཁྱིལ་བར་དར་རྒྱུ་བ་དང་། རྟ་མ་བརྒྱ་བྲུ་བརྒྱ་དང་བྱ་མ་བརྒྱ་བྲུ་བརྒྱ་ངོ་སྤྲོད་པ་སོགས་རིག་པའི་རྩལ་འགྲན་དུ་བཙུག་པ་ལས། གཞན་གྱིས་མ་ནུས་ཤིང་བློན་པོ་མགར་རིག་པ་ཆེ་བས་འགྲན་ཐེངས་རེ་རེར་རྣམ་པར་རྒྱལ་ཞིང་། མཐའ་མ་ཀོང་ཇོ་དང་འདྲ་བའི་བུ་མོ་བརྒྱའི་གྲལ་ནས་སུས་ཀོང་ཇོ་ངོས་ཟིན་ན་དེར་སྟེར་བར་གསུངས་པར་ཡང་གཞན་གྱིས་མ་ནུས། བློན་པོ་མགར་གྱིས་རྒྱ་ནག་གི་རྒན་མོ་ཞིག་ལ་རྟེན་པ་བྱིན་ནས་ངོས་ཟིན། དེས་ན་སྔོན་ཆད་ཀྱང་ཀོང་ཇོ་བསླངས་ནས་མ་བྱིན་པས། མཐའ་མཚམས་སུ་བོད་དམག་གིས་འཇིགས་སྣང་ཆེན་པོ་བསྐྲུན་ན། བློན་པོ་མགར་རྒྱལ་བཞིན་དུ་མ་བྱིན་ན་བོད་དམག་གི་འཇིགས་པ་དེ་ལས་ཆེ་བ་འབྱུང་བར་དོགས་ནས། བོད་ཀྱི་བློ་བཀུག་སྟེ་མཐའ་མཚམས་བདེ་འཇགས་སུ་གཏོང་ཆེད། རྒྱ་རྗེ་ཐང་ཐའི་ཙུང་གིས་ཀོང་ཇོ་བོད་ལ་སྟེར་འདོད་མེད་བཞིན་དུ་མི་བཟང་ཐབས་མེད་བྱུང་།

རྒྱ་བཟའ་ཀོང་ཇོ་བོད་དུ་སྤྱན་འདྲེན་པ་དང་ལྷན་དུ་ཇོ་བོ་ཤཱཀྱ་མུ་ནེ་དང་། བཟོ་སྣ་བཅོ་བརྒྱད་ཀྱི་དཔེ། སྨན་དཔྱད་ཆེན་པོ། རྩིས་ཀྱི་པོར་ཐང་བརྒྱད་ཅུ་རྣམས་ཀྱང་བོད་ལ་དྲངས། དེ་ནས་བཟུང་བོད་བལ་གཉིས་དང་བོད་རྒྱ་གཉིས་གཉེན་ཚན་དུ་གྱུར་པས། སྐབས་ཤིག་ལ་ཕན་ཚུན་བར་འཁྲུག་སློང་མ་བྱུང་བར་མཛའ་ཞིང་མཐུན་པར་མ་ཟད། ཕན་ཚུན་ལ་སློབ་གྲྭ་པ་དང་བཟོ་རྩལ་པ་མངགས་ནས་རིག་གནས་ཤེས་བྱ་དང་ཚན་རིག་ལག་རྩལ་སོགས་སྤེལ་རེས་བྱས་ཏེ། རང་སོ་སོའི་རིག་གནས་དང་དཔལ་འབྱོར་གོང་དུ་འཕེལ་བར་ཆ་རྐྱེན་ལེགས་པོ་བསྐྲུན། དེས་ན་བོད་བལ་གཉིས་དང་རྒྱ་བོད་གཉིས་གཉེན་དུ་སྦྲེལ་བ་པོ་དང་། ཕན་ཚུན་མཛའ་བརྩེའི་འགྲོ་འོང་གི་སྒོ་མོ་འབྱེད་མཁན་ནི་བློན་པོ་མགར་དེ་ཉིད་ཡིན་པས། བསྟོད་པའི་གླུ་དབྱངས་དང་མཆོད་པའི་མེ་ཏོག་ཀྱང་ཐོག་མར་བློན་པོ་བཀའ་དྲིན་ཅན་དེར་ཕུལ་ན་འོས།

བློན་པོ་མགར་དེ་རང་བཞིན་གྱིས་རིག་པ་རྣོ་ཞིང་སྲིད་དང་གཡུལ་གྱི་ལས་ལ་མཁས་པས། ཁོང་ཉིད་དང་ཐོག་རྒྱ་ནག་བཀྲ་ཤིས་ཁྲི་སྐོར་ཕེབས་དུས་རྒྱ་རྗེ་ཐང་ཐའི་ཙུང་གིས་ཀྱང་ཁོང་ལ་གཡས་ཏའི་སྐུ་སྲུང་དམག་དཔོན་ཆེན་མོ་བྱ་བའི་ཆོ་ལོ་སྦྱར་ཞིང་། རང་གི་ཚ་མོ་ཞིག་ཀྱང་ཆུང་མར་བསྐུལ་ཀྱང་། བློན་པོ་མགར་གྱིས"ཕྲན་ལ་རང་གི་ཁབ་ཏུ་ཁྱིམ་ཐབ་ཅིག་མཆིས་ཏེ། ཕ་མས་གཉེན་དུ་སྤྲེལ་བ་ཡིན། ཕྲན་ངེད་ཀྱང་ཁོ་མོ་དང་འབྲལ་འདོད་མེད། ལར་བཙན་པོས་གོང་ཇོའི་ཞལ་ཡང་མ་མཇལ་བར། བློན་པོ་བདག་གིས་ཆུང་མ་ལེན་པའང་མི་རུང"①ཞེས་གསོལ་བས། རྒྱ་རྗེ་ཡང་ཐུགས་མཉེས་སྐད།

འདི་ལས་བློན་པོ་མགར་དེ་ཐུགས་རྒྱུད་བརྟན་ཞིང་ཁྲིལ་གཞུང་ལྡན་པ། རང་གི་རྒྱལ་པོ་གཙུག་གི་ནོར་བཞིན་སྤྱི་བོར་བཀུར་བ་ཞིག་ཀྱང་ཡིན་པ་མཚོན་ཡོད། ཡིན་ནའང་། ད་ལྟ་མི་ཁ་ཅིག་གིས་རྒྱ་བོད་གཉིས་ཀྱི་ཡིག་ཚང་རྣམ་དག་འདི་རྣམས་གད་སྙིགས་ཕུང་པོ་བཞིན་དུ་རྒྱབ་ཏུ་བོར་ནས། རྒྱལ་རབས་དེབ་ཐེར་ལ་ལ་དང་མདོ་ཁམས་ཀྱི་ཡུལ་ཉེ་ཚེ་བ་ཞིག་གི་དམངས་ཁྲོད་གཏམ་རྒྱུད་དུ་བློན་པོ་མགར་དང་ཝུན་ཤང་གོང་ཇོའི་བར་ངན་འབྲེལ་བྱུང་བས། བློན་པོ་མགར་གྱིས་གཡོ་བྱས་ནས་གོང་ཇོ་རྗེ་ལ་ཡུན་རིང་པོར་མཇལ་དུ་མ་བཅུག་པ་དང་། རྒྱལ་པོ་དང་གོང་ཇོའི་བར་ལ་ཕྲ་མ་བཅུག་པས་རྒྱལ་པོས་ཁོང་ཉིད་བཙོན་དུ་བཅུག་པའམ་མིག་བླུས་ནས་རྒྱང་ཕུད་བཏང་བའི་ཚུལ་ཟུར་ཙམ་རེ་བསྟན་པ②དེ་སྒྲུབ་བྱེད་ཀྱི་ལུང་དུ་བཀོད་ནས། བློན་པོ་མགར་གྱི་རང་བཞིན་དྲི་མ་མེད་པ་དེ་གཡོ་སྒྱུ་ཆེ་ཞིང་ཁྲིལ་གཞུང་མེད་པ་ཞིག་ཏུ་བསྒྱུར་དང་སྒྱུར་བཞིན་པའི་ལས་ལ་འཛེམ་བག་མེད་པར་དགའ་བ་བརྒྱ་ཕྲག་སྤྱོད་ཀྱིན་འདུག ངོན་དངོས་ཐོག་དེ་ནི་ཀ་ར་པ་ཚུགས་ཐབས་

---

① 《ཐང་ཡིག་རྙིང་མའི་ཐུ་རྗོད་ཀྱི་ལོ་རྒྱུས》སུ་གསལ།

② ད་ལྟའི་མཚོ་སྔོན་གྱི་ཡུལ་ཤུལ་ཁུལ་དང་མཚོ་སྔོན་པོའི་ལྷོ་ཕྱོགས་ཀྱི་ཡུལ་ཉེ་ཚེ་ཞིག་ཏུ་གྲགས་ཤིང་། 《རྒྱལ་རབས་གསལ་བའི་མེ་ལོང》སོགས་སུ་ཟུར་ཙམ་རེ་བསྟན་ཡོད།

མེད་པའི་སྨྲུབ་བྱེད་ལྟར་སྣང་ཞིག་ཏུ་ཟད་དེ། བློན་པོ་མགར་གྱིས་བཙན་པོས་ཀོང་ཇོའི་ཞལ་མ་མཐོང་བ་དང་རང་གི་ཡུལ་ན་མཛའ་ཞིང་བརྩེ་བའི་ཆུང་མ་ཡོད་པར་བསམས་ནས། རྒྱ་རྗེས་རང་ལ་གནང་བའི་ཆུང་མའང་ཁབ་ཏུ་མི་བཞེས་ན། རང་གི་གཙུག་ཏུ་བཀུར་ཞིང་འཛམ་གླིང་ཕྱེད་ལ་ཁ་ལོ་བསྒྱུར་བའི་རྒྱལ་པོ་ཆེན་པོ་དེའི་བཙུན་མོ་དང་ངན་འབྲེལ་བྱེད་ཕོད་དམ། འཛམ་གླིང་གི་རྟེན་མཆོག་ཇོ་བོ་ཤཱཀྱ་མུ་ནེས་ཐོག་དྲངས་པའི་བཙུན་མོ་འཁོར་དང་བཅས་པ་རང་གི་སྒོ་དྲུང་དུ་ཕེབས་འབྱོར་འབྱུང་སྐབས། བློ་གྲོས་དམན་པའི་སྐྱེ་བོ་ཕལ་པ་ཞིག་ཡིན་ནའང་རྟབ་ཅིང་རིངས་རིངས་པོར་བསུ་མཇལ་དུ་འགྲོ་ངེས་ན། འཇུག་ལྡོག་འཕྲིན་ལས་རྒྱ་མཚོར་ཅི་དགར་སྐྱོད་པའི་འཕྲུལ་གྱི་གྲུ་གཟིངས། ནང་པའི་བསྟན་པར་ཐུགས་རྩེ་གཅིག་ཏུ་དད་པའི་ཆོས་རྒྱལ་སྲོང་བཙན་སྒམ་པོ་དེ་ཕོ་བྲང་ནང་དུ་བག་ཕེབས་སུ་བཞུགས་ནས། བླུན་པོ་ཚུ་སྣ་གར་ཁྲིད་ཀྱི་དཔེ་ལྟར་བློན་པོའི་གཡོ་གཏམ་ལ་དབུ་འཁོར་ཏེ་ཀོང་ཇོ་ཡུན་རིང་མ་མཇལ་བ་དེ་འདྲ་སྲིད་དམ།

དེས་ན་རྒྱའི་ཡིག་ཚང་དུ་རྒྱལ་པོ་སྲོང་བཙན་འཁོར་དང་བཅས་པས་མཚོ་ནག་ཏུ་ཀོང་ཇོ་བསུ་བར་བསྟན་པ་དང་།① 《དེབ་དཀར》དུ“ས་མཚམས་སུ་སླེབས་ཚེ། སྲོང་བཙན་རང་ཉིད་དམག་དང་བཅས་པས་ཀོང་ཇོ་བསུས”ཞེས་པ་དེ་རྣམས་རྣར་སྙན་ཞིང་དོན་ལའང་གནས་པར་མཐོང་། 《དཔྱིད་ཀྱི་རྒྱལ་མོའི་གླུ་དབྱངས》ལས་ཀྱང“བལ་བཟས་ཀོང་ཇོ་དཔོན་གཡོག་ཕྱིན་པ་མཐོང་ནས་ཕྲག་དོག་སྐྱེ། རྒྱལ་པོ་དང་ཀོང་ཇོ་མཇལ་བའི་གེགས་བྱས་པར། བློན་པོ་མགར་གྱིས་ཁྲི་བཙུན་ལ། ཀོང་ཇོ་སྤྱིར་ཐང་གི་རྩིས་ལ་མཁས་པའི་དབང་གིས་གཙུག་ལག་ཁང་གི་དཔྱད་སོགས་འདྲི་དགོས་པས། རྒྱལ་པོ་དང་མཇལ་དུ་བཙུག་པ་འཐད་ཅེས་གྲོས་བཏབ་ནས། མཇལ་འཕྲད་ཀྱི་དགའ་སྟོན་འཚེ་བ་མེད་པའི་དཔལ་ལ་འགྲན་པ་བྱས”ཞེས་པ་ལས་བློན་པོ་

① 《ཐང་ཡིག་གསར་མའི་བོད་རྗོད་ཀྱི་ལོ་རྒྱུས》སུ་གསལ།

མགར་གྱིས་རྒྱལ་པོ་དང་གོང་ཇོ་གཉིས་མཇལ་བར་གེགས་མ་བྱས་པར་མ་ཟད། ད་དུང་བལ་བཟས་གེགས་བྱེད་འདོད་པའང་ཐབས་མཁས་ཀྱིས་བཀག་ནས་མྱུར་མོར་མཇལ་དུ་བཅུག་པ་མཚོན་ཡོད།

ཡང་། བློན་པོ་མགར་གྱིས་རྒྱལ་པོ་དང་གོང་ཇོའི་བར་དུ་ཕྲ་མ་བཅུག་ཅིང་རྒྱལ་པོར་སློ་བ་རིངས་པས་རྒྱལ་པོས་ཁོང་ཉིད་བཙོན་དུ་བཅུག་པའམ་མིག་བླུས་ནས་རྒྱང་དུ་སྤྱུགས་པ་ཡིན་ན། དེའི་རྗེས་སུ་བློན་པོ་མགར་སྲིད་ཀྱི་གྲོས་ལ་མི་ཚུད་པ་ཡིན་མོད། འོན་ཏེ་ཡོངས་གྲགས་ཀྱི་ལོ་རྒྱུས་སུ་བློན་པོ་མགར་དེ་རྒྱལ་པོ་སྲོང་བཙན་སྒམ་པོའི་སྐུ་ཚེ་ཧྲིལ་པོའི་བློན་པོ་མཛད་པར་མ་ཟད། རྒྱལ་པོ་མང་སྲོང་གི་བློན་པོའང་ལོ་བཅོ་ལྔར་མཛད་ཅིང་། ཕྱག་རྗེས་ཀྱང་མང་པོ་བསྒྲུབ་པ་བསྟན་པས། བློན་པོ་མགར་བཙོན་དུ་བཅུག་ཅེས་པ་དང་རྒྱང་དུ་སྤྱུགས་ཟེར་བ་དེར་ཡང་ཞུགས་གཏོད་ས་མེད་པ་ཞིག་རེད། དེ་མིན་བློན་པོ་མགར་རྒྱ་ནག་གི་སོ་ཁམས་འདུལ་བའི་དམག་དཔོན་བྱེད་སྐབས། རྨི་ལམ་ངན་པས་བློ་མ་བདེ་བར་མྱུར་དུ་འོངས་ཚེ་རྒྱལ་པོ་སྲོང་བཙན་སྒམ་པོ་སྐུ་གཤེགས་པ་ལ་སྐྱོ་གདུང་དྲག་པོས་སྨྲེ་སྔགས་མང་པོ་བརྗོད་པ་ལས་ཀྱང་ཁོང་རྒྱལ་བློན་བར་གྱི་བརྩེ་དུང་ཟབ་མོ་དང་། བློན་པོ་མགར་དེ་རྒྱལ་པོ་སྲོང་བཙན་ལ་བློ་དཀར་ཞིང་སྙིང་ཉེ་ཚུལ་གསལ་པོར་མཚོན་ཡོད། འདིར་བརྗོད་དོན་གསལ་པོ་ཡོང་ཆེད་ཚིག་ཚོགས་མང་བར་མ་བལྟོས་པར་ཚན་པ་འགའ་དྲངས་ན་འདི་ལྟ་སྟེ།

"ཀྱེ་ཧུད་ཀྱེ་ཧུད་སྤྲུལ་པའི་སྐུ། །བརྙེད་པའི་སྐུ་ལུས་རིན་པོ་ཆེ། །ཞལ་མཐོང་ཙམ་གྱིས་དད་མོས་སྐྱེ། །གསུང་རྒྱང་ནས་ཐོས་ཀྱང་བྱིན་རླབས་འཇུག །ཕྱག་དང་བསྐོར་བ་བྱས་ན་ཚོགས་རྫོགས་པ། །གདུལ་བྱའི་དོན་དུ་མི་བཞུགས་པར། །སྐུ་ཡུལ་བར་འདོར་བ་ཅི་ལགས་པ། །……རྗེ་རྒྱལ་པོ་འོག་མིན་གནས་སུ་གཤེགས། །ངེད་བོད་འབངས་ཀྱི་མགོན་སྐྱབས་སུ་ལ་རེ། །ཁོ་བོ་རྒྱ་ནག་སོ་མཚམས་སུ། །རྨི་ལམ་

ངན་ཞིང་རྒྱལ་པོ་དྲན། །ཞལ་མཐོང་བར་འདོད་པས་ཡར་ལ་དྲངས། །ལམ་དུ་ཞུགས་ནས་འོངས་ཙམ་ན། །ཆོས་སྐྱོང་རྒྱལ་པོ་དགུང་དུ་གཤེགས། །སྐུ་མྱ་ངན་འདས་སོ་སྐད་པ་ལ། །འབངས་ད་དུང་བདེན་རྫུན་ངོ་མ་ཤེས། །མི་སུ་ལ་དྲིས་ཀྱང་བདེན་ནི་ཟེར། །གཏམ་ཐོས་པ་ཙམ་གྱིས་སློ་སྙིང་འདར། །ད་སྐམ་ལ་ཕྱུང་བའི་ཉ་བཞིན་དུ། །ལུས་འགྲི་ལྡོག་བྱེད་པ་གཟིགས་ལགས་སམ། །……རྗེ་སྐུ་དང་གསུང་དང་ཐུགས་དང་གསུམ། །འབངས་མོས་པའི་ལུས་ངག་བྱིན་གྱིས་རློབས། །ཚེ་འདི་ལ་མི་མཇལ་ཕོ་ཐག་ཆོད། །དུས་སྐྱེ་བ་འདི་ཡི་འོག་རོལ་དུ། །རྗེ་རྒྱལ་པོ་བཞུགས་པའི་ཞབས་དྲུང་དུ། །མཛེས་པའི་སྤྱོད་ལམ་སྣ་ཚོགས་ཀྱིས། །རྒྱལ་པོ་ཤིན་ཏུ་མཉེས་གྱུར་ནས། །རྟག་ཏུ་ཞབས་ཏོག་བྱེད་པར་ཤོག །”① ཅེས་པ་དང་། ཡང་རྒྱ་བཟའ་ཀོང་ཇོ་སྤྱན་དྲངས་པའི་ལོ་གསུམ་པ་ན་ཞང་ཞུང་ཐམས་ཅད་འབངས་སུ་བཀུག་རྗེས། དགྱེས་སྐྱེམས་སྟོན་མོ་བསྟུས་པའི་སྐབས་སུ་རྒྱལ་པོ་སྲོང་བཙན་སྒམ་པོ་དང་བློན་པོ་མགར་གྱིས་ཕན་ཚུན་མགུར་གླངས་པ་དེས་ཁ་ཅིག་གི་སྨྲུབ་བྱེད་དེ་གཞི་བརྟེན་ས་མེད་པ་ཞིག་ཏུ་གྱུར་པ་ཀུན་ནས་མཚོན་པ་འདི་ལྟར།

རྒྱལ་པོ་སྲོང་བཙན་གྱིས། “ཀྱེ་རྗེ་འི་ནི་མཆན་པ་འདི། །ཁྲི་འི་ནི་སྲོང་བཙན་ཞིག །བློན་གྱི་ནི་མྱིང་པ་འདི། །སྟོང་རྩན་ནི་ཡུལ་ཟུང་ཞིག །ཆིབས་ཀྱི་ནི་མྱིང་པ་འདི། །རྟུལ་བུ་ནི་གཙང་གཙང་ལྟ། །གཙང་གཙང་ནི་ཡང་ཡང་ལྟ། །ཡུ་བུ་ནི་རྗེ་དང་བློན། །ཡར་མོ་ནི་ཆུ་ཐུངས་ཀྱིས། །མདོ་ནས་ནི་རྩང་དུ་བསྲིང་། །ཡར་མོ་ནི་ཞེང་ཆུངས་ཀྱིས། །སྙོ་ནས་ནི་བྱང་དུ་བསྐྱེད། །མ་ཐུན་ནི་མཐའ་བཞི་རྒྱལ། །ཡུ་བུ་ནི་རྗེ་དང་བློན། །རྗེ་འིས་ནི་འབངས་མ་བཏང་། །རྗེ་འིས་ནི་འབངས་བཏང་ན། །གནམ་མཐའི་ནི་སྤྱང་དུ་ཙང་། །འབངས་ཀྱིས་ནི་རྗེ་མ་བཏང་། །འབངས་ཀྱིས་ནི་རྗེ་གཏང་ན། །ངས་པོ་ནི་རྨད་དུ་ཙང་། །ཞེས་གླངས་པའི་ལན་དུ་བློན་པོ་མགར་གྱིས། རྗེ་

① 《མ་ཎི་བཀའ་འབུམ》དུ་གསལ།

འིས་ནི་བཀའ་སྩལ་པ། །གཞའ་ཕྱི་ནི་ཡུན་གྱི་སྲིད་། །བྱ་འིས་ནི་ཞུ་ཕུབ་པ། །ལ་ཕྱི་ནི་གདང་སུ་དྲོ། །གློ་བ་ནི་མང་ཀུ་ཀྱ། །ནམས་ཀྱང་ནི་ཡར་མྱི་པོ། །གད་ཀྱི་ནི་གསེར་པོ་ཆེ། །ནམས་ཀྱང་ནི་ཕྱིང་བའི་བཙུད། །རྗེ་འིས་ནི་འབངས་མ་གཏང་། །རྗེ་འིས་ནི་འབངས་བཏང་ན། །བྱ་བང་ནི་ཐང་ལ་ཐས། །འབངས་ཀྱིས་ནི་རྗེ་མ་གཏང་། །འབངས་ཀྱིས་ནི་རྗེ་བཏང་ན། །འཛོན་མོ་ནི་ཤིང་ཀ་རེབས། །སང་ཕྱི་ནི་གནངས་སླད་ན། །ནམ་ནམ་ནི་ཞ་ཞ་ཊ། །རི་གང་ནི་ཁུས་བཏབ་ཀྱང་། །བྱ་ཕུ་ནི་ཁུས་མ་གཏབ། །ལུང་གང་ནི་རྟས་བཆགས་ཀྱང་། །གསར་གད་ནི་རྟས་མ་བཆག །སོལ་སོལ་ནི་འཆམ་འཆམ་ན། །བཀའ་མཆིད་ནི་མྱིས་མྱི་མཉན། །འཆམ་འཆམ་ནི་འདྲུལ་འདྲུལ་ན། །ཆགས་ལམ་ནི་ཆུས་མི་སྨང་། །"①ཞེས་གླངས་པའི་མགུར་གླུ་ཚན་པ་གཉིས་ལས། རྒྱལ་པོ་སྲོང་བཙན་སྒམ་པོས་བློན་པོ་ཐམས་ཅད་ཀྱི་ནང་ནས་བློན་པོ་མགར་ལ་ཐུགས་འདང་རབ་ཏུ་ཆེ་ཞིང་བློ་གཏོད་པ་དང་། བློན་པོ་མགར་ཡང་རྒྱལ་པོར་བློ་དགར་ཞིང་རྗེས་སུ་ཡི་རང་བྱེད་པར་མ་ཟད། རྒྱལ་པོའི་སྲིད་སྐྱོང་བའི་དཔུང་གྲོགས་མཆོག་ཏུ་གྱུར་པ་ཞིག་ཡིན་པས། སྤུ་རྒྱལ་བོད་ཀྱི་མངའ་ཁོངས་དེ་ཡུལ་ཡར་ལུང་ཙམ་ནས་ཕྱོགས་བཞིར་རྒྱ་བསྐྱེད་ཅིང་རྒྱལ་ཁབ་སྟོབས་དང་ལྡན་པར་གྱུར་པའང་རྒྱལ་བློན་གཉིས་མཐུན་སྒྲིལ་གཅིག་གྱུར་བྱས་པའི་གྲུབ་འབྲས་ཡིན་པ་བསྟན་ཡོད་ཅིང་། ཕྱིན་ཆད་ཀྱང་རྒྱལ་པོས་བློན་པོ་བློས་མི་གཏོང་ལ་བློན་པོས་ཀྱང་རྒྱལ་པོར་རྗེས་སུ་ཡི་རང་བྱེད་པ་དང་། ཕན་ཚུན་མཛའ་ཞིང་མཐུན་པའི་ངང་བོད་ཀྱི་ཊུས་རྒྱུད་ཚོ་པ་རྣམས་གཅིག་གྱུར་བྱེད་ཅིང་དེ་འཕེལ་རྒྱས་གཏོང་བའི་ལས་ལ་འབད་པའི་ཚོད་སེམས་བརྟན་པོ་མཆོན་ཡོད།

དེས་ན་བློན་པོ་མགར་ལ་བསྟོད་པའི་མེ་ཏོག་དང་མཆོད་པའི་བདུད་རྩི་འབུལ་འདོད་མེད་ཀྱང་། ལོ་རྒྱུས་ཀྱི་དོན་དངོས་ལ་ངེས་པར་དུ་བརྩི་བཀུར་དང་མཐོང་ཆེན་

① ཏུན་ཧོང་ནས་ཐོན་པའི《བཙན་པོ་རིམ་བྱུང་གི་ལོ་རྒྱུས》སུ་གསལ།

ཁྱེད་དགོས། དེ་ལས་ལྡོག་ན་རང་གི་ཀུན་སློང་ངོ་མ་དེ་ཕྱིར་མངོན་པར་མ་ཟད། བ་ལང་ས་གཞགས་རང་གི་གཉའ་དང་། མཆིལ་མ་གནམ་འཕེན་རང་གི་ངོ་བཞིན་ཨ་ཆེ་རྒྱ་བཟའི་སྐན་པའི་གྲགས་པ་ལའང་གནོད་འགྲོ་བ་མཁྱེན་པར་མཛོད།

གཉིས་པ། རྒྱལ་པོ་མང་སྲོང་མང་བཙན་གྱི་བློན་པོ་མཛད་རིང་གི་ཕྱག་རྗེས་གླེང་བ།

རྒྱལ་པོ་སྲོང་བཙན་སྒམ་པོ་སྐུ་གཤེགས་རྗེས། ཚ་བོ་མང་སྲོང་མང་བཙན་རྒྱལ་པོར་བཀོད། དེ་དུས་མང་སྲོང་དགུང་ལོ་ཅི་ཙམ་སོན་པའི་ཐད། རྒྱའི་ཡིག་ཚང་དང《མཁས་པའི་དགའ་སྟོན》སོགས་ཡོངས་གྲགས་ཀྱི་ལོ་རྒྱུས་རྣམས་སུ་མང་སྲོང་དགུང་ལོ་བཅུ་གསུམ་ཐོག(སྤྱི་ལོ་650)ཁྲིར་བཀོད་པར་གསུངས་ཀྱང་། སྲོང་བཙན་སྒམ་པོ་དགུང་ལོ་སོ་བཞིའི(སྤྱི་ལོ་650)ཐོག་དགོངས་པ་རྫོགས་པ་ལྟར་ན། མང་སྲོང་མང་བཙན་དགུང་ལོ་བཅུ་གསུམ་ལ་སོན་ཐབས་མེད་པས། མཁས་མཆོག་དགེ་འདུན་ཆོས་འཕེལ་གྱིས་དགུང་ལོ་གསུམ་ཡིན་པར་བསྟན་པ་དེར་བློ་ཁ་ཕྱོགས་སླ། དེས་ན《ཐང་ཡིག་གསར་མའི་ཐུ་རྗོད་ཀྱི་ལོ་རྒྱུས》སུ“ཡུན་ཧོས་ཀྱི་དུས་འགོར། བཙན་པོ་གྲོངས། གོས་མས་འདས་མཆོད་དུ་ཕོ་ཉ་མངགས། དེར་སྲས་མེད་ནས་ཚ་བོ་ལ་གཏད་ཀྱང་། ན་སོ་ཕྲ་བས་མགར་སྟོང་བཙན་གྱིས་སྲིད་བསྐྱངས”ཞེས་པ་ལྟར། མང་སྲོང་རྒྱལ་པོའི་ཁྲིར་བཀོད་ཀྱང་དགུང་ལོ་གསུམ་ཙམ་ཡིན་པས། དོན་དུ་རྒྱལ་པོའི་འཕྲིན་ལས་ཡོངས་རྫོགས་བློན་པོ་མགར་གྱིས་མཛད། དེ་ཡང་རྒྱའི་ཡིག་ཚང་དང་ཡོངས་གྲགས་ཀྱི་ལོ་རྒྱུས་རྣམས་སུ་བློན་པོ་མགར་གྱིས་མང་སྲོང་ལ་ལོ་བཅོ་ལྔར་སྲིད་སྐྱོང་རོགས་མཛད་པར་གསུངས་ཀྱང་།① ཏུན་ཧོང་ཡིག་རྙིང་དུ་མང་སྲོང་

① 《དེབ་དམར》དུ་རྒྱའི་ཡིག་ཚང་དྲངས་པ་དང་། 《དེབ་སྔོན》སོགས་ཡོངས་གྲགས་ཀྱི་རྒྱལ་རབས་ལོ་རྒྱུས་སུ་གསལ།

སྤྱི་ལོ་650ལ་ཁྲིར་བཀོད་པ་དང་བློན་པོ་མགར་སྤྱི་ལོ་667ལ་གཤེགས་པར་བསྟན་པས། བློན་པོ་མགར་གྱིས་རྒྱལ་པོ་མང་སྲོང་གི་དུས་སུ་ལོ་བཅུ་བདུན་རིང་བློན་ཆེན་མཛད་པར་ངེས། འོ་ན། དེའི་རིང་གི་མཛད་རྗེས་གཙོ་བོ་གང་ཞེ་ན། ཏུན་ཧོང་ཡིག་རྙིང་ལས《དོན་ཆེན་གནད་བསྡུས་ཀྱི་ལོ་ཚིགས》སུ་གསལ་བ་འདི་ལྟར། "ཁྱིའི་ལོ་ལ་བབ་སྟེ(སྤྱི་ལོ་650)བཙན་པོ་མྱེས་ཁྲི་སྲོང་རྩན་གྱི་སྤུར་ཕྱིང་བའི་རིང་ཁང་ནའ་རིང་མཁྱུད་ཆེང་བཞུག་སྟེ(སྤུ་གསང་བྱས་ནས་བཞག)བཙན་པོ་སྦོན(དཔོན)ཁྲི་མང་སློན་མང་རྩན(མང་སྲོང་མང་བཙན)མེར་ཀེ་ན་བཞུགས་ཕར་ལོ་གཅིག ཕག་གི་ལོ་ལ་བབ་སྟེ(སྤྱི་ལོ་651)བཙན་པོ་ཉེན་ཀར་ན་བཞུགས་ཤིང་། ཕྱིང་བར། བཙན་ཕོ་མེས་ཁྲི་སྲོང་རྩན(སྲོང་བཙན)གྱི་མདང་བཏང(གདུང་སྤུས་ནས་འདས་མཆོད་བསྒྲུབས་སམ་སྙམ)བར་ལོ་གཅིག བྱི་བའི་ལོ་ལ་བབ་སྟེ(སྤྱི་ལོ་652)བཙན་པོ་ཉེར་ཀར་ན་བཞུགས་ཤིང་། བློན་ཆེ་སྟོང་རྩན་གྱིས་གློ་བོ་དང་རྩང་རྫྭའ(འབངས་སུ)བཀུག་ཕར་ལོ་གཅིག གླང་གི་ལོ་ལ་བབ་སྟེའ(སྤྱི་ལོ་653)བཙན་པོ་ཉེན་ཀར་ན་བཞུགས་ཤིང་། བློན་ཆེ་སྟོང་རྩན་གྱིས། གཡུག་ཏུ་གནག་ལིངས(ཤ་ཁྲལ)བཏབ། ད་རྒྱལ་མང་པོ་རྗེས་ཞིང་གི་ཕྱིང་རིལ(ཡུལ་མིའི་སོ་ནམ་གྱི་གཉེར་ཁ)བགྱིས། ར་སང་རྗེའི་བློན་རིང(གིས)སྟག་རྩ་དང་ཞིང་གི་ཚོང་ཆེན་དབྱརད(སྦྱར)། ཞང་ཞུང་ཡུལ་གྱི་མངན(དཔོན)དུ་སྤྱུག་གྱིམ་རྩན་རྨང་ཅུང(བྱ་བ)བཅུག(བཅུག) མདོ་སྨད་དུ་ཀམ་ཁྲི་བཟང་བྱེ་མདའ(བྱ་བ)ཐོང་གྱིས་བཀུམ་སྟེ་ཤ་གཉེརད(དགྲ་ཤ་གླན)ཕར་ལོ་གཆིག སྟག་གི་ལོ་ལ་བབ་སྟེ(སྤྱི་ལོ་654)བཙན་པོ་མེར་ཁེ་ནའ་བཞུགས་ཤིང་། བློན་ཆེན་སྟོང་རྩན་གྱིས། མོང་པུ་སྲལ་མཛོང་དུའ(འདུན་མ)བསྡུ་སྟེ། རྐོད་གཡུང(དམག་དམངས)དབྱེ་ཤིང་། མཕོ་ཤམ(གྲབས་ཤོམ)ཆེན་ཕོ་བགྱི་བའི་རྩིས་མགོ་བགྱི་བར་ལོ་གཅིག ཡོས་བུའི་ལོ་ལ་བབ་སྟེའ(སྤྱི་ལོ་655)། བཙན་པོ་མེར་ཁེ་ན་བཞུགས་ཤིང་། བློན་ཆེན་སྟོང་རྩན་གྱིས། འགོར་ཏིར། བཀའ། གྲིམས(ཁྲིམས)གྱི་ཡི་གེ་བྲིས་ཕར་ལོ་གཆིག འབྲུག་གི་ལོ་ལ་བབ་སྟེ(སྤྱི་

ལོ་656)བཙན་པོ་མེར་ཀེ(ན)བཞུགས་ཤིང་། བློན་ཆེ་སྟོང་རྩན་གྱིས་གཙམ་གྱི་ཡུལ་མར་དུའ་ཤ་ཕིངས་ཆེན་པོ་བཏབ་པར་ལོ་གཅིག སྦྲུལ་གྱི་ལོ་ལ(སྤྱི་ལོ་657)བཙན་པོ་མེར་ཀེ་ན་བཞུགས་ཤིང་། བློན་ཅེ་སྟོང་རྩན། དབྱར(ཁར)སླིང་དྲུང་གྱི་གྱེ་ཐལ་བ་གོང་ན་མཆིས་པར་ལོ་གཅིག རྟའི་ལོ་ལ(སྤྱི་ལོ་658)བཙན་པོ་མེར་ཀེ་ན་བཞུགས་ཤིང་། བློན་ཆེན་སྟོང་རྩན་སླིང་དྲུང་གྱི་སྣ་རིངས་ན་མཆིས་པར་ལོ་ཆིག ལུག་གི་ལོ་ལ་བབ་སྟེ(སྤྱི་ལོ་659)བཙན་པོ་སྤྲགས་གྱི་ཤ་ར་ན་བཞུགས་ཤིང་། བློན་ཆེན་སྟོང་རྩན་འ་ཞ་ཡུལ་ན་མཆི་སྟེ་ད་རྒྱལ་མང་པོ་རྗེས། མཚོ་ནག་སྟོང་རུར། རྒྱ་སེའུ་དེན་པང་དང་། ནོལ་ཐབས(སྟེ་དམག་འཐབ)བགྱི་སྟེ། ད་རྒྱལ་གྲུང་གུམ་ཤིང་བརྒྱད་ཁྲི་སྟོང་ལ་རྫུགས་པར་ལོ་གཅིག(ཨ་མདོའི་མཚོ་ནག་སྟོང་རུ་བྱ་བར་རྒྱ་བོད་གཉིས་འཁྲུགས་ཤིང་། རྒྱ་དམག་ཁྲི་ཕྲག་བརྒྱད་ཀྱིས་བོད་དམག་ཆིག་སྟོང་མ་ཐུབ་པར་ཐབས་རྫུགས་པར་གྱུར་པའི་དོན) སྤྲེའུ་ལོ་ལ་བབ་སྟེ(སྤྱི་ལོ་660)བཙན་པོ་མལ་ཧོ་སྐྱེ་བྱེ་ན་བཞུགས་ཤིང་། བློན་ཆེ་སྟོང་རྩན་འ་ཞ་ཡུལ་ན་མཆིས་པར་ལོ་གཅིག བྱ་གགི་ལོ་ལ།(སྤྱི་ལོ་661) བཙན་པོ་མེར་ཀེ་ན་བཞུགས་ཤིང་། བློན་ཆེན་སྟོང་རྩན་འ་ཞ་ཡུལ་མཆིས་པར་ལོ་གཅིག ཁྱིའི་ལོ་ལ(སྤྱི་ལོ་662)བཙན་པོ་རྐོང་གཡུག་དུ་འགོརད་མཛད་ཅིང་། བློན་ཆེ་སྟོང་རྩན་གྱིས། དུ་གུལ་དུ་ཞང་ཞུང་གི་མཁོས་བགྱིས་པར་ལོ་གཅིག(གྲུ་གུ་ཡུལ་དུ་ཞང་ཞུང་གི་གཉེར་ཁ་བགྱིས་པའི་དོན།) ཕག་གི་ལོ་ལ(སྤྱི་ལོ་663)བཙན་པོ་སྣམ་སྟོང་ན་བཞུགས་ཤིང་། བློན་ཆེ་སྟོང་རྩན་འ་ཞ་ཡུལ་ན་མཆིས་པར་ལོ་ཆིག བྱི་བའི་ལོ་ལ(སྤྱི་ལོ་664)བཙན་པོ་བྱང་རོལ་དུ་གཤེགས་ཤིང་། བློན་ཆེན་སྟོང་རྩན་འ་ཞ་ཡུལ་ན་མཆིས་པར་ལོ་ཆིག གླང་གི་ལོ་ལ(སྤྱི་ལོ་665)བཙན་པོ་ཟྲིད་ཀྱི་ལྷུ་ནག་ན་བཞུགས་ཤིང་། བློན་ཆེན་སྟོང་རྩན་འ་ཞ་ཡུལ་ན་མཆིས་པར་ལོ་ཆིག སྟག་གི་ལོ་ལ་བབ་སྟེ(སྤྱི་ལོ་666)བཙན་པོ་ཟྲིད་ཀྱི་ལྷུ་ནག་སླད་མ་ན་ཞུགས་ཤིང་། བློན་ཆེན་སྟོང་རྩན་འ་ཞ་ཡུལ་ནས་སླར་འཕོར་ཏེ། ཟྲིད་མདའར་ཐོང་མྱིག(འབྲས་ཀྱི་ན་ཚ)བྱུཉ(བྱུང)བར་

ལོ་གཅིག ཡོས་བུའི་ལོ་ལ(སྤྱི་ལོ་667)། བཙན་པོ་འོར་མང་དུ་གཤེགས་སྟེ། བློན་ཆེན་སྟོང་རྩན་རིས་ཕྱུར་གུམ(སྐུ་གཤེགས)བར་ལོ་གཅིག"ཅེས་བཀོད་ཡོད།

དེ་དག་ནི་རྒྱལ་པོ་མང་སྲོང་གི་ཁྲི་ལོ་དང་པོ་ནས་བཅུ་བདུན་བར་གྱི་ལོ་རེར་བོད་སྤྱི་ལ་བྱུང་བའི་དོན་ཆེན་གནད་བསྡུས་ཡིན་ཅིང་། དེའི་རིང་ལ་བོད་ཀྱི་སྲིད་དོན་དངོས་སུ་བློན་པོ་མགར་གྱིས་བཟུང་ཡོད་ཅིང་། བོད་ཀྱི་དོན་ཆེན་རྣམས་བློན་པོ་མགར་གྱི་ཐད་ཀའི་འགོ་ཁྲིད་འོག་བསྒྲུབས་པ་ཡིན་པས། དེའི་རིང་གི་བྱས་རྗེས་ཀུང་བློན་པོ་མགར་ལ་སྤྱར་ན་མི་འོས་པ་མེད་སྙམ། གཞན་དུ་ན། 《དོན་ཆེན་གནད་བསྡུས་ཀྱི་ལོ་ཚིགས》སུ་ཕྱི་བ་ནས་སྟག་གི་བར(སྤྱི་ལོ་652—666)ལོ་བཅོ་ལྔའི་རིང་མགར་གྱི་བྱ་བ་རྣམས་བྲིས་ནས། ལོ་དེའི་རྗེས་མར་མགར་གྲོངས་པར་བྲིས་ཡོད་པས། དེ་ནི་བློན་པོ་མགར་གྱི་མཛད་པ་གནད་བསྡུས་ཀྱི་ལོ་ཚིགས་ཤིག་ཀུང་རེད། དེས་ན་བོད་རྒྱའི་ལོ་རྒྱུས་ཡིག་ཚང་གཞན་པ་དང་སྦྱར་ནས་དཔྱད་ན། སྤྱི་ལོ་650ལ་རྒྱལ་པོ་སྲོང་བཙན་སྐུ་གཤེགས་རྗེས་མང་སྲོང་རྒྱལ་པོར་བཀོད་ཅིང་བློན་པོ་མགར་གྱིས་བློན་ཆེན་པོའི་འགན་བཞེས་ནས་བཙན་པོ་འདས་པའི་དོན་དེ་གཞན་ལ་གསང་རྒྱ་བྱས། དེའི་ཕྱི་ལོ་རྒྱལ་པོ་སྲོང་བཙན་གྱི་གདུང་དུར་འཇུག་བྱས་ནས་འདས་མཆོད་བསྒྲུབས། སྤྱི་ལོ་652ལ་བློན་པོ་མགར་གྱིས་གློ་བ་དང་རྩང་རྩེ་ཞེས་པའི་ཉུས་རྒྱུད་ཆོ་པ་གཉིས་མངའ་འབངས་སུ་བཀུག སྤྱི་ལོ་653ནས་སྤྱི་ལོ་657གྱི་ལོ་སྟོད་བར་བློན་པོ་མགར་གྱིས་དམག་འབྲུག་གི་གྲ་སྒྲིག་བྱས་པར་སྙམ།

དེ་ཡང་རྒྱལ་པོ་སྲོང་བཙན་སྐུ་གཤེགས་རྗེས། འ་ཞའི་དཔོན་པོ་མུའུ་ཉུང་ནོ་ཧོ་པོ་བོད་ལ་ངོ་ལོག་ཅིང་རྒྱར་སྐྱེས་འབུལ་ཐེངས་མང་གིས་སྐྱབས་ཞུ་བྱས་པ་ལ། རྒྱས་ཀུང་རྟར་ནས་འ་ཞ་དབང་དུ་བསྡུ་འདོད་པས་ཁས་བླངས།① དེ་འདྲའི་གནས་ཚུལ་འོག་བློན་པོ་མགར་གྱིས་ཤ་ཁྲལ་དང་ཞིང་ཁྲལ་སོགས་དཔྱ་ཁྲལ་སྣ་ཚོགས་བསྡུས་

① 《འ་ཞའི་ལོ་རྒྱུས》སུ་གསལ།

པ་དང་། ཚོང་ལས་སྤེལ་བ། ཞང་ཞུང་གི་དབང་འཛིན་མི་སྣར་ཤུགས་སྣོན་རྒྱག་པ། དམག་དམངས་སོ་སོར་དབྱེ་བ། བཀའ་ཁྲིམས་ཡི་གེར་འགོད་པ་སོགས་བྱས་ནས་འ་ཞ་སྲིད་འོག་ཏུ་བསྡུ་རྒྱུ་དང་། རྒྱས་དབང་བསྒྱུར་བའི་ཙོང་ཆུ་དང་རྨ་ཆུ་ལྷོ་རྒྱུད་ཀྱི་ཏུས་རྒྱུད་ཚོ་པ་རྣམས་དབང་དུ་བསྡུ་ཆེད་དཔལ་འབྱོར་དང་། ཆབ་སྲིད་སྒྲིག་གཞི། དམག་དཔུང་། ཁྲིམས་ལུགས་བཅས་ཀྱི་ཐད་ནས་དགོས་ངེས་ཀྱི་ལེགས་སྒྲིག་དང་གྲ་སྒྲིག་འཐུས་ཚང་བྱས་རྗེས། སྤྱི་ལོ་656ལ་དམག་འབུམ་གཅིག་དང་ཁྲི་གཉིས་དྲངས་ནས་འ་ཞ་དང་འབྲེལ་བའི་པེ་ལན(白兰)དབང་དུ་བསྡུས་ནས།① འ་ཞ་དང་རྒྱར་འཐབ་པའི་གཡུལ་ས་བཟུང་། དེས་ན《དོན་ཆེན་གནད་བསྡུས་ཀྱི་ལོ་ཚིགས》སུ་སྦྲུལ་གྱི་ལོ་དང་རྟའི་ལོ་གཉིས་ལ་བློན་པོ་མགར་སླེང་དྲུང་དུ་མཆིས་ཞེས་པའི་ཡུལ་དེ་མཚོ་སྔོན་ཕྱོགས་ཀྱི་ཡུལ་ཞིག་ཡིན་དགོས།

སྤྱི་ལོ་658པར་བོད་ཀྱི་དམག་དཔུང་གིས་ཙོང་ཆུ་དང་རྨ་ཆུའི་ལྷོ་རྒྱུད་ཀྱི་རྒྱས་དབང་བསྒྱུར་བྱེད་པའི་བོད་ཀྱི་ཏུས་རྒྱུད་ཚོ་པ་རྣམས་དབང་དུ་སྡུད་སྐབས་②བློན་པོ་མགར་གྱིས་སླེང་དྲུང་ཞེས་པའི་ཡུལ་དུ་བཀོད་འདོམས་བྱས་ནས་བཞུགས། སྤྱི་ལོ་659ལ་བློན་པོ་མགར་འ་ཞར་ཕེབས་ཤིང་། ད་རྒྱལ་མང་པོ་རྗེ་དམག་སྟོང་ཕྲག་གཅིག་དང་བཅས་པས་མཚོ་སྔོན་ཞིན་ཧྭ་རྫོང(循化县)གི་མཚོ་ནག་སྟོང་ཏུ་བྱ་བར་རྒྱ་དམག་ཁྲི་བརྒྱད་ལ་འཐབ་ནས་རྒྱ་དམག་ཐབས་ཟད་དུ་བཙུག སྤྱི་ལོ་660ནི་བློན་པོ་མགར་གྱིས་རང་གི་བུ་མངགས་ནས་འ་ཞ་དང་འཐབ་པའི་ལོ་ཡིན་པས།③《དོན་ཆེན་གནད་བསྡུས་ཀྱི་ལོ་ཚིགས》སུ་སྤྲེའུ་ལོ་དང་བྱ་གག་གི་ལོ་གཉིས་ལ་བློན་པོ་མགར་འ་ཞ་ཡུལ་ན་མཆིས་ཟེར་བ་དེ་བློན་པོ་མགར་གྱིས་འ་ཞའི་ཡུལ་དུ་རང་གི་བུ་སོགས་ལ་བཀོད་འདོམས་བྱས་ནས་འ་ཞར་དམག་འཐབ་བྱས་པར་གོ་དགོས། སྤྱི་

① 《འ་ཞའི་ལོ་རྒྱུས》སུ་གསལ།

② 《འཇང་རིགས་ཀྱི་ལོ་རྒྱུས》སུ་གསལ།

③ 《འ་ཞའི་ལོ་རྒྱུས》སུ་གསལ།

ལོ་662ལ་བློན་པོ་མགར་གྱིས་གྲུ་གུའི་ཡུལ་དུ་ཞང་ཞུང་གི་གཉེར་ཁ་བཀྱིས། སྤྱི་ལོ་663ལ་བློན་པོ་མགར་སྐུ་ངོ་མས་དམག་དྲངས་ནས་གཡུལ་འགྱེད་བྱས། འ་ཞའི་བློན་ཆེན་སུ་ཧི་ཀོས་བྱ་བ་བོད་དུ་བྲོས་ཏེ་ནང་གཏམ་སྨྲན་པས་བོད་ཀྱིས་འ་ཞ་བཏུལ་བ་དང་། འ་ཞའི་དཔོན་པོ་མུའུ་ཙུང་ནོ་ཧོ་པོ་དང་ཧུང་ཧྭ་ཀོང་ཇོ་གཉིས་ཀྱིས་དམག་ལྷག་མ་རྣམས་ཁྲིད་ནས་ལེང་ཀྲིག་ཏུ་བྲོས་པས། འ་ཞ་ཡོངས་རྫོགས་བོད་ཀྱི་མངའ་འབངས་སུ་བསྡུས་པར་མ་ཟད།① སྤྱི་ལོ་664དང་སྤྱི་ལོ་665གཉིས་ལ་བློན་པོ་མགར་འ་ཞའི་ཡུལ་དུ་བཞུགས་ནས་དམག་འཁྲུག་རྗེས་ཀྱི་ཟིང་ཆ་ལྷིང་འཇགས་སུ་བཏང་། སྤྱི་ལོ་666ལ་ད་གཟོད་འ་ཞའི་ཡུལ་ནས་ཕྱིར་ལོག་མཛད་པར་སྣམ།

《ཐང་ཡིག་རྙིང་མའི》བོད་ཀྱི་ལོ་རྒྱུས་སུ"ཧྥོད་ཀྱིས་འཛིང་པ་རྣམས(བོད་ཀྱི་ཙུས་རྒྱུད་ཚོ་པའམ་རྒྱལ་ཕྲན་རྣམས་ལ་གོ་དགོས)དབང་དུ་བསྡུ་ཐུབ་པ་ནི། ཧྥོད་ཀྱི་དབང་ཤུགས་བཙན་པ་དང་མགར་གྱི་བློ་ཐབས་རྣོ་བར་བརྟེན་པ་རེད"ཅེས་བཀོད་པར་དཔྱད་ན། བོད་ཀྱི་ཙུས་རྒྱུད་ཚོ་པའམ་རྒྱལ་ཕྲན་གཞན་པ་མང་པོ་ཡང་བློན་པོ་མགར་གྱི་བློ་བཀོད་ལ་བརྟེན་ནས་གཅིག་སྡུད་བྱས་པ་ཞིག་ཡིན་ཞིང་། ཁོང་གིས་དེ་ལྟར་བོད་ཀྱི་ཙུས་རྒྱུད་ཚོ་པ་ཁག་གཅིག་ཏུ་བསྡུ་བའི་བྱ་གཞག་རླབས་པོ་ཆེའི་ཁྲིད་དུ་གཟེངས་སུ་ཐོན་པའི་བྱས་རྗེས་བཞག་མཐར། སྤྱི་ལོ་667ལ་དགུང་ལོ་སྨིན་ནས་དུས་ཀྱི་ཆོས་ཉིད་དུ་གྱུར་པ་རེད། ཁོང་སྐུ་གཤེགས་པའི་ཚུལ་ལ《མཁས་པའི་དགའ་སྟོན》དང《དེབ་ཐེར་དཔྱིད་ཀྱི་རྒྱལ་མོའི་གླུ་དབྱངས》སོགས་ལས་རྒྱ་དང་འཐབ་པའི་དམག་ཐོག་ཏུ་གཤེགས་པར་གསུངས་ཀྱང་། ཏུན་ཧོང་ཡིག་རྙིང་དུ"དེའི་འོག་ཏུ་མགར་སྟོང་རྩན་ཡུལ་བཟུང་གིས(བློན་ཆེན)བྱས་སོ། །ཡུལ་ཟུང་རྒས་ནས། འོ་མ་ལྡེ་ལོད་བཙན་བཙུག་གོ། རིང་པོ་མ་རག་པར་གློ་བ་རིངས་ནས་བཀུམ་མོ། །འུང་ནས་བློན་སྟོང་རྩན་སླར་བཙུག་སྟེ། ལོ་དྲུག་བཀྱིས་ནས། རྒས་ཏེ་གུམ་མོ"ཞེས་གསལ་

① 《ཐང་ཡིག་གསར་མའི་ཐུ་ཧྥོད་ཀྱི་ལོ་རྒྱུས》སུ་གསལ།

བར་དཔྱད་ན། ཁོང་དགུང་ལོ་བགྲེས་ནས་གཤེགས་པ་དང་། དེ་ནི་བོད་རྒྱལ་ཐོག་མ་གཉའ་ཁྲི་བཙན་པོའི་ཕོ་བྲང་ཡུམ་བུ་བླ་སྒང་དུ་དབུ་སྐྲ་དང་ཨག་ཚོམ་སོགས་ཡོངས་སུ་དཀར་པོ་ཡིན་པའི་བློན་པོ་མགར་གྱི་སྐུ་བརྙན་བཞེངས་ཡོད་པ་ལས་ཀྱང་མཚོན་ཐུབ།

མདོར་ན། 《ཐང་ཡིག་གསར་མའི》བོད་ཀྱི་ལོ་རྒྱུས་སུ"མགར་འདི་ཡི་གེར་རྨོངས་ཀྱང་རང་བཞིན་གྱིས་རིག་པ་རྣོ་ཞིང་དང་ཚུལ་བརྟན་ལ། གཡུལ་གྱི་བྱ་བར་མཁས། སྡོད་པ་རྣམས་ཀྱིས་རྒྱབ་རྟེན་པོ་ལ་བརྩོལ་ཏེ་རྒྱལ་ཁབ་སྟོབས་ཆེར་གྱུར་པ་ཡིན"ཞེས་འཁོད་པ་ལྟར། ཁོང་གི་སྐུ་ཚེ་སྟོད་ལ་རྒྱལ་པོ་སྲོང་བཙན་སྒམ་པོར་དཔུང་རོགས་མཛད་དེ་རྒྱལ་སྐྱོང་གི་ཁྲིམས་སྲོལ་སྣ་ཚོགས་བཙུགས་པ་དང་། དབང་དུ་བསྡུས་པའི་རྒྱལ་ཕྲན་རྣམས་ཀྱི་མངའ་ཁོངས་སུ་བརྟན་དུ་བཏང་བ། རྒྱལ་པོའི་བཀའ་ལྟར་བོད་བལ་གཉིས་དང་བོད་རྒྱ་གཉིས་གཉེན་དུ་སྦྲེལ་ནས་ཕན་ཚུན་བར་མཐུན་སྒྲིལ་གྱི་ཟམ་པ་བཙུགས་ཤིང་རིག་གནས་དང་ཚན་རིག་ལག་རྩལ་སོགས་སྤེལ་རེས་བྱེད་པའི་སྒོ་མོ་ཕྱེ། རྒྱལ་པོ་སྲོང་བཙན་སྒམ་པོ་སྐུ་གཤེགས་རྗེས་ཁོང་གིས་བོད་གཅིག་གྱུར་བྱེད་པའི་བྱ་གཞག་རྒྱུན་འཛིན་གྱིས་རུས་རྒྱུད་ཚོ་པ་མང་པོ་གཅིག་ཏུ་བསྡུས་ཤིང་། མཐའ་མཚམས་སྲུང་སྐྱོབ། ཐོན་སྐྱེད་འཕེལ་རྒྱས་སུ་གཏོང་རྒྱུ་སོགས་ཕྱོགས་གང་ཅིར་ཆ་རྐྱེན་གང་ལེགས་བསྐྲུན་ཏེ། ཐུ་སྡོད་ཅེས་རྒྱལ་ཁབ་སྟོབས་ལྡན་ཞིག་ཏུ་འགྱུར་བར་བྱས་པས། ཁོང་ནི་ད་ལྟའི་བར་དུ་བོད་མི་རིགས་ཀྱི་སེམས་སུ་གསོན་པོར་གནས་ཡོད་དོ།། །།

༄༅། །ཀྲིམ་ཤིང་ཀོང་ཇོ་བོད་ཀྱི་བཙན་པོ་སྲུ་ལ་བསུས་པའི་སྐོར་གླེང་བ།

དེ་ཡང་རྒྱ་ཧྲེ་ཐང་གུང་ཙུང་གི་ཚ་མོ་ཀྲིམ་ཤིང་ཀོང་ཇོ་གསོལ་བ་དེ་ཉིད་བོད་ཀྱི་བཙན་པོ་སྲུ་ལ་བཙུན་མོར་བསུས་པའི་ཐད་བཞེད་ལུགས་མི་འདྲ་བ་གཉིས་ཡོད་པ་རེད། བོད་ཀྱི་ལོ་རྒྱུས་ཡིག་ཆ་ཕལ་ཆེ་བར་རྒྱལ་པོ་ཁྲི་ལྡེ་གཙུག་བཙན་གྱིས་འཇང་མོ་ཁྲི་བཙུན་ཁབ་ཏུ་བཞེས་པ་ལས་སྲས་ལྷ་ཡི་བུ་འདྲ་བ་ཞིག་འཁྲུངས་པས་མིང་ལ་འཇང་ཚ་ལྷ་དབོན་གསོལ་ཅིང་། ཞང་བློན་རྣམས་ཀྱིས་བོད་ནི་བྲག་སྲིན་མོ་ལས་མཆེད་པ་ཡིན་པས། བོད་ན་འདིར་རན་པའི་བུ་མོ་མེད། མེས་པོ་སྲོང་བཙན་སྒམ་པོའི་ལུགས་ལྟར་བྱ་ཟེར་ནས། རྒྱ་ཧྲེ་ཐང་གུང་ཙུང་གི་ཚ་མོ་ཀྲིམ་ཤིང་ཀོང་ཇོ་བསླངས་ཤིང་བསུས་ནས་རྒྱ་བོད་ས་མཚམས་སུ་འབྱོར་ཚེ། སྲས་འཇང་ཚ་ལྷ་དབོན་རྟས་བསྐྱུར་ཏེ་གྲོངས་པའམ་མཚན་མོར་རྟ་རྒྱུགས་པ་ལ་རྟགས་པའི་ཟེར་མདའ་ཕོག་སྟེ་གྲོངས་པ་དང་། ཡང་ན་སྲས་འཇང་ཚ་ལྷ་དབོན་ལ་གཉགས་ཀྱི་བུ་མོ་མ་བླངས་པའི་འཁོན་གྱིས་གཉགས་ཁྲི་བཟང་ཡང་སྟོན་གྱིས་བཀྲོངས་པས། ཡབ་རྒྱལ་པོ་ཁྲི་ལྡེ་གཙུག་བཙན་གྱི་བཙུན་མོ་མཛད་ཅེས་པའི་གཏམ་རྒྱུད་རིང་ཞིང་མཚར་བ་ཞིག་བཀོད་ཡོད།

བཞེད་ལུགས་དེ་དང་མི་མཐུན་པ་ནི《ཏུན་ཧོང་ནས་ཐོན་པའི་བོད་ཀྱི་ལོ་རྒྱུས་ཡིག་ཆ》ཞེས་པ་ལས་རྒྱལ་པོ་ཁྲི་ལྡེ་གཙུག་བཙན་དགུང་ལོ་བདུན་གྱི་སྟེང་ཀྲིམ་ཤིང་

ཀོང་ཇོ་ཁབ་ཏུ་བཞེས་པར་བཀོད་ཡོད།① ལོ་རྒྱུས་ཀྱི་དོན་དག་གཅིག་ལ་བཞེད་ལུགས་མི་འདྲ་བ་གཉིས་བྱུང་བས། ང་ཚོས་སློབ་མར་སློབ་ཁྲིད་བྱེད་པ་དང་འཛམ་གླིང་གི་མི་རིགས་གཞན་ལ་རང་རེ་བོད་ཀྱི་ལོ་རྒྱུས་མཚམས་སྦྱོར་བྱེད་པའི་ཚེ་ན། དེ་དེ་ག་རེད། འདི་འདི་རེད་ཅེས་པའི་ཚིག་ཐག་ཆོད་པའི་གཏམ་ཚད་མ་ཞིག་སྨྲ་མི་ཐོད། དེར་བརྟེན། བཞེད་ལུགས་དེ་རིགས་ལ་ལུང་རིགས་ཡང་དག་གིས་ཞིབ་འཇུག་བྱས་ནས་གང་ཞིག་ལོ་རྒྱུས་ཚད་མ་ཡིན་པ་དང་། གང་ཞིག་ལོ་རྒྱུས་བཅོས་མ་ཡིན་པ་རྣམ་པར་དབྱེ་ན་བོད་ཀྱི་ལོ་རྒྱུས་སྟར་ལས་ཡང་དག་ཅིང་འཐུས་སྒོ་ཚང་བ་ཞིག་ཡོང་བར་ སྨན་པའི་རྒྱུ་རྐྱེན་དུ་འགྱུར་ངེས་རེད། དེས་ན་ཡིད་ཀྱི་དམིགས་པ་དེ་དང་དེ་ཡོངས་སུ་འགྲུབ་པའི་རྒྱུ་རྐྱེན་ཏེ་གཟུར་གནས་མཁས་པའི་གསུང་གི་བདུད་རྩི་འདྲེན་པའི་ཆེད་དུ་བཞེད་ལུགས་མི་འདྲ་བ་དེ་གཉིས་ལ་རང་བློས་དཔག་ཚོད་ཀྱི་དཔྱད་གཏམ་མདོ་ཙམ་བརྗོད་ན།

གནའ་བོའི་ལོ་རྒྱུས་སྐོར་གྱི་བཤད་རྒྱུན་གང་ཞིག་དོན་དངོས་དང་མཐུན་མིན་ལ་ཁ་ཚོན་གཅོད་ན་དེ་འཇལ་བྱེད་ཀྱི་ཚད་གཞི་ལོ་རྒྱུས་བྱུང་བའི་དུས་སྐབས་དེ་དག་ཏུ་བཙུགས་པའི་བཀའ་གཙིགས་དང་རྗེས་དྲན་རྡོ་རིང་དོས་ཀྱི་ཡི་གེ་དང་། ཐྲག་བཀྲོས་ཡི་གེ་དེ་དག་གང་མཐུན་པ་དེ་ཚད་མར་བཟུང་ཞིང་ཐ་དད་པ་དེ་ཟུར་ལྟའི་དཔྱད་གཞི་བྱས་ན་རིགས་པར་སྙམ། ཅིའི་ཕྱིར་ཞེ་ན། བོད་ཀྱི་གནའ་བོའི་རྡོ་རིང་ཡི་གེ་ནི་ལོ་རྒྱུས་བྱུང་བའི་དུས་སྐབས་དེ་དག་གི་བཙན་པོ་དང་བཙན་པོའི་གཉེན་ཚན། བཙུན་མོ། རྒྱལ་ཕྲན་གྱི་རྗེ་བོ། ཆབ་སྲིད་ཀྱི་བློན་པོ་ཆེ་འབྲིང་ཆུང་གསུམ་སོགས་ཀྱིས་གྲོས་སྡུར་གཅིག་མཐུན་བྱུང་བའི་བཀའ་གཙིགས་ཡི་གེའམ་ཐང་བོད་འདུམ་པའི་བཀའ་གཙིགས་རྡོ་རིང་སྟེ། སྐབས་དེར་མི་རྣམས་ཀྱིས་ཐུན་མོང་དུ་ཁས་ལེན་པ་དང་ཕྱིས་འབྱུང་ལོ་རྒྱུས་སྨྲ་བ་དག་གིས་བཟོ་བཅོས་ཀྱི་སྐྱུག་རྩེས་མ་

① 《ཏུན་ཧོང་ནས་ཐོན་པའི་བོད་ཀྱི་ལོ་རྒྱུས་ཡིག་ཆ》ཡི་ཤོག་ངོས་24པ་དང་26པར་གསལ།

རིག་པའི་ལོ་རྒྱུས་དངོས་རེད། མེས་པོ་རྣམས་ཀྱིས་ལོ་རྒྱུས་ཀྱི་དོན་རྐྱེན་གལ་ཆེན་དེ་དག་མི་རབས་ནས་མི་རབས་སུ་ཤེས་པར་བྱེད་པ་དང་། རང་རེ་ཕྱི་རབས་པ་རྣམས་ལ་ངོམ་སོ་བྱེད་ཆེད་ནམ་ཡང་འཇིག་པ་མེད་པའི་གོར་མོ་རྡོ་ལ་གནད་བསྡུས་ནས་བཀོད་པར་མ་ཟད། ད་དུང་“ཝཾ་ཝཾ་ཞ་ཞར་གཙགས(གཙིགས)རྣམ་གཉིས་ཀྱི་ཡི་གེ་ལས་འབྱུང་བ་དང་། རྡོ་རིང་རྣམ་གཉིས་ལ་བྲིས་པ་ལས་སྨྱི་དབྱི་སྨྱི་བཅོས་སྨྱི་བསྒྱུར་པར་གྱིས་ཤིག”①ཅེས་གལ་པོ་ཆེ་ལ་ནན་གྱིས་གདམས་ཡོད་པ་རེད། དེས་ན་ང་ཚོས་མེས་པོ་རྣམས་ཀྱིས་དགོངས་གཞི་རྫོགས་བཞིན་དུ་སྐབས་བབ་ཀྱི་དགོས་མཁོ་དང་རང་རང་གི་བསམ་པའི་ཕྱོགས་ལྷུང་གི་དབང་དུ་གྱུར་ནས། མེས་པོ་རྣམས་ཀྱི་དྲི་མ་མེད་པའི་གདམས་པ་དང་དགོངས་གཞི་སྣང་མེད་དུ་བཞག་ན། མེས་པོ་རྣམས་ཀྱི་ཐུགས་འདུན་རླབས་ཆེན་དེ་སྟོང་ཟད་དུ་བཏང་བ་མིན་ནམ། ཡང་གཅིག་བཤད་ན། ཚེ་ལོ་སྟོང་གི་དཔང་ཡིག་དེ་དག་ལས་ལོག་པའི་ལོ་རྒྱུས་ཤིག་བརྩམས་ཀྱང་དེ་ལ་ལོ་རྒྱུས་ཀྱི་རིན་ཐང་ཇི་འདྲ་ཞིག་ཡོད་པ་དཔྱོད་ལྡན་རྣམས་ཀྱིས་མཁྱེན་གསལ་རེད། དེར་བརྟེན། གནའ་བོའི་ལོ་རྒྱུས་ལ་ཞིབ་འཇུག་བྱེད་ཚེ་དེ་ཚད་མ་ཡིན་མིན་གྱི་ཚད་འབྱེད་བྱེད་ལ་རྡོ་རིང་ཡི་གེ་རྣམས་འཛིན་རྒྱུ་ནི་ལོ་རྒྱུས་ཀྱི་དོན་དངོས་ལ་མཐོང་ཆེན་བྱུས་པར་མ་ཟད། ང་ཚོ་ཕྱི་རབས་པ་རྣམས་ཀྱི་འོས་འགན་ཞིག་ཀྱང་རེད།

འོ་ན་གནའ་བོའི་རྡོ་རིང་ངོས་སུ་གྲིམ་ཤེང་ཀོང་ཇོ་དེ་བོད་ཀྱི་བཙན་པོ་སུ་ལ་བསུས་པར་བཀོད་ཡོད་ཅེ་ན། སྤྱི་ལོ་823ལ་བཙུགས་པའི་ལྷ་སའི་གཙུག་ལག་ཁང་མདུན་གྱི《དབོན་ཞང་རྡོ་རིང》ངོས་སུ། “ཀེང་ལུང་གི་ལོ་ལ་ཀིམ་ཤེང་ཀོང་ཅོ། བཙན་པོའི་ཁབ་ཏུ་བླངས་ནས། དབོན་ཞང་དུ་འགྱུར”ཞེས་གྲིམ་ཤེང་ཀོང་ཇོ་དེ་ཀེང་ལུང་ཟེར་བ་རྒྱ་རྗེ་ཐང་ཀྲུང་ཙུང་གི་ཁྲི་ལོ་བཞི་པ་སྤྱི་ལོ་710ལ་བོད་ཀྱི་བཙན་པོ་ཁྲི་ལྡེ་གཙུག་བཙན་གྱི་ཁབ་ཏུ་བཞེས་པར་བསྟན་ཡོད། དེ《ཐང་ཡིག་རྙིང་མ》

① ཞྭ་ལྷ་ཁང་གི་རྡོ་རིང་ཡི་གེ་གཉིས་པ་ཏུ་གསལ།

ལས(ཐང་ཀྲུང་ཙུང་གི)ཁྲི་ལོ་བཞི་པའི་ཟླ་དང་པོར། གོང་མ་ཧྲི་ཐིན་ཞན་དུ་ཐེབས་ཏེ་ཀོང་ཇོ་སྐྱེལ། ཞེས་པ་དང་ཡོངས་སུ་མཐུན། ཇོ་རིང་ཡི་གེ་དེ་དག་མཐོང་ན་ཀྲིམ་ཤིང་ཀོང་ཇོ་རྒྱལ་བུ་འཇང་ཚ་ལྷ་དབོན་གྱི་བཙུན་མོར་བསུས་པར་བཞེད་པའི《རྒྱལ་རབས་གསལ་བའི་མེ་ལོང》དང《ཆོས་འབྱུང་མཁས་པའི་དགའ་སྟོན》སོགས་སུ་རྒྱལ་པོ་ཁྲི་ལྡེ་གཙུག་བཙན་ལྕགས་འབྲུག་སྟེ་སྤྱི་ལོ740ལ་འཁྲུངས་པ་དང་། ཤིང་འབྲུག་སྟེ་སྤྱི་ལོ764ལ་ཀྲིམ་ཤིང་ཀོང་ཇོ་ཁབ་ཏུ་བཞེས། ཤིང་ཁྱི་སྟེ་སྤྱི་ལོ794ལ་ཀྲིམ་ཤིང་ཀོང་ཇོ་འདས། ཆུ་རྟ་སྟེ་སྤྱི་ལོ802ལ་ཁྲི་ལྡེ་གཙུག་བཙན་དགུང་ལོ་རེ་གསུམ་ལ་འདས་ཟེར་བར་དད་པ་རང་ཤུགས་ཀྱིས་ལྡོག་པར་འགྱུར་ངེས་རེད། རྒྱུ་མཚན་ནི། སྤྱི་ལོ740ནི་ཀྲིམ་ཤིང་ཀོང་ཇོ་བོད་ལ་ཐེབས་པའི་ལོ་སུམ་ཅུ་པ་དང་རྒྱ་རྗེ་ཐང་ཞོན་ཙུང་གི་ཁྲི་ལོ28པར་ཁེལ་ཡོད་ཅིང་། སྤྱི་ལོ764ནི་རྒྱ་རྗེ་ཐང་ཏའེ་ཙུང་གི་ཁྲི་ལོ་གཉིས་པར་ཁེལ་བས། རྒྱལ་སྲས་འཇང་ཚ་ལྷ་དབོན་ཕར་ཞོག་དེའི་ཡབ་ཁྲི་ལྡེ་གཙུག་བཙན་ལའང་བསྒྲུ་ཐབས་མེད་ལ། རྒྱ་བོད་ཡིག་ཚང་ཕལ་ཆེ་བ་དང་ཀྲིམ་ཤིང་ཀོང་ཇོ་རྒྱལ་བུ་འཇང་ཚ་ལྷ་དབོན་ལ་བསུས་པར་བཞེད་པའི་རྒྱལ་རབས་དེབ་ཐེར་དེ་དག་རང་ན་ཀྲིམ་ཤིང་ཀོང་ཇོ་དེ་སྤྱི་ལོ705ནས710བར་གྱི་རྒྱ་རྗེ་ཇུང་ཇུང་སྟེ་ཐང་ཀྲུང་ཙུང་གི་ཚ་མོ་ཡིན་པར་བཀོད་ཡོད་པ་དེ་དང་ཡང་འགལ་བ་རེད།

དེ་དང་དེའི་ཞོར་དུ་རྩེ་པོ་ཏ་ལའི་མདུན་གྱི《ཞོལ་རྡོ་རིང་ཡི་གེ》དང་། 《ཏུན་ཧོང་ནས་ཐོན་པའི་བོད་ཀྱི་ལོ་རྒྱུས་ཡིག་ཆ》《ཐང་ཡིག་རྙིང་མ》བཅས་སུ་རྒྱལ་པོ་ཁྲི་སྲོང་ལྡེ་བཙན་གྱི་རིང(སྤྱི་ལོ763)ལ་བློན་སྟག་སྒྲ་ཀླུ་གོང་གིས་བོད་དམག་ཁྲི་ཚོ་ཉི་ཤུ་རྒྱ་ནག་ཁྲང་ཨན་ལ་དྲངས་ནས་སྐབས་དེའི་རྒྱ་རྗེ་ཐང་ཏའེ་ཙུང་ཡང་ཁྲི་ལས་ཕབ་པ་སོགས་གཅིག་མཐུན་དུ་བཞེད་པའང་རྒྱལ་པོ་ཁྲི་ལྡེ་གཙུག་བཙན་རིང་གི་ལོ་རྒྱུས་ཡིན་པར་ཁས་ལེན་དགོས་པར་འགྱུར། ཡང་། རྒྱལ་པོ་ཁྲི་ལྡེ་གཙུག་བཙན་དེ་སྤྱི་ལོ740ལ་འཁྲུངས་པ་ཡིན་ན། སྤྱི་ལོ764ལ་ཁོང་ཉིད་དགུང་ལོ་ཉེར་བཞི་

ཙམ་ཡིན་པས། སྲས་འཇང་ཚ་ལྷ་དབོན་ཡོད་སྲིད་ཀྱང་མཚན་མོར་ཏ་རྒྱུག་འགྲན་ཐུབ་པའི་ཚོད་ལ་སླེབ་དཀའ་ལ། ཁྲིམ་ཤིང་ཀོང་ཇོ་རྒྱ་བོད་ས་མཚམས་སུ་ཕྱིན་དུས་འཕྲུལ་གྱི་མེ་ལོང་དུ"བགྲེས་པོ་དབུ་སྐྲ་ཐམས་ཅད་དཀར་པོ། ཞལ་ཐམས་ཅད་ནི་སྨ་ར་དཀར་པོས་ཁེངས་པ། ཞལ་གང་ན་ཡོད་པ་ངོ་མི་ཤེས་པ་དེ་འདྲ་བ་ཞིག་གཟིགས"①ཞེས་པ་གཉིས་ཀྱང་ནང་འགལ་དུ་གྱུར་པ་རེད།

ཡང་། ཁྲིམ་ཤིང་ཀོང་ཇོ་རྒྱལ་བུ་འཇང་ཚ་ལྷ་དབོན་ལ་བསུས་པར་བཞེད་པའི《དེབ་དམར་གསར་མ》རུ་ལྕགས་ལུག་སྟེ་སྤྱི་ལོ་731ལ་འཁྲུངས་པར་གསུངས་པ་དེའང《དབོན་ཞང་རྡོ་རིང་གི་ཡི་གེ》ལྟར་ན། ལོ་དེ་ནི་ཁྲིམ་ཤིང་ཀོང་ཇོ་བོད་ལ་འབྱོར་བའི་ལོ་ཧྲིལ་པོ་ཉེར་གཉིས་པ་ཡིན་པས་ཅུང་ཟད་འཕྱི་བར་སྙམ།

གནའ་བོའི་བོད་ཀྱི་རྡོ་རིང་ཡི་གེ་དང་མཐུན་པ་ནི《ཏུན་ཧོང་ནས་ཐོན་པའི་བོད་ཀྱི་ལོ་རྒྱུས་ཡིག་ཆ》རེད། དེ་ལས"འབྲུག་གི་ལོ་ལ་བབ་སྟེ། དཔྱིད་ཁོ(ཕོ)བྲང་ཅལ་དུ་རྒྱལ་གཙུག་རུ་བལྟམ"ཞེས་པ་དང་། "ཁྱི་ལོ་ལ་བབ་སྟེ། ཞང་བཙན་ཏོ་རེ་ལྟས་ཁྱིན་ལས་སྐྱོགས་པས། གཉེ་བོ་བགྱིསྟེ། བཙན་མོ་ཀིམ་ཤང་ཁོང་ཅོ་ར་སའི་ཞ་ཅལ་དུ་གཤེགས"ཞེས་རྒྱལ་པོ་ཁྲི་ལྡེ་གཙུག་བཙན་དེ་སྤྱི་ལོ་704ལ་འཁྲུངས་ཤིང་། སྤྱི་ལོ་710ལ་ཁྲིམ་ཤིང་ཀོང་ཇོ་ཁབ་ཏུ་བཞེས་པར་བསྟན་ཡོད། 《ཐང་ཡིག་གསར་མ》ཞེས་པའི་ནང་དུའང་ལོ་དེར་ཁྲིམ་ཤིང་ཀོང་ཇོ་བོད་ལ་འབྱོར་བར་བཀོད་ཡོད། འདི་ལྟར་བརྗོད་ན་རྩེ་པོ་ཏ་ལའི་མདུན་གྱི་ཞོལ་རྡོ་རིང་ངོས་སུ་རྒྱལ་པོ་ཁྲི་སྲོང་ལྡེ་བཙན་གྱི་སྐུ་རིང་ལ་བོད་ཀྱི་དམག་དཔུང་རྒྱ་ནག་ཁྲང་ཨན་ལ་དྲངས་ནས་སྤྱི་ལོ་763ནས་སྤྱི་ལོ་790བར་གྱི་རྒྱ་རྗེ་ཐང་ཏའི་ཙུང་ཡང་རེ་ཞིག་ཁྲི་ལས་ཕབ་པ་དང་། ལྷ་སའི་གཙུག་ལག་ཁང་མདུན་གྱི་རྡོ་རིང་ངོས་སུ"བོད་ཆེན་པོའི་ལོའི་མྱིང་སྐྱིད་རྟག་ལོ་དགུ། །རྒྱ་ཆེན་པོའི་ལོའི་མྱིང་ཅང་གེང་ལོ་གསུམ། །ཆུ་མོ་ཡོས་བུ་ལོའི(སྤྱི་

① 《ཆོས་འབྱུང་མེ་ཏོག་སྙིང་པོ་སྦྲང་རྩིའི་བཅུད》དུ་གསལ།

ལོ་823)དཕྱིད་སླ་འབྲིང་པོ་ཚེས་བཅུ་བཞི་ལ། །རྫོ་རིངས་ལ་ཡི་གེ་བྲིས་སོ"ཞེས་པ་དང་ཡང་མི་འགལ། རྒྱ་མཚན་དེ་དང་དེའི་དབང་གིས《ཏུན་ཧོང་ནས་ཐོན་པའི་བོད་ཀྱི་ལོ་རྒྱུས་ཡིག་ཆ》དེ་ཚད་མར་བཟུང་ནས་དཔྱད་ན། རྒྱལ་པོ་ཁྲི་ལྡེ་གཙུག་བཙན་གྱིས་གྱིམ་ཤིང་ཀོང་ཇོ་ཁབ་ཏུ་བཞེས་དུས་ཁོང་རང་དགུང་ལོ་བདུན་ཙམ་ཡིན་པས། སྲས་འཇང་ཚ་ལྷ་དབོན་འཁྲུངས་སའི་གཞི་མེད་ལ། "ཡོས་བུའི་ལོ་ལ(སྤྱི་ལོ་739)བཙན་པོ་དབྱརད་ཆབ་སྲིད་ལ་བེད་དུ་གཤེག་སྟེ། སྲས་ལྷས་བོན་ཌྲན་ན་བཞུགས། བཞུགས་པ་ལས་ནོངས། བཙན་པོ་ཡབ་དགུན་བོད་ཡུལ་དུ་སླར་གཤེགས། བཙན་མོ་ཀིམ་ཤིང་ཁོང་ཙོ་ནོངས་པར་ལོ་ཆིག"①ཅེས་པར་བརྟགས་ན་རྒྱལ་བུ་འཇང་ཚ་ལྷ་དབོན་དེ་གྱིམ་ཤིང་ཀོང་ཇོ་བོད་ལ་ཕེབས་པའི་རྗེས་སུ་ད་གཟོད་འཁྲུངས་ཤིང་། གྱིམ་ཤིང་ཀོང་ཇོ་དང་ལོ་གཅིག་ལ་འདས་པ་རེད། རྒྱ་མཚན་དེ་དག་གིས་གྱིམ་ཤིང་ཀོང་ཇོ་འཇང་ཚ་ལྷ་དབོན་ལ་བསུས་པ་མིན་པ་གསལ་པོར་བསྟན་པར་མ་ཟད། གྱིམ་ཤིང་ཀོང་ཇོ་རྒྱ་བོད་ས་མཚམས་སུ་སླེབས་ཆེ་རྒྱལ་བུ་འཇང་ཚ་ལྷ་དབོན་སྐུ་གྲོངས་ནས་ཞལ་མ་མཇལ་ཟེར་བའང་བརྟག་དགོས་པའི་གཞིར་གྱུར་འདུག འཇང་ཚ་ལྷ་དབོན་ལ་གྱིམ་ཤིང་ཀོང་ཇོ་བསུ་དོན་ཡང་བོད་ན་འཇང་ཚ་ལྷ་དབོན་ལ་རན་པའི་བུ་མོ་མཛེས་མ་ཞིག་མ་རྙེད་པར་གསུངས་པ་དེའང་ལོ་རྒྱུས་ཀྱི་དོན་དངོས་འགེབ་པའི་ཐབས་ཤིག་ཡིན་པ་ལས། ཡིད་ཀྱི་དང་བ་འདྲེན་པའི་གཏམ་ཞིག་མ་རེད།

དེས་ན་ལོ་རྒྱུས་དངོས་ནི་གྱིམ་ཤིང་ཀོང་ཇོ་དེ་དང་ཐོག་ནས་རྒྱལ་པོ་ཁྲི་ལྡེ་གཙུག་བཙན་རང་ལ་བསུས་པ་ལས་སྲས་འཇང་ཚ་ལྷ་དབོན་གྱི་བཙུན་མོར་བསུས་པ་མ་རེད། རྒྱལ་པོ་ཁྲི་ལྡེ་གཙུག་བཙན་ལ་བསུས་པའང་གཉེན་གྱི་དོན་དུ་གཉེན་བསྒྲིགས་པ་མ་ཡིན་ཏེ། རྒྱལ་པོ་ཁྲི་འདུས་སྲོང་སྲས་ཁྲི་ལྡེ་གཙུག་བཙན་འཁྲུངས་

① 《ཏུན་ཧོང་ནས་ཐོན་པའི་བོད་ཀྱི་ལོ་རྒྱུས་ཡིག་ཆ》ཡི་ཤོག་ངོས་34པར་གསལ།

པའི་ལོ་དེའི་དགུན་ཁར་གཤེགས་རྗེས། "བློན་པོ་ལྡེག་རན་པ་མཐོང་སྣང་གྲགས་པ་དང་ཁེ་རྒད་མདོ་སྣང་སོགས་བློ་ཡོག་ཅིང་། བཙན་པོའི་གཅེན་ལྷ་བལ་པོ་ཟེར་བས་རྒྱལ་ས་བཟུང་སྐབས་ནང་ཁྲུལ་ཟང་ཟིང་དུ་གྱུར།"① དེའི་སྐབས་དུ་ཐང་རྒྱལ་རབས་ཀྱིས་ཀྱང་རྒྱལ་པོ་ཁྲི་འདུས་སྲོང་འདས་པ་དང་ནང་ཟང་ཟིང་དུ་གྱུར་པའི་གོ་སྐབས་ལ་བསྟུན་ནས་བོད་ཀྱིས་རྒྱལ་པོ་གནམ་ཏུ་སྲོང་བཙན་རིང་ནས་རྒྱའི་མངའ་ཁོངས་ཕྱོགས་སུ་དཔུང་འཇུག་བྱས་པ་དང་། རྒྱའི་མཐའ་མཚམས་སུའང་མི་བདེ་བ་ཆེན་པོ་བཟོས་པར་འཁོན་ལན་སློག་རྒྱུའི་ཉེན་ཁ་ཡང་ཡོད་པ་རེད།

ལོ་རྒྱུས་ཀྱི་སྐབས་བབ་དེ་འདྲའི་འོག་ཏུ་རྒྱལ་པོ་ཁྲི་ལྡེ་གཙུག་བཙན་གྱི་ཕྱོགས་མོ་ཁྲི་མ་ལོད་ཀྱིས་བློན་པོ་ཁྲི་བཟང་སྟག་ཚབ་དང་། ཁྲི་གཟིགས། དབོན་ད་རྒྱལ་བཙན་ཟུང་། ཞང་བཙན་ཏོ་རེ་ལྷས་བྱིན་སོགས་ཀྱིས་རྒྱབ་རྒྱགས་བྱས་པར་བརྟེན་ནས་གཅིག་ཏུ་བློན་པོ་བློ་ཡོག་མཁན་རྣམས་ཚར་བཅད་ཅིང་བཙན་པོའི་གཅེན་ལྷ་བལ་པོ་ཁྲི་ལས་ཕབ་སྟེ། ཁྲི་ལྡེ་གཙུག་བཙན་རྒྱལ་སར་བཀོད་པ་དང་། གཉིས་སུ་ཐང་རྒྱལ་རབས་དཔུང་གི་གྲོགས་སུ་བརྟེན་ནས་ནང་གི་སྲིད་དབང་འཕྲོག་རེས་བྱེད་པའི་འཐབ་རྩོད་ཞི་འཇགས་སུ་གཏོང་བ་དང་ཤར་ཕྱོགས་ཀྱི་མཐའ་མཚམས་བདེ་འཇགས་ཡོང་བའི་དོན་དུ། སྤྱི་ལོ་708དང་སྤྱི་ལོ་709གཉིས་སུ་ཕོ་ཉ་ཐེངས་གཉིས་མངགས་ནས་གཉེན་བསླངས་པས། ཐང་ཀྲུང་ཙུང་ལ་ཚ་མོ་ཞིག་ཡོད་པར་ཀྱིམ་ཤིང་ཀོང་ཇོར་གསོལ་ནས་བོད་དུ་བཙངས་པ་རེད། འདིར་རྒྱལ་སྲས་ལོ་བདུན་ཙམ་ཞིག་ལ་རྒྱ་ནས་བཙུན་མོ་བསུས་ཤེ་ན་འོས་མིན་ལའང་དོགས་སློང་བྱེད་མི་དགོས། དེ་ཆབ་སྲིད་ཀྱི་དགོས་དབང་ཡིན་པ་ལས་གཉེན་གྱི་དོན་དུ་གཉེན་བསྒྲིགས་པ་མིན་པ་གོང་དུ་བཤད་ཟིན་ཏོ། །ཡང་ཞིག་བཤད་ན། ལོ་བཅུ་ཙན་

① 《ཏུན་ཧོང་ནས་ཐོན་པའི་བོད་ཀྱི་ལོ་རྒྱུས་ཡིག་ཆ》ཡི་ཤོག་ངོས་24པར་གསལ།

ཞིག་རྒྱལ་པོར་བཞུགས་འོས་ན།① ལོ་བདུན་ཙམ་ཞིག་ལ་བཙུན་མོ་བསུས་ན་མི་འོས་པ་ཅི་ཡོད། རྒྱལ་པོ་ཁྲི་ལྡེ་གཙུག་བཙན་རྒྱལ་སར་འགོད་པ་དང་བཙུན་མོ་ཁྲིམས་ཤེང་གོང་ཇོ་ཁབ་ཏུ་བཞེས་དུས་དགུང་ལོ་ལ་ཙམ་ཕྲ་བ《ཐང་ཡིག་རྙིང་མ》ལས། "འབངས་རྣམས་ཀྱིས་ཁྲི་འདུས་སྲོང་གི་སྲས་ཁྲི་ལྡེ་གཙུག་བཙན་བཙན་པོར་བསྐོས། དེ་དུས་ཁོ་ལོ་བདུན་ཡིན། ཅང་མ་འགོར་བར། བཙན་པོའི་གྲོས་མོས་བློན་ཆེན་སྟོང་བཞེར་བྱ་བ་མངགས་ཏེ་སྐྱེས་ཕུལ་ཞིང་། མོའི་ཚ་བོ་ལ་གཉེན་བསླངས"ཞེས་པས་ཀྱང་མཚོན། དེས་ན་སྔོན་བྱོན་མཁས་པ་རྣམས་ལ་ཁྱད་འདྲ་བའི་མཁྱེན་པ་ཞིག་མེད་དམ་ཟེར་ན། དེ་ནི་ག་ལ་ཡིན། བློ་དམན་ཁོ་བོའི་བསམ་ཚུལ་ནི། རྩོམ་པ་པོ་གང་ཞིག་ཡིན་ཡང་སྤྱི་ཚོགས་ངེས་ཅན་ཞིག་ལ་གནོགས་ཤིང་རང་རང་ལ་བསམ་བློའི་ཕྱོགས་ལྷུང་ངམ་མོས་པ་རེ་ཡོད་པས། ཁོང་རྣམ་པའང་དེ་དག་གི་དབང་དུ་གྱུར་པའམ་ཡང་ན་ཏུན་ཧོང་ཡིག་རྙིང་དེ་དག་མ་གཟིགས་པའི་རྐྱེན་གྱིས་ཡིན་ནམ་སྙམ། གལ་ཏེ་ཁོང་རྣམ་པས་ཀྱང་ཏུན་ཧོང་ཡིག་རྙིང་གཟིགས་ཡོད་ཚེ། 《དེབ་དཀར》མཁན་པོ་དགེ་འདུན་ཆོས་འཕེལ་ལྟར་རྒྱལ་རབས་དངོས་ལ་དཔྱོད་པའི་དཔྱད་གཞི་གསེར་གྱི་ས་གཞི་ལྟ་བུར་མི་བརྩི་ཅང་། 《དེབ་ཐེར་དམར་པོའི》མཛད་པ་པོ་ཚལ་པ་ཀུན་དགའ་རྡོ་རྗེ་དང《དེབ་སྔོན》མཛད་མཁན་འགོས་ལོ་གཞོན་ནུ་དཔལ་གཉིས་ཀྱིས་རྒྱའི་ཡིག་ཚང་མཐོང་བ་ལྟར་བོད་ཀྱི་རྒྱལ་རབས་རྩོམ་པའི་ལུང་གི་རྒྱབ་རྟེན་དུ་བྱེད་པ་གོར་མ་ཆག

《ཐང་ཡིག་རྙིང་མ》ལས"གོང་མ་ཐེ་ཙུང་ཀྲུའུ་ཧོང་ཏེ་མཆོག་གི་བཀའ་དྲིན་ནི་ས་སྟེང་མ་ལུས་པར་ཁྱབ་ཅིང་གནས། འགྲོ་བ་ཀུན་ལ་ཐུགས་རྗེས་མ་གཟིགས་པ་ནི་མེད། གཡུལ་གྱི་གྲོད་ཞི་སྨད་གཉེན་གྱི་འབྲེལ་བཟུང་། ལོ་བཙུ་ཕྲག་འགར་

① 《རྒྱལ་རབས་གསལ་བའི་མེ་ལོང》དང《དེབ་དམར་གསར་མ》ལས་རྒྱལ་པོ་ཁྲི་ལྡེ་གཙུག་བཙན་གྱིས་དགུང་ལོ་བཙུའི་སྟེང་རྒྱལ་སྲིད་བསྐྱངས་པར་གསུངས།

འཁྲུག་རྩོད་མེད་པའི་བདེ་བ་ཐོབ། ཕྱིས་སུ་རྐྱེན་ངན་དུ་མའི་དབང་གིས་ངེད་ཀྱིས་ས་མཚམས་སུ་འཁྲུག་ཟིང་གི་རྒྱུན་མ་ཆད། སྔོད་ཀྱི་ཚོ་པ་ཁག་རྣམས་ཀྱང་དམག་བྱུས་པས་རྒུད་པར་སྐྱད། ཉེ་ཆར། བཙན་པོ་དང་གྱོས་མོ་ཁྲུ་སྟོན། ཚོ་དཔོན་སོགས་ཀྱིས་སྐྱེས་ལན་མང་པོ་བསྐུར་ཏེ་དུས་ཡུན་རིང་ཞིག་འདས། དེ་ལས་ཀྱང་ཕོ་ཚོའི་ལྷག་བསམ་མཚོན་འདུག གཉེན་རྙིང་པའི་ཐོག་ལ་འབྲེལ་གསར་པ་བརྩིགས་འདོད་པ་གོར་མ་ཆག ཅིན་ཁྲིན་ཀོང་ཇོ་ནི་ཕོ་བོའི་ཚ་མོ་ཡིན་པས་འདང་མེད་པ་ག་ལ་སྲིད། འོན་ཀྱང་། ཕོ་བོ་ནི་གཞན་གྱི་ཕ་མའི་ཚབ་ཏུ་སྡོད་པ་ལ། འབངས་ཡོངས་ཀྱི་བདེ་བ་གཙོགས་སུ་འཛིན་པ་གལ་ཆེ། གལ་སྲིད་སྔོད་ཀྱིས་འདུམ་བྱེད་པར་སེམས་ན། མཛའ་མཐུན་གྱི་འབྲེལ་བ་སྔར་བས་དམ་པར་འགྱུར་ལ། ས་མཚམས་སུའང་བདེ་འཇགས་ཡོང་སྲིད་པས། གཡུལ་གྱི་བྱ་བ་ལ་འཇུག་པའི་དགོས་པའང་མི་འདུག དེའི་ཕྱིར། ཕོ་བོས་ནི་ཚ་མོར་བརྩེ་བའི་འདུན་པ་དོར་ནས། རྒྱལ་ཁབ་ཀྱི་འཕྲིན་ལས་སྤྱི་གཙུག་ཏུ་བླངས་པ་ཡིན་པས། ཀོང་ཇོ་སྐྱེལ་ཇོང་གི་ཆོ་ག་རྒྱས་པར་བཤམས་ཏེ། སྔོད་ཀྱི་བཙན་པོའི་ཁབ་ཏུ་བཞུགས་པ་ལ། ཟླ་བ་འདིའི་ནང་འགྲོར་གྲབས་ཡོད་པས། ཕོ་བོས་ཀྱང་མཁར་གྱི་ཕྱི་རོལ་ཏུ་སྐྱེལ་མ་བྱེད་རྒྱུ་ཡིན”ཞེས་རྒྱ་རྗེ་ཐང་གྲུང་ཙུང་གིས་བཀའ་ཡིག་བསྒྲགས་པ་ལ་བརྟགས་ན། རྒྱ་རྗེ་ཐང་གྲུང་ཙུང་གིས་རང་གི་ཚ་མོ་གྱིམ་ཤིང་ཀོང་ཇོ་བོད་ལ་བག་མར་བཞུགས་པའང་མཐའ་མཚམས་བདེ་འཇགས་ཡོང་བའི་དོན་དུ། དེ་སྔ་རྒྱལ་པོ་ཐང་ཐའི་ཙུང་གིས་ལྷུན་ཁྲིན་ཀོང་ཇོ་བོད་ཀྱི་རྒྱལ་པོ་སྲོང་བཙན་སྒམ་པོའི་བཙུན་མོར་ཕྱིན་ནས་རྒྱ་བོད་གཉིས་གཉེན་འབྲེལ་དུ་གྱུར་རྗེས། ལོ་བརྒྱ་ཕྲག་འགའ་ལ་རྒྱ་བོད་གཉིས་ཀྱིས་མཐའ་མཚམས་ཞི་འཇགས་སུ་སོང་བ་ཉམས་སྦྱོང་དུ་བླངས་ཏེ་བཞུགས་པ་རེད།

དེས་ན་བོད་ཀྱི་རྒྱལ་པོ་ཁྲི་ལྡེ་གཙུག་བཙན་དང་གྱིམ་ཤིང་ཀོང་ཇོ་གཉིས་མཉམ་དུ་འདུས་པ་ནི། བརྩེ་དུང་ཟབ་མོའི་དབང་དུ་གྱུར་པ་མ་ཡིན་ཏེ། རྒྱ་བོད་གཉིས་ཀྱི་

ཆབ་སྲིད་ཀྱི་དགོས་མཁོ་སྐོང་བའི་ཆེད་དུ་འདུས་པ་རེད། རྒྱལ་པོ་ཁྲི་ལྡེ་གཙུག་བཙན་གྱི་སྐུ་ཚེ་སྨད་ལ་ཐང་བོད་རྒྱལ་ཁབ་གཉིས་ཀྱིས་ཁྲི་ལིན་ལ་དམར(ཇོ་ཉི་ཟླ་ལ་ངོས་འཛིན་པ་མང)དུ་ས་མཚམས་འབྱེད་པའི་རྡོ་རིང་བཙུགས་ཤིང་ཕན་ཚུན་ལ་བཙན་འཛུལ་མི་བྱེད་པའི་བཀའ་གཙིགས་བཅས་པ་དང་། རྒྱལ་པོ་ཁྲི་ལྡེ་གཙུག་བཙན་གྱིས་གོང་མ་ཐང་ཞོན་ཙུང་ལ་སྤྲིངས་པའི་ཕྱག་འཕྲིན་དུ་ཁོང་གིས་ལྷུན་ཁྲིན་ཀོང་ཇོ་དང་གྲིམ་ཤིང་ཀོང་ཇོ་གཉིས་ཀྱི་ངོ་ལ་བལྟས་ནས་ལོ་ཁྲི་སྟོང་ཙམ་ཕྱིན་ཀྱང་སྡུ་བ་བྱས་ཏེ་བཀའ་གཙིགས་དང་འགལ་བའི་བྱ་བ་མི་བགྱི་ཞེས་བཀོད་པ་ལ་གཟིགས་ན། དོན་དངོས་སུའང་བོད་ཀྱིས་གྲིམ་ཤིང་ཀོང་ཇོ་ཚུར་བསུས་པ་དང་། རྒྱུས་གྲིམ་ཤིང་ཀོང་ཇོ་ཕར་བརྫངས་པའི་ཆབ་སྲིད་ཀྱི་དམིགས་ཡུལ་དེ་དུས་སྐབས་ཤིག་ལ་ཡོངས་སུ་གྲུབ་པ་རེད།

རྒྱལ་པོ་ཁྲི་ལྡེ་གཙུག་བཙན་དང་གྲིམ་ཤིང་ཀོང་ཇོ་གཉིས་གཉེན་དུ་འབྲེལ་བ་ལ་བརྟེན་ནས་རྒྱ་བོད་གཉིས་ཡུན་རིང་དུ་འཁྲུག་པའི་འཁོན་གྱི་མུན་པ་མཐའ་ནས་སངས་ཤིང་མཛའ་བའི་འོད་སྣང་ཀུན་ལ་ཁྱབ་སྟེ། དུས་སྐབས་ཤིག་ལ་མཐའ་མཚམས་ཞི་འཇགས་སུ་གྱུར་པ་ཡིན་ན། གྲིམ་ཤིང་ཀོང་ཇོ་ནི་རྒྱ་བོད་འཁྲུག་པ་སྡུམ་པའི་གཟྲུ་པ་དང་ཕན་ཚུན་གཉེན་དུ་སྦྲེལ་བའི་ཐག་པ་ལྟ་བུ་ཡིན་ལ། རྒྱ་བོད་གཉིས་གཉེན་དུ་གྱུར་པ་དང་བསྟུན་ནས་ཕན་ཚུན་བར་རིག་གནས་བརྗེ་རེས་བྱེད་པའི་སྒོ་མོ་སྔར་ལས་ཆེ་རུ་ཕྱེ་བས། ཕྱོགས་གཉིས་ཀྱི་ཆབ་སྲིད་དང་དཔལ་འབྱོར་གོང་དུ་སྤེལ་བར་ཡང་བྱས་རྗེས་ཆེན་པོ་བསྐྲུན་ཡོད་དོ།། །།

༄༅། །ཁྲི་སྲོང་ལྡེ་བཙན་བཙུན་མོ་སུ་ཞིག་ལ་འབྲུངས་པའི་སྐོར་གླེང་བ།

དེ་ཡང་ཤར་མི་ཉག་ནས་ནུབ་སྟག་གཟིག་བར་དང་། བྱང་ལི་ཡུལ་ནས་ལྷོ་ཚུ་བོ་གང་གཱའི་བར་གྱི་ས་ཡི་ཁྱོན་ལ་ལུགས་གཉིས་གསེར་གྱི་འཁོར་ལོ་རང་དབང་དུ་བསྒྱུར་ཅིང་། གངས་རིའི་ལྗོངས་ཀྱི་འགྲོ་བ་མི་རྣམས་ལ་བཀའ་དྲིན་བླ་ན་མེད་པའི་སྐྱབས་མགོན་ཆེན་པོ"འཛམ་གླིང་རྒྱལ་པོ་ཁྲི་སྲོང་ལྡེ་བཙན"དེ་བོད་ཀྱི་རྒྱལ་རབས་དེབ་ཐེར་དང་ཆོས་འབྱུང་ཕལ་ཆེ་བར་གྱིས་ཤིང་གོང་ཇོར་འབྲུངས་ཀྱང་སྣ་ནམ་བཟའ་བཞི་སྟེངས་ཀྱིས་ཁྲིགས་པ་དང་། སྔོན་པོ་རྣམས་ཀྱིས་བཙུན་མོ་གཉིས་ལས་སུར་འབྲུངས་པར་བརྟག་ཆེད་ཕོ་མོ་གཉིས་ལ་སྲས་འཁྲིག་རྩོད་བྱེད་དུ་བཅུག་པ་དང་། ཞབས་འཛུགས་དགའ་སྟོན་ཐོག་ཏུ་མ་ཞང་ངོས་འཛིན་དུ་འཇུག་པའི་ཐབས་ལ་བརྟེན་ནས། ཁྲི་སྲོང་ལྡེ་བཙན་རྒྱ་བཟའ་ལ་འབྲུངས་པ་ར་སྒྲོད་བྱུང་ཞིང་། ཁྲི་སྲོང་ལྡེ་བཙན་ཟེར་བའི་མཚན་ཡང་རང་གིས་རང་ལ་བཏགས་པའི་གཏམ་རྒྱུད་དང་བཅས་པ་བཀོད་ཡོད། དཔེར་ན། བོད་ཀྱི་ལོ་རྒྱུས་ཡིག་ཚ་སྔ་ཤོས་སུ་གྲགས་པའི《སྦ་བཞེད》དུ་འདི་ལྟར་བཀོད་ཡོད། ཡོས་བུའི་ལོ་དཔྱིད་ཟླ་ར་བའི་ཚེས་གསུམ་ལ་བབ་པ་ན། ……ཕོ་ཉ་བྱུང་སྟེ་གོང་ཇོ་ལ་སྲས་གཅིག་བལྟམས་སོ་ཞེས་ཟེར། རྒྱལ་པོས་ཡར་ལུང་འཕང་ཐང་དུ་སྲས་བལྟམས་པ་གཟིགས་སུ་བྱོན་པའི་ཚེ། གོང་ཇོའི་བུ་སྣ་ནམ་བཟའ་བཞི་སྟེངས་ཀྱིས་འཕྲོག་ནས་འདི་ང་ལ་སྐྱེས་པ་ཡིན་ཟེར། དེར་སྔོན་པོ་ཀུན་གྱིས་བརྟག་པར་བྱ་བའི་ཕྱིར། ཐང་ཚིགས་ཀྱི་བུག་གར་བུ་བཞག་ནས

བུ་སུ་ཐོབ་བྱེད་དུ་བཅུག་པས། ཀོང་ཇོས་སྔོན་ལ་ཟིན་པ་བཞི་སྐྱེངས་ཀྱིས་ཤི་ནའང་ཤི་སྙམ་ཏེ་ཁྲོགས་པས། ཀོང་ཇོས་བུ་ཤི་དོགས་ནས་ལྷོད་བཏང་སྟེ། ཡིན་དང་ངའི་ཡིན་ཏེ་དྲི་མོ་ཁྱོད་ཟེར་ནས་བཏང་། བུ་ཀོང་ཇོའི་ཡིན་པར་ཤེས། ལོ་གཅིག་ལོན་ཙ་ན་ཞབས་འཛུགས་པའི་དགའ་སྟོན་བྱས་ཏེ། སྣ་ནམ་པ་རྣམས་བེར་ཆུང་དུ་རེ་ལག་ན་ཐོགས་ནས་ཞང་པོའི་པང་དུ་ཤོག་ཟེར། རྒྱལ་བུ་ན་རེ། ཁྲི་སྲོང་ལྡེ་བཙན་རྒྱ་ཚ་ལགས། །སྣ་ནམ་ཞང་གི་ཅི་བགྱི་འཚལ། །གསུངས་ནས་རྒྱའི་སྤང་དུ་སོང་བས། མིང་ཡང་རང་གིས་བཏགས་སོ། །ཞེས་སོ། །

གསོན་ཉམས་ལྡན་པའི་གཏམ་རྒྱུད་དེ་བསླགས་མ་ཐག་ཡིད་ཀྱི་དབང་པོ་ཀུན་ནས་འགུགས་ཀྱང་སེམས་རྣལ་ལ་ཕབ་སྟེ་ཞིབ་ཏུ་བརྟགས་ཤིང་དཔྱད་ན། དེ་སྒྲུ་རྩལ་རྩོམ་ཡིག་ཅིག་ཡིན་པར་བསམ་པ་ལས་ལོ་རྒྱུས་ཀྱི་དངོས་དོན་ཞིག་ཡིན་པའི་སྙམ་པ་ཡེ་ནས་མི་སྐྱེ། རྒྱུ་མཚན་ནི་རྒྱལ་པོ་ཁྲི་ལྡེ་གཙུག་བཙན་ལ་གནའ་བོའི་རྒྱ་གར་གྱི་རྒྱལ་པོ་རྣམས་ལྟར་བཙུན་མོ་དང་ཕོ་བྲང་གི་སླས་སྟོང་ཕྲག་ཉི་ཤུ་མེད་ལ། མ་ཧཱ་ཙི་ནའི་རྒྱལ་པོ་རྣམས་ལྟར་བཙུན་མོ་ཆེན་ཆུང་བརྒྱ་ཕྲག་འགའ་རེའང་མེད་པས། བཙུན་མོ་གཉིས་ཀྱི་སུ་ལ་སྦྲུམ་པ་དང་འཁྲུངས་པ་རྒྱལ་པོ་ཁྲི་ལྡེ་གཙུག་བཙན་རང་གི་ཐུགས་ན་གསལ་ལེར་མཁྱེན་ངེས་རེད། གལ་ཏེ་རྒྱལ་པོས་མ་མཁྱེན་ཙང་སྲས་སྦྲུམ་པའི་བཙུན་མོ་དེས་རྒྱལ་པོ་རང་ལ་དགའ་བར་བྱེད་པ་དང་རང་གི་གོ་གནས་ཇེ་མཐོར་འགྲོ་བའི་ཕྱིར་དུ་དོན་དེ་དུས་ཐོག་ཏུ་རྒྱལ་པོར་ཞུ་སྲིད་པས། བློན་པོ་རྣམས་ཀྱིས་སུའི་སྲས་ཡིན་པར་བརྟག་དགོས་དོན་མེད། ཡང་། རྒྱལ་པོ་ཁྲི་ལྡེ་གཙུག་བཙན་དེ་ཆབ་སྲིད་ཀྱི་འཕྲིན་ལས་ལ་ཐུགས་བྲེལ་ཆེ་བས། རིང་པོ་ཞིག་ལ་བཙུན་མོ་གཉིས་ཀྱི་སུ་དང་ཡང་མ་བཤོས་པའི་དབང་དུ་བཏང་ནའང་། བཙུན་མོ་རྣམ་གཉིས་དང་རྒྱུན་དུ་འགྲོགས་པའི་འཁོར་གཡོག་རྣམས་དང་ཁྱད་པར་དུ་སྐྱེ་གཡོག་བྱེད་མཁན་ཚོས་གསལ་པོར་ཤེས་པས། བོད་ཀྱི་རྒྱལ་བློན་རྣམས་ཀྱིས་

རྒྱལ་སྲས་འཕྲོག་རྩོད་བྱེད་དུ་འཇུག་པ་དང་། ཞང་པོ་ངོས་འཛིན་དུ་འཇུག་པའི་ཐབས་དེ་འདྲ་རྟགས་པོ་སྤྱོད་དོན་ཡི་ནས་མེད། ཡང་གཅིག་བཤད་ན་རྒྱལ་སྲས་ཁྲི་སྲོང་ལྡེ་བཙན་དེ་དངོས་གནས་འཕགས་པ་འཇམ་དཔལ་གྱི་སྤྲུལ་པ་ཡིན་པས་མ་གཏོགས། ལོ་གཅིག་ཙམ་གྱི་བྱིས་པ་ཞིག་གིས་རང་གི་ཞང་པོ་གང་ཡིན་པ་ཤེས་ཐབས་མེད་ལ། ང་ཁྲི་སྲོང་ལྡེ་བཙན་རྒྱ་ཚ་ལགས། །སྣ་ནམ་ཞང་གི་ཅི་བགྱི་འཚལ། །ཞེས་པའི་གཏམ་དེ་བས་ཀྱང་སྨྲ་མི་ཤེས། དེ་ལས་ཀྱང་ངོ་མཚར་བ་ནི་ཤར་རྫོ་ཉི་ཟླ་ནས་ནུབ་ཆུ་བོ་གང་ག་བར་གྱི་ས་ཡི་ཁྱོན་ལ་དབང་མཛད་པའི་བོད་ཀྱི་རྒྱལ་བློན་རྣམས་ཐབས་རྟགས་ནས། བྱིས་པ་ལོ་གཅིག་ཅན་གྱི་ངག་ཚད་མར་འཛིན་པ་དེ་རེད།

ཡང་། ང་ཁྲི་སྲོང་ལྡེ་བཙན་རྒྱ་ཚ་ཡིན། །ཁྱོད་སྣ་ནམ་ཞང་གི་ཅི་བགྱི་འཚལ། །ཟེར་ནས་རྒྱའི་པང་དུ་མཆོངས་ཞེས་པ་དེ་ལས། སྐབས་དེའི་རྒྱལ་པོ་ཁྲི་སྲོང་ལྡེ་བཙན་གྱི་ཞབས་འཇུགས་དགའ་སྟོན་སྟེང་དུ་རྒྱའི་འཕྲུས་ཚབ་ཀྱང་ཞུགས་ཡོད་པ་བསྟན་ཀྱང་། རྒྱའི་ཡིག་ཚང་དུ་ཀྲིམ་ཤིང་ཀོང་ཇོ་ལ་སྲས་ཤིག་འཁྲུངས་ཚུལ་དང་། དེའི་ཞབས་འཇུགས་དགའ་སྟོན་དུ་རྒྱ་ནས་ཀྱང་དགའ་སྟོན་རྟེན་འབྲེལ་ཞུ་བའི་མགྲོན་ཚབ་མངགས་པ་དང་། ཁྲི་སྲོང་ལྡེ་བཙན་གྱིས་དངོས་གནས་རྒྱ་ཞང་ངོས་ཟིན་པ་ཡིན་ན། དེ་ནི་ཀྲིམ་ཤིང་ཀོང་ཇོའི་རྒྱལ་ཁ་ཞིག་ཡིན་པར་མ་ཟད། ཐང་རྒྱལ་ཁབ་ཀྱི་རྒྱལ་ཁ་ཞིག་ཀྱང་ཡིན་པས། དེ་འདྲའི་དོན་ཆེན་ཞིག་རྒྱའི་ཡིག་ཚང་དུ་མི་འགོད་པར་བསྐྱུར་མི་སྲིད། འདི་ལས་ཀྱང་ཀྲིམ་ཤིང་ཀོང་ཇོ་དང་སྣ་ནམ་བཟའ་བཞི་སྟེངས་གཉིས་ཀྱིས་སྲས་ཁྲི་སྲོང་ལྡེ་བཙན་འཕྲོག་རྩོད་བྱས་པའི་སྐོར་གྱི་བཤད་རྒྱུན་དེར་བདེན་ལུགས་ཀྱི་ཆ་ཅི་ཙམ་ཞིག་མཆིས་པ་ཤེས་ཐུབ་ངེས་རེད། དེས་ན་སྦ་གསལ་སྣང་གིས་རྟོག་བཟོ་བྱས་པ་ཡིན་ནམ་ཟེར་ན། མཁས་པ་ཆེན་པོའི་གསུང་ལ་མཐའ་གཅིག་ཏུ་ཁ་ཚོན་གཅོད་མི་ནུས་མོད། འོན་ཀྱང་རྒྱལ་བའི་བཀའ་བསྟན་

ཁྲིད་ཀྱི་སྟོན་པ་ཤཱཀྱ་ཐུབ་པའི་སྐྱེས་རབས་རྣམས་ལ་མཇལ་ན་བོད་ཀྱི་རྒྱལ་བློན་དག་གིས་རྒྱལ་བུ་ཁྲི་སྲོང་ལྡེ་བཙན་སུའི་བུ་ཡིན་པ་བརྟག་ཆེད། ཕོང་མོ་གཉིས་ལ་སྲས་འཕྲོག་རྩོད་བྱེད་དུ་བཅུག་པའི་གཏམ་རྒྱུད་དེ་ནི《མདོ་མཛངས་བླུན》ཁྲིད་ཀྱི"ཁྱིམ་བདག་དབྱིག་པ་ཅན་གྱི་ལེའུ"ལས། "རྒྱལ་པོ་དེ་ལ་ཡང་བུད་མེད་གཉིས་ཤིག་བུ་གཅིག་ལ་རྩོད་དེ། རྒྱལ་པོ་བློ་མཁས་པས་བརྟགས་ནས་བུད་མེད་གཉིས་ལ་འདི་སྐད་ཅེས་སྨྲས་སོ། །ཁྱེད་གཉིས་ཀྱིས་བུའི་ལག་པ་རེ་རེ་ནས་བཟུང་སྟེ་དྲོངས་ལ་གང་གིས་ཐོབ་པ་བུ་ཁྱེར་ཞིག་ཅེས་བསྒོ་བ་དང་། བུའི་མ་མ་ཡིན་པ་དེས་ནི་བུ་ལ་སྙིང་རྗེ་མེད་པས་སྣད་ཀྱིས་མི་དོགས་ཏེ་མཐུ་ཅི་ཡོད་པས་དྲངས་སོ། །བུའི་མ་གང་ཡིན་པ་དེས་ནི་བུ་ལ་བྱམས་པས་སྣད་ཀྱིས་དོགས་ཏེ་སྟོབས་ཀྱིས་ཐུབ་ཀྱང་དྲག་ཏུ་མི་འདྲེན་ཏོ། །རྒྱལ་པོས་ཀྱང་རྟོགས་ནས་དྲག་ཏུ་དྲངས་པ་དེ་ལ་འདི་ནི་ཁྱོད་ཀྱི་བུ་མ་ཡིན་ཏེ། བུད་མེད་ཅིག་ཤོས་ཀྱི་བུ་ཡིན་པས་ན་དྲང་པོར་སྨྲོས་ཤིག་ཅེས་བྱས་པ་དང་། དལ་གྱིས་འདྲེན་པའི་བུ་ཡིན་པར་གྱུར་ཏེ་བུ་ཁྱེར་རོ། །"ཞེས་པའི་བྱུང་རིམ་བཤུས་པ་ཙམ་དུ་ཟད། གཏམ་རྒྱུད་ཁག་གཉིས་ཀུན་ནས་མཚུངས་པ་འདིར་གཞིགས་ན། སྲས་ཁྲི་སྲོང་ལྡེ་བཙན་འཕྲོག་རྩོད་བྱས་པའི་གཏམ་རྒྱུད་དེ་ནི་རྩོམ་པ་པོས་རང་གི་བརྗོད་འདོད་ཀྱི་བསམ་བློ་མཚོན་པར་བྱེད་པ་དང་སྐབས་བབ་ཀྱི་དགོས་མཁོ་སྐོང་ཆེད། སྟོན་པ་ཤཱཀྱ་ཐུབ་པ་སྔོན་རྒྱལ་པོ་མཛེས་པ་བྱ་བར་འཁྲུངས་དུས་ཐབས་དང་ཤེས་རབ་ལ་བརྟེན་ནས་དམངས་ཀྱི་བདེན་རྫུན་ཞལ་ལྕེ་དྲང་པོར་བཅད་པའི་བྱུང་རིམ་ལ་དཔེ་བྱས་ནས་རྩོམ་བཟོ་བྱས་པ་ཞིག་ཡིན་ནམ་སྙམ།

ཡང་། 《ཐང་ཡིག》སོགས་ལས་སྣ་ནམ་བཟས་གོང་ཇོའི་སྲས་འཕྲོག་པའི་ཚེ་གྱིམ་ཤིང་གོང་ཇོས་སྐྱེ་སྦྲུགས་བརྟོན་ཅིང་ནུ་མ་བསྣུན་ཀྱང་། སྣ་ནམ་བཟས་ནུ་མ་ལ་ཛས་བྱུགས་ནས་འོ་མ་ཕབ་པས་ངོ་མ་ཤེས་པར་རྒྱལ་བུ་སྣ་ནམ་བཟའ་ལ་ཤོར། གོང་ཇོས་བུ་འདིས་བདག་ལ་ད་ནི་མི་ཕན་པས་བོད་ཡུལ་འཕུང་བར་བྱའོ་ཟེར་ནས། རྗེའི་

གདུང་རབས་འཆད་པའི་ཕྱིར་བླ་རི་སེང་གེ་གནམ་དུ་འཕྱོང་བ་འདྲ་བའི་རྩེ་མོར་མངལ་ཁྲག་གིས་འཁོར་ལོ་བྲིས་ཏེ་མཆོད་རྟེན་གྱིས་མནན། བློན་པོ་རིག་པ་ཅན་རྒྱུན་འཆད་པའི་ཕྱིར་བློན་པོའི་བླ་རི་སོག་པོ་ཁྲིས་པ་འདྲ་བའི་སྣ་བཅད། མུ་གེ་འབྱུང་བའི་ཕྱིར་མི་སྣའི་རི་འབྲས་ཀྱི་ལྦང་པ་འདྲ་བའི་རྩ་བ་བཅད། ཀླུའི་གནོད་པ་འབྱུང་བའི་ཕྱིར་མོང་མཁར་གྱི་རི་ཁྲུང་ནམ་མཁའ་ལ་ལྡིང་བ་འདྲ་བའི་མཆུ་བཅད་ཅེས་པ་དེའང་ཞིབ་ཏུ་བརྟགས་ན་རྫ་བར་སྣན་པ་ཞིག་མ་རེད། ཏུན་ཧོང་ཡིག་རྙིང་ལྟར་ན་རྒྱལ་པོ་ཁྲི་ལྡེ་གཙུག་བཙན་དགུང་ལོ་བདུན་གྱི་ཐོག་གྱིམ་ཤིང་ཀོང་ཇོ་ཁབ་ཏུ་བཞེས་པ་དང་། 《ཐང་ཡིག་གསར་རྙིང》ལྟར་ན་རྒྱལ་པོ་དགུང་ལོ་བཅུ་གསུམ་ཐོག་གྱིམ་ཤིང་ཀོང་ཇོ་ཁབ་ཏུ་བཞེས། དེས་ན་རྒྱལ་པོ་དགུང་ལོ་བདུན་ནམ་བཅུ་གསུམ་ཅན་ཞིག་ལ་བཙུན་མོ་དེ་དང་ལོ་མཉམ་པ་ཞིག་བསུ་བ་ལས། ལོ་ཉི་ཤུ་ལྷག་ལ་སོན་པའི་བུད་མེད་ཅིག་ལེན་མི་སྲིད། གྱིམ་ཤིང་ཀོང་ཇོ་བོད་ལ་ཕེབས་དུས་ལོ་ན་ཆུང་བ《ཐང་ཡིག་གསར་མ》ལས། "གོང་མས་ཀོང་ཇོ་ལོ་ན་གཞོན་པར་སེམས་ནས་དར་དང་གོས་ཆེན་ཡུག་ཁྲི་ཕྲག་འགའ་ཙམ་དང་། རྩེད་མོ་མཁན་དང་བཟོ་པ་སྣ་ཚོགས་པའི་ཇོང་སྐུ་གྲུ་ནོམ་པ་བསྐུར་ཅིང་། ཆིག་ཚེ་ཞེས་བྱའི་རོལ་མོ་དཀྲོལ་མཁན་ཀྱང་མངགས། ……གོང་མ་སྙིང་རྗེ་ཚད་མེད་པ་ཞིག་སྐྱེས་ནས། ཧི་ཕིན་ཞན་གྱི་བཙོན་མ་རྣམས་བཙོན་བཀྲོལ་བཏང་།" ཞེས་བཀོད་པ་ལས་ཀྱང་མངོན་པར་མཚོན། དེས་ན་གྱིམ་ཤིང་ཀོང་ཇོ་བོད་ལ་ཕེབས་ཚེ་དགུང་ལོ་བཅུ་ལྷག་ཅིག་ཡིན་པའི་དབང་དུ་བཏང་ན་རྒྱ་ཡུལ་དུ་རྩིས་སོགས་རིག་གནས་ལ་དེ་འདྲ་མཁས་པར་སྦྱང་ཁོམ་མེད་པས། བོད་ཀྱི་བླ་རི་སེང་གེ་གནམ་འཕྱོང་འདྲ་བའི་རྩེ་མོར་མངལ་ཁྲག་གིས་འཁོར་ལོ་བྲིས་ཏེ་མཆོད་རྟེན་གྱིས་མནན་ན་རྗེའི་གདུང་རབས་འཆད་པ་དང་། བླ་རི་སོག་པོ་ཁྲིས་པ་འདྲ་བའི་སྣ་བཅད་ན་བློན་པོ་རིག་པ་ཅན་གྱི་རྒྱུན་འཆད་པ། མི་སྣའི་རི་འབྲས་ཀྱི་ལྦང་པ་འདྲ་བའི་རྩ་བ་བཅད་ན་བོད་

ལ་སྨུ་གེ་འབྱུང་བ། རི་ཁྱུང་མཁའ་ལ་ལྡིང་བ་འདྲ་བའི་མཆུ་བཅད་ན་གླུའི་གནོད་པ་འབྱུང་བ་ཤེས་མི་སྲིད། གལ་ཏེ་ཁོང་མོ་རྩིས་དང་ས་དཔྱད་ལ་མཁས་པ་ཞིག་ཡིན་ཡང་། སྐབས་དེར་སྤོབས་འཁྱོར་མངའ་ཐང་ཆེ་བའི་ཐང་རྒྱལ་རབས་ཀྱི་འཐབ་པའི་བློ་དང་། གྲོགས་ཀྱི་ངོ་བྱས་ཚོག་པའི་བོད་ཀྱི་རྗེ་བློན་རྣམས་ཀྱིས་རང་གི་གདུང་རབས་དང་། རྒྱལ་ཁབ། མི་རིགས་བཅས་ལ་མི་རབས་ནས་མི་རབས་སུ་གནོད་པའི་ལས་དེ་འདྲ་བྱེད་པར་ལྟད་མོ་བལྟས་ནས་སྡོད་མི་སྲིད།

ཡང་། བཤད་རྒྱུན་དེ་དང་ཅུང་ཟད་མི་འདྲ་བ་ཞིག་ཡོད་པ་ནི་ཉང་ཉི་མ་འོད་ཟེར་གྱིས་བརྩམས་པའི《ཆོས་འབྱུང་མེ་ཏོག་སྙིང་པོ་སྦྲང་རྩིའི་བཅུད》ལས། "རྒྱལ་པོ་ཁྲི་ལྡེ་གཙུག་བཙན་དང་། གྱིམ་ཤིང་ཀོང་ཇོ་གཉིས་ཕོ་བྲང་བྲག་དམར་ན་རིན་པོ་ཆེའི་ཁྲི་སྟེང་ན་གཟིམས་ནས་བཞུགས་པ་ལ་འཕགས་པ་འཇམ་དཔལ་གྱི་ཐུགས་ཁ་ནས་འོད་ཟེར་སྔ་ལྔའི་སྣ་ལ། གསེར་གྱི་ཁྲིའུ་ཆུང་ཆོན་གང་བ་ཞིག་གྱིམ་ཤིང་ཀོང་ཇོའི་མངལ་དུ་སྤྲོས་ནས་ཞུགས་པ་ལས། དེ་ཡང་ཡུམ་གྱི་མནལ་ལམ་ན་ཤར་ཕྱོགས་ནས་འོད་ཉི་མ་ཤར་བ་ལྟ་བུ་ཞིག་བྱུང་ནས་མངལ་དུ་ཞུགས་པ་རྨིས། ཚུལ་དེ་ལྟ་བུ་ཡབ་རྒྱལ་པོ་ལ་སྨྲས་པས། བར་སྣང་གི་ལྷ་ཕྲན་ཞིག་རང་རེའི་བུར་འོང་བ་ཡིན་ཏེ་ཡོང་གསུངས་སོ། །རྨི་ལམ་དེ་ཤིན་ཏུ་བཟང་གསུངས་ནས་ཡབ་རྒྱལ་པོ་ཤིན་ཏུ་དགྱེས་སོ། །དེ་ནས་ཡུམ་ལུས་མི་བདེ་བ་གང་ཡང་མེད་པར་འགྱུལ་བ་དང་འཕར་བ་དང་འཁྲིག་པ་ལ་སོགས་པ་བྱུང་བ་དང་། ཤེས་པ་གསལ་བ། ལུས་ཡང་བ། བདེ་བ། ཉོན་མོངས་མི་སྐྱེ་བར་གྱུར་ཏོ། །"ཞེས་པ་དེ་ལས་ཀྱང་རྒྱལ་པོ་ཁྲི་སྲོང་ལྡེ་བཙན་དེ་ཉིད་སྐྱེ་བོ་གཞན་ལས་ཁྱད་དུ་འཕགས་པ་ཞིག་ཡིན་པར་མཚོན་པ་ལས། ལོ་རྒྱུས་ཀྱི་དངོས་དོན་མང་པོ་ཡོད་པར་མི་སྣམ། རྒྱུ་མཚན་ནི། རྒྱལ་པོ་ཁྲི་སྲོང་ལྡེ་བཙན་གྱིམ་ཤིང་ཀོང་ཇོའི་ལྷུམས་སུ་ཞུགས་ཚེ་དེ་འདྲའི་ངོ་མཚར་བའི་རྨི་ལྟས་བྱུང་རྗེས། ཡབ་རྒྱལ་པོར་དེ་ལུགས་ཀྱིས་ཞུས་ནས་ཁོང་ཡང་ཤིན་ཏུ་དགྱེས་པ་

དང་། གྲིམ་ཤིང་གོང་རྗེར་མངལ་སྦྲུམ་པའི་རྟགས་ཁྱད་པར་ཅན་དེ་འདྲ་མང་པོ་ཞིག་བྱུང་བ་ཡིན་ན། གྲིམ་ཤིང་གོང་རྗེར་མངལ་སྦྲུམ་པ་རྒྱལ་པོ་ཁྲི་ལྡེ་གཙུག་བཙན་གྱིས་ཤེས་ཟིན་པས། སྣ་ནམ་བཟས་རྒྱལ་བུ་ཁྲི་སྲོང་ལྡེ་བཙན་ཕྱོགས་རྗེས་རྒྱལ་པོས་བཀའ་བཙན་པོས་སྲས་ཕྱིར་སློད་དུ་འཇུག་པ་ལས། བྱིས་པ་ལོ་གཅིག་ཙམ་ལ་རང་གི་མ་དང་ཞང་པོ་སུ་ཡིན་པ་འདྲི་བའི་དགོས་མེད་ཀྱི་ངལ་བ་དེ་འདྲ་བྱེད་དོན་སྤྱི་ཙམ་ཡང་ཡོད་པ་མ་རེད།

དེས་ན་བོད་ཀྱི་ལོ་རྒྱུས་སྨྲ་བ་རྣམས་ཀྱིས་རྒྱལ་པོ་ཁྲི་སྲོང་ལྡེ་བཙན་རྒྱ་བཟའ་ལ་འཁྲུངས་པར་གསུང་དོན་ཅི་ཡིན་ཟེར་ན། དེ་ནི་རྒྱལ་པོ་ཁྲི་སྲོང་ལྡེ་བཙན་ནི་ཆོས་སྲིད་ཟུང་གི་འཕྲིན་ལས་ལ་བཙན་པོ་གོང་མ་རྣམས་ལས་ཀྱང་མཁས་ཤིང་མཛངས་ལ། དེས་རྒྱལ་རབས་གོང་མ་རྣམས་ཀྱི་མངའ་ཁོངས་སུ་བརྟན་དུ་བཏང་ཐོག་ཨུ་མཐུད་དུ་མཐའ་བཞིར་དཔུང་འཇུག་བྱས་ནས། ཤར་མི་ཉག་ནས་ནུབ་སྟག་གཟིག་བར་དང་། ལྷོ་རྒྱ་གར་གྱི་ཚུ་བོ་གང་གཱ་ནས་བྱང་ལི་ཡུལ་བར་དུ་རྒྱ་བསྐྱེད་པས། འཛམ་གླིང་སུམ་གཉིས་ཁྱོན་ལ་དབང་བསྒྱུར། ཅེས་པ་དང་། འཛམ་གླིང་རྒྱལ་པོ་ཁྲི་སྲོང་ལྡེ་བཙན་①ཞེས་པའི་མཚན་སྙན་ཐོགས། "གཙུག་ལག་ཁང་མང་པོ་བཞེངས་པ་དང་། རབ་བྱུང་བའི་སྡེ་ཐོག་མར་བཙུགས་ཤིང་ལོ་ཙཱ་བ་མང་པོ་ཕྱོགས་གཅིག་ཏུ་བསྡུས་ཏེ། ཆོས་སྣར་ལས་མང་བ་ཞིག་བོད་ལ་བསྒྱུར་ནས་ནང་པའི་བསྟན་པ་རྒྱ་ཆེར་སྤེལ་བས། ཁྲི་སྲོང་ལྡེ་བཙན་དུས་ཀྱི་བསྟན་པ་ལྟ་བུ་རྒྱ་གར་དུ་ཡང་མ་བྱུང"②ཞེས་པའི་གཏམ་དུ་གྲགས། མདོར་ན་ཏུན་ཧོང་ཡིག་རྙིང་ལས། "བཙན་པོ་འདི་ལས་ཆབ་སྲིད་ཆེ་བ། སྔོན་ཆད་གདུང་རབས་ཀྱིས་མཛད་པ་ལ་ནི་མ་བྱུང་ངོ་། །"ཞེས་པ་ལྟར་བོད་ཀྱི་མངའ་ཁོངས་རྒྱ་བསྐྱེད་པ་དང་རིག་གནས་

① 《ཆོས་འབྱུང་མཁས་པའི་དགའ་སྟོན》དུ་གསལ།

② གོང་དང་མཚུངས།

འཕེལ་རྒྱས་སུ་གཏོང་བར་བཀའ་དྲིན་རི་རབ་ལྟར་ཆེ་བ་སྟེ། ཕྱིས་འབྱུང་ལོ་རྒྱུས་སྨྲ་བ་རྣམས་ཀྱིས་རྒྱལ་པོ་ཁྲི་སྲོང་ལྡེ་བཙན་ལ་ཆེས་ཆེར་བསྟོད་པའི་ཆེད་དུ་ཁོང་གི་ཚ་འབྲང་ཡང་ཐང་རྒྱལ་རབས་ཀྱི་རྒྱུད་ལ་གཏུགས་པ་རེད། དེ་ཡང་ཐང་རྒྱལ་རབས་ནི་སྐབས་དེར་སྟོབས་འབྱོར་མངའ་ཐང་དར་ལ་རྒྱས་པའི་རྒྱལ་ཁབ་ཡིན་པ་དང་། རྒྱ་ནག་གོང་མ་ལ་འཇམ་པའི་དབྱངས་ཀྱི་སྤྲུལ་པ་མང་དུ་གྲོན། ཅེས་པ་དང་། “འཇམ་དབྱངས་གོང་མ”སོགས་སུ་འབོད་པའི་རྐྱེན་གྱིས་སོ། །དེ་ནི་རྒྱ་གར་བྲམ་ཟེ་རིགས་ཀྱི་རིགས་རུས་མཆོག་དམན་གྱི་ལྟ་བའི་ཤན་ཤུགས་ཏེ། རང་རེ་བོད་ལ་སྦྱར་ན་ཡོད་པ་རྒྱལ་པོ་གཉའ་ཁྲི་བཙན་པོའི་རུས་རྒྱུད་ཤཱཀྱ་རྒྱལ་རྒྱུད་ལ་གཏུག་པ་དང་། བོད་རིགས་ནི་རྒྱ་གར་གྱི་རྒྱལ་པོ་རུ་པ་ཏི་ལས་མཆེད་པར་བཤད་པ། སྤྲེན་པོ་རུ་ལས་སྐྱེས་ཡར་ལ་ཤམ་པོའི་བུར་སྐྱེས་པ། གླིང་རྗེ་གེ་སར་ལྷ་ཚངས་པའི་སྲས་སུ་འཁྲུངས་པ་སོགས་ཀྱིས་མཚོན།

ཡང་ན། རྒྱ་བོད་གཉིས་རྒྱལ་པོ་གནམ་རི་སྲོང་བཙན་གྱི་སྐུ་རིང་ནས་འབྲུག་རྫོད་བྱས་པའི་འཁོན་སེམས་དོར་ཏེ། མི་རབས་ནས་མི་རབས་སུ་ཕན་ཚུན་མཛའ་བརྩེ་མཐུན་སྒྲིལ་ཡོང་བའི་དོན་དུ་ལོ་རྒྱུས་སྨྲ་བ་རྣམས་ཀྱིས་སྐྱུ་གུའི་རྩེ་མོའི་སྒྱུ་འཕྲུལ་ལ་བརྟེན་ནས་སྔ་ནམ་བཟའ་བཞི་སྟེངས་ལ་འཁྲུངས་པའི་རྒྱལ་བུ་ཁྲི་སྲོང་ལྡེ་བཙན་དེ་གྱིམ་ཤིང་ཀོང་ཇོར་བྱིན་ནམ་སྙམ།

རྒྱལ་པོ་ཁྲི་སྲོང་ལྡེ་བཙན་གྱིམ་ཤིང་ཀོང་ཇོ་ལ་འཁྲུངས་པ་ཡིན་མིན་རྒྱལ་པོ་དེ་འཁྲུངས་པའི་ལོ་ཚིགས་ལ་དཔྱད་ན་འང་གསལ་པོར་རྟོགས། དེ་ཡང་ལོ་རྒྱུས་ཡིག་ཚང་རྣམས་ཁ་མི་མཐུངས་པ་ནི། ཚལ་པ་ཀུན་དགའ་རྡོ་རྗེས་བརྩམས་པའི་《དེབ་ཐེར་དམར་པོ》དང་། ས་སྐྱ་བསོད་ནམས་རྒྱལ་མཚན་གྱིས་བརྩམས་པའི་《རྒྱལ་རབས་གསལ་བའི་མེ་ལོང》 དཔའ་བོ་གཙུག་ལག་ཕྲེང་བས་བརྩམས་པའི་《ཆོས་འབྱུང་མཁས་པའི་དགའ་སྟོན》སོགས་སུ་ལུགས་ཧ་སྟེ་སྤྱི་ལོ་790ལ་འཁྲུངས་

ནས། སྤྱི་ལོ་794ལ་ཁྲིམ་ཞིང་ཀོང་ཇོ་འདས་པར་གསུངས། ལོ་ཚིགས་དེ་ལྟར་ན་ཁྲིམ་ཞིང་ཀོང་ཇོ་ཐང་ཏའེ་ཙུང(唐代宗)གི་ཀོང་ཧྲེའི་ཁྲི་ལོ་གཉིས་པ(སྤྱི་ལོ་764)ལ་བོད་དུ་སླེབས་པ་ཡིན་པས།① 《ཐང་ཡིག་རྙིང་མ》ལས། "གོང་མ་ཀྲུང་ཙུང་②ནས་རང་གིས་གཉེར་བའི་དབྱུང་ཕང་རྩིག་ལི་བྱ་བའི་སྲས་མོའི་མིང་དུ་ཅིན་ཁྲིན་ཀོང་ཇོར་གསོལ་ནས་སྟོད་དུ་བརྫངས།" ཟེར་བ་དང་། སྤྱི་ལོ་823ལ་ལྷ་སའི་གཙུག་ལག་ཁང་གི་མདུན་དུ་བཙུགས་པའི《དཔོན་ཞང་རྡོ་རིང》གི་ཤར་ངོས་སུ་རྒྱལ་པོ་ཁྲི་ལྡེ་གཙུག་བཙན་གྱིས་ཅིན་ལྲུང་ཟེར་བ་གོང་མ་ཐང་ཀྲུང་ཙུང་གི་ཁྲི་ལོ་ལ་ཁྲིམ་ཞིང་ཀོང་ཇོ་ཁབ་ཏུ་བླངས་ནས། དཔོན་ཞང་དུ་གྱུར་ཟེར་བ་དང་བར་ཐག་ཧ་ཅང་རིང་བ་རེད། དེ་མིན་སྤྱི་ལོ་790ནི་གོང་མ་ཐང་ཏེ་ཙུང(唐德宗)ཁྲིར་བཞུགས་པའི་ལོ་བཅུ་གཉིས་པར་བབ་པས། རྒྱལ་པོ་ཁྲི་སྲོང་ལྡེ་བཙན་གྱིས་བློན་སྟག་དགྲ་ཀླུ་ཁོང་གི་དམག་འཐབ་བྱས་རྗེས་ལ་བསྟོད་བསྔགས་བྱེད་ཆེད་བཙུགས་པའི་ལྷ་སའི་པོ་ཏ་ལ་མདུན་གྱི་ཞོལ་རྡོ་རིང་ངོས་སུ། "ཀེང་ཤིར་དྲང་བའི་དམག་དཔོན་ཆེན་པོར་ཞང་མཆིམས་རྒྱལ་ཟིགས་ཤུ་ཐེང་དང་། བློན་སྟག་སྒྲ་ཀླུ་ཁོང་གཉིས། བཀལ་སྐུལད་དེ། ཀེང་ཤིར་དྲངས་ནས། ཅེའུ་ཅིར་གྱི་རབ་ངོགས་སུ་རྒྱ་དང་ཐབ་མོ་ཆེན་པོ་བྱས་ཏེ། བོད་ཀྱིས་གཡུལ་བཟློག་ནས། རྒྱ་མང་པོ་བདུངས་པས། རྒྱ་རྗེ་ཀྭང་པེང་ཧྭང་ཡང་། ཀེང་ཤིའི་མཁར་ནས་ཕྱུང་སྟེའ་སྐྱེམ་ཅེའུར་བྲོས"③ཞེས་པ་དང་། 《ཐང་ཡིག་རྙིང་མ》ལས། "ཀོང་ཧྲེའི་ཁྲི་ལོ་དང་པོར(སྤྱི་ལོ་763)……སྟོད་ཀྱིས་འཞ་དང་ཏང་ཞང་གི་འཇང་པ་བསྒོམས་པས་དམག་ཁྲི་ཚོ་ཉི་ཤུ་ལྷག་ཁྲིད་དེ། ལྲུང་ཀོང་ཏུའུ་ནས་ཤར་ཕྱོགས་སུ་རྒོལ་བར་འོངས། ཀོ་ཅི་དབྱི་ཡིས་དམག་ཕྱིར་དྲངས། གོང་མའང་

① ཁྲིམ་ཞིང་ཀོང་ཇོ་བོད་དུ་ལོ་སུམ་ཅུ་བཞུགས་པར་རྒྱ་བོད་ཡིག་ཚང་ཕལ་ཆེ་བ་གཅིག་ཏུ་མཐུན། དེས་ན་ཀོང་ཇོའི་འདས་ལོ་ལས་བོད་དུ་བཞུགས་པའི་ལོ་གྲངས་སུམ་ཅུ་འཐེན་ན་ལྷག་གྲངས་དེ་སྤྱི་ལོ་764ལ་འབབ་པས་སོ། །(794—30=764)

② ཐང་ཀྲུང་ཙུང་ནི་སྤྱི་ལོ་705—710བར་གྱི་ཐང་གོང་མ་ཡིན།

③ ཀྭང་པེང་ཧྭང་ནི་ཐང་རྒྱལ་རབས་ཀྱི་གོང་མ་ཐང་ཏའེ་ཙུང(唐代宗)ཞེས་པའོ། །

ཧྭན་ཀྲིག་ཏུ་ཕེབས། རྒྱལ་ས་ཤོར། སྟོད་དུ་མགོ་བཏགས་པའི་དམག་དཔོན་ཀོ་བྱེ་བས་སྟོད་དམག་ཁྲིད་དེ་ཧྲང་ཏུའུ་མཁར་དུ་སླེབས། སྟོད་ཀྱི་དམག་དཔོན་ཆེན་པོ་སྟག་སྒྲ་ཀླུ་གོང་སོགས་ཀྱིས་ལྀན་ཧྲང་གི་སྲས་གོང་ཧྲུའུ་ཧྲང་ཝིས་ཁྲིན་ཧྥོང་བྱེ་བ་གོང་མར་བསྐོས"ཞེར་བའང་རྒྱལ་པོ་ཁྲི་སྲོང་མ་འཁྲུངས་གོང་གི་ལོ་རྒྱུས་ཡིན་དགོས་པས་ཚད་མར་འཛིན་མི་ཐོད།

ལོ་ཚིགས་དེ་དང་མི་མཐུན་པ་ནི་ཏུན་ཧོང་ཡིག་རྙིང་ལས། "ཡོས་བུའི་ལོ་ལ(སྤྱི་ལོ739)བཙན་པོ་དབྱརད་ཆབ་སྲིད་ལ་བེག་དུ་གཤེགསྟེ། སྲས་ལྷས་བོན་ཐྲོན་ན་བཞུགས། བཞུགས་པ་ལས་ནོངས། བཙན་པོ་ཡབ་དགུན་བོད་ཡུལ་དུ་སླར་གཤེགས། བཙན་མོ་ཀིམ་ཧོང་ཅོ་ནོངས་པར་ལོ་ཆིག །……'རྟའི་ལོ(སྤྱི་ལོ742)……བཙན་པོ་ཁྲི་སྲོང་ལྡེ་བརྩན་བྲག་མར་དུའ་བལྟམ"ཞེས་པ་དེ་རེད། དེ་རྒྱལ་དབང་ལྔ་པ་ཆེན་པོས་རྒྱལ་པོ་ཁྲི་སྲོང་ལྡེ་བཙན་ཆུ་རྟ་ལོར་འཁྲུངས་པར་གསུངས་པ་དང་ཀུན་ནས་མཐུན་ལ། 《ཐང་ཡིག་རྙིང་མ》ལས། "ཐེན་པོ་ཡི་ཁྲི་ལོ་བཅུ་བཞི་པ(སྤྱི་ལོ755)ལ་བཙན་པོ་ཁྲི་ལྡེ་གཙུག་བཙན་དགུང་དུ་གཤེགས། རྒྱལ་བུ་ཁྲི་སྲོང་ལྡེ་བཙན་རྒྱལ་སར་བསྐོས"ཞེར་བར་ཡང་མི་འགལ་ཏེ། ཡིག་ཚང་ཕལ་ཆེ་བར་ཁྲི་སྲོང་ལྡེ་བཙན་གྱིས་དགུང་ལོ་བཅུ་གསུམ་ཐོག་རྒྱལ་ས་བཟུང་ཞེར་བ་ལྟར་བརྩིས་ན(རྒྱལ་སར་བསྐོས་པའི་ལོ་གྲངས་ལས་དགུང་ལོ་བཅུ་གསུམ་འཐེན་ན་ལྷག་གྲངས742ཡིན)དེ་འཁྲུངས་ལོ་སྤྱི་ལོ742ལ་འབབ་པས་སོ། །དེ་མིན་ལྷ་སའི་པོ་ཏ་ལ་མདུན་གྱི་ཞོལ་རྡོ་རིང་དང་། ཏུན་ཧོང་ཡིག་རྙིང་། 《ཐང་ཡིག་རྙིང་མ》སོགས་སུ་རྒྱལ་པོ་ཁྲི་སྲོང་ལྡེ་བཙན་གྱི་རིང་ལ(སྤྱི་ལོ763)བློན་པོ་སྟག་སྒྲ་ཀླུ་ཁོང་གིས་བོད་དམག་ཁྲི་ཕྲག་འགའ་ཁྲང་ཨན་ལ་དྲངས་ནས་རྒྱ་རྗེ་ཐང་ཏའི་ཙུང(唐代宗)ཁྲི་ལས་ཕབ་ཅེས་བཀོད་པ་ལའང་མི་འགལ་བས་ཙུང་ཟད་དག་པར་སྙམ། དེས་ན་ཏུན་ཧོང་ཡིག་རྙིང་དུ་རྒྱལ་པོ་ཁྲི་སྲོང་ལྡེ་བཙན་དེ་གྱིམ་ཤིང་གོང་ཇོ་དང་འཇང་ཚ་ལྷ་དབོན་གཉིས་འདས་པའི་

ལོ་གསུམ་པ་སྟེ་སྤྱི་ལོ་742ལ་ད་གཟོད་འཁྲུངས་པར་བགོད་པས། ཁྲིམ་ཤིང་གོང་རྗེ་དང་ཁྲི་སྲོང་ལྡེ་བཙན་གཉིས་ཡུམ་སྲས་སུ་འགྱུར་ཐབས་མེད་པ་རེད། ཁྲིམ་ཤིང་གོང་རྗེ་སྤྱི་ལོ་739ལ་གཤེགས་པ《ཐང་ཡིག་གསར་མ》ལས་ཀྱང་གསལ་པོར་བགོད་པས་སོ། །

བོད་ཀྱི་གནའ་བོའི་ཡིག་རྙིང་དང་རྒྱའི་ཡིག་ཚང་གཉིས་ཀྱི་གསུང་སྒྲོས་གཅིག་ཏུ་མཐུན་པ་འདི་མཐོང་ན། བོད་ཀྱི་ཡོངས་གྲགས་ཀྱི་ལོ་རྒྱུས་རྣམས་སུ་རྒྱལ་པོ་ཁྲི་ལྡེ་གཙུག་བཙན་གྱིས་འཇང་མོ་ཁྲི་བཙུན་ཁབ་ཏུ་བཞེས་པར་སྲས་འཇང་ཚ་ལྷ་དབོན་ཞེས་པ་ལྟ་བས་ཚིག་མི་ཤེས་པའི་མཛེས་སྤྲུག་ཅན་ཞིག་འཁྲུངས་པ་ལ། བོད་ན་དེའི་བཙུན་མོར་འོས་པའི་ཆུང་མ་མ་རྙེད་པར་མེས་པོ་སྲོང་བཙན་སྒམ་པོའི་ལུགས་སུ་བྱེ་ཟེར་ནས་ཁྲིམ་ཤིང་གོང་རྗེ་བསུས་པ་དང་། གོང་རྗེ་བོད་ལ་མ་སླེབས་གོང་འཇང་ཚ་ལྷ་དབོན་དེ་རྟས་བསྐྱུར་ཏེ་འདས(འཇང་ཚ་ལྷ་དབོན་གྱིས་གཉགས་ཀྱི་བུ་མོ་མ་བླངས་པའི་འཁོན་གྱིས་གཉགས་ཁྲི་བཟང་ཡང་སྟོན་གྱིས་རྒྱལ་བུ་བཀྲོངས་ཟེར་བའི་བཤད་རྒྱུན་ཡང་ཡོད)པས། ཡབ་རྒྱལ་པོའི་བཙུན་མོ་བྱས་ཚུལ་སོགས་གསུངས་པར་ཡང་ཡིད་ཆེས་རང་ཤུགས་ཀྱིས་ཉམས་པར་འགྱུར་ངེས་རེད།

དེས་ན་ཁོ་བོས་བསམས་ན《ཏུན་ཧོང་ནས་ཐོན་པའི་བོད་ཀྱི་ལོ་རྒྱུས་ཡིག་ཆ》ལས། "ཁྲི་ལྡེ་གཙུག་བརྟན་དང་། སྣ་ནམ་ཟའ་མང་མོ་རྗེ་བཞི་སྟེང་དུ་བཤོས་པའི་སྲས། ཁྲི་སྲོང་ལྡེ་བརྟན"ཞེས་པ་དེ་དོན་དང་ལྡན་པར་སྙམ། རྒྱུ་མཚན་ནི། ཏུན་ཧོང་ཡིག་རྙིང་གི་ཚིག་སྦྱོར་དང་ཡིག་ཚུགས། ནང་དོན་ཕལ་ཆེར་བོད་ཀྱི་བཙན་པོ་དུས་སྐབས་སུ་བཙུགས་པའི་ཞོལ་རྡོ་རིང་དང་། 《བསམ་ཡས་གཙུག་ལག་ཁང་གི་རྡོ་རིང་ཡི་གེ》《ཁྲི་ལྡེ་སྲོང་བཙན་གྱི་བང་སོའི་མདུན་གྱི་རྡོ་རིང་ཡི་གེ》《གོང་པོ་དེ་མོ་ས་ཁུལ་གྱི་བྲག་བརྐོས་ཡི་གེ》《དབོན་ཞང་རྡོ་རིང་གི་ཡི་གེ》 ལི་ཡུལ་བྱེ་མའི་འོག་ནས་ཐོན་པའི་གཏེར་ཡིག་བཅས་དང་ཀུན་ནས་མཚུངས་ཤིང་། ཕྱིས་བྱུང་

མཁས་པ་རྣམ་པའི་སྨྲ་གུའི་རྩེ་མོས་མ་རེག་པས། བོད་ཀྱི་ད་ཡོད་ཡིག་ཚང་ལས་སྤྱི་ཐོས་དང་ཆེས་ཁུངས་བཙན་པའི་གཏེར་ཡིག་ཡིན་པས་སོ། །

རྒྱལ་པོ་ཁྲི་སྲོང་ལྡེ་བཙན་དེ་ཉིད་རྒྱ་བཟའ་ཀྱིམ་ཤིང་ཀོང་ཇོར་འཁྲུངས་པ་མིན་ན་བོད་ཀྱི་ལོ་རྒྱུས་ཡིག་ཆ་ཕལ་ཆེ་བ་དང་དབོན་ཞང་རྗོ་རིང་ངོས་སུ། གནམ་ལ་ཉི་ཟླ་ཟུང་གཅིག་དང་། ས་ལ་བཙན་པོ་དབོན་ཞང་ཞེས་པར་ཡང་དོན་གྱི་སྙིང་པོ་མེད་དམ་ཟེར་ན། དེ་ག་ལ་ཡིན་ཏེ་གཏན་ནས་མིན། དབོན་ཞང་རྗོ་རིང་དང་ཏུན་ཧོང་ཡིག་རྙིང་། 《ཐང་ཡིག་གསར་རྙིང》སོགས་ལ་བརྟགས་ན་དབོན་ཞང་ཞེས་པ་དེ་ཨ་ཞང་དང་མག་པའི་གཉེན་འབྲེལ་ལ་གོ་བ་ལས་ཨ་ཞང་དང་ཚ་བོ་ཙམ་ལ་སྟོན་གྱི་མེད། དེ་ཡང་དབོན་ཞང་རྗོ་རིང་གི་ཤར་ངོས་སུ། "འཕྲུལ་གྱི་ལྷ་བཙན་པོ་ཁྲི་སྲོང་བཙན་དང་། རྒྱ་རྗེ་ཐའི་ཙོང་ཝུན་ཝུ་ཞེང་ཧྭང་ཏེ་གཉིས། ཆབ་སྲིད་གཅིག་ཏུ་མོལ་ནས། ཅེང་ཀྭན་གྱི་ལོ་ལ། ཨུན་ཀོང་ཅོ། བཙན་པོའི་ཁབ་ཏུ་བླངས། ཕྱིས་འཕྲུལ་གྱི་ལྷ་བཙན་པོ་ཁྲི་ལྡེ་གཙུག་བརྟན་དང་རྒྱ་རྗེ་སམ་ལང་ཁའེ་འགྭན་ཤེང་བྷུན་ཤིན་ཝུ་ཧྭང་ཏེ་གཉིས། ཆབ་སྲིད་གཅིག་ཏུ་མོལ་ཏེ། གཉེན་བརྩེགས་ནས། གེང་ལུང་གི་ལོ་ལ་ཀིམ་ཤིང་ཀོང་ཅོ། བཙན་པོའི་ཁབ་ཏུ་བླངས་ནས། དབོན་ཞང་དུ་འགྱུར"ཞེས་པ་དེས་དབོན་ཞང་ཟེར་བའི་ཐ་སྙད་ནི་རྒྱལ་པོ་སྲོང་བཙན་སྒམ་པོས་ལྷུན་ཁྲིན་ཀོང་ཇོ་ཁབ་ཏུ་བཞེས་པ་དང་། རྒྱལ་པོ་ཁྲི་ལྡེ་གཙུག་བཙན་གྱིས་ཀྱིམ་ཤིང་ཀོང་ཇོ་ཁབ་ཏུ་བཞེས་ནས་རྒྱ་བོད་གཉིས་ཨ་ཞང་དང་མག་པར་གྱུར་པ་ལས་བྱུང་བ་གསལ་པོར་བསྟན་ཡོད་པ་རེད།

དབོན་ཞང་ཞེས་པ་དེ་མག་པ་དང་ཨ་ཞང་གི་འབྲེལ་བ་ལ་ཟེར་བ་བོད་རྒྱལ་ཁྲི་ལྡེ་གཙུག་བཙན་གྱིས་རྒྱ་རྗེ་ཐང་ཞོན་ཙུང་ལ། "དབོན་དེད་ནི་གོང་མ་ཞང་སྤྱ་མའི་ཉེ་བོ་ལགས། སྔར་ཀྲང་ཞོན་པེའོ་དང་ལི་ཀྲི་ཀུའུ་བྱ་བ་གཉིས་ཀྱིས་ཕྲ་མ་བཙུག་པས་དབོན་ཞང་བར་འཁོན་བྱུང་། ལྷུན་ཁྲིན་ཀོང་ཇོ་དང་ཅིན་ཁྲིན་ཀོང་ཇོ་གཉིས

ཀྱི་ངོ་ལ་བལྟས་ནས་དབོན་གྱིས་ལུགས་མེད་ཀྱི་བྱ་བ་བགྱིད་ག་ལ་སྲིད། ཞང་པོ་བོ་ན་སོ་གཞོན་པས་ས་མཚམས་ཀྱི་དམག་དཔོན་དག་གི་གཡོ་འོག་ཏུ་ཚུད། གལ་སྲིད་སྒྲོད་དེ་མེད་པར་བཏང་ན་པོ་བོ་ཤི་ཡང་འདོད་པ་ཚིམ་པ་ཡིན། ལར་ལོ་ཁྲི་སྟོང་ཙམ་ཕྱིན་ཀྱང་ངེད་ནི་སྔ་བ་བྱས་ཏེ་བཀའ་གཙིགས་དང་འགལ་སེམས་མེད་"①ཅེས་ཕྱག་འཕྲིན་བཏང་བ་ལས་ཀྱང་མངོན་པར་མཚོན་པ་སྟེ། དབོན་ཞེར་བ་དེ་ཚ་བོ་ཁོ་ནའི་དོན་ཡིན་ན་རྒྱལ་པོ་ཁྲི་ལྡེ་གཙུག་བརྟན་ཡང་རྒྱ་བཟའ་ཞིག་ལ་འཁྲུངས་པའི་རྒྱ་ཚ་ཡིན་དགོས་པ་རེད། ཁོང་རང་གིས་ཕྱག་འཕྲིན་དུ"དབོན་ངེད"ཅེས་རྒྱའི་དབོན་ཡིན་པ་ཁས་བླངས་པའི་ཕྱིར་རོ། །ཁྲི་ལྡེ་གཙུག་བཙན་རྒྱ་ཚ་ཡིན་ཞེར་བའི་བཤད་ཚུལ་ཐོས་མ་མྱོང་ལ། ཡིན་ཞེར་མཁན་ཡང་འབྱུང་ཡོད་ཀྱི་མ་རེད། ཡང་།《ཏུན་ཧོང་ནས་ཐོན་པའི་གནའ་བོའི་བོད་ཡིག་ཤོག་དྲིལ》གྱི་ནང་ཚན《ལི་ཡུལ་དུ་སངས་རྒྱས་ཆོས་ལུགས་དར་ཚུལ་སྐོར》ལས། "དུས་དེ་ཙམ་ན། བོད་ཀྱི་ལྷ་བཙན་པོ(སྲོང་བཙན)དང་། རྒྱ་རྗེས་ཡང་དབོན་ཞང་དུ་མཛད་ནས། ཀོང་ཅོ་ཡང་ལྷ་བཙན་པོའི་ཁབ་ཏུ་བཞེས་སྟེ། ཀོང་ཅོས་བོད་ཡུལ་དུ་གཙུག་ལག་ཁང་ཆེད་པོ་གཅིག་བརྩིགས་ནས། །རྐྱེན་རིས་ཀྱང་བཅད་དེ། དགེ་འདུན་རིལ་གྱིས་ཀྱང་དེར་གཤེགས་ནས། འཚོ་བ་ཡང་ཀོང་ཅོས་སྦྱར"②ཞེས་དབོན་ཞང་ཞེར་བ་དེ་མག་པ་དང་ཨ་ཞང་ལའང་གོ་བ་ལྷག་པར་གསལ་པོར་བསྟན་ཡོད་པ་རེད།། །།

① 《ཐང་ཡིག་གསར་མའི》ཤོག་ངོས་46ཏུ་གསལ།

② 《དེབ་དཀར》དུ། ཞང་ཕྱོགས་འདིར(ལི་ཡུལ)བསྟན་པ་རྒྱ་ཆེར་དར་བ་ལས། སྲོང་བཙན་གྱི་སྐུ་དུས་ཙམ་ན་ཆོས་བསྣུབས་པས་དགེ་སློང་རྣམས་བོད་དང་རྒྱ་གར་དུ་བྲོས་ཞེས་པར་གཞིགས་ན་སྐབས་དེའི"ལྷ་བཙན་པོ"ནི་རྒྱལ་པོ་སྲོང་བཙན་ནོ། །

༄༅། །བོད་རིགས་དང་ཀློ་པ་རིགས་བར་གྱི་འབྲེལ་བ་བཤད་པ།

དེ་ཡང་བོད་ལྗོངས་ཀྱི་ཤར་རྫ་ཡུལ་ནས་ནུབ་མོན་ཡུལ་བར་དང་། ཀློ་རྒྱ་གར་ནས་བྱང་ཡར་ཀླུང་གཙང་པོའི་བར་གྱི་ས་ཡི་ཁྱོན་ཆེན་པོ་དང་། སྨིན་གླིང་། ལྷུན་རྩེ་སོགས་རྫོང་དུ་གནས་པའི་མི་རྣམས་ལ་གནའ་བོའི་དུས་སུ་ཀློ་པའམ་ཀློ་པ་ཟེར་ཞིང་། སྤྱི་ལོ་1965ལ་རྒྱལ་སྲིད་སྤྱི་ཁྱབ་ཁང་གིས་ཆོག་མཆན་བཀོད་ནས་ཀློ་པ་རིགས་ཞེས་ཁྱབ་བསྒྲགས་བྱས། དེ་ལྟར་ཆུ་བོ་རེ་ལ་འབྱུང་ཁུངས་རེ་དང་མི་རིགས་རེ་ལ་རུས་ཁུངས་རེ་ཡོད་པ་ལྟར་མི་རིགས་འདི་ཉིད་མཆེད་སའི་ཡུལ་དང་རུས་གང་ཡིན་སྐོར་ལ། ཁོ་བོ་དངོས་སུ་ཀློ་ཡུལ་དུ་འགྲོ་བའི་སྐལ་བ་མ་ལྡན་ལ་དཔྱད་གཞིའི་ཡིག་ཆའང་ཧ་ཅང་དཀོན་པས་གསལ་པོ་ཞིག་བརྗོད་པར་དཀའ་མོད། འོན་ཏེ་གང་ལྟར་ཀློ་པའི་ཚོ་ཁག་སོ་སོའི་ངག་རྒྱུན་དང་། གོམས་སྲོལ། ཆོས་ལུགས་དད་མོས། དེ་མིན་གནའ་རྫས་སོགས་ལ་དཔྱད་པ་བཏང་ན་བོད་དང་འབྲེལ་བ་ཧ་ཅང་དམ་པོ་ཡོད་པས་གཤམ་དུ་འདིའི་སྐོར་ཞིབ་པར་སྤྲོས་ན།

དང་པོ། ཀློ་པའི་ངག་རྒྱུན་ལ་དཔྱད་པ།

དེ་ཡང་ཀློ་པ་རིགས་ལ་ཚོ་ཁག་མང་དུ་ཡོད་ཅིང་ཚོ་ཁག་སོ་སོའི་མཆེད་ཚུལ་ལ་བཤད་སྲོལ་ཀུན་མི་འདྲ་བ་རེ་ཡོད་པ་དཔེར་ན། སྨིན་པ(米古巴)ཚོ་པས་ཁོ་ཚོ་

ནི་བྱང་ཕྱོགས་སྤོ་མིས་ཡུལ་ནས་འོངས་པར་བཤད་ཅིང་། རྫ་ཡུལ་དང་ཉེ་བའི་ཡི་ཏུའུ(义都)ཚོ་པས་ཁོ་ཚོའི་མེས་པོ་ནི་འབའ་ཐང་ཕྱོགས་ནས་ལྷོ་ཕྱོགས་ཚ་བ་ལུང་དུ་གནས་སྤོས་རྗེས། ཡང་ནུབ་ཕྱོགས་སུ་བསྐྱོད་ནས་ཨ་ནི་ནིའི་ཉེ་འདབས་སུ་སླེབས་ཞེས་པ་དང་། ཡང་ན་ཁོ་ཚོའི་མེས་པོ་དང་ཐོག་བྱང་ཕྱོགས་བོད་ཁུལ་དུ་ཡོད་པ་ལས་ལྷོ་ཕྱོགས་སུ་སྤོས་ནས་ད་ལྟའི་གནས་ཡུལ་དུ་བཅའ་སྡོད་བྱས་པ་ཡིན་ཟེར། སྟག་མོ་ཚོ་པ་དང་ཐོག་མེ་ཧོག་རྒྱུད་དུ་སྡོད་ཅིང་། ཧ་ལམ་ལོ་ཉིས་བརྒྱ་ཡས་མས་ཀྱི་སྔོན་དུ་མོན་ལྷོ་མི་རིགས་བར་དུ་འགལ་བ་བྱུང་ནས་འཁྲུག་རྩོད་ཙུང་ཆེན་པོ་བྱས་པ་ལས་ལྷོ་པ་ཕམ་པས། ལྷོ་ཕྱོགས་སུ་ཏུ་བ་སྤོས་ནས་ད་ལྟའི་གནས་ཡུལ་དུ་སླེབས་པ་དང་། པ་ཏམ་དང་ཤྲུ་མུན་སོགས་ཚོ་པ་ཁག་ལའང་བྱུང་ནས་ལྷོར་གནས་སྤོས་པའི་ལོ་རྒྱུས་ཀྱི་ངག་རྒྱུན་ཡོད་ཅིང་།① ཡང་འབོར་དཀར་ཚོ་པའི་ངག་རྒྱུན་ལ། “གནའ་རབས་སུ་བོད་ལ་ཨ་བོ་ཟླ་ཉིད་དང་། ཟླ་ཟློ་ཞེས་པའི་བུ་སྤུན་གཉིས་བྱུང་ཞིང་། ཟླ་ཟློ་བོད་དུ་བསྡད་པ་དང་། ཟླ་ཉིད་ཀློ་ཡུལ་དུ་སོང་ནས་བསྡད་པ། ཟླ་ཉིད་ལ་བུ་བཞི་བྱུང་ཞིང་། བུ་རྒན་པ་སྟོང་པོ་ཟེར་བ་དེས་ཀློ་ཡུལ་གྱི་སྤྲོ་ལོ་ཟེར་བའི་ལུང་ཚན་བཟུང་ནས་བསྡད་པ་དང་། བུ་གཉིས་པ་དཀར་པོ་ཞེས་པ་དེས་མ་ཙི་སྨང་གི་ལུང་ཚན་བཟུང་ནས་བསྡད་པ། བུ་གསུམ་པ་མེ་ཧོག་ཁུལ་ཤིང་སྒོང་དུ་བསྡད་པ། བུ་བཞི་པ་གནས་ཤིས་ཁུལ་དུ་བསྡད་པ་བཅས་ལ་བརྟེན་ད་ལྟའི་སྐབས་སུའང་མེ་ཧོག་ཁུལ་དང་མ་ཙི་སྨང་པའི་ཁུལ་སོགས་གོང་གསལ་བུ་བཞི་བསྡད་པའི་ལུང་ཚན་ཚང་མས་ང་ཚོ་ཚང་མ་བུ་སྤུན་ཞེས་ཤོད་ཀྱིན་ཡོད”②ཟེར། གཞན་ཡང་རྒྱལ་ལུང་ཚོ་པས་ཁོ་ཚོའི་མེས་པོ་དང་བོད་ཀྱི་མེས་པོ་ནི་སྤུན་མཆེད་ཡིན་ཞིང་དང་ཐོག་བོད་ཁུལ་

① བོད་ལྗོངས་མི་དམངས་དཔེ་སྐྲུན་ཁང་གིས་1987ལོའི་ཟླ་10པར་པར་སྐྲུན་བྱས་པའི《ལྷོ་པ་རིགས་ཀྱི་ལོ་རྒྱུས་མདོར་བསྡུས》ཀྱི་ཤོག་གྲངས་8པ་ནས་10པའི་བར་དུ་གསལ།

② མི་རིགས་དཔེ་སྐྲུན་ཁང་གིས་1988ལོའི་ཟླ་6པར་པར་སྐྲུན་བྱས་པའི《བོད་ཀྱི་ལོ་རྒྱུས་རིག་གནས་དཔྱད་གཞིའི་རྒྱུ་ཆ་བདམས་སྒྲིག》(སྤྱིའི་འདོན་ཐེངས་10པ)གི་ཤོག་གྲངས་60པར་གསལ།

ཏུ་བསྟད་ཡོད། སྤྱན་མཆེད་གཉིས་ནར་སོན་རྗེས། ཨ་ཕས་ཁོ་གཉིས་ལ་ད་ནི་ཁྱོད་གཉིས་ནར་སོན་པ་ཡིན་པས། སོ་སོས་སྟོང་པོ་ཚུགས་ལ་ཐོག་མར་སྐྱེས་པའི་ལོ་མ་དེ་ཕྱོགས་གང་ལ་གཏད་ཡོད་ན་ཁྱོད་གཉིས་ཀྱང་ཕྱོགས་དེར་སོང་ལ་གནས་ཆོས་ཟེར། དེ་ནས་མ་འགྱངས་པར་རྒྱལ་ལུང་ཆེ་བའི་མེས་པོས་བཙུགས་པའི་སྟོང་པོར་ལོ་མ་རྒྱས་ནས་ལྷོ་ཡུལ་དུ་གཏད་པས། ཁོ་རང་ཕ་མ་དང་སྤྱན་མཆེད་རྣམས་ལ་ཁ་གྱེས་ཏེ་ལྷོ་ཡུལ་དུ་གནས་སྤོས་པ་ཡིན་ཟེར།①

ཡང་། ལྷོ་ཡུལ་གྱི་སྨྲས་ཆགས་ཤི་ཁྲུལ་ཡོལ་གོ་གྲོང་ཚོ་ནས་སྐྱེས་ཤིང་ནར་སོན་པའི་ཤིང་སྟོང་ལགས་ཀྱི་ཞལ་ནས་ཀྱང་། ཁོ་ཚོའི་ནང་དུ་རིགས་རྒྱུད་གསུམ་ཡོད་པ་སྟེ། ཙ་རི་མཐིལ་བཀྲ་བར་དང་གཅིག རམ་སོགས་འབོ་ལ་བར་དང་གཉིས། པདྨ་བཀོད་མཐིལ་གདིང་སློ་དང་གསུམ་བཅས་ཡིན་ཞིང་། དེ་དག་སོ་སོར་ཐོག་མའི་འབྱུང་ཁུངས་རེ་ཡོད་པ་དཔེར་ན། ཡོལ་གོར་དང་རྫོར་གླིང་གཉིས་ཀྱི་སློ་རིགས་ནི་བོད་ཁོངས་བསམ་ཡས་སློ་ནས་བྱུང་བས་སློ་རྫོ་ཕུ་པད་དཀར་ཟེར་བ་ལྟར་རེད་②ཅེས་གསུངས། དེ་མིན་ལྷོ་པ་རིགས་ཀྱི་ལྷ་སྒྲུང་ལས་ཀྱང་ཁོ་ཚོ་ནི་སྤྲེའུ་མིར་གྱུར་པའི་རྒྱུད་ལས་མཆེད་པ་ཡིན་ཞེས་བོད་ཀྱི་གནའ་བོའི་བཤད་སྲོལ་དང་ཀུན་ནས་མཚུངས་པའི་ཤོད་སྲོལ་ཡོད་པ་རེད། དེ་ལྟར་གོང་གསལ་ལྷོ་པ་ཚོ་ཁག་སོ་སོའི་ངག་རྒྱུན་ལ་གཞིགས་ན། ལྷོ་པའི་རུས་ཚོ་སོ་སོར་རང་རང་གི་མཆེད་ཁུངས་མི་འདྲ་བ་རེ་ཡོད་པར་མ་ཟད། ལྷོ་ཡུལ་དུ་གནས་སྤོས་པའི་དུས་སྐབས་དང་དགོས་པའང་མི་འདྲ་བ་རེ་ཡོད་པ་རེད། ཡིན་ནའང་དེ་དག་ལ་ཐུན་མོང་གི་མཚུངས་ཆོས་ཤིག་ཡོད་པ་ནི་ཚང་མ་བྱང་ཕྱོགས་ཏེ་བོད་ནས་ལྷོ་ཕྱོགས་སུ་གནས་སྤོས་པ་དེ་རེད། ལྷོ་

① བོད་ལྗོངས་མི་དམངས་དཔེ་སྐྲུན་ཁང་གིས་1987ལོའི་ཟླ་10པར་པར་སྐྲུན་བྱས་པའི《ལྷོ་པ་རིགས་ཀྱི་ལོ་རྒྱུས་མདོར་བསྡུས》ཀྱི་ཤོག་ངོས་8པ་ནས་10པའི་བར་དུ་གསལ།

② མི་རིགས་དཔེ་སྐྲུན་ཁང་གིས་1988ལོའི་ཟླ་6པར་པར་སྐྲུན་བྱས་པའི《བོད་ཀྱི་ལོ་རྒྱུས་རིག་གནས་དཔྱད་གཞིའི་རྒྱུ་ཆ་བདམས་སྒྲིག》(སྤྱིའི་འདོན་ཐེངས་10པ)གི་ཤོག་ངོས་70པར་གསལ།

པ་རྣམས་བྱང་ཕྱོགས་ཀྱི་སྤོ་མིས་དང་། ཛ་ཡུལ། མེ་ཧྲོག ཀོང་པོ། བསམ་ཡས་སོགས་ཀྱི་བོད་ཀྱི་ཉུས་ཚན་སོ་སོ་ནས་མཆེད་པ་ཡིན་ཡང་། ཡུལ་དེར་གནས་སྡོམ་ནས་བཅའ་སྡོད་བྱས་རྗེས་ཀློ་པའམ་ལྷོ་པར་འབོད་པ་འདིའི་ཐོག་ནས་ང་ཚོར་ངེས་ཤེས་སྐྱེད་ཐུབ་པ་ནི། ལྷོའམ་ཀློ་ཞེས་པའི་ཐོག་མའི་དོན་ནི་ཉུས་ཚན་གྱི་མིང་མིན་ལ། བོད་དང་ཐ་དད་པའི་མི་རིགས་ཡན་ག་བ་ཞིག་གི་མིང་ཡང་མ་ཡིན། དེ་ནི་དབུས་གཙང་ལྟེ་བ་བྱས་པའི་ལྷོ་ཕྱོགས་ཀྱི་ཡུལ་ཁམས་ཡིན་པས་ན་ལྷོ་ཡུལ་ཟེར་བ་དང་། ཡུལ་དེར་གནས་བཅའ་བའི་མི་ལའང་ལྷོ་ཡུལ་པ་ཟེར་ཡང་རིམ་གྱིས་བརྗོད་བདེ་བའི་ཆེད་དུ་ཡུལ་བསྡུས་ནས་ལྷོ་པ་ཟེར་བར་སྙམ། དེ་མིན་ཀློ་པ་ཞེས་པའང་གོང་དུ་བརྗོད་པ་ལྟར་བསམ་ཡས་ཀྱི་ཀློ་ཞེས་པའི་ས་ཆ་ནས་མི་ཁག་ཅིག་ལྷོ་ཡུལ་ལ་སོང་ནས་གཏན་སྡོད་བྱས་པ་ལ་བརྟེན་ནས་ལྷོ་ཡུལ་སྤྱིའི་མི་ལ་ཀློ་པ་ཟེར་བ་དང་ཡུལ་གྱི་མིང་ལའང་ཀློ་ཡུལ་ཞེས་འབོད་པར་སྙམ།

ལྷོ་པའི་ཐོག་མའི་ཉུས་རྒྱུད་གཙོ་གྲས་ནི། མཁས་པ་ལྡེའུས་བརྩམས་པའི《རྒྱ་བོད་ཀྱི་ཆོས་འབྱུང་རྒྱས་པའི》ནང་འཁོད་པར་གཞིགས་ན་ལྷོ་སྐགས་མྱང་གསུམ་གྱི་ཐོག་མའི་མེས་པོ་མོན་ཡིན་པར་གསུངས་ཤིང་། གནའ་བོའི་དུས་སུ་ལྷོ་ཡུལ་དང་མོན་ཡུལ་ཛ་ཡུལ་གྱི་སྨད་ཕྱོགས། འབྲུག་ཡུལ། འབྲས་ལྗོངས། རྒྱ་གར་གྱི་བྱང་ཕྱོགས་ས་སྣེ་ཚུད་པའི་ས་ཁམས་སྤྱི་ལ་མོན་ཡུལ་དང་ས་དེར་གནས་པའི་མི་ལ་མོན་པ་ཞེས་འབོད་སྲོལ་ཡོད་པ་ལྟར། བོད་ཀྱི་རྩ་བའི་ཉུས་ཆེན་བཞིའི་ཡ་གྲུལ་མོན་རྫུ་ནག་པོ་ཁྲིའི་ཌ་ལྡང་ཅན་ཞེས་པ་དེ་ཡིན་པར་སྙམ། གང་ལྟར་མདོ་དབུས་མཐོ་སྒང་གི་མི་རིགས་སྤྱི་ལྟར་སྤྲེལ་དང་བྲག་སྲིན་གཉིས་ཀྱི་རྒྱུད་ནས་མཆེད་པར་འདོད་དོ། །

གཉིས་པ། གནའ་བོའི་རིག་གནས་དངོས་རྫས་ལ་དཔྱད་པ།

དེ་ཡང་གནའ་བོའི་དུས་སྐབས་སོ་སོའི་རིག་གནས་དངོས་རྫས་ནི་དུས་སྐབས་དེ་དག་རང་གི་མིས་དངོས་སུ་བཟོས་ཤིང་བཀོལ་བའི་དངོས་རྫས་ངོ་མ་ཡིན་ཞིང་། དེ་ལ་ཕྱི་རབས་པའི་ཕྱོགས་ལྷུང་གི་ལྟ་བའི་ལྷད་ཞུགས་མེད་པར་མ་ཟད་དུས་ཚོད་ཀྱི་ཚོད་འཛིན་ཡང་མེད་པས། གནའ་རབས་དང་ཁྱད་པར་དུ་ཡི་གེ་མ་བྱུང་གོང་གི་ལོ་རྒྱུས་འཕེལ་འགྱུར་ལ་ཞིབ་འཇུག་བྱེད་པར་མེད་དུ་མི་རུང་བའི་རྒྱུ་ཆ་རྩ་ཆེན་ཞིག་ཏུ་གྱུར་ཡོད། དེས་ན་སྔོ་པའི་ཡུལ་དུ་གནའ་བོའི་རིག་གནས་དངོས་རྫས་ག་འདྲ་ཡོད་ཅེ་ན། 《བོད་ལྗོངས་ཀྱི་གནའ་རྫས་རྟོག་ཞིབ་གནད་བསྡུས》①སུ་བཀོད་པ་ལྟར་ན། སྔོ་ཡུལ་མེ་ཏོག་རྫོང་གི་མ་ཧི་སྣང་དང་ཁ་པོ་གྲོང་ཚོ། མེ་ཏོག་གྲོང་ཚོ། འབད་འབྱུངས་གྲོང་ཚོ། དགའ་གླིང་གྲོང་ཚོ། ཕྱིག་གདོང་གྲོང་ཚོ། ཤེ་རང་གྲོང་ཚོ་བཅས་ནས་རྡོ་ཆས་གསར་པའི་དུས་ཀྱི་བཏར་བཟོས་རྡོ་ཆས་བཅུ་བདུན་ཏེ། རྡོ་སྟར་བདུན་དང་རྡོ་ཟེན་བདུན། རྡོ་འབྲུག་གཉིས། ཐགས་འཁོར་གཅིག ད་དུང་རྫ་ཆས་ཏོག་ཙམ་ཡང་ཐོན་ཡོད་ལ། སྨིན་གླིང་རྫོང་གི་སྔོ་པ་རིགས་གནས་སྡོད་བྱེད་ས་ཕུ་ཆུ་འབབ་རྒྱུད་ནས་ཀུང་གོང་དང་འདྲ་བའི་རྡོ་སྟར་ཐོན་ཡོད། ཚན་རིག་གིས་བརྟག་དཔྱད་བྱས་ན་གནའ་རྫས་དེ་དག་ཉིང་ཁྲི་ས་ཁུལ་གྱི་ཡུན་ཞིན(云星)དང་ཅུའུ་མུའུ(居木)ཇ་ལྷ་མ(加拉马)རྩང་ཀོང་སོགས་གནའ་ཤུལ་དང་ས་ཁུལ་ནས་ཐོན་པའི་རྡོ་ཆས་གསར་པའི་དུས་སྐབས་ཀྱི་བཏར་བཟོས་རྡོ་ཆས་དང་རྫ་ཆས། སྣེ་

① བོད་ལྗོངས་མི་དམངས་དཔེ་སྐྲུན་ཁང་གིས་1991ལོའི་ཟླ་8པར་པར་སྐྲུན་བྱས་པ།(རྒྱ་ཡིག)

གདོང་ས་ཁུལ་ནས་ཐོན་པའི་རྫ་ལེན་དང་རྫ་སྣར་དང་ཧ་ཅང་འདྲ་བས།① དེ་དག་ནི་རིག་གནས་མ་ལག་གཅིག་ཏུ་གཏོགས་པར་ངེས། དེས་ན་ས་ཁུལ་མི་འདྲ་བ་གཉིས་ནས་རིག་གནས་མ་ལག་གཅིག་ལ་གཏོགས་པའི་བརྡར་བཟོས་རྫ་ཆས་ཐོན་པ་འདིའི་ཐོག་ནས་སྐབས་དེར་ལྷོ་བོད་ས་ཁུལ་གཉིས་ཀྱི་མི་རྣམས་ཀྱི་ཤེས་རིག་ཚུ་ཚད་དང་ཐོན་སྐྱེད་བྱེད་སྟངས། འཚོ་བ་རོལ་སྟངས་བཅས་ལ་ཁྱད་པར་མེད་ཅིང་། མངའ་ཁོངས་ཀྱི་དབྱེ་བའང་མེད་པ་མངོན་པར་གསལ།

གསུམ་པ། ཆོས་ལུགས་དང་མོས་ལ་དཔྱད་པ།

《ལྷོ་པ་རིགས་ཀྱི་ལོ་རྒྱུས་མདོར་བསྡུས》ལས། རི་བོ་མཐོ་ཞིང་ལུང་པ་ཟབ་སར་གནས་པའི་ལྷོ་པ་ནི་ཡུལ་ལྷ་གཞི་བདག་ལ་ཧ་ཅང་གསོལ་མཆོད་བྱེད་མཁན་གྱི་མི་རིགས་ཤིག་རེད། ཁོ་ཚོའི་འདུ་ཤེས་ལ་རི་བོ་མཐོན་པོ་དང་བྲག་རི་གཟར་མོ་གང་ཡིན་རུང་ཡུལ་ལྷ་གཞི་བདག་གི་གནས་ཡུལ་ཡིན་པ་དང་། རི་འགོར་སྐྱེས་པའི་རྩི་ཤིང་དང་ནགས་གློང་དུ་གནས་པའི་སྲོག་ཆགས་ཡོད་དོ་ཅོག་ཀྱང་ཡུལ་ལྷ་གཞི་བདག་གི་ཡིན་པར་བསམ་པས། མི་རྣམས་རི་དྭགས་རྔོན་དུ་འགྲོ་བ་དང་གཡུལ་ལ་ཞུགས་པ། ཕྱི་ཕྱོགས་སུ་ཚོང་ཟོག་བརྗེ་རེས་བྱེད་དུ་འགྲོ་བ་ལ་སོགས་པའི་བྱ་འགུལ་གང་ཞིག་བྱེད་ནའང་ངེས་པར་དུ་སེམས་ཅན་བསད་ནས་ཡུལ་ལྷ་གཞི་བདག་ལ་གསོལ་མཆོད་བྱེད་པ་ཡིན་ཟེར།

རི་ལ་རི་ལྷ་དང་ནགས་ལ་ནགས་ལྷ་ཡོད་པའི་བསམ་པའི་འདུ་ཤེས་དང་། དེ་དག་ལ་སེམས་ཅན་བསད་ནས་དམར་མཆོད་བྱས་ཏེ་སྐྱབས་བཅོལ་བའི་ལུགས་ནི་

① བོད་ལྗོངས་མི་དམངས་དཔེ་སྐྲུན་ཁང་གིས་པར་སྐྲུན་བྱས་པའི《ལྷོ་པ་རིགས་ཀྱི་ལོ་རྒྱུས་མདོར་བསྡུས》(རྒྱ་ཡིག)ཀྱི་ཤོག་ངོས་17པ་ནས་18བར་དང་། 《བོད་ལྗོངས་ཀྱི་གནའ་རྫས་རྟོག་ཞིབ་གནད་བསྡུས》ཀྱི་ཤོག་ངོས་49པར་གསལ།

ལྷ་པ་རིགས་ཁོ་ན་མ་གཏོགས་གཞན་ལ་མེད་པའི་ཁྱད་ཆོས་དམིགས་བསལ་ཅན་ཞིག་མིན་ཏེ། དེ་ནི་གདོད་མའི་མི་རྣམས་ཀྱིས་དངོས་པོ་ཡོད་དོ་ཅོག་ལ་བླ་སྲོག་གནས་པར་བསམ་པའི་འདུ་ཤེས་ཀྱི་ཤུལ་རྒྱུན་ཡིན་ཞིང་། འདུ་ཤེས་འདི་ཉིད་རང་རེ་བོད་ལ་དེ་བས་ཀྱང་ཟབ་མོ་ཞིག་ཡོད་ལ། ཡུལ་ལྷ་དམར་གྱིས་མཆོད་ནས་སྐྱབས་བཅོལ་བའི་སྲོལ་དེ་ཡང་བོད་ཀྱི་བདུད་བོན་དང་། གདོན་བོན། བཙན་བོན། རྒྱུ་བོན་སོགས་གདོད་མའི་བོན་རྣམས་ཀྱི་ཆོ་ག་ཡིན་པ་ད་ལྟ་ད་དུང་རྒྱུན་མ་ཉམས་པར་མདོ་ཁམས་ཀུན་ན་མཐོང་རྒྱུ་ཡོད་པ་དཔེར་ན། ད་ལྟའི་མདོ་དབུས་ཁམས་གསུམ་གྱི་རི་བོ་མཐོན་པོ་མང་ཤས་ཀྱི་མིང་ནི་རི་བོ་དེ་དག་ལ་གནས་པའི་གཞི་བདག་གི་མིང་ཡིན་ཞིང་། རི་བོའི་རྩེ་ན་ལ་བཙས་སམ་རྫོ་འབུམ་གང་ཉུང་རེ་ཡོད་པའང་གཞི་བདག་དེ་དག་གི་གནས་ཁང་དུ་བཤད་ལ། ཡུལ་ལྷ་གཞི་བདག་དེ་དག་ལ་རྒྱུན་དུ་བསང་དང་གསེར་སྐྱེམས། ཇ་ཕུད། ཟས་ཕུད་སོགས་མཆོད་ནས་འགལ་རྐྱེན་ཐམས་ཅད་ཞི་བར་བྱེད་ཅིང་མཐུན་རྐྱེན་མ་ལུས་ཡིད་བཞིན་དུ་འགྲུབ་པའི་གྲོགས་སུ་བསྟེན་པ་ཡིན། དེ་ཡང་སྔོན་ཆད་ལམ་འགྲོ་བ་ཞིག་ཡིན་ཕྱིན་ལ་བཙས་སམ་རྫོ་འབུམ་ཡོད་སར་འཁྱོར་སྐབས་རྟ་པ་ཡིན་ན་རྟ་ལས་འབབ་ཅིང་ཕུ་ཐུང་གྱོན་ནས་དར་ལྕོག་ཆོས་སྣ་ལྔ་ལྡན་ནམ། ཡང་ན་ཁ་བཏགས་སམ་བལ་དཀར་སོགས་གང་ཉུང་ལ་བཙས་ཀྱི་དར་ཤིང་ངམ་དར་ལྕིང་ལ་སྒྲོག་ཅིང་། བསང་གཏོང་བ་དང་བསང་མར་བརྒྱབ་ཐོག་ཞྭ་མོ་ཕུད་ནས་ལམ་ལ་བར་ཆད་མི་ཡོང་བ་དང་། འདོད་པའི་བྱ་བ་འགྲུབ་པ། ཕར་འགྲོའི་སྐྱེལ་མ་དང་། ཚུར་འོང་གི་བསུ་མ་མཛོད་ཅེས་འདོད་གསོལ་སྨོན་ཚིག་བརྗོད་པ་དང་། དེ་བཞིན་འགྲུལ་པ་རྣམས་གཙང་ཆུ་ཆེན་པོ་བརྒལ་དགོས་སྐབས་ཀྱང་ཆུ་འགྲམ་དུ་བསང་གཏོང་ཞིང་། ཤིང་གྲུའི་མདུན་ངོས་སུ་ཤིང་ལས་བཟོས་པའི་རྟ་མགོ་ཆེན་པོ་དར་ལྕོག་གིས་བརྒྱན་པ་རེ་ཡོད་པ་དེར་དར་ལྕོག་སྒྲོག་པ་དང་། ཞྭ་མོ་ཕུད་ནས་མཆོད་འབྲུ་གཏོར་བཞིན་ཀླུང་འཛུབ་

དང་ཐ་རྙབས་སོགས་ཀྱིས་གྱུ་སློག་པའམ། བྱིང་བ། བྱེར་བ། ཞིག་པ་བཅས་ཀྱི་འགལ་རྐྱེན་མི་འབྱུང་བར་བདེ་བླག་དང་ཕ་རོལ་དུ་བགྲོད་ཐུབ་པའི་རེ་གསོལ་ཞུ་ལ།① དེ་མིན་གྲོང་ཚོ་དང་དུད་ཁྱིམ་སུ་ཞིག་ལ་གཉེན་སྒྲིག་སོགས་བྱ་བ་ཆེ་རིགས་སམ། ཡང་ན་མི་ནད་ཕྱུགས་ནད་སོགས་བར་ཆད་ཕྲད་སྐབས་བཅས་ལའང་ཡུལ་ལྷ་གསོལ་བའི་གོམས་གཤིས་ཡོད། ཐ་ན་མདོ་སྨད་ཕྱོགས་སུ་ཚོ་པ་དང་ཚོ་པའི་བར་དུ་རྟ་རྒྱུགས་འགྲན་པ་དང་མདའ་རྩེད་བྱེད་པ། རྡོ་ས་རྩོད་པ་ལ་སོགས་པའི་སྐབས་སུའང་རང་ཕྱོགས་རྒྱལ་བའི་དོན་དུ་རྩམ་པ་དང་འབྲུ་རིགས་རྒྱ་མ་སྟོང་ཕྲག་ཙམ་རེ་བསྡུས་ནས་སྤྱི་བསང་གཏོང་བ་དང་། ཡང་ན་ར་ལུག་དང་ཁྱིམ་བྱ་སོགས་སེམས་ཅན་བསད་ནས་དམར་མཆོད་ཀྱང་བྱེད་སྲོལ་ཡོད།

སྔོ་པ་རིགས་གཡུལ་དུ་ཞུགས་ཚེ་བླ་རྫོའི་མདུན་དུ་ཐུན་མོང་གིས་དམ་བཅའ་ཞིང་སྐོར་བ་བྱེད་པ་དང་། བླ་རྫོ་དཔང་དུ་བཞག་ནས་མནའ་ཆིངས་འཛོག་ཅིང་ནོར་ལུག་ཕག་གསུམ་དང་ཡང་ན་ཁྱི་མཆོད་པར་བྱས་ནས། སུ་ཞིག་མནའ་ཆིངས་དང་འགལ་ན་ལྷས་ཆད་པ་གཅོད་ངེས་ཡིན་ཞེས་པའི་སྲོལ་②དེ་ཡང་བོད་ལ་དངོས་པོ་ཐམས་ཅད་ལ་བླ་སྲོག་གནས་པའི་འདུ་ཤེས་བྱུང་བའི་ཤུགས་རྐྱེན་ལས་བྱུང་བ་དང་། དེ་ཡང་མནའ་ཆིངས་འཛོག་སྲོལ་ནི་སྤུ་རྒྱལ་བཙན་པོའི་དུས་སུ་རྒྱལ་བློན་རྣམས་མཐུན་སྒྲིལ་ཡོང་ཞིང་སྐབས་བབ་ཀྱི་ལས་དོན་ལེགས་པར་འགྲུབ་པ། རྒྱལ་ཁམས་ལྷིང་འཛགས་ཡོང་བ། ཚུལ་དང་མི་མཐུན་པའི་སྤྱོད་པ་མཚང་འབྱིན་ནམ་དེ་འགོག་པར་བྱེད་པ་བཅས་ཀྱི་འདུན་མ་གལ་ཆེན་ཞིག་ཏུ་གྱུར་ཡོད་པ། ལྷ་སའི་གཙུག་ལག་ཁང་མདུན་ངོས་ཀྱི་རྡོ་རིང་དང《ཐང་ཡིག་གསར་མ》སོགས་ལས། "བཙན་པོ་རྗེ་བློན་རྣམས་ལོ་ལྟར་མནའ་སྐྱེལ་ཞིང་། དེ་དུས་ལུག་ཁྱི་སྤྲེལ་

① 1988ལོའི《ཀྲུང་གོའི་བོད་ཀྱི་ཤེས་རིག》དེབ་བཞི་པའི་ཁྲོད་ཀྱི《བོད་རིགས་ཀྱི་ལྷ་གསོལ་བསང་གཏོང་གི་ཡུལ་གོམས་སྐོར་ཙུང་ཟད་གླེང་བ》ལས་དྲངས།

② 《སྔོ་པ་རིགས་ཀྱི་ལོ་རྒྱུས་མདོར་བསྡུས》ཀྱི་ཤོག་ངོས་88པར་གསལ།

གསུམ་དམར་མཆོད་དུ་འབུལ། ལོ་གསུམ་རེ་ན་མནའ་ཆེ་སྐྱེལ་ཞིང་། མཚན་གྱི་དཀྱིལ་ལ་ཧ་ཕྱུགས་བོང་བུ་རྣམས་དམར་མཆོད་བྱེད། སྲོག་ཆགས་རྣམས་ཀྱི་རྐང་ལག་བཅད་ཅིང་དོན་སྟོད་མདུན་དུ་སྤུངས་ཏེ། བན་ཧྲི་ཞིག་གིས་ཚོ་ག་གཏོང་། གནམ་ས་རི་དང་ཉི་ཟླ་སྐར་མ་རྣམས་དཔང་དུ་བཙུགས་ཏེ། ཁྱེད་ཅག་སུས་ཀྱང་རང་ཡུལ་མི་སྲུང་ཞིང་། བསམ་ངན་དང་སེམས་མ་དྲང་བ་བྱེད་ན། གནམ་སའི་ལྷ་རྣམས་ཀྱིས་ཁྱེད་ཅག་གི་བསམ་པ་ཐམས་ཅད་མཁྱེན་པས། ད་ལྟ་བསད་པའི་དུད་འགྲོ་འདི་རྣམས་བཞིན་དུ་དུམ་བུར་བྱས་ལ་སོད་ཅིག"ཅེས་བསྟན་ཅིང་། དོན་དུའང་དེ་འདྲ་ཡིན་པ་བློན་པོ་ཐུ་ལས་སྐྱེས་ཀྱིས་གྲི་གུམ་བཙན་པོའི་སྤུར་ཁྲུ་བྱེད་ལ་བྱིས་པ་བུའི་མིག་ཅན་ཞིག་ཉོ་དུས་དེའི་ཨ་མ་ལ་མནའ་བོར་བ་དང་། རྒྱལ་པོ་སྟག་རི་གཉན་གཟིགས་ཀྱི་རིང་ལ་རྒྱལ་པོ་དང་དབའ་དབྱི་ཚབ། མྱང་ཚེང་སྐྱ་སོགས་ཀྱིས་ཟིང་པོ་རྗེ་སྟག་སྐྱ་བོ་མེད་པར་བཟོ་བའི་དོན་དུ་མནའ་དོར་བ།① དབའ་དབྱི་ཚབ་དང་མྱང་ཚེང་སྐྱ་སོགས་ཀྱིས་རྒྱལ་པོ་གནམ་རི་སྲོང་བཙན་ལའང"དེང་ཕན་ཆད། ཟིང་པོ་རྗེ་རྒྱབ་ཏུ་མྱི་དོར་རེ། སྤྱི་རྒྱལ་པང་དུ་མྱི་ལེན་རེ།"② ཞེས་མནའ་བོར་བ། རྒྱལ་པོ་སྲོང་བཙན་སྒམ་པོས་བློན་པོ་དབའ་དབྱི་ཚབ་ལ"ད་ཕྱིན་ཆད་ཁྱེད་སྤྱད་མཚན་གྱིས་བཙན་པོ་སྤུ་རྒྱལ་གྱི་ཞ་སྔར་གློ་བ་མ་རིངས་མཐའང་མ་གྲང་ན། ནམ་ནམ་ནམ་ནམ། ཞ་ཞ་ཞ་ཞར་ཡང་། དབྱི་ཚབ་ཀྱི་བུ་ལ་མ་ཉེས་པར་བཀྱོན་དབབ་རེ།"③ ཞེས་མནའ་བོར་བ། ཡང་རྒྱལ་པོ་ཁྲི་སྲོང་ལྡེ་བཙན་གྱི་སྐུ་རིང་ལ་ལྷ་ས་དང་བསམ་ཡས་ཀྱི་གཙུག་ལག་ཁང་བཞེངས་གྲུབ་རྗེས་རྒྱལ་བློན་ཡབ་སྲས་རྣམས་ཀྱིས་རྒྱལ་བའི་སྐུ་གསུང་ཐུགས་གསུམ་གྱི་རྟེན་བཞེངས་པ་དང་། ནང་པའི་ཆོས་མཛད་པ་འདི་དུས་

① 1980ལོའི་ཟླ་བཅུ་པར་མི་རིགས་དཔེ་སྐྲུན་ཁང་གིས་པར་སྐྲུན་བྱས་པའི《ཏུན་ཧོང་ནས་ཐོན་པའི་བོད་ཀྱི་ལོ་རྒྱུས་ཡིག་ཆ》ལས་དྲངས།

② གོང་དང་མཚུངས།

③ གོང་དང་མཚུངས།

ནམ་ཡང་རྒྱུན་མི་འཆད་པའམ་ཉམས་སུ་མི་འཇུག་པར་བྱ་དགོས། དངོས་པོའི་མཐུན་རྐྱེན་སྒྲུབ་པ་རྣམས་ཀྱང་ཇི་ཙམ་དུ་མི་འགྲོ་བར་བྱ་དགོས། ཕྱིས་ཀྱི་རྒྱལ་པོ་རིམ་བྱོན་རྣམས་ཀྱིས་ཀྱང་ཚུལ་འདི་བཞིན་དུ་ཁས་ལེན་དམ་བཅའ་བྱ་དགོས་ཞེས་དཀོན་མཆོག་གསུམ་དང་ཆོས་སྐྱོང་། སངས་རྒྱས་ཆོས་ལུགས་ལ་དགར་བའི་ལྷ་འདྲེ་སོགས་དཔང་དུ་བཞག་སྟེ་མནའ་སྐྱེལ་བ།① དེ་མིན་རྒྱལ་པོ་ཁྲི་རལ་པ་ཅན་གྱི་རིང་ལ་རྒྱ་ཡུལ་རྩེ་ཧུ་བྱ་བའི་ས་མཚམས་སུ་རྒྱ་བོད་མཐུན་འབྲེལ་གྱི་རྡོ་རིང་འཛུགས་དུས་ཀྱང་དཔོན་ཞང་གཉིས་ཀྱིས་དཀོན་མཆོག་གསུམ་དང་ཉི་ཟླ་གཟའ་སྐར། ལྷ་གཉན་རྣམས་དཔང་དུ་བཞག་ནས། ད་ཕྱིན"རྒྱའི་རྩེ་ཧུ་མན་ལ་བོད་ཀྱི་དམག་མི་དྲངས། དེ་ཡན་ལ་རྒྱའི་དམག་མི་དྲངས། ཕན་ཚུན་དུས་མཚམས་བསྲུང་སྟེ། ས་ས་མལ། རྡོ་རྡོ་མལ་དུ་གནས་ནས། བོད་བོད་ཡུལ་ན་སྐྱིད། རྒྱ་རྒྱ་ཡུལ་ན་སྐྱིད"②ཅེས་དབུ་བསྙུང་ཞིང་བྲོ་བོར་བ་སོགས་ཀྱི་སྲོལ་ཡོད་པ་ལས་ར་སྤྲོད་བྱེད་ཐུབ་ལ། བོད་ཀྱི་གནའ་མིའི་ཁ་དཔེར་བོད་མནའ་ཐོག རྒྱ་ཡིག་ཐོག་ཅེས་པ་དང་། མནའ་ཆེན་མ་བཞག་ན། དགྲ་ཆེན་མི་ཐུལ་ཞེས་པ་ལས་ཀྱང་བོད་འདི་ལྷ་ཀླུ་གཉན་གསུམ་དཔང་དུ་བཞག་ནས་མནའ་གན་འཛིན་པར་དགའ་བར་མ་ཟད། དེའི་ནུས་པའང་གང་འདྲ་འཐོན་གྱིན་ཡོད་པ་གསལ་པོར་བསྟན་ཡོད།

ཡང་། ལྟོ་པ་རིགས་ཀྱིས་ལོ་ཏོག་སོགས་གང་ཡིན་རུང་ཡུལ་ལྷ་གནས་བདག་ལ་དབང་བར་བསམ་པས། ནགས་གཅོད་པ་དང་ས་རྐོད་སློག་པ། ལོ་ཏོག་འདེབས་པ། ཡུར་མ་ཡུར་བ། ཞིང་འབྲིག་པ་སོགས་ཀྱི་དུས་སུའང་གཟའ་ཚེས་ལེགས་པོ་ཞིག་བདམས་ནས་སེམས་ཅན་དམར་མཆོད་བྱེད་ངེས་ཡིན་ཟེར་བ་③དེ་ནི་གདོད་མའི་

① 1984ལོར་མི་རིགས་དཔེ་སྐྲུན་ཁང་གིས་པར་སྐྲུན་བྱས་པའི《བོད་ཀྱི་རྡོ་རིང་ཡི་གེ་དང་དྲིལ་བུའི་ཁ་བྱང》ཁྲོད་ཀྱི《བསམ་ཡས་གཙུག་ལག་ཁང་གི་རྡོ་རིང་ཡི་གེ》ལས་དྲངས།

② 《རྒྱལ་རབས་གསལ་བའི་མེ་ལོང》སོགས་རྒྱལ་རབས་དེབ་ཐེར་རྣམས་སུ་གསལ།

③ 《ལྟོ་པ་རིགས་ཀྱི་ལོ་རྒྱུས་མདོར་བསྡུས》ཀྱི་ཤོག་ངོས་89པར་གསལ།

དུས་སུ་རང་བྱུང་ལ་དད་གུས་བྱེད་པའི་ཤུལ་རྒྱུན་ཡིན་པ་སྟེ། ད་ལྟ་ད་དུང་མདོ་སྨད་ཕྱོགས་སུ་འབྲོག་པའི་ཏུ་འབབ་པ་དང་རོང་པས་གཞིས་གྱང་རྩིག་པ། ཐེམ་པོ་དུར་འདེབས་བྱེད་པ་སོགས་ཀྱི་སྐབས་སུ་ཐོག་མར་ས་དེའི་གནས་བདག་ལ་བསང་གཏོང་བ་དང་གླུ་གཏོར་འཕངས་ནས་ས་སློང་བའི་ཆོ་ག་རྫོགས་པར་བྱས་རྗེས། ད་གཟོད་སྐབས་བབ་ཀྱི་ལས་འགོ་རྩོམ་པ་དང་ངོ་བོ་གཅིག་ཏུ་གྱུར། ད་ལྟ་མདོ་སྨད་བླ་བྲང་ས་ཆར་ཟླ་དྲུག་པའི་ཚེས་བཅོ་ལྔ་ནས་ཟླ་བདུན་པའི་ཚེས་སུམ་ཅུ་ཙམ་དུ་ཤིང་སློང་ཞེས་རས་གུར་དང་ཁ་ཟས་ལེགས་པོ་ཁྱེར་ནས་ནགས་ཁུལ་དུ་སོང་སྟེ་སྤྲོ་གསེང་གཏོང་བའི་དུས་ཆེན་ཞིག་ཡོད་པ་དེའང་དང་ཐོག་བླ་བྲང་བཀྲ་ཤིས་འཁྱིལ་བ་སོགས་དགོན་སྡེ་རྣམས་ཀྱི་དབྱར་གནས་གྲོལ་བའི་ཉིན་དེར་དགེ་འདུན་པ་རྣམས་ནགས་ཁུལ་དུ་བུད་ཤིང་འཐུ་བར་འགྲོ་བ་དང་། དེའི་ཚེ་ཐོག་མར་ས་དེའི་གནས་བདག་ལ་བསང་བཏང་ནས་ཤིང་སློང་བའི་ཆོ་ག་བསྒྲུབ་ཅིང་། དེ་ནས་བུད་ཤིང་འཐུ་བ་དང་ཞལ་ཟས་ལ་རོལ་བ་བཅས་ཀྱི་བྱ་འགུལ་བྱེད་པ་ཡིན་ཡང་། ཕྱིས་སུ་དགེ་འདུན་པས་གནས་བདག་ལ་བུད་ཤིང་སློང་བའི་སྲོལ་དེ་རིམ་བཞིན་སྤྱི་ཚོགས་ཐོག་རྒྱུན་འབྱམས་སུ་སོང་ནས་སྐྱ་སེར་ཀུན་གྱིས་གླིང་ཁ་གཏོང་བའི་དུས་ཆེན་ལྟ་བུར་གྱུར་པ་ལྟར་རོ། །དེ་གཉིས་ཀྱི་མི་འདྲ་ས་ནི་ལྷོ་ཡུལ་འདི་ཉིད་རྒྱང་རིང་མཐའ་ཁུལ་དུ་གནས་ཡོད་པས། ད་དུང་སྔོན་པ་གཤེན་རབ་སྟོན་གྱི་སྲོལ་ལྟར་ཡུལ་ལྷ་གནས་བདག་དམར་གྱིས་མཆོད་པ་དང་བླ་བྲང་སོགས་སུ་དཀར་གྱིས་མཆོད་པ་དེ་རེད། དེས་ན་ལྷོ་པ་རིགས་ཀྱིས་ས་བདག་གནས་བདག་ལ་མཆོད་བཀུར་བྱས་ནས་ས་དང་ནགས་སློང་བའི་སྲོལ་དེ་ཡང་བོད་སྤྱིའི་གདོད་མའི་ལུགས་སྲོལ་ཞིག་ཏུ་ངེས།

དེ་བཞིན་དུ་ལྷོ་པས་སྡོང་པོ་གཅོད་པ་དང་ས་རྐོད་སློག་སྐབས་མི་ལ་ན་ཚ་བྱུང་བ་དང་འཆི་བ་སོགས་བཀྲ་མི་ཤིས་པའི་དོན་རྐྱེན་བྱུང་ཚེ། ནགས་ལྷ་དང་གནས་བདག་མ་དགྱེས་པར་བསམས་ནས་ས་རྐོད་སློག་མཚམས་འཛུག་པ་དང་། ཡང་ན་

ལྷ་ཞུས་ཏེ་སེམས་ཅན་མཆོད་ནས་བཟོད་གསོལ་ཞུ་བ། ཚོ་ཁག་སོ་སོར་ཐུག་རེག་དང་གཅོད་མི་ཉུང་བར་རྒྱུན་དུ་མཆོད་འབུལ་བྱེད་པའི་སྟོང་པོ་རིགས་གཉིས་ལྷག་རེ་ཡོད་པ①དེ་ཡང་མི་རྣམས་ཀྱིས་དངོས་པོ་ཡོད་དོ་ཅོག་ལ་བླ་སྲོག་གནས་པར་སེམས་པ་ལས་བྱུང་བ་སྟེ། བོད་ཁམས་སྤྱི་ལ་ཁྱབ་པའི་སྲོལ་ལུགས་ཤིག་རེད། ལུགས་སྲོལ་དེ་ལྟ་བུ་མི་རྣམས་ཀྱི་རིག་པ་ནར་མ་སོན་པའི་དུས་སུ་ཡོད་པར་མ་ཟད། ད་ལྟའང་བོད་ཀྱིས་ས་སློག་པ་དང་སྟོང་པོ་གཅོད་པ་སོགས་ལ་རྐྱེན་བྱས་ནས་ན་ཚ་བྱུང་ཚེ་ཀླུའམ་གནས་བདག་གི་གནོད་པར་དོགས་ནས། ས་དེར་སོང་ནས་ཀླུ་གསུར་གཏོང་བ་དང་ཀླུ་གཏོར་འཕེན་པ། ཡང་ན་ལྷ་བསང་བཏང་ནས་ནད་པ་ནད་ལས་ཐར་བའི་གསོལ་བ་འདེབས་ལ། རྒྱུན་པར་བལ་དཀར་དང་དར་ལྕོག་གིས་བརྒྱན་ཅིང་ཐུག་རེག་དང་གཅོད་མི་ཉན་པའི་ཀླུ་སྟོང་ངམ་ལྷ་ཤིང་ནི་རི་ལུང་ཆེན་པོའི་གདོང་མའི་ནགས་ཚལ་ནས་དུད་ཁྱིམ་སོ་སོའི་སྒོ་སྟོང་བར་དུ་བགྲང་གིས་མི་ལང་བ་ཞིག་ཡོད་པ་བོད་ལ་ཆ་རྒྱུས་ཏོག་ཙམ་ཡོད་པའི་མི་ཀུན་གྱིས་མཁྱེན་གསལ་ལྟར་ཡིན།

དེ་མིན་སྟོན་པ་རིགས་ཀྱི་ཁྲིད་དུ་འཁྱོང་དང་། ལུག ནོར། སྟག སྤྲེལ། བྱ་སྒོང་། སྦལ་པ། སྦྲུལ། བྱ་རྒོད། ཁུ་བྱུག ཉི་ཟླ་སོགས་རུས་སྦྲར་དད་པའི་ཚོ་ཁག②མང་བར་བརྟགས་ནའང་དེ་དག་གནའ་བོའི་བོད་དང་འབྲེལ་བ་ངེས་ཅན་ཞིག་ཡོད་དེ། བོད་ཀྱི་རྩིས་གཞུང་རྣམས་སུའང་སྨ་ནི་ཤིང་ཁམས་ལུག་ལ་བླ། སྒོ་ནི་མེ་ཁམས་ར་ལ་བླ། སྟོང་ནི་ས་ཁམས་ཤ་བར་བླ། སྦྲ་ནི་ལྕགས་ཁམས་རྐྱང་ལ་བླ། འབྲི་ནི་ཆུ་ཁམས་གཡག་ལ་བླ་ཞེས་སྤྲེལ་དང་བྲག་སྲིན་ལས་མཆེད་པའི་རྩ་བའི་རུས་ཆེན་ལྔ་ལས་སྨ་དང་སྒོ། འབྲི་གསུམ་གྱིས་ར་ལུག་གཡག་གསུམ་ལ་བླ་བྱས་པར་བསྟན་ལ། བོད་ཀྱི་

① 《སྟོན་པ་རིགས་ཀྱི་ལོ་རྒྱུས་མདོར་བསྡུས》ཀྱི་ཤོག་ངོས་89པར་གསལ།
② གོང་འཁོད་དེབ་ཀྱི་ཤོག་ངོས་91པར་གསལ།

གནའ་བོའི་རྒྱན་པོ་རྣམས་ཀྱིས་རང་གི་རྩ་བའི་མེས་པོ་སྤྲེལ་ལ་ངོས་འཛིན་ཞིང་བྱ་རྒོད་དང་ཁྱིམ་བྱའི་ཤ་མི་ཟ་ལ། སྤལ་པ་དང་ཉ། སྦྲུལ་སོགས་སྐྱར་མཐོང་ནས་གསོད་མི་ཡོད་ཅིང་། མནའ་བོར་ཆེ་ཉི་ཟླ་སྐར་གསུམ་དཔང་ལ་འཛུག་པ་བཅས་ལ་བལྟས་ན། གནའ་བོའི་དུས་སུ་བོད་པ་རྣམས་ཀྱིས་སྤྲེལ་དང་བྱ། སྦལ་པ། སྦྲུལ། ཉི་ཟླ་སོགས་ལའང་ཉུས་བླ་བྱེད་ལས་ཆེ། དེས་ན་ལྷོ་པ་རྣམས་ཀྱིས་གོང་གསལ་གྱི་སྲོག་ཆགས་དེ་དག་ལ་བླ་བྱེད་པ་ཡང་བོད་ལྷོ་ཐུན་མོང་གི་མེས་པོ་རྣམས་ཀྱི་ལུགས་སྲོལ་མ་ཉམས་པའི་མངོན་རྟགས་ཡིན་པར་སྙམ།

ཡང་། ལྷོ་པ་རིགས་ཀྱིས་བྱས་རྗེས་ཆེ་བའི་ཉུས་ཚོའི་འགོ་གཙོ་དང་མི་ནུས་མཐུ་ཅན། དཔའ་བོ་སོགས་ལྷའི་ངོ་བོར་བརྩིས་ཏེ་མེས་ལྷར་གསོལ་བ་དང་། ཆོས་ལུགས་བྱ་འགྱུལ་ཅུང་ཆེན་པོ་སྤེལ་སྐབས་ངེས་པར་དུ་མཆོད་པ་འབུལ་བའི་སྲོལ་དེ་①ཡང་ལྷོ་པའི་ལུགས་སྲོལ་ཁྱད་པར་བ་ཞིག་མ་ཡིན་ཏེ། བོད་ཀྱིས་རྟག་པར་གསོལ་མཆོད་བྱེད་པའི་ཡུལ་ལྷ་གཞི་བདག་རྣམས་ཀྱང་སྔར་བཏང་དུ་རང་རང་ས་ཁུལ་དུ་ཐོན་ཆད་སྐྱེས་སྐྱོང་བའི་དཔོན་པོ་དང་། བློན་པོ། དཔའ་བོ། བླ་མ། ཡུལ་ལྷ་གཞི་བདག་ལ་མཆོད་བཀུར་བྱེད་པར་དགའ་བའི་འཇིག་རྟེན་རྒྱད་པོ་སོགས་ཚེ་འཕོས་རྗེས་ཡུལ་ལྷ་གཞི་བདག་ཏུ་ངོས་བཟུང་བ་རྒྱུད་རྒྱུད་ཡིན་པ་སྟེ། ཨ་མྱེས་རྨ་ཆེན། ཨ་མྱེས་ཡུལ་ལྷ། ཨ་མྱེས་དུང་རི། ཨ་མྱེས་བྲ་ཡན། ཨ་མྱེས་ཤ་བོ། ཨ་མ་སྐྱ་མོ། ཨ་མ་ཟོར་དགུ་ཞེས་ཡུལ་ལྷ་གཞི་བདག་རྣམས་ལ་ཨ་མྱེས་སམ་ཨ་མའི་མིང་གིས་འབོད་པ་ལས་ཀྱང་གསལ་པོར་མཚོན་ཐུབ་པས་ལྷོ་པས་མེས་པོ་ལྷར་མཆོད་བཀུར་བྱེད་པ་དེ་ཡང་བོད་ཀྱི་གནའ་བོའི་བོན་ལུགས་ཀྱི་མེས་པོར་དད་གུས་བྱེད་པའི་རྣམ་པ་ཁྱད་པར་ཅན་ཞིག་རེད།

《ལྷོ་པ་རིགས་ཀྱི་ལོ་རྒྱུས་མདོར་བསྡུས》ལས། “རྒྱུ་འབྲོག་དང་ཚུལ་མིན་གྱི་ཡོ་

① 《ལྷོ་པ་རིགས་ཀྱི་ལོ་རྒྱུས་མདོར་བསྡུས》ཀྱི་ཤོག་ངོས་93པར་གསལ།

མོའི་འབྲེལ་བ། རྫུན་གཏམ་པ་སོགས་ལས་བྱུང་བའི་རྩོད་གཞིར་འདྲི་གཙོད་བྱེད་ཚེ་ལྷ་པས་འགོ་འཛིན་མཛད་འོག་གྱོད་ཡར་ཚུ་ཁོལ་ནང་ནས་དངོས་པོ་ལེན་དུ་འཇུག་པ་སོགས་ལ་བརྟེན་ནས་དཀར་ནག་གི་ཤན་འབྱེད་པ་རེད”ཅེས་འཁོད་པའི་གོམས་སྲོལ་རང་བཞིན་ལྡན་པའི་ལེགས་ཉེས་བརྟག་ཐབས་དེ་ཡང་བོད་ཀྱི་ས་ཆ་མང་པོར་སྤྱོད་པ་སྟེ། བཅིངས་འགྲོལ་སྔོན་དུ་མདོ་སྨད་ཀྱི་ས་ཁུལ་མང་པོར་རྐུ་འཕྲོག་གི་གྱོད་གཞི་བྱུང་ནའང་ལྷ་དཔོན་རྣམས་ཀྱིས་གྱོད་ཡ་དང་དེའི་ཁྱིམ་མི་སོགས་འབྲེལ་ཡོད་མི་སྣ་བསྡུས་ནས་ཡུལ་ལྷ་གཞི་བདག་ལ་བསང་གཏོང་བའི་ཚེ་ག་རྫོགས་པར་བྱས་རྗེས་གྱོད་ཡར་གཡིས་ཁོལ་མའི་ཁྲིད་ནས་སྣ་རེ་ལེན་དུ་འཇུག་པའི་ཐབས་སྦྱར་ཏེ་རྐུན་མ་ཡིན་མིན་ཁ་ཚོན་གཅོད་པ་དང་ཡོངས་སུ་མཐུན་པར་སྨྲས། མདོར་ན། ལྷོ་པ་རིགས་ཀྱི་ས་ཆུ་རི་ནགས་སོགས་དངོས་པོ་ཡོད་དོ་ཅོག་ལྷ་དང་འབྲེལ་བ་ཡོད་པའི་བསམ་བློའི་འདུ་ཤེས་དང་། མིས་པོ་རྣམས་ཡུལ་ལྷ་གཞི་བདག་ཏུ་ངོས་འཛིན་པ། འཇིག་རྟེན་པའི་ལྷ་སོགས་ལ་དམར་མཆོད་བྱས་ནས་སྐྱབས་བཙོལ་བ། ཚོ་ཁག་སོ་སོར་ཏུས་ལྷ་མི་འདྲ་བ་རེ་ཡོད་པ་སོགས་གང་ཡིན་ཡང་སྲོལ་དང་བྲག་སྲིན་ལས་མཆེད་པའི་མི་རིགས་སྤྱིའི་གདོད་མའི་དུས་ཀྱི་བསམ་བློ་འདུ་ཤེས་ལས་གྲུབ་པའི་ལུགས་སྲོལ་ལམ་བོན་ལུགས་དང་ངོ་བོ་གཅིག་ཏུ་གྲུབ་པ་རྐྱང་རྐྱང་ཡིན་པ་རེད།

བཞི་པ། ཚན་རིག་ཤེས་བྱར་དཔྱད་པ།

དེ་ཡང《ལྷོ་པ་རིགས་ཀྱི་ལོ་རྒྱུས་མདོར་བསྡུས》ལས། “ལྷོ་པ་རིགས་ཀྱི་མི་རིགས་ལ་རང་གི་ཡི་གེ་མེད་པས། ད་ལྟའི་བར་དུ་རྩིས་བྱེད་པ་དང་དོན་ངེས་པར་བྱེད་པ་ལ་ཤིང་ལ་རྟགས་བུ་འགོད་ཅིང་ཐག་ལ་མདུད་པ་རྒྱག་པའི་ཐབས་སྤྱོད་ཀྱིན་ཡོད”ཅེས་འཁོད། དེ་ལྟ་བུའི་རིག་པ་བོད་ཀྱི་མཐའ་ཁུལ་གཞན་དུ་ད་ལྟ་སྤྱོད་ཀྱིན་ཡོད་མེད་

གསལ་པོར་མི་ཤེས་ཏུང་། 《ཐང་ཡིག་གསར་རྙིང་ལས་བྱུང་བའི་བོད་ཆེན་པོའི་སྲིད་ལུགས》ལས། “སྲིད་སྐྱོང་བ་ལ་ཡི་གེ་ནི་མེད། ཐག་ལ་མདུད་པ། ཤིང་ལ་རྟགས་བྱ་བཏབ་སྟེ་རྩིས་བྱེད།” ཅེས་བསྟན་པ་ལ་གཞིགས་ན་བོད་པ་ཡོངས་ཀྱིས་ཀྱང་ཡི་གེ་མེད་པའི་དུས་སུ་ཐབས་ཤེས་དེ་རིགས་སྤྱོད་ཀྱི་ཡོད་པས། ཐབས་ཤེས་དེ་རིགས་ནི་ལྷོ་བོད་མེས་པོ་ཐུན་མོང་གི་གསར་གཏོད་ཅིག་ཡིན་ཏུང་། བོད་ཀྱི་དབུས་ཁུལ་དག་ཏུ་ཡི་གེ་བྱུང་ནས་ཤེས་རིག་དར་བ་དང་ཆབས་ཅིག་རང་ཤུགས་སུ་མཐོ་མེད་དུ་གྱུར་པ་དང་། བོད་ཀྱི་སྨད་ལྟོངས་བཞིའི་ཡ་གྱལ་དུ་གྱུར་པའི་ལྷོ་ཡུལ་ནི་རྒྱང་རིང་མཐའ་ཁུལ་དུ་ཡོད་ཅིང་། འགྲིམ་འགྲུལ་མི་བདེ་བ་དང་ཕྱི་ཕྱོགས་ལ་འབྲེལ་འདྲིས་ཏ་ཙང་ཉུང་བའི་རྐྱེན་གྱིས་རིག་གནས་དར་ཁྱབ་ཏུ་འགྲོ་མ་ཐུབ་པས་སྲོལ་རྒྱུན་གྱི་ཐབས་ཤེས་དེ་ད་དུང་སྤྱོད་བཞིན་ཡོད་པ་མངོན་གྱི་ཡོད།

ཡང་། ལྷོ་པ་རིགས་ཀྱིས་ཟླ་བའི་འཕེལ་འགྲིབ་ལ་བརྟེན་ནས་ཚེས་གྲངས་གཏན་ལ་འབེབ་པ①ཡང་ལོ་གཅིག་གི་ཉིན་ཟླ་དུས་གཟེར་སོགས་གསལ་པོར་རྩི་མི་ཤེས་པའི་དུས་ཀྱི་ལྷོ་བོད་ཐུན་མོང་གི་ཚེས་གྲངས་བརྟག་ཐབས་ཤིག་རེད། དེ་གདོད་མའི་དུས་སུ་མ་ཟད་མདོ་སྨད་ཕྱོགས་ཀྱི་རྒན་པོ་རྣམས་ཀྱིས་ད་ལྟའང་དེ་ལྟར་ཚེས་གྲངས་གཏན་འབེབ་བྱེད་ཀྱིན་ཡོད་ལ། ཨ་མདོའི་ལ་གཞས་སུ། ཏ་འདོ་བ་སྙིང་ལ་རྗེ་བོ། ཕྱི་སྤྱི་ཁ་གྲོ་རྒྱ་སོ་ནག་རེད། ནང་གོམ་ལག་ཀླུང་ནག་འཚུབ་མ་རེད། ཏ་ད་ཐེངས་ཉོས་པ་འཚུགས་མེད། རོགས་ཚང་ལོ་སྙིང་ལ་རྗེ་བོ། ཕྱི་མོ་སྒོ་བཅོ་ལྔའི་དུང་ཟླ་རེད། ཚིག་བཤད་པ་རྗེ་བཙུན་མགུར་མ་རེད། རོགས་ད་ཐེངས་བཅའ་བ་འཚུགས་མེད། ཅེས་པ་དང་། རྒན་པོ་རྣམས་ཀྱི་ཁ་དཔེར་ཉི་ཤུ་ཟླ་བ་ནམ་ལངས། བཅོ་ལྔའི་ཟླ་བ་ཁ་གང་ཞེས་པ་ལས་ཀྱང་གསལ་པོར་མཚོན། དེས་ན་ལྷོ་བོད་གཉིས་ཀྱི་ཚེས་གྲངས་གཏན་ལ་འབེབ་པའི་རིག་པ་ཀུན་ནས་མཚུངས་པ་འདི་ལས་ཀྱང་མི་རིགས་གཉིས་ཀྱི་མེས་

① 《ལྷོ་པ་རིགས་ཀྱི་ལོ་རྒྱུས་མདོར་བསྡུས》ཀྱི་ཤོག་ངོས་99པར་གསལ།

པོའི་འབྲེལ་བ་གང་འདྲ་ཡིན་པ་ལམ་ཙམ་རྟོགས་ཐུབ།

དེ་མིན་ལྷོ་པ་རིགས་ཀྱིས་སྨན་བཅོས་བྱེད་ཚེ་སྦྲུལ་གྱི་མཁྲིས་པ་དང་སྣ་རྩི་སྦྱར་ནས་ཁྲག་གཙོད་ཅིང་དུག་སེལ་བ①དེ་ཡང་བོད་ཀྱི་སྨན་བཅོས་བྱེད་ཐབས་དང་ཡོངས་སུ་མཐུན་པ་ནི། ད་ལྟ་མདོ་དབུས་ཁམས་གསུམ་ཀུན་ནས་རྨ་ཁའི་དུག་སེལ་བ་དང་དེ་མྱུར་དུ་སོས་པར་བྱེད་པ་ལ་སྣ་རྩི་སྦྱོད་པར་མ་ཟད། དུག་ནད་དང་། མཆིན་ནད། མཁལ་མའི་གཉན་ཚད། སྲིན་ཚད། གཉན་རིམས་སོགས་ལ་སྣ་རྩི་འཐུང་བ་དང་ཡང་ན་སྣ་རྩི་དང་བསྡེབས་པའི་སྨན་འཐུང་གི་ཡོད། དེ་ཡང《ལྡེའུ་ཆོས་འབྱུང》སོགས་ན་རྩིབས་ཀྱི་ལྷ་སྐར་མ་ཡོས་ལྡེ་བྱ་བས་གཉའ་ཁྲི་བཙན་པོའི་གསུང་ལན་ལ"རྐུ་ལ་ལན་མཆིས། སྡང་ལ་བྱམས་མཆིས། དུག་ལ་སྨན་མཆིས"ཞེས་ཞུས་ཚུལ་བཀོད་པ་ལྟར་ན་བོད་ཀྱིས་གཉའ་ཁྲི་སྔོན་གྱི་རྒྱལ་ཕྲན་སིལ་མ་བཅུ་གཉིས་དུས་ནས་སྐྱེ་དངོས་དང་། གཏེར་རྫས། སྦྲག་ཆགས་སོགས་ཀྱི་སྨན་ལ་བརྟེན་ནས་ནད་གསོ་བའི་རིག་པ་ངེས་ཡོད་པས། སྣ་རྩི་སྦྱར་ནས་དུག་སེལ་བ་ལ་སོགས་པའི་རིག་པར་ཡང་ལོ་རྒྱུས་ཡུན་རིང་ལྡན་ཡོད། ལྷོ་བོད་གཉིས་ལ་གཅིག་མཚུངས་ཀྱི་སྨན་བཅོས་བྱེད་ཐབས་ཡོད་པ་འདི་སྐྱེས་དབང་གིས་མིན་པར་ཆུ་འགོ་གཅིག་ནས་གྱེས་པའི་ཆུ་རྒྱུན་དང་མེས་པོ་གཅིག་ནས་བརྒྱུད་པའི་རིག་གནས་ཡིན་པར་ངེས་སོ། །

ལྔ་པ། ས་མིང་ལ་དཔྱད་པ།

ས་མིང་ནི་ཐོག་མ་ཉིད་ནས་ཡོད་པ་ཞིག་མིན་པར་མིའི་རིགས་ཀྱིས་གཏན་སྡོད་ཀྱི་འཚོ་བ་རོལ་ཚུན་གྱི་ལོ་རྒྱུས་དུས་སྐབས་སོ་སོའི་གཏན་སྡོད་བྱེད་མཁན་མི་དང་ཚོ་པ་སོགས་ཀྱིས་རང་རང་གི་འཚོ་བའི་དགོས་མཁོ་ལྟར། ཕྱི་རོལ་ཡུལ་གྱི་ཁྱད་ཆོས་

① 《ལྷོ་པ་རིགས་ཀྱི་ལོ་རྒྱུས་མདོར་བསྡུས》ཀྱི་ཤོག་ངོས་101པར་གསལ།

དང་བྱེད་ནུས། ཕ་ཚན་སོ་སོའི་ཉུས་རྟགས་སམ་ཚོ་པའི་སྤྱི་མིང་སོགས་རྒྱུ་མཚན་དང་དམིགས་པ་སྣ་ཚོགས་ལ་བརྟེན་ནས་བཏགས་པ་ཡིན་པས། དེ་ལས་ཡུལ་དེར་སྔོན་ཆད་མི་རིགས་གང་ཞིག་བསྡད་མྱོང་བ་དང་ད་ལྟ་མི་རིགས་གང་ཞིག་གནས་ཡོད་པ་རྟོགས་ཐུབ་པར་མ་ཟད། མི་རིགས་དེ་དག་གི་ཉུས་རྟགས་དང་། ཆོས་ལུགས། སྐད་ཡིག འཛིག་རྟེན་གྱི་ལྟ་བ། ཡིད་སྨྲུལ། འཚོ་བའི་གོམས་གཤིས་སོགས་ཀྱང་ཚད་ངེས་ཅན་རེ་རྟོགས་ཐུབ་པ་ཡིན་ན། ལྷོ་ཡུལ་གྱི་ས་མིང་དང་། རི་མིང་། ཆུ་མིང་སོགས་ལ་ཡང་བོད་སྐད་མང་དུ་འདྲེས་ཡོད་པ་དཔེར་ན། ལྷོ་ཡུལ་གྱི་རི་བོ་གྲགས་ཅན་རྣམས་ཀྱི་མིང་ལ། དགའ་ལུང་ལ། གནམ་ལྕགས་འབར་བ་ལ། རྫོ་གཞོང་ལ། སྤུངས་སྤུངས་ལ། ཡོངས་རྒྱབ་ལ། གོང་སྟོད་ཕོ་བྲང་། ཏ་ཤིང་སྟོང་ཉང་ལ། ཨ་བ་ཡ་རི། གཏམ་སླན་ལ། ཨབ་ར་དཀར་ལ། ལྷོ་ཡུམ། གི་ཕོ་གནམ་ཡོམ་ལ། དུང་དཀར་ལ། གནས་ཡུལ་དོམ་ལ། ཕོ་མོ་ཐང་སེར། སྐྱིད་དགེ་སོགས་ཟེར་ལ། ཆུ་བོ་ཆེན་པོ་རྣམས་ཀྱི་མིང་ལ། སྤྱན་འབྲུག་ཆུ། ཡང་གསང་ཆུ། ཉི་ཀུང་ཆུ། བདེ་གོང་ཆུ། ཤེ་རི་དཔལ་ལྡན་ཆུ། ཤེ་གཡོར་ཆུ། བདེ་ཆེན་མོ་ཆུ། སྦྲ་ཆགས་ཤེ་ཆུ། ཇ་འདུ་ཆུ། ཅང་སྐྱི་ཕུ་ཆུ། མདའ་ལུང་ཆུ་སོགས་ཟེར། གྲོང་བརྡལ་དང་གྲོང་ཚོ་གཙོ་བོ་དག་གི་མིང་ལའང་སྤྱན་འབྲུག བྱ་ར་ས། སྟག་མོ། བདེ་ཞིང་། མེ་ཏོག སྤང་ཞིང་། འབྲས་སྤུངས། སྡིག་གདོང་། འཇམ་པོ། རྟ་གདོང་། རྫོ་ཤིང་། སྐོར་སྦུ། དགའ་སྟེ། དར་མིང་། གནས་ཚང་གོང་། མདའ་སྣང་། ཕུར་བུ། ཨ་ལོང་①སོགས་མང་དུ་ཡོད་པ་ལྟ་བུ་རེད། དེས་ན་ལྷོ་ཡུལ་གྱི་རི་བོ་གྲགས་ཅན་དང་ཆུ་བོ་ཆེན་པོ། གྲོང་བརྡལ(སྡེ)གཙོ་བོ་སོགས་གཞི་རྩའི་གྲུབ་ཆ་རྣམས་ཀྱི་མིང་བོད་སྐད་ཡིན་པ་ལས་ཐ་སྙད་དེ་དག་འདོགས་མཁན་བོད་རིགས་ཡིན་པ་དང་། ཡང་ན་ལྷོ་པ་རིགས་ལ་གནའ་བོའི་དུས་སུ་བོད་སྐད་ལས་ཐ

① 1981ལོར་བོད་ལྗོངས་ཐིག་རིས་ཚུས་ཀྱིས་བསྒྲིགས་ཏེ་པར་སྐྲུན་བྱས་པའི《བོད་རང་སྐྱོང་ལྗོངས་ཀྱི་ས་ཁྲ》(བོད་ཡིག)ཏུ་གསལ།

དད་པའི་སྐད་རིགས་གཞན་མེད་ཅིང་། ད་ལྟ་ལྷོ་སྐད་ཅེས་བོད་ཁམས་གཞན་དུ་ཡོངས་སུ་མི་གོ་བའི་སྐད་ཅིག་ཤོད་ཀྱིན་ཡོད་པ་དེ་ཡང་སྤྱས་ལྗོངས་ལྷོ་ཡུལ་གྱི་མི་རྣམས་དུས་ཡུན་རིང་པོར་ཕྱི་ཕྱོགས་སུ་འབྲེལ་འདྲིས་མང་པོ་བྱེད་མ་ཐུབ་པའི་རྐྱེན་གྱིས་གྲོང་སྐད་ལ་འཕེལ་འགྱུར་བྱུང་བའི་མཐའ་འབྲས་ཡིན་པ་རྟོགས་ཐུབ་ལ། སྔར་ཙུས་རྒྱུད་དམ་མི་རིགས་གཅིག་ཡིན་ཙང་། ལོ་རྒྱུས་ཀྱི་རྒྱུ་རྐྱེན་སྣ་ཚོགས་ཀྱི་དབང་གིས་ཕན་ཚུན་ཡུལ་ཁམས་སོ་སོར་གྱེས་ནས་དུས་ཡུན་རིང་པོར་འབྲེལ་ཐུག་མང་པོ་བྱེད་མི་ཐུབ་པས། གྲོང་སྐད་ཀྱི་ཁྱད་པར་ཇེ་ཆེར་ཕྱིན་ཏེ། ཕན་ཚུན་དབར་སྐད་བརྡ་མི་འཕྲོད་པའི་སྐད་རིགས་གཉིས་ལྟ་བུ་འབྱུང་བ་ནི་སྐད་རིགས་འཕེལ་འགྱུར་གྱི་ཆོས་ཉིད་ཡིན་པ་ཀུན་གྱིས་མཁྱེན་གསལ་ལྟར་རོ། །

༤བ། ལྷོ་པ་རིགས་ཀྱི་ཡུལ་སྲོལ་གོམས་གཤིས་ལ་དཔྱད་པ།

ལྷོ་པ་རིགས་ཀྱི་ཁང་པ་ལས་ཆེ་ཐོག་མར་མཐོ་ཚད་ལ་སྤྱི་ཁྲུ་དོ་ཙམ་ཡོད་པའི་ཤིང་གི་རྨང་སྒྲོམ་བརྩན་པོ་ཞིག་ལས་རྩིས། དེའི་སྟེང་དུ་ཁང་པ་ཉིས་ཐོག་ལས་ཤིང་རྨང་སྒྲོམ་འོག་ཏུ་བུད་ཤིང་འཛོག་པ་དང་སྒོ་ཕྱུགས་འཇུག་ལ། ཉིས་ཐོག་ཏུ་མི་སྡོད་ཅིང་གསུམ་ཐོག་ཏུ་ལ་ཅོ་དང་ཡོ་ཆས་སོགས་དངོས་པོ་རྩག་རྩིག་འཛོག་པའི་སྲོལ①ཡོད་པ་དེ་ཡང་བོད་ལྗོངས་ཀྱི་མོན་ཡུལ་དང་སི་ཁྲིན་ཟ་པ་བོད་རིགས་རང་སྐྱོང་ཁུལ་གྱི་ཧྲུང་ཆུ་རྫོང་དང་གཟི་ཚ་སྡེ་དགུ་ས་ཁུལ། མའོ་ཝུན་ཆང་རིགས་རང་སྐྱོང་རྫོང་སོགས་ཀྱི་ཁང་པའི་བཟོ་བཀོད་དང་གཉིས་སུ་མ་མཆིས་ལ། བོད་ལྗོངས་ཆབ་མདོ་ས་ཁུལ་གྱི་མཁར་རོ་གྲོང་ཚོ་ནས་རྙེད་སོན་བྱུང་བའི་ལོ་ལྔ་སྟོང་ཙམ་གྱི་གོང་གི་ཁང་པའི་གནའ་ཤུལ་དང་ཆ་འདྲ་བས། ལྷོ་པ་རིགས་ཀྱི་ཁང་པའི་བཟོ་བཀོད་དེ་ཡང་ལྷོ་

① 《ལྷོ་པ་རིགས་ཀྱི་ལོ་རྒྱུས་མདོར་བསྡུས》ཀྱི་ཤོག་ངོས་84པར་གསལ།

རིགས་ཀྱི་ཐུན་མོང་མ་ཡིན་པའི་ཁྱད་ཆོས་ཤིག་མིན་པར། གཞའ་བོའི་ལྷོ་ཕྱོགས་སུ་གནས་པའི་བོད་མི་སྤྱིའི་ཁང་པའི་ཁྱད་ཆོས་ཡིན་པར་ངེས།

གཞན《བོད་ཀྱི་ལོ་རྒྱུས་རིག་གནས་དཔྱད་གཞིའི་རྒྱུ་ཆ་བདམས་བསྒྲིགས》(སྤྱིའི་འདོན་ཐེངས་བཅུ་པ)ལས། "ལྷོ་པའི་ཆོས་དང་དར་དང་། སྐད་ཡིག་བཅས་ནི་བོད་ཡོངས་དང་གཅིག་གྱུར་ཡིན་པ་དང་། འཚོ་བ་སྤྱོད་སྟངས་ཐད་བཟའ་བཏུང་། གྱོན་ཆས། འཚོ་བའི་ཡོ་ཆས། རྒྱན་ཆ་ལུགས་སོགས་ནི་བོད་ཀྱི་ཀོང་པོ་ཡུལ་དང་དབྱེར་མེད་ཡིན"①ཞེས་འཁོད་པ་ལྟར་ན། ལྷོ་པའི་གོན་ཆས་དང་བཟའ་བཏུང་སོགས་ཀྱང་ཀོང་པོ་ས་ཡུལ་དང་ཁྱད་པར་མེད་ལ། བོད་ལྗོངས་མི་དམངས་དཔེ་སྐྲུན་ཁང་གིས་པར་སྐྲུན་བྱས་པའི《ལྷོ་པ་རིགས་ཀྱི་ལོ་རྒྱུས་མདོར་བསྡུས》ཀྱི་བར་གསབ་འདྲ་པར་ལ་བལྟས་ནའང་ལྷོ་པའི་གྱོན་ཆས་དེ་དངོས་གནས་ཀོང་པོ་ས་ཡུལ་གྱི་བོད་ཀྱི་གྱོན་ཆས་དང་ཀུན་ནས་མཚུངས་པས། ལྷོ་པ་རྣམས་བྱང་ཕྱོགས་བོད་ནས་མཆེད་པར་མ་ཟད། མང་ཆེ་བ་ཀོང་པོ་ཡུལ་ནས་མཆེད་པའང་དང་གིས་རྟོགས་ཐུབ།

དེ་མིན་ལྷོ་པ་ཕོ་མོ་རྣམས་ཀྱིས་ཐོད་པའི་སྐྲ་རྩེ་འབྲེག་པ་དེ②ཡང་རྒྱུ་མཚན་ཅི་ཡིན་པ་མི་ཤེས་ཀྱང་དེ་སྔ་ལྷོ་པ་གཞུང་རྒྱུགས་པའི་ཁྲལ་བདག་བྱས་སྟོང་བའི་སློབ་གླིང་བླ་མཆོག་ལགས་ཀྱི་ཞལ་ནས"ཀློ་ཡུལ་ཁུལ་གྱི་མི་རྣམས་ཐོག་མར་བོད་ནས་མཆེད་པ་ཧ་ཅང་གསལ་པོ་ཡིན་ལ། ཀློ་པའི་བུ་དང་བུ་མོ་རྣམས་མདུན་གྱི་སྐྲ་རྩེ་འབྲེག་སྲོལ་ཡོད་པས། ཁ་རྒྱུན་དུ་གདོང་སྐྲ་རྩེ་བྲེགས་ཚད་བོད་ཀྱི་མི་ཡིན་ཞེས་པའི་ཟེར་སྲོལ་ཡོད"③ཅེས་གསུངས་པ་ལྟར་ན། བོད་ཀྱི་ལུགས་སྲོལ་ཞིག་ཡིན་པ་མངོན་གསལ་རེད།

① མི་རིགས་དཔེ་སྐྲུན་ཁང་གིས་1988ལོའི་ཟླ་6པར་པར་སྐྲུན་བྱས་པའི《བོད་ཀྱི་ལོ་རྒྱུས་རིག་གནས་དཔྱད་གཞིའི་རྒྱུ་ཆ་བདམས་སྒྲིག》(སྤྱིའི་འདོན་ཐེངས་10པ)གི་ཤོག་ངོས་67པར་གསལ།

② 《ལྷོ་པ་རིགས་ཀྱི་ལོ་རྒྱུས་མདོར་བསྡུས》ཀྱི་ཤོག་ངོས་80པར་གསལ།

③ མི་རིགས་དཔེ་སྐྲུན་ཁང་གིས་1988ལོའི་ཟླ་6པར་པར་སྐྲུན་བྱས་པའི《བོད་ཀྱི་ལོ་རྒྱུས་རིག་གནས་དཔྱད་གཞིའི་རྒྱུ་ཆ་བདམས་སྒྲིག》(སྤྱིའི་འདོན་ཐེངས་10པ)གི་ཤོག་ངོས་61པར་གསལ།

མདོར་ན། གནའ་བོའི་ངག་རྒྱུན་དང་རིག་གནས་དངོས་རྫས། ཆོས་ལུགས་དད་མོས། ཡུལ་སྲོལ་གོམས་གཤིས་སོགས་ཕྱོགས་ཆེན་པོ་དྲུག་ནས་ལྷོ་བོད་གཉིས་ཡོངས་སུ་མཚུངས་པར་བརྟགས་ན་ལྷོ་བོད་གཉིས་ལ་གདོད་མའི་དུས་སུ་རུས་ཁུངས་དང་། སྐད་ཆ། ཤེས་རིག སེམས་ཁམས། ལུགས་སྲོལ། ལྟ་བ་བཅས་ཀྱི་དབྱེ་བ་མེད་པར་གཡག་གཅིག་གི་ཀོ་བ་དང་མི་གཅིག་གི་རྒྱུད་དེ། ཕ་སྤྲེའུ་དང་མ་བྲག་སྲིན་ལས་མཆེད་པའི་སྤུན་མཆེད་ཡིན་ལ། སྤུ་རྒྱལ་དུས་སྐབས་དང་ཁྱད་པར་དུ་སྲོང་བཙན་སྒམ་པོའི་དུས་སུ་ལྷོ་ནས་ལྷོ་མོན། ནུབ་ནས་ཞང་ཞུང་། བྱང་ནས་ཧོར། ཤར་རྩྭ་མི་ཤིང་མི་རྣམས་མངའ་འོག་ཏུ་བསྡུས་ནས་བོད་མི་རིགས་འདི་གཅིག་གྱུར་བྱེད་སྐབས་ཀྱང་ལྷོ་པ་རྣམས་བོད་མི་རིགས་ཀྱི་གྲུབ་ཆ་གཙོ་བོའི་གྲས་སུ་གྱུར་ཡོད། ད་ལྟ་ལྷོ་པ་རིགས་ལ་ལྷོ་སྐད་ཅེས་བོད་ཁམས་གཞན་དུ་ཡོངས་སུ་གོ་དཀའ་བའི་སྐད་ཅིག་ཡོད་པ་ཡང་མདོ་དབུས་ཁམས་གསུམ་གྱི་སྐད་ཀྱི་ཁྱད་པར་དང་འདྲ་སྟེ། རྒྱལ་པོ་སླང་དར་གྱི་རྗེས་སུ་བོད་འདིར་སྤྱི་ཁྱབ་ཀྱི་རྒྱལ་པོ་མ་བྱོན་པར་དུས་ཡུན་རིང་པོར་སོ་སོར་ཐོར་བ་དང་། ཁྱད་པར་དུ་ཐ་སྙད་གཅིག་གྱུར་དང་སྐད་རིགས་ཚད་ལྡན་ཅན་དུ་སྒྱུར་མཁན་མ་བྱོན་ལ། ལྷོ་ཡུལ་དེའང་བོད་ཀྱི་རྒྱང་རིང་མཐའ་ཁུལ་གྱི་སྦས་ཡུལ་ཞིག་ཡིན་ཞིང་། ཡུལ་གཞན་དུ་འབྲེལ་འདྲིས་ཏ་ཅང་ཉུང་བ་བཅས་ཀྱི་དབང་གིས་ཡུལ་སྐད་ཀྱི་ཤུགས་ཇེ་ཆེར་སོང་བའི་མཐའ་འབྲས་ཡིན་ནོ།། །།

༄༅། །བོད་རིགས་དང་ཆང་རིགས་བར་གྱི་འབྲེལ་བ་བཤད་པ།

དེ་ཡང་ཇ་བ་བོད་རིགས་ཆང་རིགས་རང་སྐྱོང་ཁུལ་དང་དཀར་མཛེས་བོད་རིགས་རང་སྐྱོང་ཁུལ་དུ་ཁྱབ་ཅིང་གནས་པའི་ཧུ་དམག་ལ་གནའ་ནས་རྒྱ་དམག་གམ་ཧུ་དམག་ཏུ་འབོད་པ་དང་། ཧུ་དམག་རང་གིས་ཀྱང་ཧུ་དམག་ཏུ་འབོད་ལ། ད་ལྟ་དེ་ནི་གནའ་བོའི་དུས་སུ་མ་ཧཱ་ཅི་ནའི་ཡུལ་གྱི་ནུབ་ཕྱོགས་སུ་ར་ལུག་འཚོ་བའི་མི་རིགས་སམ་ཧུས་ཚོ་སྤྱི་སྤེ་ཆང(羌)ཞེས་པ་དེའི་རྒྱུད་པ་ཞིག་གཅིག་ཏུ་ངོས་འཛིན་གྱིས་མིང་ལའང་ཆང་རིགས་ཞེས་མི་རིགས་ཡན་གར་བ་ཞིག་ཏུ་བཀར་ཡོད། དེས་ན་མི་རིགས་སོ་སོའི་ལོ་རྒྱུས་ལ་ཞིབ་འཇུག་བྱས་ནས་བཟང་གི་ཉམས་མྱོང་ཕྱོགས་སྡོམ་དང་ངན་པའི་བསླབ་བྱ་དང་ལེན། ཁྱད་པར་དུ་ལོ་རྒྱུས་ཐོག་མི་རིགས་ཕན་ཚུན་བར་ལ་མཛའ་མཐུན་གྱི་འབྲེལ་བ་ཇི་འདྲ་ཡོད་ཅིང་ཤ་ཁྲག་གི་འབྲེལ་བ་ག་ཙམ་ཡོད་པ་སོགས་གསལ་པོར་བརྗོད་ནས། མི་རིགས་ཀྱི་མཐུན་སྒྲིལ་དང་ས་གནས་ཀྱི་བརྟན་འཇགས། རྒྱལ་ཁབ་ཀྱི་གཅིག་གྱུར་བཅས་ལ་ཕན་ནུས་བསྐྱེད་པ་ནི་ལོ་རྒྱུས་ལ་ཞིབ་འཇུག་བྱེད་པའི་རྩ་བའི་རྩ་དོན་ཡིན་ཞིང་། དམིགས་པ་དེ་དང་དེ་ལྟ་བུའི་སྐུལ་ཤུགས་ལ་བརྟེན་ནས། ཆང་རིགས་ཀྱི་ལོ་རྒྱུས་དང་། ཡུལ་སྲོལ། སྐད་རིགས། འདུ་ཤེས། ཆོས་ལུགས། ངག་རྒྱུན་སོགས་ལ་དཔྱད་པ་ཅུང་ཟད་བགྱིས་ན་དེ་ལ་བོད་རིགས་དང་གཅིག་མཚུངས་ཀྱི་ཆ་ཤིན་ཏུ་མང་བ་འདི་ལྟར།

དང་པོ། ཁང་པའི་བཟོ་བཀོད་འདྲ་བ།

དེ་ཡང《ཏན་རྗེས་མའི་དེབ་ཐེར》ལས། "ཐམས་ཅད་རི་ལ་བརྟེན་ནས་གནས་བཅའ་ཞིང་། རྡོ་ཡིས་ཁང་པ་བརྩིག"ཅེས་པ་ལྟར། ཆང་རིགས་ཀྱི་ཁང་པ་མང་ཆེ་ཤོས་རི་བོའི་སྐེད་དང་ཡང་ན་སྨུག་བདེ་ཞིང་རྐོལ་དཀའ་བའི་རི་བོའི་རྩེར་རྒྱུག་སྲོལ་ཡོད་པར་མ་ཟད། སྟོད་ཁང་གི་ཉེ་འདབས་སུ་ད་དུང་སྲ་ཞིང་མཁྲེགས་ལ་མཐོ་ཚད་དུ་ཁྲི་ཁྲུ་བཞི་ལྔ་རེ་ཡོད་པའི་བཙན་རྫོང་བརྩིགས་ནས་དགྲ་བོ་འགོག་རྐོལ་དང་། འབྲུ་རིགས་དང་རྫས་སྔོན་ཉར་ཚགས་བྱེད་པའི་སྲོལ་①དེ་ནི་བོད་ལ་གཉའ་ཁྲི་བཙན་པོའི་ཡར་སྔོན་ནས་དར་ཡོད་པ《རྡོ་རྗེ་མཁའ་འགྲོའི་རྒྱུད》ལས། བོད་ཡུལ་དུ་ནི་ལྷན་སྐྱེས་ཏེ། །བྲག་གི་ཁྱིམ་ལ་བརྟེན་ཏེ་གནས། །ཞེས་པ་དང་། 《བཀའ་ཐང་སྡེ་ལྔ》ལས། གཙུག་ལག་རྒྱལ་པོ་གདུག་པ་སྦྲུལ་ལྟར་འཁྲིལ། །ཆོས་ཀྱི་རྒྱལ་པོ་ཁྲི་ལ་སྤྱང་ལྟར་འཇབ། །ནོར་གྱི་རྒྱལ་པོ་བྱེའུ་ལ་ཁྲ་ལྟར་འཇུམ། །ཧོར་གྱི་རྒྱལ་པོ་ཤིང་ལ་སྤྲར་ལྟར་འཚབ། །ཕྱོགས་བཞིའི་རྒྱལ་པོ་ཕྱོགས་ནས་དར་བའི་ཚེ། །དེ་དུས་བོད་ཁམས་མི་ལ་རྗེ་མེད་པས། །རི་བྲན་བྲག་མཁར་ཀུན་ལ་རྫོང་ཡང་བཅས། །གོས་དང་ཁ་ཟས་བཙན་མཁར་ནོར་བུ་བཙུག །②ཅེས་རྒྱ་དང་བོད་གཉིས་ཀའི་གནའ་བོའི་ཡིག་ཚང་ལས་གསལ་ཞིང་། དེ་ཡང་དབང་མཛད་བཅུ་གཉིས་མ་བྱོན་གོང་ལ་བོད་ལ་གཅིག་གྱུར་གྱི་དབང་མཛད་མཁན་མེད་པ་དང་། མཐའ་བཞིའི་རྒྱལ་ཁག་རྣམས་ཀྱིས་བོད་ལ་བཙན་འཛུལ་དང་ཁྲུར་མེད་བྱེད་གྲབས་བྱས་པས། བོད་པ་

---

① 1985ལོའི་ཟླ་དང་པོར་སི་ཁྲོན་མི་རིགས་དཔེ་སྐྲུན་ཁང་གིས་པར་དུ་བསྐྲུན་པའི《ཆང་རིགས་ཀྱི་ལོ་རྒྱུས》བྱ་བའི་ཤོག་ངོས་333པར་གསལ།

② 1990ལོར་མི་རིགས་དཔེ་སྐྲུན་ཁང་གིས་པར་དུ་བསྐྲུན་པའི《བཀའ་ཐང་སྡེ་ལྔ》ཡི་ཤོག་ངོས་112པ་དང་118པར་གསལ།

རྣམས་འཛིགས་ནས་དགྲ་འགོག་རང་སྲུང་ལ་ཕན་པའི་རི་མཐོ་ས་དང་བྲག་བཙན་སར་སྤོས་ནས། ཁང་པའམ་བཙན་རྫོང་བརྩིགས་ཏེ་གནས་བཅའ་བ་དང་། ཡང་ན་ཟས་གོས་དང་དངོས་པོ་རྒྱ་ཆེན་རྣམས་དེར་སྤོས་ཏེ་སྦས་སྐུང་བྱས་པ་ནས་རི་བོ་མཐོན་པོའི་རྩེ་དང་བྲག་རི་བཙན་པོར་གནས་བཅའ་བའི་སྲོལ་བྱུང་། དེ་ལྟར་ལོ་ཟླ་མང་པོ་འདས་ནས་བཙན་པོའི་དུས་སྐབས་སུ་སླེབས་ཚེ། བོད་ཀྱི་ཐུན་མོང་མ་ཡིན་པའི་ཁང་པ་བཟོ་སྲོལ་ཞིག་ཏུ་གྱུར་པ་ཡུམ་བུ་བླ་སྒང་ཕོ་བྲང་དང་འཕྱོངས་པ་སྟག་རྩེ། རྩེ་ཕོ་བྲང་པོ་ཏ་ལ། གཞིས་ཀ་རྩེ་སོགས་བཞེངས་སྲོལ་ལས་རྟོགས་ཤིང་། དེ་མིན་སྟག་རྩེ་དང་། རྐོང་རྩེ། ཡང་རྩེ། ཁྲི་རྩེ། རྩེ་མོ་ཁྱུང་རྒྱལ། ཁྲི་རྩེ་འབུམ་གདུགས་ཞེས་པ་སོགས་རྩེ་མང་དུ་བགྲངས་པ་རྣམས་ཀྱང་དགྲ་འགོག་རང་སྲུང་གི་དོན་དུ་རི་བོའི་རྩེ་མོར་མཁར་དང་བཙན་རྫོང་སོགས་བརྩིགས་ཤིང་། མཁར་དང་བཙན་རྫོང་བརྩིག་ས་རི་བོའི་རྩེའམ་སྐེད་ཡིན་པས། མིང་ལའང་རྩེ་ཞེས་བརྗོད་པ་ཡིན། སྲོལ་དེ་གནའ་བོའི་དུས་སུ་མ་ཟད་ད་ལྟའང་མ་ཉམས་པར་རྒྱུན་འཁྱོངས་བྱེད་པ་གངས་ལྗོངས་ཀྱི་ལྷོ་གནས་དབུས་གཙང་ཕྱོགས་སུ་སླེབས་ན་བཤད་མི་དགོས་པར་རང་ཤུགས་ཀྱིས་མཐོང་ཞིང་ཤེས་པར་ངེས།

ཡང་། 《ཆང་རིགས་ཀྱི་ལོ་རྒྱུས》ལས། “ཆང་རིགས་ཀྱིས་ཤིང་ཁང་རིམ་པ་གསུམ་དང་གཉིས་ཅན་ལས་ཤིང་། མང་ཆེ་བ་སུམ་ཐོག་ཅན་ཡིན། སུམ་ཐོག་ཅན་ཡིན་ན་ཁེར་ཐོག་ཕྱུགས་ཁང་ཡིན་ཞིང་རྟ་དང་ལུད་ཀྱང་སྤུངས་ཡོད། ཉིས་ཐོག་མི་སྡོད་ས་ཡིན་པས་ཉལ་ཁང་དང་མཛོད་ཁང་སོགས་ཡོད། སུམ་ཐོག་ཏུ་འབྲུ་རིགས་དང་དངོས་པོ་རྩག་རྩིག་ཉར་ཚགས་བྱེད་ཀྱི་ཡོད། ཉིས་ཐོག་ཅན་ཡིན་ན་ཁེར་ཐོག་ཏུ་མི་སྡོད་པ་དང་། ཉིས་ཐོག་ཏུ་འབྲུ་རིགས་དང་དངོས་པོ་རྩག་རྩིག་ཉར་ཚགས་

བྱེད་ཅིང་། ཕྱུགས་ཁང་གཞན་དུ་ལོགས་སུ་ལས་ཡོད་"①ཅེས་པ་དེ་ཡང་བོད་རིགས་ཀྱི་སྲོལ་དང་ཀུན་ནས་མཚུངས་པ་སྟེ། ཇ་པ་བོད་རིགས་རང་སྐྱོང་ཁུལ་གྱི་གཟི་ཚ་སེ་དགུ་ས་ཁུལ་དང་། བོད་ལྗོངས་ཀྱི་ཉིང་ཁྲི་དང་། ཛ་ཡུལ། མོན་ཡུལ། ལྷོ་ཡུལ་སོགས་བོད་ཀྱི་ལྷོ་ཕྱོགས་ས་ཁུལ་སྤྱིའི་ཁང་པ་ཕལ་ཆེ་བ་དེ་ལྟར་ལས་ཡོད་ལ། བོད་ལྗོངས་ཆབ་མདོ་ས་ཁུལ་གྱི་མཁར་རོ་གྲོང་ཚོ་ནས་ལོ་ལྔ་སྟོང་ཙམ་འདས་པའི་ཁང་པའི་གནའ་ཤུལ་སོན་རྙེད་བྱུང་བ་ཡང་དེ་དང་ཆ་འདྲ་བས། བཟོ་བཀོད་དེ་རིགས་བོད་ལྗོངས་ཀྱི་ལྷོ་ཕྱོགས་ས་ཁུལ་སྤྱིར་ཁྱབ་ཅིང་རྗེ་ཆས་གསར་པའི་དུས་འགོ་ཙམ་ནས་དར་ཡོད་ངེས་རེད།

དེ་མིན《ཐང་ཡིག་གསར་རྙིང་ལས་ལྷོང་གི་སྐོར》②དང་། 《སུང་བྱང་མའི་ལོ་རྒྱུས་ལས་ཡན་ཁྲང་གི་སྐོར》ལས། "ཆང་རིགས་ཀྱིས་ནོར་གྱི་ཇ་རྫིད་དང་ལུག་ནག་གི་བལ་འཐག་ནས་སྔོད་ཁང་བྱེད"③ཅེས་འཁོད་ཡོད། སྲོལ་དེ་ད་ལྟའི་བར་དམག་གི་ཁྲོད་དུ་ཡོངས་སུ་ཉམས་ཀྱང་སྲིད་མོད། ཁོ་ཚོའི་མེས་པོ་རྣམས་གནའ་བོའི་དུས་སུ་བལ་ནག་དང་རྫིད་པ་ལས་བཏགས་པའི་སྦྲ་ནང་དུ་འདུག་པའི་སྲོལ་ཡང་ཡོད་མྱོང་བ་རེད། དེས་ན་སྲོལ་དེ་ཡང་ང་ཚོ་བོད་རིགས་ཀྱི་ལུགས་སྲོལ་ངོ་མ་ཞིག་སྟེ། 《གཡུང་དྲུང་བོན་གྱི་བསྟན་འབྱུང་ཕྱོགས་བསྡུས》ལས། དབང་མཛད་བཙུ་གཉིས་ཀྱི་དུས་སུ་རོང་འབྲོག་གི་དབྱེ་བ་ཡོད་ཅིང་ནོར་རྫིད་དང་ལུག་བལ་བྲིགས་ནས་འཁེལ་འཐག་འཚེམ་བཟོ་བྱེད་པར་བསྟན་པ་དང་།④ 《བཀའ་ཐང་སྡེ་ལྔ》ལས། གྲུ་གུ་ཡུལ་གྱི་ཨོང་དུ་མན་ཆོད་དུ། །བོད་ཀྱི་དམག་དཔུང་སྦྲ་ནག་ཕབ་ནས་

① 1985ལོའི་ཟླ་དང་པོར་སི་ཁྲོན་མི་རིགས་དཔེ་སྐྲུན་ཁང་གིས་པར་དུ་བསྐྲུན་པའི《ཆང་རིགས་ཀྱི་ལོ་རྒྱུས》བྱ་བའི་ཤོག་ངོས་333པར་གསལ།

② 《ཆང་རིགས་ཀྱི་ལོ་རྒྱུས》བྱ་བའི་ཤོག་ངོས་330པར་དྲངས་ཡོད།

③ གོང་དང་མཚུངས།

④ 1988ལོའི་ཟླ་11པར་བོད་ལྗོངས་མི་དམངས་དཔེ་སྐྲུན་ཁང་གིས་པར་དུ་བསྐྲུན་པ་དེའི་ཤོག་ངོས་31པར་གསལ།

ཉི། །ཡུལ་བརླག་མི་རྣམས་མོན་གྱི་ས་ལ་བསྐྱལ། །①ཞེས་པ་དང་། 《ཐང་ཡིག་གསར་མ》ལས། "དམག་མིས་བྱ་ར་བྱེད་པས་ཕོ་བྲང་རྟེན་གནས་བཙན། འཁོར་སྤྲ་གུར་དུ་སྡོད"ཅེས་པ་དང་། གནའ་བོའི་བོད་ཀྱི་དམངས་ཁྲོད་རྩོམ་ལུས་ཧེ་ལྷེའུ་ལའང་གཡག་ཡུ་གཅིག་ལ་སྣ་ཐག་བརྒྱ། ཅི་ཁེད། ཅེས་པའི་དྲིས་ལན་དུ། དེ་ནི་སྤྲ་ཆེན་རེད་ཅེས་ཤོད་སྲོལ་ཡོད་པ་ལྟར་ན། བོད་དང་བོད་དམག་རྣམས་ཀྱིས་ཀྱང་གནའ་བོའི་དུས་སུ་སྤྲ་ནག་ཕུབ་ནས་འདུག་པར་མ་ཟད། སྲོལ་དེ་ད་ལྟ་ད་དུང་མ་ཉམས་པར་ཡོད་པ་སྟོད་མངའ་རིས་སྐོར་གསུམ་ནས་སྨད་མདོ་ཁམས་སྐང་དྲུག་བར་གྱི་འབྲོག་སྡེ་རྣམས་ཀྱིས་མཚོན་པས་སོ། །

གཉིས་པ། གོམས་སྲོལ་འདྲ་བ།

ལི་ཞན(理县)གྱི་ཙ་ཧྲན་གྲོང་ཚོའི་ངག་རྒྱུན་ལ་ཀ་ཅི་པས་ཐོང་གཤོལ་སྤྱད་ནས་ས་ཞིང་རྨོ་བ་དང་། ཆང་པའི་མེས་པོ་གྲགས་པས་ལག་རྩལ་དེ་མི་ཤེས་པས་ཀ་ཅི་པར་དྲིས་ཀྱང་དེས་མ་ཁྲིད། དེ་ནས་གྲགས་པ་ཞེས་པ་དེས་ཐོང་གཤོལ་ཁངས་ནང་དུ་དྲུད་པའི་རྗེས་ཤུལ་ལ་ཐག་པས་ཚད་བཅལ་ནས་ཐོང་གཤོལ་ལས་ཤེས་པར་གྱུར། དེར་བརྟེན་ཕྱིས་ཀྱི་མི་རྣམས་ཀྱིས་ཀྱང་ཐོང་གཤོལ་ལས་ཚེ་ཐག་པས་ཚད་འཇལ་བ་ལས་འཇལ་ཆས་གཞན་མི་བཀོལ་②ཞེས་བརྗོད་པ་དེ་ཡང《ཐང་ཡིག་གསར་མ》ལས། བོད་ཀྱིས"ཐག་ལ་མདུད་པ། ཤིང་ལ་རྟགས་སུ་བཏབ་སྟེ་རྩིས་བྱེད"ཅེས་པ་ལྟར་ན། ཐག་པ་སྤྱད་ནས་ཚད་འཇལ་བའི་སྲོལ་དེ་ནི་གདོད་མར་ཚད་

① 1990ལོར་མི་རིགས་དཔེ་སྐྲུན་ཁང་གིས་པར་དུ་བསྐྲུན་པའི《བཀའ་ཐང་སྡེ་ལྔ》ཡི་ཤོག་གྲངས་112པ་དང་118པར་གསལ།

② 1985ལོའི་ཟླ་དང་པོར་སི་ཁྲོན་མི་རིགས་དཔེ་སྐྲུན་ཁང་གིས་པར་དུ་བསྐྲུན་པའི《ཆང་རིགས་ཀྱི་ལོ་རྒྱུས》བྱ་བའི་ཤོག་གྲངས་209པར་གསལ།

འཇལ་གྱི་ཡོ་བྱད་མེད་དུས་ཚང་བོད་མི་རིགས་ཐུན་མོང་གི་མེས་པོས་གསར་གཏོད་བྱས་པའི་རིག་པ་ཞིག་རེད།

ཡང་། ཚང་རིགས་ཀྱིས་སྐབས་བདེ་བའི་ཆེད་དུ་ནས་དང་གྲོ་གང་ཟུང་བཙོས་ནས་རྩམ་པ་བཏགས་ཏེ་ཕྱུགས་རྫི་དང་། བྱེས་སུ་འགྲོ་བའི་རྒྱུགས་ཆས་སུ་འཁྱེར་བའི་སྲོལ①དེ་ཡང་བོད་རིགས་ཀྱི་སྲོལ་དང་གཉིས་སུ་མ་མཆིས། རྩམ་པ་ནི་ལས་སྟོན་བྱེད་སླ་ཞིང་དྲི་མ་ཞིམ་ལ་ཟ་བདེ་བའི་རྐྱེན་གྱིས་བོད་པ་རྣམས་ཀྱིས་ནས་དཀར་རྩམ་པ་ཡན་ན་ཟས་མེད། དཀོན་མཆོག་གསུམ་པོའི་ཡན་ན་སྐྱབས་མེད་ཅེས་དུས་རྒྱུན་གྱི་ཟས་རིགས་ལེགས་པོའི་གྲས་སུ་འཛོག་ཅིང་། ཕྱུགས་རྫི་དང་བྱེས་སུ་འགྲོ་བའི་རྒྱུགས་ཆས་སུ་འཁྱེར་བར་མ་ཟད། ཡར་དཀོན་མཆོག་མཆོད་པའི་ལྷ་རྫས་དང་། ཡུལ་གཞི་བདག་གསོལ་བའི་བསང་རྫས། ཀླུ་གདེངས་ཅན་དགྱེས་པའི་གཏེར་རྫས་ཀྱང་ནས་དཀར་རྩམ་པས་བྱེད་ལ། 《སྲིད་པ་སྤྱི་མདོས》ལས། བདུད་བོན་གྱི་དམར་ཐབས་ལ། །གཤེན་རབ་ནི་ཅི་དགྱེས་ཏེ། །ཁྲབ་པ་ནི་ཆམ་ལ་ཕབ། །འབྲུ་དཀར་གྱི་གཏོར་མས་མཆོད། །ཅེས་གསུང་དྲུང་བོན་གྱི་སྟོན་པ་གཤེན་རབ་ཡོན་ནས་སྔར་ཡོད་ཀྱི་བདུད་བོན་དང་གདོན་བོན་སོགས་ཀྱིས་སེམས་ཅན་གྱི་རིགས་འགའ་ཞིག་བསད་ནས། ཤ་ཁྲག་གི་མཆོད་པ་བྱེད་པ་དེའི་ཚབ་ཏུ་འབྲུ་དཀར་གྱི་གཏོར་མ་སྟེ་འབྲུ་དཀར་ལས་བཏགས་པའི་རྩམ་པ་དང་བག་ཕྱེ་སོགས་ཀྱི་གཏོར་མས་འཐུས་པར་བྱས་པ་དང་། 《ཐང་ཡིག་གསར་མ》ལས། བོད་ཀྱིས"བག་ཕྱེ་ལས་སྐྱོར་ཞིག་བྱས་ཏེ་འོ་མ་སོགས་བཏུང་ཞིང་རྟིང་སོར་དེ་ཡང་ཟ"ཞེས་པའི་བག་ཕྱེ་དེ་ཡང་རྟིང་སོར་ཟ་བ་ལ་གཞིགས་ན་རྩམ་ཕྱེ་ཡིན་པས། རང་རེ་བོད་ལ་སྤུ་རྒྱལ་བཙན་པོའི་སྔོན་གྱི་དབང་མཛད་བཅུ་གཉིས་ཀྱི་དུས་ནས་རྩམ་པ་ཡོད་ངེས་

① 1985ལོའི་ཟླ་དང་པོར་སི་ཁྲོན་མི་རིགས་དཔེ་སྐྲུན་ཁང་གིས་པར་དུ་བསྐྲུན་པའི《ཚང་རིགས་ཀྱི་ལོ་རྒྱུས》བྱ་བའི་ཤོག་ངོས་332པར་གསལ།

རེད། དེས་ན་ཆང་རིགས་ཀྱིས་ཕྱུགས་རྫི་དང་བྱེས་སུ་འགྲོ་བའི་རྒྱུགས་ཆས་སུ་རྩམ་པ་འཁྱེར་བའི་སྲོལ་དེ་ཡང་ཆང་བོད་ཐུན་མོང་གི་མེས་པོའི་སྲོལ་རྒྱུན་ཡིན་པར་སྙམ།

ཡང་། 《ཆང་རིགས་ཀྱི་ལོ་རྒྱུས》ལས། ཆང་རིགས་ཀྱི་ཁྱིམ་བདག་ཕ་ཡིན་ཞིང་། ཕ་འདས་ན་ཕ་ཤུལ་བུས་འཛིན་པ་ལས། བུ་མོར་སྤྱིར་བཏང་དུ་ཁྱིམ་རྒྱུན་འཛིན་པའི་དབང་ཆ་མེད་པ་དང་། ཕ་ཤུལ་ཆད་ན་ཁྱིམ་གྱི་རྒྱུ་ནོར་ཨ་ཕའི་ཉེ་དུ་རྣམས་ཀྱིས་རྒྱུན་འཛིན་བྱེད་པ། བུད་མེད་རྣམས་ལ་རྒྱུ་ནོར་རྒྱུན་འཛིན་གྱི་དབང་ཆ་མེད་ཅིང་གསོལ་མཆོད་ཀྱི་བྱ་འགུལ་ཆེན་པོར་ཞུགས་མི་ཆོག་ལ། སྐྱེས་པ་རྣམས་དང་གང་འདོད་ཀྱིས་ལབ་གླེང་བྱས་ནས་གད་མོ་དགོད་མི་ཆོག མནའ་མས་ཐ་ན་སྨྱུག་པོ་དང་ཐད་ཀར་སྐད་ཆའང་བཤད་མི་ཆོག་པར་བརྗོད་པ①དེ་ནི་ཕོ་མཆོག་མོ་དམན་གྱི་བསམ་བློའི་འདུ་ཤེས་ཀྱི་མཚོན་རྟགས་ཤིག་སྟེ། ང་ཚོ་བོད་རིགས་ཀྱིས་ཀྱང་ནམ་མཁའ་བྱ་མོས་བསླངས་ན་ཐན་ཡིན། ཁྱིམ་བདག་བུད་མེད་བྱས་ན་ཐན་ཡིན་ཞེས་ཁྱིམ་བདག་གི་དབང་ཆ་སྐྱེས་པས་འཛིན་པ་ལས་བུད་མེད་ལ་མི་གཏད་པ་དང་། གྲོང་ཚོ་གཞུང་གི་གྲོས་ཚོགས་འཚོག་པ་དང་ཁྱིམ་དུ་མགྲོན་པོ་འོངས་ཚེ་སྐྱེས་པས་གླེང་མོ་བྱེད་པ་དང་། ཆུང་མས་ཇ་མགྲོན་ཟས་མགྲོན་བྱེད་པ་ལས་མགྲོན་པོ་དང་གླེང་མོ་མང་པོ་མི་བྱེད། གལ་ཏེ་ཆུང་མས་གང་བྱུང་དུ་གླེང་མོ་བྱས་ཚེ། ཕོ་ཁ་མ་གྲགས་གོང་ལ་མོ་ཁ་གྲགས། ཆེ་ཁ་མ་གྲགས་གོང་ལ་ཆུང་ཁ་གྲགས། བུད་མེད་ཀྱི་ཁ་དང་སྐྱ་ཀའི་ཁ་ཞེས་དམན་པར་འཕྱ་ཞིང་། གྲོང་ཚོ་གཞུང་གི་གྲོས་ཚོགས་དང་ལ་རྩེ་བསྐོར་བ། སྤྱི་བསང་གཏོང་བ་ལ་སོགས་པའི་བྱ་འགུལ་དུའང་སྐྱེས་པ་མ་གཏོགས་བུད་མེད་ཞུགས་སུ་མི་འཇུག དེ་མིན་རྒྱལ་པོ་སྲོང་བཙན་སྒམ་པོས་མི་

---

① 1985ལོའི་ཟླ་དང་པོར་སི་ཁྲོན་མི་རིགས་དཔེ་སྐྲུན་ཁང་གིས་པར་དུ་བསྐྲུན་པའི《ཆང་རིགས་ཀྱི་ལོ་རྒྱུས》བྱ་བའི་ཤོག་ངོས་334པར་གསལ།

ཚོས་གཙང་མ་བཅུ་དྲུག་གི་ཁྲིམས་སུ་གྲོས་ཀྱི་ནང་དུ་བུད་མེད་ཀྱི་ཁ་ལ་མི་ཉན་པར་རང་ཚུགས་འཛིན་དགོས་ཞེས་ཁྲིམས་ལུགས་ལ་བརྟེན་ནས་བུད་མེད་ཀྱི་ཁ་ལ་ཉན་པ་འགོག་པར་གཞིགས་ན། སྐབས་དེ་ནི་བོད་རིགས་ཀྱི་ཕོ་མཆོག་མོ་དམན་གྱི་འདུ་ཤེས་ཚད་མཐོན་པོ་ཞིག་ལ་སླེབས་པར་སྣམ།

གསུམ་པ། འདུ་ཤེས་འདྲ་བ།

ཆང་རིགས་ཀྱིས་མདོག་དཀར་པོ་མཆོག་ཏུ་བརྩི་བ་དང་མདོག་ནག་པོ་དམན་པར་མཐོང་བ①དེའང་ང་ཚོ་བོད་རིགས་དང་ཀུན་ནས་འདྲ་བ་རེད། དེ་ཡང་ཁ་དོག་དཀར་ནག་གཉིས་སོ་སོར་མཆོག་དམན་གྱི་མཚོན་བྱེད་དུ་བརྩི་བའི་རྒྱུ་མཚན་ཁ་དོག་དེ་དག་གི་བྱེད་ནུས་ཡིན་ནམ། མཛེས་དཔྱོད་ཀྱི་ལྟ་བ་ཡིན་པ། ཡང་ན་གཞན་གང་ཡིན་གསལ་པོར་ཤེས་དཀའ་སྟོད། མི་དང་སེམས་ཀྱི་རང་བཞིན་དང་། ལས་དང་བྱ་བའི་ངོ་བོ་སོགས་ཀྱི་དབྱེ་བ་འབྱེད་ཚེ། རྟག་ཏུ་བཟང་པོའི་མཚོན་བྱེད་ལ་དཀར་པོ་དང་ངན་པའི་མཚོན་བྱེད་ལ་ནག་པོ་འགོད་པ་རེད། དཔེར་ན། མི་རྒྱུད་བཟང་ཞིག་ཡིན་ན། མི་དེ་སེམས་དཀར་ཞིག་རེད་ཟེར་ཞིང་། ལྡོག་ན་མི་འདི་ཁོག་ནག་ཅིག་རེད་ཅེས་པ་དང་། ལས་དགེ་སྡིག་ལ་ལས་དཀར་ནག་ཟེར་བ་སོགས་ལས་མཚོན་ལ། ཁ་དཔེར་སྨྲི་དཀར་པོའི་མགོ་ལ་ཞྭ་ནག་པོ་མ་སྐོན་ཞེས་པ་དང་། བསམ་པ་དཀར་པོ་དུང་འདྲ་འདྲ། ཡིད་སེམས་དྲང་མོ་མདའ་འདྲ་འདྲ་ཞེས་པ། ཇག་པ་སོང་སའི་རྗེས་ནག ཀུན་མ་སྤོད་སའི་ཤུལ་ནག་ཅེས་པ། དཀར་ནག་གི་དབྱེ་བ་འབྱེད་དགོས། ཐག་ནག་གི་མདུད་པ་འགྲོལ་དགོས་ཞེས་པ་སོགས་ལས་ཀྱང་ངེས་སོ། །

ཆང་རིགས་ཀྱིས་གཡུལ་དུ་ཤི་ན་མཆོག་ཏུ་བལྟ་བ་དང་། ནད་ཀྱིས་གྲོངས་པ་

① 1985ལོའི་ཟླ་དང་པོར་སི་ཁྲོན་མི་རིགས་དཔེ་སྐྲུན་ཁང་གིས་པར་དུ་བསྐྲུན་པའི《ཆང་རིགས་ཀྱི་ལོ་རྒྱུས》བྱ་བའི་ཤོག་ངོས་331པར་གསལ།

དམན་པར་མཐོང་བ།① དེ་ཡང་ཆང་བོད་ཐུན་མོང་དུ་ཁྱབ་པའི་འདུ་ཤེས་ཤིག་རེད། དཔེར་ན། གླིང་གེ་སར་རྒྱལ་པོའི་སྒྲུང《ཧོར་གླིང་གཡུལ་འགྱེད》ལས། ཤི་ངེས་དགྲ་ཁར་ཤི་ན་དགའ། །ཞེས་པ་དང་། ཕོ་རབ་ཅི་ཤི་ཆོས་ལ་ཤི། །ཕོ་འབྲིང་ཅི་ཤི་དགྲ་ལ་ཤི། །མདའ་ཉག་ཕྲན་གཅིག་གིས་འཕོ་བ་འདེབས། །བྱ་རྒྱལ་རྒོད་པོས་ལམ་སྣ་སྟོན། །གཏམ་རྒྱུད་སྐད་པའི་བོད་ལ་འཇོག །ཤི་ལེ་མ་རེད་གྲུབ་ལེ་རེད། །བུ་ཚ་པོ་དགྲ་ཤུལ་དར་ལས་འཛམ། །མཐའ་ཤི་གྲམ་ཐང་སྐྱེ་མོ་ན། །རྗོ་འཁྱུག་པ་ཞིག་ལ་མགོ་སྣས་གཏད། །ས་གྲང་མོ་ཞིག་ལ་རྐང་གདན་བཅའ། །འཕོ་བ་ཁྭ་ཏ་ནག་པོས་རྒྱག །ལམ་སྣ་གྲོང་གསེབ་ཁྱི་ཡིས་སྟོན། །ཤི་ལེ་མ་ཡིན་པོར་ལེ་ཡིན། །མི་འཕྱུ་ཁྱི་ཟུག་རྗེས་ནས་གླེང་། །ཞེས་ཚོ་ཁག་དང་མི་རིགས་སྤྱིའི་ཁེ་ཕན་གྱི་དོན་དུ་གཡུལ་ངོར་མཆོངས་ནས་རང་སྲོག་བཏང་ཆོ། དཔའ་བོའི་སྙན་པ་མི་རིགས་སྤྱི་ལ་ཁྱབ་ཅིང་བུ་ཚ་པོ་རྣམས་ཀྱིས་བསྐལ་པའི་བར་དུ་བསྟོད་པའི་གླུ་དབྱངས་འབུལ་བས། རང་ཁྱིམ་དུ་རང་བྱུང་ནད་ཀྱིས་གྲོངས་པ་ལས་ལྷག་ཅིང་དོན་སྙིང་ཆེན་པོ་ཡོད་པར་བསྟན་ལ། བོད་ཀྱི་སྤྱི་རྒྱལ་ཐོག་མ་གཉའ་ཁྲི་བཙན་པོའི་རིང་ལ“ལེགས་ཉེས་ཀྱི་བྱ་དགས་དཔའ་མཛངས་ཀྱི་ཤན་འབྱེད། དཔའ་སྣ་ལྷ་སེང་གེ་དང་གྲུང་སྟག་གིས་བརྒྱན”②ཞེས་པ་དང་། རྒྱལ་པོ་སྲོང་བཙན་རིང་ལ་དཔའ་མཚན་དྲུག་སོགས་དམག་ཁྲིམས་ཆ་ཚང་ཞིག་བཟོས་ནས། རྒྱལ་ཁབ་དང་མི་རིགས་ཀྱི་དོན་དུ་གཡུལ་སར་མཆོངས་ནས་རང་སྲོག་ཤོར་བའི་དཔའ་བོ་བྱས་རྗེས་ཅན་དང་། དམག་དཔོན་བྱས་རྗེས་ཅན་རྣམས་ལ་ཞིང་ས་དང་། ནོར་ཕྱུགས། བྲན་གཡོག་སོགས་འོས་འཚམ་ཀྱི་བྱ་དགའ་སྤྲོད་པ་དང་། དཔའ་བོ་རྣམས་ལ་གོང་རས་དམར་པོ་དང་སྟག་

① 《ཏན་རྗེས་མའི་དེབ་ཐེར་ལས་ནུབ་ཆང་གི་སྐོར》ལས་དེ་ལྟར་འཁོད་ཡོད་པ《ཆང་རིགས་ཀྱི་ལོ་རྒྱུས》བྱ་བའི་ཤོག་ངོས་329པར་དྲངས་ཡོད།

② 1990ལོའི་ཟླ་དང་པོར་བོད་ལྗོངས་བོད་ཡིག་དཔེ་རྙིང་དཔེ་སྐྲུན་ཁང་ནས་པར་དུ་བསྐྲུན་པའི《བོད་ཀྱི་ལོ་རྒྱུས་དེབ་ཐེར་ཁག་ལྔ》ལས་ཤོག་ངོས་173པར་གསལ།

ལུགས་ཀྱི་སྟོད་གོས་གཟེངས་བསྟོད་ཀྱི་བྱ་དགར་སྤྲོད་ཅིང་། དཔའ་བོའི་ཁྱིམ་ཚང་གི་སྒོའི་སྟེང་དུ་ལྕགས་ཀྱི་བྱང་བུ་རེ་བཏགས་ནས་བསྟོད་པ་སོགས་བྱེད①པའང་སྤྱི་དོན་སྒྲི་དོན་དུ་གཡུལ་སར་རང་སྲོག་གཏོང་བ་དེ་མཆོག་ཏུ་བསྔོ་བའི་འདུ་ཤེས་ཀྱི་མཚོན་རྟགས་ཡིན་ལ། དཔའ་བོ་དང་སྣར་མའི་ཤན་འབྱེད་པ་དང་། ཕྱིས་སུ་སྤྱི་དོན་སྒྲི་དོན་དུ་ཕ་རོལ་རྒོལ་བར་དཔའ་ངར་སྐྱེད་ནས་འཛིང་མོ་བྱེད་པར་སྐུལ་ལྕག་གཏོང་བའི་ཐབས་དམ་པ་ཞིག་ཀྱང་རེད།

ཡང་། ཆང་རིགས་ཀྱིས་སྒྱུམ་མ་མི་གཙང་བར་བསམས་ནས་འཛེམ་དོགས་མང་པོ་བྱེད་པ་དང་། བུ་ཕྲུག་སྐྱེ་དུས་ཀྱང་ངེས་པར་ཕྱུགས་ཁང་ནང་དུ་སོང་ནས་སྐྱེ་དགོས་པའི་སྲོལ②དེ་ཡང་བོད་ཀྱི་ལུགས་སྲོལ་དང་གཅིག་འདྲ་རེད། བོད་མིས་ཀྱང་ཁྱིམ་དུ་བུ་ཕྲུག་སྐྱེ་བ་དང་བུད་མེད་ཚོས་སྐྲ་བཀྲུས་ན་ཚོས་སྐྱོང་སྲུང་མ་མནོལ་བར་དོགས་ཤིང་། ཕྲུ་གུ་ཕྱུགས་ཁང་ནང་དུ་སྐྱེས་ན་ཕྱུགས་ལྟར་སྐྱེ་སླ་ཞིང་ཁྱིམ་གྱི་སྲུང་མར་ཡང་གནོད་པ་མེད་པར་བསམ་པས། བུད་མེད་ཚོས་བུ་ཕྲུག་སྐྱེ་བ་དང་སྐྲ་འཁྲུད་པའི་ཚེ་ན་རྟག་ཏུ་ཕྱུགས་ཁང་དུ་འགྲོ་བའི་སྲོལ་དེ་མདོ་སྨད་ཕྱོགས་སུ་བཅིངས་འགྲོལ་མ་བཏང་བར་དུ་མ་ཉམས་པར་གནས་ཡོད་པ་རྒན་རྒོན་ཀུན་གྱི་ཐུགས་ན་གསལ། དེས་ན་འདུ་ཤེས་དེའང་ཆང་བོད་ཐུན་མོང་དུ་ཁྱབ་པ་ཞིག་ཡིན་ལས་ཆེ།

བཞི་པ། གུས་སྲོལ་འདྲ་བ།

ཆང་རིགས་མི་དམངས་ལ་གུས་བཀུར་ཆེ་ཞིང་མགྲོན་པོར་དགའ་བའི་སྲོལ་རྒྱུན་ལེགས་པོ་ཞིག་ཡོད་པ་སྟེ། མགྲོན་པོ་ཁྱིམ་དུ་སླེབས་ཚེ་ཐབ་ཀའི་ཡར་རྒྱུད་དུ་

① 《ལྡེའུ་ཆོས་འབྱུང་》དང《མཁས་པའི་དགའ་སྟོན》སོགས་སུ་གསལ།

② 1985ལོའི་ཟླ་དང་པོར་སི་ཁྲོན་མི་རིགས་དཔེ་སྐྲུན་ཁང་གིས་པར་དུ་བསྐྲུན་པའི《ཆང་རིགས་ཀྱི་ལོ་རྒྱུས》ཀྱི་བའི་ཤོག་ངོས་339པར་གསལ།

འདུག་ཏུ་འཇུག་ཅིང་ཇ་ཆང་དྲངས་ཏེ་མགྲོན་བསུ་དང་རྗེན་འབྲེལ་ཞུ་བ་དང་། བགྲེས་པོར་ཕྲད་ན་ལམ་འགྱོལ་ཞིང་རྒན་པ་འོངས་ན་ངེས་པར་གོང་དུ་བཞུགས་སུ་བཅུག་ནས་ཟས་དང་ཆང་འདྲེན་ལ། སྔོན་ཆད་ཐུའུ་སི་དཔོན་ལ་ཐུག་ན་མགོ་སྒུར་སྒུར་དང་སྒྲིད་པ་གུག་གུག་བྱས་ནས་ལམ་འགྱོལ་ཞིང་། སྐྱ་མི་ཡིན་ན་ཐང་དུ་འབབ་དགོས་པ། ཁོ་ཚོ་དང་གཏམ་གླེང་བྱེད་ཚེ་ངེས་པར་དུ་མགོ་བོ་སྒུར་ཞིང་ཞེ་ཚིག་སྨྲ་དགོས་པ་①དེ་ཡང་ཁོ་ཚོའི་ཐུན་མོང་མ་ཡིན་པའི་ལུགས་སྲོལ་ཞིག་མིན་ཏེ། བོད་རིགས་ཀྱང་མགྲོན་ལ་ཤིན་དུ་དགའ་ཞིང་མགྲོན་པོ་སྒོ་མདུན་དུ་སླེབས་ཚེ་འབྲོག་པ་ཡིན་ན་སྒོ་ཁྱི་འགོག་པ་དང་སྔོན་བསུས་ནས་ཁྱིམ་དུ་འཁྲིད་ཅིང་ཤ་ཆང་སོགས་ཟས་གང་ལེགས་ཀྱིས་མགྲོན་བྱེད་པ་བོད་ཀྱི་ཡུལ་དུ་འགྲོ་སྐྱོང་མཁན་ཞིག་ཡིན་ཕྱིན་ངེས་པར་གསལ་ལ། བོད་ཀྱི་ཁ་དཔེར། ཆ་བྱ་ནགས་ཀྱི་རྒྱན་ཡིན། མགྲོན་པོ་ཁྱིམ་གྱི་རྒྱན་ཡིན། ཞེས་པས་ཀྱང་བོད་རིགས་རྣམས་མགྲོན་པོར་དགའ་བ་ཤེས་ཐུབ། དེ་བཞིན་དུ་ལོ་རྒན་ཞིང་རིགས་མཐོ་བའི་མིར་གུས་བཀུར་བྱེད་པའང་བོད་རིགས་ཀྱི་ལུགས་སྲོལ་བཟང་པོ་ཞིག་ཡིན་ཞིང་། ཁྱད་པར་དུ་རྒྱ་གར་གྱི་རིག་གནས་བོད་ལ་དར་བ་དང་བསྟུན་ནས་རྒྱ་གར་གྱི་རིགས་རུས་མཆོག་དམན་གྱི་ལྟ་བ་བོད་ལ་ཁྱབ་པའི་ཤན་ཤུགས་དང་། རྒྱལ་པོ་སྲོང་བཙན་སྒམ་པོས་རིགས་མཐོ་བ་དང་རང་ལས་རྒན་པའི་མིར་གུས་བཀུར་བྱེད་པ།② ལས་དང་སྤྱོད་པ་ཐམས་ཅད་ཡ་རབས་རྗེས་སུ་འབྲང་བ། གཞན་ལ་བསམ་ངན་མི་བྱ་ཕན་པ་བསྒྲུབ་པ་③སོགས་མི་ཆོས་གཙང་མ་བཅུ་དྲུག་གི་ཁྲིམས་སུ་བཀོད་ནས་ཁྱབ་སྤེལ་བྱས་པས། ལོ་ན་རྒན་ཞིང་རིགས་རུས་མཐོ་བའི་མིར་གུས་བཀུར་བྱེད་པ་ནི་བོད་འབངས་ཡོངས་ཀྱི་མི་ཆོས་ཀྱི་ཚད་གཞི་ཞིག་

① 1985ལོའི་ཟླ་དང་པོར་སི་ཁྲོན་མི་རིགས་དཔེ་སྐྲུན་ཁང་གིས་པར་དུ་བསྐྲུན་པའི《ཆང་རིགས་ཀྱི་ལོ་རྒྱུས》བྱ་བའི་ཤོག་ངོས་338པར་གསལ།

② 《ལྡེའུ་ཆོས་འབྱུང》དང《མཁས་པའི་དགའ་སྟོན》སོགས་སུ་གསལ།

③ གོང་དང་མཚུངས།

ཁུ་གྱུར་ཡོད། དབུས་གཙང་ཕྱོགས་སུ་ད་ལྟའང་མི་རྒན་པ་དང་ཁྱད་པར་དུ་དཔོན་གནས་མཐོ་བའི་མི་དང་ཕྲད་ཚེ་མགོ་བོ་སྒུར་སྒུར་དང་སྐྱེད་པ་གུག་གུག་བྱེད་པར་མ་ཟད། ད་དུང་ལྕེ་སྣར་ཞིང་ལག་པས་མགོ་བོ་འཕྲུག་བཞིན་ལགས། ལགས་ཞེས་གུས་བཀུར་བྱེད་པ་ལས་མཆོན། དེས་ན་ཆང་རིགས་ལས་ཁག་ཅིག་ཡོངས་གྲགས་ལྟར་བོད་བཙན་པོའི་དུས་ཀྱི་རྟ་དམག་གམ་ཊ་དམག་ཡིན་པ་བདེན་ན་ཁོ་ཚོར་ཡང་ལུགས་སྲོལ་དེའི་ཤན་ཤུགས་མེད་མི་སྲིད།

ལྔ་པ། སྐད་རིགས་འདྲ་བ།

ཁོ་བོ་ཆང་རིགས་ཁྲོད་དུ་ཡུན་རིང་དུ་བསྡད་ནས་ཁོ་ཚོའི་སྐད་ཆར་རྟོག་ཞིབ་བྱས་མ་མྱོང་ཙང་། 1985ལོར་ཇ་པ་བོད་རིགས་རང་སྐྱོང་ཁུལ་གྱི་གཟི་ཚ་སྡེ་དགུ་ཕྱོགས་ལ་ལྗོངས་རྒྱུར་འགྲོ་བའི་ལམ་བར་དུ་མའོ་ལྷུན་རྫོང་ཐོག་ཏུ་ཞག་སྡོད་བྱས་ཏེ། མགྲོན་ཁང་གི་ཆང་རིགས་བུ་མོ་འགའ་དང་ལབ་གླེང་བྱས་པ་ལས་ཤེས་རྟོགས་བྱུང་བ་ནི་ཆང་བོད་མི་རིགས་ཀྱི་སྐད་ཆ་ལའང་འབྲེལ་བ་ཆེན་པོ་ཡོད་པ་སྟེ། ཁོ་ཚོས་ཀྱང་ཉི་མ་ལ་མེ་དཔུང་དང་། ལག་པ་ལ་ལག ངོ་ལྟ་ལ་མེ་ལོང་། སྣག་ཚ་ལ་ཚ་བཅས་ཟེར་ལ། གཅིག་གཉིས་གསུམ་དང་བཅུ་གཅིག བཅུ་གཉིས། བཅུ་གསུམ་སོགས་ཀྱང་བོད་སྐད་དང་ཡོངས་སུ་མཚུངས་པར་བཤད། 《བོད་རིགས་ཀྱི་རིག་གནས་འབྱུང་ཁུངས་ཀྱི་གྲུབ་ཚུལ་དང་ཁོར་ཡུག་མི་རིགས་བར་གྱི་འབྲེལ་བ》①ལས་ཀྱང་། "སྐད་རིགས་སྨྲ་བ་ཚོས་ལོ་ལྔ་བཅུ་ལྷག་གི་རིང་ལ་ཞིབ་འཇུག་བྱས་པ་ལས《པའི་ལང་གི་གླུ》(《白狼歌》)ཡི་ནང་གི་སྐད་ཆ་རྣམས་དེང་གི་ནུབ་ལྷོ་ཕྱོགས་ཀྱི་བོད་འབར་སྐད་ཁོངས་ཀྱི་མི་རིགས་མང་པོའི་སྐད་ཆ་དང་ཏ་ཅང་ཉེ་བ་

① དགེ་ལེགས་ཀྱིས་བརྩམས་པའི《བོད་ཀྱི་རིག་གནས་ཀྱི་ཁུངས་དང་གྲུབ་ཚུལ་དང་མཐའ་འཁོར་མི་རིགས་བར་གྱི་འབྲེལ་བ》(《论藏族文化的起源形成与周围民族的关系》)ཟེར་བའི་ཤོག་ངོས་267པར་གསལ།

ཡིན། མི་རིགས་དེ་དག་ནི་འཇང་རིགས་དང་ཕུའུ་མིའི་རིགས། བོད་རིགས་སོགས་ཡིན"ཞེས་འཁོད་ལ། 《བོད་མིའི་རུས་རྒྱུད་སྐོར་གྱི་དཔྱད་པ》①ལས་ཀྱང་"སྐྱ་ཞབས་ལུའུ་ཀོང་ཁྲུན་གྱིས་ཞིབ་འཇུག་གནང་བར་གཞིགས་ན། ཆང་གི་སྐད་ཡིག་ཁོངས་སུ་གཏོགས་པའི་བྱང་རྒྱུད་ཡུལ་སྐད་ཀྱི་མིང་ཚིག་འགའ་ཞིག་བོད་ཀྱི་ཡིག་སྐད་དང་ལྷག་པར་ཉེ་པོ་ཡོད……"ཅེས་འཁོད་ཡོད། དེས་ན་སྐད་ཆའི་ཐོག་ནས་ཀྱང་ང་ཚོ་ལྷོ་ནུབ་ས་ཁུལ་གྱི་བོད་འབར་སྐད་ཁོངས་ཀྱི་མི་རིགས་སོ་སོ་གང་ཡིན་རུང་ཕན་ཚུན་ལ་འབྲེལ་བ་ངེས་ཅན་རེ་ཡོད་པ་ར་སྤྲོད་བྱུང་།

དྲུག་པ། ཆོས་ལུགས་འདྲ་བ།

《ཆང་རིགས་ཀྱི་ལོ་རྒྱུས》སུ་འཁོད་པ་ལྟར་ན། ཆང་རིགས་ཀྱིས་གནམ་ལྷ་དང་། ས་ལྷ། ཡུལ་ལྷ། ནགས་ལྷ། མེ་ལྷ། ལུག་ལྷ། ཕྱུགས་ལྷ་སོགས་རང་བྱུང་ཁམས་ཀྱི་ལྷ་སྣ་ཚོགས་དང་། མེས་པོ་མེས་མོ། ཁྱིམ་ལྷ། ཕོ་ལྷ་མོ་ལྷ། ལས་ལྷ། དེ་མིན་བྱད་གཟུགས་ཁྱི་དང་ལུག་ཡིན་པའི་གནས་བདག་སོགས་ལྷ་སུམ་ཅུ་ལྷག་ལ་དད་གུས་བྱེད་པ་རེད། བོད་ཀྱི་མཁས་པ་ལྡེའུས་ལོ་ངོ་བརྒྱད་བརྒྱའི་སྔོན་དུ་བརྩམས་པའི《རྒྱ་བོད་ཀྱི་ཆོས་འབྱུང་རྒྱས་པ》བྱ་བར་བོད་ཀྱི་ཆེས་གནའ་རབས་ཀྱི་ལོ་རྒྱུས་གྲགས་ཅན་ལྡེ་ཞེས་གྲགས་པའི་ནང་གསེས་དང་པོ《ཡོ་ག་ལྷ་གྱེས་ཅན》གྱི་བཤད་སྒྲོས་དྲངས་པར་དཔྱད་ན། དེ་ནི་གནའ་བོའི་བོད་ཀྱི་བོན་ལུགས་དངོས་ཡིན་པར་འདོད། དེ་ཡང་དོན་གསལ་བའི་ཆེད་དུ་ཡིག་ཚོགས་ལ་མ་འཛེམས་པར་ཅུང་ཟད་སྤྲོས་ན། ལོ་རྒྱུས་དེ་ཉིད་ལས་སྟོད་ལྷ་རབས་བྱོན་ཚུལ་བརྗོད་སྐབས"འོ་དེ་གུང་རྒྱལ་བྱ་བ་དེ་ནམ་མཁའ་འཕྲུལ་ཅམ་ན་བཞུགས་པའི་ཚེ། གནམ་གྱི་ཐང་ང་དགུ་དང་བཤོས་པའི་

---

① 1984ལོའི《བོད་ལྗོངས་ཞིབ་འཇུག》(བོད་ཡིག)དེབ་དང་པོར་འཁོད་ཡོད།

སྲུས་དགུ་བརྒྱ་རྩ་གཅིག་འབྲུངས་སོ། །ཆར་བབས་པའི་གྲངས་ལས་མང་བའི་ལྷ་བྲན་ཀུན་གྱི་ཡབ་མཛད་དོ། །བར་སྣང་ལ་བཞུགས་པའི་ཚེ་འོད་ལྷ་འབྲེང་འབྲེང་ངོ་། །བར་གྱི་ཐང་ང་དགུ་དང་བཤོས་པའི་སྲུས་རི་རབ་ཀྱི་རྡུལ་ཕྲན་བས་མང་བའི་ལྷ་བྲན་ཀུན་གྱི་ཡབ་མཛད། །ས་དོག་ལ་གཤེགས་པའི་ཚེ་ས་སྡེ་བརྒྱད་ཀྱི་ཚོས་མཛད། མི་མངས་ཀྱི་ལྷར་གཤེགས། ལྷ་དགུའི་ཡབ་ལགས་སོ། །"ཞེས་གདོད་མའི་བོན་རྣམས་ཀྱི་སྣང་ངོར་གནམ་ས་བར་སྣང་སོགས་སུ་ཡང་ལྷ་འོ་དེ་གུང་རྒྱལ་ལས་མཆེད་པའི་ལྷ་གྲངས་ལས་འདས་པ་ཞིག་ཡོད་པར་བསྟན་ལ། འོ་དེ་གུང་རྒྱལ་གྱིས་ཁྱུ་ས་ཁྱུ་མ་དང་བཤོས་པའི་སྲུས། ཡར་ལྷ་ཤམ་པོ་དང་གཅིག འཆིམས་ལྷ་ཐན་ཚོ་དང་གཉིས། ……གཅེན་དབྱེ་ལྷ་སྐྱི་དཀར། གཅུང་གྲོ་ལ་གང་བུ། གཅེན་རྩང་ལྷ་དར། གཅུང་རྩ་ལྷ་བྱིའུ། ……དྭགས་ལྷ་སྒམ་པོ། ……ཐང་ལྷ་ཡར་བཞུར། ……ཀོང་ལ་དེ་ཡག ……སྒམ་ལྷའི་ལྷ་སྲས་སོ་ཞེས་ཨེ་ཡར་ལུང་དང་ཀོང་པོ། འཆིམས་ཡུལ། དྭགས་པོ་སོགས་ཡུལ་གྲུ་སོ་སོར་རང་རང་གི་ཡུལ་ལྷ་རེ་ཡོད་པ་མཚོན་ལ། "ལྡེ་རྗེ་ཐེན་གདགས་དང་གསལ་འཛིན་མ་བཤོས་པའི་སྲུས། ཞིང་ལྷ་ཚངས་པ། ཆུ་ལྷ་བྱང་ཡུག དོག་ལྷ་མོན་བུ། ཀ་ཡ་བཙན་པོའི་ནང་ལྷ། ཨུ་ཡ་བཙན་མོའི་ནང་ལྷ། ཚོས་ལྷ་སང་པོའི་བུ་ལྷའོ"ཞེས་པས་སྐབས་དེར་བོད་དུ་ཞིང་ལ་ཞིང་ལྷ་དང་། ཆུ་ལ་ཆུ་ལྷ། ས་ལ་ས་ལྷ། ཕོ་ལ་ཕོ་ལྷ། མོ་ལ་མོ་ལྷ་སོགས་ཡོད་པར་མ་ཟད། དེ་དག་ཚུལ་ཇི་ལྟར་ཕྱིན་པའི་ཁུངས་ཀྱང་གསལ་པོར་བསྟན་ཡོད།

དེ་བཞིན་དུ་བོན་གྱི《མཛོད་སྒྲ་འགྲེལ》ལས། "དམུ་ཡད་ཀྱི་ལྷ་བཅོ་བརྒྱད་དེ། རྟ་ལྷ་དམར་པོ། གཡག་ལྷ་དུམ་པོ། བ་ལྷ་བཞོན་མོ། ལུག་ལྷ་གསང་པོ། ར་ལྷ་འཚེར་པོ། ……"ཞེས་པས་ལུག་དང་ནོར་ལ་སོགས་པའི་ཕྱུགས་ཟོག་སོ་སོར་ཡང་ལྷ་ཡོད་པ་གསལ་པོར་རྟོགས། མེས་པོ་མེས་མོ་ལྷ་ཏུ་གསོལ་བའི་སྲོལ་ཡང་བོད་ལ་དར་ཁྱབ་ཆེ་བ་སྟེ། བོད་རིགས་ཀྱིས་རྟག་པར་གསོལ་མཆོད་བྱེད་པའི་ཡུལ་ལྷ་

གཞི་བདག་རྣམས་ཀྱང་སྤྱིར་བཏང་དུ་རང་རང་ས་ཁུལ་དུ་སྟོན་ཆད་སྐྱེས་སྐྱོང་བའི་དཔོན་པོ་དང་། སྔོན་པོ། དཔའ་བོ། བླ་མ། ཡུལ་ལྷ་གཞི་བདག་ལ་མཆོད་བཀུར་བྱེད་པར་དགའ་བའི་འཇིག་རྟེན་ཀྲད་པོ་སོགས་ཚེ་འཕོས་རྗེས་ཡུལ་ལྷ་གཞི་བདག་ཏུ་ངོས་བཟུང་བ་རྒྱུད་རྒྱུད་ཡིན་པ་དང་། དེ་དག་གི་མིང་ལ་ཨ་མྱེས་རྨ་ཆེན། ཨ་མྱེས་ཡུལ་ལྷ། ཨ་མྱེས་དུང་རི། ཨ་མྱེས་བླ་ཡན། ཨ་མྱེས་ཤ་བོ། ཨ་མ་སྐྱུ་མོ། ཨ་མ་ཟོར་དགུ་ཞེས་ཨ་མྱེས་སམ་ཨ་མའི་མིང་གིས་འབོད་པ་ལས་ཀྱང་གསལ་པོར་མཚོན་ཐུབ། འདི་ནི་གནའ་བོའི་བོན་ལུགས་ཏེ་བོད་རིགས་ཀྱིས་རང་གི་མེས་པོར་མཆོད་བཀུར་བྱེད་པའི་རྣམ་པ་ཁྱད་པར་ཅན་ཞིག་ཡིན། དེ་མིན་ཕ་སྤྲེའུ་དང་མ་བྲག་སྲིན་ནས་སྐྱེས་པའི་རུས་ཚན་སྐས་ལུག་ལ་བླ་བྱེད་པ་དང་སྒོས་ར་ལ་བླ་བྱེད་པ། དབའ་དང་ཟླ་གཉིས་ཀྱིས་ར་སྐྱེས་ཁམ་གཟུགས་དང་ཁྱི་མོ་གཉིས་རུས་ལྷ་དང་དགྲ་ལྷར་གསོལ་བ་ལ་བརྟགས་ན། ཆང་རིགས་ཀྱིས་ཇོ་ཁྱི་དང་ལུག་ལ་གསོལ་མཆོད་བྱེད་པའང་དེའི་ཤུལ་རྒྱུན་ཡིན་ནམ་སྙམ།

ཡང་། ཆང་རིགས་ཀྱིས་དད་གུས་བྱེད་པའི་ལྷ་ལས་མི་ལྷའི་གནས་རྟེན་མི་ཐབ་ཡིན་པ་ཕུད། གཞན་ཚང་མའི་གནས་ས་རྡོ་དཀར་ཡིན་པས་རི་བོའི་རྩེ་དང་། ཁང་པའི་ཀླད། ཞིང་ཐོག རྡོ་ལས་བརྩིགས་པའི་མཆོད་རྟེན་གྱི་ནང་རོལ་སོགས་སུ་རྡོ་དཀར་ཡོད་ཅིང་དེར་མཆོད་འབུལ་བྱེད་པའང་①བོད་རིགས་དང་གཅིག་འདྲ་རེད། བོད་ལྗོངས་སྤྱི་ཚོགས་ཚན་རིག་ཁང་གི་རྒན་ཆབ་སྤེལ་ཚེ་བརྟན་ཕུན་ཚོགས་ལགས་ཀྱིས་གསུངས་པ་ལྟར་ན། རྡོ་དཀར་ནི་གནའ་བོའི་བོད་ཀྱི་སྒོ་ལྷའི་མཚོན་རྟགས་ཤིག་ཡིན་ཏེ། "ཁྱིམ་ཚང་གི་མཁོས་ཀ་ཆེ་ཆུང་ལ་དཔགས་པའི་ཕྱི་སྒོའི་སྒོ་སྟེང་དུ་སྡིགས་པས་'ས་སྒོ་གནམ་སྒོ་བསྡམས་པ'ཟེར་བའི་ལུག་གི་མགོ་ལ་བལ་སྐུད་ཚོས

① 1985ལོའི་ཟླ་དང་པོར་སི་ཁྲོན་མི་རིགས་དཔེ་སྐྲུན་ཁང་གིས་པར་དུ་བསྐྲུན་པའི《ཆང་རིགས་ཀྱི་ལོ་རྒྱུས》བྱ་བའི་ཤོག་ངོས་341པར་གསལ།

སྣ་ལྔས་དཀྲིས་པ་དང་། བལ་ཚོན་སྣ་ལྔའི་མདོས་བཟོས་ཏེ་འཛོག་སྲོལ་ཡོད་པ་དང་། གྲོང་གསེབ་ཀྱི་ཁྱིམ་ཚང་ཕལ་ཆེ་བའི་ཕྱི་སྒོའི་སྟེང་དུ་གཡག་གི་རྭ་ཅོ་དཔྲལ་ཏུས་སྦྲགས་མ་དང་རྡོ་དཀར་གོང་ཆེན་པོ་སོགས་འཇོགས་པ་མཐོང་རྒྱུ་ཡོད་ལ། དེའི་ཐོག་སྔོན་དུས་ལོ་ཕྱུད་ཀྱང་འབུལ་སྲོལ་འདུག ཡུལ་གོམས་གཤིས་ལུགས་འདི་དག་ནི་བོན་གྱི་ལུགས་ལས་བྱུང་བའི་གནའ་སྲོལ་ཞིག་ཡིན་པར་ཐེ་ཚོམ་མེད”①གསུངས་ཤིང་། ད་ལྟ་མདོ་དབུས་ཁམས་གསུམ་གྱི་རི་བོའི་རྩེ་ལ་རྡོ་དཀར་དང་མདའ་ཤིང་སོགས་ཀྱིས་ལ་རྩེ་བསྟད་ནས་ཡུལ་ལྷ་གཞི་བདག་གི་གནས་རྟེན་དུ་བྱེད་པ་དང་། ཉག་ཁ་དང་ཆར་ལམ་སོགས་སུ་རྡོ་འབུམ་ཞེས་པའི་རྡོ་དཀར་གོང་ཆེན་པོ་བརྩིགས་ནས་བཙན་ཁ་ཀླུང་ཁ་དང་དྲག་ཆར་སོགས་འགོག་པའི་རྟེན་དུ་བྱེད་པ། གཞིས་གྲོང་གི་གྲུ་ཁ་བཞི་དང་བསང་ཁྲིའི་གྲུ་སྣེ་བཞི། སྒོ་མགོ་བཅས་སུའང་རྡོ་དཀར་འཛོག་ལ། ཐ་ན་དུར་ཁྲོད་དུ་བེམ་པོ་བྱུར་དོར་བའི་སྲོལ་དང་སར་བཙུག་པའི་སྟེང་དུའང་རྡོ་དཀར་གོང་ཆུང་བ་རེ་སྤུངས་ཏེ་གཤིན་པོའི་བླ་གནས་པའི་རྟེན་དུ་བྱེད། དེས་ན་ཟླུང་ཆུ་འབབ་རྒྱུད་ཀྱི་བང་སོ་ནས་རྡོ་དཀར་ཐོན་པ་དེ②ཆང་རིགས་ཁོ་ནའི་སྲོལ་དུ་འཛིན་པའང་བོད་ཁམས་སྤྱི་ལ་ཆ་རྒྱུས་ཞན་པའི་མཚང་དུ་གྱུར་སྣམ།

དེ་ལྟར་གོང་གསལ་གྱི་ཕྱོགས་འགའ་ནས་ཆང་བོད་གཉིས་ཡོངས་སུ་མཐུན་པ་ལ་དཔྱད་ན། ཆང་རིགས་ཀྱིས་ལྷ་མང་པོར་གསོལ་མཆོད་བྱེད་པའི་སྲོལ་ལུགས་དེ་ནི་གནའ་བོའི་བོན་གྱི་ལུགས་ལས་བྱུང་བའི་སྲོལ་རྒྱུན་ཡིན་ལ། ཁོ་ཚོས་དུས་ཆེན་སླེབས་པ་དང་རང་བྱུང་གི་གནོད་འཚེ་དང་གཞན་གྱི་གནོད་པ་བྱུང་ཚེ་ཁྱིམ་མི་

① 1988ལོའི《ཀྲུང་གོའི་བོད་ཀྱི་ཤེས་རིག》དེབ་བཞི་པར་འཕོད་པའི《བོད་རིགས་ཀྱི་ལྷ་གསོལ་བསང་གཏོང་གི་ཡུལ་གོམས་སྐོར་ཙུང་ཟད་གླེང་བ》ཞེས་པར་གསལ།

② 1985ལོའི་ཟླ་དང་པོར་སི་ཁྲོན་མི་རིགས་དཔེ་སྐྲུན་ཁང་གིས་པར་དུ་བསྐྲུན་པའི《ཆང་རིགས་ཀྱི་ལོ་རྒྱུས》བྱ་བའི་ཤོག་ངོས་206པར་གསལ།

ཆེ་ཆུང་ཐམས་ཅད་ཁང་ཐོག་ཏུ་སོང་ནས་ཆང་དང་དམར། ཟས་སོགས་ཀྱི་གསོལ་མཆོད་སྟར་ལས་རྒྱ་ཆེན་པོ་བྱེད་པ་དེའང་བོད་ལ་དབང་མཛད་བཅུ་གཉིས་དུས་ནས་དར་ཁྱབ་ཏུ་གྱུར་ཡོད་པ་གཡུང་དྲུང་བོན་གྱི་སྟོན་པ་མ་བྱོན་གོང་དུ་འགལ་རྐྱེན་བྱུང་ན་ཡུལ་ལ་དམར་གྱིས་མཆོད①ཅེས་པ་དང་། གཡུང་དྲུང་བོན་གྱི་སྟོན་པ་གཤེན་རབ་བྱོན་ནས་དམར་མཆོད་བཅད་དེ་དཀར་བསང་དུ་བསྒྱུར་བ་ལས་ཤེས་ཤིང་། ད་ལྟ་དུང་བོད་ཁམས་ཡོངས་སུ་གསོལ་མཆོད་བྱེད་ལུགས་དེ་དག་སྟར་མུས་བཞིན་ཡོད་པ་འདིས་ལྷག་པར་ཤེས་ཐུབ།

བདུན་པ། ས་འོག་ནས་ཐོན་པའི་རིག་རྫས་འདྲ་བ།

《ཆང་རིགས་ཀྱི་ལོ་རྒྱུས》ལས་ཇ་པ་བོད་རིགས་ཆང་རིགས་རང་སྐྱོང་ཁུལ་གྱི་ཀོན་ཞན(灌县)གྱི་བྱང་ཕྱོགས་དང་། ཟུང་ཆུའི་ལྷོ་ཕྱོགས་ཀྱི་ལྷུན་ཁྲོན(汶川)དང་ལི་ཞན(理县)མའོ་ལྷུན(茂汶)བཅས་ས་ཁུལ་ནས་ཀྲན་གོའི་དུས་དཀྱིལ་དང་དུས་མཇུག་ཏུ་བརྩིགས་པའི་རྡོའི་ཕུར་སྒམ་ཅན་གྱི་བང་སོ་ཁག་ཅིག་རྙེད་པ་དེར་བེམ་པོ་གན་རྒྱལ་དུ་ཡན་ལག་བསྐུམས་པའི་ཚུལ་དང་ཡན་ལག་བརྐྱངས་པའི་ཚུལ་གྱིས་བཞག་པ་རིགས་གཉིས་ཡོད་ལ། དུར་རྫས་སུ་རྫ་ཆས་དང་། ཟངས་ལྕགས་ཀྱི་རལ་གྲི། ཟངས་ཀྱི་མེ་ལོང་། ལུག་གི་རུས་པ་སོགས་ཡོད་པར་འཁོད་ཡོད། མདོ་དབུས་མཐོ་སྒང་དང་དེ་དང་འབྲེལ་བའི་ས་ཁུལ་ནས་ཐོན་པའི་གནའ་རྫས་ལ་བརྟག་དཔྱད་བྱས་ན། རྡོ་གཡམ་དང་རྡོ་ལེབ་ལས་གྲུབ་པའི་ཕུར་སྒམ་དུ་བེམ་པོ་སྦེད་པའི་སྲོལ་ནི་སྟོད་ལ་དྭགས་ནས་སྨད་ཡུན་ནན་བདེ་ཆེན་བར་གྱི་མཐོ་སྒང་སྤྱིར་ཁྱབ་པའི་གནའ་བོའི་ལུགས་སྲོལ་ཞིག་སྟེ། བཙིངས་འགྲོལ་སྔོན་དུ་ཐྲ་རན་སིའི་བོད་རིག་པ་ཞིབ་

① 《གཡུང་དྲུང་བོན་གྱི་བསྟན་འབྱུང་ཕྱོགས་བསྡུས》ཀྱི་ཤོག་ངོས་30པར་གསལ།

འཇུག་བྱེད་པའི་ཆེད་མཁས་སྟ་ཤོས་རྫི་ལན་ཁིས(Franche)ལ་དྭགས་ཀྱི་སླེལ(列城)ས་ཆ་ནས་ཐེངས་དང་པོར་རྗོའི་ཕུར་སྐམ་ཅན་གྱི་བང་སོ་སོན་རྙེད་བྱུང་ཞིང་། དེའི་ནང་དུའང་ཟུར་ཆུ་འབབ་རྒྱུད་ཀྱི་རྗོའི་ཕུར་སྐམ་ཅན་གྱི་བང་སོ་ནང་བཞིན་ཟངས་ཆས་དང་རྒྱན་ཆ། ཟངས་ཀྱི་མེ་ལོང་སིལ་བུ་སོགས་ཡོད་པར་མ་ཟད། རྫི་ལན་ཁིས་བང་སོ་དེ་དག་སྤྱི་ལོ་སྔོན་གྱི་ལོ་500ཙམ་དུ་བརྩིགས་པར་ཁ་ཆོན་བཅད་ཅིང་། ཞུ་ཊུ་སུའི་ལའོ་ཆིས་རྫི་ལན་ཁིའི་དཔྱད་གཞིའི་ཡིག་རིགས་ལ་གཞིགས་ནས་བང་སོ་དེ་དག་ལ་བོད་རིགས་ཧོར་པའི་ཁྱད་ཆོས་ཡོད་པར་བཞེད།① བཅིངས་འགྲོལ་བྱུས་པའི་རྗེས་ལ་བོད་རང་སྐྱོང་ལྗོངས་ཀྱི་ཆབ་མདོའི་གོ་འཇོ་རྫོང་ཁོངས་ཀྱི་ཤ་འབེལ་ཆུས་ཀྱི་མཐའ་འཁོར་དང་ཞའོ་ཨེན། ཀོང་པོ་དང་ཉིང་ཁྲི་ས་ཁུལ། ལྷོ་ཁ་ས་ཁུལ་སྣེ་གདོང་རྫོང་ཁོངས། ལྷ་སའི་ཉེ་འདབས། ཡུན་ནན་ཞིང་ཆེན་གྱི་བདེ་ཆེན་རྫོང་སོགས་སུའང་འཕྲོ་རིམ་འཕྱོར་རྗོའི་ཕུར་སྐམ་ཅན་གྱི་བང་སོ་རྙེད་ཡོད་ལ། ཐེམ་པོ་འཇུག་སྟངས་དང་དུར་རྫས་ཀྱི་རྣམ་གྲངས་ཀྱང་ཟུར་ཆུ་འབབ་རྒྱུད་ནས་ཐོན་པའི་བང་སོ་དང་ཀུན་ནས་མཚུངས་པས་སོ། །དེས་ན《སུང་རྒྱལ་རབས་ཀྱི་ལོ་རྒྱུས》ལས། ཆང་རིགས་ཀྱི་ཡུལ་སྲོལ་ནི་ལྷོང་དང་རྟོད་དང་མཚུངས་ཞེས་པ་བཞིན། ཇ་པ་བོད་རིགས་ཆང་རིགས་རང་སྐྱོང་ཁུལ་གྱི་ཟུར་ཆུ་འབབ་རྒྱུད་ནས་ཐོན་པའི་རྗོའི་ཕུར་སྐམ་ཅན་གྱི་བང་སོ་དང་དུར་རྫས། དེ་བརྩིགས་པའི་ལོ་ཚིགས་སོགས་མདོ་དབུས་མཐོ་སྒང་སྤྱི་ནས་ཐོན་པའི་རྗོའི་ཕུར་སྐམ་ཅན་གྱི་བང་སོ་དང་གཅིག་འདྲ་ཡིན་པ་ནི་ཟུར་ཆུ་འབབ་རྒྱུད་ཀྱི་ཆང་རིགས་རྣམས་ནུབ་བྱང་ནས་ཤར་ཕྱོགས་སུ་སྤོས་པའི་རྗེས་ཤུལ་དངོས་ཡིན་པར་བསམ།

མདོར་ན། ཤན་དམུ་དགེ་བསམ་གཏན་མཆོག་གི་ཞལ་ནས"མའོ་ཝུན་གྱི་རྡ་

① བོད་ལྗོངས་མི་དམངས་དཔེ་སྐྲུན་ཁང་གིས་པར་དུ་བསྐྲུན་པའི《བོད་ལྗོངས་གནའ་རྫས་རྟོག་ཞིབ་གནད་བསྡུས》ཀྱི་ཤོག་ངོས་5པར་གསལ།

དམག་ལ་བཅིངས་འགྲོལ་སྟོན་དུ། རྟ་དམག་ཟེར་ཞིང་ཁྲི་ཆུ་དང་ཆུ་ནག་གི་མི་དང་འདྲ་བར་བོད་རིགས་སུ་བརྩི་བ་ལས། སྐྱང(羌)རིགས་ཞེས་པའི་མི་རིགས་གཞན་པ་ཡིན་པའི་སྒྲ་ཙམ་ཐོས་རྒྱུ་མེད། ཆུ་ནག་སོགས་དང་སྐད་དང་གོམས་འདྲིས་ཡང་འདྲ་གཤིས། ལ་བོངས་ས་ཆའི་རྟ་དམག་ཟེར་བ་བོད་དུ་བརྩི"①ཞེས་པ་ལྟར། བོད་རིགས་དང་ཆང་རིགས་གཉིས་ལ་དབྱེ་བ་འབྱེད་དཀའ་བའི་མཚུངས་ཆོས་ཤིན་ཏུ་མང་པོ་ཡོད་པའི་རྒྱུ་མཚན་ཅི་ཡིན་ཞེ་ན། 《ཆང་རིགས་ཀྱི་ལོ་རྒྱུས》ལས། ཆང་རིགས་སྤྱིའི་ངག་རྒྱུན་སྣ་ཚོགས་ལས་ཕོ་ཚོའི་མེས་པོ་ནི་ནུབ་བྱང་ཁུལ་དང་ཡང་ན་འབྲི་གཡག་མང་བའི་ས་ཆ་ཞིག་ནས་རིམ་བཞིན་ལྷོ་ཕྱོགས་སུ་གནས་སྤོས་ཏེ་ཟྲུང་ཆུའི་འབབ་རྒྱུད་ལ་སླེབས་པར་བསམ་པ་དང་། 《ཆང་ཀ་གཡུལ་འགྱེད》(《羌戈大战》)ཅེས་པའི་དོན་བརྗོད་སྙན་ངག་ལས་ཀྱང་ཟྲུང་ཆུ་སྟོད་རྒྱུད་ཀྱི་ཆང་རིགས་ནི་ནུབ་བྱང་ནས་ལྷོ་ཕྱོགས་སུ་འོངས་པ་ཡིན་ཟེར། དེ་ལྟར་ན་ཟྲུང་ཆུའི་ནུབ་བྱང་ནི་མདོ་དབུས་མཐོ་སྒང་གི་ས་ཡི་ལྟེ་བ་ཡིན་དགོས་ཤིང་། འབྲི་གཡག་མང་བའི་ས་ཆ་དེའང་བོད་ཀྱི་རྒྱལ་རབས་དེབ་ཐེར་དང་ཏུས་མཇོད། རྩིས་གཞུང་སོགས་སུ་ཕ་སྤྲེའུ་དང་མ་བྲག་སྲིན་ལས་མཆེད་པའི་རྩ་བའི་ཏུས་ཆེན་བཞིའི་ཡ་གྱལ་འབྲིའི་བླ་གཡག་ཡིན་པར་འཁོད་པ་དང་། འབྲོང་གཡག་ཏུ་བཏུལ་②ཞེས་པ། ལོ་རྗེ་སྟོང་ཕྲག་གསུམ་བཞིའི་སྟོན་དུ་བྲིས་པའི་བོད་ལྗོངས་ཤན་ཟླ་ཇོང་གི་ཛགས་གླིང་གི་བྲག་རིས་སུ་འབྲོང་ངམ་གཡག་འཁྲིད་པ་དང་འདུལ་བའི་ཚུལ་མང་ཞིང་། བོད་པ་རྣམས་ཀྱིས་ད་ལྟའང་ལ་རྩེ་དང་རྗེ་འབུམ། སྒོ་མགོ་སོགས་སུ་འབྲོང་ངམ་གཡག་གི་མགོ་ཏུས་བཞག་ནས་མཆོད་གནས་བྱེད་པ་བཅས་ལྟར་ན། གདོད་མའི་དུས་སུ་མདོ་དབུས་མཐོ་སྒང་གི་དཀྱིལ་དབུས་ས་ཆར་འབྲི་གཡག་ཏ་ཅང་མང་བས། ཆང་

① 1988ལོའི《ནུབ་བྱང་མི་རིགས་སློབ་གྲྭ་ཆེན་མོའི་རིག་གཞུང་དུས་དེབ》དང་པོར་འཁོད་པའི《མུན་སེལ་སྒྲོན་མེ》ཞེས་པར་གསལ།

② 《བཀའ་ཆེམས་ཀ་ཁོལ་མ》ལས་གནའ་བོའི་བོད་ཀྱིས་དེ་ལྟར་མཛད་པར་འཁོད་ཡོད།

རིགས་ཀྱི་ཐོག་མའི་གནས་གཞི་ཡང་ས་ཆ་དེ་ཡིན་ལ། ཇ་པ་དང་དཀར་མཛེས་ས་ཁུལ་གྱི་བོད་ཀྱི་ངག་རྒྱུན་དུ་ཆང་རིགས་ཀྱི་གྲུབ་ཆ་སྔ་ཤོས་སུ་གྲགས་པའི་ཀ་ཅི་པ(戈基人)ནི་བོད་པ་ཁག་ཅིག་ཡིན་ཞིང་། དེའི་རྒྱུད་པ་ཡོན་རྒྱལ་རབས་ཀྱི་དུས་སུ་ད་དུང་གནས་ཡོད་①ཅེས་པས། བོད་དང་ཆང་རིགས་གཉིས་ལ་ཤ་ཁྲག་གི་འབྲེལ་བ་ཡོད་པ་གསལ་པོར་བསྟན་ཡོད།

ཆང་རིགས་ཀྱི་མིའི་འབྱུང་ཁུངས་སྐོར་གྱི་གཏམ་རྒྱུད་ལས་ཕོ་ཚོའི་མེས་པོའང་སྤྲེལ་ཡིན་པར་བརྗོད་ཅིང་། ཆང་རིགས་ཀྱིས་སྤྲེལ་མགོ་ཅན་གྱི་ཁྲིའུ་ཞིག་ལ་མཆོད་བཀུར་བྱེད་པ་དང་། སྤྲེའུ་ནི་ལྷ་པའི་ཆོས་སྐྱོང་ཡིན་པར་བསམ་ཞིང་ལྷ་པས་བཟུང་བའི་སྤྲེལ་མགོ་ཅན་གྱི་ལྷ་ཆས་དང་སྤྲེལ་པགས་ཀྱི་ཞྭ་མོ་གང་ཡིན་ རུང་སྤྲེའུ་དང་འབྲེལ་བ་ཡོད་། ཐ་ན་ལྷ་འཁྲབ་པའི་ཞང་པའི་སྟངས་སྟབས་ལས་ཀྱང་སྤྲེའུའི་འགྱུལ་སྟངས་མཚོན་པར་བྱེད།② ཕོ་ཚོས་སྤྲེའུ་མེས་པོ་དང་སྲུང་མར་མཆོད་བཀུར་བྱེད་པ་འདིའི་ངོས་ནས་བལྟས་ན། ཕོ་ཚོའི་ཐོག་མའི་སྡོད་གནས་མདོ་དབུས་མཐོ་སྒང་གི་ལྟེ་གནས་ས་ཁུལ་ཡིན་པར་མ་ཟད། ཕ་སྤྲེའུ་དང་མ་བྲག་སྲིན་ནས་མཆེད་པའི་རིགས་རྒྱུད་ཡིན་ལ། བོད་ཆང་གཉིས་ལ་མཚུངས་ཆོས་ཤིན་ཏུ་མང་བའི་རྒྱུ་མཚན་གཙོ་བོའང་དེ་ཡིན་པར་སྙམ། དེ་ཡང་གསལ་པོར་བཤད་ན། འཛམ་གླིང་གི་མི་རིགས་གང་དང་གང་ཡིན་རུང་། རུས་རྒྱུད་དང་རུས་ཚོའམ་མི་རིགས་གཞན་མ་འདྲེས་པའི་མི་རིགས་རྐྱང་པ་ཞིག་མེད་པ་ཇི་བཞིན། ཆང་རིགས་ཀྱང་ཕ་སྤྲེའུ་དང་མ་བྲག་སྲིན་ལས་མཆེད་པའི་རུས་ཚོའམ་མི་རིགས་ཀ་ཅི་པ་དང་བོད་མི(白马)ཆང་། པེ་ཀོའུ་ཆང་།(白狗羌) ཏེང་ཀྲི་ཆང་།(邓至羌) ལྡོང་ཆང་།(党项羌) བོད་སོགས་ལས་གྲུབ་པ་ཡིན་ཏེ། ཕོ་ཚོའང་དང་ཐོག་མདོ་དབུས་མཐོ་སྒང་གི་དཀྱིལ་དབུས་ས་ཆར་

① 1985ལོའི་ཟླ་དང་པོར་སི་ཁྲོན་མི་རིགས་དཔེ་སྐྲུན་ཁང་གིས་པར་དུ་བསྐྲུན་པའི《ཆང་རིགས་ཀྱི་ལོ་རྒྱུས》ཀྱི་བའི་ཤོག་ངོས་210པར་གསལ།

② གོང་འཁོད་དེབ་ཀྱི་ཤོག་ངོས་343པར་གསལ།

ཡོད་ཀྱང་། ཕྱིས་སུ་མི་འབོར་དང་ཕྱུགས་ཟོག་མང་དུ་འཕེལ་བ་དང་བསྟུན་ནས་རང་བྱུང་ཁོར་ཡུག་གི་ཆ་རྐྱེན་ལ་འགྱུར་ལྡོག་བྱུང་བ་དང་། རུས་ཚོ་ཕན་ཚུན་འཛིང་མོ་བྱེད་པ་སོགས་ལོ་རྒྱུས་ཀྱི་རྒྱུ་རྐྱེན་སྣ་ཚོགས་ཀྱི་རྐྱེན་པས་རིམ་བཞིན་ས་བབ་དམའ་ཞིང་འཚོ་བའི་མཐུན་རྐྱེན་འཛོམས་པའི་ལྷོ་ཕྱོགས་སུ་གནས་སྤོས་ཏེ་ཟླུང་ཆུའི་སྟོད་རྒྱུད་དུ་འདྲིས་སྡོད་བྱས་པའི་ཚང་གཞིའི་ཐོག་དབང་མཛད་བཙུ་གཉིས་ཀྱི་རིང་ལ་དབུས་གཙང་ཙམ་གྱི་རུས་རྒྱུད་ཚོ་པ་ཁག་གཅིག་གྱུར་བྱུང་ནས་བོད་ཅེས་པའི་མི་རིགས་འདི་གཞི་ནས་གྲུབ་པ་དང་ཁྱད་པར་དུ་རྗེས་གཉའ་ཁྲི་ནས་གླང་དར་བར་གྱི་བཙན་པོ་རིམ་བྱོན་གྱི་སྐུ་རིང་ལ་བོད་ཀྱི་མངའ་ཁོངས་ཕྱོགས་བཞིར་རྒྱ་བསྐྱེད་པའི་ལོ་རྒྱུས་ཀྱི་རླབས་རྒྱུན་ཁྲོད་དུ་མཐའ་མཚམས་སྲུང་བའི་བོད་དམག་འབོར་ཆེན་པོ་ཤར་ལྷོའི་ཕྱོགས་སུ་བསྐྱོད་པའང་དེའི་ནང་དུ་འདྲིས་པ་ལས་གྲུབ་པས། ཧྲ་དམག་གམ་རུ་དམག་ཅེས་པའི་མིང་ཡང་དེ་ནས་ཐོགས་པ་རེད། དེས་ན་ཆང་རིགས་ལ་བོད་རིགས་དང་དབྱེ་བ་འབྱེད་དཀའ་བའི་ཁྱད་ཆོས་ཤིན་ཏུ་མང་བ་དེ་རྣམས་ཀྱང་སྤྱིལ་དང་བྲག་སྲིན་ལས་མཆེད་པའི་རུས་ཚོ་སྤྱིའམ་བོད་ཀྱི་ལོ་རྒྱུས་དུས་སྐབས་སོ་སོའི་སྲོལ་གྱི་རྒྱུན་ཡིན་པར་སྙམ།། །།

༄༅།།ཡུལ་ལྷ་གཞི་བདག་དང་བོད་མི་རིགས་ཀྱི་འབྲེལ་བ་བརྗོད་པ།

གདོད་མའི་དུས་སུ་ཤེས་རིག་གི་ཆུ་ཚད་དམའ་ཞིང་འཚོ་བའི་མཐུན་རྐྱེན་ཞན་པ་དང་། རང་བྱུང་ལ་འགྱུར་ལྡོག་ཆེ་བའི་གནས་ཚུལ་འོག་བོད་པ་རྣམས་ཀྱི་སྣང་ངོར་གནམ་ལ་གནམ་ལྷ་དང་། ས་འོག་ན་ཀླུ། བར་སྣང་དུ་གཉན། བྲག་ལ་བཙན། ཡུལ་ལ་ཡུལ་ལྷ། ཆུ་ལ་ཆུ་ལྷ། ནགས་ལ་ནགས་ལྷ། ཁྱིམ་ལ་ཁྱིམ་ལྷ། མཁར་ལ་མཁར་ལྷ། ཐབ་ལ་ཐབ་ལྷ། སྒོ་ལ་སྒོ་ལྷ། རུས་ལ་རུས་ལྷ། ལུས་ལ་ལུས་ལྷ། ཕོ་ལ་ཕོ་ལྷ། མོ་ལ་མོ་ལྷ། ཞིང་ལ་ཞིང་ལྷ། རྟ་ལ་རྟ་ལྷ། གཡག་ལ་གཡག་ལྷ། བ་ལ་བ་ལྷ། ལུག་ལ་ལུག་ལྷ། ར་ལ་ར་ལྷ་སོགས་འཇིག་རྟེན་ཡོད་རྒུ་ལ་ལྷ་གནས་པར་བསམ་པ་①མང་ཆེ་བ་ཞིག་ཤེས་རིག་དར་རྒྱས་དང་སྤྱི་ཚོགས་འཕེལ་རྒྱས་ཀྱི་འགྲོས་དང་བསྟུན་ནས་ཉམས་ཞན་དུ་གྱུར་པ་དང་ཡང་ན་ལོ་རྒྱུས་ཀྱི་ཟིན་ཐོ་ཙམ་དུ་གྱུར་ཀྱང་། ཡུལ་ལྷ་གཞི་བདག་གནས་པའི་འདུ་ཤེས་དེ་ད་ལྟའི་བར་ཉམས་མེད་པར་མ་ཟད། སྟོད་མངའ་རིས་སྐོར་གསུམ་ནས་བར་དབུས་གཙང་རུ་བཞི་དང་སྨད་མདོ་ཁམས་སྒང་དྲུག་གི་ས་ཡི་ཁྱོན་གྱི་རི་བོ་ཆེན་པོའི་རྩེ་དང་གཙང་པོ་ཆེན་པོའི་འགྲམ། ཉག་ཁ་ཆེན་པོའི་དཀྱིལ་སོགས་སུ་ཡུལ་ལྷ་གཞི་བདག་གནས་སའི་ལབ་ཙེ་དང་རྗེ་འབུམ་གང་ཉུང་བརྩིགས་ཤིང་། དེའི་དར་ཤིང་ངམ་དར་ལྷིང་ལ་དར་ལྕོག་གམ་ཁ་བཏགས། ཙོད་པན། བལ་དཀར་སོགས་སྒྲོན་པ་དང་། དུད་ཁྱིམ་སོ་སོའི་ར་བའི་

① 《ལྡེའུ་ཆོས་འབྱུང་》སོགས་སུ་གསལ།

ནང་ངམ་སྔོ་དྲུང་དུ་ཡུལ་ལྷ་དེ་དག་ལ་མཆོད་པའི་བསང་ཁྲི་རེ་ལས་ནས། ཉིན་རེ་བཞིན་ཡུལ་ལྷ་གཞི་བདག་དེ་དག་ལ་བསང་དང་། གསེར་སྐྱེམས། ཇ་ཕུད། ཟས་ཕུད་སོགས་མཆོད་ནས་འགལ་རྐྱེན་ཐམས་ཅད་ཞི་བར་བྱེད་ཅིང་མཐུན་རྐྱེན་མ་ལུས་ཡིད་བཞིན་དུ་འགྲུབ་པའི་མགོན་དང་གྲོགས་སུ་བསྟེན་ཞིང་། ལྷ་ས་གྲོང་ཁྱེར་དུ་ད་དུང་ལོ་རེའི་བོད་ཟླ་ལྔ་པའི་ཚེས་བཅོ་ལྔ་ཉིན་བོད་པ་རྣམས་ཀྱིས་གཅིག་གྱུར་གྱིས་ལྷ་སའི་གཙུག་ལག་ཁང་གི་ཡང་སྟེང་དང་། ལྷ་ཁང་ཁག རི་ཆུའི་འགྲམ། སྐྱིད་མོས་ཚལ་སོགས་སུ་འཛམ་གླིང་སྤྱི་བསང་ཞེས་པའི་ལྷ་གསོལ་བསང་གཏོང་གི་བྱེད་སྒོ་རྒྱ་ཆེན་པོ་སྤེལ་བའི་སྲོལ་མ་ཉམས་པར་ཡོད་པས། འདིར་ཡང་དེའི་སྐོར་ཙུང་ཟད་གླེང་བར་འདོད་དོ། །

དང་པོ། ཡུལ་ལྷ་གཞི་བདག་གི་རང་བཞིན་བརྗོད་པ།

དེ་ཡང་བོད་པ་རྣམས་ཀྱིས་ཚེ་འདིའི་རྐྱེན་ངན་བར་ཆད་སེལ་བར་བྱེད་པ་དང་དགྲ་བགེགས་མ་ལུས་རྦུལ་དུ་བརླག་པའི་གྲོགས་སུ་བསྟེན་པ་དང་། བསྟན་འགྲོའི་འཕྲིན་ལས་རྒྱས་ཤིང་ཆར་ཆུ་དུས་སུ་འབབ་པ། ལོ་ཕྱུགས་རྟག་ཏུ་འཕེལ་བའི་མགོན་དུ་མཆོད་པའི་ཡུལ་ལྷ་གཞི་བདག་རྣམས་ནི་བསྐལ་པ་ས་ཆགས་པ་ནས་ཡོད་པ་ཞིག་མིན་ཞིང་། མཐོ་རིས་ཀྱི་ལྷ་སར་བབས་པ་མིན་ལ། ཐུན་མིན་གྱིས་བསྟེན་པའི་ཡི་དམ་གྱི་ལྷའང་མ་ཡིན་ཏེ། སྔོན་ཆད་རང་རང་ས་ཆར་འགྲོ་བ་མིར་དངོས་སུ་སྐྱེས་སྐྱོང་བའི་ཆོས་ལུགས་པ་དང་། དཔོན་པོ། བློན་པོ། དམག་དཔོན། ཡུལ་ལྷ་གཞི་བདག་ལ་མཆོད་བཀུར་བྱེད་དགའ་བའི་འཇིག་རྟེན་རྐན་པོ་དང་། ཡང་ན་ཡུལ་དང་མི་རིགས་གཞན་ལ་སྟོན་ཆད་སྐྱེས་སྐྱོང་བའི་དམག་དཔོན་མཐུ་པོ་ཆེ་སོགས་ཡིན། དེ་ལྟར་ཡིན་པའི་རྒྱུ་མཚན་ནི།

1.**འབོད་མིང་ལས་ཤེས་པ།** སྟོད་མངའ་རིས་སྐོར་གསུམ་ནས་བར་དབུས་གཙང་རུ་བཞི་དང་སྨད་མདོ་ཁམས་སྒང་དྲུག་གི་ས་ཡི་ཁྱོན་ཆེན་པོར་མཆོད་ཅིང་བཀུར་བའི་ཡུལ་ལྷ་གཞི་བདག་རྣམས་ལ་ཨ་མྱེས་དང་ཨ་མའི་མིང་ནས་འབོད་པ་སྟེ། ཨ་མདོ་ཞིང་གི་རྨ་སྒང་སྤུག་མོའི་བྱང་རྒྱུད་དུ་ཡོད་པའི་རྨ་ཆེན་གངས་རིར་གནས་པའི་གཞི་བདག་ལ་ཨ་མྱེས་རྨ་ཆེན་དུ་འབོད་ཅིང་། མཚོ་སྔོན་ཁྲི་གཤོག་རྒྱལ་མོའི་བྱང་རྒྱུད་དུ་གནས་པའི་གཞི་བདག་གཙོ་བོ་ལ་ཀང་ཚའི་ཨ་མྱེས་རྗེ་དམར་དུ་འབོད་པ། མདོ་སྨད་རེབ་གོང་གསེར་མོ་ལྗོངས་ཀྱི་བྱ་ཁྱུང་རི་ལ་གནས་པའི་གཞི་བདག་ལ་ཨ་མྱེས་བྱ་ཁྱུང་དུ་འབོད་པ། མཚོ་སྔོན་ཁྲི་གཤོག་རྒྱལ་མོའི་ལྷོ་ཕྱོགས་ཀྱི་ཆབ་འགག་གསེར་གཞོང་རིང་མོའི་ཆུ་བདག་ཏུ་གྲགས་པའི་གཞི་བདག་ལ་ཨ་མ་སླུ་མོར་འབོད་པ། གནས་གྲགས་ཅན་རི་བོ་ཉི་ཟླའི་ཤར་ལྷོའི་ཕྱོགས་སུ་རྗེ་རི་སྨུག་པོ་ནམ་མཁའི་མཐོངས་སུ་འཕགས་པ་དེར་གནས་པའི་གཞི་བདག་ལ་ཨ་མ་ཟེར་རྒུར་འབོད་པ། མཚོ་སྔོན་ཁྲི་གཤོག་རྒྱལ་མོའི་ལྷོ་ནུབ་དང་རྨ་ཆེན་གངས་རིའི་བྱང་ཤར་དུ་རི་ཡག་པ་མཆོད་རྟེན་འདྲ་བ་ཞིག་ཡོད་པ་དེར་གནས་པའི་གཞི་བདག་ལ་ཨ་མྱེས་བླ་ཡན་དུ་འབོད། ཁམས་སྐྱེ་དགུའི་ལྷ་ཆེན་རྒྱལ་རི་ལ་གནས་པའི་གཞི་བདག་ལ་ཨ་མྱེས་ལྷ་ཆེན་སྐུ་རྒྱལ་དུ་འབོད་པ་སོགས་ལས་གཞི་བདག་དེ་དག་ནི་ཕྱར་ས་ཆ་དེ་དག་ཏུ་འགྲོ་བ་མི་ལུས་བླངས་སྐྱོང་བའི་བོད་རང་གི་མེས་པོ་མེས་མོ་ཁྲུང་ཁྲུང་ཡིན་པ་གསལ་ལོ། དོན་དམ་དུ་ཡང་མཚོ་སྔོན་ཁྲི་གཤོག་རྒྱལ་མོའི་ཤར་ལྷོའི་ཕྱོགས་སུ་རྗེ་རི་མཐོན་པོ་སེང་གེ་གངས་ལ་འཁྱིལ་འདྲ་ཞིག་ཡོད་པ་དེར་གནས་པའི་གཞི་བདག་ལ་བློན་པོ་གསེར་ཆེན་དུ་འབོད་པའང་ཁོང་ཉིད་ཆོས་རྒྱལ་སྲོང་བཙན་སྒམ་པོར་མེད་དུ་མི་རུང་བའི་བློན་ཆེན་བཞི་ཡོད་པ་ལས་དཔའ་མཛངས་ཟུང་གི་བདག་ཉིད་ཆེན་པོ་བློན་པོ་མགར་རམ་མགར་སྟོང་བཙན་ཡུལ་བཟུང་ཡིན་པས་བློན་པོའི་མིང་ནས་འབོད་པ་དང་། མདོ་སྨད་ཀྱི་ཁྲི་ཀ་དང་། དཔའ་ལུང་། གཙན་

ཚོ། མང་འབབ་བྱ་གསུམ་སོགས་ས་ཆ་མང་པོར། ཁྲི་ཀའི་ཡུལ་ན་ལྷ་གཉན་མཐུ་པོ་ཆེ། །རྒྱ་ནག་སྲུང་མ་ཐུན་ཅི་ཞི་དྲག་ཕྱོད། །མ་ལུས་འཁོར་བཅས་གནས་འདིར་སྤྱན་འདྲེན་པ། །བསང་བསུར་བཞེས་ལ་འདོད་པའི་དོན་ཀུན་སྒྲུབས། །ཞེས་པ་དང་། ཡང་ན། ལྷ་གཉན་ཆེན་པོ་ཝུན་ཁྲང་ཡེ། །འདིར་ཕྱོན་མཆོད་པ་ལེགས་བཞེས་ཏེ། །རྐྱེན་ངན་བར་ཆད་ཞི་བ་དང་། །འདོད་པའི་དོན་རྣམས་འགྲུབ་པར་མཛོད། །ཅེས་མཆོད་བཀུར་བྱེད་པའི་ཡུལ་ལྷ་དེའང་ཅིན་ནུབ་མའི(西晋)དུས་སྐབས་ཀྱི་བློན་པོ་གྲགས་ཅན་ཀྲང་ཡ་ཙིའམ(张亚子)མིང་གཞན་ཝུན་ཁྲང(文昌)དུ་འབོད་པ་དེ་ཡིན་པས་མིང་ལའང་རྒྱ་སྐད་དུ་ཐུན་ཙིའམ་ཝུན་ཁྲང་དུ་འབོད་ཅིང་བོད་སྐད་དུ་ཨ་མྱེས་ཡུལ་ལྷ་ཞེས་འབོད་པ་ཡིན།

དེར་མ་ཟད་རྒྱ་ཡུལ་དང་། གཙང་བཀྲ་ཤིས་ལྷུན་པོ། སྐུ་འབུམ་སོགས་སུ་མཆོད་ཅིང་བསྟེན་པའི་སྲིན་རིང་རྒྱལ་པོའམ་ཀོན་ཡུན་ཁྲང(关云长)ཞེས་པའི་ཡུལ་ལྷ་དེའང་སྤྱི་ལོ་220ནས་280ཙམ་ལ་ཝེ(魏)དང་། ཧྲུའུ།(蜀) ཝུའུ(吴)བཅས་རྒྱལ་ཁག་གསུམ་དུ་གྱེས་དུས་ཧྲུའུ་རྒྱལ་ཁག་གི་དམག་དཔོན་ཀོན་ཡུས(关羽)སམ་མཚན་གཞན་ཡུན་ཁྲང(云长)ཞེས་པ་དེ་ཡིན་པས། རྒྱ་སྐད་དུ་ཀོན་ཡུན་ཁྲང་ཟེར་བ་དང་བོད་སྐད་དུ་དེ་ཐད་སྒྱུར་བྱས་ནས་སྲིན་རིང་གསོལ་བ་ཡིན། འོ་ན་རྒྱའི་ཡུལ་ལྷ་དེ་དག་ལ་བོད་ཀྱིས་ཨ་མྱེས་འབོད་དོན་ཅི་ཡིན་ཞེ་ན། བོད་པ་རྣམས་ཀྱིས་རང་གི་ཨ་མྱེས་ཡང་མྱེས་ལས་གྲུབ་པའི་ཡུལ་ལྷ་གཞི་བདག་རྣམས་ལ་ཨ་མྱེས་ཞེས་གསོལ་ནས་གོམས་པའི་དབང་གིས་རྒྱའི་ཡུལ་ལྷར་ཡང་དེ་ལྟར་གསོལ་བ་དང་། བོད་པ་རྣམས་རྒྱའི་ཡུལ་ལྷ་དེར་དད་ཅིང་གུས་པའི་རྐྱེན་གྱིས་ཞེ་སའི་མིང་སྦྱར་བའང་ཡིན། ཡང་བོད་པ་རྣམས་ཀྱིས་གླིང་གེ་སར་རྒྱལ་པོར། ཧྲཱིཿ དགེ་མཚན་ལྷུང་ཧ་སྐྱན་པའི་བ་དན་ཆེ། །འདོད་རྒུ་ཀུན་འབྱུང་མཆོད་པའི་སྤྲིན་ཕུང་འདི། །གེ་སར་སྐྱེས་བུ་འཁོར་དང་བཅས་ལ་འབུལ། །དབྱིངས་ནས་ཐུགས་རྗེ་མ་གཡེང་སེང་ཆེན་རྗེ། །རྩ་གསུམ་

ཀུན་འདུས་ནོར་བུ་དགྲ་འདུལ་རྩལ། །ཆོས་སྐྱོང་དགྲ་ལྷ་ཕེར་མའི་འཁོར་དང་བཅས། །ཐུགས་རྗེ་ཐུགས་དམ་དབང་གིས་འདིར་གཤེགས་ལ། །དམ་རྫས་བདུད་རྩི་གཏོར་མའི་མཆོད་པ་བཞེས། །སྒྲུབ་པའི་རྟགས་མཚན་དངོས་སུ་བསྟན་པ་དང་། །རེ་བའི་འབྲས་བུ་ཡིད་བཞིན་འགྲུབ་པར་མཛོད། །མཆོག་དང་ཐུན་མོང་དངོས་གྲུབ་སྩོལ་དུ་གསོལ། །ཅེས་མཆོད་བཀུར་བྱེད་ཅིང་དགྲ་ལྷར་བསྟེན་པའང་བོད་སིལ་བུའི་དུས་སུ་རྫ་ཆུའི་སྟེ་དགེའི་ས་ཆར་གཏོགས་པ་སྐྱིད་གཞུང་ཚོ་ཚོ་ལུང་པའི་ཆུ་གཉིས་སུམ་མདོའི་མདོ་སྐྱིད་ཉི་མ་ཀུན་འཁྱིལ་བྱ་བའི་གནས་སུ་ཡབ་སེང་གློན་དང་ཡུམ་འགོག་ཐུས་ལ་འཁྲུངས་པའི་གླིང་སེང་ཆེན་རྒྱལ་པོ་ཞེས་པ་དེ་ཡིན་པ《སུམ་པའི་དྲིས་ལན》དང《མདོ་སྨད་ཆོས་འབྱུང》སོགས་མཁས་ཆེན་དམ་པ་རྣམས་ཀྱི་གསུང་ལས་གསལ་བ་ལྟར་རོ། །དེ་མིན་མཚོ་སྔོན་ཁྲི་གཤོག་རྒྱལ་མོའི་ལྟོ་ཟུར་དུ་ཐམ་ཞིང་འཁྱིང་བའི་རྫ་རི་ཆེན་པོ་ཞིག་ཡོད་པ་དེར་གནས་པའི་གཞི་བདག་ལ་ཨ་མྱེས་དཔའ་རྟུལ་གསོལ་ཞིང་། རེབ་གོང་གསེར་མོ་ལྗོངས་ཀྱི་དཀར་རྩེ་གདོང་དུ་དམག་དཔོན་དུ་འབོད་པའི་གཞི་བདག་ཡོད་པ་སོགས་ལས་ཡུལ་ལྷ་གཞི་བདག་དེ་དག་སྔོན་ཆད་འགྲོ་བ་མིར་སྐྱེས་མྱོང་བའི་མེས་པོ་མེས་མོ་ཡིན་པར་མ་ཟད། ཆོས་རྒྱལ་ཆེན་པོའི་ལུགས་གཉིས་འཕྲིན་ལས་མཛད་པའི་བློན་པོ་དང་། ཕ་རོལ་དགྲ་དཔུང་འཇོམས་པའི་དཔའ་བོ་སྙིང་སྟོབས་ཅན། གཡུལ་འགྱེད་ལས་ལ་དཔའ་ཞིང་མཁས་པའི་དམག་དཔོན་རྒྱུད་རྒྱུད་ཡིན་པ་གསལ་པོར་ངེས་ཐུབ།

2.**ཆ་ལུགས་དང་ཆིབས་པ་ལས་ཤེས་པ།** འཇིག་རྟེན་བོད་ཀྱི་གཏམ་དཔེར། ལུང་པ་རེ་ལ་ཆུ་མགོ་རེ། མི་རིགས་རེ་ལ་ཆ་ལུགས་རེ། ཟེར་བ་ལྟར། ཕྱིའི་ཆ་ལུགས་ནི་མི་རིགས་གང་ཡིན་འབྱེད་བྱེད་གཙོ་བོ་ཞིག་ཡིན་ན། བོད་ཀྱིས་མཆོད་བཀུར་བྱེད་པའི་ཡུལ་ལྷ་གཞི་བདག་མང་ཆེ་བའི་ཆ་ལུགས་ནི་གནའ་རབས་བོད་ཀྱི་ཆ་ལུགས་དང་ཀུན་ནས་མཚུངས་པ་སྟེ། ཁྲ་དགེ་སློང་ཚུལ་ཁྲིམས་དར་རྒྱས་ཀྱིས་བརྩམས་པའི

《གཉན་ཆེན་ཐང་ལྷའི་གསོལ་མཆོད་བསྡུས་པ》ཞེས་པའི་ནང་དུ་གཉན་ཆེན་ཐང་ལྷའི་སྐུ་བརྙན་འདི་ལྟར་བཀོད་ཡོད་དེ། དཔའ་གདུམ་མི་དཀར་གཡུ་ཡི་སྨིན་མ་ཅན། །རྟ་མཆོག་ངང་དཀར་རླུང་ཤུགས་ཆིབས་སུ་བཅིབས། །སྒྲ་ལྕུགས་ཞལ་དཀར་ཕྲེང་བ་ཕྱག་ན་བསྣམས། །སྲིབ་འཇམ་དར་དཀར་གོས་གྱོན་ཁྱོད་ལ་བསྟོད། །ཅེས་པ་བཀླགས་མ་ཐག་ཡིད་ཀྱི་སྣང་ངོར་བོད་ཀྱི་གནའ་བོའི་དཔའ་རྟུལ་རྣམས་དང་འདྲ་བའི་གཟུགས་བརྙན་ཞིག་འཆར་བ་དང་། ཁྱད་པར་དུ་ཙོང་ཁའི་སྐྱེས་རི་དང་ཨ་མྱེས་བྱ་ཁྱུང་གཉིས་ཀྱི་ཆ་ལུགས་ལ་གནའ་བོའི་བོད་ཀྱི་ཁྱད་ཆོས་ལྡན་པ་སྟེ། དབུ་ལ་ཨར་ཞྭ་སྟེ་ཕྱིང་ཞྭ་དང་གོས་སུ་ཕྲུག་མཛོད་ཆས་མནབས་ཤིང་། རྣ་གཉིས་སུ་ཁམས་ཕྱོགས་ཀྱི་སྐྱེས་པ་ལྟར་རྣ་རྒྱན་ཨ་ལོང་འདོགས་པ། གཡས་གཡོན་དུ་བཏགས་པའི་གཞུ་དང་མདའ་ཡང་གནའ་རབས་བོད་ཀྱི་རྭ་གཞུ་དང་གསོམ་མདའ་དང་ཀུན་ནས་འདྲ་བ་ཞིག་བཞེངས་ཡོད་ལ། ཞབས་སུ་མནབས་པའི་ལྷམ་ཡང་བོད་ཀྱི་འཇའ་ཆེན་ཞེས་པའི་ལྷམ་དང་ཆ་འདྲ་བ་ཞིག་ཡིན། ཆིབས་སུའང་འབྲོག་རྟ་དཀར་པོར་བཅིབས་པ་བཅས་གནའ་རབས་བོད་ཀྱི་ཆ་ལུགས་ཡོངས་སུ་ཚང་བ་ཞིག་བཞེངས་ཡོད།"① མཁས་མཆོག་དགེ་འདུན་ཆོས་འཕེལ་གྱིས་གསུངས་པ་ལྟར་ན། ཨ་མྱེས་རྨ་ཆེན་གྱི་ཐང་གའང་ཕྱིང་ཞྭ་མནབས་པ་ཞིག་བཞེངས་ཡོད།② ཁམས་སྨད་བདེ་ཆེན་གྱི་ཁ་བ་དཀར་པོ་རི་ལ་གནས་པའི་ཁ་བ་དཀར་པོ་ཞེས་པའི་སྐུ་བརྙན་གྱི་རྫོག་དང་དར་འཕྲུ་ཡང་བོད་སིལ་བུའི་དུས་ཀྱི་གླིང་གི་དཔའ་རྟུལ་རྣམས་ཀྱི་རྫོག་འཕྲུ་དང་ཀུན་ནས་འདྲ་བ་དང་། ཕྱག་གཡོན་པར་དགོས་འདོད་ནོར་བུ་བསྣམས་ཤིང་ཕྱག་གཡས་པས་རལ་གྲི་ཕྱར་བའང་བོད་ཀྱི་གནས་བདག་ཆེན་པོ་རྣམས་ཀྱི་སྤྱིའི་ཁྱད་ཆོས་སུ་གྱུར་ཅིང་། ཆིབས་པའི་སྒ་སྲབ་ཀྱང་བོད་ཀྱི་གནའ་བོའི་

① བོད་ཀྱི་གྲུབ་མཐའ་སོ་སོའི་རི་མོ་པ་དང་མཁས་པ་མང་པོ་ལྷན་འཛོམས་ཀྱིས་བཞེངས་ཤིང་ད་ལྟ་འཛམ་གླིང་ན་ཆེས་རིང་བའི་ཐང་ག《བོད་ཀྱི་ཞལ་ཐང་ཆེན་མོ》རུ་བར་གསལ།

② 《དེབ་ཐེར་དཀར་པོ》རུ་གསལ།

སྣ་སྲིབ་ལྟར་བཞེངས་པ་①ལས་གཞི་བདག་དེ་དག་ཀྱང་བོད་ཀྱི་མེས་པོ་རྐྱང་རྐྱང་ཡིན་པ་མངོན་པར་གསལ་ལོ། །

3.**སྐབས་གནས་མཐར་ཐུག་ཏུ་མི་འཛིན་པ་ལས་ཤེས་པ།** ནང་པ་སངས་རྒྱས་པའི་ལུགས་ལ་འཇིག་རྟེན་གྱི་ལྷ་ཀླུ་མཐུ་བོ་ཆེ་རྣམས་ནི་བསོད་ནམས་བསགས་སྟོབས་ཅན་འགའ་རེ་ཚེ་འཕོས་རྗེས་ཞེ་ཆགས་སོགས་རྒྱུ་རྐྱེན་གང་ཟུང་གི་དབང་གིས་མི་ལུས་ལེན་མ་ནུས་པར་གཟུགས་མེད་ཡི་དྭགས་མཐུ་བོ་ཆེའི་སྐྱེ་བ་བླངས་པ་ལ། བླ་མ་དམ་པ་རྣམས་ཀྱིས་བཀའ་བསྒོས་ནས་བོད་པ་རྣམས་ལ་གྲོགས་དན་ནམ་ཕན་པ་བསྒྲུབ་པར་ཞལ་གྱིས་བཞེས་ཤིང་བཀའ་དང་ཐ་ཚིག་ལ་གནས་པར་བྱས་རྗེས། བོད་པ་རྣམས་ཀྱིས་ཚེ་འདིར་གྲོགས་དང་མགོན་བྱེད་པའི་ལྷར་བཟུང་བ་ཡིན། དཔེར་ན། ཡར་ལྷ་ཤམ་པོ་དང་ཐང་ལྷ་ཡར་བཞུར་སོགས་སྲིད་པའི་ལྷ་ཆེན་རྣམས་དང་། གངས་དཀར་ཤ་མེད་དང་གོང་འཛིན་དེ་མོ་སོགས་བསྟན་མ་བཅུ་གཉིས་ནི་སློབ་དཔོན་པདྨ་འབྱུང་གནས་ཀྱིས་དམ་ལ་བཏགས་ནས་བོད་ཁམས་སྐྱོང་བའི་སྲུང་མར་བསྐོས་པར་གྲགས་པ་དང་། ཨ་མྱེས་ཡུལ་ལྷ་ཞེས་པ་ནི་ཅིན་ནུབ་མའི(西晋)དུས་སྐབས་ཀྱི་བློན་པོ་གྲགས་ཅན་ཀྲང་ཡ་ཙིའམ(张亚子)ཕྱུན་ཁྲང་ཞེས་པ་ཚེ་འཕོས་ནས་གཟུགས་མེད་ཡི་དྭགས་ཀྱི་སྐྱེ་བ་བླངས་ཏེ་ས་དེར་ཕོལ་ཞིང་གནོད་པའི་ལས་བྱེད་སྐབས་གསེར་ཁྲི་རྒྱ་ནག་པ་འཇམ་དབྱངས་བསྟན་པའི་ཉི་མ་ནང་སར་ཕེབས་པ་དང་ཕྲད་ནས། རྗེ་དེ་ཉིད་ཀྱིས་བཀའ་བསྒོས་ནས་རྒྱ་བོད་ཀྱི་མི་རྣམས་ལ་གྲོགས་དང་ཕན་པ་བསྒྲུབ་པ་ཞལ་གྱིས་བཞེས་ཤིང་དམ་བཅས་པ་དང་། མདོ་སྨད་ཁྲི་ཀའི་ཡུལ་དུ་ཁྲིད་དེ་ལྷ་ཁང་བཞེངས་པས། ས་དེའི་རྒྱ་བོད་ཀུན་གྱིས་རྐྱེན་ངན་བར་ཆད་སེལ་བའི་མགོན་དང་སྐབས་བབ་ཀྱི་འདོད་དོན་མ་ལུས་སྒྲུབ་པའི་གྲོགས་

① བོད་ཀྱི་གྲུབ་མཐའ་སོ་སོའི་རི་མོ་པ་དང་མཁས་པ་མང་པོ་ལྷན་འཛོམས་ཀྱིས་བཞེངས་ཤིང་དཔལ་ལྡན་འཛམ་གླིང་ནས་ཆེས་རིང་བའི་ཐང་ག《བོད་ཀྱི་ཞལ་ཐང་ཆེན་མོ》བྱ་བར་གསལ།

སུ་བསྐྱེན་པའི་ཡུལ་ལྷར་གྱུར་པ་དང་། ཁྲིན་རིང་རྒྱལ་པོ་ཞེས་པའང་གོང་གསལ་ཧུའུ་རྒྱལ་ཁག་གི་དམག་དཔོན་གོན་ཡུན་ཁྲང་ཞེས་པ་ཚེ་འཕོས་ནས་གཟུགས་མེད་ཡི་དྭགས་མཐུ་བོ་ཆེའི་སྐྱེ་བ་བླངས་པ་ལ་པཎ་ཆེན་བློ་བཟང་དཔལ་ལྡན་ཡེ་ཤེས་ནང་སར་ཕེབས་པའི་ལམ་བར་ཁྲིན་ཏུའུ་གྲོང་ཁྱེར་དུ་ཕྲད་པས། ཕོར་དགེ་བསྙེན་གྱི་སྡོམ་པ་གནང་ཞིང་དམ་ལ་གནས་པར་མཛད་པ་དང་། ཕྱིས་སུ་གཙང་བཀྲ་ཤིས་ལྷུན་དགོན་དུ་ཁྲིད་ནས་གཞི་བདག་ཏུ་བསྐྱེན་པར་གྲགས།

དེ་ལྟ་བུའི་ཡུལ་ལྷ་གཞི་བདག་ནི་སྤྱི་ལོ་1004ནས1064བར་འཚོ་གཞེས་གནང་བའི་འབྲོམ་སྟོན་པ་རྒྱལ་བའི་འབྱུང་གནས་ཀྱི་ཞལ་ནས། དབུས་ན་གཉན་ཆེན་ཐང་ལྷ་ལྟར་འཛིན་ལ་དེ་ཡང་འདྲེ་ཡིན། ལྷོ་ན་ཡར་ལྷ་ཤམ་པོ་ལྟར་འཛིན་ལ་དེ་ཡང་འདྲེ་ཡིན། བྱང་ན་རྨ་རྒྱལ་སྤོམ་ར་ལྟར་འཛིན་ལ་དེ་ཡང་འདྲེ་ཡིན། བོད་ཐམས་ཅད་འདྲེ་པ་ཡིན། ཞེས་ཕོང་ཉིད་ཆོས་ལུགས་པ་རྣམ་དག་ཅིག་ཡིན་པའི་ཆ་ནས་བོད་རྣམས་ཀྱིས་ཡུལ་ལྷ་གཞི་བདག་ཏུ་འཛིན་པ་ནི་མི་ཚེ་འཕོས་ཏེ་ཡི་དྭགས་ཀྱི་སྐྱེ་བ་བླངས་པ་རྐྱང་རྐྱང་ཡིན་པར་གསུངས་པ་དང་། རྗེ་ཤར་གདོང་བློ་བཟང་བཤད་སྒྲུབ་རྒྱ་མཚོའི་གསུང་འབུམ་པོད་གསུམ་པ་ལས། ལྷ་ཀླུ་མཐུ་ཆེ་བ་སྟེ་གཉན་ཆེན་ཐང་ལྷ་ལྷ་བུ་དང་། འོ་དེ་གུང་རྒྱལ་ལྟ་བུ་དང་། ཡར་ལ་ཤམ་པོ་ལྟ་བུ་སོགས་ཀྱིས་སྐྱོབ་མི་ཐུབ། ཅིའི་ཕྱིར་སྐྱོབ་མི་ཐུབ་པ་ཡིན་ཟེར་ན། ཕོ་རང་ཡང་འཁོར་བ་ལས་མ་འདས་པ་སྟེ་འཁོར་བ་ལས་ཐར་མེད་པ་དང་། འཁོར་བའི་འདམ་ལས་སོར་གང་ཙམ་ཡང་འཕགས་ཐུབ་མེད་དོ། །ཞེས་བོད་ཀྱི་ཡུལ་ལྷ་གཞི་བདག་མང་ཆེ་བ་ནི་གཟུགས་མེད་ཀྱི་ཡི་དྭགས་རྐྱང་རྐྱང་ཡིན་པས། སྐྱབས་གནས་མཐར་ཐུག་མི་ནུས་པ་བསྟན་ལ། ཤཱཀྱའི་དགེ་སློང་རྣམས་ཀྱིས། རང་ཡང་འཁོར་བའི་བཙོན་རར་བཅིངས་པ་ཡི། །འཇིག་རྟེན་ལྷ་ཡིས་སུ་ཞིག་སྐྱོབ་པར་ནུས། །①ཞེས་གསུངས་ནས་གུས་ཕྱག་

① 《རྒྱལ་སྲས་ལག་ལེན་སོ་བདུན་མ》ཙ་གསལ།

མི་འཚལ་བ་ཡང་དེ་དག་འགྲོ་བ་མི་ནས་ཚེ་འཕོས་པའི་ཡི་དྭགས་ལྟར་ངོས་བཟུང་བ་ཡིན་པས། སྐྱབས་གནས་མཐར་ཐུག་མི་ནུས་པ་དང་སྟོན་པའི་ན་བཟའ་མནབས་པའི་དགེ་འདུན་དཀོན་མཆོག་གིས་ཕྱག་འཚལ་མི་འོས་པར་འདོད་པའི་རྒྱུ་ཡིན་ལ། སྐྱབས་འགྲོ་བསླབ་བྱའི་ནང་དུ་འཛིག་རྟེན་འདིའི་ལྷ་ཀླུ་གཞི་བདག་ལ་སྐྱབས་སུ་མི་འགྲོ་བའི་བཅས་པ་མཛད་པའང་དེའི་རྒྱུ་གྱིས་ཡིན་ནོ། །

གཉིས་པ། ཡུལ་ལྷ་གཞི་བདག་གནས་པའི་འདུ་ཤེས་ཀྱི་ཐུགས་རྒྱུན་བརྗོད་པ།

བོད་པ་རྣམས་ཀྱིས་རང་གི་མེས་པོ་མེས་མོ་ག་གེ་མོ་ཞིག་ལྷ་རུ་ངོས་བཟུང་ཞིང་། ཉིན་རེ་བཞིན་མཆོད་བཀུར་བྱས་ནས་ཚེ་འདིའི་མགོན་དང་གྲོགས་སུ་བསྟེན་པར་མ་ཟད། ཚོ་ཁག་དང་ཚོ་ཁག་ཕན་ཚུན་བར་ཧ་རྒྱུགས་བང་རྩལ་འགྲན་པ་དང་། མདའ་འཕེན་མཐེབ་རྩལ་སྟོར་བ། ལྷང་ལིའི་འཕེན་རྩལ་འགྲན་པ། ཡང་ན་རྡ་ཆུ་རྩོད་གླིང་བྱེད་པ་ལ་སོགས་པའི་དུས་སུ་ཕ་རོལ་འགྲན་ཡའམ་རྒོལ་བ་ལས་རང་ཕྱོགས་རྣམ་པར་རྒྱལ་བའི་དོན་དུ། ཚོ་ཁག་སོ་སོའི་སྐྱེས་པ་རྣམས་ཀྱིས་རང་རང་གི་མ་ཧེ་ཁང་ངམ་མགོན་ཁང་། ཡང་ན་ལབ་ཙེའི་མདུན་དུ་གཅིག་གྱུར་གྱིས་ཤུག་པ་དང་། སྤྲ་མ། བ་ལུ། ཁམ་པ། ཙན་དན། ཨ་ག་རུ། གུར་གུམ། སྤང་སྤོས། རྩམ་པ། འབྲི་མར། མཆོད་གཏོར་སོགས་ཀྱིས་སྤྱི་བསང་ཆེན་པོ་གཏོང་ཞིང་ཇ་ཆང་གསེར་སྐྱེམས་རྒྱ་མཚོས་ལེགས་པར་མཆོད་པ་དང་ཆབས་ཅིག དེ་ལྟར་གསུས་པས་མཆོད་ཅིང་བསྟོད་པ་ཡིས། །ལྷ་བསྲུང་འཁོར་དང་བཅས་པ་དགྱེས་གྱུར་ནས། །བསྟན་དང་འགྲོ་བའི་ཕན་བདེ་མ་ལུས་པ། །ཡར་ངོའི་ཟླ་བ་བཞིན་དུ་རྒྱས་པར་མཛོད། །ཁྱད་པར་བདག་ཅག་ས་ཕྱོགས་འདིར་གནས་པའི། །སྐྱེ་འགྲོའི་བདེ་སྐྱིད་ཀུན་གྱི་གཉེན་གྱུར་པའི། །ནད་གདོན་ཆོམ་རྐུན་དགྲ་ཇག་ཐན་པ་དང་། །སད་

དང་སེར་བ་ལོ་ཉེས་ཕྱུགས་ཉེས་སོགས། །བར་ཆད་ཆག་སྒོ་ཉེར་འཚེ་མ་ལུས་པ། །ཆེ་ཆེར་ཞི་ཞིང་རབ་ཏུ་བཟློག་པ་དང་། །ཆོས་སྲིད་དཔལ་འབྱོར་ལོངས་སྤྱོད་ཚོགས་འཕེལ་བའི། །བདེ་སྐྱིད་དགའ་སྟོན་ལྷུན་གྱིས་གྲུབ་པར་མཛོད། །①ཅེས་མགོན་དང་གྲོགས་སུ་ཞུ་ཞིང་། གི་གི་བསྭོ་བསྭོ་ལྷ་རྒྱལ་ལོ་ཞེས་སྐད་བརྒྱབ་ནས་ལྷའི་དབུ་འཕང་བསྟོད་པ་དེས་ཡུལ་དུས་ངེས་ཅན་ཞིག་ལ་མི་ཡོངས་ཀྱི་བློ་སེམས་གཅིག་བསྡུ་དང་དཔའ་ངར་ཆེར་བསྐྱེད། བློ་བག་བདེ་ལ་འབེབས་པར་སྨན་གྱི་ནུས་པ་འདོན་པ་དང་། 《འབེལ་གཏམ་ལུང་གི་སྙིང་པོ》ལས། "གཉའ་ཁྲི་བཙན་པོ་ལྷ་ཡུལ་ནས་བྱོན་སྐབས་ལྷའི་སྐུ་བོན་ཡ་ངལ་དང་མཆེ་མི། ཙོ་མི་གསུམ་ཡང་མཉམ་དུ་མངགས་པར་ཡབ་ཀྱི་ཞལ་ནས། གནམ་ལྷ་དོག་ལ་གཤེགས་པ་ན། མི་ཡུལ་བཙོག་དང་ནས་ཆེ་བས། ཡ་ངལ་གྱིས་སྣ་དྲོངས་ཤིག མཆེ་མིས་སྐུ་ཡི་གཡས་རྟེན་ཅིག ཙོ་མིས་སྐུ་ཡི་གཡོན་རྟེན་ཅིག ཡ་ངལ་གྱིས་སེལ་དང་བསངས་ཀྱིས"ཞེས་པ་དང་། པཎ་ཆེན་བློ་བཟང་ཆོས་ཀྱི་རྒྱལ་མཚན་གྱིས་མཛད་པའི《མནོལ་བསངས》ལས། ལྷ་མི་ཡོངས་ལ་གྲིབ་ཐོག་པ། །མ་ལུས་བསངས་ཀྱི་མཆོད་པས་བསང་། །བསངས་ཀྱིས་མི་བསང་གང་ཡང་མེད། །མི་གཙང་བ་ནི་ཐམས་ཅད་བསང་། །ཞེས་བསང་དུད་ལ་བཙོག་དྲི་སེལ་བའི་ནུས་པ་ཡོད་པར་བསྟན་པ་ཡིན་ན། དྲི་བཟང་ལྡན་པའི་ཤིང་སྣ་དང་སྨན་སྣ། ཟས་སྣ་སོགས་ཀྱི་བསང་དུད་བཏུག་པ་དང་ཆང་ཕུད་སོགས་ཀྱི་ཆབ་འདེབས་པ་དེས་དོན་དངོས་ཐོག་ཡུལ་ཁམས་ཀྱི་བཙོག་གྲིབ་སེལ་བར་བྱེད་ཅིང་། མཁའ་དབུགས་དག་གཙང་དུ་འགྱུར་བ། མི་ཕྱུགས་ཐམས་ཅད་བདེ་ཐང་ཡོང་བར་འཐྲོད་བསྐྱེན་གྱི་ནུས་པ་ངེས་ཅན་འདོན་གྱིན་ཡོད། ཡུལ་གྲུ་སོ་སོའི་ས་ཆུ་ནགས་གསུམ་དང་། གཏེར་ཁ། རི་དྭགས་སྣ་ཚོགས་

① བློ་བཟང་བསྟན་པའི་རྒྱལ་མཚན་གྱིས་བརྩམས་པའི《གཉན་ཆེན་ཐང་ལྷ་མཆོད་གསུམ་གྱི་བསང་མཆོད》སྣ་རིང་མར་གསལ།

ཀྱང་ཡུལ་དེར་གནས་པར་གྲགས་པའི་ཡུལ་ལྷ་གཞི་བདག་ལ་དབང་བར་འདོད་ཅིང་། དེ་དག་སྨྲིག་པ་དང་། གཅོད་པ། འདོན་པ། གསོད་པ་སོགས་བྱས་ན་ཡུལ་ལྷ་གཞི་བདག་མི་དགྱེས་པར་བསམས་ནས་འཛེམ་དོགས་བྱེད་པ་ཡིན།

དཔེར་ན། མདོ་སྨད་ཀྱི་བིས་མདོ་ས་ཁུལ་དུ་རི་ལུང་གཞན་གྱི་ནགས་ཚལ་མི་ཉུང་བ་ཞིག་བཅད་ཟིན་ཙང་། ཨ་མྱེས་ཡིང་ལིན་ཞེས་པའི་ཡུལ་ལྷ་གནས་པའི་རི་རྒྱུད་ཀྱི་ནགས་ཚལ་སྡོང་པོ་གཅིག་ཀྱང་གཅོད་མ་ཕོད་པར་ཆ་ཚང་དུ་ཡོད་པ་ལྟ་བུ་དང་། སི་ཁྲོན་ཞིང་ཆེན་གྱི་ཟུང་ཆུ་གཙང་པོའི་རྒྱུད་ཀྱི་ནགས་མང་པོ་བཅད་ཚར་ཀྱང་ཤར་དུང་རི་དཀར་པོ་ཞེས་པའི་ཡུལ་ལྷ་གནས་པར་གྲགས་པའི་རི་བོའི་ཉེ་འདབས་ཀྱི་ནགས་དང་ཆུ་སོགས་སྐྱུལ་བ་ཙམ་ཡང་བྱེད་མ་ཕོད་པར་སོ་ན་གནས་པས། ད་ལྟ་རྒྱལ་ཁབ་ཕྱི་ནང་གི་ཡོངས་གྲགས་ལྟ་སྐོར་བྱེད་པའི་གནས་མཆོག་དམ་པར་གྱུར་ཡོད་པ་གནས་དེར་འགྲོ་སྐྱོང་མཁན་ཚང་མས་མཁྱེན་གསལ་ལྟར་ལགས། ནགས་ཁུལ་དུ་གནས་པའི་བོད་ཀྱི་དུད་ཁྱིམ་ལ་ཁང་པའི་ཤིང་ཆ་མཁོ་བ་བྱུང་ནའང་། ཐོག་མར་ནགས་ཚལ་དུ་སོང་ནས་བསང་མཆོད་བྱས་ནས་ཤིང་སློང་བའི་མཛད་སྒོ་བསྐྱབས་རྗེས། ད་གཟོད་སྡོང་སྐམ་བཅད་ནས་བཀོལ་བ་ཡིན། ད་ལྟ་མདོ་སྨད་ བླ་བྲང་ས་ཆར་ཟླ་དྲུག་པའི་ཚེས་བཅོ་ལྔ་ནས་ཟླ་བདུན་པའི་ཚེས་སུམ་ཅུ་ཙམ་དུ་ཤིང་སློང་ཞེས་པ་རས་གུར་དང་ཁ་ཟས་ལེགས་པོ་ཁྱེར་ནས་ནགས་ཁུལ་དུ་སོང་སྐྱེ་སྐྱོ་གསེང་གཏོང་བའི་དུས་ཆེན་ཞིག་ཡོད་པ་དེའང་དང་ཐོག་བླ་བྲང་བཀྲ་ཤིས་འཁྱིལ་བ་སོགས་དགོན་སྡེ་རྣམས་ཀྱི་དབྱར་གནས་གྲོལ་བའི་ཉིན་དེར་དགེ་འདུན་པ་རྣམས་ནགས་ཁུལ་དུ་བུད་ཤིང་འཐུ་བར་འགྲོ་བ་དང་། དེའི་ཚེ་ཐོག་མར་ས་དེའི་གནས་བདག་ལ་བསང་བཏང་ནས་ཤིང་སློང་བའི་ཚོ་ག་བསྒྲུབ་དགོས་ཤིང་། དེ་ནས་བུད་ཤིང་འཐུ་བ་དང་ཞལ་ཟས་ལ་རོལ་བ་བཅས་ཀྱི་བྱ་འགུལ་བྱེད་པ་ཡིན་ཡང་། ཕྱིས་སུ་དགེ་འདུན་པས་གནས་བདག་ལ་བུད་ཤིང་སློང་བའི་སྲོལ་

དེ་རིམ་བཞིན་སྤྱི་ཚོགས་ཐོག་རྒྱུན་འབྱམས་སུ་སོང་ནས་སྐྱ་སེར་ཀུན་གྱིས་སྤྲིང་ཁ་གཏོང་བའི་དུས་ཆེན་དུ་གྱུར་པ་ལྟར་རོ། །

གཞན་ཡུལ་ལྷ་གཞི་བདག་གནས་པའི་རི་ལུང་གི་རི་དྭགས་རྣམས་ཀྱང་ཡུལ་ལྷ་གཞི་བདག་གི་སྒོ་ཕྱུགས་ཡིན་ཟེར་ནས་གནོད་འཚེ་ཏོག་ཙམ་ཡང་གཏོང་ཡོད་ཀྱི་མེད། དེས་ན་ཡུལ་ལྷ་གཞི་བདག་ལ་བསྙེན་བཀུར་བྱེད་པ་དེས་དོན་དུ་བོད་ཀྱི་རང་བྱུང་ཁོར་ཡུག་སྲུང་སྐྱོབ་དང་སྐྱེ་དངོས་ཆགས་ཚུལ་དོ་སྙོམ་པར་བྱས་ཤིང་བྱེད་བཞིན་ཡོད་ལ། མདའ་མདུང་སོགས་ཀྱིས་ལབ་ཙེ་བསྐོད་པ་དང་རྗེ་འབུམ་བརྩིག་པ་ནི་བོད་ཀྱི་མེས་པོ་རྗེས་སུ་དྲན་པའི་རྟེན་ཡིན་པར་མ་ཟད། ལོ་རེར་ཚོ་ཁག་གམ་གྲོང་ཚོ་ཐུན་མོང་གཅིག་གྱུར་གྱིས་དེའི་མདུན་དུ་འཚོགས་ནས་ལྷ་གསོལ་བསང་གཏོང་བྱ་དགོས་པས། སྤྱིར་བཏང་དུ་ཚོ་པའམ་གྲོང་ཚོ་རང་ལ་དབང་བའི་ས་ཁོངས་ལས་གཞན་གྱི་མངའ་ཁོངས་སུ་བརྩིགས་མི་ཆོག དེས་ན་བོད་ཀྱིས་མཐོ་བ་རི་བོའི་རྩེ་ནས་དམའ་བ་གཙང་པོའི་འགྲམ་དུ་ཡུལ་ལྷ་གཞི་བདག་གནས་སའི་ལབ་ཙེ་བསྐོད་པའམ་རྗེ་འབུམ་བརྩིགས་པ་དེས་སྔོན་བྱུང་ལོ་རྒྱུས་མཆོན་པའི་དཔྱད་གཞི་དང་། ད་ལྟའི་ས་མཚམས་འབྱེད་པའི་རྟགས་མཚན། མ་འོངས་ས་རྩོད་སྤུམ་པའི་གཟུ་པ་བཅས་ཀྱི་ནུས་པ་འདོན་གྱིན་ཡོད། ཡང་། མདོ་སྨད་ཕྱོགས་སུ་རྐུ་དང་ཚུལ་མིན་གྱི་ཕོ་མོའི་འབྲེལ་བ། རྫུན་གཏམ་པ་སོགས་ཀྱི་སྤྱོད་གཞི་བྱུང་ན་དཀར་ནག་གི་ཤན་འབྱེད་ཆེད། བླ་དཔོན་རྣམས་ཀྱིས་སྤྱོད་ཡ་དང་དེའི་ཁྲིམ་མི་སོགས་འབྲེལ་ཡོད་མི་སྣ་བསྡུས་ནས་ཡུལ་ལྷ་གཞི་བདག་ལ་བསང་གཏོང་བའི་ཚོ་ག་བསྒྲུབས་རྗེས། དེ་དཔང་དུ་བཞག་སྟེ་མནའ་བསྐགས་ནས་ལེགས་ཉེས་ཀྱི་ཁྱད་པར་འབྱེད་པ་དང་། ཚོ་ཁག་ནང་ཁུལ་དུ་རྐུ་བྱེད་པ་དང་ཤ་རྒྱག་པ་སོགས་འགོག་ཆེད་ཚོ་ཁག་ལྷན་གཅིག་ཏུ་འཚོགས་ནས་ཡུལ་ལྷ་གཞི་བདག་ལ་བསང་གཏོང་གསོལ་འདེབས་ཞུ་ཞིང་དེ་དཔང་དུ་བཞག་ནས་ཕྱིན་ཆད་ཉེས་པའི་ལས་དེ་དག་མི་བྱེད

པའི་མནའ་སྐྱེལ་བ་དེས་གནའ་བོའི་བོད་ཀྱི་སྤྱི་ཚོགས་སུ་བདེན་རྫུན་སྲུང་ལ་བཙལ་ཏེ་དྲང་བདེན་ཞལ་ལྕེ་གཅོད་པ་དང་ཚུལ་དང་མི་མཐུན་པའི་བྱ་ངན་སྤྱོད་ངན་འགོག་པར་ཁྲིམས་ལུགས་ཀྱི་ནུས་པ་འདོན་བཞིན་ཡོད།

མདོར་ན། ཡུལ་ལྷ་གཞི་བདག་དང་བོད་མི་རིགས་བར་གྱི་འབྲེལ་བ་ནི་མེས་པོ་དང་རྗེས་རབས་པ། སྔོན་རབས་པ་དང་ཕྱི་རབས་པ། གཉེན་པོ་དང་གསོན་པོ་བཅས་ཀྱི་འབྲེལ་བ་ཡིན་པར་མ་ཟད། ཡུལ་ལྷ་གཞི་བདག་ནི་བོད་ཀྱི་དད་མོས་དང་། རོལ་རྩེད། ལུགས་སྲོལ། ས་ཆུའི་རྩོད་པ། ཡུལ་ལྗོངས་སྲུང་སྐྱོབ། ཁོར་ཡུག་གཙང་དག སྤྱི་ཚོགས་བཙོས་སྐྱོང་སོགས་དང་དམ་དུ་འབྲེལ་བ་ཞིག་ཡིན་ཞིང་། མེས་པོ་མེས་མོའི་ངོ་བོར་གྱུར་པའི་ཡུལ་ལྷ་གཞི་བདག་དེ་དག་ལ་ལྗོན་ཤིང་དང་མདའ་མདུང་སོགས་ཀྱིས་ལབ་ཙེ་བསྐོར་ཅིང་རྗོ་འབུམ་བརྩིགས་པ་ནི་མེས་པོ་རྗེས་སུ་དྲན་པའི་རྟེན་དུ་གྱུར་པ་དང་། དུས་རྒྱུན་དང་ཁྱད་པར་དུ་ཉི་སྐར་བཟང་པོར་ཡུལ་ལྷ་གཞི་བདག་ལ་དཀར་བསང་དམར་གསུར་དང་བདུད་རྩི་ཆང་སོགས་མཆོད་ནས་འཇིག་རྟེན་འདིའི་སྐྱབས་སུ་བཀུར་ཅིང་གྲོགས་སུ་བསྟེན་པ་ནི་བོད་མི་རིགས་ཀྱིས་མེས་པོ་རྗེས་སུ་དྲན་ཞིང་དེར་མཆོད་བཀུར་དང་སྐྱབས་རེ་བའི་ལུགས་སྲོལ་ཁྱད་པར་ཅན་ཞིག་ཡིན་ནོ།། །།

༄༅། །རུས་ལྷ་དང་འབྲེལ་བའི་བོད་ཀྱི་རུས་མིང་དང་ཡུལ་མིང་སྐོར་བརྗོད་པ།

དེ་ཡང་ཐོག་མར་ཞུ་རྒྱུ་ནི། རུས་ལྷ་ཞེས་པ་ནི་སྤྱིར་བུའི་སྲོག་གམ་སྲོག་གི་རྟེན་ཕུར་ཙམ་མིན་ལ། ཆོས་ལུགས་ཀྱི་བཤད་ཚུལ་ལ"མི་རྣམས་གསོན་དུས་ལུས་ལ་གནས་ཤིང་ཚེ་ལས་འདས་རྗེས་ལུས་དང་བྲལ་ནས་གནས་ཐུབ་པ་ཞིག་ཡིན"ཟེར་བ་ཙམ་ལ་ཡང་མི་གོ་བར། གཉེན་ཉེ་དང་། མེས་པོ། སྲུང་མ། རུས་རྟགས་བཅས་ཀྱི་བདག་ཉིད་ཅན་ཏེ། དབྱིན་ཇིའི་སྐད་ཀྱི"totem"ཞེས་པ་དང་། རྒྱ་སྐད་དུ"图腾"ཞེས་པར་གོ་བ་ཡིན། དེ་ལྟ་བུའི་རུས་ལྷ་ནི་ང་ཚོ་བོད་ལ་གནའ་སྔ་མོ་ནས་ཡོད་པར་མ་ཟད། རུས་ལྷའི་མིང་རུས་ཚོ་དང་མི་སོ་སོའི་མིང་དུ་འདོགས་པའི་སྲོལ་ཡང་བྱུང་ལ། ལུགས་སྲོལ་དེའི་ཤུལ་རྒྱུན་ད་ལྟའང་མ་ཉམས་པར་གནས་ཡོད་པས། འདིར་ཡང་དེའི་སྐོར་ཙུང་ཟད་སྤྲོས་ན།

དང་པོ། རུས་ལྷའི་བྱུང་འཕེལ་བཤད་པ།

གནའ་བོའི་བོན་གྱི་ཡིག་ཚང་དང་། རུས་མཛོད། རྗེས་གཞུང་། རྒྱལ་རབས་དེབ་ཐེར་སོགས་ལས། སྨ་ནི་ཤིང་ཁམས་ལུག་ལ་ལྷ། །སྒོ་ནི་མེ་ཁམས་ར་ལ་ལྷ། །ལྡོང་ནི་ས་ཁམས་ཤ་བར་ལྷ། །སྦྲ་ནི་ལྕགས་ཁམས་རྐྱང་ལ་ལྷ། །འབྲི་ནི་ཆུ་ཁམས་གཡག་ལ་ལྷ། །ཞེས་རུས་ཚན་མི་འདྲ་བ་རེར་ལྷ་མི་མཚུངས་པ་རེ་ཡོད་པར

འཕོད་པ་དང་། ཟླ་ཞེས་པའི་ཐ་སྙད་ལ་ཐོག་མ་དང་། གོང་མ། སྟེང་མ། ཀླད་སོགས་ཀྱི་ནང་དོན་ཡང་ཡོད་པ་ལྟར་ན། ང་ཚོ་བོད་ཀྱང་འཛམ་གླིང་གི་མི་རིགས་གཞན་དང་འདྲ་བར་གདོད་མར་ཇོན་ལས་ལ་བརྟེན་ནས་འཚོ་བའི་དུས་སུ་རང་བྱུང་ཁམས་ཀྱི་གནོད་འཚེ་སྣ་ཚོགས་དང་གཅན་གཟན་སོགས་ཕྱོགས་ཆགས་གཞན་གྱི་ཡང་བའི་འཇིགས་སྣང་མང་པོ་ཐེབས་ཤིང་། འཚོ་བའི་ཁོར་ཡུག་དེ་ལྟ་བུའི་ཁྲོད་དུ་མིའི་རིགས་ཀྱིས་གཞན་ལ་སྐྱབས་རེ་བའི་བློ་སྐྱེས་ཤིང་བློ་དེའི་ཤུགས་ཀྱིས་རང་ཉིད་འཁོར་དང་། རྒྱང་། ཤྭ། རྐོ། སེང་གེ། སྟག་སོགས་རི་སྐྱེས་ཕྱོགས་ཆགས་དང་གཉེན་གྱི་འབྲེལ་བ་ཡོད་པའམ། ཡང་ན་ཕྱོགས་ཆགས་དེ་དག་གིས་གཉེན་ཉེ་ནང་བཞིན་དུས་དང་རྣམ་པ་ཀུན་ཏུ་རང་ཉིད་ལ་གནོད་པ་མི་བྱེད་པར་གང་ས་གང་དུ་གྲོགས་བྱེད་པ་དང་། མི་ལས་ལྷག་པའི་སྟོབས་ཤུགས་དང་སྤོབས་པ་ཐོབ་པར་གྱུར་ནས། རང་ཉིད་འཚོ་གནས་དང་སྲུང་སྐྱོབ་བྱེད་པའི་ནུས་པ་ཇེ་དྲག་ཏུ་འགྱུར་བའི་རེ་སྔོན་བྱེད་ཅིང་། གཉེན་ཉེར་ངེས་པའི་ཕྱོགས་ཆགས་དེ་དག་ཉུས་རྒྱུད་ཚོགས་པ་སོ་སོའི་ཁྱད་པར་འབྱེད་པའི་རྟགས་མཚན་དུ་བྱས་པ་རེད། དེ་ནས་ཕྱི་མཚན་དུ་གྱུར་པའི་བསམ་གཞིགས་གཏོང་ཤེས་པ་དང་ཆབས་ཅིག རིམ་བཞིན་ཟླ་ཕྱོག་ཡོད་པའི་འདུ་ཤེས་དང་མེས་པོའི་འདུ་ཤེས་བྱུང་བས། མི་རྣམས་ཀྱིས་རང་ཉིད་གང་ནས་མཆེད་པར་བསམ་གཞིག་གཏོང་འགོ་བཙམས།

དེའི་ཚེ་ཉུས་རྒྱུད་སོ་སོའི་ཉུས་ཟླ་མི་འདྲ་བའི་དབང་གིས་ཉུས་རྒྱུད་སོ་སོའི་མེས་པོའང་མི་འདྲ་བར་བསམ་པ་སྟེ། ཉུས་ཟླ་གཉེན་ཉེ་ཡིན་པའི་འདུ་ཤེས་ཀྱི་རྨང་གཞིའི་སྟེང་ཉུས་ཟླ་མེས་པོར་ངེས་པའི་འདུ་ཤེས་བྱུང་ནས། དེ་སྟེ་གཉེན་ཉེར་བརྩི་བའི་ཉུས་ཟླ་དེ་དག་མེས་པོར་ངེས་པ་རེད། དེ་ནས་ཡང་མིའི་རིགས་ཀྱི་བསམ་གཞིག་གི་ནུས་པ་ལྷག་པར་འཕེལ་རྒྱས་སུ་ཕྱིན་པས། མི་དང་སྐྱེ་འགྲོ་གཞན་ལ་ཁྱད་པར་ཧ་ཅང་ཆེ་བ་ངེས་ཤིང་། སྐྱེ་འགྲོ་གཞན་ལས་མི་སྐྱེ་བར་ཡིད་མི་ཆེས་པར་

གྱུར། ཡིན་ཡང་གདོད་མའི་མི་རྣམས་ཀྱི་སྣང་ངོར་རུས་ལྷ་མེས་པོ་ཡིན་པའི་བག་ཆགས་ཟབ་མོ་ཞིག་ཆགས་ཡོད་པས། རུས་ལྷས་སྤྱི་མགོ་བཞིན་རང་ཉིད་ལ་སྲུང་སྐྱོབ་བྱེད་པའི་རེ་སྒྲོན་འཆང་གི་ཡོད། དེ་ལྟར་རུས་ལྷ་མེས་པོ་ཡིན་པའི་འདུ་ཤེས་ཀྱི་རྨང་གཞིའི་སྟེང་རང་ཤུགས་ཀྱིས་རུས་ལྷ་ལྷ་ཡིན་པའི་འདུ་ཤེས་བྱུང་། འོན་ཀྱང་རུས་ལྷ་ལྷ་ཡིན་པའི་འདུ་ཤེས་བྱུང་བ་དང་མཉམ་དུ་རུས་ལྷ་མེས་པོ་ཡིན་པའི་འདུ་ཤེས་དེ་རྩ་བ་ནས་ཡལ་བར་གྱུར་པ་ཞིག་གཏན་ནས་མིན། རུས་ལྷ་དེ་སྲུང་མ་ཡིན་པར་བསམ་པའི་དུས་མཉམ་དུ་མེས་པོར་ཡང་བརྩི་བ་དཔེར་ན། སྤྲེལ་ནི་འགྲོ་བ་མིའི་མཆེད་ཁུངས་བརྗོད་ཚེ་མིའི་རིགས་ཀྱི་མེས་པོར་བརྗོད་པ་དང་། ཐེའུ་རང་སོགས་ཀྱི་གནོད་འཚེ་བྱུང་ཚེ་དེ་འགོག་པར་བྱེད་པའི་གྲོགས་དང་གཉེན་པོར་བསྟེན་པ་ལས་ཤེས་ཐུབ། གཞན་བོད་ཀྱི་ཡིག་ཚང་ལས། རྒྱ་གར་ལྷ་དང་། རྒྱ་ནག་ཀླུ། སོག་པོ་ལྷ་མ་ཡིན། བོད་སྲིན་པོ་ལས་མཆེད་པར་བརྗོད་པ་དང་། བོད་ཀྱི་རུས་ཚན་རླངས་དང་འཕོན་སོགས་ཀྱང་ལྷ་དང་མ་སངས་ལས་མཆེད་པར་བཤད། 《གཡུང་དྲུང་བོན་གྱི་བསྟན་འབྱུང་ཕྱོགས་བསྡུས》ལས། དབུས་གཙང་ལྷ་དང་དག་གོང་བདུད་ལས་ཆད། །ཟེར་བའི་བཤད་སྒྲོས་ཡོད་ཅིང་དོན་དུ་ནི། །ལྷ་ཀླུ་གཉན་དང་བདུད་བཙན་དམུ་སོགས་ཀྱི། །ཚ་བོར་གྱུར་མང་སྤྱིར་བཏང་གཉན་ཚ་ལས། །ཆད་པའི་རུས་ཆེན་སྟེ་བཞི་ལས་འཕེལ་ཏེ། །བར་སྐབས་མིའུ་གདུང་དྲུག་སོགས་ཟེར་བའི། །རུས་རིགས་མི་འདྲ་བརྒྱ་སྟོང་གྲངས་མང་ལ། །ཞེས་པ་ལ་སོགས་པའི་བཤད་སྒྲོས་རྣམས་ཀྱང་རུས་ལྷ་དེ་མེས་པོ་དང་སྲུང་མའམ་སྐྱོངས་གྲོགས་ཚང་མར་ངེས་པའི་འདུ་ཤེས་ཀྱི་འཕེལ་འབྲས་ཡིན་པར་སྙམ།

གཉིས་པ། ཐུས་ལྷའི་མིང་མི་དང་ཚོ་པ་སོགས་ལ་ཐོགས་རྒྱལ་བརྗོད་པ།

གོང་དུ་བརྗོད་པ་ལྟར་གདོད་མའི་དུས་སུ་ཡ་ང་བའི་དུག་སྲིན་དང་གདུག་རྩུབ་ཆེ་བའི་གཅན་གཟན། རང་བྱུང་གི་གནོད་པ་བཅས་ཀྱིས་མི་རྣམས་ཀྱི་ཚེ་སྲོག་ལ་འཇིགས་ཉེན་བསྐུལ་བའི་གནས་ཚུལ་འོག་སྐབས་རེ་བའི་བློ་སྐྱེས་ཤིང་བློ་དེའི་ཤུགས་ཀྱིས་སྲོག་ཆགས་ག་གེ་མོ་ཞིག་གཉེན་ཉེར་བརྩིས་ནས་སྐྱབས་སུ་རེ། ཐུས་ལྷར་འདོད་པའི་སྲོག་ཆགས་དེ་དག་ལ་གཉེན་ཉེར་འཁོད་པར་མ་ཟད། གདོད་མའི་མི་རྣམས་ཀྱི་སྣང་ངོར། ཐུས་ལྷའི་ཁས་ལེན་དང་མགོན་སྐྱོབ་འཐོབ་པར་བྱ་དགོས་ན། ཐོག་མར་མིང་གི་སྟེང་ནས་མི་རྣམས་དང་ཐུས་ལྷར་བརྩི་བའི་སྲོག་ཆགས་དེ་དག་རིགས་ཁོངས་གཅིག་ཡིན་པ་གཏན་དུ་འབེབས་དགོས་སྙམ་ནས། མིའི་ཚོགས་པའི་མིང་ལ་འང་ཐུས་ལྷའི་མིང་འདོགས་ཤིང་། ཐུས་ལྷའི་མིང་དང་ཐུས་ལྷའི་མཚོན་རྟགས་དེ་གདོད་མའི་མི་ཚོགས་ནང་ཁུལ་གཅིག་གྱུར་དང་མཐུན་སྒྲིལ་ཡོང་བར་བྱེད་པ་དང་། ཐུས་རྒྱུད་དང་ཚོ་པའི་བར་དུ་འབྲེལ་འདྲིས་དང་གཡུལ་འགྱེད་ཚེ་ཚོགས་པ་སོ་སོའི་ཁོངས་མི་མ་ནོར་བར་ངོས་འཛིན་པ། ཐུས་ལྷ་གཅིག་པའི་ཚོ་ཁག་བར་དགོས་མེད་ཀྱི་འཁྲུག་རྩོད་མི་འབྱུང་བའི་རྐྱེན་དུ་བྱས་པས། མིའི་རིགས་ཀྱི་ཆེས་སྔ་བའི་སྤྱི་ཚོགས་རྩ་འཛུགས་ཀྱི་མིང་བྱུང་བ་ཡིན། དེ་ནས་རིམ་བཞིན་སྤྱི་ཚོགས་འཕེལ་རྒྱས་སུ་སོང་སྟེ་མི་སྣེར་གྱི་འདུ་ཤེས་ཐོན་པ་དང་བསྟུན་ནས་ཆེས་གདོད་མའི་སྤྱི་མིང་སྟེ། ཐུས་ལྷའི་མིང་གི་རྨང་གཞིའི་སྟེང་མི་སྣེར་གྱི་མིང་བྱུང་བ་དང་། ཡང་ན་ཐུས་ལྷའི་མིང་དེ་ཐད་ཀར་མི་སྣེར་དང་ཡུལ་གྱི་མིང་དུ་གྱུར་པ་རེད། དེ་ཡང་སོ་སོར་ཕྱུང་ཟད་སྤྲོས་ན།

1.གདོད་མའི་ཐུས་ལྷ་དང་བོད་ཀྱི་ཐུས་མིང་གི་སྐོར། ཐུས་ལྷ་ནི་གདོད་མའི་དུས་

ཀྱི་ཐོན་དངོས་ཤིག་ཡིན་པས། མིའི་རིགས་ཀྱི་ཤེས་རིག་དང་སྤྱི་ཚོགས་འཕེལ་རྒྱས་ཀྱི་འགྲོས་དང་བསྟུན་ནས། དེའི་ངོ་བོ་དང་དགོས་པ་བྱེད་ནུས་སོགས་ལ་འཕོ་འགྱུར་ཆེན་པོ་བྱུང་བ་དང་ཡང་ན་ཉམས་དམས་སུ་གྱུར་ཀྱང་། དེའི་མིང་ཁག་ཅིག་བོད་ཀྱི་རུས་མིང་དུ་གྱུར་ནས་ད་ལྟའི་བར་མ་ཉམས་པར་གནས་ཡོད་དེ། དཔེར་ན། བོད་ཀྱི་རྩ་བའི་རུས་ཆེན་བཞིའི་ཡ་ཀྱལ་འབྲི་ལ་མཚོན་ན། བོད་ཀྱི་རུས་མཛོད་དང་རྩིས་གཞུང་འགའ་ཞིག་ཏུ་འབྲི་ར་ཙོ་ཅན་ཞེས་བྲིས་ཡོད་པ་དང་། འབྲི་ནི་ཆུ་ཁམས་གཡག་ལ་ཟླ་ཞེས་འཕོད་པ་ལྟར་ན། གདོད་མར་མིའི་ཚོགས་པ་ཞིག་གིས་རུས་ཟླ་བྱས་པས། རིམ་གྱིས་ཚོགས་པ་དེའི་སྤྱི་མིང་དང་དེའི་ཁོངས་མི་སོ་སོའི་རུས་ཀྱི་མིང་དུ་གྱུར་པ་དང་། ཡང་རྩ་བའི་རུས་ཆེན་སྤྱང་ལ་མཚོན་ནའང་། གདོད་མའི་མི་ཚོགས་ཤིག་གིས་གཅན་གཟན་སྤྱང་དེ་རང་གི་གཉེན་ཉེ་དང་མེས་པོ་སོགས་སུ་འདོད་ནས་རུས་ཟླར་བཀུར་བས། ཚོགས་པ་དེའི་སྤྱི་མིང་དང་ཚོགས་པ་དེ་ལས་མཆེད་པའི་རྗེས་རབས་པའི་རུས་ཀྱི་མིང་ལའང་སྤྱང་ཞེས་འབོད་པར་མ་ཟད། རུས་སྤྱང་ཅན་ཡུན་རིང་དུ་གནས་པའི་ཡུལ་ཏེ། སྟོད་མངའ་རིས་བྱང་ཕྱོགས་ཀྱི་རི་བོ་གངས་ཏི་སེའི་ཉེ་འདབས་ས་ཁུལ་དང་ས་དེར་གནས་པའི་འབྲོག་སྡེ་ཆེན་པོ་རྣམས་ལ་དེང་སང་ཡང་སྤྱང་ཞེས་འབོད་ཀྱིན་ཡོད། ཡང་རུས་ཚན་གཉན་ལ་མཚོན་ནའང་། འཛུག་སའི་དོན་མང་རུང《ཐང་ཡིག་གསར་རྙིང》སོགས་ལས། “རི་དྭགས་གཉན་ནི་ལྷ་རུ་བཀུར”ཞེས་པ་དང་། རྩ་བའི་རུས་ཆེན་བཞིའི་ཡ་ཀྱལ་སྐས་ལུག་ལ་ཟླ་བྱེད་པར་གཞིགས་ན། རུས་ཚན་གཉན་ཞེས་པའང་དང་ཐོག་རུས་ཟླའི་མིང་ཡིན་པ་སྟེ། གདོད་མའི་དུས་སུ་མིའི་ཚོགས་པ་ཞིག་གིས་རི་དྭགས་གཉན་དེ་རང་གི་གཉེན་ཉེའམ་མེས་པོ་སྟེ་རུས་ཟླར་བཀུར་བ་དང་། ཕྱིས་སུ་སྤྱི་ཚོགས་ཀྱི་དར་རྒྱས་དང་མིའི་རིགས་ཀྱི་ཤེས་རིག་འཕེལ་བ་དང་བསྟུན་ནས། རུས་ཟླར་བཀུར་བའི་སྲོག་ཆགས་དང་རང་ཉིད་བར་དུ་ཤ་ཁྲག་གི་འབྲེལ་བ་མེད་པ་ཤེས་ཀྱང་རུས་ཟླ་ལྟར་

འདོད་པའི་འདུ་ཤེས་ཀྱི་ཤུགས་ཀྱིས་རི་དྭགས་གཉན་དེ་རང་ལ་མགོན་སྐྱབ་བྱེད་པའི་ཉུས་ལྷར་དད་པས། ཉུས་ལྷར་བཀུར་བའི་གདོད་མའི་མིའི་ཚོགས་པ་དེའི་སྤྱི་མིང་དང་དེའི་ཁོངས་མིའི་ཉུས་ཀྱི་མིང་དུའང་གཉན་ཞེས་ཐོགས་པར་ངེས།

དེ་མིན་གླིང་གེ་སར་རྒྱལ་པོའི་སྒྲུང《རྣ་རྒྱུག་རྒྱལ་འཛོག》ལས། ཆེ་རྒྱུད་ལྷ་གནས་སེང་ཆེན་རེད། །སྟག་རོང་ལྷ་གནས་སྟག་ལ་བརྗོད། །ཞེས་འཕོད་པར་གཞིགས་ན། བོད་ཀྱི་ཉུས་ཚན་སེང་ཞེས་པ་དང་སྟག་ཅེས་པའང་གདོད་མའི་ཉུས་ལྷའི་མིང་ཡིན་པར་མ་ཟད། གླིང་གི་ཚོ་ཁག་སྟག་རོང་ཞེས་པའི་མིང་ཡང་ཚོ་ཁག་དེས་གཙན་གཟན་སྟག་ཉུས་ལྷར་བཀུར་བའི་རྒྱུ་མཚན་ལ་བརྟེན་ནས་ཐོགས་པ་མངོན་པར་གསལ། དཔེ་དེ་བཞིན་དུ་ཉུས་ཚན་ཁྱུང་དང་འབྲུག་སོགས་ཀྱང《ཀྲུང་གོའི་ཉུས་ལྷའི་རིག་གནས》ལས། "རྒྱལ་རོང་གི་རྒྱལ་རྒྱུད་རྣམས་ཀྱིས་ད་ལྟ་ད་ཉུང་བྱ་རྒྱལ་ཁྱུང་ཉུས་ལྷར་བཀུར"ཞེས་པ་དང་། གླིང་གེ་སར་རྒྱལ་པོའི་སྒྲུང《རྣ་རྒྱུག་རྒྱལ་འཛོག》ལས། ཆུང་རྒྱུད་ལྷ་གནས་ཁྱུང་ཆེན་རེད། །འབྲིང་རྒྱུད་ལྷ་གནས་གཡུ་འབྲུག་རེད། །ཅེས་གླིང་གི་ཆུང་རྒྱུད་དང་འབྲིང་རྒྱུད་ཚོ་ཁག་གིས་སོ་སོར་ཁྱུང་དང་འབྲུག་ཉུས་ལྷར་བཀུར་བར་བརྗོད་པ་ལྟར་ན། ཁྱུང་ནི་གནའ་བོའི་མི་རྣམས་ཀྱིས་ཉུས་ཚའམ་མི་རིགས་ནང་ཁུལ་དུ་འཕེལ་རྒྱས་དང་འཕོ་འགྱུར་བྱུང་བ་དང་། ཡང་ན་ཕྱི་ཕྱོགས་ཀྱི་ཤུགས་རྐྱེན་ཐེབས་པ་ལ་བརྟེན་ནས། སྔར་ཡོད་ཀྱི་ལྷ་གནས་བྱ་རྐང་གཞི་བྱས་ཐོག་གཅན་གཟན་དང་། འབྲོང་། སྦྲུལ། ཤ་བ་སོགས་ཀྱི་གཟུགས་བྱད་མཉམ་དུ་བསྡེབས་ནས་གྲུབ་པའི་ལྷ་གནས་ཡིན་ལ། ཉུས་ལྷ་དེ་ལྟ་བུར་དད་ཅིང་བཀུར་བའི་ཚོ་ཁག་གི་མིང་དང་མི་སྐོར་གྱི་ཉུས་ལའང་ཁྱུང་ཞེས་འབོད་ཅིང་། ཉུས་ཁྱུང་དང་རམ་ཅན་ཡུན་རིང་འཚོ་བའི་གནས་ཡིན་པས། བོད་ལྗོངས་གཞིས་ཀ་རྩེ་རྫོང་ཁོངས་སུ་ཁྱུང་རམ་ཞེས་པའི་ས་མིང་བྱུང་བ་རེད།

ཉུས་ཚན་འབྲུག་ཅེས་པའང་དེ་བཞིན་ཏེ། ད་ལྟ་རི་མོར་བཀོད་པའི་འབྲུག་

རེས་ནི་སྤྲུལ་ལུས་རྨང་གཞི་བྱས་ཐོག་ཤ་བའི་རྭ་དང་ཧ་མོང་གི་མགོ །ཉའི་གཤོག་པ། སྟག་གི་སྤྲར་མོ། གཡག་གི་རྔ། བྱའི་སྒེར་མོ་སོགས་ལས་གྲུབ་པར་གཞིགས་ན། དེ་ནི་ཕྱི་རོལ་ཁོར་ཡུག་གི་འགྱུར་ལྡོག་ཁྲོད་དུ་རྩེས་བླར་སྤྲུལ་སོགས་བྱེད་པའི་ཚ་ཁག་དང་མི་རིགས། མི་སྐྱེར་བཅས་མཉམ་འབྲེལ་བྱུང་བ་དང་། ཡང་ན་དེ་དག་ཕན་ཚུན་གཉེན་བསྡེབས་ནས་བུ་ཕྲུག་སྐྱེ་འཕེལ་བྱུང་བ་དེ་དག་གི་རྩེས་བླ་མཚོན་པར་བྱེད་ཆེད། སྤྲུལ་ལུས་རྨང་གཞི་བྱས་ནས་འབྲུག་ཅེས་པའི་བླ་གནས་གསར་པ་ཞིག་གྲུབ་སྟེ་མཆོད་བཀུར་བྱས་པས། ཚ་ཁག་གི་སྤྱི་མིང་དང་མི་སྐྱེར་གྱི་རྩེས་ལའང་འབྲུག་ཅེས་པའི་མིང་ཐོགས་པ་ལྟ་བུའོ།

2.གདོན་མིའི་རྩེས་བླ་དང་བོད་ཀྱི་དབང་མཛད་པའི་མིང་གི་སྐོར། དེ་ཡང་སྤུ་རྒྱལ་ཐོག་མ་གཉའ་ཁྲི་བཙན་པོའི་སྔོན་དུ་བོད་ལ་གནོད་སྦྱིན་ནག་པོ་དང་། རེ་སྡེ་མགོ་གཡག་བདུད། གཉའ་རིང་ཕྲག་མེད་སྲིན། དམར་འཛམ་ལྷ། གླུ་ངམ་བྲང་ཅང་བྲང་། འདྲེ་ལང་ཧིང་ལང་ཧིང་། མ་སངས་རྩ་དགུ་ཞེས་པ་སོགས་དབང་མཛད་བཅུ་གཉིས་རིམ་པར་བྱོན་པ་དེ་དག་ཀྱང་ཡོངས་གྲགས་སུ་མི་མ་ཡིན་པ་རྒྱང་རྒྱང་དུ་ངོས་འཛིན་མོད། འོན་ཀྱང་ཞིབ་ཏུ་བརྟགས་ན་གདོད་མར་མེས་པོར་འདོད་པའི་རྩེས་བླ་རྣམས་རྩེས་རྒྱུད་ཀྱི་སྲུང་མར་གྱུར་པ་དག་གི་མིང་དབང་མཛད་པའི་མཚན་དུ་ཐོགས་པར་སྙམ།

དེ་ཡང་གླུ་ངམ་བྲང་ཅང་བྲང་ཞེས་པ་ནི། ད་ལྟ་ང་ཚོས་གླུའི་མཚོན་རིས་སུ་རྟག་ཏུ་སྤྲུལ་དང་སྦྲུལ་པ་སོགས་འགོད་པར་གཞིགས་ན། དེ་ནི་དང་ཐོག་གཉེན་ཉའམ་མེས་པོར་འདོད་པའི་རྩེས་བླ་ཡིན་ཞིང་ཕྱིས་སུ་མི་རྣམས་ཀྱི་ཤེས་རིག་འཕེལ་རྒྱས་སུ་ཕྱིན་ནས་སྤྲུལ་དང་སྦྲུལ་སོགས་ནི་མི་དང་ཁྱད་པར་ཤིན་ཏུ་ཆེ་བ་ངེས་རྗེས། མི་དང་སྤྲུལ་སོགས་ལ་ཤ་ཁྲག་གི་འབྲེལ་བ་ཡོད་པར་ཡིད་ཆེས་མི་བྱེད་པའི་དུས་མཚུངས་སུ། རྩེས་བླས་རང་ཉིད་ལ་སྲུང་སྐྱོབ་བྱ་དགོས་པའི་རེ་འདུན་ཡང་ཆེ་

བས། སྔར་གྱི་མེས་པོར་མཐོང་བའི་ཉུས་བླ་སྲུང་མའི་རང་བཞིན་ཅན་གྱི་ཉུས་བླ་སྟེ་ཀླུར་གྱུར་པར་སྙམ། དེས་ན་དབང་མཛད་བཅུ་གཉིས་ཀྱི་ཡ་གྱལ་ཀླུ་ངམ་བྲང་ཅང་བྲང་ཞེས་པ་ནི། ཉུས་བླ་དེ་ལྟ་བུར་སྣེན་མཁན་ཡིན་པས་མིང་ལའང་དེ་འདྲ་ཐོགས་པར་འདོད།

དམར་འཇམ་ལྷ་ཞེས་པ་ནི། 《མཁའ་འགྲོ་ཡེ་ཤེས་མཚོ་རྒྱལ་གྱི་རྣམ་ཐར》ལས། རྒྱ་བོན་གྲུབ་མཐའ་ལོག་པ་འདི་རྣམས་ཀྱི་ཆོས་ལུགས་ནི༔ ཞིང་ཁམས་བྱ་བ་མ་ཡིན་གྱི་གནས་རྣམས་ཡིན་ཟེར༔ ལྷ་ནི་མི་མ་ཡིན༔ རྒྱལ་པོ༔ འགོང་པོ་སོགས་སྡེ་བརྒྱད་རིགས་དང༔ ཡུལ་ལྷ་གཞི་བདག་ཕྱུ་གཡང་སོགས་འཛིག་རྟེན་པ་ཡིན་ཟེར། ཞེས་པ་ལྟར་ན། བོད་འདིར་རྒྱ་བོན་དར་དུས་ཀྱི་ལྷ་ཞེས་པ་ནི་མེས་པོའི་རང་བཞིན་ཅན་གྱི་ཉུས་བླའི་རྨང་གཞིའི་སྟེང་རིམ་འགྱུར་བྱུང་བའི་མི་མ་ཡིན་པ་རྒྱལ་པོ་དང་འགོང་པོ་སོགས་སྡེ་བརྒྱད་ཀྱི་རིགས་དང་། ཡུལ་ལྷ་གཞི་བདག་ཙམ་ལ་ངོས་འཛིན་པ་རེད། དེས་ན་དབང་མཛད་བཅུ་གཉིས་སྐབས་ཀྱི་དམར་འཇམ་ལྷ་ཞེས་པ་ནི་ལྷ་དེ་ལྟ་བུ་རང་ཉིད་སྲུང་བའི་མགོན་དུ་བཀུར་ཅིང་དད་མཁན་གྱི་དབང་མཛད་པ་ཡིན་པའི་རྐྱེན་གྱིས་མིང་ལའང་དམར་འཇམ་ལྷ་ཞེས་འབོད་པར་སྣང་། དེ་བཞིན་དུ་གནོད་སྦྱིན་ནམ་མ་སངས་ཉུ་དགུ་ཞེས་པའང“མིའི་འགྲོ་བ་དང་ཤིན་ཏུ་ཉེ་བའི་འགྲོ་བ་སྡེ་གཉན”དངོས་མ་ཡིན་ཏེ། ཉུས་བླ་མེས་པོ་ཡིན་པའི་འདུ་ཤེས་རིམ་འགྱུར་བྱུང་བ་ལས་ཐོན་པའི་གནོད་སྦྱིན་དང་མ་སངས་གཉན་དེ་རང་ལ་སྲུང་སྐྱོབ་བྱེད་པའི་མགོན་དུ་དད་པའི་དབང་མཛད་པ་ཡིན་པའི་རྐྱེན་གྱིས་སྲུང་མའི་མིང་དབང་མཛད་པར་ཐོགས་པར་འདོད།

འོ་ན། སེམས་ཅན་ལ་གནོད་སྐྱེལ་བའི་འདྲེ་དང་སེམས་ཅན་ལ་གནོད་སྐྱེལ་ཞིང་དགེ་བར་བགེགས་བྱེད་མཁན་གྱི་བདུད། མི་ཤ་ཟློན་བཟའ་དང་མི་ཁྲག་ཧྲོན་འཐུང་བྱེད་པའི་སྲིན་པོ་རྣམས་ཀྱང་སྲུང་མར་བསྟེན་པ་ཡིན་ནམ་ཞེ་ན། ད་ལྟའི་བོད་མིའི་

སེམས་ཁམས་དང་འདུ་ཤེས་ལྟར་ན་མི་འོས་པ་ལྟར་སྣང་མོད། མི་རྣམས་ཀྱི་ཤེས་རིག་མ་རྒྱས་པའི་གདོད་མའི་སྤྱི་ཚོགས་སུ་འོས་ཀྱང་སྲིད། རྒྱུ་མཚན་ནི་སྐབས་དེར་བོད་མི་མང་པོའི་འཚོ་རྟེན་གཙོ་བོ་ད་དུང་རྗོན་ལས་ལ་བརྟེན་པ་དང་། ནང་བསྟན་བོད་ལ་དར་མེད་པས་དགེ་སྡིག་གི་འདུ་ཤེས་མེད་པར་མ་ཟད། 《མཁའ་འགྲོ་ཡེ་ཤེས་མཚོ་རྒྱལ་གྱི་རྣམ་ཐར》ལས། རྒྱུ་བོན་གྱིས་སྟོན་ཤ་པོ་རུ་རྒྱང་ཁེ་དམར་སྟོང་མཆོད༔ དཔྱིད་ཡུ་མོའི་བྱིན་བྲེག༔ སྟོག་སླུད་སྤུས་འགྱེད༔ དགུན་བོན་ལྷ་དམར་མཆོད༔ དབྱར་བོན་སྟོན་བསང་མཆོད་དགོས་ཟེར་ནས་མི་དགེ་བ་བཅུ༔ མཚམས་མེད་པ་དང་བཅས་པའི་ལས་བསགས༔ ཞེས་པ་དང་། གྲུབ་རྟགས་ནི༔ ལྷས་དངོས་སུ་གཟུགས་བསྟན་ནས་རབ་སེམས་ཅན་བསད་པའི་ཤ་ཟ་བ་དང༔ འབྲིང་ཁྲག་འཐུང་བ་དང༔ ཐ་མའང་འཇའ་ཟུག་ཙམ་ཐུས་པ་ཡིན༔ ཟེར་བ་ལྟར་ན། བོད་འདིར་རྒྱུ་བོན་དར་བའི་དུས་སུ་སེམས་ཅན་གསོད་གཅུབ་ལ་དཔའ་ཞིང་མཛངས་པ་དང་། ཤ་ཁྲག་གི་མཆོད་སྦྱིན་བྱེད་པ་ནི་ལེགས་པའི་ཚད་གཞིར་འཛོག་པའི་མི་ཚོས་ཀུན་སྤྱོད་ཀྱི་འདུ་ཤེས་ཤིག་དར་བར་མངོན།

དེས་ན་དེ་ལྟ་བུའི་ཀུན་སྤྱོད་འདུ་ཤེས་དར་བའི་སྤྱི་ཚོགས་སུ་རུས་ཚོ་དང་མི་སྡེར་བར་སྡོད་གནས་དང་རྒྱུ་ནོར། བུད་མེད་བཅས་འཕྲོག་རྗོད་ཀྱི་དོན་དུ་ཕན་ཚུན་འཐབ་རེས་གསོད་རེས་བྱེད་ཚེ། ཕས་ཀྱི་རྒོལ་བར་གནོད་སྐྱེལ་བའམ་དེའི་སྲོག་འཕྲོག་པའི་ཆེད་དུ་སེམས་ཅན་ལ་གནོད་བྱེད་པའི་འདྲེ་སྲི་དང་དགེ་བར་བགེགས་བྱེད་པའི་བདུད། སེམས་ཅན་གྱི་ཤ་ཁྲག་ལ་རོལ་བའི་སྲིན་པོ་སོགས་ཀྱང་སྲུང་མའམ་གྲོགས་སུ་བསྟེན་པའི་སྲོལ་ཡོད་པ་བོན་གྱི་དཔེ་རྙིང《སྲིད་པ་སྤྱི་མདོས》ལས། བཙན་རྗེ་ནི་ཅི་ལ་དགྱེས། །བཟའ་བ་དེ་ཤ་ལ་ཛམས། །བཏུང་བ་དེ་ཁྲག་ལ་ཛམས། །ལེན་པ་དེ་སྲོག་དབུགས་ལེན། །མཐུན་པ་དེ་བགེགས་དང་མཐུན། །སྡོང་པ་དེ་བདུད་དང་སྡོང་། །སྐྱོབས་པ་དེ་བཙན་བོན་སྐྱོབས། །འཚེ་བ་

ནི་འགྲོ་ལ་འཚེ། །ཞེས་གདོན་མའི་བཙན་པོན་གྱིས་བཙན་རྗེ་ཟེར་བ་སྐྱེ་འགྲོའི་ཤ་ཁྲག་དབུགས་ལ་ལོངས་སྤྱོད་ཅིང་བགེགས་དང་གྲོགས་འབྲེལ་བྱེད་པ། བདུད་དང་གཉེན་འབྲེལ་བྱེད་པ། བཙན་པོན་ལ་མགོན་སྐྱོབ་བྱེད་ཅིང་། དེ་དག་ལས་གཞན་པའི་སྐྱེ་འགྲོ་ཡོངས་ལ་གནོད་འཚེ་བྱེད་མཁན་ཞིག་སྐབས་མགོན་དུ་བསྟེན་པར་འཁོད་པ་ལས་གསལ་ལ། དེ་བཞིན་དུ་ས་གཡེན་ཆེ་བ་བཅུ་གཅིག་འདུལ་བའི་བོན་པོ་ལས་སྲི་བོན་ཡ་ངལ་དང་། འདྲེ་བོན་གླུད་བོན་གྱེར་མཁན་ཞེས་པ་ཡོད་པའང་སྲི་འདྲེར་དད་པའི་བོན་ཡིན་པས་དེ་ལྟར་བརྗོད་པ་མ་ཡིན་ཏེ། གདོད་བོན་དེ་དག་ལ་དད་མཁན་ཚོས་རང་ཉིད་ལ་གནོད་པའི་ཕ་རོལ་རྒོལ་བ་དང་ཡང་ན་རང་ཉིད་སྲུང་བའི་ཡུལ་ལས་རྣམ་པར་རྒྱལ་ཆེད། སེམས་ཅན་གཞན་གྱི་ལུས་དང་སྲོག་ལ་གནོད་པའི་ལས་ལ་ཕྱོགས་ཤིང་ནུས་པའི་སྲི་འདྲེ་རྣམས་དཔུང་དམ་གྲོགས་སུ་བསྟེན་པས་སོ། །དེ་བས་ན། དབང་མཛད་བཅུ་གཉིས་ཀྱི་མིང་ལ་མི་མ་ཡིན་པའི་ཐ་སྙད་རྒྱང་རྒྱང་སྦྱོར་བ་ནི། ལ་ལ་གདོན་མའི་ཉུས་བླ་རིམ་འགྱུར་བྱུང་བའི་མིང་ཡིན་པ་དང་། ལ་ལ་ནི་ཉུས་བླ་སྲུང་མར་ངེས་པའི་འདུ་ཤེས་ལ་བརྟེན་ནས་འདྲེ་སྲི་སོགས་མི་མ་ཡིན་པ་དེ་དག་མགོན་དང་གྲོགས་བྱེད་པའི་སྲུང་མར་བསྟེན་པས། བསྟེན་ཡུལ་སྲུང་མའི་མིང་དེ་སྟེན་མཁན་དབང་མཛད་པར་ཐོགས་པར་འདོད། འདི་ནི་བོད་ཁོ་ནའི་ལུགས་སྲོལ་ཞིག་མ་ཡིན་ཏེ། རྒྱ་མི་རིགས་ཀྱི་མེས་པོ་རྣམས་ཀྱིས་ཀྱང་ཉི་མ་མེ་ལྟར་མཆོད་ཅིང་བཀུར་བའི་རྐྱེན་གྱིས། ཁོ་ཚོའི་རྒྱལ་པོ་ཐོག་མ་རྣམས་ཀྱི་མཚན་ལ"炎帝"དང"黄帝"ཞེས་མེ་ལྷའི་མཚན་ཐོགས་པ་རེད།

གསུམ་པ། དུས་བླའི་མིང་མི་དང་ཡུལ་ལ་འདོགས་པའི་ སྲོལ་རྒྱུན་གྱི་སྐོར་བརྗོད་པ།

མིའི་རིགས་ཀྱི་ཤེས་རིག་དར་རྒྱས་དང་སྤྱི་ཚོགས་འཕེལ་རྒྱས་སུ་སོང་བ་དང་། ཁྱད་པར་དུ་ནང་པའི་བསྟན་པ་བོད་དུ་དར་ཁྱབ་ཏུ་ཕྱིན་པ་དང་བསྟུན་ནས། དུས་བླ་གཉེན་ཉེ་དང་མེས་པོ་སོགས་སུ་བརྩིས་ནས་དེར་དད་མོས་བྱེད་ཅིང་སྐྱབས་རེ་བཅོལ་བའི་འདུ་ཤེས་ལ་འགྱུར་བ་བྱུང་བས། གདོད་མའི་དུས་བླའི་ངོ་བོ་དང་བྱེད་ནུས་ཀྱང་ཕྱོགས་ཡོངས་ནས་ཉམས་ཞན་དུ་གྱུར་སོང་། དུས་བླའི་མིང་དེ་སྟེན་མཁན་མིའི་མིང་དུ་འདོགས་པའི་སྲོལ་གྱི་རྒྱུན་ནི་སྔར་བཞིན་གནས་ཡོད་པ་རེད། དེ་ཡང་རང་རང་གིས་སྟེན་པའི་སྲུང་མ་གང་ཡིན་པ་མཚོན་པར་བྱེད་པའམ་སྲུང་མ་དང་ཡུལ་ལྷ་གནས་བདག་གང་ལ་སྲི་གཏད་ནས་སྐྱེས་པ་སྟོན་པ་དང་། ཡང་ན་མི་ཚེ་གང་པོར་སྲུང་མ་དང་ཡུལ་ལྷ་གནས་བདག་དེ་དག་གི་མགོན་སྐྱོབ་འཐོབ་པའི་ཆེད་དུ། མིང་འདོགས་ནའང་ཧག་ཏུ་སྟེན་པའི་སྲུང་མ་དང་མཆོད་པའི་ཡུལ་ལྷ་གང་ཡིན་པ་དེའི་མཚན་ནས་འདོགས་ཀྱིན་ཡོད། དཔེར་ན། ནང་པའི་བསྟན་པར་དད་པའི་དུད་ཁྱིམ་དང་ཚོ་པ་ཡིན་ཕྱིན། ཁོ་ཚོས་སྟེན་པའི་སྲུང་མ་ཡང་ནང་བསྟན་པའི་ཡི་དམ་གྱི་ལྷའམ་ཆོས་སྐྱོང་སྲུང་མ་འཇིགས་བྱེད་དང་། མགོན་པོ། རྟ་མགྲིན། དཔལ་ལྡན་ལྷ་མོ། གསང་བདག་སོགས་ཡིན་པས། ཁོ་ཚོའི་མིང་ལའང་འཇིགས་བྱེད་དང་། འཇིགས་བྱེད་འཚོ། འཇིགས་བྱེད་ཚེ་རིང་། མགོན་པོ་རྒྱལ། མགོན་པོ་ཐར། མགོན་པོ་སྐྱིད། རྟ་མགྲིན་སྐྱབས། རྟ་མགྲིན་འཚོ། རྟ་མགྲིན་རྒྱལ། རྟ་མགྲིན་སྐྱིད། དཔལ་ལྡན་དོན་གྲུབ། དཔལ་ལྡན་རྡོ་རྗེ། དཔལ་ལྡན་ནོར་བུ། དཔལ་ལྡན་རྒྱ་མཚོ། དཔལ་ལྡན་བཀྲ་ཤིས། ལྷ་མོ་འཚོ། ལྷ་མོ་ཚེ་རིང་། གསང་

བདག གསང་བདག་སྐྱབས། གསང་བདག་སྐྱིད། གསང་བདག་འཚོ་སོགས་འདོགས་ཤིང་། མདོ་སྨད་ཕྱོགས་སུ་དགེ་ལྡན་པའི་མ་དགོན་བྱ་ཁྱུང་ཐེག་ཆེན་གླིང་གི་ལྷ་རྗེ་རྫེ་ཕག་མོར་སྲི་གཏད་ནས་སྐྱེས་པའི་མི་ལ་ཕག་མོ་སྐྱབས། ཕག་མོ་ཐར། ཕག་མོ་འཚོ། ཕག་མོ་སྐྱིད། ཕག་མོ་དོན་གྲུབ་སོགས་འདོགས་པ་དང་། ཨ་མྱེས་ཞ་བོ་ཞེས་པའི་གནས་བདག་ཅིག་ཡོད་པ་དེར་གཏད་ནས་སྲི་བཅོལ་བའི་མི་ལ་ཞ་བོ་སྐྱབས། ཞ་བོ་དོན་གྲུབ། ཞ་བོ་ཚེ་རིང་། ཞ་བོ་འཚོ། ཞ་བོ་སྐྱིད་སོགས་སུ་འབོད་པ། རྒྱ་ནག་གི་ཅིན་ནུབ་མའི་དུས་ཀྱི་བློན་པོ་གྲགས་ཅན་ཀྲང་ཡ་ཅིའམ་ལྷུན་ཁྲང་ཟེར་བར་ཨ་མྱེས་ཡུལ་ལྷར་འབོད་ཅིང་དེར་དད་མཁན་རྣམས་ཀྱིས་མིང་འདོགས་ནའང་ལྷུན་ཁྲང་དང་། ལྷུན་ཁྲང་རྒྱལ། ལྷུན་ཁྲང་ཐར། ལྷུན་ཁྲང་འཚོ། ཡུལ་ལྷ། ཡུལ་ལྷ་སྐྱིད་སོགས་ཟེར་བ་ཡིན། དེ་མིན་གཡུང་དྲུང་བོན་ལ་དད་པའི་དུད་ཁྱིམ་དང་ཚོ་པའི་ཁྲོད་དུ་མིང་ལ་གཡུང་དྲུང་རྒྱལ་དང་། གཡུང་དྲུང་ཐར། གཡུང་དྲུང་སྐྱིད། དབལ་གསས། དབལ་གསས་རྒྱལ་སོགས་ཟེར་བ་ཧ་ཅང་མང་བ་ལྟ་བུ་རེད། སྤྱི་ཚོགས་འཕེལ་འགྱུར་གྱི་དབང་གིས་གདོད་མའི་རུས་ལྷ་དང་ནང་བསྟན་པའི་ཆོས་སྐྱོང་སྲུང་མར་ངོ་བོའི་ཁྱད་པར་ཡོད་ཀྱང་། ཆོས་སྐྱོང་སྲུང་མའམ་ཡུལ་ལྷ་གནས་བདག་གི་མཚན་དེ་མིའི་མིང་དུ་འདོགས་པའི་སྲོལ་ནི་གདོད་མའི་དུས་སུ་རུས་ལྷའི་མིང་མིའི་མིང་དུ་འདོགས་པའི་སྲོལ་གྱི་རྒྱུན་ཡིན་པ་རེད།

མདོར་ན། བོད་འདིར་གདོད་མའི་བོན་དང་། གཡུང་དྲུང་བོན། ནང་པའི་བསྟན་པ་བཅས་མ་དར་གོང་དུ་གཉེན་ཉེའམ་མེས་པོ། སྲུང་མ་བཅས་ཀྱི་བདག་ཉིད་ཅན་རུས་ལྷར་དད་ཅིང་སྐྱབས་རེ་ཞིང་། རུས་ལྷའི་མིང་དེ་རུས་མིང་དང་། དཔོན་མིང་། ཡུལ་མིང་སོགས་སུ་འདོགས་པའི་སྲོལ་བྱུང་ལ། སྲོལ་དེ་ལས་བོད་འདི་མདོ་དབུས་མཐོ་སྒང་རང་ནས་བྱུང་ཞིང་ལོ་རྒྱུས་རིང་ལ། རིག་གནས་ཀྱི་གཏིང་ཟབ་པའི་གནའ་བོའི་མི་རིགས་ཤིག་ཡིན་པའང་རྟོགས་ཐུབ་བོ།། །།

༄༅། །བཙན་པོའི་དུས་རབས་ཀྱི་བོད་ཀྱི་རྩོམ་རིག་གི་ཁྱད་ཆོས་གཙོ་བོ་འགའ་སྐོར།

བོད་མི་རིགས་འདི་གྲུབ་པ་ནས་ཆོས་རྒྱལ་སྲོང་བཙན་སྒམ་པོའི་བར་དུ་ལོ་རྒྱུས་ཀྱི་དུས་རིམ་མང་པོ་ཞིག་བརྒྱུད་པས། རྩོམ་རིག་བྱུང་འཕེལ་གྱི་ཆོས་ཉིད་ལྟར་ན་སྐབས་དེར་རྩོམ་རིག་གི་རྣམ་པ་དང་བརྩམས་ཆོས་གྲངས་ལས་འདས་པ་ཞིག་ཐོན་ཡོད་པ་སྨོས་མ་དགོས། འོན་ཀྱང་ལ་ལ་སྤྱི་ཚོགས་འཕེལ་རྒྱས་དང་ཤེས་རིག་དར་རྒྱས་སུ་ཕྱིན་པ་དང་ཆབས་ཅིག་ཉམས་དམས་སུ་གྱུར་ཅིང་། ལ་ལ་སྲོང་བཙན་སྔོན་དུ་སྒྲ་སྦྱོར་གྱི་ཡི་གེ་འདི་བྱུང་མེད་པས། ཇི་མ་ཇི་བཞིན་དུ་ཡི་གེར་བཀོད་དེ་རྒྱུན་སྤེལ་མ་ནུས། ད་ལྟ་ང་ཚོའི་མཐོང་ལམ་དུ་གྱུར་པ་ནི་གདོད་མའི་འཚོ་བ་དང་འདུ་ཤེས་མཚོན་པའི་ལྷ་སྲུང་དང་། ངག་རྒྱུན། སྒྲུ་གཞས། སྒྲུ་ཁྲིད་དམ་སྒྲུ་མདུད། ལྡེའུ། གཏམ་དཔེ། གཏམ་རྒྱུད་སོགས་དམངས་ཁྲོད་རྩོམ་རིག་ཙམ་ལས་མེད། ཆོས་རྒྱལ་སྲོང་བཙན་སྒམ་པོས་བོད་ཀྱི་བཙན་པོའི་རྒྱུན་བསྐྱངས་རྗེས། ཀོང་པོ་དང་། མྱང་པོ། དྭགས་པོ། ཉག་ཉི་སོགས་རྒྱལ་ཕྲན་ངོ་ལོག་པ་སླར་ཡང་འབངས་སུ་བཀུག་ནས། བཙན་པོ་སྔོན་མའི་དུས་ཀྱི་མངའ་ཁོངས་སྲ་བརྟན་དུ་བཏང་ཐོག འ་ཞ་དང་། གྲུ་གུ། འཇང་། བལ་པོ། རྒྱ་དཀར་ནག་སོགས་མཐའ་བཞིར་མངའ་ཁོངས་རྒྱ་བསྐྱེད་པ་དང་། བོད་འདིའི་མངའ་ཁོངས་དབུ་རུ་དང་། གཡོ་རུ། གཡས་རུ། རུ་ལག ཞང་ཞུང་། སུམ་པ་བཅས་སྲིད་འཛིན་མངའ་ཁོངས་དྲུག་ཏུ་དབྱེ་ཞིང་དཔོན་རིགས་མི་སྣ་བསྐོ་བཞག་བྱེད་པ། སྔར་ཡོད་ཀྱི་རྨང་གཞིའི་

སྙིང་འབུམ་གསེར་ཐོག་ཤ་བ་ཅན་གྱི་ཁྲིམས་དང་། རྒྱལ་ཁམས་དཔེར་བླངས་ཀྱི་ཁྲིམས། མདོ་ལོན་ཞུ་ཆད་ཀྱི་ཁྲིམས། དབང་ཆེན་བཅད་ཀྱི་སྤྱི་ཁྲིམས། ཁབ་སོ་ནང་པའི་ཁྲིམས། དཔའ་མཚན་དྲུག་སོགས་ཁྲིམས་ལུགས་སྣ་ཚོགས་གཏན་ལ་ཕབ་ནས་འཕྲུས་ཚང་དུ་བཏང་བ་དང་། དུས་མཚུངས་སུ་ཐོན་མི་སཾ་བྷོ་ཊ་སོགས་བོད་ཕྲུག་བློ་རིག་བཀྲ་བ་ཁག་ཅིག་རྒྱ་གར་ཡུལ་དུ་མངགས་ནས་ད་ལྟའི་སྒྲ་སྦྱོར་བོད་ཡིག་འདིའི་འབྲི་སྲོལ་བཏོད་པ་དང་སངས་རྒྱས་ཆོས་ལུགས་ཀྱི་གསུང་རབ་མང་པོ་བོད་སྐད་དུ་སྒྱུར་འགོ་བཙམས་པར་མ་ཟད། འབངས་ཡོངས་ཆོས་དང་ཡི་གེ་ལ་བློ་འཇུག་དགོས། ཞེས་མི་ཆོས་གཙང་མ་བཅུ་དྲུག་གི་ཁྲིམས་བཀོད་ཅིང་། ར་ས་འཕྲུལ་སྣང་དང་། ར་མོ་ཆེ། ཁྲ་འབྲུག་དགོན་པ་སོགས་བཞེངས་ནས་ནང་པའི་བསྟན་པ་སྤེལ་བ་དང་། དེའི་རྗེས་ཀྱི་བཙན་པོ་ཁྲི་འདུས་སྲོང་གི་སྐུ་རིང་ལ་གླིང་གི་ཁྲི་རྩེ་ལ་སོགས་གཙུག་ལག་ཁང་བརྩིགས་ཤིང་། ཁྲི་ལྡེ་གཙུག་བཙན་གྱི་སྐུ་རིང་ལ་བྲག་དམར་གྱི་ཀ་ཙུ་དང་མཆིམས་ཕུ་གཙུག་ལག་ཁང་བརྩིགས་ནས། སྐུ་གསུང་ཐུགས་ཀྱི་རྟེན་བཞེངས་པ་དང་། ཁྱད་པར་དུ་བཙན་པོ་ཁྲི་སྲོང་ལྡེའུ་བཙན་གྱི་སྐུ་རིང་ལ་བསམ་ཡས་གཙུག་ལག་ཁང་བཞེངས་ཤིང་སེར་མོ་བའི་སྡེ་བཙུགས་ནས་འཚོ་བ་བླ་ནས་སྦྱར། སྒྲ་སྒྱུར་ཁང་བཙུགས། སྐད་ཀྱི་འགྱུར་བ་ལྟར་ཐ་སྙད་གསར་དུ་བཅོས་ནས་གཏན་ལ་ཕབ། བོད་དུ་ནང་པ་སངས་རྒྱས་པའི་ལུགས་མ་གཏོགས་ཆོས་ལུགས་གྲུབ་མཐའ་གཞན་སྤེལ་མི་ཆོག་པའི་བཀའ་བསྒྲལ་ཏེ། བོད་ཀྱི་གདོད་མའི་བོན་ལུགས་དང་རྒྱ་ནག་གི་ཏ་ཤང་མ་ཧཱ་ཡ་ནའི་ལུགས་སོགས་སྤེལ་བ་བཀག་སྟེ་ནང་བསྟན་སྤེལ་བར་ཁྲིམས་ཀྱི་སྒོ་ནས་རོགས་སྐྱོར་མཛད། རྒྱལ་བློན་ལྷན་འཛོམས་ཀྱིས་ནང་པའི་ཆོས་མཛད་པ་དུས་ནམ་ཡང་བར་མཚམས་མི་གཅོད་པ་དང་འཕྲོར་ཞིག་ཏུ་མི་འགྲོ་བ་བྱེད་པ། དངོས་པོའི་མཐུན་རྐྱེན་སྦྱོར་བ་རྣམས་ཀྱང་རྗེ་ཉུང་དུ་མི་གཏོང་བའི་མནའ་བསྒྲལ་ཅིང་། གདུང་རབས་ཕྱི་མ་རྣམས་ཀྱིས་ཀྱང་བཙན་པོ་ཡབ་སྲས་

ཀྱི་མཛད་ཚུལ་བཞིན་དུ་ཁས་ལེན་དམ་བཅའ་བྱ་དགོས་པའི་བཀའ་ཡིག་བཀོད་ཅིང་རྗོ་རིང་བརྩུགས་པ་དང་། དེའི་ཕྱིས་ཀྱི་བཙན་པོ་ཁྲི་ལྡེ་སྲོང་བཙན་སད་ན་ལེགས་དང་ཁྲི་རལ་པ་ཅན་གྱིས་ཀྱང་ཡབ་མེས་གོང་མ་རྣམས་ཀྱི་རྣམ་ཐར་ལེགས་པར་བསྒྲུངས་པ་མ་ཟད། བཙན་པོ་ཁྲི་ལྡེ་སྲོང་བཙན་གྱི་སྐུ་རིང་ལ་དེ་སྔ་རྒྱ་གར་གྱི་སྐད་ལས་བོད་ཀྱི་སྐད་དུ་བསྒྱུར་ཅིང་མིང་དུ་བཏགས་པའི་ཆོས་ཀྱི་གཞུང་རྣམས་དཀར་ཆག་ཏུ་བཀོད། སྔ་འགྱུར་ལ་དག་བཅོས་དང་ཕྱི་འགྱུར་རྣམས་བོད་སྐད་དང་མཐུན་པ་གཞིར་བཞག་དང་སྒྲ་གཞུང་དང་ཡང་མི་འགལ་བར་བསྒྱུར་ཆེད་བོད་ཀྱི་སྒྲ་སྦྱོར་རིག་པའི་བསྟན་བཅོས་གཏན་ལ་ཕབ་ཅིང་། བཙན་པོ་ཁྲི་རལ་པ་ཅན་གྱི་རིང་ལ་བོད་སྐད་ཀྱི་འཕེལ་འགྱུར་ལ་བསྟུན་ནས་བརྡ་དང་ཡི་གེར་བཀས་བཅད་ཐེངས་གཉིས་པ་བྱས་ནས་སྐད་དང་ཡི་གེ་ཚད་ལྡན་ཅན་དུ་བསྒྱུར། སྲོང་བཙན་སྒམ་པོ་ནས་ཁྲི་རལ་པ་ཅན་བར་གྱི་བཙན་པོ་རིམ་བྱོན་གྱིས་བཀའ་དང་ཁྲིམས་ལ་བརྟེན་ནས་ནང་བསྟན་བོད་དུ་སྤེལ་ཞིང་སྲུང་བ་དང་། དབུས་མཐའ་ཀུན་ཏུ་གཙུག་ལག་ཁང་བཞེངས་པ་དང་བཙུན་པ་རབ་བྱུང་བ་རྣམས་ཀྱི་འཚོ་བ་བླ་ནས་སྒྲུར་བས། ནང་པ་སངས་རྒྱས་པའི་རིང་ལུགས་དེ་བོད་ཀྱི་མཐོ་བ་བཙན་པོ་ནས་དམའ་བ་འབངས་མི་ཕལ་ཆེ་བའི་བསམ་སྦྱོར་ལ་འཁྲིད་སྟོན་བྱེད་པའི་རིགས་པའི་གཞུང་ལུགས་སུ་གྱུར། དེ་དང་ཆབས་ཅིག་བོད་ལ་ཡིག་ཐོག་རྩོམ་རིག་དང་འགྱུར་རྩོམ་སྣ་ཚོགས་འབྱུང་བའི་རྒྱུ་རྐྱེན་དང་། གནས་གཞི། མི་སྣ། འཚོ་བ། ཁྲིམས་ལུགས་སོགས་ཀྱི་ཐད་འགན་ལེན་ཡོད་པར་གྱུར་པ་རེད།

བཙན་པོའི་དུས་རབས་སུ་བོད་ཀྱི་ཆབ་སྲིད་དང་ཁྱད་པར་དུ་རིག་གནས་དང་འདུ་ཤེས་འཛིན་སྟངས་སོགས་ལ་འཕོ་འགྱུར་ཆེན་པོ་བྱུང་བས། སྐབས་དེའི་རྩོམ་རིག་རྣམ་གྲངས་དང་འཕེལ་ཕྱོགས། ཁྱད་ཆོས་སོགས་ཀྱང་གནའ་རབས་ཀྱི་རྩོམ་རིག་དང་བསྡུར་ན་ཁྱད་པར་ཤུགས་ཟབ་ཆེ་བར་སྣང་།

དང་པོ། རྩོམ་རིག་གི་རྣམ་གྲངས་མང་དུ་འཕེལ་བ།

དེ་ཡང་ཐོག་མར་རྒྱལ་པོ་སྲོང་བཙན་སྒམ་པོའི་རིང་ནས་བོད་ལ་སྒྲ་སྦྱོར་ཡི་གེ་བྱུང་བ་དང་མི་རིགས་གཞན་པའི་རིག་གནས་ནང་འདྲེན་བྱས་པ་དང་བསྟུན་ནས། བོད་རང་གི་སྔར་ཡོད་དམངས་ཁྲོད་རྩོམ་རིག་གི་རྨང་གཞིའི་སྟེང་མི་རིགས་གཞན་གྱི་རྩོམ་རིག་ལ་ལད་ཟློས་བྱེད་པ་དང་ཡང་ན་དེའི་བློ་བསྐྱེད་ལ་བརྟེན་ནས། སྔ་ན་མེད་པའི་ཡིག་ཐོག་རྩོམ་རིག《ཐོན་མིའི་ཡིག་ཕུད་སྙན་ངག》①དང་། བཙན་པོ་ཁྲི་སྲོང་ལྡེའུ་བཙན་གྱིས་བརྩམས་པའི《བྱམས་པའི་བསྟོད་ཆེན》②དང་། 《འཕགས་པ་རྣམ་སྣང་གི་བསྟོད་པ》《ཤཱཀྱ་ཐུབ་པའི་བསྟོད་པ》《འཇམ་དཔལ་གྱི་བསྟོད་པ》《བྱམས་པའི་བསྟོད་པ》《མི་གཡོ་མགོན་གྱི་བསྟོད་པ》《བྱང་ཆུབ་སེམས་དཔའ་བརྒྱ་ལ་བསྟོད་པ》སོགས་ཡིག་ཐོག་སྙན་རྩོམ་དང་། 《བཀའ་ཆེམས་ཀ་ཁོལ་མ》དང་། 《མ་ཎི་བཀའ་འབུམ》《རྦ་བཞེད》《བཀའ་ཐང་སྡེ་ལྔ》སོགས་རྣམ་ཐར་དང་ལོ་རྒྱུས་བརྩམས་ཚོས། ཏུན་ཧོང་ནས་ཐོན་པའི་ལོ་རྒྱུས་དང་རྩོམ་རིག་བརྩམས་ཚོས། 《བསམ་ཡས་གཙུག་ལག་ཁང་གི་རྡོ་རིང་ཡི་གེ》③དང་། 《ཞོལ་རྡོ་རིང་ཡི་གེ》④ 《ཞྭ་ལྷ་ཁང་གི་རྡོ་བཀོས་ཡི་གེ》⑤ 《ཁྲི་ལྡེ་སྲོང་བཙན་གྱི་བང་སོའི་

① 1981ལོའི་ཟླ་5པར་མི་རིགས་དཔེ་སྐྲུན་ཁང་གིས་པར་དུ་བསྐྲུན་པའི《རྒྱལ་རབས་གསལ་བའི་མེ་ལོང》དུ་འཁོད་ཡོད།

② 1982ལོའི་ཟླ་8པར་སི་ཁྲོན་མི་རིགས་དཔེ་སྐྲུན་ཁང་གིས་པར་དུ་བཏབ་པའི《བོད་དུ་རིག་གནས་དར་ཚུལ་མདོར་བསྡུས་བཤད་པ》ཞེས་པར་གསལ།

③ རྡོ་རིང་འདི་བོད་ཀྱི་བཙན་པོ་ཁྲི་སྲོང་ལྡེ་བཙན་གྱི་སྐུ་རིང་ལ་བཙུགས་པ་ཡིན།

④ གོང་དང་མཚུངས།

⑤ གོང་དང་མཚུངས།

མདུན་གྱི་རྗེ་རིང་ཡི་གེ》① 《རྒྱལ་སྲེ་དཀར་ཚུང་ལྷ་ཁང་གི་རྗེ་རིང་ཡི་གེ》② 《སྟོད་ལུང་མཚུར་ཕུ་དགོན་པར་ཡོད་པའི་རྗེ་རིང་ཡི་གེ》③ 《ཁྲིང་ཆེང་མཐུན་འབྲེལ་རྗེ་རིང་ཡི་གེ》④བཅས་ཐོ་འགོད་ལྷུག་རྩོམ་སོགས་སྤྱི་ན་མེད་པའི་རང་རྩོམ་མང་པོ་ཐོན་པ་རེད།

རྒྱལ་བའི་བཀའ་བསྟན་གཙོ་བྱས་ནས་རྒྱ་དཀར་ནག་གི་རིག་གནས་སྣ་ཚོགས་བོད་སྐད་དུ་བསྒྱུར་བ་དང་བསྒྱུར་ནས། རྒྱལ་ཁབ་དང་མི་རིགས་དེ་དག་གི་རྩོམ་རིག་སྣ་ཚོགས་ཀྱང་ཆུ་བཞུར་སར་ཉ་སླེབས་པའི་དཔེ་ལྟར་བོད་ལ་ཐོན་ཡོད། དེ་ཡང《ལྷ་ལས་ཕུལ་བྱུང་གི་བསྟོད་པ》⑤དང་། 《ཁྱད་པར་འཕགས་བསྟོད》⑥ 《སྐྱེས་རབས་སོ་བཞི་པ》⑦ 《བཤེས་སྤྲིངས》⑧སོགས་སྙན་ངག་གི་བསྟན་བཅོས་དང་། 《ཤེས་རབ་བརྒྱ་པ》⑨དང《ཤེས་རབ་སྡོང་པོ》⑩ 《སྐྱེ་བོ་གསོ་ཐིགས》⑪སོགས་ལུགས་ཀྱི་བསྟན་བཅོས། 《མདོ་མཛངས་བླུན》⑫དང《བཀའ་འགྱུར་མདོ་སྡེའི་ཨཿ དུམ་

① རྗེ་རིང་འདི་བཙན་པོ་ཁྲི་ལྡེ་སྲོང་བཙན་སྐུ་གཤེགས་ནས་བང་སོ་བརྩིགས་དུས་བཙུགས་པ་ཡིན།

② རྗེ་རིང་འདི་བོད་ཀྱི་བཙན་པོ་ཁྲི་ལྡེ་སྲོང་བཙན་གྱི་སྐུ་རིང་ལ་བཙུགས་པ་ཡིན།

③ གོང་དང་མཚུངས།

④ གོང་དང་མཚུངས།

⑤ སྙན་རྩོམ་འདི་བདེ་བྱེད་བདག་པོ་དང་མཐོ་བཙུན་གྲུབ་རྗེ་གཉིས་ཀྱིས་བརྩམས་ཤིང་། བཙན་པོ་ཁྲི་སྲོང་ལྡེ་བཙན་སྐབས་ཀྱི་ལོ་ཙཱ་བ་བན་དེ་རྨ་རིན་ཆེན་མཆོག་གིས་བསྒྱུར།

⑥ གོང་དང་མཚུངས།

⑦ སློབ་དཔོན་དཔའ་བོས་བརྩམས་ཤིང་ཞུ་ཆེན་གྱི་ལོ་ཙཱ་བ་བནྡེ་མཉྫུ་ཤྲཱི་ཝརྨས་བསྒྱུར།

⑧ སློབ་དཔོན་འཕགས་པ་ཀླུ་སྒྲུབ་ཀྱིས་བརྩམས་ཤིང་བཙན་པོ་ཁྲི་སྲོང་ལྡེ་བཙན་སྐབས་ཀྱི་ལོ་ཙཱ་བ་སྐ་བ་དཔལ་བརྩེགས་ཀྱིས་བསྒྱུར།

⑨ སློབ་དཔོན་འཕགས་པ་ཀླུ་སྒྲུབ་ཀྱིས་བརྩམས་ཤིང་བཙན་པོ་ཁྲི་སྲོང་ལྡེ་བཙན་སྐབས་ཀྱི་ལོ་ཙཱ་བ་སྐ་བ་དཔལ་བརྩེགས་དང་ཞང་ཡེ་ཤེས་སྡེས་བསྒྱུར།

⑩ གོང་དང་མཚུངས།

⑪ གོང་དང་མཚུངས།

⑫ བཙན་པོ་ཁྲི་རལ་པ་ཅན་སྐབས་ཀྱི་ལོ་ཙཱ་བ་འགོས་ཆོས་གྲུབ་ཀྱིས་བསྒྱུར།

པ》①དང་། 《འདུལ་བའི་ཁ་དུམ་པ》②སོགས་ལས་ཐུབ་པའི་སྐྱེས་རབས་བརྒྱ་ཕྲག་མང་པོ། 《གང་པོ་ལ་སོགས་པའི་རྟོགས་བརྗོད་བརྒྱ་པ》③དང་། 《ནྡ་མ་ཊའི་རྟོགས་བརྗོད》④ 《འཕགས་པ་བརྒྱད་སྟོང་པ》⑤སོགས་རྟོགས་བརྗོད་མང་པོ། རིག་བྱེད་ཀྱི་གཏམ་རྒྱུད་སྣ་ཚོགས། དེ་མིན་རྒྱ་ནག་གི《ཀྲན་གོ་ཚེ》(战国策)⑥《ཙོ་ཀྲོན》(左传)⑦ 《ཡུན་ཞོན》(文选)⑧སོགས་དམག་ཐབས་དང་ཕོ་ཉ་འགྲོ་འོང་ངམ་འཕྲིན་ཡིག་སྦྲིངས་ལུགས་ཀྱི་སྒྲིགས་བམ་བཅས་བོད་ལ་བསྒྱུར་བ་རེད།

བཙན་པོའི་དུས་སྐབས་སུ་བོད་ལ་ཡི་གེ་བྱུང་བ་དང་མི་རིགས་གཞན་གྱི་རིག་གནས་ནང་འདྲེན་བྱེད་པ་ལ་བརྟེན་ནས། སྔ་ན་མེད་པའི་ཡིག་ཐོག་རྩོམ་རིག་དང་འགྱུར་རྩོམ་མང་དུ་བྱུང་བ་དེས་སྐབས་དེའི་བོད་ཀྱི་རྩོམ་རིག་ཕུན་སུམ་ཚོགས་པོར་གྱུར་པ་དང་། ཁྱད་པར་དུ་རྒྱ་གར་གྱི་རྩོམ་རིག་སྣ་ཚོགས་བོད་ལ་བསྒྱུར་བ་དེས་བོད་ལ་རྩོམ་ལུས་གསར་པ་མང་པོ་འབྱུང་བ་དང་བརྗོད་བྱ་སྣ་མང་དུ་འགྱུར་བ། རྩོམ་རྩལ་ཇེ་མཐོར་འགྲོ་བ། རྩོམ་རིག་གི་སྐད་ཆ་ཚད་ལྡན་ཅན་དུ་འགྱུར་བ་བཅས་ལ་མ་དཔེའི་ནུས་པ་གལ་ཆེན་བསྐྱོན་དུ་མེད་པ་ཞིག་ཐོན་པ་རེད།

---

① དུམ་པ་འདི་ནི་བསྟན་པ་སྔ་དར་གྱི་ལོ་ཙཱ་བ་དཔལ་གྱི་ལྷུན་པོ་སོགས་ཀྱིས་བསྒྱུར་ཅིང་བོད་ཀྱི་གནའ་རབས་སྒྲུང་གཏམ《རྒྱལ་བུ་དྲི་མེད་ཀུན་ལྡན་གྱི་རྣམ་ཐར》གྱི་བརྗོད་བྱའི་ས་བོན་ཏེ། 《འཕགས་པ་ནོར་བུ་དོན་གྲུབ་ཀྱི་མདོ》སོགས་སྟོན་པའི་སྐྱེས་རབས་མང་དུ་བཞུགས་ཡོད།

② དུམ་པ་འདི་ནི་བསྟན་པ་སྔ་དར་གྱི་ལོ་ཙཱ་བ་དཔལ་གྱི་ལྷུན་པོ་སོགས་ཀྱིས་བསྒྱུར་ཅིང་བོད་ཀྱི་གནའ་རབས་སྒྲུང་གཏམ《ཆོས་རྒྱལ་ནོར་བཟང་གི་རྣམ་ཐར》གྱི་བརྗོད་བྱའི་ས་བོན《རྒྱལ་པོ་ནོར་བཟང་གི་སྐྱེས་རབས》སོགས་སྟོན་པའི་སྐྱེས་རབས་མང་དུ་བཞུགས་ཡོད།

③ བསྟན་པ་སྔ་དར་གྱི་ལོ་ཙཱ་བ་བཟྡེ་ཡ་ཙཀྲས་བསྒྱུར།

④ མི་རིགས་དཔེ་སྐྲུན་ཁང་གིས་པར་དུ་བསྐྲུན་པའི《ཏུན་ཧོང་ནས་ཐོན་པའི་བོད་ཀྱི་ལོ་རྒྱུས་ཡིག་ཆ》ནང་གསལ།

⑤ བསྟན་པ་སྔ་དར་གྱི་ལོ་ཙཱ་བ་ཛྙཱ་ན་ཤྲཱི་ལས་བསྒྱུར།

⑥ མི་རིགས་དཔེ་སྐྲུན་ཁང་གིས་པར་དུ་བསྐྲུན་པའི《ཏུན་ཧོང་ནས་ཐོན་པའི་བོད་ཀྱི་ལོ་རྒྱུས་ཡིག་ཆ》ནང་གསལ།

⑦ 《ཐང་ཡིག་རྙིང་མ》ལས་སྒྲིགས་བམ་དེ་དག་བུ་ཡིག་ཏུ་བྲིས་ནས་བོད་ལ་གནང་བར་འཁོད་ཡོད།

⑧ གོང་དང་མཚུངས།

གཉིས་པ། བཙན་པོའི་དུས་རབས་ཀྱི་རྩོམ་རིག་གི་ཁྱད་ཆོས་གཙོ་བོ།

བཙན་པོའི་དུས་རབས་སུ་བོད་ཀྱི་སྤྱི་ཚོགས་ལམ་ལུགས་དང་ཆབ་སྲིད་ཀྱི་དགོས་མཁོ། རིག་གནས་ནང་དོན། འཁྲིད་སྟོན་བསམ་བློ་བཅས་ལ་སྔ་ན་མེད་པའི་འགྱུར་ལྡོག་ཆེན་པོ་བྱུང་ཞིང་། དེ་ལྟ་བུའི་གནས་ཚུལ་འོག་ཐོན་པའི་རྩོམ་རིག་ལའང་ཁྱད་ཆོས་མི་འདྲ་བ་ཐོན་པ་འདི་ལྟར།

1.རྩོམ་རིག་འཕེལ་ཕྱོགས་ཀྱི་ཁྱད་ཆོས། མདོ་དབུས་མཐོ་སྨད་དུ་འགྲོ་བ་མིའི་རིགས་བྱུང་བ་ནས་རྒྱལ་པོ་སྲོང་བཙན་སྒམ་པོའི་བར་དུ་བོད་མི་རིགས་ལ་ད་ལྟའི་སྒྲ་སྦྱོར་ཡི་གེ་འདི་མེད་པས། རྩོམ་རིག་བརྩམས་ཆོས་ཚང་མ་ངག་ཐོག་ནས་རྩོམ་ཞིང་སྤེལ་དགོས་པ་དང་། རྒྱལ་པོ་སྲོང་བཙན་གྱི་སྐུ་རིང་ལ་བོད་ཀྱི་སྤྱི་ཚོགས་ལ་ཕྱོགས་ཡོངས་ནས་འགྱུར་ལྡོག་ཆེན་པོ་བྱུང་བའི་གནས་ཚུལ་གསར་པའི་འོག་ཏུ་དབང་སྒྱུར་པའི་ཆབ་སྲིད་ལས་དོན་ལ་ཆོས་ལུགས་ཀྱི་བསམ་བློ་གསར་པའི་དགོས་མཁོ་བྱུང་བ་དང་། དད་ལྡན་པ་རྣམས་ལ་ཆོས་ལུགས་ཀྱི་རིགས་པའི་གཞུང་ལུགས་ཆ་ཚང་ཞིག་དང་ལྟ་བ་རྣམ་དག་ཅིག་མཁོ་བ། ཤེས་ཡོན་ཅན་རྣམས་ལ་རྩོམ་རིག་རོལ་སྤྱོད་དང་། རྩོམ་རིག་གསར་རྩོམ་ལ་བློ་འཇུག་པར་སློབ་སྦྱོང་བྱེད་པའི་མ་དཔེ་ཞིག་དགོས་མཁོ་བྱུང་བ་བཅས་ཀྱི་དབང་གིས་བོད་ཀྱི་ལོ་པཎ་དང་མཁས་པ་རྣམས་ཀུང་བློ་སེམས་རྩེ་གཅིག་གིས་རྒྱལ་བའི་བཀའ་བསྟན་དང་དེའི་ལྟ་བ་མཚོན་པའི་རྩོམ་རིག་བརྩམས་ཆོས་བསྒྱུར་བའི་ལས་ལ་འབད་པས། རྩོམ་རིག་གི་འཕེལ་ཕྱོགས་གཙོ་བོའང་སྔར་ཡོད་དམངས་ཁྲོད་རྩོམ་རིག་གི་རྨང་གཞིའི་སྟེང་ཡིག་ཐོག་བརྩམས་ཆོས་རྩོམ་འགོ་ཚུགས་ཐོག མི་རིགས་གཞན་གྱི་རྩོམ་རིག་བརྩམས་ཆོས་འབོར་ཆེན་པོ་ནང་དུ་འདྲེན་པའི་ཕྱོགས་སུ་འཁོར་ཡོད།

2.**བརྗོད་བྱའི་ནང་དོན་གྱི་ཁྱད་ཆོས།** ད་ལྟ་ང་ཚོའི་མཐོང་སྣང་དུ་གྱུར་པའི་སྤྱོད་བཙན་སྟོན་གྱི་རྩོམ་རིག་བརྩམས་ཆོས་མང་ཆེ་བའི་བརྗོད་བྱའི་ནང་དོན་ནི། སྲིད་པ་ཆགས་ཚུལ་དང་རང་བྱུང་ཁམས་ཆེན་པོའི་སྣང་ཚུལ་གྱི་ངོས་འཛིན། འགྲོ་བ་མི་དང་རྒྱལ་པོ། ཉུས་ཚན་སོགས་ཀྱི་བྱུང་རབས། སྤྱི་ཚོགས་ཀྱི་འཚོ་བ་སྤྱིར་བཏང་བ་བཅས་བརྗོད་པ་ཤས་ཆེ་ཞིང་། ཆོས་རྒྱལ་སྲོང་བཙན་སྒམ་པོ་ནས་ཁྲི་རལ་པ་ཅན་བར་དུ་བོད་ཀྱི་མཁས་པ་རྣམས་ཀྱིས་ཉམས་སུ་མྱོང་བའི་བརྩམས་ཆོས་མང་ཆེ་ཤོས་ནི་ཐུབ་པའི་བཀའ་བསྟན་ཁྲིད་ཀྱི་སྔན་ངག་དང་། ལུགས་ཀྱི་བསྟན་བཅོས། སྐྱེས་རབས་གཏམ་རྒྱུད། རྟོགས་བརྗོད་སོགས་དང་། ཡང་ན་བརྩམས་ཆོས་དེ་དག་ལ་ལད་ཟློས་བྱེད་པའམ་དེ་དག་གི་ཤུགས་རྐྱེན་འོག་བརྩམས་པའི་བོད་རྩོམ་ཡིན་པས། སྐབས་དེའི་ཡིག་ཐོག་རྩོམ་རིག་གི་བརྗོད་བྱའི་ནང་དོན་གཙོ་བོའང་སངས་རྒྱས་བཅོམ་ལྡན་འདས་ཀྱི་རྣམ་ཐར་དང་རིང་ལུགས། དེའི་རྗེས་འབྲངས་པའི་རྣམ་ཐར། བྱང་ཆུབ་སེམས་དཔའ་དང་འཕགས་པའི་ལྷ། བོད་ཀྱི་རྒྱལ་བློན་དང་ཁོང་རྣམ་པའི་ཆོས་སྲིད་ཀྱི་མཛད་པ་ཡིན་ཞིང་། ཐ་ན་བོད་ཀྱི་ལོ་རྒྱུས་བསྟན་བཅོས《བཀའ་ཆེམས་ཀ་ཁོལ་མ》དང་། 《མ་ཎི་བཀའ་འབུམ》《ཐ་བཞེད》སོགས་སུ་འཁོད་པའི་བྱུང་རིམ་ལ་ལའང་ཐུབ་པའི་སྐྱེས་རབས་དང་བྱང་ཆུབ་སེམས་དཔའི་རྣམ་ཐར་ཡིན། འདི་ནི་བོད་ཀྱི་རྩོམ་རིག་ལོ་རྒྱུས་སྟེང་གི་འཕོ་འགྱུར་ཆེན་པོ་ཞིག་ཡིན་ལ་སྐབས་དེའི་རྩོམ་རིག་ནང་དོན་གྱི་ཐུན་མོང་མ་ཡིན་པའི་ཁྱད་ཆོས་ཤིག་ཀྱང་ཡིན་པར་སྙམ།

3.**རྩོམ་རིག་རྩོམ་སྲོལ་གྱི་ཁྱད་ཆོས།** རྒྱ་གར་ནི་ཤེས་རིག་ལྡན་པའི་གནའ་བོའི་རྒྱལ་ཁབ་ཅིག་ཡིན་ཐོག སྟོན་པ་རྒྱ་གར་དུ་འཁྲུངས་ཤིང་བོད་ཀྱི་ཡི་གེའི་ཁུངས་བཙལ་སའང་རྒྱ་གར་གྱི་ཡི་གེ་ཡིན་པས། བཙན་པོའི་དུས་རབས་སུ་བོད་ཀྱི་ཡར་བཙན་པོ་ནས་མར་འབབས་མི་ཕལ་པའི་བར་གྱི་དད་ལྡན་པ་དང་མཁས་པ་ཚང་མས་རྒྱ་

གར་ནི་འཕགས་པའི་ཡུལ་དུ་བརྩིས་ནས་དགའ་ཞེན་དང་ཡིད་སྨོན་བྱེད་ཅིང་། སྤྱི་ཚོགས་ཀྱི་ལམ་ལུགས་དང་། ཁྲིམས་སྲོལ། འཇལ་ཚས། མི་ཆོས་ཀུན་སྤྱོད་ཀྱི་ཚད་གཞི་སོགས་ཀྱང་རྒྱ་གར་ལེགས་པར་བརྩི་བར་བརྟེན་རྒྱ་གར་གྱི་ཡོད་ཚད་ལེགས་པར་འཛིན་པའི་དར་སྲོལ་ཞིག་ཆགས་པ་རེད། སྤྱི་ཚོགས་ཀྱི་དར་སྲོལ་དེ་འདྲའི་ཁྲོད་དུ་ཡིག་ཐོག་རྩོམ་རིག་རྩོམ་པར་ཉམས་མྱོང་ཞན་ཞིང་གཞུང་ལུགས་དཀོན་པའི་བོད་མཁས་རྣམས་ཀྱིས་བོད་རང་གི་སྲོལ་རྒྱུན་དུ་གྱུར་པའི་དམངས་ཁྲོད་རྩོམ་རིག་གི་རྩོམ་སྟངས་འཆར་ཡན་དང་འཕྲུལ་སྣང་ལ་བརྟེན་ནས་རང་བྱུང་གི་སྣང་ཚུལ་དང་སྟོབས་ཤུགས་མི་གཤིས་ཅན་དུ་གཏོང་བ་དང་། མིའི་ལོ་རྒྱུས་ལྷ་སྒྲུང་ཅན་དུ་བསྒྱུར་ཅིང་། སྲོལ་རྒྱུན་གྱི་རིགས་ལམ་ལྷུར་རང་མོས་ཀྱི་བརྩམས་ཆོས་འགྲུབ་པར་བྱེད་པའི་རྩོམ་སྟངས་གཞིར་བྱས་ཐོག རྒྱ་གར་གྱི་འགྱུར་རྩོམ་ལ་དཔེ་བལྟས་ནས་རྩོམ་པར་བྱེད་པའི་སྲོལ་གསར་པ་ཞིག་ཀྱང་བྱུང་ཡོད་པ་རེད།

4.བཪྗོད་བྱའི་བསྟན་དོན་གྱི་ཁྱད་ཆོས། སྲོང་བཙན་སྒོན་གྱི་རྩོམ་རིག་མང་ཆེ་བ་ནི་བོད་འདི་ཤེས་རིག་ཆེས་ཆེར་མ་སྨིན་པའི་སྐབས་དང་ཡང་ན་བོན་ལུགས་ཀྱི་འཁྲིད་སྟོན་འོག་བརྩམས་པ་ཞིག་ཡིན་པས། དེ་དག་གི་མཚོན་དོན་གཙོ་བོའང་བོད་ཀྱི་མེས་པོ་རྣམས་ཀྱིས་རང་བྱུང་ཁམས་ཆེན་པོའི་ འཁྲིག་གྱུར་དང་སྤྱི་ཚོགས་ཀྱི་སྣང་ཚུལ་ལ་རྟོག་ཞིབ་བྱེད་པའི་སྙིང་སྟོབས་དང་། ཕྱུ་དང་གནམ་ལ་དད་པའི་གནའ་བོའི་བོད་ཀྱི་སྤྱི་སྲོལ་དང་བོན་གྱི་ལྟ་བ་བཅས་ཡིན་ཡང་། རྒྱལ་པོ་སྲོང་བཙན་སྒམ་པོ་ནས་ཆོས་རྒྱལ་རིམ་བྱོན་གྱིས་བཀའ་དང་ཁྲིམས་ལ་བརྟེན་ནས་ཐུབ་པའི་བཀའ་བསྟན་མང་པོ་བོད་དུ་བསྒྱུར་ཅིང་། སྐུ་གསུང་ཐུགས་གསུམ་གྱི་རྟེན་བཞེངས་ནས་ནང་པའི་བསྟན་པ་བོད་ལ་དར་འཕེལ་བྱུང་བ་དང་ཆབས་ཅིག ནང་པ་སངས་རྒྱས་པའི་རིང་ལུགས་དེ་བོད་ཀྱི་སྤྱི་འབངས་ཡོངས་ཀྱི་བསམ་སྤྱོར་ལ་འཁྲིད་སྟོན་བྱེད་པའི་རིགས་པའི་གཞུང་ལུགས་སུ་གྱུར་པས། བཙན་པོའི་

དུས་རབས་ཀྱི་ཡིག་ཐོག་རྩོམ་རིག་མང་ཆེ་བའི་བརྗོད་བྱའི་བསྟན་དོན་ཡང་ནང་པ་སངས་རྒྱས་པའི་ལྟ་བ་ཡིན། འདི་ནི་བོད་ཀྱི་སྤྱི་ཚོགས་འཕེལ་འགྱུར་བྱུང་བའི་མཐའ་འབྲས་ཡིན་ལ། སྐབས་དེའི་བོད་ཀྱི་རྩོམ་རིག་གི་ཁྱད་ཆོས་ཞིག་ཀྱང་ཡིན།

5.རྗོད་བྱེད་ཚིག་སྦྱོར་གྱི་ཁྱད་ཆོས། བཙན་པོའི་དུས་རབས་ཀྱི་རྩོམ་རིག་བརྩམས་ཆོས་རྣམས་རྗོད་བྱེད་ཚིག་གི་ཆ་ནས་དབྱེ་ན་ཁག་གཉིས་ཡོད་དེ། བཙན་པོའི་དུས་རབས་སུ་ཡི་གེར་བཀོད་ཅིང་སྐད་གསར་བཅད་གསུམ་པ་ལྟར་མ་བཅོས་པའི་རིགས་དང་། བཙན་པོའི་དུས་རབས་སུ་བརྩམས་ཞིང་སྐད་གསར་བཅད་གསུམ་པ་ལྟར་བཅོས་པའི་རིགས་གཉིས་ཡོད། དེ་དག་ཡི་གེར་འགོད་པའི་དུས་མི་འདྲ་བའི་རྐྱེན་གྱིས་རྗོད་བྱེད་ཚིག་གི་ཁྱད་ཆོས་ཀྱང་མི་འདྲ། ཏུན་ཧོང་ཡིག་རྙིང་དང་རྡོ་རིང་ཡི་གེ། བྲག་བརྐོས་ཡི་གེ་སོགས་ནི་བཙན་པོའི་དུས་རབས་སུ་ཡི་གེར་བཀོད་ཅིང་བཀས་བཅད་གསུམ་པ་ལྟར་མ་བཅོས་པས། དེར་མིང་གཞིའི་ཕོ་ཡིག་ག་ཅ་ཏ་པ་ཙ་དང་མ་ནིང་ཡི་གེ་ཁ་ཆ་ཐ་ཕ་ཚ་རྣམས་ཕན་ཚུན་བརྗེ་རེས་བྱེད་པ་དང་། མིང་གཞིར་གྱུར་པའི་སྒྲ་ལྡན་གྱི་མ་ནིང་ཡི་གེ་འགའ་དང་སྒྲ་མེད་ཀྱི་ཡི་གེ་རེ་འགའ་བརྗོད་པར་གང་བདེ་འབྲི་བའི་གནས་ཚུལ་ཡོད་ལ། རྗེས་འཇུག་ཡི་གེ་ད་དང་ན་གཉིས་བརྗོད་པར་གང་བདེ་འབྲི་བའི་སྲོལ་ཡང་ཡོད་པ་རེད། དེ་མིན་གི་གུ་ལོག་པ་ཅན་དང་། གང་ལ་གག་དང་སོགས་པ་ལ་སྦྱོགས་པ། རྫོགས་སོ་ལ་རྫོགས་སྟོ། མི་མིན་མེད་ལ་མྱི་མྱིན་མྱེད་ཟེར་བ་ལ་སོགས་པའི་བརྡ་རྙིང་མང་བ་དང་། ཚིག་བསྡུས་ཞིང་དོན་ཟབ་པ་སོགས་སྐབས་དེའི་དུས་རབས་ཀྱི་ཁྱད་ཆོས་ལྡན་པ་ཡིན། སྙན་རྩོམ་དང་། རྣམ་ཐར། ལོ་རྒྱུས་བསྟན་བཅོས། དམངས་ཁྲོད་རྩོམ་རིག འགྱུར་རྩོམ་བཅས་ནི་བཙན་པོའི་དུས་རབས་སུ་ཡི་གེར་བཀོད་པ་ཡིན་ཡང་། ལ་ལ་སྐད་གསར་བཅད་ཀྱིས་བཅོས་ཞིང་། ལ་ལ་བསྟན་པ་ཕྱི་དར་སྐབས་སུ་གཏེར་ནས་འདོན་པའི་དུས་སྐབས་དེའི་སྐད་དུ་བཤུས་ནས་འགྲེམ་སྤེལ་བྱས་པ་ཡིན་པས། བརྡ་རྙིང་

དང་མངོན་བརྗོད་ཀྱིས་དེ་འདྲ་མ་བཅིངས་པར་ཚིག་སྦྱོར་སྙན་ཞིང་བརྗོད་བདེ་ལ། བརྗོད་དོན་རྟོགས་སླ་བ་སྟེ་བསྟན་པ་ཕྱི་དར་དུས་ཀྱི་སྐད་ཆའི་ཁྱད་ཆོས་ལྡན་པ་ལས། བཙན་པོའི་དུས་རབས་ཀྱི་སྐད་ཆའི་ཁྱད་ཆོས་མེད་པ་འདྲའོ། །

གསུམ་པ། བཙན་པོའི་དུས་རབས་ཀྱི་རྩོམ་རིག་འཕེལ་འགྱུར་ལས་ཐོན་པའི་ཉམས་མྱོང་དང་བསླབ་བྱ།

དེ་ཡང་རྒྱལ་པོ་སྲོང་བཙན་སྒམ་པོའི་སྔོན་དུ་བོད་ལ་དག་ཐོག་གི་རྩོམ་རིག་ལས་མེད་ཀྱང་། སྲོང་བཙན་སྒམ་པོ་བོད་ཀྱི་བཙན་པོའི་ཁྲི་ལ་མངའ་གསོལ་རྗེས། ཆོས་སྲིད་ཟུང་གི་འཕྲིན་ལས་སྤེལ་བར་སྐད་སྦྱོར་གྱི་ཡི་གེ་ཞིག་ངེས་པར་དགོས་པ་མཁྱེན་ནས་སྐད་སྦྱོར་ཡི་གེའི་སྲོལ་བཏོད་ཅིང་། དེ་ལ་བརྟེན་ནས་རྒྱལ་པོའི་བཀའ་བསྟན་དང་རྩོམ་རིག་སྣ་ཚོགས་སྔོན་ཐོན་གྱི་ཚན་རིག་ལག་རྩལ་སོགས་བོད་དུ་བསྒྱུར་བས། བོད་ཀྱི་ཆབ་དཔལ་རིག་གསུམ་འཕེལ་རྒྱས་སུ་ཕྱིན་ཅིང་། བོད་དུ་སྔ་ན་མེད་པའི་བསྒྱུར་རྩོམ་གྲངས་ལས་འདས་པ་ཐོན་པ་དང་དེའི་ཤུགས་རྐྱེན་ནམ་བློ་བསྐྱེད་ལ་བརྟེན་ནས་རྩོམ་རིག་རྣམ་གྲངས་གསར་པ་མང་པོ་བྱུང་བ་དང་། བོད་ཀྱི་རྩོམ་རིག་ཕུན་སུམ་ཚོགས་པོར་གྱུར་པ་དང་རྩོམ་རྩལ་ཇེ་མཐོར་ཕྱིན་པ། སྒྱུ་རྩལ་ཇེ་ལེགས་སུ་གྱུར་པ། རྩོམ་རིག་ཚད་ལྡན་ཅན་དུ་གྱུར་པ་བཅས་ལས། མི་རིགས་ཤིག་གི་རིག་གནས་རྩོམ་རིག་འཕེལ་རྒྱས་སུ་འགྲོ་དགོས་ན་ངེས་པར་དུ་མི་རིགས་དེའི་སྐད་ཆའི་ཐུན་མིན་གྱི་ཁྱད་ཆོས་མཚོན་ཐུབ་པའི་ཡི་གེ་ཞིག་དགོས་ཤིང་། མི་རིགས་རང་གི་མི་རབས་དུ་མའི་ཐུན་མོང་གི་བློ་གྲོས་རྩལ་ལས་ཐོན་པའི་དམངས་ཁྲོད་རྩོམ་རིག་གི་རྨང་གཞིའི་སྟེང་། འཛམ་གླིང་སྤྱི་ལ་ཁྱབ་པའི་རྩོམ་རིག་གཞུང་ལུགས་དང་སྔོན་ཐོན་མི་རིགས་གཞན་གྱི་རྩོམ་རིག་བརྩམས་ཆོས་སྣ་ཚོགས་བསྒྱུར

དགོས་པར་མ་ཟད། དེར་སློབ་སྦྱོང་བྱས་ནས་མི་རིགས་རང་གི་སེམས་ཁམས་དང་མཛེས་དཔྱོད་ཀྱི་ལྟ་བ། རོལ་སྒྱོང་བྱེད་སྟངས། སྐད་ཆའི་སྒྱུ་རྩལ་སོགས་དང་མཐུན་པའི་ལེགས་ཆ་རྣམས་དང་ལེན་དང་འདོན་སྤེལ་བྱེད་དགོས། དེ་ལྟར་བྱས་ཚེ་ད་གཟོད་མི་རིགས་དེའི་རྩོམ་རིག་སྔ་ན་མེད་པའི་འཕེལ་རྒྱས་ཆེན་པོ་འབྱུང་བ་མངོན་པར་རྟོགས་ཐུབ་པོ།། །།

༄༅། །བོད་ཀྱི་གནའ་རབས་རྩོམ་ལུས་ལྡེའུ་སྐྲེང་བ།

དེ་ཡང་བོད་ཀྱི་ལོ་རྒྱུས་ཡིག་ཚང་མང་པོ་ལས། “ལྷ་ཐོ་ཐོ་རི་གཉན་བཙན་གྱི་ཡར་སྟོན་དུ་བོད་ཀྱི་ཆབ་སྲིད་སྒྲུང་ལྡེའུ་བོན་གསུམ་གྱིས་བསྐྱངས”①ཞེས་འཁོད་པ་ལྟར་ན། གནའ་བོའི་དུས་སུ་ལྡེའུ་ཞེས་པ་དེ་ཆེས་ཆེར་དར་ཡོད་པར་མ་ཟད། སྐབས་དེའི་ཆབ་སྲིད་ལ་ཞབས་འདེགས་ཞུ་བའི་ལག་ཆ་གལ་ཆེན་ཞིག་ཏུ་གྱུར་ཅིང་། བོད་ཀྱི་གནའ་རབས་རྩོམ་བྱུང་ལོ་རྒྱུས་སྟེང་གོ་གནས་གལ་ཆེན་ཟིན་ཡོད་པ་རེད། ཡིན་ཡང་གནའ་དང་དེང་གི་མཁས་པ་སོ་སོས་དེར་ངོས་འཛིན་ཚུལ་ཅུང་ཟད་མི་འདྲ་བས། བོད་ཀྱི་དམངས་ཁྲོད་རྩོམ་རིག་དང་རྩོམ་བྱུང་ལོ་རྒྱུས་སློབ་ཁྲིད་བྱེད་པར་དཀའ་ངལ་ངེས་ཅན་ཞིག་བཟོས་ཡོད། དེས་ན་ལྡེའུ་ལ་ཞིབ་འཇུག་བྱས་ནས་དེའི་རྣམ་པ་དང་ཁྱད་ཆོས་སོགས་ཇི་བཞིན་དུ་གསལ་པོ་རྟོགས་ཐུབ་པར་བྱ་རྒྱུ་ནི་གལ་འགངས་ཆེ་བའི་གནད་དོན་ཞིག་ཏུ་མཐོང་ནས་འདིར་ཅུང་ཟད་སྤྲོས་ན།

དང་པོ། ལྡེའུ་ཞེས་པའི་གོ་དོན་བཤད་པ།

གནའ་བོའི་དུས་སུ་བོད་ལ་དར་ཁྱབ་ཆེ་བའི་ལྡེའུ་ཞེས་པ་དེ་གང་འདྲ་ཡིན་པའི་སྐོར་ལ་བཞེད་ཚུལ་མི་འདྲ་བ་འགའ་ཡོད་དེ། ལྡེའུ་དང་གབ་ཚིག་གཉིས་གཅིག་ཡིན་ཟེར་བ་དང་། ལྡེའུ་ནི་གནའ་བོའི་དུས་སུ་དར་ཁྱབ་ཆེ་བའི་གསང་

① 《མཁས་པའི་དགའ་སྟོན》སོགས་སུ་གསལ།

གནད་སྟོན་པའི་རིག་པ་ཞིག་ཡིན་ཟེར་བ། ལྡེའུ་ནི་གདོད་མའི་ཆོས་ལུགས་ཤིག་ཡིན་ཟེར་བ། ཡང་ན། སྒྲུ་ཁེད་དང་། སྒྲུ་མདུད། མགུར་སྒྲུ་དང་མོ་ཚིག་ཁག་ཅིག་ཀྱང་ལྡེའུར་གཏོགས་ཞེས་པ་སོགས་སྣ་ཚོགས་ཤིག་སྣང་། བོད་ཀྱི་ལོ་རྒྱུས་ཡིག་ཚང་སྔ་ཤོས《བཀའ་ཆེམས་ཀ་ཁོལ་མ》ལས། "ལྡེའུ་ཡང་སྙིང་ན་དབུ་ཉི་མ་བ། འོག་ན་ཚུ་ཆར་ཅི་ཡིན་བྱ་བས་སྣ་དྲངས་པ། ཐེམ་སྐྱེར་སྦྲ་བ་ཕྱིས་ཅི་ཡིན། དམར་པོ་སྲུ་མེད་བཙུག་ཅིང་ཕྱུང་། སེར་པོ་མགོ་ཆེ་བསྐྱེད་ཅིང་རྒྱགས་ཅི་ཡིན། བྱ་བ་ལ་སོགས་པ་ནུབ་བྱང་མཚམས་ཀྱི་པང་ན་གཟུགས་བརྙན་དུ་བཀོད་ནས་ཡོད"ཅེས་ལྡེའུ་དེ་ཇི་འདྲ་ཞིག་ཡིན་པའི་མཚན་གཞི་གསལ་པོར་འཁོད་པ་དང་། 《སྙན་ངག་མེ་ལོང་གི་སྤྱི་དོན་སྡེབ་ལེགས་རིག་པའི་འཆར་སྒོ》ལས་ཀྱང་། "གནའ་དུས་བོད་རྒྱལ་སྲོང་བཙན་སྒམ་པོའི་ཡན་ཆད་དུ་བོད་ལ་ཡི་གེ་མེད་པའི་རིང་ལ་རྒྱལ་སྲིད་བོན་སྒྲུང་ལྡེའུ་གསུམ་གྱིས་བསྐྱངས་ཞེས་པའི་ནང་ཚན་གྱི་ལྡེའུ་ནི་ཁེད་ཀྱི་བརྡ་རྙིང་ཡིན"ཞེས་ལྡེའུ་དེ་ཁེད་དུ་ངོས་བཟུང་བ་ལྟར་ན། གོང་གསལ་གྱི་བཞེད་པ་སོ་སོ་ནི་ལྡེའུ་ཞེས་པའི་ཁྱད་ཆོས་བྱེ་བྲག་པའི་ངོས་ནས་བརྗོད་པའི་ལྟ་བ་རྐྱང་རྐྱང་སྟེ། དང་པོ་ནི་རྒྱན་འབབ་ཞིག་ངོས་ནས་བརྗོད་པ་དང་། གཉིས་པ་ནི་བྱེད་ནུས་ཀྱི་སྒོ་ནས་བརྗོད་པ་ཡིན་ལ། གསུམ་པ་ནི་བརྗོད་བྱའི་ནང་དོན་གྱི་ཆ་ནས་བརྗོད་པ། བཞི་པ་ནི་གཙོ་བོ་འགྲོ་ཕྱོགས་ཀྱི་ངོས་ནས་བརྗོད་པ་ཡིན་པས། ཕྱོགས་ལྷུང་གི་གཏམ་དུ་གྱུར་པ་རེད། དེས་ན《བཀའ་ཆེམས་ཀ་ཁོལ་མ》ནང་དུ་འཁོད་པའི་ལྡེའུ་དེ་ལྡེའུ་ཚད་མ་ཡིན་པ་གཞི་བྱས་ནས་དཔྱད་ན། ལྡེའུ་ནི་བརྗོད་བྱ་དངོས་དེ་སྦ་ཞིང་གབ་པའི་ཚུལ་གྱིས་བརྗོད་པའི་ཚིག་རྒྱན་ཅན། གསང་བའི་ཟབ་གནད་སྟོན་པའི་བྱེད་ནུས་ཅན། དུས་རབས་སོ་སོ་འདུས་པའི་བརྗོད་དོན་ཅན། དྲི་བའི་ལམ་ནས་བརྗོད་པའི་འགྲོ་ཕྱོགས་ཅན། མདོར་ན། རྩེད་མཚར་སོགས་ཉམས་ལྡན་ཚིག་གི་སྦྱོར་བ་ལ་བརྟེན་ནས། བརྗོད་བྱ་དངོས་དེ་སྦ་ཞིང་དྲི་བ་དྲིས་ལན་གྱི་ཚུལ་གྱིས་སྟོན་པའི་རྩོམ་གྱི་རྣམ་པ་ཞིག་སྟེ་

ཁེད་དང་ཀུན་ནས་མཚུངས་སོ། །

གཉིས་པ། ལྡེའུ་ཞེས་པའི་རྣམ་པ་བཤད་པ།

ལྡེའུ་ནི་གོང་དུ་བརྗོད་པ་ལྟར་བོད་གནའ་རབས་ཀྱི་རྩོམ་རིག་གི་རྣམ་པ་ཞིག་ཡིན་ན། དེར་མཛེས་དཔྱོད་ཀྱི་རིན་ཐང་དང་རོལ་སྒྱོང་གི་རིན་ཐང་ངེས་ཅན་ཞིག་ལྡན་པར་མ་ཟད། ཆབ་སྲིད་སྐྱུང་ལྡེའུ་བོན་གསུམ་གྱིས་བསྐྱངས་ཟེར་བར་དམིགས་ན། ལྡེའུ་ཞེས་པའི་མཛེས་དཔྱོད་ཀྱི་རིན་ཐང་དང་རོལ་སྒྱོང་གི་རིན་ཐང་སྨྲུད་ནས་ཆབ་སྲིད་སྐྱོང་བར་ཞབས་འདེགས་ཞུས་པ་རེད། དེས་ན་ཁེད་བཤད་ནས་ཆབ་སྲིད་ཇི་ལྟར་བསྐྱངས་པ་ཡིན་ཟེར་ན། ཞིབ་འཇུག་པ་ཁ་ཤས་ཀྱིས《སྲིད་པ་ཆགས་སྤྱ》ལས། ཨ་ཆགས་ཆགས་ལ་ཆགས་དགུ་ཡོད། ཆགས་དགུ་མ་ཁེད་ སྡེ་དགུ་དགོས། ཞེས་པ་དང་། 《ཨ་མཚར་མཚར་ལ་མཚར་དགུ》ལས། ཨ་མཚར་མཚར་ལ་མཚར་དགུ་ཡོད། མཚར་དགུ་མ་ཁེད་ཐུ་དགུ་དགོས། ཞེས་པར་དམིགས་ནས། ལྡེའུ་བཤད་ནས་རྒྱན་འཛུགས་སྐབས་ཆབ་སྲིད་ཀྱི་མངའ་དབང་རྒྱན་ཧེན་དུ་བཞག་པར་འདོད་ལ། སྒྲིང་གེ་སར་རྒྱལ་པོའི་སྒྲུང《རྟ་རྒྱུགས་རྒྱལ་འཛོག》ལས། སྒྲིང་གི་རྒྱལ་སྲིད་རྒྱན་ཧེན་དུ་འཛོག་པ་ལ་བརྟགས་ན། འདོད་ཚུལ་དེ་ལྟར་བཞིན་པར་གནས་ལུགས་མེད་པའང་མིན་མོད། བདག་གིས་གནད་དོན་འདི་རྣམ་པར་འབྱེད་པའི་ཆེད་དུ་དེ་སྔ་དུང་དཀར་བློ་བཟང་འཕྲིན་ལས་མཆོག་ལ་བཀའ་འདྲི་ཞུས་པའི་ལན་དུ། ཁོང་གིས་ཡིག་ཐོག་ནས། ལྡེའུས་ཆབ་སྲིད་བསྐྱངས་ཞེས་པའི་གོ་དོན། དེ་དུས་བོད་ཡིག་ཐོན་མེད་སྐབས་ཡི་གེ་ལ་བརྟེན་ནས་མི་རྣམས་ལ་སློབ་གསོ་བྱེད་ཐབས་བྲལ་བས། ཤེས་རིག་ཡར་རྒྱས་གཏོང་ཐབས་སུ་གབ་ཚིག་ལ་བརྟེན་ནས་དྲི་བ་བཏོན་ཏེ། དེའི་ལན་གཟུགས་སྣང་ཅན་གྱི་རི་མོའམ། ཡང་ན་དངོས་པོ་

འདི་དང་དེ་ཡིན་ཞེས་དྲི་བ་འགོད་པ་པོས་ལན་མདོར་བསྡུས་སུ་འདེབས་པ་ཞིག་ཡིན་པས་བྱ་ཐབས་དེ་ལ་བརྟེན་ནས་ཤེས་རིག་འཕེལ་བའི་བློ་སྒོ་ཕྱེ་བ་ལ་ལྡེའུ་ལ་བརྟེན་ནས་ཆབ་སྲིད་བསྐྱངས་ཞེས་བརྗོད་དམ་སྙམ་གསུངས།

《བཀའ་ཆེམས་ཀ་ཁོལ་མ》ལས། "ལུང་གི་ཆོས་གོ་བར་བྱ་བའི་ཕྱིར་སྒྲུང་བསྟན། རིག་པའི་ཆོས་གོ་བར་བྱ་བའི་ཕྱིར་ལྡེའུ་བསྟན"ཞེས་པ་དང་། 《མཁས་པའི་དགའ་སྟོན》ལས། "མདོ་སྨེ་འབྱུང་བའི་ལྟས་སུ་སྒྲུང་རྣམས་དར། མངོན་པའི་སྡེ་སྣོད་འབྱུང་བའི་ལྟས་སུ་ལྡེའུ་སྤྲོད། དེ་ཡིས་བོད་རྣམས་ཅུང་ཟད་བློ་ཁ་ཕྱེ"ཞེས་པར་དམིགས་ན། གོང་གསལ་དུང་དཀར་རིན་པོ་ཆེའི་གསུང་དེ་ནི་གནད་དུ་འཁེལ་བའི་བཀའ་ལན་ཡིན་པ་སྨོས་ཅི་དགོས། ཤེས་རིག་དམན་ཞིང་ཡི་གེ་ལ་བརྟེན་ནས་སློབ་གསོ་སྤྲོད་ཐབས་མེད་པ་དང་། མི་རྣམས་ཀྱི་རིག་པའི་རྩལ་ཁ་འབྱེད་པའི་རྟེན་ཅི་རོལ་རྩེད་མེད་ལ། དེང་རབས་ལྟ་བུའི་རྩོམ་རིག་གི་རྣམ་པ་ཕུན་སུམ་ཚོགས་པོ་དང་། བརྙན་འཕྲིན་དང་རྒྱང་བསྒྲགས་ལེ་ཚན་ཡང་ཉམས་སུ་མྱོང་རྒྱུ་མེད་པའི་གནའ་རབས་སུ་སྨད་ནས་སྤྱང་མོས་ཁ་གདངས་ན། སྟོད་ནས་ཕྱུག་པོའི་ལུག་འདྲོག་གི། ཅི་ཁེད། ཅེས་པའི་ལན་དུ་སྐྱུ་རེངས་ཤར་བ་ཡིན་ཞེས་བཤད་པ་དང་། གཅིག་མེད་ན་བྱ་ཐབས་ཆག གསུམ་ཡོད་ན་བྱ་ཐབས་ཆག ཅི་ཡིན་ཞེས་པར། མི་གཞན་ཡོད་ན་ཕོ་མོ་དགའ་མགུར་མི་རོལ་བར་བསྟན་པ་ཡིན་ཟེར་བ། ཐོག་ནས་ལུག་ཆུང་རྩེད་རྩེད། འོག་ནས་ཁ་བ་འབབ་འབབ། ཅི་ཁེད་ཟེར་བར། རྩམ་པ་བཏགས་པའི་དོན་ཡིན་ཞེས་ལན་འདེབས་པ། དབྱར་གྱི་དུས་སུ་སྐམ་ཞིག་བཤས། མཁལ་ཚིལ་ཡར་ལ་ལེན་རྒྱུ་ཡོད། སྟོད་ཚིལ་ཉི་མར་སྐེམ་རྒྱུ་ཡོད། ཆུ་སེར་མར་ལ་འཛོ་རྒྱུ་ཡོད། ཅི་ཁེད་ཅེས་ན། འོ་མ་དཀྲོག་པའི་དོན་ཡིན་ཞེས་པ་ལ་སོགས་པའི་ལྡེའུ་སྦྲུད་ན། མི་རྣམས་ལ་མཛེས་སྡུག་དང་། དགའ་མགུ། སྤྲོ་སྐྱིད། རྩེད་མཚར། སོས་དལ་བག་ཕེབས་བཅས་ཀྱི་དཔལ་དང་ལོངས་སྤྱོད་ཕུན་སུམ་ཚོགས་པ་ཞིག་སྟེར་ཐུབ་

ཡོད་པར་མ་ཟད། དུས་སྐབས་མི་འདྲ་བ་དང་སྤྱི་ཚོགས་མི་འདྲ་བའི་ལོ་རྒྱུས་ཀྱི་ཁྱད་ཆོས་དང་དངོས་ཡོད་ཀྱི་བྱ་དངོས་རྟོག་པར་བྱེད་ཅིང་། མི་རྣམས་ཀྱི་མཐོང་རྒྱ་ཇེ་ཆེ་དང་འཚོ་བའི་ཤེས་བྱ་ཇེ་མང་དུ་བཏང་ལ། ལྷེའུ་ཞེས་པ་དེའི་འཚོ་བའི་དཔེ་རིས་སྣ་ཚོགས་ལས་ཅི་ཞིག་ནི་དངོས་མ་དང་། དགེ་བ། མཛེས་པ་ཡིན་པ་དང་། ཅི་ཞིག་ནི་རྫུན་མ་དང་། ངན་པ། བཙོག་པ་ཡིན་པ། ཅི་ཞིག་ལ་ཁས་ལེན་དང་བསྔོད་བསྔགས་བྱེད་ཅིང་། ཅི་ཞིག་ལ་ངོ་རྒོལ་དང་དགག་པ་རྒྱག་དགོས་པ་མངོན་པར་བསྟན་ནས། མི་རྣམས་ཀྱི་བསམ་བློའི་འདུ་ཤེས་དང་། ཀུན་སྤྱོད། འཚོ་བའི་ཚད་གཞི་བཅས་ལེགས་པོར་བསྒྱུར་བ་དང་། དུས་ཡུན་རིང་བའི་ལག་ལེན་ཁྲིད་སྒྲུགས་སྒོམ་བྱས་པའི་ཐོན་སྐྱེད་ཀྱི་ཉམས་མྱོང་དང་འཚོ་བའི་ཉམས་མྱོང་དེ་མི་རབས་རྗེས་མར་རྒྱུད་སྤེལ་བྱས་ནས། ཁོ་ཚོ་སྤྱི་ཚོགས་ངེས་ཅན་ཞིག་གི་འཕེལ་རྒྱས་ཀྱི་རྗེས་སུ་ཚུད་ཅིང་། སྔ་རབས་པའི་ཉམས་མྱོང་རྒྱུན་འཁྱོངས་བྱེད་པའི་རྨང་གཞིའི་སྟེང་འཕེལ་རྒྱས་གསར་པ་འབྱུང་བ་དང་སྤྱི་ཚོགས་མདུན་དུ་སྐྱོད་པར་སྐུལ་འདེད་ཆེན་པོ་བྱས་པ། ཁྱད་པར་བཟ་ཐབས་ཙམ་གྱི་དྲི་བ་མང་པོ་བཏོན་ནས་དེའི་དོན་ཅི་ཡིན་པར་བསམ་བློ་ཞིབ་མོ་གཏོང་དུ་འཇུག་པ་དེས་མི་རྣམས་དང་སློབ་སྦྱོང་བྱེད་པ་རྣམས་ཀྱི་རིག་པའི་རྩལ་ཁ་འབྱེད་པར་ཐད་ཀར་ནུས་པ་ཐོན་པས། ལྷེའུས་ཆབ་སྲིད་བསྐྱངས་ཞེས་པ་རེད།

གསུམ་པ། ལྷེའུ་དང་རྩོམ་ལུས་གཞན་གྱི་ཁྱད་པར་བཤད་པ།

གོང་དུ་བརྗོད་པ་ལྟར་ལྷེའུ་འགྲུབ་བྱེད་ལ་ལུས་ཀྱི་རྣམ་པ་དང་། བརྗོད་བྱའི་ནང་དོན། ཚིག་གི་རྒྱན། འགྲོ་སྒྲིགས་བཅས་བཞི་ཡོད་པ་ལས་བརྗོད་བྱའི་ནང་དོན་དྲང་པོར་མི་བརྗོད་པར་གབ་པའམ་གསང་བའི་ཚིག་སྦྱོར་གཞན་སྤེལ་ནས་སྟོན

པའི་རྒྱན་ནི། རྫོང་བྱེད་ཚིག་གི་ཕྲེང་བ་མཛེས་པར་བྱེད་པའི་ཆོས་ཡིན་པས། བོད་ཀྱི་མགུར་གླུ་དང་། མོ་ཚིག སྙན་ངག འཕྲིན་ཡིག གླུ་མདུད་དམ་གླུ་ཁེད་སོགས་རྩོམ་རིག་གི་རྣམ་པ་ཀུན་ལ་ཁྱབ་པར་མ་ཟད། ལས་དང་འགུལ་སྐྱོད་མི་ཉུང་བ་ཞིག་ལའང་ལྡེའུ་རྒྱན་གྱི་ཉམས་ཆད་དུ་བྱུང་བ་ལྡན་པ་ཡིན། འོན་ཀྱང་ལྡེའུ་རྒྱན་གྱི་ཉམས་ལྡན་པ་ཙམ་གྱིས་ལྡེའུ་ཡིན་པར་བརྗོད་ན《བཀའ་ཆེམས་ཀ་ཁོལ་མའི》དངོས་བསྟན་གྱི་མཚན་གཞི་ལས་ཆེས་ཆེར་བརྒལ་འགྲོ་བར་སྙམ། དཔེར་ན། སྲོང་བཙན་སྒམ་པོའི་སྲིང་མོ་སད་མ་དཀར་གྱིས་རྒྱལ་པོ་སྲོང་བཙན་སྒམ་པོར་ངག་འཕྲིན་དུ་བླངས་པའི་མགུར་ལ། མཆིལ་པའི་ནི་ཏྲ་སྦུབས་ལ། །སྟག་གི་ནི་ཤ་བཏགས་ཤིང་། །གཡས་སུ་ནི་མ་ཡོ་ཤིག །གཡོན་དུ་ནི་མ་ཐལ་ཆིག །གཡས་སུ་ནི་ཡོ་བ་ན། །སོ་བྱ་ནི་གྲོ་བོ་ཆུང་། །གཡོན་དུ་ནི་ཐལ་བ་ན། །སྲམ་བུ་ནི་གོང་ཏེ་དངུལ། །མར་གྱི་ནི་ཆང་ཆང་ལ། །གཡུར་གྱིས་ནི་མ་བནམས་ན། །སང་ཕྱི་ནི་གནངས་སླད་ན། །སྲམ་གྱིས་ནི་འཚལ་ཏ་རེ། །ཉ་མོ་ནི་མཐོང་རྐྱལ་ཞིག །མཐོང་རྐྱལ་ནི་མཐོང་ལ་རྐྱལ། །མཆིལ་པའི་ནི་སྣང(སྣར)ཐོགས་ཤིག །①ཅེས་པ་ལྟ་བུར་མཚོན་ན། སད་མ་དཀར་གྱིས་ཞང་ཞུང་གི་རྒྱལ་པོ་ལིག་མི་རྒྱ་བྱ་བ་དགྲོང་བའི་དུས་ལ་བབ་ཡོད། གལ་ཏེ་ད་ལྟ་ཉིད་དུ་མ་བགྲོངས་ན། རྒྱལ་ཁབ་གཞན་གྱིས་དབང་དུ་བསྡུ་ཉེན་ཡོད་པས། དུས་ལས་མ་ཡོལ་བར་མྱུར་དུ་བགྲོངས་ཤིག་ཅེས་པའི་དམག་བརྡ་དེ་གཞན་ལ་གསང་བའི་དོན་དུ་དྲང་པོར་མ་བརྗོད་པར་གབ་པའི་སྒོ་ནས་བསྟན་ཡོད་ཀྱང་། ལུས་ཀྱི་རྣམ་པ་དང་འགྲོ་ཕྱོགས། དབྱངས་སུ་གྱེར་དགོས་མིན་སོགས་ལྡེའུ་དངོས་དང་ཁྱད་པར་ཤིན་ཏུ་ཆེ་བ་ལྟ་བུ་རེད།

མོ་ཚིག་ཁག་ཅིག་ཀྱང་རྒྱན་གྱི་ཆ་ནས་ལྡེའུ་དང་ཀུན་ནས་མཚུངས་ཀྱང་། ལུས་ཀྱི་

① མི་རིགས་དཔེ་སྐྲུན་ཁང་གིས་པར་སྐྲུན་བྱས་པའི《ཏུན་ཧོང་ནས་ཐོན་པའི་བོད་ཀྱི་ལོ་རྒྱུས་ཡིག་ཆ》ཏྲ་གསལ།

རྣམ་པ་དང་དཔྱད་སྟངས་ལ་ཁྱད་པར་ཡོད་པ་སྟེ། ཏུན་ཧོང་ཡིག་རྙིང་ལས། ཀྱེ། མཚོ་རི་ནི་ལྕང་ཧོག་ན། །གཡུ་བྱེའུ་ནི་བཀའ་རྩེས་པ། །བཀའ་རྩལ་ནི་བཟང་དགུར་སྙན། །དེང་ཐོས་དག་སྐྱིད་པའི་ལྟས། །ཞེས་པའི་མོ་ཚིག་ལ་མཚོན་ན། བརྗོད་བྱ་དངོས་ཏེ་གང་ཁྱོད་སྤྲ་སོར་ནད་དང་། དགྲ། དབུལ་ཕོངས་སོགས་ཀྱི་དབང་དུ་གྱུར་ཀྱང་། ད་ནས་ལེགས་པའི་ལམ་ལ་ཞུགས་ཏེ་བསམ་དོན་ཐམས་ཅད་ཡིད་བཞིན་དུ་འགྲུབ་ངེས་རེད་ཅེས་པ་དེ་དྲང་པོའི་ལམ་ནས་མ་བརྗོད་པར། གཡུ་སྔོན་ཞུན་མ་འཁྱིལ་བ་ཇི་བཞིན་སྔོ་ལྷམ་མེར་གཏམས་པའི་མཚོ་མོའི་འཛིངས་དབུས་སུ་ནེའུ་གསིང་གཡུ་ལོ་རྒྱས་པའི་མཚོ་གླིང་རི་བོ་འཁྱིང་བ་དེར་སྔོ་ལྗང་ལོ་འདབ་རབ་ཏུ་རྒྱས་པའི་ལྕང་སྡོང་ཞིག་སྐྱེས་ཤིང་། དེའི་ཡལ་གའི་སྟེང་གཡུ་མདོག་ལྡན་པའི་བྱེའུ་ཞིག་ཅི་དགར་རྩེད་ཅིང་སྙན་པའི་སྒྲ་སྒྲོག་པ་དེ་ཐོས་པའི་སྐྱེ་བོ་རྣམས་སྙན་ཆད་བདེ་སྐྱིད་དང་ལྡན་པའི་ལྟས་སོ་ཞེས་གབ་པའི་སྒོ་ནས་བསྟན་ཡོད་ཀྱང་། མོ་ཚིག་འདིའི་ལུས་ཀྱི་རྣམ་པ་ནི་ཚིག་ཁྲིམ་དོ་མཉམ་པའི་མགུར་ཚིག་དང་གཉིས་སུ་མ་མཆིས་པ་དང་། དྲི་བ་དྲིས་ལན་མི་བྱེད་ལ་བློས་བརྟགས་ཀྱི་དགོས་པ་ཡང་ལྟས་བཟང་ངན་བརྟག་པ་ཙམ་དུ་ཟད་པས་ལྷེའུ་དང་ཡོངས་སུ་མཚུངས་པ་མིན།

གབ་ཚིག་སྙན་ངག་ལ་མཚོན་ནའང་སྔོན་བྱོན་མཁས་པ་མང་པོས་ལྷེའུ་དང་གཅིག་ཡིན་པར་གསུངས་ཀྱང་། ལྷེའུ་ནི་གདོད་མའི་དུས་ནས་བོད་མི་རིགས་ཐུན་མོང་གི་བློ་གྲོས་རྩལ་ལས་ཐོན་པའི་ངག་རྩོམ་ཡིན་ཞིང་། གབ་ཚིག་ནི་དུས་རབས་བཅུ་གསུམ་པའི་དུས་འགོར་རྒྱ་གར་གྱི《སྙན་ངག་མེ་ལོང》བོད་དུ་འགྱུར་རྗེས་གཞུང་དེའི་དངོས་བསྟན་གྱི་ལུགས་ལྟར་སྦྱངས་བརྩོན་བྱས་ནས་བརྩམས་པའི་མཁས་པའི་སྙན་ངག་ཡིན་པས། དེ་གཉིས་ཀུན་ནས་འདྲ་བ་མ་ཡིན། དཔེར་ན། དམངས་ཁྲོད་ཀྱི་ལྷེའུ་སྟེ། སྐྱུ་ག་ཁྲ་མོ་ཁུང་ལ་འཛུལ་ཐལ། ཛ་སྒྲོ་ལེབ་མོས་ཁུང་སྒོ་བཅད་ཐལ། ཅི་ཁེད་ཅེས་པ་དང་། ཁེད་དམ་ལྷེའུ་དེ་ལས་བརྩམས་པའི་སྙན་ངག་སྟེ།

དཀར་ནག་འོད་བཀྱག་མ་འདྲེས་སྐྱ་ག་མོ། །
རང་ཤོང་སྤྱིལ་བུར་བདེ་བླག་འཛུལ་བ་ན། །
གནག་སྨུམ་མདངས་མཚར་ངོམ་པའི་མཐུག་སྒྲོའི་ཕོན། །
སྒོ་སྲུང་མེལ་ཚེའི་རྣམ་པས་ཕྱི་ན་འགྲེང་། །

ཞེས་པ་དང་། ནགས་འདབས་ཀྱི་གླ་བོ་ཁེར་ཉལ། ཅི་ཁྱེད་ཅེས་པ་དང་། ཁྱེད་དེ་ལས་བརྩམས་པའི་མཁས་པའི་སྙན་ངག་སྟེ།

སྲུལ་བྲལ་ས་འཛིན་སྤོ་མཐོའི་ཉེན་སྲིབ་ཀྱི། །
ལྷུག་ཕྲན་སྟུག་པོར་འཛིངས་པའི་ནགས་འདབས་སུ། །
ཚིག་རྐྱང་འགྲེང་བའི་དྲི་ལྡན་རི་སྐྱེས་བུ། །
རྣོ་དབལ་ལྷགས་པའི་མདའ་ཡིས་འབིགས་པ་རྣོ། །①

ཞེས་པ་རྣམས་གཤིབ་བསྡུར་བྱས་ན། དེ་དག་གི་བརྗོད་བྱའི་ནང་དོན་དང་རྒྱན་འདྲ་ཡང་ཚིག་གི་སྦྱོར་བ་དང་རྣམ་པ། འགྲོ་ཕྱོགས་སོགས་ལ་ཁྱད་པར་ཤིན་ཏུ་ཆེན་པོ་ཡོད། ཁྱེད་ཀྱི་ཚིག་གི་ཕྲེང་བར་ངེས་གཏན་མེད་པར་ཅུང་ཟད་རང་དབང་ཅན་ཡིན་ཞིང་། གབ་ཚིག་སྙན་ངག་ནི《སྙན་ངག་མེ་ལོང་》གི་ལུགས་ལྟར་བརྩམས་ཤིང་། ཚིག་ཁྲིམ་དོ་མཉམ་པའི་ཚིག་རྐང་བཞིའི་བདག་ཉིད་ཅན་ཡིན་པ་དང་། ཚིག་གི་སྦྱོར་བ་ཡང་ཁྱེད་ཀྱི་རྗོད་བྱེད་ནི་དམངས་ཁྲོད་ཀྱི་ངག་སྐད་ཉིད་ཡིན་ལ། གབ་ཚིག་ནི་སྙན་ངག་གི་ཚིག་སྦྱོར་ལ་བརྟེན་ནས་བརྗོད་ཡོད། ཡང་བརྗོད་སྟངས་ལ་མཚོན་ན་འང་ཁྱེད་ནི་ངེས་པར་དྲི་བ་དྲིས་ལན་གྱི་ཚུལ་གྱིས་བརྗོད་པ་དང་། གབ་ཚིག་ནི་དེ་ལྟ་མ་ཡིན་པས། བསླབས་མ་ཐག་མཁས་པ་ཡ་གི་མོ་ཞིག་གིས་བརྩམས་པའི་སྙན་ངག་ཏུ་ངེས་ལ། ཁྱེད་ལ་སྙན་ངག་རེད་ཅེ་ན་མཁྱེན་རབ་ཡངས་པ་རྣམས་ཀྱི་དགོད་བྲོའི་ཡུལ་དུ་འགྲོ། འོ་ན་ལྷ་པ་ཆེན་མོ་དང་འབྲུག་ཁམས་སྤྲུལ་སོགས་སྟོན་ཐོན་མཁས་

① ཀན་སུའུ་མི་རིགས་དཔེ་སྐྲུན་ཁང་གིས་པར་སྐྲུན་བྱས་པའི《སྙན་ངག་སྤྱི་དོན》དུ་གསལ།

དབང་རྣམ་པས་གབ་ཚིག་དང་ལྡེའུ་ནི་བརྡ་གསར་རྙིང་གི་ཁྱད་པར་རམ་དོན་གཅིག་མིང་གི་རྣམ་གྲངས་ཡིན་པར་བཞེད་པ་ཅི་ཡིན་ཞེ་ན། དེ་ནི་རྒྱ་གར་གྱི《སྙན་ངག་མེ་ལོང》གི་དཔོས་བསྟན་གབ་ཚིག་གི་རྒྱན་དང་བོད་ཀྱི་ངག་རྩོམ་ལྡེའུ་གཉིས་ཀྱི་ཚིག་རྒྱན་གཅིག་ཡིན་པའི་ཆ་ནས་གསུངས་པ་ལས། དེ་གཉིས་ལུས་ཀྱི་རྣམ་པ་དང་ཚིག་གི་སྡེབ་སྦྱོར། ངག་གི་འགྲོ་ལུགས་སོགས་ཀྱང་ཀུན་ནས་གཅིག་མཚུངས་ཡིན་པའི་དོན་མིན་ནོ། །

ལྡེའུ་རྒྱན་ལ་གསང་གནད་སྟོན་པའི་ནུས་པ་ཁྱད་པར་བ་ཞིག་ལྡན་པས། མི་རྣམས་ཀྱིས་ཕན་ཚུན་ལ་སྦ་བའི་གཏམ་དང་གསང་བའི་འཕྲིན་སྐུར་དུས་ཀྱང་རྟག་ཏུ་ལྡེའུ་རྒྱན་གྱིས་འཆིང་སྲོལ་ཡོད། མི་ལ་རས་པའི་ཡུམ་མྱང་ཚ་དཀར་རྒྱན་གྱིས་དབུས་གཙང་ཕྱོགས་སུ་སོང་བའི་མི་ལ་རས་པར་གསང་བའི་སྒོ་ནས་གསེར་གྱི་དོང་ཙེ་བདུན་བསྐུར་ཆེད། ལྭ་བར་འཚང་ཅན་ཞིག་ཡོད་པ་དེའི་ནང་གི་རྒྱབ་གཞུང་དུ་སྲས་པའི་སྙིང་དུ་ལྷན་པ་ནག་པོ་ཁ་གང་གྲུ་བཞི་པ་ཞིག་བརྒྱབ་ཅིང་། དབུས་སུ་སྐྱད་པ་དཀར་ལ་སྦོམ་པའི་གཟེར་ཚོམ་སྐར་མ་སྨིན་དྲུག་གི་དབྱིབས་འདྲ་བ་ཕྱིར་མི་མངོན་པ་ཞིག་གིས་མནན་ཏེ། དབུས་གཙང་ཕྱོགས་སུ་འགྲོ་བའི་རྣལ་འབྱོར་པ་ཞིག་ལ་བྱིན་པ་དང་ཆབས་གཅིག རང་རེ་མ་བུ་གཉིས་ཀའི་ཕྱིར་དུ་སྨོག་ཟློན་དམ་པར་གྱིས། རྒྱགས་ཆད་ན་ལུང་པ་ཁ་བྱང་དུ་ལྟ་བ། སྤྲིན་ནག་པོ་ལྡིང་ཞིང་། སྐར་མ་སྨིན་དྲུག་འཆར་བའི་འོག་ན་རང་རེའི་ཉེ་ཚན་གྲོང་པ་བདུན་ཡོད་པས། དེ་ནས་རྒྱགས་ཅི་འདོད་འོང་བ་ཡོད་པས་ལོངས། རྩད་མ་ཆོད་ན་ལུང་པ་དེའི་ནང་ན་རྣལ་འབྱོར་པ་འདི་རང་བཞུགས་པ་ཡིན་པས་གཞན་དུ་མ་འདྲི།① བྱ་བའི་གབ་ཡིག་ལ་རྒྱ་དམ་ཡོད་པ་ཞིག་བསྐུར་བ་དེར་ཡང་ལྡེའུ་རྒྱན་གྱིས་ལེགས་པར་བཅིངས་ཡོད་པས། འཕྲིན་གྱི་སྙིང་པོ་སྦ་ཞིང་གཟུགས་སྣང་ལྡན་པའི་སྒོ་ནས་བསྟན་པར་

① མཚོ་སྔོན་མི་རིགས་དཔེ་སྐྲུན་ཁང་གིས་པར་སྐྲུན་བྱས་པའི《མི་ལ་རས་པའི་རྣམ་མགུར》དུ་གསལ།

མ་ཟད། བསླུགས་མ་ཐག་ཡིད་ཀྱི་མཚོ་མོ་ལ་མཚར་བའི་འགྱུར་བ་དྲག་པོ་ཞིག་བསླང་ངེས་རེད། ཡིན་ཡང་དེ་ནི་ལྷེའུ་རྒྱན་གྱིས་བཅིངས་པའི་འཕྲིན་ཡིག་ཡིན་པ་ལས། རང་རྒྱ་ཐུབ་པའི་རྩོམ་རིག་གི་རྣམ་པ་ཅན་ལྷེའུ་དངོས་མིན་པ《མི་ལའི་རྣམ་མགུར》དུ་གབ་ཡིག་ཅེས་འབོད་པ་ལས་ཀྱང་ཤེས་ཐུབ།

《སྲིད་པ་ཆགས་སྨྲ》དང《ཨ་མཚར་ལ་མཚར་དགུ》སོགས་སྨྲ་ཁིད་དམ་སྨྲ་མདུད་ནི་དབྱངས་སུ་གྱེར་བའི་སྒོ་ནས་ངོ་མཚར་བ་དགུ་དང་སྲིད་པའི་ཆགས་རིམ་དགུ་གང་དག་ཡིན་པ་ཐད་ཀར་དྲི་བ་དྲིས་ལན་བྱེད་པ་ལས་གབ་བྱ་དང་གབ་བྱེད་སོ་སོར་མེད་པས། ལྷེའུ་དངོས་དང་ཁྱད་པར་ཆེན་པོ་ཡོད་པ་རེད། དེ་ཁིད་དམ་ལྷེའུ་དང་མི་འདྲ་བའི་རྩོམ་རིག་གི་རྣམ་པ་གཞན་ཞིག་ཡིན་པ་སྨྲ་ཁིད་དང་སྨྲ་མདུད་ཅེས་པའི་མིང་ལས་ཀྱང་མངོན་པར་གསལ་ལ་དབྱངས་སུ་གྱེར་བའི་སྒོ་ནས་དྲི་བ་དྲིས་ལན་བྱེད་དགོས་པས། ཚིག་གི་ལུས་ལའང་ལྷེའུ་ལྟ་བུའི་རང་དབང་ཆེར་མེད་པ་རེད།

དེ་མིན་ཞང་ཞུང་སྨན་བརྒྱུད་ཀྱི《བོན་མ་ནུབ་པའི་གཏན་ཚིགས》ལས། "སྔོན་ལེགས་མ་ན་རེ། ཞང་ཞུང་རྒྱལ་པོ་ལ་དམག་ས་ཁིབ་པར་ཡོད། བོད་ཀྱི་རྒྱལ་པོ་ལ་དམག་བ་བྲེ་མོའི་གཞུང་ཙམ་ལས་མེད་པས། མངོན་དུ་བཏུལ་དུ་མི་ཐུབ་བས། ངན་དང་ཐབས་ཀྱིས་འདུལ་ན། ཞང་ཞུང་རྒྱལ་པོ་ནི་ཟླ་བ་ཕྱི་ཏ་ལ། ཞང་ཞུང་ཡུལ་ནས། སུམ་པ་སླང་གི་གྱིམ་ཤོད་དུ། སྐུ་རྐྱེན་དང་ཆས་ནས་མདུམ་མལ་བཞུད་གྱིས། དེར་སྒྲུགས་ལ་དགྲོངས་མཛོད་ཅིག དེའི་བྱ་བཏང་བདག་གི་བྱ་ཟེར་ཏེ། བུད་མེད་ཀྱི་བློ་ལ་ལྟོས་པ་ཅིར་ཡང་མ་འདོད་དེ། དེ་སྐད་སྨྲས་སོ། །དེར་ཆོས་དུས་ལ་འོང་བའི་བརྫ། ལ་བཙས་ཀྱི་ཁར་འཛོག་པར་ཆད་དོ། །དེར་བོད་ཀྱི་རྒྱལ་བློན་དམག་མི་སྟོང་སྡེ་མང་པོ་དང་ཆས་འོངས། སྣང་ནམ་ལེགས་གྲུབ་དང་། རྒྱལ་པོ་སྤུན་ལ། ལ་བཙས་ཀྱི་ཁར་ཕྱིན་ནས་བལྟས་པས། ཚྭ་སླ་ང་གང་གི་ནང་ན། གསེར་ཆུང་གཅིག དུང་ཆུང་

གཅིག དུག་མདེལ་གཅིག་དང་གསུམ་གདའོ། །བོད་ཀྱི་རྒྱལ་པོའི་ཞལ་ནས། ཚུ་སྣ་ང་གང་ནི་ཟླ་བ་ཕྱི་མའི་ཉ་ལ་འོང་བྱ་བ་ཡིན། གསེར་ཆུང་དང་དུང་ཆུང་ནི་དྲང་རའི་གསེར་ཕུག་དུང་ཕུག་གཉིས་སུ་དམག་ཚོས་ལ་སྐྱུགས་ཤིག་བྱ་བ་ཡིན། དུག་མདེལ་ནི་བརྣག་པ་སྐྱིད་ལ་སྐྱུགས་ལ་སོད་ཅིག་བྱ་བ་ཡིན་ཟེར་ཏེ། སྐྱུགས་སོ། །དེར་རྒྱལ་པོ་གཉིས་མཇལ་ནས། བོད་ཀྱི་དམག་མིས་ཞང་ཞུང་གི་རྒྱལ་པོ་བཀྲོངས་སོ། །"ཞེས་ཞང་ཞུང་གི་རྒྱལ་པོ་དེ་དུས་ནམ་དང་ས་གང་དུ་ཚུལ་ཇི་ལྟར་དགྲོང་དགོས་པའི་བརྡ་བསྟན་པ་དེར་ལྷེའུ་རྒྱན་གྱི་ཉམས་མཚར་པོ་ཞིག་ལྡན་ཞིང་། སྒྲོན་ལེགས་མ་ཞེས་པའི་བུད་མེད་དེའི་བློ་མཁས་པའི་གཟུགས་བརྙན་མངོན་གསལ་དུ་སྣང་ཡང་། དེ་ནི་བུད་མེད་དེའི་བྱ་སྤྱོད་ཀྱི་སྟོབས་ཡིན་པ་ལས་ངག་གི་སྒྱུ་རྩལ་མིན་ལ་ཟློམ་གྱི་རྣམ་པ་ཡན་ག་བ་ཞིག་ཏུ་དེ་བས་ཀྱང་མི་མཐོང་བར་སྙམ།

མདོར་ན། གོང་གསལ་གྱི་ཟློམ་ལུས་རྣམ་པ་ལྔ་ལ་ཚིག་གི་ཕྲེང་བ་མཛེས་པར་བྱེད་པའི་རྒྱན་ལས་མཚུངས་ཆོས་མང་པོ་མེད་པར་མ་ཟད། རང་རང་ལ་མངོན་དུ་གསལ་བའི་ཁྱད་ཆོས་མི་འདྲ་བ་རེ་ཡོད་པས། དབྱེ་འབྱེད་མེད་པར་ཚང་མ་ལྷེའུ་ཡིན་ཞེས་བརྗོད་ན། ལྷེའུ་ལ་རང་རྒྱུ་ཐུབ་པའི་མཚན་གཞི་ཡང་དག་ཅིག་འགོད་རྒྱུ་མེད་ལ། ལྷེའུ་དེ་མགུར་གླུ་དང་། མོ་ཚིག སྙན་ངག གླུ་ཁེད་དམ་གླུ་མདུད་སོགས་ཡིན་པའང་ཁས་ལེན་དགོས་པས་སོ།། །།

༄༅། །བོད་ཀྱི་རྩོམ་རིག་ལ་ཁྱབ་པའི་སྐྱེས་རབས་ཀྱི་ཁྱབ་ཁུགས་རྒྱལ་སྙིང་བ།

སྙིང་གཞི།

བཀའ་དང་བསྟན་བཅོས་ནི་ནང་པ་སངས་རྒྱས་པའི་ལུགས་ཀྱི་རྩ་བ་ཡིན་ལ། གསོ་བ་རིག་པ་དང་། བཟོ་རིག་པ། སྐར་རྩིས་རིག་པ། ཚད་མ་རིག་པ་ལ་སོགས་པའི་བང་མཛོད་ཡིན་པར་མ་ཟད། རྒྱ་གར་གྱི་གནའ་རབས་སྤྱི་ཚོགས་ཀྱི་ཕྱོགས་སོ་སོའི་འཚོ་བ་མཚོན་པའི་གཏམ་རྒྱུད་སྣ་ཚོགས་ཀྱི་རྒྱ་མཚོ་ཞིག་ཀྱང་རེད། དེའི་ནང་དུ་སྟོན་པ་ཤཱཀྱ་ཐུབ་པས་ཆོས་གསུང་སྐབས་སྟོན་བྱུང་གི་གཏམ་ལ་དྲངས་ཏེ་གསུངས་པའི་རྟོགས་བརྗོད་དང་། བཅོམ་ལྡན་འདས་ཀྱིས་སྟོན་བསྐལ་པ་གྲངས་མེད་གསུམ་ལ་བྱང་ཆུབ་སེམས་དཔའི་སྤྱོད་པ་སྤྱད་པར་གྲགས་པའི་སྐྱེས་རབས་གཏམ་རྒྱུད། སྟོན་པ་ཤཱཀྱ་ཐུབ་པའི་རྣམ་ཐར། སྐབས་དེའི་རྒྱལ་པོ་དང་གཙོ་འཁོར་རྣམས་ཀྱི་རྟོགས་པ་བརྗོད་པ་བཅས་གཏམ་རྒྱུད་རིགས་མི་འདྲ་བ་བཞི་ཡོད་པ་ལས། སྟོན་པ་ཤཱཀྱ་ཐུབ་པས་སྟོན་བསྐལ་པ་གྲངས་མེད་གསུམ་ལ་བྱང་ཆུབ་སེམས་དཔའི་སྤྱོད་པ་སྤྱད་པར་གྲགས་པའི་སྐྱེས་རབས་གཏམ་རྒྱུད་ནི་དུས་ཡུན་རིང་ཞིང་རྩོམ་རིག་གི་རིན་ཐང་ཆེ་ལ། བོད་ཀྱི་སྒྲུ་རྩོམ་ལ་ཤན་ཞུགས་པའང་ཟབ་པས། ཁོ་བོས་འདིར་དཔྱད་པར་བྱ་བའི་གཞི་ཡང་སྐྱེས་རབས་གཏམ་རྒྱུད་དེ་དག་དང་བོད་ཀྱི་གནའ་རབས་སྒྲུ་རྩོམ་བར་གྱི་འབྲེལ་བ་ཡིན།

སྐྱེས་རབས་གཏམ་རྒྱུད་ནི《སྙིང་རྗེ་པདྨ་དཀར་པོའི་མདོ》ལས། "ཀུན་དགའ་བོ་དེ་བཞིན་གཤེགས་པས་གསུངས་པའི་ཆོས་འདུལ་བ་འདི་རྣམ་པར་འཕེལ་བ་དང་། ཡོངས་སུ་མི་ཉམས་པ་དང་། ཀུན་ཏུ་སྲུང་ཞིང་སྲ་བ་དང་། ཆུད་མི་ཟོས་པར་བྱ་བའི་ཕྱིར། ཁྱོད་ལ་དཔེ་བསྟན་པར་བྱ་སྟེ་འདི་ལ་སྐྱེས་བུ་མཁས་པ་ཁ་ཅིག་དཔེས་སྨྲས་པའི་དོན་ཤེས་པར་འགྱུར་རོ"ཞེས་བཀོད་པ་བཞིན་སྟོན་པ་ཤཱཀྱ་ཐུབ་པས་ཆོས་ཉན་མཁན་ནམ་ཞུ་མཁན་རྣམས་ཀྱིས་ཆོས་ཀྱི་དོན་གོ་ཞིང་རྟོགས་སླ་བ་དང་རྟོགས་ནས་ཀྱང་ཀུན་ལ་འཕེལ་བའི་ཕྱིར་ངོ་མཚར་ཞིང་ཡིད་འགུགས་པའི་གཏམ་རྒྱུད་ལ་སྦྱར་ནས་གསུངས་པ་ཡིན་པས་ནང་པའི་བཀའ་བསྟན་བསྒྱུར་ཅིང་སྤེལ་བའི་ས་ཆ་དང་རྒྱལ་ཁབ་ལ་ཐུབ་པའི་སྐྱེས་རབས་གཏམ་རྒྱུད་ཀྱང་རང་ཤུགས་སུ་ཁྱབ་པར་མ་ཟད། རྒྱལ་ཁབ་དང་མི་རིགས་དེ་དག་གི་སྒྱུ་རྩལ་རྩོམ་རིག་གི་ལུས་སྟོག་རྒྱུན་གསུམ་གང་ལའང་ཤུགས་རྐྱེན་ཟབ་མོ་ཐེབས་ཤིང་། སྒྱུ་རྩལ་རྩོམ་རིག་གོང་དུ་འཕེལ་བར་དགེ་མཚན་ལྡན་པའི་ནུས་པ་ཐོན་ཡོད། དཔེར་ན། ཡ་གླིང་ཤར་ལྷོའི་རྒྱལ་ཁབ་སིང་ག་ལ་དང་། འབར་མ། ལའོ་བོ། ཇན་པུའུ་ཀྲེ། ཐའེ་གོ། ཧིན་རྡུ་ཉི་ཞི་ཡ། བལ་པོ། འབྲུག་ཡུལ། འབྲས་ལྗོངས། འཇར་པན། ཁྲའོ་ཞན་སོགས་སུ་ཐུབ་པའི་སྐྱེས་རབས་བརྒྱ་ཕྲག་མང་པོ་ཁྱབ་ཡོད་པ་མ་ཟད། ཐུབ་བསྟན་པ་དང་རྩོམ་པ་པོ་རྣམས་ཀྱིས་ཐུབ་པའི་སྐྱེས་རབས་ལ་སྦྱར་ནས་སྒྱུ་རྩོམ་སྣ་ཚོགས་རྩོམ་པ་དང་། རི་མོ་པ་དང་ལྷ་བཟོ་པ་རྣམས་ཀྱིས་རི་མོ་འབྲི་བའམ་འབག་སྐྲུ་བཞེང་བར་ཐུབ་པའི་སྐྱེས་རབས་མཆོག་ཏུ་འཛིན་པ། དེ་མིན་དམངས་ཁྲོད་དུ་ད་ལྟ་ད་དུང་ཐུབ་པའི་སྐྱེས་རབས་གཏམ་རྒྱུད་དེ་སྐྲོ་བ་བསང་བའི་གླུ་དང་ངལ་བ་གསོ་བའི་སྐབས་སུ་བཤད་པར་གྲགས།

རང་རྒྱལ་གྱི་རྒྱ་དང་སོག་པོ་སོགས་དང་། ཁྱད་པར་དུ་རང་རེ་བོད་ལ་མཚོན་ནའང་དེ་བཞིན་ཏེ། རྒྱལ་པོ་སྲོང་བཙན་སྒམ་པོའི་སྐུ་རིང་ལ་ནང་པའི་བཀའ་

བསྟན་བསྒྱུར་འགོ་བརྩམས་པ་ནས་བསྟན་པ་ཕྱི་དར་གྱི་བར་དུ་སངས་རྒྱས་ཆོས་ལུགས་ཀྱི་གླེགས་བམ་མང་པོ་བསྒྱུར་བ་ལ་བརྟེན་ནས་ཐུབ་པའི་སྐྱེས་རབས་བརྒྱ་ཕྲག་མང་པོ་ཞིག་ཐོན་རྗེས། ཐུབ་པའི་རྗེས་འཇུག་པ་རྣམས་ཀྱིས་དེ་ལ་བསླབ་སྦྱང་དཔྱད་གསུམ་བྱེད་པའི་དུས་མཚུངས་སུ《སྐྱེས་རབས་སོ་བཞི་པ》ལས། གྲགས་པའི་མཚན་མར་གྱུར་པ་འདི་རྣམས་ཀྱིས། །བདེ་བར་གཤེགས་འགྱུར་ལམ་རྣམས་གང་ཡིན་བསྟན་པར་འགྱུར། །ཡིད་ལ་དད་པ་མེད་པ་རྣམས་ཀྱང་དད་པར་འགྱུར། །ཆོས་དང་ལྡན་པའི་གཏམ་གྱིས་རབ་ཏུ་དགའ་བར་འགྱུར། །འཇིག་རྟེན་མཆོག་གི་སྤྱོད་པ་དམ་པ་ཕྱོགས་ཙམ་གྱིས། །བདག་གི་སྙན་ངག་ཉན་དུ་རུང་བར་བྱ་བའི་ཕྱིར། །ལུང་དང་གཙུག་ལག་རིགས་པར་མི་འགལ་ལམ་དག་གིས། །དེ་ལྟར་འཇིག་རྟེན་དོན་གྱུར་སྙམ་ནས་འདི་བརྩམས་སོ། །ཞེས་པ་ལྟར། རང་གི་སྟོན་པའི་ཆེ་བ་བརྗོད་ནས་དེར་དད་མོས་མེད་པ་རྣམས་ཀྱིས་ཡིད་ལ་དད་མོས་བསྐྱེད་པ་དང་། དད་མོས་ལྡན་པ་རྣམས་ཀྱི་ཡིད་ལ་དགའ་བ་བསྐྱེད་ནས་བྱང་ཆུབ་དམ་པའི་ལམ་ལ་སྐུལ་ཞིང་། རང་གི་རྩོམ་ལ་བལྟ་བར་དགའ་བ་དང་དེ་རྒྱ་ཁྱབ་ཏུ་སྤེལ་བའི་དོན་དང་། ཡང་ན《སྙན་ངག་མེ་ལོང་མ》ལས། སྔོན་བྱུང་གཏམ་ལས་གྱུར་པའམ། །ཅིག་ཤོས་ལེགས་པ་ལ་བརྟེན་པ། །ཞེས་པའི་སྒོ་དང་བསྟུན་ནས། ཐུབ་པའི་སྐྱེས་རབས་རྣམས་ཕྱོགས་སྒྲིག་བྱས་ཏེ་དེར་འགྲེལ་བཤད་བརྩམས་པ། སྒྲུང་གཏམ་དང་། རྟོགས་བརྗོད། སྙན་ངག ལེགས་བཤད། ལྷ་མོའི་འཁྲབ་གཞུང་སོགས་གང་རྩོམ་པའི་ཚེ་ནའང་ཐུབ་པའི་སྐྱེས་རབས་ལ་སྦྱོར་བའམ་དེའི་བྱུང་རིམ་ག་གེ་མོ་ཞིག་ལ་དཔེ་བལྟས་ནས་རྩོམ་པ་དང་། དེའི་སྒྱུ་རྩལ་གྱི་ལེགས་ཆ་བསྡུ་གང་ཐུབ་བྱས་ནས་བརྩམས་པ་བཅས་ཀྱིས་བོད་ཀྱི་སྒྱུ་རྩལ་རྩོམ་རིག་གི་བརྗོད་བྱའི་ནང་དོན་དང་། རྣམ་པ། བརྗོད་དོན་བསམ་བློ་བཅས་ཕྱོགས་ཡོངས་ལ་ཐུབ་པའི་སྐྱེས་རབས་ཀྱི་ཤུགས་རྐྱེན་ཟབ་མོ་ཞིག་ཐེབས་ཡོད་པ་འདི་ལྟར།

དང་པོ། བརྗོད་བྱའི་ནང་དོན་ལ་ཤན་ཞུགས་པ།

1. སྒྲུང་གཏམ་གྱི་བརྗོད་བྱའི་ནང་དོན་ལ་ཤན་ཞུགས་པ། དེ་ཡང་སྔར་གྱི་དུས་སུ་རང་རེ་བོད་ལ་སྒྲུང་གཏམ་ཞེས་པའི་མིང་དང་དེ་ཇི་ལྟར་རྩོམ་པའི་རིགས་པའི་གཞུང་ལུགས་མེད་ཀྱང་། རྩོམ་ལུས་དེར་གཏོགས་པའི་རྩོམ་མི་ཉུང་བ་ཞིག་ཡོད་པ་རེད། དཔེར་ན། 《དྲི་མེད་ཀུན་ལྡན་གྱི་རྣམ་ཐར》དང་། 《གཞོན་ནུ་ཟླ་མེད་ཀྱི་གཏམ་རྒྱུད》《ཆོས་རྒྱལ་ནོར་བཟང་གི་རྣམ་ཐར》《བྲམ་ཟེའི་བུ་མོ་གཟུགས་ཀྱི་ཉི་མའི་རྣམ་ཐར》《རིགས་བཟང་གི་མཁའ་འགྲོ་མ་འགྲོ་བ་བཟང་མོའི་རྣམ་ཐར》《པདྨ་འོད་འབར་གྱི་རྣམ་ཐར》《རྒྱལ་པོ་སྤྲིན་གྱི་བཞོན་པའི་རྟོགས་བརྗོད་འཇིག་རྟེན་ཀུན་དགའ་བསྐྱེད་པའི་གཏམ》སོགས་ལ་མཚོན་ན། མི་སྣའི་གཟུགས་བརྙན་གཏོད་པ་གཞིར་བཟུང་ཞིང་གཏམ་རྒྱུད་ཀྱི་བྱུང་རིམ་ཆ་ཚང་བ་དང་འཕྲུང་སའི་ཁོར་ཡུག་ཞིབ་མོར་བཀོད་པའི་སྒོ་ནས་སྤྱི་ཚོགས་ཀྱི་འཚོ་བ་རྒྱ་ཆེ་ཞིང་ཕྱོགས་མང་པོ་མཚོན་མཁས་པར་སྣང་བས། བོད་ཀྱི་གནའ་རབས་སྒྲུང་གཏམ་གྱི་གྲས་སུ་བགྲངས་ན་མི་ཆོག་པ་མེད་པར་སྙམ།

སྒྲུང་གཏམ་དེ་དག་ལས《ཆོས་རྒྱལ་ནོར་བཟང་གི་རྣམ་ཐར》ནི་བཀའ་འགྱུར་འདུལ་བའི་ཁྲིད་ཀྱི་ཁ་དུམ་པར་ཡོད་པའི《རྒྱལ་པོ་ནོར་བཟང་གི་སྐྱེས་རབས》ལས་བརྩམས་པ་དང་། དེ་ནི་ཀོ་ས་ལའི་རྒྱལ་པོ་གསལ་རྒྱལ་གྱིས་སྟོན་པ་ཤཱཀྱ་ཐུབ་པར་ཁོང་གིས་བླ་ན་མེད་པ་ཡང་དག་པར་རྫོགས་པའི་བྱང་ཆུབ་དོན་དུ་གཉེར་བར་སྦྱིན་པ་ཇི་སྙེད་ཅིག་བསྒྲུབ་བ་དང་བསོད་ནམས་ཇི་སྙེད་ཅིག་བགྱིས་པ་ཞུས་པའི་ལན་ལ། སྟོན་པ་ཤཱཀྱ་ཐུབ་པས་ཁོང་གིས་སྐྱེ་བ་སྔ་མར་སྦྱིན་པ་བཏང་ཚུལ་དང་། བསོད་ནམས་བསགས་ཚུལ། བརྩོན་འགྲུས་སྤྱད་ཚུལ་བཅས་ཀྱི་དཔེ་མཚོན་ལྟ་བུར

གསུངས་པ་ཞིག་རེད། 《རྒྱལ་བུ་དྲི་མེད་ཀུན་ལྡན་གྱི་རྣམ་ཐར》ནི་བཀའ་འགྱུར་མདོ་སྡེའི་ཁྲིད་ཀྱི་ཨཿ དུམ་པར་བཞུགས་པའི《འཕགས་པ་དོན་གྲུབ་ཀྱི་མདོ》དེ་གཞིར་བཟུང་ཐོག《རྒྱལ་པོ་ཟླ་འོད་ཀྱི་སྐྱེས་རབས》①དང་། 《རྒྱལ་པོ་མིག་འབྱེད་ཀྱི་སྐྱེས་རབས》② 《ཤི་བིའི་རྒྱལ་པོའི་སྐྱེས་རབས》③བཅས་སུ་རྒྱལ་པོས་མིག་སྦྱིན་པའི་བྱུང་རིམ་ཡོད་པ་དེ་བསྣན་ནས་བརྩམས་པ་རེད།

དེ་ཡང《འཕགས་པ་ནོར་བུ་དོན་གྲུབ་ཀྱི་མདོ》ནི་སྟོན་པ་ཤཱཀྱ་ཐུབ་པ་མཉན་ཡོད་དུ་ཡོད་པ་ན་ཛེ་ཏའི་ཚལ་མགོན་མེད་ཟས་སྦྱིན་གྱི་ཀུན་དགའ་ར་བ་ན་དགེ་སློང་དང་དགེ་སློང་མ་དང་། དགེ་བསྙེན་དང་དགེ་བསྙེན་མ་གྲངས་མེད་པ་དང་མཉམ་དུ་བཞུགས་ཏེ། བཅོམ་ལྡན་འདས་འཛུམ་ཞིང་ཞལ་གྱི་སྒོ་ནས་འོད་ཟེར་ཁ་དོག་ལྔ་དང་ལྡན་པ་བཀྱེ་བ་དང་། ཀུན་དགའ་བོས་དེའི་དོན་ཞུས་པ་ལ་སྟོན་པ་ཤཱཀྱ་ཐུབ་པས་ཁོང་གིས་སྐྱེས་རབས་སྔོན་མར་སྦྱིན་པ་བྱས་པ་མངོན་པར་དྲན་པའི་ཚུལ་དུ་གསུངས་པ་ཞིག་རེད། 《པདྨ་འོད་འབར་གྱི་རྣམ་ཐར》ནི་དཔེ་དེབ་དེ་ཉིད་དུ"སྐྱོང་ལུང་ལྷ་མོ་བ་རྣམས་ནས་གྲུབ་དབང་པད་འབྱུང་གི་རྣམ་འཕྲུལ་ཁྲིའུ་པད་འོད་ཀྱིས་ལོག་ལམ་འཕྲུན་པའི་རྗེ་འབངས་འཁོར་བཅས་བཏུལ་ཞིང་འབོད་སྒྲོག་ཤ་རྗེན་ཟ་བ་དག་ཀྱང་དམ་ཆོས་བསླབ་ཁྲིམས་ལ་བཀོད་པའི་སྟོན་བྱུང་ལོ་རྒྱུས་ཀྱི་གཞུང་ལྟར་གཟིགས་སྟོན་འབུལ་བཞེས་བཀའ་དྲིན་ཆེ་གཤིས"ཞེས་སློབ་དཔོན་པདྨ་འབྱུང་གནས་ཀྱི་རྣམ་འཕྲུལ་ཁྲིའུ་པད་འོད་བྱ་བའི་རྣམ་ཐར་ཡིན་པར་བརྗོད་ཀྱང་། རྣམ་ཐར་གྱི་ཁག་གོང་མ་སྟོན་པ་ཤཱཀྱ་ཐུབ་པས་རྒྱལ་པོ་གསལ་རྒྱལ་གྱི་ཞུས་ལན་དུ་ཁོང་གིས་བླ་ན་མེད་པའི་བྱང་ཆུབ་ཀྱི་དོན་གཉེར་བའི་ཕྱིར་སེམས་ཅན་རྣམས་རྗེས་སུ་བཟུང་ཚུལ་དང་། ཡང་ན་བདག་གཅེས་འཛིན་ནི་སྡུག་བསྔལ་གྱི་རྒྱུ་

① 《བཀའ་འགྱུར》མདོ་སྡེ་ཁྲིད་ཀྱི་ཨཿ དུམ་པར་བཞུགས།

② 《མདོ་མཛངས་བླུན》ཁྲིད་ན་བཞུགས།

③ 《སྐྱེས་རབས་སོ་བཞི་པ》རུ་བཞུགས།

ཡིན་ཚུལ་གསུངས་པའི《 རྟའི་རྒྱལ་པོ་སྤྲིན་གྱི་ཤུགས་ཅན་གྱི་སྐྱེས་རབས》དང་འདྲ་བ་ཡིན་པས་དེ་ལས་བཙམས་པར་གོར་མ་ཆག 《རྒྱལ་པོ་སྤྲིན་གྱི་བཞོན་པའི་རྟོགས་བརྗོད་འཛིག་རྟེན་ཀུན་དགའ་བསྐྱེད་པའི་གཏམ》①ཞེས་པ་ནི《རྒྱལ་པོ་སྤྲིན་བཞོན》②ལས་བཙམས་ཤིང་། 《ཁྲམ་ཟེའི་བུ་མོ་གཟུགས་ཀྱི་ཉི་མའི་རྣམ་ཐར》ནི《པདྨ་ལྡན་གྱི་སྐྱེས་རབས》③ལས་བཙམས་པ་དང་། དེ་ནི་སྟོན་པ་ཤཱཀྱ་ཐུབ་པ་ཁྱིམ་ནས་ཁྱིམ་མེད་པར་རབ་ཏུ་བྱུང་དུས། བཙུན་མོ་གྲགས་འཛིན་མར་སྲས་སྒྲུམ་པ་དེ་ཁོང་ཉིད་སངས་རྒྱས་པའི་དུས་མཉམ་དུ་འཁྲུངས་པར་ཡབ་སྲས་གཙང་མ་ཡིན་མ་ཆེས་པར། བྱང་ཆུབ་སེམས་དཔས་ཁྱིམ་སྤངས་ནས་ལོ་དྲུག་སོང་བས། ཁྱོད་ཀྱི་བུ་འདི་སུའི་བུ་ཡིན་ཞེས་གསོད་པར་འཁྲིད་པའི་ཚེ། བཅོམ་ལྡན་འདས་ཀྱིས་སྙིང་རྗེ་ནས་རྫུ་འཕྲུལ་གྱིས་འཕྲིན་བྱུང་བར་བྱས་ཏེ་མ་བསད་པ་དང་། སྲས་སྒྲ་གཅན་འཛིན་རྗེ་ལ་བསྟམས་ནས་ཆུ་ལ་བསྐྱུར་ཏེ་ང་མ་བྱིང་བར་རྗེའི་སྟེང་དུ་སྐྱིལ་ཀྱང་གིས་བཞུགས་ཀྱང་ཡབ་སྲས་གཙང་མའི་ཁྲོ་བ་མ་ཞི། དེར་གྲགས་འཛིན་མ་ཡིད་སྐྱོ་ཞིང་སྡུག་བསྔལ་དྲག་པོ་སྐྱེས་པས། དགེ་སློང་རྣམས་ཀྱིས་དེ་དོན་ཞུས་པའི་ལན་དུ་སྟོན་པ་ཤཱཀྱ་ཐུབ་པས་སྔོན་གྱི་ལས་ཤུགས་ཡིན་ཚུལ་དུ་གསུངས་པ་རེད།

དེ་བཞིན་དུ《ཁྱིའུ་བྱ་གཞོན་གྱི་རྣམ་ཐར》དུ་སྲིན་པོའི་ཡུལ་ནི་རྒྱ་མཚོའི་འཁྲིས་ཀྱི་གླིང་ཕྲན་དུ་ཡོད་པར་བཀོད་པ་དང་། སྲས་མཐུ་སྟོབས་བདག་པོ་གཡུ་ལོ་བཀོད་པའི་ཞིང་ཁམས་སུ་ལྷ་ཡི་སྲས་མོ་ཉི་མ་གཞོན་ནུ་གདན་འདྲེན་དུ་འགྲོ་དུས་སྲིན་པོའི་གླིང་ཕྲན་གསུམ་བརྒྱུད་ཅིང་། སྲིན་པོ་རལ་པ་ཐུར་དུ་འཕྱང་ཞིང་སྤྱང་མིག་ཁྲོ་བ། རྣམས་པའི་མཆེ་བ་གཙིགས་པ། ཁ་ནས་ངར་སྐད་སྒྲོག་པ་དག་ལ་ཐུག་པའི་བྱུང་རིམ་ལ་མཚོན་ན་འང《རྟའི་རྒྱལ་པོ་སྤྲིན་གྱི་ཤུགས་ཅན་གྱི་སྐྱེས་

① དཔལ་ལྡན་ཤེས་རབ་ཀྱིས་བཙམས།

② 《རྟོགས་བརྗོད་དཔག་བསམ་འཁྲི་ཤིང》དུ་བཞུགས།

③ གོང་དང་མཚུངས།

རབས》དང་། 《དེད་དཔོན་སིང་གླ་ལའི་སྐྱེས་རབས》①《དེད་དཔོན་སྦྱིན་པ་ཆེན་པོ་རྒྱ་མཚོར་ཞུགས་པའི་སྐྱེས་རབས》②སོགས་སུ་དེད་དཔོན་ནམ་ཚོང་དཔོན་དག་རྒྱ་མཚོར་ནོར་བུ་ལེན་དུ་འགྲོ་དུས་སྲིན་པོ་མགོ་གཟེང་ཞིང་མཆེ་བ་གཙིགས་པ། ནུ་མ་ཕྲག་པར་འཕངས་པ་རྣམས་ཀྱིས་གནོད་པ་བྱས་ཚུལ་བཀོད་པ་ལ་བརྟེན་ནས་བྱུང་བར་སྙམ།

2. **སྙན་ངག་གི་བརྗོད་བྱའི་ནང་དོན་དུ་གྱུར་པ།** ཆོས་རྒྱལ་འགྲོ་མགོན་འཕགས་པའི་སྐུ་རིང་ལ་ལོ་ཙཱ་བ་ཤོང་དཔང་རྣམ་གཉིས་ཀྱི་སྐུ་དྲིན་ལས《སྙན་ངག་མེ་ལོང》ཞེས་པ་བོད་དུ་བསྒྱུར་རྗེས། བོད་ཀྱི་མཁས་པ་རྣམས་ཀྱིས་སྙན་ངག་གི་བསྟན་བཅོས་རྩོམ་དུས་ལུས་དང་རྒྱན་འགོད་ཚུལ《མེ་ལོང་མའི》ལུས་དང་བསྟུན་པར་མ་ཟད། བརྗོད་བྱའི་ནང་དོན་གྱི་ཐད་ནས་ཀྱང《མེ་ལོང་མར》གཏན་ལ་ཕབ་པ་སྟེ། སྔོན་བྱུང་གཏམ་ལས་གྱུར་པའམ། །ཅིག་ཤོས་ལེགས་པ་ལ་བརྟེན་པ། །སྡེ་བཞིའི་འབྲས་བུའི་དབང་གྱུར་དང་། །མཁས་ཤིང་རྒྱ་ཆེའི་འདྲེན་པ་ཅན། །ཞེས་པ་དང་བསྟུན་ཞིང་། ཡང་ན་རྒྱ་གར་གྱི་མཁས་པ་དགེ་དབང་དང་སློབ་དཔོན་དཔའ་བོ་སོགས་ཀྱི་ལད་མོ་བྱས་ནས་ཐུབ་པའི་སྐྱེས་རབས་ལ་སྦྱར་ཏེ་སྙན་ངག་གི་བསྟན་བཅོས་མང་པོ་བརྩམས་ཡོད་པ་དཔེར་ན། ཀཿ་རང་བྱུང་རྡོ་རྗེས་སློབ་དཔོན་དཔའ་བོས་བརྩམས་པའི《སྐྱེས་རབས་སོ་བཞི་པའི》ཁ་སྐོང་དུ་སྙན་ངག་གི་ལམ་ནས《སེངྒེ་རྒྱལ་པོ་ཡི་དམ་བརྟན་པའི་སྐྱེས་རབས》དང་། 《རྒྱལ་པོ་གསེར་མདོག་གི་སྐྱེས་རབས》《རིགས་ངན་གྱི་སྐྱེས་རབས》《དགེ་སློང་གྲགས་པའི་འོད་ཀྱི་སྐྱེས་རབས》སོགས་ཐུབ་པའི་སྐྱེས་རབས་རེ་བདུན་བརྩམས་ནས《སྐྱེས་རབས་བརྒྱ་པ》ཞེས་པའི་སྙན་ངག་གི་བསྟན་བཅོས་ཆེན་པོ་ཞིག་ཏུ་གྲུབ་པ་དང་། རྒྱལ་བ་

① 《བཀར་འགྱུར》འདུལ་བའི་ཁ་དུམ་པར་བཞུགས།

② 《མདོ་མཛངས་བླུན》ཁྲིད་ན་བཞུགས།

བློ་བཟང་རྒྱ་མཚོ་མཆོག་གིས་བརྩམས་པའི《འཁྲུངས་རབས་ཀྱི་ཞིང་བཀོད་འབྲི་ཚུལ་གྱི་རྟོགས་བརྗོད་ཁ་བྱང་དང་བཅས་པ་གསལ་བའི་མེ་ལོང》①ལས། གཟི་ཆེན་སྟོང་འབར་རིན་ཆེན་ཅོད་པན་མཆོག །ཡབ་རྗེས་རིགས་སྲས་དབུ་ལ་ཉེར་བཀོན(བསྐོན)ནས། །ས་དབང་རྒྱལ་བའི་གོ་སར་མངའ་གསོལ་ཏེ། །ཁྲིམས་གཉིས་གདུགས་དཀར་ཡུ་བ་བུ་ལ་གཏད། །རང་གི་ལུས་སྲོག་འགྲོ་ལ་གཏོང་བའི་སེམས། །སྦྱིན་པའི་རྩེ་དགའ་ལྷུར་ལེན་ཉལ་འགྲོའི་རྒྱུན། སྔོན་གོམས་རི་གཟེར་རྩེ་ལས་ཉེར་འབབ་པ། །སེར་སྣའི་རྒྱགས་ཀྱིས་གྱེན་དུ་བཟློག་ནུས་མིན། །སྦྱིན་པའི་གཏམ་སྙན་ལུས་ཐྲའི་འགྲམ་པའི་ཆང་། །ཟེགས་མ་གྲངས་མེད་ཕྱོགས་བརྒྱར་འཕྲོར་བ་ཡིས། །མཆོག་དམན་སྐྱེ་བོའི་སྒྲ་འཛིན་བ་ཀུ་ལ། །འཛུམ་ཚེ་ཀུན་རྟོག་ཟེའུ་འབྲུ་ཅི་ཡང་རྐོད། །ཕྲག་དོག་རླུང་གིས་བསྐྱོད་པའི་ནགས་ཀྱི་མེས། །ནོར་མཆོག་ཅན་དན་ལྗོན་པ་སྲེག་པའི་ཤུལ། །སྒྲ་ཅན་རྗེ་འབངས་སེམས་ཁོང་ཚུད་པའི་བཞིན། །བརྟགས་པའི་སོལ་བའི་མགལ་དུམ་ཆེས་ཆེར་སྤུངས། །དེ་ཚེ་གཡོ་མེད་ཁྲིམས་ཀྱི་རླུང་། །ཤུགས་དྲག་གིས་བདས་རྒྱལ་བའི་སྲས། །ཟླ་གཞོན་མཐའ་འཁོབ་ཚ་ལྷ་ཡི། །ཕང་བར་སོང་ཡང་འཛིགས་པ་མེད། །བསླུ་མེད་བདེན་པའི་སྐྱེ་རེངས་ཀྱི། །ཕན་བདེའི་བྱ་མ་ཧ་ཤར་བས། །རིང་མིན་སླར་ཡང་ལྷ་ཡི་སྲས། །ཉིན་བྱེད་རང་ཡུལ་མཁའ་ལ་འོངས། །ཨེ་མ་དེ་ཚེ་ལུས་ཅན་ཀུན། །མི་དབང་ཡིད་བཞིན་ནོར་བུ་འདི། །རང་གི་བསོད་ནམས་བགོ་སྐལ་གྱིས། །ཐོབ་ཅེས་དགའ་བའི་གར་གྱིས་བྲེལ། །དུས་དེར་རྗེ་འབངས་ཡིད་ལ་བདེ་བའི་རོ། །མྱོང་དང་ལྷན་ཅིག་མཐའ་འཁོར་དྲེགས་ལྡན་ཡིད། །དཀར་མིན་སྔོན་བསགས་ལས་ལ་ཆེར་མནོང་བ། །ལྷན་ཅིག་ཕན་ཚུན་འགྲན་པ་བཞིན་དུ་བྱས། །ཞེས་འཇིག་རྟེན་དབང་ཕྱུག་གི་འཁྲུངས་རབས་བཀོད་པ་དེའང་ས་མིང་དང་མིའི་མིང་ཙམ་མི་འདྲ་བ་ལས། གཏམ་རྒྱུད་

① 《གངས་ལྗོངས་མཁས་དབང་རིམ་བྱོན་གྱི་རྩོམ་ཡིག་གསེར་གྱི་སྦྲམ་བུ》ཞེས་པའི་པར་ཆ་ན་གསལ།

གྱི་ནང་དོན་དང་བྱུང་རིམ་ཚང་མ《འཕགས་པ་ནོར་བུ་དོན་གྲུབ་ཀྱི་མདོ》དང་གཉིས་སུ་མ་མཆིས་པས་དེ་ལས་བརྩམས་པར་སྙམ། རྒྱ་ནག་པ་འཇམ་དབྱངས་བསྟན་འཛིན་ཉི་མས《རྒྱལ་པོ་སྤྲིན་བཞོན་གྱི་སྐྱེས་རབས》ལས་སྙན་ངག་གི་བསྟན་བཅོས《དཔལ་ལྡན་རིག་པ་འཛིན་པའི་འཁོར་ལོ་སྒྱུར་བ་སྤྲིན་གྱི་བཞོན་པའི་རྟོགས་བརྗོད་མཁའ་འགྲོ་རྣམ་པར་རྩེན་པའི་རྒྱུད་མངས་ངོ་མཚར་རྣ་བའི་བཅུད་ལེན》བརྩམས། 1982ལོའི《སྦྲང་ཆར》དེབ་གསུམ་པར་བཀོད་ཅིང་ཞིང་ཆེན་དང་རང་སྐྱོང་ལྗོངས་ལྷའི་སྒྱུ་རྩལ་དཔྱད་སྐུར་ཚོགས་འདུ་ནས་བྱ་དགའ་ཐོབ་པའི་སྙན་རྩོམ《རི་བོང་ཅན་གྱི་བྱུང་བ་བརྗོད་པ་གཡས་འཁྱིལ་དུང་གི་སྒྲ་དབྱངས》ཞེས་པ་དང་། 1984ལོའི《སྦྲང་ཆར》དེབ་དང་པོར་བཀོད་པའི《རི་དྭགས་ཏུ་ཏུའི་གཏམ་རྒྱུད》ཅེས་པའི་སྙན་རྩོམ་གྱི་བརྗོད་བྱའི་ནང་དོན་ཡང་ཐུབ་པའི་སྐྱེས་རབས་ཡིན་ཏེ། སྔ་མ་ནི《གསེར་འོད་དམ་པའི་མདོ》དང་བཀའ་འགྱུར་འདུལ་བའི་ཁ་དུམ་པར་བཞུགས་པའི《རི་བོང་གི་སྐྱེས་རབས》ལས་བརྩམས་པ་དང་། ཕྱི་མ་ནི《སྐྱེས་རབས་སོ་བཞི་པ》ན་བཞུགས་པའི《རི་དྭགས་ཏུ་ཏུའི་སྐྱེས་རབས》ལས་བརྩམས་པ་རེད།

གཞན་ཡང་སྙན་རྩོམ་དང་བསླབ་བྱ། མགུར་གླུ་སོགས་སུ་སྐབས་བབ་ཀྱི་བརྗོད་དོན་གསལ་པོར་སྟོན་པའི་ཆེད་དུ་ཐུབ་པའི་སྐྱེས་རབས་དཔེར་དྲངས་པའང་ཤ་ཅང་མང་ཏུང་། འདིར་ཚང་མ་བཀོད་ན་ཡིག་ཚོགས་མང་དྲགས་པས་མི་འགོད་པར་བྱའོ། །

3. **ལེགས་བཤད་ཀྱི་བརྗོད་བྱའི་ནང་དོན་དུ་གྱུར་པ།** མཁས་པའི་དབང་པོ་ས་སྐྱ་པཎྜི་ཏ་ཀུན་དགའ་རྒྱལ་མཚན་དཔལ་བཟང་པོ་དེ་ཉིད་ཀྱིས་འཕགས་པ་ཀླུ་སྒྲུབ་ཀྱིས་མཛད་པའི《ཤེས་རབ་བརྒྱ་པ》དང་། 《ཤེས་རབ་སྡོང་བུ》《སྐྱེ་བོ་གསོ་ཐིགས》སློབ་དཔོན་མཆོག་སྲེད་ཀྱིས་མཛད་པའི《ཚོགས་སུ་བཅད་པ་བརྒྱ་པ》《ཙ་ན་

ཀ།རྒྱལ་པོའི་ལུགས་ཀྱི་བསྟན་བཅོས》 མ་སུ་རཀྵས་མཛད་པའི《ལུགས་ཀྱི་བསྟན་བཅོས》ཏེ་རྒྱ་གཞུང་རྣམས་ཀྱི་ལེགས་ཆ་བསྡུས་ནས། མཁས་པ་དང་བླུན་པོའི་ཁྱད་པར་རྣམ་པར་དབྱེ་བའི་བསྟན་བཅོས《ལེགས་པར་བཤད་པ་རིན་པོ་ཆེའི་གཏེར》བརྩམས་རྗེས། རིམ་བཞིན《དགེ་ལྡན་ལེགས་བཤད》དང་། 《ཆུ་ཤིང་བསྟན་བཅོས》《རྒྱལ་པོ་ལུགས་ཀྱི་བསྟན་བཅོས》《ལྟུགས་ཀྱི་བསྟན་བཅོས》《མིའི་བསྟན་བཅོས》སོགས་སྐལ་ལྡན་རྣམས་ལ་འཇིག་རྟེན་གྱི་བླང་དོར་སྟོན་པའི་ལེགས་བཤད་མང་དུ་ཐོན་པ་དེ་དག་ཏུ་ཡང་ཐུབ་པའི་སྐྱེས་རབས་མང་པོར་བརྟེན་ནས་ལེགས་ཉེས་ཀྱི་ཁྱད་པར་དང་འཇུག་ལྡོག་གི་ལམ་གསལ་པོར་བསྟན་ཡོད་པ་རེད། དེ་ཡང་རང་བློས་དཔག་ཚོད་ལྟར་ན《ས་སྐྱ་ལེགས་བཤད》དུ་ཐུབ་པའི་སྐྱེས་རབས་བཅུ་ལྷག་ཅིག་ཡོད་པ་དང་། 《དགེ་ལྡན་ལེགས་བཤད》དུ་སུམ་ཅུ་ལྷག་ཡོད་ལ《ཆུ་ཤིང་བསྟན་བཅོས》སོགས་སུའང་ཐུབ་པའི་སྐྱེས་རབས་མི་ཉུང་བ་ཞིག་ཡོད་པ་རེད།

འདིར་དེ་དག་རེ་རེ་དཔེར་དྲངས་ནས་བརྗོད་ན་ཡིག་ཚོགས་ཀྱི་རྐྱེན་པས《ས་སྐྱ་ལེགས་བཤད》དང《དགེ་ལྡན་ལེགས་བཤད》ཀྱི་འགྲེལ་པ་ལས་ཐུབ་པའི་སྐྱེས་རབས་སུ་ངོས་བཟུང་མེད་པའི་ལེགས་བཤད་ཚིགས་བཅད་འགའ་ལས་དཔེ་མཚོན་ཙམ་བརྗོད་ན། བླུན་པོ་རང་དང་ཉེ་བ་ལ། །ཡི་འདྲོག་སྡུག་བསྔལ་ངང་གིས་ལྟར། །ཙལ་སྒྲ་ཐོས་པའི་རི་བོང་གིས། །སྲོག་ཆགས་ཟླ་བོ་བསྐྲོགས་ལ་ལྟོས། །ཞེས་པར་མཚོན་ན། སྟོན་པ་ཤཱཀྱ་ཐུབ་པ་སེང་གེའི་སྐྱེ་བ་བཞེས་པའི་རབས་ཏེ་རི་བོང་ཙལ་འདྲོག་ཅེས་པའི་གཏམ་རྒྱུད་ལ་དྲངས་ཏེ་སྐབས་བབ་ཀྱི་བརྗོད་དོན་གསལ་བར་བསྟན་ཡོད་པ་རེད། གཏམ་རྒྱུད་དེ་ནི་སྟོན་པ་ཤཱཀྱ་ཐུབ་པ་དགེ་སློང་གི་དགེ་འདུན་ཆེན་པོས་ཡོངས་སུ་བསྐོར་ནས་རྒྱལ་པོའི་ཁབ་ཏུ་ལྷོངས་རྒྱུ་ཞིང་གཤེགས་པའི་མཚན་མོ་ཞིག་ལ་གྲོང་མེད་ཅིང་སེང་གེའི་འཇིགས་པ་ལྡན་པའི་ལམ་ཞིག་ཏུ་དོན་

མཐུན་མང་པོ་དང་ལྷན་ཅིག་ཏུ་ཞག་བཞུགས་མཛད་སྐབས། དྲུག་སྡེར་ཤིང་ཕོང་སྟོང་ཞིག་རྙེད་ནས་དེའི་རྟིང་དུ་མེ་བཏང་བས་ཤིང་དེར་སྦྲུལ་དུག་མྱུར་དུ་ཁྲབ་པ་ཞིག་གནས་པ་དེ་དུ་བས་དཀྲིགས་ནས་སྡིང་གི་ཡལ་གར་འཛེགས་ཏེ་འཕྱང་ཞིང་བསྡད་པ་ལ། དྲུག་སྡེས་མཐོང་ནས"ཕྱུང་ངོ་ཕྱུང་ངོ"ཞེས་བཤད་པས། དོན་མཐུན་རྣམས་ཀྱིས་སེང་གེ་སླེབས་པར་སྙམ་ནས་ཕྱོགས་བཞིར་བྲོས་སོང་། དེ་ནས་སྟོན་པས་དེ་བཞིན་གཤེགས་པ་སེང་གེའི་འཇིགས་པ་དང་བྲལ་བ་ཡིན་གྱི་ཕྱིར་ལོག་ཅིག་ཅེས་བོས་པས་དོན་མཐུན་རྣམས་ཀྱི་སེམས་བག་ལ་ཕབ་པའི་སྐབས་བབ་དེ་འདྲ་ཞིག་ལ་སྟོན་པ་ཤཱཀྱ་ཐུབ་པས་དྲུག་སྡེས་སྐྱེ་བ་འདིར་མ་ཟད་སྐྱེ་བ་སྔོན་མར་ཡང་རི་དྭགས་ཀྱི་ཚོགས་ཆེན་པོ་སྐྲག་པར་བྱས་ནས་ཕྱོགས་བཞིར་བྲོས་པ་ངས་བག་ལ་ཕབ་པར་ཉོན་ཅིག་ཅེས་གསུངས་པ་དེ་རེད།①

ཡང་། མཁས་པ་མང་དུ་འདུས་པ་ན། །བློ་གྲོས་བསྟུར་བས་ལེགས་ལ་སྦྱོར། །གླང་པོ་ལ་སོགས་སྲོག་ཆགས་བཞི། །འཛོམས་ནས་བསླབ་ཁྲིམས་བཅས་ལ་ལྟོས། །ཞེས་པས་སྟོན་པ་ཤཱཀྱ་ཐུབ་པ་བྱ་གོང་མོར་སྐྱེ་བ་བཞེས་པའི་རབས་ཏེ་མཐུན་པ་རྣམ་བཞིར་གྲགས་པའི་གཏམ་རྒྱུད་ལ་བརྟེན་ནས། ཡིད་གཞུངས་པའི་མཁས་པ་མང་པོ་ལྷན་དུ་འཛོམས་ནས་བློ་བསྟུར་ན་རང་གཞན་གཉིས་ཀར་ཕན་པའི་དོན་འགྲུབ་པར་བརྗོད་ལ། རྒན་རབས་ལ་གུས་བཀུར་བྱས་ན་རང་གི་བསོད་ནམས་རྒྱས་པ་དང་ཡུལ་ཕྱོགས་བཀྲ་ཤིས་པ་དང་དགེ་མཚན་འཕེལ་བའང་བསྟན་ཡོད་པ་རེད། གཏམ་རྒྱུད་དེ་ནི་སྟོན་པ་མཉན་ཡོད་ན་བཞུགས་པའི་ཚེ་དགེ་སློང་མང་པོ་བསྙེན་བཀུར་གྱི་གནས་སུ་འདུས་ནས་སུ་ཞིག་ལ་བསྙེན་བཀུར་བྱེད་པ་དང་སུ་ཞིག་ལ་སྟན་དང་བཏུང་བ། བསོད་སྙོམས་ཀྱི་ཐོག་མ་ཡོངས་སྤྱོད་པར་འོས་པའི་གཏམ་གླེངས་ནས་སྟོན་པར་ཞུས་པ་ན། སྟོན་པས་བསྙེན་པར་རྫོགས་པ་སུ་རྒན་པ་དེར་བསྙེན་བཀུར་

① རྒྱལ་བ་དགེ་འདུན་གྲུབ་ཀྱིས་བརྩམས་པའི《འདུལ་བའི་གླེང་འབུམ》དུ་གསུངས།

བྱེད་དགོས་པར་གསུངས་ཤིང་། དགེ་སློང་རྣམས་ཀྱིས་སྟོན་པས་གསུངས་པ་ལྟར་གཅིག་གིས་གཅིག་ལ་བསླེན་བཀུར་བགྱིས་པ་དང་། བླ་མར་བསྟེན་པ། མཆོད་པར་བྱས་པ་ན་ཆུའི་ནང་གི་ཨུཏྤལ་བཞིན་དགེ་བའི་ཆོས་འཕེལ་བར་གྱུར་པས། དགེ་སློང་རྣམས་ངོ་མཚར་ནས་སྟོན་པར་ཞུས་པ་ལ། སྟོན་པས་ང་ད་ལྟ་སྐྱོན་ཐམས་ཅད་དང་བྲལ་ནས་དེ་ལྟར་མཛད་པར་ངོ་མཚར་ཅི་ཆེ། ང་འདོད་ཆགས་དང་བཅས་པའི་ཚེ་རྒན་པའི་བཙའ་བ་མཛད་པ་དེ། རྒན་པ་ལ་བརྟེན་ནས་འཛམ་བུའི་གླིང་ན་གནས་པའི་སྐྱེ་བོའི་ཚོགས་ཕལ་ཆེར་སུམ་ཅུ་རྩ་གསུམ་པའི་ལྷའི་རིས་སུ་ནོམ་པར་སྐྱེས་པ་དེ་ཉོན་ཅིག་ཅེས་གསུངས་པ་དེ་རེད།①

ཡང་། ཏ་ཙང་གཡོ་སྒྱུ་མང་དྲགས་ན། །རི་ཞིག་གྲུབ་ཀྱང་ཐ་མར་བརླག །གཟིག་ལྤགས་བཀབ་པའི་བོང་བུ་ཡིས། །ལོ་ཏོག་ཟོས་མཐར་གཞན་གྱིས་བསད། །ཅེས་པར་མཚོན་ན། སྟོན་པ་ཤཱཀྱ་ཐུབ་པས་སྐྱེས་རབས་སྔ་མར་ཞིང་པ་རྣམས་ཀྱི་རྫོངས་པ་བསལ་བའི་མཛད་པ་སྟེ། གཟིག་ལྤགས་གོན་པའི་བོང་བུ་ཞེས་པའི་གཏམ་རྒྱུད་ལ་བརྟེན་ནས། གཡོ་སྒྱུ་ཏ་ཙང་ཆེ་ན་སྐབས་འགར་བསམ་དོན་འགྲུབ་སྲིད་ཀྱང་ཐ་མར་ཀུན་གྱིས་ཤེས་ནས་རང་ཉིད་བརླག་ངེས་ཡིན་པར་བརྗོད་པ་དེ་རེད།②

ཡང་། མཁས་པ་རེ་རེའི་དགེ་མཚན་གྱིས། །རྒྱལ་ཁམས་ཀུན་ལ་བདེ་སྐྱིད་འབྱུང་། །ཤ་བྱིན་ཞེས་བྱའི་ཆོས་རྒྱལ་གྱིས། །རང་སྲིད་བསྐྱངས་པའི་ཡ་མཚན་ལྟོས། །ཞེས་པར་མཚོན་ན་རྩོམ་པ་པོས《མདོ་མཛངས་བླུན》ཁྲོད་ན་བཞུགས་པའི《རྒྱལ་པོ་བྱམས་པའི་སྟོབས་ཀྱི་སྐྱེས་རབས》སུ་རྒྱལ་པོ་དེས་གནོད་སྦྱིན་ལྔར་ཤ་ཁྲག་བྱིན་ནས་བཀྲེས་སྐོམ་གྱི་གདུང་བ་བསལ་ཏེ་བསླབ་པ་གཞི་ལྔ་ལ་བཀོད་ཅིང་། ད་ལྟ་ངའི་ལུས་ནས་ཁྲག་ཕྱུང་སྟེ་ཁྱོད་ངོམས་ཤིང་བདེ་བར་བྱས་

① རྒྱལ་བ་དགེ་འདུན་གྲུབ་ཀྱིས་བརྩམས་པའི《འདུལ་བའི་གླེང་འབུམ》དུ་གསུངས།
② པཎ་ལི་ཡི་གེ་ནས་བསྒྱུར་བའི《ཐུབ་པའི་སྐྱེས་རབས་ཕྱོགས་བསྒྲིགས》སུ་གསལ།

པ་ལྟར། ཕྱིས་མངོན་པར་སངས་རྒྱས་པ་ན་ཆོས་ཀྱི་སྐུའི་ཚུལ་ཁྲིམས་དང་ཏིང་ངེ་འཛིན་དང་ཤེས་རབ་ཀྱིས་ཁྱོད་ཀྱི་དུག་གསུམ་བསལ་ཏེ། འདོད་པས་གདུངས་པ་ལས་ཤིན་ཏུ་བདེ་བའི་མྱང་འདས་ལ་འགོད་པར་ཤོག་ཅིག་ཅེས་སྨོན་ལམ་བཏབ་པའི་གཏམ་རྒྱུད་ལ་བརྟེན་ནས་མཁས་པ་ཚད་ལྡན་གང་དུ་ཡོད་ཀྱང་དེ་རེ་རེའི་དགེ་མཚན་གྱིས་རྒྱལ་ཁམས་ཀུན་ལ་བཀྲ་ཤིས་ཤིང་བདེ་སྐྱིད་འབྱུང་བར་བསྟན་པ་རེད། སྐྱེས་རབས་དེ་ནི་ཀུན་དགའ་བོས་སངས་རྒྱས་བཅོམ་ལྡན་འདས་ལ་ཀཽཎྜི་ནྱ་སོགས་དགེ་སློང་ལྔ་ཆོས་ཀྱི་སྒོ་རྣམ་པར་ཕྱེ་མ་ཐག་ཏུ་འཇུག་པར་འགྱུར་བ་དང་། ཆོས་ཀྱི་རྔ་བརྡུངས་མ་ཐག་ཏུ་ཐོག་མར་ངོམས་པར་གྱུར་པ་དེའི་རྒྱུ་མཚན་གང་ཡིན་པ་ཞུས་པའི་ལན་དུ་སྟོན་པ་ཤཱཀྱ་ཐུབ་པས་སྐྱེ་བ་སྔ་མ་ནས་སྨོན་ལམ་བཏབ་པའི་རྐྱེན་ཡིན་པར་གསུངས་པ་དེ་རེད།

4. **ཟློས་གར་གྱི་ནང་དོན་དུ་གྱུར་པ།** དེ་ཡང་རང་རེ་བོད་ཀྱི་ལྷ་མོའི་ཟློས་གར་ནི་དུས་རབས་བཅུ་བཞི་པར་གྲུབ་ཆེན་ཐང་སྟོང་རྒྱལ་པོའམ་གྲུབ་ཆེན་ལྕགས་ཟམ་པ་བརྩོན་འགྲུས་བཟང་པོས་གསར་གཏོད་གནང་བ་ཞིག་ཡིན་པ་དང་། དེ་ནི་རྩོམ་རིག་གི་སྐད་ཆ་དང་མཛེས་རྩལ། རོལ་མོ། ཞབས་བྲོ་སོགས་ལ་བརྟེན་ནས་བརྗོད་བྱའི་ནང་དོན་དེ་སྒྱུ་རྩལ་ཅན་དུ་གྱུར་པའི་འཚོ་བ་ལས་མཚོན་པར་བྱེད་པ་ཞིག་ཡིན་པས། དེར་མི་རྣམས་ཀྱི་ཡིད་འགུགས་པ་དང་། སློབ་གསོ་འཐོབ་པ། ཤེས་རྟོགས་སྐྱེ་བ་ལ་སོགས་པའི་ནུས་པ་ལྷག་པར་ཆེན་པོ་ལྡན་པ་དང་། ཁྱད་པར་དུ་ཡིག་རྨོངས་པ་རྣམས་ཀྱིས་བལྟས་ན་འང་དོན་གོ་ཐུབ་པས། བོད་ཀྱི་མཁས་པ་རྣམས་ཀྱིས་ཟློས་གར་དེ་ཐུབ་པའི་རིང་ལུགས་དར་སྤེལ་བྱེད་པ་དང་། ལྷག་པར་དམངས་ཁྲོད་དུ་ཁྱབ་སྤེལ་བྱེད་པའི་ལག་ཆ་ནུས་ལྡན་ཞིག་ཏུ་སེམས་ཏེ། 《དྲི་མེད་ཀུན་ལྡན་གྱི་རྣམ་ཐར》དང་། 《ཆོས་རྒྱལ་ནོར་བཟང་གི་རྣམ་ཐར》《པད་མ་འོད་འབར་གྱི་རྣམ་ཐར》《རྒྱལ་པོ་སྲིན་བཞོན་གྱི་རྟོགས་བརྗོད》སོགས་ཐུབ་པའི་སྐྱེས་རབས་ལས་

བོད་ཀྱི་སྒྲུང་གཏམ་བརྩམས་པ་རྣམས་ཀྱང་འཁྲབ་གཞུང་གི་སྣང་བྱ་དང་ཁྲིད་ཆོས་ལྟར་འཁྲབ་གཞུང་དུ་བཅོས་ནས་དགོན་སྡེ་དང་དམངས་ཁྲོད་དུ་འཁྲབ་སྟོན་གྱིས་བོད་རིགས་མི་དམངས་ལ་ཤུགས་རྐྱེན་ཟབ་མོ་བཞག་ཡོད་པ་རེད།

རྣམ་ཐར་དེ་དག་ལ་མི་སེམས་འགུགས་པའི་བྱུང་རིམ་ཆ་ཚང་ལ། སྒྱུ་རྩལ་དང་མི་དམངས་ཀྱི་རང་བཞིན་ཚད་མཐོན་པོ་ལྡན་པས་ད་བར་མདོ་དབུས་ཁམས་གསུམ་གྱི་མི་དམངས་ལ་བསླབ་བྱའི་ཚུལ་གྱིས་ཉམས་སུ་མྱོང་བའི་དགའ་སྟོན་དུ་འཁྲབ་ཀྱིན་ཡོད་པ་རེད།

5. སྒྲུང་གི་བརྗོད་བྱའི་ནང་དོན་ལ་ཤན་ཞུགས་པ། ཐུབ་པའི་སྐྱེས་རབས་དེ་བོད་ཀྱི་གོང་གསལ་སྒྱུ་རྩོམ་རྣམས་ཀྱི་བརྗོད་བྱའི་ནང་དོན་དུ་གྱུར་པར་མ་ཟད། འཛམ་གླིང་གི་སྙན་རྩོམ་རིང་ཤོས་སུ་གྲགས་པ《གླིང་གེ་སར་རྒྱལ་པོའི་སྒྲུང》ལའང་དེའི་ཤན་ཞུགས་ཟབ་མོ་ཐེབས་པ་དཔེར་ན། 《དམྱལ་གླིང་སྨན་པ་རང་གསལ》ཞེས་པར་དམྱལ་ཁམས་བཅོ་བརྒྱད་ཀྱི་རྣམ་པ་བཀོད་པ་དེ་སྟོན་པ་ཤཱཀྱ་ཐུབ་པ་ཚངས་པར་སྐྱེས་པའི་རབས་ལས①བྱང་ཆུབ་སེམས་དཔའ་ཚངས་པས་ཡུལ་ལུས་འཕགས་པོའི་རྒྱལ་པོ་ཡན་ལག་སྦྱིན་ཞེས་པ་ལོག་པར་ལྟ་བ་ལ་རྗེས་སུ་ཆགས་པ་དེ་འདུལ་ཆེད་སེམས་ཅན་དམྱལ་བའི་གཏམ་གསུངས་པ་སྟེ། མེད་པར་ལྟ་བ་ཚེ་རབས་ཕྱི་མ་ལ། །གནས་པ་དེ་ན་མུན་ནག་རླུང་གྲང་ལྡང་། །དེས་ནི་རུས་པའང་འཇིག་པའི་ནད་སློང་ན། །བདག་ལ་ཕན་འདོད་སུ་ཞིག་དེ་རུ་འཇུག །མུན་ནག་འཐིབས་པོ་དུ་བ་དཀྲུ་བ་ཡི། །དམྱལ་བའི་ནང་ན་ཁ་ཅིག་ཡུན་རིང་གནས། །རང་གི་པགས་པས་འཁྲིང་བས་དྲངས་པར་སྣང་། །ཕན་ཚུན་བརྗོས་ཏེ་སྣད་པས་འོ་དོད་འབོད། །མི་མུར་འབར་བའི་དམྱལ་བ་གཞན་དག་ནི། །ཡང་དང་ཡང་དུ་རྐང་ལག་ཆོག་བཞིན་དུ། །དེ་ལས་ཐར་བར་འདོད་ཕྱིར་ཕྱོགས་སུ་རྒྱུག །མི་དགེ་མ་བྱུང་བར་དུ་ཆེ་མི་

① 《སྐྱེས་རབས་སོ་བཞི་པ》ན་བཞུགས།

འདའ། །ས་ལ་གཤིན་རྗེའི་གཤེད་མ་མ་ཐུང་བས། །ཤིང་མཁན་བཞིན་དུ་ཡན་ལག་གཤགས་པ་ནི། །ཕྱོན་ཤིང་རློན་པ་དག་ལ་སྐབས་རྙེད་བཞིན། །མཚོན་ཆ་རྣོན་པོས་རབ་ཏུ་གཏུབས་ཤིང་གཤགས། །དེ་བཞིན་གཞན་དག་དུམ་བུར་རབ་ཏུ་གཏུབས། །པགས་པ་བཤུས་པའི་སྡུག་བསྔལ་མི་བཟད་མྱོང་། །ཤ་རྣམས་བཏོགས་པས་ཁ་ཅིག་ཐུས་པ་ཙམ། །རང་གི་སྡིག་གིས་སྲོག་ནི་ཆད་མི་འགྱུར། །ཁ་ཅིག་འབར་པའི་སྲབ་ཀྱིས་ཁ་བསྲབས་ནས། །ལྕགས་ཀྱི་ས་གཞི་རབ་ཏུ་འབར་བ་ལ། །གླང་ལྕག་མེ་ལྟར་འབར་བས་དབང་མེད་བྲེས། །རབ་ཏུ་འབར་བའི་ཤིང་རྟ་འདྲེན་ཅིང་འཁོད། །སྟུད་འཇོམས་རི་ཡིས་ཁ་ཅིག་ལུས་ཀྱང་གཟིར། །དེ་ཡིས་བཙིར་པས་ཁྲུ་མར་ལྷགས་གྱུར་ཀྱང་། །སྡིག་པའི་ལས་རྣམས་མ་ཟད་བར་དུ་ནི། །སྡུག་བསྔལ་རྒྱུན་ཆགས་ཆེ་ཡང་ཡོང་མི་འཆི། །ལྕགས་གཏུན་རབ་ཏུ་འབར་བའི་ནང་དག་ཏུ། །ལྕགས་ཀྱི་བླ་གཏུན་རབ་ཏུ་འབར་བ་ཡིས། །ཡོ་གྲངས་ལྡེ་བརྒྱར་ཚང་གི་པར་དུ་ནི། །ཁྲི་མར་བཏགས་ཀྱང་ད་དུང་སྲོག་མི་འདོར། །ཁྱི་ཐུ་བཞིན་དུ་རབ་འབར་ཤིང་དག་གི །ལྕགས་ཀྱི་ཚེར་མ་འབར་ཞིང་རྩུབ་པ་ལ། །གཤིན་རྗེའི་གཤེད་པོ་ཁྲོ་བས་མགོན་མེད་པར། །སྙིང་དང་འོག་ཏུ་རབ་ཏུ་དྲངས་ཤིང་བསྐུས། །ལ་ལ་མེ་མདག་ཕུང་པོ་ཆེན་པོ་ནི། །བཙོ་མའི་གསེར་ལྟར་རབ་ཏུ་འབར་བ་ན། །བདག་གིས་ལས་ངན་སྤྱད་པའི་འབྲས་བུ་མྱོང་། །འགྲོ་ཕྱོག་ཏུ་འབོད་ཙམ་གྱི་མཐུ་ལ་བརྟེན། །ཁ་ཅིག་ས་གཞི་རབ་ཏུ་འབར་བ་ལ། །ཕུར་པ་བརྒྱ་ཡིས་ལྟེ་ཡང་རབ་ཏུ་བརྒྱངས། །མི་བཟད་ནད་ཀྱིས་ལུས་གཟིར་སྨྲ་ཡང་འཕྲིན། །དེ་དག་དེ་ཚེ་འཇིག་རྟེན་ཕ་རོལ་ཤེས། །ལྕགས་ཀྱི་ཞིབ་མ་འབར་བས་ཁ་ཅིག་དཀྲིས། །གཞན་དག་ལྕགས་ཀྱི་ཟངས་ཆེན་ནང་དུ་བསྐོལ། །ལ་ལ་མཚོན་རྣོན་ཆར་འབབ་ལུས་ཀྱང་དམྱལ། །གཅན་གཟན་ཁྲོ་བོས་ཤ་ལྤགས་ཟད་པར་གཏོགས། །ཁ་ཅིག་མེ་འབར་ཚ་བས་གདུང་གྱུར་ནས། །ཆུ་བོ་བཀྲལ་དགའ་རྩུབ་མོའི་ནང་དུ་འཇུག །དེ་ན་དེ་རྣམས་ཤ་ནི་མྱགས་པར་འགྱུར། །ངན་

སྐྱོད་མཐུས་བཟུང་སྲོག་ནི་ཆད་མི་འགྱུར། །གཞན་དག་ཚ་བས་རབ་ཏུ་གདུངས་གྱུར་ནས། །མི་གཙང་རོ་མྱགས་ཁྲོད་ལ་འཚོ་སྙམ་སྟེ། །ཞུགས་ནས་སྡུག་བསྔལ་མཚུངས་མེད་དེ་ན་མྱོང་། །སྲིན་བུ་མང་པོས་ལུས་དང་རུས་པ་བཤིག །ཁ་ཅིག་མེ་ཡི་ནང་དུ་ལུས་འབར་ཞིང་། །རབ་ཏུ་ཚ་བའི་སྡུག་བསྔལ་ཡུན་རིང་མྱོང་། །མེ་འབར་ནང་ན་ལྕུགས་བསྲེག་འདྲར་གྱུར་ཀྱང་། །རང་གི་ལས་ཀྱིས་ཐལ་བར་ལྷག་མི་འགྱུར། །གཞན་དག་སོག་ལེ་འབར་བས་དྲ་ཞིང་ཁ་ཅིག་སྦུ་གྲི་རྣོན་པོས་གཏུབ། །ལ་ལ་ལྕུགས་ཀྱི་ཐོ་བས་མགོ་བཅོམ་མྱ་ངན་གདུངས་ཤིང་འོ་དོད་འབོད། །ཁ་ཅིག་གསལ་ཤིང་ཆེན་པོས་ལུས་བརྒྱངས་དུ་བ་མེད་པའི་མེ་ལ་རབ་ཏུ་བསྲེགས། །གཞན་ཡང་ལྕུགས་ཀྱི་ཁུ་བ་མེ་ལྟར་འབར་བ་བླུད་ནས་འཕུན་སྒྲ་འབྱིན། །ལ་ལ་སྣ་ཚོགས་ཁྱི་རྣམས་སྟོབས་ཆེན་གྱིས། །མཆེ་བ་རྣོན་པོའི་སོ་ཡིས་རབ་ཏུ་འདྲད། །ལུས་ཀྱི་ཤ་རྣམས་བཏོགས་པས་སྐྲབ་མོར་གྱུར། །དམན་པའི་སྒྲ་འབྱིན་གཅོམ་ཆུང་དུ་ཞིང་འགྱེལ། །དམྱལ་བ་མི་བཟད་དེ་ལྟ་བུ་ནི་མི་བདེ་བ། །……ཞེས་པ་དང་ནང་དོན་ཕལ་ཆེར་འདྲ་བ་ལ་བལྟས་ན། དེ་གཉིས་དབར་དུ་འབྲེལ་བ་གཏན་ནས་མེད་པར་བརྗོད་མི་ནུས་ཏེ། 《ཚངས་པའི་སྐྱེས་རབས》སུ་བཀོད་པའི་དམྱལ་ཁམས་ཀྱི་རྣམ་པ་དེས་བོད་ཀྱི་སྨྲུང་པ་དང་སྨྲུང་སྟུད་སྒྲིག་བྱེད་མཁན་རྣམས་ཀྱིས་དམྱལ་ཁམས་བཅོ་བརྒྱད་ཀྱི་རྣམ་པ་འགོད་རྒྱུར་མ་དཔེའི་ནུས་པ་བསྐྱེད་པར་སྙམ། གཞན་ཡང་། 《རིགས་བཟང་གི་མཁའ་འགྲོ་མ་སྣང་ས་འོད་འབུམ་གྱི་རྣམ་ཐར》དུ། “དམྱལ་བ་རྣམས་ནི་ལྕུགས་སྲེག་གི་ས་གཞིའི་སྟེང་དུ་ཁྲི་ཆུ་ཁོལ་མ་བཙུགས་པའི་ནང་དུ་འཚོས་ཤིང་མེ་བསྲེགས་པས་རབ་ཏུ་ཚ་བའི་སྡུག་བསྔལ་དཔག་ཏུ་མེད་པ་དང་། གྲང་དམྱལ་བ་རྣམས་ནི་གངས་རི་འཁྱག་རོམ་སོགས་ཀྱི་སྦུབ་ཏུ་བཅུག་པ་སོགས་ཤིན་ཏུ་གྲང་བའི་སྡུག་བསྔལ་བཟོད་གླགས་མེད་པའི་མནར་བ་མང་དུ་འདུག”ཅེས་དམྱལ་ཁམས་ཀྱི་རྣམ་པ་བཀོད་པ་ཡང་དེའི་དངོས་

སམ་བརྒྱུད་ཀྱི་ཤན་ཞུགས་ཡིན་པར་སྙམ།

7. **ལོ་རྒྱུས་ཀྱི་ངག་རྒྱུན་ལ་ཤན་ཞུགས་པ།** དེ་ཡང་ཐུབ་པའི་སྐྱེས་རབས་ལས་རྒྱལ་པོ་དང་བློན་པོ་སོགས་ཀྱིས་ཞལ་ལྟེ་དྲང་བདེན་དུ་བཅད་ནས་སེམས་ཅན་ལ་ཕན་པ་བསྐྱབས་པ་དང་། མཛངས་པའི་ལས་སྣ་ཚོགས་བྱས་པའི་གཏམ་རྒྱུད་གསོན་ཉམས་ལྡན་པ་མང་བས། བོད་ཀྱི་མཁས་པ་རྣམས་ཀྱིས་ལོ་རྒྱུས་རྩོམ་དུས་སྐབས་བབ་ཀྱི་བརྗོད་དོན་ལེགས་པར་སྟོན་ཆེད་ཐུབ་པའི་སྐྱེས་རབས་ནང་གི་རྒྱལ་བློན་བློ་གྲོས་ཅན་རྣམས་ཀྱི་མཛད་པ་དག་བོད་ཀྱི་རྒྱལ་བློན་རྣམས་ལ་གང་འཚམ་དུ་སྦྱར་ཡོད་པ་དཔེར་ན། བློན་པོ་མགར་རྒྱ་བཟའ་ཀོང་ཇོ་སྣོང་དུ་ཕེབས་པའི་ལོ་རྒྱུས་ཀྱི་ངག་རྒྱུན་དུ་རྒྱ་ནག་རྒྱལ་པོས་ཀོང་ཇོ་སྣོང་དུ་འོངས་པའི་རྒྱལ་ཁག་ལྔའི་བློན་པོ་རྣམས་ལ་ཁྱོད་ཚོའི་རིག་པ་གང་ཆེ་ལ་བུ་མོ་སྟེར་བར་གསུངས་ནས། རྒྱའི་གཡུ་ཞགས་འཁྱིལ་བ་ལ་དར་རྒྱུ་བ་དང་། རྒོད་མ་མ་བརྒྱ་རྟེའུ་བརྒྱ་ངོ་སྤྲོད་པ། ཤིང་རྟུམ་པོ་བརྒྱའི་མགོ་མཇུག་འཚོལ་བ། བུ་མོ་རྒྱན་གྱིས་བརྒྱན་པའི་བྱུང་རིམ་དེ་དག་བློན་པོ་མགར་གྱིས་ཅི་ལྟར་ཤེས་པར་མཚོན་ནའང་ཐུབ་པའི་སྐྱེས་རབས་ཀྱི་ཤན་ཞུགས་པ་སྟེ་སྟོན་པ་ཤཱཀྱ་ཐུབ་པ་བློན་པོ་སྨན་ཆེན་པོར་སྐྱེས་པའི་རབས་སུ།① "བྱང་ཕྱོགས་ཀྱི་ཚོང་པ་ཞིག་གིས་རྒོད་མ་གཉིས་རྒྱལ་པོ་སྐྱིད་པ་ལ་སྐྱེས་སུ་ཕུལ་ཏེ་ལྷ་འདི་དག་མ་སྐད་ལགས་ན་མ་དང་བུ་གང་ཡིན་པ་ནི་གཞན་གྱིས་མ་འཚལ་ཏེ་ཞེས་སྨྲས་པ་ལ། དེ་མ་ཤེས་ནས་སྨན་ཆེན་པོས་ས་ག་ལ་དྲིས་པ་དང་། གང་གི་སྤྱི་གཤོར་བ་དེ་ནི་མའོ། །སྤྱི་འཇམ་པ་ནི་བུའོ་ཞེས་སྨྲས་པས་རྒྱལ་པོ་ངོ་མཚར་དུ་གྱུར་ཏེ། ……ལྷོ་ཕྱོགས་ན་ཚོང་པ་དག་གིས་ཙན་དན་གྱི་སྡོང་པོ་ཁྱེར་བ་དེའི་མགོ་མཇུག་མ་ཤེས་པ་ལ། ས་གས་རྫིང་བུའི་ནང་དུ་བོར་ན་རྩ་བ་ནི་འོག་ཏུ་འབྱིང་ངོ"ཞེས་པ་དང་། རྒྱལ་པོ་སྐྱིད་པས་བདག་པོས་དོར་བའི་བུ་མོ་ཨུ་དུམ་ཝ་རི་ག་ཞེས་པ་ནགས་སུ་མཐོང་

① 《བཀའ་འགྱུར》འདུལ་བའི་ད་དུམ་པར་བཞུགས།

པ་བཙུན་མོར་བླངས་ཏེས། བྲམ་ཟེ་བདག་པོ་དེས་གོ་ནས་རྒྱལ་པོའི་ཁབ་ཏུ་ཆུང་མ་ཞུ་དུམ་ལྷ་རི་ཀ་འཚོལ་དུ་འོངས་པ་ན། བློན་པོ་སྨན་ཆེན་པོས་ཅི་ཁྱོད་རང་གི་ཆུང་མ་ངོ་ཤེས་སམ། དེ་ཡོས་ཤེས་ཟེར་བ་ལ། སྨན་ཆེན་པོས་བཙུན་མོ་ལྔ་བརྒྱ་ཁྱོད་ཀྱི་མདུན་དུ་བཞག་ལ། དེར་ཁྱོད་རང་གི་མ་ཡིན་པ་གཞན་བཟུང་ན་ཁྱོད་ཀྱི་ལུས་མཚོན་གྱིས་དུམ་བུར་བྱའོ་ཞེས་བཤད་ནས། རྒྱལ་པོའི་བཙུན་མོ་ཐམས་ཅད་རྒྱན་གྱིས་མཆོག་ཏུ་བརྒྱན་ཏེ། རྒྱལ་པོའི་བཤོས་གསོལ་བའི་ལམ་སྣང་བའི་སར་བཙུན་མོ་ཐམས་ཅད་གྲལ་བསྒྲིགས་ཤིང་ཞུ་དུམ་ལྷ་རི་ཀ་ཀུན་གྱི་སྔོན་མ་བྱས་ནས། ལྷའི་བུ་མོ་རྣམས་དང་འདྲ་བར་རྒྱལ་པོའི་དྲུང་དུ་ལྷགས་པ་ན། བྲམ་ཟེ་དེ་སྦྲུལ་སྔགས་ཀྱིས་བཏབ་པ་བཞིན་དུ་དཔའ་གོང་ནས། ཉི་མར་ལྟ་མི་བཟོད་པ་ལྟར་གྱུར་ཅིང་། དེ་དག་གི་ཕྱི་བཞིན་འབྲངས་པའི་བྲན་མོ་ཆུ་ཚུན་མ་ཞིག་འགྲོ་བ་མཐོང་ནས་འདི་བདག་གི་ཆུང་མའོ་ཞེས་ཟེར་བ་སོགས་བཀོད་པ་ལ་ཟུར་ལྟ་བྱས་པར་སྙམ། རིག་པ་འགྲན་པའི་བྱུང་རིམ་འདི《མདོ་མཛངས་བླུན》ཁྲོད་ཀྱི《བློན་པོ་རི་དྭགས་ཀྱི་བུ་བདུན་གྱི་ལེའུ》ལྷ་ལི་ཡི་གེ་ནས་རྒྱ་ཡིག་ཏུ་བསྒྱུར་བའི《ཐུབ་པའི་སྐྱེས་རབས་བདམས་བསྒྲིགས》ཞེས་པར་ཡང་ཡོད་པ་རེད། དེས་ན་རྒྱ་ནག་རྒྱལ་པོ་ཐང་ཐའི་ཙུང་གིས་རྒྱལ་ཁབ་སོ་སོའི་བློན་པོ་རྣམས་ཀྱི་རིག་པར་ཚོད་བགམ་པའི་བྱུང་རིམ་དེ་ནི་བོད་ཀྱི་ལོ་རྒྱུས་སྨྲ་བ་དང་རྩོམ་པ་པོ་རྣམས་ཀྱིས་བློན་པོ་མགར་གྱི་འགྲན་ཟླ་བྲལ་བའི་བློ་གྲོས་ཀྱི་རྩལ་དེ་སྟོན་ཆེད། ཐུབ་པའི་སྐྱེས་རབས་ཁྲོད་ཀྱི་བློན་འབངས་རིག་པ་ཅན་རྣམས་ཀྱི་བསམ་སྦྱོར་ཁ་ཤས་དེའི་དཔེ་མཚོན་དུ་བཀོད་པར་སྙམ།

དེ་བཞིན《སྦ་བཞེད》དུ“……གོང་ཇོའི་བུ་སྣ་ནམ་བཟའ་བཞི་སྟེངས་ཀྱིས་ཕྲོགས་ནས་འདི་ང་ལ་སྐྱེས་པ་ཡིན་ཟེར། དེར་བློན་པོ་ཀུན་གྱིས་བརྟག་པར་བྱ་བའི་ཕྱིར། ཐང་ཚིགས་ཀྱི་བུག་གར་དུ་བཞག་ནས་བུ་སུ་ཐོབ་བྱེད་དུ་བཅུག་པས། གོང་ཇོས་སྔོན་ལ་ཟིན་པ་བཞི་སྟེངས་ཀྱིས་ཤི་ནའང་ཤི་སྙམ་སྟེ་ཕྲོགས་པས། གོང་ཇོས་བུ་

ཤི་དོགས་ནས་ལྐོག་བཏང་སྟེ། ཡིན་དང་ངའི་ཡིན་ཏེ་དྲི་མོ་ཁྱོད་ཟེར་ནས་བཏང་། བུ་ཀོང་རྗོའི་ཡིན་པར་ཤེས།” ཞེས་པའི་ཁྲི་སྲོང་ལྡེ་བཙན་རྒྱ་བཟའ་འམ་སྣ་ནམ་བཟའ་གང་གི་བུ་ཡིན་པར་བརྟག་པའི་གཏམ་རྒྱུད་དེ་ལ་མཚོན་ན་འང《མདོ་མཛངས་བླུན》ཁྲོད་ཀྱི《ཁྲིམ་བདག་དཔྱིག་པ་ཅན་གྱི་ལེའུ》ལས་རྒྱལ་པོ་མཛེས་པ་ཅན་གྱིས་བུད་མེད་གཉིས་ཀྱིས་བུ་གཅིག་བརྩད་པ་དེ་སུ་ཡིན་པར་བརྟགས་པ་སྟེ། “……རྒྱལ་པོ་དེ་ལ་ཡང་བུད་མེད་གཉིས་ཤིག་བུ་གཅིག་ལ་རྩོད་དེ། རྒྱལ་པོ་བློ་མཁས་པས་བརྟགས་ནས་བུད་མེད་གཉིས་ལ་འདི་སྐད་ཅེས་སྨྲས་སོ། །ཁྱོད་གཉིས་ཀྱིས་བུའི་ལག་པ་རེ་རེ་ནས་བཟུང་སྟེ་དྲོངས་ལ་གང་གིས་ཐོབ་པ་བུ་ཁྱེར་ཅིག་ཅེས་བསྒོ་བ་དང་། བུའི་མ་མ་ཡིན་པ་དེས་ནི་བུ་ལ་སྙིང་རྗེ་མེད་པས་སྣད་ཀྱི་མི་དོགས་ཏེ་མཐུ་ཅི་ཡིན་པས་དྲངས་སོ། །བུའི་མ་གང་ཡིན་པ་དེས་ནི་བུ་ལ་བྱམས་ནས་སྣད་ཀྱིས་དོགས་ཏེ་སྟོབས་ཀྱིས་ཐུབ་ཀྱང་དྲག་ཏུ་མི་འདྲེན་ཏོ། །རྒྱལ་པོས་ཀྱང་རྟོགས་ནས་དྲག་ཏུ་དྲངས་པ་དེ་ལ་འདི་ནི་ཁྱོད་ཀྱི་བུ་མ་ཡིན་ཏེ། བུད་མེད་ཅིག་ཤོས་ཀྱི་བུ་ཡིན་པས་ན་དྲང་པོར་སྨྲོས་ཤིག་ཅེས་བྱས་པ་དང་དལ་གྱིས་འདྲེན་པའི་བུ་ཡིན་པར་གྱུར་ཏེ་བུ་ཁྱེར་རོ”ཞེས་པ་དང་ཀུན་ནས་མཚུངས་པ་རེད། ཁོ་བོས་བལྟས་ན་གྲིམ་ཤིང་ཀོང་རྗེ་དང་སྣ་ནམ་བཟའ་ཡིས་ལོ་རྒྱུས་སྟེང་དངོས་གནས་བུ་ཞིག་བརྩད་ཀྱང་སྲིད་མོད། འོན་ཀྱང་དེ་སུའི་བུ་ཡིན་པར་བརྟག་ཆེད་གཉིས་ཀར་འཕྲོག་རེས་བྱེད་དུ་བཅུག་པའི་ཐབས་དེ་ནི་རྩོམ་པ་པོས《ཁྲིམ་བདག་དཔྱིག་པ་ཅན་གྱི་ལེའུ》ནང་གི་རྒྱལ་པོ་མཛེས་པ་ཅན་གྱི་མཛད་པ་དེ་བོད་ཀྱི་བློན་པོ་རྣམས་ཀྱི་ལས་སུ་སྒྱུར་བ་རང་རེད།

《ཆོས་འབྱུང་མཁས་པའི་དགའ་སྟོན》དུ། “གཉི་གས་ལན་པ་ལ་བྲམ་ཟེ་དབྱུག་པ་ཅན་གྱིས་ཁྱིམ་བདག་གི་སླང་གཡར་ནས་གཏོང་དུ་ཕྱིན་པས་སླང་ཁྱིམ་བདག་གི་ར་བར་བཏང་སྟེ་ཅི་ཡང་མ་སྨྲས་པར་ཡོག ཁྱིམ་བདག་གིས་སླང་བསྐྱལ་བྱུང་བ་

མཐོང་ཡང་མ་བཏགས་པར་བཞག་པས་གླང་ཕྱུགས་ཀྱི་སྒོ་ནས་ཐོན་ཏེ་སྟོར་བ་རྒྱལ་པོ་མེ་ལོང་གདོང་ལ་ཞལ་ལྟ་ཞུས་པས། ཁྲམ་ཟེར་གླང་བཏང་ཡོད་དོ་ཞེས་མ་སྨྲས་པས་ལྟེ་ཚོད། ཁྱིམ་བདག་གིས་མཐོང་ཡང་མ་བཏགས་པས་ལག་པ་བྲེགས། ཞེས་ཞལ་ལྟེ་བཅད་པ་ལ་དཔེ་བྱས་ནས་ཆད་གཉིས་མཉམ་དུ་གཅོད་པ་དབང་ཆེན་བཅད་ཀྱི་སྒྱུ་ཁྲིམས། གཉི་ག་བདེན་ན་ཁྱིམ་བདག་ཅིག་གི་བུ་སྐྱེས་མ་ཐག་ཆུར་ལྷུང་བ་ཉ་ཞིག་གིས་མིད་པ། རིའི་འོག་གི་གྲོང་ན་གནས་པའི་ཁྱིམ་བདག་ཞིག་གི་གཡོག་གིས་ཉ་དེ་ཟིན་ནས་བཤས་པས། ཁྱེའུ་ཞིག་མ་ཤི་བར་བྱུང་བ་ཁྱིམ་བདག་དེའི་བུར་གསོས་པ། ཁྱིམ་བདག་གོང་མས་ཐོས་ནས་རྩོད་དེ་རྒྱལ་པོ་ལ་ཞལ་ལྟེ་ཞུས་པས་གཉི་གས་ཁྱེའུ་རེ་མོས་སུ་གསོས་ལ་བུད་མེད་རེ་ལོངས། བུ་བྱུང་ན་ཁྱིམ་བདག་སོ་སོས་ཁྱེར་ཅེས་བྱུང་ནས་ཁྱེའུ་རིགས་གཉིས་པར་མིང་ཆགས། བུ་རེ་རེ་སོ་སོས་ཁྱེར་ཕྱིས་རབ་ཏུ་བྱུང་བས་དགེ་སློང་རིགས་གཉིས་པར་གྲགས་པ་དེ་ལ་དཔེ་བླངས་ནས། གཉིས་བདེན་དང་དགའ་གསུམ་དུ་གཅོད་པ་ཁབ་སོ་ནང་པའི་ཁྲིམས་ཡིག་ཏུ་གྲགས་སྐད”ཅེས་བཀོད་པ་ལྟར་རྒྱལ་པོ་སྲོང་བཙན་སྒམ་པོའི་རིང་ལ་བདེན་རྫུན་ཞལ་ལྟེའི་ཁྲིམས་ཡིག་གསུམ་བཟོས་པ་ལས་དབང་ཆེན་བཅད་ཀྱི་སྒྱུ་ཁྲིམས་ཞེས་པ་དང་། ཁབ་སོ་ནང་པའི་ཁྲིམས་ཞེས་པའི་དཔེ་ལེན་སའི་གཏམ་རྒྱུད་ཀྱང་ཐུབ་པའི་སྐྱེས་རབས་རེད། དེ་ཡང་དང་པོ་ནི་ཀོ་ས་ལའི་རྒྱལ་པོ་གསལ་རྒྱལ་གྱིས་ཞུས་ལན་དུ་བཅོམ་ལྡན་འདས་ཀྱིས་ཁོང་གིས་སྐྱེ་བ་སྔ་མ་དག་ལ་སེམས་ཅན་ལ་ཕན་པ་མཛད་ཚུལ་དུ་གསུངས་པའི《རྒྱལ་པོ་མེ་ལོང་གདོང་གི་སྐྱེས་རབས》(བཀའ་འགྱུར་འདུལ་བའི་ཁྲོད་ན་བཞུགས)སུ་རྒྱལ་པོ་མེ་ལོང་གདོང་གིས་ཁྲམ་ཟེ་དབྱུག་པ་ཅན་དང་ཁྱིམ་བདག་གཉིས་ལ་ཞལ་ལྟེ་བཅད་པའི་བྱུང་རིམ་རེད།① གཉིས་པ་ནི། 《མདོ་མཛངས་བླུན》ཁྲོད་ན་བཞུགས་པའི《རིགས་གཉིས་ཀྱི་སྐྱེས་རབས》སུ་ཁྱིམ་བདག

① 《མདོ་མཛངས་བླུན》ཁྲོད་ཀྱི《ཁྱིམ་བདག་དབྱིག་པ་ཅན་གྱི་ལེའུ》རུ་འབང་གསལ།

ཕྱུག་པོ་གཉིས་ཀྱིས་བུ་གཅིག་བརྩད་པར་རྒྱལ་པོས་ཞལ་ལྕེ་བཅད་པའི་གཏམ་རྒྱུད་དེ་རེད།

གཞན་ཡང་། 《རྒྱལ་རབས་གསལ་བའི་མེ་ལོང》དུ་འཕགས་པ་སྤྱན་རས་གཟིགས་རྟའི་རྒྱལ་པོར་སྤྲུལ་ནས་སེམས་ཅན་གྱི་དོན་མཛད་པའི་སྐོར་དེ་ཡང་ཀོ་ས་ལའི་རྒྱལ་པོ་གསལ་རྒྱལ་གྱིས་ཞུས་ལན་དུ་སྟོན་པ་ཤཱཀྱ་ཐུབ་པས་ཁོང་གིས་སྐྱེ་བ་སྔ་མར་སེམས་ཅན་རྣམས་རྗེས་སུ་བཟུང་ཚུལ་གསུངས་པ་སྟེ། 《རྟའི་རྒྱལ་པོ་སྤྲིན་གྱི་ཤུགས་ཅན་གྱི་སྐྱེས་རབས》དང་གཅིག་རེད། གཏམ་རྒྱུད་དེ་གཞན་ད་དུང《མདོ་སྡེ་ཟ་མ་ཏོག》ཏུའང་བཞུགས་པ《རྒྱལ་རབས་གསལ་བའི་མེ་ལོང》རང་ནའང་གསལ་བ་ཡིན།

ཐུབ་པའི་སྐྱེས་རབས་བོད་ལ་བསྒྱུར་རྗེས་བོད་ཀྱི་སྒྲུ་རྩོམ་སྣ་ཚོགས་ཀྱི་བརྗོད་བྱར་གྱུར་པ་དང་། ཡང་ན་དེ་དག་གི་བརྗོད་བྱའི་ནང་དོན་ལ་ཤན་ཞུགས་ཤིང་བོད་ཀྱི་ལྷེབས་རིས་དང་ཐང་ག འཛིམ་བཟོ་སོགས་ཀྱི་མཚོན་བྱར་གྱུར་ཡོད་དེ། ས་སྐྱ་དགོན་པའི་ཚོགས་ཆེན་འདུ་ཁང་དང་ནོར་བུ་གླིང་གའི་སྤྱན་བསལ་ཕོ་བྲང་གི་ལྷེབས་རིས་དང་། དགེ་ལྡན་བསྟན་པའི་འབྱུང་ཁུངས་དཔལ་ལྡན་བྱ་ཁྱུང་ཐེག་ཆེན་ཡོན་ཏན་དར་རྒྱས་གླིང་གི་ཚོགས་ཆེན་འདུ་ཁང་ཆེན་མོའི་ཐང་ག་དང་། ལྷ་བྲང་བཀྲ་ཤིས་འཁྱིལ་གྱི་དབྱར་གནས་སུ་དགྲམ་རྒྱུའི་ཐང་ག་རྣམས《དཔག་བསམ་འཁྲི་ཤིང》ཡིན་ཞིང་། སྔོན་ཆད་སྣར་ཐང་དགོན་པར《དཔག་བསམ་འཁྲི་ཤིང》གི་ཐང་པར་ཡང་ཡོད་པ《དཔལ་སྣར་ཐང་ཆོས་སྡེའི་ལོ་རྒྱུས་མདོར་བསྡུས》ལས་གསལ། དེ་མིན་སེ་ར་དང་འབྲས་སྤུངས་དགོན་པ། ཧུན་ཏོང་བྲག་ཕུག་སོགས་ཀྱི་ལྷེབས་རིས་སུའང་ཐུབ་པའི་སྐྱེས་རབས་ངེས་ཅན་རེ་བཀོད་ཡོད་ལ། ལྷ་ས་དང་། སྐུ་འབུམ། ལྷ་བྲང་སོགས་སུ་སྨོན་ལམ་ཆེན་མོར་བཞེངས་པའི་མེ་ཏོག་མཆོད་རྒྱན་གྱི་ནང་དོན་ཡང་ཐུབ་པའི་སྐྱེས་རབས་བཞེངས་པ་མང་།

གཉིས་པ། རྫོང་ཐྱེད་ཀྱི་རྣམ་པར་ཤན་ཞུགས་པ།

དེ་ཡང་ཐུབ་པའི་སྐྱེས་རབས་གཏམ་རྒྱུད་ལ་རང་རྒྱ་ཐུབ་པ་དང་། རྫོང་ཐྱེད་ཀྱི་ཚིག་གསོན་ཉམས་ལྡན་པ། བྱུང་རིམ་གྱིས་ཡིད་སེམས་འགུགས་པ། སྣང་བརྙན་གསལ་བ། འཚོ་བའི་ཉམས་འགྱུར་ཟབ་པ་བཅས་ཀྱི་ཁྱད་ཆོས་ལྡན་པས། བོད་ཀྱི་རྩོམ་པ་པོ་རྣམས་ཀྱིས་རང་གི་བརྩམས་ཆོས་ལེགས་འགྲུབ་ཡོང་བའི་ཆེད་དུ་དེའི་ལུས་དང་། སྒྲིག་གཞི། བྱུང་རིམ། སྣང་བརྙན་འགོད་སྟངས་སོགས་ལ་སློབ་སྦྱོང་དང་དེའི་ལེགས་ཆ་སྤྱུད་ལེན་བྱས་ཡོད་པས། བོད་ཀྱི་སྒྱུ་རྩལ་རྩོམ་རིགས་ལ་ཐུབ་པའི་སྐྱེས་རབས་ཀྱི་སྒྱུ་རྩལ་གྱི་ཤན་ཞུགས་ཀྱང་ཟབ་མོ་ཞིག་ཡོད་པ་འདི་ལྟར།

1. **རྩོམ་གྱི་ལུས་ལ་ཤན་ཞུགས་པ།** དེ་ཡང་ཐུབ་པའི་སྐྱེས་རབས་སུ་ཐབས་སྣ་ཚོགས་ལ་བརྟེན་ནས་མི་སྣའི་སྣང་བརྙན་དང་ཡུལ་ལྗོངས་ཀྱི་རྣམ་པ་གསོན་ཉམས་ལྡན་པ་ཞིག་བཀོད་པ་དང་། བརྗོད་དོན་རྒྱ་ཆེ་ཞིང་བྱུང་རིམ་ཆ་ཚང་བའི་གཏམ་རྒྱུད་ཀྱང་མི་ཉུང་བ་ཞིག་ཡོད་པ་དེས་བོད་ཀྱི་མཁས་པ་རྣམས་ལ་ཡུལ་ལྗོངས་དང་མི་སྣའི་སྣང་བརྙན་གཏོད་པར་མཚུངས་མེད་དཔེ་སྟོན་གྱི་ནུས་པ་བསྐྱེད་ཅིང་། སྤྱི་ལོའི་དུས་རབས་བཅུ་གསུམ་པར《སྙན་ངག་མེ་ལོང》བོད་ལ་བསྒྱུར་ཅིང་དེར་སྦྱངས་བརྩོན་བྱས་པས། བོད་ཀྱི་མཁས་པ་རྣམས་ཀྱི་རྩོམ་རྩལ་ཇེ་མཐོར་སོང་ཡོད། མི་སྣ་ཞིབ་འབྲི་བྱེད་པའི་དཔེ་མཚོན་ཡོད་པ་དང་སྐད་ཆའི་སྒྱུ་རྩལ་ཇེ་མཐོར་སོང་བའི་ཆ་རྐྱེན་འོག གཏམ་རྒྱུད་ནས་སྒྲུང་གཏམ་དུ་ཉེ་བར་འཕེལ་བའི་སྐྱེས་རབས་དེ་དག་བརྗོད་བྱར་བཀོད་པ་དང་། ཡང་ན་དེ་དག་ལ་ལད་མོ་བྱས་ནས་བརྩམས་པ་ལ། 《རྒྱལ་པོ་དྲི་མེད་ཀུན་ལྡན་གྱི་རྣམ་ཐར》དང་། 《ཆོས་རྒྱལ་ནོར་བཟང་གི་རྣམ་ཐར》《རྒྱལ་པོ་སྤྲིན་གྱི་བཞོན་པའི་རྟོགས་བརྗོད་འཛིག་རྟེན་ཀུན་དགའ་བསྐྱེད་

པའི་གཏམ》《པདྨ་འོད་འབར་གྱི་རྣམ་ཐར》《བྱ་མགྲིན་སྔོན་ཟླ་བའི་རྟོགས་བརྗོད》《གཞོན་ནུ་ཟླ་མེད་ཀྱི་གཏམ་རྒྱུད》སོགས་གནའ་རབས་ཀྱི་སྒྲུང་གཏམ་བྱུང་བ་རེད། དེས་ན་ཐུབ་པའི་སྐྱེས་རབས་ནི་བོད་ཀྱི་གནའ་རབས་སྒྲུང་གཏམ་གྱི་འབྱུང་རྐྱེན་གཙོ་བོ་ཞིག་ཡིན་ཟེར་ནའང་མི་ཉུང་བ་ཅི་ཡང་མེད་པར་སྙམ།

2. **སྒྲིག་གཞིར་ཤན་ཞུགས་པ།** ཐུབ་པའི་སྐྱེས་རབས་མང་པོ་བོད་ལ་བསྒྱུར་བའི་ཤུགས་རྐྱེན་གྱིས་བོད་ལའང་སྐྱེས་ཆེན་དམ་པ་རྣམས་ཀྱི་སྐྱེས་རབས་འབྲི་བའི་སྲོལ་བྱུང་བ་དཔེར་ན། རྒྱལ་པོ་སྲོང་བཙན་སྒམ་པོའི་སྐྱེས་རབས་རྣམ་ཐར《མ་ཎི་བཀའ་འབུམ》དང་། 《སློབ་དཔོན་པད་མ་འབྱུང་གནས་ཀྱི་སྐྱེས་རབས》《ཇོ་བོ་རྗེའི་རྣམ་ཐར་བླ་མའི་ཡོན་ཏན་ཆོས་ཀྱི་འབྱུང་གནས》《འབྲོམ་སྟོན་པ་རྒྱལ་བའི་འབྱུང་གནས་ཀྱི་སྐྱེས་རབས》《བཀའ་གདམས་ཕ་ཆོས》《མི་དབང་རྟོགས་བརྗོད》སོགས་ལྟ་བུ་རེད། དེའང་ཐོག་མར་སྐྱེས་ཆེན་དམ་པ་དེ་དག་སྐྱེ་བ་སྔ་མ་རྣམས་སུ་གང་ཟག་གང་དག་གི་སྐྱེ་བ་བླངས་ནས་མཛད་པ་ཅི་ཞིག་མཛད་ཚུལ་བརྗོད་རྗེས། ད་གཟོད་སྐྱེ་བ་འདིའི་རྣམ་ཐར་བརྗོད་པ་ནི་རྩོམ་པ་པོ་རྣམས་ཀྱིས་རང་གིས་བརྗོད་པར་བྱ་བའི་གང་ཟག་ལ་ཆེ་ཆེར་བསྟོད་པ་དང་སྐྱེས་བུ་དམ་པ་དེ་དག་གི་སྐྱེ་བ་འདིའི་དཔལ་དང་ཡོན་ཏན་ཐམས་ཅད་ནི་སྐྱེ་བ་སྔ་མ་རྣམས་སུ་འགྲོ་དོན་མཐའ་ཡས་པ་མཛད་པའི་འབྲས་བུ་ཡིན་པར་བརྗོད་ནས་སྐྱེ་བོ་ཐམས་ཅད་ལས་རྒྱུ་འབྲས་བསྒྲི་བར་བསྐུལ་ཆེད། ཐུབ་པའི་སྐྱེས་རབས་ཀྱི་སྒྲིག་གཞི་དཔེར་བྱས་ནས་བརྩམས་པ་མངོན་གསལ་རེད།

3. **མི་སྣའི་སྣང་བརྙན་དང་དེ་གཏོང་བའི་ཐབས་ལ་ཤན་ཞུགས་པ།** སྔོན་རབས་བོད་ཀྱི་རྩོམ་པ་པོ་མང་ཆེ་བ་ནི་སྟོན་པ་ཤཱཀྱ་ཐུབ་པའི་རྗེས་འཇུག་པ་ཡིན་ཞིང་། ཁོང་ཚོས་སྟོན་པ་ཤཱཀྱ་ཐུབ་པའི་གསུང་ལ་སྙིང་ཐག་པ་ནས་དད་མོས་བྱེད་པ་དང་དེ་རང་གི་བྱ་སྤྱོད་མཐའ་དག་ལ་སློབ་སྟོན་བྱེད་པའི་རིགས་པའི་གཞུང་ལུགས་སུ་བྱེད་

པས། ཁོང་ཚོའི་རྩོམ་གྱི་བརྗོད་དོན་དང་འཁྲིད་སྟོན་བསམ་བློའང་སྟོན་པ་ཤཱཀྱ་ཐུབ་པའི་དགོངས་གཞི་རེད། དེས་ན་གཅིག་མཐུན་གྱི་བརྗོད་དོན་དང་འཁྲིད་སྟོན་བསམ་བློའི་འོག་བརྩམས་པའི་སྒྱུ་རྩོམ་ནང་གི་མི་སྣའི་སྣང་བརྙན་དང་དེ་གཏོད་པའི་ཐབས་ཀྱང་རང་ཤུགས་ཀྱིས་གཅིག་ཏུ་གྱུར་ཡོད་པ་དཔེར་ན། 《གཞོན་ནུ་ཟླ་མེད་ཀྱི་གཏམ་རྒྱུད》ཏུ་གཞོན་ནུ་ཟླ་མེད་ཀྱི་གྲལ་རིམ་གྱི་གོ་གནས་མཚོན་པར་བྱེད་ཆེད། ཐུབ་པའི་སྐྱེས་རབས་ལྟར་འཕྲོག་བརྗོད་ཀྱི་རྒྱན་སྣ་ཚོགས་ལ་བརྟེན་ནས་སྲིད་པའི་རྒྱན་གྱི་ཡུལ་ལྗོངས་དང་ཕོ་བྲང་ཕྱི་ནང་གི་བཀོད་པ། འཁོར་གཡོག་རྒྱུ་ནོར་ལོངས་སྤྱོད་སོགས་འཇིག་རྟེན་ན་འགྲན་ཟླ་བྲལ་ཞིང་བསམ་པ་ཙམ་གྱིས་མི་ལོང་དུ་གཟུགས་བརྙན་ཤར་བ་ལྟ་བུ་ཞིག་བརྗོད་ཅིང་། མཐའ་གཞུག་གཞོན་ནུ་ཟླ་མེད་ཀྱིས་དེ་འདྲའི་འཁོར་བའི་ཕུན་ཚོགས་ལ་མ་ཆགས་པར་དབེན་གནས་སུ་བསམ་གཏན་གྱི་བདེ་བ་སྤྱོད་དུ་སོང་བ་དེས་གཞོན་ནུ་ཟླ་མེད་འཁོར་བའི་ཕུན་ཚོགས་ལ་ཞེན་ཆགས་མེད་པའི་རང་གཤིས་ཚད་མཐོན་པོའི་སྒོ་ནས་མཚོན་པར་བྱས་ཡོད།

ཐུབ་པའི་སྐྱེས་རབས་སུ་མི་སྣ་གཙོ་བོ་གང་གི་མཚན་དཔེ་བརྗོད་པ་ལ་བརྟེན་ནས་དེའི་སྣང་བརྙན་མཚོན་པར་བྱེད་པ་དེའི་ཤན་ཡང་བོད་ཀྱི་རྣམ་ཐར་དང་རྟོགས་བརྗོད་སོགས་སུ་ཐེབས་ཡོད་དེ། 《རྗེ་བཙུན་བླ་མ་ཙོང་ཁ་པ་ཆེན་པོའི་ངོ་མཚར་རྨད་དུ་བྱུང་བའི་རྣམ་པར་ཐར་པ་དད་པའི་འཇུག་ངོགས》ལས། "འདི་ཉིད་གང་གི་ཚེ་ཡུམ་ལས་ཉེ་བར་བལྟམས་པ་དེའི་ཚེ། འདིའི་དབུ་ནི་གདུགས་ལྟ་བུ་དང་། དཔྲལ་བ་དབྱེས་ཆེ་ཞིང་སྨིན་མ་འཛར་ལ་ཤངས་ཀྱི་གཟེངས་མཐོ་བ་དང་། སྤྱན་ཤལ་རིང་དུ་འཕྱུར་ཞིང་ཡན་ལག་དང་ཉིང་ལག་རྒྱས་ལ་དཀྲུ་སྐབས་ཕྱེད་པ་དང་། དབང་པོ་ཡོངས་སུ་གསལ་ཞིང་པགས་པའི་མདོག་ནི་མེ་ཏོག་ཀུ་མུད་ལྟར་དཀར་བས་འཇིག་རྟེན་གྱི་སྐྱེ་བོ་གཞན་དང་མི་མཐུན་པའི་མཚན་གྱི་དཔལ་གྱིས་མཛེས་པ་མིག་གི་བདུད་རྩི་ཞིག་བཙས"ཞེས་པར་མཚོན་ན《གཞོན་ནུ་ཆུ་སྐྱེས

ཀྱི་སྐྱེས་རབས》①དང《ཐམས་ཅད་སྒྲོལ་གྱི་སྐྱེས་རབས》②སོགས་སུ་བྱང་ཆུབ་སེམས་དཔའ་གང་ཉིད་ཀྱི་མཚན་དཔེ་སྟེ"པགས་པའི་མདོག་གསེར་འདྲ་བ། མགོ་གདུགས་ལྟ་བུ་དང་ལྡན་པ། ལག་པ་རིང་བ། དཔྲལ་བའི་དབྱེས་ཆེ་བ། སྨིན་མ་འཛར་བ། སྣའི་གཟེངས་མཐོ་བ། སྐྱེས་པ་དྲན་པ་ཞིག་བཙས་སོ"ཞེས་བཀོད་པ་དང་ཕལ་ཆེར་གཅིག་འདྲ་རེད། དེ་བཞིན་དུ་བོད་ཀྱི་སྐྱེས་ཆེན་དམ་པ་རྣམས་ཀྱི་འབག་སྐུ་དང་ཐང་གའི་དཔྲལ་བའི་དབྱེས་ཆེ་བ་དང་། སྨིན་མ་འཛར་བ། སྣའི་གཟེངས་མཐོ་བ། སྙན་ཤལ་ཤིན་ཏུ་རིང་བ། ཁྱད་པར་དུ་སྐྲ་མཐོན་མཐིང་དང་ཞལ་མདངས་སེར་པོར་བཞེངས་ཡོད་པའང་ཐུབ་པའི་སྐྱེས་རབས་རྣམས་སུ་གསུངས་པའི་མཚན་དཔེ་དེ་དག་ཚད་གཞིར་བཟུང་ནས་བཞེངས་པ་གོར་མ་ཆག རྒྱ་མཚན་ནི་བོད་ཀྱི་མི་ལ་སྤྱིར་བཏང་དུ་སྐྲ་མཐོན་མཐིང་ཅན་དང་ཁ་མདོག་སེར་པོ་ཅན་མེད་ལ། དེ་མཛེས་པ་ཞིག་ཏུའང་མི་བརྩི་བས་སོ། །

ཡང་ཐུབ་པའི་སྐྱེས་རབས་རྣམས་སུ་མི་སྣ་གཙོ་བོ་གང་ཞིག་མའི་མངལ་དུ་ཞུགས་པ་དང་། བཙས་པ། འཆི་བ་བཅས་ཀྱི་གནས་སྐབས་བྱུང་བའི་ལྟས་བརྗོད་པ་སོགས་ལ་བརྟེན་ནས་མི་སྣ་གཙོ་བོ་དེར་ཐུན་མོང་མ་ཡིན་པའི་མཐུ་དང་ཡོན་ཏན་ལྡན་པར་བརྗོད་པ་དེའི་ཤན་ཡང་ཟབ་མོ་ཞིག་ཐེབས་ཡོད་པ་རེད། དཔེར་ན། གླིང་གེ་སར་རྒྱལ་པོའི་སྒྲུང《འཁྲུངས་སྐོར》དུ་གླིང་གེ་སར་རྒྱལ་པོ་དེ་རྨི་ལམ་ལ་བརྟེན་ནས་མ་འགོག་མོའི་ལྷུམས་སུ་ཞུགས་རྗེས"རྗེ་ཡི་མགུར་ལྷ་བཅུ་གསུམ། བོད་ཀྱི་བསྟན་མ་བཅུ་གཉིས་གཙང་རིས་ཀྱི་དཔལ་མགོན་སོགས་ལ་ལ་དངོས་དང་། ལ་ལ་བརྒྱུད་ནས་ཉིན་མཚན་དུས་དྲུག་ཏུ་བསྲུངས་ཤིང་སྐྱོང་སྟེ། འགོག་མོའི་སྦྲ་ཆུང་དེའི་ནང་། ལ་ལས་མཚན་མོ་སླུ་དང་གར་བྱེད་པ་ཐོས། ལ་ལས་སྦྲེའུ་ཅོ་

① 《བཀའ་འགྱུར》འདུལ་བའི་ཁ་དུམ་པར་བཞུགས།
② གོང་དང་མཚུངས།

དེའི་སྟེང་འོག་ཀུན་ཏུ་འཇའ་འོད་འཁྱུགས་པ་དང་རོལ་མོའི་སྒྲ་སྣ་ཚོགས་རྒྱུན་དུ་ཐོས་པ་དང་། ཡང་ཞལ་དཀར་གྱི་སྣང་ངོར། འགོག་མོའི་སྦྲ་ནང་དུ་གསེར་གྱི་རྡོ་རྗེ་འབར་བ་ཞིག་ལ། ཀླུ་མས་རབ་གནས་མཛད་པ་སོགས་བྱུང”ཞེས་ཞུད་བརྗོད་ཀྱི་ཐབས་ལ་བརྟེན་ནས་གླིང་གེ་སར་རྒྱལ་པོའི་ཆེ་བ་བརྗོད་པ་ལྟ་བུའོ། །

ཡང《ཐང་རྒྱལ་རྣམ་ཐར》དུ་གྲུབ་ཐོབ་ཆེན་པོ་འཁྲུངས་མ་ཐག “ནམ་མཁའ་རོལ་མོའི་སྒྲ་དང་སྤོས་ཀྱི་དྲི་ཞིམ་པོ་འཐུལ་ཞིང་མེ་ཏོག་གི་ཆར་བབས། རིན་ཆེན་སྤྲིངས་ཀྱི་རྒྱལ་པོའི་ཁབ་ཏུ་གཏམ་སྙན་ལ་དར་འཕྱུར་བ། ཚོང་པ་བཀྲ་ཤིས་རྒྱལ་མཚན་གྱིས་བལ་པོའི་ཚོང་འཁོར་ནས་ལྷོ་ཐྲོང་མང་པོ་སླེབས་པ། མང་གར་གྱི་མགྲོན་པོས་སྨུམ་རྒྱལ་བཅོ་བརྒྱད་སྒོ་དྲུང་དུ་སླེབས་པ་སོགས་རྟེན་འབྲེལ་བཟང་པོ་རང་འགྲིག་ཏུ་བྱུང”ཞེས་པ་དང་། 《འཇམ་མགོན་ཆོས་ཀྱི་རྒྱལ་པོ་ཙོང་ཁ་པ་ཆེན་པོའི་རྣམ་ཐར》དུ་རྗེ་རིན་པོ་ཆེ“འཁྲུངས་མ་ཐག་ནས་ལྷའི་ཁྱེའུ་རྣམས་ཀྱིས་ལག་གིས་བླངས་ཤིང་། ཌཱ་ཀི་མ་རྣམས་ཀྱིས་ཡེ་ཤེས་ཀྱི་བདུད་རྩིས་སྐུ་ཁྲུས་གསོལ་ཏེ་མངལ་གྱི་དྲི་མ་ཐམས་ཅད་སྦྱོང་བ་དང་། བཀྲ་ཤིས་ཀྱི་སྒྲུ་དབྱངས་དར་དིར་དུ་སྒྲོག་པ་དང་། དཀར་ཕྱོགས་སྐྱོང་བའི་ལྷ་ཀླུའི་ཚོགས་ཀྱིས་མཚོན་པའི་ཁྱད་པར་ནམ་མཁའ་གང་བས་མཆོད་པ་ལ་སོགས་པ་མངོན་སུམ་ཉིད་དུ་བྱུང་བའི་དགེ་མཚན་ཡང་དག་པར་མངོན”ཞེས་དང་། དེ་མིན་ད་དུང《གླིང་གེ་སར་རྒྱལ་པོའི་སྒྲུང》དང་། 《ཚངས་དབྱངས་རྒྱ་མཚོའི་གསང་རྣམ》སོགས་སུ་དེ་འདྲའི་དོན་བཀོད་པ་མང་བས་འདིར་རེ་རེ་བཞིན་མ་དྲངས།

མདོར་ན་སྐྱེས་མཆོག་དམ་པ་རྣམས་སྐུ་འཁྲུངས་དུས་ཀྱི་ལྟས་བཟང་དང་ངོ་མཚར་སོགས་ཞུད་བརྗོད་ཀྱི་ཐབས་ལ་བརྟེན་ནས་བཀོད་དེ་ཐུན་མོང་མ་ཡིན་པའི་བསོད་ནམས་ཀྱི་མཐུ་དང་ཁྱད་ཆོས་ཤིག་ཡོད་པ་མཚོན་པར་བྱས་པ་དེའང《རྒྱལ་པོ་

བསོད་ནམས་སྟོབས་ཀྱི་སྐྱེས་རབས》①སུ་བྱང་ཆུབ་སེམས་དཔའ་གང་དེ་སྐུ་འཁྲུངས་དུས"ས་རྣམ་པ་དྲུག་ཏུ་གཡོས་ཏེ། ནམ་མཁའ་ལས་ཀྱང་རིན་པོ་ཆེ་སྣ་བདུན་གྱི་ཆར་ཆེན་པོ་བཙུན་མོའི་འཁོར་དུ་བབ་བོ། །རྒྱལ་པོའི་ཕོ་བྲང་འཁོར་དེ་དག་ཐམས་ཅད་དུ་ཡང་གོས་སྣ་ཚོགས་ཀྱི་ཆར་བབ་བོ། །རྒྱལ་པོ་དེའི་ཡུལ་ཐམས་ཅད་དུ་ཡང་ལྷའི་མེ་ཏོག་མཆོག་ཏུ་ཡིད་དུ་འོང་བའི་ཆར་བབ་བོ། །……དེ་ནས་གཞོན་ནུ་བཙས་མ་ཐག་པ་ཕྱོགས་གང་ན་འདུག་པ་དེར་རྒྱལ་པོ་ཆེན་པོ་བཞིས་ལྷའི་སེང་གེའི་ཁྲི་ཆེན་པོ་རིན་པོ་ཆེ་སྣ་ཚོགས་ཀྱིས་སྤྲས་པས་བརྟོལ་ཏེ་སྤྱི་བླུར་དུ་ཕུལ་ལོ། ……གླང་པོ་ཆེའི་མཆོག་བརྒྱ་ནི་ནགས་ཁྲུང་ཆེན་པོ་ནས་རང་འོངས་ཏེ་གླང་པོ་ཆེའི་ཁྱིམ་ན་གནས་པར་གྱུར་ཏོ། །རྒོད་མ་བརྒྱ་ཡང་རྟེའུ་འཁྲུངས། འབྲུ་ཐམས་ཅད་ཀྱང་མ་བཏབ་པར་མཐུ་དང་ལྡན་པར་གྱུར་ཏོ། །སེང་གེའི་ཁྲི་དེའི་འོག་ནས་ཀྱང་གཏེར་ཆེན་པོ་ལྔ་རིན་པོ་ཆེ་སྣ་ཚོགས་ཀྱིས་ལེགས་པར་ཡོངས་སུ་གང་བ་རྣམས་ཀྱིས་ཁ་བསྟེན་དེ་གོད་པར་བྱས་ཀྱང་ཡོངས་སུ་ཟད་པར་མི་འགྱུར་རོ"ཞེས་བཀོད་པ་དང་འདྲ་ལ། དེ་བཞིན་དུ་བོད་ཀྱི་སྒྲུང་རྩོམ་དག་ལ་ཐུབ་པའི་སྐྱེས་རབས་སུ་སྐྱེས་བུ་གང་ཞིག་སྐུ་གྲོངས་ཚེ་ལྟས་ངོ་མཚར་ཅན་བྱུང་བར་བརྗོད་པ་དེའི་ཤན་ཤུགས་ཀྱང་ཐེབས་ཡོད་པ་དཔེར་ན། 《ཚངས་དབྱངས་རྒྱ་མཚོའི་གསང་རྣམ》དུ་སྐྱེས་ཆེན་དམ་པ་དེ་སྐུ་གཤེགས་ཏེ"བཅུ་གཅིག་གི་ཉིན་ཆར་དྲག་དང་འབྲུག་སྒྲ་དུ་བ་ལྟ་བུ་ཤིན་ཏུ་འཇིགས་པ་ཞིག་བྱུང་བ་དང་། བཅོ་ལྔའི་ཉིན་ས་གཡོ་ཞིང་འོག་ནས་ཙུར་སྒྲ་ཆེན་པོ་བྱུང་བ་སོགས་དཀར་ཕྱོགས་ལྷ་ཀླུ་རྣམས་ཀྱིས་མྱ་ངན་དུ་མཛད"ཞེས་བཀོད་པ་དེ《རྒྱལ་པོ་ཟླ་འོད་ཀྱི་སྐྱེས་རབས》སུ་རྒྱལ་པོ་གང་དེའི་བྲམ་ཟེ་དྲག་པོའི་མིག་བྱ་བར་དབུ་སྦྱིན་རྒྱུ་ཞལ་གྱིས་བཞེས་ཚེ་ཡུལ་ཁམས་ཀུན་ཏུ"ས་ཀུན་གས་པ་དང་། སྒྲོག་འགྱུ་བ། འབྲུག་གྲགས་པ་དང་། སེར་བ་

① 《བཀའ་འགྱུར》མདོ་སྡེ་ཁྲིད་ཀྱི་ཨཿ དུམ་པར་བཞུགས།

དང་གནམ་ལྕགས་དང་། བྱ་མང་པོ་ནམ་མཁའ་ལས་སྙིང་རྗེའི་སྐད་ཤོར་ཞིང་ནམ་མཁའ་ལས་སར་ལྷུང་བ་དང་། སྟག་དང་། གཟིག སྤྱང་ཀི་གཅན་གཟན་དང་། རི་དྭགས་ལ་སོགས་པ་དགུ་མཆོང་ཞིང་སྐད་ཟེར”ཞེས་པ་དང་ཕལ་ཆེར་འདྲ་བ་རེད། དེས་ན་བོད་ཀྱི་རྩོམ་པ་པོ་རྣམས་ཀྱིས་རང་གིས་བརྗོད་པར་བྱ་བའི་གང་ཟག་དེ་ཁྱད་པར་བ་ཞིག་ཡིན་པ་དང་། དེར་གཞན་ལས་ལྷག་པའི་བསོད་ནམས་ཀྱི་མཐུ་དང་དཔལ་ཡོན་ལྡན་པ་སྟོན་ཆེད། ཐུབ་པའི་སྐྱེས་རབས་དག་དཔེར་བལྟས་ནས་སྐྱེས་ཆེན་དམ་པ་དེ་དག་སྐུ་འཁྲུངས་པ་དང་ཚེ་ལས་འདའ་དུས་ངོ་མཚར་གྱི་ལྟས་སྣ་ཚོགས་འབྱུང་ལུགས་ཅད་ཀྱིས་བརྗོད་གང་ཐུབ་བྱས་ཡོད།

4. **བྱུང་རིམ་འགོད་ཐབས་ལ་ཤན་ཞུགས་པ།** ཐུབ་པའི་སྐྱེས་རབས་རྣམས་སུ་རྨི་ལམ་བརྟག་པ་ལ་བརྟེན་ནས་འབྱུང་འགྱུར་གྱི་བྱ་བ་སྟོན་པར་བྱེད་པ་དང་གཏམ་རྒྱུད་ཀྱི་ནང་དོན་ཕུན་སུམ་ཚོགས་པོར་གཏོང་བའི་ཐབས་དེའང་བོད་ཀྱི་རྩོམ་པ་པོ་རྣམས་ཀྱིས་སྤྱད་ལེན་བྱས་ཡོད་པ་དཔེར་ན། 《རིགས་བཟང་གི་མཁའ་འགྲོ་མ་སྣང་ས་འོད་འབུམ》དུ་ཀུན་བཟང་བདེ་ཆེན་གྱིས་ཁོང་གི་ཆུང་མས་རྨི་ལམ་ཞུས་པར་བརྟགས་པ་སྟེ། རྨི་ལམ་མི་བདེན་འཁྲུལ་བ་ཡིན་མོད་ཀྱང་། །ད་རེས་འདི་ནི་མ་འོངས་ལུང་བསྟན་ཡིན། །རྗེ་བཙུན་སྒྲོལ་མའི་ཐུགས་ཀྱི་ཏམ་ཡིག་ལས། །འོད་ཟེར་ཁྱོད་ཀྱི་སྙིང་དབུས་ཐིམ་པ་དེ། །དུས་གསུམ་སངས་རྒྱས་ཀུན་གྱི་འཕྲིན་ལས་མ། །སྒྲོལ་མའི་བྱིན་རླབས་སྙིང་ལ་ཞུགས་པའི་རྟགས། །ཁྱོད་ལུས་མེ་ཏོག་པདྨ་སྐྱེས་པ་དེ། །མཁའ་འགྲོ་ཀུན་གྱི་གཙོ་མོ་ཡིན་པའི་རྟགས། །ཕྱོགས་མཚམས་ཀུན་ནས་བུང་བའི་ཚོགས་འདུས་པར། །སྦྲ་བའི་ཟེའུ་འབྲུ་རོ་བཅུད་སྙེར་བ་དེ། །དག་དང་མ་དག་གདུལ་བྱའི་ཚོགས་རྣམས་ལ། །ལུས་ངག་ཡིད་གསུམ་འགྲོ་དོན་མཛད་པའི་རྟགས། །ན་གཞོན་སོ་དཀར་དུས་སུ་བུ་མེད་ཀྱང་། །ན་རྒས་སྐྲ་དཀར་དུས་སུ་བུ་མོ་ཞིག །འཁྲུངས་ནས་བུ་ལས་ལྷག་པ་ཡོང་ངེས་པས། །ཕྱོགས་རྣམས་ཀུན་ཏུ་རིམ་

གྲོ་སྒྲུབ་པར་མཛོད། །རྒྱི་ལམ་བཟང་ངོ་མྱུང་ཚ་གསལ་སྟོན་མ། །ཞེས་བཀོད་ཡོད་པར་མཚོན་ན་རྣམ་ཐར་གྱི་འགོ་གླེངས་མ་ཐག་ཀུན་བཟང་བདེ་ཆེན་གྱི་རྒྱུང་མའི་རྨི་ལམ་བརྟགས་པ་ལ་བརྟེན་ནས་རྣམ་ཐར་གྱི་ནང་དོན་གཙོ་བོ་སྟེ་སྣང་ས་འོད་འབུམ་སྐྱེ་བ་དང་དེས་དོན་ཅི་འདྲ་ཞིག་བསྒྲུབ་པ་སྟོན་ལ་མདོར་བསྡུས་ནས་བརྗོད་དེ། གཏམ་རྒྱུད་ཀྱི་ནང་དོན་ཕུན་སུམ་ཚོགས་པོར་བཏང་བ་མ་ཟད། སྣང་ས་འོད་འབུམ་གྱི་ཡོན་ཏན་ཡང་བསྟན་ཡོད་པ་རེད།

ཡང《ཐང་རྒྱལ་རྣམ་ཐར》དུ་གྲུབ་ཐོབ་ཆེན་པོས་དེ་སྔ་ཁོང་ཉིད་ཡུམ་གྱི་ལྷུམས་སུ་ཞུགས་དུས་ཡུམ་ལ་རྨི་ལམ་རྨིས་པའི་དོན་བཀྲལ་བ་སྟེ། གཙུག་ལག་སྙིང་དུ་ཕྱིན་པ་དེ། །ས་ལམ་རིམ་པར་བགྲོད་པའི་རྟགས། །ལུས་ལ་ཉི་ཟླ་ཤར་བ་དེ། །མ་རིག་མུན་པ་སེལ་བའི་རྟགས། །དུང་དཀར་ལན་གསུམ་འབུད་པ་དེ། །འགྲོ་ལྡན་སྙན་གྲགས་འབྱུང་བའི་རྟགས། །སྤྱི་གཙུག་རྒྱལ་མཚན་བཙུགས་པ་དེ། །བསྟན་པའི་རྒྱལ་མཚན་འཛིན་པའི་རྟགས། །གཡས་སུ་དར་ཆེན་ཕྱར་བ་དེ། །དགེ་བ་སྟོབས་ཆེན་བྱེད་པའི་རྟགས། །གཡོན་དུ་འཇའ་ཚོན་ཟུག་པ་དེ། །མཁའ་འགྲོ་དབང་དུ་འདུ་བའི་རྟགས། མདུན་དུ་ཟ་ཆེན་བརྡུང་བ་དེ། །ཆོས་ཀྱི་སྒྲ་དབྱངས་སྒྲོག་པའི་རྟགས། །རྒྱབ་ཏུ་ཁྲིམ་ལ་ཆོས་བཤད་དེ། །ལྷ་འདྲེ་མི་གསུམ་འདུལ་བའི་རྟགས། །ཞེས་བཀོད་ཡོད་པར་མཚོན་ན། ཐང་སྟོང་རྒྱལ་པོ་ཡུམ་གྱི་ལྷུམས་སུ་ཞུགས་དུས་ཀྱི་རྨི་ལམ་འགྲེལ་བ་སྟེ་སྐྱུ་རྩལ་གྱི་སྒོ་ནས་ཐང་སྟོང་རྒྱལ་པོ་འཁྲུངས་པ་དང་འཁྲུངས་ནས་ཀྱང་མཛད་པ་ཅི་ཞིག་མཛད་རྒྱུ་ཡིན་པ་སོགས་སྟོན་ལ་ངོ་སྤྲོད་མདོར་བསྡུས་ཤིག་བྱས་རྗེས། རིམ་གྱིས་བྱེ་བྲག་ཏུ་ཞིབ་མོར་བརྗོད་པ་ལྟ་བུ་རེད། ཐབས་འདི་ནི་བཀའ་འགྱུར་མདོ་སྡེ་ཁྲོད་ཀྱི་ཨཿ དུམ་པར་བཞུགས་པའི《རྒྱལ་པོ་དཔལ་གྱི་སྡེའི་སྐྱེས་རབས》སུ་གཏམ་རྒྱུད་འགོ་བརྩམས་མ་ཐག་བཙུན་མོ་རྒྱལ་བའི་འོད་དང་བློན་པོ་རྣམས་ཀྱི་རྨི་ལམ་དུ་རིན་པོ་ཆེ་ཐམས་ཅད་ལས་གྲུབ་པའི་

ཁང་བཟང་བཞིག་ནས་སླར་ཡང་གྲུབ་པ་དང་། རྒྱལ་པོ་དཔལ་གྱི་སྡེའི་གདུགས་དང་ཅོད་པན་ཕྲོགས་ཏེ་སླར་ཡང་ཐོབ་པ། འཛམ་གླིང་གི་མི་ཐམས་ཅད་ཀྱི་རྐང་ལག་བཅད་པ་དང་མིག་ཕྱུང་ནས་སླར་ཡང་སྐྱེས་པ། རྒྱལ་པོ་དཔལ་གྱི་སྡེ་སེང་གེའི་ཁྲི་ལས་བབས་ཏེ་སླར་ཡང་འཛེགས་པ་སོགས་རྨིས་ཤིང་། དེའི་དོན་མཚན་མཁན་ལ་ཞུས་པས་རྒྱལ་པོའི་དབུ་སྙོང་དུ་འོང་བའི་ལྟས་སུ་བཤད་རྗེས། རྒྱལ་པོའི་དབུ་ཇི་ལྟར་བསླངས་པ་དང་ཕྱིར་ཇི་ལྟར་སོས་པའི་ཚུལ་སོགས་ཞིབ་ཏུ་བརྗོད་པ་དང་འདྲ་བ་རེད།

སྤྱིར་རྨི་ལམ་རྨི་བ་དང་དེ་བརྟག་པའི་སྲོལ་ནི་མི་རིགས་ཀུན་ལ་ཐུན་མོང་དུ་ཡོད་པའི་རྩོམ་སྟངས་ཤིག་ལགས་ན་ཐུབ་པའི་སྐྱེས་རབས་ཀྱི་ཤན་ཞུགས་པའི་ངེས་པ་མེད་ཀྱང་། བོད་ཀྱི་སྒྱུ་རྩོམ་དང་ཐུབ་པའི་སྐྱེས་རབས་སུ་བཀོད་པའི་རྨི་ལམ་གྱི་ནང་དོན་དང་བཟང་ངན་གྱི་ཚད་གཞི། རྩོམ་དུ་ཐོན་པའི་ནུས་པ། དེ་བཀོད་པའི་སྐབས་བབ་ཀྱི་ཆ་རྐྱེན་སོགས་ཏ་ཅང་འདྲ་བའི་ཆ་ནས་དེ་ལྟར་བརྗོད་པ་ཡིན། དཔེར་ན། རྨི་ལམ་དུ་འཇའ་དང་ཉི་མ་ཤར་བ་དང་ཉི་འོད་ཐོག་པ་རྨིས་ན་བཟང་རྟགས་སུ་འཛིན་པ་དང་། གདུགས་དང་རྒྱལ་མཚན་སྒྲེང་ཞིང་ཅོད་པན་འདོགས་པ་རྨིས་ན་ལྟས་བཟང་དུ་བརྩི་བ་དང་། དེ་དག་འཕྲོག་པའམ་འགྱེལ་བ་རྨིས་ན་ལྟས་ངན་ཏུ་བཤད་པ། སེང་གེའི་ཁྲི་དང་དེར་འཛེགས་པ་དང་གཙུག་ལག་ཁང་བརྩིགས་པ་སོགས་རྨིས་ན་ལྟས་བཟང་དུ་བརྩི་ཞིང་དེ་ལས་བབ་པ་དང་བཤིག་པ་རྨིས་ན་ལྟས་ངན་དུ་འཛིན་པ། མེ་ཏོག་པདྨ་སྐྱེས་པའམ་ཐོགས་པ་རྨིས་ན་བཟང་ལྟས་སུ་བརྩི་བ་ལ་སོགས་པར་མཚོན་ན་ཐུབ་པའི་སྐྱེས་རབས་དང་བོད་ཀྱི་སྒྱུ་རྩོམ་གཉིས་ཏ་ཅང་འདྲ། ཡང་རྩོམ་དུ་ཐོན་པའི་ནུས་པའང་འདྲ་བ་སྟེ་རྩོམ་ཡིག་པོའི་ནང་དོན་ནམ་ཡང་ན་བྱུང་རིམ་ག་གེ་མོ་ཞིག་གི་ནང་དོན་སྟོན་ལ་བསྟུས་བརྗོད་ཀྱི་སྒོ་ནས་མདོར་སྟོན་པ་དང་། རྩོམ་གྱི་ནང་དོན་ཕུན་ཚོགས་སུ་གཏོང་བ། བཟང་པོའམ་ངན་

པ་གང་ཉུང་ཞིག་གི་ཆེ་བ་དང་ཡང་ན་སྐྱོན་བརྗོད་པ་ལྟ་བུ་དང་། དེ་འགོད་པའི་སྐབས་ཀྱང་འདྲ་སྟེ། བརྩམས་ཆོས་ནང་གི་མི་སྣ་གཙོ་བོ་གང་ཞིག་མངལ་དུ་ཞུགས་པ་དང་། བཙས་པ། ཚེ་འཕོས་པ། ཡང་ན་དོན་ཆེན་པོ་ཞིག་འབྱུང་དུས་བཅས་ཀྱི་སྐབས་སུ་བཀོད་པ་མང་ཞིང་། སྐབས་གཞན་དུ་རྗེ་ལམ་བཀོད་པ་ལྟོས་བཅས་ཀྱིས་ཤུང་བ་བཅས། གལ་ཏེ་ཐུབ་པའི་སྐྱེས་རབས་དག་གི་ཤན་ཞུགས་མིན་ན་ཕན་ཚུན་བར་གཅིག་མཚུངས་ཀྱི་ཕྱོགས་དེ་འདྲ་མང་པོ་ཞིག་ཡོད་མི་སྲིད་པར་སྙམ།

གསུམ་པ། བརྗོད་དོན་བསམ་བློར་ཤན་ཞུགས་པ།

སྟོན་པ་ཤཱཀྱ་ཐུབ་པའི་སྐྱེས་རབས་ཀྱི་བརྗོད་དོན་བསམ་བློ་ནི། དབྱངས་ཅན་སྙེག་བློས་བརྩམས་པའི《སྐྱེས་རབས་བརྒྱ་དང་ང་གཅིག་པ》ལས། "སྟོན་པའི་འབྱུངས་རབས་གཅིག་ལ་ཡང་སྦྱིན་པ་བཏང་བའི་ངོས་ནས་བལྟས་ན་སྦྱིན་པ་གཙོ་བོར་བྱས་པ་ལྟ་བུ་དང་། དེ་བཞིན་དུ་བཟོད་པ་དང་བརྩོན་འགྲུས་སོགས་ཀྱི་ངོས་ནས་བལྟས་ན་ཡང་དེ་དང་དེ་གཙོ་བོར་བྱས་པ་ལྟ་བུར་སྣང་"ཞེས་པ་ལྟར། སྔར་བཅོམ་ལྡན་འདས་ཀྱིས་ཕ་རོལ་ཏུ་ཕྱིན་པ་བཅུ་དང་། ས་བཅུ། མཐར་ཕྱིན་པའི་སར་སྦྱོར་བའི་བྱང་ཆུབ་སེམས་དཔའི་སྤྱོད་པར་བསྔགས་པ་བཅས་བརྗོད་པའི་སྒོ་ནས། མི་རྣམས་རྣམ་དཀར་དགེ་བའི་ཕྱོགས་ལ་བསྐུལ་བ་དེ་རེད།

བོད་ཀྱི་སྒྲུ་རྩོམ་རྣམས་ལའང་དེའི་ཤན་ཟབ་མོ་ཞུགས་ཡོད་དེ། དེ་ཡང་བོད་ཀྱི་རྒྱལ་པོ་ཁྲི་སྲོང་ལྡེའུ་བཙན་གྱི་སྐུ་རིང་ལ་སངས་རྒྱས་ཆོས་ལུགས་དང་བོན་པོའི་ཆོས་ལུགས་བར་ཇ་དྲག་ཆེ་བའི་འཐབ་རྩོད་བྱུང་བ་དང་བསྟུན་ནས། དེ་གཉིས་གཞུང་ལུགས་ཐོག་ཕན་ཚུན་རྩོད་གླེང་བྱེད་དུ་བཙུག་སྟེ་སངས་རྒྱས་ཆོས་ལུགས་རྣམ་པར་རྒྱལ་བས། རྒྱལ་པོས་བོན་པོ་རྣམས་སྟོད་མངའ་རིས་ཞང་ཞུང་གི་ཡུལ་དུ

མཐར་བསྐྲད་ཅིང་། བོན་པོའི་ཆོས་དཔེ་མེད་པར་བཏང་བ་དང་། སངས་རྒྱས་ཆོས་ལུགས་མ་གཏོགས་བོན་ཆོས་བྱེད་མི་ཆོག་པའི་ཁྲིམས་བཅས་པ་ནས་བཟུང་། ཐུབ་པའི་སྐྱེས་རབས་ཀྱི་བརྗོད་དོན་གཙོ་བོ་དེ་བོད་ཀྱི་དབང་སྒྱུར་པ་རིམ་བྱོན་ཚོའི་ཆབ་སྲིད་ཀྱི་གཞུང་ལུགས་དང་ཐུབ་པའི་རྗེས་འཇུག་པ་རྣམས་ཀྱི་བསམ་བློའི་སློབ་སྟོན་དུ་གྱུར་པ་རེད། དེར་བརྟེན་བོད་ཀྱི་ཐུབ་པའི་རྗེས་འཇུག་པ་རྣམས་ཀྱིས་གཅིག་ནས་དབང་སྒྱུར་གྲལ་རིམ་གྱི་ཆབ་སྲིད་ཀྱི་དགོས་མཁོ་དང་བསྟུན་པ་དང་། གཉིས་སུ་རང་གི་སྟོན་པའི་གཞུང་ལུགས་སྤེལ་ཆེད། ཐུབ་པའི་བཀའ་བསྟན་ནང་གི་སྐྱེས་རབས་རྣམས་ཕྱོགས་སྒྲིག་གིས་དེར་འགྲེལ་པ་བརྩམས་པར་མ་ཟད། དེའི་དགོངས་དོན་བོད་རང་གི་འཚོ་བ་དངོས་དང་སྦྱར་ནས་དྲིལ་བསྒྲགས་བྱས་པའི་དབང་གིས་བོད་ཀྱི་གནའ་རབས་སྒྱུ་རྩལ་མང་ཆེ་བའི་བརྗོད་དོན་བསམ་བློའང་ལས་རྒྱུ་འབྲས་སྨྲང་བ་དང་འཁོར་བའི་ཕུན་ཚོགས་ལ་སྙིང་པོ་མེད་པ། དེ་ལས་འགྲོལ་བར་བྱེད་དགོས་ན་བྱང་ཆུབ་སེམས་དཔའི་རྗེས་སུ་འབྲངས་ནས་ཕར་ཕྱིན་དྲུག་གི་སྤྱོད་པ་དང་དུ་ལེན་དགོས་པ་སོགས་སུ་གྱུར་ཡོད། དཔེར་ན། བོད་རང་གི་འཚོ་བ་དངོས་ལས་བརྩམས་པའི《རིགས་བཟང་གི་མཁའ་འགྲོ་མ་སྣང་ས་འོད་འབུམ་གྱི་རྣམ་ཐར》དུ་སྣང་ས་འོད་འབུམ་སྐུ་གྲོངས་ཀྱང་གཤིན་རྗེ་ཆོས་རྒྱལ་གྱིས་ཕྱིར་འཇིག་རྟེན་དུ་འདས་ལོག་བྱེད་དུ་བཅུག་པ་དང་། གླིང་གེ་སར་རྒྱལ་པོའི་སྒྲུང《དམྱལ་གླིང་སྨན་པ་རང་གསལ》དུ་ཨ་སྟག་ལྷ་མོ་ཚེ་འཕོས་རྗེས། དམྱལ་བ་ཡང་སོས་སུ་ལོ་ལྔ་བརྒྱ་དང་། དམྱལ་བ་མནར་མེད་ན་ལོ་དགུ་བརྒྱ། ཡི་དྭགས་ཡུལ་ན་ལོ་དགུ་བཅུ་བཅས་སྡོད་དགོས་པ་བྱུང་བར་མཚོན་ན། ཚེ་ལས་འདས་པའི་བུད་མེད་གཉིས་གཤིན་རྗེའི་དྲུང་དུ་སོང་བའི་གནས་ཚུལ་བརྗོད་པ་ལ་བརྟེན་ནས་འཇིག་རྟེན་ན་ཡོད་དུས་མི་རྟག་འཆི་བ་དྲན་ནས་དགེ་བའི་ལས་བསྒྲུབས་ན་གཤིན་རྗེའི་དྲུང་དུ་ཕྱིན་ཀྱང་འཇིགས་པ་མེད་པར་ཕྱིར་ལོག་ཐུབ་པ་དང་། འཇིག་རྟེན་ན་ཡོད་དུས

འཆི་བ་ཡིད་ལ་མ་བསྒོམས་པར་སྡིག་པའི་ལས་བསྩུབས་པ་དང་མི་མཐུན་པ་ལ་ཞེ་སྡང་ཆེ་བ། རྒྱུ་ནོར་ལ་སེར་སྣ་ཆེ་བ་སོགས་བྱས་ཚེ་ཕྱི་མར་དམྱལ་ཁམས་བཅོ་བརྒྱད་གང་རུང་དུ་མི་བཟད་པའི་སྡུག་བསྔལ་མྱོང་དགོས་པ་བསྟན་པ་དང་ཆབས་ཅིག་མི་རྣམས་རྣམ་དཀར་དགེ་བའི་ལས་སུ་འཇུག་པར་བསྐུལ་བ་དེ་རེད།

ཡང་དཔེར་ན། 《མི་ལ་རས་པའི་མགུར་འབུམ》དུ། རྗེ་བཙུན་མཚན་ལྡན་བླ་མའི་ཞབས་ལ་འདུད། །ནོར་རྫས་རྒྱ་ཁའི་ཟིལ་པ་འདྲ། །ཆགས་སེམས་མེད་པར་སྦྱིན་པ་ཐོངས། །དལ་འབྱོར་སྙིང་པོ་ལེན་པའི་ཚེ། །མིག་གི་འབྲས་བཞིན་ཚུལ་ཁྲིམས་སྲུངས། །ངན་སོང་རྩ་བ་ཞེ་སྡང་ཡིན། །སྲོག་ལ་བབས་ཀྱང་བཟོད་པ་སྒོམས། །ལེ་ལོས་རང་གཞན་དོན་མི་འགྲུབ། །དགེ་བའི་ལས་ལ་བརྩོན་པར་མཛོད། །འཁྲུལ་བས་ཐེག་ཆེན་དོན་མི་རྟོགས། །རྩེ་གཅིག་དོན་ལ་གོམས་པར་གྱིས། །གཞན་ནས་སངས་རྒྱས་མི་རྙེད་པས། །རང་གི་སེམས་ཀྱི་མཚན་ཉིད་ལྟོས། །དད་པ་སྟོན་ཁའི་ན་བུན་འདྲ། །ཡལ་བའི་དུས་སུ་སྙིང་རུས་འཚལ། །ཞེས་བཀོད་པར་མཚོན་ན། སེར་སྣ་དང་། ཞེ་སྡང་། ལེ་ལོ། འཁྲུལ་བ་སོགས་ཀྱི་སྐྱོན་བརྗོད་ནས་སྦྱིན་པ་གཏོང་བ་དང་། ཚུལ་ཁྲིམས་སྲུང་བ། བརྩོན་འགྲུས་སྐྱེད་པ། བསམ་གཏན་སྒོམ་པ་ལ་སོགས་པའི་ལས་ལ་སྐུལ་བ་ལྟ་བུ་རེད།

ཡང《ཁྲི་འུ་བྱ་བཞོན་གྱི་རྣམ་ཐར》ལས་རྒྱལ་པོ་ཧང་ཁྲ་དང་སྡིག་བློན་དབྱུག་པ་འཛིན་གྱིས་གཏོང་ཕོད་ལྡན་ཞིང་སེམས་རྒྱུད་དྲང་ལ་བརྩོན་འགྲུས་ཆེ་བའི་ཟླ་བ་སྒྲིང་མོ་ཡུམ་སྲས་གཉིས་མེད་པར་བྱ་ཆེད། སྲས་མཐུ་སྟོབས་བདག་པོ་དེ་ལྷོ་ནུབ་གླིང་པོའི་ཡུལ་དུ་རིགས་བཟང་གི་བུ་མོ་ཉི་མ་གཞོན་ནུ་རྒྱལ་པོའི་ཁབ་ཏུ་མྱུར་དུ་གདན་འདྲེན་པར་མངགས་པ་དང་། ཉིན་ལྷའི་ནང་ཐོག་བརྩེགས་ལྷ་ལས་གྲུབ་པའི་ཕོ་བྲང་ཡུལ་ལྗོངས་དང་ལྡན་པ་མ་གྲུབ་ན་སྲོག་གི་ཆད་པ་ཡོད་པའི་བཀའ་བཙན་པོ་ཕབ་ནས་མནར་གཅོད་བཏང་རུང་། སྟོབས་དང་ལྡན་པའི་བསོད་ནམས་ཅན་གྱི་

བྱ་རྒོད་དང་། བརྒྱ་བྱིན། མཁའ་འགྲོའི་ཚོགས་བཅས་ཀྱིས་མགོན་བྱས་པས། སྲས་མཐུ་སྟོབས་བདག་པོ་དེ་རྣམ་པར་རྒྱལ་བར་མ་ཟད། ཡུལ་དེའི་རྒྱལ་པོར་གྱུར་ནས་མངའ་འབངས་རྣམས་བདེ་སྐྱིད་དཔལ་ལ་རོལ་བ་དང་། རྒྱལ་པོ་ཧང་ཁྲ་ཁོ་རང་ལོག་སྟེ་ཨམ་ཤིང་གི་མེས་འཚིགས་ནས་ཐལ་བར་གྱུར་ཅིང་། སྡིག་བློན་དབྱུག་པ་འཛིན་གྱི་ལྟེ་བཅད་པ་དེ་ལས་ཀྱང་སྦྱིན་པ་བཏང་བ་དང་བརྩོན་འགྲུས་སྤྱད་པ་སོགས་རྣམ་དཀར་གྱི་ལས་བསགས་ན་འབྲས་བུ་ཆེན་པོ་ངང་གིས་འཐོབ་པ་དང་། ཕྲ་མ་དང་གཞན་གྱི་སྲོག་ལ་གནོད་པའི་སྡིག་སྤྱོད་ཀྱི་ལས་བསགས་ན་རྣམ་སྨིན་ངན་པ་རང་ལ་འབྱུང་བ་བསྟན་ཡོད་པ་རེད།

ཡང་《ཤར་སྐྱལ་ལྷན་རྒྱ་མཚོའི་མགུར་འབུམ་》ལས། འཁོར་བ་ནི་ཆུ་ཡི་ཆུ་བུར་བཞིན། །སྐད་ཅིག་གིས་མི་རྟག་འགྱུར་བའི་ཆོས། །ལང་ཚོ་ནི་མེ་ཏོག་མགུལ་རྒྱན་བཞིན། །ཡུན་རིང་དུ་མི་ཐོགས་ཉམས་པར་འགྱུར། །ཚེ་སྲོག་ནི་སྨུམ་ཟད་མར་མེ་འདྲ། །བརྟན་བརྟན་ནི་འདྲ་ཡང་བརྟན་མི་འགྱུར། །ཞེས་པར་མཚོན་ན་འཁོར་བའི་ཕུན་ཚོགས་ལ་སྙིང་པོ་མེད་པ་བསྟན་ཡོད།

དེ་བཞིན་དུ《བྱ་བཏང་ཚོགས་དྲུག་རང་གྲོལ་གྱི་མགུར་འབུམ》དང་། 《མི་ལ་རས་པའི་མགུར་འབུམ》《ཤར་སྐྱལ་ལྷན་རྒྱ་མཚོའི་མགུར་འབུམ》གྱིས་གཙོས་པའི་སྔོན་བྱོན་མཁས་པ་དག་གི་གསུང་མགུར་མང་ཆེ་བ་དང་། སྙན་རྩོམ། རྒྱ་གར་གྱི་གཏམ་རྒྱུད་ལས་བསྒྱུར་པའི《བྱ་མགྲིན་སྔོན་ཟླ་བའི་རྟོགས་བརྗོད》སོགས་སྒྲུང་གཏམ་གྱི་བརྗོད་དོན་གཙོ་བོའང་དེ་དག་ལས་མ་འདས་པ་ལྟ་བུའོ། །

མདོར་ན། བོད་རྒྱལ་སྲོང་བཙན་སྒམ་པོའི་སྐུ་རིང་ནས་བསྟན་པ་ཕྱི་དར་གྱི་བར་དུ་ནང་པ་སངས་རྒྱས་པའི་ཆོས་ཀྱི་གླེགས་བམ་བོད་དུ་བསྒྱུར་བ་དང་བསྟུན་ནས། ཐུབ་པའི་སྐྱེས་རབས་ཏ་ཅང་མང་པོ་ཞིག་ཁྱབ་སྤེལ་བྱུང་ཡོད་པ་དེས་བོད་ཀྱི་སྒྱུ་རྩལ་རྩོམ་རིག་གི་བརྗོད་བྱ་ཕུན་སུམ་ཚོགས་པོར་འགྱུར་བ་དང་། རྩོམ་རྩལ་ཇི་

མཐོར་འགྲོ་བར་དགེ་མཚན་ལྡན་པའི་ནུས་པ་བསྐྱེད་པར་མ་ཟད། སྐྱེས་རབས་དེ་དག་ཁྲབ་སྡེལ་བྱས་པ་ལ་བརྟེན་ནས་བོད་མི་རིགས་ཀྱི་གཞིས་རྒྱུད་ཀྱང་གྱོང་ཞིང་རྒྱབ་པ་ནས་བྱམས་སྙིང་རྗེ་ཆེ་ལ་ཞི་ཞིང་འཇམ་པའི་ཕྱོགས་སུ་གྱུར་དང་འགྱུར་བཞིན་ཡོད་པ་བཅས་རེད།། །།

༄༅།།《ཡིག་ཕུད་སྙན་ངག》ལ་དཔྱད་པ།

དེ་ཡང་བོད་ཀྱི་མཛངས་སློན་བདུན་གྱི་ཡ་གྱལ་ཐོན་མི་སཾ་བྷོ་ཊ་ནི་བོད་ཀྱི་སྒྲ་སྦྱོར་ཡི་གེ་འདིའི་སྲོལ་འབྱེད་མཁན་དང་། བོད་ཀྱི་ལོ་རྩ་བ་དང་པོ་ཡིན་པས། ཁོང་ལ་རྩོམ་རིག་བརྩམས་ཆོས་ཡོད་མེད་དང་། 《ཡིག་ཕུད་སྙན་ངག》དེ་ཁོང་གི་བརྩམས་ཆོས་ཡིན་མིན་ངེས་པར་བྱེད་ཅིང་། དེའི་བརྗོད་བྱའི་ནང་དོན་དང་སྒྲུ་རྩལ་གྱི་ཁྱད་ཆོས་སོགས་རྒྱུས་ཡོད་པར་བྱེད་པ་ནི་བོད་ཀྱི་རྩོམ་བྱུང་ལོ་རྒྱུས་སློབ་ཁྲིད་དང་དེར་ཞིབ་འཇུག་བྱེད་པར་དགོས་གལ་ཤིན་ཏུ་ཆེ་ཐོག ཁོ་བོས་1999ལོའི་དབྱར་ཁར་བོད་ལྗོངས་སྨག་རྩེ་རྫོང་ཁོངས་ཀྱི་བཙུན་མོའི་ཚལ་དགོན་དུ《ཡིག་ཕུད་སྙན་ངག》རྗོ་ལ་བརྐོས་པ་དངོས་སུ་མཇལ་བས། སྙན་ངག་དེར་དཔྱད་བརྗོད་ཀྱི་ཀུན་སློང་འགོག་མེད་དུ་བརྗོལ་བ་འདི་ལྟར།

དང་པོ། 《ཡིག་ཕུད་སྙན་ངག》གི་ལོ་རྒྱུས་རྒྱབ་ལྗོངས་བཤད་པ།

བོད་ལྗོངས་སྨག་རྩེ་རྫོང་ཁོངས་ཀྱི་བཙུན་མོའི་ཚལ་དགོན་དུ། ༄།།ཞལ་རས་གསལ་ལ་དང་མདངས་གང་བ་བཟང་། གདམས་ངག་ཟབ་ལ་མ་ཆད་ཐ་དད་རང་། ལས་ངན་བག་ཆགས་ཐམས་ཅད་གསལ་མཛད་པ། འཕགས་པ་མ་ཕམ་ཡང་དག་དམ་པ་ལ། བདེ་གཤེགས་བདེན་ངེས་ཡེ་ཤེས་ཏེ། ཉིང་འཛིན་ཞི་ཉིད་རིག་ཅིང་གཟིགས། ཉོན་མོངས་ཚོགས་བཅོམ་མགོན་པོ་མཆོག (དུག་གསུམ་བདུད་

འདུལ་ཀུན་ཏུ་ཐུལ།)① ཅེས་སྣན་ངག་ཤོ་ལོ་ཀ་གཉིས་རྡོ་ལ་བརྐོས་ཡོད་པ་དེ་ས་སྐྱ་པ་བསོད་ནམས་རྒྱལ་མཚན་གྱིས་ལོ་ངོ་དྲུག་བརྒྱའི་སྔོན་དུ་བརྩམས་པའི《རྒྱལ་རབས་གསལ་བའི་མེ་ལོང》དང་། དཔའ་བོ་གཙུག་ལག་ཕྲེང་བས་ལོ་ངོ་བཞི་བརྒྱའི་སྔོན་དུ་བརྩམས་པའི《ཆོས་འབྱུང་མཁས་པའི་དགའ་སྟོན》《ཉི་མའི་རིགས་ཀྱི་རྒྱལ་རབས》སོགས་སུ་བློན་པོ་ཐོན་མི་སཾ་བྷོ་ཊའི་བརྩམས་ཆོས་ཡིན་པར་གསུངས་པ་སྟེ། སྲོང་བཙན་སྒམ་པོ་བོད་ཀྱི་རྒྱལ་པོའི་གསེར་གྱི་ཁྲི་ལ་མངའ་གསོལ་རྗེས། ཆོས་དགེ་བ་བཅུ་ལ་བརྟེན་པའི་རྒྱལ་ཁྲིམས་འཆའ་བ། འདོད་ཡོན་ལྷ་སྤྱོལ་བ། ཕན་ཚུན་དུ་སྐྱེས་བསྐུར་བ། མངའ་འོག་གི་འབངས་རྣམས་ལ་ཆོས་ཀྱི་བཀའ་བསྒོ་བ་ལ། བོད་ན་ཡི་གེ་མེད་པས། ཐོན་མི་སཾ་བྷོ་ཊ་སོགས་བོད་ཕྲུག་བློ་རིག་རྣོ་བ་དང་ཡོན་ཏན་དུ་མ་ལྡན་པ་ཁག་ཅིག་རྒྱ་གར་དུ་ཡི་གེ་སློབ་ཏུ་བཏང་བ་དང་། རྒྱ་གར་གྱི་ཡི་གེ་དང་སྒྲ་བསྟན་བཅོས་ཐམས་ཅད་བསླབས་ཤིང་། རིག་པའི་གནས་ལྔ་ལ་མཁས་པར་གྱུར་ཐོག་བོད་ཀྱི་སྐད་དང་མཐུན་པའི་སྒྲ་སྦྱོར་ཡི་གེ་འདིའི་སྲོལ་བཏོད་དེ་བོད་དུ་ཕྱིར་ཕེབས་པ་ལ་བློན་པོ་ཐོན་མིས་རྒྱལ་པོ་སྲོང་བཙན་སྒམ་པོར་ཞུ་འབུལ་གྱི་ཡིག་ཕུད་དུ་བརྩམས་པར་འགོད་ཅིང་། བོད་ལྗོངས་སྟག་རྩེ་ས་ཁུལ་གྱི་ངག་རྒྱུན་དུའང་བཙུན་མོའི་ཚལ་དགོན་དུ་རྡོ་ལ་བརྐོས་པའི《ཡིག་ཕུད་སྣན་ངག》ནི། ཐོན་མི་སཾ་བྷོ་ཊ་རྒྱལ་པོ་སྲོང་བཙན་སྒམ་པོའི་མངགས་བཅོལ་ལྟར་རྒྱ་གར་དུ་སློབ་གཉེར་དུ་ཕེབས་ནས་རིག་གནས་སྣ་ཚོགས་ལ་མཁས་པར་སྦྱངས་ཤིང་བོད་སྐད་ཀྱི་ཁྱད་ཆོས་དང་མཐུན་པའི་ད་ལྟའི་བོད་ཡིག་འདི་གསར་གཏོད་མཛད་དེ་ཕྱིར་ཕེབས་ཚེ། རྒྱལ་པོ་སྲོང་བཙན་ཡབ་ཡུམ་གཉིས་ལྷ་ས་ནས་བཙུན་མོའི་ཚལ་དགོན་དུ་སྤྲོ་འཆམ་དུ་ཕེབས་པས། ཁོང་རང་ཡང་དེར་ཕེབས་ནས་རྒྱལ་པོ་སྲོང་བཙན་སྒམ་པོ་ལ་ཡིག་

① བཙུན་མོའི་ཚལ་དགོན་གྱི《ཡིག་ཕུད་སྣན་ངག》རྡོ་བརྐོས་མར་མེད་པ《རྒྱལ་རབས་གསལ་བའི་མེ་ལོང》ལས་དྲངས་ནས་བསྒྲངས་པ་ཡིན།

ཕུད་དུ་ཕུལ་བ་ལ་ས་དེའི་བོད་མི་རྣམས་ཀྱིས་དོན་དེ་ལ་རྗེས་དྲན་བྱེད་ཆེད་མི་འགྱུར་གོར་མོ་རྗེ་ལ་བཀོས་པར་བརྗོད་དོ། །

གཉིས་པ། 《ཡིག་ཕུད་སྣན་དག》ཐོན་མིའི་བརྩམས་ཆོས་ཡིན་མིན་ལ་དཔྱད་པ།

གོང་དུ་དྲངས་པའི《ཡིག་ཕུད་སྣན་དག》ཤོ་ལོ་ཀ་གཉིས་ནི《རྒྱལ་རབས་གསལ་བའི་མེ་ལོང》དང《ཆོས་འབྱུང་མཁས་པའི་དགའ་སྟོན》སོགས་རྒྱལ་རབས་དང་ཆོས་འབྱུང་རྣམས་སུ་ཐོན་མིའི་བརྩམས་ཆོས་ཡིན་པར་བརྗོད་ཅིང་། བོད་ལྗོངས་སྟག་རྩེ་རྫོང་དུའང་བརྩམས་ཆོས་དང་བཅས་པའི་དག་རྒྱུན་ཆ་ཚང་ད་ལྟའི་བར་མ་ཉམས་པར་ཡོད་ལ། 《བོད་ཀྱི་ཚིག་རྒྱན་རིག་པའི་བསྟན་བཅོས》མཛད་པ་པོ་རྣམས་ཀྱིས་ཀྱང་དེ་ལྟར་བཞེད་པར་མ་ཟད། རྟག་ཏུ《སྣན་དག་མེ་ལོང》བོད་ལ་མ་འགྱུར་གོང་ནས་བོད་ལ་སྣན་དག་ཡོད་པའི་མཚན་གཞིར་འདྲེན་གྱིན་ཡོད་ཀྱང་། ད་ལྟའི་ཞིབ་འཇུག་པ་ཁག་ཅིག་གི་སྣང་ངོར《ཡིག་ཕུད་སྣན་དག》དེའི་ཡིག་གཟུགས་བཙན་པོའི་དུས་སྐབས་སུ་ཡི་གེར་བཀོད་པའི་རྗེ་རིང་ཡི་གེ་དང་ཏུན་ཧོང་ཡིག་རྙིང་དང་མི་འདྲ་བ་སྟེ། གི་གུ་ཕྱིར་ལོག་མེད་པ་དང་། བོད་ཀྱི་བརྡ་སྤྲོད་རིག་པ་དང་འགལ་ཞིང་ཚད་དང་མི་མཐུན་པའི་འབྲི་སྲོལ་མེད་ལ། ཚིག་གི་ཕྲེང་བར་མཛེས་རྒྱན་སྤེལ་སྟངས་ནི་དུས་རབས་བཅུ་གསུམ་པར་བོད་དུ་འགྱུར་བའི《སྣན་དག་མེ་ལོང》གི་ལེའུ་གསུམ་པའི་སྒྲ་རྒྱན་གྱི་ནང་གསེས་བྱ་དཀའ་བའི་རྒྱན་གྱི་སྦྱོར་ལུགས་ཇི་བཞིན་བརྩམས་པར་དམིགས་ནས། 《ཡིག་ཕུད་སྣན་དག》དེ་ཐོན་མིའི་ཕྱག་རྩོམ་ཡིན་པར་ཁས་མི་ལེན་པར་མ་ཟད། ཡི་གེ་སྲོལ་བཏོད་མ་ཐག་པའི་དུས་སྐབས་དེར་ཚིག་གི་སྦྱོར་བ་འབྲེལ་ཆགས་པོ་ཡོད་པའི་སྣན་དག་དེ་འདྲ་རྩོམ་ཐབས་

མེད་པར་བརྗོད་པ་དང་། ཡང་ན་ཐེ་ཆོམ་གྱི་དྲ་བར་ཚུད་དེ་བོད་ཀྱི་རྩོམ་རིག་པོ་རྒྱུས་སུ་འགོད་མི་ཐོད་ལ། བོད་ཀྱི་གནའ་རབས་རྩོམ་རིག་ནང་དུའང་འདྲེན་གྱི་མེད། 《ཡིག་ཕུད་སྣྭན་ངག》གི་ཡིག་གཟུགས་དང་ཚིག་སྦྱོར་སོགས་ཀྱི་ཆ་ནས་དེ་དུས་རབས་གང་གི་བརྩམས་ཆོས་ཡིན་པར་དཔྱད་པ་ལ་མི་འོས་པ་ཅི་ཡང་མེད་ཅུང་། ཞིབ་ཏུ་བསམས་ན་ཡིག་གཟུགས་དང་ཚིག་སྦྱོར་གྱི་ཁྱད་ཆོས་དེ་དུས་རབས་གང་གི་བརྩམས་ཆོས་ཡིན་པ་ཐག་གཅོད་པའི་ཚད་གཞི་འབའ་ཞིག་ཏུ་བཟུང་བ་ནི་དེ་འདྲ་ལེགས་པོ་ཞིག་མིན་པར་སྙམ། རྒྱུ་མཚན་ནི།

1. བོད་ཀྱི་ད་ལྟའི་སྦྲ་སྦྱོར་ཡི་གེ་འདི་གསར་གཏོད་མཛད་རྗེས། བོད་སྐད་འཕེལ་འགྱུར་གྱི་དགོས་མཁོ་ལྟར་སྐད་གསར་བཅད་ཐེངས་གསུམ་ལ་བྱུས་པར་མ་ཟད། སྐད་གསར་བཅད་བྱེད་ཐེངས་རེ་ལ་སྔ་འགྱུར་དང་ཕྱིར་རྩོམ་རྣམས་ཀྱང་སྐད་གསར་བཅད་ཀྱིས་བཅོས་པས། བཙན་པོའི་དུས་སུ་བཀོས་པའི་རྫོ་རིང་ཡི་གེ་དང་ཏུན་ཧོང་ཡིག་རྙིང་། དུས་སྐབས་སོ་སོའི་ཡིག་ཆ་ལག་བྲིས་མ་བཅས་ཕུད། དུས་རབས་ཀྱི་ཁྱད་ཆོས་མེད་པར་གྱུར་པ་སྟེ། ཐོན་མི་སཾ་བྷོ་ཊས་བསྒྱུར་བའི《མདོ་སྡེ་ཟ་མ་ཏོག》①དང་། 《དཔང་སྐོང་ཕྱག་བརྒྱ་བ》②སོགས་དང་། ཁྲི་སྲོང་ལྡེའུ་བཙན་སྐབས་ཀྱི་ལོ་ཙཱ་བ་པ་གོར་བཻ་རོ་ཙ་ན་དང་། ལྕན་མ་རྩེ་མང་། ཁ་ཆེ་ཨཱ་ནནྡ། གཉགས་ཛྙཱ་ན་ཀུ་མ་ར། འགོན་ཀླུའི་དབང་པོ། རྨ་རིན་ཆེན་མཆོག སྐ་བ་དཔལ་བརྩེགས། ཅོག་རོ་ཀླུའི་རྒྱལ་མཚན། ཞང་ཡེ་ཤེས་སྡེ་བཅས་ལོ་ཙཱ་བ་རབ་དགུས་བསྒྱུར་བའི་བཀའ་བསྟན་རྣམས་ལ་གཟིགས་དང་དེ་དག་གི་ཡིག་གཟུགས་དང་། མིང་བརྡ། དབྱངས་ཡིག ཚིག་སྦྱོར་སོགས་ཀྱང་བཙན་པོའི་དུས་ཀྱི་རྫོ་རིང་ཡི་གེ་དང་ཏུན་ཧོང་ཡིག་རྙིང་དང་ཁྱད་པར་ཤིན་ཏུ་ཆེ་བ་ནི། འགྱུར་རྙིང་པ་རྣམས་

① 《མདོ་སྡེའི》ཇ་དུམ་པར་བཞུགས།

② 《མདོ་སྡེའི》ཡ་དུམ་པར་བཞུགས།

ཀྱི་མཛོད་བྱང་དུ། རྒྱ་གར་གྱི་མཁན་པོ་ཤྲཱི་ལེཀྵ་བོ་དྷི་དང་། ལོ་ཙཱ་བ་བཙྡེ་ཡེ་ཤེས་ཞུས་བསྒྱུར་ཅིང་སྐད་གསར་བཅད་ཀྱིས་བཅོས།① ཞེས་པ་ལྟར་སྐད་གསར་བཅད་ཀྱིས་དག་པར་བཅོས་པའི་རྐྱེན་གྱིས་ཡིན། དེས་ན《ཡིག་ཕུད་སྙན་ངག》ཏུ་གི་གུ་ཕྱིར་ལོག་དང་མིང་གཞི་རྐྱང་པ་ལ་མཐའ་རྟེན་འ་ཡིག་སྦྱར་མེད་པ། མིང་གཞིའི་ཕོ་ཡིག་ཀ་ཙ་ཏ་པ་དང་མ་ནིང་ཡི་གེ་ཁ་ཆ་ཐ་ཕ་སོགས་བརྗོད་པར་གང་བདེ་བྲིས་མེད་པ་དེ《ཡིག་ཕུད་སྙན་ངག》སྐད་གསར་བཅད་གསུམ་པའི་སྔོན་གྱི་བརྩམས་ཆོས་མིན་པའི་སྒྲུབ་བྱེད་དུ་མི་འགྲོ་ལ། ཐོན་མི་སཾ་བྷོ་ཊའི་ཕྱག་རྩོམ་མིན་པའི་སྒྲུབ་བྱེད་དུ་དེ་བས་ཀྱང་མི་འགྲོའོ། །

2. མཁས་མཆོག་དགེ་འདུན་ཆོས་འཕེལ་གྱིས་བརྩམས་པའི《དེབ་ཐེར་དཀར་པོ》ལས་གསུངས་པ་ལྟར་ན། བོད་ཀྱི་རྒྱལ་པོ་སྲོང་བཙན་སྒམ་པོ་དང་། རྒྱ་གར་གྱི་རྒྱལ་པོ་ཤྲཱི་ཧརྵ་དང་། སློབ་དཔོན་ཆེན་པོ་ཕྱོགས་ཀྱི་གླང་པོ་དང་། ནག་མོའི་ཁོལ་དང་། དབྱུག་པ་ཅན་སོགས་དུས་མཚུངས་ཡིན་པ་དང་། སློབ་དཔོན་དཎྜིའི་མེས་པོ་བྷཱ་ར་ཝིའམ་མོ་དར་བྱ་བ་ནི་བྱ་དགའ་བའི་ཚིག་སྦྱོར་བྱེད་པ་ལ་ཀུན་གྱིས་ཧློར་མི་ཤོང་བ་ཞིག་ཡོད་པ་དེས་ར་མ་ཡ་ཎའི་གཞུང་ཞིག་བྲིས་པར། དཀྱུས་བཞིན་བཀླགས་པས་རྒྱལ་པོ་རཱ་མ་ཎའི་གཏམ་རྒྱུད་སྟོན་ཅིང་། མཇུག་ནས་བཟློག་སྟེ་བཀླགས་པས་བྷཱ་ར་ཏའི་གཏམ་རྒྱུད་སྟོན་པ་དེ་ཡང་དོན་གོ་བདེ་ལ་ཚིག་སྙན་པ་འབྱུང་བར་གསུངས།② རྒྱ་གར་དུ་སློབ་དཔོན་དཎྜིའི་སྔོན་ནས《དབྱངས་ཅན་མགུལ་རྒྱན》དང་། སློབ་དཔོན་ར་མ་ཤྲ་མས་བརྩམས་པའི་སྙན་ངག་གི་གཞུང་ཡོད་ཅིང་། སྙན་ངག་ཆེས་ཆེར་དར་བར་མ་ཟད། ཤར་ལྷོ་སོགས་ཡུལ་མི་འདྲ་བར་རྩོམ་གཤིས་མི་འདྲ་བ་རེ་གྲུབ་པ་དང་ཐུགས་རྒྱུད་མི་མཚུངས་པའི་མཁས་པ་སོ་སོར

① 《འཕགས་པ་དེ་བཞིན་གཤེགས་པའི་སྙིང་རྗེ་ཆེན་པོ་ངེས་པར་བསྟན་པ་ཞེས་བྱ་བ་གཟུངས་ཀྱི་དབང་ཕྱུག་རྒྱལ་པོས་ཞུས་པའི་མདོ་བམ་པོ་བདུན་པ》སོགས་ཀྱི་འགྱུར་བྱང་དུ་གསལ།

② ཚེ་ཏན་ཞབས་དྲུང་གིས་བརྩམས་པའི《སྙན་ངག་སྤྱི་དོན》གྱི་ཤོག་ངོས་8པར་གསལ།

རྩོམ་ཉམས་མི་མཚུངས་པ་རེ་གྲུབ་ཡོད་ལ། རྒྱ་གར་གྱི་བྲམ་ཟེ་ལི་བྱིན་གྱིས་སློན་པོ་ཐོན་མིའི་ཞུས་ལན་དུ། བདེན་གཉིས་དོན་རྟོག་བློན་ཆེན་རིག་པ་ཅན། །ཁྱོད་ལ་ཡི་གེ་སྒྲ་དང་སྙན་ངག་སོགས། །ཡོན་ཏན་ངོ་མཚར་ཅན་ཀུན་སློབ་པོ་ཞེས། །ཡི་གེའི་རིགས་རྣམས་ཀུན་ལ་མ་རྫོངས་བསྟན། །①ཞེས་པ་དང་། 《རྒྱལ་རབས་གསལ་བའི་མེ་ལོང》ལས། གཞན་ཡང་བློན་པོ་ཐོན་མི་དེས། །པཎྜི་ཏ་ལྷ་རིགས་སེང་གེ་ལ། །སྒྲ་བསྟན་བཅོས་ཐམས་ཅད་བསླབས་ནས། །རིག་པའི་གནས་ལྔ་ལ་མཁས་པར་གྱུར། །ཅེས་གསུངས་པ་ལྟར་ན། ཐོན་མི་སཾ་བྷོ་ཊས་བྲམ་ཟེ་ལི་བྱིན་དང་པཎྜི་ཏ་ལྷ་རིགས་སེང་གེའི་དྲུང་ནས་རྒྱ་གར་གྱི་སྐད་དང་ཡི་གེ་སྦྱངས་པར་མ་ཟད། དེའི་སྟེང་ནས་སྐབས་དེའི་རྒྱ་གར་གྱི་སྙན་གཞུང་རྣམས་བྱང་ཆུབ་པར་སྦྱངས་པ་རེད། དེས་ན་ཁོ་བོས་བསམས་ན་ཐོན་མི་སཾ་བྷོ་ཊས་རྒྱ་གར་གྱི་ཡི་གེ་དང་སྙན་ངག་སོགས་རིག་གནས་མང་པོ་བྱང་ཆུབ་པར་སྦྱངས་ནས་བོད་ཀྱི་སྐད་དང་མཐུན་པའི་ཡི་གེའི་སྲོལ་བཏོད་པ་དང་ཆབས་ཅིག རྒྱ་གར་གྱི་བྱ་དཀའ་བའི་སྒྲ་རྒྱན་གྱི་སྦྱོར་ལུགས་ལྟར《ཡིག་ཕུད་སྙན་ངག》དེ་བརྩམས་པར་འདོད།

ཡང་གཅིག་བཤད་ན་རྒྱ་གར་གྱི་རིག་གནས་མང་པོ་བྱང་ཆུབ་པར་སྦྱངས་ཐོག་བོད་ཀྱི་སྐད་དང་མཐུན་པའི་ཡི་གེའི་སྲོལ་གཏོད་ཐུབ་པའི་མཁས་ཆེན་དམ་པ་ཞིག་ལ་མཚོན་ན། རྒྱ་གར་གྱི་བྱ་དཀའ་བའི་སྒྲ་རྒྱན་སྦྱོར་ལུགས་ལྟར་སྙན་ངག་ཤོ་ལོ་ཀ་གཉིས་རྩོམ་པ་ནི་ལས་ཁག་པོ་ཞིག་མ་ཡིན་ཏེ། ཏུན་ཧོང་ཡིག་རྙིང་ཁྲོད་ཀྱི《འཕགས་པ་འཇམ་དཔལ་ལ་བསྟོད་པ་བརྩམས་པ》སྟེ། "དཔལ་ཡས་པད་མ་མངའ་བདག་དཀར་ལ་ཞལ་མདངས་གསལ། །ལག་ན་པད་མ་རབ་འབར་འཆང་ལ་དགའ་བར་མཛད།། །།གདན་བཟངས་པད་མ་མདངས་དགའ་ཡངས་ལ་གནས་

① མི་རིགས་དཔེ་སྐྲུན་ཁང་གིས་པར་དུ་བསྐྲུན་པའི《ཆོས་འབྱུང་མཁས་པའི་དགའ་སྟོན》གྱི་ཤོག་ངོས་179པར་གསལ།

རབ་བཅས། །བསམ་པ་པད་མ་མ་ཆགས་ཟབ་ལ་མཉན་བར་བཞག། །འཇམ་དཔལ་བསམ་པ་དང་བས་མཐའ་དག་གང་བས་འཇངས།། །ཡ་མཚན་ངག་ལ་དབང་བས་གདམས་ངག་དམ་པ་འཆང་།། །མངའ་འབར་ཞལ་མངས་གསལ་བས་གཞན་ལས་འཕགས་པར་བཟང་།། །ཟབ་ལ་ཡངས་པར་གནས་པས་ཐམས་ཅད་མཉམ་པར་མཛད། །"ཅེས་དབྱངས་ཨ་ངེས་པའི་སྒྲ་རྒྱན་གྱི་སྒོ་ནས་འཇམ་པའི་དབྱངས་ཀྱི་སྐུ་གསུང་ཐུགས་ཀྱི་ཡོན་ཏན་ལ་བསྔགས་པ་བརྗོད་པ་དང་། རྗོག་ཞེགས་པའི་ཤེས་རབ(1059ལོར་འཁྲུངས)ཀྱིས། ཨ་ཕ་ཁོ་ནི་ཛ་ཆང་ཤ །གཅིག་པུ་ཟ་འཛུ་དེ་ལ་ཏེ། །ཉེ་ཕ་ཚོ་ནི་ཏིག་ག་རེ། །ཐོབ་ཙམ་ཞུ་ཞེས་བྱ་བ་ཡིན། །①ཞེས་ཚིགས་བཅད་ཤོ་ལོ་ཀ་གཅིག་གི་ནང་དུ་ཀ་མད་སུམ་ཅུ་ཚང་བར་བརྩམས་པའི་ཀ་རྩོམ་དང་། རྭ་ལོ་ཙཱ་བ་རྡོ་རྗེ་གྲགས(1016ལོར་འཁྲུངས)ཀྱིས། ང༷་ནི་རྡོ་རྗེ་འཇིགས་བྱེད་དེ། །ང༷་ལས་ཆེ་བ་སུ་ཡང་མེད། །ང༷་ལ་གསོལ་བ་འདེབས་ནུས་ན། །ང༷་ཡིས་འདྲེན་པར་མི་ནུས་མེད། །ཅེས་སྒྲ་རྒྱན་ལས་ཀྲང་པ་བཞི་ཀའི་ཐོག་མ་ན་ཡོད་པའི་ཟུང་ལྡན་ལ་སྦྱར་ནས་བརྩམས་ཡོད་པ། འགྲོ་མགོན་འཕགས་པས་བརྩམས་པའི《ཡི་གེ་སྦྱོར་ཚུལ》②ཏེ། "ཡང་དག་ལམ་ལ་རབ་འབད་ནས། །ས་ལམ་ཐམས་ཅད་ཐར་མཛད་ནས། །བདག་ལ་མ་ཆགས་གཞན་ཕན་མཛད། །དམ་པ་ལགས་པར་བདག་འཚལ་ལགས། །ཅི་ཕྱིར་ཉིད་ཀྱིས་ཇི་བཞིན་གཟིགས་ཤིང་སྒྲིབ་གཉིས་ཞི། །དུས་གསུམ་ཀུན་ཏུ་དུག་གསུམ་བདུད་འདུལ་སྐུ་གསུམ་གྲུབ། །བདེ་གཤེགས་མཁྱེན་བརྩེ་དཔེ་མེད་ལེགས་བརྙེས་དགེ་ལེགས་གཏེར། །སྐྱོབ་མཆོག་མགོན་པོ་གཙོ་བོ་ཁྱོད་བསྟོད་མཆོག་སོགས་སྩོལ། །"ཅེས《ཡིག་ཕུད་སྙན་ངག》ལྟ་བུའི་སྒྲ་རྒྱན་སྙན་ངག་དང་། 《སྙན་ངག་མེ་ལོང》བོད་ལ་ཆ་ཚང་དུ་མ་འགྱུར་བའི་གོང་སྔེ་སྤྱི་ལོ་

① ཁོང་གིས་བརྩམས་པའི《དག་ཡིག་ཉེ་མཁོ་བསྡུས་པ》ཏུ་གསལ།

② ཀྲུང་གོའི་བོད་རིག་པ་དཔེ་སྐྲུན་ཁང་གིས་པར་དུ་བསྐྲུན་པའི《འགྲོ་མགོན་ཆོས་རྒྱལ་འཕགས་པའི་གསུང་པོད་བཞི་པ》ལས་དྲངས།

1260པར་བརྩམས་པའི《ཀ་སོགས་སུམ་ཅུ་ལ་སྦྱོར་བ》①ལས། ཀ༷་ལ་པིདྨའི་ང༷་རོའི་སྒྲ༷་དབྱངས་སྒོ༷་ངའི༷་ནང་དུ་བསྒྲགས་པའི་སྒྲ་ཡིས་རྣམ་པར་སྒྲོགས་པའི་འདབ་ཆགས་གཞན། །ཁ༷་དོག་དག་ཀྱང་ཟིལ་གྱིས་མནན༷་ནས་རྣམ༷་པར་རྒྱུགས་བྱེད་དྲེགས་པའི་ང་རོ་ཀུན་ནས་འཁྱིལ་བཞིན་སྒྲོགས་པའི་ཚལ། །ག༷་ལ་བ་དེར་རྣམ་པར་དུལ་བའི་ཡིད་ཀྱི་འདུན་པས་ཀུན་ནས་འདུད༷་པའི་སྐྱི་བོའི་གཙུག་གིས་འདུད༷་བྱེད་བཞིན། །ང༷་ཅ་འཛིན་པའི་སྒོ་ངའི༷་ནང་གནས་རྒྱལ་བའི་སྲས་སུ་དམ་འཆའི་ང༷་རོས་རང་རྒྱལ་དགྲ་བཅོམ་ཟིལ་གནོན་བྱེད། ……ཉ༷་ཅང་ཀུད་པའི་ངན་འགྲོའི༷་འགྲོ༷་བའུ༷ང་ཀུན་ཏུ་འདྲེན་ན་བདེ་འགྲོའི༷་འགྲོ༷་བ༷་བདེ་ལ་འགོད་པ་སྨོས་ཅི་དགོས། །ཨ༷་ཡི༷་ཡི༷་གི༷་ཡི༷་གི༷འི་ཚོགས་ཀྱི་སྒྲོག་ཏུ་གནས་བཞིན་རྒྱུ་ལམ་འབྲས་བུའི་ཆོས༷་ཀྱི་ཆོས༷་ཉིད་སྟོང་ཉིད་ཡིན། །ཞེས་ཀ་ཁའི་རིམ་པ་ལུགས་འབྱུང་དུ་བསྟར་ཞིང་། ཐོ་སླ་བ་ཟུར་ལྷན་དང་། གནས་ངེས་པའི་བྱ་དཀའ་བ་སོགས《སྙན་ངག་མེ་ལོང》གིས་དངོས་བསྟན་གྱི་རྒྱན་མང་པོས་ལེགས་པར་བརྒྱན་པ་འདི་འདྲ《སྙན་ངག་མེ་ལོང》བོད་ལ་ཆ་ཚང་བར་མ་འགྱུར་གོང་ལ་རྒྱ་གཞུང་ལ་བརྟེན་ནས་སྦྱངས་རྗེས། དེའི་ནང་གསེས་དབྱངས་གསལ་དང་སྐྱེ་གནས་ངེས་པ་སོགས་བྱ་དཀའ་བའི་སྒྲ་རྒྱན་གྱི་ཐབས་བསྐྱེད་ལ་བརྟེན་ནས་ཚིག་ཕྲད་སོ་སོའི་མགོ་ལ་ཀ་ཁའི་རིམ་པ་ལུགས་འབྱུང་དུ་བསྟར་ཞིང་། ཟུར་ལྷན་དང་གནས་ངེས་པའི་སྒྲ་རྒྱན་གྱི་སྦྱོར་ལུགས་ལྟར་བོད་ཡིག་ཏུ་བརྩམས་པ་དང་། ད་ལྟའང་བོད་ཀྱི་རྩོམ་པ་པོ་རྣམས་ཀྱིས་རྒྱ་ཡིག་གམ་དབྱིན་ཡིག་སྟེང་ནས་འཛམ་གླིང་སྤྱི་ལ་ཁྱབ་པའི་རྩོམ་རིག་གཞུང་ལུགས་དང་རྩོམ་འཇུག་རིག་པ་སོགས་སྦྱངས་ཤིང་། དེའི་འཕྲིད་སྟོན་འོག་བོད་ཡིག་གི་ལམ་ནས་རང་མོས་སྙན་ངག་དང་། བརྩམས་སྒྲུང་། ལྷུག་རྩོམ། འཁྲབ་གཞུང་། ཁ་ཤགས། དཔྱད་རྩོམ་

① ཀྲུང་གོའི་བོད་རིག་པ་དཔེ་སྐྲུན་ཁང་གིས་པར་དུ་བསྐྲུན་པའི《འགྲོ་མགོན་ཆོས་རྒྱལ་འཕགས་པའི་གསུང་པོད་བཞི་པ》ལས་དྲངས།

སོགས་རྩོམ་པ་ཡིན་ན། 《ཡིག་ཕུད་སྙན་ངག》གི་ཚིག་རྒྱན་སྦྱོར་ལུགས《སྙན་ངག་མེ་ལོང》གིས་དངོས་བསྟན་གྱི་བྱ་དཀའ་བའི་སྦྲ་རྒྱན་གྱིས་བཅིངས་པ་དེའང《ཡིག་ཕུད་སྙན་ངག》བཙན་པོའི་དུས་ཀྱི་བརྩམས་ཆོས་མིན་པའི་སྒྲུབ་བྱེད་དུ་མི་འགྲོའོ། །

3. 《ར་ལོ་ཙཱ་བའི་རྣམ་ཐར》ལས། "ལ་སྟོད་བཞུགས་དུས། རྗེ་ལ་གསོལ་མཇོ་མོ་ཞིག་གི་རྨིག་རྗེས་གསལ་བར་བྱུང་། བསེ་ཁྲབ་པ་འཁོར་བཅས་ཀྱི་སྲོག་སྙིང་འཕྲོག་ནས་དམ་ལ་བཏགས། ཁྱེར་དུ་ཐོན་མི་སཾ་བྷོ་ཊའི་ཡིག་ཕུད་རྗེ་ལ་བརྐོས་པ་གཅིག་ཡོད་པ་མཇལ་ཚེ་ཡི་གེ་ལས་བདུད་རྩི་བབས། རྒྱ་མར་ཆོས་རྒྱལ་སྲོང་བཙན་གྱི་འཕྲུངས་ས་གཟིགས་པ་ལ་གསོལ་འདེབས་མཛད་ཚེ། ལུང་པ་འཇའ་འོད་ཀྱིས་གང་བའི་གསེབ་ནས་དངུལ་གྱི་ཡིག་དྲུག་ཆར་འབབ་པ་ཀུན་གྱིས་མཐོང་། འབྲི་ཁུང་དུ་དཔལ་ལྡན་ཨ་ཕྱི་མ་དང་། གཞི་བདག་བར་ལྷས་དགེ་བསྙེན་ཞུས། མལ་གྲོར་བཞུགས་ཚེ། མལ་གྲོ་གཟི་ཅན་འཁོར་བཅས་ཀྱིས་ཆོ་འཕྲུལ་ཆེར་བསྟན།"① ཅེས་འཁོད་པ་ལྟར་ན། 《ཡིག་ཕུད་སྙན་ངག》དེ་ར་ལོ་ཙཱ་བ་རྡོ་རྗེ་གྲགས་ཀྱི་སྐུ་རིང(སྤྱི་ལོ་1016—?)སྔོ། 《སྙན་ངག་མེ་ལོང》བོད་ལ་མ་འགྱུར་བའི་ལོ་ཉིས་བརྒྱ་ལྷག་གི་སྔོན་ནས་རྗེ་ལ་བརྐོས་ཡོད་པར་མ་ཟད། སྡེ་སྲིད་སངས་རྒྱས་རྒྱ་མཚོས་བརྩམས་པའི《བཻཌཱུརྻ་སེར་པོ》ལས། "བཙུན་མོ་ཚལ་ཆོས་སྡེ་ནི་འདུལ་འཛིན་གྲགས་པ་རྒྱལ་མཚན་གྱིས་བཏབ། སྔོན་ཆོས་རྒྱལ་སྲོང་བཙན་སྒམ་པོ་རྒྱ་མ་མདར་ཕོ་བྲང་བྱམས་པ་མི་འགྱུར་གླིང་དུ་འཁྲུངས། བྱིན་ཆེན་མདར་ཐུ་མི་སཾ་བྷོ་ཊས་ཡིག་ཕུད་ཕུལ་བ་འཁོར་ནང་ལྷ་ཁང་དུ་གྲགས་པ་སོགས་རྒྱལ་པོ་ཡབ་ཡུམ་གྱི་སྐྱིད་མོས་ཚལ་ཏེ་བཙུན་མོ་རྣམས་རྒྱུན་དུ་བཞུགས་པས་བཙུན་མོ་ཚལ་དུ་གྲགས་པའི་སར་ཆོས་སྡེ་འདི་ཉིད་བཏབ"ཅེས་འཁོད་པ་ལས། འདུལ་འཛིན་གྲགས་པ་རྒྱལ་མཚན་

① ར་ལོའི་ཚ་བོ་ར་ཆོས་རབ་ཀྱི་དངོས་སློབ་ཡེ་ཤེས་སེང་གེས་བརྩམས་ཤིང་མཚོ་སྔོན་མི་རིགས་དཔེ་སྐྲུན་ཁང་གིས་པར་དུ་བསྐྲུན།

གྱིས་སྤྱི་ལོ་1420པར་བཙུན་མོ་ཚལ་ཞེས་པའི་ཆོས་སྡེ་དེ་མ་བཏབ་སྔོན་དུ་ཐུ་མི་སཾ་བྷོ་ཊས《ཡིག་ཕུད》ཕུལ་བའི་དོན་ལ་རྗེས་དྲན་གྱི་འཁོར་ནང་ལྷ་ཁང་ཞེས་པ་ཞིག་ཡོད་པས། ལྷ་ཁང་དེའི་རྟེན་གཙོ་བོ《ཐོན་མིའི་ཡིག་ཕུད་སྣན་ངག》ཡིན་ལས་ཆེ་ལ། རྭ་ལོ་ཆེན་པོས་མཇལ་བའི《ཐོན་མིའི་ཡིག་ཕུད》ཇོ་བཀོས་མ་དེ་ཡང་ད་ལྟ་བཙུན་མོ་ཚལ་དགོན་ན་ཡོད་པའི《ཡིག་ཕུད་སྣན་ངག》ཇོ་བཀོས་མ་དེའམ་ཡང་ན་དེའི་མ་ཕྱི་ཡིན་པར་སྙམ།

《རྭ་ལོའི་རྣམ་ཐར》དུ་རྭ་ལོས་གྱེར་བྱ་བར《ཐོན་མིའི་ཡིག་ཕུད》མཇལ་བར་འཁོད་ཡོད་ཅེ་ན། ཁོ་བོར་གྱེར་ཞེས་པ་ས་ཆ་གང་ཡིན་པར་རྟོག་དཔྱོད་བྱེད་པའི་སྐལ་བ་མ་ལྡན་ཙང་། བཙུན་མོ་ཚལ་དང་ཉེ་ཞིང་འབྲེལ་བའི་འབྲོམ་ཐོད་ཆུས་ཀྱི་རི་ཞང་དུ་གྱེར་དགོན་གསར(དགོན་པ་རི་ཁྲོད)ཞེས་པ་ཞིག་ཡོད་པ་དང་། 《རྭ་ལོའི་རྣམ་ཐར》དུ་འཁོད་པའི་གྱེར་ཞེས་པའང་ལ་མོ་དང་། མལ་གྲོ་གུང་དཀར། རྒྱ་མ། འབྲི་ཁུང་སོགས་དང་འབྲེལ་ཞིང་ཉེ་བའི་ཡུལ་ན་ཡོད་པས། གྱེར་ཞེས་པ་དེ་བོད་ལྗོངས་སྟག་རྩེ་རྫོང་གི་འབྲོམ་ཐོད་ཆུས་ཀྱི་རི་ཞང་དང་ལ་མོ་ཆུས་གཙང་རྟོགས་ཞང་དུ་ཁྱབ་པའི་ས་ཁྲོན་སྤྱི་ལ་ཟེར་བར་སྙམ། དེས་ན་རྭ་ཡེ་ཤེས་སེང་གེས《རྭ་ལོའི་རྣམ་ཐར》རྩོམ་དུས་བཙུན་མོ་ཚལ་ཞེས་པའི་ཆོས་སྡེ་ད་དུང་བཏབ་མེད་པས་ས་དེའི་སྤྱིའི་མིང་ནས་བརྗོད་པ་དང་། ཕྱིས་ཀྱི་མཁས་པ་སྡེ་སྲིད་སངས་རྒྱས་རྒྱ་མཚོ་སོགས་ཀྱི་སྐུ་རིང་ལ་བཙུན་མོ་ཚལ་ཞེས་པའི་ཆོས་སྡེ་ཆགས་ཟིན་པས་གནས་བྱེ་བྲག་གི་མིང་ནས་བརྗོད་པས། ཡུལ་སོ་སོར་སྣང་ཡང་དོན་དུ་ཡུལ་སྤྱི་དང་བྱེ་བྲག་གི་ཁྱད་པར་ལས་གཅིག་ཡིན་པར་འདོད་ན་བློ་ལྡན་རྣམས་ཀྱིས་དཔྱད་པར་འཚལ།

མདོར་ན། ཐོན་མི་སཾ་བྷོ་ཊ་རྒྱ་གར་ནས་ཕྱིར་ཕེབས་ཆེ་ཁོང་གིས་རྒྱ་གར་དུ་སློབ་གཉེར་མཛད་ཚུལ་དང་བོད་ཀྱི་སྐད་དང་མཐུན་པའི་སྒྲ་སྦྱོར་ཡི་གེ་གསར་

གཏོང་མཛད་པའི་ཚུལ་རྒྱལ་པོ་སྲོང་བཙན་སྒམ་པོར་སྙན་ཞུ་འབུལ་བ་ལ་རྒྱ་གཞུང་ལས་སྤྱངས་པའི་དབྱངས་གཅིག་ངེས་པ་དང་དབྱངས་བཞིར་ངེས་པའི་བྱ་དཀའ་བའི་སྒྲ་རྒྱན་གྱི་ལུགས་ལྟར་སྐབས་དེའི་བོད་ཀྱི་སྐད་དང་ཡི་གེའི་སྒོ་ནས་སྙན་ངག་ཤློ་ཀ་གཉིས་བརྩམས་ནས་ཕུལ་བས། ཕྱི་རབས་རྣམས་ཀྱིས་བོད་ཀྱི་ཤེས་རིག་ལོ་རྒྱུས་སྟེང་གི་འཕྲིན་ལས་རླབས་ཆེན་དེར་རྟག་ཏུ་བསྔགས་བརྗོད་དང་ཡུན་རིང་དུ་རྗེས་དྲན་བྱ་ཆེད་གནས་དེར་དགོན་པ་བཏབ་ཅིང《ཡིག་ཕུད་སྙན་ངག》ཀྱང་སྐད་གསར་བཅད་ཀྱིས་བཅོས་ནས་རྡོ་ལ་བརྐོས་ཏེ་དགོན་པའི་རྟེན་དུ་ཉེར་ཚགས་བྱས་པ་ལགས།

གསུམ་པ། 《ཡིག་ཕུད་སྙན་ངག》གི་བརྗོད་བྱའི་ནང་དོན་བཤད་པ།

དེ་ཡང《ཡིག་ཕུད་སྙན་ངག》གི་བརྗོད་བྱའི་ནང་དོན་ལ་མདོ་སྔགས་སོ་སོའི་ཐ་སྙད་ཀྱི་སྟེང་ནས་འགྲེལ་བ་མཛད་ཚུལ་ཡོད་པ་ལས་འདིར་ཚེ་ཏན་ཞབས་དྲུང་མཆོག་གིས་སྔགས་ཕྱོགས་ཀྱི་ཐ་སྙད་སྟེང་ནས་འགྲེལ་བ་མཛད་པ་བཀོད་ན་འདི་ལྟར།

1. ཤློ་ཀ་དང་པོའི་བརྗོད་དོན་ནི། སོ་སྐྱེའི་ས་ལས་རིང་དུ་སོང་བས་ན་འཕགས་པ་དང་། བདུད་བཞིའི་གཡུལ་ངོ་ལས་རྣམ་པར་རྒྱལ་བས་མ་ཕམ་པ་སྟེ། དགའ་ལྡན་གྱི་མགོན་པོ་རྗེ་བཙུན་བྱམས་པ་ཆོས་ཅན། མཚན་ཉིད་ཐམས་ཅད་ཡང་དག་པར་ལྡན་པའི་འདྲེན་པ་དམ་པ་ལགས་ཏེ། སྐུ་གསུང་ཐུགས་གསུམ་གྱི་ཡོན་ཏན་ལས་ཐོག་མར་སྐུ་ཡི་ཡོན་ཏན་གྱི་ཆ་ནས་ཞལ་རས་ཏེ་བཞིན་གྱི་དཀྱིལ་འཁོར་དག་ཅིང་གསལ་ལ། ཕལ་པའི་ཚོན་གྱིས་བསྒོས་པ་མ་ཡིན་པར་རང་བཞིན་ནམ་ལྷན་སྐྱེས་སུ་གྲུབ་པའི་ཞལ་གྱི་གཟི་མདངས་བཟང་བར་མ་ཟད། ཐ་མལ་

བའི་གདོང་ལྟར་སྔོག་ཏུ་ལྷུང་བ་དང་། ཞོམ་པ་ལ་སོགས་པའི་སྐྱོན་དང་བྲལ་བ་ནི། དཔེར་ན། ཟླ་བ་ཉ་གང་བའི་ཚུལ་ལྟར་མཚན་བཟང་དང་ལྡན་པའི་ཕྱིར། ཡང་རྗེ་བཙུན་བྱམས་པ་ཆོས་ཅན། ཁྱེད་ལ་གསུང་གི་ཡོན་ཏན་ཁྱད་པར་དུ་འཕགས་པ་ཡོད་དེ། གདུལ་བྱ་རྣམས་ཐར་ལམ་དུ་བཀྲི་བའི་གདམས་ངག་ཟབ་མོའི་ལམ་གྱི་རིམ་པ་གདུལ་བྱའི་སྐལ་བ་དང་འཚམ་པར་རྒྱུན་མ་ཆད་པའི་གསུང་ཚངས་པའི་དབྱངས་དེ་ནི། ལྷ་དང་བཅས་པའི་འཇིག་རྟེན་པའི་རིས་ཐ་དད་པའི་སོས་པ་བཞིན་དུ་ཆོས་ཀྱི་སྒྲ་ལྷང་ལྷང་དུ་སྒྲོགས་པར་མཛད་པའི་ཕྱིར། ཡང་རྗེ་བཙུན་བྱམས་པ་ཆོས་ཅན། ཁྱོད་ལ་ཐུགས་ཀྱི་ཡོན་ཏན་ཁྱད་པར་དུ་འཕགས་པ་ཡོད་དེ། རང་དོན་མཐར་ཕྱིན་པ་བརྙེས་པའི་ཚེ་ན། ལས་དང་ཉོན་མོངས་པ་ངན་སོང་ངན་འགྲོའི་རྒྱུར་གྱུར་པ་གང་ཇི་སྙེད་ཅིག་ཡོད་པ་ཀུན་དང་། དེར་མ་ཟད་ཉོན་མོངས་ཀྱི་བག་ཆགས་དང་བཅས་པ་ཐམས་ཅད་སླར་མི་འབྱུང་བའི་ཚུལ་གྱིས་བསལ་བ་སྟེ་རྒྱུང་རིང་དུ་དོར་བར་མཛད་པ་དང་། གཞན་དོན་མཐར་ཕྱིན་པ་བརྙེས་པའི་རྟགས་སུ་འགྲོ་བ་རིགས་དྲུག་པོའི་རྒྱུད་ཀྱི་ལས་ངན་གྱིས་བཞག་པའི་སྒྲིབ་གཉིས་བག་ཆགས་ཐམས་ཅད་བསལ་ནས། སངས་རྒྱས་ཀྱི་ས་ལ་འགོད་པར་མཛད་པའི་ཕྱིར། ཞེས་པའོ། །

2. ཤོ་ལོ་ཀ་གཉིས་པའི་བརྗོད་དོན་ནི། བདེ་བའི་ལམ་ནས་བདེ་བའི་སར་གཤེགས་པའི་མི་སློབ་པའི་ཟུང་འཇུག་གི་སྐུ་ཐོབ་པའི་རྗེ་རྗེའི་སྐུ་ཅན་རྣམས་ཆོས་ཅན། བདེན་གཉིས་དབྱེར་མེད་ཀྱི་རྣལ་འབྱོར་ལ་བརྟེན་ནས་རྒྱལ་བ་ཀུན་གྱི་བགྲོད་པའི་ལམ་གཅིག་པུར་ངེས་པའི་ལྷན་སྐྱེས་ཀྱི་ཡེ་ཤེས་བརྙེས་པ་ཡིན་ཏེ། འོད་ཟེར་དོན་དམ་པའི་ཏིང་ངེ་འཛིན་རྟག་ཆད་ཀྱི་མཐའ་གཉིས་ཞི་བ་ཉིད་དེ་གཏན་བྲལ་དུ་གྱུར་པས་ཆོས་ཀྱི་དབྱིངས་སྟོང་པ་ཉིད་མངོན་སུམ་དུ་རིག་ཅིང་སྒྲིབ་མེད་དུ་གཟིགས་པའི་ཐུགས་དག་པ་དོན་གྱི་འོད་གསལ་ཆོས་ཀྱི་སྐུ་དང་། ཤིན་ཏུ་ཕྲ་བའི་

གཉུག་མའི་རླུང་སེམས་ལས་གྲུབ་པའི་མཚན་དཔེ་གསལ་རྫོགས་ཀྱི་སྐུ་ཉོན་མོངས་ཕྲ་རགས་ཀྱི་ཚོགས་ཀུན་ནས་བཅོམ་པའི་བསྐལ་ཆེན་གྲངས་མེད་གསུམ་གྱི་ཚོགས་ཀྱི་དོད་ཐུབ་པའི་སྐུ་དག་སྒྱུ་མའི་གཟུགས་ཀྱི་སྐུ་སྟེ། སྐུ་ཐུགས་ཟུང་དུ་འཇུག་པའི་དང་པོའི་མགོན་པོ་མཆོག་ཏུ་དངོས་གནས་སུ་བཞེངས་པའི་སྐུ་དེ་ཉིད་ཀྱིས་དུག་གསུམ་གྱིས་དྲངས་པའི་སྒྲིབ་གཉིས་ཀྱི་བདུད་འདུལ་བ་ལ་ཐབས་མཁས་དང་ལྡན་ཞིང་། བདུད་དེ་ཉིད་རྣམ་པ་ཀུན་ཏུ་སྣར་མི་འོང་བའི་ཚུལ་གྱིས་ཐུལ་བར་མཛད་པ་སྟེ་ཚར་བཅད་པའི་ཕྱིར། ཞེས་པ་ལས་མཁྱེན་པར་མཛོད།

བཞི་པ། 《ཡིག་ཕུད་སྙན་ངག》གི་སྒྲ་རྒྱལ་གྱི་ཁྱད་ཆོས་བཤད་པ།

《ཡིག་ཕུད་སྙན་ངག》ནི་གོང་དུ་བརྗོད་ཟིན་པ་ལྟར་བློན་པོ་ཐོན་མི་སཾ་བྷོ་ཊས་རྒྱ་གར་གྱི་ཡི་གེ་དང་སྒྲ་ཚད་སྙན་ངག་སོགས་ལེགས་པར་སྦྱངས་ཤིང་བོད་ལ་སྒྲ་སྦྱོར་ཡི་གེ་འདིའི་སྲོལ་བཏོད་པ་དང་ཆབས་ཅིག་རྩོམ་པ་གནང་བ་ཡིན་པས། དེའི་རྩོམ་ལུགས་ཀྱང་ཤྲཱི་ལོ་ཀ་དང་པོ་ནི་རྒྱ་གར་གྱི《སྙན་ངག་མེ་ལོང》གི་ནང་གསེས་གསུམ་པ་སྒྲ་རྒྱན་ལས་བྱ་དཀའ་བ་དབྱངས་ཨ་རེས་པའི་རྒྱན་གྱིས་སྤྲས་པ་དང་། མགོ་འདོགས་ཅན་གྱི་ཡི་གེ་དང་དབྱངས་ཨེ་ཨོ་ཅན་མེད་པར་འཛམ་པའི་ཡི་གེ་ཤས་ཆེ་ལ། ཚིག་ཁྱིམ་དགུ་མའི་ཚིག་སྦྱོར་ལ་སྤེལ་བས། སྒྲ་གདངས་འཛམ་ཞིང་ཚིག་སྦྱོར་སྙོད་ལ་སྙན་འཇེབས་ཡིད་དུ་འོང་བའི་སྒྲ་ཉམས་ལྡན་པ་དང་། རྩོམ་པ་པོས་རྗེ་བཙུན་བྱམས་པ་མགོན་པོ་ལ་བསྟོད་པའི་ཐུགས་འདུན་དང་བསྔགས་པའི་དོན་དང་ཡང་ཡོངས་སུ་མཐུན་པར་སྣང་། ཤྲཱི་ལོ་ཀ་གཉིས་པ་ནི་རྩོམ་པ་པོས་ཚིག་རྐང་སོ་སོའི་བར་སྒྲ་ཉམས་ཐོན་ཆེད། བསམ་བཞིན་དབྱངས་བཞིའི་རིམ་པ་ལུགས་འབྱུང་ལས་ལྡོག་སྟེ་ཚིག་རྐང་དང་པོ་དབྱངས་ཨི་རེས་པ་དང་། གཉིས་པ་དབྱངས་ཨུ་རེས་

པ། གསུམ་པ་དབྱངས་ཨོ་རིས་པ། བཞི་པ་དབྱངས་ཨུ་རིས་པ་བྱས་ཤིང་། ཚིག་རྐང་སོ་སོའི་དབྱངས་རིས་མི་འདྲ་བ་ལས་གྲོན་པའི་སྒྲ་གདངས་ལ་བརྗོད་བྱའི་དོན་ཏེ། སངས་རྒྱས་འཕགས་པ་རྣམས་ཀྱི་ཡོན་ཏན་སྟོན་པའི་དོན་དང་མཐུན་པའི་སྙན་ངག་གི་སྒྲ་ཉམས་ཁྱད་པར་བ་ཞིག་ལྡན་པར་མ་ཟད། ཚད་རིས་ཅན་ཞིག་གི་སྙིང་ནས་རྩོམ་པ་པོའི་རྩོམ་རྩལ་དང་བོད་ཀྱི་སྒྲ་སྦྱོར་ཡི་གེའི་ཡོན་ཏན་ཡང་གསལ་ལེར་མངོན་འདུག དེ་མིན་རྩོམ་པ་པོས་བྲམ་ཟེ་ལི་བྱིན་དང་པཎྜི་ཏ་ལྷ་རིགས་སེང་གེ་སློབ་དཔོན་དུ་བསྟེན་ནས་རྒྱ་གར་གྱི་རིག་གནས་སྣ་ཚོགས་དང་ཆོས་ལུགས་ལ་གསན་སྦྱོང་མཛད་པ་ལས་རྗེ་བཙུན་བྱམས་པ་མགོན་པོའི་སྐུ་གསུང་ཐུགས་ཀྱི་ཡོན་ཏན་དང་། སངས་རྒྱས་འཕགས་པ་རྣམས་ཀྱི་ཡོན་ཏན། ནང་བསྟན་ཆོས་ལུགས་ཀྱི་ཆེ་བ་རྣམ་པར་མཁྱེན་པས། དེ་དག་ལ་དད་འདུན་ཆེ་ཞིང་རྗེས་སུ་ཕྱོགས་པའི་ཐུགས་ཀྱི་འགྱུར་བ་དྲག་ཏུ་བརྗོལ་བའང་སྒྱུ་རྩལ་གྱི་ཐབས་དང་ཤུགས་ལས་མངོན་པར་མཚོན་ནོ།། །།

༄༅།།དུས་སྐབས་གསར་པའི་བོད་རིགས་རྩོམ་པ་པོ་གྲགས་ཅན་འགའ་དང་ཁོང་ཚོའི་བརྩམས་ཆོས་བརྗོད་པ།

དང་པོ། སྤྱི་ཚོགས་ཀྱི་སྐབས་བབ་བརྗོད་པ།

ཀྲུང་གོ་གུང་ཁྲན་ཏང་གིས་དབུ་ཁྲིད་མཛད་འོག 1949ལོའི་ཟླ་བཅུ་པའི་ཚེས་གཅིག་ཉིན་ཀྲུང་ཧྭ་མི་དམངས་སྤྱི་མཐུན་རྒྱལ་ཁབ་དངོས་སུ་དབུས་བརྙེས་ཤིང་། ལོ་རྒྱུས་ཀྱི་དུས་རབས་གསར་པ་དེ་ལྟ་བུའི་འགྲོས་ཀྱི་རྒྱུན་མཐུད་ནས། སྟོད་མངའ་རིས་སྐོར་གསུམ་ནས་བར་དབུས་གཙང་རུ་བཞི་དང་སྨད་མདོ་ཁམས་སྒང་དྲུག་གི་ས་ཡི་ཁྱོན་ཆེན་པོར་གནས་ཤིང་འཚོ་བའི་སྨུག་པོ་བོད་ཀྱི་གདུང་རྒྱུད་རྣམས་ཀྱང་ཆར་རྗེས་ཤ་མོ་བཙོལ་བའི་དཔལ་ལྟར་འགྲོ་རིམ་འཕྲོར་སྤྱི་ཚོགས་ཀྱི་ལམ་ལུགས་རྙིང་པའི་འཆིང་རྒྱ་ལས་རྣམ་པར་གྲོལ་ཏེ། ཀྲུང་ཧྭ་ནོར་འཛིན་ཆེན་པོའི་མི་རིགས་ཁག་དང་ལྷན་དུ་སྤྱི་ཚོགས་རིང་ལུགས་ཀྱི་བཞུད་ལམ་ཡངས་པའི་སྟེང་དུ་གོམ་པའི་ཁ་ལོ་མངོན་པར་བསྒྱུར་བས། བསམ་བློའི་འདུ་ཤེས་དང་། སྲིད་འཛིན་གྱི་སྒྲིག་གཞི། དཔལ་འབྱོར་གྱི་ཆ་རྐྱེན། རིག་གནས་ཀྱི་ཆུ་ཚད་སོགས་ལ་སྔ་ན་མེད་པའི་འགྱུར་ལྡོག་ཆེན་པོ་བྱུང་བ་ཡིན་ནོ། །

1. **བསམ་བློའི་འདུ་ཤེས་ལ་འཕོ་འགྱུར་བྱུང་བ།** རྒྱལ་ཡོངས་རིགས་སོ་སོའི་མི་

དམངས་ལ་དབུ་ཁྲིད་མཛད་པའི་གྲུང་གོ་གུང་ཁྲན་ཧྲང་ནི་མར་ལེ་རིང་ལུགས་ལ་རྗེས་སུ་ཡི་རང་ཞུ་ཞིང་དེ་རང་གི་བསམ་བློའི་སློབ་སྟོན་དུ་བྱེད་པའི་སྲིད་འཛིན་ཧྲང་ཁག་ཅིག་ཡིན་པས། དུས་དང་རྣམ་པ་ཀུན་ཏུ་མར་ལེ་རིང་ལུགས་ལ་སྒྲུངས་བརྩོན་བྱས་ནས་རང་གི་ཆབ་སྲིད་ཀྱི་གོ་རྟོགས་ཇི་མཐོར་གཏོང་བ་དང་འཛིག་རྟེན་གྱི་ལྟ་བ་ལེགས་པོར་བསྒྱུར་བར་མ་ཟད། ཆབ་སྲིད་དང་། དྲིལ་བསྒྲགས། སློབ་གསོ། རྩོམ་རིག་སྒྱུ་རྩལ། རིག་གཞུང་སོགས་ལས་རིགས་སོ་སོར་བརྟེན་ནས་མར་ལེ་རིང་ལུགས་འཛིན་སྐྱོང་སྤེལ་གསུམ་བྱས་པས། བོད་རིགས་སྲིད་འཛིན་མི་སྣ་ནས་མི་སེར་དཀྱུས་མའི་བར་དུའང་ལྟ་བ་དེ་རིམ་གྱིས་ས་ཁྱབ་རྫོ་ཁྱབ་ཏུ་གྱུར་ཅིང་། བོད་མི་མང་པོས་རང་གི་བསམ་སྤྱོར་ལ་འཁྲིད་སྟོན་བྱེད་པའི་ཕྱོགས་སྟོན་འཁོར་ལོར་འགྱུར་འགོ་བཙམས་ཤིང་། སྤྱི་ཚོགས་ཀྱི་གནད་དོན་གང་ཡིན་ཚང་ཚན་རིག་དང་མཐུན་པའི་ལྟ་བ་དང་ཐབས་ཤེས་སྤྱད་ནས་རྟོག་ཞིབ་དང་ཐག་གཅོད་བྱེད་ཀྱིན་ཡོད། བོད་མི་རྣམས་ཀྱི་བསམ་བློའི་འདུ་ཤེས་ལ་འཕོ་འགྱུར་གསར་པ་བྱུང་བ་དེས་བོད་ཡུལ་སྤྱི་ཚོགས་ར�་པོ་འཕེལ་འགྱུར་ཡོང་བར་ནུས་པའི་ནུས་པ་བསྐྱེད་དོ། །

2. **སྲིད་འཛིན་གྱི་སྒྲིག་གཞི་ལ་འཕོ་འགྱུར་བྱུང་བ།** ལོ་ངོ་བརྒྱ་ཕྲག་དུ་མའི་བཀས་བཀོད་རྒྱུན་འཛིན་ཞིང་བྲན་ལམ་ལུགས་ཀྱི་འཆིང་རྒྱ་ཡོངས་སུ་བཀྲོལ་རྗེས། ལོ་རྒྱུས་ཀྱི་རྨང་གཞི་དང་། ས་བབ་ཀྱི་ཆ་རྐྱེན། སྐབས་བབ་ཀྱི་གནས་ཚུལ། དོ་དམ་གྱི་དགོས་མཁོ། མི་རིགས་ཀྱི་འབྲེལ་བ་སོགས་ལ་དམིགས་ནས་བོད་ཡུལ་འདི་རྗེ་དཔོན་སོ་སོས་དུམ་བུར་བཅད་ནས་དབང་སྒྱུར་བའི་སྒྲིག་སྲོལ་རྙིང་པ་རྩ་བ་ནས་དོར་ཅིང་། སྲིད་འཛིན་གྱི་སྒྲིག་གཞི་གསར་པ་སྟེ། བོད་རང་སྐྱོང་ལྗོངས་དང་། ཡུལ་ཤུལ་བོད་རིགས་རང་སྐྱོང་ཁུལ། དཀར་མཛེས་བོད་རིགས་རང་སྐྱོང་ཁུལ། མགོ་ལོག་བོད་རིགས་རང་སྐྱོང་ཁུལ། མཚོ་ལྷོ་བོད་རིགས་རང་སྐྱོང་ཁུལ། མཚོ་བྱང་བོད་རིགས་རང་སྐྱོང་ཁུལ། མཚོ་ནུབ་སོག་བོད་རང་སྐྱོང་ཁུལ། རྨ་ལྷོ་བོད་རིགས་

རང་སྐྱོང་ཁུལ། ཀན་ལྷོ་བོད་རིགས་རང་སྐྱོང་ཁུལ། རྔ་བ་བོད་རིགས་ཆའང་རིགས་རང་སྐྱོང་ཁུལ། བདེ་ཆེན་བོད་རིགས་རང་སྐྱོང་ཁུལ། དཔའ་རིས་བོད་རིགས་རང་སྐྱོང་རྫོང་། མུ་ལི་བོད་རིགས་རང་སྐྱོང་རྫོང་བཅས་རང་སྐྱོང་ལྗོངས་གཅིག་དང་རང་སྐྱོང་ཁུལ་བཅུ། རང་སྐྱོང་རྫོང་གཉིས་བཅས་སུ་དབྱེ་བ་དང་ཆབས་ཅིག་རང་སྐྱོང་ལས་ཁུངས་དང་། རང་སྐྱོང་ཁྲིམས་སྲོལ། རང་སྐྱོང་དབང་ཆ། རང་སྐྱོང་ལས་འགན་སོགས་ཀྱང་བཙུགས་ཤིང་གཏན་འབེབས་མཛད་ནས་མི་རིགས་རང་སྐྱོང་བྱས་པས། བོད་མི་རིགས་ཀྱི་རང་ཁྲིམ་རང་བདག་གི་བརྩོན་སེམས་སྐུལ་སློང་བྱེད་པ་དང་། མི་རིགས་སོ་སོའི་འབྲེལ་བ་ཇེ་དམ་དུ་འགྲོ་བ། རྒྱལ་ཁབ་ཀྱི་གཅིག་གྱུར་སྲ་བརྟན་དུ་གཏོང་བ། མི་རིགས་རང་སྐྱོང་ས་ཁུལ་དང་རྒྱལ་ཡོངས་ཀྱི་སྤྱི་ཚོགས་འཛུགས་སྐྲུན་ལས་དོན་འཕེལ་རྒྱས་སུ་གཏོང་བ་བཅས་ལ་ནུས་པ་ཧ་ཅང་ཆེན་པོ་བསྐྱེད་པ་རེད།

3. དཔལ་འབྱོར་ལ་འཕེལ་འགྱུར་བྱུང་བ། རྒྱལ་ཁབ་ཀྱི་མཐའ་འཚམས་སྲུང་སྐྱོབ་དང་བོད་ཁུལ་འཛུགས་སྐྲུན་བྱེད་པའི་ཆེད་དུ་མཚོ་བོད་གཞུང་ལམ་དང་། ཁྲིན་བོད་གཞུང་ལམ། ཡུན་བོད་གཞུང་ལམ། ཞིན་བོད་གཞུང་ལམ། བལ་བོད་གཞུང་ལམ་སོགས་ཀྱིས་གཙོས་བོད་ཀྱི་ས་ཁུལ་དང་རྫོང་སོ་སོར་བགྲོད་པའི་ཡན་ལག་གཞུང་ལམ་རིམ་བཞིན་ལས་ནས་རླངས་འཁོར་ཤར་གཏོང་བྱས་ཤིང་། པེ་ཅིན་ནས་ལྷ་ས་དང་། ལྷ་ས་ནས་བལ་པོ། པེ་ཅིན་ནས་ཟི་ལིང་བཅས་བར་དུ་མཁའ་ལམ་བཏོད་དེ་དམངས་སྤྱོད་གནམ་གྲུ་མངག་གཏོང་བྱས་ལ། གཞིས་ཀ་རྩེ་བར་དུ་ལྕགས་ལམ་ལས་ནས་མེ་འཁོར་ཤར་གཏོང་བྱས། བོད་རིགས་ཀྱི་ས་ཁུལ་སོ་སོ་དང་རྒྱལ་ཁབ་ཕྱི་ནང་གི་ས་ཆ་ཁག་བར་དུ་རླངས་འཁོར་དང་། མེ་འཁོར། གནམ་གྲུ་བཅས་མངག་གཏོང་བྱས་པ་དེས་རྒྱལ་ཁབ་དང་ས་གནས་དེ་དག་བར་དངོས་ཟོག་བརྗེ་རེས་དང་། བསམ་བློ་བརྗེ་རེས། རིག་གནས་བརྗེ་རེས་སོགས་བྱེད་པར་སྟབས་

མེད་པའི་མཐུན་རྐྱེན་ཆེན་པོ་ཞིག་ཏུ་གྱུར། འགྲིམ་འགྲུལ་གྱི་དྲ་བ་ཆ་ཚང་ཞིག་གྲུབ་པར་བརྟེན་ནས་མི་རིགས་དང་རྒྱལ་ཁབ་གཞན་གྱི་དངོས་ཟོག་གསར་པ་དང་སྔོན་ཐོན་རིག་གནས་ནང་འདྲེན་བྱས་པ་དེས་བོད་ཡུལ་གྱི་དངོས་པོའི་ཆ་རྐྱེན་ཇེ་ལེགས་དང་ཐོན་སྐྱེད་ནུས་ཤུགས་འཕེལ་རྒྱས། ཚན་རིག་ལག་རྩལ་ཇེ་མཐོ་བཅས་སུ་འགྲོ་བར་བསྐྱོན་དུ་མེད་པའི་ནུས་པ་བསྐྱེད་པ་དང་། སྔོན་ཆད་བོད་རིགས་ཀྱིས་འཚོ་བ་དང་ཞིང་ཕྱུགས་ཐོན་སྐྱེད་ལས་དབང་ངམ་གནམ་འབབ་ཞིག་ལ་རེ་བའི་གོམས་སྲོལ་རྙིང་པ་དེར་རིམ་གྱིས་འགྱུར་ལྡོག་བྱུང་སྟེ། ཚན་རིག་དང་མཐུན་པའི་སྒོ་ནས་ཞིང་ཕྱུགས་ཐོན་སྐྱེད་གཉེར་བས། སྔོན་ཆད་བྱུང་མ་མྱོང་བའི་གྲུབ་འབྲས་གསར་པ་ཐོན། བཟོ་ལས་དང་། སློག་འདོན་ལས་རིགས། གཏེར་འདོན་ལས་རིགས། འཁལ་འཐག་ལས་རིགས། ལས་སྣོན་ལས་རིགས་སོགས་ཀྱང་རིམ་བཞིན་རྣམ་གྲངས་ཇེ་མང་དང་ཡོ་བྱད་འཕྲུལ་ཆས་ཅན། ཐོན་ཚད་ཇེ་མཐོ་བཅས་སུ་ཕྱིན། བོད་ཁུལ་གྱི་ལས་རིགས་སྣ་ཚོགས་འཕེལ་རྒྱས་སུ་སོང་བ་དང་བསྟུན་བོད་ཁུལ་གྱི་དངོས་པོའི་འཚོ་བ་ཇེ་ལེགས་སུ་ཕྱིན་པར་མ་ཟད། རྒྱལ་ཁབ་སྤྱིའི་དཔལ་འབྱོར་འཛུགས་སྐྲུན་དང་མཐའ་མཚམས་སྲུང་སྐྱོབ་བྱེད་པར་ཡང་ཕན་པ་ཆེན་པོ་ཐོན།

4. **རིག་གནས་སློབ་གསོ་དང་ཚན་རིག་འཕྲོད་བསྟེན་སོགས་ལ་འཕེལ་འགྱུར་བྱུང་**བ། དེ་ཡང་བོད་འདིར་སྔོན་ཆད་སྲོལ་རྒྱུན་གྱི་སློབ་གསོའི་སྒྲིག་གཞི་སྐྱེ་དགོན་པ་ལས་དེང་རབས་ཁྱད་ཆོས་ཅན་གྱི་སློབ་གྲྭ་ཤིན་ཏུ་ཉུང་ཉུང་། བཅིངས་འགྲོལ་བྱས་པའི་རྗེས་ལ་བོད་ཁུལ་གྱི་ས་གནས་སོ་སོར་རིམ་བཞིན་སློབ་ཆུང་ནས་སློབ་གྲྭ་ཆེན་མོ་བར་གྱི་སློབ་གསོའི་མ་ལག་ཆ་ཚང་ཞིག་ཆགས་པ་དང་། དེས་བོད་ཁུལ་གྱི་ལས་རིགས་ཁག་ལ་ཤེས་ལྡན་མི་སྣ་འབོར་ཆེན་ཞིག་སྐྱེད་སྲིང་བྱས་པས། བོད་ཁུལ་གྱི་རིག་གནས་དང་དཔལ་འབྱོར་འཛུགས་སྐྲུན་ལས་དོན་གོང་དུ་སྤེལ་བར་ནུས་ཤུགས་ཆེན་པོ་བསྐྱེད། དེར་མ་ཟད་ཏང་གི་ཆོས་ལུགས་དད་མོས་རང་དབང་གི་སྲིད་ཇུས

ལག་བསྟར་དང་དངོས་འབེབ་བྱས་ཏེ། བོད་ཀྱི་དགོན་སྡེ་ཁག་སོར་བཞག་མཛད་པ་དེ་བོད་ཀྱི་སྲོལ་རྒྱུན་རིག་གནས་འཛིན་སྐྱོང་སྤེལ་གསུམ་བྱེད་པར་ཆེད་གཉེར་སྒྲིག་གཞི་དང་མི་སྣ་ངེས་ཅན་ཞིག་ཡོད་པར་གྱུར། དེ་བོད་རིགས་ཀྱི་སློབ་གསོ་དང་རིག་གཞུང་ཞིབ་འཇུག་མ་ལག་གི་གྲུབ་ཆ་གལ་ཆེན་ཞིག་བྱས་ནས། བོད་རིགས་ཀྱི་སློབ་གསོ་དང་རིག་གཞུང་ཞིབ་འཇུག་བྱ་གཞག་གོང་དུ་སྤེལ་བར་ཕྱུག་རྗེས་བརྗོད་ཀྱིས་མི་ལང་བ་བསྐྲུན། དུས་མཚུངས་སུ་ཟློས་གར་ཚོགས་པ་དང་། གློག་བརྙན་དང་བརྙན་འཕྲིན་སྒྱུར་སྐྲུན་ཁང་། ཀུན་ཁྱབ་རླུང་འཕྲིན་ལས་ཁུངས་སོགས་ཀྱང་དུས་ཀྱི་འགྱུར་ལྡོག་དང་སྤྱི་ཚོགས་ཀྱི་འཕེལ་རིམ་ལྟར་གང་ལ་གང་འཚམ་དུ་བཙུགས་ཏེ། ཟློས་གར་སྣ་ཚོགས་འཁྲབ་སྟོན་དང་གློག་བརྙན་སྒྱུར་སྐྲུན་འགྲེམ་སྟོན་བྱས་ཤིང་། པེ་ཅིན་དང་། བོད་ལྗོངས། བོད་རིགས་འདུས་སྡོད་ཀྱི་ཞིང་ཆེན་དུ་མི་རིགས་དཔེ་སྐྲུན་ཁང་བཙུགས་ཏེ་བོད་ཀྱི་རིག་གནས་རྩོམ་རིག་གི་དཔེ་ཆ་མང་པོ་དཔེ་སྐྲུན་འགྲེལ་སྤེལ་བྱས་ཏེ། བོད་རིགས་ཀྱི་རིག་གནས་འཚོ་བ་ཡང་སྔར་ལས་ཕུན་སུམ་ཚོགས་པོར་གྱུར། གསོ་བ་རིག་པའམ་བོད་རིགས་ཀྱི་ནད་གསོ་སྨན་བཅོས་ཀྱི་གོམས་སྲོལ་དང་མཁོ་བ་ལྟར་ས་ཁུལ་མང་པོར་སྲོལ་རྒྱུན་གྱི་སྨན་རྩིས་ཁང་བཙུགས་ཤིང་སྒྲིག་ཆས་དང་སྨན་རྫས་དེང་རབས་ཅན་དུ་བསྒྱུར་བ་དང་ཆབས་ཅིག ཕྱི་ལུགས་སྨན་ཁང་ཡང་མི་ཉུང་བ་ཞིག་བཙུགས་ནས། བོད་མི་རིགས་ཀྱི་ན་བའི་སྡུག་བསྔལ་ཇེ་ཆུང་དུ་གཏོང་གང་ཐུབ་བྱས།

5. **རྩོམ་རིག་ལ་འཕེལ་འགྱུར་བྱུང་བ།** ཀྲུང་གོ་གསར་པ་ཚུགས་པ་དང་བརྟན་ནས་བོད་ཁུལ་གྱི་སྤྱི་ཚོགས་ལམ་ལུགས་དང་། བསམ་བློའི་འདུ་ཤེས། དཔལ་འབྱོར་གྱི་འཚོ་བར་འཕོ་འགྱུར་བྱུང་ཞིང་། “རྩོམ་རིག་སྒྱུ་རྩལ་གྱིས་མི་དམངས་ལ་ཞབས་འདེགས་ཞུ་དགོས་པ་དང་། བཟོ་ཞིང་དམག་གསུམ་ལ་ཞབས་འདེགས་ཞུ་དགོས”པའི་རྩོམ་རིག་བྱེད་ཕྱོགས་གཏན་ལ་ཕབ་པས། ཀྲུང་ཧྭ་ནོར་འཛིན་ཆེན་པོའི་ཁྱོན་ཡོངས་

སུ་རྩོམ་རིག་འདུ་ཤེས་འདི་འདྲ་ཞིག་གྲུབ་པ་སྟེ། ཆབ་སྲིད་ལམ་ཕྱོགས་ལ་བསྟུན་ཞིང་ཆབ་སྲིད་ཀྱི་དགོས་མཁོ་སྐོང་བའི་རྩོམ་རིག་ངོ་བོའི་འདུ་ཤེས་དང་། གསར་བརྗེ་དངོས་ཡོད་རིང་ལུགས་དང་གསར་བརྗེའི་འཆར་ཡན་རིང་ལུགས་ཟུང་དུ་སྦྲེལ་བའི་རྩོམ་རིག་རྩོམ་ཐབས་ཀྱི་འདུ་ཤེས། དཔེ་མཚོན་ཁོར་ཡུག་ཁྲོད་ཀྱི་དཔེ་མཚོན་མི་སྣ་གཏོད་པའི་རྩ་དོན་ལྟར། དཔའ་བོའི་སྣང་བརྙན་གསར་པ་གཏོད་པ་གཙོ་བོ་ཡིན་པའི་མི་སྣའི་འདུ་ཤེས། གཞུང་སྐོར་གཉིས་ཀྱི་འགལ་བ་མཚོན་པར་བྱེད་པ་གཞི་རྩའི་ནང་དོན་ཡིན་པའི་བརྗོད་བྱའི་བསྟན་དོན་གྱི་འདུ་ཤེས་ཤིག་གྲུབ་པ་ཡིན། དེར་བརྟེན། རྩོམ་པ་པོ་རྣམ་པ་ཁག་ཅིག་གིས་སྔར་གྱི་འཚོ་བ་དང་སྔར་གྱི་བསམ་ཕྱོགས་བསྒྱུར་ནས། འཚོ་བ་གསར་པ་དང་། མང་ཚོགས་གསར་པ། དཔའ་བོ་གསར་པ་བཅས་དང་མཉམ་དུ་འཚོ་བ་ལ་གསར་རྩོམ་འགྱུར་ལྡོག་གི་འབྱུང་རྩ་འཚོལ་དགོས་པར་གྱུར།

དེ་ཡང་བརྩམས་སྒྲུང་རྩོམ་ཚེ་ཡོངས་ཁྲབ་ཀྱིས་སྤྱི་ཚོགས་ཀྱི་བརྗོད་བྱ་གལ་ཆེན་དང་། དེང་རབས་ལོ་རྒྱུས་ཐོག་གི་དོན་རྐྱེན་གལ་ཆེན་བཙལ་ནས་བརྩམས་པས། སྤྱི་ཚོགས་ཀྱི་ཆབ་སྲིད་ལས་འགུལ་གལ་ཆེན་གང་ཡིན་ཟུང་ཆ་ཚང་བའི་སྒོ་ནས་མཚོན་པར་བྱས་ཤིང་། བརྩམས་ཆོས་མི་ཉུང་བ་ཞིག་ལས་ཐད་ཀར་ཆབ་སྲིད་བརྗོད་པ་དང་། རྩོམ་པ་པོ་མི་ཉུང་བ་ཞིག་གིས་སྐབས་དེའི་ལས་འགུལ་དང་། སྲིད་ཇུས། ལས་འགན་གཙོ་བོ་བཅས་དང་འབྲེལ་བའི་བརྩམས་ཆོས་རྩོམ་གང་ཐུབ་བྱས་པ་རེད། དཔེ་དེ་བཞིན་དུ་བོད་ཀྱི་རྩོམ་པ་པོ་མང་ཆེ་བ་དེ་སྔ་དགོན་པའི་སློབ་གསོ་ཆ་ཚང་སྦྱོང་མཁན་ཡིན་ཞིང་། ཁོ་ཚོས་སྟོན་པ་ཤཱཀྱ་ཐུབ་པའི་གསུང་ལ་བློ་སེམས་རྩེ་གཅིག་གིས་དད་ཅིང་རང་གི་བསམ་སྦྱོར་ལ་སློབ་སྟོན་བྱེད་པའི་རིགས་པའི་གཞུང་ལུགས་སུ་བསྟེན་པ་དང་། བརྩམས་ཆོས་ཀྱི་བརྗོད་བྱའི་ནང་དོན་དང་མཚོན་བྱའི་དགོངས་པའང་བྱང་ཆུབ་སེམས་དཔའི་སྤྱོད་པ་ལ་སྤྱད་ཚུལ་དང་ཐར

པའི་ལམ་ལ་སླུལ་བ་དེ་ཡིན་པས། སློ་བུར་དུ་རྩོམ་རིག་གི་འདུ་ཤེས་དང་། ཆབ་སྲིད་ཀྱི་འདུ་ཤེས། འཚོ་བའི་འདུ་ཤེས་བཅས་བསྒྱུར་ནས་རྩོམ་པ་ལ་འཇུག་པ་དེ་རེ་ཞིག་མི་གོམས་པ་ལྟར་སྣང་ཡང་། རིམ་གྱིས་སྲིད་དང་དུས་ཀྱི་བླང་བྱ་གསར་པ་ལྟར་ཏུར་བརྩོན་གྱིས་རྩོམ་པ་མཛད་པས། དུས་རབས་ཀྱི་ཁྱད་ཆོས་མཚོན་པའི་སྙན་རྩོམ་དང་། བསླབ་བྱ། སླུ་ཚིག འགྱུར་ཡིག་སོགས་མི་ཉུང་བ་ཞིག་ཐོན་པ་རེད།

དེ་ཡང་སྐབས་དེར་སྲིད་ཕྱོགས་ནས་རྩོམ་རིག་སྒྱུ་རྩལ་གྱི་བྱེད་ཕྱོགས་གཏན་ལ་ཕབ་པ་དང་དེ་ལག་བསྟར་བྱ་དགོས་པའི་བླང་བྱ་བཏོན་པ་དང་གཅིག ཁོང་ཚོའི་འབྲུངས་ཡུལ་དང་། ཉེ་འབྲེལ། སྒྲིན་བདག་ཚང་མ་གྲོང་པ་ཡིན་པས། སྤྱི་ཚོགས་ཉིང་པའི་སེར་སྐྱ་མང་ཚོགས་ཀྱི་འཚོ་བའི་གནས་ཚུལ་གསལ་པོར་མཁྱེན་པར་མ་ཟད། བཅིངས་འགྲོལ་བྱས་པའི་རྗེས་སུའང“དགེ་མཚན་ལྡན་པའི་སྟོབས་ཤུགས་ཡོད་ཚད་ལ་མཐུན་སྒྲིལ་བྱེད་པའི”འཐབ་ཕྱོགས་གཅིག་སྒྲིལ་གྱི་སྲིད་ཇུས་ལག་བསྟར་བྱས་ནས་ཁོང་ཚོའི་ཡོན་ཏན་མ་མཐུད་དུ་སྤྱོད་དུ་བཅུག་ཅིང་། རྒྱལ་གཅེས་མི་སྣ་ཁག་ཅིག་ལ་ད་དུང་སྲིད་ཕྱོགས་ཀྱི་གོ་གནས་སྤྲད་པ་དང་ཆབས་ཅིག་ནང་ལོགས་ཀྱི་དར་རྒྱས་ཆེ་བའི་ས་ཁུལ་དང་། གྲོང་ཁྱེར། བཟོ་གྲྭ། དམག་དཔུང་། འབྲེལ་ཡོད་ཀྱི་རྒྱལ་ཁབ་བཅས་ལ་ལྟ་སྐོར་དུ་ཁྲིད་པས། ཏང་གི་སྲིད་ཇུས་ཀྱི་ཡང་དག་རང་བཞིན་དང་སྤྱི་ཚོགས་རིང་ལུགས་ཀྱི་དགེ་མཚན་རང་བཞིན་མངོན་པར་མཁྱེན་ཅིང་། དཔལ་འབྱོར་གྱི་སྟོབས་ཤུགས་དང་མི་དམངས་བཅིངས་འགྲོལ་དམག་གི་ཟིལ་ཤུགས་གསལ་པོར་རྟོགས་པ་དང་གཉིས། བྱ་བའི་དགོས་དབང་གིས་ཏང་དང་རྒྱལ་ཁབ་ཀྱི་འགོ་གཙོ་རྣམ་པས་མཇལ་འཕྲད་མཛད་པའི་གོ་སྐབས་མང་བས། དེ་དག་གི་ཐུགས་གཤིས་དང་། དགོངས་པ། མཐུ་ནུས་བཅས་ལ་རྒྱུས་མངའ་བ་དང་གསུམ། ཁོང་ཚོ་མང་ཆེ་བས་དེ་སྔ་དགོན་པར《སྙན་ངག་མེ་ལོང》སྦྱངས་པ་དཔྱིས་ཕྱིན་པ་ཞིག་མཛད་པར་མ་ཟད། དེའི་ལུགས་ལྟར་བསྟོད་ཚོགས་དང་སྙན་ངག

མང་དུ་བརྩམས་ཤིང་། ལུགས་ཀྱི་བསྟན་བཅོས་དང་བསླབ་བྱ་སོགས་ལ་གཟིགས་རྒྱ་ཡངས་ཤིང་། རྩོམ་ལུས་དེ་དག་རྩོམ་པར་ཤིན་ཏུ་གོམས་པ་དང་བཞི། སྐབས་དེའི་བོད་ཕྱོགས་ཀྱི་ལས་རིགས་སོ་སོའི་ཐད་བྱུང་བའི་མི་གསར་དོན་གསར་དང་གྲུབ་འབྲས་གསར་པ་སོགས་དངོས་སུ་མཐོང་ཐོས་བྱུང་བ་དང་ལྷ་བཅས་པའི་རྐྱེན་གྱིས་སྐབས་དེའི་བརྩམས་ཆོས་ལ་ཁྱད་ཆོས་མི་འདྲ་བ་འདི་འདྲ་བྱུང་བ་སྟེ། སྐབས་དེའི་སྲིད་ཕྱོགས་ཀྱི་དགོས་པའི་དབང་གིས་བརྩམས་ཆོས་མང་ཆེ་བ་བསྐྲུན་པ་ཡིན་ཞིང་ཆེད་དམིགས་ཀྱི་བསམ་དོན་དེ་བརྗོད་པར་འཕྲོད་པའི་རྩོམ་ལུས་ནི་སྙན་ངག་ཡིན་ལ། རྩོམ་པ་པོ་གོམས་པར་གྱུར་པའང་དེ་ཡིན་པས་སྙན་ངག་གི་རྣམ་པ་སྤྱད་པ་ཤས་ཆེ་བ་རེད།

རྩོམ་པ་པོར་འགྱུར་བ་ཆེར་མ་བྱུང་ཙང་བརྗོད་བྱའི་ནང་དོན་ནི་དངོས་ཡོད་སྤྱི་ཚོགས་སྟེང་བྱུང་བའི་བྱ་དངོས་གསར་པ་དང་། འཚོ་བ་གསར་པ། མི་སྣ་ངོ་མ། སྤྱི་ཚོགས་གསར་རྗེང་ཞིབ་སྟུར་བྱེད་པ་སོགས་ཡིན་ལ། དེ་དག་ལས་མངོན་པར་མཚོན་པའི་དོན་གཙོ་ཤོས་ཀྱང་ཏང་གི་སྲིད་ཇུས་དང་། རྒྱལ་ཁབ་ཀྱི་གཙོ་འཛིན། སྤྱི་ཚོགས་ཀྱི་ལམ་ལུགས། བོད་ཀྱི་འཚོ་བ་གསར་པ། ལས་རིགས་སོ་སོའི་གྲུབ་འབྲས་བཅས་ལ་བསྔགས་བརྗོད་ཀྱི་མེ་ཏོག་གཏོར་བ་དང་། ཚུལ་དང་མི་མཐུན་པའི་བསམ་སྤྱོར་ལ་ཟུར་ཟའི་མདའ་མོ་འཕེན་པ། རྗེས་ལུས་ཀྱི་རྣམ་པར་འཚང་འབྱིན་གྱི་མཚོན་ཆ་བསྣུན་ཞིང་སྔོན་ཐོན་གྱི་ལམ་ལ་གསལ་སྟོན་གྱི་སྒྲོན་མེ་སྦར་བ། མི་རིགས་ཀྱི་བརྩོན་སེམས་སྐུལ་སློང་དང་མཐུན་སྒྲིལ་གྱི་དགོས་གལ་གནད་དུ་སྟོན་པ་སོགས་ཡིན།

སྐབས་དེའི་སློག་པ་པོ་མང་ཆེ་བ་བཟོ་ཞིང་དམག་གསུམ་ཡིན་པས། དེ་དག་གིས་གོ་བར་བྱ་བའི་ཕྱིར། མངོན་བརྗོད་དང་། བརྡ་རྙིང་། ཆོས་ལུགས་ཀྱི་ཐ་སྙད་མང་པོས་མ་བཅིངས་ལ། གོ་དཀའ་བའི་འཁྱོག་བརྗོད་ཀྱི་རྒྱན་མང་པོས་ཀྱང་མ་

སྤྲས་པར། ཚིག་སྦྱོར་མཛེས་ཤིང་མི་དམངས་མང་ཚོགས་ཀྱི་སྐད་ཆ་དང་མཐུན་ཆེ་ལ། ཚད་ལྡན་གྱི་བརྡ་སྤྲོད་རིག་པ་དང་ཡང་མི་འགལ་བའི་སྒོ་ནས་བརྗོད་དོན་རྣམས་གཟུགས་བརྙན་ཇི་བཞིན་མཚོན་པའི་རྩོམ་རིག་གི་སྐད་ཆ་སྤྱད་པ་རེད།

རྩོམ་སྒྲོལ་ཐད《སྙན་ངག་མེ་ལོང》གི་ལུགས་ལྟར་བརྩམས་པས། ཚིག་གི་སྡེབ་སྦྱོར་ཚགས་ཞིབ་ཅིང་གཟབ་ནན་ཡིན་ལ་ཉམས་འགྱུར་ལྡན་པ། དངོས་བསྟན་གྱི་དོན་གསལ་ཞིང་ཤུགས་མཚོན་གྱི་དོན་ཟབ་ཅིང་རྒྱ་ཆེ་བ་རེད། ཡིན་ནའང་སྐབས་དེར་ཆབ་སྲིད་ཀྱི་དགོས་པ་ནན་དུ་བཟུང་དྲགས་པས། ཆབ་སྲིད་ལས་འགྱུལ་དང་ལྟེ་བའི་བྱ་བར་བསྟུན་ཐབས་བྱེད་པའི་བརྩམས་ཆོས་ལས་བརྗོད་བྱའི་ནང་དོན་དང་རྣམ་པ་མི་མང་བ་དང་། རྩོམ་པ་པོ་རྣམས་འཚོ་བ་གསར་པར་བསྟོད་པའི་སྤྲོ་སེམས་ཆེ་ཡང་དེ་འདྲའི་གཏིང་ཟབ་ལ་འཚོ་བའི་དཀའ་ངལ་དང་རྙོག་འཛིང་ཆེ་བའི་འགལ་བ་ངོས་འཛིན་བྱས་པ་མི་འདྲ་བ་རེད། རྩོམ་པ་པོའི་དོ་སྣང་བྱེད་ས་དེ་ཕྱི་ངོས་ཀྱི་འཚོ་བའི་རྣམ་པ་ཞིབ་འབྲི་བྱེད་པར་འཁོར་བ་ལས། མིའི་རང་སྣང་གི་འཇིག་རྟེན་དང་བརྩེ་དུང་གི་འཚོ་བ་མཚོན་པར་བྱས་པ་མངོན་གསལ་གྱིས་མི་འདྲ་བ་རེད།

གཉིས་པ། རྩོམ་རིག་དངོས་བཤད་པ།

1. **རྗེ་བཙུན་ཤེས་རབ་རྒྱ་མཚོའི་རྩོམ་རིག་བརྩམས་ཆོས་བཤད་པ།** དགེ་བའི་བཤེས་གཉེན་ཆེན་པོ་རྗེ་བཙུན་ཤེས་རབ་རྒྱ་མཚོ་ནི། མདོ་སྨད་རྫོ་ སྦྲིས་གསེར་སྨུག་ལྗོངས་ཀྱི་ཁོངས་གཏོགས་ཏོར་གྲོ་བ་ཞེས་པའི་གྲོང་སྡེ་དེར་ཡབ་ལྷ་ལུང་སྐྱབས་དང་། ཡུམ་ལྷ་ལུང་སྐྱིད་གཉིས་ཀྱི་སྲས་སུ་སྤྱི་ལོ1884ལ་འཁྲུངས་ཤིང་། དགུང་ལོ་ལྔ་པའི་ཚེ་སྔོ་མང་དགེ་བཤེས་ལྷ་རམས་པ་ནོར་བུ་རིན་པོ་ཆེའི་དྲུང་ནས་རབ་ཏུ་

བྱུང་ཞིང་དགེ་ཚུལ་གྱི་སྡོམ་པ་ལེགས་པར་བཞེས་ཏེ། རྡོ་སྦྲིས་གྲྭ་ཚང་གི་ཆོས་སྐོར་ཞུགས་ནས་ཡི་གེ་སྦྱོར་ཀློག་ལ་སྦྱངས་པ་ལེགས་པར་མཛད།

དགུང་ལོ་བཅུ་དྲུག་གི་སྟོན་ཁར་ཆོས་སྡེ་ཆེན་པོ་བླ་བྲང་བཀྲ་ཤིས་འཁྱིལ་གྱི་ཆོས་གྲྭར་ཞུགས་ཏེ། ཨ་ཁུ་གུང་ཐང་བློ་གྲོས་དང་ཀུན་མཁྱེན་འཇམ་དབྱངས་བཞད་པ་སྐུ་ཕྲེང་བཞི་པ་སྐལ་བཟང་ཐུབ་བསྟན་དབང་ཕྱུག་སོགས་སྡེ་སྣོད་འཛིན་པའི་བླ་མ་དུ་མ་བསྟེན་ནས་སློབ་གཉེར་མཛད་པ་དང་། ཁྱད་པར་དུ་ཨ་ཁུ་གུང་ཐང་བློ་གྲོས་ཚང་གི་མདུན་ནས་དགེ་སློང་གི་སྡོམ་པ་ཡང་དག་པར་མནོས་པ་ཡིན།

དགུང་ལོ་ཉེར་གཅིག་གི་ཚེ། ཁོང་ལྷ་སར་ཕེབས་ཏེ་འབྲས་སྤུངས་སྒོ་མང་གྲྭ་ཚང་གི་ཆོས་སྐོར་ཞུགས་ཤིང་མདོ་སྔགས་རིག་གནས་ཡོངས་སུ་རྫོགས་པའི་མཁས་པའི་དབང་པོ་མཆོག་གྲུབ་དཀར་པོ་དང་། བླ་མ་འབུལ་སྤུད་རིན་པོ་ཆེ་བློ་བཟང་ཡེ་ཤེས་བསྟན་པའི་རྒྱལ་མཚན་དཔལ་བཟང་པོ་སོགས་དགེ་བའི་བཤེས་གཉེན་བཅུ་ཕྲག་གསུམ་ལྷག་སྤྱི་བོའི་ཅོད་པན་དུ་བསྟེན་ཏེ་རིག་པའི་གནས་མཐའ་དག་དང་མདོ་སྔགས་ཀྱི་གཞུང་ལུགས་རྒྱ་མཚོ་ལྟ་བུ་ལ་ཐོས་བསམ་མཐར་ཕྱིན་པར་མཛད་ནས་འཆད་རྩོད་རྩོམ་གསུམ་དང་། མཁས་བཙུན་བཟང་གསུམ་གྱི་ཡོན་ཏན་ལ་མངའ་བརྙེས་ཤིང་སྐྱོ་ཐམས་ཅད་ནས་འགྲན་པའི་ཟླ་དང་བྲལ་བའི་མཁས་པའི་གོ་འཕང་མཐོན་པོར་གཤེགས།

དགུང་ལོ་སོ་གསུམ་གྱི་སྟེང་དམིགས་གསལ་གྱིས་ལྷ་རམས་པ་འཕར་མའི་མིང་བཏགས་བྱུང་བ་དང་། ནོར་བུ་གླིང་ཀའི་རྩོད་རྒྱུགས་ཆེ་ཨང་དང་པོ་བྱུང་བ། རྩེ་གཟིམས་ཚུང་དུ་ཚོགས་ལངས་དམིགས་བསལ་ཅན་གནང་བ་སོགས་ཡ་མཚན་པའི་མཛད་བཟང་མང་པོ་གྲུབ། དེ་ལོའི་སྟོན་ལམ་ཉི་ཤུ་བཞིའི་ཉིན་ནོར་བུ་གླིང་ཀར་གཞུང་གི་སྐུ་དྲག་སེར་སྐྱ་ཚང་འཛོམས་ཀྱི་དབུས་སུ་རྩེ་དྲུང་ཡིག་ཆེན་མོ་ཆོས་དར་ལགས་ནས་ལྷ་རམས་པའི་དམ་བཅའ་ཨང་གྲངས་ཀྱི་རིམ་པ་སྒྲིག་སྐབས། རྒྱལ་

དབང་ཐམས་ཅད་མཁྱེན་པའི་བཀའ་ལུང་ལྟར་རིག་པའི་གནས་ལྔ་ལ་མཁས་པའི་ཡོང་དང་པོ་ནི་འབྲས་སྤུངས་སྒོ་མང་གླུ་འབུམ་དགེ་བཤེས་ཤེས་རབ་རྒྱ་མཚོའོ་ཞེས་མཚན་སྙན་མེ་ཏོག་གི་ཕྲེང་བ་དགུང་ལ་ཐོར་བས་དེར་བཞུགས་ཚོགས་པ་ཀུན་གྱིས་ངོ་མཚར་དང་རྗེས་སུ་ཡི་རང་ཚད་མེད་བྱས།

དགུང་ལོ་སོ་བཞི་པར། རྒྱལ་དབང་ཐམས་ཅད་མཁྱེན་པ་སྐུ་ཕྲེང་བཅུ་གསུམ་པ་ཐུབ་བསྟན་རྒྱ་མཚོའི་བཀའ་ལུང་ལྟར《བུ་སྟོན་ཐམས་ཅད་མཁྱེན་པ་རིན་ཆེན་གྲུབ་ཀྱི་གསུང་འབུམ》དཔར་གཞི་གསར་བཞེངས་ཀྱི་ཞུ་དག་མཛད། ལོ་དྲུག་ཙམ་གྱིས་གསུང་འབུམ་པོ་ཏི་ཉེར་དགུའི་ཞུ་དག་ལེགས་པར་གྲུབ། དེའི་རྗེས་སུ་ཡང་རྒྱལ་དབང་ཐམས་ཅད་མཁྱེན་པའི་བཀའ་སྲི་བོར་བླངས་ཏེ། རྒྱལ་བའི་བཀའ་འགྱུར་རོ་ཅིག་གི་དཔར་གཞི་གསར་བཞེངས་ཀྱི་ཞུ་དག་མཛད་དེ་ལོ་བརྒྱད་ཙམ་གྱིས་དཔར་གཞི་གསར་བཞེངས་ལེགས་གྲུབ་བྱུང་།

དགུང་ལོ་ང་ལྔ་ལ་ཕེབས་ཚེ། སྐབས་དེའི་རྒྱལ་ཁབ་ཀྱི་སྲིད་དབང་འཛིན་མཁན་གོ་མིན་ཏང་གིས་གདན་དྲངས་པ་ལྟར་རྒྱ་ནག་ཏུ་ཕེབས་ནས་ཆོས་སྲིད་ཟུང་གི་བྱ་བ་མང་པོ་མཛད་པ་དང་། ཁྱད་པར་དུ་རྒྱལ་ཁབ་གསར་པ་དབུ་བརྙེས་རྗེས་མི་དམངས་སྲིད་གཞུང་གི་བཀའ་ལྟར་བསྟན་འགྲོ་སྤྱི་ལ་ཕན་པའི་ཐུགས་སྨོན་རྣམ་པར་དག་པའི་སྒོ་ནས་ཆོས་སྲིད་གཉིས་ཀའི་ཐད་ནས་རྣམ་པར་དཀར་བའི་མཛད་བཟང་གི་གྲུ་ཆར་བསྙིལ་བར་མཛད།

དགུང་ལོ་དོན་གསུམ་གྱི་ཚེ། རྒྱ་གར་དང་། བལ་པོ་རྒྱལ་ཁབ་གཉིས་ཀྱི་གདན་ཞུས་ལྟར། སངས་རྒྱས་བཅོམ་ལྡན་འདས་མྱ་ངན་ལས་འདས་ནས་ལོ་ཉིས་སྟོང་ལྔ་བརྒྱའི་རྗེས་དྲན་ཚོགས་ཆེན་ལ་ཞུགས། གཞན་ཡང་དེའི་སྐབས་གཞུག་ཏུ་འབར་མ་དང་། ཁན་ཕུ་ཁྲི། སིང་ག་ལ། སུའི་ཏེན་སོགས་ཆོས་ལྡན་རྒྱལ་ཁབ་དེ་དག་ལ་ཕེབས་ནས་དེ་གའི་ཆོས་པ་རྣམས་ལ་བཀའ་ཆོས་མང་དུ་གསུངས་ཤིང་བསྟན་པ་སྤྱི་དང་འགྲོ་བ་

ཡོངས་ལ་ཕན་པའི་མཛད་འཕྲིན་རྒྱ་ཆེན་པོ་མཛད་དོ། །

ཁོང་གིས་དེ་ལྟར་ཆོས་སྲིད་ཟུང་གི་འཕྲིན་ལས་རྒྱ་ཆེན་པོ་སྤེལ་མཐར་སྤྱི་ལོ་1968ལ་གྲོང་ཁྱེར་ཟི་ལིང་དུ་དགོངས་པ་ཆོས་དབྱིངས་སུ་ཐིམ་པའི་ཚུལ་བསྟན་ཏོ། །①

ཁོང་གིས་དགུང་ལོ་བཙོ་ལྔའི་སྐྱེང་ནས་བཟུང་སངས་རྒྱས་ཀྱི་བསྟན་པ་དང་འགྲོ་བ་སྤྱིའི་དོན་ལ་དམིགས་ནས་ལྷུགས་རྩོམ་ཧ་ཅང་མང་པོ་བརྩམས་མོད། བསྟན་པ་འཕེལ་འགྲིབ་དང་དུས་ཀྱི་འགྱུར་བའི་དབང་གིས་གསུང་རྩོམ་གྱི་མ་ཕྱི་ཕོ་ཧྲི་བཙུ་ཕྲག་ལྷག་མེད་དུ་གྱུར་ལ། ད་ལྟ་དངོས་སུ་པར་དུ་བསྐྲུན་པ་ལ་པོ་ཏི་གསུམ་བཞུགས་པ་ལས་མང་ཆེ་ཤོས་བཅིངས་འགྲོལ་སྔོན་དུ་བརྩམས་པའི་གཞུང་འགྲེལ་དང་། གྲུབ་མཐའ། དགག་ཡིག དཔྱད་རྩོམ། རྟོགས་བརྗོད། བསླབ་བྱ། འཕྲིན་ཡིག གནས་བསྟོད། གསོལ་འདེབས། བསང་མཆོད། བཅའ་ཡིག་སོགས་ཡིན། བརྩམས་ཆོས་དེ་དག་ལ་ཁྱད་དུ་འཕགས་པའི་དགོས་པ་དང་། གཞན་དང་མི་འདྲ་བའི་ཁྱད་ཆོས། མངོན་པར་འཕགས་པའི་ནུས་པ་བརྗོད་ཀྱིས་མི་ལང་བ་ཞིག་མཆིས་ཀྱང་། དེ་སྐབས་དེའི་རྩོམ་རིག་ལོ་རྒྱུས་ཀྱི་བརྗོད་བྱ་དངོས་ཡིན་པ་ལས། འདིར་བརྗོད་པར་མི་འོས་པས་སྐྱུར་བློས་ཀྱི་ངལ་བ་བགྱི་བའི་དགོས་པ་བྲལ། འདིར་བརྗོད་པར་འོས་པའམ་འདོད་པ་ནི་གཙོ་བོར་བཅིངས་འགྲོལ་བྱས་པའི་རྗེས་སུ་བརྗོད་བྱ་གསར་པ་ལས་བརྩམས་པའི་བརྩམས་ཆོས་ཡིན། དེ་ཡང་1949ལོ་ནས་རྒྱལ་ཡོངས་རིགས་སོ་སོའི་མི་དམངས་རྣམས་ཀྱང་གོ་གུང་ཁྲན་ཏང་གི་དབུ་ཁྲིད་འོག་ལམ་ལུགས་རྙིང་པའི་འཆིང་རྒྱ་ལས་རྣམ་པར་གྲོལ་ཅིང་། སྤྱི་ཚོགས་ཀྱི་རྣམ་པ་དང་མི་དམངས་ཀྱི་འཚོ་བ་སོགས་ལ་འཕོ་འགྱུར་ཆེན་པོ་བྱུང་བ་དང་བསྟུན་

① 《རྫེ་བཙུན་ཤེས་རབ་རྒྱ་མཚོ་འཇམ་དཔལ་དགྱེས་པའི་བློ་གྲོས་ཀྱི་གསུང་རྩོམ》པོད་དང་པོར་འཁོད་པ་ལས་མདོར་བཤུས་བྱས་པ་ཡིན།

ནས། དགེ་བཤེས་རིན་པོ་ཆེ་ཡང་རྒྱལ་ཡོངས་ཀྱི་མཁས་པ་གཞན་དག་དང་འདྲ་བར། བྱ་དངོས་གསར་པ་བརྗོད་པ་དང་བྱ་དངོས་གསར་པ་དེ་དག་ལ་འཛིན་པའི་ལྟ་བ་མཚོན་པའི་སྙན་ངག་གམ་བསླབ་བྱ་སོགས་མང་པོ་བརྩམས་ནས་སྐབས་དེའི་རྩོམ་རིག་དང་སྤྱི་ཚོགས་ལ་ཡར་སྐྱེལ་ཆེན་པོ་མཛད། བརྩམས་ཆོས་དེ་དག་བརྗོད་བྱའི་ནང་དོན་གྱི་ཆ་ནས་དབྱེ་ན། གུང་ཁྲན་ཏང་དང་དེའི་སྲིད་ཇུས་ལ་བསྟོད་པ་བརྗོད་པ་དང་གཅིག མའོ་ཙེ་ཏུང་དང་ཁོང་གི་དགོངས་པར་བསྟོད་བསྔགས་འབུལ་བ་དང་གཉིས། བཅིངས་འགྲོལ་དམག་གི་དྲག་པོའི་རྩལ་དང་ཞི་བའི་སྤྱོད་པར་བསྔགས་པ་དང་གསུམ། ཚུལ་མིན་གྱི་བསམ་སྤྱོར་དགག་ཅིང་འཇུག་ལྡོག་གི་གནས་སྟོན་པ་དང་བཞི་བཅས་སུ་འདུས་སོ། །

དེ་ཡང《བསླབ་བྱ་རང་བྱུང་ལྷའི་རྔ་བོ》ལས།

རྒྱལ་ཡོངས་མི་དམངས་སྡུག་བསྔལ་ཁྲི་ཕྲག་གིས། །
མནར་བའི་ཉམས་ལ་སྙིང་རྗེ་མ་བཟོད་པར། །
འཇིགས་བྲལ་དཔའ་བོའི་གོ་ཆ་ལྷུར་བཞེས་ཏེ། །
དང་པོ་དགྲ་ལས་རྒྱལ་བ་གུང་ཁྲན་ཏང་། །
རང་ལ་ཆོས་ལུགས་མེད་ཅིང་ཁས་མི་ལེན། །
གཞན་ལ་མི་འགོག་དད་མོས་རང་དབང་སྟེ། །
ཆབ་སྲིད་ཏང་གི་སྲོལ་ལྟར་བརྩི་དགོས་པ། །
གུང་ཁྲན་ཏང་གི་རྩ་བའི་གྲུབ་མཐའ་ཡིན། །
བློ་མཐུན་མའོ་ཙེ་ཏུང་དང་མཁས་མང་གིས། །
ལན་བརྒྱར་བརྟགས་པ་ལས་བྱུང་རྩ་བའི་ཁྲིམས། །
དར་ཆ་གསུམ་དང་ཏང་གི་རྣམ་འདྲེན་ལ། །
སྤྱི་འབངས་ཀུན་གྱིས་ཡིད་ཆེས་བྱ་དགོས་པར། །

ཀྲུང་ཁྲིན་ཏང་གི་རྩ་བའི་གྲུབ་མཐའ་ཡིན། །
རྩོད་ནས་དགག་དགོས་དགྲ་ཡི་འགལ་བ་དང་། །
བཅོས་པས་ཆོག་པ་ནང་གི་འགལ་བ་གཉིས། །
སོ་སོར་ཕྱེ་ནས་ཉམས་སུ་བསྐྱར་དགོས་པ། །
ཀྲུང་ཁྲིན་ཏང་གི་རྩ་བའི་གྲུབ་མཐའ་ཡིན། །
བཙན་རྒྱལ་ལུགས་ལ་སྡང་མིག་དམར་པོ་དང་། །
སྤྱི་ཚོགས་ལུགས་ལ་དགའ་མགུའི་འཛུམ་དཀར་གཉིས། །
གསལ་བར་སྟོན་པའི་རྣམ་འགྱུར་མི་འཇོལ་བ། །
ཀྲུང་ཁྲིན་ཏང་གི་རྩ་བའི་གྲུབ་མཐའ་ཡིན། །
ཨ་རི་ཤོག་བུའི་སྟག་དང་ལྷུ་བའི་གསོབ། །
ཆེ་དྲག་རྫིག་ཉམས་ཚ་འཕྲུལ་ཅི་བསྟན་ཀྱང་། །
བདེན་དོན་བརྟག་བཟོད་ཏིལ་ཙམ་མ་དམིགས་པ། །
ཀྲུང་ཁྲིན་ཏང་གི་རྩ་བའི་གྲུབ་མཐའ་ཡིན།

ཞེས་འཕོད་པའི་བརྩམས་ཆོས་འདི་ལྟ་བུར་མཆོན་ན། རྩོམ་པ་པོས་ཀུན་གྱིས་གོ་སླ་བའི་བསླབ་བྱའི་ཚུལ་གྱིས་ཀྲུང་གོ་ཀྲུང་ཁྲིན་ཏང་ནི་བཙན་པོ་གཉའ་ནས་གནོན་ཞིང་གཅོམ་ཆུང་མཐའ་ནས་སྐྱོང་བའི་སྐྱབས་མགོན་ཡིན་ཚུལ་བརྗོད་པ་ནས་དབུ་བརྩམས་ཏེ། ཏང་གི་ཆོས་ལུགས་དད་མོས་རང་དབང་གི་སྲིད་ཇུས་དང་། རྩ་བའི་བླང་བྱ། དགྲ་དང་རང་ཕྱོགས་བར་གྱི་འགལ་བ་སྟུམ་ཐབས་མེད་པ་དང་མི་དམངས་ནང་ཁུལ་གྱི་འགལ་བ་སྟུམ་ཐབས་ཡོད་པའི་རྩ་དོན། བཙན་རྒྱལ་རིང་ལུགས་ལ་འཛིན་པའི་ལྟ་བ་དང་ཏང་གི་ཕྱི་འབྲེལ་སྲིད་ཇུས་སོགས་སྐབས་དེར་ཀྲུང་ཁྲིན་ཏང་ལ་རྒྱུས་གསལ་པོ་མེད་པའི་བོད་མི་རིགས་ལ་ངོ་སྤྲོད་གསལ་པོ་མཛད་པའི་ཤུགས་ལས། རྩོམ་པ་པོ་རང་ཉིད་ཀྱིས་ཀྲུང་གོ་ཀྲུང་ཁྲིན་ཏང་གི་ངོ་

པོ་དང་། དམིགས་འབེན། རྩ་བའི་ལས་འགན་དང་བླང་བྱ། སྲིད་ཇུས་སོགས་ཀྱི་དཔལ་དང་ཡོན་ཏན་མ་ལུས་ལྷང་ངེར་མཁྱེན་པ་དང་ཐུགས་རབ་ཏུ་ཕྱོགས་ཤིང་རྗེས་སུ་ཡི་རང་ཞུ་ལ། བསྔགས་བརྗོད་ཀྱི་འདུན་སེམས་སྙིང་ག་གང་བ་མངོན་པར་མཚོན་ཡོད། དེར་མ་ཟད་སྐབས་དེར་གུང་ཁྲན་ཏང་ལ་རྒྱུས་མེད་པ་དང་ཡང་ན་ལོག་ལྟའམ་སེམས་ཉེ་འཛིན་པའི་བོད་རིགས་མང་ཚོགས་ལ་གུང་ཁྲན་ཏང་གི་ཚུལ་མཐུན་ཆོས་ལུགས་སྲུང་བའི་གྲོགས་པོ་དང་། ཉམ་ཐག་འགྲོ་བ་སྐྱོང་བའི་མགོན་སྐྱབས་ཡིན་ལ། མཁས་ཤིང་མཛངས་པའི་དཔལ་འབར་བར་གསུངས་ཤིང་། དེར་ལོག་ལྟའམ་སེམས་ཉེ་མི་འཛིན་པར་ཡིད་རྟོན་དགོས་པ་ཡང་ཡང་དུ་ནན་གྱིས་གསུངས་པ་འདི་ལྟར།

ཐུབ་བསྟན་འོ་མའི་མཚོ་ཆེན་འཕྱུར་བ་ལ། །
གུང་ཁྲན་ཟླ་བའི་འཛུམ་དཀར་གཉེན་དུ་ཆེ། །
བྱམས་བརྩེའི་བ་གམ་མཐོན་པོར་དཀྲིགས་པའི་སྤྲིན། །
ཕྱོགས་ཀྱི་འཁོར་ལོ་འགེབས་པའི་གྲིབ་བསིལ་ཅན། །①

ཞེས་པ་དང་།

གུང་སྲིད་གསར་མཐུན་འགྲོགས་ཟབ་སེམས་བསྲུས། །
འདིའི་རིག་པར་ཁྲ་སླག་སྤྱང་གསུམ་འཛོམས། །
ཁ་ཞེ་འགལ་གཡོ་ཟོལ་གཏན་མ་བྱེད། །
ཁོས་འབངས་མིར་འཚེ་བ་སྤྱུ་ཙམ་མེད། །

ཅེས་གསུངས་ཡོད། བརྩམས་ཆོས་འདི་ལས་དགེ་བཤེས་རིན་པོ་ཆེ་ཚང་གུང་ཁྲན་ཏང་ལ་ཐུགས་དཀར་ཞིང་ཡིད་ཆེས་ཕྱོག་མེད་མངའ་བ་གསལ་པོར་བསྟན་

① 《རྗེ་བཙུན་ཤེས་རབ་རྒྱ་མཚོ་འཇམ་དཔལ་དགྱེས་པའི་བློ་གྲོས་ཀྱི་གསུང་རྩོམ》པོད་གཉིས་པར་འཁོད་པའི《བསླབ་བྱ་འཕགས་མཆོག་འཇམ་དཔལ་དགྱེས་པའི་འཛུམ་ཟེར》དུ་གསལ།

ལ། ཁྱད་པར་དུ།

རང་གི་ཆོས་ལུགས་རྩ་ལྷར་འདོར་བའི་བློ། །
རང་གཉེད་གཟུགས་མེད་མི་དགེའི་མགོ་དགུ་པ། །
རང་སྐྱོང་ཞིབ་མོའི་རིག་པས་གཟིར་བའི་མུར། །
རང་དང་གུང་ཁྲན་རྡོ་རྗེའི་ སྤྱན་དུ་སྟེབས། །①

ཞེས་གུང་ཁྲན་ཏང་དང་ཁོང་གཉིས་རྡོ་རྗེའི་སྤྱན་ཕྱོགས་སུ་གྱུར་པར་འཁོད་པ་ལས་ཁོང་རང་གུང་ཁྲན་ཏང་ལ་རྗེས་སུ་ཡི་རང་ཞུས་པར་མ་ཟད། དེར་མཇལ་བཞེས་ཀྱི་བརྩེ་དུང་ཟབ་མོ་ཡོད་པ་མངོན་པར་བསྟན་ལ། 《ལུང་བསྟན་རྫུན་མ་སུན་འབྱིན་རྔོངས་པའི་མུན་སེལ་ཞེས་རབ་ཉི་མའི་འོད་ཟེར》ལས། "རིན་མིན་ཀྲིན་རྒྱུས་ཆོས་ལ་དད་པའི་རང་དབང་། ཡུལ་སྲོལ་གོམས་འདྲིས་ཀྱི་རང་དབང་། དགོན་པ་དང་གྲྭ་པའི་མཐུན་རྐྱེན་སྲུང་སྐྱོབ་སོགས་གང་ཅིའི་བཀའ་དྲིན་ནམ་མཁའ་དང་མཉམ་པར་མཛད་པ་ནི། ཚུ་ཚོད་གཅིག་ལའང་བརྗེད་མི་ཚོག་པའི་དོན་རྩ་གལ་ཆེན་ཡིན། རྒྱལ་བའི་བསྟན་པ་དང་རང་གི་བདེ་སྐྱིད་རང་གིས་མ་བཞིག་ན་གུང་ཁྲན་ཏང་ནས་མི་བཞིག་པར་ཐག་ཚོད། མི་རིགས་གྲངས་ཉུང་ལ་ལྷག་པར་བརྩེ་བའི་རྣམ་འགྱུར་འདི་འདྲ་སྔོན་གྱི་རྒྱལ་རབས་སྟོང་ཕྲག་ཏུ་མཐོང་ཐོས་མ་མྱོང་བ་ཅི་ནས་ཀྱང་སྙིང་གི་ཟེའུ་འབྲུར་བསྲེལ་བར་གྱིས"ཞེས་པས་ཀྱང་གསལ་པོར་རྟོགས་ཐུབ།

དེ་བཞིན་དུ་མའོ་ཅེ་ཏུང་དང་ཁོང་གི་དགོངས་པར་བསྔགས་པའི་བརྩམས་ཆོས་ཀྱང་འདི་འདྲ་ཡོད་དེ།

མའོ་ཅེ་ཏུང་གི་དགོངས་དབྱིངས་ནམ་མཁའི་མཐོངས། །

① 《རྗེ་བཙུན་ཤེས་རབ་རྒྱ་མཚོ་འཇམ་དཔལ་དགྱེས་པའི་བློ་གྲོས་ཀྱི་གསུང་རྩོམ》པོད་གཉིས་པར་འཁོད་པའི《བསླབ་བྱ་འཕགས་མཆོག་འཇམ་དཔལ་དགྱེས་པའི་འཛུམ་ཟེར》དུ་གསལ།

སྤྱི་ཚོགས་གཞན་ཕན་བདུད་རྩིའི་རྒྱ་མཚོ་ཆེ། །
ཟབ་གཙང་སྲས་ཀྱི་ལུང་རྟོགས་ཉི་ཟླའི་འོད། །
འཛིན་མའི་ཁྱོན་ན་དགེ་བར་ཁོ་བོས་འཕྲུམས། །①

ཞེས་མའོ་ཙེ་ཏུང་གི་ཐུགས་དགོངས་རྒྱ་ཆེ་བ་དང་གཞན་ཕན་ཐུགས་ཀྱིས་རྒྱུད་ཕྱུག་པ། ཟབ་གཙང་སྲས་ཏེ་སངས་རྒྱས་ཤཱཀྱ་ཐུབ་པའི་ལུང་རྟོགས་ཀྱི་ཡོན་ཏན་དང་ལྡན་པར་བརྗོད་པའམ་བསྟུགས་པའི་དོན་དུ་སོ་སོར་གཞལ་མཐའ་བྲལ་བའི་ནམ་མཁའི་མཐོངས་དང་སྲིད་འདིར་ཆེས་རྒྱ་ཆེ་ལ་གཏིང་ཟབ་པའི་རྒྱ་མཚོ། འགྲན་ཟླ་བྲལ་བའི་ཉི་ཟླ་ཟུང་གི་འོད་སྣང་བཅས་ཀྱི་གཟུགས་སུ་བཀོད་ནས་མངོན་པར་བསྟོད་པ་དང་། ཡང་།

མའོ་ཙེ་ཏུང་ཞེས་བྱ་བའི་དམ་པ་འདིར། །
ཤཱཀྱ་སེང་གེའི་དགོངས་པ་རྨ་མེད་པའི། །
ངོ་མཚར་བསྟུག་པར་འོས་པ་མང་པོ་ཞིག །
འཇམ་དཔལ་དགྱེས་པའི་བློ་གྲོས་བདག་གིས་མཐོང་། །②

ཞེས་པར་མཚོན་ནའང་རང་བཞིན་བརྗོད་པའི་ལམ་ནས་མའོ་ཙེ་ཏུང་ལ་སངས་རྒྱས་ཤཱཀྱ་ཐུབ་པའི་དགོངས་པ་དྲི་མ་མེད་པ་མང་པོ་ཞིག་ལྡན་པར་མངོན་པར་བསྟོད་ཀྱིན་ཡོད། རྒྱལ་བ་ཤཱཀྱ་ཐུབ་པ་དེ་ཆེ་འདི་ཕྱི་གཉིས་ཀྱི་རྣམ་འདྲེན་ཉིད་དུ་བསྙེན་ཞིང་སྐུ་ཆེ་གང་པོ་རྒྱལ་བའི་བསྟན་པ་འཛིན་སྐྱོང་སྤེལ་གསུམ་མཛད་པའི་དོན་དུ་ཕུལ་བའི་ལྷ་རམས་པའི་དགེ་བཤེས་ཤིག་ལ་མཚོན་ན། རང་གི་སྟོན་པ་དང་གཉིས་སུ་མེད་ཅེས་པ་ལས་ལྷག་པའི་བསྟོད་ཚིག་འབུལ་རྒྱུ་མེད་ན། ཁོང་གིས་ཀྲུའུ་ཞི་

① 《རྗེ་བཙུན་ཤེས་རབ་རྒྱ་མཚོ་འཇམ་དཔལ་དགྱེས་པའི་བློ་གྲོས་ཀྱི་གསུང་རྩོམ》པོད་གཉིས་པར་འཁོད་པའི《བསླབ་བྱ་འཕགས་མཆོག་འཇམ་དཔལ་དགྱེས་པའི་འཇུམ་ཟེར》དུ་གསལ།

② 《རྗེ་བཙུན་ཤེས་རབ་རྒྱ་མཚོ་འཇམ་དཔལ་དགྱེས་པའི་བློ་གྲོས་ཀྱི་གསུང་རྩོམ》པོད་གཉིས་པའི་ཤོག་ངོས་598པར་གསལ།

མའོ་ཙེ་ཏུང་ལ་རྗེས་སུ་ཡི་རང་དང་གོང་བཀུར་ཇི་འདྲ་ཞུ་བཞིན་ཡོད་པ་སྨྲ་མི་དགོས་ལ། ཁྱད་པར་དུ“འཛིན་མའི་ཁྲོན་ན་དགེ་བར་ཁོ་བོས་འཁུམས”ཞེས་པ་དང་། “འཇམ་དཔལ་དགྱེས་པའི་བློ་གྲོས་བདག་གིས་མཐོང”ཞེས་མངོན་པར་ཚིག་ཐག་བཅད་ནས་གསུངས་པ་འདིས་ཁོང་གིས་ཀུའུ་ཞི་མའོ་ཙེ་ཏུང་ལ་ཡི་རང་བའི་མཚོད་སྤྲིན་ཕུལ་བར་གཡོ་ཟོལ་གྱི་དྲི་མ་བྲལ་བ་མངོན་པར་གསལ་ལ། བོད་མི་རིགས་ཀུའུ་ཞི་མའོ་ཙེ་ཏུང་ལ་བློ་དཀར་ཞིང་ཡིད་རྟོན་པར་ཡང་ནུས་པ་དཔེ་ཟླ་བྲལ་བ་ཞིག་ཐོན། མའོ་ཙེ་ཏུང་དགོངས་པ་ནི་རྒྱལ་ཡོངས་རིགས་སོ་སོའི་མི་དམངས་ཀྱི་ལས་དོན་ལ་སློབ་སྟོན་བྱེད་པའི་རིགས་པའི་གཞུང་ལུགས་ཡིན་པས། དེའི་དགོངས་དོན་མ་ལུས་གསལ་པོར་རྟོགས་རྒྱུ་ནི་བྱ་བ་མཐའ་དག་གི་སྔོན་འགྲོའི་ཆ་རྐྱེན་དུ་གཟིགས་ནས། གོ་སླ་བའི་བསླབ་བྱའི་རྣམ་པ་སྤྱད་ནས་ཀུན་ལ་ནན་གྱིས་གནད་བསྟན་པ་འདི་ལྟར།

ཆོས་ཀྱི་ཚུལ་ལ་རང་གི་སྟོན་པའི་སྲས། །
སྲིད་ཀྱི་ཕྱོགས་ལ་ཏང་གི་འདྲེན་པའི་འོག །
ཡ་ང་བག་ཚ་མེད་པར་བྱ་དགོས་པ། །
འདི་ནི་མའོ་ཙེ་ཏུང་གི་རིང་ལུགས་ཡིན། །
ཆོས་ལ་ཆོས་ནས་གསུངས་པ་ཇི་བཞིན་དུ། །
ཐོས་བསམ་སྒོམ་པའི་དགེ་སྦྱོར་བྱེད་པ་ལས། །
སྲིད་ཀྱིས་ཐེ་གཏོགས་བཙན་གནོན་མི་རིགས་པ། །
འདི་ཡང་མའོ་ཙེ་ཏུང་གི་རིང་ལུགས་ཡིན། །
དཀར་ནག་ཤན་འབྱེད་ཚངས་པའི་ཐིག་བཏབ་ནས། །
ཡ་རབས་དམ་པའི་དབུ་འཕང་བསྟོད་བྱེད་ཅིང་། །
མ་རབས་འགོང་པོའི་མགོ་བོ་འགེམས་བྱེད་པ། །

འདི་ཡང་མའོ་ཙེ་ཏུང་གི་རིང་ལུགས་ཡིན། །

ལན་བརྒྱར་བཤད་ཀྱང་ རྣ་བ་མི་གཏོད་པ། །

ཅི་ཡིས་བཙོས་ཀྱང་བཟང་པོར་མི་འགྱུར་བའི། །

སྐྱེ་བོ་ངན་པ་སོལ་བ་ལྟ་བུའི་རིགས། །

བཙན་གནོན་མེ་ལྕུང་འབྲུགས་པས་སྨུན་འཕྲིན་པ། །

འདི་ཡང་མའོ་ཙེ་ཏུང་གི་རིང་ལུགས་ཡིན།

ཡར་ལ་འཕོར་ན་མཛེས་སྡུག་ལྷ་ཡི་བཞིན། །

མར་ལ་འཕོར་ན་འཇིགས་རུང་གདོན་གྱི་གདོང་། །

མི་མིན་མི་རུ་བརྫུས་ནས་འོངས་པ་དག །

འཚོར་མེད་ཞགས་པས་ཡན་པོར་མི་གཏོང་བ། །

འདི་ཡང་མའོ་ཙེ་ཏུང་གི་རིང་ལུགས་ཡིན།

དྲང་པོར་མི་སྤྱོད་འཁྱོག་པོའི་ཕ་ཇ་འཕྲང་། །

གྱེན་དུ་མི་འགྲོ་ལས་ངན་ལུད་པའི་རྒྱ། །

དེ་འདྲ་ལ་ཡང་ལེགས་པའི་ལམ་སྟོན་པ། །

འདི་ཡང་མའོ་ཙེ་ཏུང་གི་རིང་ལུགས་ཡིན།

རང་རེའི་མི་རིགས་ཆོས་ལུགས་གང་ཡང་རུང་། །

སྤྱི་ལམ་བགྲོད་པ་གཅིག་པོའི་ཐིག་སྐུད་ལྟར། །

ཆིག་དྲིལ་ཞི་བདེའི་དབྱིངས་ལ་འཇུག་དགོས་པ། །

འདི་ཡང་མའོ་ཙེ་ཏུང་གི་རིང་ལུགས་ཡིན།

དེ་ལྟ་ན་ཡང་ཆོས་ལུགས་སོ་སོའི་སྲོལ། །

རང་གིས་བརྟགས་ནས་རང་ཉིད་མ་འགྱུར་བ། །

དེ་སྲིད་སྲིད་ཀྱིས་བཙན་བསྐུར་མི་བྱེད་པ། །

འདི་ཡང་མའོ་ཙེ་ཏུང་གི་རིང་ལུགས་ཡིན།
རེ་བའི་འབངས་རྣམས་བརྩེ་བའི་འཇུམ་གྱིས་བསུ། །
སྡང་བའི་དགྲ་རྣམས་རྡོ་རྗེའི་ཐོག་གིས་འཇོམས། །
ཞི་རྒྱས་དབང་དང་དྲག་པའི་འཇིགས་ཟིལ་ཅན། །
མའོ་ཙེ་ཏུང་ལ་དྭངས་པའི་མིག་གིས་ལྟོས། །
ཆོས་པས་ཆོས་ལུགས་འཛིན་ལ་དེ་བཞིན་མཛོད། །
སྲིད་པས་སྲིད་ཇུས་སྐྱོང་ནའང་དེ་བཞིན་གྱིས། །
འབངས་མིས་སྒྲི་འབུངས་བྱེད་ནའང་དེ་བཞིན་འབུངས། །
གཙང་མའི་མེ་ལོང་མངའ་བའི་སྤྱན་ཟླའི་ཚོགས། །
དེ་ལྟར་ཡིད་ལ་ཟུངས་ཤིག་ཨ་མའི་བུ། །

ཞེས《བསླབ་བྱ་རང་བྱུང་ལྷའི་རྔ་བོ》བྱ་བར་འཁོད་ཡོད། བསླབ་བྱ་འདིར་སྐབས་དེར་ཀྲུའུ་ཞི་མའོ་ཙེ་ཏུང་ལ་རྒྱུས་ཚུང་བའི་བོད་རིགས་མང་ཚོགས་ལ་ཁ་གསལ་ཞིང་ཚིག་བསྡུས་པའི་སྒོ་ནས་མའོ་ཙེ་ཏུང་གི་སྲིད་ཁྲིམས་དང་མཐུན་པའི་ཆོས་ལུགས་བྱ་འགུལ་ཐད་ཀྱི་སྤྱོད་ཚུལ་འཛིན་སྟངས་དང་། སྐྱེ་བོ་མཆོག་དམན་དང་ངན་པ་མཁྲིགས་འཛིན་མཁན། ངོ་གཉིས་མ་བཅས་སོ་སོར་ཡ་ལན་སྤྲོད་སྟངས། མི་རིགས་སོ་སོའི་ཆོས་ལུགས་ཀྱི་ལས་འགན་སོགས་དགོངས་པའི་གནད་དང་ཐུགས་གཤིས་གསལ་པོར་སྤྲོས་ལ། ཤོ་ལོ་ཀ་སོ་སོའི་ཚིག་རྐང་རྗེས་མར“འདི་ཡང་མའོ་ཙེ་ཏུང་གི་རིང་ལུགས་ཡིན”ཞེས་དོ་མཉམ་པར་འཁོད་པ་དེས་སྒྱུ་རྩལ་གྱི་སྒོ་ནས་བརྗོད་དོན་ནན་བཅག་མཛད་པ་དང་། བཙམས་ཆོས་ཀྱི་མཇུག་ཏུ་ཆོས་སྐྱོང་མཁན་དང་། སྲིད་འཛིན་མཁན། འབངས་ཕལ་པ་ཀུན་གྱིས་མའོ་ཙེ་ཏུང་གི་དགོངས་པ་ལྟར་འབད་བརྩོན་བྱ་དགོས་པར་བསྟན་པར་མ་ཟད། ད་དུང་གལ་པོ་ཆེ་ལ་ནན་ཏན་གྱི་ཚུལ་དུ“དེ་ལྟར་ཡིད་ལ་ཟུངས་ཤིག་ཨ་མའི་བུ”ཞེས་ཡང་བསྐྱར་

ནན་དུ་བསྟན་པ་ལས་སྐབས་དེར་མའོ་ཙེ་ཏུང་དགོངས་པ་གསལ་པོར་རྟོགས་པ་དང་རྟོགས་ནས་ཀྱང་དེའི་རྗེས་སུ་འབྲང་དགོས་པའི་གལ་ཆེན་རང་བཞིན་དང་། ཁོང་གིས་ཀྲུའུ་ཞི་མའོ་ཙེ་ཏུང་ལ་དད་གུས་ཚད་མེད་མཛད་པ་གསལ་པོར་མཚོན་པ་ཡིན།

བཅིངས་འགྲོལ་བྱུས་པའི་ཚུན་ལ། དགེ་བཤེས་རིན་པོ་ཆེ་ཚང་གིས་ཆོས་སྲིད་གཉིས་ཀྱི་འགོ་ཁྲིད་པའི་འགན་བཞེས་ཤིང་དེ་དག་གི་འཕྲིན་ལས་རྒྱ་ཆེར་མཛད་པར་མ་ཟད། ནུབ་བྱང་དམག་སྲིད་ཨུ་ཡོན་ལྷན་ཁང་གི་ཨུ་ཡོན་གྱི་འགན་ཡང་བཞེས་ནས། རྟག་ཏུ་མི་དམངས་བཅིངས་འགྲོལ་དམག་དང་འབྲེལ་འདྲིས་མཛད་པས། དེའི་དྲག་པོའི་ཟིལ་ཤུགས་དང་ཞི་བའི་སྤྱོད་པར་གསལ་ཆ་ཤིན་ཏུ་ཆེ་བ་རེད། ཁོང་གི་བོད་གཉིས་པའི་ཤོག་ངོས་509པ་ལས།

ཨེ་མ་ད་ནི་རིལ་མོ་འཛམ་གླིང་ནས། །
ཧེ་རླུང་མཆོག་གི་འོད་དམར་འཕྱུར་བའི་ཟིལ། །
མི་མཐུན་ཉིན་ཡོང་མིག་གིས་བཟོད་དཀའ་བ། །
སྐྱེ་རྒུ་ཡོངས་ཀྱི་མགྲིན་པའི་རོལ་མོ་ཁྲོལ། །

ཅེས་མི་དམངས་བཅིངས་འགྲོལ་དམག་གི་དྲག་པོའི་ཟིལ་ཤུགས་ཀྱིས་གོ་མིན་ཏང་གི་དམག་དཔུང་ཁྲི་ཕྲག་བརྒྱད་བརྒྱ་ཐལ་བར་བརླགས་པ་དང་། རྒྱལ་ཡོངས་རིགས་སོ་སོའི་མི་དམངས་ཀྱིས་བཅིངས་འགྲོལ་དམག་དང་དེའི་དཔའ་ཞིང་མཛངས་པའི་མཛད་རྗེས་ལ་བསྔགས་པ་བརྗོད་པའི་གནས་ཚུལ་དངོས་འགོད་པ་ལ་བརྟེན་ནས། བཅིངས་འགྲོལ་དམག་དང་མི་དམངས་མང་ཚོགས་བར་གྱི་ཆུ་དང་ཉ་མོ་ལྟ་བུའི་མཛའ་བཤེས་ཟབ་མོ་གསལ་ལེར་བསྟན་ཅིང་། ཁོང་ཉིད་ཀྱིས་མི་དམངས་བཅིངས་འགྲོལ་དམག་གི་དགྲ་འཐབ་ལ་དཔའ་ཞིང་འབངས་མི་ལ་གཅེས་པའི་མཛད་སྤྱོད་ལ་རྗེས་སུ་ཡི་རང་ཞུ་བའི་ཐུགས་དགོངས་དྲི་མ་མེད་པ་དེའང་ཚིག་གི་ཤུགས་ལས་མཚོན་ཡོད།

དགོང་ལོ་ལྔ་པ་ནས་རྒྱལ་བ་ཤཱཀྱ་ཐུབ་པའི་ཆོས་སྐོར་ཞུགས་ཤིང་། སྐུ་ཚེ་གང་པོར་ཐུགས་དགོངས་རྩེ་གཅིག་གིས་རྒྱལ་བའི་བསྟན་པ་འཛིན་སྐྱོང་སྤེལ་གསུམ་གྱི་འཕྲིན་ལས་རྒྱ་ཆེར་མཛད་པའི་ལྷ་རམས་པའི་དགེ་བཤེས་ཤིག་གིས་ཆོས་ལུགས་གང་ཉུང་ལ་དད་པ་བྱེད་མི་ཉུང་བའི་གུང་ཁྲན་ཏང་དང་དེའི་གཙོ་འཛིན་མའོ་ཙེ་ཏུང་། མི་དམངས་བཅིངས་འགྲོལ་དམག་བཅས་ལ་དེ་འདྲའི་གོང་བཀུར་དང་རྗེས་སུ་ཡི་རང་ཞུ་བའི་རྒྱུ་མཚན་ཅི་ཡིན་ཞེ་ན། ཁོང་གི་མཛད་རྣམ་དང་དགོས་པ། བརྩམས་ཆོས་སོགས་ཕྱོགས་བསྡུས་ཀྱིས་དཔྱད་ན། རྒྱུ་མཚན་འདི་འདྲ་འགའ་མཆིས་པར་སྙམ། གུང་གོ་གུང་ཁྲན་ཏང་གིས་ཆོས་ལུགས་ལ་དད་པ་མི་བྱེད་ཉུང་། "རང་དོན་སྤུ་ཙམ་ཡང་མི་བསྒྲུབ་པར་བློ་གཅིག་སེམས་གཅིག་གིས་རྒྱལ་ཁབ་དང་མི་དམངས་ཀྱི་དོན་དུ་མཐའ་ན་རང་གི་སྲོག་བློས་གཏོང་བར་ཡང་མི་འཛེམ་པར། རྒྱལ་སྲས་བྱང་ཆུབ་སེམས་དཔའ་ཉིད་ཡིན་པས། ངས་ལྷག་བསམ་རྣམ་པར་དག་པའི་སྒོ་ནས་གོང་བཀུར་དང་རྗེས་སུ་ཡི་རང་ཞུ་གི་ཡིན"①ཞེས་དགེ་བཤེས་རང་གི་ཞལ་ནས་གསུངས་པ་བཞིན། གུང་ཁྲན་ཏང་གི་བློ་སེམས་གཅིག་གིས་མི་དམངས་ལ་ཞབས་འདེགས་ཞུ་བའི་རྩ་བའི་སྙིང་བྱ་དང་། བཙན་དབང་ལ་ངོ་རྒོལ་དང་འཛམ་གླིང་གི་ཞི་བདེ་སྲུང་སྐྱོབ་བྱེད་པའི་གཞི་རྩའི་རྩ་དོན་སོགས་རྒྱལ་བ་ཤཱཀྱ་ཐུབ་པའི་བདག་པས་གཞན་གཅེས་ཀྱི་དགོངས་པ་དང་ཡོངས་སུ་མཐུན་ཞིང་། ཀྲའུ་ཞི་མའོ་ཙེ་ཏུང་སོགས་གསར་བརྗེའི་རྒན་རབས་པ་རྣམས་ཀྱིས་མི་ཚེ་གང་པོ་རྒྱལ་ཁབ་ཀྱི་གཅིག་གྱུར་དང་མི་དམངས་ཀྱི་བདེ་སྐྱིད་ཀྱི་དོན་དུ་ཕུལ་བའི་གཞན་ཕན་གྱི་མཛད་པ་དེ་རྒྱལ་སྲས་བྱང་ཆུབ་སེམས་པའི་སྤྱོད་པ་དང་མཐུན་ལ། ཆོས་རྒྱལ་འགྲོ་མགོན་འཕགས་པས་བརྗོད་པའི་སྲོལ་ལྟར་ཆོས་ལུགས་སོ་སོ་སོར་བཞག་བྱས་པ་དང་། ཆོས་ལུགས་དད་མོས་རང་དབང་གི་སྲིད་ཇུས་ལག་ལེན་

① 《དགེ་བའི་བཤེས་གཉེན་ཆེན་པོ་ཤེས་རབ་རྒྱ་མཚོ》བྱ་བའི་ཤོག་ངོས་365པར་དྲངས་ཡོད།

ཏུ་བསྟར་བའི་ཐུགས་དགོངས་རྒྱ་ཆེ་བ། ལུགས་མཐུན་གྱི་ཆོས་ལུགས་བྱ་འགུལ་ལ་སྲུང་སྐྱོབ་དང་མཐུན་རྐྱེན་བསྐྲུན་པ་བཀའ་དྲིན་དུ་གཟིགས་པ། ཀྲུང་གོ་གུང་ཁྲན་ཏང་དང་དེའི་འགོ་འདྲེན་རྣམ་པས་འགོ་འཛིན་ནམ་འགོ་ཁྲིད་མཛད་འོག་གཏན་ལ་ཕབ་པའི་རྩ་ཁྲིམས་ཀྱི་ནང་དོན་ཁག་ཅིག་ནང་པ་སངས་རྒྱས་པའི་དགེ་བ་བཅུའི་འདུལ་ཁྲིམས་དང་ཡོངས་སུ་མཐུན་པ། ཀྲུང་གོ་གུང་ཁྲན་ཏང་གི་མཁས་ཤིང་མཛངས་པའི་རང་བཞིན་དང་མི་དམངས་བཅིངས་འགྲོལ་དམག་གི་དཔའ་ཞིང་རྩལ་ཕོད་པའི་ཡོན་ཏན་རྣམ་པར་མཁྱེན་པ་བཅས་ཀྱི་རྐྱེན་ཡིན་པར་སྙམ།

དགེ་བཤེས་རིན་པོ་ཆེ་ནི་མདོ་སྔགས་ཟུང་གི་གཞུང་ལུགས་རྒྱ་མཚོའི་ཕ་མཐར་སོན་པའི་ལྷ་རམས་པའི་དགེ་བཤེས་ཤིག་ཡིན་པར་མ་ཟད། ཉིད་ཀྱི་ཞལ་ནས།

སྔོན་ཆད་གོ་མིན་ཏང་གིས་བཀུར། །
ད་ལྟ་གུང་ཁྲན་ཏང་གིས་ཀྱང་། །
སྟོན་པས་བདེན་པ་རྒྱལ་པོ་ཞེས། །
གསུང་ལ་དད་པས་སྙིང་ག་གང་། །①

ཞེས་གསུངས་པ་བཞིན་སྤྱི་ཚོགས་གསར་རྙིང་གཉིས་ལ་ཏང་ཁག་མི་འདྲ་བ་གཉིས་ཀྱི་སྲིད་གཞུང་གིས་གཙིགས་སུ་བཟུང་ནས་བོད་ཕྱོགས་ཀྱི་སྲིད་དོན་མང་པོ་སྤེལ་བའི་གྲོགས་སུ་བསྟེན་པས། སྲིད་ཕྱོགས་ལའང་མཁྱེན་པ་ཧ་ཅང་ཡངས་ཤིང་། བོད་མི་རིགས་ཀྱི་བདེ་སྡུག་དང་། ལས་སྐལ། མདུན་ལམ་སོགས་ལ་དུས་དང་རྣམ་པ་ཀུན་ཏུ་ཐུགས་ཁུར་ཆེན་པོ་མཛད་པ་རེད། 《གཟུར་གནས་མཁས་པའི་གཟིགས་མོ་འདོད་འཇོ་ནོར་བུའི་འཕྲི་ཤིང་》ལས།

གནམ་ལྕགས་རྡོ་རྗེའི་ཐོག་གི་སེར་བ་ལ། །

① 《རྗེ་བཙུན་ཤེས་རབ་རྒྱ་མཚོ་འཇམ་དཔལ་དགྱེས་པའི་བློ་གྲོས་ཀྱི་གསུང་རྩོམ》པོད་གཉིས་པའི་ཤོག་ངོས་540པར་གསལ།

བྲིས་པའི་ཁྲ་ཚུར་གསོར་བ་འཐད་དམ་ཅི། །
བསྟན་འགྲོའི་སྲོག་ལ་འཛེམ་པ་བློས་བཏང་ནས། །
གཟིམས་ཚུང་རྒྱལ་གྱིས་རྩེན་རྣམས་ཡི་རེ་མུག །

ཅེས་པ་དང་།

དད་འདུན་བག་ཡོད་བདུད་རྩིས་སྙིང་གང་བའི། །
བོད་འབངས་རྩུབ་འགྱུར་ཚལ་དུ་མ་སོང་ཡང་། །
སྲོག་གི་མཆོད་སྦྱིན་འབྱེད་ལ་མངོན་ཕྱོགས་པ། །
དེ་དག་བསྐྱབས་པའི་བསོད་ནམས་བསམ་མི་ཁྱབ། །

ཅེས་འཁོད་པ་ལས་མི་དམངས་བཅིངས་འགྲོལ་དམག་བོད་དུ་སྐྱོད་སྐབས་དང་། 1959ལོའི་དུས་ཟིང་གི་སྐབས་སུ་ཚོ་དཔོན་ལ་ལས་བཅིངས་འགྲོལ་དམག་ལ་དོགས་སློང་དང་འགྲན་འཛུགས་པར་རྩོམ་པའི་སྣང་ཚུལ་དེ་མི་འཇིག་རྗེ་རྗེ་ཐོག་གི་སེར་བ་ལ་བྲིས་པའི་ཁྲ་ཚུར་གྱིས་འགྲན་པའི་དཔེ་ཙ་གཟིགས་ཤིང་མཆོད་སྦྱིན་གཏོང་བ་ཙམ་ཡིན་པར་མཁྱེན་ནས། དེའི་དོན་དུ་ཐུགས་ཁྲེལ་ཆེན་པོ་མཛད་ཅིང་མི་རིགས་སྤྱིའི་ཚེ་སྲོག་གི་ཆག་སྒོ་ལའང་སྣང་དོགས་མི་བྱེད་པར་བག་མེད་ལོངས་སྤྱོད་ལ་བློ་གཡེང་མཁན་ལ"ཡི་རེ་མུག"ཅེས་པའི་ཚིག་གི་མཚོན་བསྟུན་པ་དང་། མི་དམངས་བཅིངས་འགྲོལ་དམག་གི་འགྲན་ཟླ་བྲལ་བའི་ཟིལ་ཤུགས་དང་འབངས་ལ་ཞེན་པའི་སྤྱོད་པ་སོགས་དྲིལ་བསྒྲགས་ནས། མི་དམངས་ཀྱི་དོགས་སློང་སེལ་ཏེ་དགོས་མེད་ཀྱི་སྲོག་སྦྱིན་འབྱེད་པ་ལས་རྣམ་པར་བསྐྱབས་པ་ལ"བསོད་ནམས་བསམ་མི་ཁྱབ"པར་བསྔགས་པ་རེད། གཞན་ཡང་།

རྩ་བ་དམ་ཚིག་གལ་བའི་སྒྲོས་ཙམ་ཡང་མེད་པར། །
འདོད་ཡོན་ལམ་འཁྱེར་ཟབ་མདོག་མྱུར་མདོག་གི་ཁུར་གྱིས། །
དད་ལྡན་རྫོངས་པ་མང་པོ་ཅལ་འདོགས་སུ་བསླུ་བའི། །

ཚོམ་ཏུན་ནམ་ཡང་མི་བགྱིད་ཞེ་ནས་རང་སྨོན་ནོ། །①

ཞེས་པ་དང་།

བསྟན་པ་རང་གིས་གཏིང་ནས་བཤིག་སྟེ། །
བསྟན་དགྲ་རྡ་ཅན་གཞན་དུ་འཚོལ་བ། །
བསྟན་ལ་ཁྲིམ་པ་སུན་འབྱིན་དེ་རིགས། །
བསྟན་པའི་ཕྱོགས་ན་ཡོད་མེད་ཐེ་ཚོམ། །②

ཞེས་རྒྱལ་བའི་རིང་ལུགས་རྣམ་པར་དག་པ་ཚིག་ཟུར་ཙམ་ཡང་མི་གླེང་བར་རྫུན་བཤད་གཡོ་གཏམ་འབའ་ཞིག་ལ་བརྟེན་ནས། དད་ལྡན་མང་ཚོགས་ཀྱི་མགོ་བསྐོར་ནས་རྒྱ་ནོར་ཟས་གོས་སོགས་བསླུ་བར་བྱེད་པའི་ཆོས་ལུགས་པར"ཚོམ་ཏུན"ཞེས་སུན་འབྱིན་མཛད་པ་དང་ཆབས་ཅིག དེ་ལྟ་བུའི་ཆོས་པ་མི་བྱེད་པའི་ཐུགས་སྨོན་འདེབས་པ་དང་། རང་ཉིད་ཀྱིས་རྒྱལ་བའི་བཀའ་དང་འགལ་ནས་གཡོ་གསོབ་དང་། ཁ་འཛམ་ཁོག་རྩུབ། ཆགས་སྡང་རིས་གཅོད་སོགས་ཀྱི་ལས་འབའ་ཞིག་བསྒྲུབས་པ་བསྒྱུར་ནས། ད་དུང་གཞན་ལ་བསྟན་པའི་དགྲ་བོ་ཞེས་སྐྱོན་མཁན་ལ"ཁྲིམ་པ་སུན་འབྱིན་དེ་རིགས"ཞེས་མདོན་དུ་དགག་ཅིང་། བསྟན་པའི་ཕྱོགས་ན་ཡོད་མེད་ཐེ་ཚོམ་ཞེས་སུན་འབྱིན་མཛད་ལ། 《ལུང་བསྟན་རྫུན་མ་སུན་འབྱིན་རྔོངས་པའི་མུན་སེལ་ཤེས་རབ་ཉི་མའི་འོད་ཟེར》ལས་ཀྱང"ཆོས་ཕྱོགས་ནས་ཡི་དམ་གྱི་ལྷ་ལ་རྫུན་ཁག་བཀལ་ཏེ་གཡོ་ཁྲམ་གསོག་གསོབ་མི་དོང་ཐལ་བས་གཡོགས་པ་ལྟ་བུས་རྣམ་པ་ཀུན་ཏུ་སྐྱེ་འགྲོ་བསླུ་བར་རྩོམ་པ་འདི་ལས་ལྷག་པའི་བསྟན་དགྲ་སྡིག་ཅན་མ་ཏུངས་པ་ཅི་ཞིག་ཡོད།" ཅེས་གསུངས་ཡོད། བརྩམས་ཆོས་འདི་དག

① 《རྗེ་བཙུན་ཤེས་རབ་རྒྱ་མཚོ་འཇམ་དཔལ་དགྱེས་པའི་བློ་གྲོས་ཀྱི་གསུང་རྩོམ》པོད་གཉིས་པའི་ཤོག་ངོས་538པར་གསལ།

② 《རྗེ་བཙུན་ཤེས་རབ་རྒྱ་མཚོ་འཇམ་དཔལ་དགྱེས་པའི་བློ་གྲོས་ཀྱི་གསུང་རྩོམ》པོད་གསུམ་པའི་ཤོག་ངོས་530པར་གསལ།

ལས་དགེ་བཤེས་རིན་པོ་ཆེས་ས་པཎ་ཁུ་དབོན་ཇི་བཞིན་བོད་མི་རིགས་ཀྱི་བདེ་སྡུག་དང་བསྟན་པའི་ལས་དོན་ལ་ཐུགས་ཁུར་ཆེན་པོ་མཛད་པ་དང་། དགའ་ཞེན་ཚད་མེད་བཅངས་པ་མཚོན་ཡོད། མདོར་ན་ཁོང་གི་བཅིངས་འགྲོལ་ཚུན་གྱི་བརྩམས་ཆོས་གསར་པ་དེ་དག་ལ་བརྟག་གཞིག་བྱས་ན་དགེ་བཤེས་རིན་པོ་ཆེ་ནི་ཏང་དང་མའོ་ཀྲུའུ་ཞིར་ཐུགས་དགར་ཞིང་ཡིད་ཆེས་བརྟན་པོ་ཡོད་ཅིང་། མའོ་ཙེ་ཏུང་སོགས་གསར་བརྗེའི་རྒན་རབས་རྣམས་ཀྱི་གཞན་ཕན་གྱི་སྤྱོད་པ་རླབས་ཆེན་ལ་གོང་བཀུར་དང་རྗེས་སུ་ཡི་རང་ཞུ་བ། རང་གི་མི་རིགས་ལ་དགའ་ཞེན་ཆེན་པོ་དང་བརྩེ་དུངས་ཟབ་མོ་ཡོད་པ། ནང་པའི་བསྟན་པ་ལ་དད་འདུན་ཟབ་མོ་དང་ཐུགས་སྐྱོང་ཆེན་པོ་མཛད་པའི་དགེ་བའི་བཤེས་གཉེན་ཆེན་པོ་ཞིག་ལགས།

བརྩམས་ཆོས་ཀྱི་ཁྱད་ཆོས་བརྗོད་པ་ལ། དགེ་བཤེས་རིན་པོ་ཆེས་བཅིངས་འགྲོལ་ཚུན་ལའང་གསུང་རྩོམ་མང་དུ་བརྩམས་ཡོད་པ་ལས། བརྗོད་དོན་གསར་པ་མཚོན་པའི་རྩོམ་རིག་བརྩམས་ཆོས་མང་ཆེ་བ་ནི། སྙན་ངག་དང་བསླབ་བྱ་ཡིན་ལ། དེ་ཡང་དགེ་བཤེས་རིན་པོ་ཆེ་ནི་རང་བཞིན་གྱིས་ཐུགས་སྤོབས་ཆེ་ཞིང་ལྷན་སྐྱེས་ཀྱི་མཁྱེན་རབ་ཡངས་པ། ཁྱད་པར་དུ་མདོ་སྔགས་རིག་གནས་ཐད། དུས་སྐབས་དེར་གངས་རིའི་ལྗོངས་ན་ཟད། ཀྲུང་གོ་སྤྱི་དང་ཡི་ཤ་ཡའི་ཤར་ལྷོ་ཡོངས་སུའང་དོན་གྱི་སྙན་པ་འབྲུག་ལྟར་གྲགས་པའི་ལྷ་རམས་པའི་དགེ་བཤེས་ཆེན་མོ་ཡིན་པ་དང་། བསྟོད་པའི་ཡུལ་ལ་འགྲན་པའི་ཟླ་དང་བྲལ་བའི་དཔལ་དང་ཡོན་ཏན་མངའ་ཞིང་དེ་ཇི་བཞིན་དུ་རྣམ་པར་མཁྱེན་པའི་དབང་གིས་སྙན་ངག་གི་སྦྱོར་བ་ཙུང་དམ་ཞིང་ཚིག་གི་གཟེངས་མཐོ་ལ་དོན་གྱི་རླབས་ཆེ་བ། ཚིག་བསྡུས་ཤིང་དོན་འདུས་པའི་ཁྱད་ཆོས་གསལ་པོར་མངོན་ལ། བསླབ་བྱ་ནི་སྤེལ་ཡུལ་གྱི་ཡོན་ཏན་དང་དྲིལ་སྒྲོག་གི་དགོས་མཁོ་དང་བསྟུན་པས། མངོན་བརྗོད་དང་བརྡ་རྙིང་མང་པོ་མ་བཀོལ་ལ། འཁྱོག་བརྗོད་ཀྱི་ཚིག་རྒྱན་མང་པོས་ཀྱང་མ་སྤྲས་པར་ཁ་

གསལ་ཞིང་དྭང་བའི་ཚིག་གི་ལམ་ནས་ལྷུགས་པར་བརྗོད་པས། བསླུགས་མ་ཐག་བསྟན་དོན་གསལ་པོར་རྟོགས་ལ། བསླུགས་ན་ལྷེར་བདེ་ཞིང་མཉན་ན་རྣར་སྙན་པས་རང་བཞིན་ལྷུན་གྲུབ་ཀྱི་ཉམས་དང་དཔལ་འབར་བ་དང་། 《བསླབ་བྱ་རང་བྱུང་ལྷའི་ཇ་བོ》ལ་མཚོན་ན་རྩོམ་པ་པོས་སྔོན་གྱི་བསླབ་བྱ་དང་གསོལ་འདེབས་སོགས་ཀྱི་རྩོམ་སྒྲོལ་སྤྱད་པ་སྟེ། ཚིགས་བཅད་ཤོ་ལོ་ཀ་རེ་རེའི་རྗེས་སུ"གུང་ཁྲན་ཏང་གི་རྩ་བའི་གྲུབ་མཐའ་ཡིན"ཞེས་པ་དང་། ཡང་ན"འདི་ཡང་མའོ་ཙེ་ཏུང་གི་རིང་ལུགས་ཡིན"ཞེས་དོ་མཉམ་པར་འཁོད་པ་དེས་བསླབ་བྱ་ཧྲིལ་པོ་འགྲོས་རིམ་དང་མཚམས་ཚིགས་ལྡན་པར་གྱུར་ལ། བརྗོད་དོན་བརྟན་པའི་ནུས་པ་ཁྱད་པར་བ་ཞིག་ཐོན་པ་རེད།

བརྩམས་ཆོས་ཀྱི་ནུས་པ་བརྗོད་པ་ལ། དགེ་བཤེས་རིན་པོ་ཆེའི་སྙན་ངག་དང་བསླབ་བྱ་གང་ཞིག་ཡིན་རུང་རྣམ་པའི་ཆ་ནས་སྔར་ཡོད་རྩོམ་སྒྲོལ་དང་རྩོམ་ལུས་སྤྱད་པས། དུས་སྐབས་དེ་དང་ཕྱིས་ཀྱི་རྩོམ་རིག་འཕེལ་འགྱུར་ལ་ཤུགས་རྐྱེན་ནམ་ནུས་པ་འདི་འདྲ་བསྐྱེད་ཅེས་པ་ཞིག་བརྗོད་རྒྱུ་ཆེར་མེད་མོད། རྩོམ་ལུས་རྙིང་པར་བརྟེན་ནས་ནང་དོན་གསར་པ་བརྗོད་པའི་སྲོལ་སྔོན་ན་ཆེར་མེད་པས། ཁོང་གིས་སྲོལ་རྒྱུན་སྙན་ངག་དང་བསླབ་བྱའི་རྣམ་པ་སྤྱད་ནས་ཏང་གི་ལམ་ཕྱོགས་དང་བྱེད་ཕྱོགས། སྲིད་ཇུས། མའོ་ཙེ་ཏུང་སོགས་གསར་བརྗེ་ཆེན་རབས་པའི་དགོངས་པ་བཅས་དྲིལ་སྒྲིག་དང་དེར་བསྟོད་བསྔགས་མཛད་ཅིང་། མི་རིགས་ཀྱི་ཚེ་སྒྲིག་དང་མདུན་ལམ་ལ་གནོད་པ་དང་རྒྱལ་བའི་བསྟན་པ་སྒྲིལ་བའི་གེགས་སུ་གྱུར་པའི་སྣང་ཚུལ་ལ་དགག་རྒྱག་དང་སློབ་གསོ་ཡང་ན་དེ་འཚང་འབྲིན་མཛད་པ་ནི། བོད་ཀྱི་རྩོམ་རིག་གི་བརྗོད་བྱའི་ནང་དོན་ཆ་ནས་སྔ་ན་མེད་པའི་འགྱུར་མཚམས་གསར་པ་ཞིག་ཏུ་སྣང་བས། དུས་སྐབས་དེ་དང་དེའི་རྗེས་ཀྱི་རྩོམ་པ་པོ་ཆེན་གྲས་རྣམས་ལ་སྤྱི་ཚོགས་ཀྱི་འཚོ་བ་དངོས་སྤྱད་ནས་རྩོམ་པ་མཛད་པར་མ་དཔེའི་ནུས་པ་བསྐྱེད་

ཅིང་། བོད་ཀྱི་རྩོམ་རིག་གིས་དངོས་ཡོད་ཀྱི་སྤྱི་ཚོགས་དང་མི་དམངས་ལ་ཞབས་འདེགས་ཞུ་བར་སྣེ་ཁྲིད་རང་བཞིན་གྱི་ནུས་པ་རྒྱ་ཆེར་ཐོན་པ་རེད། འདི་ནི་རྩོམ་རིག་ལ་ཐོན་པའི་ནུས་པ་རེད། དགེ་བཤེས་རིན་པོ་ཆེ་ནི་མདོ་སྔགས་གཞུང་ལུགས་ཀྱི་རྒྱ་མཚོའི་ཕ་རོལ་ཏུ་སོན་པའི་ལྷ་རམས་པའི་དགེ་བཤེས་དང་། གངས་རིའི་ལྗོངས་འདིའི་སེར་སྐྱ་མང་ཚོགས་ཀུན་གྱི་གཙུག་གི་ཏོག་ལྟར་བཀུར་བའི་དགེ་བའི་བཤེས་གཉེན་ཆེན་པོ་ཞིག་ཡིན་པས། ཁོང་གིས་བརྩམས་ཆོས་དེ་དག་བརྩམས་ཤིང་སྤེལ་བ་དེས་དུས་དེར་གུང་ཁྲན་ཏང་ལ་རྒྱུས་ཆུང་བའི་མང་ཚོགས་ཁག་ཅིག་གི་སེམས་ཀྱི་དོགས་འཛིགས་སེལ་ནས་ཏང་དང་མའོ་ཀྲུའུ་ཞིར་དགའ་ཞིང་བློ་དགར་བ་དང་། སྐབས་དེའི་ཏང་གི་ལམ་ཕྱོགས་དང་བྱེད་ཕྱོགས། སྲིད་ཇུས་སོགས་དགའ་སྤྲོའི་ངང་བརྩི་སྲུང་དང་ལག་བསྟར་བྱེད་པ། མི་རིགས་མཐུན་སྒྲིལ་དང་སྤྱི་ཚོགས་ཞི་འཇགས་ཡོང་བ། མེས་རྒྱལ་གྱི་གཅིག་གྱུར་སྲུང་སྐྱོབ་བྱེད་པ། ཚུལ་མིན་གྱི་བྱ་སྤྱོད་བཀག་ནས་སངས་རྒྱས་ཀྱི་བསྟན་པ་སྐྱོབ་པ། མདོར་ན་ཀྲུང་གོའི་གུང་ཁྲན་ཏང་གི་འགོ་ཁྲིད་འོག་སྐབས་དེའི་བོད་ཕྱོགས་ཀྱི་བྱ་གཞག་མ་ལུས་བདེ་ལེགས་ངང་སྤེལ་བར་ནུས་པ་བསམ་གྱིས་མི་ཁྱབ་པ་བསྐྱེད་པར་ངེས།

2. **ཚ་སྤྲུལ་ངག་དབང་བློ་བཟང་དང་ཁོང་གི་སྙན་ངག་བཤད་པ།** བོད་ཀྱི་སྙན་དུ་གྲགས་པའི་མཁས་པ་ཆེན་མོ་ཚ་སྤྲུལ་ངག་དབང་བློ་བཟང་ནི་1880ལོར་གཞི་རྩེ་བདེ་ལེགས་རབ་བརྟན་གྱི་ཁྱིམ་ནས་སྐུ་འཁྲུངས་ཤིང་། དགུང་ལོ་ལྔའི་སྟེང་སེ་ར་དགོན་པའི་ཚ་བ་ཁམས་ཚན་གྱི་དགའ་ལྡན་ཁྲི་པ་བློ་བཟང་དགེ་ལེགས་སྤྲུལ་སྐུའི་ཡང་སྲིད་དུ་ངོས་བཟུང་། དགུང་ལོ་དྲུག་པའི་ཚེ་སེ་ར་དགོན་པར་བསུས་ནས་ཆོས་སྒོར་ཞུགས་ཤིང་། མདོ་སྔགས་རིག་གནས་ཡོངས་སུ་རྫོགས་པའི་མཁས་པའི་དབང་པོ་དང་དགེ་བའི་བཤེས་གཉེན་མང་པོ་སྤྱི་བོའི་ཅོད་པན་དུ་བསྟེན་ནས་རིག་པའི་གནས་མཐའ་དག་དང་མདོ་སྔགས་ཀྱི་གཞུང་ལུགས་རྒྱ་ཆེན་པོར་ཐོས་བསམ་

དཔྱིས་ཕྱིན་པར་མཛད། དགུང་ལོ་ཉེར་ལྔ་པར་རྩོད་རྒྱུགས་སྤྲད་ནས་ལྷ་རམས་པའི་དགེ་བཤེས་ཀྱི་མཚན་ཐོབ། དེའི་རྗེས་སུ་འཚང་བོད་ལྗོངས་ཀྱི་ཡུལ་གྲུ་སོ་སོར་ཕེབས་ནས་མཁས་དབང་དུ་མ་བསྟེན་ཏེ་མདོ་སྔགས་ཀྱི་གཞུང་ལུགས་དང་བོད་ཀྱི་ལོ་རྒྱུས། རྩོམ་རིག སྒྲ། སྙན་ངག གསོ་རིག སྐར་རྩིས་སོགས་ལ་སྦྱངས་བརྩོན་མཐར་འཁྱོལ་བར་མཛད། ཁོང་གིས་རྒྱལ་དབང་སྐུ་ཕྲེང་བཅུ་གསུམ་པའི་དྲུང་ཡིག་གི་འགན་བཞེས་ཤིང་། དགེ་བཤེས་ཤེས་རབ་རྒྱ་མཚོ་དང་མཉམ་དུ་རྒྱལ་བའི་བཀའ་འགྱུར་རོ་ཅོག་གི་དཔར་གཞི་གསར་བཞེངས་ཀྱི་ཞུ་དག་མཛད་པས། སྙན་པའི་གྲགས་པ་མདོ་དབུས་ཁམས་གསུམ་ཡོངས་ལ་ཁྱབ་ཅིང་། སེར་སྐྱ་མང་པོས་ཁོང་རང་གཙུག་གི་ཅོད་པན་དུ་བསྟེན་ནས་བརྡ་སྤྲོད་སྙན་ངག་སོགས་རིག་པའི་གནས་ལ་སྦྱངས་པ་བྱས།

བོད་ལྗོངས་ཞི་བས་བཅིངས་འགྲོལ་བྱས་རྗེས། དགུང་ལོ་བདུན་ཅུ་བརྒལ་བའི་ཚ་སྤྲུལ་དགེ་བཤེས་ཚང་ལྷག་བསམ་རྣམ་དག་གིས་བྱ་བར་ཞུགས་ཤིང་། དང་ཐོག་བོད་ལྗོངས་དམག་ཁུལ་ལས་བྱེད་སློབ་གྲྭར་བོད་ཡིག་གི་སློབ་དེབ་རྩོམ་སྒྲིག་མཛད་པར་མ་ཟད། སྐུ་དངོས་ཀྱིས་དཔེ་ཁྲིད་མཛད། ཕྱིས་སུ《བོད་ལྗོངས་ཉིན་རེའི་ཚགས་པར》ཁང་གི་སྤྱི་ཁྱབ་རྩོམ་སྒྲིག་པ་གཞོན་པའི་འགན་བཞེས་ཤིང་། ཞོར་དུ་བོད་ལྗོངས་དམག་ཁུལ་རྩོམ་ཞུ་ཨུ་ཡོན་ལྷན་ཁང་གི་རྒྱུན་ཨུ་དང་བོད་ལྗོངས་རྒྱལ་གཅེས་གཞོན་ནུ་མཛའ་འབྲེལ་ཚོགས་པའི་ཨུ་ཡོན། ལྷ་ས་སློབ་ཆུང་གི་ཏུང་ཧྲི་སོགས་ཀྱི་འགན་བཞེས།

ཚ་སྤྲུལ་ངག་དབང་བློ་བཟང་ནི་སྐུ་དྲག་གི་སྲས་སུ་འཁྲུངས་ཤིང་སེ་ར་དགོན་ཆེན་གྱི་སྤྲུལ་སྐུ་དང་ལྷ་རམས་པའི་དགེ་བཤེས་ཡིན་ཡང་། བོད་ལྗོངས་ཞི་བའི་བཅིངས་འགྲོལ་བྱས་རྗེས་གསར་བརྗེའི་བྱ་བར་ཞུགས་ནས་སློབ་གསོ་དང་རྩོམ་སྒྲིག ཏྲེལ་སྒྲོག་སོགས་ཀྱི་བྱ་གཞག་བསྒྲུབས་པས་གུང་ཁྲན་ཏང་གི་ལམ་ཕྱོགས་

དང་། བོད་ལྗོངས་སུ་འཛིན་པའི་བྱེད་ཕྱོགས་དང་སྲིད་ཇུས་ཀྱི་ཡང་དག་རང་བཞིན་གསལ་པོར་རྟོགས་པ་དང་། ཁྱད་པར་དུ་བྱ་བའི་བྱེད་ཕྱོགས་དང་དམིགས་བསལ་སྲིད་ཇུས་དེ་དག་ལག་ལེན་དུ་བསྟར་ནས་ལོ་འགའི་རིང་གྲུབ་འབྲས་མི་དམན་པ་ཐོབ་པར་བརྟེན་ནས། གུང་ཁྲན་ཏང་ལ་ཐུགས་དཀར་ཞིང་དེའི་བྱེད་ཕྱོགས་དང་སྲིད་ཇུས་ལ་རྗེས་སུ་ཡི་རང་ཞུ་བ་དང་། རྒྱལ་གཅེས་རིང་ལུགས་ཀྱི་ཡིད་འགྱུར་ཤུགས་དྲག་ཏུ་བསྐྱེད་པ། སྐབས་དེའི་རྩོམ་རིག་སྒྱུ་རྩལ་གྱི་བྱེད་ཕྱོགས་མངོན་པར་མཁྱེན་ཞིང་དྲིལ་བསྒྲགས་ཀྱི་དགོངས་གཞི་ཡོངས་སུ་གསལ་བས། སྐབས་བབ་ཀྱི་རྗེས་སུ་མཐུན་ཞིང་དེ་ལ་སྨོན་པའི་ལྷུགས་རྩོམ《རིགས་སོ་སོའི་མི་དམངས་ཀྱི་གཙོ་འཛིན་མའོ་ཀྲུའུ་ཞིར་བསྟོད་གླུ་འབུལ》ཞེས་པ་དང་། ཀྲུང་གོ་གུང་ཁྲན་ཏང་གི་མཁས་ཤིང་མཛངས་པའི་འགོ་ཁྲིད་ལ་བསྔགས་པའི《དམག་འཇུགས་དུས་ཆེན་ལ་ཕུལ་བ》ཞེས་པ། ལྷ་སའི་བར་སྣང་དུ་གནམ་གྲུ་སླེབས་པ་བསུ་བའི《ཀྲུགས་ཀྱི་ཕུག་རོན་དངུལ་སྐྱ་མདོག》ཅེས་པ། 《གུང་ཁྲན་ཏང་གི་འཁྲུངས་སྐར་དུས་ཆེན་ལ་བསྔགས་པ་བརྗོད་པ》ཞེས་པ། 《གསེར་ཟམ་གཡུ་ཡི་ལམ་བུ》ཞེས་པ་སོགས་མང་དུ་བརྩམས་ནས་འགྲེམ་སྤེལ་བྱས་པ་ལས་1956ལོའི་ཟླ་7པའི་ཚེས་12ཉིན་གྱི《བོད་ལྗོངས་ཚགས་པར》དུ་འཕོད་པའི《གུང་ཁྲན་ཏང་གི་འཁྲུངས་སྐར་དུས་ཆེན་ལ་བསྔགས་པ་བརྗོད་པ》ཞེས་པའི་སྙན་རྩོམ་ལ་ཤོ་ལོ་ཀ་བཞི་མ་གཏོགས་མེད་ཀྱང་ཁ་གསལ་ཞིང་བརྩེ་དུང་ཟབ་ལ། ཡིད་འགྱུར་གྱི་ཤུགས་དྲག་ཅིང་བརྗོད་དོན་གསར་བས། དྲིལ་སྒྲོག་དང་འབོད་སྐུལ་གྱི་ནུས་པ་རྒྱ་ཆེན་པོ་ཞིག་ལྡན་པ་འདི་ལྟར།

བདེ་སྐྱིད་དགའ་ཚལ་སྐྱེད་ཚལ་ཡངས་པོའི་གཞིར། །
རབ་དཀར་ལྷིང་གཡབ་ཕུབས་པའི་གྲིབ་བསིལ་འོག །
སེར་སྐྱ་མི་དམངས་གོས་བཟང་ལྷབ་ལྷུབ་གཡོ། །

ཕོ་མོ་ཁྱད་མེད་གཤིས་ཀོམས་རྒྱན་ཆས་སྤྲས། །

ཚང་མ་སྤུན་ཟླ་ལྟ་བུའི་མཛའ་བརྩེའི་ངང་། །
དགའ་བའི་གཞས་དང་སྙན་པའི་སྒྲ་དབྱངས་ལེན། །
དྭངས་གསལ་བཅུད་ལྡན་ཇ་དང་ཞལ་ཏོག་ཞིམ། །
གུང་ཁྲན་ཏང་གི་སྐྱོལ་དེར་སེམས་འགུལ་ཐེབས། །

ཀྲུང་གུང་ཏང་དང་སྲིད་གཞུང་བཟང་པོར་བཅས། །
ཆབས་ཆེན་མའོ་ཀྲུའུ་ཞིའི་བསླབ་སྟོན་འོག །
རང་སྐྱོང་ཁྲ་སྒྲིག་ལྷན་ཁང་གསར་དུ་ཚུགས། །
བདེ་སྐྱིད་འཚོ་བ་བཟང་པོའི་ལམ་བཟང་རྙེད། །

སྔེར་དབང་རྒྱུད་འཛིན་ཕྱེད་ལས་ལྷག་མེད་གྲོལ། །
སྲིད་དོན་ཆུ་ཚད་རིག་མཐོའི་གྲུ་གཟིངས་ནང་། །
གསར་པའི་ལུགས་བཟང་གོམ་ཚུགས་བརྟན་པོར་སྤོས། །
ཆབས་ཆེན་སྤྱི་ཚོགས་ཡང་རྩེར་སོན་གྱུར་ཅིག །

སྙན་ངག་འདི་རྩོམ་པ་པོས་1956ལོའི་ཟླ་7པའི་ཚེས་གཅིག་ཉིན་བོད་ལྗོངས་ཀྱི་རིགས་སོ་སོའི་མི་དམངས་ཀྱིས་ཏང་གི་འཁྲུངས་སྐར་བསུ་བའི་དགའ་སྟོན་དཔལ་གྱི་ངོ་མཚར་གཟིགས་ནས། ཐུགས་ཀྱི་མཆོ་མོ་ཀུན་ནས་འཕྱོ་ཞིང་དད་པའི་འགྱུར་བ་དྲག་ཏུ་བརྙེས་པའི་ཤུགས་ལས་འཁྲུངས་པ་ལགས། དེ་ཡང་ཐོག་མར་དགའ་སྟོན་ལ་རོལ་བའི་ཡུལ་གྱི་ཉམས་སྤྲོ་བའི་བཀོད་པ་དང་། སེར་སྐྱ་མང་ཚོགས་ཀྱི་ངོ་མཚར་བའི་གཟབ་སྤྲས། མི་རིགས་སོ་སོའི་མཛའ་བརྩེ་མཐུན་སྒྲིལ་དང་སོས་དལ་བག་

གཡེང་གིས་དགའ་མགུའི་རོལ་རྩེད་དང་། ཟས་རིགས་ལོངས་སྤྱོད་ལ་རོལ་བའི་ངང་ཚུལ་གཟིགས་ནས། གུང་ཁྲན་ཏང་ལ་སྔར་ལས་ལྷག་པའི་དད་འདུན་ཆེན་པོ་བསྐྱེས་པ་སྟེ། ཁྱད་དུ་འཕགས་པའི་སྐལ་བ་དེ་ལྟ་བུ་ནི་བོད་ལྗོངས་ཞི་བའི་བཅིངས་འགྲོལ་བྱས་པའི་ལོ་ལྔའི་རིང་ལ་ཀྲུང་གོ་གུང་ཁྲན་ཏང་གི་འགོ་ཁྲིད་འོག ལྷག་བསམ་རྣམ་དག་གིས་གྲོས་མཐུན་དོན་ཚན་བཅུ་བདུན་ལག་བསྟར་བྱས་པའི་ཐོག་མའི་གྲུབ་འབྲས་སུ་དགོངས་པ་དང་ཆབས་ཅིག ཀྲུང་གོ་གུང་ཁྲན་ཏང་དང་མའོ་ཀྲུའུ་ཞིའི་བཀའ་སློབ་ལྟར་ལོ་དེར་སྲིད་དབང་གི་ངོ་བོ་ལྡན་པའི་བོད་རང་སྐྱོང་ལྗོངས་གྲ་སྒྲིག་ཨུ་ཡོན་ལྷན་ཁང་ཚུགས་པ་དེ་ཡང་བོད་དུ་མི་རིགས་ས་ཁོངས་རང་སྐྱོང་ལག་བསྟར་བྱེད་རྒྱུར་གལ་འགངས་ཆེ་བའི་གོམ་པ་གང་སྤོས་པ་དང་། བཀས་བཀོད་རྒྱུད་འཛིན་གྱི་ཞིང་བྲན་ལམ་ལུགས་ལྷག་མེད་དུ་བཏང་བས། “བདེ་སྐྱིད་འཚོ་བ་བཟང་པོའི་ལམ་བཟང་རྙེད”པར་དགོངས་ཤིང་། བདེ་སྐྱིད་འཚོ་བ་བཟང་པོའི་ལམ་ལ་འཁྲིད་མཛད་མཁན་ཏེ། བོད་རང་སྐྱོང་ལྗོངས་གྲ་སྒྲིག་ཨུ་ཡོན་ལྷན་ཁང་གི་སྣེ་ཁྲིད་འོག བོད་འདི་མཐུན་སྒྲིལ་དང་ཤེས་རིག་འབྱོར་ཕྱུག་ལྡན་པ་བཅས་ཀྱི་བོད་ལྗོངས་གསར་པ་ཞིག་ཏུ་སླེབ་པའི་བཀྲ་ཤིས་སྨོན་འདུན་ཡང་ཞུས་པ་རེད།

སྙན་རྩོམ་འདི་ལས་རྩོམ་པ་པོས་ཏང་གི་འཁྲུངས་སྐར་བསུ་བའི་དགའ་སྟོན་དཔལ་གྱི་ངོ་མཚར་ལ་བསྔགས་བརྗོད་མཛད་པར་བརྟེན་ནས། ལོ་ལྔའི་རིང་བོད་ལྗོངས་སུ་ལག་བསྟར་བྱས་པའི་གྲོས་མཐུན་དོན་ཚན་བཅུ་བདུན་གྱི་མཐུན་པའི་རང་བཞིན་དྲིལ་སྒྲིག་དང་། མ་འོངས་པར་ཀྲུང་གོ་གུང་ཁྲན་ཏང་དང་བོད་རང་སྐྱོང་ལྗོངས་གྲ་སྒྲིག་ཨུ་ཡོན་ལྷན་ཁང་གི་འགོ་ཁྲིད་འོག་བོད་ལྗོངས་འདི་མུ་མཐུད་དུ་ཡར་རྒྱས་གོང་འཕེལ་དུ་འགྲོ་བར་ཡིད་ཆེས་ཆེན་པོ་ཡོད་པ་གསལ་བར་བསྟན་པས་དངོས་ཡོད་ཀྱི་དོན་སྙིང་ཆེན་པོ་ལྡན་ལ། མཇུག་མཐར“རླབས་ཆེན་སྤྱི་ཚོགས་ཡང་རྩེར་སོན་གྱུར་ཅིག”ཅེས་བཀྲ་ཤིས་སྨོན་འདུན་ཞུས་པ་ལས་རྩོམ་པ་པོས་རང་གི་ཕ་

ཡུལ་དང་མི་རིགས་ལ་དགའ་ཞེན་ཚད་མེད་བཅངས་པ་དང་། རང་གི་ཕ་ཡུལ་དང་མི་རིགས་ཀྱི་དར་རྒྱས་ཀྱི་དོན་དུ་ཐུགས་ཁྲལ་ཆེན་པོ་མཛད་པ་ཡང་མཚོན་ཡོད།

དེ་བཞིན་དུ་1956ལོའི་ཟླ་4པའི་ཚེས་12ཉིན《བོད་ལྗོངས་ཚགས་པར》སྟེང་འགོད་པའི《ལྟགས་ཀྱི་ཕྲུག་རོན་དཔྱལ་སྐྱ་མདོག》ཅེས་པ་ཡང་སྙན་རྩོམ་རིང་མོ་ཞིག་མིན་ཙང་། རྩོམ་པ་པོས་གནམ་གྲུ་ལྷ་སའི་མཁའ་དབྱིངས་སུ་སླེབས་ནས་ཕྱིར་ལོག་པའི་ངང་ཚུལ་བརྗོད་པ་ལ་བརྟེན་ནས། བོད་རིགས་མང་ཚོགས་ཀྱིས་ཧ་ངང་དང་སྲིད་གཞུང་ལ་རེ་ལྟོས་ཆེན་པོ་དང་། མ་འོངས་པའི་མདུན་ལམ་ལ་ཡིད་ཆེས་ཆེན་པོ་ཡོད་པ། རྒྱ་བོད་མི་རིགས་བར་ལ་གཅིག་གྱུར་ལྷ་བུའི་མཛའ་མཐུན་ཟབ་མོ་ཡོད་པར་བསྟན་པས། སྐབས་དེའི་ཆབ་སྲིད་ཀྱི་དགོས་མཁོ་དང་རྩོམ་རིག་གི་རིན་ཐང་གང་གི་ཆ་ནས་དཔྱད་ཀྱང་སྙན་ངག་ལེགས་པོ་ཞིག་ཡིན་པ་རེད། དེ་ཡང་ནང་དོན་གྱི་ཆ་ནས་ཚན་པ་གསུམ་དུ་སྡང་སྟེ། ཚན་པ་དང་པོར།

གནམ་གཤིས་བཟང་ཞིང་ཉི་འོད་གསལ་བའི་མུར། །
བྱང་ཤར་མཚམས་ནས་སྙན་པའི་སྒྲ་ཞིག་ཐོས། །
དེས་རྐྱེན་བདག་ཅག་སྟེང་དུ་བལྟས་པའི་སྐབས། །
ཡིད་འོང་མཛེས་པ་གནམ་གྲུ་ཡོང་བ་མཐོང་། །

ཞེས་དབུས་གཙང་གི་མཁའ་དབྱིངས་སུ་ཐྲིན་གྱི་འདབ་མའི་སྟོད་གཡོགས་མ་མནབས་ཏེ། མཁའ་དབུགས་དྭངས་ཤིང་གཙང་ལ་ཉི་མའི་འོད་སྣང་གསལ་བའི་མཐོ་སྒང་གི་གནམ་གཤིས་ཁྱད་ཆོས་སམ་གནམ་གྲུ་གསལ་པོར་མཐོང་ཐུབ་པའི་ཆ་རྐྱེན་སྔོན་དུ་གླེངས་རྗེས། ལྷ་སའི་བར་སྣང་དུ་གནམ་གྲུ་ཚུལ་ཇི་ལྟར་སླེབས་པར་བརྗོད་པ་དང་། ཚན་པ་གཉིས་པར།

དེ་ནི་ཕྲུག་རོན་མདོག་ཅན་འདབ་གཤོག་ཅན། །
ཁང་མིག་མཛེས་ལྡན་སྐར་རྟགས་རྣམ་པར་བཀྲ། །

གྲོང་ཁྱེར་འདིའི་སྙིང་དཔལ་བྱུས་ལྷིང་ཞིང་འཕོར། །
བྱམས་བརྩེའི་སྤྱན་གྱིས་རིང་ནས་གཟིགས་ཞེས་དྲན། །
ལྷང་ལྷང་རྣ་བར་འབབ་པའི་སྒྲ་དེའི་ནང་། །
བོད་རིགས་མི་དམངས་རྣམས་ལ་འཚམས་འདྲི་དང་། །
ཆབས་ཅིག་མྱུར་དུ་འཇུགས་སྐྱུན་ཐུབ་ཡོང་ཞེས། །
ཞལ་བཞེས་བསླབ་སྟོན་གནང་བར་ཡིད་ཆེས་རྙེད། །
ཧྲངས་འཕོར་བགྲོད་པའི་ཤུགས་ལས་ཆེས་མྱུར་བའི། །
རིན་ཆེན་གནམ་གྲུའི་ལམ་ནས་སྤྲེལ་བ་ཡི། །
དངོས་ཟོག་སྣ་ཚོགས་འདོད་རྒྱུར་འགྲེམས་ཐུས་དེས། །
བོད་མིའི་བདེ་སྐྱིད་འཚོ་བའི་སྒོ་འཕར་དབྱེ། །
མེས་རྒྱལ་མཐའ་མཚམས་བརྟན་སྲུང་ཐུབ་པ་ལ། །
ཤུགས་སྟོན་ཡང་ཡང་ཐེབས་རྒྱུའི་སྙིང་སྟོབས་དེས། །
འཕྱོར་ལྡན་གཞན་གྱི་གཡོ་སྒྱུའི་དྲ་བའི་ནང་། །
ཚུད་ཡང་བསམ་པའི་དོགས་གཞིའི་རྩ་བ་ཆོད། །

ཅེས་གནམ་གྲུའི་ཁ་དོག་དང་དབྱིབས། ཁྱད་ཆོས། བྱེད་ནུས་སོགས་ཞིབ་འབྲི་མཛད་ཅིང་། དེ་དག་གི་བློས་བསླངས་ལ་བརྟེན་ནས། བོད་ལྗོངས་སུ་སྐྱོད་པའི་མཁའ་ལམ་བཅལ་ནས་གནམ་གྲུ་ཤར་གཏོང་བྱས་པ་ནི་ཏང་དང་སྲིད་གཞུང་གིས་བོད་ལྗོངས་ལ་བྱམས་བརྩེའི་སྤྱན་གྱིས་གཟིགས་པའི་འབྲས་རྟགས་སུ་ངེས་ཤིང་། གནམ་གྲུ་དེའི་ལྷང་ལྷང་རྣ་བར་འབབ་པའི་སྒྲའི་ཟིལ་ཤུགས་ལས་བོད་ལྗོངས་འདི་མྱུར་བ་མྱུར་དུ་འཇུགས་སྐྱུན་བྱེད་ཐུབ་པའི་ཡིད་ཆེས་རྙེད་ལ། དེའི་རྫུ་འཕྲུལ་ཤུགས་ཀྱི་མྱུར་རྩལ་དང་དོ་ཐྲ་ཐལ་བའི་འདྲེན་རྩལ་གྱིས་བོད་ལྗོངས་མི་དམངས་ལ་མ་འགྱངས་པར་རྒྱལ་ཁབ་ཕྱི་ནང་ཀུན་གྱི་དངོས་ཟོག་སྣ་ཚོགས་གང་

ལ་གང་འདོད་དུ་སྤྱོད་ཐུབ་པ་དང་། མེས་རྒྱལ་གྱི་མཐའ་མཚམས་བརྟན་སྲུང་བྱེད་པར་འགན་ལེན་ཡོད་པའི་ངེས་ཤེས་དང་སྤོབས་པ་བསྐྱེད་ཅིང་། ཐམས་ཅད་བློ་བདེ་བག་ཡངས་བྱས་ཆོག་པར་དགོངས་པ་བསྟན་ཡོད།

ཚན་པ་གསུམ་པར་བོད་རིགས་མང་ཚོགས་ཀྱིས་གནམ་གྲུ་ཕྱིར་ལོག་པའི་རྗེས་སུ་སྐྱོ་གདུང་མིག་གིས་ཅེར་ནས་ལྷ་ཞིང་སྐྱེལ་བའི་ངང་ཚུལ་མངོན་པར་བརྗོད་པ་དང་། རྒྱ་རིགས་སྤུན་ཟླ་རྣམས་སྐུ་ཁམས་བཟང་ཞིང་མ་འགྱངས་པར་སླར་མཇལ་བའི་བཀྲ་ཤིས་སྨོན་འདུན་ཞུས་ནས་རྩོམ་གྱི་མཇུག་བསྡུས་པ་རེད།

གནམ་སྟོན་དབྱིངས་ནས་དགྱེས་གཟིགས་གཅེན་པོ་ཚོ། །
སྐུ་ཁམས་བཟང་ལྡན་རེ་ཞིག་རང་གནས་ཕེབས། །
ཁྱེད་རྗེས་ལྷ་བཞིན་མྱུར་མཇལ་སྨོན་ཚིག་དང་། །
བཀྲ་ཤིས་བདེ་ལེགས་ངང་ནས་དགའ་སྐྱེལ་ཞུ། །
གང་དུ་ཕེབས་པའི་གྲོགས་བཟང་རྣམ་པ་ལ། །
དགའ་གཅེས་འཕྲིན་བཟང་ལེགས་སྐྱེས་འདི་བསྐུམས་ནས། །
རྒྱ་བོད་མི་རིགས་མཐུན་སྒྲིལ་ཆེན་པོ་འདི། །
རྟག་བརྟན་ཁྲི་ལོར་གནས་པའི་བཀྲ་ཤིས་ཤོག །

མཇུག་བསྡུ་བའི་གཏམ་འདིས་སྐབས་དེར་རྒྱ་བོད་མི་རིགས་བར་གཅེན་གཅུང་ལྟ་བུའི་བརྩེ་དུང་ཟབ་མོ་དང་འབྲལ་ཐབས་མེད་པའི་མཐུན་སྒྲིལ་དམ་པོ་བྱུང་བར་མ་ཟད། མཛའ་ཞིང་བརྩེ་བའི་འབྲེལ་བ་དེ་བསྐལ་པའི་བར་དུ་རྟག་ཅིང་བརྟན་པའི་རེ་སྨོན་བཅངས་པ་ཡང་བསྟན་ཡོད།

ཁོང་གི་སྙན་ངག་གི་ཁྱད་ཆོས་དང་དེའི་ནུས་པ་བཤད་པ་ལ། ཚ་སྤྲུལ་ངག་དབང་བློ་བཟང་མཆོག་དགུང་ལོ་དྲུག་པ་ནས་སེ་ར་དགོན་ཆེན་དུ་ཕེབས་ཏེ། མདོ་སྔགས་གཞུང་ལུགས་ཀྱིས་གཙོས་པའི་རིག་གནས་ཐམས་ཅད་ལ་སྦྱངས་པ་དཔྱིས་ཕྱིན་

པ་མཛད་པའི་དགེ་བཤེས་ལྷ་རམས་པ་ཡིན་པས། སྲོལ་རྒྱུན་རྩོམ་རིག་གི་བག་ཆགས་ཟབ་ཅིང་དེའི་རྩོམ་སྲོལ་ལ་ཤིན་ཏུ་གོམས་ཡོད་པ་ནི་སྨོས་མི་དགོས་ཀྱང་། བོད་ལྗོངས་ཞི་བས་བཅིངས་འགྲོལ་བྱས་རྗེས། ཁོང་ཉིད་ཐུགས་དགོངས་རྣམ་པར་དག་པའི་ངང་གསར་བརྗེའི་བྱ་བར་ཞུགས་ཏེ་ཏང་གི་སློབ་གསོ་སྣ་ཚོགས་མྱངས་པས། རྩོམ་རིག་སྒྱུ་རྩལ་གྱིས་ཞབས་འདེགས་ཞུ་ཡུལ་དེ་རིག་གནས་ཚད་མཐོ་བའི་མཁས་པ་ཁུངས་ཤས་ཙམ་མིན་པར། གཙོ་བོར་རྒྱ་ཆེའི་མི་དམངས་ཡིན་པ་རྟོགས་ཤིང་། ཁྱད་པར《བོད་ལྗོངས་ཚགས་པར》ཁང་དུ་ཕྱག་ལས་གནང་སྐབས་གསར་འགྱུར་དང་རྩོམ་རིག་གི་སྐད་ཆ་དེ་མི་དམངས་མང་ཚོགས་ཀྱི་སྐད་ཆ་དང་ཉེ་བར་བྱེད་ཐུབ་མིན་ནི་གསར་འགྱུར་དང་རྩོམ་རིག་གི་ཁྱབ་ཁྱོན་དང་བྱེད་ནུས་ལ་ཐད་ཀར་རག་ལས་པའི་གནད་དམ་པ་ཞིག་ཡིན་པ་གསལ་ལེར་མཁྱེན་པའི་རྐྱེན་གྱིས་བཅིངས་འགྲོལ་ཚུན་གྱི་སྙན་ངག་གསར་པ་འདི་དག་རྩོམ་པའི་ཚེ་ནའང་གཙོ་བོར་སྤྱིལ་ཡུལ་གྱི་ཡོན་ཏན་དང་དྲིལ་སྒྲོག་གི་དགོས་མཁོར་གཞིགས་ནས། 《སྙན་ངག་མེ་ལོང་》ལས་བསྟན་པའི་བསྡུས་བརྗོད་ཀྱི་རྒྱན་དང་རབ་རྟོག་གི་རྒྱན། ཕུལ་བྱུང་གི་རྒྱན། སྒྲ་རྒྱན། གབ་ཚིག་གི་རྒྱན་སོགས་འཁྱོག་བརྗོད་ཀྱི་རྒྱན་གྱིས་མ་སྤྲས་ལ། ཐ་ན་དཔེ་རྒྱན་གྱིས་ཀྱང་མང་པོ་སྤྲས་མེད་པར། ཕལ་ཆེར་རང་བཞིན་བརྗོད་པའི་རྒྱན་གཅིག་པུའི་ལམ་ནས་བརྗོད་པ་དང་། མངོན་བརྗོད་དང་བརྡ་རྙིང་། གཞུང་དང་འབྲེལ་བའི་ཆོས་ལུགས་ཀྱི་མིང་བརྡ་གང་ཡང་འདྲེས་མེད་ལ། ཚིག་ཁྱིམ་དགུ་པ་ཅན་ཤས་ཆེ་བས། ཚིག་སྦྱོར་ལྷོད་ཅིང་བརྗོད་བྱ་གསར་པ། བརྗོད་དོན་གསལ་ལ་སྙན་པའི་ཉམས་ལྡན་པ། བརྩེ་དུང་ཟབ་ལ་ཡིད་འགྱུར་ཤུགས་དྲག་པའི་ཁྱད་ཆོས་ལྡན་པ་རེད། དེ་ནི་བོད་ཀྱི་རྩོམ་རིག་ལོ་རྒྱུས་སྟེང་གི་གསར་གཏོད་ཅིག་རེད།

ཚ་སྤྲུལ་ངག་དབང་བློ་བཟང་ནི་སྐབས་དེར་མདོ་དབུས་ཁམས་གསུམ་དུ་སྙན་པའི་གྲགས་པ་ཁྱབ་པའི་ལྷ་རམས་པའི་དགེ་བཤེས་དང་དགའ་ལྡན་ཁྲི་པ་བློ་བཟང་

དགེ་ལེགས་ཀྱི་ཡང་སྙིང་ཡིན་པས། ཁོང་གི་གསར་གཏོད་རང་བཞིན་གྱི་སྙན་ངག་དེ་དག་ཚགས་པར་སྤེང་དུ་དངོས་སུ་འཁོད་ནས་འགྲེམ་སྤེལ་བྱས་པ་དེས་ལོ་རྒྱུས་ཀྱི་འགྱུར་མཚམས་ཆེན་པོའི་སྤྱི་ཚོགས་སུ་གནས་པའི་བོད་རིགས་མང་ཚོགས་འཛིགས་ངོགས་དང་གོ་ལོག ཀྱི་ཚོམ་སོགས་རྫོངས་པ་ལས་རྣམ་པར་སད་ནས་གུང་ཁྲན་ཧྲང་ལ་བློ་འཁོར་ཞིང་ཡིད་རྟོན་པ་དང་། གསར་དུ་ཚུགས་པའི་བོད་རང་སྐྱོང་ལྗོངས་གྲ་སྒྲིག་ཞུ་ཡོན་ལྷན་ཁང་གི་སྔ་ཁྲིད་འོག གྲོས་མཐུན་བཅུ་བདུན་བདེ་གླག་དང་ལག་བསྟར་དངོས་འབེབ་བྱེད་པ་དང་། སྤྱི་ཚོགས་རིང་ལུགས་ཀྱི་བོད་ལྗོངས་གསར་པ་འཛུགས་སྐྲུན་བྱེད་ཐུབ་པའི་སྤོབས་པ་དང་ཡིད་ཆེས་བསྐྱེད་པ། བོད་རིགས་མི་དམངས་ཀྱི་བསམ་བློའི་འདུ་ཤེས་རྙིང་པ་ལེགས་པོར་འགྱུར་བ་དང་རྒྱལ་གཅིག་བསམ་བློ་ཇེ་བརྟན་དུ་འགྲོ་བ། མི་རིགས་ཀྱི་མཐུན་སྒྲིལ་ཇེ་དམ་དང་དམག་དམངས་ཀྱི་མཛའ་བརྩེ་ཇེ་ཟབ་ཏུ་གཏོང་བ་བཅས་ལ་བསྒུབ་ཐབས་མེད་པའི་ནུས་པ་ཐོན་པར་མ་ཟད། རྩོམ་རིག་གི་འཕེལ་འགྱུར་ལའང་ནུས་པ་མི་དམན་པ་ཐོན་ཏེ། བོད་ཀྱི་རྩོམ་རིག་གི་བརྩམ་བྱའི་ནང་དོན་གཙོ་བོ་སྟོན་བྱུང་གི་གཏམ་དང་འདས་པའི་ལོ་རྒྱུས་སམ་རྒྱ་གར་སོགས་མི་རིགས་གཞན་གྱི་ཡིག་ཐོག་གི་རྒྱུ་ཆ་ཡིན་པ་ནས། དངོས་ཡོད་ཀྱི་སྤྱི་ཚོགས་འཚོ་བ་དང་གསར་བྱུང་བྱ་དངོས་གཙོ་བོར་འཛིན་པ་དང་། ཚིག་ཉམས་འདོན་པ་དང་ཤུགས་དོན་ཟབ་པ་ཧུར་ལེན་པའི་རྩོམ་སྒྲོལ་ནས་ཚིག་གི་དོན་གཙོ་ཞིང་གོ་སླ་ལ། ཡིད་འགྱུར་ཟབ་པའི་རྩོམ་སྒྲོལ་གསར་པ་ཞིག་ཏུ་འཕེལ་བར་སྔ་ཁྲིད་དང་མ་དཔེའི་ནུས་པ་བསྐྱེད་པ་ཡིན། དེར་བརྟེན་ཚ་སྤྲུལ་ངག་དབང་བློ་བཟང་ནི་སྙན་གྲགས་ཆེ་བའི་ལྷ་རམས་པའི་དགེ་བཤེས་དང་སྤྲུལ་པའི་སྐུ་ཡིན་པར་མ་ཟད། དུས་སྐབས་ཀྱི་རྗེས་སུ་མཐུན་པའི་ཆབ་སྲིད་པ་དང་རྩོམ་རིག་པ་ཞིག་ཀྱང་རེད།

3. ཀན་བསྟན་པ་རྒྱ་མཚོའི་རྩོམ་རིག་བརྩམས་ཆོས་བཤད་པ། ཀན་བསྟན་པ་རྒྱ་མཚོ་ནི་

སྐུ་ན་གཞོན་པའི་དུས་ནས་བླ་བྲང་དགོན་པར་ཕེབས་ནས། བོད་ཀྱི་ཐ་སྙད་རིག་གནས་དང་གཞུང་བཀའ་པོད་ལྔ་ལ་སྦྱངས་པ་ལེགས་པོ་བྱས་ཏེ་མཁས་པའི་གོ་འཕང་ཐོབ་ཅིང་སྙན་པའི་གྲགས་པ་རྒྱས། བཅིངས་འགྲོལ་བྱས་རྗེས་སྲིད་གཞུང་གིས་གདན་དྲངས་པ་ལྟར་ནུབ་བྱང་མི་རིགས་སློབ་གྲྭ་ཆེན་མོར་ཕེབས་ནས་དགེ་རྒན་གྱི་ཕྱག་ལས་གནང་། ཁོང་ལ་ལྷུགས་རྩོམ་མང་པོ་ཡོད་སྲིད་ཀྱང་ད་ལྟ་ང་ཚོའི་མཐོང་ལམ་དུ་གྱུར་པ་ནི《སྙན་ངག་གི་སྤྱི་དོན་ཚིག་རྒྱན་རིག་པའི་ལྡེ་མིག》དང་། 《མི་དམངས་ཤེས་རབ་རྩལ་གྱིས་དགེ་མཚན་གསར་དུ་བསྐྲུན་པ》《སུམ་རྟགས་ལས་ལ་དོན་གྱི་གནད་དོན་ཁ་ཤས》སོགས་ཡིན་པ་ལས། སྐབས་འདིར་བརྗོད་པར་བྱ་བའི་གནས་སུ་གྱུར་པ་ནི་ཐོག་མ་གཉིས་ཡིན་པས། རིམ་བཞིན་ངོ་སྤྲོད་བྱས་ན། 《སྙན་ངག་གི་སྤྱི་དོན་ཚིག་རྒྱན་རིག་པའི་ལྡེ་མིག》ཅེས་པ་ནི་རྩོམ་པ་པོས1960ལོར་ནུབ་བྱང་མི་རིགས་སློབ་གྲྭ་ཆེན་མོའི་སྐད་ཡིག་སྡེ་ཚན་དུ་དགེ་རྒན་གྱི་ཕྱག་ལས་གནང་སྐབས་སློབ་མའི་སློབ་དེབ་ཏུ་བརྩམས་ཤིང་། 1980ལོའི་ཟླ་7པར་ཀན་སུའུ་མི་དམངས་དཔེ་སྐྲུན་ཁང་གིས་པར་དུ་བསྐྲུན་པ་ཡིན། ཚིག་རྒྱན་རིག་པའི་བསྟན་བཅོས་འདི་རྩོམ་པའི་དུས་བབ་དང་དགོས་པ། སྐྱེལ་ཡུལ་བཅས་མི་འདྲ་བའི་རྐྱེན་གྱིས་དེའི་སྔོན་གྱི་ཚིག་རྒྱན་རིག་པའི་བསྟན་བཅོས་རྣམས་དང་བསྡུར་ན་ཁྱད་ཆོས་མི་མཐུན་པ་བཞི་ཡོད་པར་འདོད་དོ། །

གཞུང་ཚད་འོས་ཤིང་འཚམ་ལ་སྤྱོད་ཆེ་བ། བོད་ཀྱི་བསྟན་བཅོས་སྔོན་མ་རྣམས་ནི《སྙན་ངག་མེ་ལོང་མ》རྒྱས་པར་འགྲེལ་བ་གཞི་བྱས་རང་གི་དཔེར་བརྗོད་འཕོད་པ་དང་། ཡང་ན《མེ་ལོང་མའི》ནང་དོན་ནམ་འགྲོས་དང་བསྟུན་ནས་རང་རང་གིས་དཔེར་བརྗོད་བརྩམས་པ་ཞིག་ཡིན་པས། གཞུང་ཚད་རིང་ཞིང་བོད་ཀྱི་སྐད་ལ་རྒྱུགས་ཆུང་བ་དང་ཡང་ན་མགོ་མི་ཆེ་བའི་ཚིག་རྒྱན་ཡང་ཤིན་ཏུ་མང་། དེ་ལྟ་བུའི་བསྟན་བཅོས་ལས་དུས་སྐབས་གསར་པའི་སློབ་མར་མགོ་མི་ཆེ་བའང་ཡོད་

པས། རྩོམ་པ་པོས《མི་ཡོང་མར》ཞིབ་འཇུག་ལེགས་པོ་མཛད་པ་དང་། སྐབས་དེའི་སློབ་མའི་ཚད་དང་སློབ་སྦྱོང་གི་མོས་པ། བཀོལ་སྤྱོད་ཀྱི་རིན་ཐང་བཅས་ལ་དམིགས་ནས། 《སྙན་ངག་མེ་ལོང་མ》ལས་བོད་ཀྱི་སྐད་ལ་རྒྱུགས་ཆེ་ཞིང་ཉེ་བར་མཁོ་བའི་རྒྱན་སྤྱོད་ཀྱི་རྒྱན་མ་གཏོགས། བོད་སྐད་ལ་ཇི་བཞིན་དུ་མི་འགྱུར་བ་དང་ཡང་ན་རྒྱུགས་མི་ཆེ་བའི་ལེའུ་དང་པོའི་རྒྱན་བཅུ་དང་། བ་སླད་གཅིག། ཀུན་བཟང་འཁོར་ལོ་སོགས་བྱ་དཀའ་བའི་སྒྲ་རྒྱན་རྣམས་དམིགས་སུ་བཀར་ནས་མ་སྦྲས་ལ། དེ་མིན་ལེའུ་གཉིས་པ་དོན་རྒྱན་སོ་གཉིས་དང་ལེའུ་གསུམ་པའི་གབ་ཚིག་གི་རྒྱན་ལས་ཀྱང་ཚིག་ཉམས་འདོན་ཚུལ་ཕལ་ཆེར་ཆ་འདྲ་བའམ་བསྐྱར་ཟློས་སུ་གྱུར་པའི་སྐོར་གཅིག་ཤེས་ཀུན་གྲོལ་ཡོང་བར་དམིགས་ནས་གཅིག་གིས་འཐུས་པར་མཛད་ཅིང་། རྒྱན་བཀོལ་མ་ཡིན་པའམ་ཉེ་བར་མི་མཁོ་བའི་རྒྱན་རྣམས་ཀྱང་རྒྱས་པར་མ་སྤྲས་པས། ནང་དོན་ཉུང་ཤིང་ལག་ལེན་མང་བའི་ཁྱད་ཆོས་འབུར་དུ་ཐོན་ལ། སྐབས་དེའི་གསར་སློབ་མཁན་རྣམས་ཀྱི་རིག་གནས་ཚད་དང་འཚམ་ཞིང་སྤྱོད་གོ་ཆོད་པའི་སློབ་དེབ་ལེགས་པོ་ཞིག་རེད།

ད་ཡོད་ཀྱི་བརྗོད་བྱ་དང་སྦྱར་བས་རྨད་དུ་བྱུང་བའི་ཆོས་མངའ་བ། དེ་ཡང《སྙན་ངག་མེ་ལོང་མ》ལས། སྔོན་བྱུང་གཏམ་ལས་གྱུར་པའམ། །ཅིག་ཤོས་ལེགས་པ་ལ་བརྟེན་པ། །སྡེ་བཞིའི་འབྲས་བུའི་དབང་གྱུར་དང་། །མཁས་ཤིང་རྒྱ་ཆེའི་འདྲེན་པ་ཅན། །……གཡུལ་དང་འདྲེན་པ་དར་བས་ཀྱང་། །བརྒྱན་པར་གྱུར་ཅིང་མདོར་བསྡུས་མིན། །ཞེས་གསུངས་ཡོད་པས། བོད་མཁས་རྣམས་ཀྱིས་བརྩམས་པའི་ཚིག་རྒྱན་རིག་པའི་བསྟན་བཅོས་ཀྱི་དཔེར་བརྗོད་རྣམས་ཀྱང་རྒྱ་གར་གྱི་རིག་བྱེད་གཏམ་རྒྱུད་དང་ཐུབ་པའི་སྐྱེས་རབས། རྟོགས་བརྗོད་སོགས་སྔོན་བྱུང་གི་གཏམ་སྣ་ཚོགས་དང་། 《མེ་ལོང་མའི》དངོས་བསྟན་གྲོང་ཁྱེར་དང་། རྒྱ་མཚོ། རི། དུས་བཞི། ཉི་ཟླ་འཆར་ནུབ། སྐྱིད་ཚལ། ཆུ་ལ་རོལ་རྩེད། ཆང་འཐུང་བ། གཉིས་སྦྱོར་

ཀྱི་དགའ་སྟོན། གྲོགས་པོར་དུས་འདེབས་པ། གཉེན་བསུ་བ། གཞོན་ནུ་སྐྱེས་པ། དེ་ཉིད་སྐྱེས་འཕེལ། གྲོས་བྱེད་པ། ཕོ་ཉའི་འགྲོ་འོང་། གཡུལ་འཐབ། མངའ་ཐང་དར་བ་སོགས་བཅུ་བདུན་ཡོད་པ་ལས་རྩོམ་ཞིང་གཞུང་ཆེན་པོ་དང་སྦྱར་ནས་རྩོམ་པ་ལས། ད་ཡོད་ཀྱི་བརྗོད་བྱ་དང་སྦྱར་ནས་བརྩམས་པ་ཤིན་ཏུ་ཉུང་།

སྤྱིར་རང་གཞན་ཀུན་གྱི་གཏམ་རྒྱུད་ངོ་མཚར་བ་དང་སྦྱར་ནས་བརྩམས་ན་སྙན་ངག་ཁྱད་དུ་འཕགས་པ་འཐོན་ལ། གཞུང་ཆེན་པོ་དང་སྦྱར་ནས་བརྩམས་ན་སྙན་ངག་གི་རིན་ཐང་དང་ཁྱབ་ཆེ། གནས་ཡུན་གང་གི་ཆ་ནས་ཀྱང་གཞན་དང་མི་འདྲ་བའི་ཁྱད་ཆོས་ལྡན་པ་ནི་སྨྲ་མི་དགོས་སོ། སྔར་གྱི་བྱུང་བར་ཐོས་རྒྱ་ཆུང་ཞིང་གཞུང་ཆེན་པོ་དག་ལ་སྦྱངས་པ་དམན་པའི་གསར་སློབ་མཁན་རྣམས་ལ་མཚོན་ན་དེ་ཚིག་རྒྱན་གྱི་གཞུང་དོན་ཐད་ཀར་ངེས་པར་བྱེད་པ་ལ་མི་ཕན་པའི་རྐྱེན་དུ་འང་འགྱུར་བ་རེད། རྒྱུ་མཚན་ནི། གསར་སློབ་མཁན་རྣམས་ཀྱིས་ཚིག་རྒྱན་རིག་པ་སྦྱོང་བའི་དུས་མཉམ་དུ་རྒྱ་གར་གྱི་བྱུང་བ་སྣ་ཚོགས་དང་བོད་རང་གི་ལོ་རྒྱུས་ངག་རྒྱུན། གཞུང་ཆེན་པོ་དག་ཀྱང་ཤེས་དགོས་པས་སོ། །དེར་བརྟེན་རྩོམ་པ་པོས་དོན་དེ་དང་སྐབས་བབ་ཀྱི་ཚབ་སྲིད་བླང་བྱར་དམིགས་ནས། རྩ་བའི་དངོས་བསྟན་གྱི་རྨང་གཞིའི་སྟེང་“ད་ལྟ་རང་རེའི་སྤྱི་ཚོགས་འདིར། ཏང་གི་ཡང་དག་པའི་མགོ་འདྲེན་དང་། སྤྱི་ཚོགས་རིང་ལུགས་ཀྱི་གསར་བརྗེ་དང་འཛུགས་སྐྲུན། བཅིངས་འགྲོལ་དམག་གི་དཔའ་རྩལ། མི་དམངས་དུང་ཕྱུར་མང་པོའི་ནུས་སྟོབས་བརྩོན་སེམས་སོགས་དང་། མར་ལེའི་རིང་ལུགས་དེ་ཀྲུང་གོའི་དངོས་དོན་དང་སྦྱར་བའི་སྲིད་ཇུས་ལས་སྐབས་བབ་གཟི་བརྗིད་ཅན་གྱི་ནང་དོན་སྣ་ཚོགས་དང་སྦྱར་ནས་རྩོམ་ན་ཆེས་ཆྲད་དུ་བྱུང་བར་འགྱུར་རོ”①ཞེས་རྒྱན་ཕལ་ཆེ་བའི་དཔེར་བརྗོད་ཀྱི་ནང་དོན་གསར་པ་དང་སྦྱར་ནས་གོ་སླ་བར་བརྩམས་ཡོད་དེ། དཔེར་ན། རིགས་རང་བཞིན་

① 《སྙན་ངག་གི་སྤྱི་དོན་ཚིག་རྒྱན་རིག་པའི་ལྡེ་མིག》གི་ཤོག་ངོས་13པར་གསལ།

བརྗོད་པ་ནི།

བླ་ན་མེད་པའི་གསར་བརྗེའི་རང་བཞིན་དང་། །
དམངས་གཙོ་གཅིག་སྡུད་འཛོམ་པའི་རྩ་འཛུགས་ཅན། །
ཚིག་སྒྲིལ་སྟོབས་ཤུགས་སུས་ཀྱང་གཞོམ་མེད་པ། །
མང་ཚོགས་འདི་ནི་འཇིག་རྟེན་བྱེད་པོར་བསྔགས། །

ཞེས་རིགས་སྤྱི་སྟེ"མང་ཚོགས་འདི"གསར་བརྗེ་དང་། རྩ་འཛུགས། མཐུན་སྒྲིལ་རང་བཞིན་ཅན་དུ་སྒྲོ་སྐུར་མེད་པར་དྲང་པོར་དངོས་སུ་བརྗོད་པ་དང་། གོ་བཟློག་པའི་དཔེ་ནི།

རླབས་ཆེན་རྣམ་དག་ཏང་གི་འགོ་འདྲེན་བཞིན། །
ཉིན་མོར་བྱེད་འདི་འཇིག་རྟེན་ཡོངས་ལ་གསལ། །
གང་གི་རྣམ་པར་དག་པའི་སྲིད་ཇུས་ལྟར། །
འོད་ཟེར་སྣང་བས་སྐྱེ་རྒུ་བདེ་ལ་སྦྱོར། །

ཞེས་གུང་ཁྲན་ཏང་གི་འགོ་ཁྲིད་དང་སྲིད་ཇུས་ལ་སྦྱར་ནས་སྤྲས་ཡོད། ལྡོག་པ་ཅན་གྱི་གཟུགས་ཅན་ནི།

ནམ་མཁའ་རང་བྱུང་རྒྱུ་སྐར་དང་། །
ས་གཞིར་འཛུགས་སྐྲུན་རྒྱུ་སྐར་མཐོང་། །
གཅིག་ཤོས་མཚན་མོ་ཁོ་ན་དང་། །
འདི་ནི་ཉིན་མཚན་ཀུན་ཏུ་མཐོང་། །

ཞེས་སྐབས་དེའི་འཛུགས་སྐྲུན་གྱི་གྲུབ་འབྲས་ལ་སྦྱར་ནས་སྦྱོར་ཡོད། འཛིགས་ཅུང་གི་ཉམས་ནི།

ནམ་མཁའ་སྟོང་པར་རྒྱུ་ནུས་ཤིང་། །
བགྲོད་པ་སློག་གི་ཤུགས་ལས་མྱུར། །

གང་འཕྲོད་བརྟག་པའི་དྲག་ཤུལ་ཅན། །
མེ་ཤུགས་འཕུར་མདར་སུ་ཡང་འཇིགས། །

ཞེས་མེ་ཤུགས་འཕུར་མདའི་ནུས་པ་དང་སྦྱར་ནས་བསྟན། ཐོག་བར་མཐའ་གསུམ་ཚོད་མིན་གྱི་རྒྱན་ནི།

ལྷམ་ལྷམ་ཉིན་མོར་བྱེད་པའི་འོད་ལྷམ་ལྷམ། །
ལྷམ་ལྷམ་ཀུན་ལས་ལྷམ་ལྷམ་ཉི་མ་ལྟར། །
ལྷམ་ལྷམ་གཙོ་བོའི་གཟི་མདངས་བརྗིད་ལྷམ་ལྷམ། །
ལྷམ་ལྷམ་ཀུའུ་ཞི་ལྷམ་ལྷམ་དཔལ་གྱིས་བརྗིད། །

ཅེས་མའོ་ཀུའུ་ཞིའི་གཟི་བརྗིད་དཔལ་ལ་སྦྱར་བ། ཀུན་ཏུ་ཚོགས་པའི་གབ་ཚིག་གི་རྒྱན་ནི།

གཟི་ལྡན་སྤྱི་ཚོགས་འགྲུལ་བསྐྱོད་སོ་སོའི་ནང་། །
རྣམ་ཀུན་ཐོན་སྐྱེད་ངལ་རྩོལ་མ་བྱས་པས། །
ཅི་དགར་བག་ཡངས་སྤྱོད་པའི་ངང་ཚུལ་རྣམས། །
ལྷག་མ་ལུས་པ་དེ་ཡང་རབ་ཏུ་སྤྲོ། །

ཞེས་གབ་བྱ་ངལ་རྩོལ་མ་བྱས་པ་དང་། གབ་བྱེད་ལེ་ལོ་ཅན་ལ་སྦྱར་བ་ལྟ་བུའོ། །དཔེར་བརྗོད་འདི་དག་གི་ནང་དོན་ནི་སྐབས་དེའི་གསར་སློབ་མཁན་རྣམས་ལ་ཆ་རྒྱུས་ཡོད་པ་ཏང་ཏང་ཡིན་པས། རིག་བྱེད་གཏམ་རྒྱུད་དང་ཐུབ་པའི་སྐྱེས་རབས། རྟོགས་པ་བརྗོད་པ། སྔོན་བྱུང་གི་ལོ་རྒྱུས་སྔ་ཚོགས་ལ་ཐོས་རྒྱ་ཆེ་མི་དགོས་ལ། གཞུང་ཆེན་པོ་དག་ལ་སྦྱངས་པ་མེད་ཀྱང་། སུམ་རྟགས་དག་གསུམ་ལ་བློ་གོམས་པ་ཙམ་ཞིག་ཡིན་ཕྱིན། ཚིག་རྒྱན་རིག་པའི་གཞུང་དོན་རྟོགས་སླ་ཞིང་སྦྱོད་ཐེས་པར་འགྱུར་ངེས་རེད།

ཁོ་བདེ་ཚིག་གི་ལམ་ནས་བསྟན་པས་ཚིག་རྒྱན་རིག་པའི་གཞུང་དོན་ངེས་སླ་

བ། གོང་དུ་བརྗོད་པ་ལྟར་དཔེར་བརྗོད་རྣམས་ནང་དོན་གསར་པ་དང་སྦྱར་ནས་སྤྲོས་པས། རང་ཤུགས་སུ་ཆོས་སྐད་ཇེ་ཉུང་དུ་སོང་ཐོག རྩོམ་པ་པོས་སྐབས་དེའི་སློབ་མའི་ཆུ་ཚད་དང་བསྟུན་ནས་མངོན་བརྗོད་དང་བརྡ་སྤྲིང་ཙུང་ཟད་དོར་ཅིང་། ཚིག་སྤུད་མང་པོ་ཡང་མེད་པའི་སྟབས་ཀྱིས་བསླུགས་མ་ཐག་ཚིག་མཉེན་ཞིང་དོན་གོ་ལ་སྤྲོད་བདེ་བ་ཞིག་ཏུ་སྣང་། དཔེར་ན། གྲོལ་རིགས་མཛོད་འདུས་ལས་མཛོད་ཀྱི་དཔེར་བརྗོད་དེ།

སྤྱི་ཚོགས་རིང་ལུགས་རྟོགས་ལྡན་པའི། །
དམར་མཁས་ལས་བྱེད་གསོ་སྐྱོང་བྱ། །
སློབ་གསོ་དེ་ཡིས་འབྱོར་མེད་པའི། །
ཆབ་སྲིད་ལ་ནི་ཞབས་འདེགས་སྒྲུབ། །
དེ་ཡང་ཐོན་སྐྱེད་ངལ་རྩོལ་དང་། །
སྦྱོར་བའི་བྱེད་ཕྱོགས་ལེགས་པར་བཟུང་། །
དེ་ཡི་མཐུ་ལས་རིག་གཞུང་དང་། །
སློབ་གསོའི་འདབ་བརྒྱ་ཅིར་ཡང་འཛུམ། །

ཞེས་འཁོད་པ་ལ་མཚོན་ན་ཆོས་ཀྱི་སྐད་དང་བརྡ་རྙིང་། མངོན་བརྗོད་གཅིག་ཀྱང་མ་བཀོལ་བར་གོ་སླའི་ཚིག་གི་ལམ་ནས་མཛོད་ཅེས་པའི་སྦྱོར་ལུགས་གསལ་པོར་བསྟན་པས། གསར་སློབ་མཁན་རྣམས་ཀྱིས་ཚེགས་ཆེན་པོ་མེད་པར་ངེས་ཐུབ་པ་ལྟ་བུའོ། །

དེ་ལྟར་ཁྱད་ཆོས་གསུམ་དང་ལྡན་པའི་ཚིག་རྒྱན་རིག་པའི་བསྟན་བཅོས་འདི་1980ལོའི་སྔོན་དུ་དངོས་སུ་པར་དུ་བཏབ་ནས་གཞི་ཁྱབ་ཆེན་པོར་སྤེལ་བའི་སྐལ་བ་མ་སྨིན་པས། སྐབས་དེར་བོད་ཀྱི་རྩོམ་རིག་འཕེལ་འགྱུར་ལ་ནུས་པ་འདི་དང་དེ་བསྐྱེད་ཅེས་སྨྲ་མི་ཐོད་མོད། ནུབ་བྱང་མི་རིགས་སློབ་གྲྭ་ཆེན་མོའི་བོད་ཡིག་སྡེ་ཁག

སོགས་ཀྱིས་དུས་དེར་སྨུམ་པར་དུ་བཏབ་ནས་སློབ་དེབ་བྱས་པའི་ཡུན་ལ་གསར་སློབ་པ་རྣམས་ཀྱིས་ཚིག་རྒྱུན་རིག་པ་སྦྱངས་པའི་མཐུན་རྐྱེན་ལེགས་པོར་གྱུར་པ་དང་། ཁྱད་པར་དངོས་སུ་དཔེ་སྐྲུན་འགྲེམ་སྤེལ་བྱས་པའི་ལོ་རབས་བརྒྱད་ཅུ་པའི་དུས་འགོར་སྣན་ངག་གསར་སློབ་མཁན་རྣམས་ཀྱི་ངག་གི་འདོད་འཛོར་གྱུར་པར་མ་ཟད། གོ་བདེའི་ངག་གི་ཚིག་སྦྱོར་སྤེལ་ནས་དུས་སྐབས་གསར་པའི་བྱ་དངོས་བརྗོད་ཅིང་། ཡར་ཐོན་བསམ་བློ་མཚོན་པར་བྱེད་པ་གཙོ་བོར་གྱུར་པའི་དེང་རབས་རྩོམ་རིག་འདི་འགྲུབ་པར་རིགས་པའི་གཞུང་ལུགས་ཀྱི་རྨང་གཞི་བརྟན་པོ་བཏིང་བ་ནི་བདག་གིས་མང་པོ་སྨྲ་མི་དགོས་ཏེ། དུས་སྐབས་དེ་ཉིད་བརྒྱུད་པའི་སྐྱེ་བོ་ཀུན་གྱིས་གསལ་ལེར་མཁྱེན་པ་ལྟར་ལགས།

དཔེ་དེ་བཞིན་དུ་ཁོང་གིས་1958ལོར་བརྩམས་པའི《མི་དམངས་ཤེས་རབ་རྩལ་གྱིས་དགེ་མཚན་གསར་དུ་བསྐྲུན》ཅེས་པའང་ཀུང་གོ་གུང་ཁྲན་ཏང་གི་ཡང་དག་པའི་འགོ་འདྲེན་འོག ཀན་སུའུ་མི་དམངས་ཀྱིས་རི་ཆུ་བཅོས་སྒྱུར་བྱས་ནས་ལོ་ཡག་བླངས་ཚུལ་བརྗོད་པ་ལ་བརྟེན་ནས། བོད་རིགས་མི་དམངས་མགོ་ནག་སྐྱིད་སྡུག་གནམ་གྱི་ལག་ཅེས་པ་དང་། རང་བྱུང་གི་རི་ཀླུང་ཀུན་ལ་ལྷ་ཀླུ་གཉན་གསུམ་སོགས་གནས་པས་དེ་བསློག་མི་ཐུང་བ་དང་། བསློགས་ན་གནོད་འཚེ་སྣ་ཚོགས་འབྱུང་བའི་གདོན་མའི་འདུ་ཤེས་ཀྱི་འཆིང་རྒྱ་ལས་རྣམ་པར་གྲོལ་ནས། དཔའ་ངར་ཞུམ་མེད་ཀྱིས་རང་བྱུང་ཁམས་ལ་འཐབ་རྩོད་དང་དེ་བཅོས་སྒྱུར་བྱས་ཏེ། མིའི་རིགས་ལ་བདེ་སྐྱིད་བསྐྲུན་པར་བློ་སྒོ་ཕྱེས་ཤིང་སྤོབས་པ་བསྐྱེད་པས། དུས་རབས་ཀྱི་དོན་སྙིང་དང་དངོས་ཡོད་ཀྱི་དོན་སྙིང་ལྡན་པའི་དོན་བརྗོད་ལྷུག་རྩོམ་ཞིག་རེད།

དེ་ཡང་ཐོག་མར“ཡུལ་དེའི་རང་བྱུང་གི་བཀོད་པ་ནི། ཁོ་ར་ཁོར་ཡུག་བྲག་གི་རི་བོ་ཚར་དུ་དངར་བ་ལས་ཁྱད་པར་ནུབ་ཕྱོགས་ཀྱི་སའི་ཆར། སྔོན་རྒྱ་བཟའ་ཀོང་ཇོ་བོད་བསྐྱོད་ཐོག་མའི་སྐབས་སུ་བཞེངས་པར་གྲགས་པའི་སྣང་བརྙན་འབུམ་གྱིས་

འཁྲུད་པའི་བྲག་རི་ཀླུམ་པོ་ད་ལྟ་འབུམ་གླིང་བྲག་ཅེས་གྲགས་པ་དེ་དང་གཞན་ཡང་གྲྭ་སྡེའི་བྲག་དང་དུས་གསུམ་བྲག་སོགས་ཀུན་ཀྱང་རྩེ་མོ་ནམ་མཁའི་མཐོངས་ལ་བསྙེགས་པ། རྩ་བ་ཆུ་བོའི་གཞུང་ལ་ཐུག་པ། བྱ་རྒོད་པོ་འཕུར་ན་གཤོག་རྩལ་འདར་བ། སྟག་དམར་ཡག་མཆོངས་ན་སྙིང་རྩ་འདར་བ་དེ་འདྲའི་གཙང་རོང་འཛིགས་སུ་རུང་བའི་འགག་འཕྲང་ན་འཛམ་གླིང་འདིར་གྲགས་པ་རབ་ཏུ་གསལ་བའི་ཆུ་བོ་ཆེན་པོ། རྨ་ཀླུང་གནྣའི་སྲིང་མོ་དེ་ཉིད་རོལ་སྙེག་བརྒྱ་ཕྲག་གི་ཉམས་དང་། ཆུ་ལག་སྟོང་ཕྲག་གི་རྒྱུན། ས་སྣ་འབུམ་ཕྲག་གི་བཅུད་དང་ལྡན་ཞིང་རང་གར་རང་བྱུང་གི་བརྟུལ་ཞུགས་ངོམ་སྟེ། ལྷུང་ལྷུང་གི་སྒྲ་དང་། ཆལ་ཆིལ་གྱི་རླབས་དང་། དྲག་འབབ་ཀྱི་ཤུགས་དང་བཅས་མདོར་ན། རྒྱ་མཚོ་འཁྲུག་པའི་ཀླུང་འཁོར་ལ་འགྲན་པ་བཞིན་དུ་འབབ་པོ། །”ཞེས་ཚིག་ལྷུག་གི་སྒོ་ནས་ས་དེའི་བྲག་རི་མཐོ་ཞིང་གཙང་རོང་ཟབ་ལ་རྨ་ཀླུང་དྲག་ཏུ་འབབ་པའི་ས་བབ་རྩུབ་ཅིང་ཆུའི་ཐོན་ཁུངས་འཇོམས་ཚུལ་ཞིབ་འབྲི་གསོན་ཉམས་ལྡན་པ་ཞིག་བྱས་པ་དང་། དེ་ནས“དེ་འདྲའི་རང་བྱུང་གི་ཁོར་ཡུག་དང་ལྡན་པའི་རྫོང་དེའི་མི་དམངས་ཡོངས་ཀྱི་འཚོ་བའི་གཞི་རྩ་རི་ཐང་འགྲམ་གསུམ་གྱི་ས་ཞིང་རྒྱ་ཆེན་པོ་རྣམས་རླན་བཤེར་དང་བྲལ་ཞིང་ཐན་པས་གདུངས་ཏེ་མི་ཡི་སྐྱིད་སྡུག་རང་བྱུང་ལ་བཙོལ་ནས་བལྟ་དགོས་པ་འདི་ནི་གནས་མ་ཡིན”ཞེས་པ་དེར་ཆུའི་ཐོན་ཁུངས་ཏ་ཅང་ཕྱུག་ཀྱང་བཅིངས་འགྲོལ་སྔོན་དུ་མི་ཡི་སྐྱིད་སྡུག་གནམ་ལ་བཙོལ་བའི་འདུ་ཤེས་དང་། བཀས་བཀོད་རྒྱུད་འཛིན་གྱི་ལམ་ལུགས་དང་ས་བདག་ཚང་ཤས་ཀྱི་བཙན་གནོན་གྱི་འོག་ནས་ཆུ་བབ་བཟང་པོ་བེད་སྤྱོད་མ་ཐུབ་པར་རྒྱ་མཚོ་རྫིབ་ནས་བསྐྱུར་ཏེ། ཀོ་གྲོང་མཆིལ་མས་སྦྱངས་པའི་དཔེའི་རྗེས་སུ་སོང་བ་བརྗོད་ཅིང་། བཅིངས་འགྲོལ་བྱས་རྗེས་དང་ལྷག་པར་ང་བརྒྱད་ལོར་ཏང་ཀྲུང་དབྱང་གིས་བཏོན་པའི་སྤྱི་ཚོགས་རིང་ལུགས་ཀྱི་སྤྱིའི་ལམ་ཕྱོགས་དང་། གན་སུའུ་ཞིང་ཆེན་གྱི་སྐབས་གཉིས་པའི་ཚོགས་ཆེན་ཐེངས་

གཉིས་པས་བཏོན་པའི“དཀའ་སྤྱད་པོ་གསུམ”གྱིས་ཀུན་སྲུའུ་བཞིན་རས་སྒྱུར་བའི་སྐྲུལ་བརྙ་ལྟར་ཀུན་སྲུའུ་མི་དམངས་ཀྱིས་དཔའ་སྟོབས་གཅིག་བསྡུས་དང་ཐབས་བརྒྱ་ཇུས་སྟོང་གིས་རི་བོ་གཏོར་བའི་ལྷིར་སྒྲ་ནི།

ཐོག་བརྒྱ་གཅིག་ཅར་འཕངས་པ་འདྲ། །
རྡོ་རྡུག་ཡལ་བའི་གཟེགས་མ་ནི། །
མདའ་ཡི་འཚུབ་མ་འཚུབས་པ་འདྲ། །
རྡོ་དང་ཤིང་སོགས་གཤགས་གཏུབས་སྒྲ། །
རྩེ་འཛོ་འདུ་བའི་རོལ་ཆ་འདྲ། །
བྲག་གཟར་ལྷེབས་ལ་དམུ་ཐག་དང་། །
ཆུ་བོའི་གཞུང་ལ་ལག་རྒྱལ་དང་། །
ཕན་ཚུར་བགྲོད་ལ་ཐག་ཤུད་སོགས། །
ཐབས་མཁས་བརྒྱ་ཕྲག་དག་གིས་བསྒྲུབས། །

ཞེས་གྲྭ་སྡེའི་བྲག་དང་དཔའ་བོའི་ཟམ་སོགས་བྲག་རི་རྩུབ་པོ་རྣམས་གཏོར་ཅིང་བསློགས་ལ། ཡུར་བ་དང་ཆུ་ཟམ་ལས་ནས་ཕོར་ཡུག་གི་ས་ཞིང་མུའུ་ཁྲི་ཕྲག་མང་པོར་ཟྭ་ཆུར་དྲངས་པས། ཐན་སྐམ་ལས་རྣམ་པར་རྒྱལ་ཏེ་ལོ་ལེགས་གཡུར་དུ་ཟ་བ་སྨིན་ཚུལ་བརྗོད་ཡོད། མཇུག་མཐར།

སེམས་མེད་ཧླུན་པའི་རང་བྱུང་དང་། །
སེམས་ལྡན་རིག་པའི་སྒྱུ་འཕྲུལ་གཉིས། །
རྒྱལ་ཕམ་ལག་ལེན་སྟེང་ནས་མངོན། །
དེའི་ཕྱིར་འཛིག་རྟེན་བྱེད་པོར་བསྔགས། །

ཞེས་ཡུང་ཅིན་རྫོང་གི་རི་ཆུ་བཅོས་བསྒྱུར་བྱས་ནས་ཐན་པའི་གནོད་འཚེ་བསལ་བ་ལ་བརྟེན་ནས་རང་བྱུང་གི་ཁོར་ཡུག་དང་ཆ་རྐྱེན་བཅོས་སྒྱུར་བྱེད་ནུས་

པའི་གནས་ལུགས་བརྗོད་པ་དང་། རྒྱ་ཆེའི་མི་དམངས་མང་ཚོགས་ནི་འཇིག་རྟེན་བྱེད་པོ་སྟེ་འཇིག་རྟེན་གསར་སྐྲུན་བྱེད་མཁན་ཡིན་པ་བདེན་དཔང་དང་དེར་བསྟོགས་བརྗོད་མཇོད་པར་མ་ཟད།

ཕོ་སྟོང་ཕྲག་མང་པོར་ཐབ་སྐམ་ཞིང་། །
འབངས་སྙིང་སྟོབས་ཅན་གྱིས་ཆུ་མར་བསྒྱུར། །
རང་བྱུང་ལས་རྒྱལ་བའི་དཔའ་ངར་ཐོབ། །
དོན་དེ་ཕྱིར་ཧང་ལ་བཀའ་དྲིན་ཞུ། །

ཞེས་པའི་དམངས་གླུ་དྲངས་ཏེ་ཡུང་ཅིན་རྫོང་གི་རི་ཆུ་བཅོས་སྒྱུར་བྱེད་པའི་བཟོ་བཀོད་བདེ་ལྷག་དང་ལེགས་གྲུབ་བྱུང་བ་ནི་གུང་ཁྲན་ཏང་གི་འགོ་ཁྲིད་འོག་རྒྱ་ཆེའི་མི་དམངས་ཀྱིས་དཀའ་སྤྱད་འབད་བརྩོན་བྱས་པའི་གྲུབ་འབྲས་ཡིན་པར་བརྗོད་པ་དང་ཆབས་ཅིག བཟོ་བཀོད་དེ་ལེགས་གྲུབ་བྱུང་བ་དེས་རྒྱ་ཆེའི་མང་ཚོགས་ཀྱི་རང་བྱུང་གི་གནོད་འཚེ་ལས་རྣམ་པར་རྒྱལ་ཐུབ་པའི་དཔའ་ངར་དང་སྟོབས་པའང་ཇེ་ཆེར་བཏང་བ་བསྟན་ནས། གུང་ཁྲན་ཏང་ལ་བཀའ་དྲིན་ཞུ་བའི་ལྷ་ཛས་འབུལ་བ་དང་རྩོམ་ཡིག་རྫིལ་པོའི་མཇུག་བསྡུས་པ་རེད།

རྩོམ་ཡིག་འདིའི་ནང་དོན་ལ་དུས་རབས་ཀྱི་ཁྱད་ཆོས་ལྡན་པ་དང་བསམ་བློའི་ཐད་སྟོན་ཐོན་གྱི་ཉིང་བཅུད་འདུས་པར་མ་ཟད། འདིའི་རྩོམ་སྟངས་དང་སྐད་ཆ་དེང་རབས་ཀྱི་དོན་བརྗོད་ལྷུག་རྩོམ་གྱི་སྒོ་དང་བསྟུན་ཅིང་། ལུས་ཀྱི་རྣམ་པ་ནི《སྙན་ངག་མེ་ལོང་མའི》ལུགས་ལྟར་ཚིག་བཅད་ལྷུག་སྤེལ་མའི་སྒོ་ནས་བརྩམས་ཡོད་པས། སྲོལ་རྒྱུན་དང་དེང་རབས་ཟུང་གི་ཁྱད་ཆོས་དང་ལྡན་པའི་དོན་བརྗོད་ལྷུག་རྩོམ་ཞིག་ཏུ་སྣང་བ་ཡིན་ན་འདིས་ཀྱང་བོད་ཀྱི་དེང་རབས་རྩོམ་རིག་གི་འཕེལ་འགྱུར་ལ་རྨང་གཞི་ཙུང་ཟད་ལེགས་པོ་གཏིང་བ་རེད།

4. **དགེ་བཤེས་གསུང་རབ་རྒྱ་མཚོའི་རྩོམ་རིག་བརྩམས་ཆོས་བཤད་པ།** དགེ་བཤེས་

གསུང་རབ་རྒྱ་མཚོ་ནི་མཚོ་སྔོན་ཞིང་ཆེན་རྨ་ལྷོ་རྫོང་གི་མདའ་ཁོངས་རི་བོ་དན་ཏིག་གི་ཉེ་འཁོར་བ་ཡན་སྟག་ཚང་སྡེ་བར་ཡབ་སྐལ་རྡོའམ་པད་མ་བཀྲ་ཤིས་ཀྱི་སྲས་སུ་སྤྱི་ལོ1896ལ་འཁྲུངས་ཤིང་། དགུང་ལོ་བདུན་གྱི་ཆེ་བ་ཡན་གཡུ་ཚ་དགོན་པར་ཕེབས་ནས་སློབ་གཉེར་མཛད། ལོ་གཉིས་ཀྱི་རྗེས་སུ་ལྷི་ཚ་བཀྲ་ཤིས་ཆོས་སྡིངས་ཀྱི་གྲྭ་སར་ཞུགས་ནས་གཞུང་བཀའ་པོད་ལྔ་ལ་སྦྱངས་པ་དཔྱིས་ཕྱིན་པ་མཛད་ཅིང་། དགུང་ལོ་ཞེ་གཉིས་སྟེང་དགེ་བའི་བཤེས་གཉེན་གྱི་མཚན་ཐོབ། དེའི་ཕྱི་ལོར་མ་ཕྱུ་རྫོང་གིས་གདན་དྲངས་པ་ལྟར། མཚོ་སྔོན་ཞིང་ཆེན་སྲིད་གཞུང་གི་དྲུང་ཡིག་དང་མ་ཕྱུ་རྫོང་གི་བུའི་བོད་ཡིག་དགེ་རྒན་མཛད། དེ་ནས1949ལོར་ཀྲུང་གོ་གསར་པ་ཚུགས་པ་དང་གསར་བརྗེའི་བྱ་བར་ཞུགས་ཤིང་། རྗེ་གཞུག་ཏུ་མཚོ་སྔོན་ཞིང་ཆེན་དམག་དོན་དོ་དམ་ཨུ་ཡོན་ལྷན་ཁང་རྩོམ་སྒྱུར་ཁང་གི་ཁྲུའོ་ཀྲང་གཞོན་པའམ་ནུབ་བྱང་རིག་སློབ་ཨུ་ཡོན་ལྷན་ཁང་གི་ཨུ་ཡོན། ཞིང་ཆེན་སློབ་གསོ་ཐིན་གྱི་ཐིན་ཀྲང་། ཞིང་ཆེན་རྩོམ་སྒྱུར་ཨུ་ཡོན་ལྷན་ཁང་གི་ཀྲུའུ་རེན་གཞོན་པ། ཀྲུང་གོ་སློག་བརྙན་བྱ་བ་བྱེད་མཁན་གྲོས་ཚོགས་ལི་སྦྱི་ཚོགས་པའི་ལི་སྦྱི། མཚོ་སྔོན་ཞིང་ཆེན་སྐབས་དང་པོ་དང་སྐབས་གཉིས་པའི་མི་དམངས་འདུས་མི་ཚོགས་ཆེན་གྱི་འདུས་མི། ཞིང་ཆེན་མི་དམངས་ཨུ་ཡོན་ལྷན་ཁང་གི་ཨུ་ཡོན། རྒྱལ་ཡོངས་སྲིད་གྲོས་སྐབས་གཉིས་པ། བཞི་པ། ལྔ་པའི་ཨུ་ཡོན། ཞིང་ཆེན་ནང་བསྟན་མཐུན་ཚོགས་ཀྱི་རྒྱུན་ལས་ལི་སྦྱི། ཞིང་ཆེན་སྲིད་གྲོས་སྐབས་གསུམ་པའི་ཨུ་ཡོན་དང་སྐབས་བཞི་པའི་ཀྲུའུ་ཞི་གཞོན་པ་བཅས་ཀྱི་འགན་བཞེས།① སྤྱི་ལོ1982ལ་ཟི་ལིང་དུ་སྐུ་གཤེགས་པ་ཡིན།

ལོ་རྫོ་བཅུ་ཕྲག་འགའི་རིང་ལ་ཏང་གི་སྲིད་ཇུས་དང་སྔོན་ཐོན་མི་རིགས་གཞན་གྱི་ཐུགས་རྗེད་ལ་བརྟེན་ནས་ཁོང་གི་གཟིགས་རྒྱ་ཇེ་ཆེ་དང་མཁྱེན་རྒྱ་ཇེ་ཡངས། དམིགས་

① 《གངས་ཅན་མཁས་གྲུབ་རིམ་བྱོན་གྱི་མིང་མཛོད》དུ་གསལ།

རྒྱ་ཧེ་རིང་དུ་གྱུར་ཅིག མི་རིགས་གཞན་ལ་དཔེ་བལྟས་ནས་སྐུ་དངོས་ཀྱིས་རྩ་འཛུགས་དང་ལས་སྣ་ཁྲིད་དེ། བོད་མི་རིགས་ལ་ཉེ་བར་མཁོ་བའི《མཚོ་སྔོན་བོད་ཡིག་ཚགས་པར》དང་མཚོ་སྔོན་བོད་སྐད་རླུང་འཕྲིན་གསར་འགོད་མཛད་ཅིང་། བོད་སྐད་ཀྱི་སློག་བརྙན་སྒྱུར་སྐྲུན་དང་བོད་ཡིག་གི་སློབ་དེབ་སྒྱུར་རྩོམ་མཛད་པར་མ་ཟད། བོད་ཀྱི་དེང་རབས་རྩོམ་རིག་གསར་སྤེལ་བྱེད་པར་ཡང་ཕྱག་རྗེས་མི་དམན་པ་བསྐྱུན་ཡོད།

ཁོང་རང་སྐུ་ན་ཕྲ་བའི་དུས་ནས་དགོན་པ་འགྲིམས་ཏེ་ནང་པ་སངས་རྒྱས་པའི་གཞུང་བཀའ་པོད་ལྔ་དང་བོད་ཀྱི་རིག་གནས་མཐའ་དག་ལ་སྦྱངས་པ་དཔྱིས་ཕྱིན་པར་མཛད་པས། བོད་ཀྱི་རིག་གནས་ལ་དགའ་ཞེན་དང་ཐུགས་འདང་རབ་ཏུ་ཆེ་ཅིག 1949ལོར་གསར་བརྗེའི་བྱ་བར་ཞུགས་པའི་ཚུན་ལ་ཏང་གི་བྱེད་ཕྱོགས་དང་སྲིད་ཇུས་སྣ་ཚོགས་ཐུགས་སུ་ཆུད་ཅིང་། ནང་ལོགས་ཀྱི་བཟོ་གྲྭ་སོགས་སྔོན་ཅོན་སྡེ་ཁག་ལ་གཟིགས་སྐོར་དུ་ཕེབས་པ་ལས་བོད་མི་རིགས་ཀྱི་རྗེས་ལུས་ཀྱི་རྣམ་པ་མངོན་པར་མཁྱེན་ཅིང་། རྗེས་ལུས་ཀྱི་རྣམ་པ་དེ་རྩ་བ་ནས་བསྒྱུར་ཏེ་སྔོན་ཅོན་མི་རིགས་གཞན་གྱི་རྗེས་སུ་ཆོད་དགོས་ན་ངེས་པར་རིག་གནས་སློབ་གསོ་དང་ཚན་རིག་ལག་རྩལ་ལ་བརྟེན་དགོས་པའི་ཤེས་རྟོགས་སྟར་ལས་ཆེན་པོ་བརྙེས་པས། དུས་དང་རྣམ་པ་ཀུན་ཏུ་བོད་ཀྱི་རིག་གནས་སློབ་གསོའི་ལས་དོན་གཙོགས་སུ་དགོངས་ཤིང་སྐལ་ལྡན་གཞོན་ནུ་རྣམས་སྐྱིད་སྲིང་བྱེད་པར་ཐུགས་ཁུར་ཆེན་པོ་མཛད་དེ། སྤྲ་གུར་སློབ་ཆུང་དང་གཏན་སྡོད་སློབ་ཆུང་སོགས་སློབ་གྲྭ་སྣ་ཚོགས་འཛུགས་པ་དང་། སྐུ་དངོས་ཀྱིས་སྣ་ཁྲིད་ནས《སུམ་རྟགས་མདོར་བསྡུས》དང་། 《རྒྱ་བོད་ཧོར་གསུམ་གྱི་ལོ་རྒྱུས་མདོར་བཤད》《དག་ཡིག་ཉི་མའི་འོད་ཟེར》སོགས་སློབ་དེབ་སྣ་ཚོགས་གང་ལ་གང་འཚམ་གྱིས་རྩོམ་སྒྱུར་མཛད་པ་དང་དཔེ་ཁྲིད་གནང་བ། གང་ས་གང་དུ་བོད་རིགས་གསར་སྐྱེས་གཞོན་ནུ་རྣམས་ལ། བརྩེ་ལྡན་གཞོན་

ནུའི་གྲོགས་རྣམས་ཚུར་གསོན་དང་། །མཛེས་སྡུག་མེ་ཏོག་བཞད་འདྲའི་གྲོང་ཁྱེར་དུ། །རིན་ཆེན་ལང་ཚོ་དོན་མེད་ཆུད་གཟན་དུ། །མ་གཏོང་བདེ་སྐྱིད་འཚོ་བ་བསྐྱུན་པའི་སྐད། །རང་འབྲིས་དོན་ལ་བརྩོན་པ་མ་ལྷོད་ཅིག །①ཅེས་གཞིན་སྐུལ་མཛད་ལ། 《ང་ཡི་ཤ་ཚའི་སྙིང་གཏམ་འདི། །སེམས་ལ་ཞོག་ཅིག་མོས་མཐུན་ཚོ》ཞེས་པའི་བསླབ་བྱ་བརྩམས་པ་ལས་ཀྱང་འདི་ལྟར་གསུངས་ཡོད།

ང་དང་ཁྱོད་ཅེས་ཕྱོགས་རིས་མེད་ན་ཡང་། །
ང་ཚོ་བོད་ཀྱི་གཞུག་མ་ཡིན་པའི་ཕྱིར། །
ང་ཡིས་བལྟས་ན་རང་གི་རིག་གཞུང་ལ། །
ང་རྒྱལ་མེད་པར་སློབ་པ་གལ་ཆེ་སྙམ། །
བོད་ལ་རིག་གཞུང་མང་པོ་ཡོད་ན་ཡང་། །
བོད་ཡིག་རྩ་བ་བརྟ་སྤྲོད་འདི་ཉིད་ལ། །
བོད་ཀྱི་མི་རིགས་དོན་དུ་ལེགས་སྦྱངས་ན། །
བོད་ལ་ཕན་ཐོགས་ཆེའོ་གྲོགས་པོ་ཚོ། །
རང་གིས་རང་ལ་ངེས་པར་ཤ་ཚ་ན། །
རང་བསྟོད་མེད་པར་ཁེམ་པ་ཡོད་པའི་ཚེ། །
རང་གིས་ཚོད་ཀྱིས་སློབ་སྦྱོང་བྱས་གྱུར་ན། །
རང་ལ་ཕན་ཐོགས་ཆེའོ་སྤུན་ཟླ་ཚོ། །
ལེགས་བཤད་བཟང་པོ་འདི་ཡི་གཞུང་དོན་ཀུན། །
ལེགས་པོ་ཞིག་ནི་མྱུར་བར་མ་ཤེས་ཀྱང་། །
ལེགས་པར་ཉན་ནས་རང་གིས་འདང་བརྒྱབ་ན། །
ལེགས་ལམ་ཤིན་ཏུ་ཆེའོ་བློ་ལྡན་ཚོ། །

① 1982ལོའི《སྦྲང་ཆར》དེབ་4པར་དྲངས་ཡོད།

ཞེས་ན་ཆུང་གཞོན་ནུ་རྣམས་བོད་ཀྱི་སུམ་རྟགས་དག་གསུམ་དང་། སྒྲ་སྙན་ངག ཚད་མ་སོགས་རིག་གཞུང་མང་པོ་དང་ཁྱད་པར་དུ་རིག་གནས་ཀུན་གྱི་རྩ་བ་ལྟ་བུར་གྱུར་པའི་བརྡ་སྤྲོད་རིག་པ་ནི། ན་གཞོན་སོ་སོ་དང་མི་རིགས་སྤྱིའི་ཤེས་རྟོགས་ཇེ་མཐོར་འཕེལ་བའི་ཐབས་ལམ་ཉག་གཅིག་ཡིན་པའི་གནས་ལུགས་ཟབ་མོ་རྣམས་ཐོག་མའི་ཟུང་ལྡན་གྱིས་སྤྲས་ནས་གསལ་པོར་བསྟན་ཅིང་། དེ་ལྟ་བུའི་གཞུང་ལུགས་གལ་ཆེན་རྣམས་ངེས་པར་བྱེད་པ་ལའང་སྤྱང་བླང་གི་བསླབ་བྱ་འདི་ལྟར་གནང་ཡོད།

བསླབས་མ་ཐག་ནས་ཡོན་ཏན་ཐོབ་ན་འདོད། །
ཉིན་ཞིག་སོང་ཚེ་སུན་ནས་རྣམ་གཡེང་བྱེད། །
དེ་འདྲ་བྱས་ན་ཅི་ཡང་མི་ཡོང་བས། །
རྒྱུན་དུ་ཙུར་ཐག་གྱིས་ཤིག་གཞོན་ནུ་ཚོ། །
ཤེས་རབ་བཟང་པོའི་མཚོན་ཆ་རྣོ་ན་ཡང་། །
བརྩོན་འགྲུས་ལག་པའི་ཤེད་དང་མ་འབྲེལ་ན། །
གཏི་མུག་དགྲ་ཡི་མགོ་གཅོད་མི་ནུས་པས། །
ཤེས་བརྩོན་ཟུང་འབྲེལ་བྱེད་དགོས་སློབ་གྲོགས་ཚོ།
དེ་ཕྱིར་འདིར་ཚོགས་མཐུན་གྲོགས་རྣམ་པ་ལ། །
དེ་རིང་ང་ཡིས་ཚིག་གསུམ་ཞུ་བ་འདི། །
དེ་ལ་བསམ་བློ་ཡག་པོ་གཏོང་ཤེས་ན། །
དེ་ཀུན་ཁྱོད་ཚོར་ཕན་པའི་བསླབ་བྱ་ཡིན། །
ད་སྐབས་ང་ཚོ་ལྷན་ཅིག་བསྡད་ཀྱང་ཏུང་། །
རྗེས་སོར་རང་རང་ལས་ཀར་སོང་ཡང་ཏུང་། །
མི་རྒན་ང་ཡི་ཤ་ཚའི་སྙིང་གཏམ་འདི། །

རྒྱུན་དུ་སེམས་ལ་ཞོག་ཅིག་མོས་མཐུན་ཚོ། །[1]

ཞེས་སྲུན་སྣང་དང་། རྣམ་གཡེང་། གཏི་མུག་སོགས་ཀྱི་དབང་དུ་མ་གྱུར་པར་དུས་དང་རྣམ་པ་ཀུན་ཏུ་ཏུར་ཐག་དང་ཤེས་བརྩོན་ཟུང་འབྲེལ་གྱིས་སྦྱང་དགོས་པར་བསྟན་ཡོད།

བསླབ་བྱ་འདི་ལ་མཚོན་ན་རྩོམ་པ་པོས་ཐོག་མའི་ཟུང་ལྡན་གྱི་རྒྱུན་དང་རང་བཞིན་ཚིག་གི་སྦྱོར་བ་ལ་བརྟེན་ཅིང་། གསོན་ཉམས་ལྡན་པའི་དཔེའི་སྒོ་ནས་སློབ་སྦྱོང་གི་ནང་དོན་དང་། དམིགས་ཡུལ། ཕན་ཡོན། བྱེད་ཕྱོགས། དེ་མིན་སློབ་སྦྱོང་གི་བགེགས་རྐྱེན་སོགས་མཐུན་མོས་རི་སྟོན་མཛད་ཡོད་པ་རེད། འདིར་ཚིག་རྒྱུན་ཕུན་སུམ་ཚོགས་པས་སྤྲས་མེད་ཀྱང་རང་བྱུང་ལྷུན་གྲུབ་ཀྱི་ངག་གི་ཕྲེང་བ་ལས་རྩོམ་པ་པོ་བོད་ཀྱི་རིག་གནས་ལ་ཐུགས་འདུང་ཆེ་ཞིང་མི་རབས་རྗེས་མར་ཞེན་ཆགས་ཟབ་པ། བོད་མི་རིགས་ཀྱི་མ་འོངས་པའི་མདུན་ལམ་ལ་ཐུགས་ཁུར་ཆེན་པོ་མཛད་པའི་ཐུགས་དགོངས་དྲི་མ་མེད་པ་དེ་རང་ཤུགས་སུ་མངོན་འདུག

《གྲོང་ཁྱེར་ཁྲང་ཁྲིན་གྱི་གནས་ཚུལ་ཞུ་བའི་འཕྲིན་ཡིག》ལ་མཚོན་ན་འདང་ཁོང་གིས་ནུབ་བྱང་རིག་སློབ་ཨུ་ཡོན་ལྷན་ཁང་གི་ཨུ་ཡོན་དང་། ཞིང་ཆེན་རྩོམ་འགྱུར་ཨུ་ཡོན་ལྷན་ཁང་གི་ཀྲུའུ་རིན་གཞོན་པ་སོགས་ཀྱི་འགན་བཞེས་པའི་ཚེ་ན་བོད་རིགས་མི་དམངས་ལ་མགྱོགས་མྱུར་དུ་རང་སྐད་ཀྱི་སློབ་གསོ་བསྟན་ནས་རིག་གནས་འཚོ་བ་ཕུན་སུམ་ཚོགས་པོར་གཏོང་ཞིང་། མཐོང་རྒྱ་ཆེ་ཡངས་དང་ཐོས་རྒྱ་ཆེར་གཏོང་ཆེད། སྐུ་དངོས་ཀྱིས་སློབ་གསོ་སྒྱུར་སྒྲུབ་ཀྱི་བྱ་གཞག་གསར་གཏོད་དང་དེར་མཇུབ་སྟོན་མཛད་པ་དང་ཆབས་ཅིག མཚོ་སྔོན་ཞིང་ཆེན་གྱི་གཞོན་ནུ་ཤེས་ལྡན་ཁག་ཅིག་རྩ་འཛུགས་ཀྱིས་བྱང་ཤར་ཁྲང་ཁྲིན་སློབ་གསོ་བཟོ་སྐྲུན་ཁང་དུ་སློབ་གསོ་སྒྱུར་སྒྲུབ་དང་དེའི་སྐོར་གྱི་ཤེས་པ་སྦྱང་དུ་ཕེབས་སྐབས། ཁྲང་ཁྲིན་

[1] 1982ལོའི《སྦྲང་ཆར》དེབ་4པར་དྲངས་ཡོད།

གྲོང་ཁྱེར་གྱི་འཛུགས་སྐྲུན་དང་དར་རྒྱས་ལ་ངོ་མཚར་ཅིང་། གྲོང་ཁྱེར་དེའི་གློག་བརྙན་བཟོ་གྲྭའི་སྟོད་ཁང་གི་ཆ་རྐྱེན་དང་ཡོངས་སྤྱོད་ཀྱིས་ཡིད་ཆེས་པ། རྒྱུ་རྐྱེན་དེ་དག་ལ་བརྟེན་ནས་ཏང་གི་བཀའ་དྲིན་དྲན་ཞིང་གློག་བརྙན་སྒྱུར་སྐྲུན་གྱི་ལས་ལ་འབད་དགོས་པའི་ཐུགས་བསྐྱེད་པ་བཅས་ཡིད་འགྱུར་སྣ་ཚོགས་ཀྱི་སྟོབས་ལས་ཐོན་པ་སྙེ་གནས་ཚུལ་ཞུ་རྩོམ་དུ་བརྩམས་པ་ལགས། དེ་ཡང་ནང་དོན་གྱི་ཆ་ནས་དབྱེ་ན་དོན་ཚན་བཞིར་འདུས་ཏེ་དང་པོར།

གཟི་ལྡན་མེས་པོའི་རྒྱལ་ཁབ་ཅེས། །
གྲགས་སྙན་འབར་བའི་བྱང་ཤར་གྱི། །
ཁྲང་ཁྲིན་མཆོག་གི་སྟོད་བཅུད་ལ། །
བསྡུགས་པའི་མེ་ཏོག་སིལ་མ་འཐོར། །
ཡངས་པའི་ནོར་འཛིན་ཐིག་ལེ་འདིར། །
ངམ་གྲོག་གཡང་ས་མ་མཆིས་པར། །
ལྗོངས་ཆེན་ནམ་མཁའ་ལྟ་བུ་ལ། །
ཁང་ཁྱིམ་སྐར་ཚོགས་བཞིན་དུ་བཀྲ། །
བརྒྱུད་འབུམ་ལྷག་པའི་མི་གྲངས་ཀྱིས། །
བདེ་སྐྱིད་འཚོ་བ་གསར་པའི་དཔལ། །
ལོངས་སུ་སྤྱོད་པའི་སྐལ་བ་མཆོག །
རིང་ནས་ཐོབ་པའི་རྟགས་སུ་ཆེ། །
མཚོ་དང་མཚེའུ་ཁྲོན་པ་སོགས། །
གཙང་མའི་ཆབ་རྒྱུན་ཤིན་ཏུ་མང་། །
ཁྱད་པར་རང་བྱུང་འབབ་ཆུ་ནི། །
གྲོང་ཁྱིམ་ཀུན་ལ་འཁོར་མོར་ཁྱབ། །

མཚན་གྱི་མུན་སྤུག་མཐར་བྱེད་ཀྱི། །

དཀར་གསལ་སྒྲོག་གི་སྒྲོན་མེའི་ཚོགས། །

ཕན་ཚུན་འོད་ཀྱིས་འཁྲུད་པ་ཡིས། །

རྨད་བྱུང་ཉི་ཟླའི་སྣང་བ་འཛིན། །

གཡའ་རྫོ་ཤོ་བསྒྲིགས་ལྟ་བུ་དང་། །

ས་མཁྲིགས་ལྕུགས་དང་ཨར་འདམ་གྱིས། །

ཤིང་རྟ་སྒྲོག་འཁོར་རླངས་འཁོར་གསུམ། །

བགྲོད་པའི་ལམ་ཆེན་སོ་སོར་བཟོས། །

གནམ་གྲུ་འཕུར་བའི་གཤོག་རླབས་དང་། །

བཟོ་གྲྭ་འཕྲུལ་འཁོར་ཤུགས་ཀྱི་སྒྲ། །

དབྱར་གྱི་ཇ་གསང་ལྡིར་བ་བཞིན། །

འཛིན་མའི་དཀྱིལ་འཁོར་འདར་སྐམ་བྱེད། །

ཉེ་འདབས་ལྕུགས་ཀྱི་གཞུང་ལམ་ལྟར། །

ཉིན་མཚན་ཀུན་ལ་མི་འཁོར་ཚོགས། །

རི་ཕྲན་མང་པོ་ཕན་ཚུན་དུ། །

འགྲོ་བར་སྣང་བའི་འཁྲུལ་བ་སྐྱེད། །

དཔལ་སྤུག་མཛེས་ལྡན་ནོར་འཛིན་འདིར། །

བཟོ་བོས་མགོ་འདྲེན་གསར་བཅོས་ཀྱིས། །

རྫོགས་ལྡན་གསར་པའི་དཔལ་བརྒྱའི་བཅུད། །

དེ་མིན་གཞན་པ་སུ་ཡིས་སྒྲུབ། །

ཡུལ་འདིའི་བཟོ་ཞིང་ཕལ་མོ་ཆེར། །

མར་ལེའི་ལམ་སྲོལ་དཔངས་མཐོ་བས། །

སྤྱི་ཚོགས་རིང་ལུགས་ཕུན་ཚོགས་ཀུན། །
མགྱོགས་དུ་འགྲུབ་པའི་མཐུན་རྐྱེན་ཟབ། །
བཟོ་རིག་འཕྲུལ་གྱི་ནུ་ཚོད་དར། །
ཚོང་ལས་རྒྱ་ཆེན་བགྲང་བར་ཡས། །
ཞིང་ལས་གཡུར་དུ་དུད་པའི་འབྲས། །
ཀུན་ཀྱང་མཐུན་སྒྲིལ་ཁང་གིས་བརྟེད། །
གོམ་འགྲོས་མྱུར་བའི་རྟ་ཕོ་དང་། །
ཕོངས་ཚོད་ཆེ་བའི་བ་ལང་ཁྲུ། །
སྐེ་ཉུ་ཅན་གྱི་ར་སྐྱེས་སོགས། །
ཕྱུགས་རིགས་དག་ཀྱང་བགྲང་ལས་འདས། །
ཞིམ་མངར་ལྡན་པའི་ཤིང་ཏོག་དང་། །
འབྲུ་རིགས་མང་པོའི་དགའ་སྟོན་གྱིས། །
ངལ་རྩོལ་འབངས་མིའི་བཞིན་རས་ལ། །
རབ་དགའི་ཐིག་ལེ་ཅི་ཡང་སྟེར། །
སྲིད་འཇོར་འབུམ་ཕྲག་རྒྱས་བྱེད་པའི། །
རིག་གཞུང་མཐའ་དང་གཏིང་མི་མངོན། །
ཁྱད་པར་སློག་བརྙན་རིག་པའི་ཁྱུངས། །
འཛིག་རྟེན་གཞན་ལས་བརྟེད་བག་ཆགས། །
ཏྭ་ཞོ་དྲུག་གི་དགའ་ཚལ་དུ། །
རྣམ་མང་སློབ་གྲོགས་བུང་བའི་ཁྲུས། །
རིག་གཞུང་ཟེལ་མངར་ལ་སྤྱོད་པས། །
སྟོན་འགྲོའི་འཕུར་ལྡིང་ཤིན་ཏུ་མགྱོགས། །

སྤོ་ལྡོང་རྨ་ཡི་ཚང་ཆེན་ཁྲོད། །
རྐང་འཐུང་འཁྲིགས་པའི་དགའ་ཚལ་དུ། །
གཞོན་ནུ་ཕོ་མོ་མང་པོའི་ཚོགས། །
རྟག་པར་བརྩེ་དགའི་དཔལ་ལ་རོལ། །
བཟོ་ཚོང་ལས་ཁུངས་སློབ་གྲྭ་སོགས། །
ཡ་མཚན་བཟོ་དབྱིབས་བཀོད་པ་དེ། །
ལྷ་ཡུལ་གཞལ་མེད་ཕོ་བྲང་ཀུན། །
ཅིག་ཅར་ས་ལ་འཕོས་འདྲ་སྙམ། །
མདོར་ན་གསར་བརྗེའི་འཛིག་རྟེན་དུ། །
གུང་ཁྲན་རིང་ལུགས་ཉིན་བྱེད་འོད། །
འདྲེན་པའི་སྤྱི་ཚོགས་སྐྱ་རེངས་གསར། །
མྱུར་དུ་ཤར་བའི་དགེ་མཚན་རྫོགས། །

ཞེས་གྲོང་ཁྱེར་ཁྲང་ཁྲོན་གྱི་གཞི་ཁྱོན་མཐའ་ཡས་ཤིང་ཆུ་དང་སློག་གི་མཐུན་རྐྱེན་འཛོམས་པ། འགྲིམ་འགྲུལ་བདེ་ལ་བཟོ་ཚོང་ལས་རིགས་དང་ཞིང་ཕྱུགས་ཐོན་སྐྱེད་འཕེལ་རྒྱས་ཆེ་བ། རིག་གནས་སློབ་གསོ་དང་ཨར་ལས་བྱ་འཕྱུར་བ་བཞིན་ཡར་རྒྱས་གོང་འཕེལ་དུ་འགྲོ་བ། མི་རྣམས་ཀྱི་འཚོ་བ་བཟང་ཞིང་སྣང་བ་སྐྱིད་པ་སོགས་དགེ་མཚན་སྣ་ཚོགས་ཞིབ་ཏུ་བརྗོད་ཅིང་། དེ་སྤྱི་ཚོགས་རིང་ལུགས་ལམ་ལུགས་ཀྱི་ཁྱད་འཕགས་རང་བཞིན་དུ་གཟིགས་པ་རེད།

དོན་ཚན་གཉིས་པར་ཁྲང་ཁྲོན་སློག་བརྙན་བཟོ་གྲྭའི་མཐོང་ཐོས་སོ་སོ་དང་མྱངས་པ་སྣ་ཚོགས་ལུ་གུ་རྒྱུད་ལྟར་བརྗོད་པ་འདི་ལྟར།

ངེད་ཅག་ལྗོངས་དེའི་ནང་རོལ་གྱི། །
ཀྲུང་གོ་སློག་བརྙན་བཟོ་གྲྭ་ཡི། །

རྩེ་མོར་གྱུར་པ་ཏུན་ཡིན་ཞེས། །
གྲགས་པའི་བ་དན་གཡོ་བ་དེར། །
ཀ་བ་གདུང་ལྷམ་མི་མངོན་ཞིང་། །
རྡུལ་ཉག་ཙམ་ཡང་མི་དམིགས་པའི། །
རབ་གཙང་མཛེས་སྡུག་ཁང་བཟང་མཆོག །
ཚུ་ཤེལ་དྭངས་མས་སྒྲིས་པ་དེར། །
ང་མིག་འཕྲུལ་གྱིས་ལེགས་སྒྲིལ་བའི། །
ལྕགས་ཀྱི་ཉལ་ཁྲི་མཐོན་པོའི་སྟེང་། །
མཉེན་ཞིང་འཐོལ་བའི་མལ་སྟན་ལ། །
གཉིད་དང་ངལ་གསོ་ཅི་དགར་བྱེད། །
ཁང་བཟང་མཛེས་པའི་ཁོར་ཡུག་ཏུ། །
སྤང་ལྗོངས་རྩི་ཤིང་མཐུག་པོ་དང་། །
རབ་མཛེས་མིག་གི་མདངས་འཕྲོག་པའི། །
མེ་ཏོག་སྣ་ཚོགས་ཚར་དུ་དངར། །
རྒྱད་བྱུང་རོ་བརྒྱའི་བཅུད་ལྡན་པའི། །
བཟའ་བཅའི་བྱེ་བྲག་སྣ་ཚོགས་ཤིག །
ཉིན་རེ་བཞིན་དུ་དུས་སྟོན་བཞིན། །
ཅི་འདོད་རོལ་བས་ལུས་སེམས་ཚིམ། །
གཙང་ཞིང་མཛེས་པའི་ཁྲུས་རྫིང་དུ། །
བསིལ་དྲོད་སྙོམས་པའི་ཆབ་རྒྱུན་ལ། །
ལུས་བྲུངས་སྐྱིད་པའི་གསོས་སུ་གྱུར། །
དཀར་ཡོལ་རྒྱུ་ལས་ལེགས་གྲུབ་པའི། །

རྟ་མགོ་ཅན་གྱི་གསང་སྤྱོད་ཀྱང་། །
ཉིན་རེ་བཞིན་དུ་ཕྱི་དོར་བྱེད། །
དེས་ཀྱང་ཡིད་ལ་དགའ་བདེ་སྐྱེད། །
གཡས་གཡོན་ཉེ་བའི་ཁང་བཟང་དུ། །
ལང་ཚོ་གསར་པའི་གཞོན་ནུ་ཚོམ། །
རྟག་ཏུ་སྨུ་དབྱངས་སྣ་ཚོགས་དང་། །
རོལ་ཆ་སླན་མོས་ཉིན་མཚན་འདའ། །

ཞེས་ཁྲང་ཁྲིན་སློག་བརྟན་བཟོ་གྲྭའི་འཆི་མེད་ཁང་བཟང་ལྷ་བུའི་ཁང་བརྩེགས་ཀྱི་ཕྱིའི་བཀོད་པ་དང་ནང་གི་སྒྲིག་སྦྱོར། རབ་མཛེས་མིག་དབང་འཕྲོག་པའི་ཁོར་ཡུག་གི་རྣམ་པ། དགའ་སྤྲོའི་དུས་སྟོན་ལྷ་བུའི་བཟའ་བཏུང་གི་མཐུན་རྐྱེན། ལུས་ཟུངས་རྣམ་པར་སྐྱེད་པའི་འཕྲོད་སྦྱོར་གྱི་ཆ་རྐྱེན། ཡིད་ལ་དགའ་བ་སྐྱེར་བའི་གསང་སྤྱོད་ཀྱི་བཀོལ་ཆས། ལུས་ཀྱི་ངལ་བ་གསོ་བའི་ཁོར་ཡུག་གི་རོལ་རྩེད། ཡིད་ཀྱི་བརྟན་པ་འཕྲོག་པའི་སྨུ་གར་གྱི་ལོངས་སྤྱོད་སོགས་དགའ་ཞིང་ཚིམ་པའི་ཡིད་འགྱུར་དྲག་པོའི་སྟོབས་ལས་རེ་རེ་བཞིན་གཟུགས་བརྙན་ཅན་དུ་ཐོན་པ་རེད། དོན་ཚན་གསུམ་པར་འདི་ལྟར་བརྗོད་དེ།

དེ་ལྟའི་མཛེས་པའི་ཡུལ་ལྗོངས་སུ། །
ལྷ་ཡི་བདེ་སྐྱིད་ལྟ་བུ་ཞིག །
རྨི་ལམ་བཞིན་དུ་མྱངས་པ་དེ། །
སྲིད་རྩུས་གསར་པའི་དྲིན་དུ་འཁྲུམས། །

ཞེས་ངོ་མཚར་རྨད་དུ་བྱུང་བའི་གྲོང་ཁྱེར་ཆེན་པོ་དང་། མཛེས་སྡུག་ཡིད་དུ་འོང་བའི་ཡུལ་ལྗོངས་སུ་དེ་སྔ་མིག་གི་སྤྱོད་ཡུལ་དུའང་སྣང་མ་མྱོང་བའི་ལོངས་སྤྱོད་ཕུན་སུམ་ཚོགས་པོར་རོལ་བའི་སྐལ་བ་དང་ལྡན་པ་ནི་ཀྲུང་གོ་གུང་ཁྲན་ཏང་གི་

མི་རིགས་མཐུན་སྒྲིལ་དང་གྲངས་ཉུང་མི་རིགས་ལ་རོགས་སྐྱོར་བྱེད་པའི་སྲིད་ཇུས་གསར་པའི་བཀའ་དྲིན་དུ་རྟོགས་པ་རེད།

དོན་ཚན་བཞི་པར་རྩོམ་པ་པོས་ཧྲང་གི་བཀའ་དྲིན་དྲན་པ་དང་ཆབས་ཅིག མཛད་སྒྲུབ་དངོས་ཀྱི་སྟེང་ནས་དྲིན་ལན་འཇལ་བ་སྟེ་ཧྲང་གིས་བསྐོས་པའི་བོད་སྐད་ཀྱི་གློག་བརྙན་སྒྱུར་སྐྲུན་གྱི་བྱ་གཞག་ལ་འབད་པའི་ཐུགས་མཉེས་པ་སྟེ།

སྲིད་གཞུང་བཀའ་དྲིན་ནམ་མཁའི་ནོར། །
ཡིད་ཀྱི་མཁའ་ལ་རྟག་རོལ་བ། །
སྤྲོ་དགའི་པདྨ་དཀར་པོའི་འཛུམ། །
ཅིར་ཡང་བཞད་པའི་མཐུན་གྲོགས་ཚོགས། །
སུས་ཀྱང་ཡིད་ཀྱི་ཆུ་གཏེར་ལ། །
ངལ་བའི་རྙོག་མ་མ་མཆིས་པར། །
འོད་སྟོང་འབར་བའི་བྱ་བ་འདིར། །
དགའ་བའི་མེ་ལྕེ་གྱེན་དུ་སྐྱོད། །
སྤྱ་ན་མེད་པའི་ལས་ཀྱི་མཆོག །
ཁྱད་ནོར་ལྟ་བུ་རྙེད་པ་འདི། །
རྗེས་སུ་སྒྲུབ་པའི་ལྷག་བསམ་གྱིས། །
ནམ་ཡང་རང་ལ་སྐུལ་ལྕག་གིས།
གཟི་བརྗིད་ཆེ་བའི་བྱ་བ་འདི། །
མྱུར་དུ་འགྲུབ་པའི་རེ་འདུན་ཟབ། །

ཅེས་སྐུལ་མ་དང་སྨོན་པ་ཅིག་ཅར་དུ་མཛད་པའི་དུས་མཚུངས་སུ་སྐུ་དངོས་ཀྱིས་གློག་བརྙན་སྒྱུར་སྐྲུན་བྱ་གཞག་ལ་རྩ་འཛུགས་དང་མཛུབ་སྟོན་མཛད་པས། དུས་ཡུན་ཐུང་ཐུང་པོ་འགའི་རིང་ལ་བྱུང་བརྗོད་གློག་བརྙན་དང་། དངོས་བཤུས་གློག་

བརྙན། ཚན་རིག་སློབ་གསོའི་སློག་བརྙན་བཅས་བཙུ་ཕྲག་འགའ་སྒྱུར་སྐྲུན་བྱས་ཏེ། རྒྱ་ཆེའི་བོད་རིགས་ས་ཁུལ་ལ་མིག་གི་ལོངས་སྤྱོད་མི་ཉུང་བ་ཞིག་འདོན་སྤྲོད་བྱས་པ་དང་། བོད་ཀྱི་རིག་གནས་སྒྱུ་རྩལ་ལས་དོན་ཁྱབ་གདལ་དུ་སྤེལ་ཞིང་མཐོང་འདེགས་བྱེད་པར་སྐྱུལ་འདེད་ཀྱི་ནུས་པ་རྒྱ་ཆེན་པོ་ཐོན་པ་རེད། དེ་བས་ན་ཁོང་གི་སློག་བརྙན་སྒྱུར་སྐྲུན་གྱི་ལས་ལ་སྐྱུལ་མ་མཛད་པའམ་དེ་ལེགས་པོར་འགྲུབ་པའི་སྨོན་འདུན་ཞུས་པ་གང་ཡིན་ཙང་། ཐུགས་ལ་གང་ཤར་དང་ཞལ་ལ་ཅི་ཐོན་སྨྲས་པ་མིན་པར། ཏང་གི་སྙིང་སྲིང་འོག་སློག་བརྙན་གྱི་རང་བཞིན་དང་ནུས་པ་དེ་སྒྱུར་སྐྲུན་བྱེད་པའི་དགོས་པ་སོགས་མངོན་པར་རྟོགས་པ་ལས་ཐོན་པའི་ཐུགས་ཀྱི་བདུད་རྩི་དངོས་ཡིན་པ་རེད།

དགེ་བཤེས་གསུང་རབ་རྒྱ་མཚོ་མཆོག་ལ་སྙན་རྩོམ་ཏ་ཙང་མང་པོ་མེད་ཀྱང་། 《མཚོ་སྔོན་པོ་ལ་བསྟོད་པ》ནི་རྗོད་བྱེད་ཀྱི་ཚིག་དང་། སྒྱུ་རྩལ་གྱི་ཉམས། བརྗོད་བྱའི་ནང་དོན། མཚོན་བྱའི་བསམ་བློ་གང་གི་ཐད་ནས་ཀྱང་དུས་རབས་ཀྱི་ཁྱད་ཆོས་མངོན་པར་གསལ་བའི་བརྩམས་ཆོས་ཤིག་རེད། རང་རེའི་སྔོན་གྱི་གནས་བསྟོད་མང་ཆེ་ཤོས་ནི་རྩོམ་པ་པོ་རང་རང་ཡུལ་རིང་བཞུགས་པའི་སྐོམ་གནས་སམ་འབྲུངས་ཡུལ་གྱི་རི་ཆུ་བྱེ་བྲག་པའི་བསྟོད་པ་ཙམ་དུ་ཟད་ཀྱང་། དགེ་བཤེས་གསུང་རབ་རྒྱ་མཚོ་མཆོག་གིས་མཚོ་སྔོན་ཞིང་གི་མཚོན་བྱེད་དུ་ལྷམ་མེར་འཁྱིལ་བའི་རང་རྒྱལ་གྱི་སྐམ་སའི་མཚོ་མོ་ཆེ་ཤོས། སྙན་པའི་གྲགས་པ་འཛམ་གླིང་ཁྱོན་དུ་ཁྱབ་པའི་མཚོ་ཁྲི་ཕྱོགས་རྒྱལ་མོ་དེ་བརྗོད་བྱའི་ནང་དོན་དུ་འགོད་པ་དང་། བསམ་ཕྱོགས་ཤིན་ཏུ་གསལ་ཞིང་གོ་རིམ་ལྡན་པའི་སྒོ་ནས་དེར་བསྔགས་བརྗོད་ཆ་ཚང་ཞིང་གསོན་ཉམས་ལྡན་པ་ཞིག་མཛད་ཡོད། དེ་ཡང་ཐོག་མར་འདི་ལྟར་འགོད་ཡོད།

གནམ་སྔོན་བཞུས་པ་ལྟ་བུའི་ཆབ་ཀྱི་རྒྱུན། །
བཻཌཱུ་སྔོན་མོའི་ཟླུང་དུ་འཁྱིལ་བ་ལས། །

ཨ་མདོ་མཚོ་སྔོན་ཁྲི་ཕྱོགས་རྒྱལ་མོ་ཞེས། །
གྲགས་པའི་ཐ་ཚྭབས་ཆེན་པོ་ཕྱོགས་བཅུར་གཡོ། །
མཚོ་ཆེན་དེ་ཡི་རྒྱ་དང་ཁྱོན་གྱི་ཚད། །
ཁོར་ཡུག་རིང་པོར་ཡོངས་སུ་བགྲོད་པའི་ཚེ། །
རྟ་ཕོ་བཟང་པོས་ཉིན་ལམ་བཅོ་བརྒྱད་ཙམ། །
དགོས་ཞེས་རྒན་ཐང་མི་དམངས་ངག་ལས་ཐོས། །
མཚོ་ཡི་ཕྱི་རོལ་ཁོར་ཡུག་ཏུ། །
གཡུ་ཡི་སྤང་ལྗོངས་ཡངས་པ་ལ། །
རྩི་ཤིང་མེ་ཏོག་སྣ་ཚོགས་ཀྱིས། །
ཕྲ་ཚོམ་བཏབ་པ་བཞིན་དུ་མཛེས། །

ཞེས་མཚོ་ཁྲི་ཕྱོགས་རྒྱལ་མོའི་ཁྱད་ཆོས་དང་། གནས་ཡུལ། རྒྱ་ཁྱོན། དེའི་ཁོར་ཡུག་གི་བཀོད་པ་སོགས་ཡིད་སྤྲུལ་ཕུན་སུམ་ཚོགས་པོའི་སྒོ་ནས་གཟུགས་སྣང་ལྡན་པ་ཞིག་མདོར་བསྟན་རྗེས།

ནང་དུ་གསེར་ཉ་མང་པོས་གསོས། །
སྲམ་དང་ཆུ་སྲིན་རུས་སྦལ་དང་། །
དུང་དང་ཉ་ཕྱིས་ལ་སོགས་པའི། །
སྲོག་ཆགས་མང་ཞེས་ཡོངས་སུ་གྲགས། །
ངང་དུར་དང་ནི་ཆུ་བྱའི་རིགས། །
བཞད་དང་མཐིང་རིལ་ལ་སོགས་པའི། །
བྱ་ཚོགས་མང་པོ་རང་རང་གི། །
གཞོག་ཟུང་གྲུ་ཡིས་ཕན་ཚུན་རྐྱོད། །

ཅེས་པ་དང་།

མཚོ་ཡི་ལྟེ་བར་ལྷུན་ཆགས་པའི། །
རང་བྱུང་ས་འཛིན་ཆེན་པོ་ལ། །
མཚོ་སྙིང་ཞེས་པའི་གྲགས་པ་འབར། །
རི་བོ་དེ་ཡི་ངོས་ཡོངས་སུ། །
མེ་ཏོག་འཁྲིགས་པའི་དགའ་ཚལ་གྱི། །
ཡིད་འོང་ཉམས་དགའི་ཁང་བཟང་དེ། །
ངལ་གསོའི་གནས་ལ་ཤིན་ཏུ་བཟང་། །
དེ་དང་ཉེ་འདབས་འབྲེལ་བའི་སར། །
བྱ་སྒོང་རི་ལྟར་སྤུང་བར་ཐོས། །

ཞེས་མཚོ་མོ་དེའི་ནང་གི་ཐོན་ཁུངས་དང་གནས་ཀྱི་བཀོད་པ་དང་ཁྱད་ཆོས་སོགས་དྲང་བདེན་ཚིག་གི་ལམ་ནས་ངོ་སྤྲོད་གསལ་པོ་མཛད་པར་མ་ཟད།

གནམ་ངོ་དག་པའི་མཚན་མོ་རུ། །
མཚོ་ལ་ཟླ་གཟུགས་ཤར་བ་དང་། །
རྒྱ་སྐར་མང་པོ་བཀྲ་བའི་ཚེ། །
ནམ་མཁའ་ཡིན་ནམ་འཁྲུལ་བ་བསྐྱེད། །

ཅེས་ངོ་མཚར་ཞིང་ཅུད་ཆེན་པོའི་ཉམས་ཀྱིས་ཁྲི་ཕྱོགས་རྒྱལ་མོའི་ཁྱད་ཆོས་ཕུལ་དུ་བྱུང་བར་བརྗོད་པས་འཛམ་གླིང་གི་ལྗོངས་རྒྱུ་བ་རྣམས་ཀྱི་ཡིད་ཀྱི་དང་བ་འདྲེན་པའི་ལྕགས་ཀྱུར་གྱུར་ཡོད། མཚོ་སྔོན་པོའི་མཐར་འཁོར་གྱི་མཛེས་ཤིང་ཅིན་ཆགས་པའི་རང་བྱུང་ཡུལ་ལྗོངས་དང་། དེར་གནས་པའི་རི་སྐྱེ་སྲོག་ཆགས་དང་ཕྱུགས་རིགས་སྣ་ཚོགས་ཀྱི་འདུ་འགོད་ནི་དེ་བས་ཀྱང་ཡིད་ཀྱི་སྤྲོ་བ་འདྲེན་པའི་དགའ་སྟོན་དུ་མངོན་པས། རྩོམ་པ་པོས་མཚོ་མོའི་ནང་རོལ་གྱི་དཔལ་དང་ངོ་མཚར་ཞིབ་འབྲི་

མཛད་རྗེས། སྨུ་གུའི་གོམ་ཁ་རིམ་གྱིས་མཚོ་མོའི་ཁོར་ཡུག་ཏུ་བསྒྱུར་བ་སྟེ།

མཚོ་ཆེན་དེ་ཡི་མཐའ་སྐོར་དུ། །
དགུང་ལ་བསྙེགས་པའི་རི་བོ་དང་། །
གཙང་ཞིང་དྭངས་པའི་ཆུ་ཕྲན་སོགས། །
ཡུལ་ལྗོངས་མཛེས་པས་ཡིད་དབང་འཕྲོག །
ཁོད་སྙོམས་འཇམ་པའི་རྩྭ་ཐང་དུ། །
སུས་ཀྱང་བདག་ཏུ་མ་བཟུང་བའི། །
རྐྱང་དང་སྣ་བ་ཤྭ་ཡུ་མོ། །
རྣ་གཡག་དགོ་བ་ཁ་ཤྭ་དང་། །
ལྷ་དང་འབྲོང་རྐྱང་ལ་སོགས་པའི། །
རི་དྭགས་མང་པོ་བག་ཕེབས་སུ། །
ཁྱུ་ཁྱུ་བྱས་ནས་རྒྱུ་བ་ལས། །
ཡ་མཚན་ལྟད་མོ་མང་དུ་མཆིས། །
ཏྲ་མང་རི་དྭགས་བཞིན་དུ་བང་རྩལ་འགྲན། །
ནོར་རྣམས་ཕན་ཚུན་རྒྱུགས་ནས་རྡ་རྩེ་བྱེད། །
ར་ལུག་གནམ་དུ་མཆོངས་ནས་བྲོ་གར་རྩེ། །
ལུ་གུས་འབབ་དེར་བྱས་ནས་སྙུ་དབྱངས་ལེན། །

ཞེས་མཚོ་མོའི་ཕྱི་རོལ་གྱི་རང་བྱུང་བཀོད་པ་དང་འཛོམས་པ་རྣམས་དྲང་བདེན་དང་སྙི་བཏགས་ཟུང་འབྲེལ་གྱི་སྒོ་ནས་ཞིབ་ཏུ་བསྟན་ཡོད།

《མཚོ་སྔོན་ཁྲི་ཤོག་རྒྱལ་མོར་བསྟོད་པ》ནི་མཚོ་སྔོན་པོའི་ཕྱི་ནང་གི་རང་བྱུང་བཀོད་པ་དང་ཐོན་ཁུངས་ཅམ་ངོ་སྤྲོད་པའམ་དེ་འབའ་ཞིག་ལ་བསྟོད་པའི་ཆེད་དུ་བརྩམས་པ་མ་ཡིན་ཏེ། རྩོམ་པ་པོས་མཚོ་ཁྲི་ཤོག་རྒྱལ་མོའི་ཕྱི་ནང་གི་དཔལ་དང་

ངོ་མཚར་བརྗོད་ནས་སྐྱོག་པ་པོའི་སྒྲོ་བ་ཀུན་ནས་འདྲེན་པ་དང་ཆབས་ཅིག རིམ་བཞིན་མཚོ་མོ་དེའི་ཁོར་མོ་ཡུག་ཏུ་གནས་པའི་འབྲོག་པ་མང་ཚོགས་ཀྱི་འཚོ་བ་གསར་པ་བརྗོད་པའི་ཕྱོགས་སུ་འཁོར་བ་འདི་ལྟར།

མཚོ་སྔོན་མཚོ་ཡི་ཕྱོགས་བཞི་རུ། །
གནམ་ལ་རྒྱུ་སྐར་ཤར་བ་བཞིན། །
འཛད་མེད་རྩྭ་ཐང་ཆེན་པོའི་ཐོག །
འབྲོག་ཁྱིམ་མང་པོས་ཡོངས་སུ་གང་། །

ཞེས་པ་དང་།

འབྲོག་ལ་སྤྱི་ཚོགས་རིང་ལུགས་ཀྱི། །
གསར་བརྗེ་ཆེན་པོ་བྱས་པའི་རྗེས། །
གནམ་ས་ལྟ་བུའི་གཡོ་འགུལ་གྱིས། །
སློ་བུར་འགྱུར་ལྡོག་བྱུང་བའི་ཚུལ། །
རི་ལུང་སོ་སོར་འཁྱམས་པ་ཡི། །
འབྲོག་འབངས་མཐའ་དག་མཐུན་སྒྲིལ་གྱིས། །
རྩྭ་ཆུ་འཛོམས་པའི་བདེ་ཐང་དུ། །
གཏན་ཆགས་བྱས་ནས་བདེ་བར་འཚོ། །
དེ་ཡིས་རྒྱན་བྱིས་མང་པོ་ཞིག །
འགྲོ་འདུག་དཀའ་ངལ་བསལ་བ་དང་། །
ཕྱུགས་ཟོག་སྤར་ལས་འཕེལ་ཆེ་བས། །
ཕྱུགས་ཐོན་རྫས་ཀུང་སྔོན་ལས་མང་། །
ཤ་མར་གཉིས་ཀྱི་རི་བརྩེགས་ཤིང་། །
ཞོ་དང་འོ་མའི་མཚོ་བསྐྱིལ་ཏེ། །

ཞིམ་མངར་འཇོམས་པའི་བཟའ་བཏུང་ལ། །
ཅི་དགར་ལོངས་སུ་སྤྱོད་བྱས་ནས། །

ཞེས་མཛེས་སྡུག་འགྱུར་ཕྱུག་ལྡན་པའི་མཚོ་སྔོན་ཁྲི་ཕྱོགས་རྒྱལ་མོའི་ཁོར་མོ་ཡུག་གི་འབྲོག་སྡེ་རྣམས་མཐུན་སྒྲིལ་གཅིག་གྱུར་གྱིས་གཏན་ཆགས་ཀྱི་ཁང་པ་དང་ཕུན་སུམ་ཚོགས་པའི་བཟའ་བཏུང་ལ་ཅི་དགར་རོལ་བར་བསྟན་ཅིང་། དེར་བརྟེན་ནས་སྐབས་དེར་མཚོ་སྔོན་ཞིང་གི་འབྲོག་ཕྱོགས་སུ་ཕྱུགས་ཟོག་ཐུན་མོང་ལ་དབང་བའི་ལམ་ལུགས་བཙུགས་པ་དང་། ཕྱུགས་ལས་གཏན་ཆགས་ཀྱི་ས་ཁུལ་བཙུགས་པའི་གནས་ཚུལ་ལ་བསྟོགས་བརྗོད་བྱས་ཡོད། མཇུག་མཐར།

རྨད་བྱུང་ཏང་གི་འགོ་འདྲེན་དང་། །
མི་རིགས་སྲིད་ཇུས་འོད་ཟེར་འོག །
རྒྱལ་ཁབ་མི་དམངས་མང་ཚོགས་ཀྱིས། །
མཆོང་སྐྱོད་ཆེན་པོའི་ཐ་རླབས་ཀྱིས། །
ཞིང་ཕྱུགས་འཕྲེལ་བའི་ཐོན་སྐྱེད་སོགས། །
སྤྱི་ཚོགས་རིང་ལུགས་འཛུགས་སྐྲུན་ལ། །
འབད་པའི་བྲེལ་བ་ཆེན་པོ་དེས། །
གུང་ཁྲན་རིང་ལུགས་མྱུར་དུ་བསྒྲུ། །

ཞེས་སྐབས་དེའི་ཏང་གི་བྱེད་ཕྱོགས་དང་སྲིད་ཇུས་བཟང་པོར་བརྟེན་ནས་ཕྱུགས་ལས་ཐོན་སྐྱེད་ལ་ཕྱོགས་ཡོངས་ནས་ཐོན་ལེགས་བྱུང་ཞིང་འབྲོག་པའི་འཚོ་བ་སྔར་ལས་ཇེ་བཟང་དུ་སོང་བས། རྒྱ་ཆེའི་འབྲོག་པ་མང་ཚོགས་ཀྱི་ཐོན་སྐྱེད་བརྩོན་སེམས་རབ་ཏུ་ཆེ་བ་བསྟན་པ་དང་རྩོམ་ཕྲིལ་པོའི་མཇུག་བསྡུས་པ་རེད།

མདོར་ན་སྙན་རྩོམ་འདིའི་བརྗོད་བྱའི་ནང་དོན་ལ་མཚོན་བྱེད་རང་བཞིན་ལྡན་ཞིང་། རྩོམ་པ་པོའི་བསམ་ཕྱོགས་གསལ་ཞིང་གོ་རིམ་ཞིབ་མོའི་སྒོ་ནས་བརྗོད་

བྱའི་ནང་དོན་ཆ་ཚང་ཞིང་གཟུགས་སྣང་ལྡན་པ་ཞིག་བཀོད་པ་དང་། རང་གི་ཕ་ཡུལ་ལ་ཐུགས་མཉེས་བྱེད་དེ་གཅེས་སུ་དགོངས་བྱེད། སྐབས་དེའི་ཏང་གི་བྱེད་ཕྱོགས་དང་སྲིད་ཇུས་ལ་མངོན་པར་བསྟོད་པའི་མདོ་དོན་འབུར་དུ་ཐོན་ཅིང་མངོན་པར་གསལ་བ། མཚོ་ཁྲི་ཕྱོགས་རྒྱལ་མོའི་ཁྱད་ཆོས་དང་ཡུལ་བཀོད་ངོ་མཚར་ཅན་ལ་ཐུགས་ཕྱོགས་བྱེད། དེའི་ཐོན་ཁུངས་འཛོམས་པོ་དང་གནས་དེའི་འབྲོག་པ་རྣམས་ཀྱི་སྔ་ན་མེད་པའི་འཚོ་བའི་ལོངས་སྤྱོད་ལ་ངོ་མཚར་ཞིང་ཐུགས་ཆེམ་པའི་འགྱུར་བ་དྲག་པོ་ལྡན་པས། སྙན་རྩོམ་འདི་བཀླགས་མ་ཐག་མཚོ་ཁྲི་ཕྱོགས་རྒྱལ་མོའི་འགྲམ་ངོགས་སུ་འཁོར་བ་ལྟ་བུའི་སྣང་བ་སྐྱེར་བ་དང་། ཁྱད་པར་དུ་སྙན་རྩོམ་དེ་ལོ་རབས་བརྒྱད་ཅུ་པར་མི་རིགས་སློབ་གྲྭ་ཆེན་པོ་དྲུག་གི་དེང་རབས་རྩོམ་རིག་སློབ་དེབ་ཏུ་བཀོད་ནས་ཁྲིད་སྦྱོང་བྱས་པས། སྐབས་དེའི་གསར་སློབ་པ་རྣམས་ལ་ཤན་ཤུགས་ཟབ་མོ་ཐེབས།

སྙན་རྩོམ་དེ་དང་དེ་ལྟ་བུའི་བློ་བསྐྱེད་ལ་བརྟེན་ནས། མཚོ་སྔོན་ཞིང་ཆེན་རྩོམ་རིག་སྒྱུ་རྩལ་ལྷན་ཚོགས་ཀྱི་ཀྲུའུ་ཞི་གཞོན་པ་གཙོད་པ་དོན་གྲུབ་ལགས་ཀྱིས《མཚོ་སྔོན་པོར་བསྟོད་པའི་གླུ་དབྱངས》①བྱ་བ་བརྩམས་བྱེད། མཚོ་སྔོན་མི་རིགས་དགེ་ཐོན་ཆེད་སྦྱོང་སློབ་གྲྭའི་དགེ་རྒན་ཆེན་མོ་བཀྲ་ཤིས་ཕུན་ཚོགས་ལགས་ཀྱིས《མཚོ་ཁྲི་ཕྱོགས་རྒྱལ་མོར་ཕུལ་བའི་གླུ་དབྱངས》②བྱ་བ་བརྩམས། སྙན་རྩོམ་དེ་དག་གི་རྩོམ་པ་པོ་སོ་སོ་ཡིན་པས་རྩོམ་གྱི་ཉམས་འགྱུར་དང་སྐད་ཆའི་སྒྱུ་རྩལ་ལ་ཁྱད་པར་ཅུང་ཟད་ཡོད་ཙང་། རྩ་བའི་སྒྲིག་ཕྱོགས་ཏ་ལམ་རྒྱན་གསུང་རབ་ཀྱི་སྙན་རྩོམ་དང་གཅིག་འདྲ་ཡིན་ལ། བོད་ཀྱི་དེང་རབས་རྩོམ་རིག་དཔེ་ཚོགས《སྤྲིན་གྱི་སྦྲ་དབྱངས》སུ་བྲངས་པའི་བདག་གི་སྙན་རྩོམ《ཁྲི་གཤོག་རྒྱལ་མོའི་གླུ་དབྱངས》ཞེས་

① ཁོང་གི་བརྩམས་ཆོས《བརྩེ་དུང་གི་མིག་ཆུ》བྱ་བར་བྲངས་ཡོད།
② བོད་ཀྱི་དེང་རབས་རྩོམ་རིག་དཔེ་ཚོགས《སྤྲིན་གྱི་སྦྲ་དབྱངས》སུ་བྲངས་ཡོད།

པ་དེའང་བརྗོད་བྱའི་ནང་དོན་དང་དེའི་སྒྲིག་རིམ་སོགས་དགེ་བཤེས་གསུང་རབ་རྒྱ་མཚོའི《མཚོ་སྔོན་པོར་བསྟོད་པ》ལ་དཔེ་བལྟས་ནས་བརྩམས་པ་ཡིན། དཔེ་དེ་བཞིན་དུ་ཁོང་གི་རྩོམ་རིག་བརྩམས་ཆོས་གཞན་པ་རྣམས་ཀྱང་དུས་སྐབས་དེའི་བོད་ཀྱི་འཐུས་ཚབ་བརྩམས་ཆོས་ཡིན་ཏེ། དེ་དག་གིས་བོད་ཀྱི་རྩོམ་རིག་གི་སྐད་ཆ་དང་བརྗོད་བྱའི་ནང་དོན་མང་ཚོགས་ཅན་དང་སྤྱི་ཚོགས་ཅན་དུ་འགྱུར་བར་སྟེ་ཁྲིད་ཀྱི་ནུས་པ་བསྐྱེད་པར་མ་ཟད། སྐབས་དེའི་བོད་རིགས་མང་ཚོགས་ཀྱིས་ཏང་གི་སྲིད་ཇུས་སྣ་ཚོགས་ངེས་པར་བྱེད་ཅིང་ནང་ལོགས་འཛུགས་སྐྲུན་བྱས་པའི་གྲུབ་འབྲས་དང་ཉམས་མྱོང་རྒྱུས་ལོན་བྱེད་པ། འདུ་ཤེས་རྙིང་པའི་འཆིང་རྒྱ་ལས་གྲོལ་ཏེ་གསར་བྱུང་བྱ་དངོས་དང་ལེན་བྱེད་པ། བོད་ཀྱི་ན་གཞོན་རྣམས་ལྷུན་རྫོངས་དང་ལེ་ལོའི་དབང་དུ་མ་སོང་བར་རིག་གནས་སྤྱི་དང་ཁྱད་པར་དུ་དེང་གི་སྔོན་ཐོན་ཚན་རིག་ལ་སྦྱངས་བརྩོན་བྱས་ནས། བོད་ཁུལ་གྱི་སྤྱི་ཚོགས་ཕྱོགས་ཡོངས་ནས་དར་རྒྱས་སུ་འགྲོ་བར་སྐུལ་འདེད་ཀྱི་ནུས་པ་རྒྱ་ཆེན་པོ་བསྐྱེད་པ་རེད།

གསུམ་པ། མཇུག་བསྡུ་བའི་གཏམ།

བཅིངས་འགྲོལ་སྔོན་དུ་བོད་རིགས་ས་ཁུལ་དུ་དབང་སྒྱུར་མི་སྣ་ནས་སེར་སྐྱ་མང་ཚོགས་ཚང་མས་ནང་པ་སངས་རྒྱས་པའི་ཆོས་ལ་དད་པ་དང་། ཁྱད་པར་དུ་བཙུན་པ་རབ་བྱུང་བ་རྣམས་ཀྱིས་བློ་སེམས་རྩེ་གཅིག་གིས་དེར་དད་མོས་བྱེད་པར་མ་ཟད། སྟོན་པ་ཤཱཀྱ་ཐུབ་པའི་ལྟ་བ་སྤེལ་བ་དང་རྣམ་ཐར་སྐྱོང་བའི་ལས་ལ་འབད་ཀྱིན་ཡོད་པས། ཁོང་ཚོའི་བརྩམས་ཆོས་མང་ཆེ་བའི་བརྗོད་བྱའི་ནང་དོན་ཡང་སྟོན་པ་ཤཱཀྱ་ཐུབ་པས་བཀའ་ཆོས་གནང་སྐབས་ཆོས་ཉན་མཁན་རྣམས་ཀྱིས་གོ་ཞིང་རྟོགས་པར་བྱ་བའི་ཕྱིར་བཏགས་པར་བྱུང་བ་གཞན་ལས་དྲངས་ཏེ་དཔེ་རྒྱས་པར་

བསྟན་པའི་རྟོགས་བརྗོད་དང་། བཅོམ་ལྡན་འདས་ཀྱིས་སྔོན་བསྐལ་པ་གྲངས་མེད་གསུམ་ལ་བྱང་ཆུབ་སེམས་དཔའི་སྤྱོད་པ་སྤྱད་པར་གྲགས་པའི་སྐྱེས་རབས་གཏམ་རྒྱུད། སྟོན་པ་ཤཱཀྱ་ཐུབ་པའི་རྣམ་ཐར། དེའི་རྗེས་སུ་འབྲངས་པའི་སྐྱེས་བུ་དམ་པ་རྣམས་ཀྱི་རྣམ་ཐར་རམ་རྟོགས་བརྗོད་སོགས་ཡིན་ལ། བརྩམས་ཆོས་དེ་དག་གི་དགོས་པ་གཙོ་བོའང་སྟོན་པའི་ཆེ་བ་བརྗོད་ནས་དེར་དད་མོས་མེད་པ་རྣམས་ལ་དད་མོས་བསྐྱེད་པ་དང་། དད་མོས་ལྡན་པ་རྣམས་ཀྱི་ཡིད་ལ་དགའ་བ་བསྐྱེད་པ། འཁོར་བའི་ཕུན་ཚོགས་ལ་སྙིང་པོ་མེད་པར་བརྗོད་ཅིང་། བྱང་ཆུབ་སེམས་དཔའི་སྤྱོད་པར་བསྔགས་ནས་མི་རྣམས་རྣམ་དཀར་དགེ་བའི་ལས་ལ་སྐུལ་བ་དེ་རེད། བརྗོད་བྱའི་ནང་དོན་སྔོན་བྱུང་གི་གཏམ་ཡིན་པ་དང་མཚོན་དོན་བསམ་བློ་ཆོས་ལུགས་ཀྱི་ལྟ་བ་ཡིན་པས། སྔོན་བྱུང་གི་གཏམ་ལ་ཐོས་པ་མེད་པ་དང་ཆོས་ལུགས་ཀྱི་གཞུང་ལ་སྦྱངས་པ་མེད་པ་ཞིག་ཡིན་ཚེ། བསྟན་དོན་བདེ་བླག་ཏུ་དཔྱིས་ཕྱིན་པ་ཞིག་གོ་མི་ཐུབ། ཡིན་ནའང་། ཀྲུང་གོ་གསར་པ་ཚུགས་པ་དང་བསྟུན་ནས་སྤྱི་ཚོགས་ཀྱི་ལམ་ལུགས་དང་། འཁྲིད་སྟོན་གྱི་བསམ་བློ། ཆབ་སྲིད་ཀྱི་དགོས་པ། རྩོམ་རིག་གི་བྱེད་ཕྱོགས། ཀློག་པ་པོའི་རིམ་པ་སོགས་ལ་འཕོ་འགྱུར་སྔ་ན་མེད་པ་བྱུང་བས། བོད་ཀྱི་རྩོམ་རིག་ལའང་ངོ་བོ་རང་བཞིན་གྱི་འཕེལ་འགྱུར་བྱུང་བ་སྟེ། ཁྱིམ་ནས་ཁྱིམ་མེད་པར་རབ་ཏུ་བྱུང་བའི་ཆོས་པ་རྣམས་འཇིག་རྟེན་གྱི་འཚོ་བ་དང་ཆབ་སྲིད་ཀྱི་དགོས་པ་བརྗོད་པའི་རྩོམ་པ་པོར་གྱུར་པ་དང་། བརྗོད་བྱའི་ནང་དོན་དེ་སྔོན་བྱུང་གི་གཏམ་གཙོ་བོ་ཡིན་པ་ནས་ད་ལྟའི་སྤྱི་ཚོགས་སྟེང་བྱུང་བའི་བྱ་དངོས་གསར་པར་འགྱུར་བ། རྩོམ་རིག་གི་མཚོན་དོན་བསམ་བློ་ནི་ཕྱི་མའི་བདེ་བར་སྙེག་པ་ནས་ཚེ་འདིའི་བདེ་བ་འཚོལ་བར་གྱུར་ལ། རྩོམ་རིག་གི་སྐད་ཆའང་རྟོགས་དཀའ་བའི་ཡིག་སྐད་ནས་གོ་སླ་བའི་མང་ཚོགས་ཀྱི་སྐད་ཆ་དང་ཉེ་བར་འཕེལ་འགོ་བརྩམས་པས། བོད་ཀྱི་རྩོམ་རིག་སྤྱི་ཚོགས་ཅན་དང་མང་ཚོགས་ཅན་དུ་

འཕེལ་བར་སྡེ་ཁྲིད་ཀྱི་ནུས་པ་རྒྱ་ཆེན་པོ་ཐོན་ཡོ། བོད་ཀྱི་རྩོམ་བྱུང་ལོ་རྒྱུས་ཀྱི་ངོས་ནས་བལྟས་ན་རྩོམ་རིག་སྨོན་ཐོན་ཅན་དུ་འཕེལ་བའི་དཀྱིག་མཚམས་ཆེན་པོ་ཞིག་ཀྱང་རེད།། །།

༄༅། །བོད་ཀྱི་ཚིག་རྒྱན་རིག་པ་འཕྲུལ་ཚད་དུ་གཏོང་བའི་སྒོར་མདོ་ཙམ་གླེང་བ།

དེ་ཡང་ཚིག་རྒྱན་ཞེས་པ་ནི། "སྙན་པའི་ཚིག་རྣམས་ལ་ཡིད་དུ་འོང་བའི་ཉམས་ཀྱི་ཁྱད་པར་བཀོད་པའི་ཐབས"①ཡིན་པ་ལྟར། སྐྱེ་བོ་སུ་ཞིག་གིས་རང་གིས་བརྗོད་པར་འདོད་པའི་བསམ་བློ་དེ་གཟུགས་བརྙན་ནམ་དཔྱངས་ཉམས་ལྡན་པའི་སྒོ་ནས་ཕ་རོལ་པོ་ལ་སྟོན་པར་བྱེད་པའི་ཐབས་སམ་སྐད་ཆའི་སྒྱུ་རྩལ་ཞིག་ལ་ཟེར། དེ་ནི་སྐྱེ་བོ་སུ་དང་གང་གི་རིག་པའི་སྟོབས་ལ་བརྟེན་ནས་བློ་བུར་དུ་གསར་སྐྲུན་བྱས་པ་ཞིག་མ་རེད། མིའི་རིགས་ཀྱིས་ཕན་ཚུན་ལ་ངག་གི་ལམ་ནས་བསམ་བློ་བརྗེ་རེས་བྱེད་ཤེས་པ་ནས་བྱུང་ཞིང་། མིའི་རིགས་ཀྱི་འཚོ་བ་དང་། ཤེས་རིག ཡིད་བྱེད་བཅས་འཕེལ་རྒྱས་སུ་སོང་བའི་གོམ་སྟབས་དང་བསྟུན་ནས་དེའང་འཕེལ་རྒྱས་སུ་ཕྱིན་ཏེ་ཕུན་སུམ་ཚོགས་པོར་གྱུར་པ་རེད། དེས་སྐྱེ་བོ་སུ་ཞིག་གི་ངག་གི་ཕྲེང་བ་མཛེས་པར་སྤྲུད་ཆོ། ཇི་ཙོང་ཁ་པ་ཆེན་པོས། དོན་དང་ཚིག་གི་རྒྱན་ལ་སོགས་པ་ཡི། །མཛེས་བྱེད་རྒྱན་གྱིས་སྤྲུད་པའི་ཚིག་སྦྱོར་ཚུལ། ། སྙན་ངག་གཞུང་བཞིན་ལེགས་པར་སྦྱར་བ་ན། །བློ་གསལ་རྣམས་ལ་དགའ་བ་རྒྱས་པར་བྱེད། །ཅེས་པ་ལྟར་ཕ་རོལ་ཉན་པ་པོའི་ཡིད་ཀྱི་དབང་པོ་ཀུན་ནས་འགུགས་པའི་ནུས་པ་འཐོན་ངེས་རེད།

དེ་ཡང་གསལ་པོར་བཤད་ན་སྙན་བརྗོད་བདེ་བའི་སྐྱེ་བོ་རྣམས་ཀྱིས་འདུ་

① འཇུ་མི་ཕམ་གྱིས་བརྩམས་པའི《སྙན་དངགས་མེ་ལོང་གི་འགྲེལ་པ་དབྱངས་ཅན་དགྱེས་པའི་རོལ་མཚོ》ནང་གསལ།

ཚོགས་ཆེན་པོའི་ཁྲོད་དུ་གནའ་བོའི་གཏམ་རྒྱུད་དང་། ངག་རྒྱུན། གཏམ་དཔེ་སོགས་ལ་སྦྱར་ནས་གཏམ་བཤད་སྐབས་ཉན་མཁན་རྣམས་ལྷིང་འཇགས་སོ། མིག་ཅེར་རེ། འཛུམ་དམུལ་ལེར་ཉན་པ་དང་། མི་ལ་ལས་ཀུ་རེ་རྩེད་མཚར་གྱི་གཏམ་སྨྲས་ན་ཐག་ཐམས་ཅད་ཅུར་ལངས་སེ་དགོད་ཁ་འཚོར་ཞིང་མི་དེར་ཁ་བདེ་རེད། ཅེས་བསྟགས་པ་བརྗོད་པ་དང་། ཡང་ན་ལ་ལས་གཞན་ལ་སྨིགས་མོའམ་མཚང་འབྲུ་བའི་གཏམ་སྨྲས་ཚེ་ཕ་རོལ་པོ་དེ་སྤུ་བཀོང་བར་འགྱུར་ཞིང་། ཚང་མས་དེ་ལ་ཁ་བཙན་མཐོ། ཞེས་མགོ་བོ་གཡུག་གཡུག་བྱེད་པ་རྣམས་ཀྱང་ཚིག་རྒྱན་ནམ་སྐད་ཆའི་སྒྱུ་རྩལ་ཉིད་ཀྱི་ནུས་པ་རེད། དོན་འདི་ལ་དམིགས་ནས་འཇིགས་མེད་རིག་པའི་བློ་གྲོས་ཀྱིས་ཀྱང་། མཐོང་བ་ཙམ་གྱིས་ཁོང་འཛུམ་སྤྲོ་བྱེད་ཅིང་། །དཔེ་བྲལ་སྙན་འཇེབས་རྣ་བའི་བཅུད་ལེན་གང་། །ཚིག་སྦྱོར་རྨད་བྱུང་འཛེ་བའི་འབྱུང་གནས་ཆེ། །སྙན་ངག་ཕུལ་བྱུང་སྲིད་འདིའི་རིན་ཆེན་གཅིག །ཅེས་ཚིག་རྒྱན་ཕུན་སུམ་ཚོགས་པ་སྤེལ་བའི་ངག་དམ་པ་དེ་ས་སྟེང་གི་རིན་པོ་ཆེ་ཞིག་ཏུ་བགྲངས་པ་རེད།

དེ་ལྟ་བུའི་ཚིག་རྒྱན་ལ་དབྱེ་ན་གཉིས་ཡོད་དེ། འཛམ་གླིང་གི་མི་རིགས་གང་ཡིན་ཡང་ཚང་མར་སྨྲ་ཤེས་དོན་གོ་བའི་སྤྱི་མཚན་དང་ལྡན་པས་མི་རིགས་སོ་སོའི་ཐུན་མོང་དུ་འདོད་པའི་ཚིག་རྒྱན་ཡོད་ལ། མི་རིགས་སོ་སོ་སྡོད་སའི་ཡུལ་གྱི་ཆ་རྐྱེན་དང་། འཚོ་བའི་གོམས་གཤིས། སྐད་ཡིག་གི་ཁྱད་ཆོས། བསམ་གཞིག་གཏོང་སྟངས། མཛེས་སྡུག་གི་ལྟ་བ་བཅས་མི་འདྲ་བའི་རྐྱེན་གྱིས་རང་མི་རིགས་ལ་མ་གཏོགས་མེད་པའི་ཐུན་མོང་མ་ཡིན་པའི་ཚིག་རྒྱན་ཡང་ཡོད་པ་རེད། དཔེར་ན། དཔེ་རྒྱན་དང་། གཟུགས་རྒྱན། རབ་རྟོག་གི་རྒྱན་སོགས་ལ་མཚོན་ན་མི་རིགས་མང་ཆེ་བའི་སྐད་ལ་ཡོད་པའི་རྒྱན་ཡིན་ཞིང་། ང་ཚོ་བོད་ཀྱི་ཀ་རྩོམ་ལྟ་བུར་མཚོན་ན་བོད་དུ་ས་ཁྲབ་རྗེ་ཁྲབ་ཏུ་གྲུར་པའི་ཚིག་རྒྱན་ཞིག་ཡིན་ཡང་རྒྱ་ནག་གི་སྐད་ལ་

དེ་འདྲའི་ཚིག་རྒྱན་གདན་ནས་མེད་པས་ཇི་མ་ཇི་བཞིན་དུ་བསྒྱུར་མི་ཐུབ་ལ། རྒྱ་གར་སྐད་དུ་ཞ་ཟ་ཙ་ཚ་ཛ་སོགས་མེད་པས་དེར་ཡང་ཆ་ཚང་བ་ཞིག་འདོན་ཐབས་མེད་པ་རེད། རྒྱ་གར་གྱི་སྐད་ལ་བྱ་དགའ་བའི་ཚིག་སྦྱོར་ཀུན་ཏུ་ཐོན་པ་སློབ་དཔོན་དཎྜིའི་མེས་པོ་ཧྲ་ར་ཝེས་ར་མ་ཡ་ཎའི་གཞུང་ཞིག་བྲིས་པར། དཀྱུས་བཞིན་བསྒྲགས་པས་རྒྱལ་པོ་རཱ་མ་ཎའི་གཏམ་རྒྱུད་སྟོན་ཞིང་། མཇུག་ནས་ལྡོག་སྟེ་བསྒྲགས་པས་ཧྲ་ར་ཏའི་གཏམ་རྒྱུད་སྟོན་པ་དེ་ཡང་དོན་གོ་བདེ་ལ་ཚིག་སྙན་པར་གྲགས་ཀྱང་། རྒྱ་ནག་དང་བོད་ཀྱི་ཚིག་སྦྱོར་ལ་དེ་འདྲ་ཞིག་འདོན་ཐབས་མེད་པ་ས་སྐྱ་ཀུན་དགའ་རྒྱལ་མཚན་མཆོག་གིས《མཁས་པ་འཇུག་པའི་སྒོ》ལས་གསུངས་པ་བཞིན་ནོ། །《སྙན་ངག་མེ་ལོང་》གི་ལེའུ་དང་པོའི་དངོས་བསྟན་གྱི་རྒྱན་བཅུ་ཡང་མང་ཆེ་བ་བོད་ལ་ཇི་མ་ཇི་བཞིན་དུ་བསྒྱུར་ཐུབ་མེད་པ་རེད། དཔེར་ན། ཤར་པའི་སྦྱོར་བ་ལ། ནཱ་ལ་ཏྲི་ནཱ་ལཱ། ལོ་ལཱ་ལི་ཀཱ་ལི་ལཱ། ཞེས་པ་ནི་རྒྱ་དཔེར་འཇམ་པའི་ཡི་གེ་རྐྱང་པ་ལ་ཡིག་རྗེས་ཁྲིད་ཅན་ཡིན་ཡང་། བོད་སྐད་དུ། ཛཱ་ཧྲིའི་མེ་ཏོག་ཕྲེང་བ་ལ། །སྲིད་པའི་བུང་བ་འཁོར་བར་བྱེད། །ཅེས་བསྒྱུར་ན་ཕྲེང་དང་སྲིད། འཁོར་བཅས་ནི་རྩུབ་པའི་ཡི་གེ་ཡིན་པས་འཇམ་པའི་ཡི་གེ་རྐྱང་པ་མིན་ལ། ལ་ཡིག་རྗེས་ཁྲིད་ཀྱང་བྱུས་མེད་པ་ལྟ་བུ་རེད། ཡང་། སྙན་པའི་ནང་གསེས་ལྷུ་པ་ཚིག་ལ་བསྐོར་བའི་རྗེས་ཁྲིད་ཀྱི་དཔེ་བརྗོད་དེ།

ཙ་ཏུ་རྩྭ་ཊྟམ་སམ་ཧླི་ཏུ། པི་སྦྲ་སྦྲ་བྲིདི་མསྦྲ་རེ།
མཉྫོ་མཉྫ་ཐ་ཀླཊྚ་ན། ནི་ར་ཡམ་ཀཏྟུ་སྦྱ་ཏྲ་ཏམ།

ཞེས་པར་མཚོན་ན། ཚིག་རྐང་དང་པོར་མིང་གཞིའི་ཡི་གེ་ཙ་གཉིས་དང་། གཉིས་པར་མ་དང་བརྩེགས་པ་གཉིས། གསུམ་པར་ན་དང་མ་བརྩེགས་པ་གཉིས། བཞི་པར་ཡ་ཡིག་གཉིས་ཡོད་ཀྱང་། བོད་སྐད་དུ། མཛེས་མ་མཁའ་ལ་ཟླ་བ་ཡི། །དཀྱིལ་འཁོར་མཛེས་པའི་བདག་གི་ཡིད། །ཡིད་སྲུབས་ཀྱིས་མནན་བརྩེ་མེད་དུ། །འཇོམས་

པར་བརྗོན་པ་འདི་ལ་ལྟོས། །ཞེས་བསྒྱུར་བས་ན་དོན་ཙམ་མ་གཏོགས་མིང་གཞི་ཡི་གེ་སྐོར་བའི་ཉམས་ཇི་མ་ཇི་བཞིན་དུ་ཐོན་མེད་པ་ལས་ཀྱང་ཤེས་ཐུབ། དེ་བཞིན་དུ་རྒྱ་ནག་གི་ཚིག་མཐའི་སྒྲ་རྒྱན"押韵"ཞེས་པར་མཚོན་ནའང་རྒྱ་གར་སྐད་ལ་ཇི་མ་ཇི་བཞིན་དུ་འཐོན་ཐུབ་མིན་མི་ཤེས་ཏུང་། བོད་ཀྱི་སྐད་ལ་གཏན་ནས་འཐོན་ཐབས་མེད་པ་རེད།

ཡང་། ད་ལྟ་དར་ཁྱབ་ཆེ་བའི་རང་མོས་སྙན་ངག་གི་དོས་ནས་བརྗོད་ནའང་དེ་བཞིན་ཏེ། 《ལང་ཚོའི་ཐབ་ཚུ》ལས།

དཔྱིད་གསུམ་མཁའ་ནས་བབས་པའི་ཆར་ཆུ།
དབྱར་གསུམ་ས་ནས་བཪོལ་བའི་ཆུ་མིག
སྟོན་གསུམ་སད་དང་སེར་བའི་སྙིང་བཅུད།
དགུན་གསུམ་གངས་དང་ཁ་བའི་ཡང་བཅུད།
གཞན་ཡང་།

གངས་ཆུ—ཟྫ་ཆུ—གཡའ་ཆུ—ནགས་ཆུ—ན་ཆུ—རི་ཆུ—ལུང་ཆུ—ཞུ་ཆུ—མདའ་ཆུ—

མདོར་ན།
བཀྲ་ཤིས་པའི་ཆུ།
—དགེ་ལེགས་འབྱུང་བའི་ཆུ།
—དོན་འགྲུབ་པའི་ཆུ།
—ཡན་ལག་བརྒྱད་ལྡན་གྱི་ཆུ།
—ཕུན་སུམ་ཚོགས་པའི་ཆུ་སྟེ།
ཆུ་ཕྲན་མི་གཅིག་བརྒྱ་དང་བརྒྱད།
ཆུ་སྣ་མི་གཅིག་ཁྲི་མ་འབུམ།

ཁྱེད་ནི་མཐུན་སྒྲིལ་གྱི་ཆུ་ཞིག་ཡིན་པས།
གཡང་གཟར་གྱི་བྲག་ལས་འབབ་པར་ཕོད།
ཁྱེད་ནི་ཡོངས་འདུས་ཀྱི་ཆུ་ཞིག་ཡིན་པས།
ངམ་རོང་གི་གཡང་ལས་མཆོང་བར་སྤོབས།

ཞེས་པ་ལྟ་བུར་མཚོན་ན། རྩོམ་པ་པོས་རང་གི་བརྗོད་དོན་མཚོན་བྱེད་དེ། ཐབ་ཆུའི་རང་བཞིན་དང་བྱེད་ནུས་ནན་ཏན་དུ་བརྗོད་པའི་ཆེད་དུ་ཚིག་བར་བརྒྱད་ཅན་དང་། ཚིག་བར་གཉིས་ཅན། ལྔ་ཅན། དགུ་ཅན་སོགས་ཚིག་གི་རྣམ་པ་མི་འདྲ་བ་དུ་མ་གཅིག་རྗེས་གཅིག་ལ་སྟར་དུ་བརྒྱུས་པ་བཞིན་བསྒྲིགས་ཏེ་བརྗོད་པ་རེད། རྒྱ་ནག་གི"排比"(ཕྲེང་བའི་རྒྱན)ཟེར་བའི་ཚིག་སྦྱོར་འདི་ལྟ་བུ《སྙན་ངག་མེ་ལོང》མར་མཚན་ཉིད་མཚན་གཞི་དང་བཅས་པ་གསལ་པོར་བསྟན་མེད་ཀྱང་། རང་རེ་བོད་ཀྱིས་སྔར་ནས་སྦྱོད་ཀྱིན་ཡོད་པ《དཔྱིད་ཀྱི་རྒྱལ་མོའི་གླུ་དབྱངས》སུ།

ངེད་རང་གཉིས་པོ་ཁྱད་པར་ཆེ།
ང་ནི་དགེ་འདུན་ཚལ་པ་ཡིན།
དགའ་བདེ་དཔལ།
བློ་བདེ་དཔལ།
སྐྱིད་པའི་དཔལ།
ད་ལྟ་ཚལ་པའི་དགའ་བདེ་དཔལ།

ཞེས་མགོན་དགའ་བདེ་དཔལ་གྱིས་བླངས་པའི་གླུ་བགོད་པ་ལས་མངོན་པར་མཚོན། རྒྱ་མཚན་འདིར་དམིགས་ནས་ཏན་སངས་རྒྱས་ཀྱིས་ཚིག་སྦྱོར་འདིར་ཕྲེང་བའི་རྒྱན་ཞེས་བཏགས་ཡོད་པ《བོད་ཀྱི་ཚིག་རྒྱན་རིག་པའི་སྒོ་འབྱེད་འཕྲུལ་གྱི་ལྡེ་མིག》①དུ་གསལ།

① 1983ལོར་མཚོ་སྔོན་མི་རིགས་དཔེ་སྐྲུན་ཁང་གིས་པར་དུ་བསྐྲུན།

ཡང་། 《ལང་ཚོའི་རྟབ་རྩ》ལས།

ཁྱེད་ལ་གསར་བྱུང་གི་ཚུ་སྟ་བསྟུ་བའི་སྤོབས་པ་དང་ལྡན་པས།

ཁྱེད་ཀྱི་བློ་རྒྱ་ཆེ་ཞིང་ལུས་སྟོབས་དར་ལ་ཐེལ་ཤུགས་ཆེ།

ཁྱེད་ནི་ཁེངས་པ་སྤངས་ཤིང་དྲེགས་པའི་དྲི་མ་མེད་པས།

ཁྱེད་ཀྱི་བཞུར་རྒྱུན་རིང་ལ་འབབ་རྒྱུན་དྲག

ཁྱེད་ལ་སྙིགས་མ་འདོར་ཞིང་སྙིང་བཅུད་གཞིབ་པའི་ནུས་པ་དང་ལྡན་པས།

ཁྱེད་ཀྱི་ལུས་སེམས་གཙང་ལ་ལང་ཚོའི་དཔལ་ཡོན་རྒྱས།

ཞེས་པ་ལྟ་བུར་མཚོན་ན་བསླགས་མ་ཐག་སེམས་མེད་རབ་རྟོག་གི་རྒྱན་ཡིན་པ་ཤེས་ཐུབ།

གསན་བྱུང་ངམ—རྟབ་ཚུ་ལགས།

བོད་གངས་ཅན་གྱི་གཞོན་ནུ་རྣམས་ཀྱི་དྲི་བ་འདི་དག་ཁྱེད་ཀྱིས་གསན་པ་ཨེ་བྱུང་།

སྔན་ངག་གི་ཧ་མཆོག་སྐོམ་པས་གདུངས་ན་ཇི་ལྟར་བྱ།

སློབ་སྦྱོར་གྱི་སྣང་ཆེན་ཚ་བས་གཙེས་ན་ཇི་ལྟར་བྱ།

མངོན་བརྗོད་ཀྱི་སེང་གེ་དྲེགས་པས་གཟིར་ན་ཇི་ལྟར་བྱ།

ཟློས་གར་བུ་ཆུང་དྭ་ཕྲུག་ཏུ་ལུས་ན་ཇི་ལྟར་སྐྱོང་།

སྐར་རྩིས་ཀྱི་ཕ་ཤུལ་སྟོང་པར་ལུས་ན་སུ་ཡིས་འཛིན།

ཚན་རིག་གི་གཞོན་ནུ་མག་པར་ལེན་ན་བསུ་བ་ཇི་ལྟར་བགྱིད།

ལག་རྩལ་གྱི་བུ་མོ་བག་མར་བསུ་ན་ཁྱོ་བོ་སུ་ཡིས་བྱ།

ཞེས་པར་མཚོན་ན། སེམས་མེད་རབ་རྟོག་དང་གཟུགས་རྒྱན་གཉིས་སྤེལ་མར་བསྡེབས་ཡོད་པ་ལྟ་བུ་རེད། ཚིག་སྦྱོར་དེ་དག་བོད་ཀྱི་བསམ་གཞིག་གཏོང་སྟངས་དང་སྐད་ཀྱི་ཁྱད་ཆོས་དང་མཐུན་པས། བརྗོད་བདེ་ལ་བརྗོད་བྱའི་དོན་ཡང་ཕལ་ཆེར་བདེ་བླག་ཏུ་རྟོགས་ཐུབ་པ་རེད།

ཡིན་ནའང་སྐད་ངག་ཁག་གཅིག་གི་ཚིག་སྦྱོར་ནི་མི་རིགས་གཞན་གྱི་ཐུན་མོང་མ་ཡིན་པའི་བསམ་གཞིག་གཏོང་སྟངས་དང་སྐད་ཀྱི་སྒྲུ་རྩལ་ལྟར་བོད་ཡིག་ཏུ་བྲིས་པ་ཡིན་པས། མི་རིགས་དེའི་འཚོ་བའི་གོམས་གཤིས་དང་། བསམ་གཞིག་གཏོང་སྟངས། སྐད་ཡིག་སོགས་ལ་གོམས་པའི་མི་ཞིག་ཡིན་ཕྱིན་སྐད་ངག་དེ་རིགས་ལ་གོ་རྒྱུའི་དོན་དང་ཉམས་སུ་མྱོང་རྒྱུའི་སྒྲུ་རྩལ་ཞིག་ཡོད་སྲིད་ཀྱང་། དེ་ལས་ལྡོག་པའི་མིས་བསྒྱུགས་ན་བསྒྱུར་མ་ཙམ་ལ་གོ་བ་ལས་དེའི་སྒྲུ་རྩལ་རང་བཞིན་རྟོགས་མི་ཐུབ་ལ། བསྟན་བྱའི་དོན་ཡང་གསལ་པོ་ཞིག་ཤེས་དཀའ་བ་རེད། དཔེར་ན།

འཛིག་རྟེན་དང་མི།

ཤོག་དཀར་དང་ནག་ཐིག①

ཅེས་པའི་སྐད་ངག་འདི་ལ་མཚོན་ན་ཁོ་ཚོའི་མི་རིགས་སམ་ཡང་ན་སྔོན་ཐོན་མི་རིགས་གཞན་གྱི་སྐད་དང་ཡི་གེར་བསྒྱུར་ཆོ། སྐད་ངག་ཕུལ་དུ་བྱུང་བ་ཞིག་ཡིན་སྲིད་ཀྱང་། ང་ཚོ་བོད་ཀྱི་སྣང་ངོར་ཨུ་རུ་སུའི་སྐད་ངག་པ་ཆེན་པོ་ཕུ་ཤི་ཅིན་གྱིས་རྩོམ་རིག་གི་མི་རིགས་ཀྱི་ཁྱད་ཆོས་ནི། རང་གི་མི་རིགས་དེ་དགའ་ཞིང་བློ་ངོར་འབབ་པའི་ཁྱད་ཆོས་དེའི་རིགས་ཡིན། ཁྱད་ཆོས་དེ་དག་མི་རིགས་གཞན་དག་གི་མཐོང་སྣང་ལ་ཡོན་ཏན་མ་ཡིན་པའམ་སྐྱོན་ལྟར་སྣང་ངོ་། །ཞེས་པ་ལྟར་བོད་ཀྱི་སྐད་ངག་ལེགས་པོ་ཞིག་ཡིན་པའི་སྙམ་པ་སྐྱེ་དཀའ་བ་རེད།

ཡང་མི་རིགས་སོ་སོའི་མཛེས་སྡུག་གི་ལྟ་བ་མི་འདྲ་བའི་རྐྱེན་གྱིས་དེ་མཚོན་བྱེད་ཀྱི་དཔེའང་མི་འདྲ་བ་རེད། དཔེར་ན། རྒྱ་གར་བས་མིག་སྔོན་པོ་མཛེས་པར་ལྟ་བའི་དབང་གིས་གཞོན་ནུ་མ་རྣམས་ཀྱི་མིག་མཛེས་པའི་དཔེ་ལ་འང་། མིག་དག་ཨུཏྤལ་སྔོན་པོ་བཞིན། ཞེས་ཨུཏྤལ་སྔོན་པོ་འགོད་ཀྱང་། ང་ཚོ་བོད་ནི་དེ་ལྟ་མ་ཡིན་ཏེ་མིག་ནག་པོ་མཛེས་པར་ལྟ་བ་ཡིན། ང་ཚོ་བོད་ཀྱིས་གཅན་གཟན་ལས་

① 1988ལོའི《བོད་ཀྱི་རྩོམ་རིག་སྒྲུ་རྩལ》དེབ་དྲུག་པར་གསལ།

ཆེས་བཙན་ཞིང་འགྲན་ཟླ་བྲལ་བ་ནི་སེང་གེ་ཡིན་པར་བསམ་པས། རྒྱལ་པོ་སོགས་ཁྲི་མཆོག་གི་དཔེར་རྟག་ཏུ་སེང་གེ་འགོད་ཀྱང་། རྒྱ་ནག་པས་དེ་ལས་ཕྱོག་སྟེ་སྟག་ཡིན་པར་བསམ་ཞིང་འགྲན་ཟླ་མེད་པའི་དཔེར་ཡང་དེ་འགོད་པ་ལྟ་བུ་རེད། མི་རིགས་སོ་སོ་ཚང་མར་མི་རིགས་སྤྱི་ལ་ཁྱབ་པའི་ཐུན་མོང་གི་ཚོག་རྒྱུན་ཞིག་དང་མི་རིགས་རང་རང་ལས་མེད་པའམ་ཡང་ན་ཁྱབ་ཆུང་བའི་ཐུན་མོང་མ་ཡིན་པའི་ཚོག་རྒྱུན་ཡོད་པའི་རྐྱེན་གྱིས་མི་རིགས་སོ་སོའི་རྩོམ་རིག་ལའང་ཐུན་མོང་གི་ཁྱད་ཆོས་དང་ཐུན་མོང་མ་ཡིན་པའི་ཁྱད་ཆོས་རེ་བྱུང་ཞིང་། ང་ཚོས་རྟག་ཏུ་རྩོམ་རིག་གི་མི་རིགས་ཀྱི་ཁྱད་ཆོས་ཟེར་བ་ནི་གཙོ་བོ་མི་རིགས་རང་རང་གི་ཐུན་མོང་མ་ཡིན་པའི་ཚོག་རྒྱུན་དང་སྐད་ཡིག་ལ་བརྟེན་ནས་བརྩམས་པའི་རྩོམ་ཡིག་གི་ཁྱད་ཆོས་ལ་ཟེར་བ་རེད། དེས་ན་བོད་ཀྱི་ཁྱད་ཆོས་ལྡན་པའི་རྩོམ་ཡིག་ཅིག་འབྲི་དགོས་ན། ངེས་པར་དུ་བོད་རང་གི་ཐུན་མོང་མ་ཡིན་པའི་ཚོག་རྒྱུན་ཕུན་སུམ་ཚོགས་པོར་བརྟེན་དགོས་པ་ཀུན་གྱིས་མཁྱེན་གསལ་རེད།

རང་རེ་བོད་ནི་ལོ་ངོ་ཁྲི་ཕྲག་དུ་མའི་སྔོན་ལ་ཡར་ལུང་གཙང་པོའི་རྒྱུད་དུ་སྤྲེ་དང་བྲག་སྲིན་མོ་གཉིས་འདུས་པ་ལས་མཆེད་པའི་གདོང་མའི་མི་རིགས་ཤིག་ཡིན་ཞིང་། དུས་ཡུན་རིང་པོར་འཛམ་གླིང་གླུམ་པོའི་ཡང་རྩེ་མཚོ་བོད་མཐོ་སྒང་དུ་གྲོན་སྐྱིད་ངལ་རྩོལ་བྱེད་ཅིང་འཚོ་བ་རོལ་བས་མི་རིགས་གཞན་དང་མི་འདྲ་བའི་འཚོ་བའི་གོམས་གཤིས་དང་། བསམ་གཞིག་གཏོང་སྟངས། སྐད་ཆ་སོགས་བྱུང་བར་མ་ཟད། ཐུན་མོང་དང་ཐུན་མོང་མ་ཡིན་པའི་ཚོག་རྒྱུན་ཡང་ཕུན་སུམ་ཚོགས་པ་ཞིག་བྱུང་ཡོད་པ་རེད། འོན་ཀྱང་བློ་ཕངས་པ་ཞིག་ནི་ད་ལྟའི་བར་དུ་བོད་རང་གི་ཁྲོད་དུ་ཚོག་རྒྱུན་དེ་དག་གཅིག་ཏུ་བསྡུས་ཤིང་ཚུལ་ཇི་ལྟར་སྤྱོར་བའི་རིགས་པའི་གཞུང་ལུགས་རྩོམ་མཁན་ཞིག་མ་བྱུང་བ་དེ་རེད། སྤྱི་ལོའི་དུས་རབས་བཅུ་གསུམ་པའི་སྐབས་སུ་ས་སྐྱ་གོང་མ་ཀུན་དགའ་རྒྱལ་མཚན་དང་། འགྲོ་མགོན་འཕགས་

པ། ལོ་ཙཱ་བ་ཤོང་སྟོན་རྡོ་རྗེ་རྒྱལ་མཚན་སོགས་ཀྱི་བཀའ་དྲིན་ལས་རྒྱ་གར་གྱི་ཚིག་རྒྱན་རིག་པའི་བསྟན་བཅོས《སྙན་ངག་མེ་ལོང》བོད་ལ་བསྒྱུར་བ་དང༌། ཕྱིས་སུ་དཔང་ལོ་ཙཱ་བ་བློ་གྲོས་བརྟན་པ་དང༌། ཞ་ལུ་ལོ་ཙཱ་བ་ཆོས་སྐྱོང་བཟང་པོ། གཀྲ་སི་ཏུ་བསྟན་པའི་ཉིན་བྱེད་བཅས་ཀྱིས་རྒྱ་དཔེ་རྙིང་པ་དང་གཏུགས་ཏེ་དག་པར་བཅོས་ཤིང་མཆན་འགྲེལ་བརྩམས་པ་ལ་བརྟེན་ནས། རྒྱ་གར་དང་བོད་གཉིས་ཀར་ཐུན་མོང་དུ་ཡོད་པའི་ཚིག་རྒྱན་ཏེ། རང་བཞིན་བརྗོད་པའི་རྒྱན་དང༌། དཔེ་རྒྱན། གཟུགས་རྒྱན། གསལ་བྱེད་ཀྱི་རྒྱན། བསྐོར་བའི་རྒྱན། འགོག་རྒྱན། དོན་གཞན་བཀོད་པའི་རྒྱན། ལྡོག་པ་ཅན་གྱི་རྒྱན། སྦྱིད་པ་ཅན་གྱི་རྒྱན། བསྡུས་བརྗོད་ཀྱི་རྒྱན། ཕུལ་བྱུང་བརྗོད་པའི་རྒྱན། རབ་བརྟགས་ཀྱི་རྒྱན། རྒྱུའི་རྒྱན། ཕྲ་མོའི་རྒྱན། རྣམ་གྲངས་བརྗོད་པའི་རྒྱན། ཀུན་ཕན་གྱི་རྒྱན། རྒྱ་ཆེ་བའི་རྒྱན། ཁྱད་པར་བརྗོད་པའི་རྒྱན། མཚུངས་སྦྱོར་གྱི་རྒྱན། སྦྱར་རྒྱན།(བོད་ལ་ཁྱབ་ཤིན་ཏུ་ཆུང) འགལ་བའི་རྒྱན། སྐབས་མིན་བསྟོད་པའི་རྒྱན། ཐོལ་བསྟོད་ཀྱི་རྒྱན། ངེས་བསྟན་གྱི་རྒྱན། ལྷན་ཅིག་བརྗོད་པའི་རྒྱན། ཡོངས་བརྗེས་ཀྱི་རྒྱན། ཤིས་པའི་རྒྱན། རབ་སྦྲེལ་གྱི་རྒྱན། དགོངས་པ་ཅན་གྱི་རྒྱན་བཅས་དང༌། སྦྲ་རྒྱན་དང་གབ་ཚིག་གི་རྒྱན་མང་པོར་མིང་དང་དེ་ཇི་ལྟར་སྦྱོར་བའི་རིགས་པའི་གཞུང་ལུགས་ཡོད་པར་གྱུར་ཀྱང༌། 《སྙན་ངག་མེ་ལོང》དུ་མ་འདུས་པའི་བོད་ཀྱི་ཐུན་མོང་མ་ཡིན་པའི་ཚིག་རྒྱན་མང་པོ་ཞིག་ད་ལྟའི་བར་དུ་རང་གི་ཚིག་རྒྱན་རིག་པའི་བང་མཛོད་དུ་མ་ཚུད་པར་མིང་མེད་བདག་མེད་དུ་ལུས་ཡོད།

དེར་བརྟེན་ང་ཚོས་རྒྱ་གར་གྱི《སྙན་ངག་མེ་ལོང》ལ་སློབ་སྦྱོང་དང་ཞིབ་འཇུག་བྱེད་པ་དང་དུས་མཚུངས་སུ་བོད་རང་གི་ཐུན་མོང་མ་ཡིན་པའི་ཚིག་རྒྱན་མཆོག་ཏུ་གྱུར་པ་དེ་དག་བོད་ཀྱི་ཚིག་རྒྱན་རིག་པའི་བང་མཛོད་དུ་དྲངས་ཏེ་གཞུང་ལུགས་ཀྱི་སྟེང་ནས་དེའི་མཚན་ཉིད་དང་སྦྱོར་སྟངས་གཏན་ལ་ཕབ་ནས་བོད་ཀྱི་

ཀློག་རྒྱུན་རིག་པ་འཕྲུལ་ཚད་དུ་གཏོང་རྒྱུ་ནི། ང་ཚོ་རྗེས་རབས་པ་རྣམས་ཀྱི་ཕྲག་པར་བབས་པའི་ལོ་རྒྱུས་ཀྱི་ལས་འགན་གལ་ཆེན་ཞིག་ཡིན་ལ། བོད་ཀྱི་རྩོམ་རིག་འཕེལ་རྒྱས་སུ་གཏོང་རྒྱུར་ཉེ་བར་མཁོ་བའི་རྒྱུ་རྐྱེན་གཙོ་བོ་ཞིག་ཀྱང་རེད། བོད་ལ་མི་རིགས་རང་གི་ཁྱད་ཆོས་ལྡན་ཞིང་འཕྲུལ་སྒྲོ་ཚང་བའི་ཀློག་རྒྱུན་རིག་པ་ཞིག་ཡོད་ན་ད་གཟོད་རྩམ་དྲི་དང་མར་དྲི་བྲོ་བའི་ཐུན་མོང་མ་ཡིན་པའི་བརྩམས་ཆོས་ཁྱད་དུ་འཕགས་པ་མང་པོ་འཐོན་ཞིང་བོད་ཀྱི་རྩོམ་རིག་ལ་སྔ་ན་མེད་པའི་འཕེལ་རྒྱས་ཆེན་པོ་འབྱུང་ངེས་པ་ནི《སྨན་ངག་མེ་ལོང》བོད་དུ་བསྒྱུར་བའི་འབྲས་བུ་ལས་མངོན་པར་གསལ།

ཡིན་ནའང་། ད་ལྟའི་འཕེལ་ཕྱོགས་ཤིག་ལ་སྔོན་ཐོན་མི་རིགས་གཞན་གྱི་རིག་གནས་དང་རྩོམ་གཞུང་ལ་ཅུང་ཟད་གོམས་པའི་གཞོན་དར་ཁག་ཅིག་གི་བློ་གྲོས་ཀྱི་གོམ་ཁ་ནི། མི་རིགས་གཞན་གྱི་རྩོམ་ལུགས་དང་། སྐད་ཆའི་ཁྱད་ཆོས། བསམ་གཞིག་གཏོང་སྟངས་བཅས་ལྟར་རང་མོས་སྙན་ངག་རྩོམ་པའི་ཕྱོགས་ལ་འཁོར་བ་ལས། བོད་རང་གི་ཐུན་མོང་མ་ཡིན་པའི་ཀློག་རྒྱུན་མཆོག་ཏུ་གྱུར་པ་རྣམས་སྤྱོད་ལེན་བྱེད་རྒྱུ་དེ་ཡིད་ལའང་དྲན་གྱི་མེད་པ་རེད། ད་དུང་ལ་ལ་ཞིག་གིས《སྙན་ངག་མེ་ལོང》གིས་དེང་རྩོམ་ལ་མཛུབ་ཁྲིད་བྱེད་མི་ཐུབ་པ་དང་།《སྙན་ངག་མེ་ལོང》ལྟར་བརྩམས་པའི་སྙན་ངག་མི་རིགས་གཞན་གྱི་སྙན་ངག་ལྟར་གྱེར་འདོན་བྱེད་མི་བདེ་ཟེར་ཏེ།《སྙན་ངག་མེ་ལོང》དེ་རྩ་བ་ནས་རྩིས་མེད་དུ་གཏོང་བ་རེད།

རྩོམ་སྒྲོལ་སྙིང་པའི་འཆིང་རྒྱ་ལས་གྲོལ་ཏེ་མི་རིགས་གཞན་གྱི་ལེགས་ཆ་སྤྱོད་ལེན་བྱེད་པ་ནི་སྤྱིར་བཤད་ན་གནས་ཚུལ་ལེགས་པོ་ཞིག་ཡིན་ལ་བྱ་དངོས་འཕེལ་རྒྱས་ཀྱི་ཆོས་ཉིད་དང་ཡང་མཐུན་པ་ཞིག་ཡིན་མོད། མཐའ་གཅིག་ཏུ་མི་རིགས་རང་གི་ཡོད་ཚད་རྗེས་ལུས་སུ་བརྩི་ཞིང་སྔོན་ཐོན་མི་རིགས་གཞན་གྱི་ཡོད་ཚད་སྔོན་ཐོན་དུ་མཐོང་བ་དང་། དབྱེ་འབྱེད་དང་བླང་དོར་མེད་པའི་སྒོ་ནས་སྔོན་ཐོན་

མི་རིགས་གཞན་གྱི་ཚིག་རྒྱན་རིག་པ་ལྟར་གསར་རྩོམ་བྱེད་པ་ནི་གནའ་བོའི་དུས་སུ་རང་རེ་བོད་ཀྱིས་མཐའ་གཅིག་ཏུ་རྒྱ་གར་ལ་ཡིད་སྨོན་བྱེད་པ་དང་། ཡོད་ཚད་རྒྱ་གར་དང་བསྟུན་གང་ཐུབ་བྱེད་པ་དང་ཀུན་ནས་མཚུངས་པ་མིན་ནམ། བསམ་བློ་དེ་དང་དེའི་རྗེས་སུ་འབྲངས་པའི་བརྩམས་ཆོས་ནི་རྒྱ་གར་གྱི་སྒྱུར་བའི་རྒྱན་དང་། བྱ་དགའ་བའི་རྒྱན། 《སྙན་ངག་མེ་ལོང》གི་དངོས་བསྟན་གྱི་རྒྱན་ལེའུ་དང་པོ་བཅས་ཀྱི་མཚན་ཉིད་ལྟར་བོད་ཡིག་གིས་བྲིས་པ་དང་འདྲ་སྟེ། ལོ་བརྒྱ་ཕྲག་དུ་མ་འགོར་ཀྱང་བོད་མི་རིགས་ཀྱིས་དང་ལེན་བྱེད་དཀའ་བ་རེད། གལ་ཏེ་དང་ལེན་བྱས་པའི་དབང་དུ་བཏང་ནའང་མཁས་པ་རྣམས་ཀྱིས་རང་རང་གི་རྩོམ་རྩལ་ངོམ་བྱེད་ཙམ་དུ་བྱེད་པ་ལས། བོད་འབངས་ཡོངས་ཀྱིས་ཉམས་སུ་མྱོང་བྱར་མི་འགྱུར་ལ། སྤྱི་ཚོགས་སྙིང་གི་བྱ་ངན་སྤྱོད་ངན་མཚང་འབྱིན་བྱེད་པ་དང་མི་བཟང་དོན་བཟང་ལ་བསྔགས་པ་བརྗོད་ནས། མི་རྣམས་ཡ་རབས་དམ་པའི་ལམ་ལ་སྐུལ་བའི་རྒྱུན་སྤྱོད་ཀྱི་ལག་ཆར་དེ་བས་ཀྱང་མི་འགྱུར་བ་རེད།

དེ་ལས་ལོ་ཁྲི་ཕྲག་དུ་མའི་ནང་རང་ཤུགས་སུ་གྲུབ་པའི་བོད་རང་གི་ཚིག་རྒྱན་ཕུན་སུམ་ཚོགས་པ་ལྟར་བརྩམས་པའི་བརྩམས་ཆོས་ཡིན་ན། མི་རིགས་རང་གི་རྩོམ་རིག་གི་ཁྱད་ཆོས་ལྡན་པའི་རྐྱེན་གྱིས་ལོ་བརྒྱ་ཕྲག་དུ་མ་ཕྱིན་ཀྱང་བོད་འབངས་ཡོངས་ཀྱིས་སྐྱོ་བ་སངས་པའི་གླུ་དང་ངལ་བ་གསོ་བའི་སྨན་དུ་འགྱུར་ངེས་ཡིན་པ《རྗེ་མི་ལ་རས་པའི་གསུང་མགུར》ལ་ད་ལྟའང་གསུང་སྙན་མོ་རྗེ་བཙུན་མགུར་མ་རེད། ཅེས་བོད་འབངས་ཡོངས་ཀྱིས་བསྟོད་པའི་མེ་ཏོག་ཀུན་ནས་གཏོར་ཞིང་། སྙན་པའི་གྲགས་པ་འཛམ་གླིང་ཡོངས་ལ་ཁྱབ་པ་ལས་གསལ་པོར་མཚོན་པས་དགོས་མེད་ཀྱི་རྒྱས་སྤྲོས་བྱེད་མི་དགོས་པ་རེད།

དེས་ན་བོད་ཀྱི་རྩོམ་རིག་འཕེལ་རྒྱས་ལ་ཐུགས་ཁུར་མཛད་པའི་བློ་མཐུན་ཚང་མས་དོན་འདི་ལ་དམིགས་ནས་རང་རང་གི་བློ་གྲོས་ཀྱི་གོམ་ཁ་མི་རིགས་རང་

གི་ཁྱད་ཆོས་ལྡན་པའི་ཚིག་རྒྱན་རིག་པ་ཆ་ཚང་ཞིག་རྩོམ་པའི་ཐད་ལ་ཕྱོགས་ནའོས། དེ་ཡང《སྙན་ངག་མེ་ལོང》ནང་གི་བོད་ཀྱི་ཚིག་སྦྱོར་དང་ཀུན་ནས་མཐུན་པའི་རྒྱན་རྣམས་གཞིར་བཟུང་ཐོག བོད་རང་གི་ཐུན་མོང་མ་ཡིན་པའི་ཚིག་རྒྱན་མཆོག་ཏུ་གྱུར་པ་རྣམས་བོད་ཀྱི་ཚིག་རྒྱན་རིག་པའི་ནང་དུ་འདྲེན་ཞིང་། དེའི་ཁྱད་ཆོས་དང་སྦྱོར་སྟངས་ག་འདྲ་ཡིན་པ་མཚན་ཉིད་དང་མཚན་གཞིའི་སྒོ་ནས་གཏན་ལ་ཕབ་སྟེ། མི་རིགས་རང་གི་ཁྱད་ཆོས་ལྡན་པའི་ཚིག་རྒྱན་རིག་པའི་བསྟན་བཅོས་ཤིག་འགྲུབ་པར་བྱ་དགོས། མིང་གཞི་དེའི་སྟེང་དུ་ད་གཟོད་མི་རིགས་རང་གི་སྐད་ཡིག་གི་ཁྱད་ཆོས་དང་ཡིད་བྱེད་སོགས་དང་མཐུན་ཞིང་འཕྲོད་པའི་སྔོན་ཐོན་མི་རིགས་གཞན་གྱི་ཚིག་རྒྱན་དང་རྩོམ་སྲོལ་གྱི་ལེགས་ཆ་རྣམས་གང་ལ་གང་འཚམ་དུ་བླངས་ན་བོད་ཀྱི་ཚིག་རྒྱན་རིག་པ་ཕུན་སུམ་ཚོགས་པོར་འགྱུར་ཐུབ་ལ། དེ་འདྲའི་ཚིག་རྒྱན་རིག་པར་བརྟེན་ནས་བྲིས་པའི་བརྩམས་ཆོས་ལ་མར་དང་རྩམ་པའི་ནང་དུ་ཀ་ར་བཏབ་པ་ལྟ་བུའི་བཅུད་དང་ཡོན་ཏན་ལྡན་པས། བོད་ཀྱི་རྩོམ་རིག་འཕེལ་རྒྱས་སུ་གཏོང་ན་ཕྱོགས་འདིར་ཡང་འབད་པ་བྱ་དགོས་པར་སྙམ་མོ། །

གོང་དུ་བརྗོད་པ་ནི་བློ་དམན་པོ་བོའི་བློས་དཔག་ཚོད་ཙམ་ཡིན་པས། དོན་གྱི་མཐའ་མ་འཁྱོངས་པའི་སྐྱོན་གང་མང་མང་ཞིག་ཡོད་སྲིད་ངེས་རེད། དེ་འདྲ་མཆིས་ན་གཟུ་བོར་གནས་པའི་རྣན་གཞོན་མཁས་པ་རྣམས་ཀྱིས་བོད་ཀྱི་རྩོམ་རིག་འཕེལ་རྒྱས་སུ་གཏོང་བའི་དོན་ཆེན་པོར་དམིགས་ནས་གསུང་གི་བདུད་རྩི་ལྷུག་པོར་སྩོལ་དང་། ཁོ་བོས་སློང་ཐག་པ་ནས་མཐོལ་ལོར་བཤགས་ངེས་ཡིན།། །།

༄༅། །བོད་ཀྱི་སྒྱི་སྐད་གཏན་འཁེབས་དང་ཁྱབ་གདལ་
བྱ་རྒྱུའི་སྐོར་གྱི་ལྟ་ཚུལ་འགའ།

སྔོན་ཆད་གཞན་གྱིས་རང་གི་སྐད་ལ་དག་འབུད་པ་དང་འཕྱ་སྨོད་བྱེད་ཚེ། ལུང་པ་རེ་ལ་ཆུ་འགོ་རེ། ས་ཆ་རེ་ལ་སྐད་རིགས་རེ། ཞེས་པའི་གཏམ་དཔེ་དྲངས་ནས་ལན་བཏབ་ཅིང་། ཐ་ན་རང་གི་སྐད་ཆ་ནི་བོད་སྐད་རྣལ་མ་ཡིན་པར་རློམ་ནས་ཁེངས་རློམ་གཞན་བརྙས་ཀྱི་ཚུལ་ཁོ་ན་བཟུང་བ་ལས། རང་གཞན་གཉིས་ཀའི་སྐད་ཀྱི་ཁྱབ་ཁྱ་དང་བྱེད་ནུས་ཆེ་ཆུང་སོགས་ལ་རྩད་གཅོད་ཞིབ་འཇུག་གཏན་ནས་མ་བྱས་ལ། ས་ཆ་རེ་ལ་ཡུལ་སྐད་རེ་གྱེས་པའི་མཐའ་འབྲས་ལ་དེ་བས་ཀྱང་བསམ་བློ་མ་བཏང་། 1991ལོའི་ཟླ་8པར་ང་རང་གྲོང་ཁྱེར་ལྷ་སར་འཚོགས་པའི《གླིང་གེ་སར》ཞེས་རིག་སྐོར་གྱི་རྒྱལ་སྤྱིའི་གྲོས་མོལ་ཚོགས་འདུ་ཐེངས་གཉིས་པར་ཞུགས་རྒྱུའི་སྐལ་བཟང་ཐོབ་པས། སེམས་ཀྱི་ཁོང་ནས་ད་རེས་ཕྱི་ནང་མཁས་པ་རྣམས་ཀྱི་ལེགས་བཤད་བདུད་རྩིར་རོལ་བའི་སྐལ་བ་ལྡན་སོང་བསམས་ནས། དགའ་བའི་ཏ་ཕོར་ཁྲིལ་བའི་ལྷུག་གིས་སྐྱུལ་བཞིན་གྲོང་ཁྱེར་ལྷ་སར་བསྐྱོད་ཅིང་། རྒྱལ་ཁབ་ཕྱི་ནང་གི་མཁས་པ་རྣམ་པ་དང་མཇལ་ནས་གླེང་མོལ་གྱི་ལས་ལ་ཞུགས་ཚེ། རང་གི་སྐད་ཆ་ཁོང་རྣམ་པས་མི་མཁྱེན་པ་དང་། ཁོང་རྣམ་པའི་གསུང་རང་གིས་མི་གོ་ཞིང་། ཐ་ན་བོད་ཀྱི་སྐད་དང་ཡི་གེ་མཁྱེན་པའི་ཕྱི་གླིང་པ་དང་དབུས་ཁམས་གཉིས་ཀྱི་མཁས་པ་རྣམས་དང་མཇལ་ནའང་ཁོང་རྣམ་པའི་དབུས་སྐད་དང་ཁམས་སྐད་རང་གིས་ལེགས་པོ་མི་ཤེས་པ་དང་། རང་གི་ཨམ་སྐད་ཁོང་རྣམ་པས

མི་མཁྱེན་པས། དབུས་གཙང་པ་དང་ཁམས་པའི་བར་གླེང་མོལ་བྱེད་ཚེ་རྒྱ་སྐད་ལ་བརྟེན་དགོས་པ་དང་། ཕྱི་གླིང་པ་དང་ཕྱིར་སྡོད་བོད་མི་དང་གླེང་མོལ་བྱེད་ན་དབྱིན་སྐད་ལ་བརྟེན་དགོས་པ། གལ་ཏེ་རྒྱ་སྐད་དང་དབྱིན་སྐད་གང་ཡང་མ་ཤེས་ན་ཕན་ཚུན་དབར་ལ་བསམ་བློ་བརྗེ་རེས་བྱེད་ཐབས་བྲལ་བ་ལྟ་བུ་རེད། ཁྱད་པར་དུ་ཕྱི་གླིང་པ་རྣམས་ཀྱིས་དབུས་སྐད་ལྷུགས་པོར་སྨྲ་བའི་ཚེ་ན། ཁོ་བོས་ཡོངས་སུ་མ་གོ་བར་ལྐུགས་པའི་བརྟུལ་ཞུགས་འཛིན་པའམ་ཡང་ན་ལྡབ་ལྡིབ་ཀྱི་ངག་དང་བཅས་སོར་ལྷུས་མགོ་བོ་འཕྱུག་པའི་ལས་བྱེད་དགོས་ན། དེ་བས་ཀྱང་བག་ཚ་ཞིང་ངོ་གནོང་བར་གྱུར། དེ་ལྟར་དཔའ་ཞུམ་ཞིང་བག་འཁུམ་པ། ངོ་གནོང་བ་སོགས་བཟོད་དཀའ་བའི་ཕོག་ཐུག་ཡང་ཡང་ཐེབས་པ་ལས་རང་གིས་ཤེས་པའི་བོད་སྐད་ནི་མཚོ་སྡོན་བརྒྱལ་ན་ལྐུགས་པའི་ངག་ཏུ་འགྱུར་འགྲོ་བར་བརྟེན་རང་རེ་བོད་འདི་མཐུན་སྒྲིལ་དང་དར་རྒྱས་གོང་འཕེལ་དུ་འགྲོ་དགོས་ན། ངེས་པར་དུ་བོད་ཁམས་སྤྱི་ལ་ཁྱབ་པའི་སྐད་ཚད་མ་ཞིག་གཏན་འབེབས་དང་ཁྱབ་གདལ་བྱེད་དགོས་པའི་བྱིས་པའི་འཁྱེར་སོ་འདི་འདྲ་ཞིག་དབང་མེད་དུ་ཤོར་བ་ཡིན་ན། མཁོ་བ་མེད་པའི་ཤོག་སྙིགས་དང་དགོས་པ་མེད་པའི་སྨན་རོར་མི་འགྱུར་བར་སྨོན།

དང་པོ། བོད་ལ་སྤྱི་སྐད་གཏན་འབེབས་བྱེད་པའི་དགོས་པ།

དེ་ཡང་རང་རེ་བོད་ཀྱི་སྐད་ཀུང་འཛམ་གླིང་གི་མི་རིགས་གཞན་གྱི་སྐད་དང་འདྲ་བར་བོད་ཀྱི་མེས་པོ་རྣམས་ཀྱིས་ཐུན་མོང་གི་ངལ་རྩོལ་བྱེད་ཤེས་པ་ནས་བྱུང་ཞིང་། ལོ་ངོ་ཁྲི་ཕྲག་དུ་མའི་རིང་ལ་བོད་ཀྱི་ཐོན་སྐྱེད་ནུས་ཤུགས་དང་འཚོ་བའི་ཆུ་ཚད། ཤེས་རིག་སོགས་འཕེལ་རྒྱས་སུ་སོང་བ་དང་བསྟུན་ནས་དེའང་འཕེལ་འགྱུར་བྱས་ནས་ཉིང་འདུས་དང་ཕུན་སུམ་ཚོགས་པོར་གྱུར་ཏེ། མི་དང་མིའི་བར་ལ་

བསམ་བློ་དང་འཚོ་བ། ཐོན་སྐྱེད་ཀྱི་ཉམས་མྱོང་སོགས་བརྗེ་རེས་བྱེད་པའི་ཡོ་བྱད་གལ་ཆེན་དུ་གྱུར། ཁྱད་པར་དུ་རྒྱལ་པོ་སྲོང་བཙན་སྒམ་པོའི་སྐུ་རིང་ནས་བོད་ཀྱི་རིགས་རྒྱུད་ཚོ་པ་ཁག་གཅིག་གྱུར་བྱུང་ཞིང་། བོད་ཡིག་གསར་བཟོ་བྱས་པའི་དུས་མཚུངས་སུ་བོད་སྐད་ཀྱི་ཁྱད་ཆོས་དང་མཐུན་པའི་བརྡ་སྤྲོད་ཀྱི་གཞུང་བརྩམས་པ་དང་། བོད་སྐད་ཀྱི་འཕེལ་འགྱུར་ལྟར་ཐ་སྙད་བགས་བཅད་བྱས་པ་དེས་བོད་ཀྱི་སྐད་ཐར་ལས་གཅིག་གྱུར་དང་ཚད་ལྡན་ཅན་དུ་གྱུར་པས། དེའི་འབྲེལ་འཇུགས་ཀྱི་ནུས་པའང་ལྡབ་འགྱུར་གྱིས་ཇེ་ཆེར་སོང་ནས། བོད་ཀྱི་ཆབ་སྲིད་དང་། དཔལ་འབྱོར། རིག་གནས། དམག་དོན་སོགས་ཀྱི་བྱ་གཞག་འཕེལ་རྒྱས་སུ་འགྲོ་བར་དགེ་མཚན་ལྡན་པའི་ནུས་པ་ཐོན་ཡོད།

ཡིན་ནའང་། རྒྱལ་པོ་དར་མ་འུ་དུམ་བཙན་གྲོངས་པའི་རྗེས་སུ་ས་ཁུལ་སོ་སོའི་དཔོན་པོ་ཚོས་གཅིག་འོག་གཅིག་ལ་མི་གཏོགས་པར་ས་ཆ་ངེས་ཅན་རེ་བཅད་བཟུང་བྱས་ནས་བོད་ཁམས་སིལ་བུར་ཐོར་བས།཯ན་ཚུན་དབར་འབྲེལ་ཐུག་ཆེན་པོ་བྱེད་མ་ཐུབ་པར་ཡུན་རིང་འདས་པ་ན་རིམ་བཞིན་ལུང་པ་རེ་ལ་ཆུ་མགོ་རེ། སྡེ་པ་རེ་ལ་སྐད་རིགས་རེ་བྱུང་བ་རེད། དེའི་སྟེང་དུ་ཉེ་བའི་དུས་སུ་སྐད་རིགས་དེ་དག་ལྟར་རྒྱང་བསྒྲགས་ལས་ཁུངས་དང་། བརྙན་འཕྲིན་ཁང་། གློག་བརྙན་དང་བརྙན་འཕྲིན་སྒྱུར་སྒྲུན་ཁང་། དེ་མིན་ཞློས་གར་ཚོགས་པ་སོགས་ཁུལ་སོ་སོར་བཙུགས་པ་དེས་ཡུལ་སྐད་དེ་དག་ཁྱབ་སའི་ཉན་མཁན་རྣམས་ལ་ཏང་གི་བསྒྲག་བྱ་སྣ་ཚོགས་དུས་ཐོག་ཏུ་གསལ་པོར་བསྒྲགས་པ་དང་། རིག་གནས་འཚོ་བ་ཕུན་སུམ་ཚོགས་སུ་གཏོང་བར་བསྐྱོན་དུ་མེད་པའི་ནུས་པ་ཆེན་པོ་ཐོན་ཡོད་ཀྱང་། ལས་ཁུངས་དེ་དག་གིས་རང་གི་ཁྱབ་ཁོངས་ཀྱི་ཉན་མཁན་རྣམས་ལ་བརྗོད་དོན་གསལ་པོར་སྟོན་ཆེད། ཡུལ་དེའི་མང་ཚོགས་ཀྱི་ཁ་སྐད་ལ་བསྟུན་གང་ཐུབ་བྱས་པ་དང་། ཡུལ་སྐད་སྤྱོད་བའི་སློབ་ཁྲིད་བྱས་པ་དེས་བོད་ཀྱི་ཡུལ་སྐད་སོ་སོའི་ཁྱད་པར་ཐར་ལས་ཇེ་

ཆེར་འགྲོ་བར་དམན་པའི་ནུས་པ་རང་ཤུགས་ཀྱིས་ཐོན་པ་རེད། ལོ་རྒྱུས་ཀྱི་རྒྱུ་རྐྱེན་དེ་དང་དེ་དག་གི་དབང་གིས། ད་ལྟ་མདོ་དབུས་ཁམས་གསུམ་གྱི་མི་གསུམ་ཚོགས་ན་མི་རིགས་གཞན་གྱི་སྐད་ལ་བརྟེན་ན་མ་གཏོགས། རང་སྐད་ཀྱིས་བརྗོད་མི་འཕྲོད་པའི་གནས་འདིར་གྱུར་བ་དང་། དེ་བཞིན་དུ་ཡུལ་སྐད་སོ་སོའི་དྲིལ་བསྡུགས་ལས་ཁུངས་ཀྱིས་བཏང་བའི་ལེ་ཚན་སྣ་ཚོགས་ཀུང་རང་རང་གི་ཁྱབ་ཁོངས་ལས་བརྒལ་ན། རྒྱ་སྐད་ལས་གོ་དཀའ་བར་གྱུར་པ་རེད། དེས་ན་མདོ་དབུས་ཁམས་གསུམ་གྱི་སྐད་ཀྱི་ཁྱད་པར་དེ་ཕྱོགས་གང་དུ་ཡོད་ཅེ་ན། བོད་ཀྱི་སྐད་ལ་སྒྲ་གདངས་དང་། ཐ་སྙད། བརྗོད་སྦྱོར་བཅས་གྲུབ་ཆ་གསུམ་ཡོད་པ་ལས་གཙོ་བོ་སྒྲ་གདངས་ཀྱི་ཁྱད་པར་རེད། དཔེར་ན། གསལ་བྱེད་སུམ་ཅུར་མཚོན་ན། ཨ་མདོ་བས།

ཀ	gaf	ཁ	kaf	ག	gaf	ང	ngav
ཅ	jaf	ཆ	qaf	ཇ	jaf	ཉ	nyav
ཏ	daf	ཐ	taf	ད	daf	ན	nav
པ	baf	ཕ	paf	བ	wav	མ	mav
ཙ	zaf	ཚ	caf	ཛ	dza	ཝ	wav
ཞ	xav	ཟ	sav	འ	af	ཡ	yav
ར	rav	ལ	lav	ཤ	xha	ས	shav

ཧ haf ཨ af ཞེས་སྡེ་པ་དང་པོའི་ཀ་དང་ག་གཉིས་སྒྲ་གཅིག(gaf)ཏུ་སློག་པ་དང་། སྡེ་པ་གཉིས་པའི་ཅ་དང་ཇ་གཉིས་སྒྲ་གཅིག(jaf)ཏུ་སློག་པ། སྡེ་པ་གསུམ་པའི་ཏ་དང་ད་གཉིས་སྒྲ་གཅིག(daf)ཏུ་སློག་པ། སྡེ་པ་དྲུག་པའི་འ་དང་སྡེ་པ་མཐའ་མའི་ཨ་གཉིས་སྒྲ་གཅིག(af)ཏུ་སློག་པ་ལས་གཞན་ཚང་མར་སྒྲ་ཐུན་མོང་མ་ཡིན་པ་རེ་ཡོད་པ་རེད། ཡིན་ནའང་དབུས་གཙང་བས།

ཀ	gaf	ཁ	kaf	ག	kav	ང	ngav

ཅ	jaf	ཆ	qaf	ཇ	qav	ཉ	nyāv
ཏ	dāf	ཐ	tāf	ད	tāv	ན	nāv
པ	bāf	ཕ	pāf	བ	pāv	མ	māv
ཙ	zāf	ཚ	cāf	ཛ	cāv	ཝ	wāv
ཞ	xāv	ཟ	Sāv	འ	āv	ཡ	yāv
ར	rāv	ལ	lāv	ཤ	xāf	ས	sāf

ཧ hāf ཨ āf①ཞེས་སྡེ་པ་དང་པོའི་ཁ་དང་ག་གཉིས་སྒྲ་གཅིག་ཏུ(kā)གློག་པ་དང་། དེ་བཞིན་དུ་སྡེ་པ་གཉིས་པའི་ཆ་དང་ཇ། སྡེ་པ་གསུམ་པའི་ཐ་དང་ད། སྡེ་པ་བཞི་པའི་ཕ་དང་བ། སྡེ་པ་ལྔ་པའི་ཚ་དང་ཛ། སྡེ་པ་དྲུག་པའི་ཞ་དང་སྡེ་པ་བདུན་པའི་ཤ སྡེ་པ་དྲུག་པའི་ཟ་དང་སྡེ་པ་བདུན་པའི་ས་བཅས་ལའང་སྒྲའི་མཐོ་དམའ་ཙམ་ལས་ཁྱད་པར་མེད་པར་གློག་པ་རེད།

ཡང་། ཨམ་སྐད་དུ་སྔོན་འཇུག་དང་རྗེས་འཇུག་ཞུགས་ཚེ་གསལ་བྱེད་དམ་རྐང་གཞིའི་ཡི་གེ་སྒྲ་འགྱུར་ཡང་། དབུས་སྐད་ལ་འགྱུར་བ་ཆེར་མེད་པ་སྟེ། དཔེར་ན། ཨ་མདོའི་སྐད་ལ་གསལ་བྱེད་ཡི་གེ་ཀ་ལ་སྔོན་འཇུག་བ་ཡིག་ཞུགས་ཚེ“kuā”ཡི་སྒྲ་ཐོན་པ་དང་། སྔོན་འཇུག་ད་ཡིག་དང་མགོ་ཡིག་ར་ལ་ས་གསུམ་ཞུགས་རྗེས“hkā”ཡི་སྒྲ་ཐོན་ཡང་། ལྷ་སའི་སྐད་ལ་ཀ ཀྱ། དཀའ། བཀའ། རྐ། སྐ། བསྐ་བཅས་ཚང་མ“ཀ”(gāf)②ཞེས་གློག་པ་རེད། མིང་གཞི་ཅ་ལ་སྔོན་འཇུག་ག་དང་ལ་མགོ་སྦྱར་ཚེ་ཨམ་སྐད་ལ“htcā”ཡི་སྒྲ་ཐོན་ཡང་། ལྷ་སའི་སྐད་ལ་འགྱུར་བ་མེད་པར་ལྕ་དང་གཅའ་ཡང“ཅ”(jāf)རུ་འདོན།③ མིང་གཞི་ཡི་གེ་ཏ་ཡང་སྔོན་འཇུག་ག་དང་མགོ་ཡིག་གསུམ་དང་འཕྲད་ཚེ་ཨམ་སྐད་ལ་སྒྲ་འགྱུར་ནས“stā”སྒྲ་

① མི་རིགས་དཔེ་སྐྲུན་ཁང་གིས་པར་དུ་བསྐྲུན་པའི《ལྷ་སའི་ཁ་སྐད་སློབ་དེབ》ཏུ་གསལ།
② གོང་དང་མཚུངས།
③ གོང་དང་མཚུངས།

ཐོན་ཡང་། ལྷ་སའི་སྐད་དུ་ཏ་དང་། གཏལ། ཏ། སྟ། བལྟ་ཚང་མ་ཁྱད་པར་མེད་པར“ཏ”(dāf)ཞེས་ཀློག་པ་རེད།① ཡང་། འདོགས་ཅན་ཡི་གེར་མཚོན་ནའང་དེ་བཞིན་ཏེ་མིང་གཞི་ཀྲ་ལ་སྟོན་འཇུག་ད་བ་དང་ས་མགོ་སྦྱར་ཚེ། ཨམ་སྐད་ལ་སྦྲ་གྱུར་ནས“htzā”ཡི་སྒྲ་ཐོན་ཡང་། ལྷ་སའི་སྐད་ལ་མི་འགྱུར་བར་དཀྲི་དང་བཀྲ། བསྐྲ་ཚང་མ་ཀྲ(zhāf)②རུ་ཀློག་པ་ལྟ་བུ་རེད།

གཞན་ད་དུང་ཨ་མདོའི་སྐད་ལ་གདངས་ཚན་དེ་འདྲ་གསལ་པོ་ཞིག་མེད་ཀྱང་དབུས་སྐད་དུ་དོན་སྟོན་ནུས་པའི་གདངས་ཚན་གསལ་པོ་ཞིག་ཡོད་པ་སྐད་རིག་པར་ཞིབ་འཇུག་བྱེད་པའི་མཁས་པ་རྣམས་ཀྱིས་གསུངས།

ཨམ་སྐད་དང་དབུས་སྐད་གཉིས་ཀྱི་ཁྱད་པར་གཞན་ཞིག་ནི་མིང་འདོགས་ལུགས་ཀྱི་ཁྱད་པར་རེད། དེ་ཡང་གཙོ་བོ་ལྷ་བླ་མ་བྱང་ཆུབ་འོད་ཀྱི་རྗེས་སུ་བོད་ཀྱི་ཐ་སྙད་ལ་གཅིག་གྱུར་གྱིས་བཀགས་བཅད་བྱེད་མཁན་མ་བྱུང་བ་དང་། དུས་ཡུན་རིང་པོར་སིལ་བུར་ཆད་ནས་ཕན་ཚུན་བར་འབྲེལ་ཐུག་བྱེད་མ་ཐུབ་པའི་རྐྱེན་གྱིས་བྱ་དངོས་གསར་པར་མིང་འདོགས་པ་དང་གཞན་གྱི་སྐད་སྦྱར་བའི་སྐབས་སུ་ས་ཁུལ་སོ་སོས་གང་ལ་གང་འདོད་བྱས་པས། དངོས་པོ་གཅིག་ལ་མིང་མི་འདྲ་བ་འགའ་རེ་བྱུང་བ་དེ་རེད། དཔེར་ན། ན་གྲངས་འཁོར་ལ་ཨ་མདོ་པ་མང་ཆེ་བས“ཆི་ཁྲི”(རྒྱ་སྐད)ཟེར་ཡང་། ལྷ་ས་པས“མོ་ཏ”(དབྱིན་སྐད)ཟེར། གློག་འཕྲིན་ལ་ཨ་མདོ་པས“ཏེན་པོ”(རྒྱ་སྐད)ཟེར་བ་དང་། ལྷ་ས་པས“ཏར”(རྒྱ་གར་སྐད)ཟེར། གྲངས་རྩིས་ལ་ཨ་མདོ་པས“ཆག་གཡིས”(རྒྱ་སྐད)ཟེར་ཞིང་། ལྷ་ས་པས“པེ་ཀྲོའོ”(དབྱིན་སྐད)ཟེར། རྐང་འཁོར་ལ་ཨ་མདོ་པས“རྐང་འཁོར་ལམ་བླ་ཅེ”ཟེར་ཞིང་། ལྷ་ས་པས“ཨུ་མོ་སུ་ལུ”(སོག་སྐད)ཟེར། དོར་ཐུང་ལ་ཨ་མདོ་པས“རྐང་ཐུང”ཟེར་ཞིང་། ལྷ་ས་

① མི་རིགས་དཔེ་སྐྲུན་ཁང་གིས་པར་དུ་བསྐྲུན་པའི《ལྷ་སའི་ཁ་སྐད་ཀློག་དེབ》ཏུ་གསལ།
② གོང་དང་མཚུངས།

པས"རྟབ"(དབྱིན་སྐད)ཟེར། དེ་མིན་ཨ་མདོའི་སྐད་ལ་ཞེ་ས་ཉུང་ཡང་ལྷ་སའི་སྐད་ལ་རང་ལས་ཆུང་བའི་མི་ལ་ཡང་ཞེ་ས་སྦྱོར་བ་སྟེ། བྱིས་པ་ལ"ཨ་ཕྱ"ཟེར་བ་དང་། ནུ་བོ་དང་སྲིང་མོ་ལ"ཨོ་ལགས"①ཟེར་བ་ལྟ་བུ་རེད།

བརྡ་སྦྱོད་ཀྱི་ཐད་ནས་ཀྱང་དེ་བཞིན་ཏེ་ཡུལ་སྐད་སོ་སོར་བརྡ་སྦྱོད་ཀྱི་རྣམ་གཞག་དང་མི་མཐུན་པ་གང་མང་བྱུང་བ་སྟེ། དཔེར་ན། དཔེ་ཆ་གཡར་དུ་འགྲོ་བ་ལ་དབུས་གཙང་པས"དཔེ་ཆ་གཡར་གག༵་འགྲོ་གི༵་ཡིན"②ཟེར་བ་དང་། ཨ་མདོ་པས"དཔེ་ཆ་གཡར་གི༵་འགྱོ་བ"ཟེར། ཡང་། ཕ་རོལ་པོ་གནས་ག་གེ་མོ་ཞིག་ལ་འགྲོ་མིན་འདྲི་ཚེ། དབུས་གཙང་པས"ཁྱེད་རང་འགྲོ་གི༵་ཡིན་པས༵"སམ"འགྲོ་གས"③ཟེར་བ་དང་། ཨ་མདོ་པས"ཁྱོད་འགྱོ་རྒྱུ་ཨེ་ཡིན"ཟེར། ཡང་། ཕ་རོལ་པོྂར་ལས་ཀ་ཅི་ཞིག་ལས་ཀྱིན་ཡོད་པ་འདྲི་ཚེ། དྂབུས་གཙང་པས"ག་རེ་གནང་གི༵་ཡོད"④ཟེར་བ་དང་། ཨ་མདོ་པས"ཅི་གཟིག་ལས་གི༵་ཡོད"ཟེར་བ་ལྟ་བུ་རེད།

ཁྱད་པར་འདི་རིགས་མུ་མཐུད་དུ་ཇེ་ཆེར་གྱུར་ཚེ། མི་རྣམས་ཀྱིས་བསམ་བློ་དང་འཚོ་བའི་ཉམས་མྱོང་སོགས་བདེ་བླག་ངང་བརྗེ་རེས་བྱེད་མི་ཐུབ། སྤྱི་ཚོགས་འཚོ་བའི་ཁྲོད་དུ་སྐད་ཆའི་བརྡ་སྦྱོད་པའི་ནུས་པ་འདོན་སྤེལ་གང་ལེགས་ཤིག་བྱེད་མ་ཐུབ་ན། དཔལ་འབྱོར་འཛུགས་སྐྲུན་དང་ཚན་རིག་རིག་གནས་གོང་དུ་འཕེལ་བར་གནོད་པ་མི་ཉུང་བ་ཞིག་ཐེབས་ངེས་རེད། བློ་མཐུན་ཀྲོའུ་ཨེན་ལེས། མིག་སྔའི་ཡི་གེ་བཅོས་སྒྱུར་བྱེད་པའི་ལས་འགན་བྱ་བ་ལས། རང་རྒྱལ་གྱི་རྒྱ་མི་རིགས་ཀྱི་སྐད་ཆར་ད་དུང་འགལ་བ་ཚབས་ཆེན་ཞིག་གནས་པ་ལས། གཙོ་བོ་ནི་སྒྲའི་ཕྱོགས་ཀྱི་གནད་དོན་རེད། གལ་ཏེ་ས་ཆ་སོ་སོའི་མི་རྣམས་ཀྱིས་རང་རང་གི་ཡུལ་སྐད་བཤད་

① མི་རིགས་དཔེ་སྐྲུན་ཁང་གིས་པར་དུ་བསྐྲུན་པའི《བོད་རྒྱ་ཤན་སྦྱར་གྱི་ལྷ་སའི་ཁ་སྐད་ཚིག་མཛོད》དུ་གསལ།

② མི་རིགས་དཔེ་སྐྲུན་ཁང་གིས་པར་དུ་བསྐྲུན་པའི《ལྷ་སའི་ཁ་སྐད་སློབ་དེབ》དུ་གསལ།

③ གོང་དང་མཚུངས།

④ གོང་དང་མཚུངས།

ཚེ། རྟག་ཏུ་གོ་བརྡ་འཕྲོད་དཀའ་བ་ཡོང་བ་དང་། ཐ་ན་ཞིང་ཆེན་གཅིག་གི་ནང་དུའང་གོ་བརྡ་འཕྲོད་མི་ཐུབ་པ་བྱུང་། ……ཡུལ་སྐད་བར་གྱི་འགལ་བ་འདིས་རང་རྒྱལ་མི་དམངས་ཀྱི་ཆབ་སྲིད་དང་། དཔལ་འབྱོར། རིག་གནས་འཚོ་བ་བཅས་ལ་དགེ་མཚན་མེད་པའི་ཤུགས་རྐྱེན་བཟོ་གི་ཡོད། ཅེས་གསུངས་པ་ལྟར། བོད་ཀྱི་ཡུལ་སྐད་སོ་སོའི་བར་དུ་འགལ་བ་དེ་འདྲ་མང་པོ་ཞིག་གནས་པ་དེས་ཀྱང་མི་རྣམས་ཀྱིས་ཕན་ཚུན་བར་གོ་བརྡ་སྤྲོད་པར་གནོད་པར་མ་ཟད། ཚད་ངེས་ཅན་ཞིག་གི་ཐོག་ནས་བོད་སྐད་ཀྱི་འབྲེལ་འཛུགས་ནུས་པའང་ཉམས་པས། སྤྱི་ཚོགས་རིང་ལུགས་ཀྱི་བོད་ཡུལ་གསར་པ་འཛུགས་སྐྲུན་བྱེད་པར་ཡང་ཕན་པ་གང་ཡང་འཐོན་མི་ཐུབ།

རྒྱལ་སྤྱིའི་འབྲེལ་བའི་ཆ་ནས་བཤད་ནའང་། ད་ལྟ་འཛམ་གླིང་ཐོག་བོད་ཀྱི་ཆོས་ལུགས་དང་། རྩོམ་རིག བཟོ་རྩལ། གསོ་རིག་སོགས་ཀྱི་སྔྭན་གྲགས་ཇེ་ཆེར་འགྲོ་བ་དང་བསྟུན་ནས། བོད་རིག་པར་ཞིབ་འཇུག་བྱེད་མཁན་དང་ཚན་ཁག་ཀྱང་ཇེ་མང་དུ་འགྲོ་བ་སྟེ། འཇར་པན་དང་། ཨ་མེ་རི་ཁ། དབྱིན་ཇི། རྒྱ་རན་སི། སུའུ་ལེན། འཇར་མན་སོགས་རྒྱལ་ཁབ་ཉི་ཤུ་ལྷག་ཏུ་བོད་རིག་པའི་སྐོར་གྱི་སློབ་ཚོགས་དང་ཞིབ་འཇུག་ཁང་། བོད་ཀྱི་ཤེས་རིག་སྐོར་གྱི་སློབ་ཁྲིད་ནང་དོན་ལྡན་པའི་སློབ་གྲྭ་ཆེན་མོ་སོགས་ལས་ཁུངས་ཏ་ཅང་མང་ཞིང་། བོད་ཀྱི་སྐད་དང་ཡི་གེ་སློབ་མཁན་ཡང་ཉིན་རེ་བཞིན་ཇེ་མང་དུ་འགྲོ་བ་དང་། ལྷག་དོན་བོད་རིག་པའི་སྐོར་གྱི་ཆེད་འགོད་དུས་དེབ་དང་། བོད་རིག་པའི་སྐོར་གྱི་དཔྱད་རྩོམ་འགོད་པའི་དུས་དེབ་སུམ་ཅུ་ལྷག་ཅིག་ཡོད་པ་རེད། དེས་ན་འཛམ་གླིང་ཐོག་གི་བོད་རིག་པ་དོན་གཉེར་བ་དེ་དག་དང་བདེ་བླག་གིས་འབྲེལ་འདྲིས་བྱེད་ཅིང་། ཁོ་ཚོར་བོད་ཀྱི་གནས་ཚུལ་ངོ་མ་རྟོགས་སུ་འཇུག་པ། ཕན་ཚུན་དབར་རིག་གནས་ཤེས་བྱ་སྤེལ་རེས་བྱས་ནས། རྒྱལ་སྤྱིའི་མཛའ་མཐུན་འབྲེལ་བ་ཇེ་ལེགས་སུ་གཏོང་ཐབས་ལའང་

བོད་ཁམས་སྤྱི་ལ་ཁྱབ་པའི་སྐད་ཚད་མ་ཞིག་ངེས་པར་དགོས་པ་རེད། བོད་རིགས་ཐུན་མོང་གིས་སྤྱོད་ཆོག་པའི་སྤྱི་སྐད་ཅིག་གཏན་ལ་འབེབས་པའམ་དེར་རྒྱང་གཞི་ལེགས་པོ་ཞིག་འདིང་རྒྱུ་ནི་ང་ཚོ་མི་རབས་འདིའི་ལོ་རྒྱུས་ཀྱི་འོས་འགན་ཡིན་པས། བོད་ཀྱི་ལས་དོན་ལ་ཐུགས་ཁུར་གནང་མཁན་མི་ཚང་མས་འདིའི་ཕྱོགས་ལ་ཁ་མིན་དོན་གྱིས་ཕྱག་རྗེས་རེ་འཇོག་རྒྱུ་ཤིན་ཏུ་གལ་ཆེ། བོད་ལ་ཐུན་མོང་གིས་སྤྱོད་ཆོག་པའི་སྤྱི་སྐད་ཚད་མ་ཞིག་ཡོད་ཚེ། ད་གཟོད་བོད་སྐད་ཀྱི་འཕྲིལ་འཛུགས་ནུས་པ་སྔར་ལས་ལྷག་པ་ཞིག་འདོན་ཐུབ་ཅིང་། བོད་རིགས་ས་ཁུལ་གྱི་ཆབ་སྲིད་དང་། དཔལ་འབྱོར། རིག་གནས་ལས་དོན་འཕེལ་རྒྱས་སུ་འགྲོ་བ་དང་། རྒྱལ་ནང་གི་ཕྲུན་ཟླ་མི་རིགས་དང་རྒྱལ་སྤྱིའི་གྲོགས་པོ་རྣམས་ཀྱིས་བོད་ཀྱི་སྐད་ཡིག་སློབ་པར་སླན་དུ་འགྱུར་ཞིང་། རྒྱལ་ནང་གི་མི་རིགས་སོ་སོ་དང་རྒྱལ་སྤྱི་བར་གྱི་འབྲེལ་བ་ཇེ་ལེགས་སུ་གཏོང་རྒྱུ་དང་མཐུན་སྒྲིལ་ཇེ་དམ་དུ་འགྲོ་བར་དེ་བས་ཀྱང་ཕན་ཡོན་ཆེ་སྙམ།

གཉིས་པ། ཡུལ་སྐད་གང་ཞིག་སྤྱི་སྐད་དུ་འཛིན་རྒྱུའི་སྐོར།

ད་ལྟ་བོད་ཀྱི་སྐད་ལ་དབུས་སྐད་ཁམས་སྐད་ཨམ་སྐད་བཅས་ཡུལ་སྐད་ཆེན་པོ་གསུམ་དང་། ཅེ་བྲག་ཏུ“སྡེ་པ་རེ་ལ་སྐད་རིགས་རེ་ཡོད”པས། གང་ཞིག་བོད་ཀྱི་སྤྱི་སྐད་ཚད་མར་འཛིན་དགོས་ཤེ་ན། འདིའི་ཕྱོགས་ལ་ད་ལྟ་འདོད་ཚུལ་མི་འདྲ་བ་གསུམ་ཡོད་དེ། ལ་ལས་ཨམ་སྐད་ནི་གནའ་བོའི་བརྡ་རྙིང་དང་མཐུན་ཞིང་བོད་སྐད་རྣལ་མ་ཡིན་པས། དེ་བོད་ཀྱི་སྤྱི་སྐད་བྱས་ན་རིགས་ཟེར། ལ་ལས་ཁམས་ནི་མདོ་དབུས་གཉིས་ཀྱི་བར་དུ་ཡོད་ཅིང་དེའི་སྐད་མདོ་དབུས་གཉིས་ཀའི་སྐད་ལ་ཉེ་བས། བོད་ཀྱི་སྤྱི་སྐད་ལའང་ཁམས་སྐད་བཟུང་ན་ལེགས་པར་

སྙམ། ལ་ལས་དབུས་གཙང་ནི་བོད་མི་རིགས་ཀྱི་འབྱུང་ཁུངས་དང་བོད་ཀྱི་ཆབ་སྲིད་དང་རིག་གནས་སོགས་ཀྱི་ལྟེ་གནས་ཡིན་པས། བོད་ཀྱི་སྤྱི་སྐད་ལྷ་སའི་སྐད་ཀྱིས་འཛུགས་དགོས་ཟེར། བློ་དམན་བདག་གིས་བལྟས་ན་ཨམ་སྐད་ལ་སྔོན་རྗེས་འཇུག་དང་མགོ་ཡིག་སོགས་ཀྱི་སྒྲ་གསལ་པོར་ཐོན་པའི་ཁྱད་ཆོས་ལྡན་ཞིང་། སྐད་གསར་བཅད་གསུམ་པའི་སྔོན་གྱི་བརྗོད་སྟེང་མང་པོ་ཡོད་པ་དེ་བོད་ཀྱི་གནའ་བོའི་སྐད་ཀྱི་འཕེལ་འགྱུར་ལ་ཞིབ་འཇུག་བྱེད་ན་གཞི་འཛིན་ས་ཏ་ཅང་ཁུངས་བཙུན་པ་ཞིག་ཡིན་ཡང་། ཁྱད་ཆོས་དེ་དག་རྒྱུ་མཚན་དུ་བྱས་ནས་བོད་ཀྱི་སྤྱི་སྐད་ཚད་མར་འཛུགས་མི་འོས་ཏེ། ཨམ་སྐད་ནང་གི་བརྗོད་སྟེང་དེ་དག་ནི་ལོ་ངོ་སྟོང་ཚོ་གཅིག་ལྷག་གི་སྔ་རོལ་དུ་ལོ་ཙཱ་བ་སྐྱ་ཅོག་ཞང་གསུམ་དང་བཙན་པོ་གོང་མ་རྣམས་ཀྱིས་བཅོས་ནས་བཀས་བཅད་བྱས་པའི་ཆ་ཡིན་པས། ང་ཚོས་ད་དུང་དེ་བོད་སྐད་ཚད་མ་ཡིན་པའི་རྒྱུ་མཚན་དུ་བཀོད་ན། སྐད་གསར་བཅད་ཀྱི་དགོངས་འདུན་དང་འགལ་ལ། སྐད་རིགས་འཕེལ་རྒྱས་སུ་འགྲོ་བའི་ཆོས་ཉིད་ལའང་མི་མཐུན་ནོ། །ཁམས་སྐད་ལ་དབུས་སྐད་དང་ཨམ་སྐད་གཉིས་ཀ་འདྲེས་པས་གོ་སླ་ཞིང་ཁྱབ་སྤེལ་བྱེད་བདེ་ཡང་། བོད་ཀྱི་སྤྱི་སྐད་ཚད་མར་འཛིན་པའི་ཆ་རྐྱེན་དུ་མི་འགྱུར། དེ་ལས་ལྷ་སའི་སྐད་དམ་དེ་དང་ཏ་ལམ་འདྲ་བའི་དབུས་གཙང་གི་སྐད་བོད་ཀྱི་སྤྱི་སྐད་ཚད་མར་བཟུང་ན་རྒྱུ་མཚན་འདི་འདྲ་འགའ་འཛོམས་པ་སྟེ།

1. དབུས་གཙང་ནི་བོད་མི་རིགས་དང་དེའི་རིག་གནས་སྣ་ཚོགས་ཀྱི་མཆེད་ཁུངས་ཡིན་ཞིང་། བོད་ཀྱི་བཙན་པོ་རིམ་བྱོན་རྣམས་དང་ལྷག་དོན་རྒྱལ་པོ་སྲོང་བཙན་སྒམ་པོའི་སྐུ་རིང་ནས་ལྷ་ས་ནི་བོད་ཀྱི་ཆབ་སྲིད་དང་། དཔལ་འབྱོར། རིག་གནས། དམག་དོན་བཅས་ཀྱི་ལྟེ་གནས་ཡིན་པས། ལྷ་སའི་སྐད་ནི་བཙན་པོ་རིམ་བྱོན་དང་བླ་མ་སྐུ་དྲག་སོགས་མཐོ་རིམ་མི་སྣ་རྣམས་ཀྱི་སྤྱི་སྤྱོད་སྐད་རིགས་སུ་གྱུར་པ་རེད། དེར་བརྟེན་ལྷ་སའི་སྐད་དེ་ཡུལ་སྐད་གཞན་ལས་ཁྱབ་རྒྱ་ཆེ་ཞིང་

གལ་ཆེའི་གོ་གནས་ཟིན་ཡོད་པ་རེད། ཨ་མདོའི་གཏམ་དཔེར། ཆོས་འདོན་ན་ཨ་མདོའི་སྐད་ཀྱིས་ཐོན། གཏམ་བཤད་ན་ལྷ་སའི་སྐད་ཀྱིས་ཤོད། ཟེར་བས་ཀྱང་ཤེས་ཐུབ། ཡང་གཅིག་བཤད་ན་ལྷ་སའི་སྐད་ཀྱང་ལྷ་ས་པ་པོ་ནའི་ངག་ལས་ཐོན་པ་མ་ཡིན་ཏེ། རྒྱལ་པོ་སྲོང་བཙན་གྱི་སྐུ་རིང་ནས་ལྷ་ས་བོད་ཀྱི་ལྟེ་བའི་ས་གནས་སུ་གྱུར་པ་དང་། ཁྱད་པར་དུ་རྗེ་རིན་པོ་ཆེའི་སྐུ་རིང་ནས་སེ་འབྲས་དགེ་གསུམ་སོགས་དགེ་ལྡན་བསྟན་པའི་ཆོས་སྡེ་མང་དུ་བཏབ་ནས། བཤད་སྒྲུབ་ཀྱི་འཕྲིན་ལས་རྒྱ་ཆེར་སྤེལ་བའི་རྗེས་སུ། ལྷ་སར་མདོ་དབུས་ཁམས་གསུམ་གྱི་སློབ་གཉེར་པ་དང་། ཚོང་པ་སོགས་ཐུར་ལས་མང་པོ་ཞིག་འདུས་པས། ལྷ་སའི་སྐད་དུ་ཨམ་སྐད་དང་ཁམས་སྐད་ཀྱང་མི་ཉུང་བ་ཞིག་འདྲེས་ཡོད་པ་རེད།

2. ལྷ་སའི་སྐད་ནི་བོད་ཀྱི་སྐད་ཡིག་འཕེལ་འགྱུར་གྱི་རྗེས་སུ་མཐུན་པ། ལྷ་ས་ནི་དུས་རབས་བདུན་པའི་དུས་འགོ་ནས་བོད་ཀྱི་ལྟེ་གནས་ཡིན་པ་དང་། བོད་ཀྱི་ལོ་རྒྱུས་སྙིང་གི་ལོ་ཙཱ་བ་མང་ཆེ་ཤོས་དབུས་གཙང་པ་ཡིན་པས། སྐད་གསར་བཅད་དང་ཐ་སྙད་བཀས་བཅད་བྱས་པའང་གཙོ་བོར་དབུས་གཙང་གི་སྐད་གཞིར་བཟུང་ནས་བྱས་པ་དང་། ལག་བསྟར་དང་ཁྱབ་གདལ་བྱེད་པའི་ཚེ་ནའང་ལྷ་ས་ནས་འགོ་བཙམས་པ་ཡིན་པས། ལྷ་སའི་ཁ་སྐད་དེ་བོད་ཀྱི་སྐད་ཡིག་འཕེལ་འགྱུར་གྱི་ཆོས་ཉིད་དང་མཐུན་པ་རེད། དཔེར་ན། ཨ་མདོའི་སྐད་དུ་ད་ལྟ་ད་དུང་སྐད་གསར་བཅད་གསུམ་པ་ཡན་གྱི་བརྡ་རྙིང་ལྟར་མྱེ། མྱི། ཁྱིད། དཀོན་ཅོག འགྱོ། ཞེས་པ་རྣམས། ལྷ་སའི་སྐད་དུ་སྐད་གསར་བཅད་གསུམ་པའི་ཐ་སྙད་དང་མཐུན་པར་མེ། མི། ཁྲིད། དཀོན་མཆོག འགྲོ། ཟེར་བ་ལྟར་རེད། དེས་ན་བོད་ཀྱི་སྤྱི་སྐད་ལའང་སྐད་ཡིག་འཕེལ་འགྱུར་གྱི་ཆོས་ཉིད་དང་མཐུན་པའི་ལྷ་སའི་སྐད་བཞག་ན་འོས་སྙམ།

3. ལྷ་སའི་སྐད་ཁྱབ་རྒྱ་ཆེ་བ། ལྷ་སའི་སྐད་ཡུལ་སྐད་གཞན་ལས་ཤུགས་རྐྱེན་

ཆེ་བའི་དབང་གིས་རྒྱལ་ཁབ་ཕྱི་ནང་གི་བོད་རིགས་མང་ཆེ་བས་ལྷ་སའི་སྐད་སྤྱོད་པར་མ་ཟད། གུང་དབྱང་མི་དམངས་ཀུན་ཁྱབ་རླུང་འཕྲིན་ལས་ཁུངས་ཀྱི་བོད་སྐད་ཀྱི་རྒྱང་བསྒྲགས་ལེ་ཚན་དང་། བོད་ལྗོངས་མི་དམངས་ཀུན་ཁྱབ་རླུང་འཕྲིན་ལས་ཁུངས་ཀྱིས་ཕྱི་ཕྱོགས་སུ་གཏོང་བའི་རྒྱང་བསྒྲགས་ལེ་ཚན་གང་ཡིན་རུང་ལྷ་སའི་སྐད་ཀྱིས་འཆད་པ་དང་། རྒྱལ་ནང་གི་མི་རིགས་གཞན་པ་དང་བོད་ཀྱི་རིག་པར་མཁྱེན་པ་ཡངས་ཤིང་བློ་ཁ་ཕྱོགས་པའི་ཕྱི་གླིང་པ་ཚང་མས་ཀྱང་ལྷ་སའི་སྐད་དེ་བོད་སྐད་ཚད་མར་སློབ་པ་རེད།

4. ལྷ་སའི་སྐད་ལ་ཞེ་ཚིག་མང་ཞིང་གདངས་ཚན་གསལ་བ། ལྷ་སའི་སྐད་ནི་མདོ་ཁམས་གཉིས་ཀྱི་སྐད་དང་བསྡུར་ན། སྐད་གདངས་དམའ་ཞིང་ཞེ་ཚིག་མང་བ་དང་། གདངས་ཚན་གསལ་པོ་ཞིག་ལྡན་པས། འཆད་མཁན་གྱི་ལྡེར་བདེ་ཞིང་ཉན་མཁན་གྱི་རྣར་སྙོ་ལ། བོད་མི་རིགས་ཀྱི་ཞི་འཇམ་དང་སྙིང་རྗེ་ལྡན་པའི་གཤིས་ཀ་དང་ཡང་མཐུན་པར་ངེས།

དེས་ན་བོད་ཀྱི་སྤྱི་སྐད་ཚད་མར་ལྷ་སའི་སྐད་འཛིན་པ་ནི། མི་རང་རང་གི་འདོད་མོས་དང་ཕྱོགས་ཞེན་གྱིས་བཟོས་པ་མིན་པར། མི་རྣམས་ཀྱིས་སྔར་ནས་ཁས་ལེན་ཞིང་ལོ་རྒྱུས་གོང་དུ་འཕེལ་བའི་མཐའ་འབྲས་རེད།

ཡིན་ནའང་། བོད་ཀྱི་སྤྱི་སྐད་ལ་ལྷ་སའི་སྐད་འཛུགས་དགོས་ཞེས་པ་དེ་བླང་དོར་མེད་པར་ལྷ་སའི་སྐད་ཀྱི་གྲུབ་ཆ་ཡོད་དོ་ཅོག་ཚད་མར་འཛིན་དགོས་པའི་དོན་མིན། ང་ཚོས་ལྷ་སའི་སྐད་གདངས་དང་གདངས་ཚན་ཚད་གཞིར་འཛིན་པ་དང་ཆབས་ཅིག དེའི་ཁྱབ་རྒྱ་ཆུང་ཞིང་དགོས་པ་ཆེན་པོ་མེད་པའི་ཐ་སྙད་དང་། བོད་ཀྱི་བརྡ་སྤྲོད་ཀྱི་རྣམ་གཞག་དང་འགལ་བའི་ཕྱོགས་རྣམས་འདོར་དགོས་པ་རེད། ཁྱད་པར་དུ་བོད་རང་གི་སྐད་ལ་ཡོད་པའི་ཐ་སྙད་དེ། སྨན་པ་དང་དོར་ཐུང་། ཟངས་དཀར། སྒྲོག་གུ། རྫོང་དཔོན་བཅས་ལ་སོ་སོར“ཨེམ་ཆི།” “ཏབ།” “ཏུང་།” “ཐབ་

ཆེ།” “ཞན་ཀྲང”①སོགས་སུ་འབོད་པ་ལྟ་བུ་ངེས་པར་དུ་འདོར་དགོས། དེ་མིན་སུམ་རྟགས་ཀྱི་རྣམ་གཞག་དང་མི་མཐུན་པའི་ཕྲད་དེ། དཔེར་ན། ཁོང་ཚོ་དེང་སང་ག་རེ་གནང་གི་ཡོའོ་རེད། ཅེས་པའི་དུས་ད་ལྟ་བ་སྟོན་པའི་ཚིག་གྲོགས“ཡོའོ”ལྟ་བུ་དང་། ཁོང་ཚོས་ཕ་གིར་པོ་ལོ་རྒྱུག་གི་འདུག་གས་ཞེས་པ་དང་། ཁོང་འགྲོ་གི་རེད་པས། ཞེས་དྲིས་པའི་དོན་སྟོན་པའི“པས”དང“གས”སྒྲ་ལྟ་བུ། ཡང་། གཞས་གཏོང་གག་འགྲོ་གས། ཞེས་པ་དང་། ཁོང་ཚོ་པོ་ལོ་རྒྱུག་གག་ཕྱིན་སོང་། ཞེས་པའི་དགོས་ཆེད་ཀྱི་དོན་སྟོན་པའི“གག”སྒྲ་ལྟ་བུ། ད་དུང་མི་དམངས་ཀྱི་འཚོ་བ་ཡག་ཏུ་ཡག་ཏུ་ཕྱིན་པ་རེད། ཅེས་པ་དང་། ང་ཚོའི་སློབ་སྦྱོང་གི་ལས་འགན་ལྡིད་ཏུ་ལྡིད་ཏུ་འགྲོ་གི་རེད།② ཅེས་པའི“ཏུ”སྒྲ་རྗེས་འཇུག་ལ་མ་བལྟོས་པར་གང་འདོད་འདོད་དུ་སྦྱོད་པ་ལྟ་བུ་ཡང་ངེས་པར་དུ་འདོར་དགོས། མདོར་ན། བོད་ཀྱི་སྤྱི་སྐད་ནི་ལྷ་སའི་སྐད་ཀྱི་གདངས་དང་གདངས་ཚན་ཚད་གཞིར་འཛིན་པ་དང་། ཁྱབ་རྒྱ་ཆེ་ཞིང་ཡིག་སྐད་དང་ཉེ་བའི་ཐ་སྙད་གཙོར་སྤྱོད་པ། 《སི་ཏུ་འགྲེལ་ཆེན》སོགས་སྤྱི་ཁྱབ་ཏུ་ཁས་ལེན་པའི་སུམ་རྟགས་ཀྱི་གཞུང་རྣམས་བརྗ་སྤྲོད་ཚད་མར་འཛིན་པ་ཞིག་ཡིན་དགོས།

གསུམ་པ། བོད་ཀྱི་སྤྱི་སྐད་ཁྱབ་གདལ་བྱེད་པའི་སྐོར།

བོད་ཀྱི་སྤྱི་སྐད་ཚད་མ་གཏན་འབེབས་བྱེད་རྒྱུ་དེ་ལས་སླ་མོ་ཞིག་མིན་ལ། དེ་ཁྱབ་གདལ་དུ་གཏོང་རྒྱུ་ནི་དེ་བས་ཀྱང་དཀའ་ངལ་ཆེ་བ་ཞིག་རེད། བྱ་བ་དེ་ལེགས་པོ་ཞིག་འགྲུབ་དགོས་ན་བོད་མི་ཡོངས་ཀྱི་རྒྱབ་སྐྱོར་དང་འབད་བརྩོན་ལ་བརྟེན་དགོས་པས། མཁས་པ་ཁག་ཅིག་གིས་གཏན་ལ་ཕབ་ནས་འདི་ཁྱབ་གདལ་

① མི་རིགས་དཔེ་སྐྲུན་ཁང་གིས་པར་དུ་བསྐྲུན་པའི《བོད་རྒྱ་ཤན་སྦྱར་གྱི་ལྷ་སའི་ཁ་སྐད་ཚིག་མཛོད》དུ་གསལ།

② མི་རིགས་དཔེ་སྐྲུན་ཁང་གིས་པར་དུ་བསྐྲུན་པའི《ལྷ་སའི་ཁ་སྐད་སློག་དེབ》ཏུ་གསལ།

ཏུ་ཐོངས་ཞེས་པ་ཙམ་གྱིས་ཚང་མས་ཀྱང་དགའ་དགའ་སྤྲོ་སྤྲོས་དེ་ལྟར་འཆད་སྤེལ་བྱེད་པ་ཞིག་མ་རེད། དེ་ལས་ལྡོག་སྟེ་འགལ་བ་དང་བར་ཆད་ངེས་ཅན་ཡང་འབྱུང་སྲིད། དེར་བརྟེན། བོད་ཀྱི་སྤྱི་སྐད་ཁྱབ་གདལ་དུ་གཏོང་དགོས་ན་གཤམ་གསལ་གྱི་ཕྱོགས་འགར་བརྟེན་དགོས་པར་སྙམ།

1. མི་རིགས་སྐད་ཡིག་ལས་དོན་ཞུ་ཡོན་ལྷན་ཁང་གི་འགོ་ཁྲིད་འོག་བོད་ཀྱི་སྤྱི་སྐད་ཁྱབ་གདལ་དུ་གཏོང་དགོས་པ། དེ་ཡང་རང་རེའི་མེས་པོ་རྣམས་ཀྱིས་གནའ་བོའི་དུས་སུ་ཐ་སྙད་བགས་བཅད་བྱེད་སྐབས། རྒྱ་གར་གྱི་པཎྜི་ཏ་དང་བོད་ཀྱི་ལོ་པཎ་རྣམས་ལྷན་དུ་འཛོམས་ནས་མིང་བརྡ་སོགས་ཇི་ལྟར་སྤྱོད་རྒྱུ་ཞིབ་འཇུག་གཏན་འབེབས་བྱས་རྗེས། བཙན་པོར་ཞུས་ཤིང་དེའི་བཀའ་ལ་བརྟེན་ནས་གཅིག་གྱུར་ཁྱབ་གདལ་བྱེད་པ་དང་། དེང་དུས་རྒྱ་སོགས་མི་རིགས་གཞན་རྣམས་ཀྱིས་སྐད་ཡིག་བཅོས་སྒྱུར་བྱེད་ནའང་ཚད་ལྡན་མཁས་པ་རྣམས་ཀྱིས་ཞིབ་འཇུག་གཏན་འབེབས་བྱས་རྗེས། རྒྱལ་སྲིད་སྤྱི་ཁྱབ་ཁང་གི་ཡི་གེ་བཅོས་སྒྱུར་ཞུ་ཡོན་ལྷན་ཁང་དང་སྐད་ཡིག་ལས་དོན་ཞུ་ཡོན་ལྷན་ཁང་སོགས་ཀྱིས་ཆོག་མཆན་འགོད་ཅིང་། ཁྲིམས་ལུགས་ཀྱི་རྣམ་པའི་སྒོ་ནས་ལག་ལེན་དུ་བསྟར་གྱི་ཡོད། གནའ་བོའི་དུས་སུ་མི་རིགས་རང་གི་ཐ་སྙད་བགས་བཅད་བྱེད་ཚུལ་དང་། དེང་གི་དུས་སུ་མི་རིགས་གཞན་གྱི་སྐད་ཡིག་བཅོས་སྒྱུར་བྱེད་པའི་ཉམས་མྱོང་ལྟར་ན། བོད་ཀྱི་སྤྱི་སྐད་ཁྱབ་གདལ་དུ་གཏོང་ནའང་ཐོག་མར་དེར་འགོ་ཁྲིད་དང་། ཞིབ་དཔྱོད། དྲན་སྐུལ་བཅས་བྱེད་པའི་གཅིག་གྱུར་གྱི་དབང་ཆའི་ལས་ཁུངས་དང་དེ་སྐོར་གྱི་ཁྲིམས་སྲོལ་ཆ་ཚང་ཞིག་འཛུགས་དགོས་པ་རེད། ད་ལྟ་རང་རྒྱལ་དུ་ང་ཚོ་བོད་ལ་མ་གཏོགས་མི་རིགས་རང་སྐྱོང་ས་ཁུལ་གཞན་ཚང་མར་སྐད་ཡིག་ལས་དོན་ཞུ་ཡོན་ལྷན་ཁང་དངོས་སུ་ཡོད་ཅིང་། དེས་ཏང་དང་རྒྱལ་ཁབ་ཀྱི་མི་རིགས་སྐད་ཡིག་སྲིད་ཇུས་ལག་བསྟར་དོན་འཁྱོལ་བྱེད་པ་དང་མི་རིགས་སྐད་ཡིག་གི་ཁྲིམས་ལུགས

འཛུགས་སྐྲུན་བྱེད་རྒྱུར་ཤུགས་སྣོན་བརྒྱབ་ནས། མི་རིགས་སྐད་ཡིག་ཚད་ལྡན་ཅན་དུ་མངོན་འགྱུར་ཡོང་བ་བྱེད་ཀྱི་ཡོད། མི་རིགས་སྲིད་ཇུས་གཅིག་གི་འཁྲིད་སྟོན་འོག རྒྱལ་ཡོངས་ཀྱི་ཞིང་ཆེན་དང་རང་སྐྱོང་ལྗོངས་གཞན་པ་རྣམས་ཀྱིས་མི་རིགས་སྐད་ཡིག་ལས་དོན་ཞུ་ཡོན་ལྡན་ཁང་འཛུགས་ཐུབ་ན་ང་ཚོ་བོད་ཁོ་ནས་འཛུགས་མི་ཐུབ་པའི་རྒྱུ་མཚན་ཅི། ཁོ་བོས་བལྟས་ན་འདི་ཏང་གི་སྲིད་ཇུས་དང་མི་རིགས་གཞན་ལ་ཁག་འགེལ་རྒྱུ་མེད། གཙོ་བོ་ང་ཚོ་རང་ངོས་ནས་འབད་བརྩོན་མ་བྱས་པ་དང་ཁྱད་པར་དུ་མི་རིགས་རང་གི་མཐོ་རིམ་མི་སྣ་རྣམས་ཀྱིས་གཙིགས་སུ་མ་བཟུང་བའི་རྐྱེན་གྱིས་རེད། བློ་གྲོས་ཀྱི་མིག་ཡངས་པའི་འགོ་ཁྲིད་ལ་ལས་བྱ་བ་འདིར་མཐོང་ཆེན་མཛད་ཀྱང་། འདིའི་ཕྱོགས་ལ་མཁྱེན་རྒྱ་དོག་པའི་རང་རིགས་ལས་བྱེད་པ་ཁ་ཤས་ཀྱིས་རྒྱབ་སྐྱོར་མི་བྱེད་པར་མ་ཟད། བྱ་བ་དེ་སྣང་མེད་དུ་བཞག་པས། བོད་ལྗོངས་དང་མཚོ་སྔོན་ཞིང་ཆེན་གཉིས་ཀྱི་མི་རིགས་སྐད་ཡིག་ལས་དོན་ཞུ་ཡོན་ལྷན་ཁང་ད་ལྟ་ད་དུང་དངོས་སུ་འཛུགས་མ་ཐུབ་པ་རེད།

མི་རིགས་སྐད་ཡིག་ལས་དོན་ཞུ་ཡོན་ལྷན་ཁང་ནི་བོད་ཀྱི་སྤྱི་སྐད་གཏན་འབེབས་དང་ཁྱབ་གདལ་བྱེད་པར་མེད་དུ་མི་རུང་བའི་སྟོབས་ཤུགས་གཙོ་བོ་ཞིག་ཡིན་པས། རིམ་པ་སོ་སོའི་འགོ་ཁྲིད་རྣམས་ཀྱིས་ཏང་གི་མི་རིགས་སྲིད་ཇུས་དང་1991ལོའི་རྒྱལ་སྲིད་སྤྱི་ཁྱབ་ཁང་གི་ཡིག་ཆ་ཨང་32པའི་དགོངས་དོན་ལྟར། མི་རིགས་འདྲ་མཉམ་དང་མི་རིགས་མཐུན་སྒྲིལ་ཡོང་བ། མི་རིགས་ས་ཁུལ་གྱི་བདེ་འཇགས་སྲུང་སྐྱོབ་བྱས་ནས། མི་རིགས་ཚང་མ་མཉམ་དུ་དར་རྒྱས་སུ་འགྲོ་བར་སྐུལ་མ་གཏོང་བ་བཅས་ཀྱི་དོན་དུ་མི་རིགས་སྐད་ཡིག་ཞུ་ཡོན་ལྷན་ཁང་བཙུགས་ནས་བོད་ཀྱི་སྤྱི་སྐད་གཏན་འབེབས་དང་ཁྱབ་སྤེལ་བྱ་དགོས། དེ་ཡང་གསལ་པོར་བཤད་ན། ལྷ་ས་དང་ཡང་ན་པེ་ཅིན་གང་རུང་ཞིག་ཏུ་བོད་ཁམས་སྤྱི་ལ་ཁྱབ་པའི་སྐད་ཡིག་ལས་དོན་ཞུ་ཡོན་ལྷན་ཁང་འཛུགས་པ་དང་། བོད་ལྗོངས་དང་མཚོ་

སྔོན་དུ་ལྷོངས་སམ་ཞིང་ཆེན་གྱི་མི་རིགས་སྐད་ཡིག་ལས་དོན་ཨུ་ཡོན་ལྷན་ཁང་འཛུགས་པ། ཀན་སུའུ་དང་སི་ཁྲོན། ཡུན་ནན་སོགས་སུ་མ་མཐའ་ཡང་བོད་ཀྱི་སྐད་ཡིག་ལས་དོན་དོན་བྱེད་ཁང་འཛུགས་དགོས་ཤིང་། དེ་དག་གི་གཅིག་གྱུར་འགོ་ཁྲིད་འོག་བོད་མི་ཡོངས་ནས་ཁས་ལེན་པའི་མཁས་པ་དང་། ཁྱད་པར་དུ་བོད་ཀྱི་སྐད་ཡིག་ལ་ནང་བྱན་ཆུད་པའི་གཟུར་གནས་མཁས་པ་སྐོར་ཞིག་ལྷན་དུ་གདན་དྲངས་ནས་བོད་ཀྱི་སྤྱི་སྐད་ཚད་མ་གཏན་འབེབས་བྱེད་པ་དང་། དེ་ཇི་ལྟར་ཁྱབ་སྤེལ་བྱེད་པའི་སྐོར་གྱི་ཁྲིམས་སྲོལ་རབ་དང་རིམ་པ་ཞིག་བཟོས་རྗེས། རྒྱ་ཆེའི་བོད་རིགས་མང་ཚོགས་དང་བོད་རིག་པར་བློ་ཁ་ཕྱོགས་པའི་མི་རྣམས་ཀྱི་ཁྲོད་དུ་བོད་ཀྱི་སྤྱི་སྐད་ཁྱབ་སྤེལ་བྱེད་པའི་དགོས་པ་གལ་ཆེན་དྲིལ་བསྒྲགས་དང་སློབ་གསོ་གཏོང་བའི་དུས་མཉམ་དུ་ཁྲིམས་སྲོལ་ལ་བརྟེན་ནས་སྤྱི་སྐད་ཁྱབ་སྤེལ་བྱེད་པ་དང་། དེར་ལྟ་ཞིབ་དང་དྲན་སྐུལ་བྱེད་དགོས། དེ་ལྟར་བྱས་ན་བོད་ཀྱི་སྤྱི་སྐད་གཏན་འབེབས་དང་ཁྱབ་སྤེལ་བྱེད་པའི་བྱ་བ་དེ་འགོ་ཁྲིད་ཡོད་པ་དང་ཚ་འཛུགས་ཡོད་པ། ཁྲིམས་སྲོལ་ཡོད་པ། གོ་རིམ་ཡོད་པ་བཅས་ཀྱི་སྒོ་ནས་ལེགས་པོར་བསྒྲུབ་ཐུབ་ངེས་རེད། དེར་བརྟེན། བོད་ལ་སྐད་ཡིག་ལས་དོན་ཨུ་ཡོན་ལྷན་ཁང་འཛུགས་རྒྱུ་ནི་བོད་ཀྱི་སྤྱི་སྐད་གཏན་འབེབས་དང་ཁྱབ་སྤེལ་བྱེད་པའི་སྔོན་འགྲོའི་ཆ་རྐྱེན་མེད་དུ་མི་རུང་བ་ཞིག་ཡིན་པས། བོད་ཀྱི་སྐད་ཡིག་གཅིག་གྱུར་དང་འཕེལ་རྒྱས་སུ་གཏོང་འདོད་ན་ཐོག་མར་འདིའི་ཕྱོགས་ལ་འབད་བརྩོན་བྱེད་དགོས་པར་སྙམ།

2. སློབ་གྲྭ་སོ་སོར་བརྟེན་ནས་ཁྱབ་གདལ་བྱེད་པ། སློབ་གྲྭ་ནི་སྐད་ཡིག་སོགས་ཤེས་བྱ་སྦྱོང་ས་དང་མི་སྐྱེད་སྲིང་བྱེད་ས་ཡིན་པས། བོད་ཀྱི་སྤྱི་སྐད་ཁྱབ་གདལ་བྱེད་པའི་བྱ་བ་དེ་ཐོག་མར་རིམ་པ་སོ་སོའི་སློབ་གྲྭ་རྣམས་ཀྱིས་གཙོགས་སུ་འཛིན་དགོས། དེ་ཡང་ཕྱོགས་གཅིག་ནས་སློབ་གྲྭ་ཆེ་འབྲིང་དང་ཁྱད་པར་དུ་དགེ་འོས་སློབ་གྲྭ་ཆེན་མོ་དང་འབྲིང་བ་རྣམས་ཀྱིས་བོད་ཀྱི་སྤྱི་སྐད་སྦྱོང་བའི་སློབ་ཚོགས་སྒྲིག་

འཛུགས་དང་། དགེ་རྒན་གདན་འདྲེན་ཞུས་ནས་སྤྱི་སྐད་ལེགས་པོར་སྦྱོང་ཞིང་། དེ་དག་ལས་སྐྱིད་སྡིང་བྱས་པའི་དགེ་རྒན་ལ་བརྟེན་ནས་རིམ་བཞིན་སློབ་ཚུང་སོ་སོ་ནས་སྤྱི་སྐད་ཀྱི་གློག་བརྙན་རྒྱ་ནི་སྤྱི་སྐད་ཁྱབ་གདལ་བྱེད་པའི་ཐབས་དམ་པ་ཞིག་ཡིན་པ་རྒྱ་མི་རིགས་ཀྱི་སྤྱི་སྐད་ཁྱབ་གདལ་བྱེད་པའི་ཉམས་མྱོང་ལས་ཤེས། ཕྱོགས་གཞན་ཞིག་ནས་མདོ་དབུས་ཁམས་གསུམ་གྱི་སློབ་གྲྭ་པ་དང་། ཁྱད་པར་དུ་དགེ་འོས་སློབ་གྲྭ་ཆེ་འབྲིང་རྣམས་ཀྱི་དགེ་རྒན་དང་སློབ་མ་ཕན་ཚུན་མངག་གཏོང་བྱས་ནས་བོད་ཀྱི་སྤྱི་སྐད་སློབ་སྦྱོང་བྱེད་དགོས། དེ་ལྟར་བྱས་ན་བོད་ཀྱི་སྤྱི་སྐད་ཁྱབ་གདལ་བྱེད་པར་ཕན་པ་རྒྱ་ཆེན་པོ་འབྱུང་རྒྱུ་མ་ཟད། ཕྱོགས་སོ་སོའི་དགེ་སློབ་རྣམས་ཀྱིས་ཕན་ཚུན་གནས་ཚུལ་རྒྱུས་ལོན་བྱེད་ཅིང་ཕོ་ཚོའི་མཐོང་རྒྱ་དང་ཐོས་རྒྱ་ཇེ་ཆེར་འགྱུར་བ། མི་རིགས་ནང་ཁུལ་གྱི་མཐུན་སྒྲིལ་ཇེ་དམ་དང་མཛའ་བརྩེ་ཇེ་ཟབ་ཏུ་འགྲོ་བ་བཅས་ལའང་ཕན་པ་ཆེན་པོ་འཐོན་ངེས་རེད།

3. དྲིལ་སྒྲོག་ལས་ཁུངས་ལ་བརྟེན་ནས་ཁྱབ་གདལ་བྱེད་པ། རླུང་འཕྲིན་དང་བརྙན་འཕྲིན་ནི་དེང་རབས་ཅན་གྱི་དྲིལ་བསྒྲགས་ཡོ་བྱད་ཡིན་ཞིང་། དེར་བསྒྲགས་ཚད་མྱུར་ཞིང་མང་ཚོགས་རང་བཞིན་དང་ཡིད་འགུགས་ཀྱི་ནུས་པ་ཆེ་བ་བཅས་ཀྱི་ཁྱད་ཆོས་ལྡན་པས། དེའི་སྐད་ཆའི་ཤན་ཤུགས་དང་སློབ་གསོའི་ནུས་པ་དགེ་རྒན་དང་འཁྲབ་སྟོན་པ། དེ་མིན་རྣམ་པ་གཞན་གྱི་དྲིལ་བསྒྲགས་གང་ལས་ཀྱང་ཆེ་བ་ཡོད། དེར་བརྟེན། ང་ཚོའི་རླུང་འཕྲིན་དང་བརྙན་འཕྲིན་གྱི་ལས་ཀ་བྱེད་མཁན་ཚོས་ཉིན་རེར་རྒྱ་ཆེའི་ཉན་མཁན་རྣམས་ལ་ཧ་ང་གི་ལམ་ཕྱོགས་དང་བྱེད་ཕྱོགས། སྲིད་ཇུས་བཅས་དྲིལ་སྒྲོག་བྱས་ནས་མི་དམངས་ཀྱི་སྤྱི་ཚོགས་རིང་ལུགས་ཀྱི་གོ་རྟོགས་ཇེ་མཐོར་གཏོང་བ་དང་། ཚན་རིག་ལག་རྩལ་གྱི་ཤེས་བྱ་ཁྱབ་སྤེལ་བྱེད་ཅིང་མི་དམངས་ཀྱི་རིག་གནས་འཚོ་བ་ཕུན་སུམ་ཚོགས་སུ་གཏོང་བའི་དུས་མཉམ་དུ་ཉན་མཁན་ཁྲི་སྟོང་མང་པོར་སྐད་ཆའི་སློབ་གསོ་བྱེད་པའི་བྱ་བའང་བསྒྲུབ་

དགོས་པ་རེད། ལེ་ཉིན་གྱི་ཨུ་ རུ་སུའི་སྐད་ཆ་དག་བཅོས་བྱ་དགོས་པའི་སྐོར་གླེང་བ་ཟེར་བའི་རྩོམ་ཡིག་ནང་། རླུང་འཕྲིན་ཞུ་མིའི་སྐད་ཆ་ནི་ཉན་མཁན་ལ་མཚོན་ན་ཤུགས་རྐྱེན་དེ་ལས་ཀྱང་ཆེ་བས། རླུང་འཕྲིན་ཉན་པ་ལས་སྐད་ཆའང་དང་ངམ་ཤུགས་ཀྱིས་སློབ་པ་རེད་ཅེས་དང་། སྐུ་ཞབས་ཡེ་རྫིང་ཐའོ་ཡིས་རླུང་འཕྲིན་ལས་དོན་བྱེད་མཁན་རྣམས་ནི་དགེ་རྒན་དང་། འཁྲབ་སྟོན་པ། རྩོམ་པ་པོ་བཅས་དང་འདྲ་བར་སྐད་ཆའི་སློབ་གསོ་གཏོང་མཁན་ཡིན་པས། ནང་དོན་གྱི་ངོ་བོར་ཕྱོགས་སོ་སོ་ནས་བསམ་གཞིག་མང་པོ་བྱེད་དགོས་པ་ཕུད། ད་དུང་སྐད་ཆའི་ཐད་འབད་བརྩོན་བྱེད་དགོས། དེ་ལྟར་མ་བྱས་ན་སྐད་ཆའི་སློབ་གསོ་མཐའ་འཁྱོལ་བ་ཞིག་བྱེད་མི་ཐུབ། དེ་ནི་སྐྱོན་ཆ་ཞིག་རེད་ཅེས་གསུངས་ཡོད།

རླུང་འཕྲིན་ལས་དོན་བྱེད་མཁན་ནི་སྐད་ཆའི་སློབ་གསོ་གཏོང་མཁན་ཡིན་པར་མ་ཟད། སྤྱི་ཚོགས་ཐོག་རླུང་འཕྲིན་སྐད་ཆའི་ཤན་ཤུགས་ཁྱབ་རྒྱ་ཡངས་ཤིང་དཔེ་མཚོན་གྱི་ནུས་པ་ཧ་ཅང་ཆེ་བས། བོད་ཀྱི་སྤྱི་སྐད་ཁྱབ་སྤེལ་བྱེད་པ་དང་བོད་སྐད་ཚད་ལྡན་ཅན་དུ་འགྱུར་བར་སྐུལ་འདེད་བྱེད་རྒྱུ་དེ་རང་ཤུགས་སུ་རླུང་འཕྲིན་ལས་དོན་བྱེད་མཁན་རྣམས་ཀྱི་གཟི་བརྗིད་ལྡན་པའི་ལས་འགན་དུ་གྱུར་པ་རེད། དེས་ན་མདོ་ཁམས་ཀྱི་རླུང་འཕྲིན་དང་བརྙན་འཕྲིན་ལས་ཁུངས་སོ་སོས་ཀྱང་དབྱང་རླུང་འཕྲིན་ལས་དོན་ཅུས་ནས"རླུང་འཕྲིན་ལས་ཁུངས་དང་རླུང་འཕྲིན་ས་ཚུགས་ཀྱིས་སྐད་ཆར་བརྟེན་ནས་དྲིལ་བསྒྲགས་བྱེད་ཅིང་། དེར་ཉན་མཁན་མང་པོ་ཡོད་པས། སྤྱི་སྐད་ཁྱབ་སྤེལ་བྱེད་པའི་ཡོ་བྱད་ནུས་ལྡན་ཞིག་རེད། ……རྒྱལ་ཡོངས་ཀྱི་རླུང་འཕྲིན་ལས་དོན་པ་ཚོས་སྤྱི་སྐད་ཁྱབ་སྤེལ་བྱེད་པ་དེ་རང་ཉིད་ཀྱི་གཟི་བརྗིད་ལྡན་པའི་ལས་འགན་གལ་ཆེན་ཞིག་ཏུ་བརྩིས་ནས། འབད་བརྩོན་དང་ནན་ཏན་གྱིས་བྱ་བ་བསྒྲུབ་དགོས"པར་བསྟན་པ་བཞིན། ད་ནས་ལྷ་སའི་སྐད་ཀྱི་གློག་སློབ་པའི་ཆེད་བསྒྲིགས་ལེ་ཚན་བཀོད་སྒྲིག་གིས་རྒྱ་ཆེའི་དོན་གཉེར་པ་རྣམས་ལ་

ཕན་པའི་བདུད་རྩི་སྦྱིན་པར་མ་ཟད། ལྷ་སའི་སྐད་ཀྱི་གསར་འགྱུར་ལེ་ཚན་དང་། ཆེད་བསྒྲིགས་རོལ་མོའི་ལེ་ཚན། བརྙན་འཕྲིན་ཟློས་གར། གཏམ་རྒྱུད་གློག་བརྙན་བཅས་ཀྱང་གང་ལ་གང་འཚམ་བཀོད་སྒྲིག་གིས་རྒྱ་ཆེའི་གསན་པ་པོ་རྣམས་ཀྱི་རྣ་ལམ་དུ་ལྷ་སའི་སྐད་གོམས་པར་བྱེད་པ་དང་། གློག་བརྙན་སྒྱུར་སྐྲུན་གྱི་ལས་ཁུངས་སོ་སོས་ཀྱང་ཆེད་དོན་གློག་བརྙན་དང་གཏམ་རྒྱུད་གློག་བརྙན་འོས་འཚམ་རེ་ཡིག་སྐད་དང་ཡང་ན་ལྷ་སའི་སྐད་ཀྱིས་བསྒྱུར་ནས་བསྟན་ན་འང་སྤྱི་སྐད་ཁྱབ་གདལ་དུ་འགྲོ་བའི་སླན་དུ་འགྱུར་ངེས་རེད།

ད་ལྟ་མཚོ་སྔོན་བརྙན་འཕྲིན་ཁང་གིས་ཉིན་རེར་ལྷ་སའི་སྐད་ཀྱི་གསར་འགྱུར་ལེ་ཚན་རེ་གཉིས་གཏོང་བ་དང་། གཟའ་འཁོར་རེའི་གཟའ་པ་སངས་ལ་ལྷ་སའི་སྐད་ཀྱི་གཏམ་རྒྱུད་གློག་བརྙན་བཀོད་སྒྲིག་བྱེད་པ་དེས་རྒྱ་ཆེའི་གཟིགས་མོ་པ་རྣམས་ལ་བོད་ལྗོངས་ཀྱི་གནས་ཚུལ་མཚམས་སྦྱོར་དང་། ཕོ་ཚོའི་རིག་གནས་འཚོ་བ་ཕུན་སུམ་ཚོགས་སུ་བཏང་བར་མ་ཟད། ལྷ་སའི་སྐད་ཁྱབ་སྤེལ་བྱེད་པར་ཡང་ནུས་པ་བསམ་གྱིས་མི་ཁྱབ་པ་བསྐྱེད་དང་སྐྱེད་བཞིན་ཡོད་པས། རྒྱ་ཆེའི་གཟིགས་མོ་པ་དང་ཁྱད་པར་དུ་བློ་དང་ལྡན་པའི་ཨ་མདོའི་གཞོན་ནུ་མང་པོས་དགའ་བའི་མེ་ཏོག་དང་བསྟོད་པའི་ཁ་བཏགས་འབུལ་བཞིན་ཡོད་ན། ད་དུང་རྣམ་གྲངས་ཇེ་མང་དང་སྤུས་ཚད་ཇེ་ལེགས་སུ་གཏོང་བར་མཁྱེན་མཁྱེན། ང་ཚོ་བོད་ལ་སྤྱི་སྐད་ཚད་མ་ཞིག་ཡོད་ཆེ། ང་ཚོའི་རླུང་འཕྲིན་དང་བརྙན་འཕྲིན། གློག་བརྙན་སྒྱུར་སྐྲུན་ལས་དོན་རང་ལའང་ཕན་པ་ཆེན་པོ་ཡོད་པ་སྟེ། ཀྲུང་དབྱང་གི་གསར་འགྱུར་ལེ་ཚན་རྣམས་ཕྱོགས་གཅིག་གིས་བསྒྱུར་རྗེས། གཞན་རྣམས་ཀྱིས་བསྒྱུར་མི་དགོས་པར་རྒྱུད་གཏོང་བྱས་པས་ཆོག བརྙན་འཕྲིན་ཟློས་གར་དང་གཏམ་རྒྱུད་གློག་བརྙན་ཡང་ཕྱོགས་གཅིག་གིས་བསྒྱུར་རྗེས་གཞན་རྣམས་ཀྱིས་བསྒྱུར་མི་དགོས་པར་ཕབ་སྐྲུན་བྱས་ཆོག དེ་ལྟར་བྱས་ན་དྲིལ་སྒྲིག་བྱེད་ཚད་ཇེ་མགྱོགས་དང་ཕན་

ནུས་ཇི་མཐོར་འགྲོ་བ། བོད་སྐད་ཚད་ལྡན་ཅན་དུ་འགྱུར་བ་བཅས་ལ་ཕན་པར་མ་ཟད། མི་ཤུགས་དང་གྲོན་དཔུལ་མང་པོ་ཞིག་གྲོན་ཆུང་ཡང་བྱེད་ཐུབ་པས། ཀླུང་འཕྲིན་དང་བརྙན་འཕྲིན་སྟེ་ཚན་སོ་སོས་ཏང་གི་དྲིལ་བསྒྲགས་བྱ་བ་ལེགས་པར་སྒྲུབ་པའི་དུས་མཚུངས་སུ། སྐད་ཆའི་སློབ་གསོའི་ལས་དོན་རང་རྟོགས་ཀྱིས་ལེགས་པོ་བསྒྲུབ་རྒྱུ་ནི་ལོ་རྒྱུས་ཀྱི་འོས་འགན་ཡིན་ལ། ཏང་གི་སྲིད་ཇུས་དང་ཡང་མཐུན་པ་རེད། རང་རྒྱལ་གྱི་རྒྱ་མི་རིགས་ཀྱིས་1955ལོར་སྤྱི་སྐད་གཏན་འཁེལ་བྱས་རྗེས། ལྷོ་རྒྱུད་དང་གྲོང་གསེབ་ཀྱི་མི་མང་པོས་སྤྱི་སྐད་དེ་ཆ་ཚང་མི་གོ་བཞིན་དུ་ཀླུང་འཕྲིན་དང་བརྙན་འཕྲིན། གཏམ་བརྗོད་ཟློས་གར་ཡོངས་སུ་སྤྱི་སྐད་ཁོ་ན་སྤྱོད་པའང་སྐད་རིགས་གཅིག་གྱུར་ཡོང་བ་དང་ཚད་ལྡན་ཅན་དུ་འགྱུར་བའི་ཆེད་དུ་རེད།

4. བོད་ཡིག་སྤྱོད་པའི་ལས་ཁུངས་ཁག་ལ་བརྟེན་ནས་བོད་ཀྱི་སྤྱི་སྐད་ཁྱབ་གདལ་དུ་གཏོང་བ། བོད་ལ་གཅིག་གྱུར་གྱི་སྐད་ཆ་ཞིག་ཡོད་དགོས་ན། ཐོག་མར་སྐད་ཆ་དེ་འགྲུབ་བྱེད་ཀྱི་ཐ་སྙད་གཅིག་གྱུར་དགོས་པ་རེད། ཐ་སྙད་གཅིག་གྱུར་བྱེད་དགོས་ན་བོད་ཀྱི་ཡི་གེ་སྤྱོད་པའི་ལས་ཁུངས་གསར་འགྱུར་ཁང་དང་། དཔེ་སྐྲུན་ཁང་། ཡིག་སྒྱུར་ཁང་། སློབ་དེབ་སྒྲིག་སྒྱུར་ཁང་། དུས་དེབ་སོ་སོའི་རྩོམ་སྒྲིག་ཁང་བཅས་ཀྱིས་རྩོམ་སྒྲིག་དཔེ་སྐྲུན་བྱེད་སྐབས་ཁྱོན་ཡོངས་དང་རྒྱང་རིང་ལ་དམིགས་ཤིང་། ཕྱོགས་ཞེན་དང་རང་ལྟ་མཆོག་འཛིན་གྱི་དྲི་མ་རིང་དུ་དོར་ནས་སྤྱི་སྐད་ཀྱི་ཐ་སྙད་དང་སུམ་རྟགས་ཀྱི་རྣམ་གཞག་ལ་བསྟུན་པ་དང་། ཁྱད་པར་དུ་ཐ་སྙད་གསར་པ་འདོགས་པ་དང་སྒྱུར་བའི་དུས་སུ་བོད་ཀྱི་སྐད་ཡིག་ལས་དོན་ཨུ་ཡོན་ལྷན་ཁང་གིས་གཏན་ལ་ཕབ་པའི་ཐ་སྙད་བཀོལ་ནས་གཅིག་གྱུར་ཡོང་གང་ཐུབ་བྱས་ན། གཞི་ནས་བོད་ཀྱི་སྐད་ཚད་ལྡན་ཅན་དུ་འགྱུར་ཞིང་དེ་ཁྱབ་གདལ་བྱེད་ཐུབ་ངེས་རེད།

5. རྒྱལ་སྤྱིའི་སྒྲ་རྟགས་ལ་བརྟེན་ནས་བོད་ཀྱི་སྤྱི་སྐད་ཁྱབ་གདལ་དུ་གཏོང་

བ། རྒྱལ་སྤྱིའི་སྒྲ་རྟགས་ནི་སྤྱང་སླ་ཞིང་འཛམ་གླིང་གི་སྐད་རིགས་སོ་སོའི་སྒྲ་གདངས་ཟིན་བྲིས་སུ་འགོད་པའི་བརྡ་རྟགས་ཡིན་ཞིང་། ད་ལྟ་འཛམ་གླིང་ཐོག་གི་སྐད་རིགས་སྣ་ཚོགས་སྦྱོང་བའི་ཐབས་དམ་པ་ཞིག་ཡིན་པས། ང་ཚོས་ཀྱང་སྤྱི་སྐད་གང་མགྱོགས་སུ་ཁྱབ་གདལ་བྱེད་པའི་ཆེད་དུ། མཁས་དབང་རྣམ་པ་དང་ཁྱད་པར་དུ་སྒྲ་རིག་པར་བློ་གྲོས་ཡངས་པའི་མཁས་པ་རྣམས་ཀྱིས་བོད་ཀྱི་སྤྱི་སྐད་ཚད་མ་གཏན་འབེབས་བྱེད་པའི་དུས་མཚུངས་སུ། དེའི་སྒྲ་གདངས་རྒྱལ་སྤྱིའི་སྒྲ་རྟགས་སུ་བཀོད་ནས་བཀྲམ་ན་འང་བོད་ཀྱི་སྤྱི་སྐད་གང་མགྱོགས་སུ་ཁྱབ་སྤེལ་བྱེད་པར་དགེ་མཚན་ལྡན་པའི་ནུས་པ་འཐོན་ངེས་རེད།

མདོར་ན། བོད་ཀྱི་སྤྱི་སྐད་གཏན་འབེབས་བྱས་རྗེས། ཐོག་མར་ཤེས་ཡོན་ཅན་གྱི་ཁྲོད་དུ་ཁྱབ་སྤེལ་བྱེད་པ་དང་། ཕྱིས་སུ་ཡིག་རྨོངས་པའི་ཁྲོད་དུ་སྤེལ་བ། ཐོག་མར་ལས་ཁུངས་སུ་ཁྱབ་གདལ་དུ་གཏོང་བ་དང་། རྗེས་སུ་གྲོང་གསེབ་ཏུ་ཁྱབ་གདལ་བྱས་ནས་བོད་ཁམས་ཡོངས་ཀྱི་ཐུན་མོང་གི་སྐད་དུ་གྱུར་ཚེ། བོད་མི་རིགས་མཐུན་སྒྲིལ་གཅིག་གྱུར་ཡོང་ཞིང་། བོད་ཁམས་ཀྱི་ཆབ་སྲིད་དང་དཔལ་འབྱོར་རིག་གནས་ཀྱི་ལས་དོན་གོང་དུ་འཕེལ་བ། འཛམ་གླིང་གི་མི་རིགས་གཞན་རྣམས་ལ་འབྲེལ་འདྲིས་དང་ཕན་ཚུན་བར་རིག་གནས་བརྗེ་རེས་བྱེད་པ་བཅས་ལ་ཕན་པ་རྒྱ་ཆེན་པོ་འཐོན་ངེས་ཡིན་པར་ཁོ་བོས་མགྲིན་པ་གཟེངས་སུ་བསྟོད་ནས་བརྗོད་པར་ཕོད་དོ།། །།

༄༅། །གངས་རིའི་ཁྲོད་ཀྱི་མི་རིགས།

སྟོད་དབུས་གཙང་ཞེས་པའི་ཐ་སྙད་དེ་ཁོ་བོས་ཐོས་པའི་དུས་ནས་ཕ་མེས་སོགས་བགྲེས་པོ་རྣམས་ཀྱི་ངག་ལས་ཐོས་ཀྱང་། དེ་དགོན་སྡེ་ཙམ་ལ་ངེས་པ་ལས་དོན་གྱི་སྙིང་པོ་ཧ་མ་གོ། ཕ་ལོ་ལྔ་གསུམ་བཅོ་ལྔར་སོན་པ་དང་རིམ་བཞིན་སློབ་གྲྭ་འབྲིང་བ་དང་ཆེན་མོ་སོགས་ལ་ཞུགས་པའི་སྐལ་བ་ཐོབ་ནས། མི་རིགས་རང་གི་ལོ་རྒྱུས་ཡིག་ཆ་དང་རྒྱལ་རབས་ཆོས་འབྱུང་། དེབ་ཐེར་སོགས་ལ་མཇལ་བ་ལས་སྟོད་དབུས་གཙང་ནི་རང་གི་ཕ་མེས་ཡང་མེས་རྣམས་ཀྱི་ཕ་ཡུལ་དང་མི་རིགས་རང་གི་རིག་གནས་སྣ་ཚོགས་ཀྱི་མཆེད་ཁུངས་ཡིན་པར་མ་ཟད། དེར་རྒྱལ་རབས་དང་མཛངས་མི་རིམ་བྱོན་རྣམས་ཀྱི་བཞུགས་གནས་དང་མཛད་རྗེས་མང་པོ་ད་དུང་དངོས་སུ་མཇལ་རྒྱུ་ཡོད་པ་ངེས་པས། གནས་དེར་འགྲོ་བའི་འདུན་པ་དྲག་པོ་ཞིག་ཡིད་ཀྱི་མེ་ལོང་ངོས་སུ་ལན་གཅིག་མིན་པར་རིང་པོ་ཞིག་ལ་ཡང་ཡང་དུ་ཤར་ཀྱང་མངོན་སུམ་དུ་འགྱུར་མ་ཐུབ། 1988ལོར་སློབ་ཁྲིད་ཀྱི་འགན་རྗོགས་ནས་རྫོ་རྫིའི་ཐོབ་ཐང་ཞུ་བའི་དཔྱད་རྩོམ་འབྲི་བ་རྒྱུ་རྐྱེན་དུ་གྱུར་ཏེ། རེ་བའི་སྨྱུ་གུར་འབྲས་བུ་སྨིན་ཞིང་འདོད་པའི་ཡིད་ལ་རྟ་བོ་བརྒྱུགས་སོང་། དབྱར་ཟླ་དྲུག་པའི་ཚེས་ལྔ་ཉིན་ང་ཚོ་ཚན་རིག་འཕྲུལ་གྱི་འཁོར་ཤུགས་ལ་བརྟེན་ནས་གྲོང་ཁྱེར་ལྷ་སར་འཁྱོར་བ་ཡིན། ཧ་ལམ་ཟླ་འཁོར་གཉིས་ཙམ་གྱི་རིང་ལ་ང་ཚོས་ལྷ་ལྡན་སྤྲུལ་པའི་གཙུག་ལག་ཁང་དང་། ཕོ་བྲང་པོ་ཏ་ལ། རྒྱ་སྟག་ར་མོ་ཆེ། རྒྱལ་དབང་སྐུ་ཕྲེང་རིམ་བྱོན་གྱི་དབྱར་གནས་ཕོ་བྲང་ནོར་བུ་གླིང་ཀ འབྲས་སྤུངས་དགོན་པ། ཆོས་རྒྱལ་སྲོང་

བཙན་སྣམ་པོའི་སྒྲུབ་གནས་ཕ་བོང་ཁ། མཁར་རྫོ་རི་ཁྲོད། ཚ་བཟང་རི་ཁྲོད། སེ་ར་ཐེག་ཆེན་གླིང་། འབྲོག་རི་ཆེན་པོ་དགའ་ལྡན་རྣམ་པར་རྒྱལ་བའི་གླིང་། གཙང་བཀྲ་ཤིས་ལྷུན་པོ་དགོན། གཞིས་ཀ་རྩེ་རྫོང་། ཞ་ལུ་དགོན། རྒྱལ་རྩེ་རྫོང་། དཔལ་འཁོར་ཆོས་སྡེ། དཔལ་འཁོར་མཆོད་རྟེན། ས་སྐྱ་དགོན་པ། སྣེའུ་གདོང་རྫོང་ཤུལ། ཁྲ་འབྲུག་དགོན། ཡུམ་བུ་བླ་སྒང་། འཕྱིངས་པ་སྟག་རྩེ(རྫོང)། རྒྱལ་རབས་བང་སོ། བྲག་སྲིན་མོ་དང་སྤྲེའུ་བྱང་ཆུབ་སེམས་དཔའ་གཉིས་ཀྱི་བྲག་ཕུག བསམ་ཡས་དགོན་སོགས་ལ་མཇལ་ཅིང་། དེ་མིན་ད་དུང་བོད་ལྗོངས་སྨན་རྩིས་ཁང་དང་བོད་ལྗོངས་དངོས་མང་འགྲེམ་སྟོན་ཁང་གཉིས་ལའང་ལྟ་སྐོར་བྱས་པ་ཡིན། གནའ་བོའི་རིག་གནས་རྗེས་ཤུལ་དང་ལས་ཁུངས་དེ་དག་ལ་མཇལ་སྐོར་བྱེད་དུས་མཐོང་ཐོས་སྣ་ཚོགས་བྱུང་བ་ལ་ཞིབ་ཏུ་བརྟགས་ཤིང་དཔྱད་ན་བོད་མི་རིགས་དེ་ག་འདྲ་ཡིན་པ་མངོན་པར་གསལ་བ་འདི་ལྟར།

དང་པོ། ཁྲེལ་ཡོད་པ།

དབུས་གཙང་དུ་མཇལ་སྐོར་བྱས་པའི་ཚོར་སྣང་དང་པོ་ནི་དགོན་སྡེ་དང་ལྷ་ཁང་མང་བ་དེ་རེད། དེ་དག་མང་ཆེ་བ་ནང་པ་སངས་རྒྱས་པའི་དགོན་པ་དང་ལྷ་ཁང་ཡིན་པས་དེར་བཞེངས་པའི་སྐུ་རྟེན་དང་། མཆོད་རྟེན། ལྡེབས་རིས། ཐང་ག དཔར་ཤིང་དང་གླེགས་བམ་སོགས་འདྲ་ས་མང་པོ་ཡོད་པ་རེད། དཔེར་ན། སྐུ་རྟེན་དང་ཐང་གར་དུས་གསུམ་སངས་རྒྱས་དང་། རིགས་གསུམ་མགོན་པོ། གསང་བདེ་འཇིགས་གསུམ། རྫོ་བོ་སྣ་ཚོགས། སྒྲོལ་མ། སྤྱན་རས་གཟིགས་ཕྱག་སྟོང་སྤྱན་སྟོང་། དབྱངས་ཅན་མ། སྤྱན་རས་གཟིགས་བཅུ་གཅིག་ཞལ། མགོན་པོ། རྟ་མགྲིན། དཔལ་ལྡན་ལྷ་མོ། རྣམ་སྲས། ཆོས་རྒྱལ། གནས་བརྟན་བཅུ་དྲུག རྒྱན་དྲུག་མཆོག་གཉིས། ཚེ་

དཔག་མེད་སོགས་བཞེངས་པ་དང་། དེ་མིན་ད་དུང་ཆོས་རྒྱལ་མེས་དབོན་རྣམ་གསུམ་དང་མཁན་སློབ་ཆོས་གསུམ། སྒྲ་ཅོག་ཞང་གསུམ། མར་མི་དྭགས་གསུམ། ཁུ་རྔོག་འབྲོམ་གསུམ་བཅས་ཀྱི་སྐུ་རྟེན་ཡང་ཕལ་ཆེར་ཆོས་སྡེ་རྣམས་སུ་ཁྱབ་གདལ་དུ་བཞེངས་ཡོད་པ་རེད། མཆོད་རྟེན་ལ་བྱང་ཆུབ་མཆོད་རྟེན་དང་པད་སྤུངས་མཆོད་རྟེན། བཀྲ་ཤིས་སྒོ་མང་མཆོད་རྟེན། ཆོ་འཕྲུལ་མཆོད་རྟེན། ལྷ་བབས་མཆོད་རྟེན། དབྱེན་འདུམ་མཆོད་རྟེན། རྣམ་རྒྱལ་མཆོད་རྟེན། མྱང་འདས་མཆོད་རྟེན། དུས་འཁོར་མཆོད་རྟེན་བཅས་བཞེངས་པ་དང་། ལྡེབས་རིས་སུ་སྟོན་པའི་སྐྱེས་རབས་གཏམ་རྒྱུད་དང་རྒྱལ་ཆེན་རིགས་བཞི་སོགས་བཀོད་པ། གླེགས་བམ་གཙོ་བོ་བཀའ་བསྟན་གཉིས་ཡིན་པ་བཅས་ནི་དགོན་སྡེ་སོ་སོ་ཐུན་མོང་དུ་བཞུགས་པ་སྟེ་འདྲ་ས་རེད།

དགོན་སྡེ་དེ་དག་འདེབས་པའི་དུས་དང་། གནས། འདེབས་མཁན་གྱི་མི། ཡང་ན་ནང་པའི་ནང་གསེས་ཀྱི་གྲུབ་མཐའ་སོགས་མི་འདྲ་བའི་དབང་གིས་ནང་དུ་བཞེངས་པའི་ལྷ་རྟེན་ཆོས་གསུམ་དང་དེ་དག་གི་གོ་གནས་ལ་མི་འདྲ་སའང་ཅུང་ཟད་རེ་ཡོད་པ་རེད། དཔེར་ན། ཕོ་བྲང་པོ་ཏ་ལ་ནི་རྒྱལ་པོ་སྲོང་བཙན་སྒམ་པོའི་སྒྲུབ་གནས་དང་། ཆོས་རྒྱལ་རྣམས་དང་རྒྱལ་དབང་ལྔ་པ་ཆེན་པོ་ཚུན་གྱི་རྒྱལ་དབང་སྐུ་ཕྲེང་རིམ་བྱོན་རྣམས་ཀྱི་ཕོ་བྲང་ཡིན་པས། དེར་རྒྱལ་པོ་སྲོང་བཙན་སྒམ་པོ་འཁོར་དང་བཅས་པ་དང་། ཆོས་རྒྱལ་མེས་དབོན་རྣམས་གསུམ་གྱི་སྐུ་རྟེན་དགོན་སྡེ་གཞན་ལས་མང་ཞིང་། རྒྱལ་དབང་ལྔ་པའི་གསེར་གདུང་འཛམ་གླིང་རྒྱན་གཅིག་དང་། རྒྱལ་དབང་སྐུ་ཕྲེང་བདུན་པའི་གསེར་གདུང་བཀྲ་ཤིས་འོད་འབར། རྒྱལ་བ་སྐུ་ཕྲེང་བརྒྱད་པའི་གསེར་གདུང་དགེ་ལེགས་གཞི་འབར། རྒྱལ་དབང་སྐུ་ཕྲེང་དགུ་པའི་གསེར་གདུང་། རྒྱལ་བ་སྐུ་ཕྲེང་བཅུ་པའི་གསེར་གདུང་ཁམས་གསུམ་རྒྱན་མཆོག རྒྱལ་བ་སྐུ་ཕྲེང་བཅུ་གཅིག་པའི་གསེར་གདུང་ཕན་བདེ་

འོད་འབར། རྒྱལ་དབང་སྐུ་ཕྲེང་བཅུ་གཉིས་པའི་གསེར་གདུང་ཚེ་སྤྲིན་འོད་འབར། རྒྱལ་བ་སྐུ་ཕྲེང་བཅུ་གསུམ་པའི་གསེར་གདུང་དགེ་ལེགས་འདོད་འཇོ་བཅས་ཀྱིས་ཕོ་བྲང་དེའི་རྟེན་གྱི་གཙོ་བོ་བྱིན་ཡོད་པ་རེད། དེ་བཞིན་དུ་ཕ་བོང་ཁ་དང་ལྷ་ལྡན་སྤྲུལ་པའི་གཙུག་ལག་ཁང་དང་ཁྲ་འབྲུག་དགོན་པ་བཅས་ནི་རྒྱལ་པོ་སྲོང་བཙན་སྒམ་པོའི་སྒྲུབ་གནས་དང་པོ་དང་ལྷ་ཁང་ཡིན་པས། དེར་ཡང་རྒྱལ་པོ་སྲོང་བཙན་འཁོར་དང་བཅས་པ་དང་ཆོས་རྒྱལ་མེས་དབོན་རྣམ་གསུམ་གྱི་སྐུ་རྟེན་མང་པོ་ཡོད་པ་རེད། ཡང་། སེ་འབྲས་དགེ་གསུམ་ལ་མཚོན་ན་དགེ་ལུགས་པར་གཏོགས་པས། དགེ་ལྡན་བསྟན་པའི་སྲོལ་འབྱེད་མཁན་རྒྱལ་བ་ཙོང་ཁ་པ་དང་ཁོང་གི་སློབ་མ་སྟེ་འབྲས་སྤུངས་དགོན་པ་འདེབས་མཁན་འཇམ་དབྱངས་ཆོས་རྗེ་བཀྲ་ཤིས་དཔལ་ལྡན། སེ་ར་དགོན་པ་འདེབས་མཁན་བྱམས་ཆེན་ཆོས་རྗེ་ཤཱཀྱ་ཡེ་ཤེས་སོགས་ཀྱི་སྐུ་རྟེན་དང་སྐུ་གདུང་མཆོད་རྟེན་གྱིས་གོ་གནས་གཙོ་བོ་དང་གྲངས་ཀ་མང་དུ་བྱིན་ཡོད། གཙང་བཀྲ་ཤིས་ལྷུན་པོར་མཚོན་ན་རྒྱལ་བ་དགེ་འདུན་གྲུབ་པས་བཏབ་པ་དང་། པཎ་ཆེན་བློ་བཟང་ཆོས་ཀྱི་རྒྱལ་མཚན་གྱི་སྐུ་རིང་ནས་པཎ་ཆེན་སྐུ་ཕྲེང་རིམ་བྱོན་གྱིས་སྐྱོང་བས། རྗེ་ཡབ་སྲས་གསུམ་གྱི་སྐུ་རྟེན་དང་། རྒྱལ་བ་དགེ་འདུན་གྲུབ། པཎ་ཆེན་སྐུ་ཕྲེང་བཞི་པ་ནས་དགུ་པ་བར་གྱི་སྐུ་གདུང་ནང་བཞུགས་ཀྱི་མཆོད་རྟེན་གྱིས་རྟེན་གྱི་གཙོ་བོ་བྱིན་པ་རེད།

ས་སྐྱ་དགོན་པ་ན་ཀུན་དགའ་སྙིང་པོ་དང་བསོད་ནམས་རྩེ་མོ། གྲགས་པ་རྒྱལ་མཚན། ཀུན་དགའ་རྒྱལ་མཚན། འགྲོ་མགོན་འཕགས་པ་སོགས་ས་སྐྱ་གོང་མ་རིམ་བྱོན་རྣམས་ཀྱི་སྐུ་རྟེན་དང་། ཁོང་རྣམ་པའི་གདུང་ཐལ་དང་སྐུ་གདུང་རྫིལ་པོ་ནང་བཞུགས་ཀྱི་སྐུ་རྟེན་དང་མཆོད་རྟེན། ད་དུང་ཁོང་ཚོས་བརྩམས་པའི་གསུང་རྩོམ་བཅས་དགོན་སྡེ་གཞན་ལས་མང་དུ་བཞུགས། ཡུམ་བུ་བླ་སྒང་ནི་བོད་རྗེ་ཐོག་མ་གཉའ་ཁྲི་བཙན་པོ་ནས་སྲོང་བཙན་སྒམ་པོ་བར་གྱི་བཙན་པོ་རིམ་བྱོན་

རྣམས་ཀྱི་ཕོ་བྲང་ཡིན་པས། དེར་རྒྱལ་པོ་གཉའ་ཁྲི་བཙན་པོ་དང་། ལྷ་ཐོ་ཐོ་རི་གཉན་བཙན། སྲོང་བཙན་སྒམ་པོ། མེས་ཨག་ཚོམ། ཁྲི་སྲོང་ལྡེ་བཙན། ཁྲི་རལ་པ་ཅན། དེ་མིན་བློན་པོ་མགར་དང་ཐོན་མི་སཾ་བྷོ་ཊ་སོགས་བོད་ལ་བཀའ་དྲིན་ཤིན་ཏུ་ཆེ་བའི་རྒྱལ་པོ་དང་བློན་ཆེན་རྣམས་ཀྱི་སྐུ་རྟེན་བཞེངས་ཡོད་ཅིང་། དེའི་ལྡེབས་རིས་སུ་འང་ལྷ་ཐོ་ཐོ་རི་གཉན་བཙན་གྱི་དུས་སུ་པང་གོང་ཕྱག་རྒྱ་དང་མདོ་སྡེ་ཟ་མ་ཏོག གསེར་གྱི(གཡུའི)མཆོད་རྟེན་སོགས་ཕོ་བྲང་ཡུམ་བུ་བླ་སྒང་སྟེང་ལ་བབ་པ་བྲིས་ཡོད། བསམ་ཡས་གཙུག་ལག་ཁང་ནི་མཁན་སློབ་ཆོས་གསུམ་གྱིས་བཞེངས་པ་ཡིན་པས། དེ་ན་མཁན་སློབ་ཆོས་གསུམ་གྱི་སྐུ་རྟེན་དགོན་སྡེ་གཞན་ལས་མང་བ་རེད། ནོར་བུ་གླིང་ཁ་ལ་མཚོན་ན་རྒྱལ་བ་སྐུ་ཕྲེང་བདུན་པ་ནས་བཅུ་བཞི་བར་གྱི་དབྱར་གནས་ཕོ་བྲང་ཡིན་པས། དེར་རྒྱལ་བ་ཚང་གི་བཞུགས་ཁྲི་དང་མཆོད་ཁང་སོགས་ཡོད་པར་མ་ཟད། ལྡེབས་རིས་སུ་བོད་ཀྱི་རྒྱལ་རབས་རིམ་བྱོན་དང་རྒྱལ་བ་སྐུ་ཕྲེང་རིམ་བྱོན་གྱི་ལོ་རྒྱུས་ཀྱང་ཡི་གེ་དང་བཅས་པ་བཀོད་ཡོད་པ་རེད། ཡང་། ཞ་ལུ་དགོན་པ་ན་དགོན་སྡེ་དང་ལྷ་ཁང་ཐུན་མོང་དུ་ཡོད་པའི་སྐུ་རྟེན་དང་གླེགས་བམ་ཕུད། ལྕེ་བཙུན་ཤེས་རབ་འབྱུང་གནས་དང་བུ་སྟོན་རིན་པོ་ཆེ་རྣམ་གཉིས་ཀྱི་སྐུ་རྟེན་དང་གསུང་འབུམ་མང་ཙམ་བཞུགས་པ་རེད། དཔལ་འཁོར་ཆོས་སྡེ་ནི་རྒྱལ་རྩེ་ཆོས་རྒྱལ་རབ་བརྟན་ཀུན་བཟང་འཕགས་ཀྱིས་བཞེངས་པ་ཡིན་པས། དེར་དགོན་སྡེ་གཞན་དག་ཏུ་ཡོད་པའི་སྐུ་རྟེན་ཕུད། ཁོང་གི་ཡབ་ཡུམ་གྱི་གདུང་རྟེན་དང་ཁོང་གི་སྐུ་རྟེན་བཞུགས་པ་ལྟ་བུ་རེད། ཕོ་བྲང་པོ་ཏ་ལ་དང་དགོན་སྡེ་ལ་ལ་ན་ད་དུང་ཐང་སྟོང་རྒྱལ་པོ་དང་གཡུ་ཐོག་གསར་རྙིང་སོགས་ཀྱི་སྐུ་རྟེན་ཡང་བཞེངས་ཡོད་པ་རེད།

དགོན་སྡེ་དང་ལྷ་ཁང་དེ་དག་ཏུ་བཞེངས་པའི་སྐུ་རྟེན་དང་ཐང་ག ལྡེབས་རིས་སོགས་ལ་བརྟགས་ན་མང་ཆེ་བ་ནི་སྐྱེས་ཆེན་དམ་པ་རྐྱང་རྐྱང་ཡིན་པ་སྟེ། ཁོང་ཚོ་ལ་

ལ་ནི་མིའི་རིགས་ལ་ཞི་བདེ་སྐྲུན་མཁན་དང་མིའི་རིགས་ཀྱི་སྤྱི་ཚོགས་ཤེས་རིག་ཅན་དུ་སྒྱུར་མཁན་ཡིན་ཞིང་། ལ་ལ་ནི་བོད་མི་རིགས་ཀྱི་ཆབ་སྲིད་དང་། དཔལ་འབྱོར། རིག་གནས་འཕེལ་རྒྱས་སུ་གཏོང་བ་དང་སྤྱི་ཚོགས་བདེ་འཇགས་སུ་གཏོང་བར་བྱས་རྗེས་ བླ་ན་མེད་པ་བསྐྲུན་པའི་བཙན་པོ་དང་། བློན་ཆེན། བཙུན་མོ་བཅས་རེད། ལ་ལ་ནི་བོད་དུ་ནང་པ་སངས་རྒྱས་པའི་ཆོས་སྤེལ་བར་བཀའ་དྲིན་ཆེ་བའི་ལོ་པཎ་རེད། ལ་ལ་ནི་གྲུབ་མཐའི་སློབ་འབྱེད་མཁན་རེད། ལ་ལ་ནི་དགོན་སྡེ་དང་ལྷ་ཁང་བཞེང་མཁན་རེད། ལ་ལ་ནི་དགོན་བདག་རེད། ལ་ལ་ནི་བོད་ལ་དྲིན་ཆེ་བའི་བྱང་སེམས་ཅན་གྱི་སྦྱིན་བདག་དང་སྤྲུལ་སྐུ་རེད། ལ་ལ་ནི་བཟོ་བཀོད་པ་རེད། ལ་ལ་ནི་བོད་ཀྱི་གསོ་བ་རིག་པའི་གཞུང་ལུགས་རྩོམ་མཁན་རེད། གསེར་ཟངས་དང་འཛེམ་པས་བཟོས་པའི་སྐུ་རྟེན་གཞན་པ་དང་མཆོད་རྟེན་གྱི་གཟུངས་བཞུགས་ཀྱང་སྐྲིས་ཆེན་དམ་པ་དེ་དག་གི་སྐུ་ཊུས་དང་གདུང་ཐལ། ཡང་ན་དབུ་ཞྭ། ན་བཟའ། སྤྱོད་ཆས་སོགས་རེད། དགོན་སྡེ་དེ་དག་བཞེངས་ས་ལ་མཚོན་ནའང་མང་ཆེ་བ་སྐྱེས་མཆོག་དམ་པ་དེ་དག་གི་སྒྲུབ་གནས་དང་གདན་ས་ཡིན་པ་རེད། གྲྭ་པ་ཚོའི་ཁ་ཏོན་དང་བསླབ་བྱ། རྩོད་གཞི་བཅས་ཀྱང་ཡོང་རྣམ་པའི་གསུང་རྩོམ་རེད།

དེས་ན་བོད་ཀྱི་དགོན་པ་ནི་ཆོས་ལུགས་ཀྱི་བྱ་འགུལ་བསྒྲུབ་ས་དང་རིག་གནས་སྣ་ཚོགས་སྤེལ་བའི་གནས་ཡིན་པར་མ་ཟད། མིའི་རིགས་དང་ཁྱད་པར་དུ་བོད་མི་རིགས་ལ་བཀའ་དྲིན་ཆེ་བའི་སྐྱེས་ཆེན་དམ་པ་རྣམས་ཀྱི་རྗེས་དྲན་ཁང་ཡང་རེད། བོད་པ་ཚོས་མིའི་རིགས་ཀྱི་སྤྱི་ཚོགས་ཞི་བདེ་དང་ཤེས་རིག་ཅན་དུ་སྒྱུར་བའི་སྐྱེས་མཆོག་དམ་པ་དང་། མི་རིགས་རང་གི་ཕ་ས་གཅིག་ཏུ་སྡུད་པ་དང་དེ་རྒྱ་བསྐྱེད་པ། སྲ་བརྟན་དུ་གཏོང་བ། བོད་ཀྱི་ཆབ་སྲིད་དང་དཔལ་འབྱོར། རིག་གནས་སོགས་འཕེལ་རྒྱས་སུ་གཏོང་བར་མཛད་རྗེས་ཆབས་པོ་ཆེ་བསྐྲུན་པའི་རྒྱལ་པོ་དང་། བློན་

པོ། བཙུན་མོ། ཕོ་པཊ། མཁས་དབང་། བཟོ་བཀོད་པ། སྤྲུལ་སྐུ་སོགས་སྐྱེས་ཆེན་དམ་པ་དེ་དག་སྐུ་བཞུགས་སྐབས་རང་གི་མགོན་སྐྱབས་དང་བླ་མ། སློབ་སྟོན་པར་བསྟེན་ནས་གཙུག་གི་ཏོག་ལྟར་བཀུར་ཅིང་། ཡོད་ཚད་ཁོང་ཚོའི་གསུང་ལྟར་བསྒྲུབས་པར་མ་ཟད། དེ་དག་དགོངས་པ་ཆོས་དབྱིངས་སུ་ཐིམ་པའི་ཚེ་ནའང་རང་རྟོགས་དང་ཕངས་པ་མེད་པའི་སྒོ་ནས་དངུལ་སྲང་སྟོང་ཕྲག་དུ་མའི་ཞལ་འདེབས་ཕུལ་ནས། དེ་དག་གི་བསྒྲུབ་གནས་དང་། གདན་ས། འཚོ་གཞིས་གནང་སྐྱོང་བའི་ཡུལ་བཅས་སུ་དགོན་པའམ་ལྷ་ཁང་སྐེ་རྗེས་དྲན་ཁང་བཞེངས་ཤིང་། ཁོང་རྣམ་པའི་གདུང་རྟེན་དང་སྐུ་རྟེན་དེ་རིན་པོ་ཆེ་སྣ་ཚོགས་ཀྱིས་བཞེངས་པ། ཁོང་ཚོའི་ན་བཟའ་དང་སྤྱོད་ཆས་རྣམས་ཀྱང་ལྷ་སྐུ་རྣམས་ཀྱི་གཟུངས་སུ་འབུལ་བ། ཁོང་ཚོའི་མཛད་པ་དང་རྣམ་ཐར་ལྡེབས་རིས་དང་ཐང་ཀར་བཀོད་པ། ཐ་ན་ཁོང་ཚོའི་སྐུ་བརྙན་བྱུ་རུ་དང་། གཡུ། བཻཌཱུརྻ། ཙན་དན། བྲག་རྡོ་སོགས་རིན་ཐང་ཆེ་ཞིང་འཛིག་དཀའ་བའི་དངོས་པོའི་སྟེང་དུ་བཟོ་བ་བཅས་བྱས་ནས་རྗེས་དྲན་ཞུ་ཞིང་བསྟོད་སྨུ་འབུལ་བའི་རྟེན་དུ་བྱེད་པ་དང་། ལྷ་ཡི་རྩོལ་དུ་མཆོད་མེ་འབུལ་བ་དང་། སྤོས་བདུག་པ། ལྷ་རྫས་འབུལ་བ། མེ་ཏོག་སྟེར་བ། བདུད་རྩི་མཆོད་པ། སིལ་ཏོག་འབུལ་བ། འོ་མ་མཆོད་པ། མཎྜལ་འབུལ་བ་སོགས་མཆོད་རྫས་སྣ་ཚོགས་རྒྱ་མཚོ་ཆེན་པོའི་ཁྱོན་དང་རི་རབ་ཆེན་པོའི་དཔངས་དང་འགྲན་པ་རྒྱུན་ཆད་མེད་པར་འབུལ་ཞིང་། ཁོང་རྣམ་པའི་གསུང་རྩོམ་ཡང་པར་དུ་བཏབ་ནས་སློབ་སྦྱོང་ཞིབ་འཇུག་དང་བསམ་བློའི་སློབ་སྟོན་བྱས་ཤིང་བྱེད་བཞིན་ཡོད་པ་རེད། ཐ་ན་རྒྱལ་པོ་ངན་པའི་བཀའ་དང་སྲིད་ཇུས་ངན་པས་གཏོར་བཤིག་ཅི་ཙམ་བཏང་ཡང་དཔལ་འབྱོར་ལ་ཕངས་པ་མེད་པར་རང་རྟོགས་ཀྱིས་བསྐྱར་གསོ་བྱས་ནས་མཆོད་པ་བཤམས་པ་དང་རྗེས་དྲན་ཞུ་ངེས་རེད། དེ་ལས་བོད་མི་རིགས་ནི་མིའི་རིགས་དང་ཁྱད་པར་དུ་མི་རིགས་རང་གི་སྤྱི་ཚོགས་ཞི་བདེ་དང་ཕ་ས་རྒྱ་བསྐྱེད་པ། ཆབ་སྲིད་དང་། དཔལ་

འཁོར། རིག་གནས་སོགས་ལས་རིགས་སྤེལ་ནས་བོད་ཀྱི་སྤྱི་ཚོགས་རྒྱལ་པོ་འཕེལ་རྒྱས་སུ་འགྲོ་བར་མཛད་རྗེས་བསྐྲུན་མྱོང་བའི་སྐྱེས་བུ་ཞིག་ཡིན་ཕྱིན། དེ་ཉིད་སྐུ་འཚོ་བའི་དུས་ལ་རྗེས་སུ་ཡི་རང་བྱེད་པར་མ་ཟད། སྐུ་མྱ་ངན་ལས་འདས་པའི་ཚེ་ནའང་དེའི་མཛད་རྗེས་མི་རབས་ནས་མི་རབས་ལ་མཚམས་སྦྱོར་བྱས་ཏེ་མི་བརྗེད་པར་བྱེད་ཅིང་། སོས་པའི་སེམས་ཀྱིས་ལྷ་ཡི་ཚུལ་དུ་མཆོད་ནས་བཀུར་གཟི་དང་རྗེས་དྲན་ཞུ་བའི་མི་རིགས་ཁྲིལ་ཡོད་ཅིག་ཡིན་པ་མངོན་པར་མཚོན་ཡོད།

གཉིས་པ། ཤེས་རིག་ལྡན་པ།

ང་ཚོ་དགོན་སྡེ་དང་ལྷ་ཁང་སོགས་གནའ་བོའི་རིག་གནས་རྗེས་ཤུལ་རྣམས་ལ་མཇལ་སྐོར་དུ་ཕྱིན་པར་མ་ཟད། བོད་ལྗོངས་སློབ་གྲྭ་ཆེན་མོར་སོང་ནས་ཁོང་ཚོའི་སློབ་ཁྲིད་ལ་མཉན་ཅིང་དུང་དཀར་བློ་བཟང་འཕྲིན་ལས་སོགས་རྒྱལ་ཁབ་རིམ་པའི་དགེ་རྒན་ཆེན་མོ་ཆེད་དུ་གདན་དྲངས་ནས་རང་རང་གི་དཔྱད་རྩོམ་དང་འབྲེལ་བ་ཡོད་པའི་དགའ་གནད་འགའ་རེ་ཞུས་པ་དང་། དེ་མིན་བོད་ལྗོངས་སྤྱི་ཚོགས་ཚན་རིག་ཁང་དང་བོད་ལྗོངས་སྨན་རྩིས་ཁང་སོགས་ཀྱི་བཀའ་དྲིན་ལ་བརྟེན་ནས་སྔར་མཇལ་མ་མྱོང་བའི་དཔེ་ཆ《རླངས་ཀྱི་པོ་ཏི་བསེ་རུ་རྒྱས་པ》དང་། 《ལྡེའུ་ཆོས་འབྱུང》《འཛམ་གླིང་སྤྱི་བཤད》《དེབ་ཐེར་ཀུན་གསལ་མེ་ལོང》བཅས་དང་། ཧྥ་རན་སིའི་ཧྲི་ཐེ་ཨན་གྱིས་བརྩམས་པའི《བོད་ལྗོངས་ཀྱི་ཤེས་རིག》དབྱིན་ཇིའི་ཁྲ་ཨར་སི་པའེ་ཨར་གྱིས་བརྩམས་པའི《རྒྱལ་དབང་བཅུ་གསུམ་པའི་རྣམ་ཐར》དབྱིན་ཇིའི་པའེ་ལིས་ཀྱིས་བརྩམས་པའི《ལག་འཁྱེར་མེད་པར་བོད་ལྗོངས་སུ་ཕྱིན་པ》སོགས་ཕྱི་གླིང་པས་བརྩམས་པའི་བོད་རིག་པའི་སྐོར་གྱི་དཔེ་ཆ་དང་དཔྱད་རྩོམ་གཅིས་བསྡུས་བསྒོམས་པས་དེབ་བཅུ་ཕྲག་གཅིག་ཙམ། གཞན་

ཡང་། 《བོད་རིག་པའི་གྲོས་མོལ་ཚོགས་འདུའི་ཆེད་རྩོམ་གཅེས་བསྡུས》དང《བོད་ཀྱི་སྨན་རྩིས་སྐོར་གྱི་དཔྱད་རྩོམ་གཅེས་བསྡུས》སོགས་དཔེ་ཆ་ཡང་ལག་ཏུ་ཚུད།

གནའ་བོའི་རིག་གནས་རྗེས་ཤུལ་དང་དཔེ་ཆ་རྩ་ཆེན་རྣམས་དངོས་སུ་མཇལ་ཞིང་མཁས་དབང་དམ་པ་དག་གི་གསུང་ལ་མཉན་རྗེས། བོད་ནི་ཤེས་རིག་ལྡན་པའི་མི་རིགས་ཤིག་ཡིན་པའི་འདུ་ཤེས་དེ་སྔར་ལས་ཇེ་དྲག་ཏུ་གྱུར། དེ་ཡང་དེང་གི་དུས་འདིར་འཛམ་གླིང་གི་ཚན་རིག་པ་རྣམས་ཀྱིས་སྔོན་བྱོན་དཔྱད་ཆས་སྣ་ཚོགས་ལ་བརྟེན་ནས་ཁ་ཚོན་གཅོད་པའི་དོན་དག་མང་པོ་ཞིག་བོད་ཀྱི་མིས་གནའ་སྔ་མོ་ནས་ཤེས་རྟོགས་བྱུང་ཡོད་པ་རེད། དཔེར་ན། སའི་གོ་ལ་འདི་འབྱུང་བ་སྣ་ལྔའི་སྙིང་པོ་འདུས་ནས་གྲུབ་པ་དང་དབྱིབས་ཟླུམ་གཟུགས་སྒོང་འདྲ་བ། ཕྱིའི་ངོས་སུ་བྲག་རི་སོགས་སྐམ་ས་ཆེན་པོ་དང་རྒྱ་མཚོ་ཆགས་ལ། དེར་མིའི་འགྲོ་བ་སོགས་སྲོག་ཆགས་ཀྱི་རིགས་འཚོ་བ་བོད་ཀྱི་མིས་སྤྱི་ལོ་སྔོན་གྱི་ལོ་བརྒྱ་ཕྲག་ཁ་ཤས་ཀྱི་སྐབས་ནས་ཤེས་ཡོད་པ་རེད།① ཡང་། མིའི་རིགས་ཀྱི་ཐོག་མའི་མེས་པོ་སྤྲེའུ་ཡིན་པར་རྗོད་མཁན་ལ་མཚོན་ནའང་། ད་ལྟ་ཡོངས་གྲགས་སུ་དབྱིན་གོའི་སྲོག་ཆགས་རིག་པ་མཁས་ཅན་ཏར་ཝུན་ཡིན་པར་བརྗོད་ཀྱང་། བོད་ཀྱིས་སྤྱི་ལོ་དུས་རབས་དྲུག་པ་ནས་རང་གི་མི་རིགས་ནི་སྤྲེའུ་དང་སྲིན་མོ་འདུས་པ་ལས་བྱུང་བར་བཤད་ཡོད་པར་མ་ཟད།② ད་ལྟ་ད་དུང་བོད་ལྷོ་ཁའི་གོང་པོ་རིའི་ཤར་ནུབ་གཉིས་སུ་སྤྲེའུ་དང་སྲིན་མོ་གཉིས་ཀྱི་བྲག་ཕུག་དངོས་སུ་མཇལ་རྒྱུ་ཡོད་པ་རེད། དེས་ན་མཁས་པ་ཆེན་པོ་ཏར་ཝུན་ནི་1809ལོར་འཁྲུངས་པ་ཡིན་པས། བོད་ཀྱི་མིས་ཁོང་ཉིད་མ་བྱོན་

① 《རླངས་ཀྱི་པོ་ཏི་བསེ་རུ་རྒྱས་པ》ཞེས་པར་དེ་ལྟར་བཀོད་ལ། གནའ་རབས་བོད་ཀྱི་བོན་ཆོས་ནང་དུའང་དེ་ལྟར་བཀོད་ཡོད་པ་དུང་དཀར་བློ་བཟང་འཕྲིན་ལས་མཆོག་གིས་གསུངས།

② 《མ་ཎི་བཀའ་འབུམ》དུ་དེ་ལྟར་བཀོད་ཡོད། བོད་ལྷོ་ཁ་ས་ཁུལ་གྱི་དམངས་ཁྲོད་དུའང་དེར་མཐུན་གྱི་གཏམ་རྒྱུད་ཡོད་པ་རེད།

གོང་གི་ལོ་ཆིག་སྟོང་ཉིས་བརྒྱ་ཙམ་གྱི་སྔོན་ནས་མིའི་རིགས་ཀྱི་ཐོག་མའི་སེམས་པོ་སྤྲ་ཡིན་པར་བརྗོད་ཟིན་པ་འཛམ་གླིང་གི་སྐྱེ་བོ་སུ་ཞིག་གིས་བསྙོན་ནུས།

རིག་གནས་ཀྱི་ཐད་ནས་བཤད་ན་འང་སྤྱི་ལོ་སྔོན་གྱི་ལོ་བརྒྱ་ཕྲག་འགའི་སྔ་རོལ་ནས་བོད་ལ་བོན་ཆོས་དང་དེའི་ཕྱོགས་ལ་སྤྱོད་པའི་ཡི་གེ་ཡོད་ལ། གནམ་གྱི་ཉི་ཟླ་སྐར་གསུམ་གྱི་བགྲོད་ཚུལ་ངེས་པ་ཅན་ལ་བརྟེན་ནས་ས་སྟེང་དུ་དུས་བཞིའི་འགྱུར་ལྡོག་ཇི་འདྲ་ཡོང་བ་དང་། དེའི་ཆོས་ཉིད་དང་བསྟུན་ནས་ཞིང་ཕྱུགས་ཐོན་སྐྱེད་ཀྱི་ལས་ཀ་བཀོད་སྒྲིག་བྱེད་མཁས་པ་རེད།① གཞན་ཡང་《ལྡེའུ་ཆོས་འབྱུང་》དུ་རྒྱལ་པོ་གཉའ་ཁྲི་བཙན་པོ་ལ། ཀུ་ལ་ལན་མཆིས། སྨང་ལ་བྱམས་མཆིས། དུག་ལ་སྨན་མཆིས། ཞེས་ཞུས་ཚུལ་བཀོད་པ་ལྟར་ན་བོད་ཀྱིས་དུས་སྐབས་དེར་སྐྱེ་དངོས་དང་། རྩི་ཤིང་། གཏེར་རྫས། སྲོག་ཆགས་སོགས་ཀྱི་སྨན་ལ་བརྟེན་ནས་ནད་གསོ་བའི་ཆོས་ཉིད་ཀྱང་ངེས་ཡོད་པ་རེད། དེ་མིན་ཟླ་ཞག་དང་དུས་བཞི་བརྩི་བའི་ཟླ་རྩིས་དང་། ཉི་མ་ལྷོ་བགྲོད་དང་། བྱང་བགྲོད། དཔྱིད་མཉམ་དང་སྟོན་མཉམ། དབྱར་ཉི་ལྡོག་དང་དགུན་ཉི་ལྡོག་བཅས་ཀྱི་ཆོས་ཉིད་ཀྱང་སྤྱི་ལོ་སྔོན་གྱི་ལོ་བརྒྱ་ཕྲག་ཡས་མས་ནས་ཤེས་རྟོགས་བྱུང་བ་རེད།②

ལྷག་པར་དུ་སྤྱི་ལོ་དུས་རབས་དྲུག་པའི་ནང་ལ་རྒྱལ་རབས་སོ་གཉིས་པ་སྲོང་བཙན་སྒམ་པོས་རྒྱལ་རབས་གོང་མ་རྣམས་ཀྱི་མངའ་ཁོངས་སྲ་བརྟན་དང་རྒྱ་བསྐྱེད་པའི་དུས་མཚུངས་སུ། ཐོན་མི་སོགས་བློན་པོ་རིག་པ་ཅན་རྣམས་རྒྱ་གར་དུ་སློབ་སྦྱོང་ལ་མངགས་ཏེ་ད་ལྟ་ང་ཚོས་ཆོས་སྲིད་གཉིས་ཀར་སྤྱོད་པའི་བོད་ཡིག་འདི་གསར་བཟོ་བྱེད་དུ་བཅུག་པ་དང་། མཐའ་བཞིའི་རྒྱལ་ཁབ་རྣམས་ལ་ཕྱི་འབྲེལ་

① 《བོད་རིག་པའི་གྲོས་མོལ་ཚོགས་འདུའི་ཆེད་རྩོམ་གཅེས་བསྡུས》ལས། 《བོད་གནའ་རབས་ཀྱི་རིག་གནས་དང་། ཆོས་ལུགས། མི་རིགས་བཅས་ཀྱི་འབྱུང་ཁུངས་སྐོར་གླེང་བ》ཞེས་པའི་དུང་དཀར་བློ་བཟང་འཕྲིན་ལས་མཆོག་གི་ཆེད་རྩོམ་དུ་གསལ།

② བོད་ལྗོངས་སྨན་རྩིས་ཁང་དུ་ལྷོ་ཁ་ཡར་ལུང་ཁུལ་གྱི་ཐགས་མཁན་རྒན་མོ་ཞིག་གིས་ཆོས་ཉིད་དེ་ཇི་ལྟར་ཤེས་ཚུལ་རི་མོ་དང་བཅས་པ་ཡོད།

དང་གཉེན་འབྲེལ་བཙུགས་ནས་དེ་དག་གི་རིག་གནས་ནང་འདྲེན་བྱེད་པའི་སྒོ་མོ་ཕྱེ་བའི་ཚུལ་ལ། བོད་ཀྱི་རིག་གནས་དེ་སྔར་ལས་འཕེལ་རྒྱས་དང་འཕྲུལ་ཚད་ཅན་དུ་གྱུར་ཅིང་། མཁས་པའི་དབང་པོ་བསམ་གྱིས་མི་ཁྱབ་པ་གྲངས་ལས་འདས་པ་ཐོན་པ་དང་། ཁོང་ཚོའི་སྐུ་དྲིན་ལ་བརྟེན་ནས་སངས་རྒྱས་ཤཱཀྱ་ཐུབ་པའི་བཀའ་པོ་ཏི་108དང་དེ་དག་གི་དགོངས་དོན་འགྲེལ་བའི་བསྟན་བཅོས་པོ་ཏི་200ལྷག དེ་མིན་ད་དུང་རྒྱ་གར་དང་རྒྱ་ནག བལ་པོ་སོགས་ཀྱི་བསྟན་བཅོས་གཞན་པ་མང་པོ་བཅས་བོད་ལ་བསྒྱུར་བར་མ་ཟད། བོད་ཀྱི་རིག་གནས་དང་ཟུང་འབྲེལ་བྱས་ནས་ལྷུགས་རྫོམ་རི་རབ་ཆེན་པོའི་དཔངས་དང་མཉམ་པ་མཛད་པར་བརྟེན། བོད་ལ་རིག་གནས་ཆེ་བ་ལྔ་དང་ཆུང་བ་ལྔ་ཞེས་པའི་རིག་གནས་ཆ་ཚང་ཞིག་གྲུབ་པ་རེད། ད་ལྟའི་བར་བོད་ལ་བཀའ་འགྱུར་མམ་གསུང་འབུམ་ཡོད་པའི་མཁས་པ་ཆེན་པོ་བརྒྱ་ཕྲག་དུ་མ་ཐོན་ཅིང་།① དེའི་ནང་གསུང་འབུམ་པོ་ཏི་བཅུའམ་ཉི་ཤུ། སུམ་ཅུ་སོགས་ཟིན་པ་ཤིན་ཏུ་མང་ལ། པོ་ཏི་བརྒྱ་ཟིན་མཁན་ཡང་ཡོད་པ་རེད། མཐོང་ཐོས་དེ་དག་བྱུང་བ་ལ་བརྟེན་ནས་ཁོ་བོའི་སེམས་ལ་བོད་མི་རིགས་འདི་གནའ་སྔོ་ནས་ཤེས་རིག་ལྡན་པ་ཞིག་ཡིན་པའི་འདུ་ཤེས་བརྟན་པོ་ཞིག་ཆགས་བྱུང་།

གསུམ་པ། གུས་ཞབས་ལྡན་པ།

ཉིན་ལྔ་བཅུ་ཙམ་ལ་ང་ཚོ་འབྲེལ་ཐུག་བྱས་པའི་མིའི་ནང་དུ་མང་ཚོགསདང་། སློབ་མ། གྲྭ་པ། ལས་བྱེད་པ། འགོ་ཁྲིད་པ། མཁས་པ་སོགས་རིམ་པ་སོ་སོའི་མི་སྣ་མང་པོ་ཡོད། ཁོང་ཚོ་རིམ་པ་གང་གི་མི་ཡིན་ཡང་ཐུན་མོང་གི་ཁྱད་ཆོས་ཤིག་ཡོད་པ་ནི་ངག་འཇམ་ཞིང་གུས་པ་ལྡན་པ་དེ་རེད། ཁོང་ཚོས་སྐྱེ་བོ་སུ་ཞིག་ལ་ངག་གིས་

① 《བླ་བྲང་དགོན་པའི་བསྟན་བཅོས་དཀར་ཆག》སོགས་སུ་གསལ།

བརྡ་སྤྱོད་དུས་ཕ་རོལ་པོའི་གོ་གནས་ཀྱི་མཐོ་དམན་དང་འབྱོར་པ་ལྡན་མིན། ཐག་ཉེ་རིང་སོགས་ལ་མི་བལྟ་བར་བཞིན་གྱི་མདངས་ཕྱུངས་ནས་གུས་ཞེང་འཇམ་པའི་ངག་གིས་སྨྲ་དགོས་རེད། དཔེར་ན་ཕ་རོལ་སྐྱེ་བོ་ཞིག་འབོད་པའི་ཚེ་ནའང་དེའི་མིང་རྐྱང་པ་ནས་མི་འབོད་པར་མིང་གི་ཐ་སྙད་རྗེས་སུ་ལགས་ཞེས་པའི་གུས་ཚིག་སྦྱར་ནས་འབོད་པ། དེ་ཡང་ཕ་རོལ་སྐྱེ་བོ་དེར་རྡོ་རྗེ་ཟེར་ན་ངག་འཇམ་པོས། རྡོ་རྗེ་ལགས། ཞེས་འབོད་པ་དང་། གསང་བདག་ཟེར་ན། གསང་བདག་ལགས། ཞེས་འབོད་པ། བསྟན་འཛིན་ཟེར་ན། བསྟན་འཛིན་ལགས། ཞེས་འབོད། ཡང་ཕ་རོལ་སྐྱེ་བོ་དེའི་མིང་མི་ཤེས་ན་ལགས་ཞེས་འདྲི་བའམ། ཡང་ན་རྒན་ལགས་ཞེས་འབོད་པ། ཕ་རོལ་པོ་དེ་མི་རྒན་པ་ཞིག་ཡིན་ན་དེར་སྤོ་བོ་ལགས་ཞེས་འབོད། སྐྱེས་མ་རྒན་པ་ཞིག་ཡིན་ན། ཨ་མ་ལགས་ཞེས་འབོད། སྐྱེས་མ་ཞིག་ཡིན་ན། ཨ་ལྕམ་ལགས། ཞེས་འབོད། དེ་བཞིན་དུ་རང་གི་ཕ་མ་དང་། སྤུན་ཟླ། བཟའ་ཟླ་བཅས་འབོད་དུས་ཀྱང་ཕ་མ་སོགས་ཐ་སྙད་ཀྱི་རྗེས་སུ“ལགས”སྦྱར་ནས་འབོད་པ་ལས། སྒྲ་གདངས་དྲག་པོས་ལྷེ། ཨ་རོག ཀྱེ་ཞེས་འབོད་སྒྲ་རྐྱང་པ་ནས་འབོད་པ་ཧ་ཅང་དཀོན། ཐ་ན་སློང་མོ་པ་རྒན་རྒོན་ཞིག་ཡིན་ཙང་དེར་སྤོ་བོ་ལགས་སམ་ཨ་མ་ལགས། ཞེས་འབོད། ད་དུང་ཕན་ཚུན་ལབ་གླེང་བྱེད་དུས་ཕ་རོལ་པོའི་སྐད་ཆ་ཧ་མ་གོ་བར་འདྲི་དགོས་པ་བྱུང་ནའང་། ལགས། ཞེས་ངག་འཇམ་པོས་འདྲི་བ་ལས། སྒྲ་གདངས་དྲག་པོས། ཁྱོས་ཅི་ཟེར། ཞེས་འདྲི་བ་ཤིན་ཏུ་ཉུང་། ཡང་ཕ་རོལ་པོའི་ཡུལ་དང་འགྲོ་ཡུལ་འདྲི་བའི་ཚེ་ནའང་གུས་པའི་ངག་གིས་ཁྱོད་གང་གི་ཡིན། ད་གང་ལ་འགྲོ་རྒྱུ་ཡིན། ཞེས་མི་འདྲི་བར། ཁྱེད་རྣམ་པ་གང་ནས་ཡིན། ད་ག་ལ་ཕེབས་ཀི་ཡིན། ཞེས་གུས་ཞེང་འཇམ་པའི་ངག་གིས་འདྲི་བ་རེད། ཁོ་རང་ཚོར་རང་གི་མི་ཤེས་པའི་དོན་དག་ཅིག་དྲིས་ནའང་ཁོ་ཚོས་ཤེས་ཚོད་གོ་ཚོད་ཀྱིས་འདི་འདི་རེད། དེ་དེ་རེད་ཅེས་གུས་པའི་ངག་གིས་གསལ་པོར་བརྗོད་པ་ལས། པོས་ན་ཨ་ལན་མི་སྟེར་བ་

དང་མ་རངས་པའི་མདངས་སྟོན་པ། ཡང་ན་ཤེས་ཀྱང་གསལ་པོར་མི་བཤད་པའི་ཚུལ་ནི་དབུས་གཙང་ཡུལ་དུ་ཉིན་མོའི་སྐར་མ་ཇི་བཞིན་མཐོང་དཀོན་པ་རེད། དེ་མིན་ལྷ་ལྡན་གཙུག་ལག་ཁང་གི་སྐོར་ལམ་དང་དགོན་སྡེ་ཁག་ཏུ་གཟབ་འཕྱོར་སྤྲས་པའི་བོད་རིགས་ན་ཆུང་སྐེག་མོ་རྣམས་ཀྱིས་བགྲེས་པོ་བགྲེས་མོ་རྣམས་གཟབ་གཟབ་ཀྱིས་བསྐྱོར་ནས་དལ་གྱིས་ཕྱག་དང་སྐོར་བ་བྱེད་དུ་འཁྲིད་པར་བརྟགས་ན་ཁོང་ཚོས་རྒན་རབས་རྣམས་ལའང་སྲི་ཞུ་བཀུར་སྟི་བྱེད་པ་རྟོགས་ཐུབ། དེ་དང་དེ་བཞིན་དུ་དབུས་གཙང་གི་སྐྱེ་བོ་མང་ཆེ་བའི་ངག་གི་སྤྱོར་བ་དང་ལུས་ཀྱི་སྤྱོད་པ་ཀུན་ལ་ཡ་རབས་སྐྱེ་བོའི་དཔལ་དང་ཡོན་ཏན་ཡོངས་སུ་ཚང་བས། ཡུལ་དེར་སླེབས་ཚེ་ཉམས་དགའ་ཞིང་ཡིད་སྤྲོ་ལ། སེམས་ཀྱི་སྣང་ངོར་ཤེས་རིག་དང་གུས་ཞབས་ལྡན་པའི་སྤྱི་ཚོགས་ཤིག་ལ་སླེབས་པའི་སྣང་བ་ཞིག་འཆར་ངེས་རེད།

བཞི་པ། བྱམས་སྙིང་རྗེ་ཆེ་བ།

དབུས་གཙང་དུ་མིག་ལ་ཆེས་མི་མཛེས་པ་གཉིས་ཡོད་པ་ལས། དང་པོ་ནི། ལྷ་ལྡན་སྤྲུལ་བའི་གཙུག་ལག་ཁང་གི་སྐོར་ལམ་གྱིས་གཙོས་ས་སྐྱ་དགོན་པ་དང་གཙང་བཀྲ་ཤིས་ལྷུན་པོ་དགོན་སོགས་སུ་སློང་མོ་པ་མི་ཉུང་བ་རེ་ཡོད་པ་དེ་རེད། སློང་མོ་པ་དེ་དག་གིས་སྒྲོལ་མའི་བསྟོད་པ་སོགས་རང་གིས་འདོན་ཤེས་པའི་ཁ་ཏོན་ཙམ་བཏོན་ནས་སློང་བ་དང་། རང་རང་གི་ཡན་ལག་གམ་ཉིང་ལག་སྐྱོན་ཅན་བསྟན་ནས་སློང་བ། སྦྲེའུ་ཁྲིད་ནས་སློང་བ། ཞུ་བ་ཞུས་ནས་སློང་བ། བྲོ་འཁྲབ་ནས་སློང་བ། སྒྲུང་བཤད་ནས་སློང་བ། ད་དུང་ནང་ལོགས་ཀོས་ཀྲིག་གི་ཡིན་ཟེར་བའི་སློང་མོ་པ་ཁང་ཧོ་ཞིག་གིས་རང་གི་ཁང་པར་སྐྱོན་ཇི་ལྟར་བྱུང་ཚུལ་བྲིས་པའི་ཤོག་ལེབ་ཅིག་བསྟན་ནས་སློང་བ་སོགས་སྣ་ཚོགས་ཡོད་པ་རེད། དེ་དག་མཐོང་མ་ཐག་ཡིད་

ལ་བོད་ལྗོངས་འདི་དཔལ་འབྱོར་ཐད་ངོ་མ་རྗེས་ལུས་ཡིན་པའི་སྣང་བ་འཆར་ཐུབ། དེར་ཉིན་ཁ་ཤས་སུ་སྐོར་བ་བྱས་ནས་ཁོ་ཚོའི་ཆ་ལུགས་དང་སྐད་རིགས་སོགས་ལ་ཞིབ་ཏུ་བརྟགས་ན་དེ་དག་ཚང་མ་བོད་ལྗོངས་ཀྱི་མི་མ་རེད། ཁོ་ཚོ་ལ་ལ་སི་ཁྲིན་དང་མཚོ་སྔོན་གྱི་མཇལ་བ་དང་། ལ་ལ་ནང་ལོགས་ཀྱི་གོས་ཀྲིག་དང་ཧེ་ནན་སོགས་ཀྱི་ཡིན་པ་རེད། ཁོ་ཚོ་སློང་མོ་པ་བྱེད་དགོས་པའི་རྒྱུ་རྐྱེན་ཡང་མི་འདྲ་སྟེ། ཁག་ཅིག་ནི་ཡན་ལག་དང་ཉིང་ལག་ལ་སྐྱོན་ཤོར་ནས་རང་ཁ་རང་གསོ་བྱེད་མི་ཐུབ་མཁན་རེད། ཁ་ཅིག་ནི་དགོན་པ་ཞིག་གསོ་བྱེད་པར་དཀར་ཡིགས་སློང་མཁན་རེད། ལ་ལ་ནི་ལོ་མང་པོར་མཇལ་སྐོར་དུ་འགྲོ་བའི་མཇལ་བ་བྲོ་ཆད་རང་རེད། ལ་ལ་ནི་ངོ་མ་རང་ཡུལ་དུ་ལོ་བསྟུད་མར་ལོ་ངན་བྱུང་ནས་འཚོ་ཐབས་ཟད་མཁན་རེད། ད་དུང་བྱིས་པ་སྐོར་ཞིག་གིས་ཀ་ར་རེ་ཉོ་བའི་དོན་དུའང་སློང་བ་རེད། ཁག་ཅིག་ནི་ལས་ཀ་ལས་འདོད་མེད་པའི་ལེ་ལོ་བ་རེད། རྒྱུ་རྐྱེན་གང་ཞིག་གིས་སློང་མོ་བྱས་ཀྱང་སྤྲང་པོ་ཡིན་པས་དེ་ནི་ས་དེའི་སྐྱོན་དང་མཚང་ལོས་ཡིན། འོན་ཀྱང་སློང་མོ་པ་རྣམས་ནང་ལོགས་ས་ཁུལ་གྱི་གནམ་གཤིས་བཟང་ཞིང་དཔལ་འབྱོར་དར་རྒྱས་ཆེ་བའི་གྲོང་ཁྱེར་ཆེན་པོ་དག་ལ་མི་འགྲོ་བར། ས་ལེ་བར་སྟོང་ཐྲག་དུ་མའི་ལམ་གྱི་རྫ་དུག་དང་ངལ་དུབ་མྱངས་ནས་ས་མཐོ་ཞིང་རྗེས་ལུས་ཡིན་པའི་ས་ཁུལ་དེར་འགྲོ་དོན་ཅི་ཡིན་ནམ། ཁོ་ཚོ་དཔལ་འབྱོར་དར་རྒྱས་ཆེ་བའི་གྲོང་ཁྱེར་རྣམས་ལ་འགྲོ་མ་ཤེས་པ་ཡིན་ནམ། ཡང་ན་ཁོ་ཚོའང་དབུས་གཙང་གི་རྩམ་པ་དང་དཀྲུགས་ཇར་ཆགས་ནས་ཡོང་བ་ཡིན་ནམ།

ཁོ་བོས་དེའི་རྒྱུ་མཚན་འཚོལ་བའི་མོད་ལ་ལྷ་ལྡན་སྤྲུལ་བའི་གཙུག་ལག་ཁང་གི་སྐོར་ལམ་དུ་ སྤྲེའུ་འཁྲིད་པའི་སློང་མོ་པ་སྐོར་ཞིག་དང་ཐད་བྱུང་། ངས་ཁོ་ཚོ་དང་གླེང་མོལ་བྱས་ཤིང་སྐོར་ཟུར་རེ་སྟེར་བཞིན་ཁྱོད་ཚོ་རང་ཡུལ་ཕྱོགས་ནས་མི་སློང་བར་དཀའ་བ་དེ་འདྲ་ཆེན་པོ་སྤྱད་ནས་མཐོ་སྒང་ས་ཁུལ་འདིར་ཡོང་དོན

ཅི་ཞེས་དྲིས་པ་ལ། ཁོ་ཚོས་འདིར་སློང་བདེ་བ་རེད་ཟེར། སྐད་ཆ་དེས་སློང་མོ་པ་རྣམས་དབུས་གཙང་དུ་འདུས་པའི་རྒྱུ་མཚན་གསལ་པོར་ངེས་སོང་། དོན་དངོས་སུ་འང་དེ་འདྲ་རང་ཡིན་པར་སྣམ། དབུས་གཙང་གི་མི་མང་ཆེ་བར་སློང་མོ་པ་ཚོས་ཟས་དང་སྐོར་མོ་བསླངས་ཚེ། ཁོ་ཚོས་བྱམས་བརྩེ་འཛུམ་གྱིས་འོས་འཚམ་རེ་སྟེར་བ་དང་། གལ་ཏེ་ལག་ན་སྐར་མ་གང་ཡང་མེད་ཚེ་དེ་ལུགས་ཀྱི་རྒྱུ་མཚན་བརྗོད་པ་ལས། སློང་མོ་པར་ སྡང་མིག་གིས་ལྟ་བ་དང་སྣ་གཉེར་བ། རྒྱབ་གཏོད་པ་སོགས་མི་བྱེད་ལ། ཕར་སོངས། སུན་པ་ལ། ཞེས་པའི་ཚིག་རྩུབ་དེ་བས་ཀྱང་མི་སྨྲ། དེར་མ་ཟད་མི་ལ་ལས་ད་དུང་སློང་མོ་པ་རྣམས་ལ་སྐོར་མོ་དང་རྩམ་པའི་འགྲེད་རྒྱག་པ་དང་། སྐེར་གཉེར་ཟ་ཁང་དང་ཁྱིམ་ཚང་ཁ་ཤས་ཀྱིས་སློང་མོ་པ་རྣམས་ལ་འབྲས་དང་དཀྲུགས་ཇ། ཆང་སེར་ལ་སོགས་པའི་ཟས་འགྲེད་རྒྱག་པ་ང་ཚོས་ལྷ་ལྡན་སྤྱིལ་བའི་གཙུག་ལག་ཁང་གི་སྐོར་ལམ་དུ་ལན་གཅིག་མིན་པར་ཐེངས་མང་པོར་མཐོང་བྱུང་། ཐ་ན་ང་ཚོ་ཟླ་6པའི་ཚེས་23ཉིན་རྒྱལ་རྩེ་དཔལ་འཁོར་དགོན་དུ་སླེབས་ཚེ་མི་ཞིག་གིས་ཁྱི་རྣམས་ལའང་རྩམ་པའི་འགྲེད་བརྒྱབ་ནས་ཟ་བཞིན་ཡོད་པ་རེད། མཐོང་ཐོས་དེ་དག་ལ་བརྟགས་ན་ཕྱོགས་ཀྱི་སློང་མོ་པ་རྣམས་དབུས་གཙང་དུ་འདུས་པ་ནི་གཞན་ཅི་ཡང་མ་ཡིན་ཏེ། བོད་མི་རིགས་ཀྱི་གཞན་ཕན་གྱི་སེམས་དང་སྤྱོད་པས་ཁོ་ཚོ་ཉེ་བར་བཀུག་པ་རང་རེད།

གཉིས་པ་ནི། གྲོང་ཁྱེར་དང་དགོན་པའི་ཁྲོམ་སྲང་དང་ར་སྐོར། ཟ་ཁང་དང་ཚོང་ཁང་། ལྷ་ཁང་སོགས་ཀྱི་སྒོ་དྲུང་། རྒྱ་ལམ་བཅས་གང་ས་གང་དུ་ཁྱི་མང་པོ་ཚོགས་ཤིང་རྒྱུ་ལ་གཉིད་དུ་ཡུར་བ་དེ་རེད། སྤྱིར་ཁྱི་ནི་འཕྲོག་པ་དང་། རོང་པ། དགོན་པའི་གྲྭ་ཤག་བཅས་ཀྱིས་སྒོ་སྲུང་ལྟ་བུར་གཅིག་གཉིས་རེ་གསོས་ན་སྲུང་གི་དང་རྐུན་མ་འགོག་པ་དང་། ཁྱིམ་དུ་མིའམ་དུད་འགྲོ་ཅི་ཞིག་ཡོང་བའི་བརྡ་རྒྱག་པ་སོགས་ཀྱི་གོ་ཆོད་ཀྱང་། གྲོང་ཁྱེར་དང་དགོན་པ་སྤྱི་ལ་ཁྱི་དེ་འདྲ་མང་པོ་ཞིག་དགོས་པ་ཡེ་

ནས་མེད་པར་མ་ཟད། དེ་དག་རྒྱ་ཡན་དུ་སྐྱེ་འཕེལ་དང་ཕྱོགས་ཀུན་ཏུ་འཁྲམས་ན་གྲོང་ཁྱེར་དང་དགོན་པའི་ཁོར་ཡུག་བཙོག་པར་བསྒྱུར་ལ་ནད་ཡམས་ཀྱང་བསྐྱེད་པས། གནས་ཚུལ་དེ་མཐོང་མ་ཐག་ཡིད་ལ་རང་ཤུགས་སུ་སུན་སྣང་ཆེན་པོ་ཞིག་སྐྱེས་པ་ལས། དབུས་གཙང་དུ་ཁྱི་དེ་འདྲ་མང་པོ་ཞིག་ཡོད་པའི་རྒྱུ་མཚན་ལ་བསམ་གཞིག་མ་བཏང་། དེ་ནས་ང་ཚོ་རིམ་བཞིན་དབུས་གཙང་གི་དགོན་སྡེ་ཁག་ལ་མཇལ་སྐོར་དུ་ཕྱིན་ནས་སེ་ར་དགོན་པར་སླེབས་ཚེ། མི་འགས་ཁྱི་མང་པོ་གཅིག་ཏུ་བསྡུས་ནས་ལྟོ་ལྟུད་པ་དང་། གཙང་བཀྲ་ཤིས་ལྷུན་པོ་དགོན་གྱི་སྐོར་ལམ་དུ་ཁྱི་རྣམས་ལ་ལྟོ་འགྲེད་རྒྱག་ས་མང་དུ་ཡོད་པར་མ་ཟད། ཁྱི་ལ་ལས་ད་དུང་དེ་ལས་ལྟོ་འཐུང་བཞིན་འདུག གཞན་ཡང་དཔལ་འཁོར་ཆོས་སྡེར་མི་ཞིག་གིས་ཁྱི་རྣམས་ལ་རྩམ་པའི་འགྲེད་བརྒྱབ་ཡོད་པ་གོང་དུ་སྨྲས་ཟིན་པ་ཡིན། གནས་ཚུལ་དེ་དག་མཐོང་ནས་ཁོ་བོས་དབུས་གཙང་གི་ཁྱི་དེ་དག་མང་ཆེ་བར་བདག་པོ་དངོས་གཏན་ཞིག་མེད་པ་ཤེས་པ་དང་། དེ་མཚུངས་སུ་ཁོ་ཚོ་དོ་མ"གཙང་སྤྲ་ལ་དོ་སྣང་མི་བྱེད་པ་དང་། ཁྱི་ལ་དགའ་བའི"སྙམ་པ་ཞིག་ཀྱང་སྐྱེས་བྱུང་།

དོན་དམ་དུ་ང་ཚོ་ཧ་ལམ་ཟླ་འཁོར་གཉིས་ཙམ་ལ་མཇལ་སྐོར་བྱས་པའི་མཐོང་ཐོས་ལ་བརྟགས་ན། ཁོ་ཚོ་གཙང་སྤྲར་དོ་སྣང་བྱེད་མི་ཤེས་པའི་མི་རིགས་ཤིག་མིན་ལ། ཁྱི་མང་ན་ཉམས་དགའ་བའི་མི་རིགས་ཤིག་ཀྱང་མ་རེད། འོ་ན་ཅི་རེད་ཅེ་ན། ཉིན་ཞིག་ང་ཚོ་གྲོང་ཁྱེར་ལྷ་སའི་གངས་ལྗོངས་མགྲོན་ཁང་དུ་གནས་སྡུར་རྗེས་རང་རང་གི་སྒོ་ཕྱེ་ལྷྭ་ནས་ཟ་བར་བཙམས་པ་ལ་ཁྱི་གསུམ་བཞི་ཞིག་སྒོ་ལམ་དུ་ཡོང་ནས་ཇ་མ་གཡུག་བཞིན་མིག་གིས་ང་ཚོའི་ལག་ལ་རིག་རིག་རིག་བྱེད་ཅིང་། ལ་ལ་ད་དུང་ཡུན་གྱིས་ནང་ལ་ཡོང་ནས་ལག་གི་ཟས་ཀྱང་འཕྲོག་ཙམ་བྱས་པས། ང་ཚོ་འཚོག་པ་ཟོས་ནས་དེ་དག་སྐོར་བསྐྱད་པ་ལ། མགྲོན་ཁང་དེར་ཞབས་ཞུ་སྒྲུབ་པའི་བུ་མོ་འགའ་ཡོད་པ་དེ་དག་གིས་མཐོང་ནས་ང་ཚོ་ལ"ལགས། སེམས་

ཅན་དེ་དག་ལ་སྙིང་རེ་རྗེ། དེ་འདྲ་མི་བྱེད་པར་མཁྱེན། དེ་འདྲ་བྱས་ན་བགྲེས་པོ་རྣམས་ཀྱིས་ཀྱང་གཞི་གཞི་གཏོང་ངེས་རེད"ཟེར། ཁོ་མོ་ཚོའི་སྐད་ཆ་དེ་ལས་དབུས་གཙང་གི་གྲོང་ཁྱེར་དང་དགོན་སྡེ་ཁག་ཏུ་བདག་མེད་མགོ་མེད་ཀྱི་ཁྱི་དེ་འདྲ་མང་པོ་ཞིག་འཚོ་ཞིང་འཕེལ་ཐུབ་པ་ནི་གཞན་ཅི་ཡང་མིན་པར་བོད་མི་རིགས་ཀྱི་སྙིང་རྗེའི་སེམས་ཀྱི་ཟས་ལ་བརྟེན་པ་མཚོན་ཐུབ། ཁོང་ཚོར་དེ་འདྲའི་གཞིས་རྒྱུད་ཡག་པོ་ཞིག་ཡོད་པ་ཁོང་ཚོས་རྫོ་བོ་ཡིད་བཞིན་ནོར་བུའི་སྐུ་མདུན་དུ་ཀྲོང་ངེར་འགྲེངས་ནས་མིག་བཙུམས་ཞིང་ལག་ཟུང་སྙིམ་པ་བྲང་ལ་སྦྱར་སྟེ་གསོལ་བ་འདེབས་ཚེ། ང་དང་ངའི་ཉེ་དུ་རྣམས་ལ་བདེ་སྐྱིད་ཅིག་འཛོམ་དུ་ཆུག་ཅེས་མི་ཟེར་བར། འགྲོ་བ་སེམས་ཅན་ཐམས་ཅད་སྡུག་བསྔལ་དང་སྡུག་བསྔལ་ནས་གྲོལ་བར་གྱུར་ཅིག ཅེས་གསོལ་བ་འདེབས་པ་དེས་ཀྱང་རྟོགས་ཐུབ། དེས་ན་དབུས་གཙང་ཡུལ་དུ་སློང་མོ་པ་དང་ཁྱི་མང་བ་དེ་ས་དེའི་སྐྱོན་མཚང་དུ་བརྗོད་པའི་དུས་མཚུངས་སུ་བོད་མི་རིགས་ལ་འཛམ་གླིང་གི་མི་རིགས་གཞན་ལ་ཡོད་དཀའ་བའི་བྱམས་སྙིང་རྗེ་ཞིག་ལྡན་པ་དང་། ཁོང་ཚོའི་ཁྲུད་དུ་འཕགས་པའི་སེམས་རྒྱུད་དེ་ནི་ཁོར་ཡུག་གཙང་བ་དང་དཔལ་འབྱོར་ལས་ལྷབ་བརྒྱ་འགྱུར་གྱིས་རིན་ཐང་ཆེ་བའང་ཁས་ལེན་དགོས། ཡང་། དེར་མི་འཐད་ཟེར་ན་ལན་འདི་ཡོད་དེ། དབུས་གཙང་ཡོངས་ཀྱི་ཁྱི་ལྟོམ་ཡོངས་རྫོགས་ཉིན་གཅིག་དང་ཐ་ན་དུས་ཚོད་འགའི་ནང་དུའང་མེད་པར་བཟོ་ཐུབ་ལ། དཔལ་འབྱོར་ཡང་དེ་བཞིན་ཏེ་ལས་གཉེར་བྱེད་སྟངས་ལེགས་ཤིང་རྩོལ་བ་ལྡན་ན་དུས་ཡུན་རིང་པོ་མི་དགོས་པར་འབྱོར་བ་ལྡན་པར་འགྱུར་ཐུབ་ངེས་རེད། ཡིན་ནའང་མི་རིགས་ཤིག་གི་མི་མང་ཆེ་བའི་སེམས་རྒྱུད་བཏུལ་ནས་བྱམས་སྙིང་རྗེ་ཅན་ཞིག་ཏུ་བསྒྱུར་དགོས་ན་ལོ་སྟོང་ཕྲག་མང་པོ་ཞིག་མེད་ན་མི་ནུས་པས་སོ། །

མདོར་ན། སྟོད་དབུས་གཙང་ནི་བོད་མི་རིགས་ཀྱི་ཐོག་མའི་འབྱུང་ཁུངས་

དང་རིག་གནས་སྣ་ཚོགས་ཀྱི་མཆེད་ཁུངས་ཡིན་ཞིང་། ས་དེའི་བོད་མི་རྣམས་དུས་ཡུན་རིང་པོ་ཞིག་ལ་མི་རིགས་གཞན་པ་མང་པོ་དང་འདྲེས་སྡོད་མ་བྱས་ལ། རྒྱུ་རྐྱེན་སྣ་ཚོགས་ཀྱིས་མཐའ་སྐོར་རྒྱལ་ཁབ་རྣམས་ཀྱི་མི་ལའང་ཐད་ཀར་འབྲེལ་ཐུག་མང་པོ་བྱེད་མ་ཐུབ་པས། ཁོ་ཚོའི་རང་བཞིན་དང་གོམས་སྲོལ་ལ་མི་རིགས་གཞན་གྱི་ཤུགས་རྐྱེན་ཆེན་པོ་མ་ཐེབས་པར་རང་སོར་གནས་པ་རེད། དེར་བརྟེན་ཁོ་ཚོར་ཁྲེལ་ཡོད་པ་དང་ཤེས་རིག་ལྡན་པ། གུས་ཞབས་ལྡན་པ། བྱམས་སྙིང་རྗེ་ཆེ་བ་བཅས་ནི་བོད་མི་སྤྱིའི་རང་བཞིན་དུ་གྲུབ་པ་རེད།། །།

༄༅། །ཚབ་འགག་རྟ་མགྲིན་གྱི་

ཆེད་རྩོམ་

ཕྱོགས་བསྒྲིགས། （སྟོད་ཆ།）

འཇང་ས་ཐམ་ཡུལ་ནས་ཐོན་པའི་ཐུ་སྟོད་རྡོ་རིང་ཡི་གེར་དཔྱད་པ།

ས་སྐྱ་པཎ་ཆེན་གྱི་སྐུ་གདུང་མཆོད་རྟེན་ལས་ཐོན་པའི

《ལང་ཚུའི་མཆོད་རྟེན་དཀར་པོ་གསར་དུ་བཙོས་པའི་དཀར་ཆག》རྡོ་རིང་ལ་དཔྱད་པ།

མཚོ་སྔོན་གཏེར་ལམ་རྫོང་གི་བོད་བཙན་པོའི་དུས་ཀྱི་

བང་སོ་ཨང་གསུམ་པའི་རྡོ་རིང་ཡི་གེ་ལས་འཁྲོས་པའི་གཏམ།

གཏེར་ལམ་ཐུ་སྟོད་བང་སོ་ལས་ཐོན་པའི་མཆིམས་བཟའ་ལྷ་མོའི་བང་སོའི་རྡོ་རིང་ལ་དཔྱད་པ།

གནམ་སྐྱིད་རྒྱལ་པོའི་བང་སོའི་རྟིག་དོས་ཀྱི་ཡི་གེ་དང་རི་མོ་ལས་འཁྲོས་པའི་གཏམ།

རྡོ་རིང་ཡི་གེ་ཞིབ་འཇུག་སྐོར་གྱི་དྲི་བ་དྲིས་ལན།

དྭ་ལའི་བླ་མ་ཞེས་པའི་མཚན་གསོལ་བའི་ཆོས་སྡེ།—ཆབ་ཆ་ཐེག་ཆེན་ཆོས་འཁོར་གླིང་གི་

དགོན་གནས་ལ་དཔྱད་པ།

དྭ་ལའི་བླ་མ་ཞེས་པའི་མཚན་གསོལ་བའི་ཆོས་སྡེ།—ཆབ་ཆ་ཐེག་ཆེན་ཆོས་

འཁོར་གླིང་གི་ཆགས་འཇིག་དང་འབྲེལ་ཡོད་ཀྱི་གནད་དོན་འགར་དཔྱད་པ།

དགེ་འདུན་ཆོས་འཕེལ་གྱི་རིག་གཞུང་བསམ་བློ་གླིང་བ།

མཁས་དབང་དུང་དཀར་བློ་བཟང་འཕྲིན་ལས་མཆོག་གི་སྐུ་དྲིན་

དྲན་པའི་སྙིང་གཏམ་ཕྲེང་བ་རང་བཟོས།

ཏུན་ཧོང་ཡིག་རྙིང་ཁྲིད་ཀྱི་མོ་ཡིག་ལ་དཔྱད་པ།

ཀྲུང་གོའི་བོད་རིག་པ་དཔེ་སྐྲུན་ཁང་།

图书在版编目 (CIP) 数据

恰嘎·旦正论文集：全2册：藏文/恰嘎·旦正著.—北京：中国藏学出版社，2018.1

ISBN 978-7-5211-0017-4

Ⅰ. ①恰… Ⅱ. ①恰… Ⅲ. ①藏学—文集—藏语 Ⅳ. ①K281.4-53

中国版本图书馆CIP数据核字(2018)第009556号

恰嘎·旦正论文集（上、下册） 恰嘎·旦正 著

责任编辑 加羊达杰
封面设计 李建雄
出　　版 中国藏学出版社
排　　版 北京叶知舟数码快印有限公司
印　　刷 中国电影出版社印刷厂
版　　次 2018年1月第1版
开　　本 787mm×1092mm 1/16
印　　张 51.25
印　　数 0001-2000
书　　号 ISBN 978-7-5211-0017-4/K·512
定　　价 86.00元

该图书若有质量问题，请与本社联系

E-mail：zangxue615@sina.com 电话：010-64917618

ཏཱ་ལའི་བླ་མ་ཞེས་པའི་མཚན་གསོལ་ས་ཐེག་ཆེན་ཆོས་འཁོར་གླིང་གི་རྗེས་ཤུལ་དང་དེ་ལས་ཐོན་པའི་རིག་རྫས་སྣ་ཚོགས་ཀྱི་འདྲ་པར།

ནུབ་ངོས་དང་བྱང་ངོས་ཀྱི་ལྕགས་རི་དུམ་བུ།

ནོར་བུ་གླིང་ཁའི་རྟག་བརྟན་མི་འགྱུར་ཕོ་བྲང་གི་ཚོམས་ཆེན་སྟོ་མ་སྲིད་ཞི་འདོད་རྒུའི་ལྡེབས་རིས་ཁྲོད་ཀྱི་ཆབ་ཆ་ཐེག་ཆེན་ཆོས་འཁོར་གླིང་།

ལྷ་སྐུ་ཆག་དུམ།

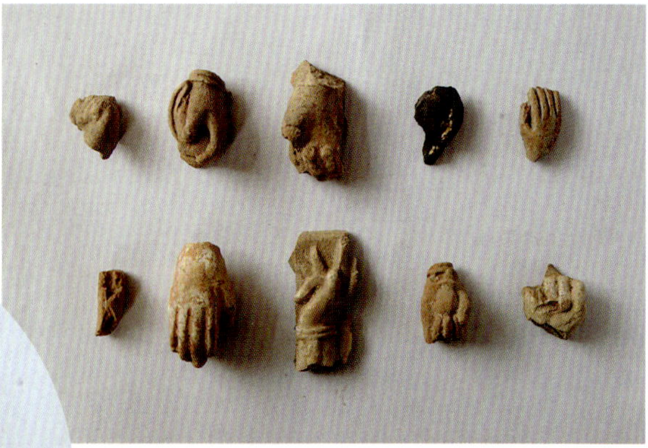

ས་འབག

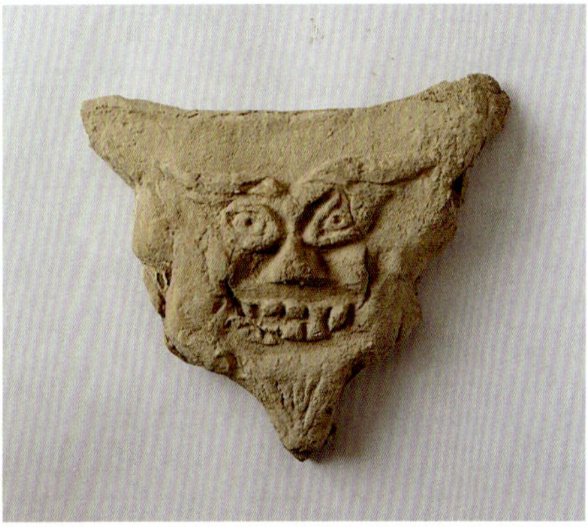

སོ་ཕག

ཀ་རྡོ།

དར་ཞིང་གི་རྫང་རྡོ།

དགོན་པ་བསྲེགས་པའི་ཐལ་བ།

ཪོ་བཀོས་ཐམ་ག

དྲག་རྩལ་ཪོ་རྫེ་ཐོག་མདའི་ལབ་ཙེ།

བསྐྱར་དུ་བཞེངས་པའི་ཆབ་ཆ་ཐེག་ཆེན་ཆོས་འཁོར་གླིང་།

གནམ་སྐྱོང་རྒྱལ་པོའི་བང་སོའི་ནང་གི་འདྲ་པར་འགའ།

བང་སོའི་ནང་རོལ།

བང་སོའི་རྩིག་ངོས་ཀྱི་རྡོ་བརྐོས་རི་མོ། (1)

བང་སོའི་རྩིག་ངོས་ཀྱི་རྡོ་བརྐོས་རི་མོ། (2)

བང་སོའི་རྩིག་ངོས་ཀྱི་རྡོ་བརྐོས་རི་མོ། (3)

བང་སོའི་ཕྱིག་ངོས་ཀྱི་རྡོ་
བརྐོས་གཟུངས་སྔགས། (1)

བང་སོའི་ཕྱིག་ངོས་ཀྱི་རྡོ་
བརྐོས་གཟུངས་སྔགས། (2)

གནམ་སྐྱོང་རྒྱལ་པོའི་
གདུང་སྒམ།

དཀར་ཆག

༄༅། །འཛང་ས་ཐམ་ཡུལ་ནས་ཐོན་པའི་ཐྲ་རྙོད་རྫ་རིང་ཡི་གེར་དཔྱད་པ།

ལྷོ་ཕྱོགས་འཛང་གི་ཡུལ་ཁམས་དང་ཡུལ་ཁམས་དེར་གནས་པའི་མི་རིགས་དང་མི་རིགས་དེ་དག་གི་རིག་གནས་སྣ་ཚོགས་ནི་རང་རེ་བོད་དང་བོད་ཀྱི་གནའ་བོའི་ལོ་རྒྱུས་དང་ཤེས་རིག་ལ་འབྲེལ་བ་ཤིན་ཏུ་ཆེ་བས། ཡུལ་དེར་ལྟ་སྐོར་དུ་འགྲོ་བའི་འདུན་པ་སྔོན་ནས་ཡོད་ཀྱང་ད་ལྟའི་བར་ལག་ལེན་དུ་འདེབས་མ་ནུས། ད་ལོར་ཞིབ་འཇུག་སློབ་མ་ཁག་ཅིག་ཁྲིད་དེ་སི་ཁྲོན་ཞིང་ཆེན་དང་ཡུན་ནན་ཞིང་ཆེན་ལ་རྟོག་དཔྱོད་དུ་འགྲོ་བའི་གོ་སྐབས་བྱུང་ནས། སློབ་བུ་རྣམས་དང་མཉམ་དུ་སི་ཁྲོན་ཞིང་ཆེན་གྱི་སྲོས་ལྡན་གྲོང་ཁྱེར་དང་སླང་ཆེན་འཁྱིང་རི། རི་བོ་ལོ་ཧྲན་སོགས་བརྒྱུད་དེ་འཛང་ས་ཐམ་ཡུལ་དུ་སླེབས་རྗེས། འཛང་ས་ཐམ་རྒྱལ་པོའི་ཕོ་བྲང་དང་། འཛང་བླ་ཤིང་དགོན་པ། བཀྲ་ཤིས་ཚོས་འཕེལ་གླིང་། གསང་སྔགས་དགའ་ཚལ་གླིང་། ས་ཐམ་རྒྱལ་པོའི་ལྷ་ཁང་། ས་ཐམ་འཛང་གི་སྔོན་པའི་རིག་གནས་ཞིབ་འཇུག་ཁང་སོགས་ལ་རིམ་བཞིན་ལྟ་སྐོར་བྱས་ནས། ས་ཐམ་འཛང་གི་སྔོན་པའི་རིག་གནས་དངོས་མང་བཤམས་སྟོན་ཁང་དུ་སླེབས་ཚེ་གནས་དེར་བོད་ཡིག་འཕོད་པའི་རྫ་རིང་ཞིག་མཐོང་བྱུང་། བརྗོད་བཅད་པ་ལྟར་ན། རྫ་རིང་དེ་ནི་ཡུན་ནན་ས་ཐམ་གྲོང་ཁྱེར་གྱི་ནུབ་བྱང་ཕྱོགས་ཀྱི་འབྲི་ཆུའི་འགྲམ་ངོགས་སུ་ཡོད་པའི་ཀོ་ཙི(格子)ཞེས་པའི་གྲོང་ཚོ་ནས1992ལོར་ཐོན་པ་རེད། རྫ་རིང་དེར་ཡིག་འབྲུ་མང་པོ་མེད་ཀྱང་དེའི་ནང་དོན་དང་ཡིག་གཟུགས། རི་མོ་བཅས་ལ་ཞིབ་

འཇུག་གི་རིན་ཐང་ཧ་ཅང་ཆེ་བས། དེའི་སྐོར་ལ་ཅུང་ཟད་དཔྱད་པར་འདོད་དོ། །

དང་པོ། རྫོ་རིང་ཇོ་སྒྲོད།

རྫོ་རིང་དེ་ནི་རི་མོ་དང་ཡི་གེ་རིམ་པ་གསུམ་ལས་གྲུབ་པ་ཞིག་སྟེ། རིམ་པ་དང་པོར་ཟུར་ཕུད་གསུམ་དང་ལྡན་པའི་མི་ཞིག་གིས་ལག་བྱང་ཡར་ལ་བཏེགས་ཤིང་གཡས་གཡོན་དུ་མེ་ཏོག་རེ་རེ་ཡོད་པའི་རི་མོ་འབོད་ཡོད། རིམ་པ་གཉིས་པ་རྫོ་རིང་ཡི་གེ་དངོས་ཏེ། "མཚོ:རུམ:ལོང:ལ:དག:ཐོག:མ:རྒྱ:འབངས:ལས:རྒྱ:རྗེ:གཏན:ཀྱི:རྗེར:བྱི:རུང:ནས:བཙན:པོ:ལྷ:སྲས:ལ:གློ:བ:ཉེ་སྟེ་བློན:སྐྱེས:བཟང:ལ་ཕྱག:འཚལ་ནས:ཕོ:ཚོདབཟང:མར:(མང)ནི:གསེར:ཆེན:པོ་སྦལད:ལོང:ལ:དག:གཙང:ཅེན:སྦལ:པ:ལས:ལོ:དགུ:བཅུ:ལོན:དེ:གུམ:པའི:མཆད:པ"ཞེས་འབོད་ཡོད། རིམ་པ་གསུམ་པར་མི་འགས་དཔོན་པོ་ལྟ་བུ་ཞིག་ལ་གུས་འདུད་སྐྱེས་འབུལ་བྱེད་ཅིང་། ཟུད་མེད་ཀྱི་ཆ་ལུགས་འཛིན་པ་ཞིག་གིས་རྟ་སྒ་བསྟད་གཉིས་འཁྲིད་པ་དང་། སྟག་གཉིས་དང་། སེང་གེ་གཅིག གཡུ་འབྲུག་ཁ་སྦྱོར། ཁྱི་དང་འདྲ་བའི་སྲོག་ཆགས་གཅིག མིའི་ལུས་དང་ཁྱིའི་མགོ་ཅན་བཞི་བཅས་ཀྱི་རི་མོ་ཡོད། འབྲེལ་ཡོད་དཔྱད་གཞི་ལྟར་ན་རྫོ་རིང་དེའི་མཐོ་ཚད་ལ་ལི་སྨི་206དང་། ཞེང་ལ་ལི་སྨི་84ཡོད། མཐུག་ཚད་ལ་ལི་སྨི་8ཡོད་ཅིང་རྫོ་རིང་རྩེལ་པོའི་དབྱིབས་ནི་གྲུ་བཞི་ནར་མ་ཞིག་རེད། དེ་ཡང་དཔྱད་བདེ་བའི་ཆེད་དུ་རྫོ་རིང་གི་འདྲ་པར་དངོས་བྲངས་ན་འདི་ལྟར།

གཉིས་པ། རྗེ་རིང་ཡི་གེའི་ནང་དོན་ལ་དཔྱད་པ།

དེ་ཡང་རྗེ་རིང་ཡི་གེ་ལས“མཚོཿ རུམཿ ལོངཿ ལཿ དག”ནི་མི་ཞིག་གི་མིང་དུ་འདོད་[①]པ་དང་། ཡང་ན“མཚོ་རུམ”ནི་ཨར་ཧའི(洱海)མཚོའུ་ས་ཁུལ་དང“ལོང་ལ་དག”ནི་ཚོ་དཔོན་ཞིག་ཏུ་འདོད་མཁན་[②]སྣ་ཚོགས་ཡོད་ཀྱང་། རྗེ་རིང་ཡི་གེ་ཆ་ཚང་ངོས་ནས་དཔྱད་པ་དང་། ཁྱད་པར་དུ“ཕོཿཆེད་ཟངཿམརཿནི་གསེརཿཆེན་པོཿསྒུལད”ཅེས་པ་ལས་དཔྱད་ན། “མཚོ་རུམ་ལོང་ལ”ནི་ཡུལ་ཁམས་ཀྱི་མིང་དང་། “དག”ནི་མང་ཚོགས་སྡེ་ཡུལ་དེར་འཚོ་བའི་མི་རྣམས་ཞེས་པའི་དོན་ཡིན་པ་འདྲ། “ཐོག་མ་རྒྱ་འབངས་ལས་རྒྱ་རྗེ་གཏན་ཀྱི་རྗེར་མྱི་རུང་ནས་བཙན་པོ་ལྷ་སྲས་ལ་སྐྱོ་བ་ཉེ་སྡེ་སྔོན་སྐྱེས་བཟང་ལ་ཕྱུག་འཚལ……”ཞེས་པའི་བཙན་པོ་ལྷ་སྲས་ཡང་ཏུན་ཧོང་བྲག་

① 松秀清:《藏文〈格子吐蕃石碑〉之我见》[J].

② 赵心愚:《格子藏文碑与吐蕃告身制度的几个问题》[J]. 民族研究，2014（3）.

ཕྱུག་ནས་ཐོན་པའི《བཙན་པོ་རིམ་བྱུང་གི་ལོ་རྒྱུས》ལས།[①] "ལྗོ་ཕྱོགས་ཀྱི་སྐད་ན་འཇང་དུམ་སྒྲ་དཀར་པོ་ཞེས་བྱ་བའི་རྒྱལ་པོ་སེ་སྨྲི་ཙུང་བ་ཞིག་འདུག་པ། །རྒྱལ་པོ་ཐུགས་སྐམ་པོ་འི་ཆབས་དང་ཐབས་ཀྱིས་བཀའ་སྩལ་ཏེ། སྨྲ་འི་རྒྱལ་པོ་ཀག་ལ་བོང་ཞེས་བྱ་བ། །འབངས་སུ་ཕྱག་འཚལ་ནས། ཐབས་གཙུང་སྩལ་ཏེ། མྱི་མང་གི་སྔོན་བཏབ། ཡུལ་ཆེ་འི་ནི་འདབ་བསྐྱེད་དོ། །"ཞེས་པ་དང་། "འཇང་སྨྲ་འི་རྒྱལ་པོ་ལྕྭ་ཞིག་རྒྱ་ལ་ལྕྭ་ལྕྭ་བ་ལས། རྒྱ་རྗེས་དགྲར་བླང་སྟེ། །བཙན་པོ་ཁྲི་ལྡེ་གཙུག་བརྟན་གྱི་ཞ་སྔར་བློ་བ་ཉེ་ནས། རྒྱ་ཡུལ་ཕབ་ཀྱིས་ནི་ཡུལ་དང་། མཁར་དུ་བཆས་ཏེ་ཕུལ། །"ཅེས་བོད་བཙན་པོ་ཁྲི་ལྡེ་གཙུག་བརྟན་གྱི་སྐུ་རིང་ལ་འཇང་རྒྱལ་ཀག་ལ་བོང་གིས་བོད་ཀྱི་རྒྱལ་པོར་ཕྱག་འཚལ་ཞིང་བོད་ཀྱི་རྒྱལ་པོས་འཇང་རྒྱལ་ཀག་ལ་བོང་ལ་བོད་བཙན་པོའི་སྐུ་སྤྱན་ཆུང་བའི་ཐོབ་ཐང་གནང་བར་འཁོད་ཅིང་། འཇང་གི་རྒྱལ་པོས་རྒྱའི་རྒྱལ་པོར་རེ་ལྟོས་བཅོལ་བ་ལ་རྒྱ་རྗེ་དགྲར་ལངས་པས། བཙན་པོ་ཁྲི་ལྡེ་གཙུག་བརྟན་ལ་ཡིད་རྟོན་བཅོལ་ཅིང་ཕབ་ཟིན་པའི་རྒྱའི་ཡུལ་དང་མཁར་དང་བཅས་པའང་བོད་བཙན་པོར་ཕུལ་བར་འཁོད་ཡོད།

སྤྱི་ལོ་766ལ་བཙུགས་པའི《འཇང་གི་ཏེ་ཧྭ་རྡོ་རིང》(南诏德化石碑)[②]ཡི་གེ་ལས་ཀྱང་འཇང་གིས་ཐང་རྒྱལ་རབས་གྲོགས་སུ་བསྟེན་ཙང་དགྲ་རུ་ལངས་པས། བློ་མི་ལོག་ཐབས་མེད་བྱུང་ཞིང་ཐུ་རྗོད་དང་འབྲེལ་ནས་ཐང་དམག་ཕམ་པར་བྱས་པ་དང་། ཐུ་རྗོད་ལ་རྒྱལ་ཁའི་འཕྲིན་བཟང་ཞུས། རྒྱལ་རབས་ཀྱི་ཁྲི་ལོའང་བཙན་པོའི་གཙུང་ལོ་ཞེས་པར་བསྒྱུར་ནས་ཐུ་རྗོད་ཀྱི་ཁོངས་གཏོགས་སུ་གྱུར་པར་འཁོད་པ་རྣམས་ཕྱོགས་བསྡུས་ཀྱིས་དཔྱད་ན་རྡོ་རིང་ཡི་གེ་ལས་བསྟན་པའི་བཙན་པོ་ལྗེ་སྲས་ནི་བོད་བཙན་པོ་ཁྲི་ལྡེ་གཙུག་བརྟན་དང་དེའི་སྲས་ཁྲི་སྲོང་ལྡེ་བཙན་རྣམ་

① ཏུན་ཧོང་ནས་ཐོན་པའི་བོད་ཀྱི་ལོ་རྒྱུས་ཡིག་ཆ། [M]. མི་རིགས་དཔེ་སྐྲུན་ཁང་། 1980:69.

② ཡུན་ནན་ཞིང་ཆེན་ཏ་ལི་ཁུལ་དངོས་མང་བཤམས་སྟོན་ཁང་དུ་ཡོད།

གཉིས་ཡིན་ལ། བློན་སྐྱེས་བཟང་ཞེས་པའང་བཙན་པོ་ཁྲི་ལྡེ་གཙུག་བརྟན་ལ་བློན་སྐྱེས་བཟང་ལྡོང་ཙབ་ཅེས་པ་དང་བློན་སྐྱེས་བཟང་སྟག་སྣང་ཞེས་པ་གཉིས་ཡོད་པ་ལས་གང་རུང་ཞིག་ཡིན་པར་སྙམ། བྲུ་རྫོང་སྐབས་ཀྱི་རྗེ་རིང་ཡི་གེའི་སྐད་ཆའི་ཁྱད་ཆོས་དང་ཡི་གེ་འབྲི་སྟངས་ཏེ་མི་ལ"མྱི"ཞེས་ཡ་བཏགས་འདོགས་པ་དང་། གཙང་ཆེན་ལ"གཙང་ཅེན"ཞེས་ཙ་ཆ་གཉིས་གང་བདེར་འབྲི་བ། གི་གུ་ཕྱིར་ལོག་འབྲི་བ་བཅས་རྒྱལ་པོ་ཁྲི་སྲོང་ལྡེའུ་བརྟན་གྱི་རིང་ལ་བཙུགས་པའི་ཞོལ་རྡོ་རིང་ཡི་གེ་དང་། རྒྱལ་པོ་ཁྲི་ལྡེ་སྲོང་བཙན་རིང་གི་ཀོང་དེ་མོའི་བྲག་བརྐོས་ཡི་གེ། རྒྱལ་པོ་ཁྲི་ལྡེ་སྲོང་བཙན་གྱི་བང་སོའི་མདུན་གྱི་རྗེ་རིང་ཡི་གེ་སོགས་དང་ཀུན་ནས་མཚུངས་ལ། ཚིག་འབྲི་སྲོལ་ཡང་རྒྱལ་པོ་ཁྲི་སྲོང་ལྡེའུ་བཙན་གྱི་རིང་ལ་བཙུགས་པའི་བསམ་ཡས་གཙུག་ལག་ཁང་མདུན་གྱི་རྗེ་རིང་ཡི་གེ་དང་ཡོངས་སུ་འདྲ་བར་ཚིག་སྡེང་འོག་གཉིས་མཉམ་དུ་སྦྲེལ་བ་དེས་ཀྱང་རྗེ་རིང་དེ་རྣམས་དུས་རབས་གཅིག་གི་ཡིན་པ་ཤེས་ཐུབ།

"ཕོ་ཆེདཟང་མར་ནོ་གསེར་ཆེན་པོ་སྩལད་ལོང་ལ་དག་གཙང་ཅེན་སྩལ"ཅེས་པའི"ཕོ་ཆེདཿཟངཿམརཿནོ"ནི་མི་ཞིག་གི་མིང་ཡིན་ཡང་ད་ཕན་རྗེ་རིང་ཡི་གེ་དེར་དཔྱོད་མཁན་ཚོས་དེ་མི་ཞིག་ལ་མི་གོ་བར་མ་ཟད། "ཟང"ཞེས་པ་ཟངས་ཀྱི་ཡི་གེར་ངེས་པ་དང"མར་ནོ"ཞེས་པ་མང་པོར་གོ་ནས། ཟངས་ཀྱི་ཡི་གེ་མང་པོ་ཐོབ་པ་ལ་གསེར་གྱི་ཡི་གེ་ཆེན་པོ་བསྩལ་བར་རྒྱུ་མཚན་མང་པོ་དང་བཅས་འགྲེལ་བ་དང་། "གཙང་ཅེན"ཞེས་པར་འགྲེལ་པ་ཅི་ཡང་བྱས་མེད་པར་བལྟས་ན་དེ་དཔོན་གནས་ཤིག་ཡིན་པ་གཏན་ནས་ཤེས་མེད་པ་འདྲ།[1] "གསེར་ཆེན་པོ"ཞེས་པ་ནི་གསེར་གྱི་ཡི་གེ་ཆེན་པོའི་བསྡུས་མིང་སྟེ། བཙན་པོའི་དུས་སྐབས་སུ་བོད་

① གོང་དུ་འཁོད་པའི《藏文〈格子吐蕃石碑〉之我见》、《格子藏文碑与吐蕃告身制度的几个问题》ལྟ་བར་གསལ།

ལ་གསེར། གཡུ། འཕྲ་མེན། ཟངས། ལྕགས་བཅས་དཔོན་གནས་མཚོན་བྱེད་ཀྱི་ཡིག་ཚང་དྲུག་ཡོད་པ་དེའི་ཡ་གྱལ་ཡིན་ཞིང་། དེ་ཡང《ཆོས་འབྱུང་མཁས་པའི་དགའ་སྟོན》ལྟར་ན། དགུང་བློན་ཆེན་པོ་ལ་གཡུ་ཡིག་ཆེན་པོ་གནང་བ་དང་། དགུང་བློན་འབྲིང་དང་ནང་བློན་ཆེན་པོ་ལ་གཡུ་ཡིག་ཆུང་ངུ་གནང་བ། དགུང་བློན་ཐ་ཆུང་དང་ནང་བློན་འབྲིང་བཀའ་ཡོ་གལ་འཆོས་པ་ཆེན་པོ་གསུམ་ལ་གསེར་ཡིག་ཆེན་པོ་གནང་བ། ནང་བློན་ཐ་ཆུང་དང་བཀའ་བློན་འབྲིང་ལ་གསེར་ཡིག་ཆུང་ངུ་གནང་བ་རེད། དེས་ན་གསེར་ཡིག་ཆེན་པོ་ཐོབ་མཁན་ནི"ཕོ་ཆེད་ཟང་མར་ནོ"ཞེས་པ་དེ་ཡིན། དེ་ནི"མཚོ་ཏུམ་ལོང་ལ"ཞེས་པའི་ས་ཁུལ་གྱི་མངའ་བདག་ཡིན་ལ། བློན་སྐྱེས་བཟང་ལ་ཕྱག་འཚལ་མཁན་ཡང་དེ་ཡིན། ཕོ་ཆེད་ཟང་མར་ནོ་ལ་བོད་བཙན་པོའི་དགུང་བློན་ཐ་ཆུང་དང་ནང་བློན་འབྲིང་པ། བཀའ་ཡོ་གལ་འཆོས་པ་ཆེན་པོ་བཅས་ཀྱི་ཐོབ་ཐང་བསྩལ་བད་པར་གཞིགས་ན། མཚོ་ཏུམ་ལོང་ལ་ཞེས་པ་ཡུལ་གྲུའམ་ཚོ་ཁག་ཆུང་ཆུང་ཞིག་མིན་ལ། དེའི་བདག་པོ་ཕོ་ཆེད་ཟང་མར་ནོ་ཞེས་པའང་ཡུལ་གྲུའམ་ཚོ་ཁག་ཆུང་ཆུང་ཞིག་གི་ཚོ་དཔོན་ཙམ་མིན་པ་ཤེས་ཐུབ། རྒྱུ་མཚན་ནི། སྐབས་དེའི་ཐུ་རྗོད་ནི་སྟོབས་འབྱོར་མངའ་ཐང་དར་ལ་བབ་པའི་ཐང་རྒྱལ་རབས་ཀྱི་འཐབ་པའི་ཟླ་དང་། ཕྱོགས་ཀྱི་དོ་བྱས་ཆོག་པས། དེ་ལྟ་བུའི་རྒྱལ་ཁབ་ཀྱི་བློན་ཆེན་པོའི་ཐོབ་ཐང་དེ་འཛང་གི་ཡུལ་གྲུའམ་ཚོ་ཁག་ཆུང་ངུ་ག་གེ་མོ་ཞིག་གི་མངའ་བདག་ལ་གནང་མི་སྲིད་དོ། །

བོད་བཙན་པོས་གསེར་ཡིག་ཆེན་པོ་སྩོལ་སྒྲོལ་ལ་བལྟས་ན་ཕོ་ཆེད་ཟང་མར་ནོ་ཞེས་པ་ནི་འཇང་སྤྱིའི་འཐུས་ཚབ་ཕོ་ཉའམ་འཇང་ས་ཐམ་གཙོར་གྱུར་པའི་མངའ་ཁོངས་ཆེན་པོ་ཞིག་གི་སྤྱི་དཔོན་ལྟ་བུ་ཞིག་ཡིན་ལས་ཆེ། "ལོང་ལ་དག་གཙང་ཅེན་སྩལད"ཅེས་པའི"གཙང་ཅེན"ཡང་བོད་བཙན་པོའི་རྒྱལ་རབས་སྐབས་ཀྱི་དཔོན་གནས་ཤིག་སྟེ། གོང་དུ་བསྟན་པའི་ཡིག་ཚང་དྲུག་གི་རྗེས་སུ་རན་གྱི་

ཡི་གེ་པ་ཡིན་པ་དང་། དེའི་རྗེས་སུ་གཙང་ཆེན་ཡིན། དེའི་རྗེས་སུ་འབངས་རབ་ཚན་དམག་གི་ལས་བྱེད་པ་རྒོད་ཡིན། ཏུང་ཧྲོང་ཡིག་རྙིང་ཁྲོད་ཀྱི《རི་དྭགས་བདས་པའི་ཁྲིམས་ཡིག》ལས། "ཞང་ལོན། ར་གན་གྱི་ཡི་གེ་པ་རྗེ་བོ་དང་། ར་གན་གྱི་ཡི་གེ་པ་དང་། སྟོང་མཉམ་བ་ཞིག་ལ། གཙངས་ཆེན་མན་ཅད་དམངས་མཐའ་མ་ཡན་ཅད། ཞིག་གིས། རི་དག་ལ། སྐྱོགས་པ་ལ་མདའས་རྒྱལ་པས་ཕོགས། པ་དང་། གུམ་ཡང་རུང་མ་གུམ་ཡང་རུང་། ཁོན་མཆིས།" ཞེས་པས་ཀྱང་གསལ་ལོ། །འོ་ན་གཙང་ཅེན་ཞེས་པའི་དཔོན་གནས་དེ་ཐོབ་མཁན"ལོང་ལ་དག"ཅེས་པ་མི་ཞིག་མིན་ནམ་ཞེ་ན། དེ་མི་བྱེ་བྲག་པ་ཞིག་ལ་མི་གོ་བར"མཚོ་རུམ་ལོང་ལ"ཞེས་པའི་ས་ཁུལ་སྤྱིའི་མི་ཕལ་མོ་ཆེར་གཙང་ཆེན་ཞེས་པའི་ཐོབ་ཐང་གནང་བར་གོ་བ་སྟེ། ཏུན་ཧོང་ཡིག་རྙིང་ཁྲོད་ཀྱི《དོན་ཆེན་གནད་བསྡུས་ཀྱི་ལོ་ཚིགས》ལས། "ཕགི་ལོ་ལ་བབསྟེ། དབྱར་བཙན་པོའི་ཕོ་བྲང་སྟོད་ཀྱི་མཁོ་ན་བཞུག་སྟེ་མདོ་སྨད་ཀྱི་དབྱར་འདུན་བློན་ཁྲི་སྒྲ་དང་བློན་མདོ་བཞེར་གྱིས་དབུ་ལེར་བསྡུསྟེ་སུམ་རུ་པལ་པོ་ཆེ་ཡིག་གཙང་སྐྱལ།"① ཅེས་པ་དང་འདྲ་བར་སྣམ།

མདོར་ན། འཇང་རྒྱལ་ཀག་ལ་བོད་སྔོན་གྱི་རྒྱལ་པོས་ཐང་གོང་མའི་རྒྱབ་རོགས་འོག་འཇང་ཚོ་དྲུག་གཅིག་སྡུད་བྱས་ནས་འཇང་ས་གནས་སྲིད་དབང་བཙུགས་ཤིང་ཐང་རྒྱལ་རབས་གྲོགས་སུ་སྟེན་གྱིན་ཡོད་རུང་། འཇང་རྒྱལ་ཀག་ལ་བོད་ཀྱི་རིང་ལ་འཇང་དང་ཐང་གོང་མའི་བར་དུ་འགལ་བ་བྱུང་བས། ཐང་རྒྱལ་རབས་ལ་བློ་ལོག་ཅིང་ཐུ་སྙོད་ལ་མགོ་འདོགས་ཞུས་པར་མ་ཟད། འཇང་རྒྱལ་ཀག་ལ་བོད་དང་བོད་བཙན་པོ་ཁྲི་ལྡེ་གཙུག་བརྟན་གཉིས་སྦྲུན་གྲོགས་བསྒྲིགས་ཤིང་འཇང་རྒྱལ་ཀག་ལ་བོད་ལ་བོད་བཙན་པོའི་སྐུ་སྤུན་ཆུང་བའི་ཐོབ་ཐང་གནང་བའི་སྤྱི་ཚོགས་ཀྱི་གནས་བབ་དེ་འདྲ་ཞིག་ལ་མཚོ་རུམ་ལོང་ལ་ས་ཁུལ་གྱི་ཕོ་ཚོད་ཟང་མར་

① ཏུན་ཧོང་ནས་ཐོན་པའི་བོད་ཀྱི་ལོ་རྒྱུས་ཡིག་ཆ། [M]. མི་རིགས་དཔེ་སྐྲུན་ཁང་། 1980:39.

ནི་བྱ་བས་ཀྱང་ཐང་རྒྱལ་རབས་དེ་དུས་གཏན་གྱི་རྒྱལ་པོར་མི་འོས་པར་བསམས་ནས་རྒྱབ་ཏུ་དོར་ཅིང་། བོད་བཙན་པོར་བློ་ཉེ་ཞིང་བོད་བཙན་པོའི་བློན་ཆེན་ལ་ཕྱག་འཚལ་ནས་བོད་འབངས་རྣལ་མར་གྱུར་པས། བོད་བཙན་པོས་དེའི་བྱ་དགར་གསེར་ཡིག་ཆེན་པོའི་ཐོབ་ཐང་གནང་བ་དང་། མཆོ་ཏུམ་ལོང་ལ་ས་ཁུལ་གྱི་མི་ཕལ་མོ་ཆེའི་བྱ་དགར་གཙང་ཆེན་ཞེས་པའི་ཐོབ་ཐང་གནང་ནས་བསྟོད་བསྔགས་བརྗོད་པ་རེད།

ཡང་། རྗོ་རིང་ཡི་གེ་ལས་དགུང་ལོ་དགུ་བཅུར་ལོན་ནས་སྐུ་གཤེགས་རྗེས་ཆེད་དུ་བང་སོ་བརྩིགས་ཞེས་པ་ལ་བརྟགས་ན། རྗོ་རིང་དེ་ནི་ལོ་དགུ་བཅུར་ལོན་ནས་གྲོངས་པའི་མི་དེར་རྗེས་དྲན་གྱི་ཆེད་དུ་བཙུགས་པ་ཧ་ཅང་གསལ་པོ་རེད། འོ་ན་ལོ་དགུ་བཅུར་སོན་པའི་མི་དེ་སུ་ཡིན་ཞེ་ན། བང་སོའི་མདུན་དུ་རྗེས་དྲན་གྱི་རྗོ་རིང་འཛུགས་སྲོལ་ལ་བལྟས་ན་གསེར་ཡིག་ཆེན་པོ་ཐོབ་པའི་ཕོ་ཆོད་ཟང་མར་ནི་ཡིན་པ་ལས་གཙང་ཆེན་གྱི་ཐོབ་ཐང་ཐོབ་མཁན་ག་གེ་མོ་ཞིག་ཡིན་མི་སྲིད་དེ། བོད་ཀྱི་ལོ་རྒྱུས་ཐོག་བྱུས་རྗེས་ཆེ་བའི་དགུང་བློན་དང་། ནང་བློན། བཀའ་བློན་སོགས་བློན་པོ་ཆེ་གྲས་དང་། ཐ་ན་བཙན་པོ་མང་པོའི་བང་སོའི་མདུན་དུའང་རྗེས་དྲན་གྱི་རྗོ་རིང་མེད་ན་འབངས་རབ་ཚན་དམག་གི་ལས་བྱེད་མཁན་ལས་མཐོ་བ་ཙམ་གྱི་དཔོན་རིགས་གཙང་ཆེན་པ་ཞིག་ལ་རྗེས་དྲན་གྱི་རྗོ་རིང་འཛུགས་མི་སྲིད། དེས་ན་ཕོ་ཆོད་ཟང་མར་ནི་ཞེས་པ་དེ་གསོན་པའི་དུས་ལ་གསེར་ཡིག་ཆེན་པོ་གནང་བ་དང་གྲོངས་པའི་ཚེ་ན་བང་སོའི་མདུན་དུ་བྱུས་རྗེས་བརྗོད་པའི་རྗོ་རིང་ཆེད་དུ་བཙུགས་པ་ལས་ཀྱང་མི་དེ་ལྷོ་ཕྱོགས་འཛང་གི་ཡུལ་རྣམས་བོད་ཀྱི་མངའ་འོག་ཏུ་འཛུད་པར་བྱུས་རྗེས་ཧ་ཅང་ཆེ་བའི་སྐྱེ་བོ་ཐུན་མོང་མ་ཡིན་པ་ཞིག་ཡིན་པ་མངོན་པར་མཚོན། དེ་ལྟར་རྗོ་རིང་ཡི་གེ་དེའི་དོགས་གནད་གཙོ་བོ་འགར་དཔྱད་པ་ཙང་ཟད་ཞིབ་མོ་བཏང་བའི་རྨང་གཞིའི་སྟེང་དེའི་ནང་དོན་ཆ་ཚང་གོ་བདེ་བར་

བསྒྱུར་ན་འདི་ལྟར།

མཚོ་སྔོན་ལོང་ལ་ཞེས་པའི་ཡུལ་ཁམས་རྣམས་ཐོག་མ་ཐང་རྒྱལ་རབས་ཀྱི་མངའ་འབངས་ཡིན་ཡང་ཕྱིས་སུ་ཐང་རྒྱལ་རབས་དེ་དུས་གཏན་གྱི་རྒྱལ་པོར་བསྟེན་མི་འོས་པར་བསམས་ནས། བོད་བཙན་པོ་ཁྲི་ལྡེ་གཙུག་བརྩན་དང་ཁྲི་སྲོང་ལྡེའུ་བཙན་ཡབ་སྲས་ལ་བློ་ཉེ་བར་བྱས་ཤིང་བློན་ཆེན་པོ་སྐྱེས་བཟང་ལ་ཕྱག་འཚལ་ནས་མགོ་འདོགས་ཞུས་པས། བོད་ཀྱི་བཙན་པོ་ཡབ་སྲས་ཀྱིས་ཀྱང་ཞལ་གྱིས་བཞེས་ཤིང་ཕོ་ཆོད་ཟང་མར་ནོ་ལ་གསེར་གྱི་ཡི་གེ་ཆེན་པོ་བསྩལ་ཅིང་མཚོ་སྔོན་ལོང་ལ་ས་ཁུལ་གྱི་མི་ཕལ་མོ་ཆེ་ལ་གཙང་ཆེན་ཞེས་པའི་དཔོན་གནས་ཐོབ་ཐང་བསྩལ་བ་ལ་ཕོ་ཆོད་ཟང་མར་ནོ་དེ་དགུང་ལོ་དགུ་བཅུར་བཞུགས་ནས་སྐུ་གྲོངས་པར་ཆེད་དུ་བང་སོ་བརྩིགས་སོ། །ཞེས་པའི་དོན་ཡིན།

གསུམ་པ། རྡོ་རིང་འཛུགས་པའི་དགོས་པ་བཤད་པ།

འཇང་གི་ཕོ་ཆོད་ཟང་མར་ནོའི་བྱས་རྗེས་འཁོད་པའི་རྡོ་རིང་དེ་འཛུགས་མཁན་འཇང་པ་ཡིན་ནམ། བོད་པ་ཡིན་ཞེ་ན། ཡུན་ནན་ཞིང་ཆེན་ཏ་ལི་གྲོང་ཁྱེར་དངོས་མང་བཤམས་སྟོན་ཁང་གི་རྡོ་རིང་ཚལ(石碑林)དུ་ཐང་རྒྱལ་རབས་ཚུན་གྱི་ལོ་རྒྱུས་དུས་སྐབས་སོ་སོར་འཇང་པ་རང་གིས་བཙུགས་པའི་རྡོ་རིང་140ཙམ་ཉར་ཚགས་བྱས་ཡོད་པ་ལས་མང་ཆེ་བར་རྒྱ་ཡིག་བྲིས་ཡོད་པ་དང་། ཏ་ལིའི་རྒྱལ་རབས་ནས་མིང་རྒྱལ་རབས་བར་གྱི་བང་སོའི་རྡོ་རིང་མང་པོར་རྒྱ་ཡིག་དང་སཾསྐྲྀཏའི་ཡི་གེ་སྦྲགས་མའམ་སཾསྐྲྀཏའི་ཡི་གེ་ཀྲུང་ཀྲུང་བྲིས་ཡོད་པ་ལ་གཞིགས་ན། འཇང་ས་ཐམ་ནས་ཐོན་པའི་རྡོ་རིང་དེ་ནི་འཇང་པས་བཙུགས་པ་མིན་པར་བོད་བཙན་པོ་སྲིད་གཞུང་གི་ངོས་ནས་བཙུགས་པར་འདོད། དེས་ན་བོད་

ཀྱིས་རྡོ་རིང་འཛུགས་པའི་དགོས་པ་ནི་བཙན་པོ་ཁྲི་ལྡེ་སྲོང་བཙན་གྱི་བང་སོའི་མདུན་གྱི་རྡོ་རིང་ངོས་ལས། “བཙན་པོ་ལྷ་སྲས་ཁྲི་ལྡེ་སྲོང་བརྩན་སྒྱིའི་རྗེ་མཛད་པ། ལྷའི་ལུགས་དང་འཐུན་པར་ནི་མངའ་ཐང་ཆེ་གནམ་གྱི་ཆོས་དང་མཚུངས་པར་ནི། བཀའ་བརྩན་ཏེ། ཐུགས་སྒམ་པོའི་ཐབས་དང་། བཀའ་ལུང་བཟང་པོའི་ལུགས་ཀྱིས། །ཕྱི་ནང་གཉིས་སུ་ལེགས་ཤིང་། སྲིད་ཆེ་བའི་ཚུལ། ནམ་དུ་ཡང་། མྱི་ཡོངས་ཀྱིས་ཤེས་པར། །མདོ་ཙམ་ཞིག་རྡོ་རིངས་ལ་བྲིས་པའོ། །”ཞེས་པ་དང་། ལྷ་སའི་གཙུག་ལག་ཁང་མདུན་གྱི་རྡོ་རིང་ངོས་སུ“བོད་ཀྱི་རྒྱལ་པོ་ཆེན་པོ་འཕྲུལ་གྱི་ལྷ་བཙན་པོ་དང་། །རྒྱའི་རྒྱལ་པོ་ཆེན་པོ་རྒྱ་རྗེ་ཧྭང་ཏེ། དབོན་ཞང་གཉིས། །ཆབ་སྲིད་གཅིག་ཏུ་མོལ་ནས། །མཇལ་དུམ་ཆེན་པོ་མཛད་དེ་གཙིགས་བཙས་པ། །ནམ་ཞར་ཡང་མྱི་འགྱུར་བར། ལྷ་མྱི་ཀུན་གྱིས་ཤེས་ཤིང་དཔང་བྱས་ཏེ། ཚེ་ཚེ་རབས་རབས་སུ་གཏམ་བརྗོད་དུ་ཡོད་པའི་ཕྱིར། །མཇལ་དུམ་གྱི་གཙིགས་ཀྱི་མདོ་རྡོ་རིངས་ལ་བྲིས་པའོ། །”ཞེས་པ་ལྟར་ན། བོད་ཀྱི་རྒྱལ་བློན་སྔོན་མ་ཆོས་ཁོང་རྣམ་པ་འཚོ་གཞིས་གནང་བའི་དུས་སྐབས་དེའི་རྒྱལ་བློན་རྣམས་ཀྱི་མཛད་རྗེས་དང་མཛད་པ་གལ་ཆེན་རྣམས་གང་འདྲ་ཡིན་པ་རྗེས་རབས་པ་རྣམས་ཀྱིས་དུས་ནམ་ཡིན་ཡང་ཤེས་པར་བྱ་བ་དང་དེའི་རྒྱུན་སྐྱོང་བའི་ཕྱིར་དུ་མི་འཇིག་གོར་མོ་རྡོ་ལ་གནད་བསྡུས་ནས་འགོད་པ་ཡིན་ན་འཇང་ས་ཐམ་ཡུལ་གྱི་ཐུ་རྫོད་རྡོ་རིང་དེ་འཛུགས་དོན་ཡང་། གཅིག་ན་འཇང་པ་ཕོ་ཚེད་བཟང་མར་ནི་དང་མཚོ་ཏུམ་ལོང་ལ་ས་ཁྲུལ་གྱི་མི་རྣམས་ཀྱིས་རྒྱ་ནག་ཐང་གི་རྒྱལ་པོ་རྒྱབ་ཏུ་དོར་ཅིང་བོད་བཙན་པོར་གུས་ཕྱག་འཚལ་བ་དང་། མངའ་ཁོངས་ཕུལ་བའི་བྱས་རྗེས་དང་དེའི་བྱ་དགར་གསེར་ཡིག་ཆེན་པོ་དང་གཙང་ཆེན་གྱི་དཔོན་གནས་བསྐྱལ་བའི་ལོ་རྒྱུས་ཕྱི་རབས་པ་རྣམས་ལ་ཤེས་སུ་འཇུག་པ་དང་། ཁོང་ཚོའི་བུ་རབས་ཚ་རྒྱུད་ལ་རྒྱུན་ཆད་མེད་པར་གསེར་ཡིག་ཆེན་པོ་དང་གཙང་ཆེན་ཞེས་པའི་དཔོན་གནས་ཀྱི་ཐོབ་ཐང་རོལ་དུ་འཇུག་རྒྱུ་

དེ་ཡིན། གཉིས་ན་བློན་ཁྲིམས་སྔོལ་མ་བཙོ་ལྔའི་ནང་དུ“དཔའ་བོ་ལ་སྟག་གིས་མ་བསྟོད་ན། དཔའ་བོ་བྱས་པའི་དོན་མེད། མཛངས་པ་ལ་ཡིག་ཚང་གིས་མ་བསྟོད་ན། མཛངས་པ་ཡི་ཞི་འགྲོ། ལེགས་པ་བྱ་དགས་མ་བསྟོད་ན། ལེགས་པ་བྱེད་པའི་ཐུ་མ་མེད།”[①] ཅེས་འཁོད་པ་ལྟར་ན། འཇང་གི་བློན་འབངས་མཛད་རྗེས་ཅན་རྣམས་ལ་གསེར་ཡིག་ཆེན་པོ་དང་གཙང་ཆེན་གྱི་ཡིག་ཚང་གནང་ནས་གཟེངས་སུ་བསྟོད་པར་མ་ཟད། དེ་མི་འཇིག་གོར་མོ་རྗེ་ལ་བཀོས་ནས་བང་སོའི་མདུན་དུ་བཙུགས་པ་ནི་སྐབས་དེའི་བོད་ཀྱི་ཁྲིམས་སྲོལ་ཞིག་ཡིན་ཏེ། ཁྲིམས་ཀྱི་ཐབས་ལ་བརྟེན་ནས་བློན་འབངས་རྣམས་དཔའ་བོ་དང་། མཛངས་པ། ལེགས་པ་བཅས་ཀྱི་ལས་ལ་འབད་པར་རྟེང་སྐུལ་དང་སྣེ་ཁྲིད་བྱས་པ་ཡིན་ནོ། །

བཞི་པ། རྗེ་རིང་གི་མཚོན་དོན་གཙོ་བོ་བཤད་པ།

བོད་ཀྱི་རྗེ་རིང་ཡི་གེ་ནི་མི་སུ་དང་སུ་ཞིག་གིས་གང་འདོད་དུ་བྲིས་པ་མིན་པར། ལོ་རྒྱུས་དུས་སྐབས་སོ་སོའི་རྒྱལ་བློན་རྣམས་ཀྱིས་མཐུན་བྱུང་བའི་སྲིད་གཞུང་གི་ཡིག་ཆའི་དགོངས་དོན་ཡུན་རིང་དུ་གནས་པའི་ཆེད་དུ་མདོར་བསྡུས་ནས་མི་འཇིག་གོར་མོ་རྗེ་ལ་འཁོད་པ་རེད། དེ་ནི་སྐབས་དེའི་མི་རྣམས་ལ་རྒྱུས་ཡོད་པའི་བྱུང་བ་ངོ་མ་དུས་སྐབས་དེ་རང་གི་མིས་ཡི་གེར་བཀོད་ཅིང་། རྗེས་རབས་པའི་བཅོས་སླད་མ་གོས་པས། ལོ་རྒྱུས་ཀྱི་བྱུང་བ་དངོས་ཡིན་པར་མ་ཟད། དུས་སྐབས་སོ་སོའི་ལོ་རྒྱུས་ཀྱི་དོན་དག་གལ་ཆེན་མཚོན་པའི་དཔྱད་གཞི་རྩ་ཆེན་ཡང་ཡིན་ན། འཇང་ས་ཐམ་ཡུལ་ནས་ཐོན་པའི་རྗེ་རིང་ཡི་གེ་དེ་ལས་གཙོ་བོར་ཕྱོགས་འདི་འདྲ་གཉིས་མཚོན་ཡོད།

---

① ལྡེའུ་ཆོས་འབྱུང་། [M]. བོད་ལྗོངས་མི་དམངས་དཔེ་སྐྲུན་ཁང་། 1987: 275.

1. རྫོ་རིང་ཡི་གེ་ལས། "མཚོ་ཉམ་ལོང་ལ་དག་ཐོག་མ་རྒྱ་འབངས་ལས་རྒྱ་རྗེ་གདན་གྱི་རྗེར་སྨི་ཉུང་ནས་བཙན་པོ་ལྷ་སྲས་ལ་གློ་བ་ཉེ་སྡེ་བློན་སྐྱེས་བཟང་ལ་ཕྱག་འཚལ"ཞེས་པ་ལས་དུས་རབས་བརྒྱད་པ་ཙམ་ལ་ལྷོ་ཕྱོགས་འཇང་རྒྱལ་རབས་དང་། ཤར་ཕྱོགས་ཐང་རྒྱལ་རབས། ནུབ་ཕྱོགས་ཐུ་ཧྲོད་རྒྱལ་རབས་བཅས་བར་གྱི་འབྲེལ་བ་གང་འདྲ་ཡིན་པ་དང་། དེ་དག་སོ་སོའི་སྟོབས་འགྱུར་མངའ་ཐང་དང་འཐབ་རྩུས་བསམ་བློ། འཐབ་རྩུས་བྱེད་ཕྱོགས་བཅས་ཇི་འདྲ་ཡིན་པ་མངོན་པར་མཚོན་ཡོད།

2. "ཕོ་ཆེད་ཟང་མར་ནི་གསེར་ཆེན་པོ་སྦུལད་ལོང་ལ་དག་གཙང་ཅེན་སྦུལ་པ་ལས་ལོ་དགུ་བཅུ་ལོན་དེ་གུམ་པའི་མཆད་པ"ཞེས་པ་ལས། བཙན་པོའི་དུས་སྐབས་སུ་བློན་འབངས་བྱས་རྗེས་ཅན་རྣམས་ཀྱི་བྱ་དགར་བྱས་རྗེས་ཆེ་ཆུང་ལ་དམིགས་ནས་དཔོན་གནས་མི་འདྲ་བའི་ཡིག་ཚང་གིས་བསྟོད་པ་ནི་སྐབས་དེའི་དཔོན་གནས་བསྐོ་འཛུགས་བྱེད་པའི་ཆབ་སྲིད་ལམ་ལུགས་ཤིག་ཡིན་པ་ཤེས་ཐུབ། དེ་ཡང་བོད་ཀྱི་རྒྱལ་པོ་སྟག་རི་གཉན་གཟིགས་ཀྱི་རིང་ལ་ཟིང་པོ་རྗེ་སྟག་སྐྱ་བོ་ཞེས་པའི་རྒྱལ་ཕྲན་གྱི་རྒྱལ་པོ་ཞིག་ཡོད་པར་བློན་པོ་མཉན་འཛི་ཟུང་ཞེས་པ་ཞིག་ཡོད་པ་དེས་རང་གི་རྒྱལ་པོ་བཀྲོངས་ནས་དེའི་ཡུལ་ཡིལ་རབ་སྡེ་བཞི་དང་ཀླུམ་ཡ་གསུམ་ཟིང་པོ་རྗེ་ཁྲི་པང་སུམ་ཞེས་པར་ཕུལ་བས། ཟིང་པོ་རྗེ་ཁྲི་པང་སུམ་གྱིས་མཁར་སྤུར་བས་བཅད་དེ། ཀླུམ་ཡ་གསུམ་གྱི་སྨད་མཉན་འཛི་ཟུང་གི་བྲན་དུ་བྱིན་པ་དང་། བཙན་པོ་གནམ་རི་སྲོང་བཙན་གྱི་རིང་ལ་མྱང་ཚེང་སྐྱ་དང་། དབའ་དབྱི་ཚབ། མནོན་འདྲོན་པོ་གསུམ་གྱིས་ཟིང་པོ་རྗེ་ཁྲི་པང་སུམ་བཀྲོངས་ནས་དེའི་ཆབ་སྲིད་གནམ་རི་སྲོང་བཙན་ལ་ཕུལ་བས། གནམ་རི་སྲོང་བཙན་གྱིས་མྱང་ཚེང་སྐྱའི་བྱ་དགར་མཁར་སྤུར་བ་དང་བྲན་ཁྱིམ་སྟོང་གཅིག་ལྔ་བརྒྱ་གནང་བ་དང་། དབའ་དབྱི་ཚབ་ཀྱི་བྱ་དགར་ཟ་གད་གཤེན་གྱི་ཡུལ་ས་དང་མལ་ཏྲོ་ཕྱོགས་ནས་བྲན་ཁྱིམ་

སྟོང་གཅིག་ལྔ་བརྒྱའ་གནང་བ། མཆོན་འདྲོན་པོའི་བྱ་དགར་པོའི་ཕུ་ནུ་བོ་སོགས་ཐན་ཁྲིམ་སྟོང་གཅིག་ལྔ་བརྒྱ་གནང་བ་དང་།[①] རྒྱལ་པོ་སྲོང་བཙན་སྒམ་པོའི་རིང་ལ་བཀའ་གྲོས་ཆེན་པོ་དྲུག བཀའ་ཁྲིམས་དྲུག ཁོད་དྲུག ཡིག་ཚང་དྲུག ཕྱག་རྒྱ་དྲུག དཔའ་རྟགས་དྲུག་བཅས་ཁྲིམས་སུམ་ཅུ་རྩ་དྲུག་གཏན་ལ་ཕབ་པ་[②]སོགས་ཕྱོགས་བསྡུས་ཀྱིས་དཔྱད་པ་བཏང་ན། སློན་འབངས་བྱས་རྗེས་ཅན་ལ་བྱ་དགས་བསྟོད་པའི་སྲོལ་དེ་བོད་ལ་སྲོང་བཙན་སྔོན་ནས་ཡོད་ཅིང་། རྒྱལ་པོ་སྲོང་བཙན་སྒམ་པོས་སྲིད་དབང་བཟུང་རྗེས་སྔར་གྱི་མངའ་ཁོངས་སྲ་བརྟན་བྱེད་པའི་རྨང་གཞིའི་སྟེང་སྨུ་མཐུད་དུ་མཐའ་བཞིར་མངའ་ཁོངས་རྒྱ་བསྐྱེད་པའི་དོན་དུ་སྲོལ་དེ་འཕྲུས་ཚང་ཅན་དང་། ཚད་གཞི་ཅན། ཡིག་ཚང་ཅན། ལམ་ལུགས་ཅན་བཅས་སུ་བསྒྱུར་བ་ཞིག་རེད།

དེར་མ་ཟད་ཏུན་ཧོང་ཡིག་རྙིང་ཁྲིད་ཀྱི《བཙན་པོ་རིམ་བྱུང་གི་ལོ་རྒྱུས》[③]ལས། "བཙན་པོས(སྲོང་བཙན་སྒམ་པོ)བཀའ་སྩལད་པ། །དབྱི་ཚབ་སློ་བ་ཉེ་བས། །གུམ་ན་མཆད་ཕྱག་དར་ཧོ་བརྩིག་པར་གནང་། །རྟ་ནི་བརྒྱའ་དགུམ་པར་གནང་། །བུ་ཚ་གང་ཉུང་བ་གཆིག །གསེར་གྱི་ཡི་གེ་མྱི་ཆད་པར་སྩལད་པར་བཀའ་སྩལ་ཏོ། །"ཞེས་རྒྱལ་པོ་སྲོང་བཙན་གྱིས་ཁོང་ལ་བློ་ཉེ་བའི་བློན་པོ་དབའ་དབྱི་ཚབ་ལ་དེ་གྲོངས་ན་བང་སོ་བརྩིག་ཅིང་དུར་རྫས་སུ་རྟ་བརྒྱ་སྔས་པ་དང་། བུ་ཚ་བོ་གང་ཉུང་ཞིག་ལ་གསེར་གྱི་ཡི་གེ་རྒྱུན་མི་ཆད་པར་གནང་བའི་བཀའ་སྩལ་བར་གཞིགས་ན། བོད་བཙན་པོའི་གསེར་ཡིག་ཆེན་པོ་ཐོབ་མཁན་ཕོ་ཆོད་ཟང་མར་ནི་ཞེས་པ་དེ་དགུང་ལོ་དགུ་བཅུ་ལོན་ནས་གྲོངས་རྗེས་ཆེད་དུ་བང་སོ་བརྩིགས་ཤིང་རྗེ་རིང་བརྩེངས་ནས་དེའི་མཛད་རྗེས་བརྗོད་པའང་སྐབས་དེའི་བཙན་པོ་སྲིད་གཞུང་གི་ལམ་ལུགས་ཤིག

① ཏུན་ཧོང་ནས་ཐོན་པའི་བོད་ཀྱི་ལོ་རྒྱུས་ཡིག་ཆ། [M]. མི་རིགས་དཔེ་སྐྲུན་ཁང་། 1980: 55.
② ལྡེའུ་ཆོས་འབྱུང་། [M]. བོད་ལྗོངས་མི་དམངས་དཔེ་སྐྲུན་ཁང་། 1987: 269.
③ ཏུན་ཧོང་ནས་ཐོན་པའི་བོད་ཀྱི་ལོ་རྒྱུས་ཡིག་ཆ། [M]. མི་རིགས་དཔེ་སྐྲུན་ཁང་། 198: 62.

ཡིན་པར་ངེས། རྒྱལ་པོ་སྲོང་བཙན་སྒམ་པོས་ལམ་ལུགས་དེ་གཏན་ལ་ཕབ་རྗེས་རྒྱལ་པོ་རིམ་བྱོན་རྣམས་ཀྱིས་ཀྱང་ལག་བསྟར་ནན་མོ་བྱས་པ་དང་། ཁྱད་པར་དུ་ལྷོ་ཕྱོགས་འཇང་རྒྱལ་རབས་དབང་དུ་སྡུད་པར་ལམ་ལུགས་དེ་ལག་བསྟར་བྱས་པར་བལྟས་ན་ལམ་ལུགས་དེས་བོད་ཀྱི་མངའ་ཁོངས་རྒྱ་བསྐྱེད་ཅིང་སྲ་བརྟན་ཡོང་བར་ནུས་པ་ཆེན་པོ་ཐོན་པ་དང་ངམ་ཤུགས་ལས་རྟོགས་ཐུབ།

མདོར་ན། རྗོ་རིང་ཡི་གེ་དེར་ཡིག་འབྲུ་མང་པོ་མེད་ཀྱང་བོད་བཙན་པོའི་དུས་ཀྱི་ལོ་རྒྱུས་བྱུང་བ་དངོས་དུས་སྐབས་དེ་རང་གི་མིས་ཡི་གེར་བཀོད་ཅིང་། དེའི་ཐོན་སའི་ཡུལ་དང་། ཡི་གེ་འབྲི་ཚུལ། རི་མོ་འགོད་སྟངས། མཚོན་བྱའི་ནང་དོན་བཅས་ཀྱི་ཕྱོགས་ནས་རང་གི་ཁྱད་ཆོས་མངོན་པར་གསལ་བས། འཇང་རྒྱལ་རབས་དང་། ཐུ་ཧྥོད་རྒྱལ་རབས། ཐང་རྒྱལ་རབས་བཅས་བར་གྱི་འབྲེལ་བ་དང་། བོད་ཀྱི་ཆབ་སྲིད་ལོ་རྒྱུས་དང་། དབང་སྒྱུར་ལམ་ལུགས། རིག་གནས་སྒྱུ་རྩལ་བཅས་ལ་ཞིབ་འཇུག་བྱེད་པའི་དཔྱད་གཞི་རྩ་ཆེན་ཞིག་ཡིན་པས། དཔྱོད་ལྡན་རྣམས་ཀྱིས་མུ་མཐུད་དུ་ཞིབ་འཇུག་དག་འབུད་གནང་རོགས་ཞུ།། །།

༄༅། །ས་སྐྱ་པཎ་ཆེན་གྱི་སྐུ་གདུང་མཆོད་རྟེན་ལས་ཐོན་པའི《ལང་ཀྲུའི་མཆོད་རྟེན་དཀར་པོ་གསར་དུ་བཅོས་པའི་དཀར་ཆག》རྡོ་རིང་ལ་དཔྱད་པ།

གླེང་གཞི།

ཀན་སུའུ་ཧོ་ཞི་རྒྱུད་ཀྱི་གནའ་རབས་བོད་ཀྱི་རིག་གནས་རྗེས་ཤུལ་དང་། དངོས་རྫས། ཡིག་ཚང་། སྒྱུ་རྩལ། ཆོས་ལུགས་སོགས་ལ་རྒྱུས་ལོན་དང་ཞིབ་འཇུག་བྱེད་པའི་དོན་དུ་2006ལོའི་ཟླ་10པའི་ཚེས་མགོར་ང་ཚོ་མཚོ་སྔོན་མི་རིགས་སློབ་ཆེན་བོད་རིག་པའི་སློབ་གླིང་གི་དགེ་རྒན་རྣམས་ས་དེར་རྟོག་ཞིབ་ཏུ་སོང་། དེ་ཡང་ཐོག་མར་མཚོ་སྔོན་ཞིང་ཆེན་མཚོ་ནུབ་ཁུལ་བརྒྱུད་ནས་ཏུན་ཧོང་གྲོང་ཁྱེར་དུ་བསྐྱོད་དེ་ས་དེའི་བྲག་ཕུག་གི་ལྷེབས་རིས་ལ་མཇལ་བ་དང་། ཏུན་ཧོང་རིག་གནས་བཤམས་སྟོན་ཁང་དང་ཏུན་ཧོང་གྲོང་ཁྱེར་དངོས་མང་འགྲེམ་སྟོན་ཁང་སོགས་ལ་ལྟ་སྐོར་བྱས་རྗེས། རིམ་བཞིན་ཅིའུ་ཆོན(酒泉)གྲོང་ཁྱེར་དང་ཀྲང་ཡེ(张液)གྲོང་ཁྱེར་གྱི་སྟོན་པའི་ལྷ་ཁང་།(大佛寺) ཅ་ཡུས་འགག(嘉谷关)དང་དེའི་

ལང་ཀྲུའི་མཆོད་རྟེན་དཀར་པོ་གསར་དུ་བཅོས་པའི་དཀར་ཆག་རྡོ་རིང་།

ལྷུགས་རི་རིང་པོ། ཙ་ཡུས་འགག་གི་དངོས་མང་བཤམས་སྟོན་ཁང་བཅས་ལ་ལྟ་སྐོར་བྱས་ཤིང་། མཐར་ལང་ཇུ་གྲོང་ཁྱེར་གྱི་དངོས་མང་བཤམས་སྟོན་ཁང་དང་། བྱང་རྒྱ་མཚོའི་སྡེ། ཤར་སྤྲུལ་བའི་སྡེ་སོགས་ལ་མཇལ་སྐོར་བྱེད་སྐབས་དེའི་ཉེ་འདབས་ཀྱི་ཞིང་པ་ཁྱིམ་ཚང་ཞིག་ཏུ་བོད་ཡིག་འཁོད་པའི་རྫ་རིང་ཞིག་ཉར་ཚགས་བྱས་ཡོད་པ་ཐོས་ཤིང་། ལང་ཇུ་གྲོང་ཁྱེར་དངོས་མང་བཤམས་སྟོན་ཁང་གི་དྲུང་ཡིག་ཆེན་མོ་གྲོགས་པོ་སྐལ་བཟང་ཚེ་བརྟན་ལགས་ཀྱི་རོགས་རམ་ལ་བརྟེན་ནས་མཇལ་ཐུབ་པར་མ་ཟད། པར་བླངས་པ་འདི་ལྟར།

དང་པོ། རྫ་རིང་ངོ་སྤྲོད།

རྫ་རིང་འདིའི་མཐོ་ཚད་ལ་ལི་སྨི་50ཡོད་པ་དང་། ཞེང་དུ་ལི་སྨི་29ཡོད་ལ། མཐུག་ཚད་ལ་ལི་སྨི་10ཡོད། རྒྱབ་ངོས་ན་རྒྱ་ཡིག་ཐུར་དུ་བྲིས་པ་ཐིག་ཕྲེང་15ཡོད་ཅིང་། རྫ་རིང་འདིའི་ངོས་སུ་བོད་ཡིག་ཐིག་ཕྲེང་25ཡོད་པ་རགས་བཤུ་བྱས་ན་འདི་ལྟར།

ཨོཾ་ ཨཿ ཧཱུྃ

༄༅།།ལང་ཙུལ་མཆོད་རྟེན་ཀར་པོ་གསར་དུ་བཙོས་པའི་ཀར་ཆགས། མཁར་གྱི་ཤར་ལྷོ་འཚམས། ས་ལེ་བར་བཞི་བཅུ་ན། སྟར་རྒྱའི་རྒྱལ་པོ་གང་གི་རིང་ལ་བཞེངས། མི་ཤེས་པའི་སྡེ་རྙིང་པ། དེ་ནས་མེ་ཉག་གི་རིང་ལ་ཡང་གསོས། དེ་ནས་ཧོར་རྒྱལ་པོའི་དུས། རྒྱལ་བུ་ཨེ་ཅེན་གོ་ཏན་གྱིས། ས་སྐྱ་པཎྜི་ཏ་གདན་དྲངས། སྡེ་འདིར་བཞུགས། ཞབས་ཏོག་དང་སྡེ་ལ་གཞིས་གསོས་བྱས་ཆོས་རྗེ་པ་འདིར་འདས། གདུང་རིང་སྲེལ་བཞུགས་པའི་གནས་ལ་མཆོད་རྟེན་འདི། འཕགས་པ་ཏི་ཤྲིས་བཞེངས་པ་ཡིན། ཕྱིས་དམག་པོ་ཆས་[ཆེས]མི་བཏང་ཐམས་ཅད་མེད་པར་

བཏང་འདུག (དའི་མིང)ཐོན་ཏེ་ལོ་བཞི་པ་ལ། བོད་ཀྱི་བན་ཛྷེ་དམྱེའོ་ཞེན་ཐུང་ཏུ་ཀུ་ཤྲི་བསོད་ནམས་རྒྱལ་མཚན། འགྲོ་རིས་ལ་དགོན་ཤུལ་འདིར་སླེབ། སེམས་བསྐྱེད་བྱས། ལྷ་ཁང་དང་མཆོད་རྟེན་གསོ་བ་བསོད་སྙོམས་བྱེད་པ་དྲན། གོང་དུ་ཞུ་བ་བཏང་བ་ལ། རྒྱལ་པོའི་ལུང་གིས་ཧྲོང་ཡོན་སྀ་ཞེས་བཏགས་ཏེ་མིང་གནང་བ་ཡིན། དའི་མིང་ཐོན་ཏེ་ལོ་ལྔ་པ་ཟླ་བ་དྲུག་པའི་ཡར་ཚེས་ལ། སྟར་མཆོད་རྟེན་གྲུབ་པ་ཡིན། དད་པ་ཅན་རྣམས་ཀྱི་རྒྱུ་དངོས་པོ་མང་པོ་སོང་ལས་ཀ་ཤིན་ཏུ་ལྡི་མོ་བྱུང་། །ཡང་རྒྱལ་བུ་ཟྷུ་ཤང་ཏེན་ཤལ་གྱིས་དད་པ་བྱས་བསོད་ནམས་རྒྱལ་མཚན་ལ་ཆོས་སྒྲུབ་པའི་གྲོགས་བཅོལ་ནས། གསེར་གྱིས་ཡུམ་དུམ་པ་བཅུ་བཞི་པ་བམ་པོ་སུམ་བརྒྱ་པ་བཞེངས་པ། མགྱོགས་པར་གྲུབ་པ་ཡིན། ཚ་ཚ་འབུམ་གཏེར་ཅིག་བཏབ་ནས་མཆོད་རྟེན་ཆེ་བའི་ནང་ན་བཞུགས་ཡོད། གྲོགས་ལྡན་པ་ཡང་། ཅིན་བུ(ཤུ)གམ(གན)སུའི་ཐའི་ཀྲུན་ཞང་ངན་དང་། ཙུང་པིང་གོན་ཕིང་ཕྱིང་ཅང་ཀྲུན་དུ་དུ་ལུ་གོང་དང་དུ་ཟི་ཁྲིམས་པའི་གཙོ་པོ། དུ་ཧི་ཧྲུའི་ཕྱུང་ཤིང་གིས་གཙོ་བྱས་སྦྱིན་བདག་དད་པ་ཅན་རྣམས་ཀྱིས། ཀར་ཆགས་འདི་མཆོད་རྟེན་ནང་དུ་བཞུགས་པ་ཡིན། དུས་ཕྱིས་ཡང་མི་ཡ་རབས་རྣམས་ཀྱིས་དད་པ་མཛོད། གནོད་པ་མ་བྱེད་བྱས་ན་སྡིག་པ་ཤིན་ཏུ་ཆེ་ཡུན་རིང་དུ་གནས་ན། སེམས་ཅན་ཐམས་ཅད་ལ་ཕན་པ་ཡིན། དེའི་དོན་དུ་ཀར་ཆགས་འདི་བཞག་པ་ཡིན། དའི་མིང་ཐོན་ཏེ་ལོ་ལྔ་པ། (ལྕགས)ཁྱི་ཡི་ལོ་ཟླ་བ་དྲུག་པའི་ནང་། བཀྲ་ཤིས་པའི་ཉི་མ་ལ་གྲུབ་པ་ཡིན། དགེའོ། ཞེས་འཁོད་ཡོད།

གཉིས་པ། རྫོ་རིང་ཡི་གེ་ལས་གསལ་པོར་ངེས་པའི་དོན་བཤད་པ།

1. རྫོ་རིང་ཡི་གེ་འདི་ནི་ས་སྐྱ་པཎྜི་ཏ་ཀུན་དགའ་རྒྱལ་མཚན་གྱི་སྐུ་གདུང་རིང་བསྲེལ་མཆོད་རྟེན་དཀར་པོ་ཉམས་གསོ་བྱས་པའི་དཀར་ཆག་རེད།

2. མཆོད་རྟེན་དཀར་པོ་འདི་མ་བཞེངས་པའི་སྔོན་དུ་གནས་དེར་ཆོས་སྡེ་རྙིང་པ་ཞིག་ཡོད་ཅིང་། མི་ཉག་རྒྱལ་རབས་ཀྱིས་ཡུལ་དེར་དབང་སྒྱུར་དུས་ཉམས་གསོ་བྱས་མྱོང་བ་དང་། ཧོར་གོ་དན་རྒྱལ་པོས་ས་སྐྱ་པཎྜི་ཏ་གདན་དྲངས་ནས་སྡེ་དེར་བཞུགས་ཤིང་ཉམས་གསོ་མཛད། མཐར་རྗེ་ཉིད་ཆོས་སྡེ་དེར་དགོངས་པ་ཆོས་དབྱིངས་སུ་ཐིམ་པ་རེད།

3. ཤར་སྤྲུལ་བའི་སྡེའི་ཤུལ་ན་ད་ལྟའང་མཆོད་རྟེན་རྙིང་རལ་ཞིག་བཞུགས་པ་དེ་ནི་འགྲོ་མགོན་འཕགས་པས་བཞེངས་པའི་ས་སྐྱ་པཎྜི་ཏ་ཀུན་དགའ་རྒྱལ་མཚན་གྱི་སྐུ་གདུང་རིང་བསྲེལ་མཆོད་རྟེན་ཏེ་མཆོད་རྟེན་དཀར་པོའི་རྨང་ཙམ་རེད།

4. འགྲོ་མགོན་འཕགས་པས་ས་པཎ་གྱི་སྐུ་གདུང་རིང་བསྲེལ་མཆོད་རྟེན་དེ་བཞེངས་པའི་རྗེས་སུ་སྡེ་གཟར་ཞིག་གི་སྐབས་སུ་དམག་གིས་མེ་བཏང་ནས་ཐམས་ཅད་མེད་པར་བཏང་།

5. དའི་མིང་ཟྺན་ཏེའི(大明宣德)ཁྲི་ལོ་བཞི་པ་སྟེ་1429ལོར་བོད་ཀྱི་བརྡེ་དམྱེའོ་ཞིན་ཐུང་ཧྲུ་བསོད་ནམས་རྒྱལ་མཚན་ཞེས་པ་ཡུལ་དེར་སླེབས་རྗེས། ལྷ་ཁང་དང་མཆོད་རྟེན་ཉམས་གསོ་བྱེད་རྒྱུ་གོང་མར་ཞུ་བ་བཏང་བར་དའི་མིང་ཟྺན་ཏེ་རྒྱལ་པོས་ལུང་གིས་གཟིགས་སྐྱོང་གནང་ཞིང་ཧྲོང་ཡོན་སྡེ་ཞེས་མིང་གནང་འོག་ཉམས་གསོ་བྱས་ནས་1430ལོའི་ཟླ་བ་དྲུག་པར་མཆོད་རྟེན་གྲུབ་ཅིང་། རྒྱལ་བུ་ཟུ་ཝང་ཏེན་ཤལ(肃王殿下)གྱིས་བསོད་ནམས་རྒྱལ་མཚན་ལ་ཆོས་སྒྲུབ་པའི་གྲོགས་

བཅོལ་ནས། གསེར་གྱི་ཡུམ་དུམ་པ་བཅུ་བཞི་པ་བམ་པོ་སུམ་བརྒྱ་པ་བཞེངས་པ་དང་། ཚ་ཚ་འབུམ་གཅིག་དཔར་ནས་མཆོད་རྟེན་གྱི་གཟུངས་གཞུག་ཏུ་ཕུལ།

6. དགོན་སྡེ་དང་མཆོད་རྟེན་ཉམས་གསོ་བྱེད་པར་གྲོགས་མཛད་པའི་ཀན་སུའི་ཐའི་ཀྱན་ཝང་ངན(甘肃太监王案)དང་ཕིང་ཕྱང(平羌)དམག་དཔོན། ཏུ་ཏུ་ལིུ་གོང(都督刘广)དྲུ་ཧྲི་ཧུའི་ཝུང་ཤིང(都指挥吴升)བཅས་དམག་སྲིད་ཟུང་གི་དཔོན་རིགས་མི་སྣས་གཙོ་བྱས་ཡོན་བདག་དད་པ་ཅན་རྣམས་ཀྱིས་མཆོད་རྟེན་དཀར་པོ་ཉམས་གསོ་བྱས་པའི་དཀར་ཆག་ཡི་གེ་འདི་བྲིས་ནས་མཆོད་རྟེན་ནང་དུ་བཞུགས་པར་མ་ཟད། རྡོ་རིང་གི་ངོས་སུ་བཀོད་པ་རེད།

7. དཀར་ཆག་རྡོ་རིང་འདི་བཞེངས་པའི་དགོས་པ་ཡང་སྐུ་གདུང་རིང་བསྲེལ་མཆོད་རྟེན་དེ་ཡུན་རིང་དུ་གནས་ན་སེམས་ཅན་ཐམས་ཅད་ལ་ཕན་པ་ཆེ་ཞིང་། གནོད་པ་བྱས་ན་སྡིག་པ་ཤིན་ཏུ་ཆེ་བ་ངེས་པར་བྱེད་པ་དང་། ཕྱིས་ཀྱི་མི་ཡ་རབས་རྣམས་དེར་དད་པ་བསྐྱེད་པའི་དོན་དུ་ཡིན་པ་རེད།

8. དའི་མིང་ཚོན་ཧྲེ་ལོ་ལྔ་པ་ལྕགས་ཕྲི་ཡི་ལོ་སྟེ་1430ལོའི་ཟླ་6པར་ས་སྐྱ་པཎྜི་ཏའི་སྐུ་གདུང་རིང་བསྲེལ་མཆོད་རྟེན་བསྐྱར་གསོ་བྱེད་པ་ཆ་ཡོངས་ནས་ལེགས་འགྲུབ་བྱུང་བ་བཅས་རེད།

གསུམ་པ། རྡོ་རིང་ཡི་གེ་ལས་གསལ་པོར་མི་ངེས་པའི་དོན་ལ་དཔྱད་པ།

མཆོད་རྟེན་དཀར་པོ་ཉམས་གསོ་བྱས་པའི་དཀར་ཆག་རྡོ་རིང་ལས་ཐད་ཀར་གསལ་པོར་ཤེས་མི་ཐུབ་པ་སྟེ་དཔྱད་དགོས་པའི་གནད་དོན་ཡང་མཆོད་རྟེན་དཀར་པོ་མ་བཞེངས་པའི་སྔོན་ལ་གནས་དེར་དགོན་རྙིང་ཞིག་ཡོད་པ་དེ་དུས་ནམ་ཞིག་ལ་མི་རིགས་གང་གིས་བཞེངས་པ་མི་ཤེས་པ་དང་གཅིག དགོན་རྙིང་དེ་མི་

ཉག་རྒྱལ་རབས་གང་གི་རིང་ལ་ཉམས་གསོ་བྱས་པ་མི་ཤེས་པ་དང་གཉིས། འགྲོ་མགོན་འཕགས་པས་བཞེངས་པའི་ས་པཎ་གྱི་རིང་བསྲེལ་མཆོད་རྟེན་ལ་མེ་བཏང་བའི་དུས་གང་ཡིན་པ་མི་ཤེས་པ་དང་གསུམ། བོད་ཀྱི་བརྡེ་དམྱེའོ་ཞེན་ཐུང་ཏུ་ཀུ་ཤྲི་བསོད་ནམས་རྒྱལ་མཚན་ཞེས་པ་བོད་ཀྱི་ཆོས་ལུགས་གྲུབ་མཐའ་གང་གི་ཡིན་པ་ཐད་ཀར་མི་ཤེས་པ་དང་བཞི་བཅས་ཡིན་པས། གཤམ་དུ་དེ་དག་རེ་རེར་དཔྱད་པ་ཙུང་ཟད་གཏོང་བར་བྱ།

1. མཆོད་རྟེན་དཀར་པོ་མ་བཞེངས་གོང་གི་དགོན་སྡེ་དེ་རྒྱལ་རབས་གང་གི་དུས་ལ་མི་རིགས་གང་གིས་བཞེངས་པར་དཔྱད་པ།

ས་སྐྱ་པཎ་ཆེན་ལང་ཐུར་མ་ཕེབས་གོང་ནས་མཆོད་རྟེན་དཀར་པོ་བཞེངས་སའི་གནས་དེར་དགོན་སྡེ་ཞིག་ཡོད་པར་མ་ཟད། འབྲེལ་ཡོད་དཔྱད་གཞིའི་ཡིག་རིགས་ལྟར་ན། སྡེའི་ཤར་དུ་རིང་ཚད་ལ་སྨི་བཞི་བརྒྱ་ཉེ་ཤུ་དང་། ལྷོ་བྱང་གི་རིང་ཚད་ལ་སྨི་བཞི་བརྒྱ་བཞི་བཅུ་ཡོད། རྒྱ་ཁྱོན་ལ་སྨི་གྲུ་བཞི་མ་ཆིག་འབུམ་བརྒྱད་ཁྲི་བཞི་སྟོང་བརྒྱད་བརྒྱ་ཡོད་ལ། ཕྱོགས་བཞིར་ར་བས་བསྐོར་ཞིང་མེ་སྟེགས(烽墩)བརྒྱད་ཙམ་འདུག་པ་རྒྱང་ནས་བལྟས་ན་མཁར་གྲུང་དང་ཀུན་ནས་མཚུངས་སྣང་།[①] དེ་ལྟ་བུའི་དགོན་སྡེ་ནི་མཆོད་རྟེན་དཀར་པོའི་དཀར་ཆག་རྫོ་རིང་དོས་ལས། མི་ཉག་གི་རིང་ལ་ཡང་གསོས། ཞེས་འཁོད་པ་ལྟར་ན། མི་ཉག་རྒྱལ་རབས་ཀྱི་དུས་ལ(1038—1227)དགོན་སྡེ་དེ་ཆགས་ཟིན་པར་མ་ཟད། སྔོང་རལ་དུ་གྱུར་ནས་ཉམས་གསོ་བྱ་དགོས་པར་གྱུར་ཡོད། དེས་ན་སྤྱི་ལོ་764ནས་ལོ་འཁོར་བརྒྱ་ཕྲག་ཙམ་ལ་ལང་ཐུ་གཙོ་བྱས་པའི་ཧོ་ཞི་ས་ཁུལ་ལ་རྒོད་ཀྱིས་དབང་བསྒྱུར་བ་དང་དེའི་རྗེས་ལ་རྒྱ་ནག་ཐང་གིས་དབང་བསྒྱུར་བས། མི་རིགས་དེ་གཉིས་ལས་གང་

① བྱང་ངོས་སྤྱིལ་བའི་སྔེར་གྲོས་སུ་བཏབ་པ་མཁས་པ་མགུ་བའི་གཏམ། [M]. ཀན་སུའུ་མི་རིགས་དཔེ་སྐྲུན་ཁང་། 2003:311.

གིས་བཞེངས་པར་ཁ་ཆོན་གཅོད་པའི་སྟོབས་པ་ཆེར་མེད་ཀྱང་། རྗོད་ཀྱིས་ལང་ཚུ་གཙོ་བྱས་པའི་ཧོ་ཞི་ས་ཁྲུལ་ལ་དབང་སྒྱུར་དུས་བོད་དུ་བཙན་པོ་སྲིད་གཞུང་གིས་ཆོས་སྲིད་ཟུང་གི་དགོས་དབང་གིས“འབངས་ཡོངས་ཆོས་དང་ཡི་གེ་ལ་བློ་འཇུག་དགོས།” ཞེས་མི་ཆོས་གཙང་མ་བཅུ་དྲུག་གི་ཁྲིམས་བཀོད་ཅིང་། དབུས་མཐའ་ཀུན་ཏུ་གཙུག་ལག་ཁང་བཞེངས་པ་དང་རབ་བྱུང་པའི་སྡེ་བཙུགས་ནས་འཚོ་བ་ཕྲ་ནས་སྒྱུར་བར་མ་ཟད། མི་སྲུས་གྲྭ་པ་ལ་མིག་ངན་བལྟས་ན་དེའི་མིག་འདོན་ཞིང་། སུ་ཞིག་གིས་གྲྭ་པ་ལ་མཛུབ་བརྡ་སྤྲད་ན་དེའི་མཛུབ་མོ་གཅོད་པ་སོགས་གྲྭ་པ་རྣམས་ཀྱི་ཚོགས་ཡོངས་ཀྱི་རིམ་པ་དང་པོའི་གྲས་སུ་འཛོག་པ་དང་། སྒྲ་སྒྱུར་ཁང་བཙུགས་ནས་ནང་བསྟན་གྱི་གསུང་རབ་མང་པོ་བོད་དུ་བསྒྱུར་བ་དང་ཆབས་ཅིག རྒྱལ་བློན་ལྷན་འཛོམས་ཀྱིས་ནང་པའི་ཆོས་མཛད་པ་དུས་ནམ་ཡང་བར་མཚམས་མི་གཅོད་པ་དང་འཕོར་ཞིག་ཏུ་མི་འགྲོ་བར་བྱེད་པ། དངོས་པོའི་མཐུན་རྐྱེན་སྦྱོར་བ་རྣམས་ཀྱང་ཇེ་ཉུང་དུ་མི་གཏོང་བའི་མནའ་བསྐུལ་ཅིང་། གདུང་རབས་ཕྱི་མ་རྣམས་ཀྱིས་ཀྱང་བཙན་པོ་ཡབ་སྲས་ཀྱི་མཛད་ཚུལ་བཞིན་དུ་ཁས་ལེན་དམ་བཅའ་བྱ་དགོས་པའི་བཀའ་ཡིག་བཀོད་ཅིང་རྡོ་རིང་འཛུགས་པ་སྟེ། བཙན་པོ་རིམ་བྱོན་གྱིས་བཀའ་དང་ཁྲིམས་ལ་བརྟེན་ནས་ནང་བསྟན་བོད་ལ་སྤེལ་ཞིང་སྲུང་བའི་སྐད་ཡིན་པས། ཧོ་ཞི་ས་ཁྲུལ་ཡང་དེ་ལས་མ་འདས།

འབྲེལ་ཡོད་ཡིག་ཚང་ལྟར་ན་རྗོད་ཀྱིས་ཧོ་ཞི་ས་ཁྲུལ་དབང་དུ་བསྡུས་རྗེས། ནང་པའི་ཆོས་ལུགས་སྤེལ་རྒྱུ་དེ་སྐབས་དེའི་དབང་སྒྱུར་མི་སྣའི་ལས་འགན་གཙོ་བོ་ཞིག་ཏུ་བཟུང་ཞིང་། དགོན་སྡེ་བཏབ་ནས་གྲྭ་པ་སྤུད་པ་དང་། སྒྲ་སྒྱུར་ཁང་བཙུགས་ནས་རྒྱལ་བའི་བཀའ་བསྟན་ལོ་ཙཱ་བྱེད་པ། ཆོས་བཤུ་ཁང་བཙུགས་ནས་ཏུས་རྒྱུད་ཚོ་ཁག་སོ་སོར་འགན་བགོས་ཏེ་རྒྱལ་བའི་གསུང་རབ་བཤུས་

པ།[1] ཏུན་ཧོང་ཡིག་རྙིང་ཁྲོད་ཀྱི《ཧྭའི་ལོ་ནས་སྤྲེལ་ལོ་བར་གསུང་རབ་བཤུས་པའི་སྙན་ཞུ》དང་། 《ཆོས་བཤུ་ཁང་གི་ཟིན་ཐོ》《ཚེ་དཔག་མེད་གཡར་བའི་ཐུན་ཡིག》[2]དང་བཅས་པའི་རྒྱལ་བའི་བཀའ་བསྟན་བཤུས་མ་དུམ་པ་བརྒྱ་ཕྲག་དུ་མ་དངོས་སུ་མཇལ་རྒྱུ་ཡོད་པ། བོད་བཙན་པོའི་རྒྱལ་རབས་ཀྱིས་ཏུན་ཧོང་ས་ཁུལ་ལ་དབང་སྒྱུར་དུས་སྐར་གྱི་རྨང་གཞིའི་སྟེང་བྲག་ཕུག་གསར་པ་48བཞེངས་ཤིང་། དེའི་སྔོན་ཐང་རྒྱལ་རབས་ཀྱི་ཁའི་ཡོན(开元)དང་ཐེན་པའོ(天宝)གཉིས་ཀྱི་དུས་སུ་བཞེངས་པའི་བྲག་ཕུག་18ནང་དུ་འབག་སྐུ་དང་ལྡེབས་རིས་བཞེངས་པ་[3]སོགས་བྱས་པས། ས་ཁུལ་དེར་ནང་པའི་ཆོས་ལུགས་ཆེ་ཆེར་དར་བར་གྱུར། ཏ་མིང་ཀྲེང་ཐུང(大明正统)ཁྲི་ལོ་བཅུ་གསུམ་སྟེ་སྤྱི་ལོ1448ལ་བརྗེངས་པའི《ལང་ཀྲུ་ཀོང་ཧྭན་དགོན་སྐྱར་བཞེངས་བྱས་པའི་རྡོ་རིང་ཡི་གེ》(རྒྱ་ཡིག)ལས། སངས་རྒྱས་ཀྱི་བཀའ་ནི་ནུབ་ཕྱོགས་ནས་དབུས་ཁུལ་དུ་དར་བ་ཡིན། དབུས་ཁུལ་གྱི་ཕོ་མོ་རྒན་གཞོན་ཚང་མས་དེར་དད་མོས་བྱས་ནས། ད་ལྟའི་བར་མི་ལོ་ཆིག་སྟོང་ལྷག་འདས།[4] ཞེས་བཀོད་ཡོད་པ་དང་། 《མཆོད་རྟེན་དཀར་པོ་སྐྱར་བཞེངས་བྱས་པའི་རྡོ་རིང་ཡི་གེ》(རྒྱ་ཡིག)ལས། ནུབ་ཕྱོགས་ཀྱི་བོད་ཀྱི་བརྗེ་འདིར་ཕྱིན་ནས་མཇལ་བའི་རྒྱུན་མ་ཆད་དོ། །[5]ཞེས་པ། གོ་དན་རྒྱལ་པོས་ཆོས་རྗེ་ས་པཎ་ལང་ཀྲུར་སྤྱན་འདྲེན་དུས་སྐར་གྱི་དགོན་རྙིང་དེའམ་གོ་དན་རྒྱལ་པོའི་དྲུང་དུ་བོད་ཀྱི་བརྗེ་འགའ་འདུག་པ། ཆོས་རྗེ་ས་པཎ་ལང་ཀྲུར་སླེབས་རྗེས་བཞུགས་གནས་ཀུང་སྐར་གྱི་དགོན་རྙིང་དེར་བྱས་པ་སོགས་ལྷན་དུ་སྤྲེལ་ནས་དཔྱད་ན། མཆོད་རྟེན་དཀར་པོ་མ་བཞེངས་སྔོན་གྱི་ཆོས་སྡེ་རྙིང་པ་དེ་ནི་སྟོད་བཙན་པོའི་རྒྱལ་རབས་ཀྱིས་ས་དེར་དབང་བསྒྱུར་དུས་བཏབ་

① [日] 高田时．敦煌．民族．语言 [M] 北京 : 中华书局 . 2005：100, 101.

② [日] 高田时．敦煌．民族．语言 [M] 北京 : 中华书局 . 2005：100, 101.

③ 宁可．郝春文．敦煌的历史和文化 [M] 北京 : 新华出版社，78.

④ 武威金石金 [M]. 兰州：兰州大学出版社 . 2001：104.

⑤ གོང་དང་མཚུངས། 130.

པའི་དགོན་སྡེ་ཡིན་པར་སྣམ། རྒྱའི་དགོན་པ་ཡིན་ན"རྒྱ་ཡིག་ཐོག་དང་བོད་མཐའ་ཐོག"ཡིན་པས། གསལ་པོར་འགོད་ཅིང་ཤེས་སྲིད་པ་རེད།

2. **མཆོད་རྟེན་དཀར་པོ་མ་བཞེངས་གོང་གི་དགོན་སྙིང་དེ་མི་ཉག་རྒྱལ་རབས་གང་གི་རིང་ལ་ཉམས་གསོ་བྱས་པར་དཔྱད་པ།**

དེ་ཡང་མི་ཉག་གི་རྒྱལ་ཁམས་ནི་ཤར་ན་རྒྱ་ནག ལྷོ་ན་འཇང་། ནུབ་ན་བོད། བྱང་ཧོར་གྱིས་བཅད་པའི་ས་ཡི་ཁྱོན་ལ་ཟེར་ཞིང་། རྒྱལ་ཁམས་དེར་སྤྱི་ལོ་1038–1227བར་དུ་དབང་སྒྱུར་གྱི་རྒྱལ་པོ་བཅུ་ཙམ་བྱོན་པ་ལས་རྒྱལ་རབས་གང་གི་རིང་ལ་དགོན་སྡེ་དེ་ཉམས་གསོ་བྱས་པ་ཡིན་ཟེར་ན། མི་ཉག་རྒྱལ་ཁབ་འདི་ནི་བོད་ཀྱི་རུས་ཚན་ཆེན་པོ་བཞིའི་ཡ་གྱལ་ཨ་ཕོ་ལྡོང་གཞི་བྱས་ནས་གྲུབ་པ་ཞིག་ཡིན་པར་མ་ཟད། དེ་འཛུགས་པའི་དུས་ནས་རྒྱལ་འབངས་ཚང་མས་ནང་པ་སངས་རྒྱས་པའི་ཆོས་ལ་དད་པ་བྱེད་ཅིང་། ཁྱད་པར་དུ་རྒྱལ་རབས་ལྔ་པ་ཐའི་ཧྲུས་ཚལ་པ་བཀའ་བརྒྱུད་པ་གུང་ཐང་བླ་མ་ཞང་གི་སློབ་མ་གཙང་པ་དུང་ཁུར་པ་དབང་ཕྱུག་བཀྲ་ཤིས་སྤྱན་དྲངས་ནས་བླ་མཆོད་དུ་བཀུར་བ་དང་། རྒྱལ་རབས་དྲུག་པ་མི་ཉག་རྒྱལ་ཆོད་ཀྱིས་ས་སྐྱ་པ་གཙུང་པ་བགྲུག་ཤེ་རྗེ་འབུམ་ཞེས་པའི་སློབ་མ་ཞིག་སྤྱན་དྲངས་ནས་བླ་མཆོད་དུ་བཀུར་བ། རྒྱལ་རབས་བདུན་པ་ཁྲིན་ཧྲུའུ་ཡིས་འབའ་རོམ་བཀའ་བརྒྱུད་པ་སངས་རྒྱས་རིན་ཆེན་གདན་དྲངས་ཏེ་བླ་མཆོད་དུ་བཀུར་ནས་དབང་ལུང་མང་པོ་ཞུས་པར་མ་ཟད། ལང་ཧྲུ་སོགས་མི་ཉག་གི་ས་ཆ་མང་པོར་ཐེབས་ནས་བཀའ་ཆོས་གསུངས་པ་དང་དགོན་སྡེ་གསར་པ་བཏབ་ཅིང་དགོན་སྡེ་རྙིང་པ་ཉམས་གསོ་མཛད་པ་དང་། མགོ་འཛིན་མཛད་ནས་བཀའ་བསྟན་མང་པོ་ལོ་ཙཱ་བྱས་པ་དང་བསྡུན་ནས་བོད་བརྒྱུད་ནང་བསྟན་དེ་མི་ཉག་རྒྱལ་ཁམས་ཀྱི་ཆོས་ལུགས་སུ་གྱུར་པ་རེད། དེར་བརྟེན། དཀར་ཆག་རྗོ་རིང་ངོས་སུ"དེ་ནས་མི་ཉག་གི་རིང་ལ་ཡང་གསོས།" ཞེས་པ་དེ་ཡང་དུས་སྐབས་དེའི་རིང་གི་མཛད་འཕྲིན་

ཞིག་ཡིན་པར་སྙམ།

3. འགྲོ་མགོན་འཕགས་པས་བཞེངས་པའི་ཆོས་རྗེ་ས་པཎ་གྱི་རིང་བསྲེལ་མཆོད་རྟེན་ལ་མི་བཏང་ནས་བརྟགས་པའི་དུས་གང་ཡིན་པར་དཔྱད་པ།

ད་ལྟ་ཤར་སྤྱིལ་བའི་སྡེའམ་རྒྱ་སྐད་དུ་པེ་ཐ་སི(白塔寺)ཙུ་འབོད་པའི་གནས་དེ་ན་བཙན་པོའི་དུས་ནས་བོད་ཀྱི་དགོན་པ་ཡོད་ཀྱང་མཆོད་རྟེན་དཀར་པོ་ནི་ཡོན་རྒྱལ་རབས་ཀྱི་དུས་སུ་ད་གཟོད་བཞེངས་པ་རེད། དེ་ཡང་ས་སྐྱ་པཎྜི་ཏ་ཀུན་དགའ་རྒྱལ་མཚན་མཆོག་སོག་པོའི་རྒྱལ་པོ་གོ་དན་གྱིས་གདན་དྲངས་པ་ལྟར་ལང་ཇུ་ལ་ཕེབས་ནས་ལོ་དྲུག་གི་རིང་ལ་ཆོས་སྲིད་གཉིས་ཀྱི་སྒོ་ནས་འགྲོ་དོན་མཐའ་ཡས་པ་མཛད་མཐར་སྤྲེ་སྙིང་པ་དེར་དགོངས་པ་ཆོས་དབྱིངས་སུ་ཐིམ། "སྐུ་གདུང་ལ་མཆོད་པ་རྒྱ་ཆེན་པོ་འབུལ། ཉེར་ལྔ་ལ་ཙན་དན་དཀར་དམར་སོགས་སྤུངས་པའི་དབུས་སུ་མེ་མཆོད་ཕུལ་བས། དུ་བ་ལ་བཀྲ་ཤིས་རྟགས་བརྒྱད་སོགས་ངོ་མཚར་བའི་ལྟས་མང་དུ་བྱུང་། གདུང་ཁང་ཞལ་ཕྱི་ཆེ་དབུ་ཐོད་ལ་ཀྱཻ་རྡོར་དང་། འཇམ་དབྱངས། བདེ་མཆོག་རྣམས་རང་བྱོན་དང་། ཕུས་མོའི་གདུང་ལ་སྤྱན་རས་གཟིགས་ཁ་སར་པ་ཎི། སྒྲོལ་མ། མི་གཡོ་བ་སོགས་བྱོན། ཕྱག་སོར་ལ་བྱམས་པ་དང་། གཞན་ཡང་ཨཱཿཡིག་དང་ཧཱུྃ་ཡིག་འབུར་དོད་དང་། སྙན་གོང་གཉིས་ལ་རྣམ་རྒྱལ་མཆོད་རྟེན། རིང་བསྲེལ་གཞན་ཡང་མང་དུ་བྱོན། ཕལ་ཆེར་མཆོད་རྟེན་དཀར་པོའི་ནང་དུ་བཙུག བོད་དབུས་ས་སྐྱ་ལ་ཡང་རིང་བསྲེལ་སོགས་ཁ་ཤས་དྲངས། དཀྲ་བཅོམ་པ་ཞིག་གི་གདུང་རུས་དང་། གཞན་སངས་རྒྱས་བྱང་སེམས་སོགས་ཀྱི་རིང་བསྲེལ་བཅོ་ལྔ་དང་། ཆོས་སྐུའི་རིང་བསྲེལ་གཟུངས་སྔགས་སོགས་གསེར་དངུལ་གྱིས་བྲིས་པ་དུ་མ་དང་། སྣག་བྲིས་ཆོས་ཚན་མང་པོ་སྣ་ཚོགས་འབུམ་ལྷག་དང་བཅས་ས་སྐྱ་པཎྜི་ཏ་ཀུན་དགའ་རྒྱལ་མཚན་གྱི་སྐུ་གདུང་མཆོད་རྟེན་ཆེན་པོ་སྟོད་ཆ་བཀའ་གདམས་གདུང་དབྱིབས་ཅན། མཐོ་ཚད་ལག་འདོམ་བཅུ་དྲུག

ཡོད་པ་ལེགས་པར་བཞེངས། ཆོས་རྒྱལ་འཕགས་པ་སོགས་མཁས་གྲུབ་དུ་མས་རབ་གནས་མཛད་ནས་བྱིན་རླབས་ཀྱི་གཏེར་ཆེན་པོར་བསྒྱུབས།"① དེ་ལྟ་བུའི་མཆོད་རྟེན་ངོ་མཚར་བ་དེར་མི་སྐྱོན་ཤོར་བ་ནི་འབྲེལ་ཡོད་ཡིག་ཚང་དུ་གསལ་ཆ་བཏོད་མེད་སོད། 《ལང་ཧྲུའི་མཆོད་རྟེན་དཀར་པོ་གསར་དུ་བཙོས་པའི་དཀར་ཆག》རྒྱ་ཡིག་མར་②འཁོད་པ་ལྟར་ན་ཡོན་རྒྱལ་རབས་མཇུག་གི་སྟེ་གཟར་ཞིག་གི་སྐབས་ཡིན་པར་ངེས།

4. "དམྱེའོ་ཞེན་ཐུང་ཧུ་ཀུ་ཤྲི"བསོད་ནམས་རྒྱལ་མཚན་ཞེས་པར་དཔྱད་པ།

རྗོ་རིང་ངོས་སུ་དམྱེའོ་ཞེན་ཐུང་ཧུ་ཀུ་ཤྲི་བསོད་ནམས་རྒྱལ་མཚན་ཞེས་པ་ནི་མི་གཅིག་གི་མཚན་ཏེ"དམྱེའོ་ཞེན་ཐུང་ཧུ"(妙善通慧)ནི་འཇམ་དབྱངས་ཀུན་མཁྱེན་ཞེས་པའི་དོན་ཡིན་པ་དང་། "ཀུ་ཤྲི"ནི་རྒྱ་སྐད་ཀྱི"国师"སྟེ་གོང་མའི་བླ་མཆོད་ལ་ཟེར་བས། སྤྱིལ་ན་འཇམ་དབྱངས་ཀུན་མཁྱེན་བླ་མཆོད་བསོད་ནམས་རྒྱལ་མཚན་ཞེས་པ་ཡིན། ཁོང་ནི་མདོ་སྨད་གྲོ་ཚང་ལྷ་ཁང་གོ་ཏམ་སྡེ་དགེ་རྒྱས་བདེ་ཆེན་གླིང་འདེབས་པ་པོ་གཙྭ་བཀའ་བརྒྱུད་པའི་བླ་མ་གྲུབ་ཆེན་མཆོ་སྙིང་པའམ་ཤཱཀྱ་དཀར་བའི་སྐུ་ཚ་ཡིན་ཞིང་། དའི་མིང་རྒྱལ་པོ་ཡུང་ལོས་བང་ཆེན་བཏང་ནས་གདན་འདྲེན་ཞུས་པ་ལྟར་རྒྱལ་ས་པེ་ཅིན་དུ་ཕེབས་ཤིང་། སྤྱི་ལོ1412ལ་གོང་མའི་བླ་མཆོད་ཀྱི་ཆོ་ལོ་དང་པ་སོའི་ཐམ་ག་ཐོབ་པ་ཡིན། དེ་ནས་སྤྱི་ལོ1429ལ་ལང་ཧྲུར་ཕྱག་ཕེབས་མཛད་ནས་ཤར་སྤྲུལ་བའི་སྟེ་དང་མཆོད་རྟེན་དཀར་པོ་ཉམས་གསོ་བྱེད་རྒྱུ་དའི་མིང་རྒྱལ་པོ་ཟྙོན་ཏེར་ཞུ་བ་ཕུལ་ཅིང་། དེའི་བཀའ་དང་ལུང་གིས་གཟིགས་སྐྱོང་གནང་འོག་མཆོད་རྟེན་དཀར་པོ་དང་ཀོང་ཧྲན་དགོན་པ(广善寺)སོགས་ཉམས་གསོའམ་རྒྱས་བཞེངས་མཛད་ནས། སྤྱི་ལོ1430ལ་ལེགས་པར་གྲུབ་པ་ཡིན།

① ལང་ཧྲུས་སྡེ་བཞི་སོགས་ཀྱི་དཀར་ཆག་ཕྱོགས་བསྒྲིགས། [M]. ཀན་སུའུ་མི་རིགས་དཔེ་སྐྲུན་ཁང་། 1988: 33.

② 武威金石金 [M]. 兰州：兰州大学出版社 . 2001: 98.

གཞན་ཡང་། 《མཆོད་རྟེན་དཀར་པོ་ཉམས་གསོ་བྱས་པའི་རྡོ་རིང་ཡི་གེ》[1]ལྟར་ན། མཆོད་རྟེན་དཀར་པོ་དེ་ཆིང་གོང་མ་ཁང་ཞིའི་དུས་སྐབས་ཏེ་སྤྱི་ལོ་1682ལ་ཡང་དཀོན་མཆོག་གསུམ་གྱི་བྱིན་རླབས་ཕྱི་རབས་པ་རྣམས་ལ་ཤེས་སུ་འཇུག་པ་དང་དེ་ཇི་སྲིད་བར་དུ་ཉམས་པ་མེད་པར་བརྟན་པོར་གནས་པའི་ཕྱིར་དུ་ཉམས་གསོ་ཐེངས་ཤིག་བྱས་པ་རེད།

བཞི་པ། རྡོ་རིང་ཡི་གེ་ཡིས་བསྐྱེད་པའི་ངེས་ཤེས།

ལང་ཀྲུའི་མཆོད་རྟེན་དཀར་པོ་ཉམས་གསོ་བྱས་པའི་དཀར་ཆག་རྡོ་རིང་དང་འབྲེལ་ཡོད་ཡིག་ཚང་ལྟར་ན། ལང་ཀྲུའི་ཤར་སྤྲུལ་བའི་སྡེ་ནི་བོད་བཙན་པོའི་དུས་སུ་བཏབ་ཅིང་། མི་ཉག་རྒྱལ་རབས་དང་ཡོན་རྒྱལ་རབས། མིང་རྒྱལ་རབས། ཆིང་རྒྱལ་རབས་བཅས་ཀྱིས་གཟིགས་སྐྱོང་གནང་འོག་ཉམས་གསོ་དང་རྒྱས་བཞེངས་བྱས་པ་དང་། བོད་ཀྱི་ཆོས་ལུགས་གྲུབ་མཐའ་སོ་སོའི་མཁས་གྲུབ་དམ་པ་མང་པོས་ཞབས་ཀྱིས་བཅགས་ཤིང་བྱིན་གྱིས་བརླབས་པའི་དགོན་སྡེ་ཞིག་སྟེ། ཆེས་དར་བའི་དུས་སུ་དགེ་འདུན་པ་སྟོང་ཕྲག་ཙམ་བཞུགས་པ་ཡིན། དེར་ཆོས་ལུགས་ཀྱི་ངོས་ནས་བལྟས་ན་བོད་ཀྱི་ཆོས་ལུགས་གྲུབ་མཐའ་སོ་སོའི་མཁས་གྲུབ་མང་པོས"སྟོབས་ལྡན་སྐྱེ་བོ་གཅིག་བཏུལ་ནས་སྐྱེ་འགྲོ་དཔག་ཏུ་མེད་པ་འདུལ"བར་བྱེད་པ་དང་། ནང་པའི་བསྟན་པ་བྱང་ནས་བྱང་དུ་སྤེལ་བའི་གནས་མཆོག་དམ་པ་ཞིག་རེད། ཆབ་སྲིད་ཀྱི་ངོས་ནས་བལྟས་ན་རྒྱལ་རབས་རིམ་བྱོན་གྱིས"སངས་རྒྱས་ཆོས་ལ་བརྟེན་ནས་མི་སེམས་འདུལ"བའི་རྒྱལ་སྐྱོང་བསམ་བློ་ལག་ལེན་དུ་བསྒྱུར་བ་དང་ཁོང་ཚོའི་ཆོས་ལུགས་དད་མོས་ཀྱི་དགོས་མཁོ་སྐོང་ས་རེད། རིག་གནས་ཀྱི་ངོས་

① 武威金石金 [M]. 兰州：兰州大学出版社 . 2001：130.

ནས་བལྟས་ན་བོད་དང་། རྒྱ། སོག་པོ། ཨ་ཕོ་ལྗོང་། ཡུ་གུར་སོགས་ཀྱི་རིག་གནས་བརྗེ་རེས་བྱེད་པའི་ལྟེ་གནས་ཤིག་རེད། དེར་བཞུགས་པའི་མཆོད་རྟེན་དཀར་པོ་ནི་མི་རིགས་སོ་སོ་ཐུན་མོང་གིས་བཞེངས་པའི་མཆོད་པའི་ཞིང་དང་བོད་བརྒྱུད་ནང་བསྟན་ས་དེར་དར་བའི་མཚོན་རྟགས་ཤིག་ཏུ་སྣང་།

ལང་ཧུའི་ཤར་སྤྱིལ་བའི་སྡེ་དང་མཆོད་རྟེན་དཀར་པོ་བཞེངས་པའི་རྩུན་ལ་སྡེ་གཟར་དང་རང་བྱུང་གི་གནོད་སྐྱོན་སོགས་ཀྱིས་ཞིག་རལ་དུ་གྱུར་ཀྱང་མི་ཉག་རྒྱལ་རབས་དང་། ཡོན་རྒྱལ་རབས། མིང་རྒྱལ་རབས། ཆིང་རྒྱལ་རབས་སོགས་ཀྱིས་གཟིགས་སྐྱོང་གནང་ནས་ཉམས་གསོ་མཛད་པ་ལས། དུས་སྐབས་དེའི་རྒྱལ་འབངས་ཚང་མ་བོད་བརྒྱུད་ནང་བསྟན་ཆོས་ལུགས་ལ་དད་པ་ཆེ་ཞིང་། བོད་བརྒྱུད་ནང་བསྟན་ལ་མི་རིགས་མཐུན་སྒྲིལ་དང་། སྤྱི་ཚོགས་བདེ་འཇགས། རྒྱལ་ཁམས་བཅོས་སྐྱོང་བཅས་བྱེད་པའི་ནུས་པ་ཁྱད་འཕགས་ཅན་ཞིག་ལྡན་པ་གསལ་པོར་མཚོན་འདུག

མཆོད་རྟེན་དཀར་པོ་དང་བཅས་པའི་ཤར་སྤྱིལ་བའི་སྡེ་གསར་བཞེངས་དང་། ཉམས་གསོ། རྒྱས་སྐྲུན་བཅས་བྱས་པའི་ཐོག་ནས་བོད་བརྒྱུད་ནང་བསྟན་ལྟོ་ནས་བྱུང་དང་། བྱུང་ནས་བྱུང་དུ་དར་བ་ནི་རྒྱལ་རབས་སོ་སོས་གཟིགས་སྐྱོང་གནང་བ་དང་བོད་ཀྱི་མཁས་གྲུབ་དམ་པ་རྣམས་ཀྱིས་བརྩོན་པ་སྤྱད་པའི་བཀའ་དྲིན་དུ་མཐོང་། དེ་ཡང《ས་སྐྱའི་གདུང་རབས་ངོ་མཚར་བང་མཛོད》ལས། “རྒྱལ་པོ(གོ་དན)ངེད་ཀྱི་ལུང་། ས་སྐྱ་པཎྜི་ཏ་ཀུན་དགའ་རྒྱལ་མཚན་དཔལ་བཟང་པོ་ལ་གོ་བར་བྱེད་པའི་གཏམ། ངེད་ཕ་མ་དང་གནམ་སའི་དྲིན་ལན་འཇལ་བའི་ཕྱིར་ལམ་གྱི་བླང་དོར་མ་ནོར་བ་སྟོན་ཤེས་པའི་བླ་མ་ཞིག་དགོས་པ་བརྟགས་པ་བྱས་དུས་ཁྱོད་དུ

འདུག་པས། ལམ་གྱི་དཀའ་ཚོགས་ལ་མི་བལྟ་བར་ཡོང་དགོས། །”①ཞེས་པ་དང་། ཏུ་ཕི་ལི་སེ་ཆེན་ཧན་གྱི་ཞལ་ནས། “འཇིག་རྟེན་འདིའི་ཕུན་སུམ་ཚོགས་པ། ཇེམ་གིར་རྒྱལ་པོའི་ཁྲིམས་ལུགས་བཞིན་སྤྱད་ན་འབྱུང་ཡང་། ཕྱི་མ་ཕན་ཚོད་ཀྱི་ལུགས་ལ་བརྟེན་དགོས་པར་གནང་བའི་དོན་ལ་ལེགས་པར་བརྟགས་ནས། སངས་རྒྱས་ཤཱཀྱ་མུ་ནེའི་ལམ་འདི་ཡང་དག་པར་མཐོང་།”② ཞེས་འགྲོ་མགོན་འཕགས་པ་བླ་མར་གདན་དྲངས་ནས་གསང་སྔགས་རྡོ་རྗེ་ཐེག་པའི་དབང་ཞུས་པར་བརྟགས་ན། མི་ཉག་རྒྱལ་རབས་དང་ཡོན་རྒྱལ་རབས་སོགས་ཀྱིས་བོད་ཀྱི་ཆོས་ལུགས་གྲུབ་མཐའ་སོ་སོའི་མཁས་གྲུབ་དམ་པ་རྣམས་གདན་དྲངས་ནས་བླ་མར་བསྟེན་པ་དང་། བོད་བརྒྱུད་ནང་བསྟན་སྤེལ་བར་མཐོང་ཆེན་དང་གཟིགས་སྐྱོང་གནང་བ་ནི་བོད་ཀྱི་ཆོས་ལུགས་གོང་གྲས་མི་སྣར་བརྟེན་ནས་བོད་བརྒྱུད་ནང་བསྟན་ལ་དད་པའི་མི་རིགས་ཁག་དབང་དུ་སྡུད་པ་དང་སྤྱི་ཚོགས་བདེ་འཇགས་ཡོང་བ་ཙམ་གྱི་ཆེད་དུ་མིན་ལ། ས་སྐྱ་པཎྜི་ཏའི་ཞལ་ནས། “ཧོར་འདི་ངེད་ལ་ཅི་ནས་ཀྱང་མཆོད་གནས་ལ་ཞོག མི་འོང་ན་དམག་འོང་ཟེར་ནས་དམག་བྱུང་ན་བོད་ལ་གནོད་ཀྱིས་དོགས་ནས་འགྲོ་བ་དང་། སེམས་ཅན་ལ་ཕན་དུ་རེ་ནས་འགྲོ་བ་མ་གཏོགས་པ་ཕན་ངེས་པའི་རྒྱུ་མཚན་མ་མཆིས། ལར་སེམས་ཅན་ལ་ཕན་ན་རང་གི་ལུས་སྲོག་གཏོང་བ་ལ་མི་ཕོད་རྒྱུ་མི་བདོག་ཙམ་ཤེས་པ་གདའ།”③ ཞེས་གསུངས་པ་དང་། 《ས་སྐྱའི་གདུང་རབས་ངོ་མཚར་བང་མཛོད》ལས། “རྒྱལ་པོའི(སེ་ཆེན་ཧན)ཞལ་ནས་བོད་ལ་དམག་ཁྲལ་འགེལ་བ་དང་། ནོར་སྡུད་ལ་གཏོང་གསུངས་པ་ལ། རྒྱལ་པོ་ལ་འཕགས་པ་རིན་པོ་ཆེས་ཞུ་བ་ཚན་ཆེར་ཞུ་བར་མཛད་དེ། བོད་མཐའ་འཁོབ་ཡུལ་ཆུང་། ས་རྒྱ་དང་འབྱོར་བ་མེད་པས་དམག་མི་

① ངག་དབང་ཀུན་དགའ་བསོད་ནམས། ས་སྐྱའི་གདུང་རབས་ངོ་མཚར་བང་མཛོད། [M]. མི་རིགས་དཔེ་སྐྲུན་ཁང་། 1986: 118.

② གོང་དང་མཚུངས། 160.

③ གོང་དང་མཚུངས། 99.

ཐེགས་པ་ཞུ་བ་ཞུས་ནའང་རྒྱལ་པོས་མ་གནང་བར། དགོངས་པ་མ་འགྲུབ་པར་ཐུགས་མ་བདེ་ནས། དེ་ལྟར་ན་བོད་ཀྱི་བརྩེ་འདིར་འོངས་ནས་བསྡད་པ་ལ་དགོས་པ་མི་འདུག་པས་རང་ཡུལ་ལ་འགྲོ་བར་ཞུ་ཞུས་པ།”[①] ཞེས་དང་། རྗེ་ཀརྨ་པཀྴིའི་ཞལ་ནས། “འཛིག་རྟེན་དུ་སྟོབས་ལྡན་གྱི་སྐྱེ་བོ་ཅིག་བཏུལ་ན་སྐྱེ་འགྲོ་དཔག་ཏུ་མེད་པ་དུལ་བར་གྱུར་པའི་ཕྱིར་རོ། །”[②]ཞེས་པ་སོགས་ཟུར་དུ་སྤྲེལ་ནས་བརྟགས་ན། ཚལ་པ་བཀའ་བརྒྱུད་པ་གུང་ཐང་བླ་མ་ཞང་གིས་སློབ་མ་གཙང་པ་དུང་ཁུར་པ་དབང་ཕྱུག་བཀྲ་ཤིས་དང་། འབའ་རོམ་བཀའ་བརྒྱུད་པ་སངས་རྒྱས་རིན་ཆེན། ས་སྐྱ་པཎྜི་ཏ་ཀུན་དགའ་རྒྱལ་མཚན། ས་སྐྱ་པ་འགྲོ་མགོན་འཕགས་པ། ཀརྨ་བཀའ་བརྒྱུད་པ་པཀྴི་དང་འཇམ་དབྱངས་ཀུན་མཁྱེན་བླ་མཆོད་བསོད་ནམས་རྒྱལ་མཚན་སོགས་སོ་སོར་མི་ཉག་རྒྱལ་རབས་དང་། ཡོན་རྒྱལ་རབས། དའི་མིང་རྒྱལ་པོ་བཅས་ཀྱིས་གདན་འདྲེན་ཞུས་པ་ལྟར་དེ་དག་གི་མཆོད་གནས་སུ་ཕྱག་ཕེབས་གནང་བའང་ནང་པའི་བསྟན་པ་སྤེལ་བའི་དོན་ཙམ་མིན་ལ། ཆབ་སྲིད་ཀྱི་དབང་ཆ་དང་དཔལ་འབྱོར་གྱི་ཁེ་ཕན་ཆེད་དུ་དེ་བས་ཀྱང་མིན་པའང་མངོན་པར་རྟོགས་ཐུབ་བོ། །

མདོར་ན། ལང་ཙྭའི་མཆོད་རྟེན་དཀར་པོ་གསར་དུ་བཙོས་པའི་དཀར་ཆག་རྗོ་རིང་ནི་སྐབས་དེའི་དམག་སྲིད་ཟུང་གི་དཔོན་རིགས་མི་སྣ་ཐུན་མོང་གིས་བཞེངས་པས། ཡིད་བརྟན་འཕེར་ཞིང་ལོ་རྒྱུས་ཀྱི་རིན་ཐང་ཧ་ཅང་མཐོ་ལ། བོད་བརྒྱུད་ནང་བསྟན་ཆོས་ལུགས་བྱུང་ནས་བྱུང་དུ་དར་བའི་ལོ་རྒྱུས་དང་། བོད་ཀྱི་ཆོས་ལུགས་གྲུབ་མཐའ་སོ་སོའི་མཁས་གྲུབ་དམ་པ་དང་མི་ཉག་རྒྱལ་རབས། ཡོན་རྒྱལ་རབས། མིང་རྒྱལ་རབས་སོགས་ཀྱི་འབྲེལ་བར་ཞིབ་འཇུག་བྱེད་པའི་ཚད་ལྡན་ཡིག་རིགས་ཤིག་རེད།། །།

① ངག་དབང་ཀུན་དགའ་བསོད་ནམས། ས་སྐྱའི་གདུང་རབས་ངོ་མཚར་བང་མཛོད། [M]. མི་རིགས་དཔེ་སྐྲུན་ཁང་། 1986: 52.

② དེབ་ཐེར་དམར་པོ། [M]. མི་རིགས་དཔེ་སྐྲུན་ཁང་། 1981 : 91.

༄༅།།མཚོ་སྔོན་གཉེར་ལམ་རྫོང་གི་བོད་བཙན་པོའི་དུས་ཀྱི་བང་སོ་ཨང་གསུམ་པའི་རྡོ་རིང་ཡི་གེ་ལས་འཕྲོས་པའི་གཏམ།

འབྲེལ་ཡོད་ཀྱི་དཔྱད་གཞིའི་ཡི་གེ་ལྟར་ན་མཚོ་སྔོན་ཞིང་ཆེན་གཉེར་ལམ་རྫོང་ལྟེ་བ་ཡིན་པའི་ཚ་འདམ་གཞུང་དུ་གནའ་བོའི་བང་སོ་ཆིག་སྟོང་ལྷག་ཡོད་ཅིང་། གཉེར་ལམ་རྫོང་གི་ཆུ་དཀར་གཙང་པོའི་བྱང་འགྲམ་དང་ལྷོ་འགྲམ་གཉིས་སུ་བོད་བཙན་པོའི་དུས་ཀྱི་བང་སོ་མང་པོ་རྙེད་པར་མ་ཟད། བང་སོ་དེ་དག་ལས་གསེར་དངུལ་གྱི་རྒྱན་ཆ་དང་གོ་ཆས། བོད་ཡིག་འཁོད་པའི་ཤིང་ཁྲམ་དང་དར་གོས། རྡོ་རིང་། རྡོ་བརྐོས་ཡི་གེ་སོགས་ཀྱང་མང་དུ་ཐོན་ཡོད། གནའ་བོའི་ཡིག་རྙིང་དེ་དག་ནི་ཚ་འདམ་གཞུང་གི་བང་སོ་སྤྱི་དང་ཁྱད་པར་དུ་གཉེར་ལམ་རྫོང་ཆུ་ཁོལ་ཞང་གི་ཤེའུ་རྫ་ཐང་སྐེ་ཆུ་དཀར་གཙང་པོའི་འབབ་རྒྱུད་ཀྱི་གནའ་བོའི་བང་སོ་རྣམས་མི་རིགས་དང་རིག་གནས་གང་ལ་གཏོགས་པར་ཞིབ་འཇུག་བྱེད་པ་དང་། བང་སོའི་ནང་དུ་བཙུག་པའི་མིའི་རུས་མིང་དང་ཐོབ་ཐང་སོགས་ངོས་འཛིན་བྱེད་པའི་ཁུངས་ལུང་འཁྲུལ་མེད་ཡིན་པ་དང་། བཙན་པོ་རྒྱལ་རབས་ཀྱིས་མངའ་ཁོངས་རྒྱ་བསྐྱེད་པའི་ལོ་རྒྱུས་དང་སྐབས་དེའི་དུར་འཇུག་རིག་གནས་ལ་ཞིབ་འཇུག་བྱེད་པའི་ཐོག་མའི་དཔྱད་གཞི་ཡིན་ལ། མཚོ་བོད་མཐོ་སྒང་གི་གནའ་བོའི་རིག་གནས་དང་མི་རིགས་འབྲེལ་འདྲིས་ལ་ཞིབ་འཇུག་བྱེད་པའི་དཔྱད་གཞི་རྩ་ཆེན་དང་། བཙན་པོ་

རྒྱལ་རབས་དུས་ཀྱི་བོད་ཡིག་གི་གཟུགས་དང་དེའི་འཕེལ་འགྱུར་གྱི་ཆོས་ཉིད་ལ་རྒྱུས་ལོན་བྱེད་པའི་དཔེ་དཔང་དངོས་ཡིན་སོད། ད་ལྟའི་བར་དུ་ཉར་ཚགས་བྱེད་མཁན་མི་སྣེར་དང་གཞུང་གང་ཅུང་གིས་གསང་རྒྱ་བྱས་ནས་ཀུན་གྱི་མཐོང་སྣང་དུ་མ་གྱུར་པས། ཕྱོགས་ཡོངས་ནས་ཞིབ་འཇུག་ཟབ་མོ་བྱེད་མ་ཐུབ་པར་མ་ཟད། ཐད་ཀའི་ཁུངས་ལུང་དུ་གྱུར་པའི་གནའ་བོའི་ཡིག་ཚང་དེ་དག་སྣང་མེད་དུ་བསྐྱུར་ནས། གནའ་བོའི་བང་སོ་དེ་དག་མི་རིགས་གཞན་གྱི་ཡིན་པར་ངོས་འཛིན་བྱེད་དང་བྱེད་བཞིན་ཡོད། ཉེ་ལམ་མཚོ་སྔོན་བོད་རིགས་ཞིབ་འཇུག་ཚོགས་པས་བདག་ལ་ཡིག་རྙིང་དེ་དག་འཚོལ་སྡུད་དག་སྒྲིག་བྱེད་པའི་ལས་འགན་བགོས་པ་ལ་བརྟེན་ནས་ཡིག་རྙིང་ཁ་ཤས་ལག་ཏུ་སོན་པ་ལས་འདིར་ཚུ་དཀར་གཙང་པོའི་ལྷོ་འགྲམ་གྱི་བང་སོ་ཨང་གསུམ་པ་ནས་ཐོན་པའི་རྗེ་རིང་ཡི་གེར་ཅུང་ཟད་དཔྱད་པར་བྱའོ། །

མཚོ་སྔོན་གཏེར་ལམ་རྫོང་གི་བཙན་པོའི་དུས་ཀྱི་བང་སོ་ཨང་གསུམ་པ།

དང་པོ། རྡོ་རིང་ཡི་གེའི་ནང་དོན་ལ་དཔྱད་པ།

གཏེར་ལམ་རྫོང་ཆུ་དཀར་གཙང་པོའི་ལྷོ་འགྲམ་གྱི་བང་སོ་ཨང་གསུམ་པ་ལས་སྲིད་ལ་ལི་སྨི་90–130ཙམ་དང་ཞེང་ལ་ལི་སྨི་20–40ཅན། མཐུག་ཚད་ལ་ལི་སྨི་10–20ཡོད་པའི་རྡོ་རིང་བཞི་ཐོན་ཅིང་། དེ་དག་རེ་རེའི་ངོས་སུ་ཡིག་འབྲུ་གཅིག་རེ་སྟེ"ཧློན"ཞེས་པ་དང་། "ཁྲི"ཞེས་པ། "ཕེཙུ"ཞེས་པ། "ཀ"ཞེས་པ་བཀོད་ཡོད།

མཚོ་སྔོན་གཏེར་ལམ་རྫོང་གི་བཙན་པོའི་དུས་ཀྱི་བང་སོ་ཨང་གསུམ་པ་ནས་ཐོན་པའི་རྡོ་རིང་།

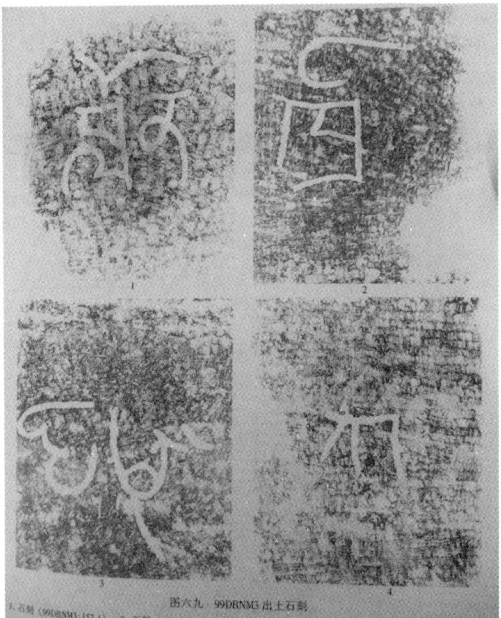

མཚོ་སྔོན་གཏེར་ལམ་རྫོང་གི་བཙན་པོའི་དུས་ཀྱི་བང་སོ་ཨང་གསུམ་པ་ནས་ཐོན་པའི་རྡོ་རིང་བཤུས་པར།

པེ་ཅིན་སློབ་ཆེན་གནའ་རྫས་རྟོག་ཞིབ་ཙུ་ཁག་གིས་སྒྲིག་རྩོམ་བྱས་པའི《གཏེར་ལམ་ཐུ་རྫོད་བང་སོ》ལས་ཀྱང་བང་སོ་དེའི་ནང་གི་རྗོ་ལེབ་ཆེ་ཤོས་ཤིག་གི་སྟེ་གཉིས་སུ་ཕ་ཁ་བརྟོད་ཡོད་པར་བཀོད་ལ། ཙུ་སྤྱན་ནམ་ལུང་དམར་སྤྱགས་དགོན་གྱི་རིག་འཛིན་འཇིགས་མེད་ལགས་ཀྱིས་དངོས་སུ་མཐོང་བ་ལྟར་ན། རྗོ་རིང་དེ་དག་ནི་རྗོ་སྟེགས་ཤིག་གི་ཟུར་བཞིའི་ཀ་ང་སྲུག་ཡིན་མོད། དེ་སྤྱ་ཀུན་མས་བང་སོ་སློག་སྐབས་རྗོ་རིང་རྣམས་ཀྱང་གང་སར་གཡུགས་པས། རྗོ་རིང་བཞི་པོའི་སྤྱ་གཞུག་གི་གོ་རིམ་ཡང་མ་དཔྱད་ན་མི་ཤེས་པ་ཡིན་ཕྱིར། འདིར་ཡང་ཐོག་མར་རྗོ་རིང་དེ་དག་ངོས་ཀྱི་ཡིག་འབྲུ་རེ་རེའི་དོན་ལ་བརྟགས་ནས་སྤྱ་གཞུག་གི་གོ་རིམ་གཏན་ལ་འབེབ་པ་ནི་སྔོན་འགྲོའི་ལས་ཀར་གྱུར་པ་ཡིན་ན། “བློན”ཞེས་པ་ནི་བློན་པོ་ཞེས་པ་དང་གུང་བློན་ནམ་བཀའ་བློན་ཞེས་པའི་ཐོབ་ཐང་གི་དོན་ཡིན་པ་ཀུན་གྱིས་རྟོགས་སླ་བས་རྒྱས་སྤྲོས་བྱ་མི་དགོས། “ཁྲི”ཞེས་པ་སྐབས་འདིར་སྟེགས་བུའམ་གྲངས་ཀའི་དོན་ཡིན་ནམ་གནའ་བོའི་ཞང་ཞུང་སྐད་ཀྱི“ལྷ”འམ“ལྷའི་ཐུགས”ཞེས་པའི་དོན་ཡིན་པ་ཁ་ཚོན་གཅོད་དཀའ་སྟེ། བཙན་པོ་རྣམས་ཀྱི་མཚན་ལ“ཁྲི་བཙན”དང“ཁྲི་སྲ་དཔུང” “ཁྲི་སློང་བཙན” “ཁྲི་སྲོང་བཙན” “ཁྲི་གཙུག་ལྡེ་བཙན” “ཁྲི་སྲོང་ལྡེའུ་བཙན” “ཁྲི་ལྡེ་ཉི་མ་མགོན” “ཁྲི་ལྡེ་སྲོང་བཙན”སོགས་གསོལ་བར་བརྟགས་ན“ལྷའམ” “ལྷའི་ཐུགས”ཞེས་པའི་དོན་ཡིན་ལས་ཆེ་མོད། རྗོ་རིང་དེ་དག་སྤྱགས་པ་རིག་འཛིན་འཇིགས་མེད་ལགས་ཀྱིས་གསུངས་པ་ལྟར་རྗོ་སྟེགས་ཤིག་གི་ཀ་ང་སྲུག་ཡིན་པོ་ཐག་ཡིན་ན་ཁྲི་སྟེགས་ཀྱི་དོན་ཡིན་ལ། “ཀ”ནི་དེའི་མིང་མཐའ་འམ་ཁྲི་འདེགས་ཀྱི་ཀ་བར་གོ། “ཤེའུ”ཞེས་པ་ཡང་སྐབས་འདིར་གནའ་བོའི་ཞང་ཞུང་སྐད་ཀྱི་ཐ་སྙད་ཅིག་ཡིན་ནམ་ཤ་བ་ཆུང་ཆུང་གི་དོན་གང་ཡིན་པ་གསལ་པོར་རྟོགས་དཀའ་མོད། ཧུན་ཧོང་ཡིག་ཆེང་ཁྲོད་ཀྱི《རྒྱལ་ཕྲན་རྣམས་དང་དེ་དག་གི་རྗེ་བློན་གྱི་མིང》བྱ་བ་ལས། “ཡུལ་སྐྱི་རོའི་ལྡང་སྟོན་ན། རྗེ་སྐྱི་རྗེའི་མང་

པོ། བློན་པོ་ཤེའུ་དང་སུག་གཉིས”ཞེས་པ་སྟེ། སྤུ་རྒྱལ་བཙན་པོ་སྟོན་གྱི་རྒྱལ་ཕྲན་སིལ་མ་བཅུ་གཉིས་ཀྱི་ཡ་གྱལ་ཡུལ་སྐྱི་རོའི་ལྗོང་སྟོན་ཟེར་བར“ཤེའུ”དང“སུག”ཅན་གྱི་བློན་པོ་གཉིས་ཡོད་པར་བསྟན་པ་དང་། 《སློབ་རིངས་པའི་ནང་མི་ལ་འབྲུ་བགོ་རྒྱུའི་ཐོ་ཡིག》ཅེས་པ་ལས། “ཤེའུ་ལྷ་སྤྱིན་ལ་སྩོགས་པ་མྱི་བཞི་ལ་ཁལ་རེ་རེ་སྟེ་ཁལ་བཞི……ད་གཟིགས་ལ་སྨད་ལ་ཁལ་གཅིག”ཅེས་བཙན་པོའི་རྒྱལ་རབས་སྐབས་སུ་ཡང་རུས“ཤེའུ”ཅན་ཞིག་ཡོད་པར་བརྟགས་ན། “ཤེའུ”ཟེར་བ་ནི་སྤུ་རྒྱལ་བཙན་པོའི་སྟོན་གྱི་རྒྱལ་ཕྲན་སིལ་མ་བཅུ་གཉིས་སྐབས་ནས་བརྒྱུད་ཡོང་པའི་གནའ་བོའི་བོད་ཀྱི་རུས་མིང་ཞིག་ཡིན་ལ། རུས་དེ་དུས་རབས་བཅུ་དྲུག་པའི་བར་དུ་ད་དུང་མ་ཉམས་པར་གནས་ཡོད་པ་དུས་རབས་བཅུ་གཅིག་པར《བསྟན་འགྱུར》ཁྲོད་ཀྱི《གནོད་སྦྱིན་གྱི་སྡེ་དཔོན་ཆེན་པོ་ལག་ན་རྡོ་རྗེ་གོས་སྔོན་པོ་ཅན་གྱི་སྒྲུབ་ཐབས་འཁོར་ལོ་ཆེན་པོ》ཞེས་པ་དང་། 《ཀླུ་རིགས་བཞིའི་སྒྲུབ་ཐབས》《གནོད་སྦྱིན་གྱི་སྡེ་དཔོན་རྣམ་པར་སྦྱོང་ཞིང་སེལ་བའི་སྒྲུབ་ཐབས》སོགས་བསྟན་བཅོས་བདུན་བསྒྱུར་བའི་ལོ་ཙྪ་བ་ཆེན་པོ་ཤེའུ་བཛྲ་དེ་བ་ཞེས་པ་དང་། དུས་རབས་བཅུ་དྲུག་པར《ལམ་འབྲས་གྲུབ་མཐའི་ལོ་རྒྱུས》བརྩམས་པའི་ཤེའུ་ལོ་ཙྪ་བ་ཀུན་དགའ་ཆོས་གྲགས་ཞེས་པ་གཉིས་བྱུང་བ་ལས་ངེས་ཐུབ། རྡོ་རིང་སོ་སོའི་ཡི་གེའི་སྣེ་གཞུག་གི་གོ་རིམ་ཡང་ཏུན་ཧོང་ཡིག་རྙིང་ཁྲོད་ཀྱི《རྒྱལ་ཕྲན་རྣམས་དང་དེ་དག་གི་རྗེ་བློན་གྱི་མིང》བྱ་བ་ལས། “ཡུལ་ངེས་པོའི་ཁྲ་སུམ་ན། བློན་པོ་མགར་དང་མཉན་གཉིས། །”ཞེས་པ་དང་། “ཡུལ་འོ་ཡུལ་གྱི་སྤང་ཀར་ན། བློན་པོ་རྡོག་དང་དབའས་གཉིས། །”ཞེས་པ། “ཡུལ་མྱང་རོའི་ཤམ་པོ་ན། བློན་པོ་མྱ་དང་བྲེ་གཉིས། །”ཞེས་པ། “ཡུལ་ཀླུང་རོའི་ཡ་གསུམ་ན། བློན་པོ་མྱང་དང་སྦྲང་གཉིས། །”ཞེས་ཐོག་མར་ཐོབ་ཐང་གི་མིང་དང་དེ་ནས་རུས་མིང་སོགས་རིམ་བཞིན་འཕོད་པ་ཡིན་པས། ཆུ་དཀར་གཙང་པོའི་ལྷོ་རྒྱུད་ཀྱི་བང་སོ་ཨང་གསུམ་པའི་རྡོ་རིང་སོ་སོའི་ཡི་གེའི་གོ་

རིམ་ཡང་"སྣོན་ཤེའུ་ཁྲི་ག"ཞེས་བསྒྲགས་ན་དོན་དང་གནས་པར་སྙམ་ལ། བང་སོ་དེར་སྦས་པའི་མི་ཡང་བཙན་པོ་རྒྱལ་རབས་དུས་ཀྱི་རུས"ཤེའུ"ཅན་གྱི་སྣོན་ཆེན་ཞིག་ཡིན་པ་རེད།

གཉིས་པ། སྣོན་པོ་ཤེའུར་བང་སོ་བརྩིགས་པའི་དོན་ལ་དཔྱད་པ།

ཏུན་ཧོང་ཡིག་རྙིང་ཁྲོད་ཀྱི་སྣོན་ཆེན་པོ་ཤེའུར་བང་སོ་བརྩིགས་ཤིང་རྡོ་རིང་བརྩེངས་པའི་རྒྱུ་མཚན་ཅི་ཡིན་ཞེ་ན།

1. 《ཕུ་བོས་ནུ་བོར་བཏམས་ཤིང་བསྟན་པའི་མདོ》ལས། "བྱ་དགའ་ནི། ལེགས་པའི་ཚོ་ཤ། ཁོང་ན་མ་ལུས་པའི། །སྨྲིག་འདྲེན་པ་སྟེ། །འདི་ནི། ཐོག་ཏུ་ཕེབས་པ་དང་། མདོང་སྐྱོལ་ཆེར་བྱ་བའི་རིགསོ། །"ཞེས་བྱ་དགའ་ནི་ལེགས་ཆའི་ནུས་པ་ཁོང་ན་མ་ལུས་པར་འདོན་དུ་འཇུག་པའི་མིག་དཔེ་འཛུགས་པའི་དོན་དུ་ཡིན་པ་དང་། དེའི་རིགས་ནི་གནད་དུ་འཁེལ་བ་དང་མངོན་གསལ་ཆེས་ཆེར་བྱ་འོས་པར་བསྟན་པ་ལས་བཙན་པོའི་རྒྱལ་རབས་དུས་སུ་མི་རྣམས་ཀྱི་ལེགས་པའི་ནུས་པ་མ་ལུས་འདོན་དུ་འཇུག་ཆེད་ལེགས་པར་བྱ་དགའ་སྟེར་བའི་སྤྱི་ཚོགས་ཀྱི་དར་སྲོལ་བཟང་པོ་ཞིག་ཆགས་ཡོད་པ།

2. བོད་ཀྱི་རྒྱལ་པོ་སྟག་རི་གཉན་གཟིགས་ཀྱི་རིང་ལ་ཟིང་པོ་རྗེ་སྟག་སྐྱ་བོ་ཞེས་པའི་རྒྱལ་ཕྲན་གྱི་རྒྱལ་པོ་ཞིག་ཡོད་པར་སྣོན་པོ་མཉན་འཛོ་ཟུང་ཟེར་བ་ཞིག་ཡོད་པ་དེས་རང་གི་རྒྱལ་པོ་བསྒྲོངས་ནས་དེའི་ཡུལ་ཡིལ་རབ་སྡེ་བཞི་དང་སྐྱུམ་ཡ་གསུམ་ཟིང་པོ་རྗེ་ཁྲི་པང་སུམ་ཞེས་པར་ཕུལ་བས། ཟིང་པོ་རྗེ་ཁྲི་པང་སུམ་གྱིས་མཁར་སྤུར་བས་བཅད་དེ། སྐྱུམ་ཡ་གསུམ་གྱི་སྣད་མཉན་འཛོ་ཟུང་གི་བྲན་དུ་བྱིན་པ་དང་། བཙན་པོ་གནམ་རི་སྲོང་བཙན་གྱི་རིང་ལ་མྱང་ཙེང་སྐྱ་དང་དབའ་དབྱི་

ཚབ། མཉོན་འདྲོན་པོ་གསུམ་གྱིས་ཟིང་པོ་རྗེ་ཁྲི་པང་སུམ་བཀྲོངས་ནས་དེའི་ཆབ་སྲིད་གནམ་རི་སྲོང་བཙན་ལ་ཕུལ་བས། གནམ་རི་སྲོང་བཙན་གྱིས་མྱང་ཚེང་སྤོའི་བྱ་དགར་མཁར་སྤུར་བ་དང་བྲན་ཁྱིམ་སྟོང་གཅིག་ལྔ་བརྒྱ་གནང་བ་དང་། དབའ་དབྱི་ཚབ་ཀྱི་བྱ་དགར་ཟ་གད་གཤེན་གྱི་ཡུལ་ས་མལ་ཏོ་ཕྱོགས་ནས་བྲན་ཁྱིམ་སྟོང་གཅིག་ལྔ་བརྒྱ་གནང་བ། མཉོན་འདྲོན་པོའི་བྱ་དགར་ཁོའི་ཕུ་ནུ་པོ་སོགས་བྲན་ཁྱིམ་སྟོང་གཅིག་ལྔ་བརྒྱ་གནང་བར[1]གཞིགས་ན་བོད་ལ་རྒྱལ་པོ་སྲོང་བཙན་སྒམ་པོའི་སྔོན་ནས་བློན་འབངས་བྱས་རྗེས་ཅན་རྣམས་ཀྱི་བྱས་རྗེས་ཆེ་ཆུང་ལ་དམིགས་ནས་མངའ་རིས་དང་བྲན་ཁྱིམ་ངེས་ཅན་གྱི་བྱ་དགས་གཟེངས་སུ་བསྟོད་པའི་དཔོན་གནས་བསྐོ་བཞག་གི་ལམ་ལུགས་ཡོད་པ།

3. རྒྱལ་པོ་སྲོང་བཙན་སྒམ་པོའི་རིང་ནས་མཛངས་པ་ལ་ཡིག་ཚང་གིས་བསྟོད་པ་དང་། དཔའ་བ་ལ་སྟག་གིས་བསྟོད་པ། ལེགས་པ་ལ་བྱ་དགས་བསྟོད་པ་སྟེ། བསྟོད་པ་གསུམ་གྱི་ཁྲིམས་ཡོད་པ།

4. རྒྱལ་པོ་སྲོང་བཙན་སྒམ་པོས་བློན་ཆེན་པོ་དབའ་དབྱི་ཚབ་ཅེས་པ་དེའི་ཆབ་སྲིད་ཀྱི་མཛད་རྗེས་དང་རྒྱལ་པོ་སྟག་རི་གཉན་གཟིགས་ནས་རྒྱལ་རབས་གསུམ་ལ་བློ་དཀར་བའི་མཛད་སྤྱོད་ལ་དགོངས་ནས"དབྱི་ཚབ་བློ་བ་ཉེ་བས། །གུམ་ན་འཆད་ཕྱུག་དར་ཏོ་བརྩིག་པར་གནང་ཏ་ནི་བརྒྱ་དགུམ་པར་གནང་། །བུ་ཚ་བོ་གང་ཟུང་བ་གཆིག། །གསེར་གྱི་ཡི་གེ་མྱི་ཆད་པར་སྩལད་པར་བཀའ་སྩལ་ཏོ། །"[2]ཞེས་རྒྱལ་པོ་སྲོང་བཙན་གྱིས་ཁོང་ལ་བློ་ཉེ་བའི་བློན་པོ་དབའ་དབྱི་ཚབ་ལ་དེ་གྲོངས་ན་བང་སོ་བརྩིག་ཅིང་དུར་ཇས་སུ་ཏ་བརྒྱ་སྲིད་པ་དང་། བུ་ཚ་གང་ཟུང་ཞིག་ལ་གསེར་གྱི་ཡི་གེ་རྒྱུན་མི་འཆད་པར་གནང་བའི་བཀའ་སྩལ་བ་དང་། སྟོ་

① ཏུན་ཧོང་ནས་ཐོན་པའི་བོད་ཀྱི་ལོ་རྒྱུས་ཡིག་ཆ། [M]. མི་རིགས་དཔེ་སྐྲུན་ཁང་། 1980: 51.
② གོང་དང་མཚུངས། 62.

བྲག་གི་བྲག་བརྐོས་ཡི་གེར“བཙན་པོ་ལྷ་སྲས་ཀྱི་ཞ་སྔར། ལྔེ་སྙན་ལྔེའུ་ཅུང་། སློ་བ་ཉེ་ཉེ། སྐུ་དང་ཆབ་སྲིད་ལ་དཔེན་པའི་རྗེ་བླས། དཀའ་བ་བྱེད་བྱེད་ནས། བཀས་གནང་བ་ལྔེའུ་ཅུང་གི་ཕ། ཡོ་སྣང་གི་བུ་ཚ་ཕེལད་རྒྱུད་ནམ་ཞར་སྲིད་གཡུང་དྲུང་དང་མཚུངས་པ་དང་། ལྔེའུ་ཅུང་གི་མཆད་ཀྱི། རིམ་གྲོ་བླ་ནས་མཛད། ནམ་ཅིག་དཔོན་སྲས་གང་གི་རིང་ལ་རལ་ཡང་། བླ་ནས་སྟོང་སྟེས་བརྩིག་པར་གནང་།” ཞེས་བཙན་པོ་ཁྲི་ལྔེ་སྲོང་བཙན་གྱིས་བློན་པོ་ལྔེ་སྙན་ལྔེ་ཚུང་བློ་དཀར་ཞིང་བཙན་པོའི་སྐུ་དང་ཆབ་སྲིད་ལ་མགོ་ཆེ་བའི་ཞབས་ཞུ་བསྒྲུབས་ནས་དཀའ་བ་མང་པོ་སྤྱད་པའི་ལན་དུ་བློན་ལྔེ་ཚུང་གི་ཕ་ཡོ་སྣང་གི་བུ་རབས་ཚ་རྒྱུད་ལ་སྲིད་ཀྱི་བདག་རྐྱེན་ནམ་ཡང་འགྱུར་བ་མེད་པའི་གཡུང་དྲུང་དང་འདྲ་བར་སྩོལ་བ་དང་། བློན་ལྔེའུ་ཚུང་སྐུ་གྲོངས་ན་བང་སོ་བླ་ནས་བརྩིག་པར་མ་ཟད། ནམ་ཞིག་ཞིག་རལ་དུ་སོང་ནའང་བཙན་པོ་སྲིད་གཞུང་གིས་སྟོང་སྟེ་ལ་ཉམས་གསོ་བྱེད་དུ་འཇུག་པའི་ཞལ་བཞེས་གནང་བ་ལྟར་ན། བཙན་པོའི་རྒྱལ་རབས་སྐབས་སུ་ཕྱིའི་མངའ་ཁོངས་རྒྱ་བསྐྱེད་པ་དང་ནང་གི་ཆོས་མཛད་པར་བྱས་རྗེས་ཆེ་ཞིང་བཙན་པོ་ཡབ་སྲས་ལ་བློ་དཀར་བའི་བློན་འབངས་དང་དེའི་བུ་རབས་ཚ་རྒྱུད་ལ་བདག་རྐྱེན་གྱི་ཡིག་ཚང་གང་ལ་གང་འཚམ་དུ་གནང་བར་མ་ཟད། དེ་ཉིད་སྐུ་གྲོངས་པའི་ཚེ་ན་བང་སོ་བླ་ནས་བརྩིག་པའི་ཆབ་སྲིད་ཀྱི་ལམ་ལུགས་ཡོད་པ།

5. འཛང་ས་ཐམ་ཡུལ་ནས་ཐོན་པའི་བཙན་པོ་རྒྱལ་རབས་སྐབས་ཀྱི་རྡོ་རིང་ཡི་གེ་ལས། “མཚོ:ཏུམ:ལོང:ལ:དག:ཐོག:མ:རྒྱ:འབངས:ལས:རྒྱ:རྗེ:གཏན:ཀྱི:རྗེར་ཕྱི་ཏུང:ནས:བཙན:པོ:ལྷ:སྲས:ལ:སློ:བ:ཉེསྟེ:བློན:སྐྱེས:བཟང:ལ:ཕྱག:འཚལ:ནས:ཕོ:ཆེད་ཟང:མར:ནོ:གསེར:ཆེན:པོ:སྦལད:ལོང:ལ:དག:གཙང:ཅན:སྦལ:པ:ལས:ལོ:དགུ:བཅུ:ལོན:དེ:གུམ:པའི:མཆད:པ་:”ཞེས་པ་སྟེ། མཚོ་ཏུམ་ལོང་ལ་ཟེར་བའི་ཡུལ་ཁམས་ཀྱི་མི་རྣམས་དང་ཐོག་ཐང་རྒྱལ་རབས་ཀྱི་མངའ་འབངས་ཡིན་ཡང་། ཕྱིས་

སུ་ཕོ་ཚེད་ཟང་མར་ནི་བྱ་བས་བོད་ཀྱི་བཙན་པོ་ཁྲི་ལྡེ་གཙུག་བརྟན་དང་ཁྲི་སྲོང་ལྡེའུ་བཙན་ཡབ་སྲས་ལ་བློ་ཉེ་བར་བྱས་ཤིང་བློན་ཆེན་པོ་སྐྱེས་བཟང་ལ་ཕྱུག་འཚལ་ནས་མགོ་འདོགས་ཞུས་པས། བོད་ཀྱི་བཙན་པོ་ཡབ་སྲས་ཀྱིས་དེ་ལ་གསེར་གྱི་ཡི་གེ་ཆེན་པོ་བསྩལ་ཅིང་མཆོ་ཧྲུམ་ཡོང་ལ་ས་ཁྲུལ་གྱི་མི་ཕལ་མོ་ཆེ་ལ་གཙང་ཆེན་ཞེས་པའི་དཔོན་གནས་ཐོབ་ཐང་བསྩལ་བ་དང་། ཕོ་ཚེདཟང་མར་ནི་བྱ་བ་དགུང་ལོ་དགུ་བཅུར་བཞུགས་ནས་སྐུ་གྲོངས་པར་ཆེད་དུ་སྲོང་གི་བང་སོ་བརྩིགས་ཤིང་རྩིས་ཀྱི་རྡོ་རིང་བརྩིངས་པ་ལྟར་ན། བཙན་པོའི་རྒྱལ་རབས་སྐབས་སུ་བློན་འབངས་བྱས་རྗེས་ཅན་ལ་གསེར་དངུལ་སོགས་ཀྱི་ཡིག་ཚང་གནང་བ་དང་། གྲོངས་པའི་ཚེ་ན་བང་སོ་བླ་ནས་རྩིག་ཅིང་བསྟུགས་བརྗོད་ཀྱི་རྡོ་རིང་སློང་བའི་ཆབ་སྲིད་ཀྱི་ལམ་ལུགས་ཡོད་པར་མ་ཟད། ལམ་ལུགས་དེ་དངོས་སུ་ལག་བསྟར་ཡང་བྱས་མྱོང་བ་རེད། དེས་ན་བོད་བཙན་པོ་དུས་ཀྱི་སྤྱི་ཚོགས་ཀྱི་དར་སྲོལ་དང་དཔོན་གནས་བསྐོ་བཞག་གི་ལམ་ལུགས། བསྟོད་གསུམ་གྱི་ཁྲིམས་ལུགས། ཆབ་སྲིད་ཀྱི་ལམ་ལུགས། ཡོ་རྒྱུས་ཀྱི་ལག་ལེན་དངོས་བཅས་ལྷན་དུ་སྤྲེལ་ནས་བརྟགས་ན། བློན་པོ་ཤེའུ་ཞེས་པ་ནི་རྒྱལ་ཕྲན་སིལ་མ་བཅུ་གཉིས་དུས་ཀྱི་བློན་རྒྱུད་མ་ཉམས་པར་བརྒྱུད་ཅིང་བཙན་པོའི་རྒྱལ་རབས་ཀྱི་བློན་ཆེན་ཞིག་ཡིན་པར་མ་ཟད། ཕྱི་ཕྱོགས་སུ་མངའ་ཁོངས་རྒྱ་བསྐྱེད་པ་དང་ནང་དུ་དཔྱ་དང་ཁྲིམས་ལུགས་སོགས་ཀྱི་ལས་དོན་སྤེལ་བར་མཛད་རྗེས་ཧ་ཅང་ཆེ་བའམ་ཡང་ན་བཙན་པོ་ཡབ་སྲས་ལ་དུས་ཡུན་རིང་པོར་བློ་དཀར་ཞིང་སྐུ་སྲུང་ལ་མཁོ་ཆེ་བའི་ལས་དོན་མང་དུ་མཛད་པའི་བློན་ཆེན་པོ་ཞིག་རེད། དེའི་རྐྱེན་གྱིས་བཙན་པོ་སྲིད་གཞུང་གིས་ཁོང་གི་མཛད་རྗེས་དྲན་ཞིང་དེར་ལན་བླན་པའི་དོན་དུ་སྲོང་གི་བང་སོ་བརྩིགས་ཤིང་རྩིས་ཀྱི་རྡོ་རིང་བསླངས་པ་རེད།

གསུམ་པ། ཐློན་པོ་ཤེའུ་ཡི་བང་སོ་གཏེར་ལམ་རྫོང་དུ་བརྩིགས་པའི་རྒྱུ་མཚན་ལ་དཔྱད་པ།

ཐློན་པོ་ཤེའུ་ཞེས་པ་དེ་བོད་བཙན་པོའི་རྒྱལ་རབས་ཀྱི་སྲིད་དང་དམག་གི་ལས་དོན་སྤེལ་བར་བྱུས་རྗེས་ཆེ་བའི་ཐློན་ཆེན་པོ་ཞིག་ཡིན་ན་དེའི་བང་སོ་བཙན་པོ་རྒྱལ་རབས་ཀྱི་རྒྱལ་ས་གྲོང་ཁྱེར་ལྷ་ས་ནས་སྤྱི་ལེ་ཆིག་སྟོང་ལྷག་ཡོད་པའི་གཏེར་ལམ་རྫོང་དུ་བརྩིགས་པའི་རྒྱུ་མཚན་ཅི་ཡིན་ནམ་ཞེ་ན། རྒྱ་དང་བོད་ཀྱི་འབྲེལ་ཡོད་ཡིག་ཚང་ལྟར་ན་མཚོ་སྔོན་ཞིང་ཆེན་གཏེར་ལམ་རྫོང་ནི་བོད་བཙན་པོའི་རྒྱལ་རབས་སྐབས་སུ"འ་ཞ"ཞེས་པའི་རྒྱལ་ཕྲན་དུ་གཏོགས། རྒྱལ་ཕྲན་དེ《གཏོ་ཐུག》ལས། "ཡུལ་མི་ཉག་ནས་ལྟོང་རིགས་དང་། དེ་བཞིན་དུ་སུམ་ཧྥ་ནས་འབྲི་རིགས། ཞང་ཞུང་ནས་སྦྲ། འ་ཞ་ནས་སྐ་བྱུང་།" ཞེས་པ་དང་། ཡང་། བོད་ཀྱི་རྩིས་གཞུང་རྣམས་ལས་ཀྱང"སྐ་ནི་ཤེང་ཁམས་ལུག་ལ་བླ། སྦྲ་ནི་ཞུགས་ཁམས་རྐྱང་ལ་བླ། འབྲི་ནི་ཆུ་ཁམས་གཡག་ལ་བླ།" ཞེས་པ་ལྟར་ན། འ་ཞ་རྒྱལ་ཕྲན་གྱི་མི་ཕལ་མོ་ཆེ་ནི་བོད་ཀྱི་རུ་བའི་རུས་ཆེན་བཞིའི་ཡ་གྱལ་སྐ་ལས་མཆེད་ཅིང་། བོད་ཀྱི་རྒྱལ་པོ་འབྲོ་གཉན་ལྡེའུ་ལ་སླུ་ནད་ཕོག་ནས་དུར་དུ་སྦས་རྗེས། ཁོང་གི་ཞལ་ཆེམས་ལྟར་འ་ཞ་ཡུལ་ནས་སྨན་པ་བོས་ཏེ་རྒྱལ་སྲས་དམུས་ལོང་གི་མིག་ཕྱེ་བའི་ལོ་རྒྱུས་ཀྱི་དོན་དངོས་ལས་བོད་ཀྱི་རྒྱལ་རབས་ཉེར་དགུ་པ་འབྲོང་གཉན་ལྡེའུ་རིང་ནས་འ་ཞ་དང་བོད་གཉིས་ཕན་ཚུན་འབྲེལ་འདྲིས་དང་རིག་གནས་བརྗེ་རེས་ཀྱི་འབྲེལ་བ་དམ་པ་དང་། ཏུན་ཧོང་ཡིག་རྙིང་ཁྲིད་ཀྱི《བཙན་པོ་རིམ་བྱུང་གི་ལོ་རྒྱུས》ལས། "བཙན་པོ་ཞབས་ཀྱིས་བཙུགས་སྟེ། བྱང་ལམ་དུ་མ་བྱུང་མ་དྲངས་པར། རྒྱ(དྲུ་གུ)དང་འ་ཞ་དཔྱའ་གཅལ་ལོ། །ཐོག་མ་འ་ཞ་དེ་ནས་འབངས་སུ་མངའ་འོ། །"ཞེས་པ་ལྟར་

ན། རྒྱལ་པོ་སྲོང་བཙན་སྒམ་པོའི་རིང་ལ་འ་ཞ་དེ་དྲག་པོའི་དཔུང་ལ་བརྟེན་མ་དགོས་པར་འབངས་སུ་བཀུག་ནས་དཔྱ་འཇལ་དུ་བཅུག་པ་དང་། རྒྱལ་པོ་སྲོང་བཙན་སྒམ་པོ་སྐུ་གྲོངས་རྗེས་སྤྱི་ལོ་659ནས་666ལོའི་བར་དུ་བློན་ཆེ་སྟོང་བཙན་འ་ཞ་ཡུལ་ན་མཆིས[①]ཤིང་། སྤྱི་ལོ་669ལ་འ་ཞ་མང་པོ་ཟླིད་ཀྱི་ལྷུ་ནག་བྱ་བར་འོངས་ནས་བཙན་པོར་ཕྱག་འཚལ་ཞིང་འབངས་བྱེད་པའི་གན་རྒྱ་བཞག་པ།[②] བཙན་པོ་ཁྲི་གཙུག་ལྡེ་བཙན་གྱི་རིང་ལ་སླེབས་དུས་འ་ཞ་རྗེར"དབོན་འ་ཞ་རྗེ"གསོལ་ཞིང་། བཙན་པོ་རྒྱལ་རབས་ཀྱི་བློན་ཆེན་པོར་བཀའ་བསྩལད[③]པར་གཞིགས་ན་སྐབས་དེའི་བོད་བཙན་པོ་དང་འ་ཞ་རྗེའི་བར་དུ་དབོན་ཞང་དང་རྒྱལ་བློན་གཉིས་ཀའི་འབྲེལ་བ་དམ་པོ་ཆགས་ཡོད་པ་རེད།

དེས་ན་བོད་དང་ཉུས་ཁུངས་གཅིག་པའི་འ་ཞ་རྒྱལ་ཕྲན་དེ་བོད་དང་ཕན་ཚུན་འགྲོ་འོང་དང་རིག་གནས་འབྲེལ་བ་བྱུང་བ་ནས་བོད་ཀྱི་ཁོངས་གཏོགས་རྒྱལ་ཕྲན་ཞིག་ཏུ་འགྱུར་བའི་གོ་རིམ་དུ་དབུ་ཉ་སྐྱི་ཤོད་ས་ཁུལ་གྱི་ཤེའུ་ཉུས་ཚོའི་དམག་དཔུང་འ་ཞའི་ཁོངས་སུ་གཏོགས་པའི་གཏེར་ལམ་ཇོང་དུ་འོངས་ཏེ་གཡུལ་བཀྱེས་ནས་མངའ་རིས་བསྐྱེད་ཅིང་། གནས་བཟུང་ནས་གཞིས་ཆགས་པ་དང་། ཉུས་ཚོ་དེ་ཉིད་ལས་མཆེད་པའི་བློན་པོ་ཤེའུ་ཡིས་སྲིད་ཀྱི་དབང་བསྒྱུར་ས་དང་ཁྲིམས་ཀྱི་ལས་སྤྱིལ་ས་ཡིན་པའི་རྐྱེན་གྱིས་བློན་པོ་དེ་ཉིད་ཀྱི་བང་སོ་ཡང་ས་དེར་བརྩིགས་པར་འདོད། དེ་ཡང་མི་སུ་ཞིག་ཡིན་ཉུང་རང་གི་ཉུས་རྒྱུད་ཚོ་ཁག་གཞིས་ཆགས་ས་དང་རང་ཉིད་ཡུན་རིང་དུ་འཚོ་གནས་བྱེད་སར་བང་སོ་བརྩིག་འདོད་པ་ནི་མིའི་རིགས་ཕལ་ཆེ་བའི་ཐུན་མོང་གི་འདོད་མོས་ཡིན་ལ། སྟོད་སྨད་ཀྱི་སོ་བློན་ཆེན་པོ་སྐུ་གྲོངས་ན་བང་སོ་ཡང་ས་དེ་རང་དུ་བརྩིག་པ་ནི་བཙན་པོ་རྒྱལ་རབས་དུས་ཀྱི་ལམ་

① ཏུན་ཧོང་ནས་ཐོན་པའི་བོད་ཀྱི་ལོ་རྒྱུས་ཡིག་ཆ། [M]. མི་རིགས་དཔེ་སྐྲུན་ཁང་། 1980: 16.
② གོང་དང་མཚུངས། 17.
③ གོང་དང་མཚུངས། 36.

ལུགས་ཤིག་ཀྱང་ཡིན་པ་ལྟ་ཕྱོགས་འཛིང་གི་ས་ཆ་བོད་བཙན་པོའི་མངའ་ཁོངས་སུ་འཛུད་པར་བྱས་རྗེས་ཆེ་བའི་བློན་ཆེད་ཟང་མར་ནི་ཟེར་བ་སྐུ་གྲོངས་རྗེས་བཙན་པོ་སྲིད་གཞུང་གིས་ས་དེ་རང་དུ་བང་སོ་བརྩིགས་ཤིང་རྡོ་རིང་བརྩེགས་པ་གོང་དུ་བཤད་ཟིན་པ་ལྟར་རོ། །

དེས་ན་གཏེར་ལམ་རྫོང་གི་ཆུ་ཁོལ་གཙང་པོ་འབབ་རྒྱུད་རྟ་ཐང་ལ"ཤེའུ་རྟ་ཐང"དུ་འབོད་པའང་གནའ་བོའི་རུས་ཚན"གནུབས"དང"ཇེགས་སམ་རྗོག""མྱང""མཆིམས""དྭགས"སོགས་རུས་རྒྱུད་ཚོ་ཁག་གཙོ་བྱས་ནས་གྲུབ་པའི་རྒྱལ་ཕྲན་སིལ་མ་བཅུ་གཉིས་ཀྱི་མིང་ལ"ཡུལ་གནུབས་ཀྱི་གླིང་དགུ"ཞེས་པ་དང་། "ཡུལ་ཇེགས་ཡུལ་གྱི་གྲུ་བཞི"ཞེས་པ། "ཡུལ་མྱང་ཡུལ་གྱི་ཧྲ་གསུམ"ཞེས་པ། "ཡུལ་མཆིམས་ཡུལ་གྱི་དགུ་ཡུལ"ཞེས་པ། "ཡུལ་དྭགས་ཡུལ་གྱི་གྲུ་བཞི"ཞེས་པ་ལྟར། བཙན་པོ་དུས་སྐབས་སུ་ཤེའུ་ཞེས་པའི་རུས་རྒྱུད་ཚོ་ཁག་གི་དམག་མི་ཁག་ཅིག་ས་དེར་གཞིས་ཆགས་པ་དང་། བློན་པོ་ཤེའུ་ཡི་བང་སོ་ས་དེར་བརྩིགས་པ་ལ་བརྟེན་ནས་རུས་མིང་ཡུལ་ལ་ཐོགས་ནས"ཤེའུ་རྟ་ཐང"དུ་འབོད་ལ། གཏེར་ལམ་རྫོང་ཆུ་དཀར་གཙང་པོའི་འབབ་རྒྱུད་ཀྱི་བང་སོ་ཨང་བཅུ་པ་ནས་ཐོན་པའི་ཤིང་ཁྲམ་ངོས་སུ"ཤེའུ་རག་དུང་གཅིག"ཀྱང་དུར་རྫས་སུ་བཙུག་པར་འཁོད་པ་ཡང་གཏེར་ལམ་རྫོང་ཆུ་དཀར་གཙང་པོའི་འབབ་རྒྱུད་ས་ཆ་ཡིན་པར་སྙམ། གལ་ཏེ་དེ་ལྟར་མིན་ཀྱང"ཤེའུ"ཞེས་པའི་རུས་མིང་ཡུལ་ལ་ཐོགས་པ་ཞིག་ཡིན་པ་ཐེ་མི་ཚོམ།

བཞི་པ། རྡོ་རིང་གི་ཁྱད་ཆོས་བཤད་པ།

གཏེར་ལམ་རྫོང་ཆུ་དཀར་གཙང་པོའི་ལྟོ་འགྲམ་གྱི་བང་སོ་ཨང་གསུམ་པ་ལས་ཐོན་པའི་རྡོ་རིང་དེ་དག་ནི་རྡོ་བཟོ་མཁས་པས་ལེགས་པོར་བཟོས་རྗེས་བང་སོའི་

ནང་རོལ་དུ་སྦྲ་དགོས་པས། འཇང་ས་ཐམ་ཡུལ་གྱི་གནའ་བོའི་བང་སོ་ནས་ཐོན་པའི་བཙན་པོའི་རྒྱལ་རབས་སྐབས་ཀྱི་རྫོ་རིང་དང་ས་སྐྱ་ཀུན་དགའ་རྒྱལ་མཚན་གྱི་སྐུ་གདུང་མཆོད་རྟེན་ལས་ཐོན་པའི་མཆོད་རྟེན་དཀར་པོའི་དཀར་ཆག་རྫོ་རིང་དང་འདྲ་སྟེ། ཞབས་སྟེགས་དང་། ཏླ་ཁེབས། མགོ་ཏོག་སོགས་མེད་ལ་རྫོ་རིང་ངོས་སུ་ཡི་གེ་མང་པོ་འཁོད་མེད་པས། སྐབས་དེའི་ཚིག་སྦྱོར་དང་ཡིག་གཟུགས་ཀྱི་ཁྱད་ཆོས་ཆ་ཚང་བ་ཞིག་བརྗོད་དཀའ་ཟུང་། "ནློན་ཤེའུ་ཁྲི་ཀ"ཞེས་པའི་ཡི་གེ་འབྲི་སྟངས་ལ་བལྟས་ན་གན་སུའུ་སྟེན་མདོ་ལུང་པའི་བཙན་པོ་རྒྱལ་རབས་སྐབས་ཀྱི་བྲག་བརྐོས་ཡི་གེ་དང་། ལྷོ་བྲག་གི་བྲག་བརྐོས་ཡི་གེ། ཏུན་ཧོང་ཡིག་རྙིང་ཁྲོད་ཀྱི《བཙན་པོ་རིམ་བྱུང་གི་ལོ་རྒྱུས》ལག་བྲིས་མའི་ཡི་གེ་འབྲི་སྟངས་དང་འདྲ་བར་གུག་གུའི་མགོ་སྨད་ཅིང་ཇ་མ་རིང་ལ་རྗེས་སུ་བསྲིངས་པ་དང་། ན་རོའི་འདབ་གཤོག་གཉིས་འཕྲེད་དུ་རིང་ཞིང་སྟེ་མོ་ཐུར་དུ་གུག་པ། ཡི་གེའི་ཞེང་ཆེ་ཞིང་སྲིད་དུ་ཐུང་ལ་ཁོག་ཡངས་པ་བཅས་ཀྱི་ཁྱད་ཆོས་ལྡན་པ་རེད།། །།

༄།།གཏེར་ལམ་ཁྲ་རྡོད་བང་སོ་ལས་ཐོན་པའི་
མཆིམས་བཟའ་ལྷ་མོའི་བང་སོའི་
རྫོ་རིང་ལ་དཔྱད་པ།

གཏེར་ལམ་བང་སོའི་ཚོགས་ནི་མཚོ་སྔོན་ཞིང་གི་གཏེར་ལམ་རྫོང་མཁར་ནས་ལྷོ་ཕྱོགས་སུ་ལམ་ཐག་ལི་དབར་བཅུ་བཞི་ཙམ་ཡོད་པའི་ཆུ་ཁོལ་ཞང་གི་ཆུ་དཀར་གཙང་པོའི་ལྷོ་བྱང་འགྲམ་གཉིས་ཀྱི་ཤེའུ་རྩ་ཐང་དུ་ཡོད། རྩ་ཐང་དེའི་ལྷོ་བྱང་གི་མཐའ་གཉིས་སུ་བྲག་རི་ཕྲེང་བའི་མུ་ཁྱུད་ཇམ་པར་འཁྱིང་ཞིང་། བཀོད་པ་ངོ་མཚར་ལ་ལྷ་ཤུག་ལྗོན་པ་ཀུན་ནས་ཕྲ་རྒྱན་དུ་མཛེས། ཡུལ་བཀོད་དེ་ལྟ་བུ་དང་འབྲེལ་བའི་གླིང་སྒྲུང་གི་ངག་རྒྱུན་ཡང་ངོ་མཚར་ཞིང་དགོད་བྲོ་བ་བཤད་རྒྱུ་ཡོད། གཏེར་ལམ་རྫོང་གི་གཞུང་ཕྱོགས་ཀྱིས་བཤད་པ་ལྟར་ན། ཡུལ་དེའི་ས་ལེ་དབར་གྲུ་བཞི་མ་སུམ་ཅུ་སོ་གསུམ་གྱི་ཁྱོན་དུ་གནའ་བོའི་བང་སོ་ཉིས་བརྒྱ་ལྷག་ཡོད། ས་དེའི་མང་ཚོགས་ཀྱིས་བང་སོ་ཆེན་པོ་རྣམས་ཀྱི་བཟོ་དབྱིབས་དང་བཀོད་པར་དམིགས་ནས་དེ་དག་ལ་དགུ་ཐོག་ཏུ་འབོད་ཅིང་། ཡང་ན་བང་སོ་ཆེན་པོ་དེ་དག་གི་སྟེང་དུ་ཀུན་ཇག་གིས་བྲུས་པའི་ཤུལ་དོང་དུ་དེ་སྔ་དུར་རྫོང་དུ་བཙུག་པའི་ཤ་དང་རུས་པ་སོགས་མང་པོ་ཐོན་པར་དམིགས་ནས་བདུད་ཁུང་དགུ་ཐོག་ཏུ་འབོད་མཁན་ཡང་མཆིས། ལར་བང་སོ་དེ་དག་དང་དེ་དག་ཁྲོད་ཀྱི་དུར་རྫོང་སྣ་ཚོགས་དང་ཡིག་རིགས་ནི་བོད་བཙན་པོའི་དུས་ཀྱི་བང་སོ་བརྩིག་སྲོལ་དང་། གནའ་བོའི་

བང་སོ་དེ་དག་མི་རིགས་དང་རིག་གནས་གང་ལ་གཏོགས་པར་ཞིབ་འཇུག་བྱེད་པ་དང་། བང་སོའི་བདག་པོའི་རུས་མིང་དང་ཐོབ་ཐང་སོགས་ངོས་འཛིན་བྱེད་པའི་ཁུངས་ལུང་འཁྲུལ་མེད་དང་། མཚོ་བོད་མཐོ་སྒང་གི་གནའ་བོའི་རིག་གནས་དང་མི་རིགས་འབྲེལ་འདྲིས་ལ་ཞིབ་འཇུག་བྱེད་པའི་དཔྱད་གཞི་རྩ་ཆེན་ཡིན་མོད། བློ་ཕངས་པ་ཞིག་ནི་སྤྱི་ཚོགས་རྙིང་པར་མཚོ་སྔོན་ཞིང་གི་ཀྲུའུ་ཞི་མ་ཕུའུ་ཧྥང་གིས་གསེར་དངུལ་ལ་དམིགས་ནས་དམག་དཔུང་མངགས་ཏེ་བྲག་དཀར་རམ་སྒུར་འོག་སྡེ་བའི་མདུན་གྱི་བང་སོ་ཆེན་པོ་སོགས་ལས་གསེར་དངུལ་གྱི་དངོས་རྫས་50ལྷག་བརྐོན་ཏེ་བཞུ་སྒྱུངས་བྱས་ནས་ཁྱེར་བ་དང་། དེའི་རྗེས་སུ་རྐུན་ཇག་གིས་འབྲུ་སློ་བའི་བང་སོ་ཕལ་ཆེ་བ་བྲུས་ནས་བང་སོའི་གྲུབ་གཞིར་གཏོར་བརླག་ཚབས་ཆེན་ཐེབས་ཤིང་དུར་རྫས་མང་པོ་གར་སོང་ཆ་མེད་དུ་གྱུར།

སྤྱི་ལོ་1985ལ་མཚོ་སྔོན་ཞིང་ཆེན་རིག་རྫས་ཅུའུ་ཡི་གནའ་རྫས་རྟོག་ཞིབ་རུ་ཁག་གིས་ཆུ་དཀར་གཙང་པོའི་བྱང་རྒྱུད་དུ་ཡོད་པའི“གཏེར་ལམ་བང་སོ་ཆེན་པོ་ཨང་དང་པོའི”ཐོག་ངོས་དང་། མདུན་ངོས་ཀྱི་དུར་མཆོད་བྱེད་སའི་འོབས་དོང་སྟོག་འདོན་བྱས་པ་ལས་དུར་རྫས་སུ་བཙུག་པའི་ནོར་གྱི་མགོ་སྲུག་ཅན་13དང་། ཁྱི་རུས་ཆ་ཚང་ཅན་12 “ཟླུལ་བྱུང་དུ་གསོལ་བ”ཞེས་པ་སོགས་བཀོད་པའི་བྱང་བུ་བཅས་ཐོན་ལ། མདུན་ངོས་ཀྱི་མཆོད་འབུལ་བྱེད་སའི་འོབས་ཤུར་ལྷ་དང་ས་དོང་གོར་མོ་27ལས་རྟའི་རུས་པ་ཆ་ཚང་87དང་། ནོར་རུས་ཆ་ཚང་27 དེ་མིན་ལུག་རུས་དང་ཁྱི་རུས་སོགས་ཀྱང་མང་དུ་ཐོན།[①] བང་སོ་ཆེན་པོ་དེའི་ཤར་ངོས་ཀྱི“ཤེའུ་བང་སོ་དང་པོ”ལས“རྒྱལ་ཁྲི་པོ་བྲང་པ་མཉན་སྣ་བཙལ”ཞེས་བཀོད་པའི་བྱང་བུ་སོགས་ཐོན་པ་རེད།[②] ཡིན་ཡང་སྐབས་དེའི་གནའ་རྫས་རྟོག་ཞིབ་བྱ་བ་ནི་མྱུར་སྐྱོབ་རང་བཞིན་གྱི་

① མཚོ་སྔོན་ཞིང་ཆེན་རིག་རྫས་རྟོག་ཞིབ་ཁང་གི་འགོ་གཙོ་ཞུས་ཞིན་གོ(许新国)ལགས་ཀྱིས་བཤད།

② མཚོ་ནུབ་ཁུལ་རིག་གནས་སྒྱུ་རྩལ་ལྷན་ཚོགས་ཀྱི་ཀྲུའུ་ཞི་ཟླུར་པ་བསམ་ཆོ་ལགས་ཀྱིས་དངོས་སུ་མཐོང་བར་བཤད།

གཙང་བཤེར་ཙམ་ཡིན་པས། བརྟག་དཔྱད་ཀྱི་སྙན་ཞུ་ཅི་ཡང་ཐོན་མེད།

སྤྱི་ལོ་1999པའི་ཟླ་7–9པའི་བར་དུ་ཨ་མེ་རི་ཁའི་ཁེ་ལས་པ་སྐུ་ཞབས་ལའོ་ཅེ་བའི(RQgerE. covey)ཡིས་འཛུགས་གཉེར་བྱས་པའི་ཐང་རྒྱལ་རབས་ཞིབ་འཇུག་ཐེབས་རྩ་ཚོགས་པས་རྒྱབ་རོགས་འོག པེ་ཅིང་སློབ་ཆེན་གནའ་རྫས་རྟོག་ཞིབ་དང་རིག་རྫས་འགྲེམ་སྟོན་གླིང་དང་། མཚོ་སྔོན་ཞིང་ཆེན་རིག་རྫས་དང་གནའ་རྫས་རྟོག་ཞིབ་ཁང་གཉིས་མཉམ་འབྲེལ་གྱི་སྒོ་ནས་ཚ་དཀར་གཙང་པོའི་ལྷོ་འགྲམ་གྱི་བོད་བཙན་པོའི་དུས་ཀྱི་ཐུ་སྐོད་བང་སོ་ཆེ་འབྲིང་4སྔོག་འདོན་བྱས། དེ་ནི་གཏེར་ལམ་ས་ཁུལ་གྱི་ཐུ་སྐོད་བང་སོར་ཐེངས་དང་པོར་ཚན་རིག་དང་མཐུན་པར་རྟོག་ཞིབ་དང་སྔོག་འདོན་བྱས་པ་རེད། བང་སོ་དེ་དག་ལས་གསེར་དངུལ་ཟངས་གསུམ་དང་དེ་དག་གིས་བཟོས་པའི་རྒྱན་ཆ་དང་དར་གོས། ཤིང་ལས་བཟོས་པའི་མི་མགོ་དང་བྱ། སྐྱུ་མི། ཀོ་ཆས། ཤིང་སྨམ་ཆག་དུམ། བོད་ཡིག་བཀོད་པའི་ཤིང་ཁྲམ། རྗོ་རིང་སོགས་མང་དུ་ཐོན་པར་མ་ཟད། བང་སོ་དེ་དག་ཁྲོད་ཀྱི་མི་རུས་གསུམ་ལDNAཞིབ་འཇུག་བྱས་པ་དང་། དར་གོས་ཀྱི་རི་མོ་དང་འཐག་སྟངས། རྫ་ཆས་བཟོ་སྟངས། གནའ་བོའི་བོད་ཡིག་གི་འབྲི་སྟངས་སོགས་ཕྱོགས་མང་པོ་ནས་བརྟགས་ན་དེ་དག་དུར་འཇུག་བྱེད་པའི་དུས་སྐབས་ནི་ཐང་རྒྱལ་རབས་ཀྱི་དུས་དཀྱིལ་ནས་དུས་སྨད་ཙམ་ཡིན་ལ། དུར་བདག་ནི་དེང་རབས་བོད་མིར་གཏོགས་པར་བཤད།[①] ཐེངས་དེར་ཁོ་ཚོས་ཚ་དཀར་གཙང་པོའི་ལྷོ་འགྲམ་གྱི་བང་སོ་ཆེ་འབྲིང་བཞི་དངོས་སུ་སྔོག་འདོན་བྱེད་པའི་དུས་མཚུངས་སུ་དེ་སྔ་རྐུ་སྔོག་བྱས་པའི་བང་སོ་གཞན་པ་ཁག་ཅིག་ཀྱང་གཙང་གཤེར་བྱས་པས། 《མཆིམས་བཟའ་ལྷ་མོའི་བང་སོའི་དཀར་ཆག་རྗོ་རིང་》སོགས་རྗོ་བརྐོས་ཡི་གེ་བཞིའང་རྙེད་བྱུང་།

① 都兰吐蕃墓 [M]. 科学出版社 2005:158.

དང་པོ། རྡོ་རིང་ཞོ་ཤོད།

དེ་ཡང་མཆིམས་བཟའ་ལྷ་མོའི་བང་སོའི་དཀར་ཆག་རྡོ་རིང་ནི་རྡོ་རིང་དེའི་པར་སྐྲུན་མཁན་ཏེ། མཚོ་ནུབ་ཁུལ་རིག་གནས་སྒྱུ་རྩལ་ལྷན་ཚོགས་ཀྱི་ཀྲུའུ་ཞི་ཟུར་པ་བསམ་ཚེ་ལགས་ཀྱིས་བཤད་པ་ལྟར་ན། དེ་སྔ་པེ་ཅིན་སློབ་གྲྭ་ཆེན་མོའི་གནའ་རྫས་རྟོག་ཞིབ་དང་རིག་རྫས་འགྲེམ་སྟོན་གླིང་དང་། མཚོ་སྔོན་ཞིང་ཆེན་རིག་རྫས་དང་གནའ་རྫས་རྟོག་ཞིབ་ཁང་གཉིས་མཉམ་འབྲེལ་སྐོས་ཆུ་དཀར་གཙང་པོའི་ལྟོ་རྒྱུད་ཀྱི་ཐུ་རྡོད་བང་སོ་ཆེ་འབྲིང་བཞི་ལ་ཚན་རིག་དང་མཐུན་པའི་སྔོག་འདོན་བྱེད་པ་དང་། ཞོར་དུ་དེ་སྔ་རྐུ་སྔོག་ཐེབས་པའི་བང་སོ་གཞན་པ་ཁག་ཅིག་ལའང་གཙང་བཤེར་རང་བཞིན་གྱི་སྔོག་འདོན་བྱེད་སྐབས། ཁོང་དང་སྐབས་དེའི་གཏེར་ལམ་རྗོང་སྲིད་ཕྱོགས་ཀྱི་ཀྲུའུ་ཞི་བླུ་མགོན་རྒྱལ་གཉིས་ཀྱིས་འབྲེལ་ཡོད་ཀྱི་ཆེད་ལས་མཁས་པ་དང་ལག་རྩལ་པ་རྣམས་འཛུགས་བྱས་ནས། གཏེར་ལམ་བང་སོ་ཚོགས་ཀྱི་བང་སོ་ཆེ་འབྲིང་ཁག་གི་བཟོ་བཀོད་ལ་རྟོག་ཞིབ་དང་ཐིག་རིས་འགོད་དུ་ཕྱིན་ནས། པེ་ཅིན་སློབ་ཆེན་དང་མཚོ་སྔོན་ཞིང་ཆེན་གནའ་རྫས་རྟོག་ཞིབ་ཁང་གི་རྟོག་ཞིབ་པ་དང་ལས་ཀ་བ་སྔོད་སའི་རས་གུར་མདུན་དུ་མཐོང་ཞིང་པར་དུ་བསྐྲུན་པ་རེད། སྐབས་དེར་གཙང་བཤེར་བྱ་བར་འགན་ཁུར་བའི་ཞིབ་འཇུག་སློབ་མ་ཞིག་གིས་རྡོ་རིང་དེ་ནི་དེ་སྔ་རྐུ་སྔོག་ཐེབས་པའི་བང་སོ་གཙང་བཤེར་བྱེད་སྐབས་རྙེད་པར་བཤད། རྡོ་རིང་དེའི་མགོ་ན་ཆར་ཁེབས་དང་ཧྥག་ཅི་ཡང་མེད་ཅིང་ཞབས་སུ་འབབ་སྙིགས་མེད་ལ། དུས་ཡུན་རིང་པོར་ཉི་མའི་འོད་སྣང་ཕོག་པ་དང་། ཆུ་དང་ཆར་པས་ཐྲན་པ། རླུང་དང་རླུང་ཡན་གཡུགས་པ་སོགས་ཀྱི་རྗེས་ཤུལ་ཡང་མེད་པར་གཞིགས་ན། རྡོ་རིང་དེ་ནི་བཙན་པོ་ཁྲི་ལྡེ་སྲོང་བཙན་གྱི་

བང་སོའི་མདུན་གྱི་རྡོ་རིང་ལྟར་བང་སོའི་ཕྱི་རོལ་དུ་ཡོད་པ་ཞིག་མ་ཡིན་པར། གཏེར་ལམ་བྲུ་སྙོད་བང་སོ་ཨང་གསུམ་པའི་རྡོ་རིང་དང་ལང་ཧྲུ་མཆོད་རྟེན་དཀར་པོ་གསར་དུ་བཙོས་པའི་དཀར་ཆག་རྡོ་རིང་དང་འདྲ་བར་བང་སོའི་ནང་དུ་བཙུག་ཡོད་པ་ཞིག་ཡིན་ལས་ཆེ། རྡོ་རིང་དེ་ནི་ཞེང་ལ་ཐུང་ཞིང་སྲིད་དུ་རིང་བའི་རྡོ་རིང་ནར་མོ་ཞིག་ཡིན་ཞིང་། དེའི་ངོས་སུ་ཡིག་ཕྲེང་3ཙམ་བཀོད་པར་ཐབས་སྣ་ཚོགས་སྦྱད་དེ་ངོས་མང་པོ་ནས་ཞིབ་བལྟ་ཡང་ཡང་བྱས་ཀྱང་། ཡིག་འབྲུ་འགའ་ཞིག་དེ་འདྲ་མི་གསལ་བས་ཆ་ཚང་ཞིང་ཡང་དག་པ་ཞིག་བཀྲུ་ཐབས་བྲལ། གསལ་པོར་ངེས་ཐུབ་པ་ནི་འདི་ལྟར།

མཆིམ་བཟའ་ལྷ་མོའི་བང་སོའི་རྡོ་རིང་།

1 ཕྲནམཆམསཟླམོ(ཤགསསྒྲོནགཟ?)□□□

2 མསུ(ལསུ)། །ཡངདགགནསུདགོངབའིཕྱིར།

3 མཆོདརྟེནདམཔམཆོགབརྩིགས། ཞེས་འཁོད་ཡོད།

དེའི་དོན་གོ་བདེ་བར་བཀྲལ་ན། ཕྲན་གྱིས་མཆིམས་བཟའ་ལྷ་མོ□□□□

□□མསྲུ། །ཡང་དག་པའི་གནས་སུ་དགོངས་པའི་ཕྱིར་མཆོད་རྟེན་དམ་པ་མཆོག་བརྩིགས་ཞེས་པའི་དོན་ཡིན་པར་འདོད།

གཉིས་པ། “ཕྲན་མཆིམས་ཟ་ལྷ་མོ”ཞེས་པར་དཔྱད་པ།

དེ་ཡང“ཕྲན”ཞེས་པ་ནི་རང་གིས་རང་ལ་ཁེངས་སྐྱུངས་བྱེད་པའི་ཚབ་མིང་ཡིན་པས། བསླུགས་མ་ཐག“མཆིམས་ཟ་ལྷ་མོ”རང་ལ་གོ་མོད། ཞིབ་ཏུ་བསམས་ན་དེ་མ་ཡིན་པར“མཆིམས་ཟ་ལྷ་མོར”མཆོད་རྟེན་དམ་པ་མཆོག་རྩིག་མཁན་གྱི་གང་ཟག་དེར་གོ་དགོས་པ་ཡིན། རྒྱུ་མཚན་ནི་རིགས་རུས་ཀྱི་མིང་གི་རྗེས་སུ“ཟའམ་བཟའ”སྦྱར་ཚེ་རིགས་རུས་གང་གི་བུ་མོ་སུ་ཞིག་རྒྱལ་པོའམ་བློན་པོ་གང་རུང་གིས་ཁབ་ཏུ་བཞེས་པའི་བཙུན་མོར་གོ་བས་རང་གིས་རང་ལ“ཟ”འམ“བཟའ”ཞེས་འབོད་སྲོལ་མེད་པས་སོ། །དེས་ན་མཆིམས་བཟའ་ལྷ་མོ་ཞེས་པ་དེ་རྗེ་རྒྱལ་པོའམ་བློན་པོ་གང་རུང་ཞིག་གི་བཙུན་མོ་ཡིན་ན། དེར་མཆོད་རྟེན་དམ་པ་མཆོག་རྩིག་མཁན་དེའང་འབངས་མི་དཀྱུས་མ་ཞིག་མ་ཡིན་པར། བཙན་པོ་སྲིད་གཞུང་གི་འཕྲུས་ཚབ་རུང་བའི་བློན་པོའམ་དམག་དཔོན་དང་། རྒྱལ་ཕྲན་གྱི་རྗེ་བོ་གང་རུང་ཞིག་ཡིན་པ་གདོན་མི་ཟ།

འཆིམས་སམ་མཆིམས་ཞེས་པའི་ཐོག་མའི་དོན་ཡང་གསལ་པོར་རྟོགས་དཀའ་མོད། ཏུན་ཧོང་ཡིག་རྙིང་ཁྲོད་ཀྱི་ཡིག་ཆ་P. T. 1286སྟེ《རྒྱལ་ཕྲན་རིམ་བྱུང་གི་མིང་》ལས། “ཡུལ་མཆིམས་ཡུལ་གྱི་དགུའ་ཡུལ་ནའ། རྗེ་མཆིམས་རྗེ་འི་ནེ་འུ།” ཞེས་པ་དང་། “རྒྱལ་དགུའ་སྔོ་བཙུ། བློན་དགུ་མཆིམས་བཙུ”ཞེས་པ་སྟེ། སྤུ་རྒྱལ་བཙན་པོའི་སྔོན་དུ་རྒྱལ་ཕྲན་སིལ་མ་མང་པོར་གྱེས་པའི་ཡ་གྱལ་དུ་རུས་མཆིམས་ཅན་གྱི་ཚོ་ཁག་ལས་གྲུབ་པའི་རྒྱལ་ཕྲན་ཞིག་དང་། རུས་མཆིམས་ཅན་གྱི་རྗེ་བོ་དང་བློན་པོ་ཡོད་པར་བསྟན་ལ། རྒྱལ་རབས་ཆོས་འབྱུང་རྣམས་སུ་བཙན་

པོའི་རྒྱལ་རབས་ཉེར་དགུ་པ་འབྲོ་སྣན་ལྡེ་རུས་དྲགས་པོའི་ཡུལ་གྱི་མཆིམས་བཟའ་ཀླུ་རྒྱལ་མཚོ་མོ་ཞེས་པ་ཁབ་ཏུ་བཞེས་པ་[1]དང་། རྒྱལ་རབས་སོ་ལྔ་པ་འདུས་སྲོང་མང་པོ་རྗེས་མཆིམས་བཟའ་བཙུན་མོ་ཏོག་ཅེས་པ་ཁབ་ཏུ་བཞེས་པ།[2] རྒྱལ་རབས་སོ་བདུན་པ་ཁྲི་སྲོང་ལྡེའུ་བཙན་གྱིས་མཆིམས་བཟའ་ལྷ་མོ་བཙན་ཞེས་པ་ཁབ་ཏུ་བཞེས་པ།[3] རྒྱལ་རབས་སོ་བརྒྱད་པ་ཁྲི་ལྡེ་སྲོང་བཙན་གྱིས་མཆིམས་རྒྱལ་བཟའ་ལེགས་མོ་བརྩན་ཞེས་པ་ཁབ་ཏུ་བཞེས་པ།[4] རྒྱལ་རབས་སོ་དགུ་པ་ཁྲི་རལ་པ་ཅན་གྱིས་འཆིམས་བཟའ་ཁྱུང་རྒྱལ་མ་ཁབ་ཏུ་བཞེས་པ།[5] རྒྱལ་པོ་སྲོང་བཙན་པོའི་རིང་ལ་འཆིམས་རྒྱལ་གཟིགས་ཤུད་ཏིང་གིས་ཏུ་དཔོན་མཛད་པ་དང་།[6] རྒྱལ་པོ་མང་སྲོང་མང་བཙན་གྱི་རིང་ལ་འཆིམས་མང་བཞེར་ངན་པོས་བློན་པོ་མཛད་པ།[7] རྒྱལ་པོ་ཁྲི་སྲོང་ལྡེའུ་བཙན་གྱི་རིང་ལ་ཞང་མཆིམས་རྒྱལ་ཟིགས་ཤུ་ཐེང་གིས་དམག་དཔོན་ཆེན་པོ་མཛད་པ།[8] རྒྱལ་པོ་ཁྲི་ལྡེ་སྲོང་བཙན་གྱི་རིང་ལ་མཆིམས་རྒྱལ་བཙན་ལེགས་གཟིགས་དང་མཆིམས་རྒྱལ་ལྷ་ལོད་ཀྱིས་ཆབ་སྲིད་ཀྱི་བློན་ཆེན་མཛད་པ།[9] རྒྱལ་པོ་ཁྲི་རལ་པ་ཅན་གྱི་རིང་ལ་མཆིམས་ཞང་རྒྱལ་བཞེར་ཁོད་ནེ་བཙན་གྱིས་ནང་བློན་མཛད་པར་[10]བཀོད་ཡོད་པར་བརྟགས་ན། "མཆིམས"ཟེར་བ་ནི་སྤུ་རྒྱལ་བཙན་པོའི་སྔོན་གྱི་རྒྱལ་ཕྲན་སིལ་མའི་སྐབས་ནས་ཡོད་ཅིང་སྤུ་རྒྱལ་

① མཁས་པ་ལྡེའུས་མཛད་པའི་རྒྱ་བོད་ཀྱི་ཆོས་འབྱུང་རྒྱས་པ། [M]. བོད་ལྗོངས་དཔེ་རྙིང་དཔེ་སྐྲུན་ཁང་། 1987:250.

② རྒྱལ་རབས་གསལ་བའི་མེ་ལོང་། [M]. མི་རིགས་དཔེ་སྐྲུན་ཁང་། 1981:195.

③ གོང་དང་མཚུངས། 206.

④ ཆོས་འབྱུང་མཁས་པའི་དགའ་སྟོན། [M]. མི་རིགས་དཔེ་སྐྲུན་ཁང་། 2006:216, 216.

⑤ ཆོས་འབྱུང་མེ་ཏོག་སྙིང་པོ་སྦྲང་རྩིའི་བཅུད། [M]. བོད་ལྗོངས་དཔེ་རྙིང་དཔེ་སྐྲུན་ཁང་། 1988:417.

⑥ མཁས་པ་ལྡེའུས་མཛད་པའི་རྒྱ་བོད་ཀྱི་ཆོས་འབྱུང་རྒྱས་པ། [M]. བོད་ལྗོངས་དཔེ་རྙིང་དཔེ་སྐྲུན་ཁང་། 1987:261

⑦ གོང་དང་མཚུངས། 299.

⑧ བོད་ཀྱི་རྗེ་རིང་ཡི་གེ་དང་དྲིས་བུའི་ཁ་བྱང་། [M].མི་རིགས་དཔེ་སྐྲུན་ཁང་། 1984: 67.

⑨ ཆོས་འབྱུང་མཁས་པའི་དགའ་སྟོན། [M]. མི་རིགས་དཔེ་སྐྲུན་ཁང་། 2006:216

⑩ བོད་ཀྱི་རྗེ་རིང་ཡི་གེ་དང་དྲིས་བུའི་ཁ་བྱང་། [M].མི་རིགས་དཔེ་སྐྲུན་ཁང་། 1984: 35.

བཙན་པོའི་དུས་སུ་རྒྱལ་པོའི་བཙུན་མོ་དང་བློན་པོ་མང་དུ་འབྱུངས་པའི་གནའ་བོའི་རུས་ཤིག་ཡིན་ལ། རུས་དེ་དུས་རབས་བཅུ་བཞི་པའི་བར་དུ་ད་དུང་མ་ཉམས་པར་གནས་ཡོད་པ་སྐབས་དེར་དཔལ་སྣར་ཐང་དགོན་པའི་གདན་རབས་བཅུ་གཉིས་པར་མཆིམས་བློ་བཟང་གྲགས་པ་ཞེས་པ་ཞིག་བྱོན་པ་ལས་ངེས་ཐུབ།

“ཟ”ཞེས་པ་ཡང་ཏུན་ཧོང་ཡིག་རྙིང་ཁྲོད་ཀྱི་ཡིག་ཆ་P. T. 1286སྟེ། 《རྒྱལ་རབས་རིམ་བྱུང་གི་མིང་》བྱ་བ་ལས། “འབྲོ་གཉན་ལྡེ་རུ་དང་མཆིམས་ཟ་ཀླུ་རྒྱལ་ངན་མོ་མཚོར་བཤོས་པའི་སྲས། སྟག་བུ་སྙ་གཟིགས། འདུས་སྲོང་མང་པོ་རྗེ་དང་། མཆིམས་ཟ་བཙན་མ་ཐོག །ཐོག་སྟེང་དུ་བཤོས་པ་འི་སྲས། ཁྲི་ལྡེ་བཙུག་བརྟན། ཁྲི་ལྡེ་གཙུག་བརྟན་དང་། སྣ་ནམ་ཟའ་མང་པོ་རྗེ་བཞི་སྟེང་དུ་བཤོས་པ་འི་སྲས། ཁྲི་སྲོང་ལྡེ་བརྟན། ཁྲི་སྲོང་ལྡེ་བརྟན་དང་། ཚེས་པོང་ཟ་རྨ་རྒྱལ་ལྡོང་སྐར་དུ་བཤོས་པ་འི་སྲས། མུ་ནེ་བརྟན”ཞེས“མཆིམས་ཟ”དང“སྣ་ནམ་ཟ” “ཚེས་པོང་ཟ”ཞེས་བཀོད་ལ། 《གཏམ་ཤུལ་དགའ་ཐང་འབུམ་པ་ཆེ་ནས་གསར་རྙེད་བྱུང་བའི་བོན་གྱི་གནའ་དཔེ་བདམས་བསྒྲིགས》ཁྲོད་ཀྱི《རྙེལ་དྲི་འདུལ་བའི་ཐབས》བྱ་བར་ཡང“འགོས་ཟ་ཕྱུམ་འདར་མ”དང་། “མཆིམས་ཟ་ཕྱི་རིབ་མ” “རྒྱ་ཟ་ཤངས་དཀར” “རྨུ་ཟ་ཁྲི་ཙུན་སྨན”ཞེས་ཟ་ཡིག་རྐྱང་པ་བྲིས་པས་བཙན་པོའི་དུས་སུ་བཟའ་ལ་ཟ་ཞེས་འབྲི་བ་ངེས་ཐུབ།

དེས་ན་རུས་མཆིམས་ཅན་གྱི་བུད་མེད་དེ་བོད་ཀྱི་ལོ་རྒྱུས་མི་སྣ་གང་ལ་ངོས་འཛིན་ཞེ་ན། དེ་འཚོ་བའི་དུས་སུ“མཆིམས་བཟའ”ཞེས་པའི་མིང་གིས་འབོད་པ་དང་། འདས་པའི་དུས་ན་བང་སོ་བརྩིགས་ཤིང་བང་སོའི་དཀར་ཆག་རྡོ་རིང་དུ་བཀོད་པ་ལས་དེ་ཉིད་སྤྱིར་བཏང་གི་བུད་མེད་ཅིག་མིན་པར་རྗེ་དང་རྒྱལ་པོ་གང་རུང་ཞིག་གི་བཙུན་མོ་ཡིན་པར་འདོད། དེ་ཡང《སྦ་བཞེད་ཞབས་བཏགས་མ》[1]དང《རྒྱལ་

① སྦ་བཞེད་ཕྱོགས་བསྒྲིགས། [M]. མི་རིགས་དཔེ་སྐྲུན་ཁང་། 2009:1, 40.

རབས་གསལ་བའི་མེ་ལོང》《ཆོས་འབྱུང་མཁས་པའི་དགའ་སྟོན》སོགས་རྒྱལ་རབས་ཆོས་འབྱུང་མང་པོ་ལས་རྒྱལ་པོ་ཁྲི་སྲོང་ལྡེའུ་བཙན་གྱིས་བཙུན་མོ་ཆེ་ཆུང་ལྔ་ཁབ་ཏུ་བཞེས་པ་ལས"མཆིམས་བཟའ་ལྷ་མོ་བཙན"ཞེས་པ་ཞིག་ཡོད་པ་དེ་ཡིན་ནམ་སྙམ། རྒྱུ་མཚན་ནི། རྒྱལ་རབས་ཆོས་འབྱུང་རྣམས་སུ་འཁོད་པའི་བཙན་པོ་ཁྲི་སྲོང་ལྡེའུ་བཙན་གྱི་བཙུན་མོའི་མིང་དང་གཉེར་ལམ་བང་སོ་ནས་ཐོན་པའི་རྡོ་རིང་ངོས་སུ་འཁོད་པའི་བཙུན་མོའི་མིང་གཉིས་ཀུན་ནས་མཚུངས་པ་ལས་གཞན། 《མཁས་པ་ལྡེའུས་མཛད་པའི་རྒྱ་བོད་ཀྱི་ཆོས་འབྱུང་རྒྱས་པ》སོགས་སུ་བང་སོ་འཕྱོངས་རྒྱས་ས་ཁུལ་དུ་བརྩིགས་པའི་བཙུན་མོའི་མིང་བཀྲངས་པ་ལས་མཆིམས་བཟའ་ལྷ་མོ་ཞེས་པའི་མིང་མེད་པ་དང་། "མཆིམས་ཟ"ཞེས་པའི་འབྲི་སྟངས་དེ་བཙན་པོ་ཁྲི་སྲོང་ལྡེའུ་བཙན་སྐུ་གྲོངས་པའི་ལོ་བདུན་པ་དང་ཁྲི་ལྡེ་སྲོང་བཙན་གྱིས་ཆབ་སྲིད་བཞེས་པའི་ལོ་བཞི་པ་སྟེ། སྤྱི་ལོ་804ལ་བཞེངས་པའི《བྲག་གཡབ་རི་མདའ་ལྡན་མའི་བྲག་བརྐོས་ཡི་གེ》ལས། "ཇོ་མོ་མཆིམས་ཟ་ལེགས་མོ་བརྩན་ལ་སྩོགས་པ"ཞེས་པའི་འབྲི་སྟངས་དང་གཅིག་འདྲ་ཡིན་ལ། ཡིག་འབྲུའི་བར་མཚམས་འབྱེད་བྱེད་ཀྱི་ཚེག་མེད་པའང་བཙན་པོ་ཁྲི་སྲོང་ལྡེའུ་བཙན་གྱི་སྲས་ཁྲི་ལྡེ་སྲོང་བཙན་གྱིས་ཆབ་སྲིད་བཞེས་པའི་ལོ་དྲུག་པ་སྟེ། སྤྱི་ལོ་806པར་བརྐོ་བཞེངས་བྱས་པའི་ཡུལ་ཤུལ་འབིས་མདོའི《སྐུ་རྟེན་བརྐོ་བཞེངས་ཀྱི་དཀར་ཆག》རྡོ་བརྐོས་མ་དང་། 《བཟང་པོའི་སྤྱོད་པའི་སྨོན་ལམ》བྲག་བརྐོས་མ་དང་ཡོངས་སུ་མཚུངས་ཤིང་། ཕྲན་ལ་ཕྲན་འབྲི་བའང་བཙན་པོ་ཁྲི་སྲོང་ལྡེའུ་བཙན་གྱི་དུས་སུ་བཞེངས་པའི་བསམ་ཡས་གཙུག་ལག་ཁང་གི་རྡོ་རིང་དང་། ཞོལ་རྡོ་རིང་ངོས་སུ་དཔང་ལ་དཔང་དང་། རྒྱལ་པོ་ལ་རྒྱལ་ཕོ། ཆེན་པོ་ལ་ཆེན་ཕོ་བཅས་འབྲི་བ་སྟེ། པ་ཕ་གཉིས་བརྗོད་པར་གང་བདེ་འབྲི་བ་ཀུན་ནས་འདྲ་བའི་རྐྱེན་གྱིས་སོ། །

གསུམ་པ། "མཆོད་རྟེན་དམ་པ་མཆོག་བརྩིགས"ཞེས་པར་དཔྱད་པ།

མཆོད་རྟེན་ལ་སྐུ་རུས་སམ་ཕུར་ཐལ་མེད་པ་དང་ཡོད་པ་གཉིས་ལས་སྐབས་འདིའི་མཆོད་རྟེན་ནི་སྐུ་རུས་ཕུར་ཐལ་ཡོད་པའི་བང་སོ་ལྟ་བུ་སྟེ་གདུང་རྟེན་ལ་གོ་བ་སྟེ། 《མཁས་པ་ལྡེའུས་མཛད་པའི་རྒྱ་བོད་ཀྱི་ཆོས་འབྱུང་རྒྱས་པ》ལས། "བང་སོའི་སྐྱིན་པར་མཆོད་རྟེན་བརྩིགས་པ་ལ། འབྲོ་བཟའ་ཁྲི་རྒྱལ་མང་པོ་རྗེ་ཐར་པ་ལ་གཤེགས་པའི་མཚན། རྗེ་མོ་བྱང་ཆུབ་རྗེ། གཡི་ཕུར་མཆོད་རྟེན་བརྩིགས། ཅོག་རོ་བཟའ་དཔལ་གྱི་ངང་བཙུན་མ། འཆིམས་བཟའ་རིན་ཆེན་རྒྱལ་མ་གཙུག ཚེ་སྤོང་བཟའ་ལྷུན་གྱི་ལྷ་མོ། ལྷ་ལུང་བཟའ་དཔལ་རབ་འབྲིན་རྗེ། རྣམས་ཀྱང་མཆོད་རྟེན་བརྩིགས།" ཞེས་བཙན་པོའི་རྒྱལ་རབས་སྐབས་སུ་བཙུན་མོ་ཁག་ཅིག་གི་བང་སོ་དེ་མཆོད་རྟེན་དུ་བརྩིགས་པར་བཀོད་ལ། དོན་དངོས་སུའང་དེ་འདྲ་ཡིན་པ་བོད་ལྗོངས་ཀྱི་ལྷ་རྩེའི་ཁྲོམ་ཆེན་བང་སོའི་ཚོགས་ལས་མཆོད་རྟེན་གྱི་དབྱིབས་ཅན་གྱི་ས་འབུར་བང་སོ་3ཡོད་པ་དང་།[①] སྣང་རྫོང་སློབས་རིའི་བང་སོའི་ཚོགས་ཀྱི་ནུབ་གླིང་དུ་མཆོད་རྟེན་དབྱིབས་ཅན་གྱི་བང་སོ་2ཡོད་པ།[②] ལྷོ་ཁ་གྲྭ་ནང་རྫོང་གསེར་ཁྲུང་གྲོང་གི་བང་སོའི་ཚོགས་ལས་མཆོད་རྟེན་དབྱིབས་ཅན་གྱི་བང་སོ་1ཡོད་པ།[③] ས་སྐྱ་སྐྱིད་ལུང་མདོའི་བང་སོའི་ཚོགས་ལས་དུར་འབུར་གྱི་ཞབ་ངོས་སྐས་དབྱིབས་ཡིན་པ་དང་མདུན་ངོས་མཆོད་རྟེན་གྱི་དབྱིབས་སུ་བརྩིགས་པ་མང་དུ་ཡོད་ལ།[④] ས་སྐྱ་དཔྱིད་འབེབ་རིའི་བང་སོའི་ཚོགས་ལས་ཀྱང་དུར་འབུར་གྱི་ཞབ་ངོས་སྐས་དབྱིབས་

① སྤུ་རྒྱལ་དུས་ཀྱི་བང་སོའི་ཞིབ་འཇུག་ལས་འཛོས་པའི་གཏམ། [M].བོད་ལྗོངས་མི་དམངས་དཔེ་སྐྲུན་ཁང་། 2013:3

② གོང་དང་མཚུངས། 87.

③ གོང་དང་མཚུངས། 76.

④ གོང་དང་མཚུངས། 100.

ཡིན་པ་དང་མདུན་ངོས་མཆོད་རྟེན་གྱི་དབྱིབས་སུ་བརྩིགས་པ་2ཡོད་པ་[①] བཅས་ཀྱིས་ར་སྤྲོད་བྱེད་ཐུབ།

མཆོད་རྟེན་དབྱིབས་ཅན་གྱི་བང་སོ།

འོ་ན་བང་སོ་མཆོད་རྟེན་གྱི་དབྱིབས་སུ་བརྩིགས་པའི་རྒྱུ་མཚན་ཅི་ཞེ་ན། དེ་ནི་ནང་བསྟན་རིག་གནས་ཀྱི་ཤན་ཤུགས་ཏེ། སྟོན་པ་ཤཱཀྱ་ཐུབ་པ་རྩ་མཆོག་གྲོང་དུ་སྐུ་མྱ་ངན་ལས་འདས་རྗེས། དེའི་རྗེས་དྲན་གྱི་ཆེད་དུ་རྒྱལ་པོ་མ་སྐྱེས་དགྲས་མ་ག་དྷའི་ཡུལ་དང་། ས་ལུའི་ཡུལ། རྩ་མཆོག་གྲོང་གི་ཡུལ། ཡངས་པ་ཅན། ཙན་ཙ་ཀ་ལྷ། པི་ཥྚ་དྲི་བ། སེར་སྐྱ། རྒྱལ་པོའི་ཁབ་བཅས་ཡུལ་ཆེན་པོ་བརྒྱད་དུ་རིང་བསྲེལ་གྱི་མཆོད་རྟེན་བརྒྱད་བཞེངས་པ་དང་། དེའི་རྗེས་སུ་རིམ་བཞིན་ནང་བསྟན་བོད་ལ་དར་བ་དང་མཉམ་དུ་རིང་བསྲེལ་མཆོད་རྟེན་བཞེང་བའི་སྲོལ་དེའང་བོད་ལ་ཁྱབ་པར་གྱུར་པ་རྒྱལ་པོ་ཁྲི་སྲོང་ལྡེའུ་བཙན་གྱི་རིང་ལ་བསམ་ཡས་གཙུག་ལག་

① སྤུ་རྒྱལ་དུས་ཀྱི་བང་སོའི་ཞིབ་འཇུག་ལས་འགྲོས་པའི་གཏམ། [M].བོད་ལྗོངས་མི་དམངས་དཔེ་སྐྲུན་ཁང་། 2013:107, 110

ཁང་བཞེངས་ཤིང་དེའི་མཐའ་སྐོར་དུ་མཆོད་རྟེན་དཀར་དམར་ནག་ལྗང་བཞི་བཞེངས་པ་དང་། ཤར་ལྷོའི་མཆོད་རྟེན་དཀར་པོའི་གཟུངས་བཞུགས་སུ་རྒྱ་གར་མ་ག་དྷའི་རྒྱལ་པོའི་ཁབ་ཀྱི་མཆོད་རྟེན་དུ་དེ་བཞིན་གཤེགས་པའི་སྐུ་གདུང་རིང་བསྲེལ་བྲེ་དྲུག་ཙམ་བཞུགས་པ་སྤྱན་དྲངས་ནས་ཕུལ་བ་ལས་མངོན་པར་གསལ་ལ། ཟ་ཧོར་རྒྱལ་པོའི་སྲས་མཁན་ཆེན་བོ་དྷི་ས་ཏྭ་སྐུ་གཤེགས་རྗེས་བསམ་ཡས་ཧས་པོ་རིའི་རྒྱབ་ཏུ་སྐུ་གདུང་ནང་བཞུགས་ཀྱི་མཆོད་རྟེན་བཞེངས་པ་ནི་བོད་དུ་སངས་རྒྱས་བཅོམ་ལྡན་འདས་ཀྱི་རྗེས་འཇུག་པ་བཙུན་པ་རབ་བྱུང་བའི་སྐུ་གདུང་མཆོད་རྟེན་བཞེངས་པ་ཐོག་གྲས་ཡིན་ལས་ཆེ། གང་ལྟར་དེ་དང་དེའི་ཤན་ཤུགས་ཀྱིས་བོད་ཀྱི་བླ་མ་སྤྲུལ་སྐུ་དང་མཁས་གྲུབ་དམ་པ་རྣམས་སྐུ་གྲོངས་ནའང་སྐུ་གདུང་དང་གདུང་ཐལ། སྐུ་གདུང་རིང་བསྲེལ་སོགས་ནང་བཞུགས་ཀྱི་སྐུ་གདུང་མཆོད་རྟེན་བརྩིགས་པའི་སྲོལ་དར་ཞིང་ད་ལྟའི་བར་རྒྱུན་མ་ཉམས་པར་བསྐྱངས་འོངས་པ་ཆོས་ལུགས་གྲུབ་མཐའ་སོ་སོའི་དགོན་སྡེ་ཁག་ཏུ་མིག་ཐོག་ལག་ཟིན་དུ་ཡོད་པ་ལྟར་རོ། །དེས་ན་བཙན་པོའི་བཙུན་མོ་ཞིག་གི་བང་སོའང་མཆོད་རྟེན་གྱི་དབྱིབས་སུ་བརྩིགས་པའི་རྒྱུ་མཚན་ཡང《སྦ་བཞེད་ཞབས་བཏགས་མ》[①]དང་། 《སྦ་གསལ་སྣང་གི་བཞེད་པ》[②] 《ཆོས་འབྱུང་གི་ཡི་གེ་ཞིབ་མོ》[③] 《ཆོས་འབྱུང་མཁས་པའི་དགའ་སྟོན》སོགས་ལས་མགྲིན་གཅིག་ཏུ་རྒྱལ་པོ་ཁྲི་སྲོང་ལྡེའུ་བཙན་གྱིས"བཙུན་མོ་ལྷ་ཁབ་ཏུ་བཞེས་པ་ལ་མཆིམས་བཟའ་ལྷ་མོ་བཙན་དང་། མཁར་ཆེན་བཟའ་མཚོ་རྒྱལ་གཉིས་སྐྱབ་པ་མཛད་པས་ཕྲུག་རིས་མེད།" ཅེས་བཀོད་པ་ལྟར་ན། མཆིམས་བཟའ་ལྷ་མོ་དང་མཁར་ཆེན་བཟའ་མཚོ་རྒྱལ(མཁའ་འགྲོ་ཡེ་ཤེས་མཚོ་རྒྱལ)གཉིས་ཀྱིས་བཙན་པོ་ཁྲི་སྲོང་ལྡེའུ་བཙན་ལ་

① སྦ་བཞེད་ཕྱོགས་བསྒྲིགས། [M]. མི་རིགས་དཔེ་སྐྲུན་ཁང་། 2009:8, 40.

② གོང་དང་མཚུངས། 8, 131.

③ གོང་དང་མཚུངས། 8, 198.

སྐུ་གཡོག་བསྐྱབས་ནས་བུ་སྲིད་མ་བཟུང་ལ། རྒྱལ་པོའི་སྲིད་ལ་ཞུགས་ནས་འཕྲིན་ལས་ཀྱང་མ་མཛད་པར་གསང་སྔགས་ཀྱི་ལམ་ལ་བརྟེན་ནས་ཐུན་མོང་གི་དངོས་གྲུབ་ཐོབ་པའམ་ཚེ་གཅིག་ལུས་གཅིག་ལ་སངས་རྒྱས་པ་སྟེ་མཆོག་གི་དངོས་གྲུབ་ཐོབ་པར་སྒྲུབ་པ་ཏུར་མཛད་པ་རེད། དེའི་རྐྱེན་གྱིས་དེ་གཉིས་སྐུ་གཤེགས་པའི་ཚེ་ནའང《ས་དཔྱད་ཕྱོགས་བསྒྲིགས》ཁྲོད་ཀྱི《བཻཌཱུརྱ་དཀར་པོའི་དོ་ཤལ་ལས་བྱུང་བའི་ས་དཔྱད》ལས། "ཆོས་དུར་མཆོད་རྟེན་འདྲ་བ་ལ་གདབ། །"ཅེས་པ་དང་། 《མཁའ་འགྲོ་ཡེ་ཤེས་མཚོ་རྒྱལ་གྱི་རྣམ་ཐར》[1]ལས། མཁའ་འགྲོ་ཡེ་ཤེས་མཚོ་རྒྱལ་དེ"ནམ་ལངས་པ་དང་སྐུ་དྲུངས་པོར་བསྲུང་ནས་མྱུ་ངན་ལས་འདས་པས༔ སྤུར་ལ་རིང་སྲེལ་གྱི་ཕུང་པོར་གྱུར་པས༔ བོད་ཆོས་སྐྱོང་རྒྱལ་པོས་གདན་དྲངས་ནས་འབུམ་པ(མཆོད་རྟེན)ཏུ་བཞུགས།" ཞེས་པ་ལྟར་བང་སོ་མཆོད་རྟེན་གྱི་དབྱིབས་སུ་བརྩིགས་པར་སྙམ་མོ། །

བཞི་པ། "ཡང་དག་གནས་སུ་དགོངས་པའི་ཕྱིར"ཞེས་པར་དཔྱད་པ།

གོང་དུ་གླེང་བ་ནང་བཞིན"མཆོད་རྟེན་དམ་པ་མཆོག་བརྩིགས"ཞེས་པ་དེ་མཆོད་རྟེན་གྱི་དབྱིབས་སུ་བརྩིགས་པའི་བང་སོར་གོ་བ་ཡིན་ན། "ཡང་དག་གནས་སུ་དགོངས་པའི་ཕྱིར"ཞེས་པའི"ཡང་དག་གནས"ནི་བང་སོ་བརྩིག་སའི་གནས་ཀྱི་ས་དཔྱད་ལེགས་པོར་བསྟན་པ་གོར་མ་ཆག ས་དཔྱད་ལེགས་ཉེས་ལ་བརྟག་པའི་རིག་གནས་འདི་རང་རེ་བོད་ལ་བཙན་པོའི་རྒྱལ་རབས་དུས་ནས་ཕུན་སུམ་ཚོགས་པོ་ཞིག་ཡོད་པར་མ་ཟད། དུས་རྒྱུན་གྱི་སྤྱི་ཚོགས་འཚོ་བའི་ཁྲོད་དུ་དགོན་སྡེ་འདེབས་པ་དང་ཁང་གཞིས་གསར་དུ་སྐྲུན་པ། ས་རྐོད་ཞིང་དུ་རྔོ་བ། སྐོས་སུ་

① ཐ་བཞེད་ཕྱོགས་བསྒྲིགས། [M]. སི་ཁྲོན་མི་རིགས་དཔེ་སྐྲུན་ཁང་། 1989:251.

གཉིན་པོར་བང་སོ་རྩིག་དུས་ས་དཔྱད་ལེགས་མིན་ལ་ཧ་ཅང་དོ་སྣང་བྱེད་བཞིན་ཡོད། 《རི་ཆོས་མཚམས་ཀྱི་ཞལ་གདམས་ལས་ས་དཔྱད་རིན་ཆེན་ཀུན་འདུས》བྱ་བ་ལས།[1] "སྲོག་དང་བླ་དང་རྣམ་ཤེས་གསུམ། །སྲོག་ནི་གཤེད་མ་འདྲེ་ཡིས་བཅད། །རྣམ་ཤེས་ལས་ཀྱི་རྗེས་སུ་འབྲང་། །བླ་དེས་ཚེ་འདས་གཟུགས་བཟུང་ནས། །དུར་ས་དེ་ལ་གནས་པ་ཡིན། །དུར་ས་ལེགས་ན་བླ་དེ་དར། །གསོན་པོ་རྣམས་ལ་མགོན་སྐྱབས་ནས། །ཕ་མྱེས་བླ་ཡིས་བསྲུང་ཞེས་བྱ། །དུར་ས་ངན་ན་བླ་དེ་རྒུད། །གསོན་པོ་རྣམས་ལ་སྐྱབས་འཚོལ་བས། །མི་ཕྱུགས་ན་ཚ་གོད་ཁ་འབྱུང་། །དེ་ཕྱིར་དུར་ས་གལ་ཆེ་སྟེ། །"ཞེས་དུར་ས་ལེགས་ཉེས་ཀྱི་དགེ་སྐྱོན་རྒྱུ་མཚན་དང་བཅས་པ་བརྗོད་པའི་སྒོ་ནས་དུར་ས་བཟང་པོའི་གལ་ཆེན་རང་བཞིན་བསྟན་ཅིང་། དུར་གྱི་ས་དཔྱད་ལེགས་པའི་ཚད་གཞིའང་འདི་ལྟར་བསྟན་ཡོད། 《ས་དཔྱད་ཚིག་དོན་ཀུན་གསལ་འདོད་དགུ་འབྱུང་བའི་རིན་ཆེན་བུམ་བཟང》ལས།[2] "དུར་སར་ཆུ་དཀར་རྫོལ་བ་ན། །གཙོ་བོ་དབང་ཐང་བུ་ཚར་བཟང་། །གཉེན་མཐའ་བཟང་པོ་རྙེད་པ་ཡིན། །མགོ་མང་བརྫོལ་བ་བརྒྱ་སྟོང་འཕེལ། །བྲག་ལས་ཆུ་འབབ་མི་འབྲུ་རྟ། །སྟེ་ནས་བརྫོལ་ན་བུ་སྲིང་དང་། །ཕ་མ་འཚོ་ལ་གཡས་བརྫོལ་ན། །ཕོ་རྒྱུད་གཡོན་བརྫོལ་མོ་རྒྱུད་འཕེལ། །དབུས་ནས་བརྫོལ་ན་འབྲིང་རྒྱུད་འཕེལ། །དེ་རྣམས་གཙང་པོར་འདྲིས་ན་བཟང་། །ཤར་ནས་ཆུ་འབབ་འཛངས་ཆུ་ཡིན། །སྟེ་ནས་གཡའ་ཆུ་ནུབ་འབབ་བཟང་། །དལ་ཞིང་ཉལ་བའི་ཆུ་བོ་བཟང་། །ཁང་ས་དུར་སར་ཆུ་འབབ་ན། །མི་རབས་བདུན་དུ་བརྟན་པས་བཟང་། །ཤར་ནས་ནུབ་ཏུ་ཆུ་འབབ་ན། །དངོས་གྲུབ་འབྱུང་བའི་ཆུ་ཡིན་བཟང་། །"ཞེས་དུར་སར་ཆུ་མིག་དཀར་པོ་བརྫོལ་ན་བཙན་པོ་སོགས་གཙོ་བོ་རྣམས་ཀྱིས་དབང་ཐང་ཐུབ་ཅིང་བུ་

① ས་དཔྱད་ཕྱོགས་བསྒྲིགས། [M]. ཀན་སུའུ་མི་རིགས་དཔེ་སྐྲུན་ཁང་། 1991:59.

② གོང་དང་མཚུངས། 231.

རབས་ཚ་རྒྱུད་ལ་བཟང་ཞིང་གཉེན་མཐའ་བཟང་པོ་རྙེད་པ་དང་། ཆུ་མགོ་མང་དུ་བཪྫོལ་བ་ན་མི་ནོར་མང་དུ་འཕེལ་བ། ཐག་ལས་ཆུ་འབབ་ན་མི་འབྲུ་རྟ་གསུམ་འཕེལ་བ། ལྷོ་ནས་ཆུ་བཪྫོལ་ན་བུ་སྲིང་དང་ཕ་མ་འཚོ་བ། གཡས་ནས་ཆུ་བཪྫོལ་ན་ཕོ་རྒྱུད་འཕེལ་བ། གཡོན་ནས་ཆུ་བཪྫོལ་ན་ནུ་བོའི་རྒྱུད་འཕེལ་བ། དབུས་ནས་ཆུ་བཪྫོལ་ན་འབྲིང་རྒྱུད་འཕེལ་བ། ཆུ་དེ་རྣམས་གཙང་པོར་འདྲེས་ན་བཟང་ལ། ཤར་ནས་ཆུ་འབབ་པ་འཇངས་པའི་ཆུ་དང་དལ་ཞིང་ཉལ་བའི་ཆུ་བོ་བཟང་པོར་ངེས། ཁང་པ་དང་དུར་སར་ཆུ་འབབ་པ་ནི་མི་རབས་བདུན་དུ་བརྟན་པའི་ཆུ་ཡིན་ཞིང་། ཤར་ནས་ནུབ་ཏུ་འབབ་ན་དངོས་གྲུབ་འཕེལ་བའི་ཆུ་ཡིན་པས་བཟང་ཞིང་བཀྲ་ཤིས་དང་བདེ་ལེགས་འབྱུང་བར་བཤད། ཡང"ཁྱུང་གི་གཤོག་པའི་འོག་ཏུ་དུར་བཏབ་ན་བྱད་ཀྱིས་མི་ཚུགས། ཆུའི་ཁུག་པ་ལ་དུར་བཏབ་ན་བཟང་ངོ་། །"[①]ཞེས་པའམ། "བྱ་ཁྱུང་འདྲ་བའི་རི་ཡི་གཤོག་པར་གདབ། །དར་དཀར་ཡོལ་བ་འཐེན་འདྲའི་སྟོད་དུ་བཟང་། །"[②]ཞེས་འཕོད་པ་དང་། "གཡུ་འབྲུག་དགུང་ལ་མཆོང་འདྲ་དེ་རི་རྒྱུད་ལ་ཤུག་པ་ཡོད་པ་ལ་ཟེར། གྲགས་པ་ཅན་གྱི་རྟེ་འཛིན་ཡིན་ནོ། །རྒྱ་སྟག་དམར་པོ་གཟན་ལ་ཆས་འདྲ། ཐག་དམར་པོ་ལ་ཟེར། དཔའ་བོ་རྣམས་ཀྱི་རྟེ་འཛིན་ཡིན།"[③] ཞེས་རི་རྒྱུད་ལ་ཤུག་སྡོང་ཡོད་པ་དང་རྒྱ་སྟག་གཟན་ལ་ཆས་འདྲའི་ཐག་དམར་པོ་ཡོད་ན་སྙན་གྲགས་ཅན་དང་དཔའ་བོ་རྣམས་ཀྱི་རྟེ་འཛིན་དུ་ངོས་འཛིན་གྱིན་ཡོད། དེས་ན་དུར་གྱི་ས་དཔྱད་ལེགས་པོ་འདི་དག་ཕལ་ཆེ་བ་གཏེར་ལམ་བང་སོ་ལའང་ཚང་བ་སྟེ། བང་སོའི་རྒྱབ་ངོས་ཀྱི་མཐོ་ཞིང་བརྗིད་པའི་ཐག་རི་དམར་པོའི་མུ་ཁྱུད་ཟམ་མ་ཆད་པར་ཤར་ནས་ཤར་དུ་སྣར་ཞིང་བསྲིངས་ལ། ངོས་དང་སྙིང་ན་ལྷ་ཤུག་ལྗོན་པའི་ཕྲ་རྒྱན་ཀུན་ནས་མདོན་པ་དང་། ལྷག་པར་དབུས་ཀྱི་བྱ་

① ས་དཔྱད་ཐོགས་བསྒྲིགས། [M]. ཀན་སུའུ་མི་རིགས་དཔེ་སྐྲུན་ཁང་། 1991:286.
② གོང་དང་མཚུངས། 27.
③ གོང་དང་མཚུངས། 12.

གཏེར་ལམ་བང་སོ་ཆེན་པོ་ཨང་དང་པོ།

རྒྱལ་ཁྲུང་ཆེན་འདྲ་བའི་རི་ཡི་གཤོག་འོག་ཏུ"གཏེར་ལམ་བང་སོ་ཆེན་པོ་ཨང་དང་པོ"གཙོ་བྱས་པའི་བང་སོ་མང་པོ་ཡོངས་སུ་བསྐོར་བའི་ངོ་མཚར་རི་མོ་མངོན་པར་གསལ། མདུན་ངོས་ཀྱི་ཁྲིན་ཡངས་ཤིང་ཁོད་སྙོམས་པའི་སྤང་ལྗོངས་ངོས་སུ་ཆུ་དཀར་གཙང་པོ་གཡུ་འབྲུག་སྔོན་མོ་ས་ལ་རྒྱུ་བ་ནང་བཞིན་དལ་ཞིང་ཉལ་བའི་ཚུལ་གྱིས་ཤར་ནས་ནུབ་ཏུ་འབབ་ཀྱིན་མཆིས། ཆུ་དཀར་གཙང་པོའི་སྟོད་འགྲམ་གཉིས་སུ་ཆུ་མིག་མང་པོ་དང་གིས་བརྗོལ་ཞིང་། ཁྱད་པར་དུ་བང་སོའི་ཚོགས་ཀྱི་གཡོན་ངོས་ཀྱི་བྲག་དམར་རྫ་རྒྱུད་ནས་ཆུ་མིག་ཁོལ་མ་བརྗོལ་ནས་ཆུ་དཀར་གཙང་པོར་འདྲེས་པས། ཆུ་བོ་དེ་ལ་ཆུ་ཁོལ་གཙང་པོའང་ཟེར། ལྷོ་ཕྱོགས་ཀྱི་མདུན་རི་ཆེན་པོ་ཡང་སྤང་རི་སྔོན་པོ་དང་རྫ་རི་སྨུག་པོའི་ཕྲེང་རིམ་གཅིག་ལས་གཅིག་འཕགས་པ་ལས་གྲུབ་ཅིང་དབང་པོའི་ཕྱོགས་ཀྱི་མཐའ་ལ་སྐོར་ཆགས་སུ་བསྒྲིགས་ཤིང་འགྱིང་པར་ཡང་ཕལ་པའི་བློ་ཡིས་དཔྱད་དཀའ་བའི་ཁྱད་ཆོས་ཅི་ཡང་མངའ་བ་ཡིན།

གཏེར་ལམ་བང་སོའི་ཚོགས་ཀྱི་ཡུལ་བཀོད་དེ་ས་དཔྱད་ཀྱི་བསྟན་བཅོས་དག་ཏུ་འཁོད་པའི་དུར་གྱི་ས་དཔྱད་ལེགས་པོ་རྣམས་དང་ཀུན་ནས་མཐུན་པ་ལ་བལྟས་ན། མཆིམས་ཟ་ལྷ་མོའི་བང་སོ་རྩིག་མཁན་གྱིས་ས་དེ"ཡང་དག་གནས་སུ་

གཉེར་ལམ་ཐུ་སྟོད་བང་སོའི་ཚོགས་ཀྱི་ས་བབ།

དགོངས་པའི"རྒྱུ་མཚན་འདི་ཡིན་ལ། གནས་དེར་བང་སོ་བརྩིགས་པའི་དགོས་པ་ཡང་ས་དཔྱད་ལེགས་པོའི་ཕན་ཡོན་ལ་དམིགས་པ་སྟེ། བཙན་པོ་སོགས་གཙོ་བོ་རྣམས་ཀྱི་ཆབ་སྲིད་བརྟན་པ་དང་། རིགས་རྒྱུད་མི་ཉམས་གོང་དུ་འཕེལ་ཞིང་སྐུ་ཚེ་རྒྱལ་མཚན་རིང་དུ་བརྟན་པ། རྒྱུ་ནོར་ལོངས་སྤྱོད་རྒྱས་ཤིང་འདོད་པའི་དངོས་གྲུབ་འཕེལ་བ། སྐྱན་པའི་གྲགས་པ་རྒྱས་ཤིང་བཀྲ་ཤིས་བདེ་ལེགས་འབྱུང་བ་བཅས་ལ་ཕན་པའི་ཆེད་ཡིན་ནོ། །རྒྱུ་མཚན་དེ་དང་དེའི་རྐྱེན་གྱིས་རྗེ་རིང་གི་མིང་ལའང《མཆིམས་བཟའ་ལྷ་མོའི་བང་སོ་རྗེ་རིང》ཞེས་བཏགས་པ་ཡིན།

མདོར་ན། ཡོངས་གྲགས་ཀྱི་རྒྱལ་རབས་ཆོས་འབྱུང་དག་ལས་མཆིམས་བཟའ་

ལྷ་མོ་བཙན་གྱིས"སྐུབ་པ་མཛད་པས་ཕྲུག་རིས་མེད"ཅེས་པ་ལས་སྐུ་ཚེ་གང་པོའི་མཛད་རྣམ་ཅི་ཡང་བཀོད་མེད་པས། དེ་ཉིད་གནས་གང་དུ་སྐུ་གྲོངས་པའང་ཤེས་ཐབས་མེད་མོད། ཁོང་མོའི་བང་སོ་གཏེར་ལམ་གྱི་ཤེའུ་རྩྭ་ཐང་དུ་བརྩིགས་པར་གཞིགས་ན། མདོ་ཁམས་དང་ཡང་ན་མདོ་ཁམས་ཕྱོགས་སུ་སྐུ་གྲོངས་ངེས། བཙན་པོ་རྒྱལ་རབས་སྤྱིའི་བང་སོ་སྟེ་གཏེར་ལམ་ཤེའུ་རྩྭ་ཐང་གི་བང་སོའི་ས་དཔྱད་ལེགས་པར་དམིགས་ནས་བང་སོ་མཆོད་རྟེན་དུ་བརྩིགས་པར་འདོད་དོ།། །།

༄༅། །གནམ་སྐྱོང་རྒྱལ་པོའི་བང་སོའི་རྡིག་རྫས་ཀྱི་ཡི་གེ་དང་རི་མོ་ལས་འཕྲོས་པའི་གཏམ།

སྔོན་གཞི།

དེ་ཡང《ལྕང་སྐྱ་རོལ་བའི་རྡོ་རྗེའི་རྣམ་ཐར》དང《པཎ་ཆེན་བློ་བཟང་དཔལ་ལྡན་ཡེ་ཤེས་ཀྱི་རྣམ་ཐར》ལས་གནམ་སྐྱོང་རྒྱལ་པོས་དམ་པའི་ཆོས་སློབ་ཆེད་བོད་ཡིག་ཀློག་ཚུལ་ཚགས་སུ་ཆུད་པར་སྦྱངས་རྗེས། རྡོ་རྗེ་འཛིན་པ་དཀོན་མཆོག་རྒྱལ་མཚན་གྱིས་མཛད་པའི《ལམ་ཁྲིད་ཚིགས་བཅད་མའི》སྟེང་ནས་ལམ་རིམ་སྦྱངས་པ་དང་། བླ་མའི་བཀའ་བཞིན་བདུན་གཉིས་ཀྱི་རིང་སྐུ་བཅད་རྒྱ་དམ་པོས་ཕྱིར་བཟློག་གི་ལྡགས་བཟླས་འབུམ་ཕྲག་ལྷག་འགྲོ་ངེས་མཛད་པ། བླ་མ་ལྕང་སྐྱ་རོལ་བའི་རྡོ་རྗེ་ལ་བདེ་མཆོག་གི་དབང་ཞུས་ཤིང་། "དབང་གནང་དུས་རྗེ་བླ་མ་ཉིད་ཁྲི་མཐོན་པོ་ལ་བཞུགས་སུ་གསོལ་ཞིང་། གོང་མ་རང་ཉིད་སྟན་དམའ་བ་ལ་བཞུགས་ཏེ་དབང་མ་གྲོལ་བར་དུ་ཞབས་ཕུས་བཙུགས་ཤིང་ཐུགས་དང་སྙན་གཏོད་པ་སོགས་ཚུལ་དང་མཐུན་པར་མཛད། དབང་ཞུ་བའི་ཐོག་མའི་ཕྱག་རྟེན་དུ་གསེར་སྲང་བརྒྱ་ལས་གྲུབ་པའི་རིན་པོ་ཆེ་སྣ་ཚོགས་ཀྱིས་ཕྲ་བཀོད་པ་ཕུལ་བས་མཆོད་དབང་གི་ཡོན་དུ་དངོས་འབུལ་ཀྱང་བསམ་གྱིས་མི་ཁྱབ་པ་ཕུལ"བ་དང་། གནམ་སྐྱོང་རྒྱལ་པོས་པཎ་ཆེན་སྐུ་ཕྲེང་དྲུག་པ་བློ་བཟང་དཔལ་ལྡན་ཡེ་ཤེས་ལས་ཀྱང་མགོན་པོ་ཕྱག་དྲུག་པའི་རྗེས་གནང་གཟབ་བཤད་དང་བཅས་པ་

ཞུས་ཤིང་། ཁོང་གིས་སྲས་དྲུག་པས་དགའ་ལྡན་ལྷ་བརྒྱ་མའི་བཤད་ལུང་ཞུས་པ་དང་། གནམ་སྐྱོང་རྒྱལ་པོས་ཆེས་གཅེས་གནང་མཛད་པའི་སྲས་མོ་བཙུ་པར་པདྨ་ཆེན་རིན་པོ་ཆེས་རྒྱལ་པོའི་བཀའ་བཞིན་ཚེ་དཔག་མེད་དང་སྒྲོལ་མ་དཀར་ལྗང་གི་སྙིང་པོའི་གཟུངས་ཀྱི་ལྗགས་ལུང་བསྩལ་ཅིང་མཚན་ལའང་བསོད་ནམས་དཔལ་གྱི་སྒྲོལ་མ་ཞེས་པའི་ཆོས་མཚན་གནང་བ་སོགས་འཁོད་པ་དང་། ཆིང་གོང་མ་རིམ་བྱོན་གྱིས་ཧོ་པེ་ཞིང་ཆེན་ཁྲིན་ཏེ་གྲོང་ཁྱེར་གྱི་ཚ་འཁྱོལ་ཕོ་བྲང་གི་ཕྱི་རོལ་དུ་གྲུ་འཛིན་བསྟན་པའི་རྩ་བའི་ལྷ་ཁང་ངམ་རྩེ་པོ་ཏ་ལ་དང་། ཀུན་བདེ་ལྷ་ཁང་ངམ་བསམ་ཡས་གཙུག་ལག་ཁང་། བཀྲ་ཤིས་ལྷུན་པོའི་ལྷ་ཁང་། ཡུན་བདེ་ལྷ་ཁང་། ཀུན་སྙིང་ལྷ་ཁང་། ལེགས་རྒྱས་ལྷ་ཁང་། ཐུགས་རྗེ་རྒྱས་པའི་ལྷ་ཁང་སོགས་གོང་མ་ཚང་གི་དགོན་སྡེ་དང་ལྷ་ཁང་བཅུ་གཉིས་བཞེངས་པ་མཇལ་རྗེས། ཡིད་ཀྱི་མེ་ལོང་ངོས་སུ་ཆིང་གི་རྒྱལ་པོ་རྣམས་བོད་བརྒྱུད་ནང་བསྟན་ལ་དད་པ་ཆེན་པོ་ཡོད་པའི་ཉམས་སྣང་ཅིག་ཅར་དུ་ཤར་སོང་། འོན་ཀྱང་དེང་གི་ཆབ་སྲིད་ཞིབ་འཇུག་པ་ཁག་ཅིག་གིས་ཆིང་རྒྱལ་རབས་ཀྱིས་བོད་བརྒྱུད་ནང་བསྟན་གྱི་དགོན་པ་མང་པོ་བཞེངས་པ་ནི་སྐབས་དེའི་ཆབ་སྲིད་ཀྱི་དགོས་མཁོའམ་རྒྱལ་ཁབ་གཅིག་གྱུར་དང་མཐའ་མཚམས་ཞོད་འཇགས་ཡོང་བའི་ཐབས་ཇུས་ཙམ་ཡིན་པར་བཤད་ལ། གནམ་སྐྱོང་རྒྱལ་པོ་རང་གིས་ཀྱང“ཞྭ་སེར་བསྟན་པ་མཆོག་ཏུ་བཟུང་བ་ནི། སོག་པོ་ཚོའི་འདོད་པ་དང་བསྟུན་པ་ཡིན།”[①] ཞེས་པ་དང་། “ངེད་ཀྱིས་ལྷ་ཁང(ཡུན་བདེ་ལྷ་ཁང)འདི་བཞེངས་པ་ནི་སྤྱིར་ཞྭ་སེར་གྱི་བསྟན་པ་རྒྱས་པར་བྱེད་པ་ཙམ་མ་ཡིན་པར་སྐྱེ་བོ་རྣམས་བདེ་འཇགས་སུ་བཀོད་ནས་ཐག་རིང་པོའི་སྡེ་རིས་རྣམས་མནའ་དུ་བཀོད་ཅིང་། ཡུན་རིང་དུ་ཚད་མེད་པའི་དགའ་བས་རོལ་ནས་བདེ་ལེགས་ལ་

① པེ་ཅིན་དགའ་ལྡན་བྱིན་ཆགས་གླིང་གི《བླ་མའི་རྣམ་བཤད》ཅེས་པའི་རྡོ་རིང་ཡི་གེར་གསལ།

ལོངས་སྤྱོད་པར་འགྱུར་སྙམ་པ་ཡིན།"[1] ཞེས་གསུངས་ཡོད་པས། མགོ་པོ་རྫོངས་ཤིང་ཐེ་ཚོམ་གྱི་དྲ་བར་ཚུད་ནས་དོན་གྱི་རང་བཞིན་ངོ་མ་གང་ཡིན་ཐག་མ་ཆོད་པར་ལུས་པའི་སྐབས་སུ། བརྟན་འཕྲིན་ལས་ཆིང་རྒྱལ་རབས་ཀྱི་ཤར་ངོས་བང་སོ་ཁྲོད་ཀྱི་གནམ་སྐྱོང་རྒྱལ་པོའི་བང་སོ་ཕྱི་ལ་མཇལ་དུ་འཇུག་ཅིང་དེའི་རྟིག་དངོས་སུ་ནང་བསྟན་གྱི་སྐུ་བརྙན་དང་གཟུངས་སྔགས་སྣ་ཚོགས་མང་དུ་བཞེངས་ཡོད་པ་ཤེས་བྱུང་། དེས་ན་གནམ་སྐྱོང་རྒྱལ་པོའི་བང་སོའི་ནང་རོལ་དུ་སྐུ་བརྙན་དང་གཟུངས་སྔགས་ཇི་འདྲ་བཞེངས་ཡོད་པ་ནི་རྒྱལ་པོ་དེ་ཉིད་བོད་བརྒྱུད་ནང་བསྟན་ལ་དད་མི་དད་ཐག་གཅོད་པའི་ཁུངས་ལུང་ཚད་མ་ཡིན་པས། མགྱོགས་པོར་སློབ་གླིང་ལ་སྙན་སེང་ཞུས་ཤིང་ཁོང་ཚོས་གྲོན་དངུལ་གྱི་མཐུན་རྐྱེན་སྦྱར་བ་ལ་བརྟེན་ནས་བང་སོ་དེར་མཇལ་བའི་སྐལ་བ་སྨིན་བྱུང་། དེ་ཡང་། སྤྱི་ལོ་2011པའི་ཟླ་8པའི་ཚེས་15ཉིན་ཟི་ལིང་ནས་ལམ་ལ་ཆས་ཏེ་པེ་ཅིན་ལ་སླེབས་ཤིང་། ཚེས་17ཉིན་པེ་ཅིན་དུ་ནླངས་འཁོར་ལ་བསྡད་དེ་ཙུན་ཧྭ་གྲོང་ཁྱེར་ཕྱོགས་སུ་སྤྱི་ལེ་125ཙམ་སོང་ཚེ་ཆིང་རྒྱལ་རབས་ཀྱི་ཤར་ངོས་བང་སོ་ལ་སླེབས་བྱུང་།

དང་པོ། གནམ་སྐྱོང་རྒྱལ་པོའི་བང་སོ་ངོ་སྤྲོད།

ཆིང་རྒྱལ་རབས་ཀྱི་ཤར་ངོས་བང་སོ་དེར་ཆིང་གི་གོང་མ་དང་པོ་ཧྲུན་ཀྲི་དང་། གཉིས་པ་བདེ་སྐྱིད། བཞི་པ་གནམ་སྐྱོང་། བདུན་པ་ཞན་ཧྥེང་། བརྒྱད་པ་ཐུང་ཀྲི་བཅས་གོང་མ་ལྔ་དང་། བཙུན་མོ་ཞའོ་ཀྲོང་དང་ཞའོ་ཧྲུའེ། ཚི་ཨན། ཚི་ཞི་སོགས་ཆེན་མ་15དང་ཆུང་མ་136 རྒྱལ་སྲས་གཅིག བསྡོམས་པས་མི་157གྱི་བང་སོ་ཡོད་ཅིང་། རྒྱལ་པོ་རྣམས་ཀྱི་བང་སོ་ཕྱིའི་བཟོ་བཀོད་དང་སྒྲིག་གཞི་ཏ་ལམ་གཅིག

[1] ཁྲིན་ཏེ་གྲོང་ཁྱེར་དུ་ཡོད་པའི《ཡུན་བདེ་ལྷ་ཁང་གི་རྡོ་རིང་ཡི་གེ》ཏུ་གསལ།

པ་ཡིན་སྟེ། སྔོན་པོ་དང་དམག་དཔོན། རྟ། རི་དྭགས་ཡ་མ་གཟུགས། སླང་མོ་ཆེ། ཟ་མོང་། སེང་གེ་སོགས་ཀྱི་རྗེ་བརྟན་དང་རྗེ་རིང་ཁང་། ཤར་ནུབ་ཤག་ཁང་། འདུད་གཏོང་སྒོ་མོ་ཆེ། ཤར་ནུབ་གཞོགས་གནས་ཕོ་བྲང་། འདུད་གཏོང་ཕོ་བྲང་།(隆恩殿) ས་འོག་ཕོ་བྲང་ངམ་གསང་བའི་ཕོ་བྲང་སོགས་ལས་གྲུབ་ཡོད།

ཆིང་རྒྱལ་རབས་ཀྱི་ཤར་ངོས་བང་སོ་ལས་གནམ་སྐྱོང་རྒྱལ་པོའི་ས་འོག་ཕོ་བྲང་མ་གཏོགས་གཞན་རྣམས་ད་དུང་ཕྱི་ཕྱོགས་སུ་སྒོ་ཕྱེ་མེད་པས། དེའི་སྒྲིག་གཞི་དང་བཟོ་བཀོད་སོགས་ངོ་སྤྲོད་བྱས་ན། གནམ་སྐྱོང་རྒྱལ་པོའི་ས་འོག་ཕོ་བྲང་དེ་ཁང་པ་རིམ་པ་བཞི་ལས་གྲུབ་ཅིང་རིམ་པ་རེ་རེར་རྡོའི་སྒོ་ཆེན་གཅིག་རེ་སྟེ། བསྡོམས་པས་སྒོ་ཆེན་བཞི་ལ་སྒོ་གླེགས་བརྒྱད་ཡོད་པའི་སྟེང་དུ་རྗེ་བཙུན་འཇམ་པའི་དབྱངས་དང་། འཕགས་པ་སྤྱན་རས་གཟིགས། གསང་བདག་ཕྱག་ན་རྡོ་རྗེ། རྗེ་བཙུན་བྱམས་པ་མགོན་པོ། འཕགས་པ་སའི་སྙིང་པོ། སྒྲིབ་པ་རྣམ་སེལ། ནམ་མཁའི་སྙིང་པོ། འཕགས་པ་ཀུན་ཏུ་བཟང་པོ་བཅས་ཉེ་བའི་སྲས་ཆེན་བརྒྱད་ཀྱི་སྐུ་བརྙན་བཞེངས་ཡོད། ཁང་རིམ་དང་པོའི་གཡས་གཡོན་གྱི་རྗེ་རྩིག་ངོས་སུ་རྣམ་ཐོས་སྲས་དང་། ཡུལ་འཁོར་སྲུང་། འཕགས་སྐྱེས་པོ། སྤྱན་མི་བཟང་བཅས་རྒྱལ་ཆེན་སྡེ་བཞིའི་སྐུ་བརྙན་དང་། ཤད་ངོས་སུ་གདུགས་དཀར་མཆོག་གྲུབ་མའི་གཟུངས་སྙིང་པོ་དང་ཉེ་བའི་སྙིང་པོ་སོགས་གཟུངས་སྔགས་མང་པོ་བཞེངས་ཡོད་ཅིང་། ཁང་རིམ་གཉིས་པའི་གཡས་གཡོན་གྱི་རྩིག་ངོས་སུ་གཟུགས་སྒྲ་དྲི་རོ་རེག་བྱ་སྟེ་འདོད་ཡོན་ལྔའི་རི་མོ་དང་། རྒྱལ་བ་ཤཱཀྱ་ཐུབ་པ་དང་། རྡོ་རྗེ་སྙིང་པོས་རབ་ཏུ་འཇོམས་པ། རིན་ཆེན་འོད། ཀླུ་དབང་གི་རྒྱལ་པོ། དཔའ་བོའི་སྡེ། དཔལ་དགྱེས། རིན་ཆེན་མེ། རིན་ཆེན་ཟླ་འོད། མཐོང་བ་དོན་ཡོད། རིན་ཆེན་ཟླ་བ། དྲི་མ་མེད་པ། དཔལ་སྦྱིན་སོགས་དེ་བཞིན་གཤེགས་པ་ལྔ་སོ་ལྔའི་སྐུ་བརྙན་བཞེངས་ཡོད། ཁང་རིམ་གསུམ་པའི་རྩིག་ངོས་སུ་བཀྲ་ཤིས་རྟགས་བརྒྱད་ཀྱི་རི་མོ་

དང་གདུགས་དཀར་མཆོག་གྲུབ་མའི་གཟུངས་སྔགས་རེད་མོ། སྤྱན་རས་གཟིགས་ཀྱི་གཟུངས་སྔགས། སེང་གེ་སྒྲས་དམ་བཅས་པའི་གཟུངས་སྔགས་སོགས་བཞེངས་ཡོད། ཁང་རིམ་བཞི་པ་སྟེ་ཆེས་སྟེགས་ཀྱི་ཁང་པའི་དབུས་སུ་གནམ་སྐྱོང་རྒྱལ་པོའི་གདུང་སྐམ་ཡོད་ཅིང་གཡས་གཡོན་དུ་བཙུན་མོ་ཆེན་ཆུང་ལྔའི་གདུང་སྐམ་བཞག་ཤུལ་ཡོད། ཕྱོགས་ཀྱི་རྡིག་རྫས་སུ་རྣམ་རྒྱལ་མའི་གཟུངས་རྒྱས་པ་སོགས་གཟུངས་སྔགས་སྣ་ཚོགས་ཀྱིས་ཁྱབ་པར་བཞེངས་པ་དང་། ཤར་ནུབ་ཀྱི་རྡིག་རྫས་གོང་དུ་མཚན་དཔལ་ཤིན་ཏུ་ཡོངས་གྲགས་དང་ཀླུ་དབང་གི་རྒྱལ་པོའི་སྐུ་བརྙན་སོགས་བཞེངས་ཡོད་པ་རེད།

མདོར་ན་གནམ་སྐྱོང་རྒྱལ་པོའི་ས་འོག་ཕོ་བྲང་དུ་ཉེ་བའི་སྲས་ཆེན་བརྒྱད་དང་། རྒྱལ་ཆེན་སྡེ་བཞི། དེ་བཞིན་བཤེགས་པ་ལྔ་སོ་ལྔ་སོགས་བསྡོམས་པས་ནང་བསྟན་གྱི་སྐུ་བརྙན་46དང་། མཆོད་རྟེན་2 བཀྲ་ཤིས་རྟགས་བརྒྱད་ཀྱི་རི་མོ་3 འདོད་ཡོན་ལྔའི་རི་མོ་བཅས་བཀོ་བཞེངས་བྱས་ཤིང་། བོད་ཡིག་ཏུ་བྲིས་པའི་གཟུངས་སྔགས་ཡིག་འབྲུ་29464དང་། ལཉྫ་ཡིག་འབྲུ་647བསྐོ་བཞེངས་བྱས་ཡོད་སྐད། ཡིག་ཚགས་སུ་འཁོད་པ་ལྟར་ན། གནམ་སྐྱོང་རྒྱལ་པོའི་འདུད་གཏོང་ཕོ་བྲང་གི་མཆོད་ཁང་དུའང་བྱུ་རུའི་ཕྲ་ཚོམ་བཀོད་པའི་ཙན་དན་གྱི་མཆོད་ཁྲི་ཞིག་གི་སྟེང་དུ་ཙན་དན་གྱི་སྐུ་སྒྲོམ་གཅིག་ཡོད་ཅིང་། དེའི་ནང་དུ་ཟངས་སྐུ་ཞིག་བཞུགས་པ་དང་ཕྱུག་ཏུ་མུ་ཏིག་ཛོག་ཆེན་ཞིག་བསྣམས་ཡོད། མདུན་དུ་མུ་ཏིག་གིས་སྤྲེལ་བའི་མཆོད་གོང་ཆ་གཉིས་དང་ཟངས་ཀྱི་མཆོད་གོང་ཆ་གཉིས་བསྙེན་བཀུར་ཞུས་ཡོད། མཆོད་སྟེགས་ཤིག་གི་སྟེང་དུ་བ་སོའི་སྐུ་བརྙན་དགུ་དང་། གསེར་གྱི་རྒྱལ་སྲས་སྣ་བདུན། གསེར་གྱི་བཀྲ་ཤིས་རྟགས་བརྒྱད། རྨ་བྱའི་སྒྲོ་དང་རྩྭ་ཀུ་ཤ་ཡོད་པའི་བུམ་པ་ཆ་གཉིས་བསྙེན་བཀུར་ཞུས་ཡོད། ཤེལ་གྱི་ཕྲ་ཚོམ་བཀོད་པའི་ཙན་དན་གྱི་ཁྲི་སྟེགས་བརྒྱད་ཀྱི་སྟེང་དུ་ཉེ་བའི་སྲས་ཆེན་བརྒྱད་ཀྱི་ཟངས་སྐུ་བཞུགས་

ཤིང་། མཆོད་སྡེགས་སྟེང་དུ་བཀྲ་ཤིས་རྟགས་བརྒྱད་དང་། གསེར་གྱི་མཆོད་རྟེན་གཅིག གསེར་གྱི་སློས་བསླངས་གཅིག བྱུ་རུའི་སྡོང་པོ་ཆ་གཅིག་བཙུགས་པའི་གཡུ་རྩེའི་བུམ་པ་བཅས་བསྐྲིན་བཀུར་ཞུས་ཡོད། ཙན་དན་གྱི་སྒྲོས་ཁྲིའི་སྟེང་དུ་གཡུ་རྩེའི་མཆོད་ཆས་ལྔ་བསྐྲིན་བཀུར་ཞུས་ཡོད། དེ་མིན་ད་དུང་བ་སོའི་མཆོད་ཀོང་ཆ་གཅིག་དང་སྤོས་ཕོར་སོགས་མཆོད་ཆས་དང་དངོས་རྫས་མང་པོའང་བསྐྲིན་བཀུར་ཞུས་ཡོད་པ་རེད།(འདི་དག་ད་ལྟ་མཐོང་རྒྱུ་མེད།)

གཉིས་པ། གནམ་སྐྱོང་རྒྱལ་པོའི་བང་སོའི་རྫིག་ངོས་སུ་སྐུ་བརྙན་དང་གཟུངས་སྔགས་བཞེངས་པའི་དགོས་པ་བཤད་པ།

གནམ་སྐྱོང་རྒྱལ་པོའི་བང་སོ་ཧྲིལ་པོ་ལས་ཆེས་གནད་འགག་དང་ཆེས་གསང་བའི་གནས་སུ་གྱུར་པའི་ས་འོག་ཕོ་བྲང་གི་རྫིག་ངོས་སུ་ནང་བསྟན་གྱི་སྐུ་བརྙན་དང་གཟུངས་སྔགས་དེ་འདྲ་མང་པོ་བཞེངས་པའི་རྒྱུ་མཚན་ཅི་ཡིན་ནམ་ཞེ་ན། དེ་ནི་ཡོན་རྒྱལ་རབས་དང་མིང་རྒྱལ་རབས་རིམ་བྱོན་ནས་བོད་བརྒྱུད་ནང་བསྟན་ལ་དད་ཅིང་བོད་ཀྱི་མཁས་གྲུབ་དམ་པ་རྣམས་ཆོས་ཀྱི་བླ་མར་བཀུར་བའི་སྲོལ་ཆེས་ཆེར་དར་བ་དང་། ཆིང་རྒྱལ་རབས་སུ་སླེབས་ཚེ་ཞྭ་སེར་བསྟན་པ་ནི་དོན་དུ་རྒྱལ་ཁབ་ཀྱི་ཆོས་ལུགས་སུ་གྱུར་པས། མན་ཇུའི་རྒྱལ་པོ་ནོར་ཧ་ཁྲི(努尔哈赤)ནས་ཆིང་གི་རྒྱལ་རབས་རིམ་བྱོན་གྱིས་བོད་ཀྱི་མཁས་གྲུབ་དམ་པ་རྣམས་ཆོས་ཀྱི་བླ་མར་བཀུར་ཅིང་སྲིད་ཀྱི་གྲོགས་དན་དུ་བསྟེན་པ་དང་། སྐབས་སུ་གནམ་སྐྱོང་རྒྱལ་པོས་བོད་ཡིག་ཀློག་རྩོལ་ཚགས་སུ་ཆུད་པར་སྦྱངས་ནས་དམ་པའི་ཆོས་བསླབས་ཤིང་རྒྱལ་ཁབ་ཀྱི་བླ་མ་ལྕང་སྐྱ་རོལ་པའི་རྡོ་རྗེ་དང་པཎ་ཆེན་བློ་བཟང་དཔལ་ལྡན་ཡེ་ཤེས་རྣམ་གཉིས་ཆོས་ཀྱི་བླ་མར་བསྟེན་ནས་དབང་ལུང་མན་ངག་ཞུས་པ་སོགས་ལ་

བརྟེན་ནས། ནང་བསྟན་ལ་དགའ་ཞེན་ཆེན་པོ་དང་དད་པ་བརྟན་པོ་བརྟེས་པའི་རྐྱེན་གྱིས་རེད། དེ་གང་གིས་ཤེས་ཟེར་ན།

1. སྐུ་བརྙན་དང་གཟུངས་སྔགས་དེ་དག་གི་ཕན་ཡོན་ལས་ཤེས། དེ་ཡང་། གདུགས་དཀར་མཆོག་གྲུབ་མའི་གཟུངས་སྔགས་ཀྱི་ཕན་ཡོན་ནི《བཀའ་འགྱུར》ཐྱཾ་དུམ་པ(P143)ལས། "ལྷའི་དབང་པོ་གཙུག་ཏོར་རྣམ་པར་རྒྱལ་བ་ཞེས་བྱ་བའི་གཟུངས་ངན་འགྲོ་ཐམས་ཅད་ཡོངས་སུ་སྦྱོང་བ། སྡིག་པ་དང་། ལས་དང་། སྒྲིབ་པ་ཐམས་ཅད་རྣམ་པར་སྦྱོང་བ། བདེ་འགྲོའི་ལམ་ཐམས་ཅད་དུ་འགྲོ་བ་དང་། ངན་འགྲོ་ཐམས་ཅད་རྣམ་པར་འཇིག་པར་བྱེད།" ཅེས་འཕོད་པ་དང་། ཕྱུགས་རྫི་ཆེན་པོའི་གཟུངས་སྔགས་ཀྱི་ཕན་ཡོན་ནི། 《བཀའ་འགྱུར》གྱི་ཨེ་དུམ་པ(P172) ལས། "ཕྱུགས་རྫི་ཆེན་པོའི་རིག་སྔགས་འདི་འདོན་ཅིང་ཡོངས་སུ་འཛིན་པར་བགྱིད་པ་དེ་དག་ནི་སྐྱེ་བ་ཐམས་ཅད་དུ་རྒྱལ་པོ་དགེ་བ་དང་མཇལ་བར་འགྱུར་བ་དང་། རྟག་པར་ཡུལ་དགེ་བར་སྐྱེ་བར་འགྱུར་བ་དང་། རྟག་པར་དུས་བཟང་པོ་དང་མཇལ་བར་འགྱུར་བ་དང་། རྟག་པར་དགེ་བའི་བཤེས་གཉེན་དང་མཇལ་བར་འགྱུར་བ་དང་། རྟག་པར་ལུས་ཀྱི་དབང་པོ་ཚང་བར་འགྱུར་བ་དང་། ལམ་གྱི་སེམས་ལ་གོམས་པར་འགྱུར་བ་དང་། སྡོམ་པའི་ཚུལ་ཁྲིམས་ཉམས་པར་མི་བགྱིད་པ་དང་། འཁོར་རྣམས་དྲིན་གྱིས་འདྲིས་ཤིང་འདུམ་པར་འགྱུར་བ་དང་། འཚོ་བའི་ཡོ་བྱད་རྣམས་རྟག་པར་འབྱོར་ཅིང་ལྡན་པར་འགྱུར་བ་དང་། རྟག་པར་གཞན་གྱིས་བཀུར་ཞིང་རིམ་གྲོ་བགྱིད་པར་འགྱུར་བ་དང་། ཡོ་བྱད་བདོག་པ་རྣམས་གཞན་དུ་འགྲུབ་པར་འགྱུར་བ་དང་། ལྷ་དང་། ཀླུ་དགེ་བ་རྣམས་ཀྱིས་རྟག་ཏུ་སྲུང་ཞིང་ཡོངས་སུ་སྐྱོབ་པར་འགྱུར་བ་དང་། སྐྱེ་བ་ཐམས་ཅད་དུ་སངས་རྒྱས་མཐོང་ཞིང་ཐོས་པར་འགྱུར་བ་དང་། ཡང་དག་པའི་ཆོས་ཐོས་ནས་དོན་ཟབ་མོ་རྟོགས་པར་འགྱུར་བ་དག་ལགས།" ཞེས་ཕྱུགས་རྫི་ཆེན་པོའི་རིག་སྔགས་འདོན་ཞིང་ཡོངས་སུ་འཛིན་པར་བྱས་ན་དགེ་བའི་སྐྱེ་བ་རྣམ་པ

བཙོ་ལྷ་འཐོབ་པར་འགྱུར་བ་བསྟན་ཡོད།

རྣམ་རྒྱལ་མའི་གཟུངས་སྔགས་ཀྱི་ཕན་ཡོན་ནི། 《བཀའ་འགྱུར》གྱི་ཕྲེ་དུམ་པ(P84-85)ལས། "ཕྱིར་བཟློག་རྣམ་པར་རྒྱལ་བ་ཅན། །རྒྱལ་བ་འབྱུང་བ་གསུངས་པ་འདི། །གང་གི་མགུལ་དུ་འདི་བཏགས་པ། །དེས་ནི་རྒྱལ་འགྱུར་ཐེ་ཚོམ་མེད། །སྡིག་དང་རྨི་ངན་བཀྲ་མི་ཤིས། །རྒྱལ་པོ་མེ་དང་ཆོམ་རྐུན་དགྲ། །དེ་དག་རྣམས་ཀྱིས་དེ་མི་ཚུགས། །གང་གི་མགུལ་དུ་འདི་བཏགས་པ། །དེ་ནི་ཆུ་ཡིས་ཁྱེར་མི་འགྱུར། །སྡིག་པ་ཡང་དག་བྱང་བར་འགྱུར། །དགེ་བ་རྣམས་ནི་རྟག་ཏུ་འཕེལ། །ནད་མེད་པ་ཡང་འཐོབ་པར་འགྱུར། །"ཞེས་འཁོད་ཡོད། ལྷ་ཚོགས་སོ་ལྔ་བཞེངས་པའི་ཕན་ཡོན་ནི། 《ཕུང་པོ་གསུམ་པའི་མདོ》ལས། ཚེ་རབས་ཀྱི་སྡིག་པ་མི་དགེ་བ་ཅི་མཆིས་པ་ཐམས་ཅད་བྱང་ཞིང་དག་པ་དང་། དགེ་བ་ཕྲ་མོ་ཚུན་ཆད་ཅི་མཆིས་པ་མཐོ་རིས་དང་ཐར་པའི་རྒྱུར་སྨིན་པ་སོགས་ཕན་ཡོན་བསམ་གྱིས་མི་ཁྱབ་པ་འབྱུང་བར་གསུངས་ཡོད། དེས་ན་གནམ་སྐྱོང་རྒྱལ་པོའི་བང་སོའི་རྡིག་ངོས་སུ་སྐུ་བརྙན་དང་གཟུངས་སྔགས་དེ་དག་བཞེངས་པ་ནི་ཁོང་ཉིད་གཟུངས་སྔགས་དང་སྐུ་བརྙན་དེ་དག་གི་ཕན་ཡོན་ལ་དད་པ་བརྟན་པོ་བརྟེས་པའི་མཚོན་རྟགས་ཚད་མ་རེད།

2. དུར་འཇུག་གི་ལུགས་སྲོལ་ལས་ཤེས། འཛིག་རྟེན་གྱི་ཁམས་འདིར་ཆེ་བ་ས་སྐྱོང་རྒྱལ་པོ་ཆེན་པོ་ནས་ཆུང་བ་འབངས་རྨ་མི་ཤིང་མིའི་བར་གྱི་སྐྱེ་བོ་རྣམས་སྟོབས་འབྱོར་མངའ་ཐང་ལ་ཁྱད་པར་ཆེན་པོ་ཡོད་ཀྱང་། གང་ཞིག་ཚེ་ལས་འདས་རྗེས་བང་སོ་གནས་གང་དུ་ཚུལ་ཇི་ལྟར་སྲ་རྒྱུ་དེ་གཤིན་པོའི་ཁམས་དང་བསྟུན་པ་དང་། དུར་རྫས་སུ་སྲ་བའི་དངོས་པོའང་གཤིན་པོ་ཆེས་དགའ་ཞིང་ཞེན་པའི་དངོས་པོའམ་ཆེས་རིན་ཐང་ཆེ་བའི་དངོས་པོ་ཡིན་པ་ནི་འགྲོ་བ་མིའི་རིགས་ཀྱི་གཤིས་ལུགས་ལྟ་བུར་གྱུར་པ་ཡིན་ན། གནམ་སྐྱོང་ཁྲི་ལོ་བརྒྱད་པ་ནས་ཁྲི་ལོ་བཅུ་བདུན་བར་བཞེངས་པའི་བང་སོའང་གནམ་སྐྱོང་རྒྱལ་པོ་རང་གི་ཐུགས་བཀོད་དང་ཐུགས་མོས་

ལྷར་བཞེངས་པ་སྨོས་མ་དགོས། དེས་ན་གནམ་སྐྱོང་རྒྱལ་པོའི་བང་སོའི་རྗིག་རྫོས་སུ་སྐུ་བརྙན་དང་གཟུངས་སྔགས་མང་པོ་བཞེངས་པ་ནི་རྒྱལ་པོ་དེ་ཉིད་ནང་བསྟན་ཆོས་ལུགས་ལ་དགའ་ཞེན་ཆེན་པོ་ཡོད་པའི་དཔང་རྟགས་དངོས་རེད།

3. ལྡེབས་རིས་དང་ཡིག་རིགས་གཞན་མེད་པ་ལས་ཤེས། གནམ་སྐྱོང་རྒྱལ་པོ་ནི་ཀྲུང་གོའི་བཀས་བཀོད་རྒྱུད་འཛིན་གྱི་སྤྱི་ཚོགས་ལོ་རྒྱུས་སྟེང་དབང་བསྒྱུར་དུས་ཡུན་ཆེས་རིང་ཞིང་དགུང་ལོ་ཆེས་མཐོ་བའི་གོང་མ་ཡིན་པ་དང་། ཁོང་གིས་དབང་བསྒྱུར་མཛད་སྐབས་ཆིང་རྒྱལ་རབས་ཀྱི་ཆབ་སྲིད་དང་དམག་དོན། རིག་གནས་གང་ཡིན་ཉུང་སྔ་ན་མེད་པའི་འཕེལ་རྒྱས་བྱུང་ཞིང་བཀས་བཀོད་རྒྱུད་འཛིན་གྱི་དཔལ་འབྱོར་དར་རྒྱས་རྩེར་སོན་པ་བྱུང་། ཁོང་གིས་སྐབས་དེའི་མི་རིགས་མང་པོའི་གཅིག་གྱུར་རྒྱལ་ཁབ་སྟར་ལས་སྲ་བརྟན་དང་འཕེལ་རྒྱས་ཡོང་བར་ཡང་དགེ་མཚན་ལྡན་པའི་མཛད་རྗེས་བསྐྲུན་ཡོང་། ཡིན་ཡང་ཁོང་གི་བང་སོའི་རྗིག་རྫོས་སུ་མཛད་རྣམ་མཚོན་པའི་ལྡེབས་རིས་གཅིག་ཀྱང་བཞེངས་མེད། ཡང་། གནམ་སྐྱོང་རྒྱལ་པོ་ནི་མན་ཇུ་རིགས་ཡིན་ཞིང་སྐབས་དེར་གཞུང་ཕྱོགས་སུ་སྤྱོད་པའི་སྐད་དང་ཡི་གེ་ནི་རྒྱ་སྐད་དང་རྒྱ་ཡིག་ཡིན་ཙང་། ཁོང་གིས་བང་སོའི་རྗིག་རྫོས་སུ་མན་ཡིག་དང་རྒྱ་ཡིག་གཅིག་ཀྱང་མ་བཀོད་པར་བོད་ཡིག་གི་གཟུངས་སྔགས་དང་ལཱཉྫ་རྐྱང་རྐྱང་འཀོད་པ་དང་། ཐ་ན་ལྷ་སྐུ་རྣམས་ཀྱི་མཚན་བྱང་ཡང་མན་ཡིག་དང་རྒྱ་ཡིག་གིས་མ་བྲིས་པར་བོད་ཡིག་ཁོ་ནས་བྲིས་ཡོད་པ་རེད། དེས་ན་ནང་བསྟན་གྱི་སྐུ་བརྙན་དང་གཟུངས་སྔགས་རྣམས་ཀུན་ལས་གཙོ་ཆེན་དུ་བཟུང་བ་འདི་ལས་ཀྱང་གནམ་སྐྱོང་རྒྱལ་པོ་དེ་བོད་བརྒྱུད་ནང་བསྟན་ལ་དད་པ་བརྟན་པོ་དང་དགའ་ཞེན་ཆེན་པོ་ཡོད་པ་ཤེས་ཐུབ།

4. འདད་གཏོང་པོ་བྲང་དུ་ནང་བསྟན་གྱི་མཆོད་ཁང་བཞེངས་པ་ལས་ཤེས། དྲག་ཚས་ལ་བརྟེན་ནས་འཇིག་རྟེན་བདེ་ལ་འགོད་པ་དང་། སྲི་ཞུར་བརྟེན་ནས་འཇིག་

རྗེན་བཙོས་སྐྱོང་བྱེད་པ་ནི་ཆིང་རྒྱལ་རབས་ཀྱི་རྒྱལ་སྐྱོང་བསམ་བློ་ཡིན་ཞིང་། བསམ་བློ་དེ་ལྟ་བུར་དམིགས་ནས་རྒྱལ་རབས་ཕྱི་མ་རྣམས་ཀྱིས་རྩིས་ཀྱི་བང་སོ་བཞེངས་དུས། རྒྱ་ཁྲོན་དང་ཚད་གཞི་གང་གི་ཆ་ནས་ཀྱང་རྒྱལ་པོ་སྔོན་མའི་བང་སོ་ལས་ཇེ་ཆུང་དང་ཇེ་ཞུང་དུ་བཏང་ནས། སྲི་ཞུའམ་བསྙེན་བཀུར་གྱི་དགོངས་འདུན་མཚོན་པར་བྱེད་ཀྱིན་ཡོད། དེས་ན་ཐུན་གྲི་དང་བདེ་སྐྱིད་རྒྱལ་པོའི་འདོད་གཏོང་ཕོ་བྲང་དུ་ནང་བསྟན་གྱི་མཆོད་ཁང་མེད་ཀྱང་གནམ་སྐྱོང་རྒྱལ་པོས་རང་གི་བང་སོའི་འདོད་གཏོང་ཕོ་བྲང་དུ་མཆོད་ཁང་བཞེངས་པ་ནི་རྒྱལ་པོ་དེ་ཉིད་ཀྱིས་དཀོན་མཆོག་གསུམ་ལ་མཆོད་པ་འབུལ་བ་དེ་རང་གི་ཡབ་མེས་གོང་མར་སྲི་ཞུ་བྱེད་པ་ལས་གལ་ཆེན་དུ་དགོངས་པའི་མཚོན་རྟགས་ཡིན་པས། གནད་དེ་ལས་ཀྱང་རྒྱལ་པོ་དེ་ཉིད་ནང་པའི་བསྟན་པར་དད་མོས་ཇི་འདྲ་ཡོད་པ་རྟོགས་ཐུབ།

5. པེ་ཅིན་གྱི་ཕོ་བྲང་རྙིང་པའི་ནང་རོལ་དུ་དགོན་པའམ་མཆོད་ཁང་བཞེངས་པ་ལས་ཤེས། གནམ་སྐྱོང་རྒྱལ་པོས་པེ་ཅིན་ས་ཁུལ་དང་ཁྲིན་ཏེ་གྲོང་ཁྱེར་སོགས་སུ་ནང་བསྟན་གྱི་དགོན་སྡེ་དང་ལྷ་ཁང་མང་དུ་བཞེངས་པར་མ་ཟད། པེ་ཅིན་གྱི་ཕོ་བྲང་རྙིང་པ་དང་བྱེས་བཞུགས་ཕོ་བྲང་དུའང་ལོ་གསར་དང་རྒྱལ་པོ་ཡབ་ཡུམ་གྱི་འཁྲུངས་སྐར་སོགས་ལ་དུས་ལྟར་མཆོད་འབུལ་ཞུ་བ་དང་ཆོས་ལུགས་ཀྱི་བྱ་འགུལ་སྤྱེལ་སར་བོད་ལུགས་ཀྱི་ཡུས་ཧྭ་ཀོ(雨华阁)དང་། ཡིང་ཧྭ་ཏེན།(英华殿) ཕུན་ཚོགས་ཐོག་ཁང་།(梵华楼) ཕར་ཕྱིན་ཁང(般若殿)སོགས་དགོན་པ་དང་ལྷ་ཁང་བཞེངས་ནས་ད་ལྟའི་བར་མ་ཉམས་པར་གནས་པ་ལྟར་ཡིན་ལ། ད་དུང་པེ་ཅིན་གྱི་ཞི་ཧྭ་མེན(西华门)དུ་སྒྲ་སྒྱུར་ཁང་བཙུགས་ནས་ལོ་བཅོ་བརྒྱད་ཀྱི་རིང་ལ་རྒྱལ་བའི་བཀའ་བསྟན་པོ་ཏི་216མན་ཡིག་ཏུ་བསྒྱུར་བ་རེད། རྒྱལ་པོའི་ཕོ་བྲང་དང་དེའི་ནང་དུ་བཞེངས་པའི་དགོན་པ་དང་ལྷ་ཁང་དུ་བོད་དང་སོག་པོ་སོགས་གྲངས་ཉུང་མི་རིགས་དང་། འབངས་མི་སེར་འགྲོ་བའི་གོ་སྐབས་ཤིན་ཏུ་དཀྲ་བས། ཕོ་བྲང་ནང་

ཏུ་དགོན་སྡེ་དང་ལྷ་ཁང་དེ་དག་བཞེངས་པ་ནི་སྲིད་ཀྱི་དོན་དུ་མ་ཡིན་ཏེ། གོང་མ་ཚང་གི་དད་མོས་ཀྱི་དགོས་པ་སྐོང་བའི་ཆེད་དུ་ཡིན་ལ། རྒྱལ་བའི་བཀའ་བསྟན་རང་མི་རིགས་ཀྱི་ཡི་གེ་སྟེ་མན་ཡིག་ཏུ་བསྒྱུར་དུ་བཅུག་པ་དེ་ལས་ཀྱང་གནམ་སྐྱོང་རྒྱལ་པོ་བོད་བརྒྱུད་ནང་བསྟན་ལ་དད་པ་དང་དགའ་ཞེན་ཆེན་པོ་ཡོད་པ་རྟོགས་ཐུབ། མདོར་ན་གནམ་སྐྱོང་རྒྱལ་པོ་བཞུགས་པའི་དུས་སུ་ཕོ་བྲང་ནང་རོལ་དུ་ནང་བསྟན་གྱི་དགོན་པ་དང་ལྷ་ཁང་བཞེངས་ནས་མཆོད་འབུལ་བྱེད་པ་དང་། སྐུ་གྲོངས་པའི་རྗེས་སུ་གསང་བའི་བང་སོའི་ནང་དུ་ནང་བསྟན་གྱི་སྐུ་བརྙན་དང་གཟུངས་སྔགས་མང་དུ་བཞེངས་པ། འདད་གཏོང་ཕོ་བྲང་དུ་མཆོད་ཁང་བཞེངས་ནས་དཀོན་མཆོག་གསུམ་ལ་མཆོད་པ་འབུལ་བ་བཅས་ལས་བརྟགས་ན་གནམ་སྐྱོང་རྒྱལ་པོས་ཞྭ་སེར་བསྟན་པ་མཆོག་ཏུ་བཟུང་བ་ནི་ཆབ་སྲིད་ཀྱི་དགོས་མཁོ་ཙམ་མ་ཡིན་པར་ནང་པའི་བསྟན་པ་ལ་དངོས་གནས་དད་པ་བརྟན་པོ་དང་དགའ་ཞེན་ཆེན་པོ་ཡོད་པ་ཤེས་ཐུབ།

དེས་ན་གནམ་སྐྱོང་རྒྱལ་པོ་ཁོ་རང་ཉིད་ཀྱིས"སོག་པོ་ཚོའི་འདོད་པ་དང་བསྟུན་པ་ཡིན།" ཞེས་དང་། "སྐྱེ་བོ་རྣམས་བདེ་འཇགས་སུ་འགོད་པའི་དོན་དུ་ཡིན"པར་གསུངས་པ་ལ་གོ་བ་ཇི་ལྟར་ལེན་ཞེ་ན། གནམ་སྐྱོང་རྒྱལ་པོས་མཛད་པའི་ཁྲིན་ཏེའི《བཀྲ་ཤིས་ལྷུན་པོའི་ལྷ་ཁང་གི་རྗོ་རིང་ཡི་གེ》ལས། "བཀྲ་ཤིས་ལྷུན་པོའི་ལྷ་ཁང་བཞེངས་པ་ནི་ཡར་རྒྱལ་རབས་མཐའ་དག་བདེ་སྐྱིད་གོང་འཕེལ་དུ་སྨོན་པའི་འདུན་པ་གསལ་བ་དང་མར་ཕྱོར་གྱི་རྒྱལ་ཕྲན་རྣམས་ཀུས་འདུད་བྱེས་པའི་ཡིད་དང་མཐུན་པས་ལྷ་ཁང་ངེས་པར་བཞེངས་པའི་འོས་སུ་གྱུར།" ཅེས་པ་བཞིན། ཁོང་ཉིད་ཆབ་སྲིད་སྐྱོང་བའི་རྒྱལ་པོ་ཆེན་པོ་ཡིན་པའི་ཆ་ནས་རྒྱལ་ཁམས་བདེ་ལ་བཀོད་ནས་མངའ་འབངས་ཐམས་ཅད་རིམ་སུ་མ་ཆད་པར་བདེ་སྐྱིད་ཀྱི་དཔལ་ལ་རོལ་དུ་འཇུག་རྒྱུ་ནི་འགྱོལ་ཐབས་མེད་པའི་འོས་འགན་ཞིག་གཅིག་ཡིན་པས། འོས་

གནམ་སྐྱོང་རྒྱལ་པོའི་བང་སོའི་ནང་རོལ།

འགན་དེ་འགྲུབ་པར་བྱེད་པའི་ཆེད་དུ་སྐབས་དེར་ཞྭ་སེར་བསྟན་པར་ཤིན་ཏུ་དད་པའི་བོད་དང་ཁྱད་པར་དུ་ཧོར་སོག་མི་རིགས་ཀྱི་འདོད་མོས་ལྟར། བོད་བརྒྱུད་ནང་བསྟན་གྱི་རྟེན་དང་བརྟེན་པ་མང་དུ་བཞེངས་ནས་ཞྭ་སེར་བསྟན་པ་རྒྱ་ཆེར་སྤེལ་བ་ཡིན་ལ། ནང་པའི་བསྟན་པར་དད་མཁན་ཞིག་ཡིན་པའི་ཚ་ནས་རང་གི་ཚབ་སྲིད་བརྟན་ཞིང་རྒྱལ་རྒྱུད་རྣམས་ཀྱི་སྐུ་ཚེ་རིང་བ་དང་། ཚེ་འདི་ཕྱི་གཉིས་ཀྱི་ཕན་བདེ་ལེགས་ཚོགས་གསོག་པ་བཅས་ཀྱི་ཆེད་དུ་བོད་བརྒྱུད་ནང་བསྟན་གྱི་རྟེན་དང་བརྟེན་པ་མང་དུ་བཞེངས་ནས་ཞྭ་སེར་བསྟན་པ་རྒྱ་ཆེར་སྤེལ་བ་ཡིན་ཞིང་། རང་གི་ཆོས་ལུགས་དད་མོས་དང་རྒྱལ་ཁབ་དང་མི་རིགས་ཀྱི་ཁེ་ཕན་གཉིས་འགལ་བར་གྱུར་ཚེ་ཁོང་ཉིད་ཚབ་སྲིད་སྐྱོང་བའི་རྒྱལ་པོ་ཆེན་པོ་ཡིན་པས་རྒྱལ་ཁབ་དང་མི་རིགས་ཀྱི་ཁེ་ཕན་གཙོ་བོར་འཛིན་པ་རེད། འདི་ནི་གནམ་སྐྱོང་རྒྱལ་པོས་ཆོས་སྲིད་ཀྱི་འབྲེལ་ལས་མཛད་པའི་རྩ་བའི་རྩ་དོན་ཡིན་ལ། ཁོང་གི་སྐུ་རིང་ལ་རྒྱལ་སྲིད་བརྟན་ཅིང་རྒྱལ་ཁམས་དར་ཞིང་རྒྱས་པའི་རྒྱུ་རྐྱེན་གཙོ་བོའང་ཡིན་པར་འདོད་དོ།། །།

གནམ་སྐྱོང་རྒྱལ་པོའི་བང་སོའི་རྡིག་རྫས་ཀྱི་རྡོ་བརྐོས་རི་མོ། (1)

གནམ་སྐྱོང་རྒྱལ་པོའི་བང་སོའི་རྡིག་རྫས་ཀྱི་རྡོ་བརྐོས་རི་མོ། (2)

གནམ་སྐྱོང་རྒྱལ་པོའི་བང་སོའི་རྡིག་རྫོས་ཀྱི་རྡོ་བརྐོས་རི་མོ། (3)

གནམ་སྐྱོང་རྒྱལ་པོའི་བང་སོའི་རྡིག་རྫོས་ཀྱི་རྡོ་བརྐོས་གཟུངས་སྔགས། (1)

གནམ་སྐྱོང་རྒྱལ་པོའི་བང་སོའི་རྩིག་ངོས་ཀྱི་རྡོ་བརྐོས་གཟུངས་སྔགས། (2)

གནམ་སྐྱོང་རྒྱལ་པོའི་གདུང་སྐམ།

༄། །རྫོ་རིང་ཡི་གེ་ཞིབ་འཇུག་སྐོར་གྱི་དྲི་བ་དྲིས་ལན།

འབའ་སྨད་རྒྱལ་ཡོ་ཚེ་རིང་། ཀན་ལགས་སྐུ་ཁམས་བཟང་། ཐེངས་འདིར་ངས《བོད་ལྗོངས་སློབ་ཆེན་རིག་དེབ》རྩོམ་སྒྲིག་ཁང་གི་རྩོམ་སྒྲིག་པ་ཚོའི་རེ་བ་ལྟར་སྐུ་ཉིད་ལ་བོད་ཀྱི་རྫོ་རིང་གི་སྐོར་དང་འབྲེལ་བའི་གནད་དོན་ཁ་ཤས་བཅར་འདྲི་བྱེད་དགོས་སོང་། ཀན་ཁྱེད་རང་ཐུག་ལས་ལ་མཛད་བྲེལ་ཆེ་བའི་བར་གསེང་དུ་བདག་གི་བཅར་འདྲི་འདི་དང་ལེན་གནང་རྒྱུར་རེ་བ་ཤིན་ཏུ་ཆེ་ལ། འདིས་ཀྱང་བོད་ཀྱི་རིག་གཞུང་ལ་ཕན་ཐོགས་ངེས་ཅན་འབྱུང་བའི་ཡིད་ཆེས་ཀྱང་ཡོད་དོ། །དེ་ཡང་། ཐོག་མར་ཀན་ལགས་ཀྱིས་རང་ཉིད་ཀྱི་གནས་ཚུལ་ངོ་སྤྲོད་རྒྱས་ཙམ་གནང་རོགས།

ཆབ་འགག་རྟ་མགྲིན། ང་ནི་སྤྱི་ལོ་1955ལ་མདོ་སྨད་ས་ཡི་ཁོངས་གཏོགས་ཆབ་འགག་གསེར་གཞོང་རིང་མོའི་རྒྱལ་ར་གྲོང་ཚོར་སྐྱེས་ཤིང་། སྤྱི་ལོ་1964ནས་རྒྱལ་ར་སློབ་ཆུང་དུ་ཞུགས་ཏེ་ཐུགས་འཆང་བླ་འབུམ་དང་དཔའ་རིས་སྒྲོལ་དཀར་སོགས་ཀྱི་དྲུང་དུ་ཡི་གེ་འབྲི་ཀློག་སྦྱངས། སྤྱི་ལོ་1970ལ་མཚོ་ལྷོ་ཁྲུལ་དགེ་ཐོན་སློབ་གྲྭར་ཞུགས་ཏེ་ཀན་དཔལ་ཆེན་རྡོ་རྗེ་སོགས་བསྟེན་ནས་རྒྱ་བོད་ཡི་གེ་དང་རྩིས་རིག་སོགས་ལ་སྦྱངས་བརྩོན་བྱས། སྤྱི་ལོ་1972ལ་འཛིན་གྲྭ་འཕར་ནས་དམའ་འབྲིང་མཐར་ཕྱིན་རྗེས། གུང་ཧོ་རྫོང་ཅང་སི་ཞང་དུ་ལས་བགོས་བྱས་ནས་དགེ་རྒན་གྱི་ལས་ཀ་གཉེར། སྤྱི་ལོ་1978ལ་མཚོ་སྔོན་མི་རིགས་སློབ་ཆེན་བོད་རིག་པའི་སློབ་གླིང་དུ་ཞུགས་ནས་རྗེ་ཤར་གདོང་བློ་བཟང་བཤད་སྒྲུབ་རྒྱ་མཚོ་དང་། ཀན་རྡོ་རྒྱལ་

སྐུ་ཡོ། ཀན་དཔའ་རིས་བློ་གྲོས་སྣང་བ། ཀན་བདེ་མཆོག་སོགས་ཀྱི་དྲུང་དུ་སྙན་ངག་དང་། བརྡ་སྤྲོད། རྩོམ་རིག ཡིག་སྐྱུར་སོགས་སློབ་གྲྭ་ཆེན་མོའི་བསླབ་བྱ་ཡོངས་སུ་སྦྱངས། སྤྱི་ལོ་1982ལ་སློབ་མཐར་ཕྱིན་རྗེས་མཚོ་སྔོན་མི་དམངས་ཀུན་ཁྱབ་རླུང་འཕྲིན་ལས་ཁུངས་བོད་སྐད་རྒྱང་སྒྲོག་ཁང་དུ་ལས་བགོས་བྱས་ནས་རྩོམ་སྒྲིག་པ་དང་ལོ་ཙཱ་བའི་ལས་ཀ་གཉེར། སྤྱི་ལོ་1986ལ་ནུབ་བྱང་མི་རིགས་སློབ་གྲྭ་ཆེན་མོའི་ཞིབ་འཇུག་སློབ་མར་རྒྱུགས་འཛུལ་དེ་ཀན་དོར་ཞི་གདོང་དྲུག་སྙེམས་བློ་དང་། ཀན་བསམ་འགྲུབ། ཀན་འཇམ་དཔལ་ཕུན་ཚོགས། ཀན་དཀོན་མཆོག་ཚེ་བརྟན། ཀན་ཀླུ་རྒྱལ་འབུམ་སོགས་ཀྱི་དྲུང་དུ་བརྡ་སྤྲོད་དང་། སྙན་ངག བསྡུས་གྲྭ། རྩོམ་རིག ལོ་རྒྱུས་སོགས་སྦྱངས་པ་བྱས། སྤྱི་ལོ་1989ལ་རབ་འབྱམས་པའི་བསླབ་གནས་བླངས་ནས་སློབ་མཐར་ཕྱིན་རྗེས། མཚོ་སྔོན་མི་རིགས་སློབ་ཆེན་གྱི་བོད་རིག་པའི་སློབ་གླིང་དུ《བོད་ཀྱི་རྩོམ་བྱུང་ལོ་རྒྱུས》དང་། 《བོད་ཀྱི་ལོ་རྒྱུས》《བོད་ཀྱི་ཡིག་རྙིང་ཞིབ་འཇུག》《གནའ་བོའི་རྫོ་རིང་ཡི་གེ་ཞིབ་འཇུག》སོགས་དངོས་གཞི་སློབ་མ་དང་ཞིབ་འཇུག་སློབ་མའི་སློབ་ཁྲིད་ལས་དོན་གཉེར་བའི་ཞོར་དུ་རྩོམ་པའི་ལས་ལ་ཞུགས་ཏེ། 《བོད་ཀྱི་རྩོམ་རིག་ལ་ཐུབ་པའི་སྐྱེས་རབས་ཀྱི་ཤན་ཞུགས་ཚུལ་གླེང་བ》ཞེས་པ་དང་། 《གངས་ལྗོངས་མི་རིགས་ཁག་གི་འབྲེལ་བ་བརྗོད་པ་གཟུར་གནས་ཡིད་ཀྱི་དགའ་སྟོན》《སྒྲུང་དཔྱད་སྙིང་གི་ལེགས་སྐྱེས》《བོད་ཡིག་རྫོ་རིང་ཞིབ་འཇུག》《བོད་བཙན་པོའི་དུས་ཀྱི་རྩོམ་རིག་ལོ་རྒྱུས》སོགས་དེབ་བརྒྱད་པར་སྐྲུན་འགྲེམ་སྤེལ་བྱས་ལ། 《ཁྲི་སྲོང་ལྡེ་བཙན་རྒྱ་ཚ་ཡིན་མིན་ལ་དཔྱད་པ》ཞེས་པ་དང་། 《འཇང་ས་ཐམ་ཡུལ་ནས་ཐོན་པའི་ཐུ་རྡོད་རྫོ་རིང་ཡི་གེར་དཔྱད་པ》《ལང་ཧྭའི་མཆོད་རྟེན་དཀར་པོ་གསར་དུ་བཅོས་པའི་དཀར་ཆག་རྫོ་རིང་ལ་དཔྱད་པ》《མཚོ་སྔོན་གཏེར་ལམ་ཛོང་གི་བོད་བཙན་པོའི་དུས་ཀྱི་བང་སོ་ཨང་གསུམ་པའི་རྫོ་རིང་ཡི་གེ་ལས་འཁྲོས་པའི་གཏམ》《གནམ་སྐྱོང་རྒྱལ་པོའི་བང་སོའི་རྡེག་རྫོས་ཀྱི་ཡི་

གེ་དང་རི་མོ་ལས་འཕྲོས་པའི་གཏམ》སོགས་བོད་རིག་པའི་དཔྱད་རྩོམ་བདུན་ཅུ་ལྷག《ཀྲུང་གོ་བོད་ཀྱི་ཤེས་རིག》དང་། 《བོད་ལྗོངས་ཞིབ་འཇུག》སོགས་དུས་དེབ་ཏུ་བཀོད་པར་མ་ཟད། དེ་དག་ལས་ཁག་ཅིག་ལ་ཞིང་ཆེན་དང་རྒྱལ་ཁབ་རིམ་པའི་བྱ་དགའ་ཐོབ། སློབ་ཁྲིད་ཐད་རྒྱལ་ཁབ་སློབ་གསོ་པུའུ་ཡི"མཐོ་རིམ་སློབ་གྲྭའི་ཕུལ་དུ་བྱུང་བའི་ན་གཞོན་དགེ་རྒན་གྱི་བྱ་དགའ"དང་། "རྒྱལ་ཁབ་རིམ་པའི་དགེ་རྒན་གྲགས་ཅན་གྱི་བྱ་དགའ"ཐོབ་མྱོང་། དེ་མིན་ཕྱི་གཞུག་ཏུ་ཨ་མེ་རི་ཁ་དང་། ཧོ་ལན། ཁ་ན་ཏ། ཧྥ་རན་སི། མོང་གོལ། ནོར་ཝེ། པེ་ཅིན་སོགས་རྒྱལ་ཁབ་དང་ས་ཁུལ་དུ་བསྐྱས་པའི་རྒྱལ་སྤྱི་རང་བཞིན་གྱི་བོད་རིག་པའི་རིག་གཞུང་གྲོས་ཚོགས་བཅུ་ལྷག་ཅིག་ལ་ཞུགས་ནས་རིག་གཞུང་དཔྱད་རྩོམ་སྒྲོག་སྤེལ་བྱས་མྱོང་། རྒྱུ་རྐྱེན་དེ་དང་དེར་བརྟེན་ནས་རྒྱལ་སྲིད་སྤྱི་ཁྱབ་ཁང་གི་དམིགས་བསལ་གྲོན་དངུལ་ལོངས་སྤྱོད་པའི་ཆེད་མཁས་ཀྱི་མཚན་སྙན་ཡང་ཐོབ། ད་ལྟ་མཚོ་སྔོན་མི་རིགས་སློབ་ཆེན་གྱི་བོད་རིག་པའི་སློབ་གླིང་དུ་རབ་འབྱམས་པ་དང་འབུམ་རམས་པར་སློབ་ཁྲིད་བྱེད་བཞིན་ཡོད།

འབའ་སྨད་རྒྱལ་ལོ་ཚེ་རིང་། རྒན་ལགས་ཀྱིས་བརྩམས་པའི《བོད་ཡིག་རྫོ་རིང་ཞིབ་འཇུག》ཅེས་པའི་དེབ་འདི་དང་འབྲེལ་ཁྱེད་ཉིད་ཐོག་མར་རྫོ་རིང་ཞིབ་འཇུག་ཕྱོགས་སུ་གོམ་པ་ཇི་ལྟར་སྤོས་པ་དང་། རྫོ་རིང་ཡི་གེར་ཞིབ་འཇུག་བྱེད་དགོས་དོན་ག་རེ་ཡིན་པ་གསུང་རོགས་གནང་།

ཚབ་འགག་རྡ་མགྲིན། དེ་ཡང་ང་རང་ནི་རང་བཞིན་གྱིས་ལོ་རྒྱུས་ལ་སྤྲོ་བ་ཅུང་ཟད་ཆེ་ཞིང་དེར་ངེས་ཤེས་འདྲོང་བའི་ཆེད་དུ་རང་ཤུགས་ཀྱིས་རྫོ་རིང་ཡི་གེ་འགའ་རེ་བསླགས་པ་དང་། ཁྱད་པར་དུ་རབ་འབྱམས་པའི་བསླབ་བྱ་མཐར་ཕྱིན་རྗེས། ཕྱི་གཞུག་ཏུ་དངོས་གཞི་སློབ་མ་དང་ཞིབ་འཇུག་སློབ་མར་བོད་ཀྱི་ལོ་རྒྱུས་དང་། རྩོམ་རིག་ལོ་རྒྱུས། བོད་ཀྱི་ཡིག་རྙིང་ཞིབ་འཇུག གནའ་བོའི་རྫོ་རིང་ཡི་གེ་ཞིབ་འཇུག

སོགས་སློབ་ཁྲིད་བྱས་པས། རྫོ་རིང་ཡི་གེ་སྔར་ལས་མང་པོ་ཞིག་བསྒྲགས་ནས་དེའི་གལ་ཆེན་རང་བཞིན་རྟོགས་པ་དང་ཆབས་ཅིག དེ་ལ་ཞིབ་འཇུག་བྱེད་པའི་སྤྲོ་བའང་དང་གིས་རྒྱས་ཤིང་ཞིབ་འཇུག་གི་ལས་ལ་ཞུགས་ནས《བོད་ཡིག་རྫོ་རིང་ཞིབ་འཇུག》ཅེས་པ་འབྲི་ཁྲུལ་བྱས་པ་ཡིན། དེའི་དགོས་དོན་ཡང་རྒྱལ་ཁབ་ཕྱི་ནང་དུ་བོད་ཡིག་གི་རྫོ་རིང་དང་རྫོ་བརྐོས་ཡི་གེ་བརྒྱ་ལྷག་ཅིག་ཡོད་མོད། འོན་ཀྱང་དེ་དག་ཡོད་དོ་ཅོག་ཕྱོགས་ཡོངས་ནས་འཚོལ་སྡུད་དང་། དག་སྒྲིག ལོ་རྒྱ། ཞིབ་འཇུག་བཅས་བྱས་པའི་བརྩམས་ཆོས་ཤིག་ད་ལྟའི་བར་མཐོང་ལམ་དུ་མ་གྱུར། བཙན་པོའི་དུས་སྐབས་ཙམ་གྱི་རྫོ་རིང་ཡི་གེ་ཁག་གཅིག་ངོ་བཤུ་ཕྱོགས་སྒྲིག་བྱས་པ་རེ་གཉིས་ཡོད་ཀྱང་ཆ་མི་ཚང་ལ་ནང་དོན་དངོས་ཀྱང་ངོ་སྤྲོད་ཙམ་ལས་ཞིབ་འཇུག་ཟབ་མོ་བྱས་མེད་པ་འདྲ། དེས་ན་ལོ་རྒྱུས་དུས་སྐབས་སོ་སོའི་བོད་ཡིག་གི་རྫོ་རིང་ཡི་གེ་རྣམས་འཚོལ་སྡུད་དང་། དག་སྒྲིག ལོ་རྒྱ། ཞིབ་འཇུག་བཅས་བྱེད་ཐུབ་པ་བྱུང་ན། བོད་ཀྱི་ལོ་རྒྱུས་དངོས་དང་རྫོ་རིང་ཡི་གེར་རྒྱུས་ལོན་དང་བརྗེད་ཡི་གེར་ངེས་ཤེས་རྣམ་དག་ཅིག་ལོན་པར་མཇུབ་མོས་རི་སྟོན་གྱི་ནུས་པ་ངེས་ཅན་འཐོན་པ་དང་། བོད་བརྒྱུད་ནང་བསྟན་གྱི་བྱུང་འཕེལ་ལོ་རྒྱུས་ལ་ངེས་ཤེས་འདྲོང་བ་དང་ཀྲུང་ཧྭའི་རིག་གནས་ཀྱི་གྲུབ་ཚུལ་ལ་ཞིབ་འཇུག་བྱེད་པ། མི་རིགས་ཆོས་ལུགས་ཀྱི་སྲིད་ཇུས་གཏན་ལ་འབེབས་པ་སོགས་ལ་དངོས་ཡོད་ཀྱི་དོན་སྙིང་གལ་ཆེན་ལྡན་ཞིང་། རྫོ་རིང་ཡི་གེ་འཚོལ་སྡུད་ཞིབ་འཇུག་དང་དེའི་རིག་ཚན་དར་སྤེལ་བྱེད་པར་སྐུལ་འདེད་ཀྱི་ནུས་པ་ཆེན་པོ་འཐོན་ངེས་པ་བཅས་ལ་དམིགས་པ་ཡིན།

འབའ་སྨད་རྒྱལ་མོ་ཚེ་རིང་། ཁྱེད་ལགས་ནི་རྫོ་རིང་གི་སྐོར་ལ་ཆེད་དུ་ཞིབ་འཇུག་བྱེད་མཁན་གྱི་ཆེད་མཁས་པ་ཞིག་ཡིན་པས་གཞན་གྱིས་བོད་ཡིག་རྫོ་རིང་གི་སྐོར་ལ་ཞིབ་འཇུག་བྱས་པའི་གནས་བབ་དང་སྒྲུགས་རྫོ་རིང་གི་རིན་ཐང་ལྟ་ཚུལ་ཅུང་གསུང་རོགས་ཞུ།

ཚབ་འགག་རྟ་མགྲིན། བོད་བཙན་པོའི་དུས་ཀྱི་རྡོ་རིང་ཡི་གེ་ལ་དུས་སྐབས་སོ་སོའི་ཕྱི་ནང་གི་མཁས་པ་རྣམས་ཀྱིས་དོ་སྣང་དང་ཐུགས་མཉམ་མཛད་ནས། ངོ་བཤུ་དང་ཞིབ་འཇུག་གནང་མྱོང་བ་རེད། དེ་ཡང་རྗེ་སྲས་བཀྲ་ཤིས་ཚེ་རིང་ལགས་ཀྱིས་མཛད་པའི《བོད་བོད་ཡུལ་ན་སྐྱིད། རྒྱ་རྒྱ་ཡུལ་ན་སྐྱིད་པའི་སྲིད་ཆེན་པོ་སྲུར་ནས་གཙིགས་བཅས་པ་སོགས་ལས་འཕྲོས་པའི་རྡོ་རིང་དང་བཀའ་གཙིགས་ཀྱི་ཡི་གེ་རྣམས་སྤྱར་དུ་སྒྲུན་པའི་གསལ་བཤད་སྐལ་བ་ཡར་དར་བཞུགས》ཞེས་པ་ལས། "སྤུ་མོའི་བོད་མི་སྐྱ་སེར་བློ་རིག་ཅན་དག་གིས་འཕྲུལ་གྱི་ལྷ་བཙན་པོ་རྣམས་ཀྱིས་བརྐོས་བྲིས་རྡོ་རིང་རྣམས་ཀྱི་འབྲུ་དོན་ཞལ་བཤུས་བགྱིས་པའང་བྱུང་འདུག་སྟེ། སྲས་ཡུལ་མཁའ་སྤྱོད་འབྲས་མོ་ལྗོངས་ཀྱི་ནང་བློན་༧མི་རྗེ་འབའ་ཉག་ཨ་ཐིང་གདན་ས་པ་བཀྲ་ཤིས་དགྲ་འདུལ(1902—1988)མཆོག་གིས་གཅེས་གསོག་བགྱིས་པའི་སྐུ་སྐོར་དཔེ་མཛོད་ནང་བཞུགས་སུ་གསོལ་བའི་'སྲོང་བཙན་བང་སོའི་རྡོ་རིང་གི་ཡི་གེ། འཕྱོངས་རྒྱས་སྟག་རྩེ་ཟམ་སྟེའི་རྡོ་རིང་གི་ཡི་གེ། ར་ས་འཕྲུལ་སྣང་གི་རྡོ་རིང་ཡི་གེ། སྐར་ཆུང་རྡོ་རིང་གི་ཡི་གེ། རྐོང་པོའི་རྡོ་རིང་ངམ། ཁྲི་སྲོང་ལྡེ་བཙན་ཡབ་སྲས་ཀྱི་རིང་ལ་རྐོང་དཀར་པོ་རྗེ་ལ་གཙིགས་གནང་སྐོར་བཅས་ལ་འབྲུག་ཡིག་བྲིས་རྙིང་ཤོག་ལྡེབ་4+2+1བཞུགས་ཕྱོངས་ར་ས་འཕྲུལ་སྣང་གི་རྡོ་རིང་ཡི་གེའི་ཤོག་ལྡེབས་བཞི་པའི་རྒྱབ་གཟིགས་ནང་'དེ་ལྟར་ན་རྡོ་རིང་ཆུ་ཡོས་ལོ་ལ་བཙུགས་ནས། ད་ལྟའི་ཆུ་སྟག་བར་ལོ་ལྔ་བརྒྱ་དང་དགུ་བཅུ་རྩ་དགུ་འགྲོའོ། །' ཞེས་རྡོ་རིང་ངོ་བཤུས་བྱས་པའི་ལོ་ཚིགས་དེ་རབ་བྱུང་བདུན་པའི་ཆུ་སྟག །སྤྱི་ལོ་1422ལོར་འཁེལ།" ཞེས་པ་ལྟར་ན། ད་ལྟའི་བར་ལོ་དྲུག་བརྒྱ་ཙམ་ཕྱིན་པའི་སྤྱི་ལོ་1422ལ་བོད་བཙན་པོའི་དུས་ཀྱི་རྡོ་རིང་ཡི་གེ་ངོ་བཤུ་བྱས་མྱོང་བ་དང་། དེ་ནས་རིམ་བཞིན་ཀཿཐོག་རིག་འཛིན་ཚེ་དབང་ནོར་བུ་དང་། རི་ཆའ་སན། ཕྲང་ཡའོ་དང་བསོད་ནམས་སྐྱིད། ཝིས་ཕང་ཀུན། པ་ཚབ་པ་སངས་དབང་

འདུས་སོགས་ཀྱིས་བོད་བཙན་པོའི་དུས་ཀྱི་རྫོ་རིང་ཡི་གེ་ངོ་བཤུ་དང་དཔར་མཆན་འགོད་པ། ཚིག་དོན་གོ་བདེར་འབེབས་པ། ལོ་ཚིགས་གཏན་ལ་འབེབས་པ། མ་ཡིག་དག་བཤེར་བྱེད་པ། རྫོ་རིང་གི་ཆེ་ཆུང་དང་གནས་ཡུལ་ངོ་སྤྲོད་པ་བཅས་བྱས་པས། སྐབས་དེའི་རྫོ་རིང་ཡི་གེ་སྲུང་སྐྱོབ་བྱས་པར་མ་ཟད། རྫོ་རིང་ཡི་གེ་དེ་དག་ཕྱོགས་ཡོངས་ནས་ཕྱོགས་བསྡུས་ཞིབ་འཇུག་བྱེད་པར་རྨང་གཞི་བརྟན་པོ་བཏིང་བ་དང་། རྫོ་རིང་ཡི་གེ་དེ་དག་ལ་གོ་བ་རྣམ་དག་ལོན་པར་འཁྲིད་སྟོན་གྱི་ནུས་པ་ཐོན་ཅིང་བོད་ཀྱི་ལོ་རྒྱུས་ཡིག་ཚགས་ལ་ཞིབ་འཇུག་བྱེད་པར་ཡིག་ཆ་ཁུངས་ཐུབ་མཁོ་སྤྲོད་བྱས་པ་ཡིན་པས་ན་དངོས་གནས་བཀའ་དྲིན་ཤིན་ཏུ་ཆེ་བ་ཡིན། དེས་ན་ང་ཚོ་ཕྱི་རབས་པ་དག་གི་འགན་དུ་བབ་པ་ནི་རྫོ་རིང་དེ་དག་གི་ནང་དོན་དངོས་ལ་ཕྱོགས་ཡོངས་ནས་ཞིབ་འཇུག་བྱས་ནས་སྐབས་དེའི་ལོ་རྒྱུས་ངོ་མ་རྒྱུས་ལོན་པར་བྱེད་པ་དང་། ཡི་གེའི་སྦྱོར་བ་དང་བརྡ་སྤྲོད་ཀྱི་ཆོས་ཉིད་ལ་ཞིབ་འཇུག་ཟབ་མོ་བྱས་ནས་བོད་ཀྱི་སྐད་དང་ཡི་གེའི་འཕེལ་འགྱུར་དངོས་རྟོགས་པར་བྱེད་ཅིང་། རྫོ་རིང་ཡི་གེའི་རྩོམ་སྟངས་ལ་ཞིབ་འཇུག་ལེགས་པོ་བྱས་ནས་དེང་གི་རྩོམ་པ་ལ་ཕན་པའི་ལེགས་ཆ་སྡུད་ལེན་བྱེད་རྒྱུ་དེ་ཡིན་པར་ངེས།

རྫོ་རིང་ཡི་གེའི་རིན་ཐང་ཡང་འདི་ལྟར། ད་ལྟ་བདག་གིས་འཚོལ་སྡུད་དག་སྒྲིག་བྱས་པའི་རྫོ་རིང་ཡི་གེ་བརྒྱ་ལྷག་ཅིག་ཡོད་པ་ལས་ཕལ་ཆེ་བ་བཙན་པོ་རྒྱལ་རབས་དུས་ནས་མིན་གོ་སྲིད་གཞུང་བར་གྱི་བཙན་པོའམ་གོང་མའི་སྲིད་གཞུང་དང་། དགོན་སྡེ་སོ་སོའི་ངོས་ནས་མཛད་པའི་གཞུང་ཡིག་དངོས་ཏེ། ལོ་རྒྱུས་དུས་སྐབས་སོ་སོའི་དོན་རྐྱེན་སྐབས་དེ་རང་གི་སྲིད་གཞུང་དང་དགོན་སྡེས་སྐབས་དེའི་སྐད་དང་ཡི་གེར་བཀོད་ཅིང་ཕྱི་རབས་པའི་བཙོས་སླད་མ་འདྲེས་པས། ལོ་རྒྱུས་ཀྱི་རིན་ཐང་དང་། ཡིག་ཚགས་ཀྱི་རིན་ཐང་། རིག་རྩལ་གྱི་རིན་ཐང་ཆེན་པོ་ལྡན་ཞིང་། བོད་ཀྱི་ཆོས་སྲིད་ཟུང་གི་ལོ་རྒྱུས་དང་། སྐད་དང་ཡི་གེའི་འཕེལ་

འགྱུར། དུས་རབས་སོ་སོའི་བཙན་པོའམ་གོང་མ་དང་ནང་བསྟན་པར་གྱི་འབྲེལ་བ། རྒྱ་བོད་ལོ་རྒྱུ་སོགས་ལ་ཞིབ་འཇུག་བྱེད་པའི་ཡིག་ཚགས་རིན་ཐང་བྲལ་བ་ཞིག་ཡིན་ལ། ལོ་རྒྱུས་ཀྱི་དཀའ་གནད་ཐག་གཅོད་པའི་ཁུངས་ལུང་ཚད་མ་ཡིན་པར་མ་ཟད། ལོ་རྒྱུས་བསྟན་བཅོས་དང་ཞིབ་འཇུག་གྲུབ་འབྲས་ཀྱི་ལྟ་བ་དག་མིན་ལ་དཔྱད་བརྗོད་བྱེད་པའི་ཚད་གཞི་ཞིག་ཀྱང་ཡིན་པར་ངེས།

འབའ་སྨད་རྒྱལ་ལོ་ཆེ་རིང་། བོད་བཙན་པོའི་དུས་སུ་བྱུང་བའི་རྡོ་རིང་ག་ཚོད་ཡོད་དམ། དེ་དག་གི་ཁྱད་ཆོས་རགས་ཙམ་གསུང་རོགས་ཞུ།

ཆབ་འགག་རྟ་མགྲིན། ད་ལྟ་མིག་ཐོགས་ལག་ཟིན་དུ་གྱུར་པའི་བོད་བཙན་པོའི་དུས་ཀྱི་རྡོ་བརྐོས་ཡི་གེ་བསྡོམས་པས་སུམ་ཅུ་ཙམ་ཡོད་ཅིང་། དེ་ལས་རྡོ་རིང་ཚད་མ་བཅོ་ལྔ་ཡོད། དེ་དག་སྤྱིར་ཁྱབ་པའི་ཁྱད་ཆོས་གཙོ་བོ་འདི་ཙམ་ཡོད་དེ།

1. བོད་བཙན་པོའི་དུས་ཀྱི་རྡོ་རིང་ཡི་གེ་ནི་དུས་སྐབས་དེ་རང་གི་བྱུང་བ་དུས་སྐབས་དེའི་བཙན་པོ་སྲིད་གཞུང་གིས་ཞིབ་དཔྱད་ཡང་ཡང་བྱས་ནས་བྲིས་པ་དང་། རྗེས་རབས་པའི་སྒྲོ་སྐུར་སོགས་བཅོས་སླད་ཅི་ཡང་མ་འདྲེས་པས་ལོ་རྒྱུས་ཀྱི་ཁུངས་དག་པ་ཡིན།

2. བོད་བཙན་པོའི་དུས་ཀྱི་རྡོ་རིང་ཡི་གེ་ནི་སྐབས་དེའི་བཙན་པོ་སྲིད་གཞུང་གི་བཀའ་ཚོད་རྡོ་རིང་གི་ངོས་དང་དྲིལ་སྒྲོག་གི་དགོས་མཁོ་ལྟར་མདོ་དོན་བསྡུས་ནས་བྲིས་པ་ཡིན་པས། ཚིག་གི་སྦྱོར་བ་ཚགས་དམ་ཞིང་གཅོད་མཚམས་གསལ་ལ། ཉག་ཉོག་ཚིག་གི་ལོ་མས་མ་བསྒྲིབས་ཤིང་ཟབ་མོ་དོན་གྱི་འབྲས་བུ་མངོན་པར་གསལ་བ་རེད།

3. བོད་བཙན་པོའི་དུས་ཀྱི་རྡོ་རིང་ཡི་གེ་ནི་སྐབས་དེའི་བཙན་པོའི་སྲིད་གཞུང་གི་བཀའ་ཚོད་དངོས་ཡིན་ཞིང་། སྐབས་དེའི་བཙན་པོའི་རྒྱལ་རབས་ནི་སྟོབས་འབྱོར་མངའ་ཐང་དར་ཞིང་རྒྱས་པའི་ཐང་རྒྱལ་རབས་ཀྱི་འཐབ་པའི་ཟླ་

དང་གྲོགས་ཀྱི་དོར་གྱུར་པས། རྡོ་རིང་ཡི་གེའི་ཚིག་གི་རྣབས་མཐོ་ཞིང་དོན་ལ་ཚོད་སྟོབས་ཆེ་ལ། སྤོབས་པའི་གཟེངས་མཐོ་ཞིང་བརྗིད་པའི་ཉམས་ཀྱིས་ཁེངས་པ་སྟེ། བཙན་པོའི་རྒྱལ་རབས་ཀྱི་ཟིལ་ཤུགས་དང་བརྗིད་ཉམས་མངོན་ཡོད།

4. བོད་བཙན་པོའི་དུས་ཀྱི་རྡོ་རིང་ཡི་གེ་ནི་དུས་སྐབས་དེ་རང་གི་སྐད་དང་ཡི་གེས་བྲིས་ཤིང་། ཡི་གེ་འབྲི་སྟངས་ཐད་མིང་གཞི་རྐྱང་པ་ལ་མཐའ་རྟེན་འ་ཡིག་སྦྱོར་བ་དང་གི་གུ་ཕྱིར་ལོག་མང་བ། མིང་གཞི་ཡི་གེ་དང་རྗེས་འཇུག་སོགས་ལ་འཇུག་པའི་སྐབས་སུ་རང་སྡེ་པའི་ནང་གསེས་སུ་བརྗོད་པར་གང་བདེ་འབྲི་བ། མིང་གཞི་ཡི་གེ་མ་ལས་གྲུབ་པའི་མིང་དང་དགག་སྒྲར་ཡ་བཏགས་སྦྱོར་བ། རྗེས་འཇུག་ན་ར་ལ་གསུམ་གྱི་རྗེས་སུ་ཡང་འཇུག་ད་དྲག་འབྲི་བ། ས་ལ་ཙ་དང་ཏ་འདོགས་པ། སྔོན་འཇུག་མགོ་ཅན་དུ་འབྲི་བ་དང་། རྗེས་འཇུག་དང་ཡང་འཇུག་འདོགས་ཅན་དུ་འབྲི་བ། རྗེས་འཇུག་གམ་ཡང་འཇུག་ས་ཡི་རྗེས་ཀྱི་ལྷག་བཅས་ཀྱི་ཐད་"ཏེ"རྟག་ཏུ་རྗེས་འཇུག་གམ་ཡང་འཇུག་གི་འོག་ཏུ་འབྲི་བ་སོགས་དུས་རབས་ཀྱི་ཁྱད་ཆོས་མངོན་པར་གསལ་བ་ཡིན།

འབའ་སྨད་རྒྱལ་ལོ་ཚེ་རིང་། བོད་ཀྱི་རྡོ་རིང་གི་ངོ་བཤུས་ཐོག་མ་དེ་སུ་ཞིག་གིས་བཤུས་ཤིང་། དེའི་དཔེ་རྒྱུན་ད་ལྟ་བཞུགས་ཡོད་དམ།

ཆབ་འགག་རྡ་མགྲིན། བོད་བཙན་པོའི་དུས་ཀྱི་རྡོ་རིང་ཡི་གེ་ཐོག་མར་ངོ་བཤུ་བྱེད་མཁན་སུ་ཡིན་གསལ་པོར་ཤེས་དཀའ་སོད། གོང་དུ་དྲངས་ཟིན་པ་སྟེ། རྫོ་སྲས་བཀྲ་ཤིས་ཚེ་རིང་ལགས་ཀྱིས་མཛད་པའི《རྡོ་རིང་དང་བཀའ་གཙིགས་ཀྱི་ཡི་གེ་རྣམས་པར་དུ་བསྒྲུན་པའི་གསལ་བཤད》དུ་བཀོད་པ་ལྟར་ན། ད་ལྟའི་བར་ལོ་ངོ་དྲུག་བརྒྱ་ཙམ་ཕྱིན་པ་སྟེ། སྤྱི་ལོ་1422ལ་བོད་མི་བློ་རིག་ཅན་རྣམས་ཀྱིས《སྲོང་བཙན་བང་སོའི་རྡོ་རིང་ཡི་གེ》དང་། 《འཕྱོངས་རྒྱས་སྟག་རྩེ་ཟམ་སྣེའི་རྡོ་རིང་ཡི་གེ》《ར་ས་འཕྲུལ་སྣང་གི་རྡོ་རིང་ཡི་གེ》《སྐར་ཆུང་རྡོ་རིང་གི་ཡི་གེ》《རྐོང་

པོའི་རྗེ་རིང་ཡི་གེ》སོགས་ངོ་བཤུ་བྱས་སྒྲོང་བ་དང་། དེའི་དཔེ་རྒྱུན་ད་ལྟ་འབྲས་ལྗོངས་ཀྱི་ནང་བློན་མི་རྗེ་འབའ་ཉག་ཨ་ཐིང་གདན་ས་པ་བཀྲ་ཤིས་དགྲ་འདུལ་མཆོག་གིས་གཅེས་གསོག་བགྱིས་པའི་སྐུ་སྒེར་དཔེ་མཛོད་དུ་བཞུགས་ཡོད་པ་རེད།

འབའ་སྐད་རྒྱལ་ལོ་ཆེ་རིང་། བོད་བཙན་པོའི་དུས་ཀྱི་རྗེ་རིང་ལས་སྒེར་རམ་ས་གནས་ཀྱི་སྲིད་གཞུང་གི་ངོས་ནས་བཙུགས་པའི་རྗེ་རིང་ཡོད་དམ། མཚོ་སྔོན་གཏེར་ལམ་རྫོང་གི་བོད་བཙན་པོའི་དུས་ཀྱི་བང་སོ་དང་པོ་དང་གསུམ་པའི་རྗེ་རིང་ལྟ་བུ་ནི་བཙན་པོ་སྲིད་གཞུང་གི་ངོས་ཐད་ནས་བཙུགས་སམ། ས་གནས་སྲིད་གཞུང་གི་ངོས་ནས་བཙུགས་པ་ཞིག་ཡིན།

ཆབ་འགག་རྟ་མགྲིན། གོང་དུ་བཤད་པ་ནང་བཞིན་བོད་བཙན་པོའི་དུས་ཀྱི་རྗེ་རིང་ཡི་གེ་ཕལ་ཆེ་བ་ནི་བཙན་པོ་སྲིད་གཞུང་དང་བཙན་པོ་སྲིད་གཞུང་གི་བཀའ་བཀོད་ལྟར་ས་གནས་སྲིད་གཞུང་གིས་བཙུགས་པ་ལས་མི་སྒེར་གྱི་ངོས་ནས་བཙུགས་པ་མེད་ལས་ཆེ། ཡང་གཅིག་བཤད་ན། 《རྒྱལ་པོ་བཀའ་ཐང》དུ་བཀོད་པ་ལྟར་ན། བོད་བཙན་པོའི་དུས་སྐབས་སུ་མི་སྒེར་གྱིས་གང་འདོད་འདོད་དུ་རྗེ་རིང་བཞེངས་ཆོག་པ་ཞིག་མ་རེད། སྲིད་གཞུང་ལ་རྗེ་རིང་བཞེངས་པའི་དགོས་པ་བྱུང་ཚེ། ཐོག་མར་བློན་འབངས་རྣམས་ཀྱིས་རྗེ་རིང་བཟོ་བར་འོས་པའི་རྡོ་འཚོལ་བ་དང་། རྡོ་བཙལ་ནས་རྙེད་རྗེས་བཙན་པོའི་སྤྱན་སྔར་དྲངས་ནས་རྡོའི་ཆེ་ཆུང་དང་ཁ་དོག་འོས་མིན། རྒྱ་སྤུས་བཟང་ངན་སོགས་ལ་གཟིགས་སུ་འཇུག་དགོས། བཙན་པོས་གཟིགས་ནས་ཚིག་མཆན་བཀོད་རྗེས། ད་གཟོད་རྡོ་བཟོ་རིག་པ་ཅན་རྣམས་ཀྱིས་བརྐོ་བཟོ་བྱེད་དགོས་པ་རེད། དེ་ལྟར་རྗེ་རིང་ལེགས་པར་བཟོས་ནས་བཙུགས་རྗེས་ད་དུང་བློན་འབངས་རྣམས་ལྷན་གཅིག་ཏུ་འཚོགས་ཤིང་ལོ་པཎ་དང་གྲུབ་ཐོབ་བླ་མཆོད་རྣམས་ཀྱིས་རབ་གནས་མཛད་དེ་དགྱེས་སྐྱེམས་སྟོན་མོ་བྱ་དགོས་པ་རེད། དེས་ན་སྐབས་འདིར་རྗེ་རིང་བཞེངས་པར་བརྒྱུད་རིམ་ཆ་ཚང་དང་སྒྲིག་སྲོལ་

གཟབ་ནན་ཞིག་ཡོད་པས། མི་སྙེར་གྱིས་འཇུགས་མི་སྲིད་ལ་འཇུགས་པའི་དགོས་པའང་ཆེར་མེད་པར་སྙམ། གཏེར་ལམ་བང་སོ་ཆེན་པོ་ཨང་དང་པོའི་འདབས་སུ་མཐོང་བའི་རྡོ་རིང་ནི་བཙན་པོ་ཁྲི་སྲོང་ལྡེའུ་བཙན་གྱི་བཙུན་མོ་མཆིམས་བཟའ་ལྷ་མོའི་བང་སོ་རྡོ་རིང་ཡིན་པ་དང་། ཕྱུ་སྡོད་བང་སོ་གསུམ་པ་ནས་ཐོན་པའི་རྡོ་རིང་ནི་སློན་པོ་ཤེའུ་ཡི་བང་སོ་རྡོ་རིང་ཡིན་པས། བཙན་པོ་སྲིད་གཞུང་དང་ཡང་ན་བཙན་པོ་སྲིད་གཞུང་གི་བཀའ་བཀོད་ལྟར་ས་གནས་སྲིད་གཞུང་གིས་བཙུགས་པར་ངེས། རྒྱུ་མཚན་ནི། སྐབས་དེར་བཙན་པོའི་བཙུན་མོ་དང་བློན་པོ་སྐུ་གྲོངས་ན་བླ་ནས་བང་སོ་བརྩིག་པར་མ་ཟད། དེའི་དཀར་ཆག་གི་རྡོ་རིང་ཡང་འཇུགས་པའི་སྲོལ་ཡོད་པ་འཇང་ས་ཐམ་ཀོ་ཅིའི་རྡོ་རིང་དང་ལྡོ་བྲག་གི་བྲག་བརྐོས་ཡི་གེ་སོགས་ལས་གསལ་བས་སོ། །

འབའ་སྨད་རྒྱལ་ལོ་ཚེ་རིང་། རྩེ་ཞོལ་རྡོ་རིང་ཕྱི་མ་དེའི་ངོ་བཤུས་ཤིག་དགའ་ལྡན་ཕོ་བྲང་གི་དུས་སྐབས་སུ་ཡོད་པ་ཐོས་པས་དེའི་སྐོར་ནས་སློབ་སྟོན་གནང་རོགས།

ཆབ་འགག་རྟ་མགྲིན། སྤྱིར་བོད་བཙན་པོའི་དུས་ཀྱི་རྡོ་རིང་ཡི་གེ་མང་པོ་ཞིག་ནི་སྐབས་དེའི་བཙན་པོ་དང་བཙན་པོ་སྲིད་གཞུང་གིས་གཙིགས་གནང་བའི་ནང་དོན་རྡོ་རིང་གི་ངོས་དང་དྲིལ་སྒྲོག་གི་དགོས་མཁོ་ལྟར་མདོ་ཙམ་བསྡུས་ནས་རྡོ་རིང་ངོས་སུ་བཀོད་པ་ཡིན་པས་ན། རྡོ་རིང་དེ་དག་གི་ཡི་གེ་ཕྱི་མོ་རྣམས་ཕྱག་རྒྱས་བཏབ་ནས་བཙན་པོ་སྲིད་གཞུང་གི་ཡིག་མཛོད་དང་གཙུག་ལག་ཁང་སོ་སོར་འཇོག་པའི་སྲོལ་ཡོད་པས། ཞོལ་རྡོ་རིང་ཕྱི་མའི་ཡི་གེ་ཕྱི་མོ་ཞིག་ཀྱང་བོད་བཙན་པོའི་དུས་ནས་ཉར་ཚགས་བྱས་ཡོད་པར་ངེས། དགའ་ལྡན་ཕོ་བྲང་དུས་སྐབས་སུ་ངོ་བཤུ་བརྒྱབ་པའི་ཞོལ་རྡོ་རིང་ཕྱི་མའི་ཡི་གེ་ཞིག་ཡོད་པའི་སྐད་ཆ་ཐོས་པ་ལས་ཡི་གེ་ངོ་མ་མཐོང་མ་མྱོང་མོད། རྡོ་རིང་དེ་དང་ཐོག་ཕྱི་ཞེས་པའི་ས་ཆར་བཙུགས་

ཡོད་ཀྱང་ཕྱིས་སུ་དགའ་ལྡན་ཕོ་བྲང་གི་དུས་སྐབས་ལ་ཕོ་བྲང་པོ་ཏ་ལའི་ཐང་ཆེན་དུ་སྤོས་པ་བདེན་པ་ཡིན་ན་དེ་ལ་དགོས་པ་ངེས་ཅན་ཞིག་ཡོད་པ་ཁོ་ཐག་ཡིན་པས། རྡོ་རིང་ཡི་གེ་ཆ་ཚང་དུ་ང་བཤུ་བརྒྱབ་ཡོད་པ་སྨོས་མ་དགོས། རྒྱུ་མཚན་ནི། རྡོ་རིང་དེའི་ངོས་ཀྱི་ཡི་གེ་བརླག་དགོས་ན་བསམ་བཞིན་ཐབས་སྣ་ཚོགས་སྤྱད་ནས་ང་བཤུ་མ་བརྒྱབ་ན་རྡོ་རིང་མཐོ་དྲགས་ཤིང་ཡི་གེ་ཆུང་བས་བརླག་ཐབས་བྲལ་ལ། རྡོ་རིང་ངོས་སུ་ཅི་ཞིག་འཁོད་པའི་དོན་མ་གོ་བར་རྡོ་རིང་དེ་འདྲ་ཆེན་པོ་ཞིག་དཀའ་བ་སྤྱད་ནས་གནས་དེར་སྤོར་དགོས་དོན་མེད་པས་སོ། །

འབའ་སྨད་རྒྱལ་ལོ་ཚེ་རིང་། རྩེ་ཞོལ་རྡོ་རིང་ཕྱི་ནང་གཉིས་པོ་ཚལ་གྱི་ཀྲིའི་ལུང་པ་ནས་སྤོས་ཡོང་བའི་ཡིག་ཆ་དེའི་ཁུངས་དངོས་གང་ལ་བྱེད་དམ།

ཆབ་འགག་རྟ་མགྲིན། དེ་ལྟར་འཆད་མཁན་ཡོད་མོད། ད་སྔ་ཡིད་རྟོན་རུང་བའི་ལོ་རྒྱུས་ཡིག་ཆ་མཐོང་མ་སོང་། སྤྱི་ལོ1434ཙམ་ལ་དཔལ་འབྱོར་བཟང་པོས་མཛད་པའི《རྒྱ་བོད་ཡིག་ཚང་ཆེན་མོ》ལས། "རྗེ(ཁྲི་སྲོང་ལྡེའུ་བཙན)དེའི་བློན་པ་ནི། མགོས་ཁྲི་བཟངས་ཡབ་ལྷག དབས་རྒྱལ་ཏོ་རེ། ཁྲི་གསུམ་རྗེ་རྟག་སྣ། གཉེར་སྟག་བཙན་ལྡོང་གཟིག་ལ་སོགས་པས་འཛངས་ཀྱིས་ལས་ཐབས་བྱས། ཞང་རྗེ་རྒྱལ་གཟིགས་དང་། སྟག་སྒྲ་ཀླུ་གོང་གིས་ཕྱིའི་དགྲ་བཏུལ། རྒྱ་བཀྲ་ཤིས་ཁྲི་སྒོ་ཕབ་པ་ལ་སོགས་ཀྱི་ལོ་རྒྱུས། ཕྱིའི་རྡོ་རིང་ལ་བྲིས་ཡོད་དོ། །"ཞེས་འཁོད་པ་ལྟར་ན་སྟག་སྒྲ་ཀླུ་གོང་གི་མཛད་རྗེས་འཁོད་པའི་ཞོལ་རྡོ་རིང་ཕྱི་མ་དེ་དང་ཐོག"ཕྱི"ཞེས་པའི་ས་ཆར་བཙུགས་ཡོད་པ་དང་། ཡང་ན་དཔལ་འབྱོར་བཟང་པོས《རྒྱ་བོད་ཡིག་ཚང་ཆེན་མོ》རྩོམ་དུས་ཞོལ་རྡོ་རིང་ཕྱི་མ་དེ་ཕོ་བྲང་པོ་ཏ་ལའི་ཞོལ་ལྷུགས་རིའི་ཕྱི་རོལ་གྱི་ཐང་ཆེན་དུ་སྤོས་ཡོད་ལས་ཆེ།

འབའ་སྨད་རྒྱལ་ལོ་ཚེ་རིང་། ཀྲིའི་ལུང་པར་རྡོ་རིང་གཤོག་པ་ཅན་ཞེས་བོད་ཀྱི་ཡི་གེ་མེད་པའི་རྡོ་རིང་རིང་ཤོས་ཤིག་ཡོད་པ་དེའི་ལོ་རྒྱུས་གསུང་རོགས།

ཆབ་འགག་རྟ་མགྲིན། ཚལ་གྱི་ཀྱིའི་ལུང་པའི་ཕྱོགས་སུ་རྫོ་རིང་གཞོག་པ་ཅན་ཞེས་ཡི་གེ་མེད་པའི་རྫོ་རིང་ཞིག་ཡོད་པ་མཐོང་སྐྱོང་མོད། དེའི་ལོ་རྒྱུས་གསལ་པོ་མི་ཤེས།

འབའ་སྨད་རྒྱལ་ལོ་ཚེ་རིང་། འཇང་ས་ཐམ་ཀོ་ཙིའི་རྫོ་རིང་ལས་འཕྲོས་ཏེ་འཇང་ས་ཐམ་དང་བོད་སྲིད་གཞུང་གི་འབྲེལ་བའི་སྐོར་རགས་ཙམ་གསུང་རོགས་ཞུ།

ཆབ་འགག་རྟ་མགྲིན། འཇང་ས་ཐམ་ཀོ་ཙིའི་རྫོ་རིང་ངོས་སུ་མཚོ་ཏྲུམ་ལོང་ལ་ཞེས་པའི་ཡུལ་ཁམས་རྣམས་ཐོག་མར་ཐང་རྒྱལ་རབས་ཀྱི་མངའ་འབངས་ཡིན་ཡང་ཕྱིས་སུ་ཐང་རྒྱལ་རབས་དེ་དུས་གཏན་གྱི་རྒྱལ་པོར་བསྟེན་མི་འོས་པར་བསམས་ནས། བོད་བཙན་པོ་ཁྲི་ལྡེ་གཙུག་བརྟན་དང་ཁྲི་སྲོང་ལྡེའུ་བཙན་ཡབ་སྲས་ལ་བློ་ཉེ་བར་བྱས་ཤིང་བློན་ཆེན་པོ་སྐྱེས་བཟང་ལ་ཕྱག་འཚལ་ནས་མགོ་བཏགས་པས། བོད་ཀྱི་བཙན་པོ་ཡབ་སྲས་ཀྱིས་ཀྱང་ཞལ་གྱིས་བཞེས་ཤིང་ཕོ་ཆེད་ཟང་མར་ནི་ལ་གསེར་གྱི་ཡི་གེ་ཆེན་པོ་བསྐྱལ་ཅིང་མཚོ་ཏྲུམ་ལོང་ལ་ས་ཁུལ་གྱི་མི་ཕལ་མོ་ཆེ་ལ་གཙང་ཆེན་ཞེས་པའི་དཔོན་གནས་ཐོབ་ཐང་བསྐྱལ་བ་ལ་ཕོ་ཆེད་ཟང་མར་ནི་དེ་དགུང་ལོ་དགུ་བཅུར་བཞུགས་ནས་སྐུ་གྲོངས་པར་ཆེད་དུ་བང་སོ་བརྩིགས་ཞེས་བཀོད་པ་ལྟར་ན། བཙན་པོ་ཁྲི་ལྡེ་གཙུག་བརྟན་ཡབ་སྲས་ཀྱི་རིང་ལ་འཇང་ས་ཐམ་པ་རྣམས་བཙན་པོ་རྒྱལ་རབས་ཀྱི་འབངས་རྣལ་མར་གྱུར་པས། དེ་དང་བོད་ཀྱི་འབྲེལ་བའང་བཙན་པོ་སྲིད་གཞུང་དང་ཁོངས་གཏོགས་རྒྱལ་ཕྲན་བར་གྱི་འབྲེལ་བར་གྱུར་ཡོད།

འབའ་སྨད་རྒྱལ་ལོ་ཚེ་རིང་། སྤྱི་ཏི་ན་ཡོད་པའི་ལྷ་མ་བླ་མ་ཡེ་ཤེས་འོད་ཀྱི་རྫོ་རིང་དང་དེའི་ནང་དོན་ཅི་ཡིན།

ཆབ་འགག་རྟ་མགྲིན། རྫོ་རིང་དེའི་ངོས་ཀྱི་ཡི་གེ་མང་པོ་མི་གསལ་བས། ནང་དོན་ཆ་ཚང་བཤད་དཀའ་མོད། གཙོ་བོར་ལྷ་བླ་མ་ཡབ་སྲས་ཀྱི་རིང་ལ་སངས་རྒྱས་ཀྱི་ཆོས་དར་ཞིང་ཆབ་སྲིད་ཀྱི་མངའ་ཁོངས་རྒྱ་བསྐྱེད་ཚུལ་བསྟན་ཡོད།

འབའ་སྐད་རྒྱལ་ལོ་ཆེ་རིང་། མིང་རྒྱལ་རབས་དང་ཆིང་རྒྱལ་རབས་ཀྱི་སྐབས་སུ་བཙུགས་པའི་རྡོ་རིང་ལས་ལོ་རྒྱུས་ཀྱི་རིན་ཐང་ཆེས་ཆེར་ལྡན་པའི་རྡོ་རིང་ནི་གང་ལྟ་བུ་ཡིན་ནམ།

ཆབ་འགག་ཧ་མགྲིན། ད་ལྟ་བདག་གིས་འཚོལ་སྡུད་དག་སྒྲིག་བྱས་པའི་མིང་རྒྱལ་རབས་ཀྱི་རྡོ་རིང་ཡི་གེ་བཅུ་གཅིག་དང་། ཆིང་རྒྱལ་རབས་དུས་ཀྱི་རྡོ་རིང་ཡི་གེ་ལྔ་བཅུ་ང་བཞི་ཡོད་ཅིང་། དེ་དག་ལས་མང་ཆེ་བ་བོད་བརྒྱུད་ནང་བསྟན་དང་འབྲེལ་བའི་གོང་མ་སོ་སོའི་བཀའ་ལུང་དང་། གཙུག་ལག་ཁང་གི་དཀར་ཆག ལོ་རྒྱུས་ཀྱི་དོན་རྐྱེན། གཙུག་ལག་ཁང་ལ་ཞལ་འདེབས་ཕུལ་ཚུལ་སོགས་ཡིན་པས། ལོ་རྒྱུས་ཀྱི་རིན་ཐང་ཧ་ཅང་ཆེ། དཔེར་ན། མིང་རྒྱལ་རབས་དུས་ཀྱི་གྲུ(གྲོ)ཚང་རྡོ་རྗེ་འཆང་གི་རྡོ་རིང་ལྔ་དང་། 《ལང་ཧྲུ་མཆོད་རྟེན་དཀར་པོ་གསར་དུ་བཅོས་པའི་དཀར་ཆག་རྡོ་རིང》《ཏའི་མིང་རྒྱལ་པོས་ཏའི་ཁྲང་ཀྲུའུ་སྡེའི་གཙུག་ལག་ཁང་བཞེངས་ནས་ཡ་མཚན་ཆེ་བའི་རྣམ་ཐར་རྡོ་རིང》བཅས་ཀྱི་ཡི་གེ་དང་། ཆིང་རྒྱལ་རབས་དུས་སུ་བཞེངས་པའི《སངས་རྒྱས་སྟོང་གི་བ་གམ་གྱི་འོད་ལྡན་རྡོ་རིང་ཡི་གེ》དང་། 《གྲུ་འཛིན་བསྟན་པའི་རྩ་བའི་ལྷ་ཁང་གི་འོད་ལྡན་རྡོ་རིང་ཡི་གེ》《ཀུན་ཏུ་བདེ་བའི་ལྷ་ཁང་གི་ཁ་བྱང་རྡོ་རིང་ཡི་གེ》《བླ་མའི་རྣམ་བཤད》《དགོན་ལུང་དགོན་པའི་རྡོ་རིང་ཡི་གེ》《གསར་གསོས་ལྷ་ཁང་དགུང་ལོ་ཁྲི་ཐུབ་ཀྱི་རྡོ་རིང་ཡི་གེ》《བཀའ་ཡིས་མཛད་པའི་བདེན་པ་ལྷག་པར་རྟོགས་པའི་ལྷ་ཁང་ཞིག་གསོ་བྱས་པའི་རྡོ་རིང་ཡི་གེ》《རྒྱལ་པོས་མཛད་པའི་དགའ་ལྡན་བྱིན་ཆགས་གླིང་གི་རྡོ་རིང་ཡི་གེ》《བཀྲ་ཤིས་ལྷུན་པོའི་ལྷ་ཁང་གི་རྡོ་རིང་ཡི་གེ》《བསྟན་རྒྱུན་སྤེལ་བའི་ལྷ་ཁང་གི་རྡོ་རིང་ཡི་གེ》སོགས་ནི་མིང་དང་ཆིང་གི་གོང་མ་རིམ་བྱོན་གྱིས་བོད་བརྒྱུད་ནང་བསྟན་ལ་རྒྱབ་སྐྱོར་བྱས་ནས་རྒྱལ་ཁབ་གཅིག་གྱུར་དང་མི་རིགས་མཐུན་སྒྲིལ། མཐའ་ཁུལ་སྲིང་འཛུགས་བྱེད་པའི་རྒྱལ་སྐྱོང་བསམ་བློ་མངོན་འགྱུར་

བྱུང་ཞིང་། རིགས་སོ་སོའི་དད་ལྡན་མང་ཚོགས་དང་གོང་མའི་ཕོ་བྲང་གི་ཁྱིམ་མི་རྣམས་ཀྱི་དད་མོས་ཀྱི་དགོས་མཁོ་ཚིམ་པར་བྱས་པའི་ལོ་རྒྱུས་དང་། བོད་ཀྱི་མཁས་གྲུབ་དམ་པ་རིམ་བྱོན་གྱིས"སྟོབས་ལྡན་སྐྱེ་བོ་གཅིག་བཏུལ་ན་སྐྱེ་འགྲོ་དཔག་ཏུ་མེད་པ་འདུལ་བར་འགྱུར"བའི་ཆོས་སྤེལ་བསམ་བློ་མངོན་འགྱུར་བྱུང་བ་དང་། བསྟན་པ་བོད་ནས་བྱང་དང་བྱང་ནས་ཤར་དུ་སྤེལ་བའི་ཐུགས་དགོངས་ལེགས་པོར་གྲུབ་པའི་ལོ་རྒྱུས་ལ་ཞིབ་འཇུག་བྱེད་པར་ལོ་རྒྱུས་ཀྱི་རིན་ཐང་ཧ་ཅང་ཆེན་པོ་མངའ་བ་ལྟར་རོ། །

འབའ་སྨད་རྒྱལ་ལོ་ཚེ་རིང་། གཙུག་ལག་ཁང་མདུན་གྱི་རྡོ་རིང་དེ་ལྷ་སའི་ཤར་ཕྱོགས་སྦྲ་སྟོད་ཚལ་ནས་དུས་ནམ་ཞིག་ལ་སྤུས་སྤོས་པ་ཡིན་ནམ།

ཆབ་འགག་རྟ་མགྲིན། ར་ས་འཕྲུལ་སྣང་གཙུག་ལག་ཁང་མདུན་གྱི་རྡོ་རིང་ཤར་ངོས་སུ་སྤྱི་ལོ་822པར་ཕོ་བྲང་ལྷ་སའི་ཤར་ཕྱོགས་སྦྲ་སྟོད་ཚལ་དུ་བོད་ཀྱིས་གཙིགས་བཟུང་བ་དང་། དེའི་ཕྱི་ལོ་སྟེ་823ལོར་གཙིགས་ཀྱི་མདོ་རྡོ་རིང་ལ་བརྐོས་པར་བཀོད་པ་ལས་རྡོ་རིང་དེ་སྦྲ་སྟོད་ཚལ་དུ་བཙུགས་པའི་ཚུལ་མི་གསལ། ཉང་ཉི་མ་འོད་ཟེར་གྱིས་ལོ་ངོ་བརྒྱད་བརྒྱའི་སྔོན་ལ་མཛད་པའི《ཆོས་འབྱུང་མེ་ཏོག་སྙིང་པོ་སྦྲང་རྩིའི་བཅུད》ལས། "དཔང་པོར་ལྷ་གཉན་ཀླུ་གཉན་མང་པོ་བཞག་དབོན་ཞང་ཇེ་ལྟར་ཆད་བྱས་པའི་རྩིས(གཙིགས)ཀྱི་ཡི་གེ་གསུམ་ལ་མཆིས་ཏེ་གེར་ཤིང་ཁྲི་སྒོ་དང་། ར་སའི་ལྷ་ཁང་དང་། གོང་གུ་མ་རུ་གསུམ་པོར་རྡོ་རིང་ལ་བྲིས་ནས་ཡོད་དོ། །"ཞེས་ར་སའི་གཙུག་ལག་ཁང་གི་མདུན་དུ་བཙུགས་པ་གསལ་པོར་བཀོད་ཡོད། གལ་ཏེ་རྡོ་རིང་དེ་དང་ཐོག་དབོན་ཞང་གཉིས་ཀྱིས་གཙིགས་གནང་ས་སྦྲ་སྟོད་ཚལ་དུ་བཙུགས་ཡོད་པའི་དབང་དུ་བཏང་ནའང་ལོ་ངོ་བརྒྱད་བརྒྱའི་སྔོན་དུ་ར་ས་འཕྲུལ་སྣང་གཙུག་ལག་ཁང་གི་མདུན་དུ་སྤོས་ཡོད་པ་མངོན་པར་གསལ། ཡང་ན། "ཕོ་བྲང་ལྷ་སའི་ཤར་ཕྱོགས་སྦྲ་སྟོད་ཚལ"ཞེས་པ་དེ་ད་ལྟའི་ར་ས་འཕྲུལ་སྣང་གཙུག

ལག་ཁང་འདུས་པའི་ས་ཆ་སྤྱིའི་མིང་ལ་གོ་ཡང་སྲིད་དོ། །

འབའ་སྨད་རྒྱལ་ལོ་ཆེ་རིང་། བོད་བཙན་པོའི་སྐབས་ཀྱི་རྫོ་རིང་དང་། སིལ་བུའི་དུས་དང་མིང་རྒྱལ་རབས་དང་ཆིང་རྒྱལ་རབས་སོགས་དུས་སྐབས་སོ་སོའི་རྫོ་རིང་གི་སྤྱི་དང་བྱེ་བྲག་གི་ཁྱད་པར་དང་འབྲེལ་བའི་སྐོར་གསུང་རོགས།

ཆབ་འགག་རྟ་མགྲིན། རྒྱལ་རབས་སོ་སོའི་རྫོ་རིང་རྣམས་བཞེངས་པའི་དུས་དང་། བཞེངས་མཁན། བཞེངས་ཡུལ་བཅས་མི་འདྲ་རུང་། རྫོ་རིང་བཞེངས་པའི་དགོས་པ་ཏ་ལམ་མཚུངས་ཏེ། རྒྱལ་ཁབ་ཀྱི་ཆོས་སྲིད་ཟུང་གི་འཁྲིན་ལས་རྒྱས་པར་བཀའ་དྲིན་ཆེ་བའི་རྒྱལ་བློན་རྣམས་ཀྱི་མཛད་རྗེས་ལྷབས་ཆེན་ཇི་མ་ཇི་བཞིན་དུ་མི་ཀུན་ལ་གསལ་པོར་ཤེས་སུ་འཇུག་ཅིང་མི་རབས་ནས་མི་རབས་སུ་བསྟུག་བྱའི་ཡུལ་དང་དྲན་པའི་རྟེན་དུ་བྱེད་པ་དེ་ཡིན་པ་དང་། བོད་སིལ་བུའི་དུས་ཀྱི་རྫོ་རིང་ལས་གཞན་ཕལ་ཆེ་བ་རྒྱལ་པོ་ཆེན་པོ་རྣམས་དང་དེ་དག་གི་སྲིད་གཞུང་གི་ངོས་ནས་བཞེངས་པ་ཡིན་པས། ཚིག་གི་ལྷབས་མཐོ་ཞིང་དོན་ལ་ཚད་སྟོབས་ཆེ་ལ། སྤོབས་པའི་གཟིངས་མཐོ་ཞིང་བརྗིད་པའི་ཉམས་ཀྱིས་ཁེངས་ཡོད། ཡིན་ཡང་དེ་དག་གི་བཟོ་བཀོད་དང་། ཡིག་རིགས། ནང་དོན་སོགས་ལ་མི་འདྲ་སའང་མང་པོ་ཡོད་དེ། བོད་བཙན་པོའི་དུས་ཀྱི་རྫོ་རིང་ཡི་གེ་ཕལ་ཆེ་བ་བཙན་པོ་དང་བཙན་པོ་སྲིད་གཞུང་ཐུན་མོང་གིས་བཀའ་གཙིགས་བརྟན་པའི་མདོ་ཡིན་ཞིང་། མིང་རྒྱལ་རབས་དང་ཆིང་རྒྱལ་རབས་དུས་ཀྱི་རྫོ་རིང་ཡི་གེ་མང་ཆེ་བ་རྒྱལ་པོ་སོ་སོའི་བཀའ་ལུང་ངམ་བཀའ་ལུང་གི་དགོངས་དོན་ཡིན། བྱེ་བྲག་གི་དོན་ལ་གཞོལ་ཕྱོགས་ཀྱང་མི་འདྲ་སྟེ། བཙན་པོའི་རྒྱལ་རབས་ཀྱི་ཆོས་གཙིགས་ཀྱི་རྫོ་རིང་ཡི་གེ་ཡིན་རུང་སངས་རྒྱས་དང་སངས་རྒྱས་བསྟན་པའི་ཡོན་ཏན་གྱི་ཆེ་བ་མི་བརྗོད་པར་བཙན་པོ་རིམ་བྱོན་གྱི་རིང་ལ་གཙུག་ལག་ཁང་བཞེངས་པ་དང་སངས་རྒྱས་ཀྱི་ཆོས་མཛད་པ་ཡུན་རིང་དུ་བརྟན་པའི་ཞལ་བཞེས་དམ་བཅའ་མཛད་པའི་ཕྱོགས་ལ་གཞོལ་བ་

དང་། མིང་རྒྱལ་རབས་ཀྱི་ཆོས་ཕྱོགས་ཀྱི་རྡོ་རིང་ཡི་གེ་ལས་སངས་རྒྱས་དང་སངས་རྒྱས་བསྟན་པའི་ཡོན་ཏན་གྱི་ཆེ་བ་དང་རྒྱལ་རབས་གོང་མ་གོང་མས་སངས་རྒྱས་ཀྱི་བསྟན་པ་སྤེལ་བའི་མཛད་རྗེས་ལ་བསྔགས་པ་བརྗོད་པ་ཤས་ཆེ་ཞིང་། ཆིང་རྒྱལ་རབས་ཀྱིས་མཛད་པའི་གཙུག་ལག་ཁང་གི་དཀར་ཆག་རྡོ་རིང་ཡི་གེ་ལས་དགོས་པ་གང་དང་གང་གི་ཆེད་དུ་རྟེན་དང་བརྟེན་པ་གང་དང་གང་ཞིག་ཚུལ་ཇི་དང་གང་ལྟར་གསར་བཞེངས་དང་ཉམས་གསོ་བྱས་པའི་གོ་རིམ་མམ་ལོ་རྒྱུས་བརྗོད་པ་ཤས་ཆེ་བ་ལྟ་བུའོ། །ཡང་རྒྱལ་རབས་སོ་སོའི་རྡོ་རིང་ཡི་གེ་བརྐྱག་སའི་ཡུལ་མི་འདྲ་བའི་དབང་གིས་རྡོ་རིང་ངོས་ཀྱི་ཡིག་རིགས་ལའང་ཁྱད་པར་ཡོད་པ་སྟེ། བོད་བཙན་པོའི་དུས་ཀྱི་རྡོ་རིང་ཡི་གེ་ཚང་མ་བོད་ཡིག་ཏུ་བྲིས་ཡོད་ཀྱང་། མིང་རྒྱལ་རབས་ཀྱི་རྡོ་རིང་ངོས་སུ་རྒྱ་ཡིག་དང་བོད་ཡིག་སྦྲགས་མ་བྱས་ནས་བཀོད་ཡོད་པ་དང་། ཆིང་རྒྱལ་རབས་ཀྱི་རྡོ་རིང་ངོས་སུ་རྒྱ་ཡིག་དང་། མན་ཡིག བོད་ཡིག སོག་ཡིག་བཅས་ཡིག་རིགས་བཞི་སྦྲགས་མ་བྱས་ཏེ་བཀོད་ལ། རྡོ་རིང་བཞེངས་པའི་དུས་ལ་མཚོན་ན་འང་བོད་བཙན་པོའི་དུས་ཀྱི་རྡོ་རིང་ཡི་གེ་ཕལ་ཆེ་བར་རྡོ་རིང་ནམ་བཞེངས་པའི་དུས་གསལ་པོར་བཀོད་མེད་མོད། མིང་རྒྱལ་རབས་དང་ཆིང་རྒྱལ་རབས་ཀྱི་རྡོ་རིང་ཡི་གེར་རྒྱལ་རབས་གང་གི་ཁྲི་ལོ་ནམ་གྱི་ཟླ་ཚེས་ལ་བཞེངས་པའང་གསལ་པོར་བཀོད་ཡོད་པ་ལྟ་བུའོ། །

འབའ་སྨད་རྒྱལ་མོ་ཚེ་རིང་། དབུ་སྟོད་ཞྭ་ལྷ་ཁང་གི་བྱང་ངོས་སུ་ཡོད་པའི་རྡོ་རིང་དུམ་བུ་དེ་དམ་པ་མྱང་གི་གདུང་རྒྱུད་ལ་བསྟོད་པའི་རྡོ་རིང་ཞིག་ཡིན་པ་ཇི་ལྟར་ཤེས་དགོས་སམ།

ཆབ་འགག་རྡ་མགྲིན། ཡོངས་གྲགས་ཀྱི་ལོ་རྒྱུས་བསྟན་བཅོས་ལས་དེ་འདྲ་ཡིན་ཚུལ་བཀོད་པ་མ་མཐོང་བས་དེ་ལྟར་བརྗོད་པའི་རྒྱུ་མཚན་ཡང་མ་ཤེས།

འབའ་སྨད་རྒྱལ་མོ་ཚེ་རིང་། རིག་གཞུང་ཞིབ་འཇུག་པ་ཞིག་ལ་མཚོན་ན་ཡུལ་

དངོས་རྟོག་ཞིབ་ནི་ཧ་ཅང་གལ་ཆེན་ཡིན་ཚུལ་ལབ། དེས་ན་ཡུལ་དངོས་རྟོག་ཞིབ་ཀྱི་དགེ་མཚན་དང་དེས་རིག་གཞུང་ཞིབ་འཇུག་ལ་ཐོན་པའི་ནུས་པ་གང་དག་ཡོད་དམ།

ཆབ་འགག་རྟ་མགྲིན། བདེན་པ་རེད། ཞིབ་འཇུག་གི་ཡུལ་དངོས་སུ་ཕྱིན་ནས་རྟོག་ཞིབ་བྱེད་པར་དགེ་མཚན་ཧ་ཅང་མང་པོ་ཡོད་པ་རེད། དགེ་ཆོས་མཆོག་གིས་ཀྱང་། "མཐོང་ཐོས་དབང་པོའི་ཡུལ་དུ་མ་གྱུར་པར། །ཁྲིམ་གྱི་མལ་དུ་དཔྱད་པས་མི་ཤེས་པའི། །ཕྲ་རགས་དོན་གྱི་ཁྱད་པར་ཇི་སྙེད་ཅིག །རྣམ་གསལ་དཔེ་ཡི་ལམ་ནས་འདིར་བཤད་བྱ། །"ཞེས་པ་བཞིན། ཞིབ་འཇུག་བྱ་ཡུལ་དངོས་ལ་རྟོག་ཞིབ་མཛད་པའི་མཐོང་ཐོས་དབང་པོ་གསོར་བཟུང་ཐོག་ཡིག་ཚགས་དང་། ངག་རྒྱུན། གནའ་རྫས་བརྟག་དཔྱད་ཀྱི་རྒྱུ་ཆ་སོགས་ཟུང་དུ་འབྲེལ་བའི་ལུང་ལ་བརྟེན་ཞིང་། རིག་ཚན་མང་པོ་དང་ངོས་མང་པོ་ནས་ཞིབ་འཇུག་ཟབ་མོ་བྱས་ན། སྒྲུབ་བྱེད་ལུང་གི་དཔུང་ཤུགས་ཇེ་དྲག་ཏུ་འགྱུར་ཞིང་། ཞིབ་འཇུག་གི་འབྲས་བུའི་བདེན་ངེས་རང་བཞིན་ཇེ་ཆེ་དང་དཔྱད་བརྗོད་དངོས་སྣང་གི་བློ་ཉམས་ཇེ་གསལ་དུ་འགྱུར་བར་མ་ཟད། རིག་གཞུང་བསྟན་བཅོས་ཀྱི་རྒྱུ་ཆའི་རིན་ཐང་དང་། རིག་གཞུང་གི་རིན་ཐང་། ཤེས་བྱའི་རིན་ཐང་བཅས་ཀྱང་མཐོ་རུ་འདེགས་པའི་ནུས་པ་རྒྱ་ཆེན་པོ་འཐོན་པས། བྱ་དངོས་ཀྱི་གནས་ལུགས་ངོ་མར་སླེབ་པའི་སྐྱེ་བོ་མང་པོའི་ཡིད་ཀྱི་དང་བའང་འདྲེན་ནུས་པ་ཡིན།

འབའ་སྨད་རྒྱལ་མོ་ཚེ་རིང་། ད་ལྟའི་དུས་འདིར་རིག་གཞུང་ཞིབ་འཇུག་ལ་འཇུག་མཁན་རྣམས་ཀྱིས་རང་གི་འདོད་པ་ལྟར་རིག་གཞུང་གི་ཐ་སྙད་གང་འདོད་ལྟར་སྤྱོད་ཀྱིན་འདུག དཔེར་ན། བཟ་ཉིང་དང་ཡིག་ཉིང་། ཤོག་དྲིལ་ཡི་གེ། བྲག་བཀོས་ཡི་གེ། རྡོ་རིང་ཡི་གེ། ཡིག་ཆ་དང་ཡིག་ཚང་བཅས་ཀྱི་མིང་གདགས་ཚུལ་སྣ་མང་འདུག དེས་ན་དོན་དངོས་སུ་གང་ཞིག་སྤྱད་ན་འགྲིག་གམ།

ཚབ་འགག་རྟ་མགྲིན། ཐ་སྙད་འདི་དག་ལ་རང་རང་གི་གོ་དོན་རེ་ཡོད་ཅིང་གཅིག་ཚབ་གཅིག་གིས་བྱེད་མི་ནུས་པས། སྐབས་བབ་ཀྱི་བརྗོད་དོན་ལ་དམིགས་ནས་གང་ལ་གང་འཚམ་དུ་སྤྱོད་ན་འགྲིག་སྙམ།

འབའ་སྨད་རྒྱལ་མོ་ཚེ་རིང་། རྒན་ལགས་ཀྱིས་རྡོ་རིང་ངམ་ཡིག་རྙིང་སྐོར་ལ་ཞིབ་འཇུག་བྱེད་སྐབས་གང་དག་ལ་གཟབ་ནན་བྱེད་དགོས་པར་འདོད། དེའི་སྐོར་ནས་སློབ་སྟོན་རེ་གནང་རོགས།

ཚབ་འགག་རྟ་མགྲིན། རྡོ་རིང་ཡི་གེ་སོགས་ལོ་རྒྱུས་ཡིག་ཚགས་ནི་ཤེས་བྱ་སྣ་ཚོགས་ཀྱི་གནས་རྟེན་ཡིན་ཞིང་། དེར་རྟོག་ཞིབ་བྱེད་པ་ནི་ལོ་རྒྱུས་ཞིབ་འཇུག་ལ་ཡིད་རྟོན་འཕེར་བའི་དཔྱད་གཞི་རྩ་ཆེན་མཁོ་སྤྲོད་བྱེད་རྒྱུ་དེ་ཡིན་པས། རྡོ་རིང་ཡི་གེ་སོགས་ལོ་རྒྱུས་ཡིག་ཚགས་ཀྱི་ནང་དོན་དང་། རྣམ་པ། ཁྱད་ཆོས་སོགས་ལ་ཞིབ་འཇུག་བྱེད་པ་དང་ཡང་ན་དེ་འཚོལ་སྡུད་དང་། པར་བཤུ། ཞུ་དག མཆན་འགོད། ལོ་ཙཱ་སོགས་བྱེད་དུས་ཀྱང་རང་སྣང་གི་འདོད་ཕྱོགས་དང་ཆབ་སྲིད་ཀྱི་ཞེན་ཕྱོགས་སུ་མ་སོང་བར་ཅིས་ཀྱང་སྙིགས་དོར་བཅུད་ལེན་དང་རྫུན་སྤང་བདེན་འཛིན་བྱེད་པར་གཟབ་ནན་བྱེད་དགོས། དེ་ལྟར་བྱས་ན་ད་གཟོད་ལོ་རྒྱུས་ཡིག་ཚགས་ལ་ཞིབ་འཇུག་ཡང་དག་པ་ཞིག་བྱེད་ཐུབ་པར་མ་ཟད། རིག་གནས་དང་རིག་གཞུང་སྣ་ཚོགས་ལ་ཞིབ་འཇུག་བྱེད་པར་དཔྱད་གཞི་ཡིད་རྟོན་འཕེར་ཞིང་ཕུན་སུམ་ཚོགས་པ་ཞིག་མཁོ་འདོན་བྱེད་ཐུབ་ངེས་རེད།

འབའ་སྨད་རྒྱལ་མོ་ཚེ་རིང་། རྒན་ལགས་ཀྱིས་ལོ་ངོ་མང་པོར་སློབ་སྦྱོང་དང་སློབ་ཁྲིད། ཞིབ་འཇུག ཡུལ་སྐོར་བཅས་ཀྱི་ཉམས་མྱོང་དང་སྤྲུགས་རང་རེའི་སློབ་གཉེར་པ་རྣམས་དང་། སྒོས་སུ་རིག་གཞུང་ཞིབ་འཇུག་ལ་དོན་གཉེར་གནང་གིན་ཡོད་པའི་ཤེས་ཡོན་པའི་སྐྱེ་ལ་རང་གིས་གསུང་འདོད་པའི་སྐད་ཆ་རེ་གསུངས་རྗེས་བཅར་འདྲི་མཇུག་རྫོགས་ན་ཅི་འདྲ།

ཆབ་འགག་རྟ་མགྲིན། ངས་ལོ་མང་པོར་སློབ་ཁྲིད་དང་ཞིབ་འཇུག་གི་ལས་ཀ་གཉེར་བའི་ཞོར་དུ་རྒྱལ་ཡོངས་ཀྱི་ས་གནས་སོ་སོར་སོང་ནས་བོད་བཙན་པོའི་དུས་ཀྱི་རྡོ་རིང་ཡི་གེ་དང་རྡོ་བརྐོས་ཡི་གེ་ཉེར་དྲུག་དང་། བོད་སིལ་བུའི་དུས་ཀྱི་རྡོ་རིང་ཡི་གེ་དྲུག མིང་རྒྱལ་རབས་དུས་ཀྱི་རྡོ་རིང་ཡི་གེ་བཅུ་གཅིག ཆིང་རྒྱལ་རབས་དུས་ཀྱི་རྡོ་རིང་ཡི་གེ་ལྔ་བཅུ་ང་བཞི། མིན་གོའི་དུས་ཀྱི་རྡོ་རིང་ཡི་གེ་ལྔ་བཅས་བསྡོམས་པས་རྡོ་རིང་ཡི་གེ་དང་རྡོ་བརྐོས་ཡི་གེ་བརྒྱ་དང་གཉིས་པར་ལེན་དང་འཚོལ་སྡུད་དག་སྒྲིག ལོ་རྒྱུ་བཅས་བྱས་པའི་རྨང་གཞིའི་སྟེང་དུས་སྐབས་སོ་སོའི་རྡོ་རིང་སྤྱི་ལ་ཁྱབ་པའི་ཁྱད་ཆོས་ཀྱི་ངོས་ནས་ཞིབ་འཇུག་ཕྱོགས་སྡོམ་བྱས་པ་དང་། ཉེ་བའི་ལོ་འགའི་རིང་ལ་ནུབ་བྱང་མི་རིགས་སློབ་ཆེན་དང་། མཚོ་སྔོན་མི་རིགས་སློབ་ཆེན། བོད་ལྗོངས་སློབ་ཆེན། ཀྲུང་དབྱང་མི་རིགས་སློབ་ཆེན་སོགས་སུ་ལོ་རྒྱུས་ཡིག་ཚགས་རིག་པའི་ཆེད་ལས་བཙུགས་ནས་རབ་འབྱམས་པ་དང་འབུམ་རམས་པའི་ཞིབ་འཇུག་སློབ་མ་ཁག་ཅིག་སྐྱིད་སྲིང་བྱས་པ་དང་བསྟུན་ནས། རྡོ་རིང་སོ་སོར་ཞིབ་འཇུག་བྱེད་པའི་དཔྱད་རྩོམ་གང་ལེགས་ཀྱང་གཅིག་རྗེས་གཉིས་མཐུད་དུ་ཐོན་དང་འཐོན་གྱིན་ཡོད་མོད། རྡོ་རིང་ཡི་གེ་སྤྱིའི་ཆ་ནས་བལྟས་ན་ད་དུང་རྡོ་རིང་ཡི་གེ་མང་པོ་ཞིག་ལ་བྱེ་བྲག་ཏུ་ཞིབ་འཇུག་མ་བྱས་པར་ལུས་ཡོད་པས། དེ་དག་རེ་རེར་ཏུར་བརྟོན་གྱིས་ཞིབ་འཇུག་བྱེད་པ་དང་ཆབས་ཅིག ད་དུང་ཕྱོགས་བསྡུ་དག་སྒྲིག་བྱེད་མ་ཐུབ་པའི་རྡོ་རིང་སྟེ། དཔེར་ན། བཙན་པོ་གུང་སྲོང་གུང་བཙན་གྱི་རིང་ལ་གོང་པོ་ས་ཁུལ་དུ་བཙུགས་པར་གྲགས་པའི་རྡོ་རིང་ཆག་ཀྲུམ་གྱི་ཡི་གེ་དང་། བཙན་པོ་ཁྲི་ལྡེ་གཙུག་བརྟན་གྱི་རིང་ལ་ཁྲི་ལེན་ལ་དམར་དུ་བཙུགས་པའི་རྡོ་རིང་ཡི་གེ། བཙན་པོ་ཁྲི་སྲོང་ལྡེའུ་བཙན་གྱིས་གཟིགས་པའི་ཡབ་མེས་རྣམས་ཀྱི་རྡོ་རིང་ཡི་གེ། རྒྱལ་པོ་ཁྲི་སྲོང་ལྡེའུ་བཙན་གྱི་རིང་ལ་དབུ་རྩེ་རིགས་གསུམ་གྱི་ཕྱོགས་བཞིར་སྟེང་ན་ཟངས་ཀྱི་ཁྲི་བོ་ཆེ་རེ་ཡོད་པའི་རྡོ་རིང་ཆེན་པོ་རེ་རེ་

བཞེངས་པའི་ཡི་གེ། རྒྱལ་པོ་ཁྲི་གཙུག་ལྡེ་བཙན་གྱི་རིང་ལ་རྒྱ་ནག་རྩེ་ཧུར་བཙུགས་པའི་རྡོ་རིང་ཡི་གེ། རྒྱལ་ནང་གི་ཞིན་ཅང་དང་། ཧྲིན་དབྱང་། ནང་སོག སི་ཁྲོན་སོགས་སུ་ཡོད་པའི་རྡོ་རིང་ཡི་གེ། དེ་མིན་ལ་དྭགས་དང་། ཕྱི་སོག ཞུ་རུ་སུ་སོགས་སུ་ཡོད་པའི་རྡོ་རིང་ངམ་རྡོ་བརྐོས་ཡི་གེ་རྣམས་ཀྱང་འཚོལ་སྡུད་ཕྱོགས་སྒྲིག་བྱས་ན། རྒྱལ་རབས་སོ་སོའི་མི་རིགས་ཁག་གི་ལོ་རྒྱུས་དང་ཡིག་ཚགས། ལོ་རྩོམ། སྐད་ཡིག་སོགས་ལ་ཞིབ་འཇུག་བྱེད་པར་དགོས་ཡོད་ཀྱི་དོན་སྙིང་ཆེན་པོ་ཡོད་པར་མ་ཟད། ལོ་རྒྱུས་ཡིག་ཚགས་ཞེས་པའི་རིག་ཚན་འདི་འཕྲུས་ཚང་དང་འཕེལ་རྒྱས་སུ་འགྲོ་བར་དགེ་མཚན་ལྡན་པའི་ནུས་པ་འདོན་ངེས་རེད། དེ་ལས་ཀྱང་གལ་ཆེ་བ་ནི་དུས་རབས་སོ་སོའི་རྡོ་རིང་ཡི་གེ་ཕལ་ཆེ་བ་ནི་དུས་སྐབས་དེའི་ལོ་རྒྱུས་ཀྱི་དོན་རྐྱེན་དུས་སྐབས་དེ་རང་གི་གཞུང་ཕྱོགས་ཀྱི་ངོས་ནས་རྡོ་རིང་ངོས་སུ་བཀོད་ཅིང་། ཕྱི་རབས་ཀྱི་བཅོས་སླད་མ་འདྲེས་པར་བདེན་ཤས་ཆེ་བས། རིག་གཞུང་ཞིབ་འཇུག་གི་ཁུངས་ལུང་ཚད་མ་དང་ཞིབ་འཇུག་གི་གྲུབ་འབྲས་ལ་ཚོད་དཔག་བྱེད་པའི་ཚད་གཞི་ཉག་གཅིག་ཏུ་འཛིན་རྒྱུ་དེ་རེད། དེ་ལྟར་བྱས་ན་དཔོན་ཞང་མཐུན་འབྲེལ་རྡོ་རིང་དང་ཞྭ་ལྷ་ཁང་གི་རྡོ་རིང་སོགས་སུ་རྒྱ་བོད་གཉིས་དང་རྒྱལ་བློན་རྣམས་ཀྱིས་གཙིགས་བརྣན་པའི་ནང་དོན་དེ་ལྟ་མི་ཀུན་གྱིས་ཤེས་ཤིང་ནམ་ཡང་མི་འགྱུར་བར་ཚེ་རབས་ཀུན་ཏུ་གཏམ་བརྗོད་དུ་ཡོད་པའི་ཕྱིར་རྡོ་རིང་བཞེངས་པར་བསྟན་པ་དང་ཡང་མི་འགལ་ལོ།། །།

༄༅།།ཧྭ་ལའི་བླ་མ་ཞེས་པའི་མཚན་གསོལ་སའི་ཆོས་སྡེ།

——ཆབ་ཆ་ཐེག་ཆེན་ཆོས་འཁོར་གླིང་གི་དགོན་གནས་ལ་དཔྱད་པ།

དང་པོ། ཆབ་ཆ་ཐེག་ཆེན་ཆོས་འཁོར་གླིང་བཞེངས་པའི་ལོ་རྒྱུས་རྒྱབ་ལྗོངས།

ཆབ་ཆ་ཐེག་ཆེན་ཆོས་འཁོར་གླིང(རྒྱ་སྐད་དུ་仰华寺ཟེར)ནི་རྒྱལ་དབང་གསུམ་པ་བསོད་ནམས་རྒྱ་མཚོའི་ཐུགས་བསྐོད་ལྟར་ཧིང་གིར་རྒྱལ་པོའི་ཚ་རབས་བཅུ་བདུན་པ་ཨལ་ཐན་རྒྱལ་པོ་དང་ཁོང་གི་སྲས་བཞི་པ་པིན་ཐུ་ཡིས་མགོ་འཛིན་མཛད་ནས་བཞེངས་པ་སྟེ། ཨལ་ཐན་རྒྱལ་པོས་མིང་གོང་མ་ཙ་ཅིང་གི་དུས་མགོ་ནས་ལོ་ངོ་བཅུ་ཕྲག་འགའི་རིང་ལ་ལྷོ་ཕྱོགས་སུ་ལྷུགས་རི་རིང་པོ་དང་། ཤར་ཕྱོགས་སུ་ཆ་ཏར། ནུབ་ཕྱོགས་སུ་མཚོ་སྔོན། བྱང་ཕྱོགས་སུ་ཁལ་ཁ་སོགས་ས་ཆེན་པོའི་ཁྱོན་ལ་ཁ་ལོ་བསྒྱུར་ཐོག་མཚོ་སྔོན་གནས་གཞི་བྱས་ནས་སོག་པོའི་ཤོག་ཁ་སོ་སོ་གཅིག་གྱུར་བྱ་ཆེད། སྤྱི་ལོ་1559ལ་ནང་སོག་ནས་མཚོ་སྔོན་དུ་དཔུང་འཇུག་བྱས་ཏེ་སོག་པོའི་རྡེ་ཏར་ཤོག་ཁ་ཕམ་པར་བཏང་། དེའི་ཚེ་མཚོ་སྔོན་དུ་དགེ་ལུགས་པ་སྙན་གྲགས་ཏ་ཙང་ཆེ་ཞིང་། ཁྱད་པར་དུ་མཛོ་དགེ་ཨ་སེང་བླ་མ་ཞེས་པ་དང་ཧོ་ཐོག་ཐའི་སེ་ཆེན་ཧོང་ཐའི་ཅི་གཉིས་ཀྱིས་རྒྱལ་བ་བསོད་ནམས་རྒྱ་མཚོའི་སྐུ་གསུང་ཐུགས་ཀྱི་རྣམ་པར་ཐར་པ་སོགས་ཞིབ་ཏུ་ཞུས་ཤིང་། དེ་ཉིད་ཕྱི་མར་ཕན་པའི་བླ

མར་གདན་འདྲེན་པའི་ཞུ་བ་བཏོན་པ་ལ་བརྟེན་ནས་རྗེ་ཉིད་ལ་མི་ཕྱེད་པའི་དད་པ་དཔྱར་མཚོ་ལྟར་འཕེལ། དེར་བརྟེན་ཨལ་ཐན་རྒྱལ་པོས་གཅིག་ན་ཆབ་སྲིད་ཀྱི་དམིགས་ཡུལ་མངོན་འགྱུར་བྱེད་པ་དང་། གཉིས་སུ་དད་མོས་ཀྱི་དགོས་མཁོ་སྐོང་བའི་དོན་དུ་ཡོན་རྒྱལ་རབས་ཀྱི་གོང་མ་ཏུ་ཕེ་ལེས་ས་སྐྱ་འགྲོ་མགོན་འཕགས་པ་གདན་འདྲེན་ཞུས་ནས་སངས་རྒྱས་ཀྱི་བསྟན་པ་འཕེལ་བར་མཛད་པའི་རྣམ་ཐར་ལ་དཔེ་འགེབས་བྱས་ཏེ། སྤྱི་ལོ་1576ནས་སྤྱི་ལོ་1578བར་དུ་རྗེ་དེ་ཉིད་གདན་འདྲེན་གྱི་གསེར་ཡིག་པ་སྣ་གཞུག་ཐེངས་གསུམ་ལ་མངགས་པའི་དུས་མཚུངས་སུ། མཚོ་སྔོན་དུ་བཅའ་སྡོད་བྱེད་པའི་སྲས་བཞི་པ་པིན་ཐུ་ལ་དགོན་སྡེ་གསར་དུ་བཞེངས་ནས་རྒྱལ་བ་བསོད་ནམས་རྒྱ་མཚོ་གདན་འདྲེན་པར་སྔ་གོན་བྱ་དགོས་པའི་བཀའ་ཕབ། དེ་ནས་ཨལ་ཐན་རྒྱལ་པོའི་སྲས་པིན་ཐུས་ཀྱང་ཡབ་ཀྱི་བཀའ་ལྟར་རྒྱ་ནག་གི་བཟོ་བོ་མཁས་པ་མང་པོ་བཀུག་ནས་རྒྱ་ལུགས་ཀྱི་གཙུག་ལག་ཁང་བཞེངས་ཤིང་། སྤྱི་ལོ་1577ལ་གཙུག་ལག་ཁང་དངོས་སུ་བཞེངས་གྲུབ་རྗེས། མིང་གོང་མ་ཕན་ལིར་ཞུས་པ་ལྟར་དབྱང་ཧྭ་ཟི(仰华寺)ཞེས་པའི་མཚན་གསོལ།

སྤྱི་ལོ་1577པའི་ཟླ་11པར་རྒྱལ་བ་བསོད་ནམས་རྒྱ་མཚོ་འཁོར་མང་པོ་དང་བཅས་པ་ལྷ་ས་ནས་ཆིབས་ཁ་བསྒྱུར། སྤྱི་ལོ་1578པར་སྤྱན་འདྲེན་པའི་རིམ་པ་གསུམ་གྱིས་བསུ་བ་ཞུ་བའི་སྒོ་ནས། མཚོ་སྔོན་པོའི་ལྷོ་ཕྱོགས་དང་རྨ་ཆུ་སྔོན་མོའི་བྱང་འགྲམ་གྱི་ཆབ་ཆ་ཐེག་ཆེན་ཆོས་འཁོར་གླིང་དུ་སྤྱན་འདྲེན་ཞུས་ནས་མཆོད་ཡོན་རྣམ་གཉིས་ཞལ་འཛོམས་བྱུང་། སྐབས་དེར་སོག་པོ་དང་བོད། རྒྱ། ཡུ་གུར་སོགས་རིགས་སོ་སོའི་དད་ལྡན་པ་འབུམ་ཕྲག་ལྷག་གིས་དགའ་བསུའི་ཡོ་ལང་རྒྱ་ཆེན་པོ་ཞུས་ཤིང་། མཆོད་ཡོན་མཇལ་བའི་དགའ་སྟོན་གྱི་ཐོག་མར་དངུལ་སྲང་ལྔ་བརྒྱ་ལས་གྲུབ་པའི་མནྡལ། གསེར་གྱི་ཕོར་བ་ཡུལ་དབུས་ཀྱི་བྲེ་ཚད་ཤོང་བ་ཞིག

རིན་པོ་ཆེས་བཀང་བ་སོགས་འབུལ་བ་ཚད་མེད་པ་ཕུལ།[1] དེ་ནས་ཨལ་ཐན་རྒྱལ་པོས་མི་རིགས་མི་གཅིག་པ་དུ་མའི་དབུས་སུ་གསེར་ལས་གྲུབ་པའི་དབུ་རྒྱན་བུམ་པ། རིགས་ལྔའི་ཕྱག་མཚན། གསེར་སྲང་བརྒྱ་ལས་གྲུབ་པའི་ཐམ་ག་ཁ་རིས་ལ་རྡོ་རྗེ་འཆང་ཏཱ་ལའི་བླ་མའི་ཐམ་ག་རྒྱལ་ཞེས་པ་ཞིག་དང་། ཏཱ་ལའི་བླ་མ་བཛྲ་དྷ་ར་ཞེས་ཁྱབ་བདག་རྡོ་རྗེ་འཆང་གི་མཚན་བསྟོད་ཕུལ་བས། དུས་དེ་ནས་བཟུང་རྒྱལ་བ་སྐུ་ཕྲེང་རིམ་བྱོན་ལ"ཏཱ་ལའི་བླ་མ"སྟེ་རྒྱ་མཚོ་བླ་མ་ཞེས་པའི་མཚན་ཐོགས་པ་ཡིན། རྒྱལ་དབང་མཆོག་ནས་ཀྱང་ཨལ་ཐན་རྒྱལ་པོར་ཆོས་ཀྱི་རྒྱལ་པོ་ལྷའི་ཚངས་པ་ཞེས་པའི་མཚན་གནང་། དེ་ནས་མཆོད་ཡོན་མཇལ་བའི་ས་དེར་གཙུག་ལག་ཁང་རྒྱས་བཞེང་བྱེད་པའི་ས་འདུལ་མཛད་ཅིང་། རྒྱ་ནག་གི་བཟོ་བོ་མཁས་པ་མང་པོ་བཀུག་ནས་རྒྱ་ལུགས་ཀྱི་གཙུག་ལག་ཁང་བཞེངས་ཏེ་རབ་གནས་རྒྱ་ཆེན་མཛད་པ་དང་། བོད་སྐད་ཀྱི་མཚན་ལ་ཆབ་ཆ་ཐེག་ཆེན་ཆོས་འཁོར་གླིང་ཞེས་གསོལ།

མདོར་ན། གཙུག་ལག་ཁང་དེ་ནི་རྒྱལ་བ་སྐུ་ཕྲེང་གསུམ་པས་ཕྱགས་བཀོད་མཛད་པ་ལྟར་ཨལ་ཐན་རྒྱལ་པོ་དང་སྲས་པིན་ཐུ་གཉིས་ཀྱིས་འགོ་འཛིན་མཛད་ནས་བཞེངས་ཤིང་། དེ་རྒྱས་བཞེངས་ཀྱི་ས་འདུལ་མཛད་མཁན་དང་རབ་གནས་མཛད་མཁན་བོད་ཀྱི་བླ་མ་རྒྱལ་བ་བསོད་ནམས་རྒྱ་མཚོ་ཡིན་པ་དང་། བསྟན་པའི་སྦྱིན་བདག་མཛད་མཁན་ཨལ་ཐན་རྒྱལ་པོ་དང་སོག་རིགས་གཙོ་བྱས་པའི་མི་རིགས་མང་པོ་ཡིན་ལ། བཞེང་མཁན་གྱི་བཟོ་བོ་མཁས་པ་རྒྱ་རིགས་ཡིན་པ། རྒྱ་སྐད་ཀྱི་མཚན་གསོལ་མཁན་མིང་རྒྱལ་རབས་ཀྱི་གོང་མ་ཕན་ལི་ཡིན་པ་དང་། བོད་སྐད་ཀྱི་མཚན་གསོལ་མཁན་རྒྱལ་བ་བསོད་ནམས་རྒྱ་མཚོ་ཡིན་པ་བཅས་ཀྱི་ངོས་ནས་

① རྒྱལ་དབང་ལྔ་པ་ངག་དབང་བློ་བཟང་རྒྱ་མཚོའི་གསུང་འབུམ།(11) [M]. ཀྲུང་གོའི་བོད་རིག་པ་དཔེ་སྐྲུན་ཁང་། 2009:138, 139.

བལྟས་ན། ཆབ་ཆ་ཐེག་ཆེན་ཆོས་འཁོར་གླིང་ནི་རྗེ་རིན་པོ་ཆེའི་ཞྭ་སེར་བསྟན་པ་དབུས་ནས་བྱུང་དང་བྱུང་ནས་ཤར་དུ་སྤེལ་ཞིང་འཕེལ་བའི་གནས་མཆོག་དམ་པ་དང་། རྒྱ་བོད་སོག་གསུམ་སོགས་མི་རིགས་སྣ་ཚོགས་འཆམ་མཐུན་མཉམ་གནས་བྱུང་བའི་འབྲས་རྟགས་སམ་ཤེས་རིག་གི་ཉིང་བཅུད་ཡིན་པར་ངེས།

གཉིས་པ། ཆབ་ཆ་ཐེག་ཆེན་ཆོས་འཁོར་གླིང་གི་གནས་ལ་དཔྱད་པ།

ཆབ་ཆ་ཐེག་ཆེན་ཆོས་འཁོར་གླིང་གི་གནས་ངོ་མ་གང་ཡིན་པའི་ཐད་ལ་སྔོན་ནས་བཤད་ཚུལ་མི་འདྲ་བ་འགའ་ཡོད་པ་སྟེ། ལ་ལས་མཚོ་སྔོན་པོའི་ཤར་ངོས་ཀྱི་ཁྲི་མ་ལ་བདུན་རྒྱུད་དུ་ཡོད་པར་བཤད། ལྟ་བ་དེའི་གཞི་འཛིན་ས་གཙོ་བོ་ནི་རྒྱལ་དབང་ལྔ་པ་ངག་དབང་བློ་བཟང་རྒྱ་མཚོས་མཛད་པའི《རྗེ་བཙུན་ཐམས་ཅད་མཁྱེན་པ་བསོད་ནམས་རྒྱ་མཚོའི་རྣམ་ཐར་དངོས་གྲུབ་རྒྱ་མཚོའི་ཤིང་རྟ》ཞེས་པ་དང་། ཡོངས་འཛིན་ཡེ་ཤེས་རྒྱལ་མཚན་གྱིས་མཛད་པའི《ལམ་རིམ་བླ་མ་བརྒྱུད་པའི་རྣམ་ཐར》སོགས་ལས། རྒྱལ་བ་བསོད་ནམས་རྒྱ་མཚོས་གདན་འདྲེན་གྱི་གསེར་ཡིག་པ་ཐེངས་དང་པོར"མཆོད་ཡོན་མཚོ་ཁར་ངོས་མཇལ་གནང་བའི་གང་ཅིའི་ཞིབ་ཆ་དང་། རེ་ཞིག་ལྷ་མཆོད་དུ་འདུལ་བ་སློབ་དཔོན་བརྩོན་འགྲུས་བཟང་པོ་རྫོང་སྐུ་མཛད།"① ཅེས་འཁོད་པའི"མཚོ་ཁ"དེ་མཚོ་སྔོན་པོའི་ཤར་འགྲམ་དུ་མཚོ་ཁ་ཞེས་པའི་ས་ཆ་ཞིག་ཡོད་པ་དེར་ངོས་བཟུང་ནས་བཤད་པ་ཡིན་པས་ཡིད་རྟོན་འཕེར་བ་ཞིག་མ་རེད། རྒྱུ་མཚན་ནི། 《རྒྱལ་བ་བསོད་ནམས་རྒྱ་མཚོའི་རྣམ་ཐར་དངོས་གྲུབ་རྒྱ་མཚོའི་ཤིང་རྟ》ཞེས་པ་ནི་ལྔ་སར་རྩོམ་གནང་མཛད་ཅིང་། "མཚོ་ཁ"ཞེས་པ་ནི་ལྔ་ས་ནས་བསྟན་པའི་མཚོ་སྔོན་པོའི་ཉེ་འགྲམ་སྟེ་མཆོད་ཡོན་ཞལ་

① ཡོངས་འཛིན་ཡེ་ཤེས་རྒྱལ་མཚན། ལམ་རིམ་བླ་མ་བརྒྱུད་པའི་རྣམ་ཐར། [M]. བོད་ལྗོངས་མི་དམངས་དཔེ་སྐྲུན། 1990:789.

མཇལ་བའི་ཡུལ་རགས་ཙམ་བསྟན་པ་ལས། གནས་བྱེ་བྲག་པ་བསྟན་པ་མ་ཡིན། ཁ་ཅིག་གིས《མདོ་སྨད་ཆོས་འབྱུང》ལས། "མཆོད་ཡོན་ཞལ་འཛོམས་སར་ས་འདུལ་མཛད་དེ། ཆབ་ཚ་ཐེག་ཆེན་ཆོས་འཁོར་གླིང་དུ་རྒྱ་ནག་གི་བཟོ་བོ་མཁས་པ་མང་པོ་བཀུག་ནས་བཞེངས་པའི་གཙང་ཁང་ལ……"ཞེས་བཀོད་པར་བརྟེན་ནས་མཚོ་སྔོན་ཞིང་ཆེན་མཚོ་ལྷོ་ཁུལ་གྱི་ཆབ་ཆ་རྫུ་ཡོད་པར་བཤད། ལ་ལས་མཚོ་སྔོན་པོའི་ཤར་ལྷོའི་ཕྱོགས་ཀྱི་རིག་སློན་གཞུང་དཔོན་སྐོར་གྲོང་ཚོར་མཁར་དཀར་ལྟང་ཞེས་པ། སོག་སྐད་དུ་ཆ་གན་ཞེས་པའི་གནའ་བོའི་མཁར་ཤུལ་གཉིས་ཡོད་པ་དེ་ཆབ་ཆ་ཐེག་ཆེན་ཆོས་འཁོར་གླིང་གི་དགོན་ཤུལ་དུ་ངོས་འཛིན་བྱེད་ཀྱིན་ཡོད་མོད། ལོ་རྒྱུས་ཡིག་ཚང་དུ་བཀོད་པ་ལྟར་ན། གནའ་བོའི་མཁར་རྙིང་དེ་ནི་ཆིང་རྒྱལ་རབས་ཀྱི་སྐབས་སུ་བཞེངས་ཤིང་། བོད་དང་སོག་པོ་ཤོག་ཁ་སོ་སོའི་དཔོན་རིགས་མི་སྣས་མཚོ་སྔོན་པོ་མཆོད་ནས་མནའ་ཐོ་གཅོད་ས་ཡིན་པས། ལྟ་བ་དེ་ཡང་བདེན་པར་མི་སྣམ། ཡང་ལ་ལས་མཚོ་སྔོན་པོའི་ནུབ་བྱང་ངམ་ད་ལྟའི་གུང་ཧོ་རྫོང་སྦྲེལ་ནག་ཞང་གི་བྱང་ངོས་སུ་ཡོད་པའི་ཐེལ་རྒྱའི་རྒྱ་མཁར་ཞེས་པའི་མཁར་རྙིང་དེ་ཡིན་པར་འདོད། ལྟ་བ་འདི་ཡང་ཡིད་རྟོན་འཕེར་བ་ཞིག་མ་ཡིན། རྒྱུ་མཚན་ནི། གཅིག ལོ་རྒྱུས་ཀྱི་བསྟན་བཅོས་ཕལ་མོ་ཆེར་མཁར་རྙིང་དེ་འ་ཞའི་རྒྱལ་མཁར་དུ་ངོས་བཟུང་བ་དང་། གཉིས། ཆབ་ཆ་ཐེག་ཆེན་ཆོས་འཁོར་གླིང་དེ་མཚོ་སྔོན་པོའི་ནུབ་བྱང་ཕྱོགས་སུ་ཡོད་པ་ཡིན་ན། རྒྱལ་བ་བསོད་ནམས་རྒྱ་མཚོ་ལྷ་ས་ནས་ཆབ་ཆ་ཐེག་ཆེན་ཆོས་འཁོར་གླིང་དུ་ཕེབས་དུས་ཐ་ཆེན་སྤྲོམ་རའི་ལྷོ་ཕྱོགས་ནས་ཨ་རིག་དཀར་པོ་ཐང་དང་ཞིན་ཧེ་རྫོང་གི་ཧང་ང་བརྒྱུད་ནས་མཚོ་སྔོན་པོའི་ལྷོ་ཕྱོགས་ཀྱི་ཆབ་ཆ་ས་ཁུལ་དུ་ཕེབས་[1]དོན་ཡོད་པ་མ་རེད། གསུམ་མཚོ་སྔོན་པོའི་ནུབ་བྱང་ཕྱོགས་སུ་ཆབ་ཆའམ་ཆབ་ཚ་ཞེས་པའི་ས་ཆ་

① རྒྱལ་དབང་ལྔ་པ་ངག་དབང་བློ་བཟང་རྒྱ་མཚོའི་གསུང་འབུམ།(11) [M]. ཀྲུང་གོའི་བོད་རིག་པ་དཔེ་སྐྲུན་ཁང་། 2009: 137,138

ཞིག་ད་ལྟའི་བར་དུ་ཡོད་མ་མྱོང་བས། ལྟ་བ་འདི་ཡང་དོན་དང་ལྡན་པ་ཞིག་ཡིན་པར་མི་འདོད།

དེས་ན་ཚབ་ཚ་ཐེག་ཆེན་ཆོས་འཁོར་གླིང་གི་དགོན་གནས་དེ་དོན་དམ་དུ་གང་དུ་ཡོད་པ་ཡིན་ཞེ་ན། མི་རིགས་སོ་སོའི་ཡིག་ཚང་དུ་བཀོད་པ་དང་ཡུལ་དངོས་ལ་རྟོག་ཞིབ་བྱས་པ་ལྟར་ན། མཚོ་སྔོན་ཞིང་ཆེན་གྱི་ཚབ་ཚ་གྲོང་བརྡལ་ནས་བྱང་ངོས་སུ་སྤྱི་ལེ་7ཙམ་ཡོད་པའི་ཚབ་འགག་ལུང་པའི་རྒྱལ་ར་མཁར་ཚག་ཅེས་པ་དེ་ཡིན་པར་ངེས། རྒྱུ་མཚན་འདི་ལྟར།

1. **ས་མིང་དང་དགོན་མིང་གཅིག་ཏུ་མཐུན་པ།**

དེ་ཡང་ཚབ་ཚ་ཐེག་ཆེན་ཆོས་འཁོར་གླིང་ངམ་ཚབ་ཚ་ཐེག་ཆེན་ཆོས་འཁོར་གླིང་ཞེས་པ་དང་། ཚབ་ཚ་ལྷ་ཁང་ཞེས་པའི་དགོན་མིང་ལས་ཀྱང་ཐེག་ཆེན་ཆོས་འཁོར་གླིང་ཚགས་ས་ནི་ཚབ་འགག་ལུང་པ་ཡིན་པ་གསལ་པོར་རྟོགས་ཐུབ། རྒྱུ་མཚན་ནི། བོད་ཀྱི་དགོན་མིང་ཕལ་ཆེ་བ་ས་མིང་གི་སྒོ་ནས་བཏགས་པ་སྟེ། ར་ས་འཕྲུལ་སྣང་གཙུག་ལག་ཁང་ཞེས་པ་དང་། ས་སྐྱའི་དགོན་པ་ཞེས་པ། སྣར་ཐང་དགོན་པ་ཞེས་པ། མཚུར་ཕུ་དགོན་པ་ཞེས་པ། བྱ་ཁྱུང་ཐེག་ཆེན་ཡོན་ཏན་དར་རྒྱས་གླིང་ཞེས་པ་ལྟར་ཚབ་ཚ་ཐེག་ཆེན་ཆོས་འཁོར་གླིང་ཞེས་པའང་ས་མིང་གི་སྒོ་ནས་བཏགས་པར་ངེས། དེས་ན་ཚབ་ཚའམ་ཚབ་ཚ་ཞེས་པའི་དོན་ཅི་ཡིན་ཟེར་ན། འདི་ལ་བོད་སྐད་ཡིན་པའི་བཤད་ཚུལ་ཞིག་དང་སོག་སྐད་ཡིན་པའི་བཤད་ཚུལ་གཉིས་ཡོད་དེ། བོད་སྐད་དུ་འདོད་མཁན་རྣམས་ཀྱིས་ཚབ་ཚ་ཞེས་པ་ཆུ་བོ་ཚ་གཅིག་ལ་གོ་ཞིང་། དེ་ཡང་མཚོ་སྔོན་ཞིང་གི་ཚབ་ཚ་གྲོང་བརྡལ་ཚགས་སའི་ལུང་པའི་ཕུ་སྟོད་དུ་བྲག་སྐྱ་མོ་ཞེས་པའི་རྫ་རི་སྨུག་པོ་མངོན་པར་འཕྱིང་བ་ཞིག་ཡོད་པ་དེའི་གཡས་གཡོན་གཉིས་སུ་ཆུ་དཀར་ཆུ་ནག་ཅེས་པའི་ཆུ་བོ་གཉིས་ངང་གིས་བབས་ནས་རྫ་རི་སྨུག་པོ་དེའི་མདུན་ངོས་སུ་མཉམ་དུ་འདྲེས་རྗེས་ཚབ་འགག་ལུང་

པ་བརྒྱུད་ནས་རྨ་ཆུ་སྔོན་མོའི་ནང་དུ་འབབ་ཀྱིན་ཡོད་པས། ཆུ་བོ་ཆ་གཅིག་འདྲེས་ཤིང་འབབ་པའི་ལུང་གཞོང་ལ་ཆབ་ཆ་ཟེར་བ་དང་། ལུང་གཞོང་དེ་རིམ་པར་དོག་པོར་གྱུར་པའི་ཕུ་སྟོད་ཀྱི་ཆ་ལ་ཆབ་ཆ་འགག་ཟེར་ལ། ཆབ་ཆ་འགག་ཅེས་པ་བསྡུས་ནས་ཆབ་འགག་ས་ཆའམ་ཆབ་འགག་གསེར་གཞུང་རིང་མོ་ཞེས་པའི་འབོད་སྲོལ་བྱུང་སྐད།

སོག་སྐད་དུ་འདོད་མཁན་རྣམས་ཀྱིས་ཆབ་ཆའམ་ཆབ་ཚ་ཞེས་པ་ནི་རལ་གྲིས་སོར་རྒྱག་བྱས་པའམ་གཏུབས་པའི་དོན་ཡིན་པར་བཤད། བཤད་ཚུལ་དེ་ཉིད་བདེན་མིན་ལ་ཁ་ཚོན་གཅོད་དཀའ་མོད། ངོ་མཚར་བ་ཞིག་ནི་ཆབ་ཆ་གྲོང་བརྡལ་ནས་བྱང་ཕྱོགས་སུ་སྤྱི་ལེ་4ཙམ་དང་། ཆབ་འགག་ལུང་པའི་རྒྱལ་ར་མཁར་ཆག་ནས་ཤར་ལྷོའི་ཕྱོགས་སུ་སྤྱི་ལེ་5ཙམ་ཡོད་པའི་ཤར་ངོས་རི་རྒྱུད་ལ་རལ་གྲིས་སོར་རྒྱག་བྱས་པ་ལྟ་བུའི་ཉག་ཁ་ཟབ་མོ་ཞིག་ཡོད་པར་བྲུ་ཚང་ཉག་ཁའམ་སོར་རྒྱག་ཉག་ཁ་ཟེར་བར་མ་ཟད། ཉག་ཁ་དེའི་གཡས་ངོས་སུ་ད་དུང་སོར་རྒྱག་ཅེས་པའི་གྲོང་ཚོ་ཞིག་ཀྱང་ཡོད་པ་དེའོ། །དེས་ན་རལ་གྲིས་སོར་རྒྱག་བྱས་པ་ལྟ་བུའི་ཉག་ཁ་ཟབ་མོ་དང་སོར་རྒྱག་ཅེས་པའི་གྲོང་ཚོ་ཡོད་པ་འདི་ལ་བལྟས་ན། བཤད་སྲོལ་འདིར་ཡང་བདེན་པའི་ཆ་ཅི་ཡང་མ་མཆིས་སོ་ཞེས་བརྗོད་ཁག་པོ་རེད། མདོར་ན། ཆབ་ཆ་ཟེར་བ་བོད་སྐད་དམ་སོག་སྐད་གང་ཞིག་ཡིན་པ་ཁ་ཚོན་གཅོད་དཀའ་མོད། ཆབ་ཆའམ་ཆབ་ཚ་ཞེས་པའི་ས་མིང་ཐོགས་བྱེད་ཀྱི་ཆུ་བོ་ཆ་གཅིག་དང་རལ་གྲིས་སོར་རྒྱག་བྱས་པ་ལྟ་བུའི་ཉག་ཁའམ་སོར་རྒྱག་ཅེས་པའི་གྲོང་ཚོ་ཚང་མ་ད་ལྟའི་ཆབ་ཆ་གྲོང་བརྡལ་གྱི་བྱང་ངོས་ཆབ་འགག་ལུང་པར་ཡོད་པ་ལས་ཆབ་ཆ་ཐེག་ཆེན་ཆོས་འཁོར་གླིང་ཞེས་པའང་ས་མིང་དགོན་པར་སྦྱར་ནས་གྲུབ་པ་མངོན་པར་གསལ་བ་ཡིན་ན། དེའི་ཆགས་སའང་ཡུལ་དེ་རང་ན་ཡོད་པ་གདོན་མི་ཟའོ། །

2. ཡིག་ཚའི་ལུང་གིས་ཟུག་པ།

དེ་ཡང་སུམ་པ་ཡེ་ཤེས་དཔལ་འབྱོར(1704—1788)གྱི《ཆོས་འབྱུང་དཔག་བསམ་ལྗོན་བཟང》ལས། “མཚོ་སྔོན་གྱི་ལྷོ་ནུབ་ཐད་ཀྱི་རྨ་ཆུ་ཁའི་ཚབ(ཚབ)ཚ་ཞེས་པའི་སར་རྒྱལ་པོ་བྱོན་ནས་མཇལ་འཕྲད(སྟག་ལོའི་ཕྱི་པའི་ཉ)བྱས་ཚེ་རྒྱལ་པོས་ཏཱ་ལའི་བླ་མ་བཛྲ་རྡྷ་རའི་མཚན་གསོལ་ཞིང་དེར་ཐེག་ཆེན་ཆོས་འཁོར་གླིང་ཞེས་པའི་དགོན་གཞི(དེང་སང་མེད)ཡང་ཆགས།”① ཞེས་བཀོད་ཡོད། སུམ་པ་ཡེ་ཤེས་དཔལ་འབྱོར་ནི་སྤྱི་ལོ་1704ལ་མཚོ་སྔོན་ཞིང་ཆེན་མཚོ་ལྷོ་ཁུལ་གྱི་ཐོ་ལེ་ཞེས་པ་ནས་སྐུ་འཁྲུངས་ཤིང་ཆིང་གོང་མས་ཀྱང་བཀུར་གཟི་དང་བདག་རྐྱེན་བསམ་གྱིས་མི་ཁྱབ་པ་གནང་བའི་པཎྜི་ཏ་གྲགས་ཅན་ཞིག་ཡིན་ཞིང་། ཁོང་གི་གསུང་རྩོམ་འདི་ལས་གནད་དོན་གཉིས་གསལ་བཤད་མཛད་ཡོད། གཅིག་ནི་ཚབ་ཚ་ཐེག་ཆེན་ཆོས་འཁོར་གླིང་ནི་མཚོ་སྔོན་པོའི་ལྷོ་ཕྱོགས་སུ་སྤྱི་ལེ་30ཡོད་པ་དང་། རྨ་ཆུ་སྔོན་མོའི་བྱང་ཕྱོགས་སུ་སྤྱི་ལེ་25ཡོད་པའི་ཚབ་འགག་ལུང་པ་ན་ཡོད་པ་ལས་མཚོ་སྔོན་པོའི་འགྲམ་དུ་མེད་པ་དང་། གཉིས་ནི་སུམ་པ་ཡེ་ཤེས་དཔལ་འབྱོར་གྱིས་སྤྱི་ལོ་1748ལ《ཆོས་འབྱུང་དཔག་བསམ་ལྗོན་བཟང》མཛད་དུས་ཚབ་ཚ་ཐེག་ཆེན་ཆོས་འཁོར་གླིང་མེར་བསྲེགས་ཟིན་པ་རེད། གསུང་རྩོམ་འདི་ཡང་ལོ་རྒྱུས་ཀྱི་དོན་དངོས་དང་ཡོངས་སུ་མཐུན་པར་ངེས། རྒྱལ་དབང་ལྔ་པ་ངག་དབང་བློ་བཟང་རྒྱ་མཚོའི《རང་རྣམ》དུ་ཁོང་ཉིད་པེ་ཅིན་ནས་བོད་དུ་ཕྱིར་ལོག་པའི་ལམ་བར་གྱི་མཛད་པ་གསུང་དུས་ཀྱང་འདི་ལྟར་བཀོད་ཡོད། (སྤྱི་ལོ་1653པའི་ཟླ་7པའི་ཚེས) “ཉེར་དྲུག་ལ་ཚ་གན་ཐོ་ལོ་གོ་ནས་བཏེག་མཚོ་ཕྱུག་པོ་བ་ཡན་ནོར་དུ་འབྱོར། པཎྜ་སྐུ་སྐྱེ་ལ་གྲུབ་རྒྱལ་ལུགས་ཀྱི་ཚེ་དབང་དང་བླ་མའི་རྣལ་འབྱོར། ཆུ་བཟང་ཆོས་རྗེ་དཔལ་འབྱོར་

① སུམ་པ་ཡེ་ཤེས་དཔལ་འབྱོར། སུམ་པ་ཆོས་འབྱུང་དཔག་བསམ་ལྗོན་བཟང་། [M]. ཀན་སུའུ་མི་རིགས་དཔེ་སྐྲུན་ཁང་། 1992: 586.

རྒྱ་མཚོ་གྲྭ་བཅས་ལ་མི་འཁྲུགས་པའི་མདོན་དཀྱིལ་གྱི་ལུང་། ཆབ་ཆླ་ལྷ་ཁང་གི་ཉེ་འདབས་སུ་སྐུ་འབུམ་ཆོས་རྗེ་དང་ཟྭ་ན་ནང་སོ་ལ་ཕྱག་ན་རྡོ་རྗེ་གོས་སྔོན་ཅན་གྱི་རྗེས་གནང་རྣམས་བྱས།”① ཞེས་བཀོད་ཡོད།

དེས་ན“ཆ་གན་ཐོ་ལོ་གོ”ཞེས་པ་ནི་སོག་སྐད་དེ་རི་མགོ་དཀར་པོ་ཞེས་པའི་དོན་ཡིན་ཞིང་། མཚོ་ལྷོ་ཁུལ་གུང་ཧོ་རྫོང་རིག་སློན་གྲོང་བརྡལ་ནས་བྱང་ཕྱོགས་སུ་སྤྱི་ལེ་15ཙམ་ཡོད་པའི་དཔལ་འཁོར་གྲོང་ཚོའི་དགུན་ས་ན་ཡོད། དེའི་བྱང་འགྲམ་དུ་ཆ་གན་མཁར་ཡོད། “བ་ཡན་ནོར”ཞེས་པའང་སོག་སྐད་དེ་མཚོ་ཕྱུག་པོ་ཞེས་པའི་དོན་ཡིན། དེ་ནི་རིག་སློན་གཞུང་ནས་ནུབ་ཕྱོགས་སུ་སྤྱི་ལེ་15ཙམ་ཡོད་པའི་ས་ན་ཡོད་ཅིང་། ད་ལྟ་ཀུན་གྱིས་ཀ་ཏའི(尕海)ཞེས་རྒྱ་མིང་གིས་འབོད་ཅིང་ས་གནས་རང་གི་འབྲོག་པ་ཚོས་ད་དུང་བན་ཡན་ནོར་མཚོ་ཞེས་འབོད་ཀྱིན་ཡོད། “ཆབ་ཆླ་ལྷ་ཁང”ནི་ཆབ་ཆ་ཐེག་ཆེན་ཆོས་འཁོར་གླིང་སྟེ་རྒྱ་སྐད་དུ་དབྱང་ཧྭ་ཟེ(仰华寺)ཞེས་པ་དེ་བསྟན་པར་ངེས། དེས་ན་རྒྱལ་དབང་ལྔ་པ་ཆེན་པོས་ཁོང་ཉིད་རིག་སློན་གཞུང་གི་ཆ་གན་ཐོ་ལོ་གོ་ནས་བ་ཡན་ནོར་མཚོ་དང་། ཆབ་ཆ་ལྷ་ཁང་གི་ཉེ་འདབས། དེ་ནས་རིམ་བཞིན་ཨ་རིག་ཆུ་ཚན་ཁར་ཕེབས་ཚུལ་གསུངས་པ་ལས་ཀྱང་ཆབ་ཆ་ཐེག་ཆེན་ཆོས་འཁོར་གླིང་བ་ཡན་ནོར་མཚོའམ“尕海滩”ནས་ནུབ་ཕྱོགས་སུ་སྤྱི་ལེ་20ཙམ་ཡོད་པའི་ཆབ་འགག་ལུང་པར་ཡོད་པར་བསྟན་ཡོད། དེ་བཞིན་དུ《མདོ་སྨད་ཆོས་འབྱུང》ལས་ཀྱང་མཆོད་ཡོན་གཉིས་ཞལ་འཛོམས་ས་ཆབ་ཆ་ས་ཁུལ་དུ་ས་འདུལ་མཛད་ནས་ཆབ་ཚ་ཐེག་ཆེན་ཆོས་འཁོར་གླིང་བཞེངས་ཚུལ་བཀོད་ཡོད་པ་གོང་དུ་དྲངས་ཟིན་པ་ལྟར་རོ། །

སོག་ཡིག་གི་ལོ་རྒྱུས་ཡིག་ཚང་དུའང་ཆབ་ཆ་ཐེག་ཆེན་ཆོས་འཁོར་གླིང་

① རྒྱལ་དབང་བློ་བཟང་རྒྱ་མཚོ། རྒྱལ་དབང་ལྔ་པའི་རང་རྣམ། [M].བོད་ལྗོངས་མི་དམངས་དཔེ་སྐྲུན་ཁང་། 1991: 427.

ནི་མཚོ་སྔོན་ཞིང་ཆེན་གྱུང་ཧོ་རྫོང་གི་ཆབ་འགག་ལུང་པར་ཡོད་པར་བསྟན་ཡོད། དཔེར་ན། སྤྱི་ལོ1662ལ་བརྩམས་གྲུབ་བྱུང་བའི《ཧོར་གྱི་བྱུང་རབས》(蒙古源流)ལས། "གདན་འདྲེན་གྱི་གསེར་ཡིག་པ་[དང་པོ་]རྣམས་ཕྱིར་ལོག་རྗེས། [གཡས་རུ་]དུད་ཁྱིམ་སུམ་ཁྲི་དང་བསྒྲིགས་ནས། མཚོ་སྔོན་གྱི་ཆབ་ཆ་ས་ཁུལ་དུ་དགོན་སྡེ་བཞེངས། མེ་གླང་ལོ(1577)གཡས་རུ་དུད་ཁྱིམ་སུམ་ཁྲི[རྒྱལ་བ་བསོད་ནམས་རྒྱ་མཚོ་]གདན་འདྲེན་དུ་འོངས་ནས་ཆབ་ཆ་ལྷ་ཁང་དུ་བསུ་བ་ཡིན།" ཞེས་པ་དང་། "ཨལ་ཐན་རྒྱལ་པོས་[མཐའ་འཁོབ་མུན་པའི་གླིང་དཀར་པོར་བྱས་པའི་བརྡ་ཆད་དུ་]སྐུ་ལ་གོས་དཀར་པོ་གསོལ་བ་དང་། ཆིབས་སུ་རྟ་དཀར་པོ་བཅིབས་ནས། འཁོར་ཁྲི་ཕྲག་དང་བཅས་པས་རྒྱལ་བ་ཐམས་ཅད་མཁྱེན་པ་མཆོག་ཆབ་ཆ་དགོན་དུ་བསུ་བ་ཡིན།"① ཅེས་བཀོད་པ་དང་། དུས་རབས་བཅུ་དྲུག་པའི་སྨད་ནས་བཅུ་བདུན་པའི་མགོ་ཙམ་ལ་བརྩམས་པའི《ཨལ་ཐན་རྒྱལ་པོའི་རྟོགས་བརྗོད》(阿勒坦汗传)ལས། "རྒྱལ་པོ་དམ་པའི་[ཨལ་ཐན་]བཀའ་ལྟར་རྟབ་རྟབ་པོར་ལམ་ལ་ཆས་ཏེ་དལ་འགྱངས་མེད་པར་མཚོ་སྔོན་པོའི་ཆབ་ཆ་ས་ཁུལ་དུ་འོངས་ནས། རྒྱ་བོད་སོག་གསུམ་གྱི་དགོན་པ་བཞེངས།" ཞེས་པ་དང་། "རྒྱལ་དབང་བསོད་ནམས་རྒྱ་མཚོ་ཡུལ་གཞན་ནས་ཆབ་ཆ་ལྷ་ཁང་དུ་ཕེབས་ནས། ཨལ་ཐན་རྒྱལ་པོ་དང་མཇལ་རྗེས་ཞལ་གསུང་འདི་འདྲ་མཛད་པ་སྟེ། འཁོར་ལོས་བསྒྱུར་བའི་རྒྱལ་པོ་ལྷའི་ཚངས་པ་ཆེན་པོ་སླར་ཡང་སོག་པོའི་ས་ཁུལ་དུ་བྱོན་ནས། སངས་རྒྱས་ཀྱི་ཆོས་འཕེལ་བར་བྱེད་པའི་དགོན་སྡེ་ལེགས་པོར་བཞེངས་པ་ཡིན།" ཞེས་གསུངས་②པར་བཀོད་ཡོད། གོང་གསལ་སོག་ཡིག་གི་ལོ་རྒྱུས་ཡིག་ཚང་དུ་ཆབ་ཆ་ཐེག་ཆེན་ཆོས་འཁོར་གླིང་བཞེངས་པའི་ལོ་རྒྱུས་རྒྱབ་ལྗོངས་དང་རྒྱལ་དབང་བསོད་ནམས་རྒྱ་མཚོ་བསུ་བའི་

① (清)萨冈彻辰·蒙古文历史文献汉译—蒙古源流[M]·呼和浩特：内蒙古大学出版社。2014：269,320.

② 佚名·阿勒坦汗传[M]. 呼和浩特；内蒙古大学出版社。2014：94,131.

གནས་ཚུལ་གསལ་པོར་བཀོད་པ་དང་ཆབས་ཅིག མཆོད་ཡོན་ཞལ་འཛོམས་བྱུང་ས་ཆབ་ཆ་ཐེག་ཆེན་ཆོས་འཁོར་གླིང་དེ་མཚོ་སྔོན་ཞིང་ཆེན་གྲུང་ཧྭ་རྫོང་གི་ཆབ་འགག་ལུང་པར་ཡོད་པའང་གསལ་པོར་བཀོད་ཡོད།

ཡང་། 《མིང་རྗེ་ལུའུ》(明实录)བྱ་བ་ལས། "ཧྲུན་དབྱི་ཝང(顺义王)ཨལ་ཐན་གྱིས་མཚོ་སྔོན་པོའི་འགྲམ་དུ་དགོན་སྡེ་བཞེངས་ནས་མཚན་འདོགས་ཞུས་པས། གོང་མས་དབྱང་ཧྭ་ཟི(仰华寺)ཞེས་པའི་མཚན་གསོལ།" ཞེས་བཀོད་ཡོད། ལོ་རྒྱུས་ཀྱི་ཐོ་འགོད་འདི་ལས་ཆབ་ཆ་ཐེག་ཆེན་ཆོས་འཁོར་གླིང་ནི་མཚོ་སྔོན་པོའི་འགྲམ་རྒྱུད་དུ་བཞེངས་ཡོད་པ་གསལ་པོར་བསྟན་ཅིང་། ཧྲང་ཧྭུའེ་ལིང་དང་ཁྲིན་ཆིན་དབྱིན་སོགས་ཀྱིས་བརྩམས་པའི《ཡོན་རྒྱལ་རབས་ཚུན་གྱི་བོད་ལྗོངས་ས་ཁུལ་དང་ཀྲུང་དབྱང་སྲིད་གཞུང་བར་གྱི་འབྲེལ་བར་དཔྱད་པ》ཞེས་པ་ལས་ཆབ་ཆ་ཐེག་ཆེན་ཆོས་འཁོར་གླིང་བཞེངས་སའི"མཚོ་སྔོན་པོའི་འགྲམ་རྒྱུད"ཅེས་པ་དེ་མཚོ་སྔོན་པོའི་ལྷོ་འགྲམ་གྱི་ཆབ་འགག་ལུང་པར་ངོས་བཟུང་ཡོད་དེ། "རྒྱལ་བ་བསོད་ནམས་རྒྱ་མཚོས་ད་དུང་མཆོད་ཡོན་ཞལ་འཛོམས་བྱུང་བའི་གནས་སུ་ཆབ་ཆ་ཐེག་ཆེན་ཆོས་འཁོར་གླིང་ཞེས་པའི་ཆོས་སྡེ་ཞིག་ཀྱང་བཏབ་པ་ཡིན་"[①] ཞེས་བཀོད་པས་སོ། །

མདོར་ན། གོང་དུ་དྲངས་པའི་བོད་རྒྱ་སོག་གསུམ་གྱི་ལོ་རྒྱུས་ཡིག་ཚང་ཡོད་དོ་ཅོག་གིས་རྒྱལ་བ་བསོད་ནམས་རྒྱ་མཚོ་དང་ཨལ་ཐན་རྒྱལ་པོ་མཆོད་ཡོན་ཞལ་འཛོམས་བྱུང་སའི་ཆབ་ཆ་ཐེག་ཆེན་ཆོས་འཁོར་གླིང་ནི་ད་ལྟའི་མཚོ་སྔོན་ཞིང་ཆེན་གྲུང་ཧྭ་རྫོང་གི་ཆབ་འགག་ལུང་པར་ཡོད་པར་བསྟན་ཡོད།

① 邓锐龄、陈庆英·元以来西藏地方中央政府关系研究[M]. 北京：中国藏学出版社。2005：289.

3. དགོན་ཁུལ་གྱི་རྒྱ་ཁྱོན་ལོ་རྒྱུས་སུ་བཀོད་པ་དང་ཡོངས་སུ་མཐུན་པ།

ཆབ་ཆ་ཐེག་ཆེན་ཆོས་འཁོར་གླིང་གི་བཟོ་བསྐྲུན་དང་རྒྱ་ཁྱོན་གྱི་སྐོར་ལོ་རྒྱུས་ཡིག་ཚང་མང་པོར་ཞིབ་ཏུ་བཀོད་ཡོད་དེ། དཔེར་ན། 《རྒྱལ་བ་བསོད་ནམས་རྒྱ་མཚོའི་རྣམ་ཐར་དངོས་གྲུབ་རྒྱ་མཚོའི་ཤིང་རྟ》ལས། "མཆོད་ཡོན་མཇལ་བའི་ས་དེར། གཙུག་ལག་ཁང་བཞེང་བའི་ས་བརྟུལ་ཏེ། རྒྱ་ནག་གི་བཟོ་བོ་མཁས་པ་མང་པོ་བཀུག་ནས་བཞེངས་པའི་གཙང་ཁང་ལ་དུས་གསུམ་སངས་རྒྱས་དང་། རྗེ་བླ་མ། རྗེ་ཉིད་ཀྱི་སྐུ་འདྲ། གཡས། གཡོན། མདུན་གསུམ་དུ་འཇིགས་བྱེད། སྤྱན་རས་གཟིགས་རྣམས་ཀྱི་ལྷ་ཁང་རེ་རེ་ལ་ཀ་བ་བཅུ་དྲུག་གི་ཁྱོན་ཅམ་ཡོད་པ་དེའི་བར་དུ། སེམས་དཔའ་དང་གནོད་སྦྱིན་གཉིས་ཀྱི་ལྷ་ཁང་། པེ་དཀར་ལྕོག །མདུན་གྱི་གཡས་གཡོན་དུ་གཟིམས་ཆུང་འོད་གསལ་ཕོ་བྲང་དང་བདེ་ཆེན་ཕོ་བྲང་། ཐམས་ཅད་ལ་རྒྱ་ཕིབས་སོགས་རྒྱ་ནག་གི་ལུགས་སུ་བཞེངས། ལྕགས་རི་རིམ་པ་གསུམ་གྱིས་བསྐོར་བ་མིང་ཐེག་ཆེན་ཆོས་འཁོར་གླིང་དུ་བཏགས།" ཞེས་བཀོད་ཡོད།

གསུང་སྒྲོས་འདི་ལྟར་ན་ཆབ་ཆ་ཐེག་ཆེན་ཆོས་འཁོར་གླིང་གི་བཟོ་བསྐྲུན་ནི། འདུ་ཁང་གཅིག་དང་ལྷ་ཁང་བཞི། ཕོ་བྲང་གཉིས། ལྕགས་རི་རིམ་པ་གསུམ་བཅས་ལས་གྲུབ་སྟེ། ཆོས་ལུགས་ཀྱི་དགོན་སྡེ་དང་ཆབ་སྲིད་ཀྱི་ཕོ་བྲང་ཟུང་དུ་འབྲེལ་བའི་བཟོ་བསྐྲུན་རྒྱ་ཆེ་ཞིང་བཀོད་པ་ཁྱད་དུ་འཕགས་པ་ཞིག་རེད། དེར་བརྟེན། ཁ་ཅིག་གིས་ཆབ་ཆ་ཐེག་ཆེན་ཆོས་འཁོར་གླིང་གི་དགོན་ཤུལ་དུ་ངེས་པའི"ཆ་གན་མཁར"(མཁར་དཀར་ལྟང)ནི་གཞི་ཁྱོན་ཆུང་བས་བཟོ་བསྐྲུན་རྒྱ་ཆེན་པོ་དེ་འདྲ་ཤོང་ཐབས་མེད་པར་མ་ཟད། ས་དེར་མཁར་གསར་རྙིང་གཉིས་ཀྱི་རྗེས་ཤུལ་ཡོད་པས་ལོ་རྒྱུས་ཡིག་ཚང་གི་ཐོ་འགོད་དང་ཡང་མི་མཐུན། ཡིན་ནའང་། ཆབ་འགག་ལུང་པའི་རྒྱལ་ར་མཁར་ཆག་ནི་དེ་དང་མི་འདྲ་སྟེ། སྤྱི་ལོ1958ཀྱི་མཆོང་སྐྱོད་ཆེན་པོའི

ཆུབ་རྫོང་དང་བྱང་རྫོང་གི་ལྷུགས་རི་དུམ་བུ།

ལས་འགུལ་གྱི་སྐབས་སུ་དགོན་པའི་ལྷུགས་རི་ལ་གཞི་བྱས་ནས་ཆུ་མཛོད་ལས་པས། ཆུབ་རྫོང་དང་བྱང་རྫོང་གི་ལྷུགས་རི་དུམ་བུ་ལས་ལྷུགས་རི་རྙིལ་པོའི་རྣམ་པ་མཐོང་ཐབས་མེད་ཀྱང་། མཁར་ཤུལ་རྙིལ་པོའི་རིང་ཚད་ལ་སྨི་800ལྷག་ཡོད་པས། ལོ་རྒྱུས་ཡིག་ཚང་དུ་བཀོད་པའི་ཆབ་ཆ་ཐེག་ཆེན་ཆོས་འཁོར་གླིང་གི་བཟོ་བསྐྲུན་ཡོངས་རྫོགས་ཤོང་ཐུབ་ངེས་རེད།

4. དགོན་ཤུལ་དང་ཤུལ་རྗེན་རྣམས་ལོ་རྒྱུས་ཡིག་ཚང་དུ་བཀོད་པ་དང་ཀུན་ནས་མཐུན་པ།

སྤྱི་ལོ་1596ལ་མིང་རྒྱལ་རབས་ཀྱིས་མཚོ་སྔོན་གྱི་སོག་པོའི་ཤོག་ཁ་སོ་སོས་འཕྲོ་རིམ་འཕྲོར་དོན་རྐྱེན་བཟོས་པ་རྒྱུ་མཚན་དུ་བྱས་ནས་ཆབ་ཆ་ཐེག་ཆེན་ཆོས་འཁོར་གླིང་མེར་བསྲེགས་པའི་རྗེས་སུ། སྤྱི་ལོ་1958པའི་མཆོང་སྐྱོད་ཆེན་པོའི་ལས་འགུལ་གྱི་སྐབས་སུ་དགོན་པའི་ལྷུགས་རིར་གཞི་བྱས་ནས་ཆུ་མཛོད་ལས་པས། དགོན་ཤུལ་རྙིལ་པོར་གཏོར་བརླག་ཚབས་ཆེན་ཐེབས་ཤིང་སྔོན་གྱི་བཟོ་བསྐྲུན་གྱི་ཁྱད་ཆོས་མཐོང་ཐབས་བྲལ་སོང་། ལྷུགས་རིའམ་མཁར་ཆག་གི་ལྷོ་བྱང་གཉིས་ཀྱི་སྲིད་ལ་སྨི་200ཙམ་ཡོད་པ་དང་ཤར་ནུབ་གཉིས་ཀྱི་བྱང་ལ་སྨི་205ཙམ་ཡོད་ལ། མཐོ་ཚད་ལ་སྨི་2. 8དང་རྗིང་གི་ཞེང་ལ་སྨི་2. 3ཡོད་པ། སྟེང་གི་ཞེང་ཚད་ལ་སྨི་1. 8ཡོད། དགོན་པའི་ལྷུགས་རིའི་རྒྱ་ཁྱོན་དང་བཟོ་བཀོད་ལས་བལྟས་

ན། ཆབ་ཆ་ཐེག་ཆེན་ཆོས་འཁོར་གླིང་གི་བཟོ་བཀོད་ནི་མཚོ་སྔོན་ཞིང་ཆེན་པོ་ཏུའུ་རྫོང་གི་གྲོ་ཚང་རྡོ་རྗེ་འཆང་དང་མིན་ཧོ་རྫོང་གི་མཛོ་མོ་མཁར་སོགས་མིང་རྒྱལ་རབས་དུས་ཀྱི་བཟོ་བཀོད་དང་ཀུན་ནས་འདྲ་བ་སྟེ། ལུགས་རི་གྲུ་བཞིས་བསྐོར་བའི་རྒྱ་ལུགས་ཀྱི་བཟོ་བསྐྲུན་ཁྱད་ཆོས་མངོན་ཡོད།

དེ་མིན་ལྷ་སའི་ནོར་བུ་གླིང་ཁའི་རྟག་བརྟན་མི་འགྱུར་ཕོ་བྲང་གི་ཚོམས་ཆེན་ལྷོ་མ་སྲིད་ཞི་འདོད་རྒྱུའི་ལྡེབས་རིས་ཁྲོད་ཀྱི་ཆབ་ཆ་ཐེག་ཆེན་ཆོས་འཁོར་གླིང་གི་རི་མོ་ལས་ཀྱང་དགོན་སྡེ་དེར་ལུགས་རི་གྲུ་བཞི་རིམ་པ་གསུམ་དང་རྒྱ་ལུགས་ཀྱི་བཟོ་བསྐྲུན་ཁྱད་ཆོས་མངོན་པར་གསལ་བ་བདེན་དཔང་བྱེད་ཐུབ། དེ་སྔ་ཚུ་མཛོད་ལས་པར་ཞུགས་པའི་ས་དེའི་རྒན་པོ་རྣམས་ཀྱིས་བཤད་པ་ལྟར་ན། སྐབས་དེར་ཚུ་མཛོད་ལས་དུས་ལྷ་སྐུ་མང་པོ་དང་། ལྡེབས་རིས། ཆོས་དཔེ། སོལ་

ནོར་བུ་གླིང་ཁའི་རྟག་བརྟན་མི་འགྱུར་ཕོ་བྲང་གི་ཚོམས་ཆེན་ལྷོ་མ་སྲིད་ཞི་འདོད་རྒྱུའི་
ལྡེབས་རིས་ཁྲོད་ཀྱི་ཆབ་ཆ་ཐེག་ཆེན་ཆོས་འཁོར་གླིང་།

བ། ཅོང་སོགས་ཤུལ་རྗེས་ཏ་ཅང་མང་པོ་ཐོན་པ་དང་། ཁོ་བོས་ཀྱང་ཆུང་བྱིས་པའི་དུས་སུ་གསེར་ཆུ་བྱུགས་པའི་ལྷ་སྐུ་ཆག་དུམ་མཐོང་མྱོང་། ཤུལ་རྗེས་དེ་དག་ད་ལྟ་གར་སོང་ཆ་མེད་དུ་གྱུར་ཡོད། ཀ་རྡོ་དང་། དར་ཤིང་གི་རྨང་རྡོ། སོ་ཕག་ཆག་རོ། སོ་ཕག་གི་ཕ་ཆུ། དགོན་པ་མེར་བསྲེགས་པའི་ཐལ་བ་ནག་པོ་དང་སོལ་བ་སོགས་ད་དུང་གང་སར་མཐོང་རྒྱུ་ཡོད་ལ། སྤྱི་ལོ་2016ལ་མཚོ་སྔོན་ཞིང་ཆེན་གྱི་རིག་རྫས་དང་གནའ་རྫས་བརྟག་ཞིབ་ཁང་གིས་ཡུལ་དངོས་སུ་ཚོད་ལྟའི་སྔོག་འདོན་བྱེད་དུས་ཀྱང་ལྷ་སྐུ་ཆག་དུམ་མང་པོ་དང་། ས་འབབ་ སོ་ཕག་ རྡོ་བརྐོས་ཐམ་ག ཕྲ་རྒྱན། རྡོ་དང་ས་ཕག་གི་བརྩིགས་རྗེང་སོགས་སོན་རྙེད་བྱུང་། ཤུལ་རྗེས་དེ་དག་གི་རི་མོ་དང་ཁྱད་ཆོས་ལས་ཀྱང་ཆབ་ཆ་ཐེག་ཆེན་ཆོས་འཁོར་གླིང་གི་བཟོ་བསྐྲུན་ལ་རྒྱ་ལུགས་ཀྱི་ཁྱད་ཆོས་གསལ་པོ་ཡོད་པ་ར་སྤྲོད་བྱེད་ཐུབ། རྒྱུ་མཚན་ནི། བོད་ལུགས་ཀྱི་དགོན་པའི་བཟོ་སྐྲུན་ལ་སོ་ཕག་གི་ཕ་ཆུ་སོགས་བཟོ་སྐྲུན་གྱི་རྒྱུ་ཆ་མི་བཀོལ་བ་དང་། དགོན་པ་ཕལ་ཆེ་བའི་བཟོ་སྐྲུན་ནི་རང་བྱུང་གི་ས་དབྱིབས་ལ་བསྟུན་ནས་བཞེངས་པ་ལས། ལུགས་རི་གྲུ་བཞིས་བསྐོར་མེད་པས་སོ། །དེར་བརྟེན། ཆབ་ཆ་ཐེག་ཆེན་ཆོས་འཁོར་གླིང་གི་བཟོ་བཀོད་དང་དགོན་ཤུལ་ནས་ཐོན་པའི་རིག་རྫས་ནི《མདོ་སྨད་ཆོས་འབྱུང》ལས། “མཆོད་ཡོན་ཞལ་འཛོམས་སར་ས་འདུལ་མཛད་དེ། ཆབ་ཚ་ཐེག་ཆེན་ཆོས་འཁོར་གླིང་དུ་རྒྱ་ནག་གི་བཟོ་བོ་མཁས་པ་མང་པོ་བཀུག་ནས་བཞེངས་པའི་གཙང་ཁང་ཐམས་ཅད་ལ་རྒྱ་ཕིབས་སོགས་རྒྱ་ནག་གི་ལུགས་ལྟར་དང་། ལྕགས་རི་རིམ་པ་གསུམ་གྱིས་བསྐོར”ཞེས་བཀོད་པ་དང་ཡོངས་སུ་མཐུན་པ་རེད།

5. དམངས་ཁྲོད་ཀྱི་ངག་རྒྱུན་དང་ལོ་རྒྱུས་སུ་བཀོད་པ་གཉིས་མཐུན་པ།

ཆབ་འགག་ལུང་པའི་རྒྱལ་ར་མཁར་ཆག་སྟེ་ཆབ་ཆ་ཐེག་ཆེན་ཆོས་འཁོར་གླིང་གི་དགོན་ཤུལ་ནས་བྱང་ཤར་དུ་སྨི་150ཙམ་གྱི་ས་ན་མཆོད་རྟེན་གཉིས་ཀྱི་

རྗེས་ཤུལ་ཡོད་ཅིང་། དེ་གཉིས་ཀྱི་བར་དུ་མིང་ལ་དྲག་རྩལ་རྡོ་རྗེ་ཐོག་མདའ་ཞེས་པའི་ལབ་ཙེ་ཞིག་ཡོད། ས་དེའི་དམངས་ཁྲོད་ཀྱི་ངག་རྒྱུན་ལ་ལབ་ཙེ་དེའི་གནས་བདག་ནི་དེ་སྔ་ཆབ་ཆ་ཐེག་ཆེན་ཆོས་འཁོར་གླིང་གི་དགོན་བདག་གམ་ཨལ་ཐན་རྒྱལ་པོའི་སྲས་བཞི་པ་པིན་ཐུ་ཡིན་ཞིང་། ཁོང་ཉིད་ཆབ་ཆ་ཐེག་ཆེན་ཆོས་འཁོར་གླིང་ལ་ཞེན་ཆགས་པས་ཚེ་ལས་འདས་རྗེས་སྐྱེ་བ་མ་བཞེས་པར་གནས་དེར་ཆབ་ཆ་ཐེག་ཆེན་ཆོས་འཁོར་གླིང་སྲུང་ཞིང་དེའི་ལྷ་སྡེ་རྣམས་ལ་མགོན་སྐྱབ་མཛད་བཞིན་མཆིས་ཟེར། གཞི་བདག་དེའི་བསང་མཆོད་ལས་ཀྱང་། “ཟ་འོག་བརྩེགས་པའི་མི་བསགས་གཡང་གཞིའི་སྟེང་། །སྤྲུལ་བ་སྣ་ཚོགས་ཉི་འོད་རྟུལ་ལྟར་འཁྲིགས། །ཐ་མའི་སྣང་ཚུལ་ལ་ལ་རྒྱལ་པོ་དང་། །ཕལ་ཆེར་བླ་སེར་སྡོགས་པའི་ཚུལ་དུ་བསྟན། །”ཅེས་སྐབས་འགར་རྒྱལ་པོ་དང་སྐབས་འགར་བླ་མ་སེར་མོའི་ཚུལ་དུ་ཕྱིན་པར་བཀོད་ཡོད།

དམངས་ཁྲོད་ཀྱི་ངག་རྒྱུན་དང་ཡིག་ཚགས་ཀྱི་ཐོ་འགོད་འདིའི་རིགས་ལ་ཆོས་ལུགས་ཀྱི་བྲོ་བ་ངེས་ཅན་ལྡན་མོད། ང་ཚོས་ཆབ་ཆ་ཐེག་ཆེན་ཆོས་འཁོར་གླིང་གི་དགོན་གནས་དང་ལོ་རྒྱུས་ལ་བརྟག་དཔྱད་ཞིབ་འཇུག་བྱེད་པར་ཟུར་བལྟའི་རིན་ཐང་ཆེན་པོ་ལྡན་པར་ཐེ་མི་ཚོམ། ཡང་། ས་དེའི་ངག་རྒྱུན་དང《ཆབ་ཆ་དགོན་གསར་བཀྲ་ཤིས་ཐེག་མཆོག་གླིང་གི་གདན་རབས》སུ་བཀོད་པ་ལྟར་ན། མིང་རྒྱལ་རབས་ཀྱི་དམག་དཔུང་གིས་ཆབ་ཆ་ཐེག་ཆེན་ཆོས་འཁོར་གླིང་མེར་བསྲེགས་ཀྱང་དེའི་གྲྭ་རྒྱུན་དུས་རབས་ཉི་ཤུ་པའི་མགོ་བར་དུ་གཏན་ནས་ཆད་མ་སོང་། སྤྱི་ལོ་1902ལ་སླེབས་དུས་ཁོང་ཚོ་ཆབ་འགག་ལུང་པའི་སོར་རྒྱག་གྲོང་ཚོར་འདུས་ནས་གུར་དགོན་གྱི་ཚུལ་དུ་གནས་པ་ལ་ལྷ་སའི་སེ་ར་དགོན་པའི་སེར་བྱེས་མཁས་སྣན་གྲྭ་ཚང་གི་མཁན་པོ་གྲགས་པ་བརྟོན་འགྲུས་སྐུ་ཕྲེང་གཉིས་པའམ། དགེ་ལུགས་པའི་མ་དགོན་བྱ་ཁྱུང་ཐེག་ཆེན་ཡོན་ཏན་དར་རྒྱས་གླིང་གི་མཁན་རབས་91པ་རྗེ་དགེ་

འདུན་ཆོས་འཁྱོར་རྒྱ་མཚོ་ལགས་ཀྱིས་ཆབ་འགག་ས་ཆའི་མི་རིགས་སོ་སོའི་དད་ལྡན་མང་ཚོགས་ཀྱི་རེ་འདོད་ལྟར། ཆབ་ཆ་ཐེག་ཆེན་ཆོས་འཁོར་གླིང་གི་གྲྭ་རྒྱུན་དང་དེའི་གུར་དགོན་ལ་གཞི་བྱས་ནས་ཆབ་ཆ་ཐེག་ཆེན་ཆོས་འཁོར་གླིང་བསྐྱར་བཞེངས་མཛད། དགོན་གནས་གསར་པར་སྤོས་པའི་རྐྱེན་གྱིས་མཚན་ལའང"ཆབ་ཆ་དགོན་གསར་བཀྲ་ཤིས་ཐེག་མཆོག་གླིང"ཞེས་གསོལ་བ་རེད།

གསུམ་པ། ཆབ་ཆ་ཐེག་ཆེན་ཆོས་འཁོར་གླིང་གི་དགོན་ཞུལ་སྲུང་སྐྱོབ་བྱེད་པའི་དོན་སྙིང་གལ་ཆེན།

ཆབ་ཆ་ཐེག་ཆེན་ཆོས་འཁོར་གླིང་ནི་གནས་པའི་དུས་ཡུན་མི་རིང་ནའང་དོན་སྙིང་ཧ་ཅང་ཆེ་ཞིང་། ལོ་རྒྱུས་ཀྱི་ནུས་པ་ཁྱད་དུ་འཕགས་པ་བསྐྱེད་པར་ངེས། དེ་ཉིད་སྐབས་དེའི་མཚོ་སྔོན་ས་ཆའི་ཆབ་སྲིད་དང་རིག་གནས་ཀྱི་ལྟེ་བ་བྱས་ནས། བོད་བརྒྱུད་ནང་བསྟན་དགེ་ལུགས་པའི་བསྟན་པ་མཚོ་སྔོན་དང་། ཡུན་ནས། ཆབ་མདོ། ནང་སོག་ས་ཁུལ་དུ་ཁྱབ་སྤེལ་བྱེད་པར་ནུས་པ་གལ་ཆེན་བསྐྱེད་པར་མ་ཟད། མི་རིགས་ཀྱི་མཐུན་སྒྲིལ་ཡར་སྐྱེལ་དང་མེས་རྒྱལ་གྱི་གཅིག་གྱུར་སྲུང་སྐྱོབ་བྱེད་པ་དང་། མཐའ་མཚམས་ཀྱི་བདེ་འཇགས་སྲ་བརྟན་བྱེད་ཅིང་། སོག་པོའི་རྗེས་ལུས་ཀྱི་གོམས་སྲོལ་བཅོས་བསྒྱུར་བྱེད་པ། བོད་བརྒྱུད་ནང་བསྟན་དགེ་ལུགས་པ་དང་མིང་རྒྱལ་རབས་བར་གྱི་འབྲེལ་བ་ཇེ་དམ་དུ་གཏོང་བ། རྒྱལ་བ་བསོད་ནམས་རྒྱ་མཚོ་དང་ཨལ་ཐན་རྒྱལ་པོའི་མཚན་སྙན་ཇེ་རྒྱས་སུ་འགྲོ་བ་བཅས་ལ་ནུས་པ་གལ་ཆེན་ཐོན་ཡོད། ལོ་རྒྱུས་ཀྱི་རིན་ཐང་དང་རིག་གནས་ཀྱི་རིན་ཐང་ཧ་ཅང་མཐོ་བའི་དགོན་ཞུལ་འདི་སྲུང་སྐྱོབ་དང་གཅེས་སྲུང་བྱེད་པ་ནི། མི་རིགས་ཀྱི་ལོ་རྒྱུས་དང་ཕུལ་དུ་ཕྱུང་བའི་སྲོལ་རྒྱུན་ལ་བརྩི་མཐོང་བྱས་པ་དང་། མི་རིགས་ཀྱི་སྒྱུ་རྩལ

རྩ་ཆེན་སློབ་སྦྱོང་དང་རྒྱུན་འཛིན་བྱས་པ་ཡིན་པས། ལོ་རྒྱུས་ལ་སློབ་སྦྱོང་དང་རྒྱུས་ལོན་བྱེད་ཅིང་ཕྱུལ་དུ་བྱུང་བའི་སྲོལ་རྒྱུན་རིག་གནས་རྒྱུན་འཛིན་དང་འཕེལ་རྒྱས་སུ་གཏོང་ཆེད། འབྲེལ་ཡོད་སྡེ་ཁག་གིས་འདི་ལ་གཙིགས་ཆེན་བྱེད་པ་དང་། ཧུར་བརྩོན་གྱིས་འབྲེལ་ཡོད་ཆེད་མཁས་རྩ་འཛུགས་བྱས་ཏེ་ཕྱོགས་ཡོངས་ནས་རྟོག་དཔྱོད་ཞིབ་མོ་བྱེད་པར་མ་ཟད། ཞིང་ཆེན་རིམ་པའི་རིག་རྫས་སྲུང་སྐྱོབ་སྡེ་ཁག་ཏུ་སྙན་སེང་ཞུས་ཤིང་། མཚན་བྱང་ཇོ་རིང་བཙེངས་ནས་ཡང་བསྐྱར་གནོད་སྐྱོན་མི་འབྱུང་བ་བྱ་དགོས།

རྒྱལ་ཁྲིམས་ལ་བརྟེན་ནས་དགོན་ཤུལ་སྲུང་སྐྱོབ་བྱེད་པའི་དུས་མཚུངས་སུ། བསྐྱར་དུ་བཞེངས་པའི་ཆབ་ཆ་དགོན་གསར་བཀྲ་ཤིས་ཐེག་མཆོག་གླིང་འཛུགས་སྐྲུན་བྱེད་པར་ཤུགས་སྣོན་དགོས། དེ་ཡང་ད་ལྟའི་འདུ་ཁང་གི་རྨང་གཞིའི་སྟེང་དེ་རུ་ཆབ་ཆ་ཐེག་ཆེན་ཆོས་འཁོར་གླིང་གི་བཟོ་བསྐྲུན་གྱི་བཀོད་པ་དང་། རྒྱ་ཁྲོན། ཁྲིད་ཆོས་བཅས་ལྟར་འཛིགས་བྱེད་ལྷ་ཁང་དང་སྤྱན་རས་གཟིགས་ཀྱི་ལྷ་ཁང་། སེམས་དཔའ་དང་གནོད་སྦྱིན་ལྷ་ཁང་། དེ་མིན་བདེ་ཆེན་ཕོ་བྲང་དང་གཟིམས་ཆུང་འོད་གསལ་ཕོ་བྲང་སོགས་གསབ་བཞེང་བྱེད་པར་ཞུ། དེ་ལྟར་བྱས་ན་ཆབ་ཆ་ཐེག་ཆེན་ཆོས་འཁོར་གླིང་གི་དགོན་ཤུལ་སྲུང་སྐྱོབ་བྱས་པར་མ་ཟད། དགོན་སྡེ་དེའི་གྲྭ་རྒྱུན་དང་བཟོ་སྐྲུན་གྱི་བཀོད་པ། སྒྲུ་རྩལ་གྱི་ཁྲིད་ཆོས་སོགས་ཀྱི་རྒྱུན་ཡང་བསྐྱངས་པ་རེད། འདི་ལྟ་བུའི་དངོས་ཡོད་ཀྱི་དོན་སྙིང་ལྡན་པའི་སྲུང་སྐྱོབ་དང་རྒྱུན་འཛིན་གྱི་ལས་དོན་ལ་འབད་ན་ད་གཟོད་ཆབ་ཆ་ཐེག་ཆེན་ཆོས་འཁོར་གླིང་དེ་སླར་ཡང་སངས་རྒྱས་ཀྱི་བསྟན་པ་འཕེལ་ཞིང་རྒྱས་པ་དང་། སྔར་གྱི་ལོ་རྒྱུས་དང་རིག་གནས་ལ་རྒྱུས་ལོན་བྱེད་པའི་གནས་མཆོག་ཏུ་འགྱུར་ཞིང་། བསྟན་པ་དར་ཞིང་འགྲོ་བ་ཡོངས་ལ་བདེ་སྐྱིད་འབྱུང་བ། རྒྱལ་ཁབ་ཀྱི་བརྟན་འཇགས་སྲུང་སྐྱོབ་བྱེད་པ་བཅས་ལ་ནུས་པ་སྔར་ལས་ལྷག་པ་བསྐྱེད་ངེས་རེད།། །།

ཆབ་ཆ་ཐེག་ཆེན་ཆོས་འཁོར་གླིང་གི་དགོན་ཤུལ་དང་དེར་རྙེད་སོན་བྱུང་བའི་ རིག་རྫས་སྣ་ཚོགས་ཀྱི་བརྙན་པར།

ལྷ་སྐུ་ཆག་དུམ།

ས་འབག

སོ་ཕག

ཀ་རྡོ།

དར་ཤིང་གི་རྨང་རྡོ།

དགོན་པ་བསྲེགས་པའི་ཐལ་བ།

རྡོ་བཀོས་ཐམ་ག

ཧྲག་རྒྱལ་རྡོ་རྗེ་ཐོག་མདའི་ལབ་ཙེ།

བསྐྱར་དུ་བཞེངས་པའི་ཆབ་ཆ་ཐེག་ཆེན་ཆོས་འཁོར་གླིང་།

༄༅། །ཏྭ་ལའི་བླ་མ་ཞེས་པའི་མཚན་གསོལ་སའི་ཆོས་སྡེ།

——ཆབ་ཆ་ཐེག་ཆེན་ཆོས་འཁོར་གླིང་གི་ཆགས་འཛིག་དང་

འབྲེལ་ཡོད་ཀྱི་གནད་དོན་འགར་དཔྱད་པ།

མཚོ་སྔོན་ཞིང་ཆེན་མཚོ་ལྷོ་ཁུལ་གྱི་ཆབ་ཆ་གྲོང་བརྡལ་ནས་བྱང་ཕྱོགས་སུ་སྤྱི་ལེ་བདུན་ཙམ་གྱི་མཚམས་ན་བདག་གི་ཕ་ཡུལ་ཆབ་འགག་རྒྱལ་ར་གྲོང་ཚོ་ཡོད་ཅིང་། གྲོང་ཚོ་དེའི་རྒྱབ་ལོགས་སུ་དགོན་ཤུལ་རྙིང་པ་ཞིག་ཡོད་པ་ཁོ་བོ་བྱིས་པའི་དུས་ནས་མཐོང་ཞིང་རྟག་ཏུ་ཁྱིམ་མཚེས་ཀྱི་བྱིས་པ་ཚོ་དང་ལྷན་དུ་དགོན་ཤུལ་དེར་སོང་ནས་རྩེད་མོར་རོལ། སྐབས་འགར་གསེར་མདོག་དང་ཚོན་མདངས་ཉམས་མེད་པའི་འབག་སྐུའི་ཆག་དུམ་སོགས་ཐོན་ཀྱང་དེ་ཡ་མཚན་ཞིག་ཏུ་མཐོང་ནས་རྩེད་ཆས་བྱེད་པ་ལས་དེའི་ལོ་རྒྱུས་སོགས་ལ་བསམ་བློ་གཏོང་མ་ཤེས། དེ་ནས་གཞོན་ནུའི་ལང་ཚོ་རྒྱས་པའི་དུས་ལ་དགོན་ཤུལ་དེ་མཐོང་ཐེངས་རེར་དེ་དང་ཐོག་སྐྱེ་བོ་སུས་དགོས་པ་གང་གི་ཆེད་དུ་བཞེངས་པ་དང་། མཐའ་མ་རྒྱུ་རྐྱེན་གང་ལ་བརྟེན་ནས་འཇིག་པར་གྱུར་པའི་ལོ་རྒྱུས་ཤེས་འདོད་ནས་རྒན་པོ་འགའ་རེར་ཞུས་ཀྱང་གསལ་ཆ་ཡོད་མཁན་དཀོན་ཞིང་དཔྱད་གཞི་ཡིག་ཚང་གི་ཆ་རྐྱེན་ཡང་མ་འཛོམས་པས་རེ་བ་འབྲས་མེད་དུ་ལུས། དེ་ནས་དར་མའི་དུས་ཀྱི་མཐའ་ཟད་ནས་གན་པོའི་དུས་ཀྱི་སྣེ་ཟིན་པའི་སྐབས་ལ་རྒྱལ་ཁབ་གཞུང་གིས་རིག་གནས་འཛུགས་སྐྲུན་ལ་མཐོང་ཆེན་མཛད་པ་དང་རིག་གནས་ལྟོངས་རྒྱུའི་ལས་རིགས་རྒྱ་ཁྱབ་ཏུ་སྤེལ་བར་སྐུལ་མ་དང་རྒྱབ་རོགས་གནང་བས་རྐྱེན་བྱས་ཏེ་དགོན་པ་དེའི་སྐོར་གྱི་ལོ་

རྒྱུས་ཡིག་ཆ་འགའ་རེ་བཀླགས་པས། སྐབས་དེའི་ལོ་རྒྱུས་དངོས་ལ་ངེས་ཤེས་ཚུང་ཟད་སྐྱེས་པ་དང་ཆབས་ཅིག་དེ་གསལ་བར་བྱེད་པའི་འདུན་མོས་ཀྱང་དང་གིས་འཕེལ་རུང་། ད་ལྟའི་བར་ལག་ལེན་དུ་འདེབས་མ་ཐུབ།

ན་ཉིང་རྒྱལ་སྤྱིའི་བོད་རིག་པའི་དཔྱད་གླེང་ཚོགས་འདུ་ཐེངས་བཅུ་གསུམ་པའི་གདན་ཞུ་ཡི་གེ་འབྱོར་བ་དང་བསྟུན་ནས་ཕྱར་གྱི་རྨང་གཞིའི་སྟེང་རྒྱ་བོད་སོག་གསུམ་གྱི་འབྲེལ་ཡོད་ཡིག་ཆ་གལ་ཆེན་ཞིབ་ཏུ་བཀླགས་པ་དང་ཆབས་ཅིག་སླར་ཡང་དགོན་ཤུལ་དངོས་ལ་སོང་ནས་རྟོག་དཔྱོད་ཞིབ་མོ་བྱས་པ་ཡིན། དགོན་ཤུལ་དེར་1958ལོའི“མཚོང་སྐྱོད་ཆེན་པོའི་ལས་འགུལ”གྱི་སྐབས་སུ་དགོན་པའི་ལྷགས་རི་ལ་གཞི་བྱས་ནས་ཆུ་མཛོད་ལས་པས། ལྷགས་རི་རྙིལ་པོའི་རྣམ་པ་མཐོང་ཐབས་མེད་ཀྱང་། ནུབ་ངོས་དང་བྱང་ངོས་ཀྱི་ལྷགས་རི་དུམ་བུ་ད་དུང་ཡོད་པ་དེའི་མཐོ་ཚད་ལ་སྨི2. 8ཡོད་པ་དང་། རྟིང་གི་ཞེང་ལ་སྨི2. 3ཡོད་ལ། སྟེང་གི་ཞེང་ཚད་ལ་སྨི1. 8ཙམ་ཡོད། དེ་ལྟ་བུའི་ལྷགས་རིའི་ཤར་ནུབ་གཉིས་ཀྱི་ཞེང་ལ་སྨི205ཙམ་ཡོད་པ་དང་ལྷོ་བྱང་གཉིས་ཀྱི་སྲིད་ལ་སྨི200ཙམ་ཡོད། དེའི་དབུས་སུ་སྔོན་མའི་གཙུག་ལག་ཁང་གི་ཀ་རྡོ་དང་དར་ཤིང་གི་རྨང་རྡོ་ཡོད་ལ། སོ་ཕག་དང་རྫ་གཡམ་ཆག་རོ་ད་དུང་གང་སར་མཐོང་རྒྱུ་ཡོད་པ་རེད། དགོན་ཤུལ་དེར་སུམ་པ་ཡེ་ཤེས་དཔལ་འབྱོར་དང་། བྲག་དགོན་པ་དཀོན་མཆོག་བསྟན་པ་རབ་རྒྱས། རྒྱ་སོག་གི་མཁས་པ་མང་པོ་བཅས་ཀྱིས“ཆབ་ཆ་ཐེག་ཆེན་ཆོས་འཁོར་གླིང་”ངམ“དབྱང་ཧྭ་ཟི(仰华寺)”གསོལ་ཞིང་། དགོན་ཤུལ་དེའི་ཤར་འགྲམ་དུ་དྲག་རྩལ་རྡོ་རྗེ་ཐོག་མདའ་ཞེས་པའི་ལེབ་ཅེ་ཞིག་ཡོད་པ་ནི་བྱ་ཁྱུང་དགོན་པའི་མཁན་རབས་གོ་གཅིག་པ་སྐྱབས་རྗེ་མཁན་ཆེན་གྲགས་པ་བརྩོན་འགྲུས་ཀྱི་སྐུ་ཕྲེང་གསུམ་པ་རྗེ་འཇམ་དབྱངས་འཇིགས་མེད་ཐུབ་བསྟན་ཆོས་འབྱོར་རྒྱ་མཚོས་བསྟོད་པ་དང་། རྒན་པོ་རྣམས་ཀྱིས་བཤད་པ་ལྟར་ན་ལབ་ཙེ་དེ་སྔོན་གྱི་མཆོད་རྟེན་རྙིང་པ་གཉིས་ཀྱི་ཤུལ་

དབུས་སུ་བསྐྱོད་པ་དང་། སྐབས་རྗེ་མཁན་ཆེན་འཇམ་དབྱངས་འཇིགས་མེད་ཐུབ་བསྟན་ཆོས་འབྱོར་རྒྱ་མཚོ་མཆོག་གིས་དེའི་གནས་བདག་ནི་ཆབ་ཆ་ཐེག་ཆེན་ཆོས་འཁོར་གླིང་གི་དགོན་བདག་ཡིན་པར་གསུངས། གང་ལྟར་ལབ་ཙེ་བསྐྱོད་ས་དང་གནས་བདག་གང་ཡིན་རུང་ཆབ་ཆ་ཐེག་ཆེན་ཆོས་འཁོར་གླིང་དང་འབྲེལ་བ་དམ་པོ་ཡོད་པ་སྨོས་ཅི་དགོས། དེས་ན་ད་ནི་དགོན་པ་དེའི་ཆགས་འཛིག་དང་འབྲེལ་ཡོད་ཀྱི་གནད་དོན་འགར་ཅུང་ཟད་དཔྱད་ན།

དང་པོ། ཆབ་ཆ་ཐེག་ཆེན་ཆོས་འཁོར་གླིང་བཞེངས་པའི་ལོ་རྒྱུས་ཀྱི་རྒྱབ་ལྗོངས་བཤད་པ།

སོག་པོའི་ཨལ་ཐན་རྒྱལ་པོས་མཚོ་སྔོན་གནས་གཞི་བྱས་ནས་སོག་པོའི་ཤོག་ཁ་སོ་སོ་གཅིག་གྱུར་བྱེད་ཆེད་སྤྱི་ལོ1559ལ་མཚོ་སྔོན་དུ་དཔུང་འཇུག་བྱས་ཏེ་སོག་པོའི་རྡེ་ཧྲར(卜儿孩)ཤོག་ཁ་ཕམ་པར་བཏང་ཞིང་མིང་རྒྱལ་རབས་ཀྱི་མཐའ་མཚམས་སུའང་འཁྲུག་བཙོམ་བྱས་ཀྱང་། སྐབས་དེར་མིང་རྒྱལ་རབས་ལ་དེ་འགོག་པའི་སྟོབས་ཤུགས་མེད་པས། ཞི་འཇམ་གྱི་ཐབས་བཀོད་མི་སྤྱོད་ཐབས་མེད་དུ་གྱུར་ནས་སྤྱི་ལོ1571ལ་ཨལ་ཐན་རྒྱལ་པོར་ཧྲུན་དབྱི་ཝང(顺义王)ཞེས་པའི་ཆོ་ལོ་བསྩལ། སྐབས་དེར་མཚོ་སྔོན་དུ་དགེ་ལུགས་པར་མཚན་སྙན་མཐོ་ཞིང་དགེ་ལྡན་བསྟན་པའི་མངའ་བདག་ཆེན་མོ་རྒྱལ་བ་བསོད་ནམས་རྒྱ་མཚོའི་དཔལ་གྱི་སྙན་པ་ཐོས་ནས་དད་པའི་སྤུ་ལོང་ཀུན་ནས་གཡོས་པས། སྤྱི་ལོ1575ལ་གསེར་ཡིག་པ་མངགས་ཏེ་སྤྱན་འདྲེན་ཞུས་པར། རྗེ་ཉིད་ཀྱིས་མཆོད་ཡོན་མཚོ་ཁར་དངོས་མཇལ་གནང་བའི་གང་ཅིའི་ཞིབ་ཆ་དང་། རེ་ཞིག་བླ་མཆོད་དུ་འདུལ་བ་སློབ་དཔོན་བརྩོན་འགྲུས་བཟང་པོ་ཇོངས་སུ་མཛད། སྤྱི་ལོ1576པར་ཡང་རྒྱལ་པོས་ཨ་ཧོ་ས་

དང་དར་ཧན་སོགས་རྗེ་ཉིད་སྤྱན་འདྲེན་པར་མངགས་པར། རྗེ་ཉིད་ཀྱིས་རང་ཅག་སྟོན་གྱི་རྟེན་འབྲེལ་ལེགས་པོ་ཡོད་པས་ཀོ་བོ་ཅིས་ཀྱང་འགྲོ་རྒྱུ་ཡིན། བང་ཆེན་ཁྱེད་ཅག་སྟོན་དུ་སོང་ནས་རྒྱལ་པོ་སོགས་ལ་གོ་བར་གྱིས་ཤིག་ཅེས་བཀའ་ཤོག་དང་བཅས་པ་བསྐུར་བས། ཐམས་ཅད་དགའ་སྟེ་ཆབ་ཆ་ཐེག་ཆེན་ཆོས་འཁོར་གླིང་བཞེང་བའི་མགོ་བཙམས།①

1577ལོར་མིང་རྒྱལ་པོ་ཕན་ལིར་མཚན་འདོགས་ཞུས་པ་ལྷར་དབྱང་ཧྭ་ཟེ(仰华寺)ཞེས་པའི་མཚན་གསོལ་བ་དང་།② སྤྱི་ལོ་1577ལ་རྗེ་དེ་ཉིད་སྤྱན་འདྲེན་ཞུ་བའི་གསེར་ཡིག་པ་མངགས་ཤིང་། སྤྱི་ལོ་1578ལ་སྤྱན་འདྲེན་པ་རིམ་པ་གསུམ་གྱིས་བསྐུས་ཏེ་རྒྱལ་བ་བསོད་ནམས་རྒྱ་མཚོ་མཆོག་མཚོ་སྔོན་པོའི་ལྷོ་ཕྱོགས་ཀྱི་ཆབ་ཆ་ཐེག་ཆེན་ཆོས་འཁོར་གླིང་དུ་སྤྱན་འདྲེན་ཞུས་ནས་མཆོད་ཡོན་རྣམ་གཉིས་ཞལ་འཛོམས་བྱུང་། སྐབས་དེར་སོག་པོ་དང་། བོད། རྒྱ། ཡུ་གུར་སོགས་རིགས་སོ་སོའི་དད་ལྡན་པ་འབུམ་ཕྲག་ལྷག་གིས་དགའ་བསུའི་ཡོ་ལང་རྒྱ་ཆེན་པོ་ཞུས་ཤིང་། མཆོད་ཡོན་མཇལ་བའི་དགའ་སྟོན་གྱི་ཐོག་མར། དངུལ་སྲང་ལྔ་བརྒྱ་ལས་གྲུབ་པའི་མཎྜལ། གསེར་གྱི་ཕོར་པ་ཡུལ་དབུས་ཀྱི་བྲེ་ཚད་ཤོང་བ་ཞིག་རིན་པོ་ཆེས་བཀང་བ་སོགས་འབུལ་བ་ཚད་མེད་པ་ཕུལ།③ དེ་ནས་ཨལ་ཐན་རྒྱལ་པོས་མི་རིགས་མི་གཅིག་པ་དུ་མའི་དབུས་སུ་གསེར་ལས་གྲུབ་པའི་དབུ་རྒྱན་དང་ཕུམ་པ། རིགས་ལྔའི་ཕྱག་མཚན། གསེར་སྲང་བརྒྱ་ལས་གྲུབ་པའི་ཐམ་ག་ཁ་རིས་ལ། རྡོ་རྗེ་འཆང་ཏཱ་ལའི་བླ་མའི་ཐམ་ག་རྒྱལ་ཞེས་པ་ཞིག་དང་། ཏཱ་ལའི་བླ་མ་བཛྲ་ཧྲ་ར་ཞེས་ཁྱབ་བདག་རྡོ་རྗེ་འཆང་གི་མཚན་བསྟོད་ཕུལ་ཅིང་། རྒྱལ་དབང་མཆོག་ནས་ཀྱང་

① འཇིགས་མེད་རིག་པའི་རྡོ་རྗེ། ཧོར་གྱི་ཆོས་འབྱུང་། [M]. མཚོ་སྔོན་མི་རིགས་དཔེ་སྐྲུན་ཁང་། 1993:168, 172.

② 德勒格・内蒙古喇嘛教史 [M]. 内蒙古人民出版社 1998:92.

③ རྒྱལ་བ་ངག་དབང་བློ་བཟང་རྒྱ་མཚོ། རྒྱལ་དབང་ལྔ་པ་ངག་དབང་བློ་བཟང་རྒྱ་མཚོའི་གསུང་འབུམ།(11) [M]. ཀྲུང་གོའི་བོད་རིག་པ་དཔེ་སྐྲུན་ཁང་། 2009:138.

ཨལ་ཐན་རྒྱལ་པོར་ཆོས་ཀྱི་རྒྱལ་པོ་ལྷའི་ཚངས་པ་ཞེས་པའི་མཚན་གནང་། དེ་ནས་མཆོད་ཡོན་མཇལ་བའི་ས་དེར་གཙུག་ལག་ཁང་རྒྱས་བཞེང་བྱེད་པའི་ས་འདུལ་མཛད་དེ། རྒྱ་ནག་གི་བཟོ་བོ་མཁས་པ་མང་པོ་བཀུག་ནས་རྒྱ་ལུགས་ཀྱི་གཙུག་ལག་ཁང་བཞེངས་ནས་རབ་གནས་རྒྱ་ཆེན་པོ་མཛད་ཅིང་། མཚན་ལ་ཆབ་ཆ་ཐེག་ཆེན་ཆོས་འཁོར་གླིང་ཞེས་གསོལ། རྒྱལ་རིགས་གསུམ་སོགས་བཙུན་པ་བརྒྱ་ཕྲག་རབ་བྱུང་མཛད་ནས། སྐབས་དེར་མཚོ་སྔོན་ས་ཆའི་དགེ་ལུགས་པའི་དགོན་པ་ཆེ་ཤོས་དང་ཆོས་ལུགས་ཀྱི་ལྟེ་གནས་སུ་གྱུར།

དེ་ཡང《རྗེ་བཙུན་ཐམས་ཅད་མཁྱེན་པ་བསོད་ནམས་རྒྱ་མཚོའི་རྣམ་ཐར་དངོས་གྲུབ་རྒྱ་མཚོའི་ཤིང་རྟ》ཞེས་པར་བཀོད་པ་ལྟར་ན། དགོན་པ་དེའི་འདུ་ཁང་ཆེན་མོ་དང་དེའི་སྲུག་གི་རྟེན་ཁང་དུ་དུས་གསུམ་སངས་རྒྱས་དང་རྗེ་བླ་མ། རྒྱལ་བ་བསོད་ནམས་རྒྱ་མཚོའི་སྐུ་འདྲ་སོགས་བཞེངས་པ་དང་། དེའི་གཡས་གཡོན་དང་མདུན་དུ་འཇིགས་བྱེད་དང་སྤྱན་རས་གཟིགས་རྣམས་ཀྱི་ལྷ་ཁང་རེ་རེ་ལ་ཀ་བ་བཅུ་དྲུག་གི་ཁྱོན་ཙམ་ཡོད་པ། དེའི་བར་དུ་སེམས་དཔའ་དང་གནོད་སྦྱིན་གཉིས་ཀྱི་ལྷ་ཁང་། བེ་དཀར་ལྕོག མདུན་གྱི་གཡས་གཡོན་དུ་གཟིམས་ཆུང་འོད་གསལ་ཕོ་བྲང་དང་བདེ་ཆེན་ཕོ་བྲང་། དེ་ཐམས་ཅད་ལ་རྒྱ་ཕིབས་སོགས་རྒྱ་ནག་གི་ལུགས་སུ་བཞེངས་ཤིང་ལྷུགས་རི་རིམ་པ་གསུམ་གྱིས་བསྐོར་ཡོད་པ་རེད། དེས་ན་ཆོས་སྡེ་འདི་རྒྱས་བཞེང་གི་ས་འདུལ་མཛད་མཁན་དང་རབ་གནས་མཛད་མཁན་བོད་ཀྱི་བླ་མ་རྒྱལ་བ་བསོད་ནམས་རྒྱ་མཚོ་ཡིན་པ་དང་། བསྟན་པའི་སྦྱིན་བདག་མཛད་མཁན་ཨལ་ཐན་རྒྱལ་པོ་དང་སོག་རིགས་གཙོ་བྱས་པའི་མི་རིགས་མང་པོ་ཡིན་པ། བཞེང་མཁན་གྱི་བཟོ་བོ་མཁས་པ་རྒྱ་རིགས་ཡིན་པ། རྒྱ་སྐད་ཀྱི་མཚན་གསོལ་མཁན་མིང་རྒྱལ་རབས་ཀྱི་གོང་མ་ལྲན་ལི་ཡིན་པ་བཅས་ཀྱི་དོན་ནས་བལྟས་ན། ཆབ་ཆ་ཐེག་ཆེན་ཆོས་འཁོར་གླིང་ཞེས་པའི་ཆོས་སྡེ་ནི་རྗེ་རིན་

པོ་ཆེའི་ཞྭ་སེར་བསྟན་པ་དབུས་ནས་བྱུང་དང་བྱུང་ནས་ཤར་དུ་སྤེལ་ཞིང་འཕེལ་བའི་གནས་མཆོག་དམ་པ་དང་། རྒྱ་བོད་སོག་གསུམ་སོགས་མི་རིགས་སྣ་ཚོགས་འཆམ་མཐུན་མཉམ་གནས་བྱུང་བའི་འབྲས་རྟགས་གལ་ཆེན་ཞིག་ཡིན་པར་དེས།

གཉིས་པ། ཆབ་ཆ་ཐེག་ཆེན་ཆོས་འཁོར་གླིང་དུ་རྒྱལ་བ་བསོད་ནམས་རྒྱ་མཚོ་དང་ཨལ་ཐན་རྒྱལ་པོ་གཉིས་མཆོད་ཡོན་དུ་འབྲེལ་བའི་དགོས་པ་བཤད་པ།

རྒྱལ་བ་སྐུ་ཕྲེང་གསུམ་པ་བསོད་ནམས་རྒྱ་མཚོ་དང་སོག་པོའི་རྒྱལ་པོ་ཨལ་ཐན་རྣམ་གཉིས་ཆབ་ཆ་ཐེག་ཆེན་ཆོས་འཁོར་གླིང་དུ་ཞལ་འཛོམས་བྱུང་བ་ནི་སོག་པོའི་རྒྱལ་པོ་ཨལ་ཐན་གྱིས་སྤྱན་འདྲེན་ཞུ་ཕྱིར་ཞུས་པ་བཞིན་རྒྱལ་མཆོག་གང་ཉིད་ཕྱུག་ཐེབས་མཛད་པ་ཡིན། དེ་ཡང་རྒྱ་བོད་སོག་གསུམ་གྱི་ལོ་རྒྱུས་ཡིག་ཚང་ལྟར་ན། མཛོ་དགེ་ཨ་སེང་བླ་མ་ཞེས་པ་དང་ཧོ་ཐོག་ཐའི་སེ་ཆེན་ཧོང་ཐའི་ཅི་གཉིས་ཀྱིས་རྒྱལ་བ་བསོད་ནམས་རྒྱ་མཚོའི་སྐུ་གསུང་ཐུགས་ཀྱི་རྣམ་པར་ཐར་པ་སོགས་ཞིབ་ཏུ་ཞུས་ཤིང་དེ་ཉིད་ཕྱི་མར་ཕན་པའི་བླ་མར་གདན་འདྲེན་པའི་ཞུ་བ་བཏོན་པ་ལ་བརྟེན་ནས་རྗེ་ཉིད་ལ་མི་ཕྱེད་པའི་དད་པ་དབྱར་མཚོ་ལྟར་འཕེལ་ཏེ་གདན་འདྲེན་ཞུས་པ་ལ། རྗེ་ཉིད་ཀྱིས་སོག་ཡུལ་དུ་རིས་མེད་རྒྱལ་བསྟན་སྤྱི་དང་། སྒོས་སུ་ཞྭ་སེར་ཅོད་པན་འཆང་བའི་རིང་ལུགས་སྤེལ་བའི་དོན་དུ་བྱུང་ཕྱོགས་སུ་ཆིབས་ཁ་བསྒྱུར་བར་བཀོད་ཀྱང་། སྐབས་དེའི་བོད་དང་སོག་པོ། མིང་རྒྱལ་རབས་བཅས་ཀྱི་ལོ་རྒྱུས་གནས་བབ་དང་། མཆོད་ཡོན་ཞལ་འཛོམས་བྱུང་བའི་རྗེས་ཀྱི་རྒྱལ་དབང་མཆོག་དང་ཨལ་ཐན་རྒྱལ་པོ། མིང་རྒྱལ་རབས་བཅས་ཀྱི་མཛད་པ་སོགས་ཟུང་དུ་སྦྲེལ་ནས་བརྟགས་ན། མཆོད་ཡོན་རྣམ་གཉིས་ལ་རང་རང་གི་དགོངས་གཞི་རེ་

ཡོད་པ་སྟེ། རྒྱལ་བ་བསོད་ནམས་རྒྱ་མཚོའི་ངོས་ནས་བལྟས་ན། ཁོང་ཉིད་ནི་ཞྭ་སེར་བསྟན་པའི་མངའ་བདག་གམ་འགྲོ་བ་ཡོངས་ཀྱི་སྤྱི་བོ་ནས་དབང་བསྐུར་བའི་བླ་མ་ཆེན་པོ་ཡིན་པས། སངས་རྒྱས་ཀྱི་བསྟན་པ་འཛིན་སྐྱོང་སྤེལ་གསུམ་བྱེད་པ་དང་འགྲོ་བ་རྣམས་ལ་དབང་བསྐུར་ཞིང་རྗེས་གནང་སྩོལ་བ། ཕྱག་དབང་གནང་བ་སོགས་ཀྱི་སྒོ་ནས་བསྟན་འགྲོའི་དོན་ཆེན་བསྒྲུབ་པ་ནི་འོས་འགན་གཙོ་བོར་གྱུར་པས་དགོས་པ་འདི་འདྲ་བཞི་ཡོད་དེ།

གཅིག ཚལ་པ་བཀའ་བརྒྱུད་པའི་བླ་མ་གཙང་པ་དུང་ཁུར་པ་དབང་ཕྱུག་བཀྲ་ཤིས་དང་ཁྲིད་པར་དུ་ས་སྐྱ་ཀུན་དགའ་རྒྱལ་མཚན་དང་འགྲོ་མགོན་འཕགས་པ་སོགས་སོ་སོར་སོག་པོའི་རྒྱལ་པོ་ཇིང་གིར་ཧན་དང་། གོ་དན། ཡོན་རྒྱལ་རབས་ཀྱི་གོང་མ་ཧུ་པི་ལེ་སོགས་ཀྱིས་གདན་འདྲེན་ཞུས་པ་ལྟར་ཕྱག་ཕེབས་མཛད་ནས་སངས་རྒྱས་ཀྱི་བསྟན་པ་སྤེལ་བའི་མཛད་རྣམ་ལ་དཔེ་བལྟས་ནས་བསྟན་འགྲོའི་དོན་ཆེན་གལ་པོ་ཆེར་དགོངས་པ་དེ་རེད།

གཉིས། "སྟོབས་ལྡན་སྐྱེ་བོ་གཅིག་བཏུལ་ན་སྐྱེ་འགྲོ་དཔག་ཏུ་མེད་པ་དུལ་བར་འགྱུར།" ཞེས་པ་དང་། "འགྲོ་བའི་བདེ་སྐྱིད་རྒྱལ་བའི་བསྟན་ལ་ཐུག །རྒྱལ་བའི་བསྟན་པ་རྒྱལ་པོའི་སྲིད་ལ་ཐུག །" ཅེས་པ་ལྟར། ཨལ་ཐན་རྒྱལ་པོར་ཆོས་ཀྱི་དབང་བསྐུར་བ་དང་། ལུང་དང་རྗེས་གནང་སྩོལ་བ། ཞྭ་སེར་བསྟན་པའི་ཆེ་བ་བརྗོད་པ། བཀའ་ཆོས་གསུང་བ་ལ་སོགས་པར་བརྟེན་ནས་ཆོས་འོག་ཏུ་འགུགས་པ་དང་། དེའི་རྒྱབ་སྐྱོར་ལ་བརྟེན་ནས་སོག་པོ་དང་། རྒྱ། ཡུ་གུར་སོགས་མི་རིགས་ལ་རྗེ་ཙོང་ཁ་པའི་རིང་ལུགས་དྲི་མ་མེད་པ་དར་ཞིང་རྒྱས་པར་བྱེད་རྒྱུ་དེ་རེད།

གསུམ། དགེ་ལུགས་པར་དཔལ་འབྱོར་གྱི་སྦྱིན་བདག་དང་ཆབ་སྲིད་ཀྱི་རྒྱབ་རྟེན་འཚོལ་རྒྱུ་དེ་རེད། དེ་ཡང་སྔེ་བ་རིན་སྤུངས་པས་བོད་ས་གནས་སུ་དབང་

བསྒྱུར་སྐབས་དེའི་དབང་ཤུགས་ཉིན་རེ་བཞིན་ཇེ་ཆེར་སོང་བ་དང་བསྟུན་ནས་གཙང་དམག་དབུས་ཕྱོགས་སུ་དྲངས་ཏེ་དགེ་ལུགས་པའི་སྦྱིན་བདག་ཡུལ་འདོན་དང་། དགེ་ལུགས་པའི་མཆོད་གཞིས་དང་དགོན་པ་འཕྲོག་བཅོམ་བྱེད་ཅིང་ཆོས་ལུགས་དང་ཞྭ་སྟབས་བསྒྱུར་བ། ལྔ་པའི་སློབ་ལམ་ཆེན་མོར་སེ་འབྲས་དགེ་གསུམ་ཡོང་མི་ཆོག་པར་ལྔ་པའི་ཉེ་འདབས་ཀྱི་བཀའ་བརྒྱུད་པ་དང་ས་སྐྱ་པ་སོགས་ཀྱི་དགོན་པའི་གྲྭ་པ་ཡོང་ནས་སློབ་ལམ་འཚོག་རྒྱུ་བྱས་པས། ལོ་མང་རིང་བཀའ་བརྒྱུད་ཆོས་ལུགས་དར་རྒྱས་ཆེ་བའི་ས་གནས་སུ་དགེ་ལུགས་པའི་གྲྭ་པ་རྣམས་ཞྭ་སོ་ཕྱི་ནང་གཉིས་ཅན་གོན་དགོས་པ་བྱུང་། ལོ་རྒྱུས་ཀྱི་སྐབས་བབ་དེ་འདྲ་ཞིག་ལ་དགེ་ལུགས་པར་དཔལ་འབྱོར་དང་དམག་དོན་གང་ཅིའི་ཐད་ནས་སྟོབས་ཤུགས་ཆེ་བའི་རྒྱབ་རྟེན་ཞིག་ཉེ་བར་མཁོ་བར་གྱུར་པས་སོ། །

བཞི། ཨོལ་ཐན་རྒྱལ་པོས་མིང་གོང་མ་ཙ་ཅིང་གི་དུས་མགོ་ནས་ལོ་ངོ་བཅུ་ཕྲག་འགའི་རིང་ལ་ལྷོ་ཕྱོགས་སུ་ལྷགས་རི་རིང་པོ་དང་། ཤར་ཕྱོགས་སུ་ཆ་ཧར། ནུབ་ཕྱོགས་སུ་མཚོ་སྔོན། བྱང་ཕྱོགས་སུ་ཁལ་ཁ་སོགས་བྱང་གི་ས་ཆེན་པོའི་ཁྲོན་ལ་ཁ་ལོ་བསྒྱུར་ཐོག་ད་དུང་དབུས་གཙང་ཕྱོགས་སུའང་དབང་ཤུགས་རྒྱ་བསྐྱེད་པའི་ཏམ་སེམས་ཡོད་པས། དེའི་དམག་དཔུང་གི་འཇིགས་པ་དང་གནོད་འཚེ་འགོག་རྒྱུ་དེ་རེད།

ཨོལ་ཐན་རྒྱལ་པོའི་ངོས་ནས་བལྟས་ན་འང་དགོས་པ་བཞི་ཡོད་དེ།

གཅིག ཨོལ་ཐན་རྒྱལ་པོར་དབུས་གཙང་དུ་དབང་ཤུགས་རྒྱ་བསྐྱེད་པའི་ཏམ་སེམས་ཡོད་ཀྱང་དགུང་ལོ་བགྲེས་ཤིང་ལུས་སྟོབས་ཉམས་ལ་སྙུང་གཞི་མང་བས། སྣ་མཐུད་དུ་གཡུལ་འགྱེད་ཀྱི་ལས་བྱེད་མི་ནུས་པས་དེ་སྔ་སོག་པོ་རྒྱལ་པོ་གོ་དན་དང་ཡོན་རྒྱལ་རབས་ཀྱི་གོང་མ་ཧུ་པེ་ལི་སེ་ཆེན་ཧན་རྣམ་གཉིས་ཀྱིས་བོད་ལ་ཁ་ལོ་བསྒྱུར་བའི་དོན་དུ་སོ་སོར་སངས་རྒྱས་ཀྱི་ཆོས་ལ་མཁྱེན་པ་ཡངས་ཤིང་

མཁས་པའི་ས་སྐྱ་ཀུན་དགའ་རྒྱལ་མཚན་དང་འགྲོ་མགོན་ཆོས་རྒྱལ་འཕགས་པ་རྣམ་གཉིས་གདན་འདྲེན་ཞུས་པའི་སྲོལ་ལ་དཔེ་བལྟས་ནས་རྒྱལ་བ་བསོད་ནམས་རྒྱ་མཚོ་སྤྱན་འདྲེན་ཞུས་ཤིང་། དགེ་ལུགས་པར་འབྲེལ་བ་བཙུགས་པ་ལ་བརྟེན་ནས་དབུས་གཙང་དུ་དབང་ཤུགས་རྒྱ་བསྐྱེད་རྒྱུ་དེ་རེད།

གཉིས། ཨལ་ཐན་རྒྱལ་པོ་མཚོ་སྔོན་ས་ཆར་སླེབས་དུས་དེ་སྔ་བྱམས་ཆེན་ཆོས་རྗེ་ཤཱཀྱ་ཡེ་ཤེས་མིང་གོང་མའི་ཕོ་བྲང་དུ་ཕེབས་ལམ་དུ་མཚོ་སྔོན་མིན་ཧྲོ་རྫོང་གི་མཛོ་མོ་མཁར་དང་ལིན་གཙང་དགོན་སོགས་བཏབ་ནས་ཞྭ་སེར་བསྟན་པའི་རྨང་བཏིང་ཞིང་རྒྱ་བོད་སོག་གསུམ་གྱི་ཁྲོད་དུ་སྙན་གྲགས་ཆེ་བས་ཁོང་ལ་ཤུགས་རྐྱེན་ཆེན་པོ་ཐེབས་པ་དང་། སྐབས་དེར་ཨལ་ཐན་རྒྱལ་པོ་དེ་ཉིད་དགུང་ལོ་བགྲེས་ཤིང་སྙུང་གཞི་མང་བས། ཧུ་པི་ལི་སེ་ཆེན་ཧན་གྱི་ཞལ་ནས། "འཛིག་རྟེན་འདིའི་ཕུན་སུམ་ཚོགས་པ། ཇིང་གིར་རྒྱལ་པོའི་ཁྲིམས་ལུགས་བཞིན་སྐྱོང་ན་འབྱུང་ཡང་། ཕྱི་མ་ཕན་ཚོད་ཀྱི་ལུགས་ལ་བརྟེན་དགོས་པར་གནང་བའི་དོན་ལ་ལེགས་པར་བརྟགས་ནས། སངས་རྒྱས་ཤཱཀྱ་མུ་ནེའི་ལམ་འདི་ཡང་དག་པར་མཐོང་།"① ཞེས་པ་ལྟར། ཕྱི་མར་ཕན་བྱེད་ཀྱི་ཆོས་ལུགས་ཤིག་དགོས་མཁོ་བྱུང་བའི་སྐབས་བབ་དེ་འདྲ་ཞིག་ལ་རྒྱལ་བ་བསོད་ནམས་རྒྱ་མཚོའི་ཆོས་ཀྱི་ཡོན་ཏན་ཐོས་པས། བཤེས་གཉེན་དམ་པ་བསྟེན་པའི་ཕན་ཡོན་དང་ཆོས་ཐོས་པ་ཤིན་ཏུ་རྙེད་དཀའ་བའི་ཚུལ་བསམ་ཞིང་། རྗེ་ཉིད་དང་ཞྭ་སེར་བསྟན་པའི་ཡོན་ཏན་ཐོས་ནས་དེ་ལ་དད་པའི་སྤུ་ལོང་རབ་ཏུ་རྒྱས་ཤིང་སྐྱབས་སུ་བསྟེན་པའི་དགོངས་འདུན་བརྟན་པོ་བཅས་པ་དང་། ཚེ་འདི་ཕྱི་གཉིས་ལ་ཕན་ཞིང་སྨན་པའི་དགེ་ཚོགས་བསག་རྒྱུ་དེ་རེད།

གསུམ། སོག་པོའི་ཡུལ་ལ་ཇིང་གིར་རྒྱལ་པོའི་རིང་ནས་ནང་པའི་བསྟན་པ་

① ངག་དབང་ཀུན་དགའ་བསོད་ནམས། ས་སྐྱའི་གདུང་རབས་ངོ་མཚར་བང་མཛོད། [M]. མི་རིགས་དཔེ་སྐྲུན་ཁང་། 1986: 160.

སྤྱེལ་ཅིང་སྨོས་སུ་ས་སྐྱ་བ་དང་མཆོད་ཡོན་དུ་འབྲེལ་བ་ནས་ཆོས་དར་བར་གྱུར་ཀྱང་ཐོ་གན་ཐེ་མུར་རྒྱལ་པོ་ནས་ཆོས་ཆད་པས། སོག་པོ་ཁག་ཅིག་གིས་སྔར་བཞིན་གདོད་མའི་ས་མན་ཆོས་ལུགས་ལ་དད་པ་སྟེ། དད་མོས་ཐད་བསམ་བློ་སོ་སོར་གྱུར་ཐོག་ལོ་ངོ་བཅུ་ཕྲག་འགའི་རིང་བྱང་ཕྱོགས་སུ་རྒྱ་བསྐྱེད་པའི་གཡུལ་འགྱེད་མང་པོ་བྱས་པས། མི་རྣམས་གཡུལ་འགྱེད་ཀྱི་ལས་ལ་སུན་པ་སྐྱེས་ཤིང་ཞི་བདེའི་འཚོ་བར་རེ་སྒུག་བྱེད། དེར་བརྟེན་རྒྱལ་བ་བསོད་ནམས་རྒྱ་མཚོ་སྤྱན་འདྲེན་ཞུས་ནས་ནུ་སེར་བསྟན་པ་སྤྱེལ་བ་ལ་བརྟེན་ནས་སོག་པོ་ཐོག་ཁ་སོ་སོའི་མི་སེམས་གཅིག་ཏུ་སྒྲིལ་ཞིང་མཐུན་པར་འགྱུར་བ་དང་། སྤྱི་ཚོགས་བདེ་ལ་འགོད་ཅིང་རྒྱལ་པོའི་ཆབ་སྲིད་ཀྱི་དབང་ཤུགས་སྲ་བརྟན་དུ་གཏོང་རྒྱུ་དེ་རེད།

བཞི། སྐབས་དེར་སོག་པོའི་སྐྱ་དྲག་རིམ་པ་མང་ཆེ་བ་ནང་བསྟན་ལ་དད་ཀྱིན་ཡོད་ཀྱང་འབངས་ཕལ་པ་ཁག་ཅིག་གིས་གདོད་མའི་ས་མན་ཆོས་ལུགས་ལ་དད་པས། མི་རིགས་གཅིག་གི་ནང་དུ་ཆོས་ལུགས་གཉིས་ལ་དད་པ་དེ་མི་རིགས་གཅིག་སྒྲིལ་བྱེད་པར་མི་ཕན་པར་མ་ཟད། ས་མན་ཆོས་ལུགས་ཀྱིས་ཕྱུ་བོ་ཆེ་ལས་འདས་རྗེས་ཆུང་མ་དང་བྲན་གཡོག་སོགས་ཀྱང་མཉམ་དུ་དུར་སྦེད་བྱེད་པ་དེས་ཐུད་མེད་དང་འབངས་མི་སེར་རྣམས་ལ་ཡ་ང་བའི་འཇིགས་སྣང་བསྐྱེད་པ་དང་། གཤིན་པོའི་དོན་དང་དེ་མིན་ལོ་དུས་དང་ཟླ་དུས་ལ་ཕྱུགས་ཟོག་མང་པོ་བསད་ནས་ཤ་ཁྲག་གིས་མཆོད་སྦྱིན་བྱེད་པ་དེ་ཞིང་ཕྱུགས་ཐོན་སྐྱེད་ལ་གནོད་པ་ཆེ་ཡང་། དེ་བཅོས་བསྒྱུར་བྱེད་ན་སྲིད་ཕྱོགས་ཀྱི་བཀའ་ཁོ་ནས་མི་ཕན་པར་སྐབས་དེའི་མི་རྣམས་ཀྱི་ཤེས་རིག་གི་ཚུ་ཚད་དང་དད་མོས་ཀྱི་དགོས་མཁོ་དང་མཐུན་པའི་ཆོས་ལུགས་ཀྱི་སྟོབས་ཤུགས་ཤིག་ལ་བརྟེན་དགོས་པ་དེ་རེད།

གསུམ་པ། ཚབ་ཚ་ཐེག་ཆེན་ཆོས་འཁོར་གླིང་དུ་རྒྱལ་བ་བསོད་ནམས་རྒྱ་མཚོ་དང་ཨལ་ཐན་རྒྱལ་པོ་རྣམ་གཉིས་མཇལ་ཡོན་དུ་འབྲེལ་བའི་དགེ་མཚན་བཤད་པ།

ཞྭ་སེར་བསྟན་པའི་མངའ་བདག་ཆེན་མོ་རྒྱལ་བ་བསོད་ནམས་རྒྱ་མཚོ་དང་སོག་པོའི་རྒྱལ་པོ་ཨལ་ཐན་ཧན་གཉིས་ཆོས་སྲིད་ཟུང་གི་དགོངས་པ་དུ་མ་ལ་དམིགས་ནས་ཚབ་ཚ་ཐེག་ཆེན་ཆོས་འཁོར་གླིང་དུ་མཇལ་ཡོན་དུ་འབྲེལ་བར་དགེ་མཚན་མང་པོ་ཡོད་པ་ཕྱོགས་གཅིག་ཏུ་བསྡུས་ན་འདི་ལྟར།

གཅིག ཞྭ་སེར་བསྟན་པ་སོག་ཡུལ་དུ་སྤེལ་ཞིང་དར་བར་རྨང་གཞི་བརྟན་པོ་བཏིང་། རྒྱལ་བ་བསོད་ནམས་རྒྱ་མཚོ་མཆོག་ཨལ་ཐན་རྒྱལ་པོས་སྤྱན་འདྲེན་ཞུས་པ་ལྟར་མཚོ་སྔོན་པོའི་ལྷོ་འགྲམ་གྱི་ཚབ་ཚ་ས་ཁུལ་ལ་ཕྱག་ཕེབས་མཛད་རྗེས། ལོ་བཅུ་ཕྲག་ལྷག་གི་རིང་ལ་ཨལ་ཐན་རྒྱལ་པོ་དང་མིང་གོང་མའི་རྒྱབ་རོགས་ལ་བརྟེན་ནས་མཚོ་སྔོན་དང་། ལི་ཐང་། ཚབ་མདོ། ནང་སོག་སོགས་སུ་ཕེབས་ནས་ཚབ་ཚ་ཐེག་ཆེན་ཆོས་འཁོར་གླིང་དང་། སྐུ་འབུམ་བྱམས་པ་གླིང་། ལི་ཐང་དགོན་པ་ཐུབ་བསྟན་བྱམས་ཆེན་གླིང་སོགས་དགོན་སྡེ་མང་དུ་བཞེངས་པ་དང་བསྐྱེན་རྫོགས་སྟོང་ཕྲག་དུ་མ་བསྒྲུབས་པ། ཆོས་ཀྱི་འཁོར་ལོ་རྒྱ་ཆེར་བསྐོར་བ་དེས་ཨལ་ཐན་རྒྱལ་པོ་གཙོ་བྱས་པའི་སོག་པོ་དང་། བོད། རྒྱ། ཧོར། ཡུ་གུར་སོགས་མི་རིགས་མང་པོའི་དད་མོས་ཀྱི་དགོས་མཁོ་སྐོང་བ་དང་། ཞྭ་སེར་བསྟན་པ་མཚོ་སྔོན་དང་། ལི་ཐང་། སོག་ཡུལ། མིང་རྒྱལ་རབས་དང་ཆིང་རྒྱལ་རབས་ཀྱི་ཕོ་བྲང་བཅས་སུ་སྤེལ་ཞིང་དར་བར་བྱེད་པ་ལ་རྟེན་དང་བརྟེན་པ་དང་། བསྟན་འཛིན་པ། སྦྱིན་བདག ཆོས་ཁྲིམས་སོགས་ཕྱོགས་མང་པོ་ནས་རྨང་གཞི་བརྟན་པོ་བཏིང་བ་རེད།

གཉིས། མཆོད་ཡོན་ཟུང་གི་མཚན་དང་སྙན་གྲགས་རྒྱས་པ། རྒྱལ་བ་བསོད་ནམས་རྒྱ་མཚོ་མཆོག་དགུང་ལོ་གསུམ་གྱི་སྟེང་རྒྱལ་བ་དགེ་འདུན་རྒྱ་མཚོའི་ཡང་སྲིད་དུ་ངོས་འཛིན་བྱས་ཤིང་། དགུང་ལོ་བཞིའི་སྟེང་དུ་འབྲས་སྤུངས་དགའ་ལྡན་ཕོ་བྲང་གི་གསེར་ཁྲིར་བཞུགས། དེ་ནས་རིམ་བཞིན་མཁས་གྲུབ་དུ་མ་ལས་ཆོས་བཀའ་མང་པོ་དང་གཞུང་ཆེན་ལ་ཐོས་བསམ་མཛད་ནས་མཁས་པར་གྱུར་པ་དང་ཆབས་ཅིག སེར་སྐྱ་རྣམས་ལ་ཆོས་འཁོར་རྒྱ་ཆེར་བསྐོར་ཅིང་། རྟེན་དང་བརྟེན་པ་མང་དུ་བཞེངས་ནས་ཞྭ་སེར་བསྟན་པའི་སྲོག་ཤིང་དུ་གྱུར་ཏེ། སྙན་པའི་གྲགས་པ་ཉུབ་ཕྱོགས་ས་ཡི་ཁྱོན་དུ་ཁྱབ་མོད། དབུས་གཙང་ནས་མཚོ་སྔོན་དང་དེ་ནས་སོག་ཡུལ། དེ་ནས་མིང་དང་ཆིང་གི་རྒྱལ་ཁམས་ཡོངས་ལ་རྣམ་པར་ཁྱབ་པ་ནི་གཙོ་བོ་སོག་པོ་ཨལ་ཐན་རྒྱལ་པོས་མཚོ་སྔོན་པོའི་ལྷོ་འགྲམ་གྱི་ཆབ་ཆ་ཐེག་ཆེན་ཆོས་འཁོར་གླིང་དུ་སྤྱན་འདྲེན་ཞུས་ནས་རིགས་སོ་སོའི་དད་ལྡན་འབུམ་ཕྲག་ལྷག་གི་ཚོགས་དབུས་སུ“གསེར་སྲང་བརྒྱ་ལས་གྲུབ་པའི་ཐམ་ཀ་འབྲུག་སྟེར་མོ་ལྔས་མཚན་པ། ཁ་རིས་ལ། རྡོ་རྗེ་འཆང་ཏཱ་ལའི་བླ་མའི་ཐམ་ཀ་རྒྱལ”ཞེས་པ་སོགས་ཡོ་བྱད་ཁྱད་དུ་འཕགས་པ་རྣམས་ཕུལ་ནས་ཆོས་ཀྱི་བླ་མར་བཀུར་བ་དང་ཆབས་ཅིག རྗེ་ཉིད་ཀྱིས་ཀྱང་མཚོ་སྔོན་དང་། ཆབ་མདོ། ལི་ཐང་། ནང་སོག་སོགས་སུ་རྟེན་དང་བརྟེན་པ་མང་དུ་བཞེངས་ཤིང་སེར་སྐྱ་རྣམས་ལ་ཆོས་ཀྱི་འཁོར་ལོ་རྒྱ་ཆེར་བསྐོར་བས། ས་ཆ་དེ་དག་གི་མི་རིགས་སོ་སོ་དང་ཁྱད་པར་དུ་སོག་པོ་མི་རིགས་ཀྱིས་ཤིན་ཏུ་དད་ཅིང་བླ་མར་བཀུར་བ་བཅས་ལ་བརྟེན་ནས་མཚན་དང་སྙན་པ་གཡུ་འབྲུག་སྟོན་མོའི་སྒྲ་ལྟར་དམའ་བ་དམངས་ཁྲོད་ནས་མཐོ་བ་གོང་མའི་ཕོ་བྲང་གི་བར་དུ་ཁྱབ་པར་གྱུར་ལ། རྒྱལ་བ་སྐུ་ཕྲེང་རིམ་བྱོན་ལ“ཏཱ་ལའི་བླ་མ”སྟེ་རྒྱ་མཚོ་བླ་མ་ཞེས་པའི་མཚན་ཡང་དེ་ནས་ཐོགས་པ་ཡིན། རྒྱུ་མཚན་དེའི་དབང་གིས་མིང་རྒྱལ་རབས་ཀྱི་གོང་མ་ཝན་ལིས་ཀྱང་གསེར་ཡིག་པ་མངགས་ནས་ཀུན་ཧྲིང་ཏཱ་གོ་ཤྲཱིའི་མཚན་དང་། ཐམ་

ཀ་སོགས་ཕྱུལ་ཏེ་ཕོ་བྲང་དུ་གདན་འདྲེན་ཞུས་[1]པས། རྒྱལ་དབང་མཆོག་གི་མཚན་སྙན་འཛམ་གླིང་འཛིན་མའི་ཁྱོན་ལ་ཁྱབ་པར་གྱུར། དེའི་རྗེས་ཀྱི་མིང་རྒྱལ་རབས་དང་ཆིང་རྒྱལ་རབས་རྣམས་ཀྱིས་ཀྱང་སྲོལ་འདིའི་རྒྱུན་བསྐྱངས་ནས"ཁྱབ་བདག་རྡོ་རྗེའི་སངས་རྒྱས"སམ[2]"གནམ་འོག་གི་སྐྱེ་འགྲོ་ཐམས་ཅད་བསྟན་པ་གཅིག་ཏུ་གྱུར་བ་འགྱུར་མེད་རྡོ་རྗེ་འཆང་རྒྱ་མཚོའི་བླ་མ།" ཞེས་བསྟོད་ཚིག་ཕུལ་ཅིང་གོང་མའི་ཕོ་བྲང་དུ་གདན་འདྲེན་ཞུས་ནས་ཆོས་ཀྱི་བླ་མར་བཀུར་ཅིང་སྲིད་ཀྱི་གྲོགས་དན་དུ་བསྟེན་པ་ཡིན།

ཨལ་ཐན་རྒྱལ་པོར་མཚོན་ནའང་ཞྭ་སེར་བསྟན་པའི་མངའ་བདག་ཆེན་པོ་རྒྱལ་བ་བསོད་ནམས་རྒྱ་མཚོ་མཆོག་གིས"ཆོས་ཀྱི་རྒྱལ་པོ་ལྷའི་ཚངས་པ་ཆེན་པོ"ཞེས་པའི་མཚན་གསོལ་རྗེས། མིང་རྒྱལ་རབས་ཀྱི་ཤུན་ཨི་ཕང་དང་སོག་པོ་མི་རིགས་ཀྱི་རྒྱལ་པོ་དེ་ཞྭ་སེར་བསྟན་པར་དད་པའམ་དེའི་ལུགས་ལྟར་ཆབ་སྲིད་སྐྱོང་བའི་རྒྱལ་པོ་ཞིག་ཏུའང་གྱུར་པས། སྙན་པའི་གྲགས་པ་སྟེར་ལས་རྒྱ་ཁྱབ་ཏུ་གྱུར་ཅིང་། ཞྭ་སེར་བསྟན་པ་ཁྱབ་སོ་ཙོག་ལ་དབང་སྒྱུར་བྱེད་པར་དོན་སྙིང་གལ་ཆེན་ཡོད་པར་གྱུར།

གསུམ། ལུགས་སྲོལ་ངན་པ་བཅོས་བསྒྱུར་བྱས་ནས་ཤེས་རིག་ལྡན་པའི་སྤྱི་ཚོགས་སུ་འཕེལ་བར་སྐུལ་འདེད་བྱས་པ། རྒྱལ་བ་བསོད་ནམས་རྒྱ་མཚོ་མཆོག་ཆབ་ཆ་ཐེག་ཆེན་ཆོས་འཁོར་གླིང་དུ་ཕྱག་ཕེབས་མཛད་ནས་ཨལ་ཐན་རྒྱལ་པོ་དང་མཆོད་ཡོན་དུ་འབྲེལ་བ་དང་ཆབས་ཅིག ཧོ་ཐོག་ཐའི་སེ་ཆེན་ཧོང་ཐའི་ཅིས་ཁྲིམ་འབུམ་ཕྲག་འཚོགས་པའི་དབུས་སུ"ཕྱོགས་འདི་ན་ཡོད་པའི་རྒྱ་བོད་ཧོར་སོག་ཀུན་གྱིས་ཀྱང་དགེ་བ་བཅུའི་ཁྲིམས་ལ་གནས་པ་དགོས། ཉི་མ་དེ་རིང་ནས་ཁྱད་

① རྒྱལ་བ་དགེ་དབང་བློ་བཟང་རྒྱ་མཚོ། རྒྱལ་དབང་ལྔ་པ་ངག་དབང་བློ་བཟང་རྒྱ་མཚོའི་གསུང་འབུམ།(11)[M]. ཀྲུང་གོའི་བོད་རིག་པ་དཔེ་སྐྲུན་ཁང་། 2009: 155

② གོང་དང་མཚུངས། 228.

པར་སོག་པོ་རྣམས་ཁྲིམས་སུ་བཅས་པ་ནི་སྔར་སོག་པོ་ཤི་བའི་རྗེས་སུ་དྲག་ཞན་གྱི་རྣམ་དབྱེ་རང་གི་ཆུང་མ་བྲན་གཡོག་རྟ་ནོར་སོགས་སྲོག་གཅོད་པ་ཡིན་ནའང་། ད་ཕྱིན་ཆད་སྲོག་གཅོད་ཀྱི་ཡུལ་དུ་གྱུར་པའི་རྟ་ནོར་སོགས་ཀྱི་སྟེང་དུ་ཇི་ཙམ་བློས་འཚམ་པར་བཅད་ནས་དགེ་འདུན་དང་བླ་མ་ལ་ཕུལ། བསྔོ་བ་སྨོན་ལམ་ཞུ། གཤིན་པོའི་རྗེས་སུ་དམིགས་པའི་སྲོག་གཅོད་གཏན་ནས་མ་བྱེད། གལ་ཏེ་སྔར་བཞིན་མི་བསད་པ་བྱུང་ན་ཁྲིམས་ཀྱིས་ལུས་སྲོག་དང་འབྲལ་བ་ཡིན། རྟ་ཕྱུགས་བསད་པ་བྱུང་ན་ཁྲིམས་ཀྱིས་ནོར་ཐམས་ཅད་འཕྲོག བླ་མ་དང་དགེ་འདུན་གྱི་ཆ་ལུགས་ཅན་ལ་བརྙང་བཙོག་སོགས་ལག་བཞག་པ་བྱུང་ན། ལག་འཛོག་མཁན་གྱི་གཞི་མ་ཐམས་ཅད་གཏོར། སྔར་ཨོང་གོད་དུ་གྲགས་པའི་གཤིན་པོ་ཐམས་ཅད་ཀྱི་གཟུགས་བྱས་པ་མིང་བཏགས་པའི་ཟླ་བ་བྱུང་རེས་ཀྱི་ཉ་སྟོང་བརྒྱད་གསུམ་ལ་རྟ་ཕྱུགས་བསད་པའི་ཁྲག་གིས་མཆོད་པ་དང་། ལོ་དུས་ཀྱི་མཆོད་པ་དྲག་ཞན་གྱི་དབྱེ་བ་མང་ཉུང་མཐའ་ཡས་ཤིག་གསོད་པ་རྣམས། དེང་ཕྱིན་ཆད་ནས་བཟུང་རྟེན་དེ་རྣམས་མེ་ལ་བསྲེགས་ནས། ལོ་ཟླའི་དུས་ཀྱི་མཆོད་པར་སྲོག་གཅོད་པ་གཏན་ནས་མ་བྱེད། གལ་ཏེ་བྱས་པ་བྱུང་ན་ཁྲིམས་ཀྱི་ཆད་པ་རྟ་ནོར་གང་བསད་ཀྱང་དེའི་བཅུ་འགྱུར་འཕྲོག ཨོང་གོད་ཀྱི་ཚབ་ཏུ་ཡེ་ཤེས་ཀྱི་མགོན་པོ་ཕྱག་དྲུག་པའི་སྐུ་རེ་འཛིན་པ་དང་། དེ་ལ་ཡང་དཀར་གསུམ་གྱི་མཆོད་པ་མ་གཏོགས་ཤ་ཁྲག་གིས་མཆོད་པ་གཏན་མ་བྱེད། གཞན་ཡང་ཐམས་ཅད་ཀྱིས་དགེ་བ་ལ་འབད་ལ། ཉ་སྟོང་བརྒྱད་གསུམ་ལ་བསྙེན་གནས་སྲུངས། རྒྱ་བོད་ཧོར་ཀུན་ལ་དགོས་མེད་ཀྱི་འཕྲོག་འཇོམས་མ་བྱེད། མདོར་ན་བོད་ཡུལ་དབུས་གཙང་དུ་ཇི་ལྟར་བྱ་བ་ལྟར། ཡུལ་ཕྱོགས་འདིར་ཡང་བྱ་དགོས་ཞེས་ཁྲིམས་མང་དུ་བསྒྲགས་སོ། །"[1] ཞེས་བཅའ་ཁྲིམས་བཅོས་པ་དེས་སོག་པོ་རྣམས་ཀྱིས་མི་ཤི་རྗེས་རང་གི་ཆུང་མ་དང་། བྲན་གཡོག རྟ་ནོར་

[1] འཇིགས་མེད་རིག་པའི་རྡོ་རྗེ། ཧོར་གྱི་ཆོས་འབྱུང་། [M]. མཚོ་སྔོན་མི་རིགས་དཔེ་སྐྲུན་ཁང་། 1993: 168, 172.

སོགས་སྒྲོག་བཅད་ནས་གཤིན་རྗེས་བྱེད་པའི་རྗེས་ལུས་དང་ཡ་ང་བའི་གོམས་སྲོལ་སྤྱུར་པ་དང་། ལས་སུ་སྡིག་དང་ཟས་སུ་ཤ་ཁྲག་ཁོ་ན་ལོངས་སྤྱོད་ཅིང་བླ་མ་དང་དགེ་འདུན་གྱི་ཆ་ལུགས་ཅན་ལ་བརྙང་བཙོག་སོགས་ལག་འཛོག་པ། རྒྱ་བོད་ཧོར་གསུམ་ལ་དགོས་མེད་ཀྱི་འཁྲུག་བཙམ་བྱེད་པའི་སྡིག་སྤྱོད་དང་དམུ་རྒོད་ཀྱི་བྱ་སྤྱོད་འགོག་པ། ས་མན་ཆོས་ལུགས་ཀྱིས་ཨོང་གོང་དུ་གྲགས་པའི་གཤིན་པོ་ཐམས་ཅད་ཀྱི་གཟུགས་བྱས་ལ་ནཱ་རོའི་ཆོས་བཅོ་ལྔ་གནམ་སྟོང་དང་བརྒྱད་ལ་ཏ་ཕྱུགས་བསད་པའི་ཁྲག་གིས་མཆོད་པ་དང་། ལོ་ནཱའི་མཆོད་པར་ཏ་ཕྱུགས་མཐའ་ཡས་པ་བསད་ནས་མཆོད་པ་སོགས་ཨཱ་ཨོཾ་དང་ལྷུན་རྫོངས་ཀྱི་མཆོད་སྦྱིན་བྱེད་སྲོལ་སོགས་བཅོས་བསྒྱུར་བྱས་ནས་ཡ་རབས་དང་ཤེས་རིག་ལྡན་པའི་སྤྱི་ཚོགས་སུ་སྐྱལ་བར་དགེ་མཚན་ལྡན་པའི་ནུས་པ་ཐོན་པ་རེད།

བཞི། རྒྱལ་བ་བསོད་ནམས་རྒྱ་མཚོ་དང་མིང་རྒྱལ་རབས་བར་འབྲེལ་བ་ཆགས་པ། རྒྱལ་པོ་ཨལ་ཐན་གྱིས་རྒྱལ་བ་བསོད་ནམས་རྒྱ་མཚོ་སྤྱན་འདྲེན་ཞུ་བའི་དོན་དེ་མིང་རྒྱལ་རབས་ཀྱིས་གསལ་པོར་ཤེས་པར་མ་ཟད། དོན་དེ་ལ་ཐོག་མཐའ་བར་གསུམ་དུ་ཁ་ཅང་དོ་སྣང་བྱས། དེ་ཡང་རྒྱལ་བ་བསོད་ནམས་རྒྱ་མཚོ་མཆོག་ཆབ་ཆ་ཐེག་ཆེན་ཆོས་འཁོར་གླིང་དུ་ཕྱག་ཕེབས་མཛད་དུས"རྒྱ་ནག་ནས་ཟེན་གུ་ཤྲི་ཧ་བ་བརྒྱ་ཕྲག་དང་བཅས་ཏེ་བསུ་བ་ལ་འོངས་ཤིང་། རྒྱ་ལུགས་ཀྱི་རྩེད་སྣ་དང་འབུལ་བ་སོགས་མང་དུ་བྱས"①པ་དང་། དེ་ནས་ཆབ་ཆ་ཐེག་ཆེན་ཆོས་འཁོར་གླིང་དུ་བཞུགས་སུ་གསོལ་ཞིང"ཅུར་བསྟུས་ཀྱི་རྒྱལ་བུ་པིན་དུས་སྤྱན་དྲངས་དུས་རྒྱ་ནས་རྒྱལ་པོ་ཧོ་ཁྲི་ཐུལ་གྱིས་ཕོ་ཉ་བཏང་ནས། རིན་པོ་ཆེ་པདྨ་ར་ག་ཨིནྡྲ་ནཱི་ལ། མཆད། བཻཌཱུརྻ་རྣམས་ཁྲི་གང་ཙམ། གསེར་སྲང་སྟོང་ཕྲག་གཅིག དངུལ་དང་

① རྒྱལ་བ་ངག་དབང་བློ་བཟང་རྒྱ་མཚོ། རྒྱལ་དབང་ལྔ་པ་ངག་དབང་བློ་བཟང་རྒྱ་མཚོའི་གསུང་འབུམ།(11) [M]. ཀྲུང་གོའི་བོད་རིག་པ་དཔེ་སྐྲུན་ཁང་། 2009:138.

མ་ན་ཧོའི་སྤྱོད་པ་མང་པོ། སྐུ་བེར། རྟེན་ཁེབས། གོས་ཆེན་འབྲུག་སྟེར་ལྷུ་ཡོད་པ་མང་པོ། ཐགས་གྲུབ་ཀྱི་རིགས་ལྷའི་དབུ་རྒྱན་ཚེ་དཔག་མེད་ཀྱི་སྐུ། གསེར་ལས་གྲུབ་པའི་ཕྱུག་དཔེ། དྲིལ་བུ། ཏཱ་མ་རུ། སྐུ་འདྲ། འཕྲེང་བ། རོལ་ཆ་སོགས་ཡིད་འཕྲོག་པའི་སྤྱོད་པ་དཔག་ཏུ་མེད་པ་ཕུལ།"①

སྐུ་ཞབས་ཡ་ཧན་ཀྲང་གིས་མཛད་པའི《ཏཱ་ལའི་བླ་མའི་རྣམ་ཐར》དུ་བཀོད་པ་ལྟར་ན། ཨལ་ཐན་རྒྱལ་པོ་ནུབ་ཕྱོགས་མཚོ་སྔོན་དུ་བསྐྱོད་པ་ལ་མིང་རྒྱལ་རབས་ཀྱི་སྲིད་གཞུང་མགོ་བོ་ན་བཞིན་ཡོད་ལ། ཐབས་ཤེས་ཀྱང་མེད་པའི་གནས་ལུགས་སུ་གྱུར་བས། ཨལ་ཐན་རྒྱལ་པོས་རྒྱལ་བ་བསོད་ནམས་རྒྱ་མཚོར་བཙེ་འཛོག་ཏ་ཙང་ཆེན་པོ་བྱས་ནས་ཅི་གསུངས་དང་ལེན་བྱེད་ཀྱི་ཡོད་ཚུལ་གོ་རྟེས། སྤྱི་ལོ་1578ལ་མིང་གོང་མ་ཤན་ལིས་ཀན་སུའུ་ཡི་ཞུན་ཧྲུ་ཧོའུ་ཉུང་ལའི་ལ། མཚོ་སྔོན་དུ་མི་བཏང་ནས་རྒྱལ་བ་བསོད་ནམས་རྒྱ་མཚོ་ཀན་སུའུ་རུ་ཕེ་དང་འཇལ་འཕྲད་གནང་བར་གདན་འདྲེན་ཞུ་དགོས་པར་མ་ཟད། རྒྱལ་བ་བསོད་ནམས་རྒྱ་མཚོས་ཨལ་ཐན་ལ་དམག་ཁྲིད་ནས་སོག་ཡུལ་དུ་ཕྱིར་ལོག་དགོས་པའི་ཞལ་ཏ་བསླབ་བྱ་གནང་དགོས་ཞེས་ཀྱང་ཞུ་དགོས་པའི་བཀའ་ཕབ་པ་ལྟར་ཀན་སུའུ་ཞུན་ཧྲུ་ཡིས་རྒྱལ་བ་བསོད་ནམས་རྒྱ་མཚོ་ཀན་སུའུ་ལ་སྤྱན་འདྲེན་ཞུས་ནས། དེ་སྐབས་འགྲོ་མགོན་འཕགས་པར་སྣེ་ལེན་ཞུ་བ་དང་འདྲ་བའི་སྣེ་ལེན་གཟབ་རྒྱས་ཞུས་ཤིང་འཕགས་པ་བཞུགས་སྒྲོང་བའི་སྤྲུལ་བའི་སྟེར་བཞུགས་སུ་གསོལ་བ་རེད། རྒྱལ་བ་བསོད་ནམས་རྒྱ་མཚོས་ཡུལ་དེ་ནས་མིང་རྒྱལ་རབས་ཀྱི་སྲིད་གཞུང་གི་བློན་ཆེན་ལ་འཕྲིན་ཡིག་འདི་འདྲ་ཞིག་བསྐུར་གནང་མཛད། "ཤཱཀྱ་ཐུབ་པའི་དགེ་སློང་བསོད་ནམས་རྒྱ་མཚོ་དཔལ་བཟང་པོས་ཐལ་མོ་སྦྱར་ཏེ་གོང་མའི་སྲིད་གཞུང་

① རྒྱལ་བ་ངག་དབང་བློ་བཟང་རྒྱ་མཚོ། རྒྱལ་དབང་ལྔ་པ་ངག་དབང་བློ་བཟང་རྒྱ་མཚོའི་གསུང་འབུམ།(11) [M]. ཀྲུང་གོའི་བོད་རིག་པ་དཔེ་སྐྲུན་ཁང་། 2009: 143.

ལ་ཕྱག་འཚལ་ཞིང་། གོང་མས་བསྐོས་པའི་ཀུན་ཏ་གོ་ཧྲི་སྐུ་ཞབས་ཀྱང་ལགས་ལ་ཞུ་རྒྱུར། གང་ཉིད་ཀྱི་མཚན་ཉི་ཟླ་ལྟར་གཟི་འོད་འཕྲོ་བ་ཞིག་ཡིན་པས། གནམ་འོག་ཀུན་གྱིས་གང་ཉིད་མཆིས་པ་དང་སྐུ་གཟུགས་བདེ་པོ་ཡོད་པ་ཤེས་ཀྱི་ཡོད་པ་རེད། ཐྲན་གྱིས་གོང་མ་སྐུ་གཟུགས་བདེ་ཐང་ཡོང་ཆེད། ཉིན་མཚན་མེད་པར་གསོལ་བ་འདེབས་ཀྱི་ཡོད། ཀན་ཀྲོའུ་ཡི་ཨེར་ཐང་ཡུལ་དུ་ཐྲན་མཁར་ནང་དུ་སླེབས་ནས་ས་གནས་ཀྱི་བྱ་བའི་དོན་དུ། སྔོན་ལ་གོང་མའི་སྲིད་གཞུང་ལ་ཞུ་ཡིག་ཕུལ་བ་ཡིན། རྟ་དང་དངོས་པོ་འབྱོར་བྱུང་། ཐྲན་དང་ཧྲན་ཧྭ་ཤང་ལ་གོ་གནས་གནང་རྒྱུ་ཐད། ཐྲན་ལ་སྔོན་དཔེ་ལེགས་གྲུས་ལྟར་གནང་བའི་རེ་བ་ཡོད། ཐྲན་གྱིས་གོང་མ་དང་བློན་ཆེན་ལ་ཉིན་མཚན་མེད་པར་ཞབས་བརྟན་བསྐྱབས་ནས་གནམ་འོག་བདེ་འཇགས་ཡོང་བའི་སྨོན་ལམ་འདེབས་ཀྱི་ཡོད། འདི་ནི་ཐྲན་གྱི་སེམས་བཟང་ཡིན། ཞེས་གུས་པས་ཕུལ་བའི་ཡི་གེ་སྤྱན་ལམ་དུ་འབབ་པའི་ཐབས་ཀྱི་རྟེན་མཚོན་བྱེད་དུ། སྤྱན་རས་གཟིགས་ཕྱག་བཞི་པའི་སྐུ་བརྙན་གཅིག་དང་། སྣམ་བུ་བུབས་གཉིས། རྡོ་རྗེ་དཔལ་བེའུ་གཅིག་བཅས་ཕུལ་ཡོད། སྐུ་ཞབས་གང་ཉིད་ཀྱིས་ཤྲུན་ཨི་ཧྲང་སྤྲ་ཙམ་ཞིག་ལ་ཕ་ཡུལ་དུ་ཕྱིར་ལོག་དགོས་ཞེས་བཀའ་མངག་གནང་བྱུང་བས། ཐྲན་གྱིས་ཁོང་ཕྱིར་ལོག་དགོས་པའི་བཀོད་པ་བཏང་བ་ཡིན། སྟག་ལོ་ཡི་ཟླ་12པའི་ཚེས་ཤར་ལ་ཕུལ།" ཅེས་འཕྲིན་ཡིག་བསྐུར་ཅིང་གོང་མའི་བཀའ་བཀོད་ཞལ་བཞེས་མཛད་ནས་ཨལ་ཐན་རྒྱལ་པོ་མཚོ་སྔོན་ནས་ནང་ལོག་ཏུ་ཕྱིར་ལོག་དགོས་པའི་བཀོད་པ་བཏང་བ་རེད།

དེ་ནས་སྤྱི་ལོ་1579ལ་ཆབ་ཆ་ཐེག་ཆེན་ཆོས་འཁོར་གླིང་དུ་སྐྱ་སེར་གྱི་ཁྲོམ་ཆེན་པོ་འཚོགས་ནས་ཚོ་འཕྲུལ་གྱི་མཆོད་པ་རྒྱ་ཆེན་པོ་འབུལ་སྐབས"རྒྱ་ནག་ནས་ཉིང་ཤྭ་རྒྱལ་བུས་རིན་པོ་ཆེ་དང་རོལ་ཆ། དིང་ཕོན་གྱི་རིགས། ཕོ་བྲང་གི་

སྤྱོད་པ་ཡ་མཚན་ཅན་མང་དུ་འབྱུལ་མི་མངགས།”[①] ལོ་དེའི་ཟླ་བཞི་པར་རྒྱལ་པོ་དཔོན་གཡོག་འགའ་ཞིག་ལ་ཀྱཻ་རྡོར་གྱི་དབང་གནང་ཞིང་ཞུར་སྟོད་ཧྥུ་ནང་རྒྱལ་པོ་ལ་མཇལ་ཁ་གནང་། སོག་པོ་ཨོ་རོད་ནང་འབྲུག་བྱུང་བ་ཞི་བར་མཛད་པས། ལོ་དེའི་ཧོར་ཟླ་བརྒྱད་པར་རྒྱ་ནག་གོང་མ་བན་ལི་རྒྱལ་པོས་རྒྱལ་ཁམས་ཐམས་ཅད་ཀྱི་སྐྱབས་གནས་ཕྱོག་ཆེང་ཤྲིའི་མཚན་དང་། ཐམ་ཁ་ལྕུང་ལས་ཞྭ་ལས་གོས། འཇའ་ས་སོགས་དང་། ངེད་རང་གི་འབངས་སུ་གྱུར་པའི་སོག་པོ་ཚོ་ཆེན་བཞི་བཅུ་དང་། གན་ཅུ་དུ་ཐང་གི་མི་དཔོན་སོགས་ཀྱི་རེ་བ་ཡོངས་སུ་བསྐལ་བ་ལེགས་ཤིང་། ཕོ་བྲང་ཆེན་པོར་ཡང་རིམ་གྱིས་གདན་འདྲེན་ཞེས་པ་སོགས་ཀྱི་བཀའ་ཤོག་གནང་། མིང་རྒྱལ་རབས་ཀྱིས་རྒྱལ་བ་བསོད་ནམས་རྒྱ་མཚོ་ཕྱག་ཕེབས་མཛད་པར་དགའ་བསུ་དང་སྐྱེས་འབུལ། བསྟོད་ཚིག་འབུལ་བ། བོད་སྤྱོད་གཏོང་པ་བཅས་རིམ་པར་བྱེད་པའི་དུས་མཉམ་དུ་མཆོད་ཡོན་ཟུང་གི་བྱ་འགྲུལ་ལ་ཐུགས་མཉམ་ཆེན་པོ་མཛད་ནས། རྒྱལ་བ་བསོད་ནམས་རྒྱ་མཚོ་མཆོག་ལ་རྒྱ་བོད་སོག་གསུམ་གྱིས་དད་པ་ཆེན་པོས་ཚེ་འདི་ཕྱི་གཉིས་ཀྱི་སྐྱབས་སུ་བསྟེན་ཞིང་དེ་དག་གི་ཁྲོད་དུ་སྣང་གྲགས་ཏ་ཅང་ཆེན་པོ་ཡོད་པ་རྟོགས་པ་དང་ཁྱད་པར་དུ་ཇེ་ཉིད་ཀྱིས་མིང་གོང་མས་འགྲུབ་མ་ཐུབ་པའི་དོན་དག་སྟེ་ཨལ་ཐན་རྒྱལ་པོ་མཚོ་སྔོན་ནས་ནང་སོག་ཏུ་ཕྱིར་ལོག་ཏུ་མཛད་ཅིང་། སོག་པོ་ཚོ་ཆེན་བཞི་བཅུ་དང་གན་ཅུ་དུ་ཐང་གི་མི་དཔོན་སོགས་ཀྱི་རེ་བ་ཡོངས་སུ་བསྐངས་ནས་རྒྱལ་ཁམས་བདེ་ལ་བཀོད་པས། སྤྱི་ལོ་1588ལ་རྒྱ་ནག་གོང་མ་རྒྱལ་པོས་ཕོ་བྲང་དུ་ཕེབས་དགོས་པའི་གདན་འདྲེན་པར“མི་བརྒྱད་ཀྱིས་གཉའ་བ་ནས་བཏེག་པའི་གསེར་ཡིག་པ་མངགས། ཀྭ་དིང་ཏའི་གུ་ཤྲིའི་མཚན་དང་། ལས་ཀ་ཆེ་བ་འདི་རེས་བྱུང་བ་རྟེན་འབྲེལ་དུ་དགོངས་ནས

① རྒྱལ་བ་ངག་དབང་བློ་བཟང་རྒྱ་མཚོ། རྒྱལ་དབང་ལྔ་པ་ངག་དབང་བློ་བཟང་རྒྱ་མཚོའི་གསུང་འབུམ།(11)[M]. ཀྲུང་གོའི་བོད་རིག་པ་དཔེ་སྐྲུན་ཁང་། 2009: 145.

ཕོ་བྲང་དུ་ཕེབས་པའི་ཞལ་བཞེས”[①]མཛད་སོང་། བློ་ཕངས་པ་ནི་གོང་མའི་ཕོ་བྲང་དུ་ཕེབས་ལོང་མ་བྱུང་བར་ལོ་དེའི་ཟླ་གསུམ་པར་སོག་ཡུལ་དུ་སྐུ་གཤེགས།

ལྔ། མི་རིགས་ཀྱི་འབྲེལ་བ་ཇེ་དམ་དང་སྲི་ཚོགས་ཀྱི་གནས་བབ་ལྷིང་འཇགས་སུ་གྱུར། རྒྱལ་བ་བསོད་ནམས་རྒྱ་མཚོ་མཆོག་གིས་ཨལ་ཐན་རྒྱལ་པོ་དང་སོག་པོའི་སྐུ་དྲག་རྣམས་ཀྱིས་སྦྱིན་བདག་དང་རྒྱབ་རོགས་ལ་བརྟེན་ནས་ཕྱོགས་ཀྱི་མི་རིགས་རྣམས་ཞྭ་སེར་བསྟན་པའི་གདུགས་འོག་གཅིག་ཏུ་བསྡུས་པ་དང་། རྒྱ་བོད་ཧོར་གསུམ་ལ་དགོས་མེད་ཀྱི་འཁྲུག་བཙམ་དང་ བླ་མ་དགེ་འདུན་ལ་མ་གུས་པའི་རྟུང་རྗེག་བྱེད་མི་ཆོག་པའི་ཁྲིམས་ལུགས་བཅོས། སྤྱི་ལོ1758ལ་སྔོན་ཆ་དཀར་གྱི་རྒྱལ་བརྒྱུད་ཀྱིས་གཙོས་པའི་དཔུང་ཁྲི་ཕྲག་ཙམ་ཞིག་རྒྱ་ནག་ལྟགས་རི་ཕྱི་མའི་ནང་དུ་ཤོར་བ་ལས། མི་སྡེ་ཐམས་ཅད་འཇིགས་ཤིང་སྐྲག་པས་རྒྱལ་དབང་བསོད་ནམས་རྒྱ་མཚོས་སོག་པོ་རྣམས་ལ་ཆོས་དང་འབྲེལ་བའི་བཀའ་སློབ་བསྒྲལ་ནས་ཁོ་རང་ཚོའི་ཡུལ་དུ་བཏྫངས་པས། རྒྱ་ནག་ཀུན་འཇིགས་པ་ལས་བསྐྱབས་པ་དང་། སྤྱི་ལོ1579ལ་སོག་པོ་ཅུར་སྟུད་དང་ཨོ་རོད་ནང་འཁྲུག་བྱུང་བ་རྣམས་ལ་བཀའ་དཔྱད་ཀྱིས་བདེ་འཇགས་སུ་བཀོད་པ། མིང་གོང་མའི་བཀའ་བཀོད་ལྟར་ཨལ་ཐན་རྒྱལ་པོར་ཞལ་ཏ་བསླབ་བྱ་གནང་སྟེ་དམག་དཔུང་ཁྲིད་ནས་སོག་ཡུལ་དུ་ཕྱིར་ལོག་ཏུ་བཙུག་པ་དེས་ཆོས་ལུགས་དང་ཁྲིམས་ལུགས་དང་། ཁོར་ཡུག་བཅས་ཀྱི་ཐད་ནས་མི་རིགས་ཀྱི་འབྲེལ་བ་ཇེ་དམ་དང་རྒྱལ་ཁམས་ལྷིང་འཇགས་སུ་འགྲོ་བར་ཡར་སྐྱེལ་གྱི་ནུས་པ་རྒྱ་ཆེན་པོ་ཐོན་པས། མིང་རྒྱལ་རབས་ཀྱང་ཐུགས་དགའ་ཞིང་བློ་བདེ་བར་གྱུར་ནས། རྒྱལ་དབང་མཆོག་ལ“སྤྱི་བོ་ནས་དབང་བསྒྱུར་བའི་རྒྱལ་ཁམས་ཀྱི་སློབ་དཔོན་ཆེན་པོ”ཞེས་པའི་མཚན་གསོལ་ཅིང་རྒྱལ་པོའི་ཕོ་བྲང་དུ་གདན་འདྲེན་

① རྒྱལ་བ་ངག་དབང་བློ་བཟང་རྒྱ་མཚོ། རྒྱལ་དབང་ལྔ་པ་ངག་དབང་བློ་བཟང་རྒྱ་མཚོའི་གསུང་འབུམ།(11)[M]. ཀྲུང་གོའི་བོད་རིག་པ་དཔེ་སྐྲུན་ཁང་། 2009: 155.

ཕོ་ཉ་མངགས་པ་གོང་དུ་བཤད་པ་བཞིན་ནོ། །

བཞི་པ། ཆབ་ཆ་ཐེག་ཆེན་ཆོས་འཁོར་གླིང་འཛིག་ཚུལ་བཤད་པ།

སྤྱི་ལོ་1583ལ་ཨལ་ཐན་རྒྱལ་པོ་ནང་སོག་གི་ཐུ་མེད་ཅེས་པའི་ས་ཆར་སྐུ་གཤེགས་རྗེས། རྒྱལ་ས་སྲས་ཆེ་བ་སེང་གེ་དུ་གུ་རུང་ཐེ་མུར་ཧོང་ཐེ་ཅི་ལ་གཏད་ཀྱང་དེ་དང་སྲས་བཞི་པ་ཚོག་ཐོ་གཉིས་ལོ་གཉིས་གསུམ་གྱི་གཞུག་ནས་འགྲོ་རིམ་འཁྱོར་ཆེ་ལས་འདས་ཏེ། རྒྱལ་ས་ཚ་བོ་སྒུ་མེར་ཏའི་ཆིང་ཧོང་ཐའི་ཅི་ལ་གཏད། དེའི་རིང་ལ་མཚོ་སྔོན་གྱི་སོག་པོའི་ཤོག་ཁ་སོ་སོས་འགྲོ་རིམ་འཁྱོར་དོན་རྐྱེན་བཟོས་ཤིང་། 1588ལོར་ཟྭེ་ལིང་དུ་དཔུང་འཛུག་བྱས་ནས་མིང་རྒྱལ་རབས་ཀྱི་ཕྱུའུ་པིན་གཞོན་པ་ལིས་ཁོས་བཀྲོངས། དེའི་རྗེས་སུ་ཟྭེ་ལིང་བརྒྱལ་ནས་མོང་ཀྲིག(དེ་ལྟའི་ཀོས་ནན་རྫོང་གི་ལྷོ་ནུབ)དང་ཉེ་ཀོང་ཁྲིན(དེ་ལྟའི་ཞུན་ཧྭ་རྫོང་གི་ལྷོ་ནུབ)དུ་བསྐྱོད་དེ་བཅའ་སྡོད་བྱས། ཨལ་ཐན་ཧན་གྱི་ཚ་བོ་ཁྲི་ལེ་ཁེས་ཀྱང་ཐག་རིང་ནས་རམ་འདེགས་བྱེད་ཆེད། སྤྱི་ལོ་1590ལ་ནུབ་ཏུ་བསྐྱོད་ནས་ཀན་སུའུ་དང་མཚོ་སྔོན་འབྲེས་མཚམས་ཀྱི་ཧོ་ཀྲོའུ(河州)དང་ཐའོ་ཀྲོའུ(洮州)སོགས་ས་ཆར་ཕར་རྒོལ་བྱས་པས། མིང་རྒྱལ་རབས་ཀྱིས་པིན་ཕུའུ་ཧྲང་ཧྲུའུ(兵部尚书)ཀྲིན་ལུའོ་ཞེས་པ་དོན་དེ་ཐག་གཅོད་དུ་མངགས། སྤྱི་ལོ་1591ལ་ཀྲིན་ལུའོ་ཡིས་དམག་དཔུང་ཁག་གསུམ་དུ་བགོས་ནས་ཕར་རྒོལ་བྱས། དོན་རྐྱེན་བཟོ་བའི་མགོ་འཛིན་པ་ཧོ་ལུའོ་ཁྲི་དང་ཀྲིན་ཞང་ཞེས་པ་གཉིས་ཀྱིས་གནས་ཚུལ་དེ་ཐོས་ནས་མཚོ་སྔོན་པོའི་ནུབ་ཕྱོགས་སུ་བྲོས། ཀྲིན་ལུའོ་ཡི་དམག་གིས་མཚོ་སྔོན་པོ་བརྒྱལ་རེག་བར་དུ་རྗེས་འདེད་བྱས་རྗེས་ཕྱིར་ལོག ཕྱིར་ལོག་པའི་ལམ་བར་དུ་ཀྲིན་ལུའོ་ཧྲང་ཧྲུའུ་ཡིས་གཏན་ལ་ཕབ་པ་སྟེ། "དེའི(སོག་པོའི)བཞུད་ལམ་གཅོད་པ། དེའི་ཚོང་ར་བསྒྱུར་བ། དེའི་དགོན་སྡེ་

བསྲིག་པ”བཅས་ཀྱི་འཐབ་རྩུས་དམིགས་འབེན་ལྟར་ཆབ་ཆ་ཐེག་ཆེན་ཆོས་འཁོར་གླིང་མེར་བཏང་། མི་རིགས་སོ་སོའི་བློ་གྲོས་ཀྱི་རྩལ་ལས་ཐོན་པའི་སྒྱུ་རྩལ་གྱི་ཞིང་ཁམས། སྐབས་དེའི་མཚོ་སྔོན་ཕྱོགས་ཀྱི་ཆོས་སྲིད་ཟུང་གི་ལྟེ་བ། ཞྭ་སེར་བསྟན་པ་བྱུང་ནས་ཤར་དུ་དར་བའི་གནས་མཆོག་ཆབ་ཆ་ཐེག་ཆེན་ཆོས་འཁོར་གླིང་དེ་ཐག་ཉེར་འབྲིང་དྲུད་བྱས་ནས་མིང་གི་ལྷག་མར་གྱུར་པར་བློ་མི་ཕངས་པའི་སྐྱོ་བོ་སུ་ཞིག་མཆིས།། །།

༄༅། །དགེ་འདུན་ཆོས་འཕེལ་གྱི་རིག་གཞུང་བསམ་བློ་སྙིང་བ།

དེ་ཡང་ཨ་མདོ་རྫི༵ཚ་ཨ་ལགས་སམ་ཨ་མདོ་དགེ་འདུན་ཆོས་འཕེལ་ཞེས་གྲགས་པ་དཀར་པོའི་སྒྲ་དབྱངས་འཛམ་གླིང་འཛིན་མའི་ཁྱོན་ལ་ཁྱབ་པ་དང་ཆབས་ཅིག རྒྱལ་ཁབ་ཕྱི་ནང་གི་མཁས་པ་མང་པོས་ཁོང་གི་རིག་གཞུང་བསྟན་བཅོས་ལ་ཞིབ་འཇུག་དང་། རིག་གཞུང་ལྟ་བ་ལ་ཡི་རང་། ཞིབ་འཇུག་གི་ཉམས་མྱོང་ཕྱོགས་སྡོམ། ཞིབ་འཇུག་བྱེད་ཐབས་བགོལ་སྤྱོད། དཀའ་སྤྱད་སྟུག་རྡུས་ཀྱི་སྙིང་སྟོབས་ལ་སློབ་སྦྱོང་། འགྲན་ཟླ་བྲལ་བའི་རྣམ་དཔྱོད་ལ་ཡིད་སྨོན། བདེན་པ་སྤེལ་བའི་ཀུན་སྤྱོད་ལ་བསྔགས་བརྗོད་སོགས་བྱེད་པའི་ལས་དང་བྱ་འགུལ་སྣ་ཚོགས་ཕྱི་ནང་ཀུན་ནས་ཕན་ཚུན་འགྲན་པ་ཇི་བཞིན་སྤེལ་བའི་བློ་བསྐྱེད་ལ་བརྟེན་ནས་ཕྲན་གྱིས་ཀྱང་དམ་པ་གང་གི་རིག་གཞུང་བསྟན་བཅོས་དག་ལ་རི་བོང་ཞིང་འགྲོས་ཀྱིས་ལྟ་ཞྭོག་བྱས་པ་དང་། སྙོམས་སུ། "བླུན་པོ་ངོ་མཚར་བསྐྱེད་པའི་ཏར་གྱི་གཏམ། །ཆེན་པོའི་ངོ་བསྲུང་བཅྭགས་པ་གཙམ་བུའི་ཚིག །དད་པའི་འཁྲུན་བུ་སློང་བའི་སྐྲུང་གཏམ་དག །རིང་དུ་སྤངས་ཏེ་དྲང་པོའི་ལམ་དུ་ཞུགས། །"[①]ཞེས་པ་དང་། "མཐོང་ན་འཇིགས་པའི་བདེན་པ་གཅེར་བུ་ལ། །རང་མགོ་སྐོར་བའི་གོས་ཀྱིས་མི་གཡོག་པ། །འདི་ནི་མཁས་པའི་དམ་ཚིག་དང་པོ་སྟེ། །སྲོག་ལ་བབས་

① དགེ་འདུན་ཆོས་འཕེལ་གྱི་གསུང་རྩོམ། དེབ་དང་པོ། [M]. བོད་ལྗོངས་བོད་ཡིག་དཔེ་རྙིང་དཔེ་སྐྲུན་ཁང་། 1990: 6.

ཀྱང་འབད་པ་བསྲུང་བར་འཚལ། །"①ཞེས་པ་བསླུགས་རྗེས་དམ་པ་དེ་ཉིད་ཀྱི་རིག་གཞུང་བསམ་བློ་ཕྱོགས་ཙམ་ངེས་པར་གྱུར། དེ་ཡང་ངོ་མཚར་ཐལ་ཆེ་བའི་གཏམ་ལ་དགའ་བ་ནི་མིའི་རིགས་ཐུན་མོང་གི་གཤིས་ལུགས་ཡིན་ལ། སྔོས་སུ་རང་རེའི་རིགས་འདི་ཧ་ཅང་དགའ་བས་གང་ལ་གང་དགའ་དེ་ལ་དེ་སྟོན་བྱ་ཅི་ཐུབ་བྱེད་པ་ནི་གོམས་སྲོལ་ལྟ་བུར་གྱུར་ཀྱང་། དགེ་ཆོས་ལུགས་ཀྱིས་དེ་ལྟར་མི་མཛད་པར་མ་ཟད་སྤྱོད་ཚུལ་དེ་ཉིད་མི་རྣམས་ཀྱིས་བདེན་ལུགས་ཇི་བཞིན་དུ་རྟོགས་པའི་གེགས་དང་ལྷུན་པོ་དགའ་བའི་གཏམ་དུ་ངེས་ནས་མཚང་འབྱིན་མཛད་པ་དང་། ཡང་། བླ་དཔོན་མི་ཆེན་རྣམས་ཀྱི་གསུང་སྒྲོས་དང་འགལ་བ་དང་རང་གི་འཚོ་ཐབས་སོགས་ལ་གནོད་པར་དོགས་ནས་བདེན་པའི་གཏམ་སྨྲ་མི་ཕོད་པར་ཁ་ཡག་ངོ་དགའ་སོགས་ངོ་སྲུང་གི་གཏམ་བཙོས་མ་སྨྲ་བ་ནི་སྐྱེ་བོ་མང་པོའི་སྤྱོད་ལུགས་ལྟ་བུར་གྱུར་པས་ཀྱང་རྟོགས། ཡིན་ཡང་། དགེ་ཆོས་ལུགས་ཀྱིས་སྤྱོད་ཚུལ་དེ་རིགས་མི་རྣམས་ཀྱི་ཤེས་རིག་འཕེལ་བའི་དགྲ་དང་རང་མགོ་བསྐོར་བའི་གོས་སུ་མཐོང་ནས་དམན་པར་འཕྱ། ཡང་། ཉན་མཁན་ནམ་ལྟ་མཁན་གྱི་སྐྱེ་བོ་མང་པོའི་དགའ་བ་སྐྱེད་ཅིང་ཡིད་སེམས་འགུགས་པའི་དོན་དུ་དངོས་ཡོད་ཀྱི་ལོ་རྒྱུས་ལ་ཁུངས་མེད་ཀྱི་གཏམ་རྒྱུད་ཆེས་མཚར་མཚར་སྤེལ་བ་ནི་སྔོན་གྱི་ལོ་རྒྱུས་མཁན་པོ་དང་རྩོམ་རིག་པ་དག་གིས་རྩོམ་ཐབས་ལེགས་ཤོས་སུ་སྤྱོད་ཀྱང་། དགེ་ཆོས་ལུགས་ཀྱིས་དེ་མིའི་རིགས་ཀྱི་ཤེས་རབ་འཚོལ་བའི་རྒྱུ་དང་ལོ་རྒྱུས་འཛིག་པའི་རྐྱེན། ལྷུན་པོ་སྨྲ་ཁམས་ཅན་ལང་དུ་ཤོར་བའི་སྐོར་མཐོང་ནས་ནན་དུ་འགོག དེས་ན་དགེ་ཆོས་ལུགས་ཀྱི་རིག་གཞུང་བསམ་བློ་ནི་ལྷུན་པོའི་ཁམས་དང་མི་བསྟུན་ལ། གཞན་གྱི་ཚིག་རྗེས་མི་འབྲང་། ཆེན་པོའི་ངོ་སོ་མི་བསྟོད་ལ། རང་གི་སྲོག་ཀྱང་མི་བསྲུང་

① དགེ་འདུན་ཆོས་འཕེལ་གྱི་གསུང་རྩོམ། དེབ་དང་པོ། [M]. བོད་ལྗོངས་བོད་ཡིག་དཔེ་རྙིང་དཔེ་སྐྲུན་ཁང་། 1990: 292.

བར་བདེན་པའི་གནས་ལུགས་སྤེལ་ནས་མི་རྣམས་རྫོངས་པའི་རྒྱ་ལས་བསྒྲལ་རྒྱུ་དེ་རེད། བླ་ན་མེད་པའི་རིག་གཞུང་བསམ་བློ་འདི་མངོན་དུ་འགྲུབ་ཆེད། གཞོན་དུས་དགའ་བའི་ཆུང་མ་ཁོས་མ་བླངས། །རྒ་དུས་དགོས་པའི་ནོར་རྫས་ཁོས་མ་བསགས། །ལས་བསྐོས་གྲོགས་པོ་ལྷུགས་སྨྱུག་ལྷན་ཅིག་ཏུ། །སྐུ་ཚེ་བདེན་པ་སྤེལ་བའི་ཆེད་དུ་བསྔོས། །དེ་ཡང་ཅེ་བྲག་ཏུ་གཙོ་བོར་གཤམ་གསལ་གྱི་ཕྱོགས་འགའ་ལས་མཚོན་ཡོད།

དང་པོ། དཀའ་སྤྱད་སྡུག་རྡུས་ཀྱི་མཛད་སྤྱོད་ལས་མཚོན་པ།

དགེ་ཆོས་ལགས་ཀྱིས་ཕྲ་རགས་དོན་གྱི་གནད་རྣམས་མཐོང་ཐོས་དཔང་པོའི་སྒོ་ནས་གསལ་པོར་བཤད་ཆེད། སྲིད་གཞུང་དང་དགོན་སྡེ་གང་གི་སྐྱེལ་རྫོང་ཡང་མེད་པར་རང་སྒྲོ་ཁུག་མ་བྱས་ནས་དབུས་ཀྱི་ར་སྒྲེང་དང་། སྣང་ཐང་། པོ་ཏོ། བྲག་རྒྱབ་སོགས་བཀའ་གདམས་པའི་གདན་ས་རྙིང་པ་དང་། གཙང་ཕྱོགས་ཀྱི་རྒྱལ་རྩེ་དང་། ཞ་ལུ། བཀྲ་ཤིས་ལྷུན་པོ། ས་སྐྱ་སོགས་དགོན་སྡེ་མང་པོར་གནས་སྐོར་མཛད་ཅིང་། པཎྜི་ཏ་ར་ཧུ་ལ་དང་ལྷན་དུ་བལ་ཡུལ། སིཀྐི་ལ། མ་ག་དྷ་སོགས་རྒྱ་གར་གྱི་ཡུལ་གྲུ་ཁག་ལ་ཕེབས་ནས། ལོ་བཅུ་གཉིས་ཙམ་ལ་མཐོང་ཐོས་སྦྱོང་གསུམ་དང་གཟིགས་ཞིབ་ཀྱི་ལས་ལ་བརྩོན་པ་ཆེར་སྐྱེད་བྱས་ཐོག《རྒྱལ་ཁམས་རིག་པས་བསྐོར་བའི་གཏམ་རྒྱུད་གསེར་གྱི་ཐང་མ》དང་། 《རི་བོ་ཏི་མ་ལ་ཡའི་བསྟན་བཅོས》《དེབ་ཐེར་དཀར་པོ》སོགས་བརྩམས་པར་མ་ཟད། དཀའ་བ་བརྒྱ་ཕྲག་ཁྱད་དུ་བསད་ནས་རི་ན་ག་རེའི་བྲག་རྡོས་ལ་བརྐོས་པའི་ཆོས་རྒྱལ་མྱ་ངན་མེད་ཀྱི་ཡི་གེ་ཚན་པ་བཅུ་གསུམ་རེ་རེ་བཞིན་བཤུས་ཞིང་བོད་ཡིག་ཏུ་བསྒྱུར་བས། བློ་ལྡན་རྣམས་ཀྱིས་སྔ་ན་མཐོང་མ་མྱོང་བའི་མིག་གི་དགའ་སྟོན་དང་བློ་གྲོས་ཀྱི་སྣོ་མོ་ཆེ་

ཏུ་འབྱིད་པའི་འཕྲུལ་གྱི་ལྡེ་མིག་ཏུ་གྱུར། དེ་དང་ཆབས་ཅིག་པཎྜི་ཏ་ར་ཏུ་ལའི་ཐད་ནས་ལེགས་སྦྱར་དཔྱིས་ཕྱིན་པར་སྦྱངས་ནས《ལེགས་སྦྱར་བང་མཛོད》ཅེས་པའི་རྒྱ་གར་གྱི་སྐད་ཀྱི་སྐོར་གྱི་དོགས་གཞི་མང་པོ་ཞིག་ལ་དཔྱད་པ་མཛད་པ་དང་། 《འཕགས་པ་གནས་བརྟན་པ་རྣམས་ཀྱི་མདོ》དང་། 《བྱ་ལེན་མ་མངོན་པར་ཤེས་པའི་ཟློས་གར》 དཔལ་ནག་པོའི་སློ་ལས《ལེའུ་བཅུ་གཉིས་པ་དད་པའི་རྣལ་འབྱོར》སོགས་བོད་ཡིག་ཏུ་བསྒྱུར་བས། "མི་ལོ་བརྒྱད་བརྒྱའི་ཡུན་ལ་རྒྱ་གར་དུ། །མ་སླེབས་ཕྱི་དལ་ཅན་གྱི་ལོ་ཙཱ་བ། །ལེགས་སྦྱར་བསྟན་བཅོས་དངོས་སུ་བསྒྱུར་པ་ཞིག །ད་ལྟ་མ་གཏྲ་ན་མཆིས་སོ་སྐད། །"ཅེས་པའི་སྙན་པའི་གྲགས་པ་ས་སྟེང་ཡོངས་ལ་ཁྱབ་ལྟར་གྲགས།

གཉིས་པ། དཔྱད་ནུས་ཤིང་བརྗོད་ཐོད་པའི་སྙིང་སྟོབས་ལས་མཆོན་པ།

སྟོན་གྱི་བཤད་སྒྲོས་ཉིད་པ་དང་རང་ལ་བཀའ་དྲིན་ཆེ་བའི་བླ་མའམ་ཆོས་འབྲེལ་ཡོད་པའི་དགེ་རྒན། ཐ་ན་གྲུབ་མཐའ་འམ་སློབ་རྒྱུད་གཅིག་གི་མཁས་པ་གཞན་པ་བཅས་ཀྱི་གསུང་ལ་མ་དག་པའི་ཆ་ཡོད་ཅིང་། དེ་བཀག་ན་མ་གུས་མ་བཀུར་བའི་སྤྱོད་པ་དང་སྡིག་པ་བསགས་པའི་ཉེས་པར་བརྩི་བས་དེ་འགོག་པ་ཕར་ཞོག ངོགས་དཔྱོད་དང་དག་སེལ། ཐ་ན་ཐེ་ཚོམ་གྱི་བློ་ཡང་སྐྱེ་མི་ཐོད་པར་རྒྱུན་འབྱམས་སུ་འཛོག་པ་ནི་སྟོན་གྱི་མཁས་པ་མང་པོའི་སྤྱི་སྲོལ་ལྟ་བུར་གྱུར། འོན་ཀྱང་དགེ་འདུན་ཆོས་འཕེལ་ལགས་ནི་ལྷན་སྐྱེས་ཀྱི་རྣམ་དཔྱོད་ལ་ཐོགས་པ་མེད་ཅིང་སྦྱངས་སྟོབས་ཀྱི་ཡོན་ཏན་ལ་འགྲན་ཡ་མེད་ལ། བྱ་དངོས་ཀྱི་གནས་ལུགས་ངོ་མ་འཚོལ་ཞིང་དེ་སྤེལ་བའི་དོན་དུ་སྐུ་སྲོག་རིན་ཆེན་ཡང་ཕངས་པ་མེད་པར་བསྒོ་བའི་དཔའ་བོ་ཞིག་ཡིན་ཐོག རྒྱལ་ཁམས་རིག་པས་བསྐོར་ནས་མཐོང་ཐོས་ཀྱི་དཔང་པོ་

མང་པོ་ཉེད་པས། བྱ་དངོས་ཀྱི་གནས་ལུགས་དངོས་དང་མི་མཐུན་པའི་གསུང་སྒྲོས་སམ་ལྟ་བ་གང་ཞིག་ཡིན་ན། དཔོན་བཙན་པོའི་དབང་ལ་མི་སྐྲག་པ་དང་། མཁས་ཆེན་པོའི་ངོ་བསྲུང་མི་བྱེད་ལ། མི་མང་པོའི་ཁ་སླྲས་ལ་མི་འཛེམ་པར་མཐོང་ཐོས་དཔང་པོ་དང་རིགས་པ་ཡང་དག་གི་སྒོ་ནས་དག་སེལ་མཛད་ཡོད་པ་ཡིན། དཔེར་ན། 《འཛམ་དཔལ་རྩ་རྒྱུད་ཀྱི་མདོ》ནང་གི་ལུང་བསྟན་ཁག་ཅིག་འགོས་ལོ་གཞོན་ནུ་དཔལ་དང་དཔའ་བོ་གཙུག་ལག་ཕྲེང་བ་སོགས་སྔོན་གྱི་མཁས་པ་ཆེན་པོ་རྣམས་ཀྱིས་བོད་ཀྱི་སྐོར་ཡིན་པར་ངེས་འཛིན་གྱིན་ཡོད་ཙང་། ཁོང་གིས་བལ་པོའི་རྒྱལ་རབས་བསྟན་པར་དོགས་དཔྱོད་མཛད་ཅིང་། སྔོན་གྱི་མཁས་པ་རྣམས་ཀྱིས་གངས་སེང་ཞེས་པ་དེ་གངས་རིའི་ཁྲོད་ན་གནས་པའི་སེང་གེ་ཡིན་པའི་ཆ་ནས་མིང་ཡང་དེ་ལྟར་བཏགས་པར་བཞེད་ཀྱང་། དགེ་ཆོས་ལགས་ཀྱིས་རི་གངས་ཅན་གྱི་ནགས་སུ་གནས་པའི་སེང་གེ་ལས་གངས་རི་དཀར་སེང་ངེ་བའི་སྟེང་ན་འཚོ་བའི་སེང་གེ་མེད་པའི་དག་སེལ་མཛད།

ཡང་སྔོན་གྱི་མཁས་པ་རྣམས་ཀྱིས་བོད་ཀྱི་དབུ་ཅན་དབུ་མེད་ཀྱི་ཡིག་གཟུགས་ནི་ལཉྫ་དང་ཝརྟུ་ལ་དཔེ་བལྟས་ནས་ཐོན་པར་གསུངས་ཀྱང་། དགེ་ཆོས་ལགས་ཀྱིས་དབུ་ཅན་རྒྱ་གར་གྱི་གུཔྟའི་ཡི་གེ་དང་དབུ་མེད་དབུ་ཅན་མགྱོགས་པོར་བྲིས་པ་ལས་ངང་གིས་ཐོན་པའི་དག་སེལ་མཛད། ཡང་། འཛམ་གླིང་ཞེས་པ་ང་ཆོས་ད་ལྟའི་བར་དུ་འཛིག་རྟེན་གྱི་ཁམས་ཡོངས་ལ་གོ་ཙང་། དགེ་ཆོས་ལགས་ཀྱིས་རྒྱ་གར་གྱི་ཡུལ་བྱེ་བྲག་པར་གོ་བའི་དོགས་དཔྱོད་མཛད། ཡང་ལྷ་ཀླུ་དང་། གནོད་སྦྱིན། དྲི་ཟ། མིའམ་ཅི་ཞེས་པ་སོགས་ཀྱང་རྒྱ་གར་དུ་ཨནྡཊའི་རིགས་སུ་ངེས་ལ། ལྷ་དང་། ཀླུ། གནོད་སྦྱིན། དྲི་ཟ། མིའམ་ཅི་སོགས་ཀྱི་ཡི་གེ་བགྲང་བའང་ཨནྡཊའི་རིགས་བྱེ་བྲག་པ་དེ་དག་གི་སྐད་དང་མཐུན་པའི་ཡི་གེ་ཡིན་པར་གསུངས། དོགས་དཔྱོད་དམ་དག་སེལ་འདི་ལྟ་བུ་ཤིན་ཏུ་མང་པོ་མཛད་པ་ལ་བདེན་པའི་ཆ་ག་འདྲ

ཡོད་མེད་ནི་བློ་དམན་བདག་ལྟ་བུའི་གཞལ་བྱ་མིན་ཙང་། དམ་པ་གང་གི་བླ་ན་མེད་པའི་རིག་གཞུང་བསམ་བློའི་སྟོབས་ལས་ཐོན་པ་མཁྱེན་པ་གཟིགས་སུ་བསྟད་ནས་བརྗོད་པར་ཐོད།

གསུམ་པ། ཞིབ་འཇུག་བྱ་ཡུལ་རྒྱ་ཆེ་བ་ལས་མཆོན་པ།

དགེ་ཆོས་སྔོན་གྱི་མཁས་པ་རྣམས་ཀྱིས་རང་རང་འཚོ་གཞིས་གནང་བའི་དུས་རབས་དེ་དག་གི་རིག་གནས་ཀྱི་དགོས་མཁོར་དམིགས་ནས། གཙོ་བོར་ནང་དོན་རིག་པ་དང་། གཏན་ཚིགས་རིག་པ། བཟོ་རིག་པ། གསོ་བ་རིག་པ། སྒྲ་རིག་པ་སོགས་རིག་གནས་བཅུ་ལ་སྦྱངས་པ་དང་ཞིབ་འཇུག་མཛད་པ་ལས། དམངས་སྲོལ་རིག་གནས་ལ“དེ་དག་ཤེས་པས་ཅི་ལ་ཕན། མ་ཤེས་པས་ཅི་ཞིག་འཚོར།” ཟེར་ནས་དོ་སྣང་མི་བྱེད་ལ་ཐ་ན་དེ་རིག་གནས་ཤིག་ཏུའང་བརྩི་བཞིན་མེད་པ་འདྲ། ཡིན་ནའང་དགེ་ཆོས་མཆོག་གིས་དེ་ལྟ་མ་ཡིན་པར་དམངས་སྲོལ་རིག་གནས་ནི་སྔོན་གྱི་ཚུལ་ལུགས་སོགས་དཔྱོད་པ་ལ་རྗེས་དཔག་གི་རྟེན་མཆོག་ཏུ་གྱུར་པར་དགོངས་ཤིང་། དེ་སྣང་མེད་དུ་འདོག་པ་ནི“རིགས་པ་འཚོལ་བར་མི་འོས”པའམ་བཀག་སྒྲུ་ངེས་ཤིང་། “མཐོ་རིས་ཐར་པའི་དངོས་རྒྱུ་མི་བྱེད་ཅིང་། །གསེར་དང་དངུལ་གྱི་འདུ་སྒོ་མི་ཡོང་བའི། །བར་མ་དོ་རུ་གནས་པའི་གནད་འདི་དག །ཀུན་གྱིས་བོར་ཀྱང་ཁོ་བོས་ཞིབ་ཏུ་དཔྱད། །”[①]ཅེས་བོད་དང་། བལ་པོ། རྒྱ་གར། སིང་ལ་སོགས་ཀྱི་ཡུལ་གང་དུ་སླེབས་ཀྱང་ས་དེའི་མི་ཡི་སེམས་ཁམས་དང་། སྐད་ལུགས། སྤྱོད་ལམ། ཆས་གོས། བསམ་བློའི་འདུ་ཤེས། མཛེས་དཔྱོད་ཀྱི་ལྟ་བ། འཚོ་བ་རོལ་སྟངས། གཉེན་སྒྲིག་བྱེད་ལུགས། འདས་མཆོད་བྱེད་ཚུལ་སོགས་ཀྱང་རིག་གནས་གལ་ཆེན་དུ

① དགེ་འདུན་ཆོས་འཕེལ་གྱི་གསུང་རྩོམ། དེབ་གཉིས་པ། [M]. བོད་ལྗོངས་བོད་ཡིག་དཔེ་རྙིང་དཔེ་སྐྲུན་ཁང་། 1990: 81–82.

མཐོང་ནས་རིག་རིག་ཐམས་ཅད་ལ་གཟིགས་ཞིབ་དང་ཞིབ་འཇུག་དཔྱིས་ཕྱིན་པ་མཛད་པར་མ་ཟད། ཡུལ་གྱི་བཀོད་པ་དང་སྐྱེ་དངོས་ཆགས་ཚུལ། མཁའ་དབྱུགས་ཀྱི་དྲོ་འགྱུགས། གནམ་གཤིས་ཀྱི་བཟང་ངན་སོགས་ལའང་གཟིགས་ཞིབ་ཕྲ་ཞིང་ཞིབ་པ་མཛད་ནས་མི་རྣམས་ཀྱི་མཐོང་རྒྱ་ཇེ་ཡངས་དང་ཐོས་རྒྱ་ཇེ་ཆེར་འགྲོ་བའི་ཁ་སྟོན་དུ་བསྟན། བོད་ཀྱི་ལོ་རྒྱུས་སྟེང་སློབ་དཔོན་ཐོན་མི་སམ་བྷོ་ཊ་ནས་ལོ་པཎ་རིམ་བྱོན་བརྒྱ་ཕྲག་ཏུ་མ་རྒྱ་གར་ཡུལ་དུ་ཕེབས་ནས་སློབ་གཉེར་དཔྱིས་ཕྱིན་པ་མཛད་ཅིང་། བཀའ་དང་བསྟན་བཅོས་སྣང་ཆེན་གྱི་རྒྱབ་ཁལ་ལོངས་པ་ཡང་སྙུར་མཁན་ཡོད་མོད། རང་གི་མཐོང་ཐོས་དཔང་པོ་ལ་བརྟེན་ནས་རྒྱ་གར་གྱི་དམངས་སྲོལ་རིག་གནས་དང་རང་བྱུང་ཡུལ་བཀོད་ལའང་ཞིབ་འཇུག་མཛད་པ་ནི་དགེ་ཆོས་གཅིག་པུར་ངེས། འདི་ནི་ཕྱི་གླིང་མཁས་པ་རྣམས་ཀྱི་ཐུགས་བསྐྱེད་ཐེབས་པའི་མཛད་སྤྱོད་ཐུན་མོང་མ་ཡིན་པ་ཡིན་ལ། དམ་པ་གང་གི་བླ་ན་མེད་པའི་རིག་གཞུང་བསམ་བློའི་བསྐྱེད་འབྲས་ལེགས་པོ་ཞིག་ཀྱང་ལགས། །

བཞི་པ། རིག་ཚན་མང་པོའི་ཞིབ་འཇུག་བྱེད་ཐབས་ལས་མཚོན་པ།

དམ་པ་གང་གི་རིག་གཞུང་བསྟན་བཅོས་ཀྱིས་ཕྱི་ནང་སྐྱེ་བོ་མང་པོའི་ཡིད་དབང་ཀུན་ནས་འཕྲོག་ཅིང་རྗེས་སུ་ཡི་རང་ཞུ་བའི་རྒྱུ་མཚན་གཙོ་བོ་ཞིག་ནི་ཁོང་གི་ཞིབ་འཇུག་བྱེད་ཐབས་གཞན་ལས་ཁྱད་དུ་འཕགས་པའི་རྐྱེན་རེད། དེ་ཡང་རང་རེའི་མཁས་པ་སྔོན་མ་རྣམས་རིག་གཞུང་ཞིབ་འཇུག་གི་ལས་ལ་ཞུགས་ཚེ་སྐབས་སུ་བབ་པའི་རིག་ཚན་གང་ཡིན་པ་དེའི་སྐོར་གྱི་ཡིག་ཚགས་དང་ངག་རྒྱུན་ཙམ་ལ་བརྟེན་ནས་ཞིབ་འཇུག་བྱེད་ཅིང་། དགེ་ཆོས་མཆོག་གིས་ནི“མཐོང་ཐོས་དཔང་པོའི་ཡུལ་དུ་མ་གྱུར་བར། །ཁྲིམ་གྱི་མལ་དུ་དཔྱད་པས་མི་ཤེས་པའི། །ཕྲ་

རགས་དོན་གྱི་ཁྱད་པར་ཇི་སྙེད་ཅིག །རྣམ་གསལ་དཔེ་ཡི་ལམ་ནས་འདིར་བཤད་བྱ། །”[1]ཞེས་ཞིབ་འཇུག་བྱ་ཡུལ་དངོས་ལ་གཟིགས་ཞིབ་མཛད་པའི་མཐོང་ཐོས་དཔང་པོ་གཙོར་བཟུང་ཐོག་ཡིག་ཚགས་དང་ངག་རྒྱུན། གནའ་རྫས་བརྟག་དཔྱད་ཀྱི་རྒྱུ་ཆ་སོགས་ཟུང་དུ་སྦྲེལ་བའི་སྒྲུབ་བྱེད་ལ་བརྟེན་ཞིང་། རིག་ཚན་མང་པོ་དང་དངོས་སྣ་ཚོགས་ནས་ཞིབ་འཇུག་ཟབ་མོ་མཛད་ཡོད། དཔེར་ན། གངས་སེང་ཞེས་པ་ནི་གངས་རིའི་ཁྲོད་ཀྱི་ནགས་སུ་འཚོ་བའི་སེང་གེ་ཡིན་པ་ལས་གངས་དཀར་སེང་དེ་བ་ལ་གནས་པའི་སེང་གེ་མིན་པའི་སྒྲུབ་བྱེད་ལ《མདོ་དྲན་པ་ཉེར་བཞག》དང་། 《སངས་རྒྱས་ཀྱི་སྤྱོད་པ་ཆེན་པོ》《ཟླ་བའི་བཞི་འགྲེལ》སོགས་ཡིག་ཚགས་དང་གཅིག གནའ་རབས་རྒྱ་གར་གྱི་རྡོ་རིང་གི་ཏོག་དང་རྒྱ་བོད་སྐུ་རྙིང་གི་བཞུགས་ཁྲི་དག་ལ་སེང་གེ་བྱུང་བ་སོགས་ལ་བརྟག་པའི་གནའ་རྫས་བརྟག་དཔྱད་ཀྱི་རྒྱུ་ཆ་དང་གཉིས། 《སེང་གེའི་སྐྱེས་རབས》ཏེ་ངག་རྒྱུན་གྱི་རྒྱུ་ཆ་དང་གསུམ། གྲོང་ཁྱེར་སེར་སྐྱ་ནས་ཏེ་མ་ལ་ཡའི་ནགས་ཀྱི་རི་རབ་ལ་ཐུག་གི་བར་ཐག་དང་ཆོས་རྒྱལ་མྱ་ངན་མེད་ཀྱི་རྡོ་རིང་སོགས་ལ་བརྟག་དཔྱད་བྱས་པའི་རྒྱུ་ཆ་དང་བཞི་བཅས་ཀྱི་སྒྲུབ་བྱེད་ལ་བརྟེན་ཞིང་། ས་གཤིས་རིག་པ་དང་། སྲོག་ཆགས་རིག་པ། བཟའ་ཆས་རིག་པ། སྐྱེ་དངོས་རིག་པ། ཐ་སྙད་ཀྱི་ཁུངས་འདེད་རིག་པ། གནའ་རྫས་བརྟག་དཔྱད་རིག་པ་བཅས་རིག་ཚན་དྲུག་གི་སྒོ་ནས་ཞིབ་འཇུག་མཛད་ནས། ཁོང་གི་ལྟ་བའི་བདེན་ཚད་ཟླ་ལྷག་གིས་མངོན་པས་རྗེས་སུ་ཡི་རང་མི་བྱེད་ཐབས་མེད་དུ་འགྱུར་བ་ལྟར་རེད། དེ་ནི་དམ་པ་གང་ཉིད་ལོ་ངོ་བཅུ་གཉིས་ཙམ་ལ་རྒྱལ་ཁམས་རིག་པས་བསྐོར་བ་དང་རྒྱལ་སྤྱིའི་རྟོག་དཔྱོད་པ་རྣམས་དང་འབྲེལ་འདྲིས་མཛད་པ་ལས་རྙེད་པའི་ཞིབ་འཇུག་བྱེད་ཐབས་གསར་པ་ཞིག་ཡིན་

① དགེ་འདུན་ཆོས་འཕེལ་གྱི་གསུང་རྩོམ། དེབ་དང་པོ། [M]. བོད་ལྗོངས་བོད་ཡིག་དཔེ་རྙིང་དཔེ་སྐྲུན་ཁང་། 1990: 4.

ལ། སྐབས་དེའི་བོད་ཀྱི་རིག་གཞུང་ལས་རིགས་ལ་མཚོན་ན་སྔ་ན་མེད་པའི་གསར་གཏོད་ཅིག་ཀྱང་ལགས། ཐུན་མོང་མ་ཡིན་པའི་ཞིབ་འཇུག་བྱེད་ཐབས་འདིས་དམ་པ་གང་གི་རིག་གཞུང་བསྟན་བཅོས་ཀྱི་རྒྱུ་ཆའི་རིན་ཐང་དང་རིག་གཞུང་གི་རིན་ཐང་། ཤེས་བྱའི་རིན་ཐང་བཅས་མཐོ་རུ་འདེགས་པར་ནུས་པ་རྒྱ་ཆེན་པོ་ཐོན་པས། བོད་རིག་པའི་ལས་རིགས་སུ་ད་ལྟའི་བར་དུ་བསྟོད་པའི་མེ་ཏོག་འབུལ་ཞིང་བསྟགས་པའི་སླུ་དབྱངས་ལེན་བཞིན་དེ་ལ་སློབ་སྦྱོང་བྱེད་ཀྱིན་ཡོད། དེས་ན་སྔ་ན་མེད་པའི་ཞིབ་འཇུག་བྱེད་ཐབས་གསར་དུ་བཏོད་པ་འདི་ཡང་བྱ་དངོས་ཀྱི་གནས་ལུགས་ངོ་མ་སྤྲེལ་བའི་དོན་དུ་ཡིན་པ་སུ་ཞིག་གིས་བསྙོན་པར་ནུས།

ལྔ་པ། གོ་བདེ་བབ་ཆགས་ཀྱི་སྐད་ཆ་ལས་མཆོན་པ།

སློག་གྱུར་གྱི་ཡུལ་དང་ངོ་མཚར་གྱི་ཚིག ཐེ་ཚོམ་གྱི་གནད་རྣམས་གསལ་དུ་བཏང་ནས་བཤད་པ་ནི། དགེ་ཆོས་མཆོག་གི་རིག་གཞུང་ཞིབ་འཇུག་གི་རྩ་བའི་དགོངས་པ་དང་ཞིབ་འཇུག་སྐད་ཆའི་རྩ་བའི་རྩ་དོན་ཡིན་པས། "ཀྱི་མ་ཆོས་ཉིད་ཀྱིས་ན་བླུན་པོ་རྣམས་ལ་དོན་དཀའ་བ་ཞིག་གསལ་དུ་བཏང་ནས་བཤད་ན་ཡིད་མི་དགའ་བ་ཙུར་ལ་བརྙས་པར་བྱེད། སླ་མོ་ཞིག་དཀའ་རུ་བཏང་ནས་བཤད་ན། འཛིགས་ཤིང་མཁས་ཉམས་སུ་བྱེད་པ་འདི་རྒྱུད་པའི་སྒོ་རུ་སྣང་ཡང་བྱེད་ཐབས་ཟད།"[1] ཅེས་པ་ལས་རྟོགས་ལ། "རྒྱལ་པོའི་རྫུ་འཕྲུལ་གྱིས་ཤིང་ཐམས་ཅད་དམག་ཏུ་འགྱུར། རྡོ་བ་ཐམས་ཅད་རྟར་འགྱུར། དེ་ཐམས་ཅད་ཚུ་ཆེན་རྨ་ཆུའི་སྟེང་ནས་ཕར་ལ་རྡྷ་འཇག་མ་གཅིག་གིས་ཟམ་པ་བྱས་ནས་སོང་བྱ་བ་ལ་སོགས་པོ་གཅིག་ལ་བསྒྲུབ་དགོས་པ་རྣམས་ཉིན་གཅིག་ལ་གྲུབ། མི་ལོ་སྟོང་གིས་བྱེད་དགོས

① དགེ་འདུན་ཆོས་འཕེལ་གྱི་གསུང་རྩོམ། དེབ་དང་པོ། [M]. བོད་ལྗོངས་བོད་ཡིག་དཔེ་རྙིང་དཔེ་སྐྲུན་ཁང་། 1990: 285.

པ་རྣམས་མཛུབ་མོ་གཅིག་གིས་བྱས་པ་སོགས་ངོ་མཚར་ཏར་ཆེན་པོའི་གཏམ་རྒྱུད་སྨྲས་ན། བླུན་པོ་རྣམས་ལ་ཅི་བས་ཀྱང་ངོ་མཚར་སྐྱེས་ནས་འཁོར་གྱི་ནང་དུ་ཁུར་སྒྲ་དང་། བཞད་གད་དང་། མིག་ཆུ་འདོན་པ་མང་དུ་འོང་། ཏ་ཡི་ལོ་ལ་བཙན་པོ་འོན་ཅང་དོ་ན་བཞུགས། གར་ལོག་གི་ཕོ་ཉས་ཕྱག་འཚལ། ཛ་མོང་དང་། བ་ལང་མང་པོ་ཕྱག་ཏུ་ཕུལ། སྟོད་སྨད་ཀྱི་ཏཀྐུན་མ་བཏུལ་སོགས་སྨྲས་ཚེ་མིའི་ལོ་རྒྱུས་ས་སྟེང་དུ་བྱུང་བ་དེ་ཡིན་པར་ཤེས་ནས། མཉན་མཁན་གྱི་བླུན་པོ་ཥུང་དུ་འགྲོ་སྐབས། ཐམས་ཅད་ཀྱིས་སྣ་མ་འདམས་ནས་གཅིག་ལས་གཅིག་ངོ་མཚར་ཆེ་བའི་གཏམ་རྒྱུད་སྤེལ་བའི་ཐབས་ལ་འབད་པས། དུས་བསྒྲིགས་པའི་རྒྱལ་རབས་དངོས་རིན་ཐང་ཅི་ཡང་མེད་པར་བྱས་སོ། །"[①] ཞེས་ངོ་མཚར་ཏར་ཆེན་པོའི་གཏམ་ལ་དགའ་བ་རྣམས་བླུན་པོའི་གྲས་སུ་བགྲངས་ནས་འཕྱ་སྨོད་མཛད་པ་དང་། མིའི་ལོ་རྒྱུས་རྣམས་ལྷ་རབས་ཀྱི་སྒྲུང་ལྟ་བུར་མ་བསྒྱུར་བར་དུས་ཀྱི་གོ་རིམ་ལྟར་རང་བཞིན་བརྗོད་པའི་ལམ་ནས་བརྗོད་པར་ཐུགས་དགྱེས་པས་ཀྱང་དེས། དེའི་རྐྱེན་གྱིས་དམ་པ་གང་གི་ཞིབ་འཇུག་གི་སྐད་ཆ་ལ་ལུང་ཆེན་པོའི་ལྡིད་ཀྱིས་གནོན་པ་དང་། གོ་དཀའ་བའི་དཔེ་ལ་སྦྱོར་བ། ཉམས་ཆེན་པོའི་ཚིག་ལ་སྙེག་པ། མཚར་ཆེ་བའི་གཏམ་དུ་བརྗོད་པ་སོགས་རེང་དུ་དོར་ཅིང་བཟ་ཉིང་དང་མངོན་བརྗོད་སོགས་རྒྱན་སྤྱོད་མ་ཡིན་པའི་ཐ་སྙད་སྤངས་ནས། ཀུན་གྱིས་གོ་བདེ་ཞིང་བབ་ཆགས་པའི་སྤྱི་སྤྱོད་སྐད་ཆར་བརྟེན་ནས་བརྗོད་དོན་གསལ་པོར་བསྟན་ཡོད། དེས་ན་ཐུན་མིན་གྱི་ཁྱད་ཆོས་ལྡན་པའི་ཞིབ་འཇུག་གི་སྐད་ཆ་ནི་རྒྱུ་མཚན་མེད་པར་རང་ཤུགས་ཀྱིས་གྲུབ་པ་མིན་པར་དམ་པ་གང་གི་ལྷག་བསམ་དཀར་པོ་དང་རྩོལ་བ་ཆེན་པོ་ལས་ཐོན་པས། འདིས་ཀྱང་དམ་པ་གང་གི་རིག་གཞུང་བསམ་བློ་མཚོན་ཡོད།

① དགེ་འདུན་ཆོས་འཕེལ་གྱི་གསུང་རྩོམ། དེབ་གཉིས་པ། [M]. བོད་ལྗོངས་བོད་ཡིག་དཔེ་རྙིང་དཔེ་སྐྲུན་ཁང་། 1990: 94–95.

གཞན། 《བླ་བྲང་ལ་བསྐུར་བའི་ཀ་རྩོམ》དང་། 《ཨ་མཆོད་ཀྱི་ལོ་རྒྱུས་ཀ་རྩོམ》སོགས་ཀ་ཁའི་རིམ་པ་ལུགས་འབྱུང་དུ་བསྟར་བའི་ཀ་རྩོམ་དང་། 《བཙོན་ནས་ཏོར་ཁང་ལ་གནང་བའི་མགུར》དང《མི་རྟག་པ་དྲན་པའི་གསུང་མགུར》སོགས་མགུར་གླུ། 《རྒྱལ་ཁམས་བསྐོར་བའི་སྣང་ཚུལ》སོགས་སྙན་ངག་ལས་ཀྱང་དམ་པ་གང་གི་བླ་མེད་ཀྱི་རིག་གཞུང་བསམ་བློ་སྣེ་ཙམ་ཟུར་ཙམ་མངོན་ཡོད་སོད། འདིར་ཞིབ་ཏུ་སྤྲོས་ན་ཡིག་ཚོགས་མང་བའི་སྐྱོན་དུ་འགྱུར་བ་ལས་དགོས་པ་ཆེར་མ་མཆིས་པས་རེ་ཞིག་བསྐྱུར་བར་བྱ།

མདོར་ན། གོང་དུ་བཤད་པའི་དམ་པ་གང་གི་མཛད་སྤྱོད་ནི་ཁོང་གི་བླ་ན་མེད་པའི་རིག་གཞུང་བསམ་བློའི་མཚོན་རྟགས་ཡིན་པར་མ་ཟད། ངེད་ཅག་ཕྱི་རབས་པ་རྣམས་རིག་གཞུང་ཞིབ་འཇུག་ལ་ཚུལ་ཇི་ལྟར་འཇུག་པའི་མ་དཔེ་ཉག་ཅིག་ཡིན་པས། ངེས་པར་དུ་སློབ་སྦྱོང་དང་ཞིབ་འཇུག་མཐའ་འཁྱོལ་བ་བྱས་ནས་དེང་གི་རིག་གཞུང་ཞིབ་འཇུག་གི་ལས་དོན་གོང་དུ་འཕེལ་བའི་རྒྱུར་འགྱུར་བར་བྱེད་པ་ནི་དོན་གྱི་སྙིང་པོ་ལགས་སོ།། །།

༄༅། །མཁས་དབང་དུང་དཀར་བློ་བཟང་འཕྲིན་ལས་མཆོག་གི་སྐུ་དྲིན་དྲན་པའི་སྙིང་གཏམ་ཕྲེང་བ་རང་བཟོལ།

མདོ་སྔགས་ཟུང་གི་གཞུང་ལུགས་ཀུན་ལ་མཁྱེན་པ་རབ་ཏུ་རྒྱས་པའི་དགེ་བཤེས་ལྷ་རམས་པ། བོད་ཀྱི་རིག་གནས་འཛིན་སྐྱོང་སྤེལ་གསུམ་མཛད་པའི་ཀུན་གྱི་བཤེས་གཉེན་མཆོག སྔོན་མེད་དུས་ཀྱི་རིག་གཞུང་གསར་པའི་སྒྲོལ་འབྱེད་པ་མཁས་དབང་དུང་དཀར་བློ་བཟང་འཕྲིན་ལས་མཆོག་སྐུ་མྱ་ངན་ལས་འདས་ནས་ལོ་འཁོར་བཅོ་ལྔ་ལོན་པའི་སྐབས་འདིར་དམ་པ་གང་གིས་ཕྱག་ལས་གནང་བའི་ལས་ཁུངས་དང་སློབ་གྲྭ། གསུང་གི་བདུད་རྩི་མྱངས་པའི་སློབ་མ་སོགས་ཀྱིས་རང་འགུལ་དང་གཞན་སྐུལ་གང་རུང་གི་སྒོ་ནས་དམ་པ་གང་ཉིད་རྗེས་སུ་དྲན་པ་དང་ཁོང་ཉིད་ཀྱི་བཀའ་དྲིན་བརྗོད་པ། དེ་ལ་རྗེས་སུ་ཡི་རང་ཞུ་བཞིན་མཆིས། ཁོ་བོའང་དམ་པ་གང་གི་དངོས་སློབ་བྱེད་པའི་སྐལ་བ་མ་ལྡན་ཡང་རིག་པའི་གནང་སྦྱིན་ཧོག་ཙམ་ཐོབ་མཁན་ཞིག་ཡིན་པ་དང་། ཁྱད་པར་དུ་དམ་པ་གང་གི་ལྷུགས་རྩོམ་མང་པོར་མཇལ་བ་ལས་ཁོང་ཉིད་ཀྱིས་རང་རེ་བོད་ཀྱི་རིག་གནས་ཉམས་པ་སླར་གསོ་དང་མ་ཉམས་གོང་དུ་སྤེལ་བར་མཛད་རྗེས་བླ་མེད་བསྐྱུན་པ་དང་གིས་དྲན་ཞིང་དེར་རྗེས་སུ་ཡི་རང་ཞུ་བའི་སེམས་པ་དབང་མེད་དུ་བཟོལ་བ་གཤམ་གསལ།

དང་པོ། དཀའ་བ་ཆེར་སྤྱད་ཀྱིས་རིག་གནས་ཀུན་ལ་ཐོས་བསམ་མཛད་པའི་སྙིང་སྟོབས།

དེ་ཡང་དམ་པ་དེ་ཉིད་དགུང་ལོ་བཞིའི་སྟེང་རྗེ་མོ་རྫོང་བཀྲ་ཤིས་ཆོས་གླིང་དགོན་གྱི་དུང་དཀར་སྤྲུལ་སྐུ་སྐུ་ཕྲེང་བདུན་པའི་ཡང་སྲིད་དུ་ངོས་འཛིན་མཛད་པ་ནས་ལོ་འཁོར་ཉི་ཤུའི་རིང་ལ་མདོ་སྔགས་གཞུང་ལུགས་ཀུན་ལ་སྦྱངས་བརྩོན་མཛད་ནས་དགེ་བཤེས་ལྷ་རམས་པ་དང་སྔགས་རམས་པའི་མཚན་བཏགས་བཞེས་སོང་། 1956ལོར་གསར་བརྗེའི་ལས་དོན་ནང་ཞུགས་གནང་མཛད་རྗེས། ཉིད་ཀྱི་ཞལ་ནས"སངས་རྒྱས་ཆོས་ལུགས་དང་བཤུ་གཞོག་གྲལ་རིམ་གྱི་བག་ཆགས་གཉིད་ཟབ་ཡོད་པའི་སྤྲུལ་སྐུའི་མིང་ཅན་ང་རང་འདྲ་བ་ཡང་། ཀྲུང་གོ་གུང་ཁྲན་ཏང་གི་བྱམས་བརྩེ་ཐུགས་ཁུར་འོག་གསར་བརྗེ་ལས་དོན་ནང་ཞུགས་ནས། མར་ལེའི་གསུང་རྩོམ་དང་། མའོ་ཙེ་ཏུང་གི་གསུང་རྩོམ་སློབ་སྦྱོང་བྱས་པ་དང་ཆབས་ཅིག ཞར་དང་ཞོར་ལ་སྤྱི་ཚོགས་ཚན་རིག་དང་། རང་བྱུང་ཚན་རིག སྡེ་རབས་བོད་ཀྱི་ལོ་རྒྱུས་ཡིག་ཆ་མང་པོ་བལྟས་པ་བརྒྱུད། རྩོད་སྒྲུབ་དངོས་གཙོ་སྨྲ་བའི་ལོ་རྒྱུས་ལྟ་ཚུལ་ལ་གོ་བ་ཅུང་ཟད་གཉིད་ཟབ་ཙམ་ལོན་ཐུབ་པ་དང་མཐོང་རྒྱ་ཆེ་རུ་སོང་བ་འདི་ལ་ལྟ་དུས། དེ་སྔོན་རང་ཉིད་དགོན་པའི་ནང་བླ་མ་བྱས་ཏེ་འཛམ་གླིང་སྤྱི་ཚོགས་ཀྱི་འགྱུར་ལྡོག་དང་། སྤྱི་ཚོགས་འཕེལ་རྒྱས་ཀྱི་གནས་ཚུལ་གང་ཡང་ཤེས་རྟོགས་མ་བྱུང་བ་དེ་དང་བསྡུར་ན་དགའ་ཚོར་སྐྱེ་འོས་པའི་གྲུབ་འབྲས་རེད་བསམ་གྱིན་འདུག"① ཅེས་པ་ནང་བཞིན། སྐབས་དེའི་བྱ་བའི་དགོས་མཁོ་དང་ཆབ་སྲིད་

① མཁས་དབང་དུང་དཀར་བློ་བཟང་འཕྲིན་ལས་ཀྱི་གསུང་འབུམ། ང་པ། [M]. མི་རིགས་དཔེ་སྐྲུན་ཁང་། 2004: 140.

ཀྱི་བླང་བྱ། སྲི་ཚོགས་ཀྱི་འཕེལ་རྒྱས། དུས་རབས་ཀྱི་འགྱུར་ལྡོག་བཅས་ལ་དམིགས་ནས། མར་ལེ་རིང་លུགས་དང་མའོ་ཙེ་ཏུང་དགོངས་པ་སོགས་ཆབ་སྲིད་ཀྱི་རིགས་པའི་གཞུང་លུགས་མང་པོ་དང་། སྲི་ཚོགས་ཚན་རིག་དང་རང་བྱུང་ཚན་རིག དེང་རབས་ཀྱི་རྩོམ་རིག་གཞུང་លུགས་དང་སློབ་གསོ་རིག་པ། དཀར་ཆག་རིག་པ། དེ་མིན་རྒྱ་སྐད་དང་རྒྱ་ཡིག་སོགས་ལ་སྦྱངས་པ་དཔྱིས་ཕྱིན་པ་མཛད་པར་མ་ཟད། བྱ་གཞག་དངོས་ཀྱི་ཁྲོད་དུ་རྒྱབ་རྟེན་དང་། ལག་བསྟར། བཀོལ་སྤྱོད་བཅས་གང་ལེགས་མཛད་པ་རེད། འདི་ནི་ནང་བསྟན་པའི་སྤྲུལ་སྐུ་ཞིག་གི་ངོས་ནས་བལྟས་ན་བློ་ཡུལ་ལས་འགོངས་པའི་མཛད་སྤྱོད་ཅིག་ཡིན་ལ། རང་རེ་སློབ་གསོའི་ལས་རིགས་དང་རིག་གཞུང་ལས་རིགས་པ་རྣམས་ཀྱིས་རྗེས་སུ་ཡི་རང་ཞུ་བ་དང་སློབ་སྦྱོང་བྱེད་པའི་གནད་ཀྱང་ཡིན།

གཉིས་པ། བྱམས་དང་སྙིང་རྗེ་ཐུགས་ཀྱིས་གཞན་ཕན་ཀྱི་ལས་ལ་གཞོལ་བའི་མཛད་སྤྱོད།

དམ་པ་གང་ཉིད་ནི་ནང་བསྟན་པའི་བླ་སྤྲུལ་དང་མདོ་སྔགས་གཞུང་លུགས་རྒྱ་མཚོའི་མཐར་ཕྱིན་པའི་དགེ་བཤེས་ལྷ་རམས་པ་ཞིག་ཡིན་ཞིང་། བོད་རང་སྐྱོང་ལྗོངས་སྲིད་གྲོས་ཀྱི་རྒྱུན་ལས་ཨུ་ཡོན་དང་བོད་ལྗོངས་སྲི་ཚོགས་ཚན་རིག་ཁང་གི་མཚན་འཛིན་ཡོན་ཀྲང་སོགས་དབུ་ཁྲིད་ཀྱི་ལས་གནས་མང་པོ་བཞེས་མྱོང་མཁན་ཞིག་ཡིན་པ་དང་། བོད་རིག་པ་འཛིན་སྐྱོང་སྤེལ་གསུམ་ལ་མཛད་རྗེས་གཞལ་མཐའ་བྲལ་བ་བསྐྲུན་ཅིང་ངེས་པ་དོན་གྱི་མཁས་པ་ཆེན་པོ་ཡིན་ཡང་། ཁེངས་ཉམས་དང་ཆེ་ཉམས་ཧ་ཅང་ཙམ་ཡང་མེད་པར། ཞི་ཞིང་དུལ་བའི་སྐྱེ་བོ་ཕལ་པ་ཞིག་གི་སྤྱོད་ཚུལ་ལྟར་བཞེས་ཤིང་། བོད་རིག་པའི་བྱ་གཞག་གོང་དུ་འཕེལ་བ

དང་། སློབ་མ་དང་རྗེས་རབས་པ་ཚོ་མགྲོགས་མྱུར་ངང་མཚར་ལོངས་འབྱུང་བའི་དོན་དུ་རྟག་ཏུ་བཀའ་འདྲི་ཞུ་བ་དང་མཚམས་འདྲི་ཞུ་བར་སླེབས་མཁན་རྣམས་ལ་བྱམས་བརྩེ་འཛུམ་གྱིས་སྣེ་ལེན་མཛད་དེ་བཀའ་འདྲི་ཞུ་བར་ལན་བསྐྱོན་པ་དང་། དཔྱད་གཞི་འཚོལ་རོགས་གནང་བ། གྲོས་འགོ་འདོན་པ་སོགས་གནང་གིན་འདུག དཔེར་ན། ང་རང་ནུབ་བྱང་མི་རིགས་སློབ་གྲྭ་ཆེན་མོའི་རབ་འབྱམས་པའི་ཞིབ་འཇུག་སློབ་མ་ཡིན་དུས། ངེད་ཅག་དགེ་གྲོགས་རྣམས་མཉམ་དུ་གྲོང་ཁྱེར་ལྷ་སར་རིག་གཞུང་རྟོག་ཞིབ་བྱེད་དུ་འགྲོ་སྐབས་རིག་གཞུང་ཐད་ཀྱི་དཀའ་གནད་ཁ་ཤས་ཁོང་ལ་བཀའ་དྲིན་ཞུ་བར་འགྲོ་དུས། ཁོང་གིས་དགའ་སྤྲོའི་ངང་ངེད་ཅག་ལ་མཇལ་ཁ་གནང་བར་མ་ཟད། ཞུ་བ་རེ་རེར་ལན་གསལ་པོར་བསྐྱོན་ཅིང་ཚང་མ་དང་མཉམ་དུ་དྲན་རྟེན་གྱི་པར་བླངས། དེ་ལས་ཀྱང་བཀའ་དྲིན་བརྗེད་ཐབས་མེད་པ་ནི་1991ལོར་བོད་ལྗོངས་ལྷ་སར་བསྟུས་པའི《གླིང་གེ་སར་རྒྱལ་པོའི་སྒྲུང》སྐོར་གྱི་རྒྱལ་སྤྱིའི་བགྲོ་གླེང་ཚོགས་འདུ་ཨང་གསུམ་པའི་སྐབས་ཡང་བསྐྱར་ཁོང་ཉིད་ལ་མཇལ་བའི་སྐལ་བ་འཛོམས་བྱུང་། དེ་ཚེ་ང་རང་རབ་འབྱམས་སློབ་མ་མཐར་ཕྱིན་ནས་མཚོ་སྔོན་མི་རིགས་སློབ་གྲྭ་ཆེན་མོའི་བོད་རིག་པའི་སློབ་གླིང་དུ《བོད་ཀྱི་རྩོམ་རིག་ལོ་རྒྱུས》ཀྱི་སློབ་ཁྲིད་བྱ་གཞག་དང་ལེན་བྱས་ནས་ཉུང་མ་འགོར་བས་སློབ་ཁྲིད་ཀྱི་ཁྲོད་དུ་དཀའ་གནད་མང་པོར་ཐུག་པ་རྣམས་ཁོང་ལ་ཡིག་ཐོག་ནས་བཀའ་འདྲི་ཞུས་པ་ན། ཁོང་གིས་བྱམས་བརྩེ་འཛུམ་གྱི་སྒོ་ནས་ཞལ་བཞེས་གནང་བར་མ་ཟད་ཉིན་དེའི་ཕྱིས་མར་ཡིག་ཐོག་ནས་ལན་བསྐྱོན་ཏེ་བདག་ལ་གནང་བ་འདི་ལྟར།

1. ཞུ་བ། ལྡེའུ་ཞེས་པ་དེ་རྩོམ་ལུས་གང་འདྲ་ཞིག་ལ་གོ། 《བཀའ་ཆེམས་ཀ་ཁོལ་མ》ལས། ར་སའི་སྒྲོ་འབུར་གོང་མ་ན་ལྡེའུ་གཟུགས་བརྟན་དུ་བཀོད་པར་གསུངས་པ་དེ་ད་ལྟ་མཇལ་རྒྱུ་ཡོད་དམ། ལྡེའུས་ཆབ་སྲིད་བསྐྱངས་ཚུལ་ཇི་འདྲ་ལགས།

ཞུས་ལན། ལྡེའུ་ཞེས་པ་དེ་ཚེ་ཏན་ཞབས་དྲུང་རིན་པོ་ཆེས་གསུངས་པ་ལྟར།

གབ་ཚིག་དང་ཁེད་ཅེས་པ་ནི་མིང་གི་རྣམ་གྲངས་ཡིན་པར་ངོས་རང་གིས་ཀྱང་ཁས་ལེན་གྱི་ཡོད་ལ། དེ་ཡང་སྡེ་དགེ་མི་ཕམ་རིན་པོ་ཆེས་མཛད་པའི་སྙན་འགྲེལ་ལས་ཀྱང་གོ་དོན་དཔེར་བརྗོད་དང་བཅས་གསལ་བར་གསུངས་པ་དེར་གཟིགས་ན་ཁུངས་ནི་དེ་ཡིན། ལྡེའུའི་ནང་དོན་དྲི་བ་དང་ལན་བཅས་ལྷ་ས་གཙུག་ལག་ཁང་གི་ནང་ངོས་སྒོ་འབུར་ནུབ་བྱང་གི་གདུང་མའི་ལྟེབས་སུ་བྲིས་ཡོད་ཅེས《བཀའ་ཆེམས་ཀ་ཁོལ་མ》ལས་གསལ་ཞིང་། འོན་ཀྱང་དེ་ཕྱོགས་ཡོད་མེད་ཞིབ་ལྟ་བྱས་ཀྱང་ད་ཕན་རྙེད་མ་བྱུང་། དེས་ཆབ་སྲིད་བསྐྱངས་ཞེས་པའི་གོ་དོན། དེ་དུས་བོད་ཡིག་ཐོན་མེད་སྐབས་ཡི་གེ་ལ་བརྟེན་ནས་མི་རྣམས་ལ་སློབ་གསོ་བྱེད་ཐབས་བྲལ་བས། ཤེས་རིག་ཡར་རྒྱས་གཏོང་ཐབས་སུ་གབ་ཚིག་ལ་བརྟེན་ནས་དྲི་བ་བཏོན་ཏེ། དེའི་ལན་གཟུགས་སྣང་ཅན་གྱི་རི་མོའམ་ཡང་ན་དངོས་པོ་འདི་དང་དེ་ཡིན་ཞེས་དྲི་བ་བཀོད་པ་པོས་ལན་མདོར་བསྡུས་སུ་འདེབས་པ་ཞིག་ཡིན་པས་བྱ་ཐབས་དེ་ལ་བརྟེན་ནས་ཤེས་རིག་འཕེལ་བའི་བློ་སྒོ་ཕྱེ་བ་ལ་ལྡེའུ་ལ་བརྟེན་ནས་ཆབ་སྲིད་བསྐྱངས་ཞེས་བརྗོད་དམ་སྙམ།

2. ཞུ་བ། ཀ་ཁྲིང་དང་སྦྱར་བའི་རྩོམ་ཡིག་ཐོག་མར་གསར་གཏོད་མཛད་མཁན་བོད་ཀྱི་མཁས་པ་གང་ལགས།

ཞུས་ལན། ཀ་ཁྲིང་དང་སྦྱར་བའི་རྩོམ་ཡིག་ཐོག་མར་གསར་གཏོད་གནང་མཁན་སུ་ཡིན་སྐོར། ང་རང་གིས་མཐོང་མྱོང་བའི་དཔེ་ཆའི་ནང་སྟ་ཤོས་རྗེ་ཙོང་ཁ་པའི་གསུང་འབུམ་ཐོར་བུའི་ནང་ཁ་ཤས་འདུག་པ་དེ་མ་གཏོགས། དེའི་གོང་གི་མཁས་དབང་ཚོའི་གསུང་རྩོམ་ནང་ཡོད་པ་ཞིག་མཇལ་མ་བྱུང་།

3. ཞུ་བ། སྟྲ་དང་སྦྲེའུ་ལས་བོད་མི་རིགས་མཆེད་པར་བརྗོད་པ་འདི《བཀའ་ཆེམས་ཀ་ཁོལ་མའི》སྟོན་གྱི་ལོ་རྒྱུས་བསྟན་བཅོས་སུ་འཁོད་པ་ཡོད་དམ། བཤད་སྒྲོས་འདི་ལ་ཁྱེད་ཀྱིས་གཟིགས་སྣང་གང་འདྲ་གནང་གིན་ཡོད།

ཞུས་ལན། སྲུ་དང་སྲེའུ་ལས་བོད་མི་རིགས་མཆེད་པ་ཟེར་བ་དེ《བཀའ་ཆེམས་ཀ་ཁོལ་མ》ལས་སྣ་བ་ཞིག་མཐོང་མ་མྱོང་། ནང་བསྟན་བོད་ལ་མ་དར་གོང་དུ་བོན་པོའི་ཆོས་དར་ཡང་། ཁོ་ཚོའི་ལོ་རྒྱུས་ནང་བོད་མིའི་འབྱུང་ཁུངས་དེ་འདྲ་ཤོད་སྲོལ་བྱུང་མི་འདུག་པར་མ་ཟད། ཕྱི་རབས་དང་དེང་རབས་ཀྱི་བོན་པོའི་མཁས་པ་ཚོས་བཤད་སྲོལ་དེ་ལ་དགག་པ་མང་པོ་བརྒྱབ་འདུག་པས། བོན་པོའི་བཤད་སྲོལ་ནི་མིན་ངེས། ནང་པ་སངས་རྒྱས་ཆོས་ལུགས་ཀྱིས་ནི་བཤད་སྲོལ་དེ་འདྲ་གཏན་ནས་ཁས་ལེན་གྱི་མེད་པས། བོད་ཀྱི་དམངས་ཁྲོད་ངག་རྒྱུན་དུ་གྲགས་པའི་བབ་ཆགས་དངོས་གཙོ་སྨྲ་བའི་ལྟ་བ་ཞིག་ཡིན་པར་ངས་ངོས་འཛིན་བྱེད་ཀྱི་ཡོད།

4. ཞུ་བ། ཐོན་མིའི《ཡིག་ཕྱུད》བྲག་ལ་འཕོད་ས་དེ་ད་ལྟའི་བོད་ལྗོངས་ཀྱི་ས་ཆ་གང་ལགས།

ཞུས་ལན། ཐོན་མི་རང་གི་གསུང་རྩོམ་དེ་སྟོན་སྟག་རྩེ་ཤན་ཁོངས་བཙུན་མོ་ཚལ་དགོན་པའི་རྒྱབ་ཀྱི་བྲག་ལྡེབས་སུ་ཡོད།

5. ཞུ་བ། 《རྒྱལ་པོ་དྲི་མེད་ཀུན་ལྡན་གྱི་རྣམ་ཐར》གྱི་རྩོམ་པ་པོར་རྣལ་འབྱོར་རས་པའི་རྒྱན་ཅན་ཡིན་པར་འཕོད་པ་[①]དེ་མི་ལ་རས་པའི་རྣམ་མགུར་རྩོམ་པ་པོ་ཧུས་པའི་རྒྱན་ཅན་ཞེས་པ་དེ་ཡིན་ནམ།

ཞུས་ལན། དྲི་མེད་ཀུན་ལྡན་གྱི་རྣམ་ཐར་བྲིས་མ་དང་དཔར་མ་ངས་མཐོང་མྱོང་བ་ཚང་མར་རྩོམ་པ་པོའི་མིང་གསལ་མི་འདུག ཁྱེད་ཀྱིས་གཟིགས་པ་དེ་དཔེ་ག་འདྲ་ཞིག་ཡིན་ནམ་མ་ཤེས།

6. ཞུ་བ། 《རྟ་མགྲིན་སྔོན་ཟླ་བའི་རྟོགས་བརྗོད》ནི་བོད་ཀྱི་མཁས་པ་གང་གིས་

① 1981ལོའི་ཟླ་2པར་མཚོ་སྔོན་མི་རིགས་དཔེ་སྐྲུན་ཁང་གིས་པར་དུ་བསྐྲུན་པའི《རྒྱལ་པོ་དྲི་མེད་ཀུན་ལྡན་གྱི་རྣམ་ཐར》གྱི་མདུན་ཤོག་ནང་མར་དེ་ལྟར་བཀོད་ཡོད།

རྩོམ་གནང་མཛད་པ་ཡིན།

ཞུས་ལན། བྱ་མགྲིན་སྔོན་ཟླ་བའི་རྟོགས་བརྗོད་ནི་ནགས་ཤོད་སྟག་ཕུ་སྐུ་ཕྲེང་གཉིས་པ་བློ་བཟང་ཆོས་ཀྱི་དབང་ཕྱུག་གམ། མཚན་གཞན་གར་གྱི་དབང་ཕྱུག་ཞུ་བ་དེས་མཛད་པ་ཡིན་ཅིང་། ཁོང་ནི་ལྕང་སྐྱ་རོལ་བའི་རྡོ་རྗེ་དང་ཐུའུ་བཀྭན་ཆོས་ཀྱི་ཉི་མ་སོགས་དབུས་གཙང་མདོ་ཁམས་ཀུན་གྱི་བླ་ཆེན་མང་པོའི་རྩ་བའི་བླ་མ་ཡིན། (གདན་ས་ནི་འབྲས་སྤུངས་སྒོ་ཚང་བློ་གསལ་གླིང་རེད།)

7. ཞུ་བ། 《བྱ་སྤྲེལ་གཏམ་རྒྱུད》ཀྱི་མཛད་པ་པོ་སུ་ལགས། གཏམ་རྒྱུད་དེས་པོ་རྒྱུས་ཀྱི་དོན་རྐྱེན་གང་ཞིག་བསྟན་པ་ལགས།

ཞུས་ལན། བྱ་སྤྲེལ་གཏམ་རྒྱུད་འདི་ནི་བཤད་སྲོལ་ལ་རྗེ་རིང་བསྟན་འཛིན་དཔལ་འབྱོར་གྱིས་བརྩམས་ཤིང་། ནང་དོན་གོར་བོད་གཉིས་ཀྱི་དམག་འཁྲུག་སྐོར་ཡིན་ཞེས་ངག་རྒྱུན་དུ་ཡོད། བྱ་ནི་བོད་རིགས་དང་སྤྲེའུ་ནི་གོར་ཁ། སྤྲེའུས་བྱ་ཡི་ལུང་པར་བཙན་འཛུལ་བྱས་པ་ནི། གོར་ཁས་བོད་ལ་བཙན་འཛུལ་བྱས་པ་དེར་གོ་དགོས།

8. ཞུ་བ། 《བཀའ་ཆེམས་ཀ་ཁོལ་མ》དང《མ་ཎི་བཀའ་འབུམ》གཉིས་ནི་དངོས་གནས་རྒྱལ་པོ་སྲོང་བཙན་སྒམ་པོའི་གསུང་ཡིན་ནམ།

ཞུས་ལན། བཀའ་ཆེམས་དང་མ་ཎི་བཀའ་འབུམ་སྐོར། བཀའ་ཆེམས་ནི་རྩ་བ་སྲོང་བཙན་གྱི་གསུང་ཡིན་ཀྱང་། རྗེས་སུ་མི་མང་པོས་ཁ་སྣོན་དང་བཅོས་བཟོ་མང་པོ་བྱས་ཡོད་ཅེས་གསུང་སྲོལ་ཡོད། མ་ཎི་བཀའ་འབུམ་ནི་དེ་སྔོན་བོད་ཀྱི་མཁས་པ་གྲག་སྒོ་རབ་འབྱམས་པ་ཞེས་འབྲས་སྤུངས་ཀྱི་དགེ་བཤེས་མཁས་པ་ཆེན་པོ་ཏླ་ལའི་བླ་མ་སྐུ་ཕྲེང་ལྔ་པའི་སྐུ་མཆེད་དུ་འགྲོ་བ་ཞིག་ཡོད་པ་དེས་མ་ཎི་བཀའ་འབུམ་ལ་དགག་པ་ཤུགས་ཆེན་བསྐྱོན་ཡོད་པར་མ་ཟད། དེ་ནི་ཕྱི་རབས་ཀྱི་མིས་བཀའ་ཆེམས་ལ་གཞི་བཅོལ་ནས་རང་དགར་བཅོས་བཟོ་བྱས་པ་ཞིག་ཡིན་ཞེས་གསུངས་ཡོད།

9. ཞུ་བ། གྲག་ཤེར་པ་དགོན་པའི་དྲིལ་བུ་དེ་བོད་ཀྱི་བཙན་པོ་གང་གི་སྐུ་རིང་

ལ་བཞེངས་པ་ལགས།

ཞུས་ལན། བྲག་ཡེར་བ་དགོན་པའི་དྲིལ་བུ་དེ་རྒྱལ་པོ་ཁྲི་སྲོང་ལྡེ་བཙན་གྱིས་བསམ་ཡས་གཙུག་ལག་ཁང་གི་ལྷ་སྐུའི་ལུགས་ཕུད་དུ་ཅོང་ཆེན་པོ་ཞིག་ཕུལ་བའི་ལོ་རྒྱུས་འདུག་པ་དེ་ཡིན་པར་ངས་ངོས་འཛིན་བྱེད་ཀྱི་ཡོད།(རྒྱུ་མཚན་འདིར་འབྲི་མ་ཐུབ།)

10. **ཞུ་བ།** ཡོངས་གྲགས་སུ་རྒྱལ་པོ་ལྷ་ཐོ་ཐོ་རིའི་སྔོན་དུ་བོད་ཀྱི་ཆབ་སྲིད་སྒྲུང་ལྡེའུ་བོན་གསུམ་གྱིས་བསྐྱངས་ཞེས་པའི་སྒྲུང་དེ་གང་ལ་གོ། དེས་ཆབ་སྲིད་བསྐྱངས་ཚུལ་ཇི་འདྲ་ལགས།

ཞུས་ལན། ལྷ་ཐོ་ཐོ་རིའི་སྔོན་དུ་ཆབ་སྲིད་སྒྲུང་ལྡེའུ་བོན་གསུམ་གྱིས་བསྐྱངས་ཞེས་པའི་སྒྲུང་དེ་དེང་སྐབས་ང་ཚོས་ཤོད་པའི་སྒྲུང་དེ་རང་ཡིན་ཅིང་། སྒྲུང་ལ་བརྟེན་ནས་ཆབ་སྲིད་བསྐྱངས་ཞེས་པའི་གོ་དོན་ནི་ཁྲིམས་ལུགས་དང་ཀུན་སྤྱོད་ལེགས་ཉེས་སོགས་ཀྱི་དགེ་སྐྱོན་རྣམས་སྒྲུང་གི་ནང་གསལ་བའི་དྲང་ཕྱོགས་དང་ལོག་ཕྱོགས་ཀྱི་དཔེ་མཚོན་མི་སྣའི་གཟུགས་སུ་བཀོད་པའི་བྱ་ཐབས་སྤྱད་དེ་སྤྱི་ཚོགས་ཐོག་གི་མི་ཚང་མར་ཁྲིམས་ལུགས་དང་། ཀུན་སྤྱོད། ཤེས་རིག་བཅས་ཀྱི་སློབ་གསོ་རྒྱག་པའི་བྱ་ཐབས་སྤྱད་པ་དེར་ཟེར། དེང་སང་ཡང་གོ་བསྐྱོན་སློབ་གསོའི་ནུས་པ་ཆེ་བའི་སྒྲུང་རིང་ཐུང་སྣ་ཚོགས་བྲིས་པ་དེས་སྤྱི་ཚོགས་ལ་ཕན་འབྲས་ཧ་ཅང་ཆེན་པོ་ཐོན་པ་དེ་ཁྲིམས་ཁང་གི་ཁྲིམས་ལུགས་ལས་ཀྱང་ལེགས་པ་ཡོད།

གོང་གསལ་རྣམས་ཁྱེད་ཀྱིས་གཟིགས་རྟེས་དགོངས་འཆར་མི་འདྲ་བ་ཡོད་ན། ཡི་གེའི་ལམ་ནས་གསུང་གནང་ཡོད་པ་ཞུ།

བོད་ལྗོངས་སློབ་ཆེའི་དགེ་མིང་།
དུང་དཀར་བློ་བཟང་འཕྲིན་ལས་ཀྱིས།
1991ལོའི་ཟླ་8པའི་ཚེས་9ལ་ཕུལ།

སྐབས་དེར་དམ་པ་འདི་ཉིད་དགུང་ལོ་བདུན་ཅུར་ཉེ་བར་སླེབས་ཤིང་ཚོགས་འདུའི་བགྲོ་གླེང་ལ་བྲེལ་བ་ཧ་ཅང་ཆེ་ཡང་། སྐུ་ངལ་ལ་མ་འཛེམས་པར་ཚོགས་འདུའི་བར་གསེང་བེད་སྤྱོད་མཛད་ནས་ཕྲན་ཚུང་བདག་ལྟ་བུའི་ཞུ་བར་ཡང་དུས་ཐོག་ཏུ་ཡིག་སྟེང་ནས་ལན་བསྐྱོན་པ་དེས་ཕྲན་གྱི་སློབ་ཁྲིད་ཐད་ཀྱི་དཀའ་གནད་མང་པོ་སེལ་བར་མ་ཟད། དེ་ལས་དམ་པ་འདི་ཉིད་ཀྱིས་བོད་རིག་པའི་ལས་དོན་དར་རྒྱས་གོང་འཕེལ་དུ་འགྲོ་བར་ཐུགས་ཁུར་ཆེན་པོ་མཛད་པ་དང་། བདག་དང་བདག་ལྟ་བུའི་བློ་གསར་གཞོན་ནུ་རྣམས་ཤེས་བྱའི་ཁོ་ལག་རྒྱས་པར་རེ་སྨོན་ཆེན་པོ་བཅངས་ཤིང་དེའི་དོན་དུ་སྟོབས་ཤུགས་ཡོད་དགུ་འདོན་པའི་སྙིང་སྟོབས་དང་ཐུགས་དགོངས་མཚོན་པ་རེད། དེར་བརྟེན་ཕོ་བོས་སློབ་ཁྲིད་ཀྱི་སྐབས་སུ་དམ་པ་འདི་ཉིད་ཀྱི་གསུང་གི་ལེགས་བཤད་རེ་རེ་འདྲེན་སྐབས་ཁོང་གི་སྐུ་དྲིན་དང་གིས་དྲན་ཞིང་རྗེས་སུ་ཡི་རང་ཞུ་བཞིན་ཡོད། དམ་པ་གང་ཞིག་རྗེས་དྲན་བྱེད་རྒྱུ་དེ་དམ་པ་དེ་ཉིད་ཀྱི་མཛད་རྗེས་དང་སྐུ་དྲིན་དྲན་ཞིང་དེ་ལ་རྗེས་སུ་ཡི་རང་ཞུ་རྒྱུ་ཙམ་མ་ཡིན་པར་དེ་ལས་ཀྱང་གལ་ཆེ་བ་ནི་དེ་ཉིད་ཀྱི་མཛད་སྤྱོད་ལ་སློབ་སྦྱོང་བྱས་ནས་རྗེས་སུ་འབྲང་རྒྱུ་དེ་ཡིན་ལ། ལྷག་པར་དུ་ད་ལྟ་ཡོད་ཚད་ཚོང་རའི་དཔལ་འབྱོར་ལ་བློ་ཁ་ཕྱོགས་པའི་དུས་འདིར་བོད་རིག་པའི་ལས་དོན་གཉེར་མཁན་རྣམས་ཀྱིས་དམ་པ་འདི་ཉིད་ཀྱི་མཛད་སྤྱོད་རླབས་ཆེན་ལ་རྗེས་སུ་ཡི་རང་ཞུ་བ་དང་ཆབས་ཅིག་དེ་ལ་སློབ་སྦྱོང་བྱས་ན་དངོས་ཡོད་ཀྱི་དོན་སྙིང་ཧ་ཅང་ཆེན་པོ་ཡོད་པར་སྙམ།

གསུམ་པ། སྔར་སྲོལ་ལ་རྒྱང་བྱེད་ཅིང་དུས་བབ་ལ་བསྟུན་མཁས་པའི་རིག་གཞུང་གསར་རྩོམ་གྱི་ཐབས་ལམ།

དུང་དཀར་བློ་བཟང་འཕྲིན་ལས་མཆོག་ལ་བོད་རིག་པའི་གསུང་རྩོམ་དེབ་བརྒྱད་ཡོད་ཅིང་དེ་དག་གི་རྩོམ་སྟངས་ཐད་ཐུན་མོང་མ་ཡིན་པའི་དཔལ་དང་ཁྱད་ཆོས་གང་མང་ཞིག་ཡོད་པ་ལས་ཆེས་མངོན་དུ་གསལ་བ་ནི་དུས་རབས་ཀྱི་གནས་བབ་དང་། སྤྱི་ཚོགས་ཀྱི་དགོས་མཁོ། ཀློག་པ་པོའི་ཡོན་ཏན་སོགས་ལ་དམིགས་ནས་དུས་རབས་དང་འཚམ་པའི་རིག་གཞུང་བསྟན་བཅོས་རྩོམ་གནང་མཛད་པ་དེ་རེད། དེ་ཡང《སྙན་ངག་ལ་འཇུག་ཚུལ་ཚིག་རྒྱན་རིག་པའི་སྒོ་འབྱེད》ལ་མཚོན་ན། ལོ་བཅུའི་ཟང་ཟིང་སྔོན་དང་ཁྱད་པར་དུ་ལོ་བཅུའི་གོད་ཆག་བྱུང་བའི་རྗེས་སུ་བོད་ཀྱི་རིག་གནས་ལ་སྐྱུ་ཟད་སྔོ་སྔོང་བྱུང་བའི་དུས་ཀྱི་ཞིབ་འཇུག་སློབ་མ་དང་སློབ་གྲྭ་ཆེན་མོ་པ། མཐོ་རིམ་ཆེད་སྦྱོང་སློབ་མ་བཅས་ཀྱི་རིག་གནས་ཚུ་ཚད་དང་སློབ་ཁྲིད་ཀྱི་དགོས་མཁོར་དམིགས་ནས་བརྩམས་པས། དུས་རབས་ཀྱི་ཁྱད་ཆོས་མངོན་པར་ཐོན་ཡོད། དེ་ཡང་ཉིད་ཀྱི་ཞལ་ནས། “སྙན་ངག་གི་འགྲེལ་བཤད་སྔ་མ་རྣམས་སུ་རྩ་བའི་ཚིག་འགྲེལ་དང་དཔེར་བརྗོད་ཀྱི་འགྲེལ་བཤད་མཛད་དེ། དེའི་སྟེང་དུ་གཞུང་གཞན་གྱི་དཔེར་བརྗོད་དྲངས་ནས། ད་དུང་དཔེར་བརྗོད་གསར་པ་རེ་བཀོད་འདུག་པ་ལྟར། འདིར་ཡང་རྩ་བའི་སྡོམ་ཚིག་དང་། རྒྱན་སོ་སོའི་ངོས་འཛིན། དཔེར་བརྗོད་རྙིང་པ་རེ་དང་། ད་ལྟའི་དུས་སྐབས་དང་སྦྱར་བའི་དཔེར་བརྗོད་གསར་པ་རེ་བཅས་སྦྲགས་ནས་རང་གི་བློ་ངོར་འཆར་བདེ་བར་བྱ་བའི་ཕྱིར་དེ་ཙམ་གྱིས་འཐུས་པར་བྱ་རྒྱུ་ཡིན་ནོ། །”[1]ཞེས་པ་ལྟར། བརྗོད་བྱའི་ནང་དོན་དང་

① མཁས་དབང་དུང་དཀར་བློ་བཟང་འཕྲིན་ལས་ཀྱི་གསུང་འབུམ། ཀ་པ། [M]. མི་རིགས་དཔེ་སྐྲུན་ཁང་། 2004:44–45

གོ་རིམ《སྙན་ངག་མེ་ལོང་མའི》སྒོ་དང་བསྟུན་ཡོད་ཀྱང་སྙན་འགྲེལ་སྔོན་མ་ལྟར་དེའི་རྩ་བའི་ཚིག་ཇི་བཞིན་དུ་དྲངས་ནས་འགྲེལ་བ་མི་མཛད་པར་རྩོམ་པ་པོས་རང་གི་མཁྱེན་རབ་ལ་བརྟེན་ནས་གཞུང་དེའི་གོ་དོན་རེ་རེ་ཕྱོགས་བསྡུས་དང་གོ་སླ་བའི་ངག་གིས་རྩ་བ་ལས་དོན་འདུས་ཤིང་ཁ་གསལ་བ་ཞིག་འགོད་ཅིང་དེའི་སྟེང་ནས་རྒྱས་པར་སྤྲོས་པས། སྐབས་སུ་བབ་པའི་སློབ་གཉེར་པ་རྣམས་ཀྱིས་ཚིག་རྒྱན་སོ་སོའི་མཚན་ཉིད་སོགས་གཞུང་དོན་མ་ལུས་ངེས་སླ་བར་མ་ཟད། བློ་ངོར་འཛིན་བདེ་བའི་ཡོན་ཏན་མངའ་བ་ལྟར་རེད།

ཚིག་རྒྱན་སོ་སོའི་དཔེར་བརྗོད་དུ་ཐོག་མར《སྙན་ངག་མེ་ལོང་མའི》རྩ་བ་བཀོད་ནས་གོ་སླ་བའི་ཚིག་གིས་ཞིབ་འགྲེལ་བྱས་པས་ཁུངས་དང་ལྡན་ལ། དེ་ནས་བོད་མཁས་སྔོན་མ་རྣམས་ཀྱི་དཔེར་བརྗོད་ལས་རྒྱན་གྱི་མཚན་ཉིད་ཚང་ཞིང་གོ་བདེ་ལ། སྙེབ་སྦྱོར་ལེགས་ཤིང་ཉམས་ཆེ་བ་གང་ལ་གང་འོས་བཀོད་པས། བོད་མཁས་སྔོན་མ་རྣམས་ཀྱི་རྩོམ་པའི་ཉིང་བཅུད་འདུས་པ། མཐའ་མར་སྐབས་དེའི་སློབ་མའི་ཤེས་རྒྱ་དང་ཆབ་སྲིད་ཀྱི་དགོས་མཁོ་དང་བསྟུན་ཆེད། སྐབས་དེའི་སློབ་མ་རྣམས་ལ་ཚ་རྒྱུས་ཡོད་པའི་ཆབ་སྲིད་དང་། དཔལ་འབྱོར། དམག་དོན། རིག་གནས་སོགས་འཐབ་ཕྱོགས་སོ་སོའི་གསར་བྱུང་བྱ་དངོས་དང་འཚོ་བ་དངོས་ལས་བཙམས་པའི་དཔེར་བརྗོད་གསར་པ་རེ་བཀོད་པས། རྒྱ་གར་གྱི་གནའ་བོའི་རིག་གནས་དང་ཆོས་ལུགས། བོད་ཀྱི་གནའ་རབས་ལོ་རྒྱུས་དང་བརྡ་རྙིང་སོགས་ཀྱི་རྨང་གཞི་ཞན་པའི་སློབ་མ་ཡིན་ཡང་སུམ་རྟགས་དག་གསུམ་ལ་བྱང་ཆ་ཅུང་ཟད་ཡོད་པ་ཞིག་ཡིན་ཕྱིན། སྙན་ངག་གི་གཞུང་དོན་མ་ལུས་ངེས་ཐུབ་པ་ཡིན།

གསར་བྱུང་བྱ་དངོས་སོགས་སྐྱི་ཚོགས་འཚོ་བ་དངོས་ལས་བཙམས་པའི་དཔེར་བརྗོད་གསར་པའི་སྒོ་ནས་ཚིག་རྒྱན་རིག་པའི་གཞུང་དོན་གསལ་པོར་བསྟན་པར་མ་ཟད། སྙན་ངག་གི་སྤྱོག་བཤད་སྐབས། “ད་ལྟའི་དུས་རབས་དང་སྦྱར་

ན། གོང་གི་བརྗོད་དོན་རྣམས་ཀྱི་ནང་ནས་རེ་གཉིས་མ་གཏོགས་གཞན་རྣམས་ཀྱི་སྙིང་དུ། ཀྲུང་གོ་གུང་ཁྲན་ཏང་དང་། རླབས་ཆེན་གཙོ་འཛིན་མའོ་ཀྲུའུ་ཞི་མཆོག་གི་དཔའ་མཛངས་ཐབས་མཁས་ཀྱི་དབུ་འཁྲིད་ཡང་དག་པ་དང་། ཀྲུང་གོའི་མི་རིགས་ཡོངས་རྫོགས་འཆིང་འགྲོལ་ཐོབ་པ་དང་། རིག་གནས་དང་དཔལ་འབྱོར་འཛུགས་སྐྲུན་སོགས་ཡར་རྒྱས་མདུན་མཆོངས་ཆེན་པོ་བྱུང་བ་དང་། མང་ཚོགས་ཀྱི་རིག་རྩལ་ལས་འགུལ་གྱི་ངོ་མཚར་བའི་ཁྱད་ཆོས་གང་ཡོད་དང་། མི་དམངས་བཅིངས་འགྲོལ་དམག་དང་། གསར་བརྗེའི་དོན་དུ་གཤེགས་པའི་དཔའ་བོ་རྣམས་ཀྱི་དཔའ་ངར་ཞུམ་པ་མེད་པའི་སྙིང་སྟོབས་དང་། མར་ཁེ་སི་ལེ་ཉིན་རིང་ལུགས་དང་། དེང་རབས་ཀྱི་ཆབ་སྲིད་ཀྱི་ནང་དོན་སོགས་སྐབས་སུ་བབ་པའི་བརྗོད་དོན་རྣམས་འོས་ཤིང་འཚམ་པའི་སྙན་ངག་གི་རྒྱན་དང་སྦྱར་ན་ཆེས་ཕུན་སུམ་ཚོགས་པར་འགྱུར་བ་ཡིན་ནོ། །”[①] ཞེས《སྙན་ངག་མེ་ལོང་མ》ལས་དངོས་སུ་བསྟན་པའི་སྙན་ངག་རྩོམ་གཞི་བཅོ་བརྒྱད་ཀྱི་ཚོད་འཛིན་ཐབས་མི་ཉན་པ་བསྟན་པར་མ་ཟད། དེ་དག་མང་ཆེ་བ་ལས་ཀྱང་གསར་བྱུང་བྱ་དངོས་དང་སྤྱི་ཚོགས་ཀྱི་འཚོ་བ་དངོས་མཚོན་པར་བྱེད་ཅིང་། སྙན་ངག་གི་རྩོམ་གཞིར་སྐབས་སུ་བབ་པའི་སྤྱི་ཚོགས་ཀྱི་བྱ་དངོས་གསར་པ་བཀོད་ནས་བརྩམས་ན་སྙན་ངག་ཕུན་སུམ་ཚོགས་པོར་འགྱུར་བ་གསལ་པོར་བསྟན། འདི་ནི་སྙན་འགྲེལ་སྔོན་མ་རྣམས་ལས་མ་ཐོན་པའམ་ཡང་ན་གསལ་པོར་བརྗོད་མེད་པའི་ཆའོ། །

ལེའུ་གསུམ་གྱི་བརྗོད་དོན་ཡོངས་སུ་རྫོགས་རྗེས་གོ་བདེ་བའི་ཚིགས་བཅད་ཀྱི་སྡོམ་ཚིག་བཀོད་ཅིང་། དེ་ནི་རྩོམ་པ་པོས་ཨ་ཀྱཱ་ཡོངས་འཛིན་དང་། དངུལ་ཆུ་དྷརྨ་བྷ་དྲའི《སྙན་ངག་མེ་ལོང》གི་སྡོམ་ཚིག་གཉིས་གཙོ་བོར་བཟུང་ཞིང་དེར་མ་

① མཁས་དབང་དུང་དཀར་བློ་བཟང་འཕྲིན་ལས་ཀྱི་གསུང་འབུམ། ཀ་པ། [M]. མི་རིགས་དཔེ་སྐྲུན་ཁང་། 2004:44

ཚང་བ《མེ་ལོང་མ》རང་གི་རྩ་ཚིག་གལ་ཆེ་བ་རྣམས་དང་། ས་པཎ་གྱི《མཁས་པ་འཇུག་པའི་སྒོ》གཉིས་ནས་ལེགས་ཆ་རྣམས་བླངས། དེའི་སྟེང་དུ་སྐབས་སྐབས་སུ་གོ་བདེ་བའི་ཚིགས་བཅད་གསར་རྩོམ་འགའ་ཞིག་ཀྱང་བསྣན་ནས་གྲུབ་པ་ཡིན་པས། གཞུང་དོན་ཚང་ཞིང་རྒྱས་བསྡུས་རན་པ། བརྟེན་སའི་ཁུངས་བཙུན་ཞིང་ཉེར་མཁོའི་གཞུང་དག་པ། བློ་ལ་ངེས་སླ་ཞིང་ཡིད་ལ་འཛིན་བདེ་བ་རེད། སློབ་གཉེར་པ་རྣམས་ཀྱི་རིག་གཞུང་གི་ཚུ་ཚད་མཐོ་དམན་དང་བསྟུན་ཅིང་སྦྱོང་བྱའི་བེད་སྤྱོད་རིན་ཐང་གི་ཆེ་ཆུང་ལ་དམིགས་ནས་སྙན་ངག་གི་སློབ་ཁྲིད་རྒྱས་འབྲིང་བསྡུས་གསུམ་ཇི་ལྟར་བྱ་བའི་དཔེ་མཚོན་དཔྱད་གཞིར་འཁོད་པས། སྙན་ངག་འཁྲིད་མཁན་རྣམས་ལ་སྟབས་བདེ་བཟོས་པ་དང་། ཁྱད་པར་དུ་སྦྱོང་བྱའི་བེད་སྤྱོད་ཀྱི་རིན་ཐང་ལ་དམིགས་ནས་ས་བཅད་དང་ཚན་པའམ་རྒྱན་གང་དག་དེང་སྐབས་བཀོལ་སྤྱོད་ཀྱི་རིན་ཐང་ཆེར་མེད་པས་འཁྲིད་མི་དགོས་པར་གསུངས་པ་དང་། ས་བཅད་དང་ཚན་པའམ་རྒྱན་གང་དག་བོད་ཀྱི་སྐད་ལ་རྒྱུགས་ཆེ་ཞིང་བཀོལ་སྤྱོད་ཀྱི་རིན་ཐང་དང་ལྡན་པས་དམིགས་སུ་བཟུང་ནས་འཁྲིད་དགོས་པར་བསྟན་པ་དེས་སློབ་མ་རྣམས་ལ་སྦྱོང་བྱའི་གནད་གང་ཡིན་པ་གསལ་པོར་བསྟན་པར་མ་ཟད། དོན་ལ《སྙན་ངག་མེ་ལོང》གི་དངོས་བསྟན་གྱི་ནང་དོན་ལ་དཔྱད་བརྗོད་ཐེངས་཈ིག་ཀྱང་མཛད་པ་ལགས།

སྙན་ངག་གི་གཞུང་དངོས་མ་བརྗོད་པའི་སྔོན་དུ་ཚིག་སྦྱོར་ཁ་གསལ་ཞིང་དོན་འདུས་པའི་སྒོ་ནས་གཞུང་དོན་དེའི་རྩོམ་པ་པོ་དང་། ནང་དོན། གྲངས་ཚད་བཅས་མདོར་བསྟན་པ་དང་། སྙན་ངག་གི་གཞུང་དེ་བོད་ལ་ཇི་ལྟར་འགྱུར་བ་དང་དེ་གཞུང་གང་ལ་བརྟེན་ནས་སྦྱང་དགོས་པ་སོགས་ངོ་སྤྲོད་མཛད་ཅིང་། གཞུང་དེ་བོད་ལ་མ་འགྱུར་བའི་སྔོན་ལ་བོད་དུ་སྙན་ངག་གི་གཞུང་མེད་ཀྱང་སྙན་ངག་ཡོད་པ་ལུང་རིགས་རྣམ་དག་གི་སྒོ་ནས་བསྟན་པས། སྙན་ངག་གི་གཞུང་གཞན་ན་མེད

པའི་ཁྱད་ཆོས་ལྡན་ཞིང་སྙན་ངག་ལ་འཇུག་པའི་ལས་དང་པོ་པ་རྣམས་ཀྱིས《སྙན་ངག་མེ་ལོང》གི་རྩོམ་པ་པོའི་ལོ་རྒྱུས་དང་དེའི་རྩོམ་པའི་སྐབས་བབ་དང་དགོས་པ། 《སྙན་ངག་མེ་ལོང》དང་འབྲེལ་བའི་སྙན་ངག་གི་གཞུང་གཙོ་བོ་གང་དག་ཡོད་པ་བཅས་རྒྱུས་ལོན་པར་འཕྲིད་སྟོན་གྱི་ནུས་པ་ཆེན་པོ་ཐོན་པ་དང་། བོད་ཀྱི་སྙན་ངག་དང་དེའི་སྐོར་གྱི་གཞུང་ལུགས་བྱུང་འཕེལ་ལ་ཞིབ་འཇུག་བྱེད་པར་ལུང་ཚད་མ་དང་ལྟ་བ་རྣམ་དག་འདོན་སྤྲོད་མཛད་པ་ཡིན།

ལོ་བཅུའི་ཟང་ཟིང་གི་ཁྲོད་དུ་བོད་ཀྱི་རིག་གནས་ལ་གློང་དར་དུས་སྐབས་ལྟ་བུའི་གོད་ཆག་ཚབས་ཆེན་བྱུང་ནས་སྙན་ངག་གི་གཞུང་རྙིང་པ་རྣམས་མེད་བརླག་ཏུ་གྱུར་པ་དང་གསར་པ་ད་དུང་མ་ཐོན་པའི་སྐབས་དེར་དུས་རབས་ཀྱི་ཁྱད་ཆོས་ལྡན་པའི་སྙན་ངག་གི་གཞུང་དེ་བརྩམས་པ་དང་། ཁྱད་པར་དུ་1982ལོར་མཚོ་སྔོན་མི་རིགས་དཔེ་སྐྲུན་ཁང་གིས་དངོས་སུ་པར་སྐྲུན་འགྲེམ་སྤེལ་བྱས་རྗེས་རིམ་བཞིན་ཀྲུང་དབྱང་མི་རིགས་སློབ་གྲྭ་ཆེན་མོ་དང་། མཚོ་སྔོན་མི་རིགས་སློབ་གྲྭ་ཆེན་མོ། བོད་ལྗོངས་སློབ་གྲྭ་ཆེན་མོ་སོགས་ཀྱི་བོད་སྐད་ཡིག་སྡེ་ཁག་གི་སྙན་ངག་སློབ་དེབ་ཏུ་གྱུར་པས། སྐབས་དེར་སྙན་ངག་སློབ་དེབ་མེད་པའི་སྟོང་ཆ་བསྐངས་ཤིང་། གཞུང་དེའི་བླང་བྱ་ལྟར་ཞིབ་འཇུག་སློབ་མ་དང་། སློབ་གྲྭ་ཆེན་མོ་པ། ཆེད་སྦྱོང་སློབ་གྲྭ་ཆེན་མོ་པ་སོགས་ལ་གང་ལ་གང་འཚམ་དུ་སློབ་ཁྲིད་བྱས་པ་ལས་བློ་གསལ་སློབ་གཉེར་པ་རྣམས་ཀྱིས་དུས་ཡུན་ཐུང་ངུའི་ནང་དུ་སྙན་ངག་གི་གཞུང་དོན་ཕལ་ཆེར་ཕོང་དུ་ཆུད།

གཞུང་དེའི་འཕྲིད་སྟོན་འོག་སྤྱི་ཚོགས་ཀྱི་འཚོ་བ་དངོས་དང་གསར་བྱུང་བྱ་དངོས་རྣམས་ཚིག་རྒྱན་སྣ་ཚོགས་དང་སྦྱར་ནས་སྙན་ངག་རྩོམ་པའི་བློ་སྒོ་ཆེ་རུ་ཕྱེ་ཞིང་སྤོབས་པ་ཆེ་རུ་བསྐྱེད་པས། སྐབས་བབ་དང་མཐུན་པའི་སྙན་ངག་མང་པོ་པན་ཚུན་འགྲན་པ་ཇི་བཞིན་གསར་རྩོམ་འགྲེམ་སྤེལ་བྱས་ནས། བོད་ཀྱི་རྩོམ་རིག་

ཉམས་པ་སྐྱར་གསོ་དང་། དུས་རབས་དང་མཐུན་པའི་རྩོམ་པ་པོ་ཁག་ཅིག་སྐྱེད་སྲིང་བྱེད་པར་བསྐྱོན་དུ་མེད་པའི་ནུས་པ་ཐོན་པ་ཡིན། ཡང་། 《དུང་དཀར་ཚིག་མཛོད་ཆེན་མོར》མཚོན་ན་འང་དམ་པ་འདི་ཉིད་ཀྱིས་རྒྱལ་ཁབ་ཕྱི་ནང་དུ་བོད་སྐད་ཡིག་སློབ་ཁྲིད་དང་། བོད་ཀྱི་རིག་གནས་ལ་ཞིབ་འཇུག་དང་ལས་ཀ་དངོས་བྱེད་མཁན་རྣམས་ལ་དུས་རབས་ཀྱི་ཁྱད་ཆོས་ལྡན་པའི་ཚིག་མཛོད་སྔ་ན་མེད་པ་ཞིག་མགོ་འདོན་བྱ་ཆེད། ལོ་འཁོར་བཅུ་ཕྲག་འགའི་དུས་ཡུན་ལ་བོད་རིག་པ་ཞིབ་འཇུག་དང་སློབ་ཁྲིད་གནང་བའི་བྱ་རིམ་དུ་ལོ་རྒྱུས་དང་། ཆོས་ལུགས། གཞུང་ལུགས། རིག་དངོས། ཡུལ་གོམས། རྣང་གཞི་ཤེས་བྱ་སོགས་ཀྱི་མིང་ཚིག་དང་ཚིག་འགྲེལ་དཔྱད་གཞི་ཕུན་སུམ་ཚོགས་པ་བརྩུ་རུབ་མཛད་ཐོག་དེང་རབས་ཀྱི་ཚིག་མཛོད་སྒྲིག་སྟངས་ལྟར་མིང་ཚིག་ཕུན་སུམ་ཚོགས་ཤིང་། ནང་དོན་གྱི་འགྲེལ་བཤད་འཚམ་པ། དཔེ་ཐབས་ཚན་རིག་དང་མཐུན་པ། བཀོལ་སྤྱོད་བདེ་བ་བཅས་ཀྱི་བོད་རིག་པའི་ཤེས་བྱ་ཀུན་འདུས་ཀྱི་ཚིག་མཛོད་ཅིག་རྩོམ་འབྲི་གནང་བ་རེད།

བཞི་པ། རང་གི་སྲོལ་རྒྱུན་ལ་གཞི་བྱེད་ཅིང་དངོས་ཡོད་སྒྲི་ཚོགས་ལ་ཞལ་ཕྱོགས་པ། དེང་རབས་གཞུང་ལུགས་ལ་རྒྱབ་བྱེད་པའི་རིག་གཞུང་གསར་གཏོད་ཀྱི་ཐབས་ལམ།

དམ་པ་འདི་ཉིད་ནི་བོད་ཀྱི་ཕུལ་དུ་བྱུང་བའི་སྲོལ་རྒྱུན་རིག་གནས་མ་ལུས་ཁོངས་སུ་ཆུད་ཅིང་བོད་ཀྱི་སློབ་གསོ་དང་རིག་གཞུང་ཞིབ་འཇུག་གི་བྱ་གཞག་མཛད་པའི་དུས་ཡུན་རིང་ཞིང་ཉམས་མྱོང་ཕུན་སུམ་ཚོགས་ལ། དེང་རབས་གཞུང་ལུགས་ཁག་ལའང་མཁྱེན་པ་རབ་ཏུ་རྒྱས་པས། ཁོང་ཉིད་ཀྱིས་གསར་གཏོད་མཛད་པའི་རིག་གཞུང་བསྟན་བཅོས་ཁག་ལའང་སྲོལ་རྒྱུན་རིག་གནས་ཀྱི་ཉིང་བཅུད་

ཀུན་ནས་ལྡན་ལ། སྤྱི་ཚོགས་འཕེལ་རྒྱས་ཀྱི་འགྲོས་དང་ཡོངས་སུ་མཐུན་པ། དེང་རབས་སྐྱེ་བོའི་བློ་ཁ་དང་ཤིན་ཏུ་འཚམ་པའི་ཁྱད་ཆོས་མངའ་བ་ཡིན། དེ་ལྟ་བུའི་རིག་གཞུང་བསྟན་བཅོས་ཁག་དཔེ་སྐྲུན་འགྲེམ་སྤེལ་མཛད་མ་ཐག་རྒྱལ་ཁབ་ཕྱི་ནང་གི་ཤེས་ལྡན་ཀུན་གྱིས་སློབ་སྦྱོང་དང་། དང་ལེན། ཁྱབ་སྤེལ་བཅས་བྱེད་ཅིང་བོད་ཀྱི་རིག་གཞུང་ལས་རིགས་དང་སྤྱི་ཚོགས་འཕེལ་རྒྱས་སུ་འགྲོ་བའི་གསོས་སུ་གྱུར་པས། བསྟོད་པའི་ལྷ་དར་འབུལ་ཞིང་བསྔགས་པའི་དུང་སྒྲ་སྒྲོག་པ་ཡིན། དེ་ཡང་བོད་ཀྱི་སློབ་གསོ་རིག་པའི་ཐད་ཀྱི་ལྷུགས་རྩོམ་ནི་ཉིད་ཀྱི་ཞལ་ནས“བོད་ཀྱི་རིག་གནས་སློབ་གསོ་དང་། སློབ་གསོ་རིག་པ་ནི་སྔར་ཡོད་ཀྱི་རྨང་གཞིའི་ཐོག་བོད་ལྗོངས་ཞི་བས་བཅིངས་འགྲོལ་ཐོབ་རྗེས་སུ་དུས་ཐུང་ལོ་ངོ་སུམ་ཅུ་ལྷག་གི་རིང་ལ་སྔར་ལས་ལྷག་པའི་ཡར་རྒྱས་དང་ཕུན་སུམ་ཚོགས་སུ་ཕྱིན་པའི་ལོ་རྒྱུས་ཀྱི་དངོས་ཡོད་གནས་ཚུལ་ལ་དྲན་གསོ་དང་། སྔར་དྲན་དེང་བསྡུར་བྱས་ཏེ་སྤྱི་ཚོགས་གསར་པའི་ནང་གི་རིག་གནས་སློབ་གསོའི་དགེ་མཚན་ཤེས་རྟོགས་བྱེད་རྒྱུ་གལ་ཆེན་པོ་ཡིན་པར་བསམས་ནས་བོད་ཀྱི་རིག་གནས་སློབ་གསོ་དང་སློབ་གསོ་རིག་པའི་སྐོར་གྱི་གནས་ཚུལ་རང་གིས་གང་ཤེས་རགས་བསྡུས་ཙམ་ཞིག་རྒྱ་ཆེའི་གཟིགས་པ་པོ་རྣམས་ལ་ངོ་སྤྲོད་ཞུ་རྒྱུ་ཡིན”①ཞེས་པ་བཞིན། བོད་ཞི་བས་བཅིངས་འགྲོལ་མ་ཐོབ་གོང་གི་གདན་ས་ཁག་གི་སློབ་གསོའི་ཆོས་ཉིད་དང་ལོ་རྒྱུས། སློབ་གསོའི་ངོ་བོ། དམིགས་ཡུལ། ལས་འགན། གོ་རིམ། ཐབས་ཤེས། ལམ་ལུགས། ནང་དོན། སྒྲིག་འཛུགས། ལོ་རིམ། རྒྱུགས་ལེན། སློབ་དེབ། ཡོ་བྱད། དགེ་རྒན། སློབ་མ། འགོ་ཁྲིད། བདག་གཉེར་སོགས་ཀྱི་གནས་ཚུལ་ཕྱིར་དྲན་མཛད་ཅིང་སྤྱི་ཚོགས་གསར་པའི་རིག་གནས་སློབ་གསོའི་ཁྱད་ཆོས་དང་གཤིབ་སྡུར་མཛད་ནས་དགེ་སྐྱོན་

① མཁས་དབང་དུང་དཀར་བློ་བཟང་འཕྲིན་ལས་ཀྱི་གསུང་འབུམ། ཛ་པ། [M]. མི་རིགས་དཔེ་སྐྲུན་ཁང་། 2004:147.

གསལ་འདོན་བྱས་ཡོག དེང་རབས་སློབ་གསོ་རིག་པའི་གཞུང་ལུགས་དང་ཐབས་ཤེས་སྤྱད་ནས་བོད་ལྗོངས་སློབ་གསོའི་གནས་ཚུལ་དངོས་ལ་དཔྱེ་ཞིབ་མཛད་དེ་མི་འདང་ས་ཅི་དང་གང་ཡོད་པ་གསལ་པོར་བཏོན་པ་དང་ཆབས་ཅིག དེ་དག་ལེགས་བཅོས་བྱ་དགོས་ན་སློབ་གསོ་དེང་རབས་ཅན་ལ་ཁ་ཕྱོགས་པ་དང་། འཛམ་གླིང་ལ་ཁ་ཕྱོགས་པ། འབྱུང་འགྱུར་ལ་ཁ་ཕྱོགས་པའི་མཛད་ཕྱོགས་ཡང་དག་པ་དེ་དང་། བོད་ཀྱི་དངོས་ཡོད་གནས་ཚུལ། སློབ་གསོ་འཕེལ་རྒྱས་ཀྱི་ཆོས་ཉིད་བཅས་ཟུང་དུ་སྦྲེལ་བའི་སྒོ་ནས་ལེགས་བཅོས་དང་། ཁྱབ་གདལ། གོང་འཕེལ་བཅས་བྱ་དགོས་པའི་དགོངས་འཆར་གང་ལེགས་བཏོན་ཡོད། དེ་ནི་སློབ་གསོ་སྤྱིའི་མཛད་ཕྱོགས་དང་ཡོངས་སུ་མཐུན་ཞིང་བོད་ལྗོངས་ཀྱི་སློབ་གསོའི་ལས་དོན་དར་རྒྱས་གོང་འཕེལ་དུ་འགྲོ་བར་འཕྲིད་སྟོན་གྱི་དོན་སྙིང་ཆེན་པོ་ལྡན་པ་ཞིག་ལགས།

ཡང་། ཁོང་གིས་མཛད་པའི་དཀར་ཆག་རིག་པར་མཆོན་ནའང་དེ་བཞིན་ཏེ། དམ་པ་འདི་ཉིད་ཀྱིས་བོད་ཀྱི་བཙན་པོ་ཁྲི་ལྡེ་སྲོང་བཙན་སད་ན་ལེགས་མཇིང་ཡོན་ནས་ད་ལྟའི་བར་ལོ་ཆིག་སྟོང་ལྷག་རིང་བཀའ་བསྟན་དང་གསུང་རབ་རིག་གནས་བཅས་ཀྱི《དཀར་ཆག་འཕང་ཐང་མ》དང《དཀར་ཆག་ལྡན་དཀར་མ》《དཀར་ཆག་མཆིམས་ཕུ་མ》སོགས་དུས་རབས་སོ་སོར་དཀར་ཆག་མང་དུ་བསྒྲིགས་པའི་ཉམས་མྱོང་ཕྱོགས་བསྡོམས་མཛད་པ་དང་། ཕྱོགས་བསྡོམས་དེ་དག་གཞི་བྱས་ཐོག་དེང་རབས་དཀར་ཆག་རིག་པའི་གཞུང་ལུགས་དང་ཐབས་ལམ་ལ་རྒྱབ་བརྟེན་ཅིང་། དཔྱད་གཞིའི་ཡིག་ཆ་ལྟ་ཀློག་བྱེད་མཁན་དང་བདག་གཉེར་བྱེད་མཁན་སོ་སོའི་རིག་གནས་ཚད་ཀྱི་མཐོ་དམན་དང་དུས་ཚོད་ཡོད་མེད་ཀྱི་དགོས་མཁོ་དང་བསྟུན་ནས། དཀར་ཆག་རྒྱས་པ་དང་། འབྲིང་བ། བསྡུས་པ་གསུམ་འགོད་ཚུལ་དང་དེའི་ལག་ལེན་གྱི་རེའུ་མིག་བཀོད་ཡོད། དུས་རབས་དང་མི་རིགས་ཟུང་གི་ཁྱད་ཆོས་ལྡན་པའི་དཀར་ཆག་རིག་པ་དེ་ནི་དེང་རབས་བོད་ཀྱི་རིག་གཞུང་

ལས་དོན་དར་རྒྱས་གོང་འཕེལ་དུ་འགྲོ་བའི་དགོས་མཁོ་དང་མཐུན་ཞིང་བཀོལ་སྤྱོད་ཀྱི་རིན་ཐང་ཧ་ཅང་ཆེ་བའི་གསར་གཏོད་ཅིག་ཡིན་ལ། ཁྱད་པར་དུ་དེང་གི་དུས་ལ་འཛམ་གླིང་ཡོངས་སུ་དཀར་ཆག་འགོད་པའི་ལས་དོན་དང་ཡིག་ཚགས་ལ་ཞིབ་འཇུག་བྱེད་པའི་ལས་དོན་ལ་དཀར་ཆག་རིག་པ་ཞེས་པ་དང་ཡིག་ཚགས་རིག་པ་ཞེས་རིག་ཚན་ཞིག་ཏུ་དབྱེ་ནས་ཞིབ་འཇུག་དང་རིག་གཞུང་ཆེད་ལས་ཤིག་ཏུ་བརྩིས་ནས་སློབ་སྦྱོང་བྱེད་པ་དང་། རྒྱལ་ཁབ་ཕྱི་ནང་གི་བོད་རིག་པའི་ཞིབ་འཇུག་སྡེ་ཁག་དང་སློབ་གྲྭ་སོ་སོའི་དཔེ་མཛོད་ཁང་དང་དཔེ་གཟིགས་ཁང་། ཡིག་ཚགས་ཁང་སོགས་དེང་རབས་ཅན་དུ་འཛུགས་སྐྲུན་བྱེད་པར་རྨང་གཞི་བརྟན་པོ་བཏིང་ཞིང་རིག་གཞུང་འཕྲོད་སྟོན་གྱི་ནུས་པ་རྒྱ་ཆེན་པོ་བསྐྱེད་པ་ཀུན་གྱིས་མཁྱེན་གསལ་ལྟར་རོ། །

ལྔ་པ། ལོ་རྒྱུས་དངོས་གཙོ་རིང་ལུགས་དང་རྫོད་སྒྲུབ་དངོས་གཙོ་རིང་ལུགས་ཀྱི་ལྟ་བ་སྤྱད་ནས་བོད་ཀྱི་ལོ་རྒྱུས་ལ་དཔྱད་པའི་རིག་གཞུང་ཞིབ་འཇུག་གི་ཐབས་ལམ།

དམ་པ་འདི་ཉིད་གསར་བརྗེ་ལས་དོན་ནང་ཞུགས་གནང་མཛད་རྗེས་ལོ་རྒྱུས་དངོས་གཙོ་རིང་ལུགས་དང་རྫོད་སྒྲུབ་དངོས་གཙོ་རིང་ལུགས་སློབ་སྦྱོང་མཛད་པར་མ་ཟད། བོད་ཀྱི་རིག་གཞུང་སློབ་ཁྲིད་དང་ཞིབ་འཇུག་ལས་དོན་ལ་འཕྲོད་སྟོན་བྱེད་པའི་རིགས་པའི་གཞུང་ལུགས་སུ་བརྟེན་ཅིང་། ཁྱད་པར་དུ་བོད་ཀྱི་ལོ་རྒྱུས་ཞིབ་འཇུག་མཛད་སྐབས་རྟག་ཏུ་རྫོད་སྒྲུབ་དངོས་གཙོ་སྨྲ་བ་དང་ལོ་རྒྱུས་དངོས་གཙོ་སྨྲ་བའི་ལྟ་བ་དང་ཐབས་ལམ་སྤྱད་ཡོད་པ་རེད། དཔེར་ན། 《བོད་ཀྱི་ཆོས་སྲིད་ཟུང་འབྲེལ་གྱི་ལམ་ལུགས་སྐོར་བཤད་པ》ལྟ་བུར་མཚོན་ན། ཉིད་ཀྱི་ཞལ་ནས"བོད་ཀྱི་ཆོས་སྲིད་ཟུང་འབྲེལ་གྱི་ལམ་ལུགས་ཇི་ལྟར་བྱུང་ཚུལ་སྐོར་ནི་བོད་ཀྱི་

ལོ་རྒྱུས་ཞིབ་འཇུག་བྱ་རྒྱུའི་ནང་ཏ་ཅང་གལ་ཆེན་པོ་ཞིག་ཡིན་ཅིང་། དེ་ནི་ལོ་རྒྱུས་ཀྱི་ཆེད་དུ་ལོ་རྒྱུས་བྲིས་རྒྱུ་མ་ཡིན་པར། རྫོང་སྒྲུབ་དངོས་གཙོ་སྨྲ་བའི་ལྟ་ཚུལ་སྤྱད་ནས། བོད་ཀྱི་ལོ་རྒྱུས་འཕེལ་རྒྱས་དུས་སྐབས་རིམ་པའི་དཔལ་འབྱོར་ལམ་ལུགས་དང་། ཆབ་སྲིད། ཆོས་ལུགས་བཅས་ལ་ཞིབ་འཇུག་བྱས་ཏེ། ཆོས་སྲིད་ཟུང་འབྲེལ་གྱི་ལམ་ལུགས་དེ་ཐོག་མར་ག་འདྲ་བྱས་ནས་བྱུང་བ་དང་། རྗེས་སུ་འཕེལ་རྒྱས་འགྲོ་བའི་གོ་རིམ། མཐར་རྒྱུ་རྐྱེན་ག་འདྲ་ཞིག་ལ་བརྟེན་ནས་རྩ་མེད་སོང་བ་བཅས་ཀྱི་ལོ་རྒྱུས་ལ་དབྱེ་ཞིབ་དགོས་སྟབས་ནང་དོན་ཏ་ཅང་རྒྱ་ཆེ་ཞིང་གཏིང་ཟབ་པ་ཞིག་ཡིན།"① ཞེས་པ་ལྟར། ཐོག་མར་ཨེན་གེ་སིས་འཇར་མན་གྱི་ཆོས་སྲིད་ཟུང་འབྲེལ་སྐོར་ལ་གནང་བའི་གསུང་རྩོམ་ལ་སློབ་སྦྱོང་དང་ཞིབ་འཇུག་མཛད་ཅིང་། དེའི་ཐུགས་བསྐྱེད་ལ་བརྟེན་ནས་བོད་ཀྱི་ཆོས་སྲིད་ཟུང་འབྲེལ་གྱི་ལམ་ལུགས་དེ་ཡང་ཐོག་མར་ཡུལ་གྱི་རྒྱལ་པོ་དང་ཆོས་བདག་གཉིས་སོ་སོར་ཡོད་པའི་དུས་རིམ་བརྒྱུད་ནས་མཐར་རྒྱལ་པོ་དང་ཆོས་བདག་གཉིས་ཀ་མི་གཅིག་གིས་བྱེད་པའི་ཆོས་སྲིད་ཟུང་འབྲེལ་གྱི་ལམ་ལུགས་གཞི་ནས་བྱུང་བའི་ལྟ་བ་གསུངས་པ་དང་། དེ་ནས་ལོ་རྒྱུས་དངོས་གཙོ་རིང་ལུགས་ཀྱི་ལྟ་བ་སྤྱད་ནས། བོད་ཀྱི་ལོ་རྒྱུས་འཕེལ་རྒྱས་ཀྱི་དུས་སྐབས་སོ་སོའི་དཔལ་འབྱོར་ལམ་ལུགས་དང་། ཆབ་སྲིད། ཆོས་ལུགས་བཅས་ལ་ཞིབ་འཇུག་བྱས་ཏེ། ཆོས་སྲིད་ཟུང་འབྲེལ་གྱི་ལམ་ལུགས་དེ་འཕེལ་རྒྱས་སུ་ཕྱིན་པའི་གོ་རིམ་དང་མཐར་རྒྱུ་རྐྱེན་གང་འདྲར་བརྟེན་ནས་རྩ་མེད་དུ་སོང་བ་བཅས་ཀྱི་ལོ་རྒྱུས་གསལ་པོར་བསྟན་པས། རྒྱལ་ཁབ་ཕྱི་ནང་གི་བོད་རིག་པའི་ཞིབ་འཇུག་ལས་དོན་གཉེར་མཁན་རྣམས་ཀྱིས་བོད་ཀྱི་ཆོས་སྲིད་ཟུང་འབྲེལ་ལམ་ལུགས་ལ་ཤེས་རྟོགས་གསལ་པོ་དང་ཞིབ་འཇུག་ཟབ་མོ་བྱེད་པར་འཕྲིད་སྟོན་གྱི་ནུས་པ་བསམ་

① མཁས་དབང་དུང་དཀར་བློ་བཟང་འཕྲིན་ལས་ཀྱི་གསུང་འབུམ། ང་པ། [M]. མི་རིགས་དཔེ་སྐྲུན་ཁང་། 2004: 1.

གྱིས་མི་ཁྲབ་པ་བསྐྱེད་ཅིང་སྐྱེད་བཞིན་ཡོད་པ་རེད།

གཞན། བོད་ཀྱི་མི་རིགས་ནི་ཕ་འཕགས་པ་སྤྱན་རས་གཟིགས་ཀྱི་སྤྲུལ་པ་སྤྲེའུ་དང་མ་རྗེ་བཙུན་སྒྲོལ་མའི་སྤྲུལ་པ་བྲག་སྲིན་མོའམ་སྲུ་མོ་གཉིས་ལས་མཆེད་ཅེས་པའི་བཤད་རྒྱུན་ལས་ཕ་སྤྲེའུ་དེ“འཕགས་པ་སྤྱན་རས་གཟིགས་ཀྱི་སྤྲུལ་པ”དང་། མ་བྲག་སྲིན་མོ་དེ“རྗེ་བཙུན་སྒྲོལ་མའི་སྤྲུལ་པ”ཡིན་པར་བརྗོད་པ་ནི་རྗེས་སུ་སངས་རྒྱས་ཆོས་ལུགས་པས་སངས་རྒྱས་ཆོས་ལུགས་དེ་བོད་མི་རིགས་ཀྱི་རྣམ་པ་ཅན་དུ་བསྒྱུར་ནས་དར་སྤེལ་གཏོང་བའི་ཆེད་དུ་ཁ་སྣོན་བྱས་པ་དང་། ཁ་སྣོན་དེ་འདྲ་བྱས་པའི་རྐྱེན་གྱིས་བོད་མི་བྱུང་ཚུལ་གྱི་སྐོར་ཡོད་ལོ་རྒྱུས་དེ་ཚན་རིག་དང་མི་མཐུན་པའི་ལྷ་སྒྲུང་ཞིག་ཏུ་གྱུར་ནས་ལོ་རྒྱུས་ཀྱི་རིན་ཐང་མེད་པར་གྱུར་པར་མ་ཟད། ནང་པ་སངས་རྒྱས་པའི་ཆོས་ལུགས་ཀྱི་གཞུང་གང་དང་ཡང་མི་མཐུན། སངས་རྒྱས་ཆོས་ལུགས་པས་ཁ་སྣོན་བྱས་པའི་བཤད་ཚུལ་དེ་དོར་ནས་སྐོར་ཡོད་ཀྱི་ལོ་རྒྱུས་དེ་རང་མ་བཅོས་རང་བབས་སུ་བཞག་ན། སངས་རྒྱས་ཆོས་ལུགས་དང་བོན་ཆོས་གང་གི་དྲི་མས་ཀྱང་མ་གོས་པའི་ལོ་རྒྱུས་ཚན་རིག་གི་དོན་སྙིང་ལྡན་པ་ཞིག་དང་། བོད་ས་གནས་རང་དུ་བོད་མི་རང་ཉིད་ཀྱིས་རང་གི་མེས་པོའི་འབྱུང་ཁུངས་བཤད་པའི་གཏམ་རྒྱུད་ངོ་མཚར་ཆེ་བ་ཞིག་ཡིན་པར་བསྟན་པ་དང་། ང་ཚོས་རྒྱུན་པར་དྲག་ཆར་འབབ་དུས་སྤྲིན་ནག་ལང་ལོང་དུ་འཁྲུག་པའི་གསེབ་ཏུ་ལྡིར་སྐད་ཆེན་པོ་སྒྲོག་པ་ནི་འབྲུག་ཅེས་པའི་སྲོག་ཆགས་གཟུགས་རིང་ཞིང་ལུས་ཡོངས་སུ་ཉ་ཁྲབ་ཀྱི་པགས་པ་ལྷ་བུའི་རི་མོ་ཡོད་པ་དེས་ངར་བའི་སྐད་སྒྲོག་པ་དང་། གློག་འཁྱུག་པ་ནི་འབྲུག་དེའི་ལྕེ་བརྐྱངས་པ། ཐོག་རྒྱག་པ་ནི་ལྷ་སྲིན་སྡེ་བརྒྱད་ཁྲོས་པ་ཡིན་ཟེར་བ་སོགས་ཀྱི་བཤད་ཚུལ་ལའང་ལོ་རྒྱུས་དངོས་གཙོ་སྨྲ་བའི་ལྟ་བ་དང《འཛིག་རྟེན་གདགས་པ》བྱ་བའི་བསྟན་བཅོས་འགྱུར་མ་དང་། 《རྒྱལ་པོ་བཀའ་ཐང》གི་ལུང་ཟུར་དུ་སྤེལ་བའི་ཐབས་སྦྱད་ནས་

ཞིབ་འཇུག་མཛད་ཐོག དེ་ནི་དབྱར་དུས་སུ་ས་ངོས་ཀྱི་དྲོད་ཚད་ཏ་ཅང་མཐོ་བའི་རྐྱེན་གྱིས་མཚོ་ཆུ་རླངས་པར་འགྱུར་བ་དང་། མཚོ་ཆུའི་རླངས་པ་ནམ་མཁར་ཆགས་པ་རྣམས་ལ་བརྟེན་ནས་སྤྲིན་བྱུང་ཞིང་། སྤྲིན་གྱི་ནང་དུ་ཡོད་པའི་མཁའ་རླུང་ཚ་གྲང་གཉིས་ཕན་ཚུན་འཐབ་པ་ལ་བརྟེན་ནས་འོད་འཕྲོ་བ་དེ་ལ་གློག་ཅེས་བརྗོད་པ་དང་། མཁའ་རླུང་ཚ་གྲང་དེ་གཉིས་བརྡབས་པའི་རྐྱེན་གྱིས་སྐད་སྒྲ་སྒྲོག་པ་དེར་མི་རྣམས་ཀྱིས་འབྲུག་ཅེས་བརྗོད་པའི་ལྟ་བ་གསལ་པོར་བསྟན་ཡོད།[①] ལྟ་བ་དེ་དག་ནི་དེང་རབས་ཚན་རིག་གི་བཤད་ཚུལ་དང་ཀུན་ནས་མཚུངས་པས། རྒྱལ་ཁབ་ཕྱི་ནང་གི་བློ་ལྡན་སྐྱེ་བོ་ཀུན་གྱིས་བོད་ཀྱི་ལོ་རྒྱུས་དངོས་དང་བྱ་དངོས་ཀྱི་རང་བཞིན་དང་འཕེལ་འགྱུར་གྱི་ཆོས་ཉིད་རྟོགས་པར་བྱེད་པ་དང་། དངོས་གཙོ་སྨྲ་བའི་འཇིག་རྟེན་ལྟ་ཚུལ་ཇེ་མཐོར་འགྲོ་བ་བཅས་ལ་ཕན་ཐོགས་ཆེན་པོ་ཡོད་པ་རེད།

མདོར་ན། དམ་པ་འདི་ཉིད་ཀྱི་སྐུ་ཚེ་གང་པོ་ནི་བོད་ཀྱི་རིག་གནས་འཛིན་སྐྱོང་སྤེལ་གསུམ་བྱེད་པར་བསྔོས་པ་དང་། ཁྱད་པར་དུ"རིག་གནས་གསར་བརྗེ་ཆེན་པོའི"གོད་ཆག་གི་རྗེས་སུ་བོད་ཀྱི་རིག་གནས་སྐྱ་ཟད་སྟོ་སྟོང་གི་གནས་སུ་གྱུར་སྐབས་ཁོང་གིས་འཆད་རྩོམ་ཟུར་གི་སྒོ་ནས་བོད་ཀྱི་རིག་གནས་ཉམས་པ་སོར་ཆུད་དང་མ་ཉམས་གོང་འཕེལ་དུ་གཏོང་བར་བཀའ་དྲིན་རི་རབ་ལས་ལྷེད་ཅིང་། ཁོང་གིས་དཀའ་སྤྱད་ཀྱིས་ཐོས་བསམ་མཛད་པའི་སྙིང་སྟོབས་དང་། བདག་པས་གཞན་གཅེས་ཀྱི་ཐུགས་དགོངས་རླབས་ཆེན། གནའ་བཟང་དེང་སྤྱོད་དང་གཞན་བཟང་རང་སྤྱོད། གཉིས་ཀ་ཟུང་འབྲེལ་གྱི་རིག་གཞུང་གསར་གཏོད་བྱེད་ཐབས་སོགས་ནི་ང་ཚོ་བོད་ཀྱི་རིག་གཞུང་ལས་རིགས་ཁག་གི་མིག་དཔེ་ཡིན་

① མཁས་དབང་དུང་དཀར་བློ་བཟང་འཕྲིན་ལས་ཀྱི་གསུང་འབུམ། ཅ་པ། [M]. མི་རིགས་དཔེ་སྐྲུན་ཁང་། 2004: 7–12.

པས། ད་ལྟ་ང་ཚོས་ཕོང་གི་སྐུ་དྲིན་རྗེས་སུ་དྲན་པ་དང་ཆབས་ཅིག སྐུ་ཉིད་ཀྱི་ཁྱད་དུ་འཕགས་པའི་ཐུགས་དགོངས་དང་མཛད་སྤྱོད་ལ་སློབ་སྦྱོང་བྱས་ནས་བོད་རིགས་པའི་བུ་གཞག་དར་རྒྱས་གོང་འཕེལ་དུ་གཏོང་བ་ནི་ཆེས་དོན་སྙིང་ལྡན་པའི་རྗེས་དྲན་ཡིན་ནོ།། །།

༄༅། །ཏུན་ཧོང་ཡིག་རྙིང་ཁྲོད་ཀྱི་མོ་ཡིག་ལ་དཔྱད་པ།

དང་པོ། མོ་ཡིག་ངོ་སྤྲོད།

ཏུན་ཧོང་ནས་ཐོན་པའི་ཡིག་རྙིང་ཁྲོད་དུ་གནའ་བོའི་ལོ་རྒྱུས་དང་ཆོས་ལུགས། རྩོམ་རིག ཁྲིམས་སྲོལ། གསོ་རིག་སོགས་ཀྱི་ཡིག་ཚང་མང་དུ་ཡོད་པར་མ་ཟད། མོ་ཡིག་བྲིས་མའང་རྣམ་པ་མི་འདྲ་བ་ཁག་གསུམ་ཙམ་ཡོད་པ་སྟེ། རྒྱ་རན་སིར་ཉར་ཚགས་བྱས་པའི་མོ་ཡིག་ཁག་གཉིས་དང་། དབྱིན་ཇིར་ཉར་ཚགས་བྱས་པའི་མོ་ཡིག་ཁག་གཅིག་ཡོད་པ་ལས་ཕྱི་མ་ནི་མགུར་གླུའི་རྣམ་པ་ཅན་གྱི་མོ་ཡིག་སྟེ། རྩོམ་རིག་བཅུམས་ཆོས་སུ་འགྲོ་བས་འདིར་ཡང་དེའི་སྐོར་ཙུང་ཟད་བཤད་པར་འདོད། དེ་ཡང་དབང་རྒྱལ་དང་བསོད་ནམས་སྐྱིད་རྣམ་གཉིས་ཀྱི《ཏུན་ཧོང་ནས་ཐོན་པའི་གནའ་བོའི་བོད་ཡིག་ཤོག་དྲིལ་སྐོར་གྱི་ཆེད་རྩོམ་ཕྱོགས་བསྒྲིགས》(敦煌吐蕃文书论文集)[1]སུ་དྲངས་པ་ལྟར་ན། དབྱིན་ཇིར་ཉར་ཚགས་བྱས་པའི་མོ་ཡིག་དེ་ལ་ཚན་པ་སུམ་ཅུ་སོ་བཞི་ཡོད་ཅིང་ཚན་པ་རེ་རེ་མོ་ཚིག་དང་དེའི་འབྲས་བཤད་གཉིས་ལས་གྲུབ་པ་སྟེ། སྔ་མ་ནི་ལུང་བསྟན་རང་བཞིན་གྱི་ཚིགས་བཅད་སྙན་ངག་ཡིན་ལ། ཕྱི་མ་ནི་ལྷུག་རྩོམ་རྣམ་པ་ཅན་གྱི་འབྲས་བཤད་རེད། དཔེར་ན།

ཀྱེ། བུ་རབས་ནི་གསེར་བཟངས་ན། །

གསེར་གྱི་ནི་ཆབ་བྲུག་པ། །

[1] 1988ལོའི་ཟླ་4པར་སི་ཁྲོན་མི་རིགས་དཔེ་སྐྲུན་ཁང་གིས་པར་དུ་བསྐྲུན།

ཆབ་བྲུག་ནི་དགུ(དགྲ)སྟེ་དགུ། །
དགྲ་དགུ་ནི་ཡན་པ་ལ། །
ཁྲི་གཤེགས་ནི་སྟོད་ཡང་འཕྱོ། །
དེ་ཡང་ནི་སྐྱིད་པའི་ལྟས། །

ཞེས་མོ་ཆོག་སྟོན་དུ་བཀོད་རྗེས། དེའི་འབྲས་བཤད་འདི་ལྟར་བཀོད་ཡོད། "འདི་ནི་ཡུལ་ས་དགའ་ལ་ཡན་གི་མོ་ལ་བབ་སྟེ། །ཁྱིམ་བྱ་དང་སྲོག་ཕྱུ་ལ་བཏབ་ན། ལྷ་དཔལ་བཟང་པོ་དང་། སྨན་དང་ཡུལ་ས་དགའ་ལ་ཡན་ཅིག(སྐྱབས)ཞིང་འདུག་པས། ལེགས་པར་མཆོད་ཅིག གསོལ་ཤགས་བྱས་ན་གནང་ངོ། ཚོང་བྱས་ན་ཁེ་ཕྱིན་པར་འོང་། འདྲོན་པོ་ལ་བཏབ་ན་འོང་། ནད་པ་ལ་བཏབ་ན་སོས། གྲོག་ཕྱུ་ལ་བཏབ་ན་གྲོག་ཆེ། དགྲ་ཕྱུ་ལ་བཏབ་ན་དགྲ་མེད། སྲིད་ཕྱུ་ལ་བཏབ་ན་སྲིད་ཡོད་དོ། མོ་འདི་ཅི་ལ་བཏབ་ཀྱང་བཟང་། །"ཞེས་པ་ལྟ་བུའོ། །འདི་ནི་མོ་བཟང་པོ་ཞིག་གི་མོ་ཚིག་དང་འབྲས་བཤད་རེད། མོ་ངན་པའི་ཚིག་ཀྱང་འདི་ལྟར།

ཀྱེ། དྲུ་གུ་ནི་ཁྲི་ནང་ཞིག །
མ་འཚལ་ནི་མཆིད་མཆི་ཊུ། །
གློ་བ་ནི་གཡར་མྱི་བཟོད། །
སྣང་རྩན་ནི་ཞ་བོ་ཅིག །
ཆབ་ལ་ནི་ཁང་དབུབ་དུ། །
གདུང་ཕྱམ་ནི་ཁྲོད་མྱི་སྙོམས། །
ནེའུ་སིང་ནི་གཉན་གོང་དུ། །
རྟ་དང་ནི་རྒྱུད་འདྲིས་ན། །
ཞགས་པ་ནི་གང་ལ་འདེབས། །
གཡང་མོ་ནི་ལྐས་དཀྱིལ་ན། །

ལུག་དང་ནི་ར་འདྲེས་ན། །
ཚོ་རིད་ནི་གང་ལ་བདམ། །
ལྷ་དང་ནི་འདྲེ་འདྲེས་ན། །
གང་ཕྱི་ནི་ཆ་མ་མཆིས། །
དགྲ་དང་གཡག(གཉེན)འདྲེས་ན། །
གང་བརྒྱལ་ནི་གཏོལ་མ་མཆིས། །

ཞེས་བཀོད་ཅིང་དེའི་འབྲས་བཤད་དུ"མོ་འདི་ནི་ཁྲིམ་ཕྱུ་དང་སྒོག་ཕྱུ་ལ་བཏབ་ན་ལྷ་དང་འདྲེ་འདྲེས་ཏེ་མ་ཕྱེ། །དགྲ་དང་གཡག(གཉེན)འདྲེས་རབ་ཏུ་འཛིགས། །བོན་པོ་ངན་པས་ནི་གདོན་མི་ཕྱེད། །སྤར་མས་ནི་དགྲ་མི་སློགས། །ཐེང་པོས་ནི་ཡུལ་མི་བསྒྲོད། །ཞར་བས་ནི་ལམ་མི་ཐུབ། །མོ་འདི་ཅི་ལ་བཏབ་ཀྱང་ངན། །"ཞེས་བསྟན་ཡོད། དཔེ་དེ་བཞིན་དུ་མོ་ཡིག་ཚན་པ་གཞན་རྣམས་ཀྱང་མོ་ཚིག་དངོས་ཀྱི་ནང་དོན་མི་འདྲ་བ་ལས་གཞན། ཚིག་གི་རྣམ་པ་དང་གྲུབ་ཆ། འབྲས་བཤད་ཀྱི་ཁྲབ་རྒྱ་བཅས་ལ་ཁྱད་པར་ཆེན་པོ་མེད་པ་སྟེ། མོ་ཡིག་ཚན་པ་སོ་སོའི་ནང་དོན་སྤྱི་ལ་བརྟགས་ནས་སྲིད་ཕྱུ་དང་། ཁྲིམ་ཕྱུ། སྒོག་ཕྱུ། གྲོགས་ཕྱུ། ཚོང་ལས། ནད་པ། གཉེན་དོན་སོགས་སྐབས་སུ་བབ་པའི་དམིགས་དོན་ཞིག་གི་ལེགས་ཉེས་གཏན་ལ་འབེབ་པ་ལས་མ་འདས། མོ་ཡིག་ནི་བོད་ཀྱི་ཤེས་རིག་དང་ཆོས་ལུགས་དར་རྒྱས་བྱུང་བའི་ཐོན་དངོས་དང་། མ་འོངས་པའི་འཚོ་བ་དང་བདེ་སྡུག་སོགས་ལ་བརྟག་པའི་རིག་པ་ཞིག་ཡིན་པས། དེའི་བསྟན་བྱའང་ཏ་ཅང་རྒྱ་ཆེ་ཞིང་གཏིང་ཟབ་པ་སྟེ། མིའི་རིགས་ཀྱི་སྤྱི་ཚོགས་འཚོ་བའི་ཕྱོགས་དང་ཟུར་ཚང་མ་འདུས་ཡོད་པ་རེད།

གཉིས་པ། མོ་ཡིག་དེ་དུས་གང་གི་ཡིན་པར་དཔྱད་པ།

དེ་ཡང་ལོ་རྒྱུས་ཀྱི་ཐོ་འགོད་དང་མོ་ཚིག་གི་བརྗོད་བྱའི་ནང་དོན། ཡི་གེའི་གཟུགས་དང་ཚིག་གི་སྦྱོར་བ་སོགས་ཀྱི་ངོས་ནས་བརྟགས་ན་བཙན་པོའི་དུས་ཀྱི་བོད་ཀྱི་མོ་ཡིག་ཡིན་པར་འདོད། རྒྱུ་མཚན་ནི།

1. བོད་འདིར་བན་མ་བྱུང་གོང་ལ་བོན་བྱུང་ཞིང་བོན་ལ་ཕྱྭ་བོན་དང་ཕྱྭ་མཁན་སོགས་དར་ཆེ་ལ། མོ་ཡིག་དེའི་ཚན་པ་བཅུ་གཉིས་པའི་འབྲས་བཤད་དུ་འདྲེ་མི་དགར་བ་བོན་པོ་ངན་པར་བཤད་པ་དང་། ཚན་པ་བརྒྱད་པའི་འབྲས་བཤད་དུ"མོ་འདི་ནི་འདྲེ་མ་ཏའི་མོ་ལ་བབ་སྟེ། ཁྱིམ་ཕྱུ་དང་སྒྲོག་ཕྱུ་ལ་བཏབ་ན། ཡས་གདོན་དང་ས་བདག་གནོད་པས། གླུད་ཆེན་པོ་ཐོང་ཞིག་ཚོ་ག་ལེགས་པར་གྱིས་ཤིག"ཅེས་འཁོད་པ་ལྟར་ན། མོ་ཡིག་འདི་རྩོམ་པའི་དུས་སུ་བོན་བཟང་པོ་རྣམས་ཀྱིས་མོ་བཏབ་ནས་ཚོ་ག་སྒྲུབ་པ་དང་གླུད་བཏང་སྟེ"ཡར་གྱི་ལྷ་རྒན་མཆོད་ཅིང་། མར་གྱི་འདྲེ་སྲི་དགར་བ། བར་གྱི་ཁྱིམ་ཐབ་འདོན"[1]གྱིན་ཡོད་པ་རེད།

ཡང་། བོན་གྱི《ལེགས་བཤད་སྐལ་བཟང་མགྲིན་རྒྱན》ཞེས་པ་ལས།

> ཕྱུ་གཤེན་ཐེག་པ་གཏོ་དཔྱད་རྟུ་ཐིག་དང་།
>
> མོ་ཕྲ་དབྱངས་འཆར་རྩིས་དང་སྨན་ལ་སོགས།
>
> འགྲོ་ལ་ཉེ་བར་ཕན་ཅིང་གསོ་བ་དང་།
>
> སྔགས་གྱུར་མདོན་གསལ་བོན་སྔེ་དུ་མ་གསུངས།

ཞེས་བོན་གྱི་སྟོན་པ་གཤེན་རབ་མི་བོ་ཆེས་ཕྱྭ་བོན་གྱི་ཡང་སྙིང་ལྟ་བུར་གྱུར་པའི་རྟུ་ཐིག་གི་མོ་དང་། མེ་ལོང་ལ་བརྟེན་པའི་ཕྲ་མོ། ལུག་གི་སོག་རུས་ལ་བརྟེན་

---

① ཐུའུ་བཀན་གྲུབ་མཐའ། [M]. ཀན་སུའུ་མི་རིགས་དཔེ་སྐྲུན་ཁང་། 1984: 381.

པའི་སོག་མོ། གཞན་ཡང་ཆོ་ལོ་ལ་བརྟེན་པའི་མོ་དང་། ཤོ་ལ་བརྟེན་པའི་མོ། ཕྲེང་བ་ལ་བརྟེན་པའི་མོ་སོགས་མོའི་རིགས་མི་འདྲ་བ་དུ་མ་གསུངས་པར་འཕོད་ཅིང་། འཇུ་མི་ཕམ་འཇམ་དབྱངས་རྣམ་རྒྱལ་གྱིས་བརྩམས་པའི《ཇུ་ཐིག་གི་དཔྱད་དོན་སྣང་གསལ་སྒྲོན་མེ》ཞེས་པའི་ནང་དུ《སྒྱུ་མ་གསེར་འབུམ》གྱི་ལུང་དྲངས་པ་ལས།

མོ་མདུད་སུམ་བརྒྱ་དྲུག་ཅུ་ལ། །
དྲངས་མ་བརྒྱ་དང་ཉི་ཤུ་དེ། །
ལྷ་ཁམས་སྲིད་པའི་བླ་གནས་ཡིན། །
མཛངས་ལ་བརྒྱ་དང་ཉི་ཤུ་དེ། །
མི་ཁམས་སྲིད་པའི་བླ་གནས་ཡིན། །
སྙིགས་མ་བརྒྱ་དང་ཉི་ཤུ་དེ། །
འདྲེ་ཁམས་སྲིད་པའི་བླ་མདུད་ཡིན། །

ཞེས་གསལ་བས། བོད་འདིར་གཡུང་དྲུང་བོན་གྱི་བསྟན་པ་དར་བའི་དུས་སུ་མོ་འདེབས་པའི་རིག་པ་འདི་ཡང་ཕུན་སུམ་ཚོགས་པ་ཞིག་དར་ཞིང་དེ་ལ་དད་མོས་བྱེད་གྱིན་ཡོད་①པ་ངེས་ཐུབ་བོ། །

2. མོ་ཡིག་དེའི་ཡིག་གཟུགས་འབྲི་སྟངས་བཙན་པོ་ཁྲི་སྲོང་ལྡེའུ་བཙན་གྱི་སྐུ་རིང་ལ་བཞེངས་བཀོད་བྱས་པའི་བསམ་ཡས་གཙུག་ལག་ཁང་མདུན་གྱི་རྡོ་རིང་ཡི་གེ་དང་། རྗེ་པོ་ཏ་ལའི་མདུན་གྱི་རྡོ་རིང་ཡི་གེ། རྒྱལ་པོ་ཁྲི་ལྡེ་སྲོང་བཙན་རིང་གི་ཀོང་དེ་མོའི་བྲག་བརྐོས་ཡི་གེ་སོགས་དང་ཀུན་ནས་མཚུངས་པ་དང་། མཁས་པ་ཆེན་པོ་ཚེ་ཏན་ཞབས་དྲུང་མཆོག་གིས་ཀྱང"མཚོ་སྔོན་བྱང་ཕྱོགས་ཏུང་ཧོང་གི་བྲག་ཕུག་ལྷ་ཁང་རྙིང་མའི་རྩིག་གསེབ་ནས་ཐོན་པའི་བོད་རྒྱལ་ཁྲི་ལྡེ་གཙུག་བཙན

① ཐང་ཡིག་གསར་རྙིང་ལས་བྱུང་བའི་བོད་ཆེན་པོའི་སྲིད་ལུགས། [M]. མཚོ་སྔོན་མི་རིགས་དཔེ་སྐྲུན་ཁང་། 1983 : 131.

མེས་ཨག་ཚོམ་གྱི་སྐུ་རིང་ལ་བྲིས་ངེས་པའི་ཡི་གེ་ས་དྲག་ཅན་རྣམས……”①ཞེས་ཏུན་ཧོང་བྲག་ཕུག་ནས་ཐོན་པའི་ཡིག་རྙིང་ནི་བོད་ཀྱི་རྒྱལ་པོ་མེས་ཨག་ཚོམ་གྱི་སྐུ་རིང་ལ་ཡི་གེར་བཀོད་པར་དགོངས་ཤིང་། མོ་ཡིག་གི་ལུས་ཀྱི་རྣམ་པ་དང་ཚིག་གི་སྦེབ་སྦྱོར་ནི་བཙན་པོའི་དུས་སུ་རྒྱལ་བློན་རྣམས་ཀྱིས་བཞེངས་པའི་མགུར་གླུ་དང་ཀུན་ནས་འདྲ་བ་སྟེ། ཚིག་རྐང་རེ་རེ་ཚེག་བར་དྲུག་ལས་གྲུབ་ཅིང་ཚེག་བར་གྱི་གཅོད་མཚམས་ཀྱང་ཆ་གཅིག་གི་རྗེས་སུ་ཡ་གཅིག་དང་། དེའི་རྗེས་སུ་ངེས་གཏན་མེད་ལ། ཤོ་ལོ་ཀ་དང་བཞི་ཚིག་མང་ཙུང་། བརྗོད་བྱའི་དོན་བཅས་ཀྱི་ཚོད་འཛིན་མེད་པར་བརྗོད་འདོད་ཀྱི་དོན་རྣམས་ཚིགས་བཅད་ཀྱི་ལམ་ནས་རྫོགས་རག་བར་དུ་གཅིག་རྗེས་གཅིག་ལ་ལྷུགས་པོར་བརྗོད་ཆོག་ཅིང་། རྐང་པ་རེ་རེའི་ཡི་གེ་མགོ་མ་གཉིས་ཀྱི་མཇུག་ཏུ“ནི”སྒྲ་དོ་མཉམ་པར་སྦྱར་བས་ཚིག་གི་གཅོད་མཚམས་གསལ་ཞིང་འགྲོས་རིམ་ལྡན་པ། བརྗོད་དོན་ནན་གྱིས་སྟོན་པ་བཅས་ཀྱི་ཁྱད་ཆོས་ལྡན་པ་རེད།

3. བརྗོད་བྱའི་ནང་དོན་བོད་མི་རིགས་ལ་གསལ་ཆ་ཤིན་ཏུ་ཆེ་བའི་གངས་དཀར་ལྷུན་པོ། རྫ་རི་སྔོན་མོ། མཚོ་དང་མཚེའུ། ཆུ་དང་གཙང་པོ། སྤང་ལྗོངས་ནེའུ་གསིང་། ལྕུང་སྔོང་སྔོན་མོ། ཧ་ལོ་མེ་ཏོག་སོགས་རང་བྱུང་ཡུལ་བཀོད་དང་རྩི་ཤིང་དང་། སེང་གེ་དང་སྟག ཀྲུང་། འབྲོང་། དགོ། ཤྭ། སྤྱང་། སྤྲེའུ། རྟ། ལུག ར། ཤ་ཁྱི་སོགས་བོད་ན་ཡོད་པའི་སྲོག་ཆགས། ངང་པ་དང་ངུར་པ། གོང་མོ། བྱེའུ་སོགས་འདབ་ཆགས། གསེར་དང་དངུལ། གཡུ། མུ་མེན་སོགས་བོད་མི་རིགས་དགའ་བའི་རིན་པོ་ཆེ་བཅས་ཡིན་པ་ལས། བོད་ན་མེད་ཅིང་རྒྱ་གར་སོགས་ཡུལ་གཞན་ན་ཡོད་པའི་སྲོག་ཆགས་དང་དངོས་པོ་གཅིག་ཀྱང་མེད་པས། མོ་ཡིག་དེ་དག་ནི་ནང་བསྟན་གྱི་ལྟས་བརྟག་པ་དང་མོ་རྩིས་ཀྱི་རིག་གནས་བོད་ལ་དར་རྗེས་དེའི་ལྟ་བ་དང་ཤན་ཞུགས་འོག་བརྩམས་པ་ཞིག་མིན་པར་སྣམ།

① ཐོན་མིའི་ཞལ་ལུང་། [M]. ཀན་སུའུ་མི་རིགས་དཔེ་སྐྲུན་ཁང་། 1980:97.

གོང་གསལ་གྱི་ཕྱོགས་གསུམ་གྱི་སྒོ་ནས་བརྟགས་ན་ཏུན་ཧོང་ཡིག་ཆེན་ཁྲོད་ཀྱི་མོ་ཡིག་དེ་ནི་བོད་ལ་གཡུང་དྲུང་བོན་གྱི་བསྟན་པ་དར་བའི་དུས་ནས་བྱུང་ཞིང་བོད་བཙན་པོའི་དུས་སུ་འཕྲུས་ཚང་དང་འཕེལ་རྒྱས་ཆེན་པོ་བྱུང་བའི་མོ་ཡིག་དངོས་ཡིན་པར་འདོད་དོ། །

གསུམ་པ། མོ་ཡིག་གི་བརྗོད་བྱའི་ནང་དོན་དང་སྙུ་རྩལ་བྲོ་ཉམས་བཤད་པ།

མོ་ཡིག་ནི་གོང་དུ་བཤད་པ་བཞིན་མོ་ཚིག་དང་འབྲས་བཤད་གཉིས་ལས་གྲུབ་ཅིང་། མོ་འབྲས་ཀྱི་ལེགས་ཉེས་ནི་མོ་ཚིག་ཚན་པ་སོ་སོའི་གསོན་ཉམས་ལྡན་པའི་ཡུལ་བཀོད་དང་། སྣང་བརྙན་ལྡན་པའི་བྱ་དངོས། ཚོས་ཉིད་ལྡན་པའི་འགྲུལ་སྐྱོད། དབྱངས་ཉམས་ལྡན་པའི་ཚིག་སྦྱོར། མངོན་པར་གསལ་བའི་རང་བཞིན་སོགས་ཉམས་སུ་མྱངས་པའི་ཚོར་སྣང་ངམ་ཡིད་འགྱུར་གྱི་བཟང་ངན་ལ་བརྟེན་ནས་གཏན་ལ་འབེབས་པར་མ་ཟད། མོའི་བརྟག་བྱ་ནི་སྤྱི་ཚོགས་འཚོ་བའི་དངོས་དང་ཟུར་ཀུན་ལ་ཁྱབ་པས། མོ་ཡིག་གི་བརྗོད་བྱའི་ནང་དོན་ཏ་ཅང་རྒྱ་ཆེ་ཞིང་སྙུ་རྩལ་གྱི་བྲོ་ཉམས་ཀྱང་ཕུན་སུམ་ཚོགས་པ་ཞིག་རེད། དཔེར་ན།

མཚོ་རོ་ནི་གཡུ་ཡུལ་ན། །
གཡུ་བཟངས་ནི་ལྷུང་ཡོ་ལ། །
གཡུ་བྱ་ནི་བག་རྩེས་དང་། །
བཀའ་སྙན་ནི་བཟང་དགུར་སྦྱར། །
དེང་ཕོས་ནི་སྐྱིད་པའི་ལུགས། །

ཞེས་པ་ལྟ་བུར་མཚོན་ན། བལྟགས་མ་ཐག་གཡུ་སྔོན་མདངས་དང་ལྡན་པའི་མཚོའི་འགྲམ་ངོགས་སུ་རྒྱ་ལྕང་སྔོན་མོའི་ལྗོན་ཤིང་གི་རྩེ་ན་ཕྱུ་སྟུག་རྣམ་པར་བཀྲ་

བའི་བྱེའུ་རྣམས་འཕུར་ལྡིང་གར་ལ་རྟེན་ཞིང་ཀྱ་ཀྱུའི་སྐད་སྙན་སྒྲོག་པའི་ཡུལ་བཀོད་གསོན་ཉམས་ལྡན་པ་ཞིག་ཡིད་ཀྱི་མེ་ལོང་ལ་གསལ་ལེར་འཆར་བ་དང་ཆབས་ཅིག་དགའ་བའི་འགྱུར་བ་ངང་གིས་འཕེལ་བས། རྩོམ་ཉམས་ཀྱི་ངོས་ནས་བལྟས་ན་སྙིག་པའི་ཉམས་ཀྱིས་ཕྱུག་ལ། སོ་ལྟས་ཀྱི་ཆ་ནས་བརྟགས་ན་སྟེར་ས་དམའ་བར་འདུག་ན་ཡང་། ད་ནི་ས་མཐོན་པོར་འཕགས་པ། ཡར་ལྷ་མཆོད་ན་བགེགས་བསལ་ཞིང་བཟང་པོར་འོང་བ། དོན་གཉེར་ན་འགྲུབ་པ། ཚོང་བྱས་ན་ཁེ་ཡོད་པ། གསོལ་ཤགས་བྱས་ན་གནང་བ། འགྲོན་པོ་ལ་བཏབ་ན་འོང་བ་སྟེ། གང་ལ་བརྟགས་ཀྱང་རབ་ཅིག་ཡིན་པ་རེད།

ཀྱེ། བྱ་བྲན་ཕྲན་ནི་འབབ་ཞན་པས། །
དཀྱུང་གྱི་ནི་མཐ་མྱི་སླེབ། །
མྱི་ཆུང་ནི་ཁ་ཞན་པས། །
བྱམས་ན་ནི་ལན་མྱི་ཡོན། །
ཕྱུག་ན་ནི་མཚོན་ཞན་པས། །
སྟད(སྟང)གྱི་ནི་དགྲ་མྱི་ཆོད། །
རྟེའུ་ཆུང་ནི་བང་ཞན་པས། །
རྐྱུས(དཀྱུས)གིས་ནི་སླ་མྱི་རྙོགས། །
ཤྲེའུ(ཤེའུ)ཆུང་ནི་སྙིད་ཞན་པས། །
རི་ག་ནི་རྒྱུག་མྱི་ཆོད། །

ཅེས་པ་ལྟ་བུར་མཚོན་ན། སྐབས་སུ་བབས་པའི་བསྟན་དོན་གང་ལ་རྒྱུ་རྐྱེན་མ་འཛོམས་པས་ད་དུང་འགྲུབ་མི་ཐུབ་པ་དེ་སྟོན་ཆེད་ཉམ་ཆུང་ཞིང་ནུས་རྩལ་ཞན་པའི་བྱ་ཕྲན་དང་། བྱིས་པ། རྟེའུ། ཤའུ་སོགས་དཔེ་མི་འདྲ་བ་ལྔ་དྲངས་པ་སྟེ་སྣང་བརྙན་ལྔའི་སྒོ་ནས་ནན་གྱིས་བསྟན་ཡོད། དེས་གློག་པ་པོའམ་ཉན་པ་པོ་ལ་བློ་ཕམ་ཞིང་

ཡིད་སྨུག་པའི་ཚོར་སྣང་བསྐྱེད་པས། ཡར་ལྷ་ལ་གསོལ་ཤགས་བྱས་ན་མི་གནང་བ་དང་། དོན་གཉེར་ན་མི་འགྲུབ་པ། འགྲོན་པོར་བསྐུགས་ན་མི་འོང་བ། ཚོང་བྱས་ན་ཁེ་མེད་པ། བོར་ལག་བྱུང་ན་མི་རྙེད་པའི་མོ་ངན་པ་ཞིག་ཏུ་འདོད།

ཀྱེ། ངང་ཙུར་ནི་གསེར་མ་གཡུ། །
མཐིང་བྲང་ནི་ཆབ་གི་རྒྱེན། །
མེན་ཐོག་ནི་ཧྣ་ལོ་ཐོན། །
ནེའུ་སིང་ནི་སྤང་ཀྱི་རྒྱན། །
སྤང་རྒྱན་ནི་མཐོན་སྟེ་བཀྲ། །
བཟང་ལྷན་ནི་ལུས་འཚོགས(འཚོ་བས)། །
བལྟ་སྡུག་ནི་དམིག་ལམ་བཀྲ། །
སྤོས་དྲི་ནི་ཤངས་ན་གདའ། །

ཞེས་པ་བསླུགས་ཚེ་ཡིད་ཀྱི་དབང་པོ་དེ་འདབ་ཆགས་ངང་པ་དང་ཙུར་པའི་ཚ་དང་ཚོགས་པ་རྣམས་གསེར་དང་གཡུའི་ཕྲ་ཚོམ་ཇི་བཞིན་སྤོ་ཞིང་དྭངས་པའི་མཚོ་དང་མཚེའུ་སོགས་ཀྱི་མཛེས་པའི་རྒྱན་དུ་རོལ་ཞིང་། ཇོ་མཚར་ཡིད་དུ་འོང་བའི་མེ་ཏོག་ཧྣ་ལོའི་ཚོམ་བུ་རྣམས་མཐོན་མཐིང་ནེའུ་གསིང་སྤང་གི་རྒྱན་དུ་མདོན་པར་བཀྲ་ལ། དྲི་ངད་བསུང་གིས་ཁོར་ཡུག་ཀུན་ཏུ་ཁྱབ་ཅིང་སྣ་བའི་ལམ་དུ་ཡལ་བ་མེད་པར་ཡུན་རིང་དུ་འཐུལ་བའི་སྐྱེ་རྒྱལ་གྱི་ཞིང་ཁམས་ཤིག་ཏུ་འདྲེན་པ་དང་ཆབས་ཅིག ཡིད་ལ་ངོ་མཚར་ཞིང་ཉམས་དགའ་བའི་འགྱུར་བ་ངང་གིས་འཕེལ་བས། རྩོམ་རིག་གི་ངོས་ནས་བལྟས་ན་རྒྱད་བྱུང་གི་ཉམས་ཐོན་ཅིང་། མོ་ལྟས་ཀྱི་ངོས་ནས་བརྟགས་ན། ལྷ་ལ་མཆོད་ན་མགོན་བྱེད་ཅིང་རི་དྭགས་བཤོར་ན་སོད་པ། རྗེ་བླས་ཞུས་ན་གནང་བ། དོན་གཉེར་བྱས་ན་འགྲུབ་པ། འགྲོན་པོར་བསྐུགས་ན་འོང་བ། ནད་པ་གསོས་ན་སོས་པ། གསོལ་ཤགས་བྱས་ན་གནང་བ། བོར་བརླག

བྱང་ན་རྙེད་པ། ཚོང་བྱས་ན་ཁེ་ཡོད་པ་བཅས་ཀྱི་མོ་བཟང་པོ་ཞིག་རེད།

ཀྱེ། བཀའ་མཆིད་ནི་སྤྱངས་ཤིང་གདལ། །
ལྷོ་ག་དང་བྱང་ཀ་གཉིས། །
གཡང་མོ་ནི་བྱང་ན་འཕན། །
འབྲས་དྲུག་ནི་ལྷོ་ན་མོད། །
གང་བདམ་ནི་ཆ་མ་མཆིས། །
སྟག་དང་ནི་སེང་འགེ་གཉིས། །
རིས་བཀྲ་ནི་སྟག་ཀྱང་བཀྲ།
མཐུ་རྩལ་ནི་སེང་འགེ་ཆེ། །
གང་ཏུང་ནི་གཏོལ་མ་མཆིས། །

ཞེས་པ་ལྟ་བུར་མཚོན་ན། བྱང་ཕྱོགས་དང་ལྷོ་ཕྱོགས་གཉིས་ལས་ལུག་གཡང་དཀར་འཚོ་སྐྱོང་བྱེད་པ་དང་འཕེལ་ཁ་རྒྱས་པར་ཕན་པ་ནི་ས་བབ་མཐོ་ཞིང་རྩྭ་ཆུ་འཛོམས་པའི་བྱང་ཕྱོགས་ཡིན་པ་དང་། འབྲུ་རིགས་སྣ་དྲུག་ལ་ལོ་ལེགས་འབྱུང་ས་ནི་ས་བབ་དམའ་ཞིང་གནམ་གཤིས་དྲོ་བའི་ལྷོ་ཕྱོགས་ཡིན་པ་སྟེ་གང་འདེམ་པ་གསལ་པོ་མ་ཤེས་པར་ཐེ་ཚོམ་གྱི་དྲ་བར་ཚུད་པ་དང་། སྟག་དང་སེང་གེ་གཉིས་ལས་ཕྱིའི་ཐིག་ལེ་རི་མོ་མངོན་པར་བཀྲ་བ་ནི་སྟག་ཡིན་ལ། ལུས་ཀྱི་མཐུ་དང་རྩལ་ནི་རི་དྭགས་ཀྱི་རྒྱལ་པོ་སེང་གེ་ཆེ་བས། གང་གདམ་པར་མགོ་བོ་རྨོངས་ནས་ཅི་བྱ་གཏོལ་མེད་དུ་གྱུར་པ་སྟེ། བོད་མི་རིགས་འཚོ་གནས་བྱེད་སའི་ཡུལ་བཀོད་ཞིབ་འབྲི་བྱེད་པ་དང་ཡུལ་ལྗོངས་དེར་གནས་པའི་སྲོག་ཆགས་ཀྱི་སྣང་བརྙན་གཏོད་པར་བརྟེན་ནས་ཐེ་ཚོམ་མམ་རྨོངས་པའི་སེམས་ཁམས་ཞིབ་འབྲི་བྱས་ཡོད་པ་འདི་བསླུགས་མ་ཐག་བློ་སྤོབས་ཞུམ་ཞིང་གདེང་ཚོད་ཉམས་པའི་ཚོར་སྣང་ཅིག་ཅར་སྐྱེས་པས། མོ་འདི་ཁྲིམ་ཁྲ་ལ་བཏབ་ན། ཁྲིམ་མི་རྣམས་སེམས་མི་མཐུན་

པས། ལས་ཤིག་བྱས་ན་མི་འགྲུབ། ཚོང་ཞིག་བྱས་ན་ཁེ་མེད། གཉེན་ཞིག་བྱས་ན་མི་འཕྲོད། ཕོར་བརྒྱག་བྱུང་ན་མི་རྙེད། འགྲོན་པོ་ལ་བཏབ་ན་མི་འོང་། དགྲ་སྲུ་ལ་བཏབ་ན། དགྲ་གཉིས་ཆེ་ཆུང་བཙད་ནས་མི་འོང་། ཤིས་སྲུ་ལ་བཏབ་ན་མི་ཤིས་པའི་མོ་ངན་པ་ཞིག་ཏུ་འདོད་ངེས་རེད།

ཀྱེ། བྱང་རི་ནི་ཕང་ཕུང་ན། །

དངོས་གི་ནི་ཕུང་ཀོ་ཀོ། །

གསེར་གི་ནི་སྦྲམ(སྦྲམ)དད་མཛལ། །

དགའ་ཡིས་ནི་ཐུག་ཀྱིས་བླངས། །

སྣམ་ཕྲག་ཏུ་སྤར་གིས་སྐྱལ། །

ཞེས་པར་མཚོན་ན། བྱང་གི་རི་བོ་ཕང་ཕུང་གི་ཁྲོད་དུ་རིན་པོ་ཆེའི་གཏེར་ཁ་བཀོས་པ་ལས་གསེར་རྡོག་ས་ལེ་སྦྲམ་ཞིག་རྙེད་པས། དགའ་སྤྲོ་འབུམ་གྱིས་སྤྲོས་ཞིང་རིངས་པ་རིངས་པར་བླངས་ཏེ་བསྡུས་པ་སྟེ། སྐྱེ་བོ་གང་གིས་རིན་པོ་ཆེའི་གཏེར་ཁ་ཀོ་དུས་གསེར་ས་ལེ་སྦྲམ་རྙེད་པའི་དགའ་སྤྲོའི་སེམས་ཁམས་དང་བྱ་སྤྱོད་ཞིབ་འབྲི་བྱས་ཡོད། མོ་ཚིག་འདི་ལྟ་བུ་བསླུགས་པའམ་ཐོས་མ་ཐག་ཡིད་ཀྱི་མཚོ་མོའི་ངོས་ནས་དགའ་སྤྲོའི་རླབས་ཀྱི་ཡིད་འགྱུར་ངང་གིས་འཕེལ་བས། དོན་གང་ལ་བརྟགས་ཀྱང་ལེགས་པ་སྟེ། གསོལ་ཤགས་བྱས་ན་གནང་བ་དང་། འགྲོན་པོར་བསྒུགས་ན་འོང་བ། གཉེན་བྱས་ན་འཕྲོད་པ། ཚོང་བྱས་ན་ཁེ་ཡོད་པ་བཅས་སུ་འདོད་ངེས་རེད།

ཀྱེ། སྤང་ག་ནི་ཡ་བྱི་ན། །

ཤ་ཕོ་ནི་ཁྲུས་ཆགས་པ། །

རི་ཁྲི་ནི་བདུན་གིས་བསྐོར། །

སྤྱི་ཤོར་ནི་དམ་དམ་ལྟར། །

སྨན་དག་ནི་དངོས་ཅིག་མ། །
རྫོན་པ་ནི་བདུན་གིས་བསྐོར། །
བསྐོར་ཅིང་ནི་ཙུ་ཏུ་མཆི། །

ཞེས་པ་ནི། ཀྱེ། ཀྱེ། ཡ་གི་སྤང་ཁ་ན་ཤ་ཕོ་ཁྲུ་གཅིག་གནས་པའི་མཐའ་ན་ཤ་ཁྱི་བདུན་གྱིས་དམ་པོར་བསྐོར་བས་གཅིག་ཀྱང་འཚོར་མི་ཐུབ་ལ། རི་དྭགས་དགོ་མ་དགེའུ་ཁྲིད་པ་ཞིག་ཀྱང་རྫོན་པ་བདུན་གྱིས་བསྐོར་ནས་གསོད་གྲབས་བྱེད་པ་དེར་དམིགས་པ་ཅི་ཞིག་ཡོད་དམ། ཞེས་པའི་དོན་ཡིན་ལ། མོ་ཚིག་འདིས་ཤ་ཁྱི་བདུན་གྱིས་ཤ་ཕོ་ཁྲུ་གཅིག་དམ་དུ་བསྐོར་བ་དང་། རྫོན་པ་བདུན་གྱིས་དགོ་མ་བུ་གཉིས་བསྐོར་ནས་གསོད་གྲབས་བྱེདཔའི་རྣམ་པ་སྒྲི་གཡའ་བ་གཉིས་ཞིབ་འབྲི་བྱས་ཤིང་གཅིག་སྟེང་གཅིག་ལ་ནན་གྱིས་བསྟན་ཡོད། གསོན་ཉམས་ལྡན་པའི་ཡུལ་བཀོད་དེས་ཀློག་པ་པོའི་ཡིད་ལ་འཇིགས་ཞུང་དང་སྙིང་རྗེ་ཉུང་གི་འགྱུར་བ་བསྐྱེད་པས། འདིར་རྩོམ་རིག་གི་ངོས་ནས་བལྟས་ན་འཇིགས་ཞུང་ངམ་སྙིང་རྗེའི་ཉམས་ལྡན་པ་དང་། མོ་ལྟས་ཀྱི་ངོས་ནས་བརྟགས་ན། གདོན་ཆེན་པོ་ཞིག་ཁྱིམ་གྱི་ཕྱོགས་ན་ཡོད་པ་དང་འདྲ་བས། བྱ་བ་གང་བསྒྲུབས་ཀྱང་མི་འགྲུབ། ཚོང་བྱས་ན་ཁེ་མེད། གཉེན་བྱས་ན་མི་འཕྲོད། དགྲ་ཕྱུ་ལ་བཏབ་ན་འཕྲད་པའི་ངོ་ཡོད། འགྲོན་པོར་བཏབ་ན་མི་འོང་། ཕོར་བརླག་བྱུང་ན་མི་རྙེད། གསོལ་ཤགས་བྱས་ན་མི་གནང་བའི་མོ་ངན་པ་ཞིག་ཏུ་མཐོང་ངེས་རེད།

ཀྱེ། རྗེ(པོ)ནི་གཉན་ཡུལ་དུ། །
གཤེགས་སུ་ནི་དད་པ་སྐྱེ། །
ས་སྲིན་ནི་འདུན་ཕྲན་གྱིས། །
ཡུལ་གྱི་ནི་མདོ་ཡང་བཅད། །
ཕྱུའ་པོས་ནི་གཡང་རེ་ཉམས། །

ཉམས་ཅུང་ཞི་དབུགས་རེ་ཕྲ། །

ཞེས་པར་མཚོན་ན། ཀྱེ། རྗེ་བོ་ཁྱོད་དྲི་བཟའ་གཉན་གྱི་ཡུལ་དུ་གཤེགས་པར་དགོངས་ཀྱང་། མི་ཤ་ཟ་བའི་སྲིན་པོ་བདུན་གྱིས་ལམ་མདོ་བཅད་པས་གཤེགས་ཐབས་མེད་ལ། ཁྱོད་ཀྱི་སྐུ་གཡང་ཡང་ཀུན་ནས་ཉམས་ཏེ་དབུགས་ཀྱི་རྒྱུ་བ་ཕྲ་མོ་ཙམ་ལ་བརྟེན་ནས་གནས་ཤིང་ཉམ་ཆུང་བར་གྱུར་འདུག་ཅེས་པ་སྟེ། སྲིན་པོ་བདུན་གྱིས་ལམ་མདོ་བཅད་ནས་འགྲོ་ཐབས་མེད་པ་དང་སྐུ་གཡང་ཉམས་ནས་ཉམ་ཆུང་གནས་སུ་གྱུར་པའི་རྣམ་པ་གསོན་ཉམས་ལྡན་པ་ཞིག་བཀོད་ཡོད། དེས་ཀློག་པ་པོའི་ཡིད་ལ་བག་འཁུམ་པ་དང་སྙ་ངན་ཟུང་གི་འགྱུར་བ་ཆེར་བསྐྱེད་པས། མོ་ཚིག་འདིར་རྩོམ་ཉམས་ཀྱི་ངོས་ནས་བལྟས་ན་འཇིགས་ཟུང་དང་སྙིང་རྗེའི་ཉམས་ལྡན་པ་དང་། མོ་ལྟས་ཀྱི་ངོས་ནས་བརྟགས་ན་འདྲེ་མ་ཏའི་མོ་ལ་བབ་སྟེ། དགྲ་སྐུ་ལ་བཏབ་ན་དགྲ་དང་འཕྲད་ངོ་ཡོད་པ་དང་། གཉེན་བྱས་ན་མི་ཟུང་། འགྲོན་པོར་བཏབ་ན་མི་འོང་། ནད་པར་བཏབ་ན་གནོད་ཆེ། གསོལ་ཤགས་བྱས་ན་མི་གནང་བའི་མོ་ངན་པ་ཞིག་ཏུ་འདོད་ངེས་རེད།

ཀྱེ། གངས་དཀར་ནི་སུམ་ཟུར་ན། །

འབྲོང་བུ་ནི་བཞེས(བཞེངས)ལསས(ལགས)ཏེ། །

ནམས(ནུམས)ཀྱང་ནི་གངས་དཀར་རྗེ། །

སྤྲལ(སྤྲུལ)མོ་ནི་བཞེངས་ལགས་ཏེ། །

ནམས་ཀྱང་ནི་གཡའ་སྔོ་རྒྱན། །

གོང་སྤྲག(སྤྲེག)ནི་མ་བུ་གཉིས། །

གསུང་སྙན་ནི་སི་ལི་ལི། །

སྨན་དག་ནི་དགོས་ཅིག་མ། །

དགོངས་པ་ནི་ལྷ་འི་ཚུལ། །

སྤྱི་སྟུག་ནི་འོད་ལྟར་འཚར། །
དགོ་སྤངས(སྤྱངས)ནི་བདགི་ནོར། །
གཡུང་དྲུང་ནི་དྲ་བར་སྟོལ། །
ར(རི)མཐའ་ནི་ཅང་མྱི་འགྲིམ། །

ཞེས་པར་མཚོན་ན། ཟ་རི་གངས་དང་ལྡན་པ་གསུམ་གྱི་བྲུར་ཞིག་ན་འབྲོང་ཅུ་དམར་ཞིག་ཐམ་ཞིང་འཁྱིང་བ་དེ་ནི་དུས་ནམ་ཡང་གངས་རི་དཀར་པོའི་རྫེ་བོ་ཡིན་པ་དང་། སྤལ་མིག་སྟེ་མེ་ཏོག་གི་ཐིའུ་རྣམས་ནི་དུས་དང་རྣམ་པ་ཀུན་ཏུ་ཟ་རི་སྔོན་མོའི་རྒྱན་དུ་མཛེས་ཤིང་། བྱ་གོང་མོ་མ་སྨད་གཉིས་ཀྱིས་སྐན་འཇེབས་ངག་གི་ཀྱུ་ཀྱུ་ཅི་ཡང་སྒྲོག་ལ། དེ་བས་སྤྱི་སྟུག་འོད་སྟར་འཚེར་བའི་དགོ་བ་མ་བུ་ལས་སྤྱངས་གྲུང་ལྷ་ཡི་མཁྱེན་པ་མངའ་བ་དེ་ནི་བདག་གི་ནོར་སྐལ་ལགས་པས། བཀྲ་ཤིས་གཡང་འཇོམས་ཀྱི་དྲ་རྒྱར་ཚུད་དུ་གསོལ། དེ་ལྟ་བས་ན་བདག་ཀྱང་རི་མཐའ་གཞན་གང་ལའང་མི་འགྲོ་ཞེས་པ་སྟེ། གངས་རི་ཆེན་པོ་དང་ཟ་རི་མཐོན་པོ་སོགས་བོད་ཀྱི་རང་བྱུང་ཡུལ་ལྗོངས་ཀྱི་བཀོད་པ་དང་ཡུལ་ལྗོངས་དེར་སྐྱེས་ཤིང་གནས་པའི་རི་དྭགས་དང་འདབ་ཆགས། སྐྱེ་དངོས་སོགས་ཀྱི་རང་བཞིན་དང་འགྱུལ་སྐྱོད། སྣང་ཚུལ་བཅས་ངོ་མཚར་ཞིང་དགའ་སྤྲོ་འཕེལ་བ་ཞིག་ཞིབ་འབྲི་བྱས་པས། མོ་ཚིག་ཧྲིལ་པོར་རྨད་བྱུང་དང་སྙིག་པའི་ཉམས་ཀྱིས་ཁེངས་ཤིང་མ་འོངས་པའི་དོན་དག་ལ་བརྟགས་ཀྱང་མ་བུ་འཕྲད་པར་འོང་བ་ལྟ་བུའི་བཀྲ་ཤིས་ལྟས་བཟང་དུ་འདོད་པ་བཅས་ལྟ་བུའོ། །

བརྗོད་བྱའི་ནང་དོན་རྒྱ་ཆེ་ཞིང་གཏིང་ཟབ་ལ་སྒྱུ་རྩལ་གྱི་བྲོ་ཉམས་ཕུན་སུམ་ཚོགས་པའི་མོ་ཚིག་དེ་དག་གིས་མ་འོངས་པའི་འཚོ་བ་དང་ལས་དོན་སྣ་ཚོགས་ཀྱི་ལེགས་ཉེས་གཏན་ལ་ཕབ་པའི་ཤུགས་ལས་སྐབས་དེའི་བོད་མི་རིགས་ཀྱི་མཛེས་དཔྱོད་ཀྱི་ལྟ་བ་དང་། གོམས་སྲོལ་གྱི་ལྟ་བ། ཆོས་ལུགས་ཀྱི་ལྟ་བ། རིན་ཐང་གི་ལྟ་

བ་སོགས་ཀྱི་ཚད་མི་འདྲ་བ་རེ་མཚོན་པས། མོ་ཡིག་ནི་སྤུ་རྒྱལ་གྱི་བློ་ཉམས་ལྡན་པའི་རྩོམ་རིག་བརྩམས་ཆོས་ཤིག་ཡིན་པར་མ་ཟད། གནའ་བོའི་བོད་ཀྱི་ཆོས་ལུགས་དད་མོས་དང་འཇིག་རྟེན་གྱི་ལྟ་བ། བསམ་བློའི་དགའ་ཕྱོགས། ཐོན་སྐྱེད་ཀྱི་ཆུ་ཚད། ཡུལ་སྲོལ་གོམས་གཤིས་སོགས་བོད་རིག་པ་སྤྱི་ལ་ཞིབ་འཇུག་བྱེད་པའི་དཔྱད་གཞི་རྒྱ་ཆེན་ཞིག་ཀྱང་རེད།། །།

༄།།གནའ་རབས་བོད་ཀྱི་ཡིག་རྙིང《རྩེད་དྲི་འདུལ་བའི་ཐབས》[1]ཞེས་པར་དཔྱད་པ།

བསྟན་བཅོས་འདི་ནི་སྤྱི་ལོ་2006པའི་དབྱར་ཁར་བོད་ལྗོངས་ལྷོ་ཁ་ས་ཁུལ་མཚོ་སྨད་རྫོང་གཏམ་ཤུལ་ཁུལ་གྱི་དགའ་ཐང་འབུམ་པ་ཆེ་མཆོད་རྟེན་ཉམས་གསོ་བྱེད་སྐབས་རྙེད་པའི་ཡིག་རྙིང་བྲིས་མ་ཡིན་ཞིང་། ཡིག་རྙིང་འདིའི་ཡིག་གཟུགས་འབྲི་སྟངས་དང་། བརྗོད་བྱའི་ནང་དོན། ཐ་སྙད་བཀོལ་སྟངས། ཚིག་གི་སྦྱོར་བ། མཚོན་དོན་བསམ་བློ་སོགས་ལ་བརྟགས་ན། ཏུན་ཧོང་ཡིག་རྙིང་དང་ཆ་འདྲ་བ་སྟེ་ཏ་ལམ་སྤུ་རྒྱལ་བཙན་པོའི་དུས་སྨད་དུ་ཡི་གེར་བཀོད་[2]པའི་བོན་གྱི་ཡིག་རྙིང་ཡིན་པར་འདོད། འདིའི་ཁ་བྱང་ལ་བལྟས་ན་རྩེད་དྲི་གང་དང་གང་ཞིག་ཐབས་གང་དང་གང་གིས་འདུལ་དགོས་པ་སྟོན་པའི་རྩོམ་སྟེ"དངོས་པོའི་གནས་ལུགས་འཆད"[3]པའི་བསྟན་བཅོས་ཤིག་ཡིན་པར་འདོད་ཀྱང་། ཞིབ་ཏུ་བསླབས་ཤིང་བརྟགས་ན་འདི་ནི་ཡུལ་དང་མི་སྣ། དོན་རྐྱེན། བྱུང་རིམ་བཅས་ལྡན་པའི་གནའ་སྒྲུང་བཅུ་དགུ་ལས་གྲུབ་པར་མ་ཟད། ད་དུང་དེ་དག་ཁག་ཅིག་ཏུ་མི་སྣའི་སྐད་ཆ་དང་། ཆ་ལུགས། བྱ་སྤྱོད། ཡུལ་བཀོད་སོགས་ཀྱང་ཞིབ་འབྲི་ངེས་ཅན་རེ་

[1] པ་ཚབ་པ་སངས་དབང་འདུས་དང་གླང་ཙ་ནོར་བུ་ཚེ་རིང་། གཏམ་ཤུལ་དགའ་ཐང་འབུམ་པ་ཆེ་ནས་གསར་རྙེད་བྱུང་བའི་བོན་གྱི་གནའ་དཔེ་བདམས་བསྒྲིགས། [M]. བོད་ལྗོངས་དཔེ་རྙིང་དཔེ་སྐྲུན་ཁང་། 2007:33.

[2] གོང་དང་མཚུངས། ཤོག་གྲངས་ལྔ་པ། ཤྲིང་གཞི།

[3] ས་སྐྱ་པཎྜི་ཏ་ཀུན་དགའ་རྒྱལ་མཚན་གྱིས་བརྩམས་པའི《སྡོམ་གསུམ་རབ་དབྱེ》ཤིང་པར་མར་རྩོམ་གྱི་རིགས་ལ་སྙན་ངག་རྩོམ་རིག་དང་སྙན་ངག་རྩོམ་རིག་མ་ཡིན་པ་གཉིས་སུ་དབྱེ་བ་སྟེ། "དངོས་པོའི་གནས་ལུགས་འཆད་པ་དང་། སྐྱོན་ཡོན་བསྟུགས་པ་རྣམ་གཉིས་ཡོད།" ཅེས་འཁོད་པས་སོ། །

བྱས་ཡོད་པས། གཤམ་དུ་གནའ་བོའི་བོན་སྒྲུང་དུ་བརྩིས་ཤིང་དཔེ་མཚོན་ཙམ་གྱི་སྒོ་ནས་ཙུང་ཟད་སྤྲོས་ན།

དང་པོ། བརྩམས་ཆོས་ངོ་སྤྲོད།

རྙེལ་དྲི་[1]རབས་ཅིག་ལའ། ལུང་གྱི་ཡ་ཕུ་ནའ། རྗེ་དཔའ་ཞ་འབྲིང་བཞུགས། ལུང་གྱི་མ་མདའ་ནའ། སྨན་བཙུན་ཁྱུད་ཁྱུད་ཁྱུད་མོ་བཞུགས། ལུང་གྱི་བར་ཚིགས་ན། སྨྱིའི་སྨྱིང་ནི་སླན་ངམ་ལེན་དང་། བྱའི་སྨྱིང་ནི་ཕ་བང་མོང་སྐྱེས་དང་། ཡོས་བོང་ཏ་ར་ཆུང་། ལུང་གྱི་ཡ་ཕུར་མཆིས། རྗེ་ཁ་ད་ཞ་འབྲིང་ལ། ལུང་གྱི་མདའ་ན། སྨན་བཙུན་ཟང་མོ་ཞིག་མཆིས་ནའ། དེ་དང་བསྒྲོལ་ན་མ་རུང་འམ། ལུང་གྱི་མདར་མཆིས་ནས། སྨན་བཙུན་བཟང་མོ་ལ། ལུང་གྱི་ཡ་ཕུ་ནའ། སྨྱི་བཙུན་སྐྱེས་བུ་བཟང་པོ་ལ་མཆིས་ན། དེ་དང་བསྒྲོལ་ན་མ་རུང་ངམ། །དེ་སྐད་ཞུས་པ་དང་། ལུང་གྱིས་ཡ་ཕུ་འ་བར་དུ་དེ་གཉིས་པ་ལའ། སང་གྱི་ནམ་ནངས་རྒྱུང་སངས་ནའ། དྲལ་གྱིས་ལྕམ་ཞལ་གཟིགས། ལྕམ་གྱིས་གྲལ་ཞལ་གཟིགས། །རྗེ་ཁ་ད་ཞ་འབྲིང་ནི། དབྱམ་ཕྱིང་དཀར་པོ་ལ་འ། མཐའ་མ་གཡས་ཀྱིས་བསྐོར་ནས་སུ། ལུང་གྱི་ཡ་ཕུར་གཤེགས། །སྨན་བཙུན་ཁྱུད་ཁྱུད་ནི། དབྱམ་ཕྱིང་དཀར་པོ་ལ། མཐའ་མ་དམར་གྱིས་བསྐོར་ནས། ལུང་གྱི་མདའ་གཤེགས། ཟླ་བ་ངོ་བདུན་ནའ། སྐུའི་ལྷུམས་ན་བུ་ཅིག་དང་སྲས་མངའ་ནའ། མད་སྲིན་ཡོ་ཞུགས་གྱིས། མར་ཞུགས་རྒྱུར་དུ་ཞུགས། མའི་ཁོང་དུ་ཞུགས། བུ་ནད་ཁོང་ནས་བསླང་། སྨན་བཙུན་ཁྱུད་ཁྱུད་གྱིས། སྐུ་ལས་བཤན་བུ་ཕྱུ་གར་ཕྱུང་། སྐུ་ལ་ལྷམས་གྱིས་བཏབ། དྲོངས་པ་རྙེལ་ཏེ་གྲོངས། སློག་སྟན་ཁྲག་གྱིས་བཀང་། མ་མགོ་གྱེན་དུ་བསྟན། བུ་མགོ་ཐུར་དུ་

[1] རྙེལ་དྲི་ཞེས་པ"མཉོལ་དྲི"ཡི་དོན་ཡིན་པར་སྙམ།

བསྟན། ཤ་མ་གདང་ལ་དཀྲིས། ཐྲག་སྣངས་སྣང་ལྟར་མཐུན། ཆུ་སེར་ཙ་ར་ར། རྗེ་ཁ་ད་ཞ་འབྲིང་སྟོན་གྱིས་ཟིན། གདོ་དང་དཔྱད་མགྱིས་ནའ། སྨན་བཙུན་ཁྱུད་ཁྱུད་ཅིག །བྱ་དྲི་ལྡེབས་གྲིར་གྲོངས་པས་ནོས། །ད་དྲི་བོན་ར་ལྤགས་སྤྱུན་དྲངས་འཚལ། རི་མཐོ་རྒྱ་ཞིག་བཙུགས། དྲི་རྐོད་ལས་གཡུང་དུ་བཏུལ། །པགས་གསར་ལས་ཞིབ་ཏུ་མཉེས། །གཡའ་ལས་གོར་བླངས་ཏེ། གོར་གྱིས་རོ་བཤས་ཏེ། འགྲོང་ནས་བྱ་རོ་བྱུང་། །འགལ་བྱ་འགོ་རྒྱ་དང་། དྲོད་པ་རྒྱ་དང་། ར་སོགས་རྒྱ་དང་། རྐོག་མོ་རྒྱ་དང་། ཤུལ་གྱི་བཞི་མདོར་བནན། དྲི་མོ་དེ་འི་མྱིང་ནི་རྙེལ་དྲི་དགམ་མར། དེ་འགལ་པའི་ཁ་ལ་བགྲང་། དྲོད་པའི་རྫིང་རྒྱ་བྲུག རོ་ཕྱིར་གཡེན་མ་ཆེ། ཤི་ཕྱིར་གཙགས་མ་རིང་། རྗེ་ཁ་དང་ཁ་འབྲིང་ལ་ཕན་ནོ། །ད་ཡང་དེ་དང་འགྲ་འོ། ཕན་བསོད་ཞིབ་ཏུ་བགྱི་འོ། །①

དེ་ཡང་། “ལྗུང་གྱི་ཡ་ཕུ་ནའ། རྗེ་དའ་ཞ་འབྲིང་བཞུགས”ཞེས་པ་ནས“ལྗུང་གྱི་མདའ་གཤགས”ཞེས་པའི་བར་དུ་རྗེ་བོ་ཁ་ད་ཞ་འབྲིང་དང་མ་བཟང་མོ་ཁྱུག་ཁྱུད་ཁྱུད་མོ་གཉིས་གཉེན་བསྒྲིགས་པའི་ཚན་པ་སྟེ། ལྗུང་པ་ཞིག་གི་ཕུ་སྟོད་ན་ཁ་ད་ཞ་འབྲིང་ཞེས་པའི་རྗེ་བོ་ཞིག་བཞུགས་ཤིང་། མདའ་ན་ཁྱུད་ཁྱུད་ཁྱུད་མོ་ཞེས་པའི་སྨན་ཤར་བཟང་མོ་ཞིག་ཡོད། བར་དུ་མི་མིང་དུ་སྣན་ངམ་ལེན་ཞེས་པ་དང་བྱ་མིང་ལ་ཕ་བང་སོང་སྐྱེས་སམ་ཡོས་བོང་ཏ་ར་ཆུང་ཞེས་པ་ཞིག་ཡོད། ཉིན་ཞིག་ལ་སྣན་ངམ་ལེན་དེ་ལྗུང་པའི་ཕུ་སྟོད་ཀྱི་རྗེ་བོ་ཁ་ད་ཞ་འབྲིང་གི་དྲུང་དུ་སོང་ནས“རྗེ་བོ་ཁྱེད་ཀྱིས་ལྗུང་པའི་མདའ་ན་ཡོད་པའི་སྨན་ཤར་བཟང་མོ་དེ་ཁབ་ཏུ་བཞེས་ན་མི་ལེགས་སམ།” ཞེས་ཞུས་པ་དང་། ཡང་། ལྗུང་འདབས་ཀྱི་སྨན་ཤར་བཟང་མོའི་དྲུང་དུ་སོང་ནས“བཟང་མོ་ཁྱེད་རང་ལྗུང་པའི་ཕུ་སྟོད་ཀྱི་སྐྱེས་བུ་བཟང་པོ་དང་

① གཏམ་ཤུལ་དགའ་ཐང་འབུམ་པ་ཆེ་ནས་གསར་རྙེད་བྱུང་བའི་བོན་གྱི་གནའ་དཔེ་བདམས་བསྒྲིགས། [M]. བོད་ལྗོངས་དཔེ་རྙིང་དཔེ་སྐྲུན་ཁང་། 2007:40—44

གཉེན་བསྐྱེབས་ན་མི་ཚོག་གམ”ཞེས་ཞུས་པས། སང་ཉིན་ནམ་ལངས་ཤིང་དགུང་སངས་པའི་དུས་སུ་རྗེ་ལྕམ་གཉིས་ལུང་པའི་ཕུ་མདོ་གཉིས་ཀྱི་བར་མཚམས་སུ་ཕན་ཚུན་ཞལ་མཇལ་ནས་མཉམ་དུ་འགྲོགས། དེ་ནས་རྗེ་ཁ་ད་ཞ་འབྲིང་ནི་དབྱམ་ཕྱིང་དཀར་པོའི(དེའུ་འབུར)གཡས་མཐའ་བསྐོར་ནས་ལུང་པའི་ཕུ་སྟོད་དུ་གཤེགས་པ་དང་། བུ་མོ་ཁྲུད་ཁྲུད་ཁྲུད་མོ་ནི་དབྱམ་ཕྱིང་དཀར་པོའི་གཡོན་མཐའ་བསྐོར་ནས་ལུང་པའི་མདའ་རུ་གཤེགས་པར་བསྟན་ཡོད།

“ལྷ་ངོ་བདུན་ནའ”ཞེས་པ་ནས“རྗེ་ཁ་ད་ཞ་འབྲིང་སླན་གྱིས་ཟིན”ཅེས་པའི་བར་དུ་བུ་མོ་ཁྲུད་ཁྲུད་ཁྲུད་མོར་མངལ་སྦྲུམ་རྗེས་འདྲེ་སྲིན་གྱིས་གནོད་པ་བྱས་ནས་ཡུམ་སྲས་གཉིས་རྩིལ་དྲིས་གྲོངས་པའི་ཚན་པ་སྟེ། རྗེ་བོ་ཁ་ད་ཞ་འབྲིང་དང་བུ་མོ་ཁྲུད་ཁྲུད་ཁྲུད་མོ་གཉིས་ཡབ་ཡུམ་དུ་གྱུར་ནས་ལྷ་བ་བདུན་ལོན་པ་དང་ཡུམ་གྱི་ལྕུམས་སུ་སྲས་སྦྲུམ་པ་ན། འདྲེ་སྲིན་ཡུམ་གྱི་ཁོང་དུ་ཞུགས་ཤིང་ལྕུམས་ཀྱི་བུ་ལ་ནད་བསླངས་ཏེ་ཕྱིར་ཕྱུང་ལ་ཡུམ་གྱི་སྐུ་ལུས་ལའང་རྩིལ་དྲི་ངང་གིས་ཕོག་ནས་གྲོངས་པས། པགས་སྔན་ཁྲག་གིས་བཀང་། ཡུམ་གྱི་མགོ་གྱེན་དུ་དགྱེ། སྲས་ཀྱི་མགོ་ཐུར་དུ་དཔྱངས། ཤ་ས་སྙིད་པར་དཀྲིས། ཁྲག་ཆྲངས་ཐུ་ལུ་ལུ།(སླང་འཁྱམས་པའི་སྒྲ་ཁྱུང་གི་ཆྲངས་པ་ལྟར་ཐུ་ལུ་ལུ་བྱེད) ཆུ་སེར་ཙ་ར་ར་བཅས་བྱེད་ཅིང་རྗེ་བོ་ཁ་ད་ཞ་འབྲིང་ཡང་ནད་ཀྱིས་ཟིན་པར་བསྟན་ཡོད།

“གདོ་དང་དཔྱད་མགྲིས་ནའ།” ཞེས་པ་ནས“ཕན་བསོད་ཞིབ་དུ་བགྱི་འོ། །”ཞེས་པའི་བར་དུ་གཏོ་དང་མོ་ལ་བབ་པ་ལྟར་དྲི་བོན་ཞུས་ནས་རྩིལ་དྲི་བཏུལ་བའི་ཚན་པ་སྟེ། གཏོ་དང་མོ་ལ་དཔྱད་ན་ཡུམ་ཁྲུད་ཁྲུད་ཁྲུད་མོ་ནི་སྲས་རྩིལ་དྲིས་གྲོངས་པས་འདས། ད་དྲི་བོན་ར་ལྔགས་སྤྱན་འདྲེན་དགོས་ཟེར་བ་ལྟར་དྲི་བོན་སྤྱན་དྲངས་ཏེ། དྲི་ཐོ་དགུ་བཙུགས་ནས་དྲི་རྔོད་གཡུང་དུ་བཏུལ་ཅིང་པགས་གསར་མཉེན་པར་མཉེས། གཡའ་རྗེ་ལེབ་མོས་ཡུམ་གྱི་སྐུ་གདུང་གཞགས་ནས་སྲས་ཀྱི་

བེམ་པོ་འདོམས་ནས་བླངས། སྣང་ཕྱུག་གི་མགོ་ཉུས་དཀྱུའམ་ཤིང་དུམ་བསྒྲིགས་པའི་སྣེ་དགུ་དང་། གྲོད་པ་དགུ། ར་སོགས་དགུ། ཁོག་མ་དགུ་བཅས་ལམ་གྱི་བཞི་མདོར་མནན། རྣེལ་དྲི་དགམ་མར་ཞེས་པའི་དྲི་མོའི་མིང་ནི་སྣང་མགོའི་ཁ་ལ་བཙུག་པའི་སྙིང་དུ་གྲོད་པའི་རྫིང(སློ)དགུ་བླུགས་པས། ད་རོའི་དོན་དུ་སྣང་སྡིག་མ་ཆེ། གཤིན་པོ་ཡིད་ལ་འཛགས་ཡུན་མ་རིང་། སྔོན་དེ་ལྟར་བྱས་ནས་ཕན་པ་བཞིན་དུ་ད་ཡང་དེ་དང་འདྲ་སྟེ། རྫེ་ཁ་ད་ཞ་འཁྲིང་ལ་ཕན་ནོ། །ཕན་པ་དང་ལེགས་པ་ཞིབ་ཏུ་བྱ་དགོས་ཞེས་ཟེར་རོ། །

《འགོས་བཟའ་ཡམ་འདར་མ་རྣེལ་དྲིས་གྲོངས་པའི་རབས》[1]ལ་མཚོན་ནའང་ཡུལ་འགོས་ཡུལ་སྟོད་ཀྱི་འགོས་བཟའ་ཡམ་འདར་མར་དྲི་དགུ་ཕོག་ནས་གྲོངས་རྗེས། དྲི་བོན་ར་ལྷགས་སྐྱི་རྒྱལ་གདན་དྲངས་ཏེ་དྲི་ཆོད་གཡུང་དུ་བཏུལ་བ་བརྗོད་པའི་གནའ་སྒྲུང་སྟེ།

རྣེལ་གྲི་འི་རབས་ཅིག་ལའ། ཕ་དང་ཡབ་གྱི་མཚན། འགོས་རྗེ་འགོས་པོ་དང་། མ་དང་ཡུམ་གྱི་མཚན། ཟ་ཟ་ཟངས་མོ་བཙུན། །བཤོས་དང་ནམས་ཀྱི་སྲས། བུ་བྱུང་བོ་མོར་བྱུང་། མྱིང་དང་མཁན་བཏགས་པའ། འགོས་ཟ་ཡམ་འདར་མའ། ཞལ་བཟངས་ཟླ་རེ་ཉ། །རིངས་མཟངས་སྨྱུག་རེ་ལྡེན། སུའི་ཁབ་དང་དབྱལ་དུ་གཤེགས་ན། །ལྕུང་གྱི་ཡ་ཕུ་ན་ལྷ་གཉིས་གསས་དང་། གསུམ་གྱི་ཁབ་དང་དབྱལ་དུ་བཞེད་དོ་གསུང་། །ལྕུང་གྱི་མདའ་ན། ཀླུ་གཉིས་གཉན་དང་གསུམ་གི་ཁབ་དང་དབྱལ་དུ་བཞེད་དོ་གསུང་། །འགྲོ་སྲིན་གདོན་དང་གསུམ་གྱི་ཁབ་དང་དབྱལ་དུ་བཞེད་དོ་གསུང་། །ཕ་བོ་སྣད་པ་ཆེ། འགོ་ཆེ་སྣད་པ་ཆེ། །ལྷ་གཉིས་གསས་དང་གསུམ་ལ་མ་སྐྱལ་ལོ། །

---

① གཏམ་ཤུལ་དགའ་ཐང་འབུམ་པ་ཆེ་ནས་གསར་རྙེད་བྱུང་བའི་བོན་གྱི་གནའ་དཔེ་བདམས་བསྒྲིགས། [M]. བོད་ལྗོངས་དཔེ་རྙིང་དཔེ་སྐྲུན་ཁང་། 2007:40 — 44.

ཀླུ་གཉིས་གཉན་དང་གསུམ་ལ་མ་སྐྱལ་ལོ། །འདྲེ་གཉིས་སྨན་དང་གསུམ་ལ་མ་སྐྱལ་ལོ། །འདྲེ་སྲིན་དང་བྱུར་གསུམ་ལ་མ་སྐྱལ་ལོ། །བོ་མོ་ཐུགས་ཅན་ནས། སྲིན་དང་བྱེ་སྣེ་མཆིས། བདེན་དང་བྱེ་སྣེ་མཆིས། །སྲུའི་ཁབ་དང་དབྱལ་དུ་བཞེས། ཟངས་ཡུལ་ཟངས་སྟོད་ནའ། ཟངས་འགར་སེ་ཞུ་པའི་ཁབ་དང་དབྱལ་དུ་བཞེས། ཀླ་བ་ངོ་རྒྱུ་ན། ཕ་དང་ཕྲད་དོ་གསུང་། སྐྱུ་ལ་ཅི་གསོལ་ནའ། ནམ་བཟའ་གུ་ཟུ་གསོལ། ཚིབས་སུ་ཅི་མཆིབས་ན། ར་དྲ་ཙ་རྐན་མོ་བཅིབས། འགོལ་ཡུལ་འགོས་སྟོད་ནའ། དུ་གཤེགས། ན། །ཤུལ་དུ་སུ་དང་མཇལ། བུས་བུ་ར་ཇེ་ལུག་ཇེ་གཉིས་དང་མཇལ། །བུས་སྤའི་མཆིད་ན་རེ། བུ་ཁྱོད་སུ་བགྱིས་པ་དང་། འགོས་ཟའི་མཆིད་ནའ་རེ། བདག་གྱི་ཕ་སྨོས་པ་འགོས་རྗེ་འགོས་པོ་ཐང་། མ་ནི་ཟ་ཟ་ཟངས་མོ་བཙུན། བདག་རང་འགོས་ཟ་ཕྲུམ་མ་འདར། མ། །དེ་སྐད་བགྱིས་པ་ལ། ར་རྩེ་ལུག་རྩིས་ཁྲུས་བཏབ་པས། འགོས་ཟ་ཕྲུམ་དར་རབ་ཅིག་བསྐྱུན། འགོས་ཟ་བརྒྱལ་ཏེ་གདའ། ལུག་རྩེ་ཀ་སྣེ་གདའ། ལུག་རྩེ་ས་རྗེ་གཅིག་འཕངས། རྗེ་འཕངས་འགོ་ཊ་ཕོག ཁང་པ་མཐུར་གྱིས་དཀྲིས། །ཏ་འགྲོགས་གཡང་གར་འགྲོགས། ཐབ་དུ་ལྷུང་སྟེ་གྲོངས། གུ་ཟུ་ལྷུང་གྱིས་བཏབ། །གུ་ཟུ་ལྷུང་གྱི་སྐྱེ་ལ་དཀྲིས། །འགགས་ནས་ཚུ་ཊ་ལྷུང་སྟེ་གྲོངས། དེ་ནས་རྟོས་དེ་ནེས་མོ་རང་ལྷེབས་སྟེ། ཤི། །ཟ་མ་མོ་ཅིག་ལ་ལུས་ལ་དྲི་རྒྱུ་དར། ལུག་རྩིས་རྟེ་བརྒྱབ་པའི་དྲི་སྣེ་གཅིག ཏ་གྲི་དང་གཉིས། གཡང་དྲི་གསུམ། ཐབ་གྲི་དང་བཞི། །འགགས་དྲི་དང་ལྔ། ཚུ་དྲི་གྲུག །བུ་དྲི་དང་བདུན། ལྷེབས་དྲི་དང་བརྒྱད། དེ་ནས་ཟངས་འགར་སེཞུ་པས་བཤུས་པའི་རོ་རྨེད་དང་རྒྱ། ཟ་མ་མོ་ཅིག་ལ་ལུས་གྱི་རྒྱུ་དེ་དར། ཟངས་འགར་སེཞུ་པ་འིས། དྲི་བོན་ར་ལྷགས་སྐྱི་རྒྱལ་དེ་ལྟར་གཉེར། དྲི་ཐོ་རྒྱུ་ཅིག་བཙུགས། བྱེ་མགོ་རྒྱུ་སྣ་དམྱིག་རྒྱ། པགས་བུ་རྒྱ། སླུག་གུ་རྒྱ། སྐྱུར་བུ་རྒྱ། རྡོད་པ་རྒྱ། ཁྲག་རྒུས་བཀང་སྟེ། རྩ་རྗིང་སྣ་རྒྱུ་ཐུར་དུ་བྲུག །འགལ་པ་རྒྱུ་ཐུར་དུ་དགར། རོ་ཕྱིར་ཡེན་མ་ཆེ། ཤེ་ཕྱིར་

གཆགས་མ་རིང་། སྤྲུལ་མོ་དམྱིག་རྒྱུའི་སྤྲུལ་ནས་འདྲེན། །གསེར་སྤྲུལ་སེར་མོ་དང་། གཡུ་སྤྲུལ་སྔོན་མ་དང་། རྫལ་སྤྲུལ་དཀར་མོ་དང་། ལྕགས་སྤྲུལ་སྔོན་མོ་དང་། ཟངས་སྤྲུལ་དམར་མོ་དང་། མཆོང་སྤྲུལ་སྨུག་མོ་དང་། སྤྲུལ་རྒྱུ་སྤྲུལ་ནས་བྲངས། འགོས་ཟ་ཕྲུམ་འདར་མ། བུ་གྲི་རྐོད་ལས་གཡུང་དུ་བཏུལ། ཚུ་སྣ་མང་པོ་ནས་བཀྲུས། ཚན་སྣ་མང་པོ་ནས་བཏབ། ཟངས་འགར་སེའུ་པ་ཡིས། བང་སོ་གཡས་ཀྱི་དྲལ་དུ་བཞག བུ་གྲི་སྨན་དུ་བསྐྱལ། གནའ་དེ་ལྟར་ཕན་དེ་བསོད་དོ། །ད་པུ་ལ་ཀྱེར་བ་ལ་ཕན་དེ་བསོད་དོ། །

དེ་ཡང“ཕ་དང་ཡབ་ཀྱི་མཚན།” ཞེས་པ་ནས“རིངས་མཟངས་སྨྱུག་རེ་ལྡེན།” ཞེས་པའི་བར་དུ། ཡབ་ཀྱི་མཚན་ལ་འགོས་རྗེ་འགོས་པོ་གསོལ་བ་དང་། ཡུམ་གྱི་མཚན་ལ་ཟ་ཟ་ཟངས་མོ་བཙུན་གསོལ་བ་གཉིས་གཉེན་དུ་བསྡེབས་པ་ལས་བུ་དང་བུ་མོ་སྐྱེས། བུ་མོའི་མིང་ལ་འགོས་ཟ་ཡམ་འདར་མ་ཞེས་བཏགས་ཤིང་། དེ་ཞལ་རས་མཛེས་པ་ཉ་གང་ཟླ་བ་དང་ལུས་སྐྱེས་ལུགས་སྨྱུག་མ་ཚིགས་དྲུག་འདྲ་བར་བསྟན་ཡོད།

“སྲུའི་ཁབ་དང་དབྱལ་དུ་གཤེགས་ན།” ཞེས་པ་ནས“ཕ་དང་ཕྲད་དོ་གསུང་།” ཞེས་པའི་བར་དུ། ཞལ་དང་སྐྱེས་ལུགས་ཁྱད་དུ་འཕགས་པའི་བུ་མོ་དེར་ཁྱོད་རང་སུ་ཞིག་གི་ཁབ་ཏུ་གཤེགས་པར་འདོད་ཅེ་ན། བུ་མོ་དེས“ང་རང་ལུང་པའི་ཕུ་སྟོད་ན་ལྷ་གཉིས་དང་གསས་གཅིག་བཞུགས་པ་དེའི་ཁབ་ཏུ་གཤེགས་པར་འདོད། ཡང་ན། ལུང་པའི་མདའ་ན་ཀླུ་གཉིས་དང་གཉན་གཅིག་བཞུགས་པ་དེའི་ཁབ་ཏུ་གཤེགས་པར་འདོད། ཡང་ན། འདྲེ་སྲིན་གདོན་གསུམ་གྱི་ཁབ་ཏུ་གཤེགས་པར་འདོད”ཅེས་གསུངས་ཀྱང་། ཕ་འགོས་རྗེ་འགོས་པོས་དེ་དག་གང་ལའང་མ་བསྐུལ་བས། སྲས་མོ་ཐུགས་ཆད་ནས་གདོན་སྲིན་དང་ཀྱེས་ཏེ་ཡུལ་ཟངས་ཡུལ་ཟངས་སྟོད་དུ་ཕྱིན་ནས། ཟངས་འགར་སེའུ་བའི་ཁབ་ཏུ་བཞེས་ཤིང“ཟླ་བ་དགུ་ལོན་ན་ཕ་དང

མཛལ་ཡོང"ཞེས་གསུངས་པར་བསྟན།

"སྐུ་ལ་ཅི་གསོལ་ནའ།" ཞེས་པ་ནས"ཟ་མ་མོ་ཅིག་ལ་ལུས་ཀྱི་རྒྱུ་དེ་དར།" ཞེས་པའི་བར་དུ། སྲུས་མོ་འགོས་ཡམ་འདར་མ་དེ་ཟངས་འགར་སེའུ་བའི་ཁབ་ཏུ་བཞེས་ནས་ཟླ་བ་དགུ་ལོན་རྗེས། སྐུ་ལ་མནབ་བཟའ་གུ་ཟུ་གསོལ། ཆིབས་སུ་རྟ་ཙ་རྐན་མོ་བཅིབས་ནས་འགོས་ཡུལ་སྟོད་དུ་གཤེགས། ལམ་བར་དུ་ར་ལུག་འཚོ་བའི་བུ་ཆུང་གཉིས་དང་ཕྲད་པས། བུ་ཆུང་ན་རེ། ཁྱོད་ཀྱི་མིང་ལ་ཅི་ཟེར། ཞེས་པ་ན། འགོས་བཟའ་ཡམ་འདར་མ་ན་རེ། བདག་གི་ཕ་ཡི་མིང་ལ་འགོས་རྗེ་འགོས་པོ་ཟེར། མ་ནི་ཟ་ཟ་ཟངས་མོ་བཙུན་ཡིན། བདག་གི་མིང་ལ་འགོས་བཟའ་ཡམ་འདར་མ་ཟེར་ཞེས་པ་ལ། ར་ལུག་འཚོ་བའི་བུ་ཆུང་གཉིས་ཀྱིས་ཚོ་ངེ་བཏབ་པས། འགོས་བཟའ་ཡམ་འདར་མ་ས་ལ་འགྱེལ་ཏེ་བརྒྱལ་བར་གྱུར། ལུག་རྫི་ཡིས་པ་དགའ་ནས་རྡོ་ཞིག་འཕངས་པས་སྲུས་མོ་འགོས་བཟའ་ཡམ་འདར་མའི་མགོར་ཕོག་ཅིང་། རྟའི་མཐུར་མདའ་རྐང་པར་དཀྲིས་པས། རྟ་འདྲོགས་ལ་ལུག་ཀྱང་འདྲོགས་ནས་གཡང་སར་ལྷུང་ཞིང་མངལ་གྱི་བུ་ཕྱུངས་ནས་གྲོངས། གོ་བེར་རམ་ཟླ་གམ་རླུང་གིས་བསྐྱོད་ནས་འགོས་བཟའ་ཡམ་འདར་མའི་སྐེར་དཀྲིས་ནས་འགགས་ཤིང་ཆུར་ལྷུང་སྟེ་གྲོངས། དེ་ལྟར་འགོས་བཟའ་ཡམ་འདར་མའི་ལུས་ལ་དྲི་དགུ་ཕོག་པ་སྟེ། ལུག་རྫིས་རྡོ་བརྒྱབ་པའི་དྲི་དང་གཅིག རྟ་གྲི་དང་གཉིས། ལུག་དྲི་དང་གསུམ། གཡང་སའི་དྲི་དང་བཞི། འགགས་དྲི་དང་ལྔ། ཆུ་དྲི་དང་དྲུག བུ་དྲི་དང་བདུན། ལྟེབས་དྲི་དང་བརྒྱད། རོ་དྲི་དང་དགུ་བཅས་འགོས་བཟའ་ཡམ་འདར་མར་ཕོག་ནས་གྲོངས་པར་བསྟན་ཡོད།

"ཟངས་འགར་སེའུ་བ་འིས།" ཞེས་པ་ནས"བུ་གྲི་སྨན་དུ་བསྐྱལ།" ཅེས་པའི་བར་དུ། འགོས་བཟའ་ཡམ་འདར་མའི་ཁྱོ་བོ་ཟངས་འགར་སེའུ་བས་དྲི་བོན་ར་ལྷགས་སྐྱི་རྒྱལ་ཞུས་ཏེ་དྲི་ཐོ་དགུ་བཙུགས་པ་དང་། བྱ་མགོ་དགུ། སྣ(རྣ)དགུ། པགས་བུ་

དགུ། ཞོ་སྡོད་དགུ། སྐྱུར་བུ་དགུ། གྲོད་པ་དགུ་ཁྲག་སྣ་དགུས་བཀང་བར་བྱས་པའི་སྟེང་དུ། རྩ་རྫིང(སློ)སྣ་དགུ་ཐུར་དུ་བླུགས་པ་དང་། འགལ་རྐྱེན་མང་པོ་སོ་སོར་བཀར། ཁོ་ན་རེ། ད་རྟ་ཡི་དོན་དུ་སྲང་སྲིག་མ་ཆེ། གཤིན་པོ་ཡིད་ལ་འཇགས་ཡུན་མ་རེད་། དྲི་དགུ་དེ་སྤྲུབས་མོ་མིག་དགུའི་སྤྲུབས་ཁོང་ནས་འདྲེན་ཟེར་ནས། གསེར་སྤྲུབས་སེར་པོ་དང་། གཡུ་སྤྲུབས་སྔོན་མོ། རྔུལ་སྤྲུབས་དཀར་མོ། ལྕགས་སྤྲུབས་སྔོན་མོ། ཟངས་སྤྲུབས་དམར་མོ། མཆོང་སྤྲུབས་སྐྱུག་པོ་སོགས་སྤྲུབས་དགུའི་སྤྲུབས་ཁོང་ནས་དྲངས། འགོས་བཟའ་ཡམ་འདར་མར་བུ་དྲི་ཕོག་པ་གཡུང་དུ་བཏུལ། ཆུ་སྣ་མང་པོས་བཀྲུས། ཚན་ཁྲུས་སམ་སྤགས་སྣ་མང་པོ་བཏབ་རྗེས། ཟངས་འགར་སེའུ་བས་བང་སོའི་གཡས་ཀྱི་གྲལ་དུ་བཞག བུ་དྲི་རྐོད་པོ་གཙང་མར་བཏུལ་ཅིང་གཙང་མ་སྨན་དུ་བསྒྱུར་རྗེས། གནའ་འདི་ལྟར་བྱས་པས་ཕན་ཞིང་བཟང་ལ་ད་ལྟ་དང་ཕྱིས་སུའང་འདི་ལྟར་བྱས་ན་ཕན་ཞིང་བཟང་ངོ་ཞེས་བརྗོད་པ་ལྟར་རོ། །

གཉིས་པ། རྙེལ་དྲི་འདུལ་ཐབས་སྨྲུང་དུ་སྒྱུར་བའི་དགོས་པ་བཤད་པ།

དེ་ཡང་གཏམ་རྒྱུལ་དགའ་ཐང་འབུམ་པ་ཆེ་ནས་གསར་རྙེད་བྱུང་བའི་བོན་གྱི་གནའ་དཔེ《རྙེལ་དྲི་འདུལ་བའི་ཐབས》ཀྱི་བརྗོད་དོན་གཙོ་བོ་ནི་རྙེལ་དྲི་གང་དང་གང་ཞིག་ཐབས་གང་དང་གང་གིས་འདུལ་དགོས་པར་སྟོན་པ་དེ་ཡིན་ཡང་། དེ་ཉིད་ཐད་ཀར་མི་བརྗོད་པར་སྨྲུང་དུ་སྒྱུར་ནས་བསྟན་པའི་དགོས་པ་ནི་འདི་རེད་ཅེས་ཚིག་ཐག་བཅད་ནས་བརྗོད་དཀའ་མོད། ཡོ་རོབ་གླིང་དུ་དར་ཁྱབ་ཆེ་བའི་ཡེ་ཤུས་ཆོས་ལུགས་ཀྱི་གསུང་རབ་མང་པོ་གནའ་སྨྲུང་དུ་སྒྱུར་ནས་གསུངས་པ་དང་། སངས་རྒྱས་ཤཱཀྱ་ཐུབ་པས་གསུངས་པའི《སྙིང་རྗེ་པདྨ་དཀར་པོའི་མདོ》ལས། "ཀུན་དགའ་བོ་དེ་བཞིན་གཤེགས་པས་གསུངས་པའི་ཆོས་འདུལ་

བ་འདི་རྣམ་པར་འཕེལ་བ་དང་། ཡོངས་སུ་མི་ཉམས་པ་དང་། ཀུན་ཏུ་སྤྱང་ཞིང་སྤྲ་བ་དང་། ཆུད་མི་ཟོས་པར་བྱ་བའི་ཕྱིར། ཁྱོད་ལ་དཔེ་བསྟན་པར་བྱ་སྟེ་འདི་ལ་སྐྱེས་བུ་མཁས་པ་ཁ་ཅིག་དཔེས་སྨྲས་པའི་དོན་ཤེས་པར་འགྱུར་རོ། །"ཞེས་འཁོད་ཅིང་། མདོ་སྡེ་དང་འདུལ་བ་སོགས་སུ་ཆོས་ཀྱི་གཞུང་དོན་ཟབ་མོ་རྣམས་གཏམ་རྒྱུད་སྣ་ཚོགས་ལ་སྦྱར་ནས་གསུངས་པ། རང་རེ་བོད་པ་རྣམས་ཀྱིས་ཀྱང"ལུང་གི་ཆོས་གོ་བར་བྱ་བའི་ཕྱིར་སྒྲུང་བསྟན"①པ་སོགས་ཕྱོགས་བསྡུས་ཀྱིས་བརྟགས་ན་གཏམ་རྒྱུད་ལ་བརྟེན་ནས་ཆོས་ལུགས་སྤེལ་བ་ནི་ཆོས་ལུགས་གྲུབ་མཐའ་སོ་སོ་ཐུན་མོང་གི་ཐབས་དམ་པ་ཞིག་སྟེ། ཆོས་ཀྱི་གཞུང་དོན་ཟབ་མོ་དང་སྒྲུབ་ཐབས་སྣ་ཚོགས་རྟོགས་སླ་ཞིང་རྟོགས་ནས་ཀྱང་ཀུན་ལ་འཕེལ་བ་དང་། ཡོངས་སུ་གནས་པ། སྣོད་ལྡན་མ་ཡིན་པ་ལ་གསང་བར་བྱ་བ་བཅས་ཀྱི་དོན་དུ་ཡིན་པ་མངོན་པར་རྟོགས་ཐུབ། དེས་ན་གནའ་བོའི་བོན་པོ་རྣམས་ཀྱིས་རྫེལ་དྲི་འདུལ་ཐབས་དེ་སྒྲུང་ལ་སྦྱོར་བའི་དགོས་པའང་འདི་ལྟ་སྟེ། ཀུན་ལ་མོས་པ་ཆེ་བའི་སྤྱི་ཚོགས་ཀྱི་འཚོ་བ་དང་། གསོན་ཉམས་ལྡན་པའི་གཏམ་རྒྱུད་ཀྱི་བྱུང་རིམ། ཕུན་སུམ་ཚོགས་པའི་སྒྱུ་རྩལ་གྱི་བྲོ་ཉམས། སྣང་བརྙན་ལྡན་པའི་ཡུལ་བཀོད་དང་མི་སྣ་སོགས་ལ་སྦྱར་ནས་བསྟན་ན། རྫེལ་དྲི་འདུལ་ཐབས་དེ་དག་ཀུན་ལ་འཕེལ་ཞིང་ངེས་སླ་ལ། ངོ་མཚར་ཆེ་བའི་གནའ་སྒྲུང་དེ་དག་ཁྲབ་སོ་ཅོག་ཏུ་རྫེལ་དྲི་འདུལ་བའི་ཐབས་ཀྱང་ཁྲབ་ཐུབ་པ་དང་། གནའ་སྒྲུང་དེ་དག་གནས་པའི་བར་དུ་རྫེལ་དྲི་འདུལ་བའི་ཐབས་རྣམས་ཀྱང་ཉམས་པ་མེད་པར་གནས་ཐུབ་པས་སོ། །བོད་ཀྱི་རྒྱལ་རབས་དེབ་ཐེར་ལས་ཀྱང་། "ལྷ་ཐོ་ཐོ་རི་སྙན་བཙན་གྱི་སྔོན་དུ་བོད་ཀྱི་ཆབ་སྲིད་སྒྲུང་ལྡེའུ་བོན་གསུམ་གྱིས་བསྐྱངས།" ཞེས་བོད་ཀྱིས་དུས་སྐབས་དེར་སྒྲུང་གི་སྒྱུ་རྩལ་རང་བཞིན་ནམ་ནུས་པ་རྟོགས་པར་མ་ཟད། དེ་ལ་བརྟེན་ནས་ཆབ་སྲིད་ལ་

① ཆོས་འབྱུང་མཁས་པའི་དགའ་སྟོན། [M]. མི་རིགས་དཔེ་སྐྲུན་ཁང་། 2006:89.

ཞབས་འདེགས་ཞུ་བ་བསྟན་ཡོད།

གསུམ་པ། 《 རྙེལ་དྲི་འདུལ་བའི་ཐབས》ཀྱི་ཐུན་མིན་གྱི་ཁྱད་ཆོས་བཤད་པ།

1. སྒྲིག་གཞིའི་ཁྱད་ཆོས།

《རྙེལ་དྲི་འདུལ་བའི་ཐབས》སུ་གནའ་སྒྲུང་བཅུ་དགུ་ཙམ་ཡོད་ཅིང་། དེ་དག་བྱུང་བའི་ཡུལ་མི་འདྲ་བ་དང་བྱུང་རིམ་མང་ཉུང་ཡོད་པ་དང་། རྙེལ་དྲི་འདུལ་ཐབས་ལ་ཁྱད་པར་ཅུང་ཟད་ཡོད་པ། ཞིབ་འབྲི་བྱས་པའི་ཆ་ལ་མང་ཉུང་ངམ་བཟང་ངན་ཡོད་ཀྱང་རྩ་བའི་སྒྲིག་གཞི་ཕལ་ཆེར་གཅིག་འདྲ་སྟེ། ཡུལ་གང་དུ—རྗེ་འབངས་གང་རུང་ཞིག་གི་བུ་མོ་གཉེན་བསྒྲིགས་ནས་མངལ་སྦྲུམ—འདྲི་སྲིན་གང་རུང་གིས་གནོད་པ་བྱས་ནས་གྲོངས—རྙེལ་དྲི་གནམ་དུ་ཡར་ནས་ཡར་གྱི་ལྷ་མ་བསངས་ཤིང་མར་གྱི་དྲི་མ་བཏུལ—དྲི་བོན་ཞུས་ནས་ཡར་ཏེ་ལྷ་བསང་བར་བྱས། མར་དེ་དྲི་བཏུལ་བ་བཅས་ལས་གྲུབ་པ་རེད།

2. བརྗོད་བྱའི་ནང་དོན་གྱི་ཁྱད་ཆོས།

རྙེལ་དྲི་འདུལ་བའི་གནའ་སྒྲུང་དེ་དག་ཕལ་ཆེ་བ་ཐོན་སའི་ཡུལ་གང་ཡིན་པ་འཕོད་པར་མ་ཟད། “ཡུལ་སྐྱི་རོ་ལྗང་སྔོན་ནའ”ཞེས་པ་དང་། “ཡུལ་གནུབས་ཡུལ་གླིང་དྲུག་ན”ཞེས་པ། “ཡུལ་དབྱེ་མོ་ཡུལ་དྲུག་ལ”ཞེས་པ། “ཡུལ་མཆིམས་ཡུལ་ཀྲུ་སྲུལ་ན”ཞེས་པ། “ཡུལ་རྩང་ཤུལ་མཐོན་པའ་ན”ཞེས་རྒྱལ་ཕྲན་སིལ་མ་བཅུ་གཉིས་ཀྱི་ཡ་གྱལ་ཁག་ཅིག་དང་། “འགོས་ཡུལ་འགོས་སྟོད་ན”ཞེས་པ་དང་། “ཡུལ་རྒྱ་ཡུལ་གཏན་བཟངས་ནའ”ཞེས་པ། “ཡུལ་ལྡོ་ག་ལང་གྲུག་ན”ཞེས་པ་སོགས་རུས་རྒྱུད་ཚོ་ཁག་གི་མིང་གསལ་པོར་འཕོད་པ་ལྟར་ན། གནའ་སྒྲུང་དེ་དག་གི་བརྗོད་དོན་གཙོ་བོ་ནི་སྟོད་སིལ་མའི་དུས་ཀྱི་རྒྱལ་ཕྲན་སོ་སོ་དང་། རུས་རྒྱུད་ཚོ་ཁག་སོ་སོར་དྲི་

བོན་གྱིས་མི་སྲིན་འདྲེ་གསུམ་གྱིས་བསྐྱེད་པའི་རྩོག་དྲི་དང་། བུ་དྲི། ལྒྱིབས་དྲི། ཚུ་དྲི། འགགས་དྲི། རྨས་དྲི། ཐབ་གྲི་སོགས་རྩེལ་དྲི་བཏུལ་བའི་བྱུང་བ་ཡིན་པས། ལོ་རྒྱུས་ཀྱི་དུས་ཡུན་རིང་ཞིང་ཆོས་ལུགས་གྲུབ་མཐའ་གཞན་དང་ཕྱི་རབས་པའི་ཤན་མ་འདྲེས་པའི་བརྗོད་བྱ་ཐུན་མོང་མ་ཡིན་པ་ཞིག་ཡིན་ལ། གནའ་བོའི་བོན་ལུགས་དང་བོད་ཀྱི་ཤེས་རིག་ལ་ཞིབ་འཇུག་བྱེད་པའི་དཔྱད་གཞི་རིན་ཐང་བྲལ་བ་ཞིག་ཀྱང་རེད།

3. སྨྱུ་རྩལ་རྩོམ་སྣངས་ཀྱི་ཁྱད་ཆོས།

སྤྱིར་གཏམ་རྒྱུད་ཀྱིས་དོན་གྱི་བྱུང་རིམ་གཙོར་འཛིན་པ་ལས་མི་སྣའི་བྱ་སྤྱོད་དང་ཡུལ་བཀོད་ཀྱི་ཞིབ་འབྲི་ལ་དེ་འདྲའི་དང་དོད་མི་བྱེད་པར་བཤད་ཀྱང་། རྩེལ་དྲི་འདུལ་ཐབས་སུ་བརྗོད་པའི་གནའ་སྒྲུང་དེ་དག་ཏུ་ཡུལ་གྱི་བཀོད་པ་དང་མི་སྣའི་བྱ་སྤྱོད་ཀྱང་ཞིབ་འབྲི་ཆ་ཚང་ཞིང་གསོན་ཉམས་ལྡན་པ་རེ་བྱས་ཡོད་དེ། "སློག་སྟན་ཁྲག་གྲིས་བཀང་། མ་མགོ་གྱེན་དུ་བསྟན། བུ་མོག་ཐུར་དུ་བསྟན། ཤ་མ་གདང་ལ་དགྲིས། ཐྲག་སླངས་སླང་ལྟར་མཁྲུན། ཚུ་སེར་ཙ་ར་ར།" ཞེས་པས་འདྲི་དང་སྲིན་མོ་མ་ཏུངས་པ་སྨྲུམ་མའི་ཁོང་དུ་བཞུགས་ནས་མངལ་གྱི་བུ་ཕྱུང་བའི་རྣམ་པ་དེ་ཞིབ་འབྲི་ཉམ་ང་བ་ཞིག་བྱས་ཏེ། འདྲི་སྲིན་མ་ཏུངས་པའི་གཡོ་སྒྱུ་ཆེ་བའི་རང་བཞིན་དང་གཞན་ལ་འཚེ་བའི་བྱེད་ལས། རྩེལ་དྲིའི་སྐྱེད་བྱེད་དང་དེའི་གནོད་པ་སོགས་གསལ་པོར་བསྟན་པ་དང་། "དྲི་བོན་ར་ལྔགས་སྐྱི་རྒྱལ་དེ་ལྟར་གཉེར། དྲི་ཐོ་རྒྱ་ཅིག་བཙུགས། བྱ་མགོ་རྒྱ་སྣ་དམིག་རྒྱ། པགས་བུ་རྒྱ། སླུག་གུ་རྒྱ། སྐྱུར་བུ་རྒྱ། ཉོད་པ་རྒྱ། ཁྲག་རྒྱས་བཀང་སྟེ། ཙ་ཐིང་སྣ་རྒྱ་ཐུར་དུ་བྲུག འགལ་པ་རྒྱ་དགར། རོ་ཕྱིར་ཡེན་མ་ཆེ། ཤེ་ཕྱིར་གཆགས་མ་རིང་། སྤྲུབས་མོ་དམིག་རྒྱའི་སྤྲུབས་ནས་འདྲེན། གསེར་སྤྲུབས་སེར་མོ་དང་། གཡུ་སྤྲུབས་སྔོན་མ་དང་། དྲུལ་སྤྲུབས་དཀར་མོ་དང་། ལྕགས་སྤྲུབས་སྔོན་པོ་དང་། ཟངས་སྤྲུབས་དམར་མོ་དང་། མཆོང་

སྤྲུབས་སྨུག་མོ་དང་། སྤྲུབས་དཀྲུ་སྤྲུབས་ནས་གྲངས། འགོས་ཟ་ཕྲུམ་འདར་མ། བྲུ་གྲི་རྐོད་ལས་གཡུང་དུ་བཏུལ། ཆུ་སྣ་མང་པོ་ནས་བཀྲུས། ཚན་སྣ་མང་པོ་ནས་བཏབ།” ཅེས་པས་འགོས་བཟའ་ཕྲུམ་མ་འདར་ལ་དྲི་སྣ་དཀྲུ་ཕོག་ནས་གྲོངས་རྗེས། དྲི་བོན་ར་ལྕུགས་སྐྱི་རྒྱལ་གྱིས་རྣེལ་དྲི་འདུལ་བའི་བྱ་སྤྱོད་ཆ་ཚང་བ་ཞིག་ཞིབ་འབྲི་བྱས་ནས། བརྩམས་ཆོས་ཀྱི་བརྗོད་དོན་གཙོ་བོ་སྟེ་རྣེལ་དྲི་འདུལ་བའི་ཐབས་གསལ་པོར་བསྟན་པར་མ་ཟད། དྲི་བོན་རྣམས་ནི་ཡར་གྱི་ལྷ་བསང་བ་དང་། མར་གྱི་དྲི་འདུལ་བའི་གཉེན་པོ་སྟེ་མཐུ་དང་ནུས་པ་ཆེ་བའི་སྣང་བརྙན་འགྲུབ་པར་སྒྱུ་རྩལ་གྱི་ནུས་པ་ཆེན་པོ་བསྐྱེད། འདི་ནི་གནའ་བོའི་སྲུང་གཞན་ལ་ཉུང་བའི་ཁྱད་ཆོས་ཤིག་གོ།

4. བརྗོད་བྱའི་བསྟན་དོན་གྱི་ཁྱད་ཆོས།

རྣེལ་དྲི་འདུལ་བའི་ཐབས་སུ་བརྗོད་པའི་གནའ་སྲུང་དེ་དག་གིས་རྒྱལ་ཕྲན་སིལ་མ་བཅུ་གཉིས་དུས་ཀྱི་རྒྱལ་ཕྲན་དང་ཏུས་རྒྱུད་ཚོ་ཁག་སོ་སོར་དྲི་བོན་རྣམས་ཀྱིས་ཡར་གྱི་ལྷ་མཆོད་ཅིང་བསང་བར་བྱེད་པ་དང་། མར་གྱི་འདྲེ་སྲིན་དང་མནོལ་དྲི་བཀར་ཅིང་བཏུལ་བའི་བྱུང་བ་འགོད་པ་ལ་བརྟེན་ནས། མི་དང་འདྲེ་སྲིན་སོགས་ཀྱིས་དམེ་བཙོག་དང་འཁོན་རྩོད་བསླངས་ནས་སྙིང་གི་ལྷ། བར་གྱི་གཉན། འོག་གི་ཀླུ་རྣམས་ལ་མནོལ་གྲིབ་ཕོག་ཅིང་། ཡུལ་གྱི་མི་རྣམས་མནོལ་བས། མི་ལ་ན་ཚ་དང་ཕྱུགས་ལ་གོད་ཁ། ཡུལ་ལ་ཐན་པ་དང་། ཁམས་སུ་འཁྲུག་རྩོད་སོགས་མི་བདེ་བའི་རིགས་སྣ་ཚོགས་བྱུང་ཞིང་། དེ་དག་བསང་ཞིང་འདག་པར་བྱེད་པ་ལ་བསང་དང་ཚན་ཁྲུས་ལ་བརྟེན་དགོས་པའི་སྲིད་པ་བོན་གྱི་ལྟ་བ་བསྟན་ལ། དེའི་ཞ་དང་ཞོར་ལ་སྐབས་དེར་བོད་མི་རིགས་ཀྱིས་གཙང་བཙོག་ལ་བརྟག་དཔྱད་ཞིབ་མོ་བཏང་ནས་དེའི་དགེ་སྐྱོན་ནམ་ཕན་གནོད་ངོས་འཛིན་བྱས་པར་མ་ཟད། ཕན་ཡོན་ལེགས་པོར་སྤྱོད་པ་དང་གནོད་པ་བསལ་ཞིང་འདག་པར་བྱེད་པའི་ཐབས་ཀྱང་

གང་ལ་གང་འདུལ་དེ་ལ་དེ་སྟོན་བྱས་ནས། མིའི་རིགས་ཀྱི་ཁོར་ཡུག་སྲུང་སྐྱོབ་དང་མཁའ་དབྱུགས་དག་གཙང་། ལུས་ཁམས་བདེ་ཐང་བཅས་ཡོང་བར་བརྩོན་པ་ཧུར་ལེན་པའང་མཚོན་འདུག

མདོར་ན། རྙེལ་དྲི་འདུལ་བའི་ཐབས་སུ་བརྗོད་པའི་གནའ་སྒྲུང་དེ་དག་གིས་ཆེད་དུ་སྒྲུང་གི་རྣམ་པ་སྤྱད་ནས་མནོལ་དྲི་སྣ་ཚོགས་ཀྱི་འབྱུང་རྐྱེན་དང་དེ་འདུལ་ཞིང་བསང་བར་བྱེད་པའི་ཐབས་དང་གཉེན་པོ་བསྟན་ཅིང་། བརྗོད་བྱའི་ནང་དོན་དང་ཡི་གེར་འགོད་པའི་དུས་སྐབས་ཞིང་ཆོས་ལུགས་གྲུབ་མཐའ་གཞན་དང་ཕྱི་རབས་པའི་བསླད་མ་འདྲེས་པར་དུས་རབས་ཀྱི་ཁྱད་ཆོས་མངོན་པར་གསལ་བས། བོད་ཀྱི་གནའ་རབས་རྩོམ་རིག་དང་ཁྱད་པར་དུ་རྒྱ་གར་རྩོམ་རིག་བོད་ལ་མ་བསྒྱུར་གོང་གི་བོད་རྩོམ་རྣལ་མ་འཆད་ཉན་དང་ཞིབ་འཇུག་བྱེད་པ་ལ་མེད་མི་ཐུབ་པའི་གནའ་སྒྲུང་ཁྱད་པར་ཅན་ཡིན་པ་མཁྱེན་པ་གཟིགས་སུ་བསྟོད་ནས་བརྗོད་པར་ཕོད་དོ།། །།

༄༅། །བོད་སིལ་བུའི་དུས་ཀྱི་ལོ་རྒྱུས་བསྟན་བཅོས་ལས་རྫོམ་རིག་རང་བཞིན་བཤད་པ།

བོད་ཀྱི་ལོ་རྒྱུས་སྙིང་ནས་བལྟས་ན་ལོ་རྒྱུས་ཀྱི་བསྟན་བཅོས་དང་ཆོས་འབྱུང་གྲགས་ཅན་མང་དུ་ཐོན་པ་ནི་བོད་སིལ་བུའི་དུས་དཀྱིལ་ལམ་བསྟན་པ་ཕྱི་དར་གྱི་མགོ་ཙམ་ཡིན་ལ། 《བུ་སྟོན་ཆོས་འབྱུང》ལས། “སྟོན་མཁས་བཙུན་རྣམས་ཀྱི་གདན་ས་ལྷ་ས་ཡིན་ཡང་ཆད་པས་གཙོད་པའི་ས་ཡིན་པས་འགྲོ་མ་ནུས་པར་བསམ་ཡས་སུ་བྱོན་ཏེ། ཀླུ་མེས་ཀྱིས་ཀ་ཆུང་བཟུང་། སྦ་མཆེད་ཀྱིས་དབུ་ཚལ་དང་དབུ་རྩེ་བཟུང་། རག་ཤི་མཆེད་ཀྱིས་དགེ་རྒྱས་བཟུང་། འབྲིང་གིས་བྲང་ཁང་བཟུང་ངོ་། །”ཞེས་དབུས་གཙང་གི་མཁས་པ་མི་བཅུ་མདོ་སྨད་དུ་ཕྱིན་ནས་བླ་ཆེན་དགོངས་པ་རབ་གསལ་གྱི་སློབ་མ་གྲུམ་ཡེ་ཤེས་རྒྱལ་མཚན་ལ་དགེ་སློང་ཞུས་རྗེས། རིམ་བཞིན་དབུས་གཙང་དུ་ལོག་ཀྱང་ལྷ་སར་ཆད་པར་སྐྲག་ནས་སྟོད་མ་ནུས་པར་བསམ་ཡས་སོགས་སུ་ཕྱིན་ནས་གནས་གཞི་བཟུང་བར་བསྟན་པ་ལྟར་ན། རྒྱལ་པོ་གླང་དར་གྱིས་སངས་རྒྱས་ཀྱི་བསྟན་པ་བསྣུབས་ནས་ལོ་130ཙམ་འགོར་བའི་དུས་སྐབས་ཏེ་བོད་སིལ་བུའི་དུས་དཀྱིལ་ཙམ་ལ་བོད་སྤྱི་ཚོགས་སུ་སངས་རྒྱས་ཀྱི་བསྟན་པ་ཉམས་པར་མ་ཟད། དེ་ཉམས་གསོ་བྱེད་པར་ཡང་ཆད་པའི་འཇིགས་དོགས་ཡོད་པ་རེད། དེས་ན་ལོ་རྒྱུས་ཀྱི་སྐབས་བབ་དེ་འདྲ་ཞིག་ལ་ཆོས་ལུགས་གྲུབ་མཐའ་སོ་སོའི་མཁས་གྲུབ་དམ་པ་རྣམས་ཀྱིས་སྐབས་དེའི་སྤྱི་ཚོགས་ཀྱི་སྣང་ཚུལ་དང་ཆོས་ལུགས་ཀྱི་དགོས་མཁོ། ཆབ་སྲིད་ཀྱི་ཁེ་ཕན་སོགས་ལ་དམིགས་ནས་སྔར་

ཡོད་ཀྱི་ལོ་རྒྱུས་བསྟན་བཅོས་ལ་སྒྱུ་རྩལ་གྱིས་ལས་སྣོན་མཛད་དེ་རྩོམ་པ་གནང་བ་ཡིན་པས། ལོ་རྒྱུས་དང་རྩོམ་རིག་འདྲེས་མའི་བསྟན་བཅོས་སུ་གྱུར་ཡོད། དེ་ལྟ་བུའི་བསྟན་བཅོས་གཙོ་བོར《བཀའ་ཆེམས་ཀ་ཁོལ་མ》དང་། 《མ་ཎི་བཀའ་འབུམ》《རྣ་བཞེད》《བཀའ་ཐང་སྡེ་ལྔ》《རླངས་ཀྱི་པོ་ཏི་བསེ་རུ》《ལྡེའུ་ཆོས་འབྱུང》《ཆོས་འབྱུང་མེ་ཏོག་སྙིང་པོ་སྦྲང་རྩིའི་བཅུད》སོགས་ཡོད་པ་ལས། གཤམ་དུ་དེ་དག་སྤྱིར་ཁྱབ་པའི་ཁྱད་ཆོས་ཀྱི་སྒོ་ནས་ཙུང་ཟད་སྤྲོས་ན།

དང་པོ། ལོ་རྒྱུས་བསྟན་བཅོས་ཀྱི་སྒྱུ་རྩལ་རྩོམ་སྟངས།

ལོ་རྒྱུས་དང་རྩོམ་རིག་འདྲེས་མའི་བསྟན་བཅོས་དེ་དག་དགོས་པ་གང་གི་ཆེད་དུ་རྩོལ་ཇི་ལྟར་མཛད་པ་ཡིན་ཞེ་ན། བསྟན་བཅོས་དེ་དག་མང་ཆེ་བ་གཏེར་ཡིག་ཡིན་པ་དང་ཡང་ན་གཏེར་ཡིག་ལ་ལས་སྣོན་དང་བཟོ་བཅོས་བྱས་པ་སྟེ་གཏེར་མའི་ཚུལ་གྱིས་སྤེལ་བ་ཡིན་ན། སྐབས་དེར་གཏེར་ཡིག་དེ་འདྲ་མང་པོ་སྤྲ་ཞིང་འདོན་པའམ་གཏེར་ཡིག་གི་རྣམ་བར་སྤེལ་བའི་དགོས་པ་ནི། 《རཏྣ་གླིང་པའི་གཏེར་ལུང》ལས། "ཤིན་ཏུ་ཟབ་པའི་མཐར་ཐུག་སྙིང་པོ་རྣམས། །སྤྱིར་ཡང་བོད་རྣམས་གསར་ངས་ཆེ་བ་དང་། །སྙིགས་མའི་འགྲོ་ལ་ལྷག་པར་སྙིང་བརྩེ་བས། །མཐའ་དབུས་ཐམས་ཅད་གཏེར་གྱིས་བཀང་ནས་བཞག །" ཅེས་པ་དང་། "གཏེར་ཡིག་གི་དཔེ་དཔང་མངའ་བས་ཁུངས་བཙུན་པ་དང་། གང་ལ་གང་འདུལ་གྱི་དུས་དང་འཚམས་པར་མངོན་དུ་སྣང་།" ཞེས་སྐབས་དེའི་བོད་པ་རྣམས་གསར་ངས་སམ་ཨ་གསར་དང་ངོ་མཚར་ཐལ་ཆེ་བའི་གཏམ་ལ་དགའ་བ་དང་། དཔེ་དཔང་ངམ་དངོས་དཔང་མཐོང་ན་དད་པ་སྐྱེ་བའི་གཤིས་ལུགས་ལ་དམིགས་ནས་དེ་དང་འཚམ་པའི་ཐབས་མཛད་པ་སྟེ། གང་ལ་གང་འདུལ་དེ་ལ་དེ་སྟོན་བྱ་བའི་ཆེད་དུ། སངས་རྒྱས་

ཀྱི་གསུང་རབ་མང་པོའི་དོན་གྱི་གནད་རྣམས་གཏེར་ཡིག་གི་རྣམ་པ་དང་། ཡང་ན་འཕྲུལ་གྱི་རྒྱལ་པོའི་བཀའ་ཆེམས་ཀྱི་ཚུལ་གྱིས་སྤེལ་བ་ལགས། དེ་ཡང་གནའ་རབས་བོད་རང་གི་ལོ་རྒྱུས་ཡི་གེ་རྙིང་པ་དང་། བན་བོན་གྱི་བཤད་སྲོལ་རྙིང་པ། བཀའ་གཏེར་མང་པོ་བཅས་ལ་གཞི་བཅོལ་ཅིང་རྒྱལ་བའི་བཀའ་ལས་བྱུང་བའི་སྐྱེས་རབས་དང་རྟོགས་བརྗོད་སྣ་ཚོགས་དང་། མཁས་པའི་འདུན་ས་དང་དམངས་ཀྱི་ཁྲོད་ཀུན་ལ་སྙན་པར་གྲགས་པའི་གཏམ་རྒྱུད་མང་པོ་བརྗོད་འདོད་ཀྱི་དགོས་པ་ལྟར་གང་ལ་གང་འཚམ་དུ་དྲངས་ནས་ཁ་སྐོང་དང་བཟོ་བཅོས་བྱས་ཏེ་གྲུབ་པར་སྣམ། དཔེར་ན། 《བཀའ་ཆེམས་ཀ་ཁོལ་མ》ནི་རྗེ་བ་སྲོང་བཙན་སྒམ་པོའི་གསུང་ལ་ཕྱིས་འབྱུང་མཁས་པ་མང་པོས་ཁ་སྐོང་དང་བཟོ་བཅོས་མཛད་ནས་གྲུབ་པ《བཀའ་ཆེམས་ཀ་ཁོལ་མ》རང་ལས། "ཆོས་ཀྱི་རྒྱལ་པོ་སྲོང་བཙན་སྒམ་པོ་ཉིད་ཀྱི་བཀའ་ཆེམས་ཀ་ཁོལ་མ་ཆེན་མོ་འདི་ཉིད་ལ་ལྷག་ཆད་དང་། ཡི་གེ་མཁན་པོས་གོ་མ་གོ་སོགས་ཀྱི་ནོར་འཁྲུལ་འདུག་པ་རྣམས་ཕྱི་མོ་བཞི་ལས་འདུས་ཏེ། ལྷག་ཆད་རྣམས་ཁ་བཀང་སྟེ་དག་པར་བྲིས་པ་ལེགས་སོ། །"ཞེས་པས་རྟོགས་ལ། ཚིག་སྦྱོར་གྱི་ཁྱད་ཆོས་དང་ཡི་གེའི་གཟུགས་ཀྱི་འབྲི་སྟངས་ལས་ཀྱང་བོད་བཙན་པོའི་དུས་ཀྱི་བསྟན་བཅོས་དངོས་མིན་པ་ཤེས་ཐུབ།

《མ་ཎི་བཀའ་འབུམ》ནི《བཀའ་ཆེམས་ཀ་ཁོལ་མ》ལ་གཞི་བཅོལ་ནས་བརྩམས་པར་གྲགས་པ་དུང་དཀར་རིན་པོ་ཆེས་གསུངས། 《ས་བཞེད》དང《སྦ་བཞེད་ཞབས་བཏགས་མ》ནི《དབའ་བཞེད》ལ་གཞི་བཅོལ་ནས་བརྩམས་ཤིང་། 《ལྡེའུ་ཆོས་འབྱུང》ལས་བོད་རང་གི་ལོ་རྒྱུས་ནི་གནའ་བོའི་ལོ་རྒྱུས་ཡིག་རྙིང་དུ་གྲགས་པའི《ཡོ་ག་ལྷ་གྱེས་ཅན》དང་། 《ཟངས་མ་གཞུག་རལ་ཅན》《ལྟབ་མ་དགུ་བརྩེགས་ཅན》《ཟིང་པོ་མགོ་སྔོན་ཅན》《གསང་བ་ཕྱུག་རྒྱ་ཅན》བཅས་དང་། ཁུ་སྟོན་བརྩོན་འགྲུས་གཡུང་དྲུང་གི《ལོ་རྒྱུས་ཆེན་མོ》འམ《ཡིག་གཏོན་ཆེན་མོ》ལ་གཞི་

བཅོལ་ནས་བརྩམས་པ་ཆོས་འབྱུང་དེ་རང་གི་མགོ་མཇུག་བར་གསུམ་ཀུན་ཏུ་གསལ། 《ཆོས་འབྱུང་མེ་ཏོག་སྙིང་པོ་སྦྲང་རྩིའི་བཅུད》ཀྱང་ཆོས་འབྱུང་དེ་ཉིད་ཀྱི་མཇུག་བྱང་དུ་འཁོད་པ་ལྟར་ན། རྒྱལ་པོ་སྲོང་བཙན་སྒམ་པོས་མཛད་པའི《བཀའ་ཆེམས་ཀ་ཁོལ་མ》དང་། བཙུན་མོ་རྣམས་ཀྱིས་མཛད་པའི《དར་དཀར་གསལ་བ》 བློན་པོ་རྣམས་ཀྱིས་མཛད་པའི《ལོ་རྒྱུས་ཟླ་བ་འདོད་འཇོ》སོགས་བཀའ་གཏེར་མང་པོ་དང་། བན་བོན་གཉིས་ཀྱི་རྒྱལ་རབས་ལོ་རྒྱུས། རྒྱལ་པོའི་བཀའ་ཆེམས། རྒྱལ་བའི་བཀའ་བསྟན་ལས་བྱུང་བའི་སྐྱེས་རབས་དང་རྟོགས་བརྗོད་སྣ་ཚོགས་སོགས་བསྡུས་ཏེ་མཛད་པ་རེད། དེ་ཡང་ཅི་བྲག་ཏུ་ཙུང་ཟད་སྤྲོས་ན།

1. ཆོས་ལུགས་ཀྱི་བསམ་གཞིགས་ལྟར་ལོ་རྒྱུས་ཀྱི་ངག་རྒྱུན་ལྷ་སྒྲུང་དུ་བཅོས་པ།

པ་སྤྲེའུ་དང་མ་བྲག་སྲིན་མོའམ་སྲ་མོ་འདུས་པ་ལས་འགྲོ་བ་མིའི་རིགས་མཆེད་པའི་བཤད་སྟོལ་ནི་བན་བོན་གང་གི་བཤད་སྟོལ་ཡང་མ་ཡིན་པར་བབ་ཆགས་དངོས་གཙོ་སྨྲ་བའི་ལྟ་བ་དང་མཐུན་པའི་བོད་ས་གནས་རང་དུ་བོད་མི་རང་ཉིད་ཀྱིས་རང་གི་མེས་པོའི་འབྱུང་ཁུངས་བཤད་པའི་ངག་རྒྱུན་ངོ་མཚར་ཆེ་བ་ཞིག་ཡིན་མོད། རྗེས་སུ་སངས་རྒྱས་ཆོས་ལུགས་པས་སངས་རྒྱས་ཆོས་ལུགས་དེ་བོད་མི་རིགས་ཀྱི་རྣམ་པ་ཅན་དུ་བསྒྱུར་ནས་དར་སྤེལ་གཏོང་བའི་ཆེད་དུ། པ་སྤྲེའུ་དེ་ནི་སྤྱན་རས་གཟིགས་ཀྱི་སྤྲུལ་པ་ཡིན་པ་དང་། མ་བྲག་སྲིན་མོ་དེ་ནི་རྗེ་བཙུན་སྒྲོལ་མའི་སྤྲུལ་པ་ཡིན་པ་སོགས་ཀྱི་བཤད་ཚུལ་ཁ་སྐོང་བྱས་པས། བོད་མི་བྱུང་ཚུལ་གྱི་སྐོར་ཡོད་ལོ་རྒྱུས་དེ་ངོ་མཚར་བའི་ལྷ་སྒྲུང་ཞིག་ཏུ་གྱུར་པ་དང་། ཡང་། རྒྱལ་པོ་གཉའ་ཁྲི་བཙན་པོའི་གདུང་ཁུངས་ལ་མཚོན་ན། ཏུན་ཧོང་ཡིག་རྙིང་P. T. 1038ལས་གནམ་དཀྱུང་གི་ཡ་སྟེང་ན་གནས་པའི་མ་སངས་ཐམས་ཅད་ཀྱི་བདག་པོ་ཕྱའི་ཡང་ཕྱ་དང་། གངས་རིའི་ལྗོངས་ཀྱི་བདག་པོར་གྱུར་པའི་ཤ་ཟ་གདོང་དམར་གྱི་རིགས་གནོད་སྦྱིན་རྫའམ། གནམ་རིམ་པ་བཅུ་གསུམ་གྱི་ཡང་སྟེང་ན་གནས་པའི་ལྷ་ཡབ་ལྷ་བདག་དྲུག་

གི་སྲས་ཁྲི་བདུན་ཚིགས་གང་ཙུང་ཞིག་ལས་མཆེད་པར་འཕོད་ཅིང་། དམངས་ཁྲོད་ངག་རྒྱུན་དུ་སྤྱི་བོ་ཡུལ་གྱི་མོ་བཙུན་ཟེར་བའི་བུད་མེད་ཅིག་ལ་སྐྱེས་པར་བརྗོད་ཀྱང་། 《བཀའ་ཆེམས་ཀ་ཁོལ་མ》ལས་རྒྱལ་པོ་གཉའ་ཁྲི་བཙན་པོའི་གདུང་རྒྱུད་ཀྱི་ཆེ་བ་བརྗོད་པའི་ཆེད་དུ་རྒྱ་གར་གྱི་ཤཱཀྱའི་རིགས་རྒྱུད་ལས་མཆེད་ཅིང་ཐུགས་རྗེ་ཆེན་པོའི་རྣམ་སྤྲུལ་ཏེ་རྒྱལ་པོ་ཙ་བ་སྐྱེས་སུ་བཙོས་པ་དང་། 《ལྡེའུ་ཆོས་འབྱུང》དང《ཆོས་འབྱུང་མེ་ཏོག་སྙིང་པོའི་སྦྲང་རྩིའི་བཅུད》སོགས་སུའང་རྒྱལ་པོ་གཉའ་ཁྲི་བཙན་པོ་དེ་རྒྱ་གར་གྱི་ཤཱཀྱའི་རིགས་རྒྱུད་ལས་མཆེད་པའི་བཤད་ལུགས་ཤིག་ཀྱང་ཁ་སྣོན་བརྒྱབ་ཡོད་པ་རེད།

ལྷ་ས་གཙུག་ལག་ཁང་ནི་བོད་ཀྱི་བཙན་པོ་སྲོང་བཙན་སྒམ་པོས་བལ་བཟའ་ཁྲི་བཙུན་དང་། རྒྱ་བཟའ་ཝུན་ཤིང་ཀོང་ཇོ་ཁབ་ཏུ་བསུས་རྗེས། བོད་དུ་སངས་རྒྱས་ཀྱི་ཆོས་ལུགས་དར་སྤེལ་གཏོང་བའི་རྟེན་གཞིར་དམིགས་ནས་བཞེངས་པ་སྟེ། བོད་མི་གཙོ་བྱས་ཤིང་རྒྱ་དང་བལ་པོའི་ལག་རྩལ་བཟོ་པ་ཁག་ཅིག་ཀྱང་གདན་དྲངས་ཏེ་དུས་ཡུན་རིང་པོའི་དཀའ་སྤྱད་ལ་བརྟེན་ནས་བཞེངས་པ་ཡིན་ནོ། 《བཀའ་ཆེམས་ཀ་ཁོལ་མ》ལས་རྒྱལ་པོའི་ཆེ་བ་དང་ཆོས་ལུགས་ཀྱི་བྱིན་རླབས་སྒྲོག་པའི་ཆེད་དུ། "ལྷ་ཁང་བཞེངས་པ་ལ་རྒྱལ་པོས་སྐུ་ལུས་ཀྱི་བཀོད་པ་ལྔ་སྟོང་དུ་སྤྲུལ་ནས། ལ་ལས་ས་བསྐྱས། ལ་ལས་རྡོ་བསྐྱས། ལ་ལས་ཤིང་བཅད། ལ་ལས་འདག་པ་བཏང་། ལ་ལས་རྩིག་པ་བྱས་ཏེ་གོར་ཕྱེད་ཤིང་ཕྱེད་དུ་རྩིགས་ཏེ་བཏང་། སྐྱེ་བོ་ཕལ་པ་རྣམས་ཀྱིས་མི་མཐོང་བར་བྱ་བའི་ཕྱིར་ན་བུན་འཁྲིགས་བྱས་པའི་གསེབ་ཏུ་ཕོ་ཡ་དང་ཀུ་དི་རི་རི་བརྩིགས་ཏེ་ཉི་མ་གཅིག་ལ་འཇོངས་པར་བྱས་སོ། །"ཞེས་ལྷ་ས་གཙུག་ལག་ཁང་དེ་འཕྲུལ་བའི་གཙུག་ལག་ཁང་ཞིག་ཡིན་པར་བཀོད་ཡོད།

རྒྱལ་པོ་སྲོང་བཙན་སྒམ་པོ་ཡབ་ཡུམ་སྐུ་ངས་ཞལ་གསུམ་སྐུ་གཤེགས་ཚུལ་

ལ་མཆོན་ནའང་། ཏུན་ཧོང་ཡིག་རྙིང་P. T. 1288《བོད་བཙན་པོའི་སྐབས་ཀྱི་དོན་ཆེན་གནད་བསྡུས་ཀྱི་ལོ་ཚིགས》ལས། "བཙན་མོ་མུན་ཆང་ཀོང་ཅོ། མགར་སྟོང་རྩན་ཡུལ་ཟུང་གྱིས༔ སྤྱན་དྲང་སྟེ་བོད་ཡུལ་དུ་གཤེགསོ། །དེ་ནས་ལོ་དྲུག་ནའ། བཙན་པོ་ཁྲི་སྲོང་རྩན་དགུང་དུ་གཤེགསོ། བཙན་མོ་མུན་ཅང་ཀོང་ཇོ་དང་དགུང་ལོ་གསུམ་བཤོས་སོ།" ཞེས་པ་དང་། "ལུགི་ལོ་ལ་བབ་སྟེ(སྤྱི་ལོ683)། བཙན་པོ(ཁྲི་འདུས་སྲོང)ཉེན་ཀར་ན་བཞུགས་ཤིང་། བློན་ཆེན་པོ་བཙན་སྙས། སྤྲགས་ཀྱི་མུར་གས་སུ། བསྡུས། དགུན་བཙན་མོ་མུན་ཅང་ཀོང་ཅོའི་མདད་བཏང་བར་ལོ་གཅིག །"ཅེས་འཁོད་པ་ལྟར་ན། རྒྱལ་པོ་སྲོང་བཙན་སྒམ་པོ་དེ་རྒྱ་བཟའ་ཝུན་ཤིང་ཀོང་ཇོ་བོད་ལ་སླེབས་པའི་ལོ་གསུམ་པ་སྟེ། སྤྱི་ལོ649ལ་སྐུ་གཤེགས་པ་དང་། བཙུན་མོ་ཝུན་ཤིང་ཀོང་ཇོ་ནི་སྤྱི་ལོ683སྟེ་རྒྱལ་པོ་སྲོང་བཙན་སྒམ་པོ་སྐུ་གཤེགས་ནས་ལོ་སུམ་ཅུ་འདས་པའི་ལོ་ལ་སྐུ་གཤེགས་པ་ཤིན་ཏུ་གསལ་ཡང་། 《བཀའ་ཆེམས་ཀ་ཁོལ་མ》ལས། རྒྱལ་པོ་སྲོང་བཙན་སྒམ་པོས་བོད་རྣམས་ལ་ཞལ་ཆེམས་དང་མ་འོངས་ལུང་བསྟན་གདམས་པའི་རྗེས་སུ། "རྒྱལ་པོ་ཞལ་ཕར་ལོག་ནས་ཕྱག་གཡས་ཀྱིས་ཇོ་མོ་ཁྲི་བཙུན་ལ་རེག་པས་བལ་བཟའ་ཁྲི་བཙུན་མེ་ཏོག་པདྨ་དཀར་པོ་འདབ་མ་བརྒྱད་པ་ཡི་གེ་ཧཱུྃ་དཀར་པོས་མཚན་མ་ཅིག་ཏུ་གྱུར། ཕྱག་གཡོན་གྱིས་ཇོ་མོ་ཨོང་ཅོང་ལ་རེག་པས། རྒྱ་མོ་བཟའ་ཨོང་ཅོང་མེ་ཏོག་ཨུད་པལ་སྔོན་པོ་འདབ་མ་བཅུ་དྲུག་པ་ཡི་གེ་ཧཱུྃ་ལྗང་ཁུས་མཚན་མ་ཅིག་ཏུ་གྱུར། ཇོ་མོ་ཁྲོ་གཉེར་མ་གཡས། ཇོ་མོ་སྒྲོལ་མ་གཡོན། རྒྱལ་པོ་ཞལ་ཕྱི་ངོས་སུ་ལོག་བྱས། སྤྱན་ནམ་མཁའ་ལ་རིག་པ་ཅིག་གཟིགས་ཏེ། ཇོ་བོ་ཐུགས་རྗེ་ཆེན་པོའི་རྩར་གཤེགས་པ་དང་། དབུའི་ཨ་མི་དེ་བ་དང་གཉིས་མཉམ་དུ་སྐད་དེ་གདའ། རྒྱལ་པོ་ཡབ་ཡུམ་གསུམ་ཇོ་བོ་ཐུགས་རྗེ་ཆེན་པོ་ལ་བྱེ་མ་ལ་མར་ཁུ་ཐིམ་པའམ་རྗོ་ཚན་ལ་ཁ་བ་བཞིན་དུ་ནུབ་བོ། །"ཞེས་ཆོས་ལུགས་ཀྱི་ལྟ་བ་དང་ལྷ་སྲུང་གི་རིགས་ལམ་སྤྱད་ནས་རྒྱལ་པོ་སྲོང་

བཙན་སྐམ་པོ་དེ་འཕགས་པ་སྤྱན་རས་གཟིགས་ཀྱི་སྤྲུལ་པར་བཤད་ཅིང་། བལ་བཟའ་དང་རྒྱ་བཟའ་རྣམ་གཉིས་སྒྲོལ་མ་དཀར་ལྗོན་གཉིས་ཀྱི་རྣམ་སྤྲུལ་ཡིན་པར་བསྒྲུབས་ཤིང་། སྐུ་གཤེགས་པའི་དུས་ནའང་ཡབ་ཡུམ་སྐྱངས་ཞལ་གསུམ་མཉམ་དུ་ཇོ་བོ་ཐུགས་རྗེ་ཆེན་པོའི་སྐུ་ལ"ཐྱེ་མ་ལ་མར་ཁུ་ཐིམ་པའམ། རྡོ་ཚན་ལ་ཁ་བ་བཞིན་དུ་ཐུབ"པར་བརྗོད་དོ། །

ཡང་། རྒྱལ་པོ་ཁྲི་སྲོང་ལྡེའུ་བཙན་གྱི་སྐུ་རིང་ལ་བསམ་ཡས་མཆོད་རྟེན་དཀར་པོ་བཞེངས་པའི་སྐོར་ལ་མཚོན་ན། བོད་ཀྱི་བཙན་པོ་ཁྲི་གཙུག་ལྡེ་བཙན་གྱི་རྗེས་སུ་བཙན་པོའི་དུས་ཀྱི་དཔེ་རྙིང་རགས་བཤུས་བརྒྱབ་པའི《དབའ་བཞེད》ལས། བསམ་ཡས་མཆོད་རྟེན་དཀར་པོ་སོགས་མཆོད་རྟེན་བཞི་བཞེངས་གྲུབ་རྗེས་དེ་བཞེངས་པའི་ཤིང་མཁན་དང་མགར་བར་བྱ་དགའ་བསྩལ་བ་ཙམ་ལས་འཕོད་མེད་ཀྱང་། 《དབའ་བཞེད》ལ་གཞི་བཙལ་ནས་ཁ་སྣོན་བྱས་པའི《སྦ་བཞེད》ལས། བཙན་པོ་ཁྲི་སྲོང་ལྡེའུ་བཙན་གྱི་དུས་སུ་བསམ་ཡས་མཆོད་རྟེན་དཀར་པོའི་ནང་རྫོངས་སུ་དེ་བཞིན་གཤེགས་པའི་རིང་བསྲེལ་སྤྱན་འདྲེན་པའི་ཆེད་དུ་རྒྱ་གར་དབུས་ཕྱོགས་ཀྱི་མ་ག་དྷའི་རྒྱལ་པོའི་ཁམས་སུ་བཙན་པོའི་སྤྲུལ་བའི་རྟ་དམག"བྱེ་བ་ཕྲག་བཅུ་བཞི"སྟེ། དུང་ཕྱུར་གཅིག་དང་བྱེ་བ་བཞི་དྲངས་ནས། "རྒྱ་གར་མཐའ་འཁོབ་ཏུ་རྟོལ་བ་དང་། ཡུལ་དེའི་རྒྱལ་པོ་བྲེད་ནས་མཐའ་འཁོབ་ཀྱི་རྒྱལ་པོ་དེའི་རྟ་པ་འདི་འདྲ་ན། ཚང་བུ་ཆུང་གི་ཚོགས། སླང་པོ་ཆེའི་ཚོགས་ཅི་འདྲ་བར་འགྱུར་ཟེར་ནས། ཕོ་བྲང་གི་ཡ་ལད་ལ་བོད་ཀྱི་བཙན་པོའི་ལྐམ་བཏགས་ནས། དེའི་འོག་ཏུ་པར་འཁོར་དང་བཅས་པ་འཇུལ་ནས། ངའི་རྒྱལ་ཁམས་ནི་བཙན་པོ་ཁྱོད་ཀྱི་ཞབས་འོག་ཏུ་འཇུལ་ཞིང་བཙྭ(དཔྱ)དང་སྐྱེས་ལོ་ཐང་དུ་འབུལ་ཟེར་ཏེ། དེ་ལྟར་ཁས་བླངས་ནས་མངར་འདུས་པ་ལགས། དེ་ནས་ཚུ་བོ་གང་ག་བརྒལ་ནས་མ་ག་དྷར་དམག་དྲངས་པ་ན། མ་ག་དྷ་པ་རྣམས་ཀྱིས་ནོར་ཐམས་ཅད་ཨོ་ཏནྟ་པུ་རིར་བསྐྱལ་

ནས། མི་ཐམས་ཅད་རྒྱ་གར་ཤར་ཕྱོགས་སུ་བྲོས་ཏེ་གཡུལ་སྤྲོད་མ་དགོས་པར་རྗོ་རྗེ་གདན་དུ་བྱང་ཆུབ་ཀྱི་ཤིང་ལ་མཆོད་པ་བྱས་ནས་མཆོད་གནས་སྤྱན་དྲངས། ཧ་དམག་རྣམས་བོད་དུ་ལོག་པ་ཤིན་ཏུ་ཙུང་བས། རྒྱལ་པོ་ལ་ཞུས་པས། རྒྱ་དཀར་པོ་ཡུལ་བཟང་བས་བསྣད་པ་མིན་ནམ་ཕར་བལྟར་ཐོང་གསུངས། སློབ་དཔོན་ལ་དྲིས་པས། རྒྱ་གར་འཆམ་ལ་འབེབས་པའི་ཆེད་དུ་བཙན་པོས་སྤྲུལ་བ་མཛད་པ་ཡིན། དམག་དང་པོ་ནས་འདི་ལས་མེད་གསུངས། བསྒོ་བགྲང་བྱས་པས་མི་གཅིག་ཀྱང་མ་ལུས་རྟ་གཅིག་ཀྱང་མ་ཆད་པར་ཚང་བས། བཙན་པོ་ཁྲི་སྲོང་ལྡེ་བཙན་གྱི་སྤྲུལ་པར་གྲགས་སོ། །"ཞེས་རྒྱལ་པོ་ཁྲི་སྲོང་ལྡེའུ་བཙན་གྱིས་མ་ག་དྷའི་རྒྱལ་ཁམས་སུ་སྤྲུལ་བའི་རྟ་དམག་དྲངས་ནས་དེ་བཞིན་གཤེགས་པའི་རིང་བསྲེལ་སྤྱན་དྲངས་པའི་བཤད་སྲོལ་ངོ་མཚར་བ་ཞིག་ཀྱང་ཁ་སྐོར་བརྒྱབ་ཡོད་པ་རེད།

བོད་སིལ་བུའི་དུས་ཀྱི་ལོ་རྒྱུས་བསྟན་བཅོས་དང་ཁྱད་པར་དུ་ཆོས་འབྱུང་ངམ་ཆོས་ལུགས་དང་འབྲེལ་བའི་ལོ་རྒྱུས་བསྟན་བཅོས་ཀུན་ཏུ་འདི་དང་འདི་ལྟ་བུའི་སྤྲུལ་བསྒྱུར་གྱི་ལྷ་སྒྲུང་དང་། ལྷ་སྒྲུང་རིགས་ལམ་གྱིས་བཅིངས་པའི་ལོ་རྒྱུས་ངག་རྒྱུན་གང་ལ་གང་འཚམ་དུ་ཁ་སྐོང་བརྒྱབ་ཡོད་པས། ལོ་རྒྱུས་ཀྱི་ངོས་ནས་བལྟས་ན་དགོད་བྲོ་བ་ཞིག་ཏུ་སྣང་ཡང་། རྩོམ་རིག་གི་ངོས་ནས་བལྟས་ན་ངོ་མཚར་བའི་ལྷ་སྒྲུང་ངམ་ལོ་རྒྱུས་ངག་རྒྱུན་ཀྱང་ཀྱང་ཡིན།

2. རྒྱལ་བའི་གསུང་རབ་ཁྲིད་ཀྱི་ཆོས་ཀྱི་གཏམ་དག་བོད་ཀྱི་ལོ་རྒྱུས་གཏམ་རྒྱུད་དུ་བཅོས་པ།

དུས་སྐབས་འདིའི་ལོ་རྒྱུས་བསྟན་བཅོས་སུ་བཀའ་བསྟན་ཁྲིད་ཀྱི་ཐུབ་པའི་སྐྱེས་རབས་དང་རྟོགས་བརྗོད་སོགས་བོད་ཀྱི་ལོ་རྒྱུས་གཏམ་རྒྱུད་ཅན་དུ་བསྒྱུར་བ་དང་། དེ་དག་ཁྲིད་ཀྱི་མི་སྣ་གཙོ་བོ་བྱང་ཆུབ་སེམས་དཔའི་སྤྱོད་པ་རླབས་པོ་ཆེ་བོད་ཀྱི་ལོ་རྒྱུས་མི་སྣའི་སྟེང་དུ་སྦྱར་ནས་སྒྲིག་སྦྱེལ་བྱེད་པའམ་བོད་ཀྱི་རྒྱལ་

བློན་རྣམས་ཀྱི་མཁས་ཤིང་མཛངས་པའི་སྣང་བརྙན་ཁྱད་འཕགས་ཅན་འབུར་དུ་བཏོད་པའི་སྣང་ཚུལ་ཡང་མང་བ་སྟེ། རྒྱལ་པོ་སྲོང་བཙན་སྒམ་པོའི་དུས་སུ་བློན་པོ་མགར་སྟོང་བཙན་ཡུལ་ཟུང་གིས་རྒྱ་བཟའ་ཨུན་ཤིང་ཀོང་ཇོ་ཚུལ་ཇི་ལྟར་བོད་ལ་བསུ་བར་མཚོན་ན། ཏུན་ཧོང་གི་ཡིག་རྙིང་P. T. 1288ལས། "བཙན་མོ་མུན་ཆང་ཀོང་ཅོ། མགར་སྟོང་རྩན་ཡུལ་ཟུང་གྱིས་སྤྱན་དྲང་སྟེ་བོད་ཡུལ་དུ་གཤེགས་སོ། །"ཞེས་པ་ཙམ་ལས་བཀོད་མེད་ལ། 《འོ་ལྡེ་སྤུ་རྒྱལ་བའི་བློན་པོ་རྩལ་ཅན་རིམ་བྱུང་》ལས་ཀྱང་བློན་པོ་ཁྱུང་པོ་སྤུང་ཟད་ཟུ་ཙེས་ཕྲོག་གཡོ་བཤམས་ནས་རྒྱལ་པོ་སྲོང་བཙན་སྒམ་པོ་དགྲོང་རྩིས་བྱེད་དུས་བློན་པོ་མགར་སྟོང་བཙན་གྱིས་དེའི་ཕྲོག་གཡོའི་འཚང་ཕྱུང་ནས་རྒྱལ་པོའི་སྐུ་སྲོག་བསྐྱབས་ཚུལ་ཙམ་ལས་བཀོད་མེད་མོད། 《བཀའ་ཆེམས་ཀ་ཁོལ་མ》ལས། བློན་པོ་མགར་རྒྱ་བཟའ་ཀོང་ཇོ་སྤྱན་འདྲེན་དུ་འགྲོ་ཚེ་རྒྱ་གར་ཆོས་ཀྱི་རྒྱལ་པོ་དང་། སྟག་གཟིག་ནོར་གྱི་རྒྱལ་པོ། གེ་སར་དམག་གི་རྒྱལ་པོ། ཧྭ་ད་ཧོར་གྱི་རྒྱལ་པོའི་རྟ་པ་བཞི་བརྒྱའང་སོ་སོ་ནས་ཀོང་ཇོ་སློང་དུ་འོངས་པས། རྒྱ་ནག་རྒྱལ་པོས་ཀོང་ཇོ་སུ་ལ་སྟེར་རྒྱུ་ཐག་མ་ཆོད་པར་རྒྱལ་ཁག་ལྔ་ནས་འོངས་པའི་བློན་པོ་རྣམས་ལ་ཁྱོད་ཚོའི་རིག་པ་གང་རྣོ་ལ་བུ་མོ་སྟེར་གསུངས་ནས། རྒྱའི་གཡུ་ཞགས་འཁྱིལ་བ་ལ་དར་རྒྱུ་བ་དང་། རྒོད་མ་མ་བརྒྱ་རྟེའུ་བརྒྱ་ངོ་ཤེས་པ། ཤིང་སྡུམ་པོ་བརྒྱའི་མགོ་ཇ་ཤེས་པ། བུ་མོ་རྒྱན་གྱིས་བརྒྱན་པ་སུམ་བརྒྱའི་གྲས་སུ་ཀོང་ཇོ་ངོས་འཛིན་པ་སོགས་རིག་པ་བརྟག་པའི་ལས་སྣ་འགའ་གཏད་ཀྱང་རྒྱལ་ཁག་གཞན་པའི་བློན་པོ་རྣམས་ཀྱིས་མ་ཤེས་པ་དང་། བོད་ཀྱི་བློན་པོ་མགར་གྱིས་རེ་རེ་བཞིན་ཤེས་པས། རྒྱ་བཟའ་ཀོང་ཇོ་བོད་ལ་བསུ་ཐུབ་པ་བྱུང་བའི་གཏམ་རྒྱུད་ཅིག་ཀྱང་བཀོད་ཡོད་པ་ཀུན་ལ་གཡུ་འབྲུག་སྟོན་མོའི་སྒྲ་ལྟར་ཁྱབ་པ་ནང་བཞིན་ནོ། །

དེས་ན་ངོ་མཚར་བའི་ལོ་རྒྱུས་གཏམ་རྒྱུད་དེའང་བོད་སིལ་བུའི་དུས་ཀྱི་ལོ་

རྒྱུས་མཁན་པོ་རྣམས་ཀྱིས་སྐབས་བབ་ཀྱི་བརྗོད་དོན་ཏེ་བློན་པོ་མགར་གྱི་མཁས་ཤིང་མཛངས་པའི་སྣང་བརྙན་འབུར་དུ་གཏོད་པ་དང་། རྒྱལ་བའི་གསུང་རབ་ཀྱི་ནང་དོན་སྒྲོག་སྤེལ་བྱེད་པའི་ཆེད་དུ། སྟོན་པ་ཤཱཀྱ་ཐུབ་པ་བློན་པོ་སྨན་ཆེན་པོར་སྐྱེ་བ་བཞེས་པའི་རབས་སུ"བྱང་ཕྱོགས་ཀྱི་ཚོང་པ་ཞིག་གིས་རྐོད་མ་གཉིས་རྒྱལ་པོ་སྐྱིད་པ་ལ་སྐྱེས་སུ་ཕུལ་ཏེ། ལྷ་རྐོད་མ་འདི་དག་མ་སྨད་ལགས་ན་མ་དང་བུ་གང་ཡིན་པ་ནི་གཞན་གྱིས་མ་འཚལ་ཏོ་ཞེས་སྨྲས་པ་ལ། དེ་མ་ཤེས་སྨན་ཆེན་པོས་ས་ག་ལ་དྲིས་པ་དང་། གང་གི་སྤྱི་གཤོར་བ་དེ་ནི་མའོ། །གང་གི་སྤྱི་འཇམ་པ་ནི་བུའོ་ཞེས་སྨྲས་པས་རྒྱལ་པོ་ངོ་མཚར་དུ་གྱུར་ཏོ། །ལྷོ་ཕྱོགས་ན་ཚོང་པ་དག་གིས་ཙན་དན་གྱི་སྡོང་པོ་ཁྱེར་བ་དེའི་མགོ་མཇུག་མ་ཤེས་པ་ལ། ས་གས་རྫིང་བུའི་ནང་དུ་བོར་ན་རྩ་བ་ནི་འོག་ཏུ་འཕྱིང་ངོ་། །"ཞེས་པ་དང་། རྒྱལ་པོ་སྐྱིད་པས་བདག་པོས་དོར་བའི་བུ་མོ་ཨུ་དུམ་ཝ་རི་ཀ་ཞེས་པ་ནགས་སུ་མཐོང་བ་བཙུན་མོར་བསྲུས་རྗེས། བྲམ་ཟེ་བདག་པོ་དེས་གོ་ནས་རྒྱལ་པོའི་ཁབ་ཏུ་ཆུང་མ་ཨུ་དུམ་ཝ་རི་ཀ་འཚོལ་དུ་འོངས་པ་ན། བློན་པོ་སྨན་ཆེན་པོས"ཅི་ཁྱོད་རང་གི་ཆུང་མ་ངོ་ཤེས་སམ། དེ་ལོས་ཤེས་ཟེར་བ་ལ། སྨན་ཆེན་པོས་བཙུན་མོ་ལྔ་བརྒྱ་ཁྱོད་ཀྱི་མདུན་དུ་བཞག་ལ་དེར་ཁྱོད་རང་གི་མ་ཡིན་པ་གཞན་བཟུང་ན་ཁྱོད་ཀྱི་ལུས་མཚོན་གྱིས་དུམ་བུར་བྱའོ། །"ཞེས་བཤད་ནས། རྒྱལ་པོའི་བཙུན་མོ་ཐམས་ཅད་རྒྱན་གྱིས་མཆོག་ཏུ་བརྒྱན་ཏེ། རྒྱལ་པོའི་བཤོས་གསོལ་བའི་ལམ་སྣང་བའི་སར་བཙུན་མོ་ཐམས་ཅད་གྲལ་བསྒྲིགས་ཤིང་ཨུ་དུམ་ཝ་རི་ཀ་ཀུན་གྱི་སྔོན་མ་བྱས་ནས། ལྷའི་བུ་མོ་རྣམས་དང་འདྲ་བར་རྒྱལ་པོའི་དྲུང་དུ་ལྷགས་པ་ན། བྲམ་ཟེ་དེ་སྤྲུལ་སྣགས་ཀྱིས་བཏབ་པ་བཞིན་དུ་སྤྱ་གོང་ནས། ཉི་མར་ལྷ་མི་གཟོད་པ་ལྟར་གྱུར་ཅིང་། དེ་དག་གི་ཕྱི་བཞིན་འབྲངས་པའི་བྲན་མོ་ཆུ་ལེན་ཞིག་ལ་འདི་བདག་གི་ཆུང་མའོ་ཞེས་ཟེར་ནས་ཁྲིད་པར་བགོད་

པ[1]དང་། 《མདོ་མཛངས་བླུན》ཁྲོད་ཀྱི《བློན་པོའི་རི་དྭགས་ཀྱི་བུ་བདུན་གྱི་ལེའུ》ལས། "དེའི་ཚེ་ཤི་རི་ཤིག་ཏའི་རྒྱལ་པོ་དང་ཡུལ་མཉན་ཡོད་ཀྱི་རྒྱལ་པོ་གཉིས་གཅིག་ལ་གཅིག་མི་དགའ་བས་རྟག་ཏུ་མི་བཟླུམ་མོ། །དེའི་ཚེ་ན་ཤི་རི་ཤིག་ཏའི་རྒྱལ་པོས་མཉན་ཡོད་ཀྱི་རྒྱལ་པོ་དེ་ལ་བློན་པོ་མཁས་པ་མཛངས་ཤིང་བློ་དང་ལྡན་པ་ཡོད་དམ་མེད་བགམ་མོ་སྙམ་ནས་ཕོ་ཉ་གཅིག་ཡུལ་མཉན་ཡོད་དུ་བཏང་སྟེ། ཕོ་ཉ་དེ་ལ་རྒོད་མ་མ་སྨད་གཉིས་མ་དང་བུ་འདྲ་བ་སྤུ་མདོག་གཅིག་པ། བྱེ་བྲག་མི་ཕྱེད་པ་མ་སྨད་གཉིས་བགྲི་སྟེ་མ་ནི་གང་། བུ་ནི་གང་ཡིན་པ་བྱེ་བྲག་ཕྱེ་ཞིག་ཅེས་སྤྲིང་ངོ་། །རྒྱལ་པོ་དང་བློན་པོ་རྣམས་ཀྱིས་བལྟས་པས་གཅིག་གིས་ཀྱང་བྱེ་བྲག་མ་ཕྱེད་དོ། །དེ་ནས་ཁྱིམ་བདག་དེ་ཁྱིམ་དུ་འོངས་པ་དང་། མནའ་མས་གཏམ་ཅི་གསན་ཞེས་ཞུས་པ་དང་། གཏམ་འདི་ལྟ་བུ་དག་གྲག་གོ་ཞེས་མནའ་མ་ལ་རྒྱས་པར་གཏམ་བྱས་སོ། །མནའ་མས་གསོལ་བ། འདི་ནི་ཤིན་ཏུའང་རིག་པར་སླའོ། །རྒོད་མ་མ་སྨད་གཉིས་ཐོགས་ལ་ལྷན་ཅིག་ཏུ་རྩ་བཟང་པོ་ཞིག་བྱིན་ཅིག་དང་མ་གང་ཡིན་པ་དེ་ནི་རྩ་མཆུས་ཕུལ་ཏེ་བུ་ལ་བསྟབ་བོ། །ཁྱིམ་བདག་གིས་མནའ་མས་སྨྲས་པ་བཞིན་དུ་རྒྱལ་པོ་ལ་གསོལ་ནས། རྒྱལ་པོས་ཀྱང་རྩ་བྱིན་ཏེ་བལྟས་པས་དེ་བཞིན་དུ་གྱུར་ཏེ། མ་དང་བུ་ཡང་རྟོགས་ནས་ཕོ་ཉ་དེ་ལ་མ་ནི་འདིའོ། །བུ་ནི་འདིའོ་ཞེས་སྨྲས་པས། དེ་བཞིན་དུ་སྨྲས་པ་བདེན་ཏེ་མ་ནོར་རོ་ཞེས་མཆིའོ། །དེ་ནས་ཡང་ཤིང་འདོམ་དོ་བ་སྦོམ་ཕྲ་མཉམ་པ་ཁྱད་པར་མེད་པ། འཇོར་བ་དང་སྟ་རེ་དང་སྟེའུའི་རྗེས་མེད་པ་ཞིག་བསྐུར་ཏེ། ཤིང་འདིའི་མགོ་མཇུག་གང་ཡིན་པ་བྱེ་བྲག་ཕྱེ་ཞིག་ཅེས་བསྒོའོ། །རྒྱལ་པོ་དང་། བློན་པོ་རྣམས་འདུས་ཏེ་དཔྱད་ན་གཅིག་གིས་ཀྱང་མ་ཤེས་ཏེ། ཁྱིམ་བདག་དེས་ཡང་མནའ་མ་ལ་དྲིས་པས། འདི་ནི་ཤིན་ཏུ་ཡང་སླ་སྟེ། ཤིང་འདིའི་མགོ་མཇུག་རྟོགས་པར་འདོད་ན་ཆུའི་ནང་དུ་ཞོག་ཅིག

[1] 《མདོ་ཕྲན་ཚེགས》སུ་གསལ།

དང་། རྩ་བ་ནི་ཐུར་དུ་ནུབ་ཀྱི་མགོ་ནི་ཕྱིར་བྱུང་བའི་རིགས་སོ། །ཁྱིམ་བདག་དེས་ཀྱང་རྒྱལ་པོ་ལ་དེ་བཞིན་དུ་གསོལ་ཏེ། མནའ་མས་སྨྲས་པ་དེ་བཞིན་དུ་བྱས་པས་མགོ་མཇུག་རྟོགས་པར་གྱུར་ཏེ། འདི་ནི་མགོའོ་འདི་ནི་རྩ་བའོ་ཞེས་བསྒོ་བས། ཕོ་ཉས་ཀྱང་དེ་བཞིན་ཏེ་བདེན་ནོ་ཞེས་སྨྲས་སོ། །དེ་ནས་རྒྱལ་པོ་རབ་ཏུ་དགའ་ནས་ཕོ་ཉ་དེ་ལ་བྱ་དགའ་མང་དུ་བྱིན་ནོ། །ཕོ་ཉ་དེ་ཕྱིར་ཡུལ་དུ་ཕྱིན་ནས་རྒྱལ་པོ་དེ་ལ་རྒྱས་པར་གསོལ་བ་དང་། རྒྱལ་པོ་དེས་ཕོ་ཉ་ལ་རིན་པོ་ཆེ་མང་དུ་བསྐུར་ཏེ། རྒྱལ་པོ་ཆེན་པོ་དེ་ལ་བློན་པོ་མཛངས་པ་བློ་དང་ལྡན་པ་ཡོད་ཀྱིས་འདི་དག་ཐུལ་ལ་ཕྱིན་ཆད་བརླུམ་པར་བྱའོ་ཞེས་བསྒོ་ནས། རྒྱལ་པོ་རབ་གསལ་རྒྱལ་གྱིས་དེ་ལྟ་བུར་གྱུར་པ་ལ་རབ་ཏུ་དགའ་སྟེ། ཁྱིམ་བདག་དེ་ལ་ཁྱོད་ཀྱིས་དེ་དག་ཇི་ལྟར་རྟོགས་ཤིང་ཤེས་ཞེས་བཀའ་སྩལ་ཏོ། །ཁྱིམ་བདག་གིས་གསོལ་བ། འདི་ནི་བདག་གིས་རྟོགས་པ་མ་ལགས་ཀྱི། བདག་གི་མནའ་མ་བློ་དང་ལྡན་པ་ཞིག་མཆིས་པ་དེས་རྟོགས་སོ། །རྒྱལ་པོས་དེ་སྐད་ཅེས་གསོལ་བ་གསན་ནས་རབ་ཏུ་དགའ་སྟེ། ཁྱིམ་བདག་གི་མནའ་མ་དེར་ཕྱིན་ཆད་ང་དང་མིང་སྲིང་དུ་བྱའོ་ཞེས་བཀའ་སྩལ་ཏོ། །"ཞེས་པ་དང་། རང་བཞིན་གྱི་སྐད(ཕྲ་ཀྲྀ་ཏི)ནས་རྒྱ་ཡིག་ཏུ་བསྒྱུར་བའི《ཐུབ་པའི་སྐྱེ་རབས་བདམས་བསྒྲིགས》ཞེས་པར་གཡུ་ཞགས་ལ་དར་བརྒྱུས་པའི་བྱུང་རིམ་ཡོད་པ་རྣམས་དྲངས་ཤིང་། སྒྱུ་རྩལ་གྱི་ཐབས་ལ་བརྟེན་ནས་རྒྱ་ཇེ་ཐང་ཐའི་ཚུང་གིས་ཕྱོགས་ཀྱི་རྒྱལ་པོའི་ཕོ་ཉ་རྣམས་ཀྱི་རིག་པ་བརྟག་པའི་ལོ་རྒྱུས་གཏམ་རྒྱུད་དུ་བཅོས་པ་རེད།

ཡང་། 《བཀའ་ཆེམས་ཀ་ཁོལ་མའི》ལེའུ་བཅོ་ལྔ་པར་བལ་བཟའ་ཁྲི་བཙུན་གྱིས་ར་སའི་གཙུག་ལག་ཁང་བཞེངས་གྲུབ་རྗེས། རྒྱལ་པོ་སྲོང་བཙན་སྒམ་པོ་བློན་པོ་བཅུ་དྲུག་དང་བཅས་ལྷ་ཁང་དེར་ཐེབས་ནས་སྒོ་ཕྱེ་བ་ན། "ལྷ་ཁང་ནང་གི་ས་གཞི་ཚུ་ཤེལ་དང་འདྲ་བའི་ནང་དུ། གྱང་རིས་དང་གདུང་མའི་རི་མོའི་སྒྲོག་ཆགས་

རྣམས་ཁྲ་ཤིག་གེ་བ་འདུག་པ་མཐོང་བས། ནང་དུ་འགྲོ་མ་ནུས་ཏེ་བལ་མོ་བཟའི་ལྷ་ཁང་མཚོའི་སྟེང་དུ་བརྩིགས་པས་ཆུ་རྫོལ་ནས་འདུག་ཟེར་རོ། །དེར་རྒྱལ་པོའི་ཐུགས་དགོངས་ལ་ལྷ་ཁང་ནང་དུ་ཆུ་བྱུང་འདུག་སྙམ་ནས་ནང་དུ་འབྱོན་མ་ནུས་ཙམ་ན། བལ་མོ་ཁྲི་བཙུན་གྱིས་ཆུ་མིན་པའི་བརྡར་གསེར་དངུལ་གྱི་སོར་གདུབ་ལ་རིན་པོ་ཆེ་སྣ་ཚོགས་ཀྱིས་སྤྲ་བཏབ་པ་ཅིག་ཡོད་པ་དེ་སྤྱུར་བཏབ་པས། སིལ་ཁྲོལ་ཅེས་པའི་སྐད་བྱུང་བས་རྒྱལ་པོ་གཞི་ཆུ་ཤེལ་འདྲ་བར་ཤེས་ནས་ནང་དུ་བྱོན་དཀྱིལ་འཁོར་ཆེན་པོའི་སྟེང་ནས་སྟེང་ཁང་མིའི་བཟོ་བས་བཅོས་པ་ལ་གཟིགས་པས། ཐུགས་དགྱེས་ཏེ་ངའི་འཕྲུལ་བཟོ་དང་འདྲ་ཁྱད་མེད་འཕྲུལ་དུ་སྣང་ངོ་ཞེས་གསུངས”པའི་བྱུང་རིམ་ལ་མཚོན་ནའང《མདོ་མཛངས་བླུན》ཁྲོད་ཀྱི་ཁྱིམ་བདག་དན་བྱི་ལི་ཞེས་བྱ་བའི་ལེའུ་ལས། རྒྱ་གར་མཉན་ཡོད་ཀྱི་རྒྱལ་པོ་གསལ་རྒྱལ་ཞེས་བྱ་བ་དེ་ཡུལ་ཀོ་ས་ལའི་ཁྱིམ་བདག་དན་བྱི་ལིའི་རིན་པོ་ཆེ་སྣ་བདུན་ལས་གྲུབ་པའི་རང་བྱུང་ཁང་ཁྱིམ་དུ་ཕེབས་སྐབས་གཟིགས་པའི་རྣམ་པ་སྟེ། “ཁྱིམ་གྱི་ནང་དུ་ཕྱིན་ཏེ་བལྟས་པས་ས་གཞི་ཀུན་བཻཌཱུརྻ་ལས་བྱས་པས་ཤིན་ཏུ་གསལ་བ་ནི་ཆུའི་མདོག་དང་འདྲ་སྟེ། སྟེང་གི་ཁང་པ་ལ་གཅན་གཟན་གྱི་གཟུགས་དང་། ཆུ་སྲིན་དང་ཉ་ལ་སོགས་པའི་གཟུགས་དབྱངས་ཏེ་རླུང་གིས་བསྐྱོད་ནས་འགུལ་བས་གཟུགས་བརྙན་ས་གཞི་ལ་སྣང་ངོ་། །རྒྱལ་པོས་ཡང་དག་པར་ཆུ་ཡིན་སྙམ་བསམས་ཏེ་འདི་སྐད་ཅེས་སྨྲས་སོ། །ཅི་གུད་ནས་མེད་དམ་ཅི་ཉེས་ན་ཁང་པའི་ནང་དུ་རྫིང་བུ་བསྐྱིལ་ཞེས་སྨྲས་སོ། །དན་བྱི་ལིས་སྨྲས་པ། འདི་ནི་ཆུ་མ་ལགས་ཏེ་བཻཌཱུརྻ་མཐོན་མཐིང་ངོ་ཞེས་སྨྲས་ནས་ལག་གི་གདུ་བུ་ཕུད་དེ་སྟེང་དུ་བོར་རོ། །རྒྱལ་པོས་དེ་ལྟ་བུ་གཟིགས་ནས་ཁང་པའི་ནང་དུ་གཤེགས་ཏེ། རིན་པོ་ཆེ་སྣ་བདུན་གྱི་ཁང་པའི་ནང་དུ་བཻཌཱུརྻ་མཐོན་མཐིང་གི་ཁྲི་བཤམས་ནས་རྒྱལ་པོ་བཞུགས་སུ་གསོལ་ཏོ། །”ཞེས་འཁོད་པ་དང་ཏ་ལམ་འདྲ་བ་ལ་བལྟས་ན། 《བཀའ་ཆེམས་ཀ་ཁོལ་མ》མཛད་པ་པོས་རང་ས་

འཕྲུལ་སྣང་གཙུག་ལག་ཁང་གི་ས་གཞི་དྭངས་ཤིང་གསལ་བའི་མདངས་ཀྱི་བཀོད་པ་ངོ་མཚར་བ་དེ་ཆུ་ཤེལ་དང་ཀུན་ནས་འདྲ་བར་སྟོན་ཆེད། རྒྱ་གར་གྱི་མཉན་ཡོད་རྒྱལ་པོ་གསལ་རྒྱལ་ཞེས་པ་དེ་ཡུལ་ཀོ་ས་ལའི་ཁྱིམ་བདག་དན་བྱི་ལིའི་རིན་ཆེན་སྣ་བདུན་གྱི་ཁང་པའི་ནང་དུ་གཤེགས་དུས་ས་གཞིའི་བཻཌཱུརྻ་ངོས་སུ་ཁང་པའི་ལྡེབས་ཀྱི་ཚོན་རིས་སྣ་ཚོགས་མངོན་པར་ཤར་བ་དེ་སྔོ་ཞིང་དྭངས་པའི་རྫིང་བུའི་ཆུ་ལ་འཁྲུལ་བའི་ཚེ་ན། དན་བྱི་ལིས་ལག་གི་གདུ་བུ་དེའི་སྟེང་དུ་བོར་ནས་མ་ནུབ་པས། དེ་ཆུ་མ་ཡིན་པར་བཻཌཱུརྻ་སྔོན་པོ་ཡིན་པའི་ངེས་པ་རྙེད་པའི་བྱུང་རིམ་ངོ་མཚར་བ་དེ་བཅོས་སྒྲིག་མཛད་ནས་བརྩམས་པ་མངོན་པར་གསལ།

ཡང་། རྒྱལ་པོ་ཁྲི་སྲོང་ལྡེའུ་བཙན་རྒྱ་བཟའ་དང་སྣ་ནམ་བཟའ་གང་གི་བུ་ཡིན་པར་བརྟག་པའི་ལོ་རྒྱུས་གཏམ་རྒྱུད་ལ་མཚོན་ནའང་རྒྱལ་པོ་ཁྲི་གཙུག་ལྡེ་བཙན་གྱི་རྗེས་སུ་གནའ་བོའི་དཔེ་རྙིང་རགས་བསྒྲུ་བྱས་པའི《དབའ་བཞེད》ལས། “བཙན་པོ་ཁྲི་ལྡེ་གཙུག་བརྟན་གྱི་སྐུ་རིང་ལ་ཁབ་ཏུ་རྒྱ་བཟའ་གྱིམ་ཤང་ཨོང་ཅོ་བཞེས་ནས”ཞེས་པ་ཙམ་ལས་བཙུན་མོ་གཉིས་ཀྱིས་སྲས་ཁྲི་སྲོང་ལྡེའུ་བཙན་ཛེ་ལྟར་འཕྲོག་རྩོད་བྱས་པ་སོགས་ཅི་ཡང་འཁོད་མེད་ལ། ཏུན་ཧོང་ཡིག་རྙིང་P. T. 1286ལས། “ཁྲི་ལྡེ་གཙུག་བརྩན་དང་། སྣ་ནམ་ཟའ་མང་མོ་རྗེ་བཞི་སྟེང་དུ་བཞོས་པའི་སྲས། ཁྲི་སྲོང་ལྡེ་བརྩན།” ཞེས་བཙན་པོ་ཁྲི་སྲོང་ལྡེའུ་བཙན་གྱི་འཁྲུངས་ཡུམ་སྣ་ནམ་བཟའ་ཡིན་པར་འཁོད་ལ། P. T. 1288ལས། “ཡོས་བུའི་ལོ་ལ། བཙན་པོ་དབྱརད་ཆབ་སྲིད་ལ་བེག་ཏུ་གཤེགས་སྟེ། སྲས་ལྷས་བོན་དྲོན་ན་བཞུགས། བཞུག་པ་ལས་ནོངས། བཙན་པོ་ཡབ་དགུན་བོད་ཡུལ་དུ་སླར་གཤེགས། བཙན་མོ་གིམ་ཤེང་ཁོང་ཅོ་ནོངས་པར་ལོ་ཆིག”ཅེས་པ་དང་། “རྟའི་ལོ་ལ། བཙན་པོ་སྲོང་ལྡེ་བརྩན་བྲག་མར་དུའ་བལྟམས།” ཞེས་བཙན་པོ་ཁྲི་ལྡེ་གཙུག་བརྩན་གྱི་སྲས་འཇང་ཚ་ལྷ་དབོན་དང་གྱིམ་ཤིང་ཀོང་ཇོ་གཉིས་ཀ་སྤྱི་ལོ་739ལ་

སྐུ་གཤེགས་པའི་ལོ་གསུམ་པ་སྟེ་སྤྱི་ལོ་742ལ་ད་གཟོད་བཙན་པོ་ཁྲི་སྲོང་ལྡེའུ་བཙན་སྐུ་འཁྲུངས་པར་འཁོད་ཀྱང་། 《སྦ་བཞེད》དུ་བཙན་པོ་ཁྲི་ལྡེ་གཙུག་བཙན་གྱི་སྲས་འཇང་ཚ་ལྷ་དབོན་ལ་བོད་དུ་བཙུན་མོར་རན་པ་ཞིག་མེད་པས་རྒྱལ་པོ་སྲོང་བཙན་སྒམ་པོ་ལྟར་རྒྱ་བཟའ་གྱིམ་ཤིང་ཀོང་ཇོ་བཙུན་མོར་བསུས་ཀྱང་བོད་ལ་མ་སླེབས་གོང་དུ་འཇང་ཚ་ལྷ་དབོན་སྐུ་གྲོངས་ནས་ཡབ་རྒྱལ་པོའི་བཙུན་མོ་བྱས་པ་ལས་སྲས་ཁྲི་སྲོང་ལྡེའུ་བཙན་འཁྲུངས་ཚེ། "ཀོང་ཇོའི་བུ་སྣ་ནམ་བཟའ་བཞི་སྟེངས་ཀྱིས་ཕྲོགས་ནས་འདི་ང་ལ་སྐྱེས་པ་ཡིན་ཟེར། དེར་བློན་པོ་ཀུན་གྱིས་བརྟག་པར་བྱ་བའི་ཕྱིར། ཐང་ཚོགས་ཀྱི་བུག་གར་བུ་བཞག་ནས་བུ་སུ་ཐོབ་བྱེད་དུ་བཙུག་པས། ཀོང་ཇོས་སྔོན་ལ་ཟིན་པ་བཞི་སྟེངས་ཀྱིས་ཤི་ནའང་ཤི་སྙམ་སྟེ་ཕྲོགས་པས། ཀོང་ཇོས་ཤི་དོགས་ནས་ལྷོད་བཏང་སྟེ། ཡིན་དང་ངའི་ཡིན་ཏེ་དྲི་མོ་ཁྱོད་ཟེར་ནས་བཏང་། བུ་ཀོང་ཇོའི་ཡིན་པར་ཤེས། ལོ་གཅིག་ལོན་ཙ་ན་ཞབས་འཇུགས་པའི་དགའ་སྟོན་བྱས་ཏེ། སྣ་ནམ་རྣམས་བེར་ཆུང་དུ་རེ་ལག་ན་ཐོགས་ནས་ཞང་པོའི་པང་དུ་ཤོག་ཟེར། རྒྱལ་བུ་ན་རེ། ཁྲི་སྲོང་ལྡེ་བཙན་རྒྱ་ཚ་ལགས། སྣ་ནམ་ཞང་གི་ཅི་བགྱི་འཚལ། གསུངས་ནས། རྒྱའི་ཡུལ(པང)དུ་སོང་བས། མིང་ཡང་རང་གིས་བཏགས་སོ། །"ཞེས་པའི་ལོ་རྒྱུས་གཏམ་རྒྱུད་ཅིག་ཀྱང་འཁོད་ཡོད།

གསོན་ཉམས་ལྡན་པའི་གཏམ་རྒྱུད་དེ་བསླུགས་མ་ཐག་ཡིད་ཀྱི་དབང་པོ་ཀུན་ནས་འགུགས་ཀྱང་སེམས་རྣལ་ལ་ཕབ་སྟེ་ཞིབ་ཏུ་བརྟག་ཅིང་དཔྱད་ན། དེ་སྒྱུ་རྩལ་བརྩམས་ཆོས་ཤིག་ཡིན་པར་བསམས་པ་ལས་ལོ་རྒྱུས་ཀྱི་དངོས་དོན་ཞིག་ཡིན་སྙམ་པ་ཡི་ནས་མི་སྐྱེ། རྒྱུ་མཚན་ནི། རྒྱལ་པོ་ཁྲི་ལྡེ་གཙུག་བཙན་ལ་གནའ་བོའི་རྒྱ་གར་གྱི་རྒྱལ་པོ་རྣམས་ལྟར་བཙུན་མོ་དང་ཕོ་བྲང་གི་སླས་སྟོང་ཕྲག་ཉི་ཤུ་མེད་ལ། མ་ཧཱ་ཙི་ནའི་རྒྱལ་པོ་རྣམས་ལྟར་བཙུན་མོ་ཆེན་ཆུང་བརྒྱ་ཕྲག་འགའ་རེའང་མེད་པས། བཙུན་མོ་གཉིས་ཀྱི་སུ་ལ་སྦྲུམ་པ་དང་འཁྲུངས་པ་རྒྱལ་པོ་ཁྲི་ལྡེ་གཙུག་བཙན་

རང་གི་ཐུགས་ན་གསལ་ལེར་མཁྱེན་ངེས་རེད། གལ་ཏེ་རྒྱལ་པོས་མ་མཁྱེན་ཙང་སྲས་སྨྲས་པའི་བཙུན་མོ་དེས་རྒྱལ་པོ་རང་ལ་དགའ་བར་བྱེད་པ་དང་རང་གི་གོ་གནས་ཇེ་མཐོར་འགྲོ་བའི་ཕྱིར་དུ་དོན་དེ་དུས་ཐོག་ཏུ་རྒྱལ་པོར་ཞུ་སྲིད་པས། སྔོན་པོ་རྣམས་ཀྱིས་བཙུན་མོ་སུའི་སྲས་ཡིན་པར་བརྟག་དགོས་དོན་མེད། ཡང་། རྒྱལ་པོ་ཁྲི་གཙུག་ལྡེ་བཙན་དེ་ཆབ་སྲིད་ཀྱི་འཕྲིན་ལས་ལ་ཐུགས་བྲེལ་ཆེ་བས། རིང་པོ་ཞིག་ལ་བཙུན་མོ་གཉིས་ཀྱི་སྲུ་དང་ཡང་མ་བཞོས་པའི་དབང་དུ་བཏང་ནའང་། བཙུན་མོ་རྣམ་གཉིས་དང་རྒྱུན་དུ་འགྲོགས་པའི་འཁོར་གཡོག་རྣམས་དང་ཁྱད་པར་དུ་སྐྱེས་གཡོག་བྱེད་མཁན་ཚོས་གསལ་པོར་ཤེས་པས། བོད་ཀྱི་རྒྱལ་བློན་རྣམས་ཀྱིས་རྒྱལ་སྲས་འཕྲོག་རྩོད་བྱེད་དུ་འཇུག་པ་དང་། ཞང་པོ་ངོས་འཛིན་དུ་འཇུག་པའི་ཐབས་དེ་འདྲ་རྟགས་པོ་སྤྱོད་དོན་ཡེ་ནས་མེད། ཡང་གཅིག་བཤད་ན་རྒྱལ་སྲས་ཁྲི་སྲོང་ལྡེ་བཙན་དེ་དངོས་གནས་འཕགས་པ་འཇམ་དཔལ་གྱི་སྤྲུལ་པ་ཡིན་པས་མ་གཏོགས། ལོ་གཅིག་ཙམ་གྱི་བྱིས་པ་ཞིག་གིས་རང་གི་ཞང་པོ་གང་ཡིན་པ་ཤེས་ཐབས་མེད་ལ། "ཁྲི་སྲོང་ལྡེ་བཙན་རྒྱ་ཚ་ལགས། སྣ་ནམ་ཞང་གི་ཅི་བགྱི་འཚལ།" ཞེས་པའི་གཏམ་དེ་བས་ཀྱང་སྨྲ་མི་ཤེས། དེ་ལས་ཀྱང་ངོ་མཚར་བ་ནི་ཤར་རྫོ་ཉི་ཟླ་ནས་ནུབ་ཚུ་བོ་གང་གཱ་བར་གྱི་ས་ཡི་ཁྱོན་ལ་དབང་མཛད་པའི་བོད་ཆེན་པོའི་རྒྱལ་བློན་རྣམས་ཐབས་རྟུགས་ནས། བྱིས་པ་ལོ་གཅིག་ཙན་གྱི་ངག་ཚད་མར་འཛིན་པ་དེ་རེད།

དེས་ན་རྒྱལ་བའི་བཀའ་བསྟན་ཁྲོད་ཀྱི་སྟོན་པ་ཤཱཀྱ་ཐུབ་པའི་སྐྱེས་རབས་རྣམས་ལ་མཇལ་ན་བོད་ཀྱི་རྒྱལ་བློན་དག་གིས་རྒྱལ་བུ་ཁྲི་སྲོང་ལྡེ་བཙན་སུའི་བུ་ཡིན་པ་བརྟག་ཆེད། ཁོང་མོ་གཉིས་ལ་སྲས་འཕྲོག་རྩོད་བྱེད་དུ་བཅུག་པའི་གཏམ་རྒྱུད་དེ་ནི《མདོ་མཛངས་བླུན》ཁྲོད་ཀྱི《ཁྱིམ་བདག་དབྱིག་པ་ཅན་གྱི་ལེའུ》ལས"རྒྱལ་པོ་དེ་ལ་ཡང་བུད་མེད་གཉིས་ཤིག་བུ་གཅིག་ལ་རྩོད་དེ། རྒྱལ་པོ་བློ་མཁས་པས་བརྟགས་

ནས་བུད་མེད་གཉིས་ལ་འདི་སྐད་ཅེས་སྨྲས་སོ། །ཁྱོད་གཉིས་ཀྱིས་བུའི་ལག་པ་རེ་རེ་ནས་བཟུང་སྟེ་ drངས་ལ་གང་གིས་ཐོབ་པ་བུ་ཁྱེར་ཅིག་ཅེས་བསྒོ་བ་དང་། བུའི་མ་མ་ཡིན་པ་དེས་ནི་བུ་ལ་སྙིང་རྗེ་མེད་པས་ སྟོབས་ཀྱིས་མི་དོགས་ཏེ་ཐུབ་ཅི་ཡོད་པས་དྲངས་སོ། །བུའི་མ་གང་ཡིན་པ་དེས་ནི་བུ་ལ་ཞེན་པས་སྟོབས་ཀྱིས་དོགས་ཏེ་སྟོབས་ཀྱིས་ཐུབ་ཀྱང་དྲག་ཏུ་མི་འདྲེན་ཏོ། །རྒྱལ་པོས་ཀྱང་རྟོགས་ནས་དྲག་ཏུ་དྲངས་པ་དེ་ལ་འདི་ནི་ཁྱོད་ཀྱི་བུ་མ་ཡིན་ཏེ། བུད་མེད་ཅིག་ཤོས་ཀྱི་བུ་ཡིན་པས་དྲང་པོར་སྨྲས་ཤིག་ཅེས་བྱས་པ་དང་། དལ་གྱིས་འདྲེན་པའི་བུ་ཡིན་པར་གྱུར་ཏེ་བུ་ཡིན་པར་ཁྱེར་རོ། །"ཞེས་པ་དང་ཀུན་ནས་མཐུན་པར་གཞིགས་ན། རྒྱལ་བུ་ཁྲི་སྲོང་ལྡེའུ་བཙན་བཙུན་མོ་སུ་ལ་འཁྲུངས་པར་བརྟགས་པའི་གཏམ་རྒྱུད་དེ་ནི་སྐབས་དེའི་ལོ་རྒྱུས་སྨྲ་བ་རྣམས་ཀྱིས་རྒྱལ་པོ་ཁྲི་སྲོང་ལྡེའུ་བཙན་གྱིས་དེ་སྔ་བོད་ཀྱི་ཆབ་སྲིད་མངའ་ཁོངས་རྒྱ་བསྐྱེད་པ་དང་ཆོས་ལུགས་རིག་གནས་འཕེལ་རྒྱས་སུ་བཏང་བའི་མཛད་རྗེས་རླབས་ཆེན་ལ་དམིགས་ནས་ཁོང་ལ་ཆེས་ཆེར་བསྟོད་པ་སྟེ་ཚོ་འཕྲང་གི་ཆེ་བ་བརྗོད་པ་དང་། སྟོན་པ་ཤཱཀྱ་ཐུབ་པའི་སྐྱེས་རབས་རྣམ་ཐར་དེ་བོད་བཙན་པོའི་མཛད་རྣམ་དུ་བྱས་ནས་སྒྲོག་སྤེལ་བྱ་བའི་དོན་དུ། སྟོན་པ་ཤཱཀྱ་ཐུབ་པས་སྔོན་རྒྱལ་པོ་མཛེས་པ་བྱ་བའི་སྐྱེ་བ་བཞེས་དུས་ཐབས་དང་ཤེས་རབ་ལ་བརྟེན་ནས་དམངས་ཀྱི་བདེན་རྫུན་ཞལ་ལྕེ་དྲང་པོར་བཅད་པའི་བྱུང་རིམ་དོ་མཚར་བ་དེ་སྤྱད་ནས་བཙུན་མོ་སྣ་ནམ་བཟའ་བཞི་སྟེངས་ལ་འཁྲུངས་པའི་རྒྱལ་བུ་ཁྲི་སྲོང་ལྡེ་བཙན་དེ་གྱིམ་ཤིང་ཀོང་ཇོར་བྱིན་པ་རེད།

ཡང་། 《མ་ཧེ་བཀའ་འབུམ》དུ་རྒྱལ་པོ་སྲོང་བཙན་སྒམ་པོ་སྔོན་རྒྱལ་བུ་འཛིག་རྟེན་དབང་ཕྱུག་གི་སྐྱེ་བ་བཞེས་པའི་རབས་འཁོད་པ་དེ་ཡང་མི་མང་དང་ས་མིང་ཙམ་མ་གཏོགས་གཏམ་རྒྱུད་ཀྱི་ནང་དོན་དང་བྱུང་རིམ། བརྗོད་བྱའི་བསྟན་དོན་ཚང་མ་བཀའ་འགྱུར་གྱི་མདོ་སྡེ་ཨཿདུམ་པར་བཞུགས་པའི《འཕགས་

པ་རྒྱལ་བུ་དོན་འགྲུབ་ཀྱི་མདོ》དང་ཀུན་ནས་འདྲ་བར་མ་ཟད། སྐྱེས་རབས་གཏམ་རྒྱུད་དེ་གཉིས་ཀར་དང་ཐོག་གཏམ་རྒྱུད་གསུང་བའི་ཡུལ་དང་རྐྱེན་བརྗོད་པ་དང་། མཐར་གཏམ་རྒྱུད་ནང་གི་མི་སྣ་གཙོ་བོ་དེ་སྟོན་པ་ཤཱཀྱ་ཐུབ་པའམ་རྒྱལ་པོ་སྲོང་བཙན་སྒམ་པོའི་སྐྱེ་བ་སྔ་མར་ངོས་འཛིན་པའང་ཡོངས་སུ་འདྲ་བས། 《འཕགས་པ་རྒྱལ་བུ་དོན་འགྲུབ་ཀྱི་སྐྱེས་རབས》དེ་རྒྱལ་པོ་སྲོང་བཙན་སྒམ་པོའི་སྐྱེས་རབས་སུ་བཅོས་པ་གོར་མ་ཆག 《མ་ཎི་བཀའ་འབུམ》གླེགས་བམ་དང་པོར་འཁོད་པའི《ཐུགས་རྗེ་ཆེན་པོས་ཚོང་པ་རྣམས་སིང་ག་ལའི་སྲིན་མོའི་གླིང་ནས་བཏོན》པའི་ལེའུ་དང《མ་ཎི་བཀའ་འབུམ》གླེགས་བམ་གཉིས་པར་ཡབ་ཡུམ་གཉིས་ལ་འཁོར་བའི་ཉེས་དམིགས་སུ་གདམས་པ་ལ། "ཁམས་གསུམ་གྱི་སེམས་ཅན་འདོད་སྲིད་ཀྱི་གླིང་དུ་ཆུད་པ་ནི། ཚོང་པ་ཟོང་ཟད་འཕྱིས་པས་སྲིན་མོའི་གླིང་དུ་ཆུད་པ་ལྟ་བུ། དེ་ལས་ཐར་བར་བྱེད་པའི་མགོན་ནི་རྟའི་རྒྱལ་པོ་ཐྲིན་གྱི་ཤུགས་ཅན་ལྟ་བུ་ལྷ་ཐུགས་རྗེ་ཆེན་པོ་ཡིན་ནོ། །དེ་ལས་གྲོལ་བར་འདོད་པའི་གློས་སྲིན་མོ་དང་བུ་ལ་མ་ཆགས་པ་ལྟ་བུ། ད་ལྟ་གྲོགས་དང་བུ་ཚ་ལ་མ་ཆགས་པར་བྱའོ། །རྟའི་རྒྱལ་པོ་ལ་འཇུས་ནས་འགྲོ་བ་ལྟ་བུ། ཨོཾ་མ་ཎི་པདྨེ་ཧཱུྃ་ཞེས་པའི་ཡི་གེ་དྲུག་པ་འདི་ཡིན་ནོ། །འཁོར་བའི་བསླུ་བྲིད་གང་ལ་ཡང་མ་ཆགས་པར་བྱའོ། །"ཞེས་པ་ནི་རྒྱལ་པོ་ཁྲི་སྲོང་ལྡེའུ་བཙན་དུས་ཀྱི་ལོ་ཙཱ་བ་སྐ་བ་དཔལ་བརྩེགས་དང་དུས་རབས་དགུ་པའི་དུས་མགོ་ཙམ་ལ་སྐུ་འཁྲུངས་པའི་ལོ་ཙཱ་བ་དཔལ་གྱི་ལྷུན་པོས་བསྒྱུར་ཅིང་ཞུས་པའི་འདུལ་བའི་ཁ་དུམ་པར་བཞུགས་པའི《རྟའི་རྒྱལ་པོ་ཐྲིན་གྱི་ཤུགས་ཅན་གྱི་སྐྱེས་རབས》དང་ཡོངས་སུ་གཅིག་པ་ཡིན་པས། དེ་ཇི་བཞིན་དུ་དྲངས་པའམ་དཔེ་རུ་བཀོད་ནས་གདམས་པ་ལྟ་བུའོ། །

3. དམ་པའི་ཆོས་ཀྱི་བསླབ་བྱ་བཀའ་ཆེམས་སུ་སྒྲིལ་བ།

སྐབས་འདིར་དམ་པའི་ཆོས་ཀྱི་གཞུང་དོན་ཟབ་མོ་རྣམས་འཆད་སྒྲིལ་བྱེད་

པ་དང་དེ་ལ་སྐྱུལ་མ་བྱེད་པའི་དོན་དུ། དམ་པའི་ཆོས་ཀྱི་གཞུང་དོན་རྣམས་ལོ་རྒྱུས་མི་སྣ་གྲགས་ཅན་རྣམས་ཀྱི་བཀའ་ཆེམས་སམ་ཞལ་གདམས་སུ་བྱས་པའང་ཏ་ཅང་མང་བ་རེད། དཔེར་ན། 《བཀའ་ཆེམས་ཀ་ཁོལ་མ》ལས། རྒྱལ་པོ་སྲོང་བཙན་སྒམ་པོ་ཡབ་ཡུམ་སྐྱངས་ཞལ་གསུམ་ཇོ་བོ་ཐུགས་རྗེ་ཆེན་པོའི་ཐུགས་ཀར་འཐིམ་ཁར། "རི་བོ་ཡོན་ཏན་ཅན་ཡང་འདི་ན་ཡོད། །ཙ་རི་ཙ་གོང་བདེ་མཆོག་རང་བྱུང་དང་། །ཇོ་ཆུ་རིན་པོ་ཆེ་ཡང་དེ་ན་ཡོད། །ཏི་སེའི་གངས་ལ་དགྲ་བཅོམ་མང་པོ་ཡོད། །བདུད་རྩིའི་ཆུ་ཡང་རི་བོ་དེ་ལ་ཡོད། །གྱི་རེའི་བྲག་ལ་ཡིག་འབྲུ་རང་བྱུང་དང་། །མཁའ་འགྲོའི་ཕྱུག་རྒྱ་རི་བོ་དེ་ལ་ཡོད། །མ་ཕམ་མཚོ་ལ་ཀླུ་རྒྱལ་བྱང་ཆུབ་སེམས། །ཆུ་བོ་ཡོན་ཏན་ཅན་ཡང་དེ་ན་འབབ། །ཁྲི་ཤོས་རྒྱ་མཚོ་ཀླུ་སློན་བྱང་ཆུབ་སེམས། །ཆུ་བོ་ཆེན་པོས་ཀུན་ལ་ཕན་པར་མཛད། །གནམ་མཚོ་ཕྱུག་མོའི་ནང་ན་བྱང་ཆུབ་སེམས། །ཐང་ལའི་བྲག་ལ་དགྲ་བཅོམ་མང་པོ་ཡོད། །སྦྱུབས་མཚོའི་གླིང་ན་ཀླུ་རྒྱལ་བྱང་ཆུབ་སེམས། །ཏ་ཧོའི་གངས་ལ་དགྲ་བཅོམ་མང་པོ་ཡོད། །རི་མཐོ་ས་གཙང་གངས་རི་གཞན་གྱིས་བསྐོར། །སྒྲ་དག་སྐད་སྙན་སང་སྐྲི་ཏ་དང་མཚུངས། །མི་སྐད་ཆོས་ལ་སྒྱུར་བཏུབ་སྒྲ་དང་ལྡན། །ཡངས་ཤིང་ཐ་གྲུ་བདེ་ཆེན་ལོངས་སྤྱོད་ཡོད། །དེ་ལྟར་ཡོན་ཏན་ལྡན་པ་ཁ་བ་ཅན་གྱི་ཡུལ། །དེ་དབུས་སྐྱེས་པའི་མི་ལུས་དལ་འབྱོར་རྣམས། །ཡོན་ཏན་སློབ་ལ་རྩོལ་བ་མ་ཞན་ཅིག །སྔོན་གྱི་སློན་ལམ་དག་པས་དེ་འདྲའི་ཡུལ་སྐྱེས་རྣམས། །དད་གུས་མོས་པ་ཡོད་པར་གྱུར་པ་ནི། །གཞན་བྱ་མི་དགོས་སྐུ་གཟུགས་འདི་ལ་མོས་པར་གྱུར་པས་ཆོག །ཕྱག་དང་མཆོད་པ་སྐོར་བ་དག་ལ་འབད་པར་བགྱི། །དེ་ལྟར་མཆོད་ཅིང་གུས་པར་བྱེད་པ་ཐམས་ཅད་ནི། །ཕྱིར་མི་ལྡོག་པར་རྒྱལ་བ་ཉིད་ཀྱིས་ལུང་བསྟན་ཏོ། །འདི་ལ་གུས་པར་མཛོད་ཅིག་བོད་འབངས་རྣམས། །བདག་ནི་ཁྱེད་ལ་དེ་སྐད་སྨོམ་བྱེད་པ། །ཉེད་ཕྱིར་མ་ཡིན་གྲགས་པའི་ཕྱིར་མ་ཡིན། །སྙིང་རྗེས་ཀུན་ནས་བསླངས་

པའི་ཚིག་ཡིན་པས། །གུས་པས་སྤྱི་བོས་བཏུད་དེ་བླང་བར་མཛོད། །"ཅེས་གངས་རིའི་ལྗོངས་སུ་སྐྱེས་པའི་བོད་པ་རྣམས་ལ་ཐུགས་རྗེ་ཆེན་པོ་བཅུ་གཅིག་ཞལ་ལ་དད་གུས་དང་མཆོད་པ་བྱ་དགོས་པའི་བཀའ་ཆེམས་གནང་བ་དང་། བློན་པོ་སྣ་ཆེན་པོར། "སེར་སྣས་ས་གཞི་དྲལ་ཀྱང་། སྦྱིན་པའི་རྒྱུགས་དང་མ་བྲལ་བར་བགྱིས་ཤིག །ཁྲག་དོག་གི་རླུང་དམར་འཚུབ་ཀྱང་། །ཚུལ་ཁྲིམས་ཀྱི་རྒྱན་དང་མ་བྲལ་བགྱིས་ཤིག །དུག་ལྡའི་ཇག་པ་བཀྱེ་ཡང་། །བཟོད་པའི་གོ་ཆ་དང་མ་བྲལ་བར་བགྱིས་ཤིག །ལེ་ལོའི་སྙོག་ཏུ་ཚུད་ཀྱང་། །བརྩོན་འགྲུས་ཀྱི་རྟ་དང་མ་བྲལ་བར་བགྱིས་ཤིག །གཡེང་བའི་དམག་གིས་བསྐོར་ཡང་། །བསམ་གཏན་གྱི་མཁར་དང་མ་བྲལ་བར་བགྱིས་ཤིག །མ་རིག་པའི་མུན་པས་འཐིབས་ཀྱང་། །ཤེས་རབ་ཡེ་ཤེས་ཀྱི་སྒྲོན་དང་མ་བྲལ་བར་བགྱིས་ཤིག །"ཅེས་སེར་སྣ་དང་ཁྲག་དོག དུག་ལྔ། ལེ་ལོ། གཡེང་བ་སོགས་མ་རིག་པའི་དབང་དུ་མ་སོང་བར་སྦྱིན་པ་དང་ཚུལ་ཁྲིམས། བཟོད་པ། བརྩོན་འགྲུས། བསམ་གཏན། ཤེས་རབ་བཅས་ཕ་རོལ་ཏུ་ཕྱིན་པ་དྲུག་གི་ལས་ལ་འཇུག་ཅིང་བསྒོམ་དགོས་པའི་ཞལ་གདམས་གནང་།

དཔེ་དེ་བཞིན་དུ《མ་ཎི་བཀའ་འབུམ》ལས་ཀྱང་། "ཐུགས་རྗེ་ཆེན་པོའི་གདམས་ངག་ཚིག་གཅིག་གིས་སངས་རྒྱ་བ"དང་། "ཐུགས་རྗེ་ཆེན་པོའི་གདམས་ངག་ཆིག་ཆོད་གནང་དང་བཅས་པ།" "རྩོལ་བ་མི་དགོས་པར་སངས་རྒྱ་བ།" "གདམས་པ་ཚིག་གཅིག་གིས་རྟོགས་གྲོལ་དུས་གཅིག་ཏུ་འོང་བ།" "རང་སེམས་ཐུགས་རྗེ་ཆེན་པོར་ཅི་ལྟར་སྒྲུབ་པ།" "ལུས་ངག་ཡིད་གསུམ་ཐུགས་རྗེ་ཆེན་པོའི་སྐུ་གསུང་ཐུགས་སུ་ཇི་ལྟར་སྒྲུབ་པ།" "ཐུགས་རྗེ་ཆེན་པོའི་སྒྲུབ་ཐབས་དང་གདམས་པ"སོགས་ཐུགས་རྗེ་ཆེན་པོའི་སྤྲུལ་པ་རྒྱལ་པོ་སྲོང་བཙན་སྒམ་པོའི་ཞལ་ཆེམས་སུ་བྱས་ནས་བསྟན་པ་དང་། གཞན་ད་དུང་རྒྱལ་པོ་སྲོང་བཙན་སྒམ་པོས་ཡབ་ཆེན་རྒྱལ་པོ་གནམ་རི་སྲོང་བཙན་དང་ཡུམ་ཆེན། བཙུན་མོ་ཆེན་ཆུང་རྣམས

ལ་གདམས་པ། ཕྱི་ནང་གི་བློན་པོ་རྣམས་ལ་གདམས་པ། རྒྱལ་པོའི་སྲས་དང་སྲས་མོར་གདམས་པ། བོད་འབངས་སྤྱི་ལ་གདམས་པ་སོགས་བསླབ་བྱ་དང་ཞལ་ཆེམས་བརྒྱ་དང་ཉི་ཤུ་ཙམ་བསྩལ་ཡོད་པས་དཔེ་མཚོན་ཙམ་དྲངས་ན། “ཕའི་དོན་དུ་ཐུགས་རྗེ་ཆེན་པོ་བསྒོམས། །མའི་དོན་དུ་ཡི་གེ་དྲུག་མ་བགྲངས། །གྲོགས་ཀྱི་དོན་དུ་ཆོས་ཉིད་བག་མ་ཡོང་། །བུའི་དོན་དུ་ཐབས་ཀྱི་དོན་ལ་ལྟོས། །བུ་མོའི་དོན་དུ་ཤེས་རབ་ཡེ་ཤེས་ལྟོས། །སྤུན་ཟླའི་དོན་དུ་རིག་པ་རྩལ་སྦྱོང་གྱིས། །ཟས་ཀྱི་དྭངས་མར་ཏིང་འཛིན་བདེ་གསལ་ཟོ། །སྐོམ་གྱི་དྭངས་མར་བླ་མའི་གདམས་ངག་འཐུང་། །གོས་ཀྱི་དམ་པར་སྡོམ་ཁྲིམས་གཙང་མར་བསྲུངས། །རྒྱན་གྱི་མཛེས་པར་མ་བཅོས་རང་སར་ཞོག །”①ཅེས་པར་མཚོན་ན། རྒྱལ་པོ་སྲོང་བཙན་སྒམ་པོས་ཕྱི་བློན་རྣམས་དམ་པའི་ཆོས་ལ་སྐུལ་བ་དང་། ཡང་། “བོད་ཀྱི་མི་རྣམས་སྐྱུང་པོ་དང་གྲུང་པོར་འཁྲུངས་འཁྲུངས་ནས། ཆོས་མེད་དང་མདོ་མེད་མ་བྱེད་ཅིག །དཔང་ཆེ་ཁ་དྲག་འཆོང་འཆོང་ནས། རང་ཚབས་རང་ལ་བྱུས་ནས། ངན་སོང་གསུམ་གྱི་སྡུག་བསྔལ་མ་སྒྲུབ་ཅིག །སྟོང་བའི་དགྲ་བོ་འདུལ་འདུལ་ནས། ཉོན་མོངས་དུག་ལྔ་མ་ཐུལ་བར། དམྱལ་བའི་ཡུལ་དུ་མ་འགྲོ་ཅིག །མཉམ་གཉིས་འཐབས་འོག་ཏུ་འཛུད་འཛུད་ནས། །རང་རྒྱུད་ཁེངས་པ་མ་ཐུལ་བར། །ལྷ་མ་ཡིན་འཐབ་རྩོད་ཀྱི་ཡུལ་དུ་མ་འགྲོ་ཞིག །གཡོ་ཁྲམ་སྣ་ཚོགས་སྒྲུབ་བསྒྲུབས་ནས། །སྡིག་ན་རྣམ་སྨིན་ཁུར་དུ་ཁུར། ལྷན་ཅིག་སྐྱེས་པའི་འདྲེ་ལག་ཏུ་མ་འགྲོ་ཅིག །ཁ་སྨྲས་དང་ཚིག་རྩུབ་ཀྱི་ཏུ་ཤགས་འདེབས་འདེབས་ནས། ང་བདག་འགོང་པོའི་ཕྱི་ཏུ་འགྲེངས་ནས། ལྷན་ཅིག་སྐྱེས་པའི་ལྷ་ཤགས་འཕམ་དུ་མ་གཞུག་ཅིག །ཞེ་སྡང་འགྲན་སེམས་བྱེད་བྱེད་ནས། ཞེ་ནག་འགྲན་སེམས་དང་མ་བྲལ་བར། དམྱལ་བའི་ལྟུགས་མཁར་སྒོ་མེད་ནང་དུ་མ་འགྲོ་ཞིག །ཚེ་འདིའི་འདུན་མ་སྒྲུབ་བསྒྲུབས་ནས། ཚེ་ཕྱི་མ་དྲན་པ་མེད་

① མ་ཎི་བཀའ་འབུམ། གླེགས་བམ་གཉིས་པ། [M]. བོད་ལྗོངས་མི་དམངས་དཔེ་སྐྲུན་ཁང་། 2011:29.

པར་བཞག་ནས། མི་ཚེ་སྟོང་ལོག་བྱས་ནས་ངན་སོང་གི་གནས་སུ་མ་འགྲོ་ཅིག །ཕ་ཡུལ་མཁར་ཁྲིམ་དུ་སྡོད་སྡོད་ནས། །མི་ཚེ་ཡིདངས་མ་ལམ་དུ་ཟད་ནས། རྟེན་མེད་གནས་མེད་དུ་མ་འགྲོ་ཞིག །མགོ་སྐོར་གྲོགས་ལ་ཆགས་ཆགས་ནས། བུ་ཚ་རིགས་རྒྱུད་ཀྱི་འདམ་དུ་ཚུད། གཏན་སྡུག་གི་ཡུལ་དུ་མ་འགྲོ་ཞིག །ནོར་རྫས་ཡོ་བྱད་སོག་སོག་ནས། །སེར་སྣའི་མདུད་པ་མ་གྲོལ་བར། །ཡི་དྭགས་ཀྱི་ཡུལ་དུ་མ་འགྲོ་ཞིག །གཉེན་བཤེས་གྲོགས་པོ་སྐྱོང་བསྐྱོངས་ནས། །ནོར་དགྲ་རྫས་འདྲེ་རྫས་དང་ཁ་ལན་དུ་བཏང་ནས། །རང་འཆི་ཁར་ལག་པ་སྟོང་བར་མ་འགྲོ་ཞིག །གོས་འཇམ་པོ་ལེགས་པོ་གྱོན་གྱོན་ནས། །མཛེས་སྡུག་ལུས་ལ་བརྒྱན་བྱས་ནས། །གོས་མེད་གཅེར་བུར་མ་འགྲོ་ཞིག །གཞན་དག་ཉམས་པའི་ལུས་ལ་ལྟ་ལྟ་ནས། རང་རེ་ཉམས་པ་མ་ཚོར་བར། །ཉམས་ཁར་ཆོས་མེད་མ་བྱེད་ཅིག །གཞན་ན་བ་ལ་རིམ་གྲོ་བྱེད་བྱེད་ནས། རང་ཉོན་མོངས་གཅོང་ནད་ཀྱིས་ཟིན་པ་མ་ཚོར་བར། ནད་བཅོས་ཁ་མེད་པར་མ་བཞག་ཅིག །གཞན་འཆི་བ་ལ་མྱ་ངན་བྱེད་བྱེད་ནས། །རང་ལ་འཆི་བ་འོང་བ་མ་ཚོར་བར། །འཆི་ཁར་ཆོས་མེད་མ་བྱེད་ཅིག །"①ཅེས་ཐུགས་རྗེ་ཆེན་པོའི་ཞལ་གདམས་བོད་ཀྱི་སློན་འབངས་རྣམས་ལ་བཞག་པ་ལྟ་བུའོ། །

རྒྱལ་པོ་སྲོང་བཙན་སྒམ་པོའི་བཀའ་ཆེམས་སམ་ཞལ་གདམས་སུ་བརྗོད་པ་དེ་དག་ཀུང་དམ་པའི་ཆོས་ཀྱི་བསླབ་བྱ་ཟབ་མོ་རྣམས་འཆད་སྤེལ་བྱ་བའི་ཆེད་དུ། 《བཀའ་ཆེམས་ཀ་ཁོལ་མ》ཡི་སྒྲུ་རྩལ་གྱི་སྒྲིག་གཞི་དང་ནང་དོན་ལ་དཔེ་བལྟས་ནས་བཅོས་སྒྲིག་བྱས་པ་སྟེ། ཏུན་ཧོང་ཡིག་རྙིང་P. T. 1287《བཙན་པོ་རིམ་བྱུང་གི་ལོ་རྒྱུས》ལས། "བཙན་པོ་སྲོང་བཙན་སྒམ་པོའི་རིང་ལ། ཡབ་འབངས་ནི་འཁྲུས། ཡུམ་འབངས་ནི་ལོག །གཉེན་ཞང་ཞུང་། མཇོ་སུམ་པ། ཉག་ཉི་དགས་པོ། རྐོང་པོ། མྱང་པོ་ཀུན་ཀྱང་ལོག ཡབ་གནམ་རི་སློན་མཚན་དུག་པོན་ཏེ་

① མ་ཎི་བཀའ་འབུམ། གླེགས་བམ་གཉིས་པ། [M]. བོད་ལྗོངས་མི་དམངས་དཔེ་སྐྲུན་ཁང་། 2011:30.

བཀྲོངས་སོ། སྲས་སྲོང་བཙན་སྒམ་པོ་གཞོན་ནུ་ཡིན་པས་བཤད་པ་ཡོད།" ཞེས་པ་ལྟར་ན་བཙན་པོ་སྲོང་

བཙན་སྒམ་པོ་དགུང་ལོ་བཅུ་གསུམ་སྟེང་དུ་བཙན་པོའི་ཁྲི་ལ་མངའ་གསོལ་དུས་

ཚབ་འོག་གི་རྒྱལ་ཕྲན་མང་པོ་ངོ་ལོག་ཅིང་ཡབ་རྒྱལ་པོ་གནམ་རི་སྲོང་བཙན་ཡང་

དུག་གིས་བཀྲོངས་ཀྱང《མ་ཎི་བཀའ་འབུམ》དུ་དམ་པའི་ཆོས་ཀྱི་བསླབ་བྱ་འཆད་

སྤེལ་བྱ་བའི་དགོས་མཁོ་སྐྱོང་བའི་དོན་དུ། རྒྱལ་པོ་སྲོང་བཙན་སྒམ་པོས་ཡབ་

གནམ་རི་སྲོང་བཙན་ལ་ཐུགས་རྗེ་ཆེན་པོའི་གདམས་ངག་དང་། ཐུགས་རྗེ་ཆེན་པོ་

ཉམས་སུ་ལེན་པའི་ཞལ་གདམས། ཐུགས་རྗེ་ཆེན་པོའི་གདམས་པ་ཐུགས་ཕྱུང་བ་

གནང་དང་བཅས་པའི་ཞལ་གདམས་སོགས་མང་དུ་གནང་བར་འཁོད་ཅིང་། རྒྱལ་

པོ་སྲོང་བཙན་སྒམ་པོར་སྲས་མོ་ཞིག་ཡོད་པ་རྒྱལ་རབས་དེབ་ཐེར་གང་དུའང་

འཁོད་མེད་ཀྱང《མ་ཎི་བཀའ་འབུམ》ལས་སྲས་མོ་ཁྲིམ་རྒྱན་མ་ཟེར་བ་ཞིག་ཀྱང་བློ་

བཟོ་བྱས་ཤིང་དེ་ལ་རྒྱུད་སྡེ་ཆེན་པོ་གསུམ་དང་བསྟུན་ནས་གདམས་པ་སོགས་ཞལ་

གདམས་མང་དུ་གནང་བར་འཁོད་པ་ལས་གསལ་པོར་རྟོགས་ཐུབ།

མདོར་ན། 《བཀའ་ཆེམས་ཀ་ཁོལ་མའི》ཁྲོད་ཀྱི་ཞལ་གདམས་ཁག་ཅིག་

དང《མ་ཎི་བཀའ་འབུམ》སྙིགས་བམ་གཉིས་པ་ནི་འཕགས་པ་ཐུགས་རྗེ་ཆེན་པོའི་

རྣམ་སྤྲུལ་ཏེ་རྒྱལ་པོ་སྲོང་བཙན་སྒམ་པོའི་གསུང་དུ་བྱེད་པ་དང་། བསླབ་བྱའི་རྣམ་

པ་དང་དེའི་སྒྲུ་རྩལ་གྱི་མཚོན་ཐབས་སྤྱད་ནས་དམ་པའི་ཆོས་ཀྱི་གཞུང་དོན་ཟབ་མོ་

དྲིལ་སྒྲིག་བྱས་པས། རྩོམ་རིག་གི་ངོས་ནས་བལྟས་ན་དམ་པའི་ཆོས་ཀྱི་གཞུང་དོན་

ཟབ་མོར་སྤྱར་བའི་བསླབ་བྱའི་བསྟན་བཅོས་རང་རེད།

《བཀའ་ཐང་སྡེ་ལྔ》ཡང་སློབ་དཔོན་པདྨ་འབྱུང་གནས་ཀྱིས་མཛད་པར་

གྲགས་སོད། ད་ལྟ་ང་ཚོའི་མཐོང་སྣང་དུ་གྱུར་པའི་དཔེ་དེབ་འདི་ནི་དགེ་འདུན་

ཆོས་འཕེལ་ལགས་ཀྱིས"ཐང་ཡིག་སྡེ་ལྔར་གྲགས་པ་འདིའི་བྱིངས་རྣམས་ཆེས་

གནའ་དུས་སུ་བྲིས་པ་ཞིག་ཡིན་པར་གོར་མ་ཆག་ལ། འོན་ཀྱང་ཚིག་སྦྱོར་ཕལ་ཆེར་

ཉེས་པ་དང་། བླུན་འཆར་གྱི་རྫུན་ཡང་མང་དུ་བསྲེས་པས་ཡི་གར་འོང་བ་ཞིག་མི་འདུག"[1]ཅེས་པ་ལྟར་སྔོན་གྱི་དཔེ་རྙིང་ལ་གཞི་བཅོལ་ནས་གཏེར་ཡིག་ཏུ་བྱས་པ་དང་ཡང་ན་གཏེར་ནས་བཏོན་པའི་རྗེས་སུ་སྐབས་དེའི་བརྗོད་འདོད་ཀྱི་དགོས་མཁོ་ལྟར་ཁ་གསབ་མང་དུ་བྱས་ནས་གྲུབ་པ་སྟེ། ཐང་ཡིག་དེ་ཉིད་ཀྱི《སངས་རྒྱས་བསྟན་པ་དར་ནུབ་བསྟན་པའི་ལེའུ》ལས། "དེ་སྲས་འོད་སྲུངས་ཡུམ་བསྟན་གཉིས། །མངའ་རིས་གཅིག་ལ་སོ་སོར་བསྐོམས། །འོད་སྲུངས་སྲས་ནི་དཔལ་འཁོར་ཙན། །སྨན་ལུང་ལ་སོགས་སྡེ་བརྒྱད་བཞེངས། །དེ་དུས་མོ་སྟོན་ཞམས་དབང་དང་། །ཚོགས་དགེ་ཤེས་རབ་སེང་གེ་དང་། །བླུ་མེས་ཤེས་རབ་ཚུལ་ཁྲིམས་དང་། །འབྲི་ཐྲི་ཡེ་ཤེས་ཡོན་ཏན་དང་། །སྲས་མི་ཡེ་ཤེས་དབང་པོ་དང་། །རིག་ཤེས་ཚུལ་ཁྲིམས་རྒྱལ་པོ་ཡིས། །མདོ་སྨད་དན་ཏིག་བྲག་ཕུག་ཏུ། །དགོངས་པ་གསལ་ལས་གདམས་པ་བླངས། །དབུས་གཙང་བསྟན་པ་དར་བར་མཛད། །"ཅེས་རྒྱལ་པོ་གླང་དར་ལྷ་ལུང་དཔལ་གྱི་རྗེ་རྗེས་བསྒྲོངས་རྗེས། དེའི་སྲས་འོད་སྲུང་དང་ཡུམ་བརྟན་གཉིས་རྒྱལ་སྲིད་ལ་མ་འཆམས་པར་ཡུན་རིང་དུ་འཐབ་པ་དང་། འོད་སྲུང་གི་སྲས་དཔལ་འཁོར་བཙན་གྱི་རིང་ལ་བསྟན་པའི་མེ་རོ་མདོ་སྨད་ནས་གསོས་ཏེ་དབུས་གཙང་དུ་དར་བའི་ཚུལ་བསྟན་ལ། 《བསྟན་ཞབས་གཏེར་གྱིས་སྐྱོང་བའི་ལེའུ》ལས། "འདི་ནས་ལོ་ནི་ལྔ་བརྒྱ་དང་གསུམ་ན། །ཧོར་གྱི་དམག་འོང་མི་བདེའི་རླུང་འཚུབ་ལྡང་། །ལས་ལྡན་འགའ་ཞིག་མ་གཏོགས་པ། །སེམས་ཅན་ཐམས་ཅད་གསོད་པར་འགྱུར། །"ཞེས་སོག་དམག་གིས་བོད་ལ་བཙན་འཛུལ་བྱས་ཚུལ་འཕོད་ཡོད། ད་དུང《སངས་རྒྱས་བསྟན་པ་དར་ནུབ་བསྟན་པའི་ལེའུ》དང《ཕྱི་མ་ཅི་འགྱུར་བསྟན་པའི་ལེའུ》སོགས་ལས་ལོ་ཙཱ་བ་རིན་ཆེན་བཟང་པོ་དང་འབྲོམ་སྟོན་པ་རྒྱལ་བའི་འབྱུང་

[1] དགེ་འདུན་ཆོས་འཕེལ་གྱི་གསུང་རྩོམ། དེབ་གཉིས་པ། [M]. བོད་ལྗོངས་བོད་ཡིག་དཔེ་རྙིང་དཔེ་སྐྲུན་ཁང་། 1990: 85.

གནས། ས་སྐྱ་པཎྜི་ཏ། ཀརྨ་རང་བྱུང་རྡོ་རྗེ། ཨུ་རྒྱན་གླིང་པ་སོགས་ཀྱི་མཚན་ཐོན་ལ། སྔེ་གདོང་ཞང་བློན་འཁྲུགས་ནས་ཁེངས་ལོག་བྱུང་ཚུལ་ཡང་འཁོད་པས་སོ། །

4. རྩོམ་རིག་སྒྱུ་རྩལ་གྱི་ཐབས་ལ་བརྟེན་ནས་ཞིབ་འབྲི་བྱས་པ།

དུས་སྐབས་དེའི་ལོ་རྒྱུས་མཁན་པོ་རྣམས་ཀྱིས་སྔོན་གྱི་ཡིག་རྙིང་གཏེར་ཡིག་ཏུ་བཅའ་བའམ་དེར་ཁ་གསབ་རྒྱག་པ་དང་བཟོ་བཅོས་བྱེད་པའི་བྱ་རིམ་དུ་སྐབས་བབས་ཀྱི་དགོས་མཁོ་ལྟར་ལོ་རྒྱུས་མི་སྣའི་ཆ་ལུགས་དང་བྱ་སྤྱོད། བསམ་བློ་སོགས་ལ་སྒྱུ་རྩལ་གྱིས་ལས་སྔོན་གང་འཚམ་བྱས་པའི་སྣང་ཚུལ་ཡང་མང་པོ་མངའ་བ་སྟེ། 《མ་ཎི་བཀའ་འབུམ》ལས། "དེ་ནས་ཟླ་དགུ་ངོ་དང་བཅུ་ཡུམ་གྱི་ལྷུམས་སུ་བཞུགས་པ་ལ། ཡུམ་ཡང་ལུས་བདེ་བ་དང་། ཡང་བ་དང་། བྱམས་སྙིང་རྗེ་རྒྱུད་ལ་སྐྱེ་བ་དང་། སེམས་གསལ་ལ་བདེ་བ་མི་རྟོག་པ་དང་ལྡན་པར་གནས་པར་གྱུར་ཏོ། །དེ་ནས་ཕོ་བྲང་དེ་ཉིད་དུ་རྒྱལ་བུ(སྲོང་བཙན་སྒམ་པོ)སྐུ་བལྟམས་པར་གྱུར་ཏེ། ཡུམ་ལ་ན་བ་དང་། ཚ་བ་དང་། མི་བདེ་བ་མེད་པར་བལྟམས་ཏེ། དེ་ཡང་སྐུ་མཚན་དང་དཔེ་བྱད་ཀྱིས་བརྒྱན་པ། དབུ་བཅུ་གཅིག་པ། ཐད་གོར་འོད་ཀྱི་རང་བཞིན་གསལ་བ། སྤྱི་གཙུག་ན་སྣང་བ་མཐའ་ཡས་ཆོན་གང་བ་བྱི་རུ་ལྟ་བུ་འོད་ཀྱི་རང་བཞིན་དུ་ཡོད་པ། དབུ་སྐྲ་མཐོན་མཐིང་གཡས་སུ་འཁྱིལ་བ། སོ་དུང་སོ་འཁོར་མོ་ཡོད་པ། སྨྲ་ཤེས་པ། ཡབ་ཡུམ་ལ་ཕྱག་བྱེད་པ་ཅིག་ཏུ་བལྟམས་ཏེ། བྱང་ཆུབ་སེམས་དཔའ་སྒྲིབ་པ་རྣམ་སེལ་མདུན་གྱི་ནམ་མཁའ་ལ་བྱོན་ནས། གཡོན་ནས་བདུད་རྩིའི་ཁྲུས་ཆབ་གསོལ། བྱང་ཆུབ་སེམས་དཔའ་འཇིག་རྟེན་དབང་ཕྱུག་གིས་གཡས་ནས་དར་དཀར་གྱི་སྙིབ་མོས་བླངས། བར་སྣང་གི་ལྷ་ཕྲན་རྣམས་ཀྱིས་ནི་རོལ་མོའི་སྒྲ་བསྒྲགས། ལྷའི་མེ་ཏོག་གི་ཆར་ཕབ་བོ། །དེ་ནས་རྒྱལ་བུའི་སྐུ་ལ་འོད་ཟེར་སྣང་བ་དཔག་ཏུ་མེད་པ་འཕྲོས་ནས། ནམ་མཁའི་མཐའ་དང་མཉམ་པའི་འཇིག་རྟེན་གྱི་ཁམས་ཐམས་ཅད་སྤྱན་རས་གཟིགས་ཀྱི་ཞིང་ཁམས་སུ་གསལ་

བར་བྱས་སོ། །”ཞེས་པར་མཚོན་ན། ལོ་རྒྱུས་མཁན་པོ་རྣམས་ཀྱིས་ཆོས་ལུགས་ཀྱི་རིགས་ལམ་དང་རྩོམ་རིག་གི་ཐབས་ལམ་ཟུང་དུ་སྦྲེལ་བའི་སྒོ་ནས་རྒྱལ་པོ་སྲོང་བཙན་སྒམ་པོ་ཡུམ་གྱི་ལྷུམས་སུ་ཞུགས་པ་དང་སྐུ་བལྟམས་པའི་གནས་སྐབས་ཀྱི་ཡུམ་གྱི་ཉམས་སྣང་ཞིབ་འབྲི་བྱས་པ་དང་། ཁྱད་པར་དུ་རྒྱལ་པོ་སྲོང་བཙན་སྒམ་པོའི་སྣང་བརྙན་དང་དེ་ཉིད་སྐུ་འཁྲུངས་པའི་རྗེས་སུ་བྱང་ཆུབ་སེམས་དཔའ་སྒྲིབ་པ་རྣམ་སེལ་དང་བྱང་ཆུབ་སེམས་དཔའ་འཇིག་རྟེན་དབང་ཕྱུག་སོགས་ནམ་མཁའི་དབྱིངས་སུ་བྱོན་ནས་བདུད་རྩིའི་ཁྲུས་ཆབ་གསོལ་བ་དང་། དར་དཀར་གྱི་སླེབ་མོས་ལེན་པ། རོལ་མོའི་སྒྲ་སྒྲོག་པ། ལྷའི་མེ་ཏོག་གི་ཆར་ཕབ་པ་སོགས་ཀྱི་རྣམ་པ་ཞིབ་འབྲི་བྱས་ནས། རྒྱལ་པོ་སྲོང་བཙན་སྒམ་པོ་དེ་སྐྱེ་བོ་གཞན་ལས་ཁྱད་དུ་འཕགས་པ་སྟེ། འཕགས་པ་སྤྱན་རས་གཟིགས་ཀྱི་རྣམ་སྤྲུལ་ཡིན་པར་བསྟན་ཡོད།

ཡང་། 《སྦ་བཞེད》དུ་བོད་ཀྱི་རྒྱལ་པོ་མེས་ཨག་ཚོམ་གྱི་སྲས་འཇང་ཚ་ལྷ་དབོན་གྱི་བཙུན་མོར་རྒྱ་རྗེ་ཐང་ཀྲུང་ཙུང་གི་ཚ་མོ་གྱིམ་ཤིང་ཀོང་ཇོ་སློང་སྐབས་ཀོང་ཇོས་རང་གི་འཕྲུལ་གྱི་མེ་ལོང་སྲིད་གསུམ་མཐོང་བ་ཞིག་ཡོད་པ་དེར་གཟིགས་པ་ན་རྒྱལ་བུ་བྱད་ལེགས་པ་ལྟ་བས་ཆོག་མི་ཤེས་པ་ཤིག་གསལ་ལེར་ཤར་བས་འགྲོ་བར་བྱས། བོད་དུ་འབྱོར་ཚེ་རྒྱལ་བུ་གྲོངས་ནས་འཕྲུལ་གྱི་མེ་ལོང་ལའང་རྒན་པོ་གདོང་རྩིལ་པོར་ཨག་ཚོམ་གྱིས་གང་བ་ཞིག་ཤར་བྱུང་བས། གྱིམ་ཤིང་ཀོང་ཇོས“བྱད་ཀྱི་ལྟ་ཆ་ཡིན་ནམ་མེ་ལོང་གི་ལྟ་ཆ་ཡིན་སྙམས་ནས་ཡིད་མ་དགའ་སྟེ། ཉིན་མོ་བཞིན་དངུལ་དཀར་གྱི་མེ་ལོང་ཏཱུ་རས་རམ་བུ་བཏེག་ཅིང་སྟུག་སླུ་ལེན། མཚན་མོ་བཞིན་མཆུ་སྦྲང་གིས་རམ་བུ་བཏེག་ཅིང་སླུ་ལེན་པ། རྒྱ་གར་གྱི་ཡུལ་ན་དམ་པའི་ལྷ་ཆོས་ཡོད་དེ། ལམ་བལ་ཡུལ་དེ་ཚད་པ་ཆེ། དེ་ལ་བསམ་ཐག་ཆད། རྒྱ་ནག་གི་ཡུལ་ན་ཇུ་ཞག་གི་རྩིས་ཡོད་དེ། ཕ་ཡུལ་ཤུལ་ཐག་རིང་། དེ་ལ་བསམ་ན་བསམ་ཐག་ཆད། བོད་ཡུལ་གྱི་དབུས་ན་རྗེ་རྒྱལ་གྱི་བཙན་པོ་ཡོད་

དེ། སྔོན་པོ་གདུག་པ་ཆེ། བོད་ཀྱི་སྔོན་པོ་སྡིག་པོ་ཟེར་ཞིང་སླུ་ལེན།” ཞེས་པས་གྲིམ་ཤིང་ཀོང་རྫོང་འི་བྱ་སྤྱོད་ཞིབ་འབྲི་བྱེད་པར་བརྟེན་ནས་དེ་ཉིད་རྒྱལ་བུ་དང་འགྲོགས་པའི་སྐལ་བ་བཟལ་བར་སྐྱོ་གདུང་སྐྱེས་པ་དང་། རྒྱ་གར་ནག་གཉིས་ལམ་ཐག་རིང་ཞིང་འགྲོ་ཐབས་བྲལ་བས་སེམས་ཐག་ཆོད་པའི་བསམ་བློའི་ངང་ཚུལ་མཚོན་པར་བྱས་ཡོད།

ཡང་། 《བཀའ་ཐང་སྡེ་ལྔའི》རྒྱལ་པོའི་སྲས་མོ་ལྷ་ལྕམ་ཁྲིམ་པ་རྒྱན་བརྟག་པའི་ལེའུ་ལས། རྒྱལ་པོ་ཁྲི་སྲོང་ལྡེའུ་བཙན་གྱི་སྲས་མོ་ལྷ་ལྕམ་ཁྲིམ་པ་རྒྱན་ཟེར་བའི་སྟང་བརྟན་འདི་ལྟར་ཞིབ་འབྲི་བྱས་ཡོད། “མགོ་མཇུག་ལེགས་པའི་ཡོན་ཏན་མཚན་ལེགས་བཟང་། །འདྲ་བའི་དཔེ་ནི་ཨུཏྤལ་ལོ་མ་འདྲ། །མིག་ནི་ཟར་མའི་མེ་ཏོག་འབྲས་བུ་འདྲ། །དཔྲལ་བའི་གདེངས་ཆེ་ཟླ་བ་ཉ་བ་འདྲ། །སྨིན་མའི་དཀྱུས་རིང་ཡི་གེ་ན་རོ་འདྲ། །མཁུར་ཚོས་བཀྲ་གསལ་དུང་ཕོར་མཚལ་འདྲེས་འདྲ། །ཤངས་ཀྱི་དབྱིབས་ལེགས་རིན་ཆེན་སྡོ་ཚར་འདྲ། །མཆུ་ལེགས་མུ་ཁྲུད་ཆ་ག་བཏབ་པ་འདྲ། །བཞད་པའི་ཚེམས་ལེགས་ལྷ་ཚེ་བ་གམ་འདྲ། །གསུང་དབྱངས་སྙན་ཧེ་ནེ་ཙའི་ཙིང་སྐད་འདྲ། །ཞྭག་མའི་དབྱིབས་ལེགས་ལྷ་ཡི་ཐེམ་སྐས་འདྲ། །མགྲིན་པའི་གསང་དོད་དངུལ་གྱི་བུམ་པ་འདྲ། །ཐུགས་ཀྱི་ཕུགས་སློམས་གསེར་གྱི་སྒང་པོ་འདྲ། །གསོལ་ལེགས་དངུལ་དཀར་གཤང་ཆུང་ཁ་སྦུབ་འདྲ། །རྐེད་པའི་སྐབས་ཕྱེད་གཞུ་མོའི་འཆང་པ་འདྲ། །མདོམས་ཀྱི་མཚན་མ་པད་འདབ་བཅུ་དྲུག་འདྲ། །བྱིན་པའི་གདུབ་འདྲིལ་རི་དྭགས་ཨེ་ན་འདྲ། །ལུས་ཀྱི་བཀོད་པ་རིན་ཅེན་ཕུང་པོ་འདྲ། །གཟུགས་ཀུང་རན་པའི་ཚད་དང་ལྡན་པར་གདའ། །མི་རིང་མི་ཐུང་མི་སྦོམ་མི་ཕྲ་ལྡན། །དྲི་ཞིམ་ག་པུར་ཙནྡན་དྲི་མ་མནམ། །རྒྱལ་པོའི་སྲས་མོ་ལྷ་ལྕམ་ཁྲིམ་པ་རྒྱན། །”ཞེས་པར་མཚོན་ན། དཔེ་རྒྱན་ལས་དངོས་པོའི་དཔེ་ལ་བརྟེན་ནས་ལྷ་ལྕམ་ཁྲིམ་པ་རྒྱན་གྱི་ལུས་ངག་ཡིད་གསུམ་དང་ཁྱད་པར་དུ་ལུས་ཀྱི་ཡོན་ཏན་ཆ་ཚང་

ཞིག་ཞིབ་འབྲི་བྱས་པས། བསྐུགས་མ་ཐག་ཡིད་ཀྱི་མེ་ལོང་ལ་ལྷ་ལུམ་ཁྲིམ་པ་རྒྱན་གྱི་སྣང་བརྙན་གསོན་ཉམས་ལྡན་པ་ཞིག་མངོན་པར་ཤར་འོང་།

ཡང་། 《མ་ཎི་བཀའ་འབུམ》ལས། "དེ་མ་ཐག་ཏུ་ཐུགས་རྗེ་ཆེན་པོའི་ཐུགས་ཀ་ནས་འོད་ཟེར་ཟླ་བ་ལྟ་བུ་བྱུང་ནས། ར་སའི་གཙུག་ལག་ཁང་གི་ཕྱོགས་ཐམས་ཅད་ཁྱབ་པར་གྱུར་ཏོ། །བར་ཁང་གི་དཔལ་རྟ་མགྲིན་དཀར་པོའི་ཐུགས་ཀ་ནས་འོད་ཟེར་དུང་གི་ཕྲེང་བ་ལྟ་བུ་བྱུང་ནས། ར་སའི་གཙུག་ལག་ཁང་གི་ཕྱོགས་ཐམས་ཅད་ཁྱབ་པར་གྱུར་ཏོ། །བར་ཁང་གི་བྱང་ཕྱོགས་ནས། ཇོ་མོ་སྒྲོལ་མ་ལས་འོད་ཟེར་ལྗང་གུ་རིན་པོ་ཆེའི་མདོག་ལྟ་བུ་བྱུང་ནས། ར་སའི་གཙུག་ལག་ཁང་གི་ཕྱོགས་ཐམས་ཅད་ཁྱབ་པར་བྱས་སོ། །ཁྱམས་པ་ལས་འོད་ཟེར་ཀུན་ལ་ཁྱབ་པ་ཉི་མ་འདྲ་བ་བྱུང་ནས། ར་སའི་གཙུག་ལག་ཁང་གི་ཕྱོགས་ཐམས་ཅད་ཁྱབ་པར་བྱས་སོ། །རྡོ་རྗེ་སེམས་དཔའ་ལས་གསེར་གྱི་རྡོ་རྗེ་ལྟ་བུའི་འོད་ཟེར་བྱུང་ནས། ར་སའི་གཙུག་ལག་ཁང་ཐམས་ཅད་ཁྱབ་པར་མཛད་དོ། ཁྲོ་བོ་སྒྲེ་བ་བརྩེགས་པ་ལས་འོད་ཟེར་ལྕགས་ཀྱི་རལ་གྲི་ལྟ་བུ་བྱུང་ནས། ར་སའི་གཙུག་ལག་ཁང་ཐམས་ཅད་ཁྱབ་པར་བྱས་སོ། །སྣང་བ་མཐའ་ཡས་ལས་འོད་ཟེར་ནམ་མཁའི་འཇའ་ཚོན་ལྟ་བུ་བྱུང་ནས་ར་སའི་གཙུག་ལག་ཁང་ཐམས་ཅད་ཁྱབ་པར་བྱས་སོ། །བཙན་ཁང་དབུས་མའི་ནང་གི་བཅོམ་ལྡན་འདས་མི་འཁྲུགས་པའི་ཐུགས་ཀ་ནས། འོད་ཟེར་གསེར་བཙོ་མའི་མདོག་ལྟ་བུ་བྱུང་ནས་ར་སའི་གཙུག་ལག་ཁང་ཐམས་ཅད་ཁྱབ་པར་མཛད་དོ། །སྨན་བླའི་ཐུགས་ཀ་ནས། འོད་ཟེར་བཻ་ཌཱུརྻའི་མདོག་ལྟ་བུ་བྱུང་ནས། ར་སའི་གཙུག་ལག་ཁང་ཐམས་ཅད་ཁྱབ་པར་མཛད་དོ། །དེ་རྣམས་ཀྱི་ཐུགས་ཀ་ནས་འོད་ཟེར་ཁ་དོག་སྣ་ཚོགས་དང་ཁྲོ་ཆུང་སྣ་ཚོགས་བྱུང་ནས་ར་སའི་ཕྱི་ནང་ཐམས་ཅད་ཁྱབ་པར་བྱས་སོ། །དེ་ལྟར་གཙུག་ལག་ཁང་ཆེན་པོ་དེ། འོད་ཟེར་སྣ་ཚོགས་ཀྱིས་ཟླ་བ་ཟླ་ཕྱེད་ཀྱིས་སྣང་བར་བྱས་ནས་གཙུག་ལག་ཁང་གི་རབ་གནས་དང་། མངའ

གསོལ་དུས་དེ་ཉིད་དུ་ཚར་བར་མཛད་དོ། །དེ་ནས་ཁ་བ་ཅན་གྱི་རྒྱལ་ཁམས་སུ་ཡོན་ཏན་སྣ་ཚོགས་བྱུང་ཞིང་བཀྲ་ཤིས་པར་གྱུར་ཏོ། །”ཞེས་པས་རྒྱལ་པོ་སྲོང་བཙན་སྒམ་པོ་ཡབ་ཡུམ་སྐུ་དངས་ཞལ་གསུམ་ཐུགས་རྗེ་ཆེན་པོའི་སྐུར་ཐིམ་པའི་ནང་དུ་མར་ཁུ་བཞིན་ཐིམ་པའི་གནས་སྐབས་སུ་ཐུགས་རྗེ་ཆེན་པོ་དང་། རྟ་མགྲིན་དཀར་པོ། རྗེ་སོ་སྒྲོལ་མ། བྱམས་པ། རྡོ་རྗེ་སེམས་དཔའ། ཁྲོ་བོ་སྨེ་བ་བརྩེགས་པ། སྣང་བ་མཐའ་ཡས། བཅོམ་ལྡན་འདས་མི་འཁྲུགས་པ། སྨན་བླ་བཅས་ལས་འོད་ཟེར་སྣ་ཚོགས་བྱུང་ནས་ར་སའི་གཙུག་ལག་གི་ཕྱི་ནང་ཀུན་ཏུ་ཁྱབ་པར་བྱས་པའི་རྣམ་པ་ཞིབ་འབྲི་བྱས་པ་ལྟར་རོ། །

གཉིས་པ། ལོ་རྒྱུས་བསྟན་བཅོས་ཀྱི་སྒྱུ་རྩལ་ཁྱད་ཆོས།

དུས་སྐབས་འདིའི་ལོ་རྒྱུས་བསྟན་བཅོས་ཁག་ལ་སྤྱིལ་བསྒྱུར་གྱི་ལྟ་སྒྲུང་དང་། ངོ་མཚར་གྱི་གཏམ་རྒྱུད། ཆོས་ལུགས་ཀྱི་བསླབ་བྱ། སྒྱུ་རྩལ་གྱི་ཞིབ་འབྲི་སོགས་ཤིན་ཏུ་མང་བའི་རྐྱེན་གྱིས་རྩོམ་རིག་སྒྱུ་རྩལ་གྱི་ཁྱད་ཆོས་ཀྱང་སྣ་ཚོགས་ཡོད་པ་རེད།

1. ངོ་མཚར་རྨད་དུ་བྱུང་བའི་རྩོམ་རིག་བྲོ་ཉམས་ཀྱི་ཁྱད་ཆོས།

བོད་སིལ་བུའི་དུས་ཀྱི་ལོ་རྒྱུས་བསྟན་བཅོས་ཁག་ནི་སྐབས་དེར་ཆོས་ལུགས་བསྐྱར་གསོ་བྱེད་པའི་དགོས་མཁོ་ལྟར། བོད་འབངས་རྣམས་ཀྱི་བསམ་བློའི་འཆར་སོ་དང་རང་གཤིས་ལ་བསྟུན་ནས། ཆོས་ལུགས་ཀྱི་ཆེ་བ་སྒྲོག་སྤེལ་བྱས་ཏེ་བློ་ཁ་དམ་པའི་ཆོས་ལ་བསྒྱུར་བའི་ཆེད་དུ་ཆོས་ལུགས་ཀྱི་རིགས་ལམ་དང་འཆར་ཡན་གྱི་རྩོམ་ཐབས་ཟུང་དུ་སྦྲེལ་བའི་སྒོ་ནས་མི་སྣ་ལྷ་གཤིས་ཅན་དང་བྱ་དངོས་སྤྲུལ་འགྱུར་ཅན་དུ་བརྩམས་པས། ངོ་མཚར་རྨད་དུ་བྱུང་བའི་བྲོ་ཉམས་ཅི་ཡང་མངོན་ལ་བསླགས་མ་ཐག་ངོ་མཚར་ཆེར་བསྐྱེད་ཅིང་ཡིད་ཀྱི་དང་བ་ཀུན་ནས་འདྲེན་པའི་

ཁྱད་ཆོས་ལྡན་པ་རེད།

2. སྣང་བརྙན་ཁྱད་དུ་འཕགས་ཤིང་ཟུང་རིམ་ལྡན་གྱིས་གྲུབ་པའི་རྩོམ་རིག་གསར་རྩོམ་གྱི་ཁྱད་ཆོས།

རྩོམ་རིག་ནི་མིའི་རིགས་ཀྱི་རིག་གནས་སྤྱིའི་རྟེན་གནས་ཡིན་ཞིང་མཛེས་དཔྱོད་ཀྱི་ནུས་པ་ཆེན་པོ་མངའ་བས། གནའ་བོའི་དུས་ནས་ཆོས་སྲིད་ཀུན་ལ་རམ་འདེགས་ཞུ་བའི་ཡོ་བྱད་གལ་ཆེན་དུ་སྤྱད་ཅིང་སྤྱོད་བཞིན་ཡོད་པ་ཡིན་ན། བོད་སིལ་བུའི་དུས་ཀྱི་ཆོས་ལུགས་གྲུབ་མཐའ་སོ་སོའི་མཁས་གྲུབ་དམ་པ་རྣམས་ཀྱིས་ཀྱང་ནང་པ་སངས་རྒྱས་པའི་ཆོས་ཀྱི་ཆེ་བ་བརྗོད་ནས་དེ་ལ་དད་མོས་བསྐྱེད་ཅིང་བྱང་ཆུབ་སེམས་དཔའི་སྤྱོད་པ་རླབས་ཆེན་ལ་བསྔགས་པ་བརྗོད་ནས། དེའི་ལམ་ལ་སློབ་པ་དང་། བོད་ཀྱི་ལོ་རྒྱུས་མི་སྣའི་ཁྱད་འཕགས་སྣང་བརྙན་སྒྲུབ་བཞེངས་བྱེད་པ་བཅས་ཀྱི་ཆེད་དུ། རྒྱལ་བའི་བཀའ་བསྟན་ནང་གི་སྔོན་པའི་སྐྱེས་རབས་སམ་རྟོགས་བརྗོད་ཁྲོད་ཀྱི་བྱང་ཆུབ་སེམས་དཔའི་མཛད་སྤྱོད་ངོ་མཚར་ཅན་གང་ལ་གང་འཚམ་འདེམ་ཞིང་སྒྱུ་རྩལ་གྱི་ཐབས་ལ་བརྟེན་ནས་བོད་ཀྱི་ལོ་རྒྱུས་མི་སྣའི་ཁྱད་འཕགས་སྣང་བརྙན་གཏོད་པར་བགོལ་བ་དང་། ཡང་ན་སྐྱེས་རབས་སམ་རྟོགས་བརྗོད་དེ་དག་གི་ས་མིང་དང་མི་མིང་ཙམ་བསྒྱུར་ནས་བོད་ཀྱི་ལོ་རྒྱུས་མི་སྣའི་ངག་རྒྱུན་དུ་བྱེད་པ་དང་། ཡང་ན་ངོ་མཚར་བའི་ཟུང་རིམ་གང་འཚམ་རེ་དྲངས་ནས་བོད་ཀྱི་ལོ་རྒྱུས་ངག་རྒྱུན་གྱི་ནང་དོན་འཐུས་སྒོ་ཇེ་ཚང་དུ་བཏང་བས། ལོ་རྒྱུས་ངག་རྒྱུན་དེའི་རིགས་ལ་ནང་དོན་གསོན་ཉམས་ལྡན་ཞིང་ཟུང་རིམ་གྱིས་ཡིད་སེམས་འགུགས་ལ། མི་སྣའི་སྣང་བརྙན་ངོ་མཚར་ཆེ་བ། ངེས་དོན་གོ་སླ་ཞིང་ཤུགས་དོན་གཏིང་ཟབ་པ་བཅས་ཀྱི་ཁྱད་ཆོས་ལྡན་པ་རེད།

3. ཚིག་བསྡུས་ཤིང་ཁྱེར་བདེ་ལ། གོ་སླ་ཞིང་འཛིན་བདེ་བའི་བསླབ་བྱའི་སྙན་རྩལ་གྱི་ཁྱད་ཆོས།

དེ་ཡང་བོད་ཀྱི་རྒྱལ་རབས་རིམ་བྱོན་དང་དེ་དག་གི་མཛད་པ་གཙོ་བོ་དང་དམ་པའི་ཆོས་ཀྱི་བསླབ་བྱ་ཟབ་མོ་རྣམས་སྐྱེ་བོ་ཀུན་ལ་དྲིལ་བསྒྲགས་ནས་དད་མོས་བསྐྱེད་པའི་དོན་དུ། དེ་དག་ཐུགས་རྗེ་ཆེན་པོའི་སྤྲུལ་པ་རྒྱལ་པོ་སྲོང་བཙན་སྒམ་པོའི་མ་འོངས་ལུང་བསྟན་ནམ་ཞལ་གདམས་སུ་བྱས་ནས་བརྗོད་ཅིང་། དེ་གསལ་བར་བྱེད་པའི་ཚིག་གི་ཕྲེང་བའང་བོད་རང་སྐད་ལ་རང་བཞིན་དུ་གྲུབ་པའི་དཔེ་རྒྱན་དང་གཟིགས་རྒྱན་སོགས་ཀྱིས་མཛེས་པར་བརྒྱན་པའི་བསླབ་བྱའི་རྣམ་པ་གཙོར་གྱུར་པས། རྗོད་བྱེད་ཀྱི་ཚིག་བསྡུས་ཤིང་བརྗོད་བྱའི་དོན་ཟབ་པ། ངག་ལ་ཁྱེར་བདེ་ཞིང་ཡིད་ལ་འཛིན་སླ་བ། ཚིག་ལ་གཟབ་ཉམས་ཆེ་ཞིང་དགེ་ལ་མོས་པ་བསྐྱེད་པའི་ཁྱད་ཆོས་ལྡན་པ་རེད།

4. མི་སྣའི་སྣང་བརྙན་གསལ་ཞིང་ཡུལ་བཀོད་རི་མོར་མངོན་པའི་སྙན་རྩལ་ཞིབ་འབྲིའི་ཁྱད་ཆོས།

སྐབས་བབ་ཀྱི་བརྗོད་དོན་ངོ་མཚར་ཞིང་གཟིགས་བརྙན་ལྡན་པའི་སྒོ་ནས་མངོན་པར་སྟོན་ཆེད། ཆོས་ལུགས་ཀྱི་རིགས་ལམ་དང་འཆར་ཡན་གྱི་རྩོམ་ཐབས་ཧེ་ཝུད་བརྗོད་དང་། དཔེ་རྒྱན། གཟུགས་རྒྱན་སོགས་ཟུང་དུ་སྦྲེལ་བའི་སྒོ་ནས་ལོ་རྒྱུས་ཀྱི་བྱུང་བ་དང་། ཡུལ་གྱི་བཀོད་པ། དོན་གྱི་བྱུང་རིམ། མི་སྣའི་ཆ་བྱད་དང་མཛད་སྤྱོད། བསམ་བློ་དང་སྐད་ཆ་སོགས་ཞིབ་འབྲི་བྱས་པས། སྐད་ཆའི་སྦྱོར་བར་ཉམས་འགྱུར་གསལ་ཞིང་ལོ་རྒྱུས་ཀྱི་བྱུང་བ་ངོ་མཚར་ཆེ་བ། ཡུལ་གྱི་བཀོད་པ་རི་མོར་མངོན་ཞིང་མི་སྣའི་སྣང་བརྙན་གསོན་ཉམས་ལྡན་པ་བཅས་ཀྱི་ཁྱད་ཆོས་ལྡན་པ་རེད།

གསུམ་པ། ཕྱིས་འབྱུང་བསྟན་བཅོས་ལ་ཤན་ཞུགས་ཚུལ།

བོད་སིལ་བུའི་དུས་ཀྱི་རྩོམ་རིག་དང་ལོ་རྒྱུས་འདྲེས་མའི་བསྟན་བཅོས་ཀྱིས་སྐབས་དེར་དམ་པའི་ཆོས་ཀྱི་ཆེ་བ་སྒྲོག་སྤེལ་བྱས་ནས་མི་རྣམས་བློ་ཁ་ཆོས་ལ་བསྒྱུར་བར་ནུས་པ་རྒྱ་ཆེན་པོ་ཐོན་པར་མ་ཟད། 《བཀའ་ཆེམས་ཀ་ཁོལ་མ》དང་། 《མ་ཎི་བཀའ་འབུམ》སོགས་ནི་འཕགས་པ་ཐུགས་རྗེ་ཆེན་པོའི་སྤྲུལ་པ་རྒྱལ་པོ་སྲོང་བཙན་སྒམ་པོའི་མ་འོངས་ལུང་བསྟན་ནམ་ཞལ་གདམས་སུ་བསྟན་ཞིང་། བཀའ་གདམས་བསྟན་པའི་སྲོལ་འབྱེད་པ་པཎྜི་ཏ་ཆེན་པོ་ཇོ་བོ་རྗེ་ཨ་ཏི་ཤས་ལྷ་སའི་ར་ས་འཕྲུལ་སྣང་གཙུག་ལག་ཁང་ཆེན་མོར་གཏེར་ནས་བཏོན་པར་བརྗོད་པས། མི་རྣམས་ཡིད་བརྟན་འཕེར་ཞིང་ཁུངས་ལུང་བཙུན་པར་ལྟ་བ་དང་གཅིག ཆོས་ཕྱོགས་ཀྱི་བཤད་རྒྱུན་ལ། “སྟོན་ཕྱོན་བླ་མའི་རྣམ་ཐར་དེ། རྗེས་འཇུག་སློབ་མའི་ཉམས་ལེན་ཡིན།” ཅེས་སྟོན་བྱུང་གི་དར་སྲོལ་གང་ཡིན་ཡང་དེ་དག་ངེས་པར་བྱེད་ཅིང་དེ་ཁོ་ན་ལྟར་རྒྱུན་འཛིན་ཐུབ་པར་བྱ་རྒྱུ་ནི་ལུགས་སྲོལ་ལྟ་བུར་ཆགས་པ་དང་གཉིས། སྐབས་དེའི་ལོ་རྒྱུས་བསྟན་བཅོས་དག་ནི་ཆོས་ལུགས་ཀྱི་རིགས་ལམ་དང་འཆར་ཡན་གྱི་རྩོམ་སྟངས་ཟུང་དུ་སྦྲེལ་ནས་བརྩམས་པའི་ཚའང་ཤིན་ཏུ་མང་བས་ཡིད་ཀྱི་དང་བ་ཀུན་ནས་འདྲེན་པ་དང་གསུམ། ས་སྐྱ་པའི་དུས་ནས་བོད་དུ་ཆོས་སྲིད་ཟུང་འབྲེལ་གྱི་ལམ་ལུགས་རིམ་བཞིན་ཚུགས་ཤིང་འཕེལ་རྒྱས་སུ་འགྲོ་བ་དང་། དབང་སྒྱུར་པ་ཆེ་ཆུང་རིམ་བྱུང་གིས་རང་གི་དབང་སྒྱུར་ལམ་ལུགས་སྲུང་སྐྱོབ་བྱེད་པའི་དགོས་མཁོ་དང་ཡོངས་སུ་མཐུན་པ་དང་བཞི་བཅས་རྐྱེན་གྱིས། དུས་རབས་བཅུ་བཞི་པ་ཙམ་ནས་རིམ་བཞིན་རྩོམ་སྒྲིག་བྱས་པའི་ལོ་རྒྱུས་དང་ཆོས་འབྱུང་ཕལ་ཆེ་བས་ཀྱང་རང་རྟོགས་སམ་རང་རྟོགས་མ་ཡིན་པ་གང་རུང་གི་སྒོ

ནས《བཀའ་ཆེམས་ཀ་ཁོལ་མ》དང་། 《མ་ཎི་བཀའ་འབུམ》གཙོ་བྱས་པའི་ལོ་རྒྱུས་བསྟན་བཅོས་ཀྱི་བརྗོད་བྱའི་ནང་དོན་དང་། སྒྱུ་རྩལ་གྱི་རྩོམ་སྟངས། ཆོས་ལུགས་ཀྱི་རིགས་ལམ། རིག་གཞུང་གི་ལྟ་བ་བཅས་ཇི་མ་ཇི་བཞིན་དུ་སྤྱད་ཡོད། དཔེར་ན། 《བུ་སྟོན་ཆོས་འབྱུང》དང་། 《རྒྱལ་རབས་གསལ་བའི་མེ་ལོང》《ཆོས་འབྱུང་མཁས་པའི་དགའ་སྟོན》《དེབ་ཐེར་དཔྱིད་ཀྱི་རྒྱལ་མོའི་གླུ་དབྱངས》སོགས་ལས་ཀྱང《བཀའ་ཆེམས་ཀ་ཁོལ་མ》དང་། 《མ་ཎི་བཀའ་འབུམ》སོགས་ཇི་བཞིན་བོད་ཀྱི་མེས་པོ་ནི་ཕ་སྤྲེའུ་བྱང་ཆུབ་སེམས་དཔའ་དང་མ་རྗེ་བཙུན་སྒྲོལ་མའི་སྤྲུལ་པ་བྲག་སྲིན་མོར་ངེས་པ་དང་། རྒྱལ་པོ་གཉའ་ཁྲི་བཙན་པོ་དེའང་ཐུགས་རྗེ་ཆེན་པོའི་རྣམ་སྤྲུལ་རྒྱ་གར་གྱི་རྒྱལ་པོ་རུ་པ་ཏི་ཡིན་པར་བསྟན་ཅིང་། རྒྱལ་པོ་སྲོང་བཙན་སྒམ་པོ་འཕགས་པ་ཐུགས་རྗེ་ཆེན་པོའི་སྤྲུལ་པ་ཡིན་ཞིང་དེས་སྤྲུལ་པའི་སྒོ་ནས་ར་ས་འཕྲུལ་སྣང་གཙུག་ལག་ཁང་བཞེངས་པ་དང་། མཐའ་གཞུག་རྒྱལ་པོ་ཡབ་ཡུམ་སྟངས་ཞལ་གསུམ་ཐུགས་རྗེ་ཆེན་པོའི་ཐུགས་ཁར་ཐིམ་པར་བཞེད་ལ། བློན་པོ་མགར་སྟོང་བཙན་ཡུལ་བཟུང་གིས་བློ་རིག་ལ་བརྟེན་ནས་རྒྱ་བཟའ་ཨུན་ཤིང་ཀོང་ཇོ་བོད་ལ་བསུ་བའི་གཏམ་རྒྱུད་དང་། རྒྱལ་པོ་ཁྲི་སྲོང་ལྡེའུ་བཙན་ནི་གྱིམ་ཤིང་ཀོང་ཇོར་འཁྲུངས་ཀྱང་སྣ་ནམ་བཟའ་བཞི་སྟེང་གིས་ཕྲོགས་པའི་གཏམ་རྒྱུད་སོགས་ཀྱང་ཇི་མ་ཇི་བཞིན་དུ་དྲངས་ཡོད། 《རྒྱལ་རབས་གསལ་བའི་མེ་ལོང》དང《ཆོས་འབྱུང་མཁས་པའི་དགའ་སྟོན》སོགས་སུ་འཕགས་པ་སྤྱན་རས་གཟིགས་རྟའི་རྒྱལ་པོར་སྤྲུལ་ནས་སེམས་ཅན་གྱི་དོན་མཛད་པར་བཀོད་པའང《མ་ཎི་བཀའ་འབུམ》གྱི《ཐུགས་རྗེ་ཆེན་པོས་ཚོང་པ་རྣམས་སིང་ག་ལའི་སྲིན་མོའི་གླིང་ནས་བཏོན》པའི་ལེའུ་སོགས་དྲངས་པ་ཡིན་ལ། ཡུལ་གྱི་བཀོད་པ་དང་ལོ་རྒྱུས་མི་སྣའི་སྐད་ཆ་རྣམས་སྙན་ངག་གི་ཚིག་གི་སྦྱོར་བར་བརྟེན་ནས་ཞིབ་འབྲི་བྱེད་པ་དང་། དམ་པའི་ཆོས་ཀྱི་གཞུང་དོན་ཟབ་མོ་རྣམས་ལོ་རྒྱུས་མི་སྣའི་ཞལ་གདམས་སུ་བྱེད་ཅིང་དྲི་བ་དྲིས་ལན་གྱི་ཚུལ་དུ་སྤེལ་

བའི་སྒྱུ་རྩལ་གྱི་མཚོན་ཐབས་ཀྱང་སྤྱད་པས། བོད་སིལ་བུའི་དུས་ཀྱི་ལོ་རྒྱུས་བརྟན་བཅོས་ནི་ཕྱིས་འབྱུང་རྒྱལ་རབས་དང་ཆོས་འབྱུང་རྣམས་ཀྱི་བརྟན་བྱའི་ནང་དོན་གྱི་ཁུངས་ལུང་དང་། སྒྱུ་རྩལ་རྩོམ་ཐབས་ཀྱི་མ་དཔེ། ལྗགས་སྲོལ་རིགས་ལམ་གྱི་འབྱུང་གནས་བཅས་སུ་གྱུར་ཏོ།། །།

༄༅།།《སྙན་ངག་མེ་ལོང་》བོད་དུ་འགྱུར་ཚུལ་ལ་དཔྱད་པ།

ད་ལྟ་འཛམ་གླིང་འཛིན་མའི་ཁྱོན་ཡོངས་ནས་ཚན་རིག་རིག་གནས་ཤེས་བྱ་དར་ཞིང་རྒྱས་ལ། འཕྲིན་གཏོང་ཡོ་བྱད་དེང་རབས་ཅན་དུ་འགྱུར་བའི་འགྲོས་དང་བསྟུན་ནས། རྒྱལ་ཁབ་དང་མི་རིགས་སོ་སོའི་བར་དུ་རིག་གནས་བརྗེ་རེས་བྱེད་པའི་འཕྲིན་ལས་ཀྱང་བྱ་འཕུར་བ་བཞིན་ཡར་རྒྱས་སུ་འགྲོ་བཞིན་པའི་དུས་འདིར། རྒྱ་གར་གྱི་བསྟན་བཅོས་གྲགས་ཅན《སྙན་ངག་མེ་ལོང་》དེ་བོད་ཀྱི་ཚོམ་རིག་བསྟན་བཅོས་སུ་བསྒྱུར་བའི་ཚུལ་དང་དེའི་བཟང་གི་ཉམས་མྱོང་ཕྱོགས་སྡོམ་མདོར་ཙམ་བྱས་ནའང་། མི་རིགས་གཞན་གྱི་རིག་གནས་དང་ཁྱད་པར་དུ་སྒྱུ་རྩལ་ཚོམ་རིག་གི་ཤེས་བྱ་གང་ལེགས་ནང་འདྲེན་བྱེད་པར་ཕན་པའི་རྒྱུར་འགྱུར་ཡང་སྲིད་སྙམ་ནས་ཚོམ་པའི་ལས་ལ་ཞུགས་པ་འདི་ལྟར།

དང་པོ། 《སྙན་ངག་མེ་ལོང་》གི་བརྗོད་བྱའི་ནང་དོན་བཤད་པ།

《སྙན་ངག་མེ་ལོང་》དེ་བསྟན་བཅོས་གང་འདྲ་ཞིག་ཡིན་ཟེར་ན། གཞུང་དེའི་ཚོམ་པ་པོ་སློབ་དཔོན་དབྱིག་ཅན་གྱིས་སྙན་ངག་ལ་ཚུལ་ཇི་ལྟར་འཇུག་པ་གསལ་བའི་མེ་ལོང་དུ་བརྗོད་ཅིང་། ཚོམ་རིག་དཔྱད་བརྗོད་པ་རྣམས་ཀྱིས་སྙན་ངག་གི་གཞུང་ཡིན་ལ་སྙན་ངག་མ་ཡིན་པའི་དཔེར་འགོད་ལ། དེར་འགྲེལ་པ་མཛད་མཁན་རྣམས་ཀྱིས་ཀྱང《སྙན་ངག་མེ་ལོང་》གི་འགྲེལ་པའམ་སྙན་འགྲེལ་ཞེས་སྙན་ངག

ལ་ཚུལ་ཇི་ལྟར་འཇུག་པ་སྟོན་པའི་གཞུང་དུ་བཞེད་པ་དང་། ཡང་ན《སྙན་ངག་ལ་འཇུག་ཚུལ་ཚིག་རྒྱན་རིག་པའི་སྒོ་འབྱེད》དང《སྙན་ངག་གི་སྤྱི་དོན་ཚིག་རྒྱན་རིག་པའི་ལྡེ་མིག》ཅེས་ཚིག་རྒྱན་རིག་པ་གཙོར་སྟོན་པའི་བསྟན་བཅོས་སུ་བརྗོད་ཀྱང་། འབྲེལ་ཡོད་དཔྱད་གཞི་ཡིག་ཚང་ལྟར་ན། དེ་ནི་སྙན་ངག་གི་སྙན་པའི་རོ་འདོན་པ་ལ་མཆོག་ཏུ་གྱུར་པའི་སློབ་དཔོན་དཎྜིས་ཛྷ་ར་ད་བུ་ཞེས་བརྩམས་པའི《ཟློས་གར་བསྟན་བཅོས》དང་། ཛྷ་བ་ཏས་བརྩམས་པའི《སྙན་ངག་རྒྱན་གྱི་བསྟན་བཅོས》 དྲང་སྲོང་རྒྱས་པས་བརྩམས་པའི《སྙན་ངག་ཛྷ་ར་ཏ》 མི་བཞིན་འཇུག་གི་བུ་མོས་བྱས་པའི《སྙན་ངག་བསྒོམ་པའི་ཚོས》 གྲོག་མཁར་གྱིས་བརྩམས་པའི《སྙན་ངག་རཱ་མ་ཡ་ན》 ཀཱཀྐཏྲེ་ཡས་བརྩམས་པའི《སྙན་ངག་སྔོན་རབས་ཀྱི་ཚོས》 ནག་མོ་ཁོལ་གྱིས་བརྩམས་པའི《སྙན་ངག་གཞོན་ནུ་འབྱུང་བ》 སློབ་དཔོན་རཱ་མ་ཤྲ་མས་བརྩམས་པའི་སྙན་ངག་གི་གཞུང་བཅས་ལ་ཞིབ་འཇུག་ཕྱོགས་སྡོམ་མཛད་ནས་བརྩམས་པས། ད་ལྟའི་སྙན་ངག་དང་ཚིག་རྒྱན་རིག་པ་ཞེས་པའི་གོ་དོན་ལས་ཆེས་ཆེར་བརྒྱལ་ཅིང་། དེ་དག་ལ་ཚུལ་ཇི་ལྟར་འཇུག་པ་སྟོན་པའི་བསྟན་བཅོས་ཙམ་མིན་ལ། རྗོད་བྱེད་ཚིག་གི་ཕྲེང་བ་མཛེས་པར་བྱེད་པའི་ཆོས་སམ་ཚིག་རྒྱན་ཁོ་ན་སྟོན་པའི་བསྟན་བཅོས་ཀྱང་མ་ཡིན་ཏེ། ལེའུ་དང་པོར། མཁས་པས་ཡང་དག་རབ་སྦྱར་བའི། །ཞེས་པ་ནས། ལོང་བ་དག་ལ་ཡོད་དམ་ཅི། །ཞེས་པའི་བར་དུ་རྩོམ་རིག་གི་གལ་ཆེན་རང་བཞིན་དང་། རྩོམ་རིག་ཤེས་པའི་ཕན་ཡོན་དང་རྩོམ་རིག་མ་ཤེས་པའི་གནོད་པ་གསལ་པོར་བསྟན་ནས། སྙན་ངག་གི་སྦྱོར་བ་དག་ལ་མཁས་པར་སྦྱང་བར་ནན་གྱིས་བསྐུལ་བ་དང་། ལུས་ནི་རེ་ཞིག་འདོད་པ་ཡི། །དོན་གྱི་རྣམ་བཅད་ཚིག་གི་ཕྲེང་། །ཞེས་པ་ནས། ཆ་ཤས་རང་བཞིན་ཕྱིར་མ་བརྗོད། །ཅེས་པའི་བར་དུ་རྩོམ་རིག་གི་ལུས་ལ་བཅད་ལྷུག་སྤེལ་མ་གསུམ་དུ་བཤད་ཅིང་། བཅད་པ་ལའང་བྱེ་བྲག་ཏུ་གྲོལ་རིགས་མཛོད་འདུས་བཞིར་དབྱེ་བ་དེས་

སྙན་ངག་དང་། ལུགས་ཀྱི་བསྟན་བཅོས། གཉེན་བཤད། རོགས་བཤད། མགུར་གླུ། སྙིང་གླུ། བསླབ་བྱ་སོགས་ཚིགས་སུ་བཅད་པའི་རྩོམ་རྣ་ཚོགས་ཀྱི་ལུས་བསྟན་པ་དང་། ལྷུག་པ་དང་སྤེལ་མ་བསྟན་པ་དེས་ལོ་རྒྱུས་བསྟན་བཅོས་དང་། སྙན་ངག སྙིང་གཏམ། འབོལ་རྩོམ། རྟོགས་བརྗོད། རྣམ་ཐར། སྙན་ཞུ་ཡི་གེ་སོགས་ཀྱི་ཚིག་གི་སྦྱོར་བའམ་ལུས་བསྟན་པས། སྒྱུ་རྩལ་རྩོམ་གཞུང་དུ་རྩོམ་གྱི་ལུས་བསྟན་པ་དང་ངོ་བོ་གཅིག་ཏུ་གྱུར་ཡོད།

ཡང་། སྔོན་བྱུང་གཏམ་ལས་གྱུར་པ་དང་། ཅིག་ཤོས་ལེགས་པ་ལ་བརྟེན་པ། །ཞེས་པ་ནས། བརྒྱན་པར་གྱུར་ཅིང་མདོར་བསྡུས་མིན། །ཞེས་པའི་བར་དུ་རྩོམ་རིག་གི་བརྗོད་བྱ་དང་དེ་འདེམ་གསེས་བྱེད་སྟངས་སོགས་བསྟན་པ་སྟེ། རྩོམ་རིག་གཞུང་ལུགས་སུ་རྩོམ་རིག་གི་བརྗོད་བྱ་ནི་རྩོམ་པ་པོས་མྱོང་ཚོར་དང་མཐོང་ཐོས་སུ་གྱུར་པའི་སྤྱི་ཚོགས་ཀྱི་འཚོ་བ་དང་ཁོར་ཡུག་ཡིན་ཞིང་། དེ་ལ་དབྱེ་ན་རྩོམ་པ་པོས་དངོས་སུ་མྱོང་བ་པ་དང་མཐོང་བའི་ཐད་ཀའི་བརྗོད་བྱ་དང་། རྩོམ་པ་པོས་ཐོས་པ་དང་དཔྱད་གཞི་ཡིག་རིགས་སོགས་ལས་རྒྱུས་ལོན་བྱས་པའི་བརྒྱུད་ཀྱི་བརྗོད་བྱ་གཉིས་ཡོད་པ་ལས། རྩོམ་པ་པོས་སྐབས་བབ་ཀྱི་བརྗོད་འདོད་བསམ་བློ་དང་དགོས་མཁོ་ལྟར་འདོར་ལེན་དང་ལས་སྣོན་བྱས་ནས་རྩོམ་རིག་གི་བརྗོད་བྱར་འགོད་པར་བསྟན་པ་དང་ཀུན་ནས་མཚུངས་པ་རེད། རྒྱ་གར་ཤར་ཕྱོགས་ཐུན་མོང་མ་ཡིན་པའི་ཡོན་ཏན་བཅུ་བསྟན་པ་དེས་ཡི་གེ་འཇམ་རྩུབ་ཀྱི་སྦྱོར་བ་དང་། ཚིག་སྡུད་མང་ཉུང་། གྲོང་ཚིག་ཡོད་མེད། བརྗོད་བྱའི་ཡོན་ཏན་རྒྱ་ཆེ་མིན། བརྗོད་བྱ་གྲགས་ཆེ་མིན། ཚིག་དོན་གོ་སླ་མིན་སོགས་ཀྱི་སྒོ་ནས་གསལ་ཞིང་ལྷོད་པའི་རྩོམ་གཤིས་དང་དམ་ཞིང་བརྟེད་པའི་རྩོམ་གཤིས་རྒྱུ་དང་བཅས་པ་བསྟན་པ་དེའང་དེང་རབས་རྩོམ་རིག་གཞུང་ལུགས་ལས། རྩོམ་གཤིས་ནི་བརྗོད་བྱའི་ནང་དོན་དང་དགོངས་གཞི་འདེམ་གསེས་བྱེད་ཅིང་། བརྗོད་བྱའི་སྒྲིག་གཞི་འགོད་སྟངས། མི་

སྙའི་ཁོར་ཡུག་འབྲི་བའི་སྐད་ཆ། རྩོམ་ལུས་དང་རྩོམ་སྟངས་སོགས་ཕྱོགས་སོ་སོ་ནས་ཐོན་པ་ཡིན་ཟེར་བ་དང་ཀུན་ནས་འདྲ་བ་ཡིན།

ཡང་། རང་བཞིན་གྱིས་གྲུབ་སྦྱོབས་པ་དང་། །
མང་དུ་ཐོས་པ་དྲི་མེད་དང་། །
མངོན་པར་སྦྱོར་བ་མི་དམན་པ། །
སྙན་ངག་ཕུན་སུམ་ཚོགས་པའི་རྒྱུ། །

ཞེས་པ་དེས་སྙན་ངག་ལ་མཁས་པར་བྱ་བའི་རྒྱུ་བསྟན་པ་སྟེ། ལྷན་སྐྱེས་ཀྱི་རིག་པ་རྣོན་པོ་ཞིག་ཡོད་པ་དང་། སྙན་ངག་དང་མངོན་བརྗོད་སོགས་མང་དུ་ཐོས་ཤིང་དེ་ལ་ཐེ་ཚོམ་གྱི་དྲི་མ་མེད་པ། དེ་དག་སེམས་པ་དང་གོམས་པར་བྱེད་པའམ་མངོན་པར་འཇུག་པ་ལ་བརྩོན་འགྲུས་མི་དམན་པ་ནི་སྙན་ངག་ཕུན་སུམ་ཚོགས་པོ་ཞིག་འབྱུང་བའི་རྒྱུ་ཡིན་པར་བསྟན་པས། དེང་རབས་ཚོག་རྒྱན་རིག་པའི་གོ་དོན་ལས་རིང་དུ་འདས་སོ། །

ཡང་། ཟུར་གྱི་ཕྲ་མོའི་རྒྱན་གྱི་དཔེར་བརྗོད་ལ།

ནམ་ཞིག་ཁྱོ་ཅག་འཁྲོགས་འགྱུར་ཞེས། །
ཚོགས་སུ་བརྗོད་པར་མ་བཟོད་པའི། །
མཛའ་བོ་རིག་ནས་བུད་མེད་ཀྱིས། །
རྩེ་དགའི་པདྨ་ཟུམ་པར་བྱས། །

ཞེས་པར་མཚོན་ན་རྩོམ་ཉམས་གཙོ་བོ་རྩོམ་པ་པོའི་ཚིག་སྦྱོར་ལས་ཐོན་པ་མ་ཡིན་ཏེ། ཟུར་བརྡ་སྟོན་མཁན་གཞོན་ནུ་མའི་བྱ་སྤྱོད་འགོད་པ་ལ་བརྟེན་ནས། དེ་རང་གི་མཛའ་བོར་འཁྲོགས་པར་འདོད་པའི་བསམ་བློ་དང་། རང་གཉིས། སེམས་ཁམས་བཅས་མཚོན་པར་བྱས་ཡོད་པས། བྱ་སྤྱོད་ཞིབ་འབྲི་བྱེད་པར་གཏོགས་པར་སྨྲས།

ཡང་། འགོག་རྒྱན་གྱི་ནང་གསེས་བཅུ་གཉིས་པ་རྒྱུ་མེད་ས་འགོག་པའི་དཔེར།

གལ་ཏེ་ཁྱོད་འགྲོ་བདེན་ཉིད་ན། །
ཁྱོད་ཀྱིས་གཞན་པ་འགའ་ཞིག་ཚོལ། །
བདག་ནི་སླགས་འཚོལ་འཆི་བ་ཡིས། །
དེ་རིང་ཉིད་དུ་འགོག་པར་འགྱུར། །

ཞེས་པར་མཚོན་ན། སྐད་ཆ་འདི་སྨྲ་མཁན་བུད་མེད་ཀྱི་ངོས་ནས་ཚིག་རྒྱུན་དུ་འགྱུར་ཅུང་། སྐད་ཆ་འདི་ཞིབ་འབྲི་བྱེད་མཁན་གྱི་ངོས་ནས་ཚིག་རྒྱུན་དུ་མི་འགྲོ་བར་སྐད་ཆ་ཞིབ་འབྲི་བྱས་པར་གཏོགས་ཏེ། བུད་མེད་དེའི་སྐད་ཆ་བཀོད་པར་བརྟེན་ནས་མོ་རང་གི་སྐྱེས་པར་དགའ་ཞིང་ཆགས་པའི་སེམས་ཁམས་དང་གཤིས་རྒྱུད་མཚོན་པར་བྱས་པས་སོ། །ཡང་། དོན་རྒྱུན་ཉེར་གཉིས་པ་རྒྱ་ཆེ་བའི་རྒྱན་ལས་བསམ་པ་རྒྱ་ཆེ་བ་ནི་བསྟུགས་པར་འདོད་པའི་ཡུལ་དེའི་བསམ་པའི་ཁྱད་ཆོས་ཆེས་ཁྱད་པར་དུ་འཕགས་པའི་གནས་ཚུལ་སྟོན་པའི་སྒོ་ནས་དེའི་བསམ་པ་ཏ་ཅང་རྒྱ་ཆེ་བའི་ཁྱད་ཆོས་བརྗོད་པའི་རྒྱན་དུ་བཤད་ཅིང་། དེར་ཞིབ་ཏུ་བརྟགས་ན་དེང་རབས་རྩོམ་རིག་གཞུང་ལུགས་ལས་བསམ་བློ་ཞིབ་འབྲི་བྱེད་སྟངས་བསྟན་པ་དང་མཚུངས་པས། རྩོམ་རིག་གཞུང་ལུགས་ཀྱི་ཁོངས་སུ་གཏོགས་པ་ཡིན། མདོར་ན། 《སྙན་ངག་མེ་ལོང་》ནི་གནའ་རབས་རྒྱ་གར་གྱི་རྩོམ་རིག་གཞུང་ལུགས་ཕྱོགས་སྡོམ་བྱས་པའི་བསྟན་བཅོས་ཏེ། ད་ལྟའི་དབང་དུ་བྱས་ན་ཚིག་རྒྱན་རིག་པ་དང་། རྩོམ་འཇུག རྩོམ་རིག་གཞུང་ལུགས་བཅས་ཀྱི་བསྟན་དོན་འདུས་པའི་ཕྱོགས་འདུས་རང་བཞིན་གྱི་རྩོམ་རིག་བསྟན་བཅོས་ཤིག་ཡིན་ལ། སློབ་དཔོན་དབྱིས་རང་གི་བསྟན་བཅོས་ཀྱི་མཚན་ལ《སྙན་ངག་མེ་ལོང་》འདོགས་དོན་ཡང་རྒྱ་གར་དུ་གནའ་རབས་སུ་སྙན་ངག་ཅེས་པ་སྒྲ་ཡངས་འཇུག་གི་དབང་དུ་བྱས་ན་རྟག་ཏུ་རྩོམ་རིག་ཅེས་པར་སྟོན་ཞིང་། རང་རེ་བོད་ལ་མཚོན་ནའང་ས་སྐྱ་པཎྜི་ཏ་ཀུན་དགའ་རྒྱལ་མཚན་གྱི《སྡོམ་གསུམ་རབ་དབྱེ》ལས། དངོས་པོའི་གནས་ལུགས་འཆད་པ་དང་། །སྙན་

ཡོན་བསྡུགས་པ་རྣམ་གཉིས་ཡོད། །ཅེས་རྩོམ་གྱི་རིགས་ལ་དངོས་པོའི་གནས་ལུགས་བརྗོད་པའི་རྩོམ་དང་། སྐྱོན་ཡོན་སྒྲོག་པའི་རྩོམ་གཉིས་སུ་དབྱེ་བར་བརྟགས་ན་མ་མཐའ་ཡང་ས་སྐྱ་པཎྜི་ཏའི་སྐུ་རིང་ལ་ད་དུང་རྩོམ་རིག་ཅེས་པའི་ཐ་སྙད་འདི་ཐོན་མེད་པར་སྣམ་ན། ཤོང་སྟོན་རྡོ་རྗེ་རྒྱལ་མཚན་གྱིས"སྙན་ངག་མེ་ལོང"དུ་བསྒྱུར་བའང་ད་ལྟའི་གོ་དོན་ཅན་གྱི་སྙན་ངག་ཁོ་ནར་འཇུག་ཚུལ་སྟོན་པའི་བསྟན་བཅོས་མ་ཡིན་ཏེ། སྒྱུ་རྩལ་རྩོམ་རིག་སྤྱི་ལ་འཇུག་ཚུལ་གསལ་བའི་མེ་ལོང་ཡིན་པའི་དོན་ནོ། །

གཉིས་པ། 《སྙན་ངག་མེ་ལོང》བོད་ཀྱི་རྩོམ་རིག་བསྟན་བཅོས་སུ་གྱུར་པའི་གོ་རིམ་བཤད་པ།

བོད་ལ་རྩོམ་རིག་བསྟན་བཅོས་མེད་པ་ནས་གཞན་སྐད་ཀྱི་རྩོམ་རིག་གཞུང་ལུགས་ལས་སློབ་ཅིང་། དེ་ནས་བོད་ཀྱི་སྐད་ལ་བསྒྱུར་ནས་འགྲེལ་པ་འགྲེལ་བཤད་རྩོམ་པ་དང་བོད་ཀྱི་བསྟན་བཅོས་སུ་འགྱུར་བའི་གོ་རིམ་འགའ་བརྒྱུད་པ་འདི་ལྟར། ལྷོན་པོ་ཐོན་མི་ནས་ས་སྐྱ་པཎ་ཆེན་ཀུན་དགའ་རྒྱལ་མཚན་གྱི་སྔོན་དུ་བོད་ལ་རང་རིགས་མཁས་པས་བརྩམས་པའི་རྩོམ་རིག་བསྟན་བཅོས་མེད་ཅིང་། མི་རིགས་གཞན་གྱི་རྩོམ་རིག་བསྟན་བཅོས་ཀྱང་འགྱུར་མེད་པས། སྐབས་དེའི་བོད་མཁས་རྣམས་ཀྱི་ལེགས་སྦྱར་སྐད་ཀྱི་རྩོམ་རིག་བསྟན་བཅོས《སྙན་ངག་མེ་ལོང》དང་། 《སྙན་ངག་རྒྱན་གྱི་བསྟན་བཅོས》《སྙན་ངག་ཟླ་ར་ཏ》《དབྱངས་ཅན་མགུལ་རྒྱན》སོགས་ལས་རྩོམ་རིག་ཤེས་བྱ་སྦྱངས་རྗེས། བོད་ཀྱི་སྐད་ཡིག་གི་སྒོ་ནས་རྩོམ་པ་མཛད་པ་རེད། དེ་ནས་དུས་རབས་བཅུ་གཉིས་པར་ས་སྐྱ་པཎ་ཆེན་ཀུན་དགའ་རྒྱལ་མཚན་གྱིས་བོད་མཁས་རྣམས་རྩོམ་པ་ལ་འཇུག་པའི་སྒོ་མོ་ཆེས་ཆེར་འབྱེད་ཆེད། 《སྙན་ངག་མེ་ལོང》གི་བརྗོད་དོན་མ་ལུས་མདོར་ཙམ་ཞིག་བོད་ལ་

བསྒྱུར་བས། བོད་ཀྱི་ཤེས་ཡོན་ཅན་དང་ནང་སྒོས་ལུགས་སྲོལ་གྱི་སྐད་མི་མཁྱེན་པའི་མཁས་པ་རྣམས་ཀྱིས་རྩོམ་རིག་ཤེས་བྱ་སྣ་ཚོགས་ལ་ངེས་ཤེས་འདྲོང་བའི་སློབ་རྟེན་དུ་གྱུར། སློབ་རྟེན་དེའི་སྟེང་ནས་རྩོམ་རིག་ཤེས་བྱའི་འཆད་ཉན་སྤེལ་བ་ལས་བོད་ཀྱི་ཤེས་ལྡན་རྣམས་རྩོམ་པ་ལ་འཇུག་པའི་བློ་མིག་ཆེས་ཆེར་ཕྱེ་ཞིང་། རྩོམ་རིག་གཞུང་ལུགས་དང་སྒོས་སུ་བོད་སྐད་ཀྱི་རྩོམ་རིག་བསྟན་བཅོས་ཆ་ཚང་ཞིག་ཡོད་ན་བོད་མཁས་སྔར་ལས་མང་པོ་ཞིག་རྩོམ་རིག་ཤེས་བྱའི་རྒྱུ་ཚད་ཇེ་བཟང་དང་རྩོམ་རྩལ་ཇེ་མཐོར་འགྲོ་བར་ཕན་པ་རྒྱ་ཆེན་པོ་ཐོན་པ་ངེས་ནས། སྐབས་དེའི་བོད་ས་གནས་སྲིད་གཞུང་གི་ཆོས་སྲིད་ཟུང་གི་བདག་པོ་འགྲོ་མགོན་འཕགས་པ་སྐུ་དངོས་ཀྱིས་ཤོང་སྟོན་རྡོ་རྗེ་རྒྱལ་མཚན་ལ་བཀའ་བསྐོ་དང་ཐུགས་བསྐུལ་མཛད་པ་དང་། སྲིད་གཞུང་ནས་འགྲོ་སྒྲོན་གྱི་མཐུན་རྐྱེན་སྦྱར་ནས《སྙན་ངག་མེ་ལོང》ཆ་ཚང་བར་བསྒྱུར་བར་མ་ཟད། ས་བཅད་ཀྱི་ཚིངས་ཙམ་གྱི་བོད་འགྲེལ་མཛད་པ་དང་། དཔང་ལོ་ཙཱ་བ་བློ་གྲོས་བརྟན་པས་འགྱུར་བཅོས་ཙུང་ཟད་མཛད་ཅིང་། རྒྱ་འགྲེལ་གྱི་ཚིག་སྣ་བསྡུས་པའི་གཞུང་བཤད་མཛད་པ་ནས་རིན་སྤུངས་པའི་སྙན་ངག་འགྲེལ་པ་སོགས་བོད་འགྲེལ་མང་དུ་ཐོན་པ་དེ་དག་ནི། རྩ་བ་རྒྱ་གར་མཁས་པ་དང་འགྲེལ་པ་བོད་ཀྱི་མཁས་པས་བརྩམས་པས། རྒྱ་བོད་ཐུན་མོང་གི་བརྩམས་ཆོས་སུ་གྱུར། དེ་ལྟ་བུའི་རྩོམ་རིག་བསྟན་བཅོས་མང་དུ་ཐོན་པ་ནི་བོད་ཀྱི་ཤེས་ཡོན་ཅན་རྣམས་ཀྱིས་རྩོམ་རིག་གི་ཤེས་བྱ་སྣ་ཚོགས་འཆད་ཉན་སྦྱོང་གསུམ་རྒྱ་ཆེར་སྤེལ་བའི་མཐུན་རྐྱེན་གལ་ཆེན་དུ་གྱུར། དེ་ནས་རྒྱལ་དབང་ལྔ་པ་དང་བོད་མཁས་པ་མི་ཕམ་དགེ་ལེགས་རྣམ་རྒྱལ་གཙོ་མཛད་པའི་མཁས་པ་རིམ་བྱོན་གྱིས《སྙན་ངག་མེ་ལོང》ལ་འགྲེལ་པ་མཛད་པ་དང་ཆབས་ཅིག་དེ་གསལ་པོ་ཡོང་བའི་ཆེད་དུ་རྩ་བའི་དངོས་བསྟན་གྱི་མཚན་ཉིད་ལྟར་དཔེ་བརྗོད་བརྩམས་ནས་གཞུང་དོན་གསལ་བར་བྱས་པ་དེས་བོད་ཀྱི་ཤེས་ཡོན་ཅན་རྣམས་ཀྱིས་རྩོམ་རིག་ཤེས་བྱ་སྦྱོང་བར་

ལྷག་པར་སྐབས་བདེ་བར་གྱུར། སྐབས་དེའི་སྙན་འགྲེལ་རྣམས་རྩ་བ་རྒྱ་གར་མཁས་པའི་རྩོམ་ཡིན་ཡང་དེ་གསལ་བར་བྱེད་པའི་དཔེར་བརྗོད་དང་འགྲེལ་པ་བོད་མཁས་རྣམས་ཀྱིས་བརྩམས་པས། བོད་རྩོམ་གྱི་ཤས་ཆེ་བར་གྱུར་ལ། རྒྱ་བོད་ཐུན་མོང་གི་རྩོམ་རིག་བསྟན་བཅོས་དེ་དག་འཆད་ཉན་དང་བཀོལ་སྤྱོད་བྱེད་པའི་དུས་མཚུངས་སུ་དེར་དཔྱད་ཞིབ་དང་ཕྱོགས་སྡོམ་བྱེད་ཅིང་། བོད་ཀྱི་སྐད་དང་ཡི་གེའི་ཁྱད་ཆོས་དང་བསམ་གཞིགས་གཏོང་སྟངས། མཛེས་དཔྱོད་ཀྱི་ལྟ་བ། སློབ་གཉེར་པའི་ཆུ་ཚད། རྩོམ་རིག་འཕེལ་རྒྱས་ཀྱི་དགོས་མཁོ་བཅས་ལྟར《སྙན་ངག་མེ་ལོང་》གི་དངོས་བསྟན་གྱི་ནང་དོན་ལས་བོད་ཀྱི་སྐད་ལ་མི་འགྱུར་བའམ་མཁོ་མི་ཆེ་བ་བསྒྱུར་ཅིང་། བོད་ཀྱི་སྐད་ལ་འགྱུར་ཞིང་མཁོ་ཆེ་བའི་སྐོར་བོད་ཀྱི་མཁས་པའི་དཔེར་བརྗོད་ཀྱི་སྒོ་ནས་གསལ་པོར་སྟོན་པའི་འགྲེལ་པ་བརྩམས་པ་རེད། སྙན་འགྲེལ་དེ་དག་ནི་བོད་ཀྱི་མཁས་པས《སྙན་ངག་མེ་ལོང་》གི་བརྗོད་དོན་སོ་སོའི་མཚན་ཉིད་དང་གོ་རིམ་ལྟར་བོད་ཀྱི་སྐད་ཡིག་གི་སྒོ་ནས་བརྩམས་པའི་དཔེར་བརྗོད་དང་དེའི་འགྲེལ་པ་ཡིན་ཞིང་། རྒྱ་གར་མཁས་པའི་བརྩམས་ཆོས་མ་འདྲེས་པས། བོད་ཀྱི་བསྟན་བཅོས་དངོས་སུ་གྱུར་པ་རེད། དེ་ཡང་མདོ་དོན་དཔེ་རིས་སུ་བཀོད་ན་འདི་ལྟར།

དུས་སྐབས	སྐད་རིགས	བརྩམས་ཆོས	འགྱུར་རིམ
ཐོན་མི་ནས་ས་པཎ་སྔོན་དུ	སཾ་སྐྲི་ཏའི་སྐད	《སྙན་ངག་མེ་ལོང་》	རྒྱ་གར་མཁས་པའི་བསྟན་བཅོས
ས་པཎ་དུས་སུ	བོད་སྐད་དུ་བསྒྱུར་མགོ་བརྩམས	《མཁས་འཇུག》	བསྡུས་དོན་འགྱུར་མ
ཤོང་དཔང་རྣམ་གཉིས་ཀྱི་རིང་ནས	བོད་ཀྱི་བསྟན་བཅོས་སུ་འགྱུར་མགོ་བརྩམས	《སྙན་ངག་མེ་ལོང་》གི་འགྲེལ་པ་ས་བཅད་ཀྱི་ཆིངས་ཙམ། 《རྒྱ་འགྲེལ་གྱི་ཚིག་སྣ་བསྡུས་པའི་གཞུང་བཤད》	རྩ་བ་རྒྱ་རྩོམ་དང་བསྡུས་འགྲེལ་བོད་རྩོམ

རྒྱལ་དབང་ལྔ་པའི་དུས་སུ	བོད་ཀྱི་བསྟན་བཅོས་སུ་འགྱུར་བཞིན་པ	《སྙན་འགྲེལ་མི་འཇིགས་སེང་གེའི་ང་རོ》《སྙན་འགྲེལ་དབྱངས་ཅན་དགྱེས་གླུ》《སྙན་འགྲེལ་དཔྱིད་དགོངས་རྒྱན》	རྩ་བ་རྒྱ་རྩོམ། དཔེར་བརྗོད་དང་འགྲེལ་པ་བོད་རྩོམ
ཉེ་རབས་སུ	བོད་ཀྱི་བསྟན་བཅོས་དངོས་སུ་གྱུར་པ	《སྙན་ངག་གི་སྤྱི་དོན་ཚིག་རྒྱན་རིག་པའི་ལྡེ་མིག》《སྙན་ངག་སྤྱི་དོན》	རྩ་འགྲེལ་གཉིས་ཀ་བོད་རྩོམ

གསུམ་པ། བོད་མཁས་སྔོན་མ་རྣམས་ཀྱི་ཉམས་མྱོང་བཤད་པ།

དེ་ཡང་བོད་འདིར་དམངས་ཁྲོད་ཀྱི་ངག་རྩོམ་ལས་ཡིག་རྩོམ་མེད་པའི་དུས་སུ《སྙན་ངག་མེ་ལོང》སོགས་སཾ་སྐྲི་ཏའི་སྐད་ཀྱི་རྩོམ་རིག་བསྟན་བཅོས་ལས་རྩོམ་རིག་ཤེས་བྱ་སྦྱངས་པ་ནས་བོད་དུ་མདོར་ཙམ་བསྒྱུར་བ་དང་། དེ་ནས་རིམ་བཞིན་རྩ་བ་ཆ་ཚང་དུ་བསྒྱུར་ནས་བོད་འགྲེལ་བརྩམས་པ་རྩོམ་ཞིང་། བོད་ཀྱི་མཁས་པའི་དཔེར་བརྗོད་བསྣན་ནས་བོད་འགྲེལ་རྒྱས་པར་རྩོམ་པ། བརྗོད་དོན་འདོར་ལེན་བྱེད་ཅིང་བོད་ཀྱི་མཁས་པའི་དཔེར་བརྗོད་སྟེང་ནས་གསལ་པོར་སྟོན་པ་བཅས་གོ་རིམ་བཞི་བརྒྱུད་ལ། གོ་རིམ་སོ་སོའི་རྩོམ་རིག་བསྟན་བཅོས་ཀྱི་འཁྲིད་སྟོན་འོག བོད་ལ་ཡིག་རྩོམ་མེད་པ་ནས་ཡོད་པ་དང་ཡོད་པ་ནས་རྣམ་གྲངས་ཇེ་མང་དང་། རྒྱུ་སྤུས་ཇེ་ལེགས། སྐད་ཆ་ཇེ་དག སྒྱུ་རྩལ་ཇེ་མཐོ། རྣམ་པ་ཚད་ལྡན་བཅས་སུ་གྱུར་ནས་འཛམ་གླིང་མི་རིགས་གཞན་ལ་ངོམ་ཚོག་པའི་སྒྱུ་རྩལ་རྩོམ་རིག་ཅིག་གྲུབ་པ་འདི་ལས་མི་རིགས་ཤིག་གི་རྩོམ་རིག་འཕེལ་རྒྱས་སུ་འགྲོ་དགོས་ན་མི་རིགས་དེའི་སེམས་ཁམས་དང་། སྐད་ཆ། གོམས་སྲོལ། ལྟ་བ། སྐབས་བབ་ཀྱི་རྩོམ་རིག་དགོས་མཁོ་བཅས་དང་མཐུན་པའི་རྩོམ་རིག་བསྟན་བཅོས་ཆ་ཚང་ཞིག་དགོས་པ་

ཞེས་ཐུབ། འདི་ནི་ཉམས་མྱོང་དང་པོ་ཡིན།

《སྙན་ངག་མེ་ལོང་》བོད་དུ་ཆ་ཚང་བར་འགྱུར་ཅིང་འགྲེལ་པ་སྣ་ཚོགས་བརྩམས་པ་དེ་བོད་ལ་རྩོམ་རིག་བསྟན་བཅོས་ཡོད་པར་གྱུར་པར་མ་ཟད། བོད་རྒྱ་གཉིས་ཀའི་སྐད་ལ་ཁྱབ་ཅིང་རྒྱུགས་ཆེ་བའི་བོད་ཀྱི་ཚིག་རྒྱན་ལ་རིགས་པའི་གཞུང་ལུགས་ཡོད་པར་གྱུར་པ་དང་། རྒྱ་གར་གྱི་སྒྲའི་སྐྱེ་གནས་ངེས་པ་དང་། གསལ་བྱེད་ཡི་གེ་ངེས་པ། དབྱངས་ངེས་པ་སོགས་ཀྱི་བློ་སྐྱེད་འོག་བོད་ལའང་ཕྱ་ན་མེད་ཅིང་བོད་རང་གི་སྐད་ཡིག་གི་སྐྱེ་གནས་ངེས་པ་དང་། གསལ་བྱེད་ཡི་གེ་ངེས་པ། དབྱངས་ངེས་པའི་རྒྱན་གྱིས་སྤྲས་པའི་སྙན་རྩོམ་དང་ཀ་རྩོམ་མང་དུ་བྱུང་བ་ལས་མི་རིགས་ཞིག་གི་རྩོམ་རིག་ལ་འཕེལ་རྒྱས་གསར་བ་འབྱུང་དགོས་ན། མི་རིགས་གཞན་གྱི་རྩོམ་རིག་གི་ལེགས་ཆ་ནང་འདྲེན་བྱ་དགོས་པ་གསལ་པོར་རྟོགས་ཐུབ། འདི་ནི་ཉམས་མྱོང་གཉིས་པ་ཡིན།

《སྙན་ངག་མེ་ལོང་》ལས། ལུས་སྲོག་རྒྱན་གསུམ་གྱི་རྣམ་གཞག་བསྟན་པ་ལས་ལུས་ཀྱི་དབྱེ་བ་དང་སྲོག་གམ་བརྗོད་བྱའི་ནང་དོན་གྱི་རྣམ་གྲངས་བསྟན་པ། སྤྱིར་རྒྱན་ཕུད་པའི་དོན་རྒྱན་སོ་ལྔ་དང་གབ་ཚིག་གི་རྒྱན། ཟུང་ལྡན་གྱི་རྒྱན་སོགས་བོད་ཀྱི་སྐད་ལ་འཁྱོར་ཞིང་རྒྱུགས་ཆེ་བའི་སྐོར་ཇི་བཞིན་དུ་འགྱུར་ཅིང་མགྱོགས་མྱུར་དང་ཁྱབ་སྤེལ་དུ་གྱུར་པ་ལས་མི་རིགས་གཞན་གྱི་རྩོམ་རིག་ནང་འདྲེན་བྱེད་ན་རང་མི་རིགས་ཀྱི་སྐད་ཀྱི་ཁྱད་ཆོས་དང་རྩོམ་རིག་གི་བསམ་གཞིགས་དང་མཐུན་ཞིང་འཕྲོད་ཆེ་བསྒྱུར་བྱ་གང་དེ་ཆ་ཚང་བར་འགྱུར་ཐུབ་པར་མ་ཟད། དང་ལེན་བྱེད་བདེ་ལ་ཁྱབ་སྤེལ་བྱེད་སླ་བར་ངེས། འདི་ནི་ཉམས་མྱོང་གསུམ་པ་རེད།

《སྙན་ངག་མེ་ལོང་》བོད་དུ་ཆ་ཚང་བར་འགྱུར་ཅིང་དེར་འགྲེལ་པ་འགྲེལ་བཤད་མང་དུ་བརྩམས་པ་དེ་རྒྱ་བོད་གཉིས་ཀའི་སྐད་ལ་ཁྱབ་ཅིང་རྒྱུགས་ཆེ་བའི་བོད་ཀྱི་ཚིག་རྒྱན་ལ་རིགས་པའི་གཞུང་ལུགས་ཡོད་པར་གྱུར་ལ། དེ་འཆད་ཉན་

བྱེད་པའི་སྲོལ་རྒྱ་ཆེར་བཏོད་ཅིང་ལག་ལེན་གྱི་སྦྱངས་པ་ཞིབ་ཏུ་བྱས་པ་ལ་བརྟེན་ནས་བོད་མཁས་རྣམས་ཀྱི་རྩོམ་རྩལ་ཇེ་མཐོར་ཕྱིན་ཅིང་རྩོམ་རིག་གི་སྐད་ཆ་རྣམ་པར་དག་པ་དང་ཕུན་སུམ་ཚོགས་པོར་གྱུར་ལ། ཚིག་ཉམས་ཇེ་ཆེར་སོང་བ་བཅས་ལས་མི་རིགས་རང་གི་སྐད་ལ་རང་བཞིན་དུ་གྲུབ་པའི་ཐུན་མོང་མ་ཡིན་པའི་ཚིག་རྒྱན་ནམ་སྐད་ཆའི་སྒྱུ་རྩལ་དེ་མི་རིགས་རྩོམ་རིག་གི་ཁྱད་ཆོས་གྲུབ་པའི་རྒྱུ་ཆ་གལ་ཆེན་ཞིག་ཏུ་འགྱུར་དགོས་ན། ཐུན་མོང་མ་ཡིན་པའི་ཚིག་རྒྱན་དེ་དག་འཚོལ་སྡུད་དང་ཞིབ་འཇུག་གང་ལེགས་བྱེད་ཅིང་མཚན་ཉིད་མཚན་གཞི་དང་བཅས་པ་བཀོད་དེ་སྦྱངས་བརྩོན་བྱེད་པ་དང་རྩོམ་རིག་གསར་རྩོམ་གྱི་ལག་ལེན་ཁྲོད་དུ་གང་ལ་གང་འཚམ་གྱིས་བཀོལ་སྤྱོད་བྱས་ན་བོད་མི་རིགས་ཀྱི་ཁྱད་ཆོས་ལྡན་པའི་རྩོམ་རིག་ལེགས་པོ་ཐོན་པ་དང་ཚིག་རྒྱན་དེ་དག་འཛིན་སྐྱོང་སྤེལ་གསུམ་བྱེད་པར་སླན་གྱི་ནུས་པ་རྒྱ་ཆེན་པོ་ཐོན་པར་ངེས། འདི་ནི་ཉམས་མྱོང་བཞི་པ་རེད།

ས་སྐྱ་པཎྜི་ཏ་ཀུན་དགའ་རྒྱལ་མཚན་གྱི་ཞལ་ནས། སྙན་ངག་རྒྱ་གར་ལ་གཙོགས་ཆེ་ཡང་། བོད་སྙན་ངག་གི་ཚུལ་ལ་བློ་མི་འཇུག་པས། སྤྲོས་པ་འདི་ཙམ་ཞིག་ལས་རེ་ཞིག་བཞག་གོ །ཞེས་གསུངས་པ་ལྟར་ན། ཕོང་གིས《མཁས་པ་འཇུག་པའི་སྒོ》རྩོམ་དུས་བོད་ཀྱི་མཁས་པ་མང་ཆེ་ཤོས་རྩོམ་རིག་གསར་རྩོམ་གྱི་ལས་ལ་ཐུགས་ཕྱོགས་ཀྱིན་མེད་པ་འདྲ། དེས་ན་བོད་མཁས་རྣམས་རྩོམ་རིག་གསར་རྩོམ་ལ་ཐུགས་མི་ཕྱོགས་པ་ནས་ཐུགས་ཕྱོགས་པར་གྱུར་པར་མ་ཟད། ཕུན་སུམ་ཚོགས་པའི་རྩོམ་རིག་བརྩམས་ཆོས་དང་། མི་རིགས་ཅན་གྱི་རྩོམ་རིག་གཞུང་ལུགས། ཐུན་མོང་མིན་པའི་རྩོམ་རིག་རྩོམ་གཤིས་བཅས་གྲུབ་པ་ནི《སྙན་ངག་མེ་ལོང》ལས་བསྟན་པའི་རྩོམ་རིག་ཤེས་བྱ་དངོས་ལ་སྦྱངས་བརྩོན་བྱས་པའི་འབྲས་བུ་ཡིན་པར་མ་ཟད།

འདི་ནི་ཀུན་ཏུ་མཆོག་རྣམས་ཀྱང་། །

མཆོག་གི་རྗེས་སུ་བསྟན་པ་ཡི། །
ཚིག་རྣམས་ཉིད་ཀྱི་དྲིན་གྱིས་ནི། །
འཇིག་རྟེན་ལུགས་ལ་འཇུག་པར་བྱེད། །

ཅེས་རྩོམ་པའི་ཡོན་ཏན་བརྗོད་པ་དང་།

གལ་ཏེ་སྒྲ་དོན་སྣང་བ་ནི། །
འཁོར་བའི་བར་དུ་མི་གསལ་ན། །
འཇིག་རྟེན་གསུམ་པོ་མཐའ་དག་ནི། །
སྨག་རུམ་མུན་པ་ཉིད་དུ་འགྱུར། །

ཞེས་བསྟན་བཅོས་མ་བརྩམས་པའི་སྐྱོན་བརྗོད་པ།

སྔོན་གྱི་རྒྱལ་པོ་གྲགས་པའི་གཟུགས། །
ངག་གི་རང་བཞིན་མེ་ལོང་ཐོབ། །
དེ་དག་ཉེ་བར་མི་གནས་ཀྱང་། །
རང་ཉིད་ཉམས་པ་མེད་ལ་ལྟོས། །

ཞེས་སྙན་ངག་གི་ལུས་རྒྱན་ཕུན་སུམ་ཚོགས་པའི་བསྟན་བཅོས་བརྩམས་ན། དེ་ཉིད་དང་རྩོམ་པ་པོའི་གྲགས་པ་སྲིད་པའི་མཐར་ཡང་ཉམས་པ་མེད་པར་བསྟན་པ་དེའི་རྗེས་སུ་འབྲངས་པའི་འབྲས་བུའང་ཡིན་པས། བོད་ཀྱི་སྒྱུ་རྩལ་རྩོམ་རིག་མུ་འཕུད་དུ་དར་རྒྱས་གོང་འཕེལ་དུ་འགྲོ་བ་དང་ཁྱད་པར་དུ་བརྟན་འཕྲིན་གླེས་གར་དང་། གློག་བརྙན། བརྙན་པར་སོགས་ཆེས་ཆེར་དར་ནས་རྩོམ་རིག་བརྩམས་ཆོས་ལ་སྤྲོ་བ་ཅུང་ཟད་ཉམས་པའི་དུས་འདིར་བོད་ཀྱི་རྩོམ་རིག་དར་རྒྱས་སུ་གཏོང་དགོས་ན། དུས་རབས་ཀྱི་འགྲོས་དང་འཚམ་ཞིང་རྩོམ་རིག་འཕེལ་རྒྱས་ཀྱི་དགོས་མཁོ་དང་མཐུན་པའི་རྩོམ་རིག་གཞུང་ལུགས་ལེགས་པོ་ཞིག་ཐོན་པར་འབད་བརྩོན་བྱེད་པའི་དུས་མཚུངས་སུ་རྩོམ་རིག་བརྩམས་ཆོས་ཀྱི་དགོས་

གལ་རང་བཞིན་བརྗོད་ནས་རྩོམ་པའི་ལས་ལ་ནན་གྱིས་བསྐུལ་དགོས། འདི་ནི་ཉམས་མྱོང་ལྔ་པ་ཡིན།

བོད་མཁས་སྔོན་མ་རྣམས་ཀྱིས《སྙན་ངག་མེ་ལོང》བོད་དུ་བསྒྱུར་སྐབས་བོད་ཀྱི་སྐད་ལ་ཇི་བཞིན་ཐོན་པའི་སྒོར་དེ་བཞིན་དུ་བསྒྱུར་ཅིང་། ཇི་བཞིན་ཐོན་ཐབས་མེད་པ་སྟེ་ལེའུ་དང་པོའི་སྦྱར་བའི་ཡོན་ཏན་དང་། མཉམ་པའི་ཡོན་ཏན། གཞོན་པའི་ཡོན་ཏན། སྙན་པའི་ཡོན་ཏན། ལེའུ་གཉིས་པའི་སྦྱར་བའི་རྒྱན་སོགས་ཆ་འདྲ་བར་བསྒྱུར་བ་དང་ཡང་ན་རྩ་བའི་མཚན་ཉིད་ལྟར། བོད་ཀྱི་སྐད་དང་ཡི་གེའི་སྒོ་ནས་རྩོམ་པ་བྱེད་ཅིང《སྙན་ངག་མེ་ལོང》བོད་ཅན་དུ་གཏོང་བའི་བྱ་རིམ་ཁྲིད་དུ་རྩ་བའི་དཔེར་བརྗོད་དོར་ནས་དེའི་དོད་དུ་བོད་མཁས་རྣམས་ཀྱི་དཔེར་བརྗོད་བཀོད་ནས་སྟོན་པ་དང་། བོད་ཀྱི་སྐད་ལ་དེ་འདྲ་མི་འགྱུར་བ་དང་རྒྱུགས་མི་ཆེ་བའི་སྒོར་འདེམ་གསེས་ཡོད་པའི་སྒོ་ནས་སྟོན་པ་བཅས་ལ་གཞིགས་ན་མི་རིགས་གཞན་གྱི་རྩོམ་རིག་གཞུང་ལུགས་ནང་འདྲེན་བྱེད་ན་གསར་གཏོད་ཡོད་པ་དང་མི་རིགས་རང་གི་ཁྱད་ཆོས་འབུར་དུ་གཏོད་དགོས། འདི་ནི་ཉམས་མྱོང་དྲུག་པ་ཡིན།

གོང་དུ་གླེང་བ་ནི། ལོ་རྒྱུས་དུས་སྐབས་སོ་སོའི་བོད་མཁས་ཐུན་མོང་གིས་བསྟན་པའི་ཉམས་མྱོང་རྩ་ཆེན་ཡིན་པས། ཕྱོགས་སྟོམ་མདོར་ཙམ་བྱས་པས་ཀྱང་འཛམ་གླིང་མི་རིགས་སོ་སོའི་རིག་གནས་ལེགས་ཆ་ནང་འདྲེན་བྱས་ནས་བོད་ཀྱི་རྩོམ་རིག་སྒྱུ་རྩལ་ལས་དོན་དར་ཞིང་རྒྱས་པའི་སླད་དུ་འགྱུར་བར་སྨོན།། །།

༄༅། །བཀའ་བརྒྱུད་པའི་དུས་སུ་བོད་ལ་རྩོམ་གཤིས་མི་འདྲ་བ་བྱུང་ཚུལ་བཤད་པ།

དང་པོ། རྩོམ་གཤིས་གྲུབ་ཚུལ།

གྲུབ་མཐའ་སོ་སོའི་དབང་མཛད་ན་རིམ་གྱིས་ཐུགས་སྐྱོང་གནང་བ་དང་། མཁས་པ་རིམ་བྱོན་རྣམས་ཀྱིས་དཀའ་སྤྱད་འབད་འབུངས་མཛད་པར་བརྟེན་ནས། བཀའ་བརྒྱུད་པའི་དུས་སྐབས་སུ་སླེབས་ཚེ་བོད་ལ་རིག་གནས་ཆུང་བ་ལྔ་དང་ཆེ་བ་ལྔ་ཆ་ཚང་བར་དར་ཞིང་རྒྱས་པ་དང་། 《སྙན་ངག་མེ་ལོང》འཆད་ཉན་སྤྱོང་གསུམ་རྒྱ་ཆེར་སྤེལ་ནས་བོད་ཀྱི་རྩོམ་རིག་སྒོ་ཀུན་ནས་འཕེལ་རྒྱས་བླ་ན་མེད་པ་བྱུང་ཞིང་། དུས་མཚུངས་སུ《སྙན་ངག་མེ་ལོང》གི་ལེའུ་དང་པོའི་རྒྱ་གར་ཤར་ལྷོའི་ཐུན་མོང་མ་ཡིན་པའི་ཡོན་ཏན་བཅུ་སྟེ། ཡི་གེ་འཇམ་རྩུབ་ཀྱི་སྦྱོར་བ་དང་ཚིག་སྟུད་མང་ཉུང་། གྲོང་ཚིག་ཡོད་མེད། བརྗོད་བྱའི་ཡོན་ཏན་རྒྱ་ཆེ་མིན། བརྗོད་བྱ་གྲགས་ཆེ་མིན། ཚིག་དོན་གོ་སླ་མིན་སོགས་ཀྱི་སྒོ་ནས་ཚིག་གི་སྦྱོར་བ་ལྷོད་ཅིང་ཁ་གསལ་ལ་སྙན་པའི་ཉམས་གཙོར་བྱེད་པའི་རྒྱ་གར་ལྷོ་པའི་རྩོམ་གཤིས་དང་། ཚིག་གི་སྦྱོར་བ་ཁ་དམ་ཞིང་གོ་དཀའ་ལ་བརྗིད་ཉམས་གཙོར་བྱེད་པའི་ཤར་པའི་རྩོམ་གཤིས་གཉིས་འདོན་ཚུལ་ལ་སྦྱངས་པ་དཔྱིས་ཕྱིན་པ་མཛད་ཅིང་། རྩོམ་ལུགས་དེ་དག་གི་འཐུས་ཚབ་མི་སྣ་སློབ་དཔོན་ནག་མོ་ཁོལ་གྱི《སྤྲིན་གྱི་ཕོ་ཉ》དང་། སློབ་དཔོན་དཔའ་བོའི《སྐྱེས་རབས་སོ་བཞི་པ》སོགས་ལ་དཔེ་བལྟས་ནས་རྩོམ་པ་མཛད་པ་ལས་བོད་ལའང་དེ་

ལུགས་ཀྱི་རྩོམ་གཤིས་ཐོན་པ་སྟེ། རྗེ་ཙོང་ཁ་པ་བློ་བཟང་གྲགས་པ་གཙོར་གྱུར་པའི་ཐུགས་རྩོམ་ལ་ཚིག་སྦྱོར་འཇམ་ཞིང་ལྷོད་པ་ཤས་ཆེ་བའི་སྙན་པའི་རྩོམ་གཤིས་ཐོན་པ་དང་། རྗེ་མཁས་གྲུབ་དགེ་ལེགས་དཔལ་བཟང་གཙོར་གྱུར་པའི་ལྷུགས་རྩོམ་ལ་ཚིག་སྦྱོར་རྩུབ་ཅིང་དམ་པ་ཤས་ཆེ་བའི་བརྗིད་པའི་རྩོམ་གཤིས་ཐོན་པ་ཡིན། དེ་ཡང་སྦྱོར་བ་དངོས་ལས་བྲོ་ཉམས་གསལ་པོར་རྟོགས་ཐུབ་པས། དཔེ་མཚོན་འགའ་དྲངས་ན་འདི་ལྟར། རྗེ་ཙོང་ཁ་པ་བློ་བཟང་གྲགས་པས་མཛད་པའི《འཇམ་དབྱངས་བསྟོད་སྤྲིན་རྒྱ་མཚོ》ལས།

ས་ལུས་ཞིང་དུ་འབད་པས་བཙལ་ན་ཡང་། །
ཁྱོད་ལས་གཞན་པའི་སྐྱབས་བཟང་མ་མཆིས་པས། །
བདག་ཡིད་ཁྱོད་ཀྱི་རྗེས་སུ་ཕྱོགས་པ་ནི། །
ཉི་མས་གདུངས་པའི་གླང་ཆེན་པད་མཚོར་བཞིན། །

ཞེས་པ་སྟེ། ཕྱོགས་བཅུའི་མ་ལུས་པའི་ཞིང་ཐམས་ཅད་དུ་འབད་པ་བྱས་ཏེ་བཙལ་ན་ཡང་རྗེ་བཙུན་འཇམ་པའི་དབྱངས་ཁྱོད་ལས་གཞན་པའི་སྐྱབས་བཟང་པོ་ཁྱོད་ལས་ལྷག་པའམ་ཁྱོད་དང་མཚུངས་པ་མ་མཆིས་པས་ན། བློ་བཟང་གྲགས་པའི་དཔལ་བདག་གི་ཡིད་རྗེ་བཙུན་ཁྱོད་ཀྱི་ཡོན་ཏན་དྲན་ནས་རྗེས་སུ་མངོན་དུ་ཕྱོགས་པའི་ཚུལ་ཤུགས་དྲག་པ་ནི། དཔེར་ན། ཉི་མའི་འོད་ཀྱིས་དྲག་ཏུ་གདུངས་པའི་གླང་ཆེན་པདྨའི་མཚོར་འཇུག་པ་ནང་བཞིན་ཡིན་པར་བསྟན་པ་དང་།

བྱུ་རུའི་མདངས་དང་འདྲེས་པའི་གསེར་བཟང་མདོག །
མདོག་ལེགས་ཤེས་བྱ་མ་ལུས་ལྷང་ངེར་མཁྱེན། །
མཁྱེན་རབ་དབང་ཕྱུག་འཇམ་དབྱངས་འགྲོ་བའི་སྐྱབས། །
སྐྱབས་མཆོག་ཁྱོད་ཀྱིས་རབ་འབྱམས་ཤེས་རབ་སྩོལ། །

ཅེས་པ་སྟེ། བྱུ་རུའི་མདངས་དམར་པོ་དང་འདྲེས་པའི་གསེར་བཟང་གི་མདོག

ལྷ་བུ་དང་། མདོག་དེ་ནི་ལེགས་པ་སྟེ་མཛེས་ཤིང་། ཐུགས་ཀྱིས་ཤེས་བྱ་མ་ལུས་པ་ལྷང་ངེར་མཁྱེན་པ་མཁྱེན་རབ་ཀྱི་དབང་ཕྱུག་འཇམ་པའི་དབྱངས་འགྲོ་བའི་སྐྱབས་གནས་སུ་གྱུར་པའི་སྐྱབས་ཀྱི་མཆོག་རྗེ་བཙུན་ཁྱོད་ཀྱིས་བདག་ལ་རབ་འབྱམས་ཀྱི་ཤེས་རབ་མང་པོ་སྩོལ་ཅིག་ཅེས་བསྟོད་པའི་སྒོ་ནས་དངོས་གྲུབ་ཞུ་བ་ལྟ་བུའོ། །

ཡང་། 《སྤྱན་སྔ་གྲགས་པ་བྱང་ཆུབ་དཔལ་བཟང་པོའི་རྟོགས་བརྗོད་སྙན་དངགས་ཕྲེན་ རྣབས་ཀྱི་ལྷུན་པོ》ལས།

ལེགས་ཚོགས་བདུད་རྩིའི་གཏེར་ཆེན་ལས་འཁྲུངས་པའི། །
ཁྱོད་སྐུ་མཚན་མོའི་མགོན་འདི་མཐོང་བ་ན། །
དྲི་མས་གོས་ཤིང་སེམས་ཀྱིས་གཏོང་བ་ཡི། །
རི་བོང་ཅན་ལ་བལྟ་བའི་གོ་སྐབས་བཅོམ། །

ཞེས་བསོད་ནམས་དང་ཡེ་ཤེས་ཀྱི་ཚོགས་གཉིས་ཀྱི་ལེགས་ཚོགས་བདུད་རྩིའི་གཏེར་ཆེན་པོ་བསགས་པ་ལས་གདུལ་བྱ་སྨུན་པའི་ཚོགས་ཀྱི་རྒྱུད་པ་བཅོམ་པའི་སླད་དུ་བསམ་བཞིན་དུ་མིའི་སྲིད་པ་བཟུང་སྟེ་སྐྱེ་རྒྱུའི་བསོད་ནམས་ཀྱི་བགོ་སྐལ་དུ་སྐུ་འཁྲུངས་པའི་བདག་ཉིད་ཆེན་པོ་ཁྱོད་ཀྱི་སྐུ་མཚན་དཔེའི་དཔལ་འབར་བ་མཚན་མོའི་མགོན་པོ་མཆོག་གི་ཟླ་བ་འདི་ཉིད་སྐྱེ་རྒུ་རྣམས་ཀྱིས་མཐོང་བའི་ཚེ་ན་རི་དྭགས་མཚན་མའི་ནག་པོའི་དྲི་མས་གོས་ཤིང་སེམས་ཀྱི་གཏོང་བ་སྟེ་སེམས་དང་མི་ལྡན་པ་བེམ་པོར་གྱུར་པ་ཡི་རི་བོང་ཅན་ཕལ་པའི་ཟླ་བ་ལ་ནི་བལྟ་བའི་གོ་སྐབས་བཅོམ་པ་སུས་ཀྱང་བལྟ་བར་མི་བྱེད་དོ། །ཞེས་བསྟན་པ་དང་།

དེ་ནས་འཆི་མེད་བུ་མོའི་ལག་པ་ཡིས། །
གཏོར་བར་གྱུར་པའི་པདྨ་གཞོན་ནུ་རྣམས། །
མཁའ་ལས་འོངས་པ་ས་ལ་འཁྲིགས་པ་ནི། །
རབ་གསལ་གངས་རིའི་སྟོད་གཡོགས་ཉིལ་བ་བཞིན། །

ཞེས་པ་སྟེ། བདག་ཉིད་ཆེན་པོ་མྱ་ངན་ལས་འདའ་བའི་ཚུལ་བསྟན་པ་དེ་ནས་འཆི་མེད་བུ་མོའི་ལག་པ་ཡིས་གཏོར་བར་གྱུར་པའི་མེ་ཏོག་གི་ཆར་པདྨོ་གཞོན་ནུ་རྣམས་ནམ་མཁའ་ལས་འོངས་པ་ས་ལ་སྤུངས་པའམ་འཁྲིགས་པ་ནི་འོད་དཀར་རབ་ཏུ་གསལ་བ་གངས་རིའི་སྟོད་གཡོགས་ས་ལ་ཉིལ་བ་བཞིན་ཀུན་ཀྱང་དཀར་པོར་གྱུར་ཏོ། །ཞེས་བསྟན་པ་ལྟ་བུའོ། །

ཡང་། 《བྱམས་བསྟོད་ཚངས་པའི་ཅོད་པན》ལས།

དང་བའི་མཚོ་ལ་འདབ་བརྒྱ་བ་སྟེ་དེ་ཉིད་ལ་ཡང་ཉིན་བྱེད་འོད། །
དག་པའི་མཁའ་ལ་རྒྱུ་སྐར་མགོན་ཏེ་དེས་ཀྱང་ཀུན་དའི་ཚལ་ལ་བཞིན། །
མཚན་དཔེའི་ཕྲེང་བས་གང་སྐུ་མཐོང་མ་ཐག་ཏུ་འགྲོ་བའི་ཡིད་འཕྲོག་པ། །
བྱམས་མགོན་ཞབས་པད་སྐྱེ་ཞིང་སྐྱེ་བར་བདག་གི་གཙུག་ན་མཛེས་གྱུར་ཅིག །

ཅེས་པ་སྟེ། ཤིན་ཏུ་དང་བའི་རྒྱ་མཚོ་ལ་འདབ་བརྒྱ་བ་སྟེ་པདྨས་རྣམ་པར་མཛེས་པ་དང་། པདྨ་དེ་ཉིད་ལ་ཡང་ཉིན་བྱེད་དཀྱིལ་འཁོར་འོད་ཀྱིས་མཛེས་པ་དང་། སྤྲིན་དང་རྡུལ་སོགས་སྒྲིབ་བྱེད་ཀྱིས་དག་པའི་ནམ་མཁའ་ལ་རྒྱུ་སྐར་མགོན་ཏེ་ཟླ་བའི་དཀྱིལ་འཁོར་གྱིས་མཛེས་པ་དང་། ཟླ་བའི་དཀྱིལ་འཁོར་དེས་ཀྱང་མེ་ཏོག་ཀུནྡའི་ཚལ་ལ་མཛེས་པ་བསྐྱེད་པ་དེ་བཞིན་དུ། ཕྱག་ཞབས་ཀྱི་འཁོར་ལོ་སོགས་མཚན་སོ་གཉིས་དང་། སེན་མོ་ཟངས་མདོག་སོགས་དཔེ་བྱད་བཟང་པོ་བརྒྱད་ཅུའི་ཕྲེང་བས་རྣམ་པར་སྤྲས་པའི་བྱམས་མགོན་གང་གི་སྐུ་མཆོག་སུས་མཐོང་མ་ཐག་ཏུ་མཛེས་པའི་རྣམ་འགྱུར་གྱིས་མཐོང་བའི་འགྲོ་བ་དེའི་ཡིད་འཕྲོག་པར་ནུས་པའི་བྱམས་མགོན་ཁྱོད་ཀྱི་ཞབས་ཀྱི་པདྨ་སྐྱེ་ཞིང་སྐྱེ་བར་ཏེ་མ་འོངས་སྐྱེ་བ་ཐམས་ཅད་དུ་བསྟོད་པ་པོ་བདག་གི་གཙུག་ན་མཛེས་པར་གྱུར་ཅིག་ཅེས་སྨོན་ལམ་གྱི་སྒོ་ནས་བསྟོད་པ་ལྟ་བུའོ། །

གོང་དུ་དྲངས་པའི་རྗེ་རིན་པོ་ཆེའི་ཐུགས་རྩོམ་ལ་སྒྲ་དང་དོན་གྱི་རྒྱན་ཉམས་

ཁྱད་དུ་འཕགས་པ་ལྡན་པས། བསླུགས་མ་ཐག་སླུ་དབྱངས་སྙན་མོ་དང་བུ་མོ་མཛེས་མ་ཇི་བཞིན་ཡིད་ཀྱི་བརྟན་པ་ཅིག་ཅར་དུ་འཕྲོག་པར་མ་ཟད། ཁོང་གི་སྒྲ་རྒྱན་སྡུ་ཚོགས་ལ་བཅིངས་པའི་སྙན་ངག་རྣམས་ཀྱི་ཚིག་དོན་དང་སྒྲ་དོན་སྦྱོར་ཚུལ་ལྷག་པར་སྙན་ཞིང་དོན་ཟབ་པས། སྙན་པའི་རྩོམ་གཞིས་གྲུབ་པའི་རྐྱེན་དམ་པར་གྱུར། དཔེར་ན། 《འཇམ་དབྱངས་བསྟོད་སྤྲིན་རྒྱ་མཚོ》ལས།

བསོད་ནམས་ཚོགས་རུ༷བ་རུ༷བ་འབྱམས་རྒྱུ་ལས་འཁྲུངས་པའི་སྐུ་མཆོ༷ག་མཆོ༷ག་ཏུ་མཛེས་པ་ཁྱོད་ཀྱི་སྐུ། །

ནམ་མཁའི་མཐས་གཏུ༷གས་གཏུ༷གས་པ་མེད་པའི་ཞིང་མཆོག་ཀུན་དུ༷་དུ༷་མའི་འགྲོ་ལ་མིག་འཕྲུལ་བཞིན། །

ལ་ལར་བལྟམ་ཞི༷ང་ཞི༷ང་གཞན་དུ་ཡང་བྱང་ཆུབ་ཚུལ་སྟོ༷ན་སྟོ༷ན་པ་ཁྱོད་ཀྱི་སྐུ་ཡི་ནི། །

བཀོད་པ་མཆོག་འདི༷་འདི༷་དང་གཞན་དུ་མ་ལུས་འགྲོ་ཀུ༷ན་ཀུ༷ན་མཁྱེན་གྱུར་ཀྱང་བརྗོད་མི་ནུས། །

ཞེས་པའི་རྐང་པ་དང་པོར"རུབ"དང"མཆོག"ལན་གཉིས་རེ་བཟླས་པ་དང༌། རྐང་པ་གཉིས་པར"གཏུགས"དང"དུ"ལན་གཉིས་སུ་བཟླས་པ། རྐང་པ་གསུམ་པར"ཞིང"དང"སྟོན"ལན་གཉིས་སུ་བཟླས་པ། རྐང་པ་བཞི་པར"འདི"དང"ཀུན"ལན་གཉིས་སུ་བཟླས་པ་སྟེ། ཟུང་ལྡན་གྱི་རྒྱན་ལས་དབུས་སུ་ཡོད་པའི་བར་ཆོད་པའི་ཟུང་ལྡན་མཛད་པའི་སྒོ་ནས་རྗེ་བཙུན་འཇམ་པའི་དབྱངས་ཀྱི་སྐུའི་ཡོན་ཏན་ལ་བསྟོད་པ་མཛད་ཡོད།

ཕྱོགས་བཅུའི་ཞིང་ཀུ༷ན་ཀུ༷ན་ནས་འགེངས་པའི་སྒྲ་སྐྱ༷ད་སྐྱ༷ད་ཀྱི་དབྱེ་བ་མཐས་ཡས་པ། །

སེམས་ཅན་ཀུན་ཡི༷ད་ཡི༷ད་དང་མཐུན་པར་ཆོམ་བྱེ༷ད་བྱེ༷ད་པོའི་གདངས་ཀྱང

ཟླིལ་གནོན་པ། །

ཁྱོད་ཀྱི་གསུང་དབྱ༵ངས་དབྱ༵ངས་ཀྱི་ང་རོའི་དཀྱིལ་འཁོ༵ར་འཁོ༵ར་བ་སྲིད་དུ་རྒྱུན་ཆགས་པའི། །

སྙན་པའི་གསུང་ག༵ང་ག༵ང་གི་རྣ་བའི་ལམ་དུ་ལྷུང་ནུ༵་ནུ༵་ཀ་འཆི་བ་འཕྲོག་པར་བྱེད། །

ཅེས་རྐང་པ་དང་པོའི་དབུས་སུ"ཀུན"དང"སྐད"ཅེས་པ་དང་། རྐང་པ་གཉིས་པའི་དབུས་སུ"ཡིད"དང"བྱེད"ཅེས་པ། རྐང་པ་གསུམ་པའི་དབུས་སུ"དབྱངས"དང"འཁོར"ཞེས་པ། རྐང་པ་བཞི་པའི་དབུས་སུ"གང"དང"ན"ཞེས་པ་བར་མ་ཆོད་པར་ལན་གཉིས་རེ་བཟླས་པའི་སྒོ་ནས་རྗེ་བཙུན་འཇམ་པའི་དབྱངས་ཀྱི་གསུང་གི་ཡོན་ཏན་ལ་བསྟགས་པ་བརྗོད་པ་དང་།

ཡང་། 《བྱམས་བསྟོད་ཚངས་པའི་ཅོད་པན》ལས།

ཡང་དང་ཡང་དུ་གུས་པས་བསྟེན་པའི་སྐྱབས། །
བྱམས་པ་བྱམས་པའི་འགྲོ་བ་སྒྲོལ་བ་ཁྱོད། །
མྱུར་བ་མྱུར་བར་བྱོན་ནས་བདག་གི་ནི། །
སྐྱེ་བ་སྐྱེ་བར་ཐེག་མཆོག་བཤེས་གཉེན་མཛོད། །

ཅེས་པའི་རྐང་པ་དང་པོའི་ཐོག་མ་དང་དབུས་སུ"ཡང"ཞེས་པ་བར་ཆོད་ནས་ལན་གཉིས་སུ་བཟླས་པ་དང་རྐང་པ་གཉིས་པའི་ཐོག་མར"བྱམས་པ"ཞེས་པ་དང་། རྐང་པ་གསུམ་པའི་ཐོག་མར"མྱུར་བ"ཞེས་པ། རྐང་པ་བཞི་པའི་ཐོག་མར"སྐྱེ་བ"ཞེས་པ་བར་མ་ཆོད་པར་ལན་གཉིས་རེ་བཟླས་པ་སྟེ། ཟུང་ལྡན་གྱི་རྒྱན་ལས་ཐོག་མའི་ཟུང་ལྡན་མཛད་པའི་སྒོ་ནས་རྗེ་བཙུན་བྱམས་པ་མགོན་པོར་རྗེས་སུ་འཛིན་པའི་གསོལ་བ་བཏབ་པའོ། །

ཡང་། 《བཤེས་གཉེན་སྤྲ་བ་ལ་གདམས་པ་བྱ་དགའ་བ་ཨའི་དབྱངས་ལ་ངེས་པ》ལྟ་

བྱུར་མཚོན་ན།

ཟས་གཙང་སྲུས་བསྟན་སྐྱར་ཡང་དག །
གསལ་མཛད་འཇམ་དབྱངས་བླ་མ་དང་། །
རབ་དཀར་མདངས་གསལ་ཚངས་སྲུས་མར། །
ཡང་ཡང་དད་ལ་བསམ་པར་འཚལ། །
མང་མང་བཀའ་རྣམས་མ་འགལ་བ། །
གང་ཟག་གང་དག་འཚང་རྒྱ་བར། །
བསྟན་པ་ཟབ་ལམ་མན་ངག་དག །
གསལ་བར་བཀྲལ་ལ་བསམ་པར་འཚལ། །
ཟབ་ལམ་ཡང་དག་རབ་གསལ་བ། །
མན་ངག་གང་ལས་ལྷག་པ་བཞིན། །
མང་མང་དཀའ་བ་བསམ་བྱས་ནས། །
ཡང་ཡང་བསླགས་ནས་བསམ་པར་འཚལ། །

ཞེས་ཤིས་པ་བརྗོད་པ་ནས་མཇུག་བར་གྱི་ཤོ་ལོ་ཀ་སྙན་ངག་བྱ་དཀའ་བ་དབྱངས་ཨ་ལ་ངེས་པའི་རྩོམ་ཚུལ་ཁྱད་པར་ཅན་ལ་བརྟེན་ནས་བཤིས་གཉེན་སྨྲ་བ་ལ་ཟབ་མོ་དབུ་མའི་ལམ་དང་འབྲེལ་བ་དམ་པའི་ཆོས་ཀྱི་གནས་ལུགས་རྒྱ་ཆེན་པོ་གསལ་བར་བསྟན་ཡོད། སྙན་ངག་འདི་ལྟ་བུ་ནི་གཞུང་ལུགས་རབ་འབྱམས་ལ་ཐོས་པ་རྒྱ་ཆེར་མ་བྱས་པ་དང་། སྙན་ངག་གི་གཞུང་ལ་སྦྱངས་པ་མཐར་མ་སོན་པའི་སྐྱེ་བོ་གཞན་གྱིས་བསྐལ་པའི་བར་དུ་རྩོམ་པར་འབད་བརྩོན་ཆེན་པོ་བྱས་ན་ཡང་རབ་ཏུ་དཀའ་བ་ཡིན་ནོ། །

ཡང་། 《ཆོས་ཀྱི་རྗེ་བྱང་ཆུབ་གྲགས་པ་དཔལ་བཟང་པོའི་བསྟོད་པ》ཞེས་པ་ཡང་གསལ་བྱེད་ཀ་ནས་མཐའ་མའི་ཡི་གེ་ཨ་བར་ལུགས་འབྱུང་དུ་བསྐར་ཅིང་། ཐོག་མ་

དང་མཐའ་མའི་ཚུལ་གྱིས་རྗེས་ཁྲིད་ཀྱི་རྒྱུན་དུའང་མཛད་ཡོད་པ་གོང་དུ་བཤད་ཟིན་ལ། དེ་ཡང་ཤེས་བྱ་ཀུན་ལ་དབང་འབྱོར་བའི་མཁས་པ་རྣམས་ལ་དགའ་བ་བསྐྱེད་པའི་བཞད་སོའམ་གད་རྒྱངས་ཏ་ཏ་ཏ་ཞེས་སྒྲོགས་པའི་སྙན་ངག་གི་ཉམས་འགྱུར་ཕུན་སུམ་ཚོགས་པའི་ངོ་མཚར་གྱི་གནས་ཤིག་ཡིན་པ་རྗེ་བློ་བཟང་གྲགས་པ་ཉིད་ཀྱིས་གསུངས།

རྗེ་བློ་བཟང་གྲགས་པའི་སྒྲ་རྒྱན་གྱི་སྙན་ངག་རྣམས་ནི《སྙན་ངག་མེ་ལོང》ལས་བསྟན་པའི་སྒྲ་རྒྱན་གྱི་ལུགས་ལྟར་ཚིག་དོན་གཅིག་པའི་ཚིག་འབྲུ་གྲ་སྒྲིག་པ་ཙམ་མ་ཡིན་པར། 《སྙན་ངག་མེ་ལོང》ལས་བསྟན་པའི་སྒྲ་རྒྱན་རང་གི་ལུགས་དང་བོད་ཀྱི་སྐད་ལ་རང་བཞིན་དུ་གྲུབ་པའི་མིང་དང་ཚིག་གི་སྦྱོར་སྟངས་ཐུན་མོང་མ་ཡིན་པ་ཟུང་དུ་སྦྲེལ་ནས་རྩོམ་གནང་མཛད་པས་རང་བྱུང་ལྷུན་གྲུབ་ཀྱི་སྙན་ཉམས་བླ་ན་མེད་པ་ཐོན་ཡོད། དེར་བརྟེན་དགེ་འདུན་ཆོས་འཕེལ་མཆོག་གིས་ཀྱང“སྒྲ་རྒྱན་དང་ཟུང་ལྡན་གྱི་རྒྱན་རྗེ་རིན་པོ་ཆེས་མཛད་པ་ལྟ་བུ་སུས་ཀྱང་ཐོན་མི་འདུག འཇམ་དབྱངས་ཀྱི་བསྟོད་སྤྲིན་རྒྱ་མཚོ་དང་། ལམ་རིམ་ཆེན་མོའི་མཇུག་བསྡོའི་སྐབས་ཀྱི་ཟུང་ལྡན་གྱི་རྒྱན་མཛད་པ་དེ་ཚོ་གོ་རྒྱུ་ཡོད་པ་དོན་ཟབ་པ་བརྗོད་བདེ་འདྲེན་ཚུལ་ལེགས་པ་ཏ་ལས་རྒྱུ་རེད། ……སྒྲ་རྒྱན་རང་གི་སྲོལ་ལྟར་སྒྲ་ཟུང་ལྡན་མཛད་ཀྱང་ཚིག་འབྲུ་རེ་ལ་གོ་རྒྱུ་སྣ་རེ་ཡོད་པ་འདི་འདྲ་འཇམ་དབྱངས་ཀྱིས་དངོས་སུ་ཞལ་གཟིགས་པ་རྗེ་རིན་པོ་ཆེ་ལྟ་བུ་མ་གཏོགས་སུས་ཐོན་ཐུབ”ཅེས་བསྔགས་བརྗོད་ཡང་ཡང་མཛད་ཡོད།

རྗེ་རིན་པོ་ཆེའི་རིང་ལ་ཚིག་ཁ་ལྷོད་ཅིང་གསལ་ལ་སྙན་པའི་ཉམས་ཤས་ཆེ་བའི་རྩོམ་གཤིས་འདི་ཡོངས་སུ་གྲུབ་རྗེས། རྒྱལ་ཚབ་དར་མ་རིན་ཆེན་དང་། ལྕང་སྐྱ་རོལ་པའི་རྡོ་རྗེ། གུང་ཐང་བསྟན་པའི་སྒྲོན་མེ་སོགས་ཀྱིས་ཀྱང་རྩོམ་གཤིས་འདིའི་རྒྱུན་བསྐྱངས་པས། ཁོང་རྣམ་པའི་སྙན་ངག་གི་བསྟན་བཅོས་ལའང་སྙེབ་སྦྱོར་ལེགས་

ཤིང་སྙོད་ཆགས་པས་རྣ་བར་སྙན་ཞིང་ཚིག་དོན་ཉམས་ཛོགས་པ། བརྗོད་བྱའི་དོན་གསལ་ལ་རྫོད་བྱེད་ཀྱི་སྒྲ་རྒྱུར་ཕྱིན་པའི་ཁྱད་ཆོས་ལྡན་པ་ཡིན།

ཚིག་སྦྱོར་རྩུབ་ཅིང་ཁ་དམ་པ་ཤས་ཆེ་བའི་བཏིང་པའི་རྩོམ་གཤིས་ཀྱི་དཔེ་མཚོན་ཡང་། མཁས་གྲུབ་དགེ་ལེགས་དཔལ་བཟང་གིས་མཛད་པའི《དཔལ་ལྡན་བླ་མ་དམ་པ་ལ་བསྟོད་པའི་ཚིགས་སུ་བཅད་པ་ཚངས་པའི་དབྱངས》ལས། རྒྱལ་ཚབ་དར་མ་རིན་ཆེན་མཆོག་ལུང་རིགས་སྨྲ་བའི་དབང་ཕྱུག་ཏུ་གྱུར་ཚུལ་ལ་བསྔགས་པར།

ཁྱོད་ནི་རྣམ་དཔྱོད་ལུས་མཛེས་ཤིང་། །
དར་དིར་ལེགས་བཤད་མགྲིན་པའི་དབྱངས། །
མ་ལུས་མཁས་པའི་ཡིད་འཕྲོག་པ། །
རིན་ཆེན་རིགས་པའི་ངོ་ཤལ་འཕྱང་། །

ཞེས་པ་སྟེ། མཚན་ཉིད་དང་ལྡན་པའི་ཐེག་པ་མཆོག་གི་དགེ་བའི་བཤེས་གཉེན་དམ་པ་ཁྱོད་ནི་ལེགས་ཉེས་རྣམ་པར་འབྱེད་པའི་རྣམ་དཔྱོད་ཀྱི་ལུས་ཕུན་སུམ་ཚོགས་པའི་ལང་ཚོས་རབ་ཏུ་མཛེས་ཤིང་། དར་དིར་རྣམ་པར་སྒྲོགས་པའི་ངག་གི་ཟློས་གར་བསྒྱུར་བས་ལེགས་བཤད་སྔ་ན་མེད་པའི་མགྲིན་པའི་དབྱངས་སྙན་ཕུལ་དུ་བྱུང་བས་ས་སྟེང་ན་གནས་པ་མ་ལུས་པའི་བློ་གྲོས་ཀྱི་རྩལ་དང་ལྡན་པའི་མཁས་པ་མཐའ་དག་གི་ཡིད་ཀྱི་བརྟན་པ་འཕྲོག་པར་བྱེད་པ་ལ་མངའ་བརྙེས་ཤིང་། རིན་ཐང་གཞལ་དུ་མེད་པའི་རིན་པོ་ཆེའི་རིག་པ་ཡང་དག་དྲི་མ་མེད་པའི་ངོ་ཤལ་རབ་ཏུ་འཕྱང་བའི་ངོ་མཚར་གྱིས་གཞན་ལས་ཁྱད་པར་དུ་འཕགས་པའོ། །ཞེས་རབ་སྲོལ་གྱི་རྒྱན་ལ་བཅིངས་ནས་བསྔགས་པ་མཛད་པ་དང་། མཁས་བྱའི་གནས་ལ་མཁས་པར་སྦྱངས་པའི་རྩོད་པ་ལ་འགྲན་ཟླ་བྲལ་བར་བསྔགས་པ་ལ།

བདེན་གསུང་བདེན་པར་གསུང་བ་གང་། །

དེ་ཡང་བཅད་བརྡར་བསྒྲིགས་པ་ཡི། །
གསེར་བཞིན་ཚད་མས་ལེགས་སྦྱངས་པའི། །
གསུང་ལ་སུ་ཞིག་སླུགས་སློང་འགྱུར། །
དེ་ཕྱིར་རྟོག་གེ་རྡོ་ལྡན་པ། །
ལེགས་སྦྱངས་རྐོལ་བ་སྟོང་དག་ནི། །
ཁྱོད་དྲུང་ལྕེ་རྩེ་མགྲིན་པ་ན། །
སྙིང་དང་ལྷན་ཅིག་འདར་བ་བསྙེན། །

ཞེས་པ་སྟེ། བདེན་པར་གསུང་བ་སངས་རྒྱས་ཀྱིས་བདེན་པར་གསུང་བའི་གསུང་རབ་ཡན་ལག་བཅུ་གཉིས་པོ་གང་ཞིག་དེ་ཉིད་ཀྱི་ཚིག་དོན་གྱི་ཆ་ཤས་རེ་རེ་ལ་ཡང་བཅད་བརྡར་བསྒྲིགས་པའི་གསེར་བཞིན་དུ་ཚད་མ་གསུམ་གྱི་གཞལ་བྱའི་གནས་གསུམ་ལ་སྦྱབ་པ་དང་སུན་འབྱིན་པར་བྱེད་པའི་བརྒལ་བརྟགས་ཀྱིས་ལེགས་པར་སྦྱངས་ཏེ་གཏན་ལ་ཕབ་པའི་གསུང་དེ་ཉིད་ལ་དཔྱོད་ལྡན་དག་སུ་ཞིག་གིས་ཅི་ཙམ་བརྟགས་ཀྱང་མ་འབྲེལ་བ་དང་ཟློས་པ་དང་འགལ་བ་དང་། ཚད་ཐུབ་གཞུང་ལས་ཕྱི་རོལ་ཏུ་གྱུར་པའི་ཟླུན་ཀའི་སླུགས་རྙེད་པར་ག་ལ་འགྱུར་ཏེ་མི་འགྱུར་རོ་ཞེས་བསྔགས་པར། བདེན་གསུང་བདེན་པར་གསུང་བ་གང་། །དེ་ཡང་བཅད་བརྡར་བསྒྲིགས་པ་ཡི། །གསེར་བཞིན་ཚད་མས་ལེགས་སྦྱངས་པའི། །གསུང་ལ་སུ་ཞིག་སླུགས་སློང་འགྱུར། །དེ་ཕྱིར་རྟོག་གེ་ལ་རྡོ་བའི་བློ་དང་ལྡན་པས་ལེགས་པར་སྦྱངས་ཏེ་དངོས་སྟོབས་ཀྱི་རིགས་པས་རྐོལ་བ་སྟོང་ཕྲག་དག་གིས་ལན་བརྒྱ་ཕྲག་གི་བར་དུ་བརྒལ་ཅིང་དཔྱད་ནའང་དམ་བཅའ་བས་ཆ་ཙམ་གཡོ་བར་བགྱིད་མི་ནུས་པར་མཐོང་ནས་མཁས་མཆོག་ཁྱོད་ཀྱི་དྲུང་དུ་ལྕེ་རྩེ་དང་མགྲིན་པ་ནི་སྙིང་དང་ལྷན་ཅིག་ཏུ་འདར་བའི་བརྟུལ་ཞུགས་བསྙེན་པར་གྱུར་ཏོ་ཞེས་དཔེ་རྒྱན་དང་རྒྱུ་མ་ཚང་བའི་ཁྱད་པར་བརྗོད་པའི་རྒྱན་ལ་བཅིངས་ནས་བསྔགས་པ་མཛད་ཡོད།

ལེགས་བཤད་སྤེལ་བའི་རྒྱུ་ཕུན་སུམ་ཚོགས་པའི་རྩོམ་པ་ལ་འགྲན་ཟླ་བྲལ་བར་བསྔགས་པ་ལ།

ཁྱོད་ནི་དབྱངས་ཅན་མཁྱེན་པར་བྱས། །
ལེགས་བཤད་བདུད་རྩི་ཞལ་ལ་ཆགས། །
ཕ་རོལ་རྒོལ་བ་མ་ལུས་ཀྱི། །
ཁ་ལ་སྨྲ་བཅད་རྒྱ་ཡང་བྱིན། །
མཁས་པ་གསེར་རིའི་ཕྲེང་བ་ནི། །
གཟི་བརྗིད་རབ་རྒྱས་ཉི་མ་ཡི། །
དྲུང་ན་མར་མེ་རྩེ་མོ་དང་། །
མཚུངས་པའི་གནས་ལ་ཁྱོད་ཀྱིས་བཀོད། །

ཅེས་པ་སྟེ། ཁྱོད་ནི་སྨྲ་ལ་མཁས་པས་བཅད་ལྷུག་སྤེལ་མའི་རྩོམ་ཕྲེང་སྤེལ་སྦྱོར་ལེགས་ཤིང་ལྷོད་ཆགས་པས་ཉ་བར་སྙན་ཞིང་ཚིག་དོན་གྱི་ཉམས་རྫོགས་པ། བརྗོད་བྱའི་དོན་གསལ་ལ་རྗོད་བྱེད་ཀྱི་སྒྲ་ཟུར་ཕྱིན་པའི་སྙན་ངག་དབྱངས་ཅན་གྱི་མཛོད་མཁྱེན་པར་ཆགས་ཤིང་། སངས་རྒྱས་ཀྱིས་གསུངས་ཤིང་སྡུད་པ་པོས་བསྡུས་པ་མཁས་གྲུབ་རྣམས་ཀྱིས་བཀྲལ་ཏེ་ལོ་པཎ་རྣམས་ཀྱིས་བསྒྱུར་བ་བླ་མ་བརྒྱུད་པའི་མན་ངག་དང་ལྡན་པའི་རྩོད་མེད་ཀྱི་བཀའ་དང་དེའི་དགོངས་འགྲེལ་བསྟན་བཅོས་ཚད་མར་གྱུར་པའི་ཚིག་དོན་བརླིང་ཞིང་རྟོགས་དཀའ་བ་རྣམས་འགྲེལ་པ་སྤྱི་དོན་མཐའ་དཔྱོད་སོགས་ཀྱིས་རང་བཟོའི་བསླད་མ་ཞུགས་པར་ཚད་ཐུབ་ཀྱི་ཁུངས་དང་འབྲེལ་བའི་དབང་པོར་གཏུགས་ནས་ལེགས་པར་བཤད་པའི་འཆི་མེད་ཀྱི་གོ་འཕང་སྟེར་བའི་བདུད་རྩི་ཞིམ་མངར་ཕུན་སུམ་ཚོགས་པ་ཞལ་ལ་རབ་ཏུ་ཆགས་པར་མ་ཟད་ཚིག་ལ་སྒྲ་དང་དོན་ལ་གཏན་ཚིགས་ཀྱིས་རྣམ་པར་འབྱེད་པས། ཕ་རོལ་རྒོལ་བ་མཁས་པར་རློམ་པ་མ་ལུས་པའི་ཁ་ལ་སྨྲ་བ་བཅད་པའི་

རྒྱ་ཡང་ཕྱིན་པར་མཛད་དོ། །དེས་ན་གཞན་དག་མདོ་སྔགས་རིག་གནས་ལ་ལེགས་པར་སྦྱངས་པའི་མཁས་པ་གསེར་གྱི་རི་བོ་དེ་དག་ནི་འོད་སྟོང་གི་གཟི་བརྗིད་རབ་ཏུ་རྒྱས་པའི་ཉི་མའི་དཀྱིལ་འཁོར་ཤར་བའི་དྲུང་ན་མར་མེ་འབར་བའི་རྩེ་མོ་དང་ཀུན་ནས་མཚུངས་པའི་གནས་སུ་ཁྱོད་ཀྱིས་བཀོད་པར་གྱུར་ཏོ། །ཞེས་ཡན་ལག་གཅིག་གཟུགས་དང་། གཟུགས་ཅན་དང་དཔེ་རྒྱན་བསྲེས་མ་སོགས་ལ་བཅིངས་ནས་བསྟགས་པ་མཛད་ཡོད།

མཐར། ཁྱེད་པ་པོ་གང་གིས་ཚུལ་ཅི་ལྟར་བསྟགས་པ་སྟོན་པར།

རབ་བྱེད་འདི་ཡང་གངས་རིའི་ཁྲོད་འདི་ན། །

སྐན་དངགས་དབང་པོ་ཀུན་གྱི་མགོ་བོ་ལ། །

ཚིག་གི་གོམ་པ་འགོད་མཁས་དགེ་ལེགས་དཔལ། །

བཟང་པོས་ཚིག་གི་སྦྱོར་བ་སྤྱངས་ཏེ་སྨྲས། །

ཞེས་པ་སྟེ། ངག་མང་པོ་འདུས་པའི་རབ་བྱེད་འདི་ཡང་གངས་རིའི་ར་བས་བསྐོར་བའི་བོད་ཡུལ་འདི་ན་སྐན་ངག་སྨྲ་བའི་དབང་པོར་གྱུར་པ་ཀུན་གྱི་མགོ་བོ་ལ་ཚིག་གི་གོམ་པའི་འདེགས་འཛོག་འགོད་པ་ལ་མཁས་པའི་དགེ་ལེགས་དཔལ་བཟང་པོས་ཚིག་གི་སྦྱོར་བའི་འཆིང་བ་སྤྱངས་ཏེ་སྨྲས་སོ་ཞེས་རང་བཞིན་བརྗོད་པའི་རྒྱན་ལ་བཅིངས་ནས་བསྟན་པ་ལྟ་བུའོ། །

ཡང་། 《རྗེ་བཙུན་བླ་མ་ཆོས་ཀྱི་རྒྱལ་པོ་ཙོང་ཁ་པ་ཆེན་པོའི་ཡོན་ཏན་མདོར་བསྡུས་པར་བསྟགས་པའི་རབ་ཏུ་བྱེད་པ་དད་པའི་རོལ་མཚོ》ལས། རྗེ་བདག་ཉིད་ཆེན་པོས་དམ་པ་གཞན་གྱིས་བོར་བའི་འཇིག་རྟེན་འདི་བདག་གིར་བཟུང་ནས་རང་གི་ཞིང་དུ་གཟིགས་པར་བསྟགས་པ་ལ།

དེ་ཚེ་ཐུགས་རྗེ་ལྡན་པ་ཁྱོད། །

སོ་གའི་ཉི་མས་འགྲམ་པའི་ཆང་། །

ཟགས་ལྡན་གཉིས་འཕྲུང་པཉྩའི་མཚོས། །
རིང་ནས་བོས་ལྟར་འཇིག་རྟེན་གཟིགས། །

ཞེས་པ་སྟེ། ཞིང་འདི་དམ་པ་གཞན་གྱིས་བོར་བ་དེའི་ཚེ་ན་གཞན་དང་མི་འདྲ་བའི་ཐུགས་རྗེ་ཆེན་པོ་དང་ལྡན་པའི་བདག་ཉིད་ཆེན་པོ་ཁྱོད་ཞིང་འདི་བདག་གིར་མཛད་པ་ནི། དཔེར་ན་སོ་ག་སྐྱེ་ཚ་བའི་དུས་ཀྱི་ཉི་མས་ཁ་ཆོག་ཅིང་སྐོམ་པས་གདུང་བ་ན་འགྲམ་པའི་ཆང་སྐྱེ་འགྲམ་པ་ཕན་ཚུན་རྟུལ་ཆུ་ཟག་པ་དང་ལྡན་པའི་གླང་པོ་ཆེའམ་ཉིས་འཕྲུང་དེས་ཆུས་བཀང་ཞིང་པདྨས་བརྒྱན་པའི་པདྨའི་མཚོ་དེའི་བསིལ་བ་སོགས་ཀྱི་དོན་སྤྱི་ཤར་བ་ན་ཤིན་ཏུ་རིང་བར་དུས་དཔྱ་ནས་འཇུག་པར་འདོད་དེ་ཐག་རིང་པོ་ནས་དུང་སྒྲ་འབྱིན་ནས་བོས་པ་ལྟར། སྙིགས་དུས་ཀྱི་སེམས་ཅན་ལ་དུས་དཔྱ་ཉིད་ནས་ཕན་ཐོགས་རྒྱུ་ཞིག་བྱུང་ན་སླམ་དུ་དགོངས་པ་ན་རང་དབང་མེད་པར་དེ་ལྟ་བུ་མ་དག་པའི་ཞིང་དུ་བདག་གིས་ཕན་གདགས་པར་བྱའོ་ཞེས་པའི་དམ་བཅའ་བའི་ཚིག་ཤོར་ནས་འཇིག་རྟེན་འདི་བདག་གིར་བཟུང་ནས་རང་གི་ཞིང་དུ་གཟིགས་པ་ཡིན་ཞེས་ཚོས་དཔེར་སྦྱར་ནས་བསྟགས་པ་དང་། དོན་བསྡུས་ཏེ་བསྟོད་པ་ལ།

གང་གི་ཡོན་ཏན་མེ་ཏོག་གི། །
དོག་པ་ཕྱོགས་ཀྱི་མཛེས་མའི་རྒྱན། །
རབ་དཀར་གྲགས་པའི་དྲི་བཞོན་ནི། །
ནོར་འཛིན་བུ་མོའི་ཡིད་སྲུབས་རྒྱལ། །
མི་མཉམ་མཁྱེན་བརྩེའི་ཏང་སྟེགས་ཀྱིས། །
མཁས་མཆོག་ཀུན་གྱི་མགོ་བོ་ལ། །
ཞབས་སྐྱེས་རྟུལ་ཚོགས་འཛོགས་པ་གང་། །
བླ་མེད་ཁྱོད་ལ་ཕྱག་བགྱིད་དོ། །

ཞེས་པ་སྟེ། བཤེས་གཉེན་གང་གི་སྐུ་གསུང་ཐུགས་ཀྱི་ཡོན་ཏན་གྱི་མེ་ཏོག་གི་དོག་པ་སྟེ་ཚོམ་བུ་ཕྱོགས་ཀྱི་མཛེས་མའི་རྣ་རྒྱན་དུ་གྱུར་ཅིང་། མཛད་འཕྲིན་རབ་དཀར་གྲགས་པའི་དྲི་བཞོན་ཏེ་རླུང་ནི་ནོར་འཛིན་བུ་མོའི་ཡིད་བསྲུབས་པ་སྟེ་ས་གཞི་དཀྱུགས་ཤིང་གཡོ་བའི་ཚུལ་གྱིས་ས་སྟེང་ཁྱབ་པའམ་རྣམ་པར་རྒྱལ་ཞིང་། མདོར་ན་ཕྱོགས་མཛེས་མའི་གཟུགས་སུ་བཀོད་ཅིང་ནོར་འཛིན་བུ་མོ་ནི་ས་གཞི་དང་ཡིད་བསྲུབས་ནི་འདོད་ལྷ་ཡིན་པས་རྗེ་བདག་ཉིད་ཆེན་པོའི་རབ་དཀར་གྲགས་པའི་རླུང་གི་བ་དན་ནི་སའི་སྟེང་འདོད་ལྷའི་ཁམས་གཞན་འཕྲུལ་དབང་བྱེད་ལས་རྒྱལ་བར་གྱུར་ཅིང་། གཞན་དང་མི་མཉམ་པའི་མཁྱེན་པ་དང་བརྩེ་བས་བསྐུས་པའི་ཚོགས་གཉིས་ཀྱི་རྐང་སྟེགས་མངའ་བའི་སྟོབས་ཀྱིས་གངས་ཅན་གྱི་མཁས་མཆོག་ཀུན་གྱི་མགོ་བོ་ལ་ཞབས་སྐྱེས་རྡུལ་ཚོགས་འཛོགས་པ་སྟེ་ཀུན་གྱི་སྤྱི་བོར་ཞབས་རྡུལ་བཀོད་ཅིང་གཙུག་ན་མངོན་པར་མཐོ་བས་འགྲན་ཟླ་མེད་པར་གྱུར་པ་ཁྱོད་ཉིད་ལ་ཕྱག་བགྱིད་དོ། །ཞེས་མ་བསྐུས་པའི་གཟུགས་ཅན་དུ་མ་ལ་བཅིངས་ནས་བསྟོད་པ་ལྟ་བུའོ། །

རྗེ་འདིས་རྩོམ་གནང་མཛད་པའི་སྙན་ངག་གྲགས་ཅན་ལ་ད་དུང《འཇམ་དབྱངས་སྨྲ་སེང་གི་བསྟོད་པ》དང་། 《དཔལ་ལྡན་ས་གསུམ་མ》《རྗེ་བླ་མ་མངོན་པར་འཚང་རྒྱ་བའི་ཚུལ་དང་འབྲེལ་བར་བསྟོད་པ་རྣམ་དག་གངས་རི་མ》སོགས་མང་དུ་བཞུགས་པ་རྣམས་ཀྱང་རྒྱ་གར་ཤར་པའི་ལུགས་ལྟར་སྦྱར་བས། ཚིག་སྦྱོར་ཁ་དམ་ཞིང་གཟེངས་མཐོ་ལ་བརྗིད་པའི་ཉམས་ཆེ་བ། བསླགས་མ་ཐུབ་སེང་གེའི་གད་རྒྱངས་དང་སྟག་མོའི་ངར་སྒྲ་ཐོས་ཤིང་། རྒྱལ་པོ་ཆེན་པོ་དང་ཉི་མའི་གཟི་དཔལ་མཐོང་བ་ཇི་བཞིན་ཡིད་ཀྱི་དཔའ་ཞུམ་ཞིང་སྤུ་བཀོང་བར་འགྱུར་བས། ལྷ་མོ་དབྱངས་ཅན་མའང་སྐུ་དངོས་སུ་བྱོན་ནས་ཞལ་བསྟན་ཏེ"སྒྲ་སྙན་ངག་ལ་མཁས་པར་འདོད་ན་ཁོ་མོ་བསྟེན་དགོས་པ་ཡིན། ངས་ཤེས་ཟེར་བ་མང་སྟེ། རྗེ་བླ་མའི་

འོག་ན་སྨྲ་སྙན་ངག་ལ་ཁྱོད་རང་མཁས་སོ། །གཞན་ཁྱོད་ལས་ལྷག་པ་མེད།" ཅེས་བསྔགས་པ་མཛད་ཅིང་། གུང་ཐང་འཇམ་པའི་དབྱངས་ཀྱིས་ཀྱང་། "མཁས་གྲུབ་རྗེའི་ཚིག་ལྷུག་རྗེ་རིན་པོ་ཆེ་དང་མི་མཉམ་ཡང་། ཚིགས་བཅད་ཕལ་ཆེར་མཉམ།" ཞེས་གསུངས།

མཁས་གྲུབ་དགེ་ལེགས་དཔལ་གྱི་སྐུ་རིང་ལ་བོད་ལ་ཚིག་སྦྱོར་ཁ་དམ་ཞིང་བརྗིད་ཉམས་ཤས་ཆེ་བའི་རྩོམ་གཞིས་དངོས་སུ་གྲུབ་པར་མ་ཟད། ཕྱིང་གི་སློབ་མ་ཞང་ཞུང་ཆོས་དབང་གྲགས་པས་རྒྱུན་འཛིན་དང་འཕེལ་རྒྱས་སུ་བཏང་བས། རྩོམ་གཞིས་དེའི་འཕྲུས་ཚབ་པར་གྱུར། དེ་ཡང་དོན་རྟོགས་པའི་ཆེད་དུ་རྣམ་གསལ་གྱི་དཔེ་འགའ་དྲངས་ན། 《ར་མ་ཎའི་རྟོགས་བརྗོད》ལས། ཡུམ་ཞུ་མའི་དམོད་པས་སྲིན་ཡུལ་དུ་སྒྲི་ཧྲ་ཞེས་པའི་བུད་མེད་མཛེས་མ་ཞིག་བྱུང་བ་དེ་ལྷ་རྣམས་ཀྱི་གྲོགས་མོར་འོས་ཀྱི་སྲིན་ཡུལ་ལྷ་བུའི་ཡུལ་ངན་པར་སྡོད་མི་འོས་པ་སྟོན་པར།

ཀུན་གསལ་མངལ་ལས་བདེ་སོགས་ཀྱི། །
བདག་པོའི་གཞི་ནི་ཉེར་འོངས་པ། །
མིག་སྟོང་རང་གི་ལག་པ་ཡི། །
མཚོན་ཆ་གཞན་ལ་དགའ་བ་མེད། །
ཉེ་མ་རང་གི་གྲོགས་མོ་ནི། །
སྲིན་པོའི་གྲོང་ན་འདུག་པ་དེ། །
མ་བཟོད་རྒྱ་སྐྱེགས་འཛིན་མ་ལ། །
ཚ་ཟེར་འགྱེད་ཕྱིར་རིངས་པར་འོངས། །

ཞེས་པ་སྟེ། ཀུན་གསལ་སྐེག་མོའི་མངལ་ལས་ཏེ་ནམ་མཁའི་དབྱིངས་ནས་བརྒྱ་བྱིན་གྱི་ཚུང་མ་བདེ་སོང་མའི་བདག་པོ་ལྷའི་དབང་པོའི་ལག་ན་གནས་པའི་

གཞུ་སྟེ་འཇའ་ཚོན་ནི་སྤྲིན་པོའི་ཡུལ་དུ་ཉེ་བར་འོངས་པ་དེའི་ཚེ་ན། དབང་པོ་མིག་སྟོང་དང་ལྡན་པ་ནི་ཤིན་ཏུ་མཛེས་པའི་མཚོན་ཆ་གཞན་ལ་ཤོར་བས། རྡོ་རྗེ་ལ་སོགས་པའི་རང་གི་ལག་པའི་མཚོན་ཆ་གཞན་ལ་སེམས་དགའ་བ་མེད་པར་གྱུར་ཏོ། །ཉི་མ་ཡང་རང་གི་གྲོགས་མོར་འོས་པའི་མཛེས་མ་དེ་ནི་མི་རྟག་ཅིང་སེམས་ཤིན་ཏུ་གདུག་པའི་སྤྲིན་པོ་མ་རུངས་པ་དག་གི་གྲོང་ཁྱེར་ན་འདུག་པ་དེ་འདྲ་གཏིང་ནས་མ་བཟོད་པར། མགྲིན་བཅུའི་ཕོ་བྲང་གི་སའི་ཆ་འགའ་ཞིག་རྒྱ་སྐྱེགས་ཏེ་ལ་ཆ་ལས་གྲུབ་པའི་འཛིན་མ་ཡིན་པས། དེ་ལ་མེ་སྦར་བའི་བསམ་པ་ཤིན་ཏུ་རྣོ་ཞིང་ཚ་བའི་འོད་ཟེར་འཕྲེད་དང་ཕྱིར་དུ་རིངས་པར་འོངས་པ་སྟེ། མགྱོགས་པར་འོངས་སོ། །ཞེས་རབ་རྟོག་གི་རྒྱན་གྱིས་བརྒྱན་ནས་གསུངས་པ་དང་། ས་སྐྱོང་གི་སྐྱེ་བོ་ཡོངས་ཀྱིས་སློ་ཏླའི་མཛེས་པའི་ངང་ཚུལ་བརྗོད་པའི་ཚུལ་སྟོན་པར།

སྐྱེ་རྒུའི་རིག་སྔགས་མཁན་དེ་རྣམས། །
སློ་ཏླའི་མིང་གི་བརླས་བརྗོད་ཀྱིས། །
འཁྲམ་པ་རུས་པའི་འཕྲུལ་འཁོར་ནི། །
དྲལ་བ་ནུ་མའི་དངོས་སུ་འགྱུར། །

ཞེས་པ་སྟེ། སྐྱེ་དགུའི་དྲང་སྲོང་རིག་སྔགས་ཀྱི་བརླས་བརྗོད་མཁན་པོ་དེ་རྣམས་གཞན་པའི་བརླས་བརྗོད་ནི་བྱེད་མི་འདོད་ཀྱི། རྟག་ཏུ་སློ་ཏླའི་མིང་གི་བརླས་བརྗོད་ལ་ཆེས་ཆེར་བརྩོན་པའི་དབང་གིས་རེ་ཞིག་ན་འཁྲམ་པའི་ཤ་ཟད་དེ། ཟས་རྣམས་གཅོད་ཅིང་འཐག་པའི་རུས་པའི་འཕྲུལ་འཁོར་རྣམས་ནི་དྲལ་ཞིང་ཞིག་པ་རུས་པའི་དྲ་བ་ལ་བརྟན་ཏེ་ནུ་མ་གཡས་གཡོན་གྱི་དངོས་སུ་འགྱུར་བའམ་དཔྱངས་པར་གྱུར་ཅེས་ཤར་ཕྱོགས་གཽ་ཊ་བའི་ལུགས་ཀྱི་འཇིག་རྟེན་ན་གྲགས་པ་ལས་བརྒལ་བ་མཛེས་པའི་ཡོན་ཏན་དང་། མ་བསྔུས་པའི་གཟུགས་ཅན་ལ་སྦྱར་ནས་བསྟན་ཏོ། །

སྲིན་པོའི་རྒྱལ་པོ་ལང་ཀ་མགྲིན་བཅུས་རྫུ་འཕྲུལ་གྱིས་སཱི་ཏཱ་སྲིན་ཡུལ་དུ་ཁྱེར་བའི་ཚུལ་སྟོན་པར།

སྣང་ཆེན་སྨྲིན་པའི་རལ་གྲི་ཡི། །
འབྲུལ་འཁོར་རང་ཕྱོགས་ཉམས་བྱེད་དེ། །
རྟ་མགོའི་ཅོད་པཎ་འཛིན་པ་དེས། །
རྫུ་འཕྲུལ་གྱིས་ནི་མཛེས་མ་དེ། །
ཁང་མཐིལ་རི་མོ་དང་བཅས་པ། །
ལང་ཀའི་ཡུལ་དུ་ཁྱེར་དེ་སོང་། །
མི་མཐུན་རྟ་དམར་ཅན་འགྲོག་པའི། །
གྲུ་ནང་གནས་པའི་ཚོང་པ་བཞིན། །
ཚུང་མའི་སྐད་དུ་མཁའ་ལྡིང་གིས། །
ངང་པའི་བུ་མོ་བཟུང་བ་བཞིན། །

ཞེས་པ་སྟེ། སྣང་ཆེན་སྨྲིན་པའི་སྣ་ལ་རལ་གྲིའི་འཕྲུལ་འཁོར་བཏགས་ནས་དགྲ་ལ་ཐད་ན་ལམ་དུ་འགྲོ་མ་འདོད་ཆེ་ཚུར་ལོག་ནས་རང་ཕྱོགས་ཀྱི་དཔུང་རྣམས་གཞོམ་ཞིང་ཉམས་པར་བྱེད་དེ། དཔེ་དེ་བཞིན་དུ་སྲིན་པོའི་རྒྱལ་པོས་འཕྲུལ་ལ་འཕྲུལ་ཆེ་ཆེ་ལྟར་སཱི་ཏཱ་བཙན་ཐབས་ཀྱིས་གྲོགས་པ་རང་ལ་ཕན་པའི་ཐབས་སུ་རློམ་ཡང་། ཕུགས་སུ་རང་ཉིད་ཕུང་བའི་རྒྱུར་སོང་བའོ། །དེ་ཡང་འདི་ལྟར་གདོང་པ་རྣམས་ཀྱི་སྟེང་མར་རྟ་མགོའི་ཅོད་པཎ་འཛིན་པའི་ལང་ཀའི་བདག་པོ་དེ་ཡིས། རྫུ་འཕྲུལ་གྱི་སྟོབས་ཀྱིས་ནི་མཛེས་མ་དེ་ཉིད་ཁང་མཐིལ་གྱི་ས་གཞི་ཕྱི་རོལ་གྱི་མེ་ལྕེའི་རི་མོ་དང་བཅས་བླངས་ཏེ། ནུབ་ཕྱོགས་ལང་ཀའི་ཡུལ་དུ་སྐད་ཅིག་གིས་ཁྱེར་ཏེ་སོང་བ་ནི། མི་མཐུན་པའི་རྟ་དམར་ཅན་ཏེ་མི་མཐུན་པའི་རླུང་དྲག་པོ་དང་འགྲོགས་པའི་གྲུ་བོ་ཆེའི་ནང་ན་གནས་པའི་ཚོང་པ་རྣམས་འཇིགས་པ་ཆེ

བའི་ཕྱོགས་སུ་རླུང་དེས་རང་དབང་མེད་པར་བདས་པ་བཞིན་ནོ། །ཞེས་ཚོས་དཔེ་དང་། ཤར་ཕྱོགས་ཀོཾ་ཀྲ་བའི་ལུགས་ཀྱི་མཛེས་པའི་ཡོན་ཏན། དངོས་དཔེ་བཅས་ལ་བཅིངས་ནས་བསྟན་པའོ། །

གཉིས་པ། རྩོམ་གཤིས་གྲུབ་པའི་རྒྱུ་རྐྱེན།

རྩོམ་གཤིས་ནི་སྤྱི་ཚོགས་དང་རིག་གནས་ཀྱི་རྒྱབ་ལྗོངས་ངེས་ཅན་ཞིག་གི་འོག་ཏུ། རྩོམ་རིག་འཕེལ་རྒྱས་སུ་འགྲོ་བའི་གོ་རིམ་ཁྲོད་དུ་རང་བཞིན་དུ་གྲུབ་པའི་མཛེས་དཔྱོད་ཀྱི་ཁྱད་ཆོས་ཤིག་ཡིན་ལ། མཛེས་དཔྱོད་ཀྱི་ཁྱད་ཆོས་དེ་ནི་བརྗོད་བྱའི་ནང་དོན་དང་བརྗོད་བྱའི་བསྟན་དོན་བཙོ་སྦྱངས་བྱེད་པ། བྱུང་རིམ་དང་སྒྲིག་གཞི་འགོད་སྟངས། མི་སྣའི་ཁོར་ཡུག་ཞིབ་འབྲི་བྱེད་པ། སྐད་ཆ་དང་རྩོམ་ལུས། མཚོན་ཐབས་ཀྱི་སྤྱོད་སྟངས་སོགས་ཕྱོགས་སོ་སོ་ནས་མཚོན་པ་སྟེ། རྩོམ་རིག་བརྩམས་ཆོས་ཀྱི་ནང་དོན་དང་རྣམ་པའི་རྒྱུ་རྐྱེན་སོ་སོའི་གཅིག་གྱུར་རང་བཞིན་མཚོན་གྱིན་ཡོད་ན། ཇེ་ཙོང་ཁ་པ་ཆེན་པོའི་སྐུ་རིང་ནས་ཡོངས་སུ་གྲུབ་པའི་ཚིག་སྦྱོར་ཁ་ལྗིད་ཅིང་དོན་གསལ་ལ། སྔན་པའི་ཉམས་ཤས་ཆེ་བའི་རྩོམ་གཤིས་དང་། མཁས་གྲུབ་དགེ་ལེགས་དཔལ་བཟང་དང་ཞང་ཞུང་ཚོས་དབང་གྲགས་པའི་སྐུ་རིང་ནས་ཡོངས་སུ་གྲུབ་པའི་ཚིག་སྦྱོར་ཁ་དམ་ཞིང་གོ་དཀའ་ལ། བཞེད་པའི་ཉམས་ཤས་ཆེ་བའི་རྩོམ་གཤིས་མི་འདྲ་བ་གཉིས་ཀྱང་སོ་སོར་གཤམ་གསལ་གྱི་ཕྱོགས་འགའ་ལས་གྲུབ་པར་སྣམ།

1. མཛད་པ་པོའི་ཐུགས་གཤིས་ལ་རག་ལས་པ།

རྩོམ་གཤིས་ནི་རྩོམ་རིག་བརྩམས་ཚོས་ལས་ཐོན་པའི་རྩོམ་པ་པོའི་གསར་རྩོམ་གཤིས་ཉམས་ཏེ། རྩོམ་པ་པོའི་དུས་ཡུན་རིང་པོའི་རང་རྟོགས་ཀྱི་དོན་གཉེར་དང་

དཀའ་སྤྱད་ཀྱི་ལག་ལེན་ལས་གྲུབ་པའི་བསམ་བློའི་རང་བཞིན་ཁྱད་པར་བ་ཞིག་ཡིན་པས། རྩོམ་རིག་གི་གཞིས་ཉམས་ནི་གཙོ་བོ་རྩོམ་པ་པོའི་གསར་རྩོམ་གྱི་གཞིས་ཉམས་ལ་རག་ལས་པ་ཡིན། དགེ་འདུན་ཆོས་འཕེལ་མཆོག་གིས་ཀྱང"རྩོམ་པའི་ཡོན་ཏན་དངོས་དེ་ནི། རང་གི་སྔ་མའི་བག་ཆགས་དང་རྩོམ་པ་པོའི་གཞིས་ལུགས་ལ་རག་ལས་པ་ཞིག་མ་གཏོགས། སུམ་རྟགས་ཤེས་ཙམ་དང་། བཤེས་སྤྲིངས་སློབ་སྤྲིངས་འདྲ་ཁྲིད། མིང་གི་མངོན་བརྗོད་ཆ་ཚང་བློ་འཛིན་བྱས་ཏེ། སྙན་ངག་ལེའུ་གསུམ་ཆར་ཁྲིད་ན་ཡང་། མཐོང་ཐོས་དང་རང་གི་གཞིས་ལ་མེད་ན། ཇི་ལྟར་བྱས་ཀྱང་། ཚིགས་བཅད་རྐང་པ་འཁྲིག་ཙམ་ནི་ཡོས་ཡོང་། འོན་ཀྱང་སྙན་ངག་ལ་དགོས་རྒྱུའི་ཉམས་འགྱུར་རམ་ཁྲོ་བ་དེ་འདོན་ཐུབ་པ་ཞིག་མི་ཡོང་བར་འདུག"ཅེས་རང་གི་མྱོང་བ་དངོས་ལ་བརྟེན་ནས་རྩོམ་གཞིས་ནི་རྩོམ་པ་པོའི་རང་གཞིས་ལ་རག་ལས་པའི་གནས་ལུགས་གསུངས་ཡོད། དེས་ན་རྗེ་རིན་པོ་ཆེའི་སྐུ་རིང་ནས་བོད་ལ་ཚིག་སྦྱོར་ཁ་ལྷོད་ཅིང་དོན་གསལ་ལ། སྙན་པའི་ཉམས་ཤས་ཆེ་བའི་རྩོམ་གཞིས་ཡོངས་སུ་གྲུབ་པ་ནི། རྗེ་ཙོང་ཁ་པ་ཆེན་པོའི"བྱིས་པའི་གནས་སྐབས་ཉིད་ནས་ཀྱང་བྱིས་པའི་རྒྱུད་པ་ཐམས་ཅད་ལས་ཡང་དག་པར་འདས་ཤིང་། བག་མེད་པར་རྩེ་བ་མཐའ་དག་ལས་ནི་རང་གི་ངང་གིས་ལོག ཉེས་པར་སྤྱོད་པ་རྣམས་ནི་རང་བཞིན་གྱིས་བསྡམས། ཀུན་ལ་སྙན་པར་སྨྲ་ཞིང་ཁྲོ་བ་སྤངས་པ་དང་། འགྲོགས་ན་བདེ་ཞིང་སློང་བའི་སྐྱེ་བོ་དག་ལ་གཏོང་བའི་ལག་པ་བརྐྱངས་པ་དང་། མགོན་མེད་པ་དག་ལ་སྙིང་བརྩེ་ཞིང་བདེན་པར་སྨྲ་བ་དང་། བློ་གྲོས་དཔག་པར་དཀའ་ཞིང་ཆོས་འཚོལ་བ་ལ་ངང་གིས་ཞུགས་པ་ལ་སོགས་པ་བྱང་ཆུབ་སེམས་དཔའི་སྤྱོད་པ་རླབས་པོ་ཆེ་དག་ནི། བྱིས་པ་གཞན་དག་སྐྱེས་ཙམ་ཉིད་ནས་ནུ་ཞོ་ལེན་པའི་ཀུན་ཏུ་སྤྱོད་པ་དག་ཆེད་དུ་བསླབ་པར་བྱ་མི་དགོས་པ་ཇི་ལྟ་བ་དེ་བཞིན་དུ་གྱུར།" ཅེས་པའི་ཐུགས་གཞིས་སམ་རང་བཞིན་ལས་ཐོན་པ་དང་། མཁས་གྲུབ་དགེ་ལེགས་དཔལ་བཟང་དང་ཞང་ཞུང་

ཆོས་དབང་གྲགས་པ་རྣམ་གཉིས་ཀྱི་སྐུ་རིང་ནས་བོད་ལ་ཚིག་སྦྱོར་ཁ་དམ་ཞིང་གོ་དཀའ་ལ། བརྗོད་པའི་ཉམས་ཆེ་བའི་རྩོམ་གཤིས་ཡོངས་སུ་གྲུབ་པའང་མཁས་གྲུབ་རྗེའི"འབྲུངས་ཙམ་ཉིད་ནས་ཕྱིས་པའི་རྒྱུད་པ་གང་ཡང་མེད་ཅིང་། ཆོས་དང་ཆོས་མིན་འབྱེད་པའི་བློ་གྲོས་ཐོགས་པ་མེད་པ།" "འཇིགས་པ་མེད་པའི་ཐུགས་སྤོབས་དང་ལྡན"པའི་ཐུགས་གཤིས་དང་། ཞང་ཞུང་ཆོས་དབང་གྲགས་པའི་ལྷན་སྐྱེས་ཀྱི་རྣམ་དཔྱོད་ཕུལ་དུ་ཕྱུང་ཞིང་བརྩོན་པར་འགྲུབ་རླབས་བྲལ་བའི་རང་གཤིས་དང་། རི་བོ་དགེ་ལྡན་པར་སྙན་ངག་དབང་པོ་ཀུན་གྱི་མགོ་བོ་ལ་ཚིག་གི་གོམ་པ་འགོད་ནུས་པའི་མཁས་པ་གང་ལས་གང་ལྷག་མངའ་བའི་དོན་དུ་ཐུགས་སྤོབས་རྒྱས་པ་ལས་ཐོན་པར་སྙམ།

2. བརྗོད་བྱའི་ནང་དོན་ལ་རག་ལས་པ།

སྙན་ངག་གི་ཉམས་ལ་ཚིག་གི་ཉམས་དང་དོན་གྱི་ཉམས་གཉིས་སུ་ཕྱེ་བའི་དོན་གྱི་ཉམས་ནི་གཙོ་བོར་བརྗོད་བྱའི་དོན་ལས་ཐོན་པས། ཡུལ་ལྗོངས་ཡག་པོ་དང་། བྱད་གཟུགས་མཛེས་པོ། སྒྲ་དབྱངས་སྙན་པོ། ཁྱད་ཆོས་ངོ་མཚར་ཅན་སོགས་ལ་བསྔགས་པ་བརྗོད་ན་བསྟོད་ཡུལ་རང་ངོས་ན་ངོ་མཚར་བ་དང་དགའ་བ་འཕེལ་བ་ལ་སོགས་པའི་ཉམས་ལྡན་ཐོག་ཉམས་དེ་དག་མཚོན་པར་བྱེད་པ་ལ་སྒྲ་གདངས་འཇམ་ཞིང་ལྷོད་པ་ཤས་ཆེ་བར་སྦྱར་བ་ལས་ཀྱང་སྙན་པའི་ཉམས་ཐོན་པ་དང་། ཁྲོ་བོ་རྣམས་ཀྱི་བྱད་གཟུགས་དང་། རྒྱལ་པོ་ཆེན་པོའི་གཟི་བརྗིད། དམག་དཔུང་དྲག་པོའི་ཟིལ་ཤུགས། ཕས་ཀྱི་རྒོལ་ལས་རྣམ་པར་རྒྱལ་བ་སོགས་ལ་བསྟོད་བསྔགས་བརྗོད་ན། བསྟོད་བྱའི་ནང་དོན་རང་ངོས་ན་དྲག་ཤུགས་དང་གཟི་བརྗིད་སོགས་ཀྱི་ཉམས་ལྡན་ཐོག་ཉམས་དེ་དག་མཚོན་པར་བྱེད་པ་ལ་སྒྲ་གདངས་རྩུབ་ཅིང་དྲག་པ་ཤས་ཆེ་བར་སྦྱར་བ་ལས་ཀྱང་བརྗིད་པའི་ཉམས་ཐོན་ཞིང་། དེ་མིན་སྙན་ངག་གི་ཉམས་ནི་བརྗོད་བྱའི་ནང་དོན་འདེམ་བཀོལ་མཛད་ཚུལ་དང་རྩོམ་པ་མཛད་

པའི་ཟུར་ངོས་དང་དགོངས་གཞི་སོགས་ལའང་རག་ལས་པ་ཡིན་ན། རྗེ་རིན་པོ་
ཆེའི་སྙན་ངག་གི་བསྟན་བཅོས་ཕལ་ཆེ་བར་ཚིག་སྦྱོར་ཁ་ལྷོད་ཅིང་སྙན་པའི་ཉམས་
ལྡན་པའང་ཕོང་གི་སྙན་ངག་གི་བརྗོད་བྱའི་ནང་དོན་རང་གི་ལྷག་པའི་ལྷ་རྗེ་བཙུན་
འཇམ་པའི་དབྱངས་ཀྱིས་གཙོས་སངས་རྒྱས་ཤཱཀྱ་ཐུབ་པ་དང་། རྗེ་བཙུན་བྱམས་པ་
མགོན་པོ། རྣམ་རྒྱལ་མ། དགེ་བའི་བཤེས་གཉེན་སོགས་ཀྱི་སྐུ་གསུང་ཐུགས་ཀྱི་ཡོན་
ཏན་ལ་སྒོ་གསུམ་གུས་པའི་སྒོ་ནས་བསྟོད་པ་མཛད་ནས། དེ་དག་གི་རྗེས་སུ་གཟུང་
དུ་གསོལ་བ་དེ་ཡིན་པས། བརྗོད་བྱའི་ནང་དོན་དེ་དང་དེར་འོས་ཤིང་འཚམ་པའི་
སྒྲ་གདངས་འཇམ་ཞིང་ལྷོད་པ་ཤས་ཆེ་བར་སྦྱར་བ་ལས་ཐོན་ཅིང་། མཁས་གྲུབ་
དགེ་ལེགས་དཔལ་བཟང་དང་ཞང་ཞུང་ཆོས་དབང་གྲགས་པ་མཆོག་གི་སྙན་
ངག་ཕལ་མོ་ཆེར་སྒྲ་གདངས་རྩུབ་ཅིང་ཚིག་སྦྱོར་དམ་པའི་བརྗིད་པའི་ཉམས་
ཐོན་པའང་ཕོང་རྣམ་པའི་སྙན་ངག་གི་བརྗོད་བྱའི་ནང་དོན་དང་དེ་འདེམ་
བཀོལ་མཛད་སྐབས། རྩོམ་པ་མཛད་པའི་ཟུར་ངོས་དང་དགོས་པ་ལའང་རག་
ལས་པ་ཞང་ཞུང་ཆོས་དབང་གྲགས་པ་མཆོག་གིས་གྲུབ་མཐའ་གཞན་གྱི་མཁས་
པས"དགེ་ལུགས་པར་སྙན་ངག་རྩོམ་པ་ལ་མཁས་པ་མེད་པར་སྙམ་པ"འགོག་
པ་དང་། "ཕོ་བོ་འབབ་ཞིག་སྙན་ངག་རྩོམ་པ་ལ་ཟླ་མེད་དོ་སྙམ་པ་ལྟ་བུའི་ལོག་
རྟོག་ཅན་རྣམས་ཀྱི་ཁེངས་པའི་རི་བོ་བཤིལ་བའི་ཆེད་དུ"བརྗོད་བྱ་འཇིག་རྟེན་
གྲགས་ཚོད་ལས་ཆེས་ཆེར་བརྒལ་བའི་རིག་བྱེད་གཏམ་རྒྱུད་ར་མ་ཎའི་རྟོགས་
བརྗོད་ལ་སྦྱར་བ་དང་། རྩོམ་ལུགས་རྒྱ་གར་ཤར་པའི་ལུགས་ལྟར་བརྩམས་
པས། བོད་ཀྱི་ཚིག་སྦྱོར་ཁ་དམ་ཞིང་བརྗིད་ཉམས་ཤས་ཆེ་བའི་རྩོམ་གཤིས་འདོན་
མཁན་གྱི་སྐུ་ཚབ་མི་སྣར་གྱུར་ཅིང་། གངས་ཅན་ལྗོངས་ཀྱི་སྙན་ངག་མཁན་མཐའ་
དག་གི་གཙུག་གི་རྒྱན་དུ་གྱུར་པ་ལས་ངེས་སོ། །

3. བརྗོད་བྱེད་ཚིག་གི་རྒྱན་ལ་རག་ལས་པ།

མི་སུ་དང་གང་ཞིག་ཡིན་རུང་རང་རང་ལ་བློ་གཤིས་མི་འདྲ་བ་རེ་ཡོད་པས། རང་གི་བསམ་བློ་མཚོན་བྱེད་ཀྱི་ཚིག་གི་བརྗོད་སྟངས་ཀྱང་མི་འདྲ་སྟེ། ཁ་ཤས་འཇིག་རྟེན་གྲགས་ཚོད་དང་མཐུན་པ་གཙོ་ཆེར་སྦྱོར་བར་དགའ་བ་དང་། ཁ་ཤས་འཇིག་རྟེན་གྲགས་ཚོད་ལས་བརྒལ་ཏེ་བརྗོད་པར་མོས་པས། དེ་ལྟར་བརྩམས་པའི་སྙན་ངག་གི་ཚིག་སྦྱོར་ལས་ཐོན་པའི་རྩོམ་གཤིས་ཀྱང་མི་འདྲ་བ་ཡིན། དེས་ན་འཇིག་རྟེན་གྲགས་ཚོད་དང་མཐུན་པ་གཙོ་ཆེར་སྦྱོར་བ་སྟེ། རང་བཞིན་བརྗོད་པའི་རྒྱན་དང་། དཔེ་རྒྱན། གཟུགས་རྒྱན་སོགས་རྒྱུན་སྤྱོད་ཀྱི་ཚིག་རྒྱན་ལ་སྦྱར་བ་ལས་ཚིག་སྦྱོར་ཁ་སྙོད་ཅིང་གོ་སླ་བའི་སྙན་ཉམས་ཐོན་པ་དང་། འཇིག་རྟེན་གྲགས་ཚོད་ལས་ཆེས་ཆེར་བརྒལ་ཏེ་བརྗོད་པ་སྟེ། སྦྱར་བ་དང་། ཕུལ་བྱུང་། རབ་བཏགས། བསྔོན་དོར། ཏིང་ངེ་འཛིན་སོགས་འཁྱོག་བརྗོད་ཀྱི་རྒྱན་ལ་མང་དུ་སྦྱར་བའི་སྙན་ངག་ལ་རང་ཤུགས་སུ་ཁ་དམ་ཞིང་གོ་དཀའ་བའི་བཟེད་ཉམས་ཐོན་པ་ཡིན་པས། རྗེ་ཡབ་སྲས་རྣམ་པའི་སྙན་ངག་ལ་སོ་སོར་ཚིག་སྦྱོར་ཁ་སྙོད་ཅིང་གོ་སླ་བའི་སྙན་ཉམས་དང་། ཚིག་སྦྱོར་ཁ་དམ་ཞིང་གོ་དཀའ་བའི་བཟེད་ཉམས་ཐོན་པའང་ཕོང་རྣམ་པའི་ཚིག་རྒྱན་སྦྱོར་སྟངས་ལ་ཡང་རག་ལས་པ་ཡིན།

4. ཚིགས་བཅད་ཀྱི་ཚིག་ཁྲིམ་མང་ཉུང་ལ་རག་ལས་པ།

སྙན་ངག་ཚིག་རྐང་སོ་སོའི་ཚིག་ཁྲིམ་མང་ཉུང་ནི་སྙན་ངག་གཞུང་གི་གཏན་འབེབ་ལྟར་ན་ཚེག་བར་བདུན་ནས་སོ་གཅིག་བར་ཡིན་ལ། དེ་དག་ལས་གང་སྤྱོད་པ་ནི་རྩོམ་པ་པོ་སོ་སོའི་ཐུགས་གཤིས་དང་བརྗོད་འདོད་ཀྱི་དགོས་མཁོ་ལ་རག་ལས་པ་ཡིན། དེ་ཡང་ཚིག་རྐང་གཅིག་ལ་ཚེག་བར་བདུན་ཅན་ཡིན་ན་རྣམ་དབྱེ་དང་ཚིག་ཕྲད་མང་པོ་ཞིག་བསྡུ་དགོས་པས་རང་ཤུགས་ཀྱིས་ཚིག་སྦྱོར་ཁ་དམ་པར་འགྱུར་ཞིང་། ཚེག་བར་དགུ་ཅན་དང་དེ་ཡན་ཅན་ཡིན་ན་རང་ཤུགས་ཀྱིས་ཚིག

སྦྱོར་ཅུང་ཟད་སློད་པར་འགྱུར་བ་ཡིན། དེས་ན་རྗེ་རིན་པོ་ཆེའི་སྙན་ངག་ལ་ཚིག་སྦྱོར་སློད་པའི་སྙན་ཉམས་ཤུགས་ཆེ་བ་ནི་ཁོང་གི་ཚིགས་བཅད་སྙན་ངག་མང་ཆེ་བ་ཚིག་བར་དགུ་ཅན་ཡིན་པ་ལས་ཐོན་པ་དང་། མཁས་གྲུབ་རྗེ་དགེ་ལེགས་དཔལ་བཟང་དང་ཞང་ཞུང་ཆོས་དབང་གྲགས་པའི་སྙན་ངག་ལ་ཚིག་སྦྱོར་དམ་པའི་བརྗིད་ཉམས་ཆེ་བའང་ཁོང་གི་ཚིགས་བཅད་སྙན་ངག་ལ་ཚིག་བར་བདུན་ཅན་ཤས་ཆེ་བ་ལས་ཐོན་པར་སྣམ།

5. ཡི་གེ་འཇམ་རྩུབ་ལ་རག་ལས་པ།

དེ་ཡང་བརྗོད་བྱའི་ནང་དོན་མི་འདྲ་བ་ལ་སྒྲ་གདངས་སྦྱོར་སྟངས་མི་འདྲ་ལ། སྒྲ་གདངས་འཇམ་རྩུབ་ཀྱི་དབང་གིས་རྗོད་བྱེད་ཚིག་གི་སྒྲ་ཡང་དམ་མཉེན་ཅི་རིགས་སུ་འགྱུར་བས་ན། དམ་པ་ལ་བརྗིད་པའི་ཉམས་དང་། མཉེན་པ་ལ་སྙན་པའི་ཉམས་གསོར་འབྱུང་བ་ཡིན་ན་རྗེ་རིན་པོ་ཆེའི་སྙན་ངག་ལ་སྒྲ་གདངས་འཇམ་ཞིང་སློད་པ་ཤས་ཆེ་བས། ཚིག་སྦྱོར་ཁ་སློད་ཅིང་སྙན་པའི་ཉམས་གསོར་ཐོན་པ་དང་། མཁས་གྲུབ་དགེ་ལེགས་དཔལ་བཟང་དང་ཞང་ཞུང་ཆོས་དབང་གྲགས་པའི་སྙན་ངག་གི་བསྟན་བཅོས་ལ་སྒྲ་གདངས་རྩུབ་པ་ཤས་ཆེ་བས་བརྗིད་པའི་ཉམས་གསོར་ཐོན་པར་སྣམ།

མདོར་ན། ཚིག་སྦྱོར་སློད་ཅིང་དོན་གསལ་ལ་སྙན་པའི་ཉམས་ཤས་ཆེ་བའི་རྩོམ་གཤིས་དང་། ཚིག་སྦྱོར་དམ་ཞིང་གོ་དཀའ་ལ་བརྗིད་པའི་ཉམས་ཤས་ཆེ་བའི་རྩོམ་གཤིས་གང་ཞིག་ཡིན་རུང་དེ་གཙོ་བོར་མཛད་པ་པོའི་ཐུགས་གཤིས་དང་ཐུགས་གཤིས་དེ་ལྟར་འདེམ་བཀོལ་མཛད་པའི་བརྗོད་བྱའི་ནང་དོན་དང་། རྩོམ་སྟངས། ཚིག་རྒྱན། རྩོམ་ལུས་སོགས་ཕྱོགས་མང་པོ་ནས་གྲུབ་པ་ལས་ཕྱོགས་རེ་འགའ་ཙམ་གྱིས་ཡོངས་སུ་འགྲུབ་ཐབས་མེད་ལ། ཕྱོགས་རེ་འགའ་ཙམ་ལ་བརྟེན་ནས་འདི་ཡིན་ན་དེ་མིན་ཞེས་ཁ་ཚོན་དེ་བས་གཅོད་མི་རུང་བར་སྣམ།། །།

༄། །དགའ་ལྡན་ཕོ་བྲང་དུས་ཀྱི་རབ་རྩོམ་སྐོར་གཏམ་བཤད་པ།

བོད་ཀྱི་རྩོམ་རིག་ལོ་རྒྱུས་ཀྱི་ངོས་ནས་བལྟས་ན། དགའ་ལྡན་ཕོ་བྲང་གི་དུས་སུ་སླེབས་ཚེ་བོད་ལ་སྲོལ་རྒྱུན་གྱི་རབ་རྩོམ་གཏམ་རྒྱུད《མཆིལ་པའི་སྐྱུར》དང་། 《རྟ་རྒྱང་དབྱེ་བའི་རབས》《ཅོང་གི་ཐག་ཞིབ་དང་སྤང་གི་བོང་བུ་སྐྱག་ཅུང》《གྲིམ་པོ་ཉན་ཅིག་དང་ཁབ་ཡོ་བྱའི་འདབ་བརྒྱ》སོགས་མང་དུ་དར་ཞིང་། སངས་རྒྱས་བཅོམ་ལྡན་འདས་ཀྱི་སྐྱེས་རབས《མཐུན་པ་སྤུན་བཞི》དང་། 《རི་བོང་ཅལ་འདྲོག》《གཟིག་ལྤགས་གོན་པའི་བོང་བུ》《རི་དྭགས་རུ་རུའི་སྐྱེས་རབས》སོགས་སྐྱེས་རབས་དང་རྟོགས་བརྗོད་བརྒྱ་ཕྲག་མང་པོའང་བོད་ལ་འགྱུར་ཅིང་ཀུན་ལ་ཁྱབ་པར་མ་ཟད་དེ་དག་ལ་སྦྲས་འགེབ་དང་། སྒྲོ་སྐྱེད། ཟུར་ཟ། སློབ་གསོ། མཚང་འབྱིན་བཅས་ཀྱི་སྒྱུ་རྩལ་བྱེད་ནུས་ཁྱད་དུ་འཕགས་པ་ཞིག་མངའ་བ་དེ་སྐབས་དེའི་ཚུལ་དང་མི་མཐུན་པའི་མི་ངན་སྤྱོད་ངན་དང་བྱ་ངན་སྣ་ཚོགས་སྦྲས་འགེབ་ཀྱི་སྒོ་ནས་མཚང་འབྱིན་བྱེད་ཅིང་། རྩེད་མཚར་གྱི་སྒོ་ནས་ཟུར་ཟ་བྱེད་པར་ཤིན་ཏུ་འཚམ་པ་དང་། ཡང་ན་སྐབས་དེའི་རྩོམ་པ་པོ་ཕལ་ཆེ་བ་བསྟན་པའི་ཆོས་སྒོར་ཞུགས་པའི་བཙུན་པ་རབ་བྱུང་བ་ཡིན་ཞིང་ཁོང་རྣམ་པ་ཚུལ་དང་མི་མཐུན་པའི་ཕྱི་ཚོགས་ཀྱི་སྣང་ཚུལ་སྣ་ཚོགས་དམར་རྗེན་དུ་ཐེར་འདོན་བྱེད་པ་དང་། རྩུབ་མོ་ཚིག་གིས་དགག་རྒྱག་མཛད་པར་ཐུགས་མི་དགྱེས་པའི་གཤིས་ལུགས་དང་ཡང་འཕྲོད་པས། བོད་རང་གི་སྲོལ་རྒྱུན་གྱི་རབ་རྩོམ་གཏམ་རྒྱུད་དང་དེའི་རྩོམ་ཐབས་

རྒྱུན་འཁྱོངས་བྱེད་ཅིང་། རྒྱ་གར་གྱི་རབ་རྩོམ་གཏམ་རྒྱུད་སྣ་ཚོགས་དང《སྙན་ངག་མེ་ལོང》ལས་བསྟན་པའི་རབ་རྩོམ་གྱི་རྒྱན་ལ་བྱུར་ལྷུ་བྱས་ནས་རི་སྐྱེས་སྤྲོག་ཆགས་དང་། འདབ་ཆགས་བྱ་རིགས། ཁྱིམ་གྱི་དུད་འགྲོ། ཡུལ་གྱི་དངོས་པོ་སོགས་དང་སྦྱར་བའི་རབ་རྩོམ་སྒྲུང་གཏམ་སྟེ། 《བྱ་སྤྲེལ་གཏམ་རྒྱུད》[1]དང《བྱ་མགྲིན་སྔོན་ཟླ་བའི་རྟོགས་བརྗོད》[2] 《གཏམ་པད་མའི་ཚལ་གྱི་ཟློས་གར》[3] 《ཛ་ཅིག་གི་གཏམ་རྒྱུད》[4] 《གཡག་ལུག་ར་ཕག་གི་གཏམ་རྒྱུད》[5] 《དགེ་ཚུལ་དང་ཕོ་རོག་གི་གཏམ་རྒྱུད》[6]སོགས་ཆར་རྗེས་སུ་ཤ་མོ་བཛོལ་བ་ལྟར་མང་དུ་ཐོན་ཅིང་། སྐབས་དེའི་རྩོམ་རིག་འཕེལ་འགྱུར་གྱི་ཁྱད་ཆོས་གཙོ་བོ་ཞིག་ཏུ་གྱུར་པས། གཤམ་དུ་དེའི་སྐོར་ཅུང་ཟད་བཤད་པར་བྱའོ། །

དང་པོ། རབ་རྩོམ་སྒྲུང་གཏམ་གྱི་ནང་དོན།

དུས་སྐབས་འདིར་དུས་སྐབས་གཞན་པ་ཀུན་ལ་མ་བྱུང་བའི་རབ་རྩོམ་སྒྲུང་གཏམ་མང་དུ་བྱུང་ཞིང་། དེ་དག་སོ་སོར་བྱེ་བྲག་ཏུ་བསྟན་དོན་མི་འདྲ་བ་རེ་ཡོད་ཀྱང་སྤྱི་ལ་ཁྱབ་པའི་ཁྱད་ཆོས་ཕྱོགས་གཅིག་ཏུ་བསྡུས་ན་ལོ་རྒྱུས་ཀྱི་བྱུང་བ་དང་སྤྱི་ཚོགས་ཀྱི་སྣང་ཚུལ་ལ་དཔྱད་བརྗོད་མཛད་པ་དང་། འཇིག་རྟེན་མི་ཆོས་དང་དམ་པའི་ལྷ་ཆོས་གང་ལའང་མི་མཐུན་པའི་གང་ཟག་དང་བསམ་སྤྱོར་སྣ་ཚོགས་ཀྱི་སྐྱོན་འཚང་ཐེར་འདོན་དང་དེར་བྱུར་ཟ་བྱས་ནས་འགོག་པར་བྱེད་རྒྱུ་དེ་རེད། དཔེར་ན།

① 1978ལོར་མཚོ་སྔོན་མི་དམངས་དཔེ་སྐྲུན་ཁང་གིས་པར་དུ་བསྐྲུན།

② 1981ལོར་བོད་ལྗོངས་མི་དམངས་དཔེ་སྐྲུན་ཁང་གིས་པར་དུ་བསྐྲུན།

③ 1988ལོར་མཚོ་སྔོན་མི་དམངས་དཔེ་སྐྲུན་ཁང་གིས་པར་དུ་བསྐྲུན་པའི《གངས་ལྗོངས་མཁས་དབང་རིམ་བྱོན་གྱི་རྩོམ་ཡིག་གསེར་གྱི་སྦྲམ་བུ》ཞེས་པར་དྲངས་ཡོད།

④ 1980ལོར་བོད་ལྗོངས་མི་དམངས་དཔེ་སྐྲུན་ཁང་གིས་པར་དུ་བསྐྲུན།

⑤ 1984ལོར་མི་རིགས་དཔེ་སྐྲུན་ཁང་གིས་པར་དུ་བསྐྲུན།

⑥ 1983ལོར་མི་རིགས་དཔེ་སྐྲུན་ཁང་གིས་པར་དུ་བསྐྲུན།

རྗེ་རིང་བསྟན་འཛིན་དཔལ་འབྱོར(1760—?)གྱིས་རྩོམ་གནང་མཛད་པའི《བྱ་སྤྲེལ་གཏམ་རྒྱུད》ཀྱི་བརྗོད་བྱའི་ཤུགས་དོན་ནི། དུས་རབས་བཅོ་བརྒྱད་པར་གོར་བོད་བར་བྱུང་བའི་དམག་འཁྲུག་ཡིན། དེ་ཡང་བལ་པོའི་གོར་ཁའི་རྒྱལ་པོར་སྔར་ནས་བོད་ལ་བཙན་འཛུལ་བྱེད་པའི་ཧམ་སེམས་ཡོད་ཐོག་པཎ་ཆེན་སྐུ་ཕྲེང་དྲུག་པ་བློ་བཟང་དཔལ་ལྡན་ཡེ་ཤེས་ཀྱི་ཡུམ་གཅིག་པའི་སྐུ་མཆེད་ཧྲཱ་མ་ཞྭ་དམར་པས་པཎ་ཆེན་རིན་པོ་ཆེ་དགོངས་པ་རྫོགས་སྐབས་ཤུལ་བཞག་རྒྱུ་ནོར་ནས་ཁོ་པར་འདོད་བློ་ཚིམ་པ་ཞིག་མ་བྱུང་སྟབས་ཡིད་མ་རངས་པར་བལ་ཡུལ་ལ་གནས་སྐོར་དུ་འགྲོ་རྒྱུར་ཁ་གཡར་ནས་བལ་ཡུལ་བསྐྱོད་དེ་གོར་ཁའི་རྒྱལ་པོར་ངན་སློང་བྱས་པས། ཕྱི་ལོ་1788ལ་གཉའ་ནང་དང་། སྐྱིད་རོང་། རྫོང་དགའ་སོགས་བཟུང་ནས་གཙུག་ལག་ཁང་བཤིག་ཅིང་སྐུ་གསུང་ཐུགས་རྟེན་རྣམས་ཀྱི་གཟུངས་གཞུག་འདོན་པ། རྒྱུ་ནོར་འཕྲོག་བཅོམ་བཅས་བྱས། སྐབས་དེར་ཨམ་བན་ཕུ་ཀྲང་ལ་རྒྱ་སོག་རོང་གསུམ་གྱི་དམག་སུམ་སྟོང་ཙམ་ཡོད་ཀྱང་གོར་ཁའི་ཀླག་ངན་བླངས་པས། དགྲ་བོར་མཚོན་རྩེ་ནམ་ཡང་མ་གཏད་པར་ཞི་མཐུན་ཆིངས་འགྲིག་ཡོང་བ་ཁོ་ནར་ཞུ་ཚུགས་བྱས།

དེའི་ཚེ་བཀའ་བློན་བསྟན་འཛིན་དཔལ་འབྱོར་གྱིས་གོང་མའི་དཔོན་རིགས་རྣམས་ལ་གོར་དམག་བོད་ནས་ཕྱིར་བསྐྲད་རྗེས་ཆིངས་འགྲིག་བྱས་ན་ལེགས་ཚུལ་ཡང་ཡང་དུ་ཞུས་ཀྱང་། ཨམ་བན་ཕུ་ཀྲང་གིས་དེ་ལས་ལྡོག་སྟེ་བཀའ་བློན་བསྟན་འཛིན་དཔལ་འབྱོར་སོགས་གཉའ་ནང་དུ་ཆིངས་འགྲིག་བྱེད་པར་བཏང་མཐར། གོར་དམག་གིས་བཟུང་ནས་བལ་ཡུལ་དུ་ཁྲིད་ཅིང་། གཉའ་ནང་དང་སྐྱིད་རོང་ཁུལ་གྱི་གོར་དམག་རྣམས་ཐད་ཀར་གཞིས་ཀ་རྩེར་དཔུང་འཇུག་གིས་བཀྲ་ཤིས་ལྷུན་པོའི་གསེར་དངུལ་གོས་དར་དང་སྐུ་གསུང་ཐུགས་རྟེན་རྣམས་བཤིག་བཅོམ་ཁྲེར་གསུམ་གྱིས་བཙན་འཛུལ་ངན་སྤྱོད་ཆེས་ཆེར་སྤེལ་བའི་སྐབས་

སུ། མན་ཆིང་སྲིད་གཞུང་གིས་བོད་དུ་ཆེད་གཏོང་བྱས་པའི་དམག་དཔུང་གིས་གོར་དམག་རྣམས་མཐའ་མཚམས་རྫོངས་ཁ་ནས་མཐར་སྐྲོད་གཏོང་སྐུར་ཕྱི་དགྲ་ནང་དུ་འཁྲིད་མཁན་གཙོ་བོ་བླ་མ་ཞྭ་དམར་པ་རང་སྲོག་རང་གིས་བཅད། གོར་ཁའི་དབང་འཛིན་པས་རང་དབང་མེད་པར་གོང་མའི་དམག་དཔུང་ལ་མགོ་བསྒུར་ཅིང་། བལ་ཡུལ་དུ་བཙོན་འཇུག་བྱས་པའི་བཀའ་བློན་བསྟན་འཛིན་དཔལ་འབྱོར་སོགས་ཕྱིར་སློག་རྩིས་འབུལ་དང་། དེ་མིན་ཆ་རྐྱེན་ཡོངས་རྫོགས་བཀའ་གསུང་ཅི་སྒྲུབ་ཞུ་རྒྱུ་ཁས་བླངས་ཤིང་ཨན་བན་སྤྲ་ཀྲུང་གིས་ཀྱང་རང་ཉེས་ངོས་ལེན་གྱིས་རང་སྲོག་རང་གིས་བཅད་པའི་ལོ་རྒྱུས་ཀྱི་བྱུང་བ་དེ་བྱ་སྤྲེལ་གཉིས་ཀྱི་སྟེང་ལ་སྦྱར་ནས་བརྗོད་ཡོད། དེ་ཡང《བྱ་སྤྲེལ་གཏམ་རྒྱུད》ནང་གི་མི་སྣ་གཙོ་བོ་བྱ་རྒྱལ་ཁྱུང་ཆེན་ནི་གནམ་བསྐོས་གོང་མ་དང་། ལྷ་བྱ་གོང་མོ་ནི་རྗེ་རིང་བཀའ་བློན་བསྟན་འཛིན་དཔལ་འབྱོར། སྤྲེའུ་གཞོན་པ་ཨ་ལི་མ་ནི་དམག་དཔོན་སྟག་གསར་པ། རི་བོང་བློ་ལྡན་ནི་པཎ་ཆེན་མཆོག་སྤྲུལ་རིན་པོ་ཆེའི་ཡབ་དཔལ་ལྡན་དོན་གྲུབ། ཁྲིམ་བྱ་དེ་ཕོ་ནི་ས་སྐྱའི་མགྲོན་གཉེར། རྐོད་པོ་དང་གོ་བོ་ནི་ཨམ་བན་གཉིས། བྱ་སྤྲེལ་གཉིས་ཀྱི་རྩོད་གཞི་སྤྱང་གཤོངས་ནི་གོར་བོད་གཉིས་ཀྱིས་རྩོད་པའི་མངའ་ཁོངས་བཅས་ཡིན།

ཛ་དཔལ་སྤྲུལ་གྱིས་རྩོམ་གནང་མཛད་པའི《གཏམ་པད་མའི་ཚལ་གྱི་ཟློས་གར》ནི་ཛ་དཔལ་སྤྲུལ་ཞལ་བཞུགས་པའི་དུས་སྐབས་སུ་ཡུལ་ཁམས་ཕྱོགས་སྡེ་དགེའི་འདན་ཁོག་ཅེས་པའི་ས་ཆར་རིམས་ནད་སྐྱེ་སྐྲངས་མཆེད་པས་མི་མང་པོ་ཚེ་ལས་འདས། དེའི་ཚེ་ཡུལ་འདན་ཁོག་གི་ཁྱིམ་ཚང་ཕྱུག་པོ་གཟི་དཔོན་ཚང་ཟེར་བའི་བུ་བཀྲ་ཤིས་དགེ་ལེགས་དང་འཇུ་ཚང་གི་མགོན་པོ་དར་རྒྱས་ཟེར་བའི་བུ་མོ་ལོ་ཉེར་ལྔ་ལོན་པ་ཞིག་ཡོད་པ་གཉིས་ཁྱོ་ཤུག་ཏུ་གྱུར་ཏེ། མངའ་ཐང་གིས་འཁོར་འབངས་བསྐྱངས་ཤིང་ཀྲུ་ནོམ་པའི་འཚོ་བ་རོལ་ཞིང་གནས་པ་ལ་ཆུང་མར་རིམས་ནད་ཕོག་ནས་ཚེ་ལས་འདས་པས། ཁྱོ་བོ་བཀྲ་ཤིས་དགེ་ལེགས་སྙིང་གི་གཏན་གྲོགས

དང་བྲལ་བའི་སྡུག་བསྔལ་དྲག་པོ་སྐྱེས་ཤིང་འཁོར་བར་ངེས་འབྱུང་སྐྱེས་ནས། འདན་གྱི་པདྨ་ཤེལ་ཕུག་ཏུ་ཕྱིན་ཏེ་དཔལ་སྤྲུལ་ལ་འཁོར་བར་ངེས་འབྱུང་སྐྱེ་ཚུལ་དང་ཁོ་རང་རྗེས་སུ་འཛིན་དགོས་པའི་རེ་འདུན་ཞུས་པ་དང་། ཁོ་ཕྱོ་ཤུག་གཉིས་ཀྱི་བུར་རྐྱེན་ངན་ལ་ཕྲད་པའི་བྱུང་བ་དེའི་རིགས་བརྗོད་བྱར་བྱས་པའི་རྩོམ་ཞིག་མཛད་དགོས་ཞེས་ཡང་ཡང་བསྐུལ་བས། རྫ་དཔལ་སྤྲུལ་གྱིས་ཀྱང་སྔར་ཁྱིམ་ཚང་ཕྱུག་པོའི་བུ་རྒྱུད་ཡིན་པས་བདེ་བ་དང་ལོངས་སྤྱོད་ཉམས་སུ་མྱོངས་ཤིང་། སྙད་བརྩེ་བའི་སྙིང་གྲོགས་རང་དང་གཏན་དུ་བྲལ་བས་སྡུག་བསྔལ་དཔག་མེད་མྱོང་བ་ལ་དམིགས་ཏེ། འཇིག་རྟེན་འཁོར་བའི་སྣང་ཚུལ་ནི་སྒྱུ་མ་མཁན་གྱི་མིག་འཕྲུལ་དང་། བདེ་སྡུག་གི་འགྱུར་བ་རྣམས་མི་རྟག་སྟོན་ཀའི་སྤྲིན་དང་མཚུངས་པ་འདི་ལ་སྙིང་པོ་སྤུ་ཙམ་ཡང་མེད་པ་རྟོགས་ཤིང་། བྱུང་བ་དེ་བརྗོད་བྱ་བྱས་ནས་ཀུན་གྱིས་གོ་སླ་ཞིང་ལྷ་འདོད་པའི་རྩོམ་ཞིག་བྲིས་ན་འགྲོ་དོན་ཆེ་བར་དགོངས་ནས། བརྗོད་བྱ་བཀྲ་ཤིས་དགེ་ལེགས་ཕྱོ་ཤུག་གཉིས་ཀྱི་བུར་རྐྱེན་ངན་ལ་ཕྲད་པ་དང་། བརྗོད་བྱའི་བསྟན་དོན་དམ་པའི་ཆོས་ཀྱི་སྔོན་འགྲོའི་རིམ་པ་སྟེ། དལ་འབྱོར་རྙེད་དཀའ། འཆི་བ་མི་རྟག ལས་རྒྱུ་འབྲས། འཁོར་བའི་ཉེས་དམིགས་བཅས་བློ་ལྡོག་རྣམ་བཞི་ཡི་དོན་དང་། རྗོད་བྱེད་བཅད་ལྷུག་སྤེལ་མའི་ལམ་དུ་དྲངས་ནས་སྙན་རྩོམ་འདི་ཉིད་བརྩམས་པ་ཡིན།

དེ་ཡང་པདྨའི་རི་བོ་ཞེས་པ་ནི་འདན་ཁོག་གི་པདྨ་རི་མཐོ་ལ་ཟེར། ཤེལ་དཀར་པདྨའི་ཕུག་པ་ཞེས་པ་ནི། འདན་ཁོག་གི་པདྨ་ཤེལ་ཕུག་སྟེ་རྫ་དཔལ་སྤྲུལ་མཚམས་བཞུགས་སའི་བྲག་ཕུག་ལ་ཟེར། བྱང་ཐང་མེ་ཏོག་སྐྱིད་ཚལ་ཞེས་པ་ནི། བྱང་སྟེ་རྫ་ཆུ་ཁ་ལ་ཟེར། བྲམ་ཟེའི་ཁྱིའུ་པདྨ་དགྱེས་པ་ཞེས་པ་ནི། རྫ་དཔལ་སྤྲུལ་ཁོང་ཉིད་ལ་གོ། པདྨ་སྤུངས་པའི་སྐྱིད་ཚལ་ཞེས་པ་ནི། འདན་ཁོག་ལ་ཟེར། ཁེངས་པའི་པདྨ་དང་རྒྱས་པའི་པདྨ། སྨིན་པའི་པདྨ་སོགས་ཁྱད་ཆོས་མི་གཅིག་པའི་པདྨ་དེ་དག

ནི་སྟོབས་འབྱོར་ཉམས་རྒྱས་མི་འདྲ་བའི་དུད་ཚང་སོ་སོར་གོ། དེ་ལས་ཁྱད་པར་ཁེངས་ཤིང་སྨིན་པའི་པདྨ་གསུམ་ནི། ཁམས་སྟེ་དགེའི་འདན་ཁོག་གི་དུད་ཚང་ཆེན་པོ་གསུམ་སྟེ་ཨ་སྟུག་ཚང་དང་གཟིམ་དཔོན་ཚང་། ཆུ་རྫོ་ཚང་ལ་ཟེར་བ་རེད། དེ་ལས་ཀྱང་རྒྱས་པའི་པདྨ་གཉིས་ནི། གཟིམ་དཔོན་ཚང་དང་ཆུ་རྫོ་ཚང་ལ་ཟེར། ལྷག་པར་དུ་ཁེངས་ཤིང་བཀོད་པའི་པདྨ་ནི། ཨ་སྟུག་ཚང་ལ་གོ། དེ་མིན་གྱི་བུང་བའི་ཚོགས་ཞེས་པ་ནི། ཡུལ་འདན་ཁོག་ཏུ་གནས་པའི་མི་རྣམས་ལ་གོ། གསེར་སྦྲང་ཞེས་པ་ནི། འདན་གཟིམ་དཔོན་ཚང་གི་བུ་བཀྲ་ཤིས་དགེ་ལེགས་ལ་ཟེར། གཡུ་སྦྲང་ཞེས་པ་ནི་འཇུ་ཚང་མགོན་པོ་དར་རྒྱས་ཀྱི་བུ་མོ་ལོ་ཉེར་ལྔ་སོན་པ་དེ་ལ་ཟེར། སྤྲིན་ནག་གི་གྲིབ་མ་ནི། སྐབས་དེར་འདན་ཁོག་གི་ཡུལ་དུ་རིམས་ནད་སྐྲ་སྐྲངས་ཀྱིས་ཁྱབ་པ་ལ་གོ་བར་གྲགས་སོ། །①

སྣང་མཛད་རྫོ་རྗེའམ་པ་རི་རྒྱ་མ་ཧི་ཤྲཱི་ལས་རྩོམ་གནང་མཛད་པའི《ཟླ་ཅིག་གི་གཏམ་རྒྱུད》ལ་མཆོན་ན་འང་། ཚིག་དོན་ནས་བལྟས་ན་སྔར་སློམ་ཆེན་ཚུལ་ཁྲིམས་ཟེར་བ་ཞིག་བྲག་སྐྱ་སེང་གེ་ཕུག་ཅེས་པའི་དབེན་གནས་སུ་དགེ་སྦྱོར་གྱི་རྒྱུན་ལ་གནས་པའི་ཚེ་ན། རང་གིས་དྲིན་གྱིས་བསྐྱངས་པའི་ཟླ་ར་སེར་སྐྱ་དང་། བྱི་བ་སླུག་ཆུང་ཞེས་པའི་ཟླ་ཅིག་གིས་མཆོད་གཏོར་དང་ཞལ་ཟས་བརྐུས་ཤིང་མཆོད་པ་ཐར་ཐོར་དུ་བཏང་བས། སློམ་ཆེན་གྱིས་ཕོར་རྡེ་བཙུགས་ཏེ་ཟླ་ཅིག་གཉིས་བཟུང་རྗེས་རྣ་བ་དང་མཇུག་མ་བཅད་ཅིང་། ཁ་སྤུ་དང་སྨིན་མ་བསྲེགས་པ་ལ་སོགས་པའི་ཁྲིམས་གཅོད་བྱས་ཤིང་། བྱ་སྲེག་པ་དང་། བྱིའུ་མཆུ་རིང་། ལྐ་བྱ་གོང་མ། སྲི་མོ་སོགས་ཀྱིས་ཀྱང་འཚང་འབྲུ་བ་དང་ཁ་ཏ་བྱས་ཀྱང་། དེ་གཉིས་ཀྱིས་རང་ཉེས་ངོས་ལེན་མི་བྱེད་པར་མ་ཟད། ཅི་ཀུ་སྲེག་ཤོར་ལ་རྒྱབ་བརྟེན་ནས་སློམ་ཆེན་ལ་

① ཟླ་དཔལ་སྒྲུལ་དང་གཏམ་པདྨའི་ཚལ་གྱི་ཟློས་གར་སྐོར་རགས་ཙམ་གླེང་བ། [M]. མཚོ་སྔོན་སློབ་གསོ། 1992(2).

ཕྱིར་རྐོལ་བྱེད་དུ་འོངས་པ་ལ། སྒོམ་ཆེན་བཞུགས་སའི་བྲག་ཡོགས་ཀྱི་ཨོག་དཀར་གྱིས་ངར་སྐད་བཏོན་ཅིང་འཇིགས་རྫམ་བསྟན་པས། ཅོ་གུ་སྲེག་ཤོར་དཔའ་ཞུམ་ནས་བྲོས་བྱོལ་བྱས་ཤིང་ཛྫ་ཅོག་གཉིས་ཀྱང་འཇིགས་ནས་སྲོག་སྐྱབ་ཞུ་བ་དང་འགྱོད་བཤགས་བྱས་ལ། སྒོམ་ཆེན་གྱིས་སླར་ཡང་དེ་གཉིས་ལ་ཆོས་ཀྱི་སྙིང་མོ་དང་སླད་ཕྱིན་བརྐུ་བྱ་མི་རུང་བའི་ཞལ་བཟ་གནང་མཐར་ཅོ་གུའི་གནོད་སྐྱོན་མེད་ཅིང་དགེ་སྦྱོར་འཕེལ་བར་གྱུར་པ་དེ་ཡིན་མོད། དོན་དུ་དེ་ཡང་སྤྱི་ཚོགས་ཀྱི་སྐབས་བབ་ངེས་ཅན་ཞིག་ལ་དམིགས་ནས་རྩོམ་གནང་མཛད་པ་སྟེ། སྒྲུང་གཏམ་མཛད་པ་པོ་སྟང་མཛད་རྗེ་རྫེས་དེ་སྔ་པཎ་ཆེན་སྐུ་ཕྲེང་བདུན་པའི་ཡོངས་འཛིན་མཛད་དུས་རྟག་ཏུ"ངས་པཎ་ཆེན་མཆོག་རྗེ་ཙོང་ཁ་པ་ལྟ་བུ་ཞིག་ཏུ་འགྱུར་བ་བྱ་དགོས་བསམ་བྱུང་།" ཞེས་གསུངས་ཏེ། དཔེ་ཁྲིད་ཏ་ཅང་ནན་མོ་མཛད་ཅིང་སློག་ཟ་ཁོག་རུལ་གྱི་སེར་སྐྱ་དཔོན་རིགས་ལ་ཁ་རྟུང་དྲག་པོ་བཏང་བའི་རྐྱེན་གྱིས་དཔོན་ངན་ཟ་རྫམ་ཅན་དེ་དག་གིས་ཁོང་ལ་ཞེ་འཁོན་བཅངས་ནས་མཐར་སྤྱུགས་པས། ཁོང་རང་ཡོངས་འཛིན་ཆེན་པོ་ནས་དབེན་གནས་སྒོམ་ཆེན་ཞིག་ཏུ་གྱུར་ལ། 《ཛྫ་ཅོག་གི་གཏམ་རྒྱུད》ཀྱང་གཞིས་རྩེའི་ཤར་ངོས་ཀྱི་ལྡུགས་ཐང་བྲག་སྐྱ་སེང་གེ་ཕུག་ཅེས་པར་མཚམས་ལ་བཞུགས་པའི་བར་གསེང་དུ་དེ་སྟ་ཚུལ་དང་མི་མཐུན་པའི་དཔོན་རིགས་དེ་དག་གི་བསམ་སྦྱོར་ངན་པར་ཞེ་ལོག་ཅིང་རང་གི་ཐུགས་འདུན་མ་འགྲུབ་པར་སྐྱོ་བ་འཕེལ་བ་ལ་བརྟེན་ནས་རྩོམ་གནང་མཛད་པས། འཚང་འབྲིན་རང་བཞིན་དང་ཟུར་ཟ་རང་བཞིན་ཏ་ཅང་དྲག་པ་རེད།

གཞན། འཇམ་དབྱངས་བཞད་པ་འཇིགས་མེད་རྒྱ་མཚོའི་ཡོངས་འཛིན་དཀོན་མཆོག་རྒྱ་མཚོས་རྩོམ་གནང་མཛད་པའི《གཡག་ལུག་ར་ཕག་གི་གཏམ་རྒྱུད》དང་། དགའ་ལྡན་དགོན་པའི་ངག་དབང་མཁས་གྲུབ་ཀྱིས་རྩོམ་གནང་མཛད་པའི《བཙུན་པ་དང་ར་ལུག་སྣང་གསུམ་གྱི་འབེལ་གཏམ》གཉིས་ནི་མཛད་པ་པོ་དང་

དུས་ཐ་དད་ཡིན་ཀྱང་བརྗོད་བྱའི་དོན་ཕལ་ཆེར་མཚུངས་པ་སྟེ། གཡག་ལུག་ར་ཕག་སོགས་དུད་འགྲོ་རྣམས་ལ་སྨྲ་ཤེས་དོན་གོ་བའི་མི་གཤིས་ལྡན་པར་སྒྲོ་བཏགས་ཤིང་། འདོད་ཧམ་ཆེ་བའི་བླ་མ་དང་། དྲང་སྲོང་། སྔགས་པ། གྲྭ་པ་སོགས་ལ་ཁོ་ཚོ་སྒྲོག་ཐར་དུ་གཏོང་བའི་ཞུ་བ་ཞུས་པ་དང་། ཡོན་བདག་དང་། དྲང་སྲོང་། སྔགས་པ། གྲྭ་པ་སོགས་ཀྱིས་སྲིག་སྡོང་དགེ་སྒྲུབ་ཀྱི་རྫོད་པ་བྱེད་པའི་ཤུགས་ནས་ལུས་ལ་སྟོན་པའི་ན་བཟའ་གོན་ཞིང་ཁ་ནས་སེམས་ཅན་ཐམས་ཅད་བདེ་བ་དང་བདེ་བའི་རྒྱུ་དང་ལྡན་པར་གྱུར་ཅིག སེམས་ཅན་ཐམས་ཅད་སྡུག་བསྔལ་དང་སྡུག་བསྔལ་གྱི་རྒྱུ་དང་འབྲལ་གྱུར་ཅིག་ཅེས་གཞན་ཕན་གྱི་ལས་ལ་བརྩོན་པའི་སྐྱེས་བུ་དམ་པ་ཡིན་ཁུལ་བྱེད་ཀྱང་། དོན་དུ་རང་གི་ཤ་ཁྲག་གི་སྲེད་པ་འཚིམ་པའི་ཆེད་དུ་དུད་འགྲོ་གཞན་གྱི་བདེ་སྡུག་ལྟ་ཅི། ཐ་ན་དེ་དག་གི་ཚེ་སྲོག་ལའང་ཅི་མི་སྙམ་པར་ཚུལ་མིན་ལུགས་འགལ་གྱི་ཉེས་སྤྱོད་ཧམ་དབང་གང་དང་ཅི་ཡང་བྱེད་པའི་ཚུལ་འཆོས་མཁན་གྱིས་ཁྲིམས་འགལ་ལུགས་དཀྲུག་གི་སྤྱོར་བ་ཚབས་པོ་ཆེ་མངོན་གསལ་གང་སར་བྱེད་པ་དེ་དག་གི་ངན་མཚང་དྲངས་ནས་འབྱིན་པའི་དུས་མཚུངས་སུ། སྐྱེ་བོ་ཀུན་ལ་ལེགས་ཉེས་དཔྱོད་ཅིང་། བྱ་དངོས་ཐམས་ཅད་ཀྱི་ཉེས་དམིགས་དང་ཕན་ཡོན་གསལ་འབྱེད་བྱེད་དགོས་པར་གསལ་འདེབས་བྱས་པ་དེར་ཡང་ཤུགས་སྟོན་གྱི་བྱུང་བ་བྱེ་བྲག་པ་ཞིག་ཡོད་མེད་གསལ་པོར་མ་ངེས་མོད། སྐབས་དེའི་སྤྱི་ཚོགས་ཀྱི་སྣང་ཚུལ་ངེས་ཅན་ཞིག་ལ་དམིགས་པ་སྨོས་ཅི་དགོས།

དཔེ་དེ་བཞིན་དུ་བོན་གྲོང་པ་ཚེ་བརྟན་ཡེ་ཤེས་ཀྱིས་མཛད་པའི《ཇ་ཆང་ལྷ་མོའི་བསྟན་བཅོས》ལ་མཚོན་ནའང་། ཚིག་ངོས་ཀྱི་ནང་དོན་ནི་མི་གཤིས་ཅན་གྱི་ཇའི་ལྷ་མོ་ཤེས་རབ་སྒྲོལ་མ་དང་ཆང་གི་ལྷ་མོ་བདེ་ལྡན་བདུད་རྩི་ཞེས་པ་གཉིས་ཀྱིས་རྒྱལ་པོ་འཁོར་དང་བཅས་དགྱེས་སྐྱེམས་སྟོན་མོར་རོལ་བའི་སྐབས་སུ་རང་ཕྱོགས་དགུང་ལ་བསྟོད་ཅིང་གཞན་ཕྱོགས་དམན་པར་འཕྱ་བའི་ཁ་འཐབ་ཤགས་འགྲེད་བྱས་པ་

ལ། རྒྱལ་པོས་དྲང་བདེན་གྱི་དཔྱད་མཚམས་བཏང་ཞིང་ཕྱིན་ཆད་འཆམ་མཐུན་དང་འགྲོགས་མཁས་བྱེད་པའི་བཀའ་བསྒྲུབ་བས། ཛ་ཆང་ལྷ་མོ་གཉིས་ཀྱིས་ཀྱང་དཔྱད་ཁྲ་དང་ལེན་བྱེད་པའི་ཆོད་ཡིག་ཕུལ་བའི་གཏམ་རྒྱུད་ཡིན། བསྟན་བཅོས་འདིའི་མཛད་པ་པོ་བོན་གྲོང་པ་ཚེ་བརྟན་ཡེ་ཤེས་ནི་དུས་རབས་བཅུ་བདུན་པའི་སྨད་ཙམ་དུ་སྐུ་འཁྲུངས་ཤིང་སྡེ་སྲིད་སངས་རྒྱས་རྒྱ་མཚོའི་སྐབས་སྲིད་གཞུང་གི་ཞབས་འབྲིང་ཡང་མཛད་མྱོང་ལ། སྐབས་དེ་ནི་བོད་སོག་མཆོད་ཡོན་གྱི་བར་དང་། དབང་མཛད་མི་སྣ་ནང་ཁུལ་བར། ཆོས་ལུགས་གྲུབ་མཐའ་བར། དབང་མཛད་པ་དང་འབངས་མི་བར་བཅས་སུ་འགལ་བ་མང་ཞིང་འབྲེལ་བ་རྙོག་འཛིང་ཆེ་བའི་ཟང་ཟིང་གི་དུས་སྐབས་ཤིག་ཡིན་པས། འདི་ལ་སྤྱི་ཚོགས་དངོས་ཀྱི་ནང་དོན་བྱེ་བྲག་ཅིག་ཀྱང་ཡོད་སྲིད་མོད། འབྲེལ་ཡོད་དཔྱད་གཞིའི་ཡིག་རིགས་འབད་པས་བཙལ་ཀྱང་མ་རྙེད་པས་རེ་ཞིག་མི་བསྒྱུར་ཐབས་མེད་བྱུང་། དེས་ན་འདིའི་ཚིག་དོན་གྱི་མཚོན་དོན་གཙོ་བོ་ནི། ཛ་ཆང་ལྷ་མོ་གཉིས་ཀྱིས་རང་རྒྱལ་གཞན་ཕམ་ཁོ་ནའི་དོན་དུ་རང་གི་བྱུང་རབས་དང་། རང་བཞིན། བྱེད་ནུས། གོ་གནས་སོགས་ལ་མངོན་པར་བསྟོད་པ་དང་། གཞན་གྱི་ཉེས་སྐྱོན་ལ་དམན་པར་འཕྱ་ཞིང་ཟུར་ཟ་བྱེད་པའི་ཁ་ཐབས་ཤགས་འགྲེད་ལས་སྐབས་དེའི་སྤྱི་ཚོགས་ཀྱི་རྙོག་འཛིང་ཆེ་བའི་འགལ་འབྲེལ་སྣ་ཚོགས་མཚོན་ཞིང་། དཔོན་རིགས་མི་སྣ་རྣམས་ཀྱི་གཡོ་སྒྱུ་ཁྲམ་གསུམ་གྱི་བསམ་སྦྱོར་དང་བག་མེད་ལོངས་སྤྱོད། ཉལ་སྲུངས་ཐ་ཤལ་ཅན་གྱི་འཚོ་བའི་སྤྱོད་ཚུལ་སོགས་ཐེར་འདོན་དང་དེ་ལ་དགག་རྒྱག་ངེས་ཅན་མཛད་པ་དང་ཆབས་ཅིག ད་ལྟའང་ཆང་རག་བག་མེད་དུ་སྤྱོད་ཅིང་ཤ་སྨུག་ཁོ་ནའི་ལས་ཀྱིས་དུས་འདའ་བའི་སྐྱེ་བོ་རྣམས་ལ་ཆང་རག་དང་ཤ་སྨུག་ནི་ཉེས་བརྒྱའི་རྩ་བ་ཡིན་པའི་བསླབ་བྱ་ཟབ་མོའང་གནང་འདུག

རྒྱལ་པོས་ཛ་ཆང་ལྷ་མོ་གཉིས་ཀྱི་རྩོད་རྙོག་ལ་ནན་གྱིས་གསན་ཅིང་ཞིབ་པར་

བརྟགས་པ་དང་། ཉེ་རིང་དང་ཕྱོགས་རིས་མེད་པའི་སྒོ་ནས་དྲང་བདེན་དཔྱད་མཚམས་བཏང་བར་བརྗོད་པ་ནི་བསྟན་བཅོས་འདི་རྩོམ་པའི་དགོས་པ་གཙོ་བོ་སྟེ། རྩོམ་པ་པོས་རང་གི་བུ་རབས་ཚ་རྒྱུད་དང་བཅས་པའི་གཞུང་ཞབས་དཔོན་རིགས་རྣམས་ལ་དྲང་བདེན་དཔྱད་མཚམས་གཏོང་དགོས་པའི་ཁ་ཏ་བསླབ་བྱ་གནང་བ་དང་། དེའི་ཤུགས་ནས《མི་དབང་རྟོགས་བརྗོད》ལས། བོན་གྲོང་པ"ཚེ་བརྟན་ནི་གཞོན་ནུ་དུས་ནས་ཐ་སྙད་ཀྱི་རིག་པ་ལ་མངོན་པར་བྱང་ཆུབ་པར་བྱས་ཤིང་། རྣམ་པར་དཔྱོད་པའི་བློ་གྲོས་དང་ལྡན་པ། སྒྱུ་མེད་པ་དྲང་པོའི་རང་བཞིན་ཅན་གྱིས་ རྗེ་འབངས་བར་དུ་བྱ་བ་སྒྲུབ་མཁས་པ་ཞིག་ཡིན།" ཞེས་པ་བཞིན། ཁོང་རང་རྣམ་དཔྱོད་ཀྱི་བློ་གྲོས་རྣོ་ཞིང་གཞུང་རྒྱུད་དྲང་ལ། རང་གཞིས་བཟང་ཞིང་ཉེ་རིང་མེད་པའི་སྤྱོད་ལམ་བཟང་པོའང་དང་གིས་མཚོན་ཡོད།

གཉིས་པ། རབ་རྟོག་སྒྲུང་གཏམ་གྱི་སྒྱུ་རྩལ་ཁྱད་ཆོས།

དགའ་ལྡན་ཕོ་བྲང་གིས་བོད་ས་གནས་ལ་དབང་སྒྱུར་བའི་དུས་སུ་ཕྱི་ནང་གཉིས་སུ་དམག་འཁྲུག་དང་དུས་ཟིང་མང་དུ་བྱུང་ཞིང་། དཔོན་རིགས་མི་སྣ་ནང་ཁུལ་གྱི་འབྲེལ་བ་རྙོག་འཛིང་ཅན་དུ་གྱུར་པས། སྐབས་དེའི་ལོ་རྒྱུས་ཀྱི་དོན་རྐྱེན་དང་སྤྱི་ཚོགས་ཀྱི་སྣང་ཚུལ་བརྗོད་པའམ་དེར་གདེང་འཛོག་བྱེད་པ་དང་། ཁྱད་པར་དུ་ཚུལ་དང་མི་མཐུན་པའི་མི་དང་བསམ་སྤྱོར་ངན་པ་སྣ་ཚོགས་ཐད་ཀར་དམར་རྗེན་དུ་དྲངས་ནས་འབྲིན་པ་དང་། ཡང་ན་ཐད་ཀར་མངོན་སུམ་དུ་དགག་རྒྱག་བྱེད་མི་འོས་པའི་སྤྱི་ཚོགས་ཀྱི་ཆ་རྐྱེན་འོག མིའི་རིགས་སྤྲོག་ཆགས་ལ་དགའ་ཞིང་བརྩེ་བའི་རང་གཤིས་དང་བསྟུན་ནས་བསྟོད་པ་དང་དམད་པར་བྱ་བའི་མི་རྣམས་ཀྱི་བསམ་བློ་དང་སྤྱོད་ལམ། དགའ་སྐྱོ་ཆགས་སྡང་སོགས་སེམས་ཀྱི་འགྱུར་བ་བཅས་

སྲོག་ཆགས་དང་དངོས་པོ་གང་ཙུང་ཞིག་ལ་ཡོད་པར་སྒྲོ་བཏགས་ཏེ་བརྗོད་པར་མ་ཟད། སེམས་ལྡན་གྱི་སྲོག་ཆགས་དང་སེམས་མེད་ཀྱི་དངོས་པོ་དེ་དག་གི་གསོན་ཉམས་ལྡན་པའི་སྣང་བརྙན་བཀོད་པ་ལ་བརྟེན་ནས་བརྗོད་དོན་མཚོན་པར་བྱེད་ཆེད། སེམས་ལྡན་སྲོག་ཆགས་ཀྱི་སེམས་ཁམས་དང་། སྐད་ཆ། བྱ་སྤྱོད། སེམས་མེད་དངོས་པོའི་རང་བཞིན་དང་། བྱེད་ནུས། ཁྱད་ཆོས་སོགས་ཞིབ་འབྲི་ངེས་ཅན་རེ་བྱས་ཤིང་། སྔོས་སུ་མི་སྣ་ཕན་ཚུན་ལབ་གླེང་བྱས་པའི་སྐད་ཆ་ཞིབ་འབྲི་གང་ལེགས་བྱས་པ་དང་། ཡུལ་བཀོད་ཀྱང་སྤྱིར་བཏང་གི་དམངས་ཁྲོད་གཏམ་རྒྱུད་ལས་མང་ཙམ་ཞིབ་འབྲི་བྱས་པས། མི་སྣ་གཙོ་བོ་མི་གཉིས་ལྡན་པའི་སྲོག་ཆགས་ཡིན་པ་དང་། གྲུབ་ཆ་གཙོ་བོ་བྱུང་རིམ་བརྗོད་པ་དང་སྐད་ཆ་ཞིབ་འབྲི་བྱེད་པ་ཤས་ཆེ་བ། ཁྱད་ཆོས་གཙོ་བོ་ངོ་མཚར་དང་དགའ་བའི་ཉམས་ཆེ་བའི་རབ་རྩོམ་སྒྲུང་གཏམ་བྱུང་བ་ཡིན། དེ་ལྟ་བུའི་རབ་རྩོམ་སྒྲུང་གཏམ་ལ་སྒྱུ་རྩལ་གྱི་ཁྱད་ཆོས་འགའ་ཡོད་པ་གཤམ་གསལ།

1. རབ་རྩོམ་གྱི་རྩོམ་ཐབས་སྤྱད་པས་མཚར་བའི་བློ་ཉམས་ཆེ་བ།

སྐབས་དེའི་རྩོམ་པ་པོ་རྣམས་རིག་གནས་ཆེ་ཆུང་ཀུན་ལ་མཁྱེན་པ་རབ་ཏུ་རྒྱས་པའི་མཁས་པ་ཆེན་པོ་ཡིན་པར་མ་ཟད། སྤྱི་ཚོགས་ཀྱི་བྱུང་བ་དང་འཚོ་བར་འདྲིས་ཆ་ཆེ་ཞིང་ཁོར་ཡུག་གི་རི་དྭགས་དང་བྱ་བྱིའུ། དུད་འགྲོ་སོགས་ཀྱི་རྣམ་འགྱུར་ལ་གཟིགས་དཔྱོད་མཛད་པ་ཏ་ཅང་ཞིབ་ཐོག་ཕུན་སུམ་ཚོགས་པའི་འཆར་སྣང་དང་འཕྲོག་བརྗོད་ཀྱི་ཐབས་ལ་བརྟེན་ནས། སྨྲ་ཤེས་དོན་གོ་བའི་མི་རྣམས་ཀྱི་རང་གཤིས་དང་། དགའ་སྐྱོ་ཆགས་སྡང་སོགས་སེམས་ཀྱི་སྣང་བ་དང་ལུས་ཀྱི་རྣམ་འགྱུར་རྣམས་སྲོག་ཆགས་གཞན་པ་དང་དངོས་པོ་གང་ཙུང་ལ་སྤྲུར་ནས་མཚོན་པར་བྱེད་པ་སྟེ། བྱ་དང་སྤྲེའུ་ཚོགས་ཀྱི་བར་དུ་ས་ཆུ་རྩོད་གླེང་བྱུང་བའི་ལོ་རྒྱུས་དང་། པདྨའི་ཚལ་གྱི་ཟིལ་མངར་ལ་གང་དགར་རོལ་བའི་བུང་བ་ཁྲོ་ཤུག་ལ་ཆར་

པ་བུ་ཡུག་གི་རྒྱེན་ངན་བྱུང་ཚུལ། རྫ་ཅིག་དང་སྔོམ་ཆེན་པའི་བར་དུ་བྱུང་བའི་རྒྱུད་དོན། གཡག་ལུག་ར་ཕག་སོགས་ཀྱིས་སྲོག་སྐྱབ་ཞུས་ཀྱང་ཤ་ཁྲག་ལ་རྫམ་པའི་ཆོས་པ་དག་གིས་གསོད་དུ་བཙུག་པའི་གཏམ་རྒྱུད། ཇ་ཆང་གཉིས་ཀྱིས་རང་བསྟོད་གཞན་དམད་ཀྱི་ཤགས་འགྱེད་སོགས་ཞིབ་འབྲི་གསོན་ཉམས་ལྡན་པ་བྱས་པས། བརླགས་ཤིང་ཉན་ན་ཁྱད་དུ་འཕགས་ལ་མཚར་ཞིང་སྤྲོ་བའི་རི་མོ་ཅི་ཡང་མངོན་པའི་སྒྱུ་རྩལ་གྱི་ནུས་པ་དང་རོལ་སྦྱོང་གི་རིན་ཐང་ཆེན་པོ་ལྡན།

2. མི་སྣའི་སྐད་ཆ་སླུ་ཏུ་བརྩམས་པས་མི་རིགས་རང་གི་ཁྱད་ཆོས་གསལ་བ།

ཆོས་རྗེ་ས་པཎ་གྱིས"མཁས་བླུན་སྐྱེས་པ་བུད་མེད་སོགས་ཀུན་ལ་མཛེས་པ་རོལ་མོ་ཡིན"ཞེས་པ་བཞིན་རོལ་དབྱངས་ལ་དགའ་སྐྱོ་ཆགས་སྡང་སོགས་སེམས་ཀྱི་འགྱུར་བ་མཚོན་པའི་མཛེས་དཔྱོད་ཀྱི་ནུས་པ་ཁྱད་དུ་འཕགས་པ་ལྡན་པས། དེ་སྔ་བཙན་པོའི་དུས་ནས་རྒྱལ་བློན་རྣམས་ཀྱི་སྲིད་ཀྱི་འདུན་མ་སྟུད་པ་དང་། དཀྱིས་སྐྱིམས་ཀྱི་སྟོན་མོར་རོལ་བའི་དུས་སུ་བཙན་པོའི་ངོ་སོ་བསྟོད་པ་དང་། རང་གི་ལག་རྗེས་ངོམ་པ། གཞན་ལ་ཟུར་ཟ་བྱེད་པ། ཀུན་ལ་ཐ་ཚིག་སྒྲོག་པ། སྲིད་ཀྱི་བགྲོ་གླེང་བྱེད་པ། ཐ་ན་གསང་བའི་སྐད་འཕྲིན་ཡན་ཆད་དབྱངས་རྟ་གང་ལ་གང་འཚམ་དུ་དྲངས་ནས་བརྗོད་པའི་སྲོལ་ཡོད་ཅིང་། རབ་རྟོག་སྒྲུང་གཏམ་འདི་དག་རྩོམ་གནང་མཛད་དུས་དགོན་སྡེ་དང་གོང་གྲས་མི་སྣ་མ་གཏོགས་ཡི་གེ་ཤེས་མཁན་ཆེར་མེད་པས། བསྟན་བཅོས་དེ་དག་འགྲེམ་སྤེལ་བྱེད་པའི་ཐབས་ལམ་དེ་ཡང་ཡིག་ཐོག་ཁོ་ན་ཙམ་མ་ཡིན་ཏེ། ངག་ཐོག་ཏུ་འཆད་ཀྱིར་བྱེད་རྒྱུའང་འགྲེམ་སྤེལ་གྱི་ཐབས་ལམ་གཙོ་ཤས་ཡིན། དེས་ན་སྲོལ་རྒྱུན་དུ་གྲུབ་པའི་སྐད་ཆའི་བརྗོད་སྟངས་དང་སྒྲུང་གཏམ་འགྲེམ་སྤེལ་གྱི་དགོས་མཁོ་དང་འཕྲོད་པ་ནི་སྐད་ཆ་ཞིབ་འབྲི་བྱེད་པ་དང་དེ་དབྱངས་སུ་གྱུར་ནས་བརྗོད་རྒྱུ་དེ་ཡིན་པས། དབྱངས་རྟ་ངེས་ཅན་དང་འཕྲོད་པའི་མི་སྣའི་སྐད་ཆ་ནི་རབ་རྟོག་སྒྲུང་གཏམ་གྱི་གྲུབ་ཆ་གཙོ་

པོར་གྱུར་པར་མ་ཟད། བོད་རང་གི་སྐད་ལ་རང་བཞིན་དུ་གྲུབ་ཅིང་རྒྱུགས་ཆེ་བའི་ངང་ཚུལ་སྟོན་པའི་རྒྱན་དང་། བསྐོར་བའི་རྒྱན། མང་པོའི་དཔེ་སོགས་ཚིག་རྒྱན་དང་གཏམ་དཔེ་སྣ་ཚོགས་ཀྱིས་ཀུན་ནས་སྤྲས་པས། ཚིག་སྦྱོར་གོ་བདེ་ཞིང་བབ་ཆགས་པ་དང་། ཉམས་ཆེ་ལ་མི་རིགས་ཀྱི་ཁྱད་ཆོས་མངོན་པར་གསལ་བ་ཡིན། དབྱངས་ཧྲ་ངེས་ཅན་ཞིག་དང་འཕྲོད་པའི་མི་སྣའི་སྐད་ཆ་ཞིབ་འབྲི་བྱེད་པ་ནི་རབ་རྟོག་སྒྲུང་གཏམ་གྱི་ཁྱད་ཆོས་གཙོ་བོ་ཞིག་ཡིན་པར་མ་ཟད། དེ་ཉིད་སྒྲུང་གཏམ་དུ་འགྱུར་བའི་རྒྱུ་རྐྱེན་གལ་ཆེན་ཞིག་ཏུའང་གྱུར།

3. མི་སྣའི་སྣང་བརྙན་གཞིབ་སྡུར་བྱས་པས་ལེགས་ཉེས་ཀྱི་དབྱེ་བ་གསལ་བ།

རབ་རྟོག་སྒྲུང་གཏམ་དུ་མི་གཤིས་ལྡན་པའི་སྤྲོག་ཆགས་དང་དངོས་པོ་རྣམས་ཀྱི་བསམ་པ་དང་སྤྱོད་ལམ་སོགས་ཕན་ཚུན་གཞིབ་སྡུར་བྱས་ནས་བཟང་ངན་གྱི་དབྱེ་བ་གསལ་པོར་འབྱེད་པ་དང་། སྒོས་སུ་འགྲོ་བ་མི་དང་གཞིབ་སྡུར་བྱས་ཏེ་ཚུལ་དང་མི་མཐུན་པའི་མི་ཁ་ཤས་ཀྱི་བསམ་པ་དང་སྤྱོད་ལམ་ནི་སྤྲོག་ཆགས་དུད་འགྲོ་ལའང་མི་དོ་བར་བསྟན་པ་སྟེ། 《བྱ་སྤྲེལ་གཏམ་རྒྱུད》ཁྲོད་ཀྱི་བྱ་དང་སྤྲེའུ་གཉིས་ལས་སྤྲེའུ་ཚོགས་ནི་ཧམ་སེམས་ཆེ་ཞིང་བྱ་སྤྱོད་རྩུབ་པ་དང་། 《རྫ་ཅིག་གི་གཏམ་རྒྱུད》ཁྲོད་ཀྱི་ཅི་གུ་སྲིག་ཤིར་དང་ཨོག་དཀར་གཉིས་བསྡུར་ན་ཅི་གུ་སྲིག་ཤིར་ནི་ང་རྒྱལ་ཆེ་ཞིང་སྤྱོད་ལམ་རྩུབ་པ། ཕོག་པའི་ལས་ལ་གྲོགས་བྱེད་པར་དགའ་བའི་བྱ་ཞིག་ཡིན་པ་དང་། ཨོག་དཀར་ནི་མཐུ་སྟོབས་ཆེ་ཞིང་ངན་པའི་གཉའ་གནོན་པ་དང་དྲང་བདེན་ལ་སྐྱོངས་གྲོགས་བྱེད་པའི་བྱ་ཞིག་ཡིན་པར་བསྟན་ཡོད། 《བཙུན་པ་དང་ར་ལུག་གླང་གསུམ་གྱི་འབེལ་གཏམ》ལས། དགེ་སློང་བཙུན་པ་དང་ར་ལུག་གླང་གསུམ་གྱི་ཆོས་ཀྱི་རྩོད་གླེང་ཞིབ་འབྲི་བྱེད་པ་བརྒྱུད་ནས། དགེ་སློང་བཙུན་པ་དེས་བྱང་ཆུབ་སེམས་དཔའི་སྡོམ་པ་དང་བཙུན་པ་རབ་བྱུང་བའི་སྡོམ་པ་བླངས་ཡོད་ཀྱང་དམ་ཚིག་ཚུལ་བཞིན་སྲུང་གི་མེད་པ་ར་ལུག་གླང་གསུམ་ལས་ཀྱང་དམན་པར་

བསྟན་པས། ལེགས་ཉེས་ཀྱི་དབྱེ་བ་གསལ་ཞིང་སློབ་གསོའི་ནུས་པ་ཆེ་བ་ཡིན།

4. མི་སྣའི་སྣང་བརྙན་བརྟོད་པ་གསོན་ཉམས་ལྡན་པས་ཡིད་འགུག་གི་ནུས་པ་ཆེ་བ།

རབ་རྩོམ་སྙན་གཏམ་དག་གི་མཛད་པ་པོས་རང་རང་གི་བརྗོད་འདོད་བསམ་བློ་བསྐོར་ནས་བརྗོད་པའི་ཆེད་དུ་མི་གཤིས་ཅན་གྱི་འདབ་ཆགས་བྱ་དང་། རི་སྐྱེས་སྲོག་ཆགས། དུད་འགྲོ་རྗོག་ཆགས། སེམས་མེད་ཀྱི་དངོས་པོ་བཅས་ཀྱི་སྒོ་ནས་མཚོན་པར་བྱེད་པ་མ་ཟད། མཚོན་བྱེད་སྲོག་ཆགས་ཀྱི་ཁྱད་ཆོས་དང་རྣམ་འགྱུར་དེ་མཚོན་བྱ་མིའི་བསམ་བློ་དང་གཤིས་ཀ་དང་ཀུན་ནས་མཐུན་ཞིང་འཕྲོད་ཐོག དེ་དག་གང་ལ་གང་འཚམ་གྱིས་ཟུང་དུ་སྦྲེལ་བའི་སྒོ་ནས་འཇིག་རྟེན་གྲགས་ཚོད་ལས་འདས་པའི་སྒྱུ་རྩལ་སྣང་བརྙན་ལེགས་པོར་བརྟོད་ཡོད། དེ་ཡང《བྱ་སྤྲེལ་གཏམ་རྒྱུད》ཁྲོད་ཀྱི་སྤྲེའུ་ཨ་ལི་མའི་དཔའ་རྩལ་ཆེ་ཞིང་ང་རྒྱལ་གྱིས་ཁེངས་པ། འབྲུག་རྫོང་ལ་དགའ་ཞིང་ཁ་ཕོ་ཆེ་བའི་སྣང་བརྙན་དང་། ཁྱིམ་བྱ་དེ་ཕོའི་བློ་གྲོས་རྣོ་ཞིང་དྲང་བདེན་འཛིན་པ། ངང་རྒྱུད་བརྟན་ཞིང་སྨྲ་བརྗོད་ལ་མཁས་པའི་སྣང་བརྙན། 《གཏམ་པདྨའི་ཚལ་གྱི་ཟློས་གར》ཁྲོད་ཀྱི་ལང་ཚོའི་དཔལ་གྱིས་ཀུན་ནས་མཛེས་ཤིང་འཇིག་རྟེན་འཁོར་བར་མངོན་པར་ཕྱོགས་ལ། ཁྱི་ཤུག་ཕན་ཚུན་ལ་བརྩེ་འདུང་ཆེ་བའི་བུང་བ་ཁྱི་ཤུག་གི་སྣང་བརྙན། 《ཇ་ཅིག་གི་གཏམ་རྒྱུད》ཁྲོད་ཀྱི་གཤིས་རྒྱུད་དམན་ཞིང་བྱ་བྱེད་མང་བ། འཁོན་སེམས་ཆེ་ཞིང་གཡོ་སྒྱུ་དྲག་པའི་ཇ་ཅིག་གི་སྣང་བརྙན། 《གཡག་ལུག་ར་ཕག》ཁྲོད་ཀྱི་དགོར་ནོར་ལ་འདོད་ཞེན་ཆེ་ཞིང་ཤ་ཁྲག་ལ་སྲེད་པ་འབར་བ། ཚུལ་འཆོས་ཀྱི་ལས་ལ་མཁས་ཤིང་དམ་ཚིག་ཚུལ་བཞིན་མི་སྲུང་བའི་བརྫུན་པ་རབ་བྱུང་བ་སོགས་ཀྱི་སྒྱུ་རྩལ་སྣང་བརྙན་ལྟ་བུ་སྟེ། བསླགས་མ་ཐག་ླྀློག་བརྙན་ལ་ལྟ་བ་བཞིན་མིག་ལམ་དུ་གསོན་ཉམས་ལྡན་པའི་སྣང་བརྙན་ཅི་ཡང་མངོན་པར་འཆར་བར་མ་ཟད། རང་བྱུང་ལྷུན་གྲུབ་ཀྱི་སྣང་བ་སྐྱེར་བས་ཡིད་འགུག་གི་ནུས་པ་ཆེ་བའོ། །

གོང་གསལ་ཁྱད་ཆོས་བཞི་ནི་རབ་རྟོག་སྒྲུང་གཏམ་གྱི་རྩོམ་སྟངས་ཐད་ཀྱི་ཁྱད་ཆོས་སམ་ཡོན་ཏན་ཡིན་ལ། ང་ཚོས་ངེས་པར་སློབ་སྦྱོང་དང་རྒྱུན་འཛིན་བྱ་དགོས་པའི་གནད་དམ་པའང་ཡིན་མོད། བརྩམས་ཆོས་གང་ཞིག་ཡིན་རུང་དུས་རབས་ངེས་ཅན་ཞིག་གི་སྤྱི་ཚོགས་ཀྱི་གནས་བབ་ལ་ཁ་གཏད་ཅིང་དུས་རབས་དེའི་རྩོམ་སྲོལ་དང་བླང་བྱ་ལྟར་བརྩམས་པས། དུས་རབས་ཀྱི་ཁྱད་ཆོས་དང་ཚོད་བཀག་ཡོད་པ་ལྟར་དགའ་ལྡན་ཕོ་བྲང་དུས་ཀྱི་རབ་རྟོག་སྒྲུང་གཏམ་ལའང་དེང་རབས་ཀྱི་བསམ་བློ་དང་རྩོམ་པའི་བླང་བྱ་ལྟར་བརྟགས་ན་མི་འོས་པའི་ཞན་ཆ་ཏོག་ཙམ་ཡང་མེད་པ་མ་ཡིན་སྟེ། དཔེར་ན། 《བྱ་སྤྲེལ་གཏམ་རྒྱུད》རྩོམ་པའི་དགོས་པ་གཙོ་བོ་ཞིག་ནི་སྤྲེའུ་ཚོགས་ཀྱིས་འདབ་ཆགས་ཀྱི་མངའ་ཁོངས་ལ་བཙན་འཛུལ་བྱས་པའི་མ་རུངས་པའི་བྱ་སྤྱོད་དང་འདབ་ཆགས་ཀྱི་ས་ཆ་ཟུར་གསུམ་ཞིག་སྤྲེའུ་ཚོགས་ལ་བྱིན་ནས་དྲང་བདེན་མིན་པའི་ཆིངས་ཡིག་བཞག་པ་དེར་དགག་རྒྱག་འཚང་འབྱིན་མཛད་རྒྱུ་དེ་ཡིན་བཞིན་དུ་དྲང་བདེན་མིན་པའི་ཆིངས་ཡིག་དེ་འདྲ་བཞག་རྗེས་བཀྲ་ཤིས་པའི་དགེ་མཚན་དུ་མ་བྱུང་བར་བྲིས་པ་ནི་འགལ་བར་གྱུར་པ་སྟེ་ཞན་ཆ་ཡིན་ལ། 《གཏམ་པདྨའི་ཚལ་གྱི་ཟློས་གར》དུ་སྲིད་ཆུང་ཁྲོ་ཤུག་གཉིས་གློ་བུར་རྐྱེན་ངན་དང་ཕྲད་དེ་བྲལ་བའི་ཚུལ་བཀོད་ནས་འཁོར་བ་ནི་སྡུག་བསྔལ་ཀུན་གྱི་འབྱུང་གནས་ཡིན་ཞིང་དེ་ལས་ཐར་ནས་དུས་གཏན་གྱི་བདེ་བ་སངས་རྒྱས་ཀྱི་གོ་འཕང་འཐོབ་པར་བྱེད་ན་དམ་པའི་ཆོས་བསྒྲུབ་དགོས་པར་བསྟན་པ་ནི་དེང་གི་དུས་དང་ཚེ་འདིའི་བདེ་བ་དོན་དུ་གཉེར་མཁན་གྱི་རྣ་བར་དེ་འདྲ་མི་སྙན། ཡང་། 《རྫ་ཅོག་གི་གཏམ་རྒྱུད》ཁྲོད་ཀྱི་སྒོམ་ཆེན་ཚུལ་ཁྲིམས་ཟེར་བ་དེ་དྲང་ཕྱོགས་ཀྱི་མི་སྣ་གཙོ་བོ་ཞིག་ཡིན་བཞིན་དུ་མཆོད་གཏོར་དང་ཞལ་ཟས་བརྐུས་པའི་རྫ་ཅོག་གཉིས་བཟུང་རྗེས་སྤུ་གྲིས་རྣ་བ་དང་མཇུག་མའི་རྩེ་ནས་བཅད་པ་དང་། བཞུ་མར་གྱིས་ཁ་སྤུ་དང་སྨིན་མ་བསྲེགས་པ་ནི་འཇིག་རྟེན་བྱ་བ་བློས་བཏང་བའི་སྒོམ་ཆེན་པ་ཞིག་གི་

མཛད་སྒྲོད་མིན་པ་སོགས་ལྷ་བུའོ། །

གསུམ་པ། རབ་རྩོམ་སྙན་ངག་གི་ཁྱད་ཆོས།

དུས་སྐབས་འདིའི་རབ་རྩོམ་སྙན་ངག་ལ་གོང་གསལ་གྱི་སྤྱི་རྩལ་ཁྱད་ཆོས་སམ་ཡོན་ཏན་བཞི་དང་ལྡན་པ་ནི་ཕྱི་རབས་རྩོམ་པ་པོ་རྣམས་རབ་རྩོམ་རྩོམ་རིག་ལ་བློ་འཇུག་པའི་རྒྱུ་རྐྱེན་གཙོ་བོར་གྱུར་པ་དང་། དུས་སྐབས་འདིའི་རྩོམ་པ་མཛད་མཁན་རྣམས་ཀྱིས་བོད་རང་གི་སྲོལ་རྒྱུན་གྱི་རབ་རྩོམ་གནས་རྒྱུད་དང་དེའི་རྩོམ་སྟངས་རྒྱུན་འཁྱོངས་མཛད་ཅིང་། རྒྱ་གར་གྱི་རབ་རྩོམ་གནས་རྒྱུད་སྣ་ཚོགས་དང《སྙན་ངག་མེ་ལོང》ལས་བསྟན་པའི་འགྲེལ་ཡོད་གཞུང་ལུགས་ལ་ཟུར་ལྟ་མཛད་ནས་དུས་རབས་ཀྱི་ཁྱད་ཆོས་ལྡན་པའི་རབ་རྩོམ་སྙན་ངག་མང་པོ་རྩོམ་གནང་མཛད་པ་དེས་དེང་རབས་ཀྱི་རྩོམ་པ་པོ་རྣམས་ལ་སྲོལ་རྒྱུན་རྩོམ་རིག་དང་དེང་རབས་ཀྱི་རྩོམ་རིག་གཞུང་ལུགས་ཟུང་དུ་སྦྲེལ་ནས། དུས་རབས་གསར་པའི་སྤྱི་ཚོགས་ཀྱི་བབ་དང་མཐུན་པའི་སྙན་ངག་རྩོམ་པར་ཉམས་མྱོང་འདོན་སྤྲོད་བྱས་པ་དང་། སྲས་འགེབ་ཀྱི་སྒོ་ནས་སྤྱི་ཚོགས་སྙིང་གི་ཚུལ་དང་མི་མཐུན་པའི་བྱ་ངན་སྤྱོད་ངན་ལ་འཚང་འབྲིན་དགག་རྒྱག་བྱེད་ཅིང་། རྩེད་མཚར་གྱི་སྒོ་ནས་སྤྱི་ཚོགས་ཀྱི་སྣང་ཚུལ་ངན་པར་ཟུར་ཟ་དང་དེ་བཀག་འགོག་བྱེད་པར་མ་དཔེ་བསྟན་པའི་རྐྱེན་གྱིས། ད་ང་གི་ཀྲུང་ཧྭ་ཚང་འཛོམས་གྲོས་ཚོགས་ཐེངས་གསུམ་པའི་ཚུན་གྱི་དུས་སྐབས་གསར་པའི་རྩོམ་པ་པོ་རྣམས་ཀྱིས་ཀྱང་དགའ་ལྡན་ཕོ་བྲང་དུས་ཀྱི་རབ་རྩོམ་སྙན་ངག་གི་རྩོམ་སྲོལ་གྱི་རྒྱུན་བསྐྱངས་ཐོག་དེང་རབས་སྙན་ངག་གི་གཞུང་ལུགས་ལ་ཟུར་ལྟ་བྱས་ནས《མེ་ཏོག་ལྷུམ་རའི་ནང་གི་ཊཱན་ཀ》[1]དང་། 《ཆར་

---

① 1980ལོའི《བོད་ཀྱི་རྩོམ་རིག་སྒྱུ་རྩལ》དེབ་གསུམ་པར་བཀོད་ཡོད།

ཕྲུལ་གྱི་ནགས་ཚལ》[1] 《ཡང་ཅུན་མེ་ཏོག》[2] 《ཕྲག་དོག་ཅན་གྱི་ཅོ་ཀ》[3] 《ལྕང་གུ་བཞིའི་རྣོས་གར》[4] 《སྤྲེ་བོ་སློ་འཁྲུལ་དང་ཁྱི། ཞུམ་བུ་བཅས་ཀྱི་གཏམ་རྒྱུད》[5]སོགས་དེང་རབས་རང་བཞིན་གྱི་སྐྱེ་དངོས་སྙུང་གཏམ་དང་སྤྲོག་ཆགས་སྙུང་གཏམ་མང་པོ་ཕན་ཚུན་འགྲན་པ་ཇི་བཞིན་ཐོན་པར་མ་ཟད། དེང་རབས་སྙུང་གཏམ་གྱི་སྣང་ཚུལ་གསར་པ་ཞིག་ཏུ་གྱུར་པས། ཀུན་གྱིས་དོ་སྣང་དང་བསྔགས་བརྗོད་བྱེད་བཞིན་མཆིས་སོ།། །།

① 1982ལོའི《བོད་ཀྱི་རྩོམ་རིག་སྒྱུ་རྩལ》དེབ་གསུམ་པར་བཀོད་ཡོད།

② བྱམས་པ་ཆོས་འཛོམས་ཀྱིས་བརྩམས། 1982ལོའི《སྤྲང་ཆར》དེབ་དང་པོར་བཀོད་ཡོད།

③ ཨུ་རྒྱན་རྡོ་རྗེ། བོད་ཀྱི་བརྩམས་སྙུང་འདེམས་སྒྲིག [M]. བོད་ལྗོངས་མི་དམངས་དཔེ་སྐྲུན་ཁང་། 1985.

④ ཆོས་འཕེལ་ཚེ་རིང་། བོད་ཀྱི་བརྩམས་སྙུང་འདེམས་སྒྲིག [M]. བོད་ལྗོངས་མི་དམངས་དཔེ་སྐྲུན་ཁང་། 1985.

⑤ མགོན་པོ་དངོས་གྲུབ་ཀྱིས་བརྩམས། བོད་ཀྱི་བརྩམས་སྙུང་འདེམས་སྒྲིག [M]. བོད་ལྗོངས་མི་དམངས་དཔེ་སྐྲུན་ཁང་། 1985.

༄༅། །གླིང་གེ་སར་རྒྱལ་པོའི་སྒྲུང་གི་ཁྲིད་ཆོས་གཙོ་བོ་འགའ་བཤད་པ།

འཛམ་གླིང་གི་བྱུང་བརྗོད་སྙན་ངག་རིང་ཤོས་སུ་གྲགས་པའི་གླིང་གེ་སར་རྒྱལ་པོའི་སྒྲུང་ནི། དུས་ཡུན་རིང་བའི་སྤྱི་ཚོགས་ཀྱི་འཚོ་བ་དངོས་ཀྱི་ཁྲོད་དུ་བོད་མི་རབས་མང་པོའི་ཐུན་མོང་གི་བློ་གྲོས་རྩལ་ལ་བརྟེན་ནས་ཐོན་ཅིང་འཕྲུས་ཚང་དུ་གྱུར་ཅིང་། ཕྱོགས་མང་པོ་ནས་དཔའ་བོའི་བྱས་རྗེས་བརྗོད་པའི་དོན་བརྗོད་སྙན་ངག་ཅིག་ཡིན། དེར་བརྗོད་བྱའི་ནང་དོན་དང་སྒྱུ་རྩལ་གྱི་རྣམ་པ། སྒྲུང་པའི་ཡོན་ཏན་སོགས་ཕྱོགས་མང་པོ་ནས་ངོ་མཚར་རྨད་དུ་བྱུང་བའི་དཔལ་འབར་བས། བོད་དང་རང་རྒྱལ་གྱི་རྩོམ་རིག་བང་མཛོད་ནང་དུ་རིན་ཐང་བྲལ་བའི་ནོར་བུ་རྩ་ཆེན་ཞིག་ཏུ་གྱུར་པར་མ་ཟད། འཛམ་གླིང་གི་རྩོམ་རིག་ལོ་རྒྱུས་ཁྲོད་དུའང་རྒྱ་གར་གྱི་སྙན་ངག་རྒྱས་པ་མ་ཧཱ་བྷཱ་ར་ཏ་དང་། ཧི་མས་བརྩམས་པའི་བྱུང་བརྗོད་སྙན་ངག་ཆེན་པོ་གཉིས་དང་འདྲ་བའམ་ཡང་ན་དེ་ལས་ལྷག་པའི་གོ་གནས་གལ་ཆེན་ཟིན་ཡོད། དེ་ལྟ་བུའི་བརྩམས་ཆོས་ལ་ཐུན་མིན་གྱི་ཁྲིད་ཆོས་གཙོ་བོ་འདི་འདྲ་མཆིས་པར་སྙམ།

དང་པོ། རྣམ་གྲངས་མང་ཞིང་གཞུང་ཚད་རིང་བ།

གླིང་གེ་སར་རྒྱལ་པོའི་སྒྲུང་ནི་བོད་མི་རིགས་ཐུན་མོང་གིས་ལོ་རྒྱུས་ཀྱི་དུས་ཡུན་

རིང་པོའི་ནང་དུ་ཐབས་ལམ་སྣ་ཚོགས་དང་ཕྱོགས་མང་པོ་ནས་དཔའ་བོའི་མཛད་རྗེས་བརྗོད་པའི་དོན་བརྗོད་སྙན་ངག་ཅིག་ཡིན་པས། དེའི་ནང་དོན་རྒྱ་ཆེ་ཞིང་གཞུང་ཚད་རིང་ལ་སྣ་གྲངས་ཏ་ཅང་མང་བ་ཡིན། བབས་སྒྲུང་མཁས་ཅན་ཚེ་རིང་དབང་འདུས་ཀྱིས་གསུངས་པ་ལྟར་ན། ད་ལྟ་འཆད་པའི་གླིང་གེ་སར་རྒྱལ་པོའི་སྒྲུང་ལ།

1. 《ལྷ་གླིང་གབ་རྩེ་དགུ་སྐོར》
2. 《འགོག་གླིང་གཡུལ་འགྱེད》
3. 《རྟ་རྒྱུགས་རྒྱལ་འཛོག》
4. 《ཨ་སྟག་ལྷ་མོ》
5. 《བདུད་འདུལ》
6. 《ཧོར་གླིང་གཡུལ་འགྱེད》
7. 《འཇང་གླིང་གཡུལ་འགྱེད》
8. 《མོན་གླིང་གཡུལ་འགྱེད》
9. 《ཤན་འདན་ནང་འཁྲུགས》
10. 《སྟག་གཟིག་ནོར་འགྱེད》
11. 《རྟ་དམར་ནོར་རྫོང》
12. 《སོག་སྟོད་རྟ་རྫོང》
13. 《ཕྱི་སོག་རྟ་རྫོང》
14. 《བྱེ་རིའི་གྱུར་རྫོང》
15. 《རྒྱ་ནག་ཇ་རྫོང》
16. 《རྒྱ་ནག་ཁྲིམས་རྫོང》
17. 《རྒྱ་ནག་མཛོ་རྫོང》
18. 《ཚ་བའི་མདའ་རྫོང》
19. 《འདན་མ་མདའ་རྫོང》
20. 《དགའ་བདེ་ཁྲོ་རྫོང》
21. 《རྒྱ་ཚ་ཤེལ་རྫོང》
22. 《བལ་པོའི་ལུག་རྫོང》
23. 《ཁྲུང་ཆེན་སྒྲོ་རྫོང》
24. 《མི་གླིང་གཡུལ་འགྱེད》
25. 《སྐྱང་ཏུ》
26. 《གི་གུ་ཁྲི་རྫོང》
27. 《ཨ་བསེ་ར་རྫོང》
28. 《ཨོ་ལོའི་གཏེར་རྫོང》
29. 《གྲུ་གུ་གོ་རྫོང》
30. 《གྲུ་གུ་ཨུ་ཏིག་རྫོང》
31. 《ཨ་གྲགས་གཟི་རྫོང》
32. 《གནམ་ཐེཙ་གཏེར་རྫོང》
33. 《ཞང་ཞུང་ཨུ་ཏིག་རྫོང》
34. 《ཨུ་གུ་དྲིལ་རྫོང》
35. 《རོང་པའི་འབྲས་རྫོང》
36. 《མི་ནུབ་དར་རྫོང》

37.《ཐོག་གླིང་གཡུལ་འགྱེད》 38.《ཁྲོ་ཙུང་ཟངས་རྫོང》

39.《གུང་པའི་གཟི་རྫོང》 40.《ལི་ཁྲི་ཧ་རྫོང》

41.《སྲིན་པོའི་ཤ་རྫོང》 42.《ཕྱི་གླིང་གཡུལ་འགྱེད》

43.《མེ་རིལ་ཐོག་རྫོང》 44.《སོ་རོའི་འཕུར་རྡས་རྫོང》

45.《ཕྱི་གླིང་ཞགས་རྫོང》 46.《ཉི་འབུམ་གསེར་རྫོང》

47.《སེང་སྟག་གྲི་རྫོང》 48.《ཧ་ཁྲི་ཁྲབ་རྫོང》

49.《གཡུ་ཐོག་གཏེར་རྫོང》 50.《ཁྱུང་ཁྲིའི་འབྲི་རྫོང》

51.《གེ་སར་ཆོས་རྫོང》 52.《འཛང་ཕྲུག་ཐོག་རྫོང》

53.《ཙ་རི་སྨན་རྫོང》 54.《གངས་རི་ཆོས་རྫོང》

55.《དར་འཕེན་ཁྲབ་རྫོང》 56.《རྒྱ་ཚའི་གོ་རྫོང》

57.《མི་གཡང་དྲག་ཚས་རྫོང》 58.《རྒྱ་གར་སྨན་རྫོང》

59.《དགྲ་ལྷ་ཁྲབ་རྫོང》 60.《འདན་མའི་ནས་རྫོང》

61.《འཛང་གི་མཐིང་རྫོང》 62.《ཁྱུང་ཆེན་གཟི་རྫོང》

63.《མི་ཉག་གོ་རྫོང》 64.《མི་ཉག་ཧ་རྫོང》

65.《ཟི་ལིང་དངུལ་རྫོང》 66.《ཚ་དམར་ཙན་དན་རྫོང》

67.《གངས་རིའི་ཆུ་རྫོང》 68.《ཤར་ཁྲི་ནག་པོའི་ཛ་རྫོང》

69.《ཁྲོ་ཐུང་ལྕགས་རྫོང》 70.《རོང་ཚའི་གོ་རྫོང》

71.《སྟག་གཟིག་ནོར་རྫོང》 72.《ཐོག་རིའི་མེ་རྫོང》

73.《ལྷོ་རི་རྒྱལ་པོའི་ཁྲབ་རྫོང》 74.《སེང་ཁྲི་སྟག་རྫོང》

75.《ནེ་ཡོ་མུ་ཏིག་རྫོང》 76.《མི་འབར་སྟག་རྫོང》

77.《སྟག་སེར་གྲོ་རྫོང》 78.《འབུམ་ཕྲུག་ཆང་རྫོང》

79.《ཕྱི་ཡོའི་དྲིལ་རྫོང》 80.《ཨ་བསེ་འབྲི་རྫོང》

81.《རྒྱ་ཁྲིའི་མདའ་རྫོང》 82.《གངས་རི་དར་རྫོང》

83.《རྒྱ་གར་ཨུ་ཏིག་རྫོང》 84.《དགའ་བདེ་ཤེས་རབ་རྫོང》

85.《སེང་སྟག་ཤེས་རབ་རྫོང》 86.《གུང་པའི་ཁྲུང་རྫོང》

87.《ཨ་སྟག་ཤ་རྫོང》 88.《རི་ནུབ་དར་རྫོང》

89.《མེ་ཁྲི་སྲིན་པོའི་ཞགས་རྫོང》 90.《བྱང་སྲིན་མོའི་གཡུ་རྫོང》

91.《འཛམ་གླིང་གཏེར་བརྒྱད་བགོ་བཤའི་སྐོར》 92.《བལ་པོའི་གླུ་རྫོང》

93.《སྟག་རིའི་དུང་དཀར་རྫོང》 94.《ཏ་རིའི་གསེར་རྫོང》

95.《ཧྲེ་ཏ་རའི་ལུག་རྫོང》 96.《ཁྲུང་ཆེན་གསེར་རྫོང》

97.《རྒྱ་ཚའི་དངུལ་རྫོང》 98.《རོང་ཚའི་ཛ་རྫོང》

99.《བོང་བུ་ཅན་དན་རྫོང》 100.《ནེ་ལོའི་ཁྲབ་རྫོང》

101.《ཨི་ཉག་ཆོས་རྫོང》 102.《རྒྱ་གར་གསེར་བུམ་རྫོང》

103.《གཡུ་འབྲུག་ནས་རྫོང》 104.《ཞང་ཞུང་སྨན་རྫོང》

105.《བལ་པོའི་འབྲས་རྫོང》 106.《ཙ་རིའི་སྨྱུག་རྫོང》

107.《བསེ་ཁ་སེར་ར་རྫོང》 108.《སོག་ཏ་རའི་རྟ་རྫོང》

109.《རྟ་དམར་ཤེལ་རྫོང》 110.《སྨ་སྟོད་གསེར་རྫོང》

111.《པོ་ཏུའི་གཟི་རྫོང》 112.《སྨར་ཁམས་བྱུར་རྫོང》

113.《སུ་དགེ་ཆོས་རྫོང》 114.《རྒྱ་ཚའི་གྲི་རྫོང》

115.《མེ་མོ་ཤེལ་རྫོང》 116.《རྒྱ་སྲིན་མོ་རོ་འདུ་རྫོང》

117.《སྲི་དཔོན་ཤེལ་རྫོང》 118.《སྟག་མོ་གསེར་རྫོང》

119.《བཀྲ་ཤིས་སྨོན་ལམ་ལྷ》 120.《ཁམས་གསུམ་བདེ་ལ་བཀོད་པ》

བཅས་སྒྲུང་ཁག་120ཡོད་པ་དང་། སྒྲུང་པ་ཚེ་རིང་བསོད་ནམས་ཀྱིས་བཤད་པ་ལྟར་ན་སྒྲུང་ཁག་186ཡོད་ལ། ད་ལྟ་དངོས་སུ་དཔེ་སྐྲུན་འགྲེམ་སྤེལ་བྱས་པ་དེབ་བརྒྱ་

ལ་ཉེ་བ་ཡོད་སྐད། གླིང་གེ་སར་རྒྱལ་པོའི་སྒྲུང་ལ་ཁག་བརྒྱ་ལྷག་ཅིག་ཡོད་པར་མ་ཟད། ད་ལྟ་ད་དུང་སྒྲུང་གསར་པ་རྩོམ་བཞིན་ཡོད། འདི་ནི་འཛམ་གླིང་གི་བྱུང་བརྗོད་སྣན་ངག་གཞན་ལ་མེད་པའི་ཁྱད་ཆོས་ཤིག་རེད།

གཉིས་པ། བརྗོད་བྱའི་ནང་དོན་རྒྱ་ཆེ་ཞིང་གཏིང་ཟབ་པ།

ད་ལྟ་ང་ཚོས་འཚད་ཉན་བྱེད་པའི་གླིང་གེ་སར་རྒྱལ་པོའི་སྒྲུང་ལ་ཁག་བརྒྱ་ལྷག་ཅིག་ཡོད་པ་དེའི་ནང་དུ་སའི་ཆགས་རིམ་དང་མིའི་བྱུང་རབས། སྟེང་ཕྱོགས་ལྷ་དང་འབྲེལ་བའི་བྱུང་བ་དང་། འོག་མ་ཀླུ་དང་འབྲེལ་བའི་བྱུང་བ། བར་མ་གཉེན་དང་འབྲེལ་བའི་བྱུང་བ། ཁྲག་འཐུང་སྲིན་པོ་དང་འབྲེལ་བའི་བྱུང་བ། མི་མིན་གནོད་སྦྱིན་དང་འབྲེལ་བའི་བྱུང་བ། དམྱལ་ཁམས་བཅོ་བརྒྱད་དང་འབྲེལ་བའི་བྱུང་བ། ཀླ་འཁྲོང་དང་། ཀླ་སྟག ཀླ་རྟ། ཀླ་ཀྭ། ཀླ་མཛོ། ཀླ་ཁྱི། ཀླ་ལུག ཀླ་དྲེད། ཀླ་ར། ཀླ་དྲེད། ཀླ་སྤྲང་། ཀླ་རི་དང་ཀླ་མཚོ། ཀླ་ཤིང་། ཀླ་རྡོ། ཀླ་ལྕགས། ཀླ་འཇའ། ཀླ་ཞགས། ཀླ་མདའ། ཀླ་མདུང་སོགས་དང་འབྲེལ་བའི་བྱུང་བ། དགྲ་ལྷ་ཕྱེར་མ་དང་ཐེའུ་རང་དཀར་ནག་ཁྲ་གསུམ་སོགས་ཀྱིས་མགོན་དང་གྲོགས་བྱས་པའི་བྱུང་བ། བོད་ཀྱི་རུས་ཚན་ཁག་གི་བྱུང་རབས་དང་དེ་དག་གནས་སྡོས་པའི་བྱུང་བ། བཙན་པོའི་དུས་སྐབས་དང་ཁྱད་པར་དུ་ཆོས་རྒྱལ་མེས་དབོན་རྣམ་གསུམ་གྱི་རིང་ལ་འ་ཞ་དང་། སུམ་པ། གུ་གེ། ཞང་ཞུང་། བྲུ་ཤ། བལ་པོ། རྒྱ་གར། ཁ་ཆེ། མི་ཉག རྒྱ་ནག་སོགས་སུ་གཡུལ་བཀྱེས་པའི་བྱུང་བ། སེ་དགེ་གླིང་ཚང་ནས་སྐྱ་འབྲུངས་པའི་གླིང་གེ་སར་རྒྱལ་པོས་ལྷ་སའི་བྱང་ཕྱོགས་འདམ་གཞུང་རྫོང་གི་བདུད་མཁར་ཤ་ར་གནམ་རྫོང་དུ་ཡོད་པའི་བདུད་ཀླུ་བཙན་རྒྱལ་པོ་དང་། ཨ་ཆེན་གངས་རིའི་སྨད་ཀྱི་ཛ་ཆེན་པོའི་ཉེ་འདབས་ཀྱི་ཡ་རྩེ་མཁར་དམར་ན་ཡོད་པའི་ཧོར་གུར་

དཀར་རྒྱལ་པོ། ཡུན་ནན་བྱང་རྒྱུད་དང་བོད་ལྷོངས་ཀྱི་སྨར་ཁམས་རྫོང་འདྲེས་སའི་མཁར་རྫོང་གཡུ་འབྲུག་ཟིལ་ཆེན་དུ་ཡོད་པའི་འཇང་ས་ཐམ་རྒྱལ་པོ། ལྷོ་མོན་ཙ་རི་དཀྱིལ་འཁོར་ཐང་ཞེས་པའི་མཁར་སྟོང་རི་གནམ་རྫོང་དུ་ཡོད་པའི་མོན་ཤིང་ཁྲི་རྒྱལ་པོ་བཅས་ཕྱོགས་བཞི་དགྲ་བཞི་བཏུལ་བའི་བྱུང་བ། བན་བོན་ཆོས་ལུགས་ཀྱི་ལྷ་བ་དང་དེའི་དར་རྒྱུད་ཀྱི་བྱུང་བ། དེ་མིན་གླུ་མདུད་དམ་གླུ་ཁེད། ལྷེའུ། ས་བཤད། ཛ་བཤད། ཆང་བཤད། སྐྲ་བཤད། གྲི་བཤད། རྟ་བཤད། སྒ་བཤད། ཞྭ་བཤད། མདའ་བཤད་སོགས་བཤད་པ་སྣ་ཚོགས། གཏམ་དཔེ། གསོལ་མཆོད། གླུ། གཡང་འབོད་སོགས་ཀྱི་བདག་ཉིད་ཅན་ཞིག་ཡིན་པས། བརྗོད་བྱའི་ནང་དོན་རྒྱ་ཆེ་ཞིང་གཏིང་ཟབ་པ་སྟེ། ལོ་རྒྱུས་ཀྱི་ངོས་ནས་བལྟས་ན་དུས་སྐབས་སོ་སོའི་ལོ་རྒྱུས་བྱུང་བ་གསལ་བའི་མེ་ལོང་ཞིག་དང་། རྩོམ་རིག་གི་ངོས་ནས་བལྟས་ན་དམངས་ཁྲོད་རྩོམ་ལུས་སྣ་ཚོགས་འཛོམས་པའི་གཏེར་མཛོད་ཅིག སྐད་ཆའི་ངོས་ནས་བལྟས་ན་བོད་རིགས་དམངས་ཁྲོད་ཀྱི་སྐད་ཆའི་ཉིང་བཅུད་འདུས་པའི་ནོར་བུ་ཞིག ལྷ་གནས་ཀྱི་ངོས་ནས་བལྟས་ན་ལོ་རྒྱུས་དུས་རིམ་སོ་སོའི་ཧུས་ལྷའི་འཕེལ་འགྱུར་འགོད་པའི་ཡིག་ཚང་ཞིག ལུགས་སྲོལ་གྱི་ངོས་ནས་བལྟས་ན་བོད་ཀྱི་ཐུན་མོང་མ་ཡིན་པའི་གོམས་སྲོལ་མཚོན་པའི་དཔྱད་གཞི་རྩ་ཆེན་ཞིག བསྟེན་པའི་ལྟའི་ངོས་ནས་བལྟས་ན་ཚེ་ཁག་སོ་སོའི་ཆོས་ལུགས་དད་མོས་གསལ་བའི་ཉམས་མྱོང་རྒྱན་པོ་ཞིག་རེད།

གསུམ་པ། ཐབས་དང་དམིགས་པ་སྣ་ཚོགས་ལ་བརྟེན་ནས་གྲུབ་ཅིང་འཕེལ་བ།

གླིང་སྒྲུང་ནི་ནང་དོན་དང་སྒྱུ་རྩལ་གྱི་རྣམ་པ་མང་པོ་འདུས་པ་ལས་གྲུབ་པ་ཡིན་པས། དེའི་གྲུབ་ཆ་རེ་རེའི་ངོས་ནས་དཔྱད་ན་མིའི་རིགས་གདོད་མའི་སྤྱི་ཚོགས་

ནས་ཤེས་རིག་ལྡན་པའི་སྤྱི་ཚོགས་སུ་བསྐྱོད་པའི་ལོ་རྒྱུས་ཀྱི་དུས་རིམ་དུ་འབྱུང་འགོ་བཙམས་པ་མང་ཞིང་། གླིང་གེ་སར་རྒྱལ་པོ་ཞེས་པའི་སྐྱེས་མཆོག་དེའི་རྟོགས་བརྗོད་ཀྱི་གྲུབ་ཆར་གྱུར་པ་ནི་ཁོང་རང་འཚོ་བཞེས་གནང་བའི་དུས་ནས་མགོ་བཙམས་པར་འདོད། དེ་ཡང་གསལ་པོར་བཤད་ན་སྒྱུ་རྩལ་གྱི་རྣམ་པ་དང་། འཇིག་རྟེན་ཆགས་ལུགས། མིའི་བྱུང་རབས། བཤད་པ་དང་བསྟོད་པ་སོགས་དམངས་ཁྲོད་ཀྱི་རྩོམ་རིག་སྣ་ཚོགས་ནི་གདོད་མའི་དུས་ནས་བྱུང་ཞིང་། གླིང་གེ་སར་འཁྲུངས་དུས་རང་རྒྱ་ཁྱབ་པའི་དམངས་ཁྲོད་རྩོམ་རིག་གི་རྣམ་གྲངས་དང་དེ་མཚོན་པའི་རྣམ་པར་གྱུར་ནས་ཡོད། གཡུལ་འགྱེད་ཀྱི་ནང་དོན་མང་ཆེ་བའང་བོད་ཀྱི་ཆོས་རྒྱལ་མེས་དབོན་རྣམ་གསུམ་གྱིས་གཙོས་བཙན་པོ་རིམ་བྱོན་རྣམས་ཀྱི་མཛད་རྗེས་ཡིན་སྐབས་དམངས་ཁྲོད་དུ་དར་ཁྱབ་ཏུ་གྱུར་ཡོད་པ་རེད། དེ་ལྟར་གླིང་སྒྲུང་གི་རྣམ་པ་དང་ནང་དོན་ཕལ་ཆེ་བ་གྲུབ་ཟིན་པའི་གནས་སྐབས་དེར་སྤྱི་དགེའི་གླིང་ཚང་དུ་གླིང་གེ་སར་འཁྲུངས་ལ། དུས་སྐབས་དེ་དག་ནི་སྤུ་རྒྱལ་བོད་ཀྱི་རྒྱལ་ཁམས་སིལ་བུར་ཐོར་ནས་དཔོན་ཁག་སོ་སོས་ཕན་ཚུན་ལ་བཙན་འཛུལ་དང་འཕྲོག་བཅོམ་བྱས་ཏེ། རྒྱ་ཆེའི་བོད་རིགས་མི་དམངས་ལ་དམག་འཁྲུག་གི་འཇིག་པ་དང་མུ་གེའི་སྡུག་བསྔལ་སྐྱེད་པའི་སྐབས་ཡིན་པས། བོད་རིགས་མི་དམངས་ཀྱིས“རྒྱལ་ངན་གཞན་གྱིས་གཙེས་པ་ན། །ལྷག་པར་ཆོས་རྒྱལ་དྲན་པར་འགྱུར། །”ཞེས་པ་ལྟར། ཆོས་རྒྱལ་མེས་དབོན་རྣམ་གསུམ་ལྟ་བུའི་གཅིག་གྱུར་གྱི་རྒྱལ་པོ་ཞིག་ཡོད་ན་ཅི་མ་རུང་ཞེས་རེ་སྨོན་བྱེད་ཀྱིན་ཡོད་པ་ལ། གླིང་གེ་སར་གྱིས་མཐའ་བཞིའི་ཚོ་དཔོན་ངན་པ་རྣམས་བཏུལ་ཅིང་ཡུལ་ཁམས་རྣམས་གླིང་གི་མངའ་འོག་ཏུ་བསྡུས་ནས་མི་རྣམས་དམག་འཁྲུག་གི་འཇིགས་པ་དང་མུ་གེའི་སྡུག་བསྔལ་ལས་བསྐྱབས་པས། རྒྱ་ཆེའི་མི་དམངས་ཀྱིས་ཁོང་ལ་བསྟོད་པའི་ཚུལ་གྱིས་ཁོང་གི་མཛད་རྗེས་རྣམས་བོད་མི་དམངས་ལ་སྟར་ནས་གོམས་པའི་སྒྱུ་རྩལ་གྱི་རྣམ་པ་ལ་བརྟེན་ནས་བརྗོད་པར་མ་

ཟད། ཆོས་རྒྱལ་མེས་དབོན་རྣམ་གསུམ་གྱིས་གཙོས་བཙན་པོ་རིམ་བྱོན་གྱི་མཛད་རྗེས་རྣམས་ཀྱང་རང་རྟོགས་སམ་རང་རྟོགས་མིན་པ་གང་ཉུང་གི་སྒོ་ནས་ཁོང་གི་རྟོགས་བརྗོད་དུ་བཤད་ཅིང་། ས་བཤད་དང་། རྟ་བཤད། སྣ་བཤད། ཞྭ་བཤད། ཇ་བཤད། ཆང་བཤད། མཚོན་བཤད། འབྲུ་བཤད། གཡང་འབོད་སོགས་གང་ལ་གང་འཚམ་དུ་བཀོད་པ་ཡང་གླིང་སྒྲུང་མེད་པ་ནས་ཡོད་པ་དང་། ཡོད་པ་ནས་བྱུང་རིམ་འཕྲུས་ཚང་དང་གཞུང་ཚད་ཇེ་རིང་། རྣམ་གྲངས་ཇེ་མང་དུ་འཕེལ་བའི་བྱ་རིམ་དུ་བོད་ཀྱི་སྒྲུང་པ་རྣམས་ཀྱིས་གླིང་སྒྲུང་གི་བརྗོད་བྱའི་ནང་དོན་ཕུན་ཚོགས་སུ་གཏོང་ཆེད་སྒྲུང་གི་ནང་དོན་ལྟར་དཔེར་ན་རྟ་མཚམས་སྦྱོར་བྱེད་དུས་དམངས་ཁྲོད་དུ་ སྟར་ནས་རང་རྒྱ་ཐུབ་པའི་རྩོམ་རིག་རྣམ་གྲངས་ཤིག་ཏུ་གྲུབ་ཅིང་ཁྱབ་ཟིན་པའི་རྟ་བཤད་དྲངས་ནས་བརྗོད་ཅིང་། སྣ་བཤད་དུས་སྣ་ཡི་ཐོན་ཚུལ་དང་རིན་ཐང་། དཔྱིབས་བཀོད་སོགས་བརྗོད་པའི་དམངས་ཁྲོད་ཀྱི་སྣ་བཤད་ཇི་མ་ཇི་བཞིན་དུ་དྲངས་ནས་བརྗོད་པ། དེ་བཞིན་དུ་ཞྭ་བཤད་དང་ཇ་བཤད་སོགས་ཀྱང་ནང་དོན་གྱི་སྐབས་བབ་དང་བསྟུན་ནས་གང་ལ་གང་འཚམ་དུ་ཁ་གསབ་བྱས་ནས་ལོ་ཟླ་མང་པོར་འཆད་ཉན་བྱས་པ་ན་དང་དམ་ཤུགས་ཀྱིས་གླིང་སྒྲུང་གི་བརྗོད་བྱའི་གྲུབ་ཆར་གྱུར་པར་སྣམ།

གླིང་གེ་སར་རྒྱལ་པོའི་སྒྲུང་ད་ལྟའི་རྣམ་པ་ཅན་དུ་གྲུབ་པ་ནི་བོད་མི་རབས་དུ་མའི་སྒྲུང་པ་རྣམས་ཀྱི་བློ་གྲོས་ཀྱི་ཉིང་བཅུད་དང་བརྩོན་པའི་འབྲས་བུ་ཡིན་པར་མ་ཟད། ལེགས་སྒྲིག་པ་རྣམས་ཀྱིས་ཀྱང་བསྙོན་དུ་མེད་པའི་ནུས་པ་བཏོན་པ་རེད། གླིང་སྒྲུང་ནི་ལོ་ངོ་བརྒྱ་ཕྲག་དུ་མའི་རིང་ལ་བོད་མི་རིགས་ཐུན་མོང་གིས་བརྩམས་པ་ཞིག་ཡིན་པས། ཟིན་བྲིས་དེབ་མང་པོར་ནང་དོན་སྐྱར་ཟློས་དང་གོང་འོག་འགལ་བ། བྱུང་རིམ་ཆ་མི་ཚང་བ་ཡང་ན་བསྡུས་དྲགས་པ་ལ་སོགས་པའི་སྐྱོན་ཡོད་ཅིང་། ཐ་ན་ནང་དོན་གཅིག་ལས་སྤྲོས་པའི་ས་ཁུལ་སོ་སོའི་སྒྲུང་ལའང་མི་

སྣ་གཙོ་བོ་མི་འདྲ་བ་དང་སྣང་བརྙན་ལེགས་མིན། བྱུང་རིམ་ཆ་ཚང་མིན་བཅས་ཀྱི་ཁྱད་པར་ཡོད་པ་རེད། ད་ལྟ་ང་ཚོའི་མཐོང་སྣང་དུ་གྱུར་པའི་སྒྲུང་དཔེ་རྣམས་སུ་དེ་འདྲའི་ཞན་ཆ་ཕལ་ཆེར་མེད་པ་ནི་ལེགས་སྒྲིག་བྱེད་མཁན་རྣམས་ཀྱི་བཀའ་དྲིན་རེད། ཁོང་ཚོ་མང་ཆེ་བ་ནི་མཁྱེན་པ་ཡངས་ཤིང་རིག་གནས་ཀྱི་རྩལ་རྫོགས་པའི་མཁས་པ་ཡིན་པས། ལེགས་སྒྲིག་དཔེ་སྐྲུན་བྱེད་པའི་བྱ་རིམ་དུ་སྔར་ཡོད་ཀྱི་རྣམ་པ་སྲུང་འཛིན་བྱེད་པའི་རྨང་གཞིའི་སྟེང་ནང་དོན་དང་ཚིག་སྦྱོར་སོགས་ལ་ལས་སྔོན་གང་འཚམ་རེ་བྱས་ཡོད་པ་རེད། དཔེར་ན། 《ཧོར་གླིང་གཡུལ་འགྱེད》ལ་མཚོན་ན། ལེགས་སྒྲིག་པ་རྣམས་ཀྱིས་སྒྲུང་པ་ཉི་ཤུ་ལྷག་གི་བཤད་རྒྱུན་རྣམས་ཕྱོགས་གཅིག་ཏུ་བསྡུས་པའི་སྒྲུང་ལ་གཞི་བྱས་ཤིང་། ཁྲིས་མ་སྣ་ཁ་ལྔ་ཙམ་ལ་ཞིབ་རྟོག་བྱས་ནས་བསྒྲིགས་ལ། ཁྲིས་མ་དེ་དག་བཤད་པའི་ཡུལ་མི་འདྲ་བའི་རྐྱེན་གྱིས་གཏམ་རྒྱུད་ཀྱི་ནང་དོན་ལ་ཁྱད་པར་ཅུང་ཙམ་ཡོད་པར་མ་ཟད། ལྷོག་ཕྱོགས་ཀྱི་མི་སྣ་གཙོ་བོ་དེ་གུར་སེར་ཡིན་པར་འདོད་པ་དང་གུར་དཀར་ཡིན་པར་འདོད་མཁན་གཉིས་བྱུང་ཞིང་། སྐྱ་ལོ་སེང་ལྡུམ་འབྲུག་མོའི་སྣང་བརྙན་ལ་མཚོན་ནའང་ཁྲེལ་ཡོད་དང་ཁྲེལ་མེད་གཉིས་སུ་བཤད་པ་ལ། ལེགས་སྒྲིག་པ་རྣམས་ཀྱིས་སྒྲུང་མང་པོའི་ལེགས་ཆ་བསྡུས་ཤིང་སྐྱོན་ཆ་དོར་ནས། ནང་དོན་འཕྲུས་ཚང་དང་གོང་འོག་འབྲེལ་ཆགས་པ་ཞིག་བྱེད་པའི་དུས་མཚུངས་སུ། བཤད་རྒྱུན་གྱི་རྒྱ་ཆེ་མིན་ལ་གཞིགས་ནས་ཧོར་ཕྱོགས་ཀྱི་མི་སྣ་གཙོ་བོ་དེ་གུར་དཀར་བྱས་པ་དང་། སྒྲུང་གཞིའི་ནང་དོན་ལ་དམིགས་ནས་སེང་ལྡུམ་འབྲུག་མོ་དེ་བརྩེ་དུང་གི་སེམས་བརྟན་ཞིང་ཁྲེལ་གཞུང་ཅན་ཞིག་ཏུ་བཅོས་པ་ལྟར་རེད། དཔེ་དེ་བཞིན་དུ་གླིང་སྒྲུང་གཞན་པ་རྣམས་ཀྱང་ད་ལྟའི་རྣམ་པ་ཅན་དུ་གྲུབ་པ་ལ་ལེགས་སྒྲིག་པ་རྣམས་ཀྱི་ལྷག་བསམ་གྱི་སྨན་དང་བློ་གྲོས་ཀྱི་བཅུད་ཀྱང་མི་ཉུང་བ་ཞིག་འདུས་ཡོད་པ་རེད།

མདོར་ན། གླིང་སྒྲུང་ནི་དུས་ཡུན་རིང་བ་དང་ཐབས་ལམ་མང་པོ། དམིགས་

པ་སྣ་ཚོགས་བཅས་ལ་བརྟེན་ནས་གྲུབ་པའི་བོད་ཀྱི་བྱུང་བརྗོད་སྙན་ངག་ཅིག་རེད།

བཞི་པ། འཆར་ཡན་གྱི་རྩོམ་ཐབས་སྤྱད་པས་ཡིད་འགུག་གི་ནུས་པ་ཆེ་བ།

བོད་མི་རིགས་ཀྱིས་ལོ་རྒྱུས་དུས་སྐབས་སོ་སོའི་བྱུང་བ་དང་གླིང་གེ་སར་རྒྱལ་པོའི་རྟོགས་བརྗོད་ནང་དོན་དུ་བྱས་ནས་གླིང་གེ་སར་རྒྱལ་པོའི་སྒྲུང་རྩོམ་པའི་བྱ་རིམ་དུ་ཕུན་སུམ་ཚོགས་པའི་ཡིད་སྤྲུལ་དང་ངོ་མཚར་བའི་ཆོས་ལུགས་ཀྱི་རིགས་ལམ། མཚར་ཉམས་ཆེ་བའི་རབ་རྟོག་གི་རྩོམ་ཐབས་བཅས་ལ་བརྟེན་ནས། དྲང་ཕྱོགས་ཀྱི་མི་སྣ་རྣམས་དཀོན་མཆོག་གསུམ་གྱིས་བྱིན་གྱིས་བརླབས་པ་དང་། ཨ་ནེ་གོང་སྨན་རྒྱལ་མོ་དང་དགྲ་ལྷ་བཅུ་གསུམ་སོགས་ཀྱིས་སྐྱོངས་གྲོགས་མཛད་ཅིང་། སྤྲུལ་སྒྱུར་སྣ་ཚོགས་དང་ལྡན་པའི་ལྷའི་རང་བཞིན་ཅན་དུ་བཤད་པ་སྟེ། གླིང་གེ་སར་རྒྱལ་པོ་དེ་ཨོ་རྒྱན་པད་མའི་སྤྲུལ་པ། དགྲ་ལྷ་གེར་འཚོ་གཉན་པོ། སྐྱོངས་གྲོགས་མ་དང་མཁའ་འགྲོ། ལྷ་ཚངས་པ་དཀར་པོའི་ཐུགས་སྲས། གཉན་སྐྱ་ལྷ་གེར་འཚོའི་ཚ་བོ། ཀླུ་གཙུག་ན་རིན་ཆེན་གྱི་ཡང་ཚ། ནག་པོ་བདུད་ཀྱི་ཁ་གནོན། སེར་པོ་ཧོར་གྱི་གཉའ་ཤིང་། འདྲེ་སྲིན་རྣམས་ཀྱི་ཁ་གནོན། འཛམ་བུ་གླིང་གི་སྐྱབས་མགོན་[1]བཅས་སུ་བརྗོད་པ་དང་། གླིང་གི་དཔའ་རྟུལ་སུམ་ཅུ་དེ། གྲུབ་ཆེན་སུམ་ཅུའི་སྤྲུལ་པ་ཡིན་ཞིང་། ཡང་རྟུལ་དམ་པའི་མི་བདུན་དེ། འཛམ་གླིང་པཎ་ཆེན་མི་བདུན་ཡིན་པར་འཁོད་པ་ལྟར་རེད། ལོག་ཕྱོགས་ཀྱི་མི་སྣ་རྣམས་ནི་ལྷ་ཆེན་དགའ་རབ་དབང་ཕྱུག་གྱི་ལྷར་མཆོད་ཅིང་ཐེའུ་རང་སྣ་ཚོགས་ཀྱིས་གྲོགས་བྱེད་པ་དང་། ཉུས་ཀླ་སྣ་ཚོགས་ཀྱིས་དམ་དུ་སྲུང་བའི་བདུད་ཀྱི་རང་བཞིན་ཅན་དུ་བཤད་ཅིང་། དེ་ལྟ་བུའི་ལོག་ཕྱོགས་ཀྱི་མི་སྣ་གང་ཞིག་འདུལ་ནའང་ཐོག་མར་དེའི་བླ་གནས་སམ་

---
① 《ཧོར་གླིང་གཡུལ་འགྱེད》(སྟོད་ཆ)དུ་གསལ།

སྐྱབས་གནས་འདུལ་དགོས་པ་དང་། ཀླ་གནས་སམ་སྐྱབས་གནས་མ་བཏུལ་ན་མདའ་ཕོག་ཀྱང་མདེའུས་མི་ཆོད་པ་དང་མཚོན་གཡུགས་ཀྱང་སོ་ཁ་མི་འགྲོ་བ། སྐེ་བྲིགས་ཀྱང་ཁག་དམར་མི་འབབ་ཟེར། ལུས་ཀྱི་རྣམ་པའང་བདུད་ཀླུ་བཙན་རྒྱལ་པོ་དེ"གཟུགས་ཆེ་བ། རི་བོ་ལྟ་བུ་ལུས་པོ་གཅིག་ལ་མགོ་དགུ་ཡོད་པ། མགོ་ལ་རྭ་བཅོ་བརྒྱད་སྐྱེས་ཡོད་པ། ཁྲོས་ན་ལུས་ལ་ལྕགས་ཐིག་ནག་པོས་ཁྱབ་པ། དུག་སྦྲུལ་ནག་པོ་དགུ་ཡིས་སྐེད་ལ་འཁྲིལ་བ། རྐང་ལག་ལ་ལྕགས་ཀྱི་སེར་མོ་དགུ་བཞི་སུམ་ཅུ་སོ་དྲུག་གི་ལྕགས་ཀྱུ་ལྟར་ཡོད་པ། ཁ་ནས་དུ་བའི་མེ་རི་འཁྱིལ་ཞིང་འབར་བ། སྣ་ནས་དུག་རླུང་འཚུབ་མ་གཡོ་བ། དུག་སྤྲིན་ནག་པོའི་དཀྱིལ་ན་འཁྱིང་བ"①ཞིག་ཡིན་པར་འཕོད་པ་དང་། ཧོར་གུར་དཀར་རྒྱལ་པོའི་བུ་རྩེ་རྒོད་དེ་ལོ་གསུམ་ཙམ་ཡིན་ཡང་བདུད་ཀྱི་བུ་ཡིན་སྟབས་མིག་ལྡེ་ཡོད་པ་དང་། མདའ་མོ་གཅིག་གིས་སྣང་དགུ་བརྩེགས་འབུག་ཐུབ་པའི་མཐུ་རྩལ་ལྡན་པར②འཕོད་པ། སྲིན་པོའི་དམག་གི་ཚོགས་པའང"ལ་ལ་རལ་གྲི་འཕྱུར་ཏེ་ནམ་མཁར་འཕགས་ཏེ་འགྲོ་བ་དང་། ལ་ལ་མི་ལྤགས་ཀྱི་གཡང་གཞི་སྟེབ་ཅིང་རྒྱ་མཚོ་དཀྲུག་པ། ལ་ལ་སྒྲོ་སྒྲིང་འབྲས་རྫོག་ཟ་ཞིང་རི་བོ་ཚད་ལྟར་འཕེན་པ། ལུས་ཟངས་ལྕགས་དུག་རིགས་ཀྱི་རྒྱུ་ལས་གྲུབ་པ། ལྟ་བ་མིག་གིས་མི་བཟོད"③པར་འཕོད་ཡོད། མོན་ཐེའུ་རང་བླ་མའི་མ་ཡུམ་ཉུབ་བདུད་སྲིན་མོ་དམར་མོ་དེ"མགོ་དུང་ལས་དཀར་བ་དང་། མིག་མཐིང་ལས་སྔོ་བ། ཁ་ལ་སོ་སྨུ་ཏིག་ཙམ་མེད་པར་ཡས་མཆུ་ལྕགས་ཀྱི་མཆེ་བ། མས་མཆུ་ཟངས་ཀྱི་མཆེ་བ། ནུ་མ་གཉིས་ཀ་ཕྲག་པའི་གཡས་གཡོན་དུ་བརྒྱབ"④པར་འཕོད་པ་ལྟར་རེད། འདབ་ཆགས་དང་དུད་འགྲོ། མདའ་སོགས་མི་གཤིས་ཅན་དུ་བཏང་

① 《བདུད་འདུལ》དུ་གསལ།

② གླིང་སྒྲུང་གཅེས་བཏུས《ཧོར་གླིང་གཡུལ་འགྱེད》སྨད་ཆར་གསལ།

③ 《སྟག་གཟིག་ནོར་རྫོང》དུ་གསལ།

④ 《མོན་གླིང་གཡུལ་འགྱེད》དུ་གསལ།

བས། མི་སྣའི་སྣང་བརྙན་ཁྲིད་དུ་འཕགས་ཤིང་འགྲན་ཟླ་བྲལ་ལ། བྱུང་རིམ་ངོ་མཚར་བ་བཅས་འཆར་ཡན་གྱི་བྲོ་ཉམས་ཤིན་ཏུ་ཆེ་བ་རེད། བོད་རིགས་དམངས་ཁྲོད་དུ་གླིང་མི་རེའི་ཁ་ན་སྒྲུང་རེ་ཞེས་པ་ལྟར། སྐྱེ་ཕོ་མོ་རྒན་གཞོན་ཚང་མ་གླིང་སྒྲུང་འཆད་ཉན་བྱེད་པར་དགའ་བར་མ་ཟད། དེའི་གྲགས་པ་དཀར་པོའི་ཁྱབ་རྒྱ་ཇེ་ཆེར་སོང་བ་དང་བསྟུན་ནས། འཛམ་གླིང་གི་མི་རིགས་གཞན་རྣམས་ཀྱིས་ཀྱང་དེ་འཆད་ཉན་དང་ཞིབ་འཇུག་བྱེད་པར་བློ་ཁ་རབ་ཏུ་ཕྱོགས་པའང་འདིའི་སྟོབས་ཀྱིས་རེད། གལ་ཏེ་གླིང་སྒྲུང་ནང་གི་མི་སྣ་གཙོ་བོ་གླིང་གེ་སར་རྒྱལ་པོ་དེ་སྟོད་ལྷ་ཆེན་ཚངས་པ་དཀར་པོའི་སྤྲུལ་སྐུ་མི་བརྗོད་ཅིང་། སྒྱུ་འཕྲུལ་སྣ་ཚོགས་ལྡན་པ་དང་དམྱལ་ཡུལ་དུ་ཕྱིན་ནས་ཨ་སྟག་ལྷ་མོ་གཙོ་བྱས་པའི་ཤི་བོ་དུང་ཕྱུར་བཅོ་བརྒྱད་ཀྱང་འདྲེན་ཐུབ་པའི་མི་ཁྱད་པར་ཅན་ཞིག་མིན་པར། འཇིག་རྟེན་གྱི་མི་ངོ་མ་ཞིག་གི་ཚུལ་དུ་ཐོན་ན་སྤྱིར་བཏང་གི་ཚོ་དཔོན་དཔའ་བོ་ཞིག་གི་གཟུགས་བརྙན་ཙམ་ཡིན་པ་དང་། སེམས་མེད་ཀྱི་བེམ་པོ་མདའ་དང་། རྟ། བྱ་བཅས་ལའང་བློ་ལྡན་མི་རྣམས་ཀྱི་བསམ་བློ་དང་། གཤིས་རྒྱུད། བརྩེ་དུང་སོགས་མེད་པར་རང་རང་གི་ངོ་བོ་དང་ནུས་པ་ངོ་མ་ཇི་བཞིན་དུ་ཐོན་ཚེ། སྒྱུ་རྩལ་གྱི་བྲོ་བ་དང་མཚར་བའི་ཉམས་ཞན་པས་ཕ་རོལ་སྐྱེ་བོའི་ཡིད་ཀྱི་དང་བ་འདྲེན་མི་ནུས་སོ། །

ལྔ་པ། ཚིག་རྒྱན་སྣ་ཚོགས་ཀྱིས་སྤྲས་པས་ཚིག་སྦྱོར་སྙན་ཞིང་ཉམས་ཆེ་བ།

གླིང་སྒྲུང་ལ་བོད་རིགས་ཕོ་མོ་རྒན་གཞོན་ཚང་མ་བལྟ་བར་དགའ་ཞིང་ཉན་པར་སྤྲོ་བ་དང་། འཛམ་གླིང་གི་མི་རིགས་གཞན་རྣམས་ཀྱི་ཡིད་ཀྱི་སྤྲོ་བའང་ཀུན་ནས་འགུགས་ཐུབ་པའི་རྒྱུ་མཚན་ནི། དེ་ལ་བརྗོད་བྱའི་ནང་དོན་ངོ་མཚར་ཞིང་ཕུན་སུམ་ཚོགས་པ་ཞིག་ཡོད་པ་ཕུད། གོ་དགའ་བའི་མངོན་བརྗོད་དང་བརྡ་རྙིང་མང་

པོ་འདྲེས་མེད་པ་དང་། ཁྱད་པར་དུ་བོད་མི་རིགས་ཀྱི་རིགས་ལམ་དང་སེམས་ཁམས། འཚོ་བའི་གོམས་གཤིས། སྐད་ཆའི་ཁྱད་ཆོས་བཅས་དང་མཐུན་པའི་ཚིག་རྒྱན་སྣ་ཚོགས་ཀྱིས་རྒྱལ་པོའི་སྲས་མོ་རྒྱན་གྱིས་སྤྲས་པ་དང་རྨ་བྱ་སྔོན་མོ་སྒྲོ་ཡིས་བརྒྱན་པ་ལྟར་ཚིག་གི་ཕྲེང་བས་ཀུན་ནས་མཛེས་པར་བྱས་པ་དེ་རེད། དེ་ཡང་དོན་གསལ་བའི་ཆེད་དུ་གླིང་སྒྲུང་ལ་རྒྱུགས་ཆེ་བའི་རྒྱན་གཙོ་བོ་འགའ་དྲངས་ན་འདི་ལྟར།

1.《སྟག་གཟིག་ནོར་རྫོང》ལས།

ད་ཅམ་རང་ཚོད་བཟུང་དང་དགའ། །
ཧ་མགྱོགས་པས་མགྱོགས་ཚོད་མ་ཟིན་ན། །
བང་སྣེ་རྗེ་ལ་ཐུག་རབ་གདའ། །
སེང་དཀར་མོས་འཁྱིད་ཚོད་མ་ཟིན་ན། །
སྟེར་བཞི་གངས་ལ་ཟུག་རབས་ཡོད། །
སྟག་དམར་ཡག་ངར་ཚོད་མ་ཟིན་ན། །
འཛོམ་དྲུག་མི་ལ་ཤོར་དོགས་ཡོད། །
སྤྲང་པོས་བཀྲུ་ཚད་མ་ཟིན་ན། །
ཉ་ཏང་ཁྲི་ཁར་ཤོར་ལེ་ཡོད། །
འཇང་ཕྲུག་དཔའ་ཚོད་མ་ཟིན་ན། །
མགོ་སྟོད་ཀླད་རྒྱ་འཁོར་ལེ་འོང་། །

ཞེས་པ་ལྟ་བུར་མཚོན་ན། དཔེ་ཅན་འཇང་ཕྲུག་དཔའ་ཚོད་མ་ཟིན་ན། མགོ་སྟོད་ཀླད་རྒྱ་འཁོར་ལེ་འོང་ཞེས་པར་མཚོན་བྱེད་ཀྱི་དཔེ་བཞི་བཀོད་ཡོད་པ་རེད། ཚིག་སྦྱོར་འདིར་དོན་གྱི་ངོས་ནས་བལྟས་ན་དཔེ་མང་པོ་ཞིག་ཚིག་ལྷུག་ཙམ་དུ་སྣང་ཡང་། སྒྲ་རྩལ་གྱི་ངོས་ནས་བལྟས་ན། ངོ་བོ་མི་འདྲ་བའི་དཔེ་རྣམ་པ་བཞི་བཀོད་པ་དེས་བརྗོད་བྱའི་དོན་དེ་གསོན་ཉམས་ལྡན་པའི་གཟུགས་བརྙན་

སྣ་ཚོགས་སུ་བཀོད་ནས་འགྱུར་དུ་བཏོད་པས། དུས་ཡུན་རིང་པོ་ཞིག་ལ་ཡིད་ཀྱི་མེ་ལོང་དུ་ཡལ་བ་མེད་པར་གསལ་ལེར་གནས་ཐུབ་པ་རེད། གལ་ཏེ་རྗོད་བྱེད་ཀྱི་དཔེ་གསུམ་དོར་ནས། སྤྲང་པོས་བཀྲུ་ཚད་མ་ཟིན་ན། །ཉ་རྐང་ཁྲི་ཁར་ཤོར་ལེ་ཡོད། །འཛང་ཕྲུག་དཔའ་ཚོད་མ་ཟིན་ན། །མགོ་སྟོད་ཀླད་རྒྱ་འཐོར་ལེ་འོང་། །ཞེས་བརྗོད་ཚེ། ནང་དོན་ལ་འགྱུར་ལྡོག་ཅི་ཡང་མ་བྱུང་བ་དང་། ཡིག་ཚོགས་ཇེ་ཉུང་དུ་སོང་ཡོད་ཀྱང་། བརྗོད་བྱ་མཚོན་བྱེད་ཀྱི་དཔེའམ་གཟུགས་བརྙན་གསུམ་ཇེ་ཉུང་ལ་སོང་བས། ཚིག་གི་ཉམས་དང་མཚོན་བྱེད་ནུས་པ་སྟོར་ལས་ཇེ་ཞན་དུ་གྱུར་ལ། བརྗོད་དོན་ཡང་འགྱུར་དུ་ཐོན་མེད་པ་རེད། འདིའི་དཔེ་དང་དཔེ་ཅན་གཉིས་ཀྱི་བར་དུ་མཚུངས་པ་གསལ་བྱེད་ཀྱི་སྒྲ་མེད་པས། 《སྙན་ངག་མེ་ལོང་》ལས་བསྟན་པའི་མང་བའི་དཔེ་དང་མི་འདྲ་ལ། དཔེ་ཅན་གཅིག་ལ་དཔེ་མང་བཀོད་པས་ཟླ་བོ་དངོས་པོའི་དཔེར་ཡང་མི་འགྲོ་སྟེ། བོད་ཀྱི་ཐུན་མོང་མ་ཡིན་པའི་དཔེ་རྒྱན་ཞིག་རེད། རྒྱན་འདི་ལ་སྒྲིག་གྱུར་གྱི་བརྗོད་དོན་དེ་དངོས་ཡོད་ཀྱི་གཟུགས་བརྙན་སྣ་ཚོགས་སུ་འགོད་པ་དང་། བརྗོད་བྱ་རྟོག་འཛིན་ཅན་གོ་སླ་པོར་གཏོང་བ། བརྗོད་དོན་འགྱུར་དུ་ཐོན་པའི་སྒོ་ནས་གསལ་བར་སྟོན་པ་བཅས་ཀྱི་ནུས་པ་ལྡན་པས། འདི་སྙིང་གླུ་མཛེས་པར་སྤྲས་པའི་ཚིག་རྒྱན་གཙོ་བོ་ཞིག་ཡིན་པར་མ་ཟད། བོད་ཀྱི་དམངས་ཁྲོད་རྩོམ་རིག་མང་ཆེ་བའང་རྒྱན་འདིས་སྤྲས་ཡོད་པ་རེད།

2. གནའ་མིའི་གཏམ་དཔེ་དང་ངག་རྒྱུན་ལ་བརྟེན་ནས་བརྗོད་བྱའི་དོན་གསལ་བར་བྱེད་པའམ་སྐྱུབ་པ། དཔེར་ན། 《བདུད་འདུལ》ལས།

ཀློ་ཐེ་ཚོམ་མ་བྱེད་ཚ་བོ་ལགས། །
གནའ་མི་བོད་ཀྱི་གཏམ་དཔེ་ལ། །
གངས་དཀར་པོའི་ཟུར་ན་དར་སེང་གཉིས། །
སེང་གཡུ་རལ་ཅན་གྱིས་གངས་མཐའ་བསྐོར། །

སེང་ཅིག་ཤོས་ཤེལ་དཀར་ལྷིང་ཁང་འཛིན། །
དགུང་ཨ་སྔོན་དཀྱིལ་ན་འབྲུག་ཆུང་གཉིས། །
འབྲུག་གློག་འོད་ཅན་གྱིས་དགུང་མཐའ་བསྐོར། །
སྔོ་གཡུ་འབྲུག་ཆར་སྤྲིན་རྫོང་རིམ་འཛིན། །
རྫ་མཐོན་པོའི་སྐྱིད་ན་འབྲོང་ཤར་གཉིས། །
འབྲོང་ཏུ་དམར་རྩ་རྒྱུད་རིང་པོར་བསྐོར། །
འབྲོང་འབྲི་ཆུང་རྫ་ལུང་ཉིན་སྲིབ་འཛིན། །
བྲག་དམར་པོའི་ཐེམ་གྱི་བྱ་རྒོད་གཉིས། །
རྒོད་ཐང་དཀར་ནམ་འཕང་མཐོན་པོ་གཅོད། །
རྒོད་ཐང་སྨུག་བྲག་གི་ཚང་རྫོང་འཛིན། །
ནགས་རྒྱ་རྫོང་ཚལ་གྱི་སྟག་དམར་གཉིས། །
སྟག་དམར་ཡག་གཟན་ལ་ཡུལ་མཐའ་ཉུལ། །
གཟིག་སྟག་མོས་ནགས་རྫོང་ཚང་སྒོ་འཛིན། །
དམའ་རྒྱ་མཚོ་དཀྱིལ་ན་གསེར་ཉ་ཟུང་། །
ཉ་གཤོག་དྲུག་རྩལ་གྱིས་མཚོ་མཐའ་བསྐོར། །
ཉ་ཅིག་ཤོས་གཏིང་ཟབ་མཚོ་འཛིངས་འཛིན། །
དེ་ཟེར་བ་འཛིག་རྟེན་དཔེ་ལ་གྲགས། །
ཡུལ་གླིང་དཀར་སྟོད་ཀྱི་ཡབ་ཡུམ་གཉིས། །
ཡབ་རྒྱལ་པོ་དགྲ་བཞི་འདུལ་ནོ་རེད། །
ཡུམ་བཙན་པོས་གླིང་ཡུལ་རང་གཞིས་འཛིན། །
སེམས་བློ་ཆུང་སྐྱེས་བུ་ཁྱོད་རང་ཡིན། །

ཞེས་པ་ལྟ་བུར་མཚོན་ན། གནམ་ཨ་ནེ་གོང་སྨན་རྒྱལ་མོས་བརྗོད་བྱའི་དོན་ཏེ་

གླིང་གི་རྒྱལ་པོ་གེ་སར་ནི་ཕྱོགས་བཞིའི་དགྲ་བཞི་འདུལ་མཁན་ཡིན་པས། བདུད་ཡུལ་ལ་ཐེབས་དགོས་པ་དང་བཙུན་མོ་སེང་ལྕམ་འབྲུག་མོ་ནི་གླིང་གི་གཞིས་འཛིན་ཡིན་པས། ཕྱིར་གླིང་ཡུལ་དུ་ལོག་ནས་རང་གི་གཞིས་འཛིན་དགོས་པ་དེ་གསལ་བར་བྱེད་པའམ་སྨྲུབ་པའི་ཆེད་དུ་ཚིག་གི་རྣམ་པ་དང་ཁྱད་ཆོས་མཚུངས་ཤིང་ནང་དོན་གྱི་ངོས་ནས་རང་རྒྱུ་ཐུབ་པའི་གཏམ་དཔེ་དྲུག་དྲངས་ནས་བརྗོད་པ་རེད། མི་རིགས་རང་གི་དུས་ཡུན་རིང་པོའི་ལག་ལེན་གྱི་ཉམས་མྱོང་ལས་ཕྱོགས་སྡོམ་བྱས་པའི་གཏམ་དཔེ་དྲངས་ནས་བརྗོད་དོན་བསྒྲུབས་པ་དེས་དོན་གྱི་བདེན་ཚད་ཧ་ཅང་མཐོར་བཏང་བར་མ་ཟད་སྒྱུ་རྩལ་གྱི་ནུས་པ་ཧེ་དྲག་ཏུ་གྱུར་པས། ཕ་རོལ་པོའི་ཡིད་ཀྱི་བརྟན་པ་ཅིག་ཅར་དུ་འགུགས་ངེས་རེད། རྒྱན་འདི་ནི་སྒྲུང་གླུའི་མགོ་མཇུག་བར་གསུམ་དུ་ལུས་དང་གྲིབ་མ་བཞིན་འབྲལ་མེད་དུ་གནས་པའི་ཚིག་རྒྱན་ཕུལ་དུ་བྱུང་བ་ཞིག་རེད།

3. སྒྲུང་གླུའི་ནང་དུ་རང་གིས་བརྗོད་པར་འདོད་པའི་དངོས་པོ་གང་ཡིན་པ་དེའི་ཁྱད་ཆོས་དང་ཡོན་ཏན་བརྗོད་ཆེ། ཚིག་གི་སྦྱོར་བ་འདྲ་བ་དང་ནང་དོན་ཕལ་ཆེར་མཚུངས་ཤིང་ཉེ་བའི་ཚིག་གི་ཕྲེང་བ་དབུགས་ཐེངས་གཅིག་གིས་འཁྲོ་རིམ་འཁོར་བསྐར་ནས་ནན་ཏན་དུ་བརྗོད་པའི་ཚིག་རྒྱན་ཡང་སྤྱད་པ་ཧ་ཅང་མང་བ་རེད། དཔེར་ན། 《བདུད་འདུལ》ལས།

བདུད་གླུ་བཙན་སྲོག་གི་གཤེད་མ་ཟེར། །
སྤྱིར་ཕན་བདེ་རྒྱལ་མཚན་འཛུགས་མཁན་ཡིན། །
ཚོགས་དགེ་བའི་ས་བོན་འདེབས་མཁན་ཡིན། །
ལས་སྡིག་པའི་རྩ་བ་འཐེན་མཁན་ཡིན། །
གླིང་དཀར་པོ་སྐྱོང་བའི་སྲུ་རྗེ་ཡིན། །
བདུད་ལྕགས་ནག་བཞུ་བའི་མེ་དཕུང་ཡིན། །

ཧོར་སྤྱང་རི་སྲེག་པའི་གློག་ལྕེ་ཡིན། །
འཛང་དུག་མཚོ་སྐམ་པའི་དུས་མེ་ཡིན། །
རྒྱ་ཁྲིངས་དྲེགས་ནད་འཇོམས་སྨན་མཆོག་ཡིན། །
ལྷའི་བདུད་རྩི་འགུགས་པའི་ཟླ་འོད་ཡིན། །
གཞི་དཔའ་རྩལ་ཐོབ་པའི་དགྲ་ལྷ་རེད། །
རྒྱུ་ནོར་བུ་འདྲེན་པའི་དེད་དཔོན་ཡིན། །
ནང་དུག་ལྔ་འཇོམས་པའི་ཐོ་བ་ཡིན། །
མ་འགྲོ་བ་འདྲེན་པའི་སངས་རྒྱས་རེད། །
མ་འགོག་བཟས་བཙས་པའི་ལྷ་སྲས་ཡིན། །
ས་གླིང་དཀར་སྟོད་ཀྱི་རྗེ་རྒྱལ་རེད། །
གླིང་གེ་སར་ནོར་བུ་དགྲ་འདུལ་ཡིན། །

ཞེས་པ་ལྟ་བུར་མཚོན་ན། གླིང་གེ་སར་རྒྱལ་པོ་དེ“སྲོག་གི་གཤེད་མ”དང་། “རྒྱལ་མཚན་འཛུགས་མཁན” “ས་བོན་འདེབས་མཁན” “སྡིག་པའི་རྩ་བ་འབྱིན་མཁན” “སྐུ་རྗེ” “མེ་དཔུང” “གློག་ལྕེ” “བསྐལ་པའི་མེ” “སྨན་མཆོག”“ཟླ་འོད” “དགྲ་ལྷ” “དེད་དཔོན” “ཡེ་ཤེས” “ཐོ་བ” “སངས་རྒྱས” “ལྷ་སྲས” “རྗེ་རྒྱལ”བཅས་ཀྱི་གཟུགས་སུ་བཀོད་པའི་ཚིག་གི་ཕྲེང་བ་རྣམས་བསྟར་ལ་བརྒྱུས་པ་དེས་གླིང་གེ་སར་རྒྱལ་པོའི་རང་བཞིན་དང་ཁྱད་ཆོས། མཐུ་དང་ཡོན་ཏན་སོགས་སྣང་བརྙན་ལྡན་པའི་སྒོ་ནས་གསལ་པོར་མཚོན་ཡོད་པ་རེད། དེར་མ་ཟད་ཁང་པ་སོ་སོའི་ཚིག་སྦྱོར་འདྲ་ཞིང་ཚིག་ཁྱིམ་དོ་མཉམ་པས། དབྱངས་སུ་གྱེར་ཚེ་བརྗིད་ཉམས་དང་དབྱངས་ཉམས་ཀྱང་ལྡན་པ་རེད།

4. གྲངས་དང་སྦྱར་བའི་རྒྱན་གྱིས་མཛེས་པར་སྤྲས་པ། དཔེར་ན། 《ཧོར་གླིང་གཡུལ་འགྱེད》སྟོད་ཆ་ལས།

དགྲ་ལྷའི་ཁྲ་ཚང་འབར་བ་ནས། །
སྲིད་པའི་དགྲ་ལྷ་མཆེད་དགུ་ནི། །
དཔའ་སྟོན་དམག་དཔོན་དེ་དང་གཅིག །
མཐུ་ཆེན་དགྲ་འདུལ་དེ་དང་གཉིས། །
སྣང་གྲགས་འབྲུག་འདུལ་དེ་དང་གསུམ། །
དྲག་རྩལ་ཐོག་འབེབས་དེ་དང་བཞི། །
སྐྱེས་པའི་སྲོག་འདོན་དེ་དང་ལྔ། །
སྣང་བའི་སྲོག་གཅོད་དེ་དང་དྲུག །
སྐྱེས་བུ་རང་ཆས་དེ་དང་བདུན། །
བྱ་ཁྲ་དཀར་པོ་དེ་དང་བརྒྱད། །
དགྲ་སྨན་གཞོག་དཀར་དེ་དང་དགུ། །
དེ་རིང་སྐྱེས་བུའི་གྲོགས་ལ་བྱོན། །

ཅེས་པ་ལྟ་བུ་སྟེ། ཚིག་རྐང་རེ་རེའི་མཐའ་རུ་གྲངས་ཀྱི་མིང་གཅིག་ནས་དགུ་བར་བཀོད་པ་དེས་སྲིད་པའི་དགྲ་ལྷ་མཆེད་དགུ་བྱེ་བྲག་ཏུ་གང་དག་ཡིན་པ་གསལ་པོར་བསྟན་པར་མ་ཟད་དེ་དག་གི་གོ་རིམ་ཡང་བསྟན་ཡོད་པས། ཉན་པ་པོའི་ཡིད་ལ་འཛིན་སླ་བའི་ཁྱད་ཆོས་ལྡན་པ་རེད། གལ་ཏེ་གཅིག་སོགས་གྲངས་ལ་མ་སྦྱར་བར"དཔའ་སྟོན་དམག་དཔོན་དང་། མཐུ་ཆེན་དགྲ་འདུལ་དང་"ཞེས་བརྗོད་ན། ནང་དོན་ལ་འགྱུར་ལྡོག་ཅི་ཡང་མེད་ཀྱང་། བརྗོད་བྱེད་ཚིག་ལ་སྡེ་མ་ལྟ་བུའི་སྒྱུ་རྩལ་གྱི་ནུས་པ་མེད་པས། སྒྲུང་གླུའི་ནང་དུ་དོན་སྡེ་ཕྱི་ཕྱོགས་གཅིག་ཏུ་སྡུད་པ་དང་རྣམ་གྲངས་སོ་སོར་འབྱེད་པ་ལ་སོགས་པའི་སྐབས་སུ་རྟག་ཏུ་གྲངས་དང་

སྒྲུར་ཡོད་པ་རེད།

5. ཚིག་རྐང་སོ་སོའི་མཐའ་རུ་རྒྱན་ཚིག་ སྒྲ་ཚོགས་དོ་མཉམ་པར་བཀོད་ནས། བརྗོད་བྱའི་དངོས་པོ་གང་དང་གང་གི་རྣམ་པ་དང་། གནས་སྟངས། བྱེད་ལས། རང་བཞིན་སོགས་མཚོན་པར་བྱེད་པ། དཔེར་ན།

རྟ་གཡུག་འདོད་དམར་ནག་ལམ་མེར་གདའ། །
སྤྲིན་འཕེན་འདོད་མཐེབ་སྐོར་ཁྲིག་གེར་གདའ། །
མགྱོགས་རྒྱུག་འདོད་བང་ཁ་ རླུང་གིས་གང་། །
མཚོན་རྣོན་པོ་གཡུག་འདོད་ཁྲིགས་སེ་ཡོད། །
མདའ་འཕེན་འདོད་མཚོན་སྐོར་ཁྲིགས་སེ་ཡོད། །
རྟ་རྒྱུག་འདོད་བང་ཁ་ཡིངས་སེ་ཡོད། །[①]

ཞེས་པ་ལྟ་བུར་མཚོན་ན། ཚིག་རྐང་སོ་སོའི་མཐའ་རུ"ལམ་མེ"དང་། "ཁྲིག་གེར" "ཁྲིགས་སེ" "ཤིགས་སེ" "ཡིངས་སེ"སོགས་སྦེབ་སྦྱོར་འདྲ་བའི་རྒྱན་ཚིག་དོ་མཉམ་པར་སྦྱར་བ་དེས་མཚོན་གཡུག་པ་དང་མདའ་འཕེན་པར་འདོད་པའི་སེམས་ཀྱི་རྣམ་པ་དང་། དཔུང་ཚོགས་ཀྱི་ཁྱད་ཆོས། རྟ་འདོ་བའི་བང་ཁའི་རྣམ་པ་སོགས་གསོན་ཉམས་ལྡན་པའི་སྒོ་ནས་མཚོན་པར་བྱས་པ་དང་།

དཔའ་སྙིང་མེད་འཕྲུ་ནག་ཕུ་རུ་རུ། །
རྟ་མི་འགྲོ་ལྐུག་ཤད་ཚུབས་སེ་ཚུབ། །
རྐང་མི་སྟོད་ཡོབ་བརྟུང་ཁྲ་ལ་ལ། །
མདའ་མོ་མི་ཟིན་གེ་རེ་རེ། །
གཞུ་དཀར་མི་ཟིན་སེ་ལི་ལི། །[②]

---

① 《ཧོར་གླིང་གཡུལ་འགྱེད》སྟོད་ཆར་གསལ།
② 《སྟག་གཟིག་ནོར་རྫོང》དུ་གསལ།

ཞེས་པར་མཚོན་ན། "ཕུ་རུ་རུ" "ཁྲ་ལ་ལ" "གེ་རེ་རེ" "སེ་ལི་ལི"བཅས་ཚིག་ཕྲད་སོ་སོའི་མཐའ་རུ་དོ་མཉམ་པར་བཀོད་པ་དེས་སྙིང་ཆུང་སྟར་མའི་དར་འཕྱུ་གཡོ་སྟངས་དང་ཡོབ་རྟུང་བའི་སྤྲའི་ཁྱད་ཆོས། མདའ་དང་གཞུ་མོ་མི་ཟིན་པའི་ངང་ཚུལ་བཅས་མིག་དང་རྣ་བའི་ལམ་དུ་དངོས་སུ་བརྒྱུད་པ་ལྟར་གསལ་པོར་བསྟན་ཡོད་པ་རེད།

ཡང་། སེང་ཆེན་གེ་སར་རྒྱལ་པོ་ཁོང་།

སྨུག་པོ་དུང་གི་སོ་ཚོ་ཅན། །
ཡང་སྨུག་བྱུ་རུའི་མིག་རྩ་ཅན། །
དར་འཕྱུ་གར་སྟབས་ཤིག་སེ་ཤིག །
ཐོད་འཕྱུ་རྩེ་མོ་ལྡེམ་སེ་ལྡེམ། །
ཐོག་ཐུབ་བྱང་འོད་ལམ་སེ་ལམ། །
རྒྱང་ཐོད་འགྲོས་སྐོར་འཁྱིལ་ལི་ལི། །[1]

ཞེས་པ་ལྟ་བུར་མཚོན་ན། ཚིག་ཕྲད་སོ་སོའི་མཐའ་རུ"ཤིག་སེ་ཤིག""ལྡེམ་སེ་ལྡེམ" "ལམ་སེ་ལམ"སོགས་སྡེབ་སྦྱོར་མཉམ་པའི་རྒྱན་ཚིག་དག་ཕན་ཚུན་ཆ་འགྲིག་པར་བཀོད་ནས། གླིང་གེ་སར་རྒྱལ་པོའི་དར་འཕྱུའི་གཡོ་སྟངས་དང་ཁྲབ་ཀྱི་བྱང་བུའི་འོད་ཀྱི་རྣམ་པ་མིག་ལམ་དུ་ཤར་བ་ཞིག་བསྟན་ཡོད་པ་རེད། གོང་གི་རྒྱན་ཚིག་རྣམ་པ་གསུམ་ལས་དང་པོ་ནི་རྗེས་འཇུག་རང་འདྲར་དབྱངས་ཨེ་སྦྱར་བ་ལས་གྲུབ་པ་དང་། གཉིས་པ་ནི་དབྱངས་ངེས་པའམ་གསལ་བྱེད་བཟླས་པ་ལས་གྲུབ་པ། གསུམ་པ་ནི་སེ་ཞེས་པའི་ཡི་གེར་བསྐོར་བ་ལས་གྲུབ་པས། དེ་དག་དང་སྡེབ་པའི་ཚིག་གི་ཐྲེང་བར་བརྗོད་བྱའི་དོན་གསལ་པོར་སྟོན་པའི་ནུས་པ་ལྡན་པར་མ་ཟད། དབྱངས་ཀྱི་ཉམས་ཀྱང་ལྡན་པས་གྱེར་མཁན་གྱི་ལྕེར་བདེ་ཞིང་ཉན་མཁན་གྱི་

① 《རྟོར་གླིང་གཡུལ་འགྱེད》སྟོད་ཆར་གསལ།

རྣར་ཏུ་ཙང་སྙན་པ་ཞིག་རེད།

6. ཚིག་གི་མཐའ་རུ་བྱ་ཚིག་བརླས་པ་དེར་ཡང་བརྗོད་བྱའི་དོན་གསལ་བར་བྱེད་པ་དང་ཚིག་གི་ཕྲེང་བ་མཛེས་པར་བྱེད་པའི་ནུས་པ་ཏུ་ཙང་ཆེན་པོ་ཞིག་ཡོད་པ་རེད།

ཆས་ཟེར་ན་ཁྲག་མཚོ་ཁོལ་ཁོལ་རེད། །
དཕུང་མང་པོ་མེ་རི་ཆད་ཆད་རེད། །
ཕོ་རྐོད་བསམ་ཁ་ཕོ་ཐམ་ཐམ་གདའ། །
ལས་དགྲ་དང་སྲོག་དམར་འཐབ་ཚ་ན། །
ཧོར་སེར་པོ་བྱེའུ་ཁྱུ་འཕུར་འཕུར་རེད། །
གླིང་དཀར་པོ་ཁྲ་ཕྲུག་བཙུམ་བཙུམ་ཡིན། །
ཁྲ་ཧོར་པས་བྱེའུ་ཁྱུ་གང་གཏོར་ཡིན། །
ཧོར་སེར་པོ་ལུག་ཁྱུ་ཆད་ཆད་རེད། །
གླིང་དཀར་པོ་སྤྱང་ཐོང་རྒྱུག་རྒྱུག་ཡིན། །
སྤྱང་དར་མས་ལུག་ཁྱུ་གང་གཏོར་ཡིན། །
ཧོར་སེར་པོ་ཐོ་རུ་ཁྱུ་གཅིག་ལ། །
གླིང་དཀར་པོ་དམར་ཡག་མཆོང་མཆོང་རེད། །
སྟག་འཛུམ་དྲུག་ཐོ་རུ་གང་གཏོར་ཡིན། །
ཧོར་ཤན་པ་མེ་རི་འབར་འབར་རེད། །
ང་ཨ་དོམ་ཆུ་ཐོག་འབབ་འབབ་ཡིན། །[1]

ཞེས་པའི་ཚིག་རྐང་སོ་སོའི་མཐའ་འམ་དཔེ་དཔེ་ཙན་གཉིས་ཀྱི་རྗེས་སུ"ཁོལ" "ཆད" "འཕུར"ལ་སོགས་པའི་བྱ་ཚིག་བརླས་ནས། ཁོལ་ཁོལ་རེད། ཆད་ཆད་རེད། ཅེས་བརྗོད་ཚེ། ཁོལ་འདྲ་རེད། ཆད་འདྲ་རེད། འཕུར་འདྲ་རེད་ཅེས་

①《ཧོར་གླིང་གཡུལ་འགྱེད》སྟོད་ཆར་གསལ།

པ་ལ་སོགས་པའི་དོན་མཚོན་པས། དེས་དཔེ་དཔེ་ཅན་གཉིས་ཀྱི་ཐུན་མོང་གི་མཚུངས་ཆོས་སྟོན་པ་དང་ཚིག་ལ་བརྗོད་ཉམས་དང་དབྱངས་ཉམས་ཀྱང་ཐོན་པར་བྱས་ཡོད་པ་རེད། གོང་གསལ་གྱི་ཚིག་རྒྱན་དེ་དག་ནི་བོད་མི་རིགས་ཀྱིས་ལོ་ངོ་ཁྲི་ཕྲག་མང་པོའི་སྤྱི་ཚོགས་ཀྱི་འཚོ་བའི་ཁྲོད་དུ་རང་གི་བློ་གྲོས་ཀྱི་རྩལ་ལ་བརྟེན་ནས་གསར་སྐྲུན་བྱས་པའི་ཚིག་རྒྱན་ཐུན་མོང་མ་ཡིན་པ་ཁག་ཅིག་ཡིན་པས། དེ་དག་གིས་ལེགས་པར་སྤྲས་པའི་གླིང་སྒྲུང་གི་ཚིག་ལ་སྙན་ཞིང་འཇེབས་པའི་ཉམས་ལྡན་ཞིང་བོད་སྐད་རྣལ་མའི་ཁྱད་ཆོས་མངོན་པར་གསལ་བ་རེད།

དྲུག་པ། སྒྲུང་གླུའི་རྣམ་གྲངས་མང་ཞིང་གང་ལ་གང་འཚམ་དུ་ལེན་པ།

གླིང་སྒྲུང་ནི་འཆད་གྱེར་ཟུང་འབྲེལ་གྱི་དམངས་ཁྲོད་རྩོམ་རིག་ཅིག་ཡིན་པས། དེའི་ནང་གི་གཏམ་རྒྱུད་ཀྱི་རྒྱབ་ལྗོངས་དང་། བྱུང་རིམ། ཁོར་ཡུག་སོགས་སྐད་ཆའི་སྒྱུ་རྩལ་སྣ་ཚོགས་ཀྱི་སྒོ་ནས་ལྷུག་པོར་བརྗོད་པ་དང་། མི་སྣ་ཕན་ཚུན་བར་གཏམ་གླིང་བྱས་པའི་ཚིག་རྣམས་དབྱངས་སུ་གྱེར་ནས་ལེན་པར་མ་ཟད། མི་སྣ་སོ་སོའི་གླུ་མིང་ཡང་མི་འདྲ་བ་རེད། དཔེར་ན། ཨ་ཁུ་སྤྱི་དཔོན་གྱི་གླུ་ལ་གླུ་དལ་ལ་རིང་མོ་ཟེར་བ་དང་། ཨ་ནེ་གོང་སྨན་རྒྱལ་མོའི་གླུ་ལ་ཁམས་གསུམ་ཟིལ་གནོན་ཟེར། གླིང་གེ་སར་རྒྱལ་པོའི་གླུ་ལ་རྒྱ་མཚོའི་འཁྱིལ་གླུའམ་ཁྲོམ་ཆེན་ཟིལ་གནོན་ཟེར། ཧོར་གུར་དཀར་གྱི་གླུ་ལ་ཇམ་ཆེན་འགྱིང་གླུ་ཟེར། ཨ་ཁུ་ཁྲོ་ཐུང་གི་གླུ་ལ་སྟག་མོའི་ངར་སྐད་ཟེར། རྒྱ་ཚའི་གླུ་ལ་གཡུ་འབྲུག་ངར་སྐད་དམ་དཀར་སེང་དྲུག་འགྱུར་ཟེར། ཧོར་ཤན་པའི་གླུ་ལ་གླུ་ཕྲེང་རིང་ཆུ་བོ་དལ་འབབ་ཟེར། གླིང་གི་མོ་མའི་གླུ་ལ་ཐང་དཀར་ལྡིང་གླུ་ཟེར། ཨ་ཁུ་ཚང་གི་ངོ་ལུག་གི་གླུ་ལ་བྱ་ཤིང་ལྡེམ་གླུ་ཟེར། གླིང་ནེའུ་ཚུང་གི་གླུ་ལ་ལྕོག་ག་དྲུག་འགྱུར་ཟེར། གླིང་ཏའི་གླུ་བདུད་སེང་

ཚ་ཡ་མེད་ཀྱི་གླུ་ལ་སྟོབས་ཆེན་སེང་གེའི་ངར་སྒྲ་ཟེར། གླིང་འབྲུག་མོའི་གླུ་ལ་དགུ་སེང་དྲུག་འགྱུར་རམ་སེར་མོའི་ན་རན་ཁྲུགས་འགྱུར་ཟེར། ལྷ་ཚངས་པ་དཀར་པོའི་གླུ་ལ་ལྷ་གླུ་དཀར་པོ་རྒྱང་བསྒྲགས་ཟེར། མོན་གྱི་སྲུས་མོ་མེ་ཏོག་གི་གླུ་ལ་མེ་ཏོག་པདྨའི་འཛུམ་གླུ་ཟེར། འདན་མགུར་ལྷ་མཚོའི་གླུ་ལ་ཁྲུ་བྱུག་ལྡེམ་དྲུག་ཟེར་བ་ལྟར་རེད། དེས་ན་གླུ་མིང་དེ་དག་རྒྱུ་མཚན་གང་ལ་བརྟེན་ནས་བཏགས་པ་ཡིན་ཟེར་ན། ཧོར་གུར་དཀར་གྱིས་བླངས་པའི་གླུ་ལས།

གླུ་དང་པོ་གངས་དཀར་རྩེ་ལ་ལེན། །
སེང་དཀར་མོས་གཡུ་རལ་ངོམ་འདྲ་ལེན། །
གླུ་འདི་ལ་རྗམ་ཆེན་འཁྱིང་གླུ་ཟེར། །
གླུ་དེ་ནས་བར་སྣང་ཁམས་ལ་ལེན། །
དགུང་གཡུ་འབྲུག་ངར་སྐད་གྲགས་འདྲ་ལེན། །
གླུ་འདི་ལ་དཔའ་བོའི་ངར་གླུ་ཟེར། །
གླུ་དེ་ནས་ཁྲ་ཡག་རྫ་ལ་ལེན། །
འཕྲོང་བྱེ་སེར་ཙ་ཕྱུར་རྗམ་འདྲ་ལེན། །
གླུ་དེ་ལ་ཤ་ཟ་སྲོག་གླུ་ལེན། །①

ཞེས་པར་བརྟགས་ན། "རྗམ་ཆེན་འཁྱིང་གླུ"དང་། "སྟག་མོའི་ངར་སྐད" "སྟོབས་ཆེན་སེང་གེའི་ངར་སྒྲ" "གཡུ་འབྲུག་ངར་སྐད" "ཁམས་གསུམ་ཟིལ་གནོན" "ཁྲིམ་ཆེན་ཟིལ་གནོན"སོགས་ནི་སྐད་ཀྱི་གཟེངས་མཐོ་ཞིང་ཚིག་གི་རླབས་ཆེ་བས། ཕ་རོལ་ཟིལ་གྱིས་གནོན་པ་དང་སྲུ་བཀོང་བར་བྱེད་པའི་ནུས་པ་དང་ལྡན་པས་ན། དེ་དང་འདྲ་བའི་དཔེ་ཡི་མིང་གིས་བཏགས་པ་རེད། དེ་བཞིན་དུ"གླུ་ཕྲེང་རིང་ཆུ་བོ་དལ་འབབ"དང"དལ་བ་རིང་མོ"སོགས་ལ་མཚོན་ན་འང《འཛམ་གླིང་སྤྱི་

① 《ཧོར་གླིང་གཡུལ་འགྱེད》སྟོད་ཆར་གསལ།

བསང་》ལས།

ཕྱི་དལ་འབྱོར་ཐོབ་པས་དལ་བ་ཟེར། །
ནང་རང་སེམས་དལ་བས་དལ་བ་ཟེར། །
བར་ལས་རླུང་དལ་བས་དལ་བ་ཟེར། །
གླུ་དལ་བ་རིང་མོ་དེ་ནས་ཐོགས། །

ཞེས་གླུ་དེ་དག་ནི་ལེན་མཁན་གྱི་སེམས་བག་ལ་ཕབ་པ་དང་དབྱངས་ཀྱི་མཚམས་ཚོགས་རིང་ཞིང་དལ་བར་ལེན་པའི་ངང་ཚུལ་དེ་དལ་བར་འབབ་ཅིང་སྙན་པའི་སྒྲ་སྒྲོག་པའི་ཆུ་རྒྱུན་རིང་མོ་ཞིག་དང་འདྲ་བས་ན་མིང་ཡང་དེ་ལྟར་བཏགས་པར་སྙམ། གཞན་ཡང་། འབྲུག་མོའི་གླུ་ལ།

སེར་མོའི་སྣང་གླུ་རིན་ཆེན་རེད། །
ཁུ་བྱུག་གཞོག་སྐད་འགྱུར་བའི་གླུ། །
མེ་ཏོག་སྤང་ལ་བཀྲ་བའི་གླུ། །
དགོང་མོར་ལྷ་ཆར་འབབ་པའི་གླུ། །
གཡུ་འབྲུག་དབྱངས་སྙན་སྒྲོག་པའི་གླུ། །
བྱང་བ་ཟིལ་ལ་ཆགས་པའི་གླུ། །
གཏམ་ལ་དེ་ལན་འགྱོད་པའི་གླུ། །
དེ་རིང་ལེན་པ་སྣང་བ་བདེ། །[1]

ཞེས་པ་ལས། "སེར་མོའི་སྣང་གླུ་རིན་ཆེན"དང་། "ཙྪོག་ག་དྲུག་འགྱུར" "མེ་ཏོག་པདྨའི་འཛུམ་གླུ""དགུ་སིང་དྲུག་འགྱུར"སོགས་ནི་ལེན་མཁན་གྱི་སྣང་བ་སྤྲོ་བའི་ངང་བླངས་པས། དབྱངས་ཀྱི་གདངས་དང་ཚིག་གི་དོན་ལ་སྙན་པའི་ཉམས་ལྡན་ཞིང་། བཅེ་དུང་གི་ཤུགས་དྲག་པས་ན་དེ་དང་འདྲ་བའི་དཔེའི་མིང་བཏགས་

① 《བདུད་འདུལ》དུ་གསལ།

པར་སླམ། མདོར་ན་ས་སྐྱ་པཎ་ཆེན་གྱིས།

དེ་ནས་དབྱངས་ཀྱི་སྦྱོར་བ་རྣམས། །
དཔེ་ཡི་མིང་གིས་བཤད་པར་བྱ། །
འདྲེན་པའི་དཔག་བསམ་ལྗོན་ཤིང་སྟེ། །
བཀུག་པ་མེ་ཏོག་འཁྲི་ཤིང་ཡིན། །
དབུས་ཞན་ཆུ་ཀླུང་དལ་འགྲོ་བ། །
འགྱུར་ཁུགས་རྒྱ་མཚོའི་རླྫ་བར་བཤད། །[1]

ཅེས་པ་བཞིན། གཙོ་བོར་དབྱངས་ཀྱི་འགྱུར་ཁུགས་དང་། མཚམས་ཚིགས། བྱེད་ནུས། ཁྱད་ཆོས་སོགས་གཙོར་བཟུང་ནས། དེ་དང་འདྲ་བའི་དཔེའི་མིང་བཏགས་པ་དང་། གླུ་སོ་སོའི་དབྱངས་དང་ཚིག བྱེད་ནུས། ཁྱད་ཆོས་སོགས་མི་འདྲ་བའི་རྐྱེན་གྱིས་མིང་གི་རྣམ་གྲངས་མང་དུ་བྱུང་བར་མ་ཟད། ཉན་མཁན་སོ་སོའི་ཤེས་རྟོགས་ཀྱི་ཆུ་ཚད་མི་འདྲ་བ་དང་ལེན་མཁན་གྱི་དམིགས་པ་མི་འདྲ་བའི་དབང་གིས་གླུ་དེ་དག་ལེན་པར་ཁོར་ཡུག་ཀྱང་ངེས་གཏན་རེ་ཡོད་པ་རེད། ས་སྐྱ་པཎ་ཆེན་གྱིས།

ཚོགས་སུ་སེང་གེའི་ང་རོ་སྟེ། །
དབེན་པར་བུང་བ་རོལ་བའི་ཚུལ། །
མཁས་པའི་འདུན་སར་ནེ་ཙོའི་དབྱངས། །
རྨ་བྱ་འཛོ་སྐྱིག་ཚོངས་ནང་དུ། །
སྐྱོ་ཚེ་དང་བ་ཀུན་འདྲེན་པ། །
རྗེས་སུ་དགའ་བ་འདོད་ལྷའི་མདའ། །
མཆོད་ལ་དགེ་བའི་མེ་ཏོག་སྟེ། །
བ་རྩྭའི་ཆུ་ཀླུང་ཐིག་སྦྲངས་ལ། །

---

① 《རོལ་མོ་བསྟན་བཅོས》སུ་གསལ།

རང་ཕྱོགས་བསྟོད་ན་ལྷ་ཡི་ཐ། །
ཕ་རོལ་སྨད་ན་འཁོར་ཟིལ་གནོན། །
ཀུན་ཏུ་སྙན་པའི་དྲི་ཟའི་དབྱངས། །
སྤེལ་བ་མི་ཧོག་ཕྲེང་ལྡན་ཡིན། །[1]

ཞེས་གསུངས་པ་ལྟར་ན། ཁྲོམ་ཆེན་པོའི་དབུས་སུ་གླངས་ནས་དེ་ཟིལ་གྱིས་གནོན་པ་ལ། དབྱངས་ཀྱི་གཟེངས་མཐོ་ཞིང་ཚིག་གི་རླབས་ཆེ་བའི་གླུ་ལེན་དགོས་པ་དང་། ཚོས་སྲིད་ཀྱི་དོན་དུ་ཕན་ཚུན་གླེང་མོལ་དང་གྲོས་མོལ་བྱེད་པའི་ཁྲོམ་ཚོགས་སུ་དབྱངས་ཀྱི་མཚམས་ཚིགས་རིང་ཞིང་དལ་བའི་གླུ་ལེན་པ། རྒྱལ་ཁའི་དགའ་སྟོན་དང་། གཉེན་སྟོན། དུས་སྟོན་སོགས་ཀྱི་ཚོགས་དབུས་སུ་དབྱངས་དང་ཚིག་ལ་སྙན་ཉམས་ལྡན་ཞིང་བརྩེ་དུང་གི་ཤུགས་དྲག་པའི་གླུ་ལེན་དགོས་པ་རེད། དེ་མིན་མི་ཆུང་ཁ་བདེའི་གླུ་ལས། རྡོ་རྗེ་མགུར་གླུ་རྒྱལ་པོའི་གླུ། །འཛོལ་མོའི་དྲུག་འགྱུར་བཙུན་མོའི་གླུ། །ཞེས་པ་སོགས་མང་དུ་བཀོད་པར་བལྟས་ན། ཐོབ་ཐང་མི་འདྲ་བའི་མི་ལ་གླུའི་དབྱངས་རྟའང་ངེས་གཏན་རེ་ཡོད་པར་སྙམ་མོ། །

བདུན་པ། སྒྲུང་པའི་རིགས་མང་ཞིང་འཆད་ཚུལ་ཇི་མཚར་བ།

གླིང་གེ་སར་རྒྱལ་པོའི་སྒྲུང་དེ་འཛམ་གླིང་གི་ཆེས་རིང་བའི་བྱུང་བརྗོད་སྙན་ངག་ཏུ་གྱུར་པ་ནི་བོད་མི་རིགས་ཐུན་མོང་དང་ཁྱད་པར་དུ་དུས་རབས་དུ་མའི་སྒྲུང་པ་སོ་སོས་ཐབས་ལམ་སྣ་ཚོགས་ལ་བརྟེན་ནས་གསར་རྩོམ་བྱས་པའི་འབྲས་བུ་ཡིན་ཞིང་། སྒྲུང་པ་དེ་དག་ལ་གསར་རྩོམ་བྱེད་ཐབས་ཀྱི་ངོས་ནས་དབྱེ་ན་མང་ཙང་། བསྡུས་ན། བབས་སྒྲུང་པ་དང་། ཕབ་སྒྲུང་པ། ཡིག་སྒྲུང་པ། བརྒྱུད་སྒྲུང་པ་

[1] 《རོལ་མོ་བསྟན་བཅོས》སུ་གསལ།

བཅས་རིགས་ཆེན་པོ་བཞིར་འདུས་པ་ཡིན།

1. བབས་སྒྲུང་པ་ནི། རྨི་ལམ་ཡ་མཚན་ཅན་རྨིས་པ་ལ་བརྟེན་ནས་སྒྲུང་པར་གྱུར་ཅིང་། ཁོང་ཚོས་བཤད་པ་ལྟར་ན། བབས་སྒྲུང་པ་སུ་ཡིན་ཡང་གླིང་གི་དཔའ་རྟུལ་གང་རུང་ཞིག་གི་རྣམ་སྤྲུལ་ཡིན་ཞིང་ཁོང་ཚོས་བཤད་པའི་སྒྲུང་ཡང་རྙོག་གྱུར་གྱི་སྟོབས་ཤུགས་གཞན་པ་ཞིག་གི་རོགས་ཁྲིད་ལ་བརྟེན་ནས་བཤད་པ་ཡིན་ལ། སྒྲུང་བཤད་ཚེའང་ཐོག་མར་གླིང་གེ་སར་དང་དཔའ་རྟུལ་སུམ་ཅུ་གང་རུང་ཞིག་གི་ཐང་ག་བཤམས་ཤིང་། དེར་བསང་དང་། གསེར་སྐྱེམས། ཛ་ཕུད་སོགས་ཀྱིས་མཆོད་བཀུར་བྱས་རྗེས། རྡོ་རྗེ་སྐྱིལ་ཀྲུང་དུ་བཞུགས་ཏེ་མིག་གཉིས་བཙུམས་ཤིང་ཕྱག་ཟུང་སྙིམ་པ་བྲང་ཁར་སྦྱར་ནས་གསོལ་བ་ཕུར་ཚུགས་སུ་འདེབས་པ་བཅས་ཀྱི་ཆོ་ག་ཡོངས་སུ་རྫོགས་པ་དང་སྒྲུང་ལྷུག་པར་བཤད་ངེས་རེད། བབས་སྒྲུང་པ་ལས་སྙན་གྲགས་ཆེས་ཆེ་བ་ནི་བོད་རང་སྐྱོང་ལྗོངས་ཀྱི་གྲགས་པ་དང་བསམ་གྲུབ་དང་། མཚོ་སྔོན་ཞིང་ཆེན་གྱི་ཚེ་རིང་དབང་འདུས་དང་། ཟླ་བ་གྲགས་པ། ཚེ་རིང་བསོད་ནམས་སོགས་ཡིན། བཤད་ཚུལ་ལྟར་ན་སྒྲུང་པ་གྲགས་པས་སྒྲུང་ཁག་མི་འདྲ་བ་46བཤད་ཤེས་པ་དང་། ཁོང་གིས་བཤད་པའི《སུམ་པ་མཛོ་རྫོང》དང་། 《རྟ་ག་ལ་འཕྲུལ་གྱི་རྒྱལ་པོ》《མོན་གླིང་གཡུལ་འགྱེད》སོགས་སྒྲུང་ཁག་24སྒྲ་ཕབ་བྱིན་ཅིང་། དེ་དག་ལས་སྒྲུང་དཔེ་དེབ་19ཙམ་མི་རིགས་དཔེ་སྐྲུན་ཁང་དང་བོད་ལྗོངས་མི་དམངས་དཔེ་སྐྲུན་ཁང་གིས་པར་སྐྲུན་བྱས། སྒྲུང་པ་བསམ་གྲུབ་ཀྱིས་རྫོང་ཆེན་18དང་། རྫོང་འབྲིང་18 རྫོང་ཆུང་18བཅས་ཕབ་པའི་སྒྲུང་ཁག་54བཤད་ཤེས་པ་ཕལ་ཆེ་བ་སྒྲ་ཕབ་ནས་དཔེ་དེབ་30ལྷག་བོད་ལྗོངས་དཔེ་རྙིང་དཔེ་སྐྲུན་ཁང་གིས་པར་སྐྲུན་བྱས། སྒྲུང་པ་ཚེ་རིང་དབང་འདུས་ཁོང་གིས་བཤད་པ་ལྟར་ན། སྒྲུང་ཁག་མི་འདྲ་བ་120ལྷག་བཤད་ཤེས་པ་དང་། ད་ལྟ་དངོས་སུ་སྒྲ་ཕབ་པ《ཨ་སྟག་ཤ་རྫོང》དང《མེ་མོ་ཤེལ་རྫོང》སོགས་སྒྲུང་གསར་པ་11ཡོད་ཅིང་། དེ་

དག་ལས《ཐོག་གླིང་གཡུལ་འགྱེད》དང་། 《གནམ་ཐེའུ་གཏེར་རྫོང》《སྨ་སེ་ཤེལ་རབ་ཁྲོ་རྫོང》《ཨ་སྟག་ཤ་རྫོང》《བཀྲ་ཤིས་སྨོན་ལམ་ལྷ》བཅས་མཚོ་སྔོན་མི་རིགས་དཔེ་སྐྲུན་ཁང་གིས་པར་དུ་བསྐྲུན། སྒྲུང་པ་བློ་བ་གྲགས་པ་ཁོང་གིས་བཤད་པ་ལྟར་ན་སྒྲུང་ཁག་153བཤད་ཤེས་པ་ལས་སྒྲུང་52གསར་པ་ཡིན་ལ། ད་ལྟ་སྒྲུང་ཁག་10སྒྲ་ཕབ་པ་དང་སྒྲུང་ཁག་5ཡི་གེར་བཀོད་ནས་དག་སྒྲིག་བྱས་ཚར་ཡོད། སྒྲུང་པ་ཚེ་རིང་བསོད་ནམས་ཀྱིས་ཀྱང་བཤད་པ་ལྟར་ན། སྒྲུང་ཁག་186བཤད་ཤེས་པ་དང་། ད་ལྟ་ཁོས་བཤད་པའི་གླིང་སྒྲུང་གི་སྒྲ་ཕབ་སྤྱིན་ཤོག་20ལྷག་ཙམ་ཡི་གེར་བཀོད་ཚར་ཡོད།

2. ཕབ་སྒྲུང་པ་ནི། ཡུན་རིང་བསགས་པའི་སྟུགས་ཀྱི་ཐབས་ཤེས་དང་ཀློག་ཀྱུར་གཟུགས་བརྙན་གྱི་བརྡ་ཕབ་པར་བརྟེན་ནས་སྒྲུང་འཆད་མཁན་ལ་ཟེར། དེས་ཀྱང་སྒྲུང་བཤད་ཚེ་ཐོག་མར་གསོལ་ཡུལ་ལྷ་གང་ཡིན་པ་དེར་གསོལ་འདེབས་ཀྱི་ཞལ་འདོན་ལེགས་པོར་བསྐྱབས་རྗེས། སེར་མ་གཙང་མ་ཞིག་གི་ནང་དུ་ནས་འབྲུ་གང་སྤུངས་པའི་སྟེང་དུ་ཟངས་སམ་ཤེལ་གྱི་མེ་ལོང་གང་ཉུང་ཞིག་བཙུགས་ཤིང་དེའི་ནང་དུ་བལྟས་ནས་སྒྲུང་བཤད་པ་དང་། ཡང་ན། དཀར་ཡོལ་ནང་དུ་དྭངས་ཤིང་གཙང་བའི་ཆུ་གང་བླུགས་ཏེ། དེར་གཟིགས་ནས་བཤད་པ། ཡང་ན། སྒྲུང་པ་རང་གི་སེན་མོའི་སྟེང་ངམ་ཤོག་སྟོང་ཞིག་གི་ངོས་ལ་བལྟས་ནས་བཤད་པ་ཡིན། ཕབ་སྒྲུང་པ་ལས་སྙན་གྲགས་ཆེས་ཆེ་བ་ནི་བོད་ལྗོངས་ཆབ་མདོ་ས་ཁུལ་གྱི་སྒྲུང་པ་རྒན་པ་ངག་དབང་རྒྱ་མཚོ་ཡིན། ཁོང་གིས་བཤད་པའི་སྒྲུང་མང་པོ་སྒྲ་ཕབ་པ་ལས། སྒྲུང་ཁག་11ཙམ་ཡི་གེར་བཀོད་ནས་དག་སྒྲིག་བྱས་པ་དང་འཕྲོ་མ་ད་ དུང་ཡི་གེར་འགོད་ཅིང་དག་སྒྲིག་བྱེད་བཞིན་ཡོད་སྐད།

3. ཡིག་སྒྲུང་པ་ནི། ཡི་གེ་ངེས་ཅན་ཞིག་ཤེས་པའི་རྒྱང་གཞིའི་སྟེང་གླིང་སྒྲུང་ལ་དགའ་ཞེན་ཆེ་ཞིང་བརྩོན་པ་ལྷོད་མེད་བྱེད་པ་དང་། ཡང་ན་ཀློག་ཀྱུར་གྱི་སྟོབས་ཤུགས་གཞན་པ་ཞིག་ལ་བརྟེན་ནས་གླིང་སྒྲུང་བརྩམས་ཏེ་བཤད་མཁན་ལ་ཟེར། ཁོ་

ཆོས་སྒྲུང་འབྲི་ཚོའང་ཐོག་མར་གླིང་གེ་སར་སོགས་ལ་དད་པ་རྩེ་གཅིག་གིས་གསོལ་བ་བཏབ་རྗེས་སྒྲུང་འབྲི་བ་ཡིན། ཁོང་ཚོས་བཤད་པ་ལྟར་ན། སྒྲུང་འབྲི་མགོ་མ་བརྩམས་གོང་དུ་རང་གི་ཀླད་པའི་ནང་དུ་སྒྲུང་གི་ནང་དོན་དང་གོ་རིམ་ཅི་ཡང་མེད་ཀྱང་། སྨུག་རྩེ་ཤོག་ངོས་སུ་གཏད་མ་ཐག་རང་མ་ཡིན་པའི་ནུས་པ་གཞན་ཞིག་གིས་སྨྱུ་གུའི་ཁ་ལོ་སྒྱུར་ཞིང་། སྒྲུང་བྲིས་ཚར་རྗེས་ཀླད་པའི་ནང་དུ་སྟེར་བཞིན་སྟོང་པ་ཡིན། ཁོ་ཚོ་ལས་སྙན་དུ་གྲགས་པ་ནི་མཚོ་སྔོན་རྨ་ལྷོ་ཁུལ་གྱི་སྒྲུང་པ་ཨ་རོ(ཚེ་ལས་འདུས)དང་མགོ་ལོག་ཁུལ་དགའ་བདེ་རྫོང་གི་གུ་རུ་རྒྱལ་མཚན་གཉིས་ཡིན། སྒྲུང་པ་ཨ་རོ་ནི་གླིང་གེ་སར་རྒྱལ་པོའི་ཁྱི་དང་ལའི་སྤྲུལ་པ་ཡིན་པར་བརྗོད་ཅིང་ཁོང་གིས་དེ་སྔ་སྒྲུང་ཁག་བཅུ་ལྷག་ཅིག་བྲིས་མྱོང་ཟུང་ལོ་བཅུའི་ནང་ཟིན་ཁྲིད་དུ་མེད་བརླག་ཏུ་གྱུར་སྐད། བཤད་པ་ལྟར་ན། མགོ་ལོག་ཁུལ་གྱི་ན་གཞོན་སྒྲུང་པ་གུ་རུ་རྒྱལ་མཚན་གྱིས་སྒྲུང་ཁག་བརྒྱ་དང་ཉི་ཤུ་འབྲི་ཤེས་ཤིང་། ད་ལྟ《མི་མིན་དཔུལ་རྫོང》དང་། 《ལི་ཁྲིའི་རྫོང》《སྨུག་པོ་ལྗོང་གི་རྒྱལ་རབས》སོགས་སྒྲུང་ཁག་བཅུ་ལྷག་ཅིག་བྲིས་ཡོད་པ་རེད།

4. བརྒྱུད་སྒྲུང་པ་ནི། གླིང་སྒྲུང་ལ་ཤིན་ཏུ་དགའ་ཞིང་བརྩོན་པ་ཆེན་པོས་གཞན་གྱིས་བཤད་པའི་སྒྲུང་ལ་ཉན་ཞིང་སྒྲུང་དཔེ་ཀློག་པ་དང་དེ་བསླབས་པའི་རྨང་གཞིའི་སྟེང་སླད་སྐྱོན་དག་བཅོས་དང་ཆད་པ་ཁ་གསབ་ཡོད་པའི་སྒོ་ནས་གླིང་སྒྲུང་བརྒྱུད་སྤེལ་བྱེད་མཁན་ལ་ཟེར། སྒྲུང་པ་འདིའི་རིགས་བབས་སྒྲུང་པ་དང་། ཐབ་སྒྲུང་པ། ཡིག་སྒྲུང་པ་བཅས་དང་བསྡུར་ན་གྲངས་འབོར་མང་ཡང་སྒྲུང་ལ་གསར་རྩོམ་གྱི་ཆ་ལྷོས་བཅོས་སུ་ཉུང་། བརྒྱུད་སྒྲུང་པའི་རིགས་ལས་སྐད་གྲགས་ཆེ་བ་ནི་མཚོ་ལྷོ་ཁུལ་གྱི་སྒྲུང་པ་བསྟན་པ་རྒྱ་མཚོ་དང་། དཔལ་རྒྱལ། བུད་མེད་སྒྲུང་པ་མནའ་མ་རྡོ་རྗེ། མགོ་ལོག་གི་སྒྲུང་པ་ཚེ་རྡོར་དང་ངག་རིག བོད་ལྗོངས་ཀྱི་སྒྲུང་པ་ཚེ་རིང་དགྲ་འདུལ། ཡུལ་ཤུལ་ཁུལ་གྱི་སྒྲུང་པ་བུ་ཐུབ་དགའ། རྨ་ལྷོ་ཁུལ་གྱི་སྒྲུང་པ་

ཀླུ་རྒྱལ(ཡོང་བ)སོགས་ཡིན་ལ། སྔོས་སུ་སྒྲུང་པ་ཚེ་རིང་དགྲ་འདུལ་གྱིས་སྒྲུང་ཁག་37བཤད་ཤེས་པར་མ་ཟད། སྒྲུང་ཁག་རེ་རེའི་ནང་དོན་རྒྱས་འབྲིང་བསྡུས་གསུམ་ཇི་ལྟར་བཤད་དགོས་ན་དེའི་ལྟར་བཤད་ཤེས་པའི་ཁྱད་ཆོས་ཡོད་ཅིང་། ད་ལྟ་སྒྲུང་འགའ་ཞིག་སྒྲར་ཕབ་ཡོད། སྒྲུང་པ་བསྟན་པ་རྒྱ་མཚོས《ཧོར་གླིང་གཡུལ་འགྱེད》དང་། 《འཇང་ཕྲུག》《ཨ་སྟག་ལྷ་མོ》《ཤན་འདན་ནང་འབྲུག》བཅས་སྒྲུང་ཁག་ལྔ་ཙམ་སྒྲོར་བཟུང་ཞིང་གང་ཞིག་བཤད་དགོས་ན་དེ་བཤད་ཐུབ་པར་མ་ཟད། སྒྲུང་ནང་གི་མི་སྣའི་གཤིས་རྒྱུད་དང་ཡིད་འགྱུར་སྣ་ཚོགས་བཞིན་གྱི་མདངས་དང་སྐད་ཀྱི་གདངས། ལག་པའི་ཕྱག་རྒྱ་སོགས་ལ་བརྟེན་ནས་གསལ་ལེར་སྟོན་ནུས་པའི་ཁྱད་ཆོས་ཡོད་པ་རེད། མདོར་ན། བཤད་ནས་ཟློགས་རྒྱུ་མེད་པ་བབས་སྒྲུང་པ། བྲིས་ནས་ཚར་རྒྱུ་མེད་པ་ཡིག་སྒྲུང་པ། ངོ་མཚར་རི་མོ་འབེབ་པ་ཕབ་སྒྲུང་པ། ཕ་སྒྲུང་བུ་ཚས་སྤེལ་བ་བརྒྱུད་སྒྲུང་པ་ཞེས་པ་བཞིན་ནོ། །

བརྒྱད་པ། མི་སྣའི་སྣང་བརྙན་གསལ་ཞིང་ཡུལ་བཀོད་གསོན་ཉམས་ལྡན་པ།

གླིང་གེ་སར་རྒྱལ་པོའི་སྒྲུང་གཞུང་ཚད་རིང་ཞིང་མི་སྣ་མང་བ་དང་། ཁོར་ཡུག་སྣ་ཚོགས་ཡོད་ཀྱང་གླིང་སྒྲུང་མཁན་པོ་རྣམས་ཀྱིས་བོད་ཀྱི་ཐུན་མོང་མ་ཡིན་པའི་སྒྱུ་རྩལ་གྱི་རིགས་ལམ་དང་རྗོད་བྱེད་ཚིག་གི་སྦྱོར་བ་ལ་བརྟེན་ནས། མི་སྣའི་སྣང་བརྙན་དང་ཁོར་ཡུག་གི་རྣམ་པ། ཡུལ་གྱི་བཀོད་པ་སོགས་གསོན་ཉམས་ལྡན་པའི་གཟུགས་རིས་སུ་བཀོད་པས་ཀུན་གྱིས་རྟོགས་སླ་ཞིང་ལྟ་འདོད་པའི་སྒྱུ་རྩལ་གྱི་ཁྱད་ཆོས་གལ་ཆེན་ཞིག་ཏུ་གྱུར་འདུག དཔེར་ན།

1.《བདུད་འདུལ》ལས།

ཚེ་གྲོགས་འཛམ་གླིང་སེང་ཆེན་ཐོབ། །

དེའི་ཞལ་ངོ་བཙོ་ལྷའི་དུང་ཟླ་འདྲ། །
མཁུར་ཚོས་དམར་མདངས་བྱུ་རུ་འདྲ། །
སྤྱན་མིག་ཐོ་རངས་སྐར་ཆེན་འདྲ། །
ཞལ་དུང་སོ་མུ་ཏིག་ཕྲེང་བ་འདྲ། །
སྐུ་གཟི་བརྗིད་རི་རབ་ལྷུན་པོ་འདྲ། །
ཐུགས་བྱང་སེམས་རྒྱ་དར་དཀར་པོ་འདྲ། །
གསུང་སྙན་མོ་པི་ཝང་གླིང་བུ་འདྲ། །

ཞེས་པར་མཚོན་ན། དཔེ་ཅན་གླིང་གེ་སར་གྱི་ཞལ་ངོ་དང་། མཁུར་ཚོས། སྤྱན། ཚེམས་ཕྲེང་། སྐུ་གཟུགས། ཐུགས་རྒྱུད། ཞལ་གསུང་བཅས་ཀྱི་དཔེ་ལ་སོ་སོར་བཙོ་ལྷའི་དུང་ཟླ་དང་། བྱུ་རུ་དམར་པོ། ཐོ་རངས་སྐར་ཆེན། མུ་ཏིག་ཕྲེང་བ། རི་རབ་ལྷུན་པོ། རྒྱ་དར་དཀར་པོ། པི་ཝང་གླིང་བུ་བཅས་བྲངས་ནས་དཔེ་དཔེ་ཅན་ཕན་ཚུན་མཚུངས་པ་དངོས་སུ་བརྗོད་པའི་ཐབས་ལ་བརྟེན་ནས། གླིང་རྗེ་གེ་སར་ཞལ་ངོ་དཀར་ཞིང་མཁུར་ཚོས་དམར་བ། སྤྱན་མིག་གསལ་ཞིང་ཚེམས་ཕྲེང་དཀར་བ། སྐུ་གཟུགས་བརྗིད་ཅིང་ཐུགས་རྒྱུད་དག་པ། གསུང་སྐད་སྙན་ཞིང་འཇེབས་པ་སོགས་སྐུ་གསུང་ཐུགས་ཀྱི་ཡོན་ཏན་རྣམས་གཅིག་བསྡུས་ཀྱིས་གཟུགས་རིས་སུ་ལེགས་པར་བསྐྲུན་པས། བསྐྱགས་མ་ཐག་གླིང་གེ་སར་རྒྱལ་པོ་མངོན་སུམ་དུ་མཇལ་བ་ལྟ་བུའི་སྣང་བ་སྐྱེའོ། །

2.《ཤན་འདྲན་སྟག་སེང་ཁ་སྤྲོད》ལས། སྟག་རོང་ཨ་ཁྲ་ཁྲོ་ཐུང་ཟེར་བ་བློ་རྐོད་ཆེ་ལ་དཔའ་སྙིང་མེད་པ། འཇིགས་མདོག་ཆེ་ཞིང་བྱ་ལག་མང་བ། ཊ་རུ་འདྲ་བའི་ངོ་གཉིས་མ། དྲིལ་བུ་འདྲ་བའི་ལྕེ་གཉིས་མ། མགོ་བདེ་དྲན་འཕྲུལ་ལ་བྱང་ཆུབ་པ་ཞིག་ཡོད་ཅེས་པར་མཚོན་ན། རང་བཞིན་བརྗོད་པའི་སྒོ་ནས་གླིང་གི་ཨ་ཁྲ་ཁྲོ་ཐུང་དེ་བློ་རིག་རྐོད་ཅིང་དཔའ་སྤོབས་མེད་པ། གཡོ་སྒྱུར་མཁས་ཤིང་ཁྲེལ་བག་

མེད་པ། མགོ་བདེ་དྲན་འཕྲུལ་ལ་བྱུང་བ་ཞིག་ཡིན་པར་བརྗོད་པ་དང་། ཁྱད་པར་དུ"ཏ་ཎ་འདྲ་བའི་ཛོ་གཉིས་མ། །དྲིལ་བུ་འདྲ་བའི་ལྕེ་གཉིས་མ"ཞེས་པ་དེས་ཨ་ཁུ་ཁྲོ་ཐུང་གི་ཛོ་གཉིས་མའི་རང་གཤིས་དེ་གཟུགས་རིས་ལྡན་པའི་ངང་ནས་མངོན་པར་མཚོན་ཡོད།

3.《བདུད་འདུལ》ལས་གླིང་གི་འབྲུག་མོའི་ངང་ཚུལ་རྗོད་དུས།

ཁ་ཕར་འཕོར་ལྕང་ལོ་རྒྱན་ཡགས་མ། །
ཚུར་འཕོར་འཇའ་ཚོན་མདངས་ལྡན་པ། །
ཕྱོད་ཕར་འགྲོས་གོམ་རེར་རྟ་བརྒྱའི་རིན། །
མ་མཁའ་འགྲོ་གར་སྟབས་བསྒྱུར་བ་འདྲ། །
ཚུར་འོང་ལུགས་སྨྱུག་པོ་དྲིལ་བརྒྱའི་རིན། །
ལྷ་རིག་འཛིན་རྩེ་བྲོ་འཁྲབ་པ་འདྲ། །
ཉམས་དགའ་བའི་རྩེ་ལུགས་མཛོ་བརྒྱའི་རིན། །
མི་གཞན་ཡིད་འཕྲོག་པའི་ལྕུགས་ཀྱུ་འདྲ། །
སོ་འཛུམ་དཀར་བསྟན་ན་ལུག་བརྒྱའི་རིན། །
ཞལ་མུ་ཏིག་ཕྲེང་ཚང་བསྒྲིགས་པ་འདྲ། །
སྐྲ་གཡས་པ་གཡས་སུ་འཕངས་པ་ན། །
རྐོད་ཐང་དཀར་གཤོག་པ་བརྒྱངས་པ་འདྲ། །
སྐྲ་གཡོན་པ་གཡོན་དུ་འཕངས་པ་ན། །
རྐོད་ཐང་སྨུག་ནམ་འཕང་བཅད་པ་འདྲ། །
རྒྱབ་སྐྲ་རྒྱན་གཡུ་བྱུར་ཕྲེང་བསྒྲིགས་པ། །
ལྷའི་བུ་མོ་མི་ཡུལ་འོངས་པ་འདྲ། །
མདུན་ཁ་དོག་སྣ་ལྔའི་རྒྱན་ཆ་དེ། །

བྱ་རྨ་བྱའི་སྒྲོ་གུར་ཕུབ་པ་འདྲ། །
ཡར་ལངས་ན་རྒྱ་དར་ཕྱུར་བ་འདྲ། །
མར་བསྡད་ན་ཟ་འོག་གུར་ཁང་འདྲ། །
མདའ་ཉག་ཕྲན་ཞིག་ལ་ཅི་ཚང་བ། །
སེང་ཨ་འབྲུག་ཉིད་ལ་ཚང་ཞིང་ཡོད། །
ཨློ་རྡོ་བ་ཁྲོ་མདེའུ་ངར་མ་འདྲ། །
ཁོག་དྲང་བ་སྨྱུག་ཕྲན་ལྕེམ་བུ་འདྲ། །
ཤོང་ཡངས་པ་ཐང་དཀར་རྫེ་སྒྲོ་འདྲ། །
ཡིད་གསལ་བ་མེ་ལོང་གཟུགས་བརྙན་འདྲ། །

ཞེས་པར་བོད་ཀྱི་འཚོ་བའི་ཁོར་ཡུག་ཏུ་གནས་པའི་དངོས་པོ་ཉམས་ཅན་སྣ་ཚོགས་དཔེར་འདྲེན་པ་དང་། ཁྱད་པར་དུ་མཛེས་པའི་ཡོན་ཏན་རིན་ལ་འགུགས་པའི་བོད་ཀྱི་ཐུན་མོང་མ་ཡིན་པའི་སྒྱུ་རྩལ་མཚོན་ཐབས་སྤྱད་ནས་གླིང་སེང་ལྕམ་འབྲུག་མོའི་སྐྱེག་ཉམས་དང་། ཆ་ལུགས། འགྱུལ་སྤྱོད་བྱེད་སྟངས། བློ་རིག གཤིས་རྒྱུད་སོགས་གཅིག་བསྡུས་ཀྱིས་རི་མོའི་གཟུགས་སུ་བཀོད་ཡོད་པས། ཀློག་པ་པོའི་སྣང་ངོར་མེ་ལོང་དུ་གཟུགས་བརྙན་ཤར་བ་ལྟར་སྣང་བརྙན་ཧྲིལ་པོ་གསལ་ལེར་འཆར་ངེས་རེད།

4.《ཧོར་གླིང་གཡུལ་འགྱེད》སྟོད་ཆ་ལས་ཧོར་དམག་གླིང་ལ་སྐྱོད་ཚུལ་རྗོད་དུས།

རི་ཐང་དཔོན་མགོ་བཅུ་གཉིས་ནས། །
འབུམ་དམག་རེ་རེ་ཁྲིད་ནས་གདའ། །
ས་དོག་མོས་མི་ཁྱག་འཁྱུན་པ་ཤོར། །
གནམ་སྟོན་མོས་མ་ཁེབས་ཡིད་ཐང་ཆད། །
ཆབ་ཆུ་བོས་མ་འདང་གྲམ་ཤར་བཟོ། །

ཞེས་པར་མཚོན་ན། ས་གཞི་དང་གནམ་སྟོན་པོ་གཉིས་ལ་མི་ཁྱུག་པ་དང་ཡིད་ཐང་ཆད་པའི་སེམས་མི་ལྡན་རུང་། ཧོར་དམག་འབུམ་ཕྲག་མང་པོ་གླིང་ལ་སླེབས་ནས་ཕྱོགས་ཀུན་ཏུ་ཁྱབ་པའི་དང་ཚུལ་མཚོན་པར་བྱེད་ཆེད། དེ་གཉིས་ལ་ལྡིད་པ་དང་མ་ཁེབས་པའི་ཚོར་བ་ཡོད་པ་ལྟར་སྒྲོ་འདོགས་པ་དང་། མི་རྟ་གཉིས་ཀྱིས་ཆུ་གཙང་པོ་སྐྱུད་ནས་ཚར་མི་སྲིད་རུང་སྲིད་པ་ལྟར་བརྗོད་པ་ལ་བརྟེན་ནས། ཧོར་དམག་འབུམ་ཕྲག་མང་པོ་གླིང་ལ་བསྐྱོད་པའི་ཡུལ་གྱི་རྣམ་པ་དེ་གཟུགས་རིས་སུ་མངོན་པར་བསྟན་ཡོད།

5.《ཧོར་གླིང་གཡུལ་འགྱེད》ལས།

སྟེང་ན་མི་ཁྲག་ཆར་པ་འབབ། །
བར་ན་རྣམ་ཤེས་བུ་ཡུག་འཚུབ། །
འོག་ན་ཤ་རུས་བསེ་མཁར་བརྩིགས། །
གཤིན་ཐང་ནག་པོའི་ཁ་ཡ་རེད། །

ཅེས་པར་མཚོན་ན། དཔེ་ཅན་མི་ཁྲག་དང་དཔེ་ཆར་པ། དཔེ་ཅན་རྣམ་ཤེས་དང་དཔེ་བུ། དཔེ་ཅན་ཤ་རུས་དང་དཔེ་བསེ་མཁར་བཅས་བར་གྱི་འབྲེལ་སྒྲ་བསྡུས་ནས་དཔེ་དང་དཔེ་ཅན་གཉིས་ངོ་བོ་གཅིག་ཏུ་བརྗོད་པའི་གཟུགས་རྒྱན་དང་འུད་བརྗོད་སྤེལ་མའི་ཐབས་ལ་བརྟེན་ནས་ཧོར་གླིང་འཁྲུགས་ནས་མི་རྟ་མང་པོ་བསད་པའི་ཡུལ་གྱི་རྣམ་པ་དེ་གསོན་ཉམས་ལྡན་པའི་གཟུགས་རིས་སུ་བཀོད་པས། འཇིགས་རུང་གི་ཉམས་ཆེ་བ་རེད།

6.《ཧོར་གླིང་གཡུལ་འགྱེད》སྨད་ཆ་ལས། ཐང་དཀྱིལ་སྤང་ལ་གྲུབ་པ། སྤང་ལ་རྩི་ཐོག་ཆགས་པ། ཐང་མཐའ་ཞིང་ལ་གྲུབ་པ། ཞིང་ལ་ལོ་འདབ་རྒྱས་པ། ཕོ་ཞིང་ལ་མེ་ཏོག་འཁྲུངས་པ། མོ་ཞིང་ལ་སྨྱུ་གུ་འཁྲིགས་པ། བུ་ཞིང་ལ་འབྲས་བུ་ཐོགས་པ། བྱ་ཁུ་བྱུག་གིས་གསུང་འགྱུར་འཐེན་ས། ཞིང་ལོ་མས་ལག་གཡུག་བྱེད་

ས། སྤྲང་བུང་བས་དྲུག་འགྱུར་ལེན་ས། ཚུ་སྟོན་མོས་ལྷུང་ལྷུང་སྒྲོག་ས། རྨ་མགོ་རྫི་ཐོག་སྤུངས་ལེ། རྨ་སྨེད་ཟིལ་བ་ཁྲིམ་མེ། རྨ་གཉིང་མར་ཁུ་སྨུམ་མེ། རྨ་ཀུ་ཤས་ཕྲུག་རྒྱ་བསྒོལ་ས། འབྲོང་རི་མགོ་འགྲིམས་པའི་རྙོམ་སེམས་བྱེད་ས། ཤ་སྤྱང་ཁ་བསྐུར་ནས་སྒྲོག་དང་བཟེ་བ་དེར། ཞེས་པར་མཚོན་ན། རང་བཞིན་བརྗོད་པ་དང་རབ་རྟོག་གི་ལམ་ནས་ནེའུ་གསེང་སྤང་ལྗོངས་དང་། རྨ་རྫི་རྟོག ཤིང་ལྗོན་པ། ཆུ་གཙང་པོ། དེ་དག་ལ་འཕོད་པའི་ཕང་དྲུག་བུང་བ་དང་། ཁུ་བྱུག་སྟོན་མོ། འབྲོང་བྲི་སེར། ཤ་ཡུ་མོ་སོགས་ཀྱི་གནས་སྟངས་སམ་གཡོ་ཚུལ། རྣམ་པ་སོགས་ཕྱོགས་བསྡུས་ཀྱིས་ངོ་མཚར་རི་མོའི་གཟུགས་སུ་བཀོད་པས། ཧོར་རྒྱལ་པོའི་རྨ་ར་པད་མ་སྟོང་ལྡན་གྱི་ཡུལ་བཀོད་གསོན་ཉམས་ལྡན་པའི་སྒོ་ནས་གསལ་ལེར་མངོན་པ་ལྟ་བུ་རེད། དཔེ་འདི་དང་འདི་ལྟར་གླིང་སྒྲུང་ནང་གི་མི་སྣ་སོ་སོའི་སྣང་བརྙན་གསལ་ཞིང་ཁོར་ཡུག་གི་རྣམ་པ་དང་ཡུལ་ལྗོངས་ཀྱི་བཀོད་པ་སོགས་ཀྱང་གསོན་ཉམས་ལྡན་པའི་གཟུགས་རིས་སུ་ཐོན་པས། དེ་ནི་གླིང་སྒྲུང་ལ་ལྟ་ཀློག་དང་འཆད་ཉན་བྱེད་མཁན་རྣམས་ཀྱི་ཡིད་ཀྱི་མོས་པ་ཀུན་ནས་འདྲེན་པའི་ཡོན་ཏན་ནམ་ཁྱད་ཆོས་གཙོ་བོ་ཞིག་ཏུ་ངེས།

མདོར་ན། གླིང་སྒྲུང་ནི་ད་ལྟ་འཛམ་གླིང་འཛིན་མའི་དཀྱིལ་འཁོར་ཡོངས་ནས་རྒྱ་ཆེ་ཞིང་གཏིང་ཟབ་པའི་རིག་པ་གལ་ཆེན་ཅིག་ཏུ་ངེས་པ་ཡིན་ན། དེའི་ཁྱད་ཆོས་ལ་འདི་ཙམ་ཞིག་ཡོད་ཅེས་བརྗོད་རྒྱུ་ཏ་ཅང་དཀའ་ནའང་གླིང་སྒྲུང་ལ་ངེས་ཤེས་མེད་པ་རྣམས་ལ་ངེས་ཤེས་འདྲོང་བ་དང་སྤྲོ་བ་མེད་པ་རྣམས་ལ་སྤྲོ་བ་བསྐྱེད་པའི་ཆེད་དུ། རང་བློས་དཔག་ཚོད་ཀྱིས་དེའི་ཁྱད་ཆོས་གཙོ་བོ་འགའ་གླེངས་པ་འདིས་ཀྱང་གླིང་སྒྲུང་གི་རིག་པ་དར་ཞིང་རྒྱས་པར་སྨོན།། །།

༄༅།།གླིང་གེ་སར་རྒྱལ་པོའི་གསོལ་མཆོད་ལ་དཔྱད་པ།

དེ་ཡང་དུས་རབས་རིམ་བྱུང་གི་གེ་སར་གསོལ་མཆོད་ཀྱི་གནས་ཚུལ་ལ་གཞིགས་ན། ལོ་རྒྱུས་སྟེང་གླིང་གེ་སར་ལ་གསོལ་མཆོད་མཛད་པ་ཆེས་སྔ་བ་ནི་གཙྙ་པཎྜི་དང་རྒྱལ་དབང་བདེ་ཇོ་ཛེ། གཙྙ་ཆགས་མེད། རྩ་གསུམ་གཏེར་བདག་གླིང་པ། ཇོང་གསར་མཁྱེན་བརྩེ། ཞབས་དཀར་ཚོགས་དྲུག་རང་གྲོལ། དངུལ་ཆུ་ཧྲྀཨ་ཛྲ་དྲ། པཊ་ཆེན་སྐུ་ཕྲེང་དྲུག་པ་བློ་བཟང་དཔལ་ལྡན་ཡེ་ཤེས་སོགས་ཡིན་ལ། ཁོང་རྣམ་པས་གེ་སར་གསོལ་མཆོད་དང་བསྟོད་པ་མཛད་པ་དང་། ཁྱད་པར་དུ་འཇུ་མི་ཕམ་འཇམ་དབྱངས་རྣམ་རྒྱལ་རྒྱ་མཚོ་མཆོག་གིས་གླིང་གེ་སར་རྒྱལ་པོའི་གསོལ་མཆོད་དང་བླ་མའི་རྣམ་འབྱོར། བསྐང་གསོལ། གཡང་འབོད། སྒྲུབ་ཐབས། གེ་སར་མདའ་བདར། རླུང་རྟ་བསྐྱེད་ཚུལ་སོགས་སུམ་ཅུ་ལྷག་དང་། དཔལ་རྒྱ་ཚ་ཞལ་དཀར་དང་འབྲུ་སྨ་བདེ་ཆོས་སྐྱོང་བེར་ནག་སོགས་གླིང་དཔའ་རྟུལ་གྱི་གསོལ་མཆོད་མཛད་པའི་རྗེས་སུ་གྲུབ་མཐའ་སོ་སོའི་མཁས་ཆེན་དམ་པ་རྣམས་ཀྱིས་ཀྱང་གླིང་གེ་སར་རྒྱལ་པོ་འཁོར་དང་བཅས་པའི་གསོལ་མཆོད་དང་། བསྟོད་པ། སྒྲུབ་ཐབས། མདའ་བདར། རླུང་རྟ་བསྐྱེད་ཚུལ། གཡང་འབོད། བསྐང་བ། གཏོར་བཟློག དབང་བསྐུར་གྱི་རིམ་པ་སོགས་རྒྱས་འབྲིང་བསྡུས་གསུམ་གང་ལ་གང་མཁོ་ལྟར་མང་དུ་མཛད་པས་གེ་སར་གསོལ་མཆོད་ཀྱི་བང་མཛོད་ཆེན་པོ་ཞིག་ཏུ་གྱུར་པ་ཡིན་ན། གཤམ་དུ་དེ་དག་གྱི་ལ་ཁྱབ་པའི་ནང་དོན་དང་། ཁྱད་ཆོས། དགེ་མཚན་སོགས་ལ་དཔྱད་འཇོག་ཕྱོགས་སྡོམ་ཙུང་ཟད་བགྱི་བར་བྱའོ། །

དང་པོ། གླིང་གེ་སར་རྒྱལ་པོ་འཁོར་དང་བཅས་པར་གསོལ་མཆོད་མཛད་པའི་རྒྱུ་མཚན།

དེ་ཡང《ཕྱེར་མའི་ལྷ་བསང་རིང་མོ་དགྲ་བླའི་དཔའ་སྒྲུ》ལས།

དཔའ་དགྲ་བླ་བྱས་ན་གེ་སར་ཡིན། །

ཕྱེར་མ་བྱས་ཀྱང་གེ་སར་ཡིན། །

ཕྱི་མའི་བླ་མ་གེ་སར་ཡིན། །

འདི་གང་དཔོན་པོ་གེ་སར་ཡིན། །

ཕྱི་དམག་དཔོན་ནོར་བུ་དགྲ་འདུལ་རྩལ། །

ནང་ཡི་དམ་ཐུགས་རྗེ་ཆེན་པོ་ཡིན། །

ཐུགས་མི་འགྱུར་པདྨ་འབྱུང་གནས་ཡིན། །

ལྷ་མཆོད་དོ་བསྟོད་དོ་ཐུགས་དམ་བསྐང་། །

ཞེས་པ་དང་། 《ཕྲིན་བཅོལ་རྫོ་རྗེའི་གད་རྒྱངས》ལས།

ཧཱུྃ༔ རྩ་གསུམ་ཀུན་འདུས་སྐྱེས་མཆོག་དགྲ་བླའི་རྗེ། །

ཡིད་བཞིན་ནོར་བུ་སེང་ཆེན་དགྲ་འདུལ་རྩལ། །

སྙིང་གི་པདྨོར་ཁྱེད་གཅིག་རྟག་བརྟེན་ནས། །

དད་པ་འགྱུར་བ་མེད་པས་ཁྱོད་བསྙེན་ཅིང་། །

དམ་ཚིག་རྣམ་པར་དག་པས་ཁྱོད་བསྟེན་ལ། །

གཉིས་མེད་ཡེ་ཤེས་ཆེན་པོར་ཁྱོད་སྒྲུབ་བོ། །

ཞེས་འཁོད་པ་ལྟར་གླིང་གེ་སར་རྒྱལ་པོ་དེ་ཉིད་ངོ་བོ་རིགས་གསུམ་ཀུན་འདུས་སློབ་དཔོན་པདྨ་འབྱུང་གནས་ཡིན་པ་ལས་རྣམ་པ་རྗོད་ལྡན་སྙིགས་མའི་

དུས་སུ་ནག་ཕྱོགས་བདུད་དཔུང་འདུལ་བའི་ཁ་གཉན་དུ་དགྲ་བླའི་རྒྱལ་པོའི་སྐུར་བཞེངས་ཏེ། རྒྱལ་བའི་བསྟན་པ་རིན་པོ་ཆེ་དང་། དེ་འཛིན་གྱི་སྐྱེས་བུ་དམ་པ་རྣམས་སྲུང་སྐྱོབ་མཛད་ཅིང་། བདུད་ཀྱི་སྡེ་དཔུང་རྡུལ་དུ་བརླག་པ། དབུ་ནག་བོད་ཀྱི་ཁ་འཛིན་མགོན་སྐྱོབ་མཛད་པར་བཞེད་པ་དང་། ཁོང་གི་ཚིབས་པ་རྟ་པོ་རྐྱང་རྒོད་ཡེར་བར་མཆོན་ན། པཎ་ཆེན་བློ་བཟང་དཔལ་ལྡན་ཡེ་ཤེས་ཀྱི《གེ་སར་གསོལ་མཆོད》ལས།

ས་ཡུལ་གཙོད་རྐྱང་རྒོད་འཕེལ་པོ་ནི། །
དུས་སྒྲིགས་མ་འདྲེ་འདུལ་ཁྲོ་བོའི་ཚུལ། །
དཔལ་རྟ་མགྲིན་དབང་གི་རྒྱལ་པོ་མཆོད། །

ཅེས་པ་དང་། 《ཕྱེར་མའི་ལྷ་བསང་རིང་མོ་དགྲ་བླའི་དཔའ་སྒྲུ》ལས།

ཨ་ལ་ལ་ཆ་ཆ་ཧེ་ཧེ་ཧོ། །
འདོ་བ་རྐྱང་རྒོད་ཕྱེར་པོ་དེ། །
ཕྱི་ནི་ཕྱོལ་སོང་རྟ་ཡི་ཚུལ། །
ནང་ན་སངས་རྒྱས་དགོངས་པ་འཆར། །
རྟ་མགྲིན་དབང་གི་སྤྲུལ་པ་རེད། །

ཅེས་པ་བཞིན་དཔལ་རྟ་མགྲིན་དབང་གི་རྒྱལ་པོའི་སྤྲུལ་པར་ངེས་བཟུང་ཞིང་། ཁོང་གི་འཁོར་གྱི་གཙོ་བོ་སྤྱིང་དཔའ་རྟུལ་སུམ་ཅུ་སོགས་ནི་རྒྱ་གར་འཕགས་པའི་ཡུལ་གྱི་གྲུབ་ཆེན་བརྒྱད་ཅུའི་སྤྲུལ་པར་ངེས་པ་དང་གཅིག 《གེ་སར་སྐྱེས་བུ་རྡོ་རྗེ་ཚེ་རྒྱལ་གྱི་བསྐང་གསོལ་འདོད་དགུ་མྱུར་འགྲུབ》ཀྱི་མཇུག་བྱང་དུ། "ཅེས་པ་འདིའང་ལྷ་རིགས་བདེ་ཆེན་རོལ་པ་རྩལ་གྱི་དགོངས་གཏེར་རྡོ་རྗེའི་ཚིག་དོན་མ་ནོར་བ་བཞིན་དུ་དཔའ་བོ་ཆེན་པོ་འདི་ཡི་བྱིན་རླབས་ཀྱི་མཚན་མ་ཅུང་ཟད་ཐོབ་པ་མི་ཕམ་རྣམ་པར་རྒྱལ་བས་རང་ལོ་ཞེར་བརྒྱད་ཚུ་བྱ་རྒྱལ་ཟླ་བའི་དཀར་ཕྱོགས་

ཀྱི་དགའ་བ་དང་པོར……”ཞེས་པ་དང་། བདེ་ཆེན་རྡོ་རྗེ་གཟི་བརྗིད་རྩལ་ལམ་རེ་སྤྲུལ་ནམ་མཁའ་དྲི་མེད་རབ་འབྱམས་རིན་པོ་ཆེས་མཛད་པའི《རྩ་གསུམ་ཀུན་འདུས་སེང་ཆེན་སྐྱེས་བུའི་ཐུགས་དམ་རྒྱུད་བསྐུལ་གྱི་མགུར་མ་རྡོ་རྗེའི་སྒྲ་དབྱངས་ངེས་པ་དོན་ལྡན》གྱི་མཛད་བྱང་དུ། “ཞེས་པའང་དངོས་ཉམས་རྣམས་ཀྱི་ལམ་ཀུན་ཏུ་རྩ་གསུམ་ཀུན་འདུས་སེང་ཆེན་ཡིད་བཞིན་ནོར་བུའི་མཐོང་གྲོལ་གྱི་ཞལ་རས་འཛུམ་པའི་མདངས་དང་ལྡན་པ་ལན་མང་མཇལ་ཞིང་། སྒྲུབ་པ་ལྷ་ཅི་གསོལ་མཆོད་ཙམ་བྱེད་ན་ཡང་ཡིད་ཡུལ་དུ་ཞལ་རས་བཙོ་ལྷའི་ཉ་རྒྱས་ལྟ་བུ་མཛེས་ཤིང་མངོན་པར་འཕགས་པ་སྤྱན་གཉིས་ཁྲ་གྱེར་རེ་གཟིགས་པ་སོགས་མཐོང་སྣང་དང་བྱིན་རླབས་ཀྱི་བབ་ལས། ལུས་འདར་བ་སྤུ་གཡོ་ཞིང་མིག་ཆུ་འབེབས། ཐ་མལ་གྱི་རྟོག་པ་དེ་མ་ཐག་འགགས་ཏེ་སེང་ཆེན་སྐྱེས་བུའི་ཞལ་གྱི་དཀྱིལ་འཁོར་མཐོང་བཞིན་འོད་གསལ་གྱི་ངང་དུ་དར་ཅིག་ལུས་པ་སོགས་ཡང་ཡང་བྱུང་། རང་ལ་ཉམས་རྟོགས་ཀྱི་ཡོན་ཏན་ཏིལ་འབྲུ་ཙམ་མ་མཆིས་ཀྱང་སེང་ཆེན་སྐྱེས་བུའི་ཐུགས་རྗེའི་བྱིན་རླབས་ནི་མི་བསླུ་བ་ངེས་པ་ཡིན།” ཅེས་པ་ཇི་བཞིན་གླིང་གེ་སར་རྒྱལ་པོའི་གསོལ་མཆོད་རྩོམ་གནང་མཛད་པའི་མཁས་ཆེན་དམ་པ་རྣམས་ལ་གླིང་གེ་སར་གྱི་བྱིན་རླབས་དངོས་གྲུབ་ཐོབ་ཅིང་། དངོས་ཉམས་དང་རྨི་ལམ་ཀུན་ཏུ་གླིང་གེ་སར་རྒྱལ་པོའི་ཞལ་རས་ལན་མང་མཇལ་བའམ་ལུང་བསྟན་བྱུང་བས་དད་པའི་འགྱུར་བ་དྲག་ཏུ་བརྫོལ་བ་དང་གཉིས། འཇུ་མི་ཕམ་འཇམ་དབྱངས་རྣམ་རྒྱལ་རྒྱ་མཚོའི《རྡོ་རྗེའི་སེང་ཆེན་རྒྱལ་པོ་ལ་བརྟེན་པའི་རྟེན་འབྲེལ་རླུང་རྟ་བསྐྱེད་པའི་ཚོ་ག》བྱ་བའི་མཇུག་བྱང་དུ།

འདི་བརྩམས་གང་བྱུས་ལམ་དུ་འགྲོ། །
སྐྱན་དང་གྲགས་པས་ཀུན་ཏུ་ཁྱབ། །
ཕོག་པར་བྱས་ཀྱང་ལེགས་པར་འགྲོ། །
ས་སྟེང་མི་ཡི་ནོར་བུའོ། །

ཞེས་པ་དང་། 《ཕ་གླིང་པའི་དཔའ་རྟུལ་གྲུབ་ཆེན་བརྒྱད་ཅུའི་བསང་མཆོད་འཆི་མེད་གཡུལ་ལས་རྒྱལ་བའི་ཛ་སྒྲ》བྱ་བའི་མཇུག་བྱང་དུ།

ཕྱིན་ལས་རོལ་གར་གྲུབ་ཆེན་བརྒྱད་ཅུ་ཡིས༔
བཀའ་བློན་དཔའ་བོའི་ཚུལ་བཟུང་དཔའ་ཐུལ་རྣམས༔
བསྟེན་ན་སྙིང་ཉེ་བསྐུལབས་ན་ནུས་མཐུ་ཆེ༔
བོས་ན་གློག་ལྟར་མྱུར་བའི་རྫུ་འཕྲུལ་ཅན༔

ཞེས་བཀོད་པ་ལྟར་རིགས་གསུམ་ཀུན་འདུས་སེང་ཆེན་ནོར་བུ་དགྲ་འདུལ་འཁོར་དང་བཅས་པར་གསོལ་མཆོད་རྩོམ་པ་དང་དེ་ལ་བརྟེན་ནས་གཡང་སྒྲུབ་གཡང་འགུགས་བྱེད་པ་དང་། རླུང་རྟ་བསྐྱེད་པ། ཕྲིན་ལས་བཙོལ་བ་སོགས་བྱས་ན་བྱིན་རླབས་དངོས་གྲུབ་ཐོན་པ་གློག་ལྟར་མྱུར་ཞིང་འདོད་དོན་མ་ལུས་ལྷུན་གྱིས་འགྲུབ་པ་དང་། ཁ་རྗེ་རླུང་རྟ་དར་ཞིང་སྙན་པའི་གྲགས་པ་ཀུན་ལ་རྒྱས་པ་དང་གསུམ། རང་རང་སོ་སོའི་བླ་མ་གོང་མ་རྣམ་པས་གླིང་གེ་སར་རྒྱལ་པོའི་གསོལ་མཆོད་འདི་དང་འདི་ལྟ་བུ་ཞིག་དགོས་ཞེས་བཀའ་ཕེབས་ནན་བགྱིས་གནང་བ་དང་། གླིང་སེང་ཆེན་ནོར་བུ་དགྲ་འདུལ་འཁོར་དང་བཅས་པར་དད་པ་ཆེན་པོ་བཀྱེས་པའི་སྐྱེས་ཆེན་དམ་པ་གཞན་དང་དགེ་ཕྱོགས་ སྦྱིན་མཆེད་སོགས་ཀྱིས་བསྐུལ་བ་ཟབ་མོ་ཡང་ཡང་བྱས་པའི་ངོ་མ་བཟློགས་ཤིང་། དུས་བབ་ཀྱི་དགོས་མཁོ་སྐོང་བ་དང་བཞི་བཅས་རྐྱེན་གྱིས་སོ། །

གཉིས་པ། གླིང་གེ་སར་རྒྱལ་པོའི་གསོལ་མཆོད་ཀྱི་ནང་དོན་ལ་དཔྱད་པ།

གོང་དུ་བླངས་བ་ལྟར་རྒྱུ་མཚན་བཞི་ལ་བརྟེན་ནས་བརྩམས་པའི་གླིང་གེ་སར་རྒྱལ་པོའི་གསོལ་མཆོད་ལ་དབྱེ་ན་བླ་མའི་རྣལ་འབྱོར་དང་། གསོལ་མཆོད། བསྟོད་

བསྐུལ་གསོལ་འདེབས། གཡང་སྒྲུབ་གཡང་འགུགས། སྒྲུབ་ཐབས་དང་བསྐང་བ། ཕྲ་སྒྲུབ། རླུང་རྟ་བསྐྱེད་པ་སོགས་སྣ་ཚོགས་ཤིག་ཡོད་པར་ནང་དོན་གྱི་ངོས་ནས་བརྟགས་ན། སྐབས་བབ་ཀྱི་དམིགས་དོན་ནམ་བཅོལ་བྱའི་འཕྲིན་ལས་མི་འདྲ་བ་ཙམ་ལས་སྤྱི་ཆ་ནས་བཤད་ན་དེ་དག་རྫོམ་པའི་རིགས་ལམ་དང་། ནང་དོན། གོ་རིམ་སོགས་གཅིག་ཏུ་གྱུར་ཡོད། དེ་ཡང་།

1. བྱིན་གྱིས་རླབས་པ། གཙང་ཆབ་དང་ཤ་ཆང་སོགས་བཟའ་བཏུང་གི་ཕུད་དང་། དཀར་གཏོར་དམར་གཏོར། དར་གོས་སོགས་གང་ལ་གང་མཁོ་དང་། ཡིད་ཀྱི་རྣམ་པར་རོལ་བའི་མཆོད་སྤྲིན་ཡིད་དུ་འོང་བ་བཤམས་ཤིང་རཾ་ཡཾ་ཁཾ་དང་ཨོཾ་ཨཿཧཱུཾ་སོགས་གང་ལ་གང་འཚམ་བཟླས་ནས་ནམ་མཁའ་མཛོད་དུ་བྱིན་གྱིས་རླབས་པ་ཡིན།

2. སྤྱན་འདྲེན་པ། གླིང་གེ་སར་རྒྱལ་པོ་འཁོར་དང་བཅས་པའི་སྐུའི་རང་བཞིན་དང་མཐུ་སྟོབས་ཀྱི་ཡོན་ཏན། མཛད་པ་འཕྲིན་ལས་ཀྱི་ཆེ་བ། ཆ་བྱད་ཀྱི་ཁྱད་ཆོས་སོགས་ལ་བསྟོད་བསྔགས་བརྗོད་པའི་སྒོ་ནས། སྟེང་ཕྱོགས་ལྷ་ཡི་གནས་དང་། ཨོ་རྒྱན་རིག་པ་འཛིན་པའི་ཞིང་། རྒྱ་དཀར་ནག་དང་། བོད་ཀྱི་ཡུལ། ཁྱད་པར་མདོ་ཁམས་གླིང་གི་ཡུལ་མཁའ་སྤྱོད་མཐོང་བ་ཀུན་སྨིན་ལ་སོགས་པ། རང་བཞིན་གར་བཞུགས་ཀྱི་གནས་ནས་སྐད་ཅིག་གིས་སྤྱན་འདྲེན་པ།

3. བཞུགས་སུ་གསོལ་བ། གླིང་གེ་སར་རྒྱལ་པོ་འཁོར་དང་བཅས་པ་སྤྱན་དྲངས་རྗེས། "རབ་མཛེས་རིན་ཆེན་ཕོ་བྲང་གཞལ་ཡས་དབུས། །རང་རང་དགྱེས་པའི་གདན་ཁྲི་ཡངས་པའི་སྟེང་། །འཛམ་གླིང་སེང་ཆེན་རྒྱལ་པོ་འཁོར་དང་བཅས། །མི་གཡོ་དགྱེས་ཤིང་བརྟན་པར་བཞུགས་སུ་གསོལ། །"ཞེས་སྤྱན་དྲངས་པའི་ཡུལ་དུ་བཞུགས་སུ་གསོལ་བ་ཡིན།

4. ཕྱག་འཚལ་བ། གླིང་གེ་སར་རྒྱལ་པོ་འཁོར་དང་བཅས་པ་སྤྱན་དྲངས་ནས་

དགྱེས་པའི་ཁྲི་ལ་བརྟན་པོར་བཞུགས་སུ་གསོལ་རྗེས། "སྙིང་རྗེ་ཆེན་པོའི་དབང་ཕྱུག་སྐུར་བཞེངས་པ། །ནག་ཕྱོགས་བདུད་སྡེའི་དཔུང་ཚོགས་ཐལ་བར་བརླག །བདུད་ལས་རྣམ་པར་རྒྱལ་བའི་དཔའ་བོ་ཆེ། །འཛམ་གླིང་སེང་ཆེན་རྒྱལ་པོར་ཕྱག་འཚལ་ལོ། །"ཞེས་ཕྱག་འཚལ་བ་ཡིན།

5. མཆོད་པ་འབུལ་བ། གླིང་གེ་སར་རྒྱལ་པོ་འཁོར་དང་བཅས་པར་གཙང་ཆབ་དང་། མེ་ཏོག བདུག་སྤོས། སྒྲོན་མེ། ཞལ་ཟས། དར་གོས། རྣམ་རས། སྟག་གཟིག་གུང་གསུམ་གྱི་པགས་པ། འཁོར་གསུམ། ཁྲབ་རྔོག་ཕུབ་གསུམ། སྟག་རལ་གཟིག་ཤུབས། སྦ་ལྕུག ཞགས་ཐག དཀར་གསུམ་མངར་གསུམ། འབྲུ་སྨན་རིན་ཆེན་རིགས། རོལ་མོའི་བྲེ་བྲག བཀྲ་ཤིས་རྟགས་བརྒྱད། རྒྱལ་སྲིད་སྣ་བདུན་སོགས་དངོས་བཤམས་དང་ཡིད་ཀྱི་རྣམ་པར་རོལ་བའི་མཆོད་སྤྲིན་སྣ་ཚོགས་ཀྱིས་མཆོད་པ་འབུལ་བ་ཡིན།

6. བསྟོད་པ། གླིང་གེ་སར་རྒྱལ་པོའི་སྐུའི་རང་བཞིན་དང་མཁྱེན་བརྩེ་ནུས་གསུམ་གྱི་ཡོན་ཏན། སྐུའི་ཆ་ལུགས་ཀྱི་ཁྱད་ཆོས་སོགས་ལ་མངོན་པར་བསྟོད་ཅིང་། དེ་ཉིད་ཀྱི་འཁོར་དུ་འདུས་པའི་ལྷ་ཀླུ་གཉན་གསུམ་དང་། དགྲ་བླ་ཝེར་མ་སོགས་ཀྱི་དམག་ཚོགས། འཕགས་ཡུལ་གྲུབ་ཆེན་བརྒྱད་ཅུའི་རྣམ་སྤྲུལ་ཏེ་གླིང་གི་དཔའ་རྟུལ་ཚོགས་ལ་དད་པ་རྩེ་གཅིག་གིས་མངོན་པར་བསྟོད་པ་ཡིན།

7. ཕུད་གསོལ། གླིང་སེང་ཆེན་ནོར་བུ་དགྲ་འདུལ་དང་དེ་ཉིད་ཀྱི་འཁོར་དུ་འདུས་པའི་སྟེང་གི་ལྷ་དང་། འོག་གི་ཀླུ། བར་གྱི་གཉན། ཕྱོགས་ཀྱི་དགྲ་བླ་ཝེར་མ་དང་མཁའ་འགྲོ་སྲུང་མའི་ཚོགས། གཞན་ཡང་ཡུམ་མཆོག་དང་དྭངས་སྨན་མཆེད་ལྔ། བཀའ་ཡི་བློན་པོ་དཔའ་རྟུལ་སུམ་ཅུ་སོགས་ལ་བཟའ་བཏུང་གི་ཕུད་གཏོར་བའི་སྒོ་ནས། དུས་ད་ནས་བྱང་ཆུབ་སྙིང་པོའི་བར་དུ་ནད་གདོན་བར་ཆད་སེལ་བ་དང་། ཚེ་བསོད་སྣན་གྲགས་རྒྱས་པ། ཁམས་གསུམ་སྲིད་གསུམ་དབང་དུ་བསྡུ་

བ། ཕོག་འདྲེན་དགྲ་བགེགས་ཚར་གཅོད་པ་སོགས་སྐབས་སུ་བབ་པའི་དམིགས་དོན་གང་ཡིན་པ་དེ་གཙོར་བཟུང་ནས་གསོལ་བ་ཡིན།

8. འཕྲིན་ལས་བཅོལ་བ། གླིང་སེང་ཆེན་ནོར་བུ་དགྲ་འདུལ་གྱི་སྐུའི་རང་བཞིན་དང་མཐུ་སྟོབས་སོགས་ལ་མངོན་པར་བསྟོད་པའི་སྒོ་ནས། དུས་དང་རྣམ་པ་ཀུན་ཏུ་འབྲལ་བ་མེད་པར་སྲུང་མ་དང་མགོན་སྐྱབ་མཛད་པ་དང་། ཕས་ཀྱི་རྒོལ་བའི་བསམ་ངན་སྦྱོར་རྩུབ་དྲུངས་ནས་འབྱིན་ཞིང་དགྲ་རྐུན་དམག་ཇག་འབྲུག་པའི་གཡུལ་ངོ་བཟློག་པ། ཆོས་སྲིད་མངའ་ཐང་དར་ཞིང་ཁ་ལས་ རླུང་རྟ་བསྐྱེད་པ། ལེགས་པ་སྤྲོད་ཅིང་ཉེས་པ་སྟོང་བར་མཛད་ནས་གཞི་ལ་བཀྲ་ཤིས་ཕོངས་སྐྱོད་ཕུན་སུམ་ཚོགས་པ་སོགས་སྐབས་བབ་ཀྱི་འདོད་དོན་འཕྲིན་ལས་གང་ཡིན་པ་དེ་བཅོལ་བ་ཡིན།

གེ་སར་གསོལ་མཆོད་ལ་དོན་གྱི་ཚན་པ་བརྒྱད་ཡོད་པ་ལས་དང་པོ་བྱིན་རླབས་དང་། གཉིས་པ་སྤྱན་འདྲེན། གསུམ་པ་བཞུགས་སུ་གསོལ་བ། བཞི་པ་ཕྱག་འཚལ་བ། ལྔ་པ་མཆོད་པ། དྲུག་པ་བསྟོད་པ་བཅས་ནི་གསོལ་མཆོད་རྒྱས་འབྲིང་སྤྱི་ལ་ཁྱབ་པའི་དོན་གྱི་ཚན་པ་ཡིན་པར་མ་ཟད། གཡང་སྒྲུབ་གཡང་འགུགས་དང་། ལྷག་ཆན་དང་མདའ་མོ་སྒྲུབ་པ། རླུང་རྟ་བསྐྱེད་པ། བསྐང་བ་གསོལ་བ། མོ་དཔྱད་དང་མདའ་དཔྱད་སོགས་ལའང་ཁྱབ་པའི་ནང་དོན་ཞིག་རེད། མི་འདྲ་ས་ནི་དོན་གྱི་ཚན་པ་བདུན་པ་ཕུད་གསོལ་དང་། བརྒྱད་པ་འཕྲིན་ལས་བཅོལ་བའི་སྐབས་སུ་གསོལ་བྱའི་དོན་དང་བཅོལ་བྱའི་འཕྲིན་ལས་གཙོ་བོར་ཁྱད་པར་ཅུང་ཟད་ཡོད་པ་སྟེ། གཡང་འབོད་གཡང་སྒྲུབ་ཀྱི་སྐབས་སུ་དེ་དང་དེ་འགྲུབ་པའི་འདོད་དོན་སོགས་གཙོ་བོར་གསོལ་བཅོལ་བྱེད་པ་དང་། ལྷག་ཆན་དང་མདའ་མོ་སོགས་སྒྲུབ་པའི་སྐབས་སུ་གང་དང་གང་སྒྲུབ་པ་དེ་ལེགས་པོར་འགྲུབ་པ་གཙོ་བོར་གསོལ་བ། མདའ་དཔྱད་མོ་དཔྱད་ཀྱི་སྐབས་སུའང་དེ་དང་དེའི་དམིགས་པ་གཙོ་བོར་

གསོལ་བའམ་བཅོལ་བ་ལྟར་རེད། གཞན་གསོལ་མཆོད་བསྡུས་པ་རྣམས་ལ་མཚོན་ནའང་དོན་གྱི་ཚན་པ་བརྒྱད་པོ་རེ་རེ་བཞིན་གསལ་པོར་དབྱེ་ནས་ཞིབ་ཏུ་བཀོད་མེད་མོད། ཞིབ་ཏུ་བརྟགས་ན་དོན་གྱི་གནད་ཏ་ལམ་འདུས་ཡོད་པར་སྣམ།

གསུམ་པ། གླིང་གེ་སར་རྒྱལ་པོའི་ཆ་བྱད་ལ་དཔྱད་པ།

གླིང་གེ་སར་རྒྱལ་པོའི་གསོལ་མཆོད་ལས་གླིང་སེང་ཆེན་ནོར་བུ་དགྲ་འདུལ་ནི་རིགས་གསུམ་ཀུན་འདུས་པདྨ་འབྱུང་གནས་ཀྱི་རྣམ་སྤྲུལ་དང་། དགྲ་བླ་ཞེར་མ་ཀུན་གྱི་རྒྱལ་པོ། ནག་ཕྱོགས་བདུད་སྡེ་འཇོམས་པའི་གཉེན་པོ། དཀར་ཕྱོགས་རྣམ་པར་རྒྱལ་བའི་རྒྱལ་མཚན་དུ་ངེས་ཤིང་བསྟོད་པར་མ་ཟད། གསོལ་མཆོད་རྒྱས་འབྲིང་ཁག་ཅིག་ཏུ་གླིང་གེ་སར་རྒྱལ་པོའི་ཆ་བྱད་ཀྱང་ཞིབ་ཏུ་འབྲི་བཞེངས་བྱས་ཡོད་དེ། ཐུབ་བསྟན་ཆོས་ཀྱི་རྡོ་རྗེས་མཛད་པའི《དགྲ་ལྷའི་རྒྱལ་པོ་སེང་ཆེན་ནོར་བུ་དགྲ་འདུལ་གྱི་གསོལ་མཆོད་ཆེན་མོ་ཕྲིན་ལས་དོན་བརྒྱད་དགེ་ལེགས་དཔལ་སྟེར》ལས། “གེ་སར་སྐྱེས་བུ་ཆེན་པོ་ནོར་བུ་དགྲ་འདུལ་སྐུ་མདོག་དཀར་པོ་གངས་ཀྱི་རི་བོ་ལ་ཉི་མ་བྱེ་བས་འབྱུད་པ་ལྟ་བུ་ཞལ་གཅིག་ཕྱག་གཉིས་པ། ཤིན་ཏུ་མཛེས་པ་ཞི་ཞིང་དྭངས་པའི་ཉམས་ཅན། དགྱེས་ཞལ་ཟླ་བ་ལྟར་ངོམས་པ། ཕྱག་གཡས་པས་མགོན་དཀར་ཡིད་བཞིན་ནོར་བུའི་གཏེར་ཐོག་ཐ་ལྕུག་བསམ་པའི་དོན་གྲུབ་ཕྱུར་ཐབས་སུ་འཛིན་པ་ལས་དགོས་འདོད་ནོར་བུ་ཆར་བ་འབེབས་པ། ཕྱག་གཡོན་པས་གཉན་གྱི་བླ་མདུང་མདུང་མོ་ཁམས་གསུམ་དགྲ་འདུལ་བསྣམས་པ་ལ། བ་དན་གཡུལ་ལས་རྣམ་པར་རྒྱལ་བ་གཡོ་བ་ཆོས་སྐྱོང་མགོན་པོའི་ཕྱག་དར། ཚངས་པ་དཀར་པོའི་དབུ་ཏོག་དབུ་ལ་ཏོག་དཀར་རྒྱལ་བུའི་དོན་གྲུབ་གསོལ་བ། མགུལ་དུ་མགུལ་གབ་རིན་པོ་ཆེ་ནོར་བུ་འོད་འབར། མཁའ་འགྲོའི་བླ་རྡོ་སྣ་ཚོགས་ནོར་

བུ་རྒྱན་གྱིས་སྤྲས་པ། མ་རྒྱུད་སྟོང་གི་ལྷ་གནས་ཕུབ་མོ་སྤྲ་དམར་ལེབ་ཆེན། སྐུ་ལ་མཁའ་འགྲོའི་གསང་གོས་དགྲ་ལྷའི་བེར་སྨུག་དཀར་ཤམ་ཐྱོ་ལུ་དགུ་བསྒྲིལ། ཁྲོ་བོ་སྟོང་གི་ལྷ་ཚོགས། གཙུག་ན་རིན་ཆེན་སྐུ་ཁྲབ་རྡོ་རྗེའི་གོ་ཁྲབ་སིལ་མ་ཐག་སྡུག སྐུ་ཆིང་གྲུབ་པའི་རྒྱལ་མོའི་ཚེ་མདུད། གཡས་སུ་སྟག་དོང་འཕྱིལ་བ་དགྲ་ལྷའི་རྫོང་ཆེན་གྱི་ནང་ཤེད་ན་དགྲ་ལྷའི་ལྷ་རྟེན་མདའ་མོ་སུམ་ཅུ། དགྲ་སྲོག་གཅོད་པའི་ལེབ་ཆེན་སུམ་ཅུ། ཤ་ཟ་ཁྲག་འཐུང་ཚོགས་མདའ་སུམ་ཅུ། མི་སྐད་གོ་བའི་ལྷ་མདའ་བདུན། སྒྲ་རུའི་ལྷ་མདའ་སྒྲོ་དཀར། ཨ་འགག་ཤེལ་གྱི་ལེབ་ཆེན་བཅས། མདའ་མོ་དགུ་བཅུ་གོ་དགུ་ལ་ཁྲོ་བོ་དགུ་བཅུ་གོ་དགུ་ཚང་བ། གཡོན་དུ་གཟིག་ཤུབས་འབར་བ་ལྷེར་མའི་ལྷ་གནས་སུ། མཆོག་དཀར་ར་རྐོད་འཕྱིལ་བ། གཟའ་བདུད་རང་འགོར། སྐྱིད་གྱི་འཇིག་རྟེན་ཆོས་སོད། མགོན་པོ་བེར་ནག་ལྷ་གནས། རལ་གྲི་བཏབ་པ་ལན་མེད། དམ་ཅན་མགར་གྱི་གྲི་ཆུང་། ལྷ་ཡི་ལྷ་མཚོན་གནམ་ལྕགས་ཐོག་མདའ། ཀླུ་ཡི་ལྷ་ཞགས་སྦལ་སྦྲུལ་འདོམ་དགུ། ཅུར་རྡོ་ཕ་ཤང་སྟོང་འཁོར། དམ་ཅན་ལྷ་རྡོ་ཀླད་ཁྲག་དཀྲུག་བྱེད། ཞབས་ལ་འཇའ་རིས་སག་ལྷམ་སྡེ་བརྒྱད་ཟིལ་གནོན་གསོལ་བ། སྐུ་ལ་དགྲ་ལྷའི་གོ་མཚོན་སྣ་དགུས་བརྒྱན་པ། ཆིབས་སུ་རྫུ་འཕྲུལ་ཤུགས་ལྡན་འདོ་བ་རྟ་ཡི་ལྷ་མཆོག་རྡོ་རྗེའི་རྐྱང་རྐོད་འཕེལ་བོ་ལ། རྟ་སྟན་སྒྲི་བ་དགུ་བརྩེགས་བལ་སྟན་ཡིད་བཞིན་ནོར་བུ། ཀོ་གཟར་མེ་ཏུ་འཕྱིལ་ཆེན། གསེར་སྒ་རི་མོ་དགུ་སྐོར། སྔ་རུ་སེར་པོ་གསེར་ལས་བྱས་པ། ཤཱཀྱ་ཐུབ་པའི་ལྷ་གནས། ཁྱི་རུ་ཁམ་པ་དངུལ་ལས་གྲུབ་པ། སྟོན་པ་གཤེན་རབ་ལྷ་གནས། ཨ་འཛོག་ཡིད་བཞིན་ནོར་བུ། མགོན་པོ་སྟོང་གི་ལྷ་གནས། སྟན་རྩེད་གསེར་གྱི་རྒྱ་མདུད། མཁའ་འགྲོ་སྟོང་གི་ལྷ་གནས། སྙོ་ལེན་འབྲུག་གི་ཤ་འགྲུལ། ཆོས་སྐྱོང་སྲུང་མའི་ལྷ་གནས། ཡོབ་ཆེན་དཀར་མོ་ལྷུང་ཤག ཡོབ་ལུང་དར་གྱི་ཅོད་པཎ། དུང་སྐྱོང་དཀར་མོའི་ལྷ་གནས། གོང་ཐག་མཚོང་གི་པ་དྲ། གཡུ་མཐུར་གཡུ་འབྲུག་ཡར་

འཁྲིལ། ཀླུ་ཕྲུག་འོད་འཁྲིལ་བླ་གནས། གསེར་སྲབ་ཉི་མ་རང་ཤར། ཡི་དམ་སྟོང་གི་བླ་གནས་སོགས་རིན་པོ་ཆེའི་རྒྱན་སྣ་ཚོགས་ཀྱིས་སྤྲས་པ་ལ་ཆིབས་པ། རྐྱང་སྨུག་བེར་ག་རོལ་དུ་ཁྲིད་པ།” ཞེས་གླིང་གེ་སར་རྒྱལ་པོའི་སྐུ་མདོག་དང་། ཞལ་མདངས། ཕྱག་མཚན། ཆ་ལུགས། ཆིབས་པ་དང་དེའི་སྒ་ཆས་སོགས་ཀྱང་རེ་རེ་བཞིན་ཞིབ་ཏུ་འབྲི་བཞེངས་བྱས་ཡོད་པ་ལྟར་རེད། ཆ་ལུགས་འདི་ལ་ཞིབ་ཏུ་བརྟགས་ན་བོད་ཀྱི་དགྲ་འདུལ་དམག་དཔོན་དང་དགྲ་ལྷ་ཕྱེར་མའི་སྐུ་ཆས་དང་། མཚོན་ཆ། གོ་ཆ་སོགས་ཟུང་དུ་སྦྲེལ་བའི་ཆ་ལུགས་ཤིག་རེད། འདི་ནི་གསོལ་མཆོད་དེ་ཉིད་ཀྱི་མཇུག་བྱང་དུ“ཁྱད་པར་རང་གི་རྨི་ལམ་དུ་ཡང་ཡུལ་གཞན་ཞིག་ལ་བདག་ཕྱིན་པ་ན་མི་དང་མི་མིན་གྱི་འདུ་བ་ཆེན་མོ་ཞིག་གི་ནང་ནས་མི་ངོ་མི་ཤེས་པ་ཞིག་གིས་གེ་སར་དགྲ་ལྷའི་རྒྱལ་པོས་མི་དང་མི་མིན་གྱི་འགྲོ་བ་མཐའ་དག་དབང་དུ་བསྡུས་པ་ལགས་པས། དེས་ན་རྣམ་འབྱོར་བ་ཁྱེད་ཀྱི་ཇི་ལྟར་བསྒོ་བ་བཞིན་བདག་གིས་སྒྲུབ་པོ་ཞེས་པས། དེ་ནི་འཛམ་གླིང་གེ་སར་རྒྱལ་པོ་ཡིན་པའི་སྣང་བ་ཤར།” ཅེས་འཁོད་པ་ལྟར་ན། མཛད་པ་པོས་རང་གིས་གང་འདོད་ལྟར་འབྲི་བཞེངས་བྱས་པ་མིན་ལ། གཞན་གྱི་བཤད་རྒྱུན་ལྟར་འབྲི་བཞེངས་བྱས་པའང་མིན། སྐྱུང་དཔེའི་རྗེས་སུ་འབྲངས་ནས་འབྲི་བཞེངས་བྱས་པ་མིན་ལ། གེ་སར་རྒྱལ་པོའི་ཐང་ཀར་བལྟས་ནས་འབྲི་བཞེངས་བྱས་པའང་མ་ཡིན་ཏེ། རང་གི་རྨི་ལམ་དུ་མཇལ་བའི་གླིང་གེ་སར་རྒྱལ་པོའི་སྐུ་བརྙན་གཞིར་བཟུང་ནས་འབྲི་བཞེངས་བྱས་པ་ཡིན་པས། ངོ་མཚར་བའི་ཁྱད་ཆོས་དུ་མ་མངོན་པར་གསལ་ལོ། སྔོན་བྱོན་དམ་པ་རྣམས་ཀྱིས་གླིང་གེ་སར་རྒྱལ་པོ་དེ་སྐུ་ངོ་བོའི་ཆ་ནས་རིགས་གསུམ་ཀུན་འདུས་སློབ་དཔོན་པདྨ་འབྱུང་གནས་ཀྱི་རྣམ་སྤྲུལ་དུ་བཞེད་པ་དང་། མཛད་པ་འཕྲིན་ལས་ཀྱི་ཆ་ནས་ཆོས་སྐྱོང་དགྲ་བླ་ཕྱེར་མའི་གཙོ་བོའམ་རྒྱལ་པོར་བཞེད་པ། ལུས་རྟེན་གྱི་ཆ་ནས་བོད་པ་གླིང་གི་རྒྱལ་པོའམ་དགྲ་འདུལ་གྱི་དམག་དཔོན་ཆེན་པོར་བཞེད་པ་དང་ཤིན་ཏུ་

མཐུན་པས། སྒྲུང་པ་རྣམས་ཀྱིས་གླིང་གེ་སར་རྒྱལ་པོའི་སྒྲུང་བཤད་པ་དང་། ལྷ་བཟོ་རྣམས་ཀྱིས་གླིང་གེ་སར་རྒྱལ་པོའི་སྐུ་བཞེངས་པ། རྣམ་འགྱུར་པ་རྣམས་ཀྱིས་གླིང་གེ་སར་རྒྱལ་པོའི་སྐུ་སྒོམ་པ། ཞིབ་འཇུག་པ་རྣམས་ཀྱིས་གླིང་གེ་སར་རྒྱལ་པོའི་རིགས་རྟུས་དང་མཛད་པ་འཕྲིན་ལས་སོགས་ལ་ཞིབ་འཇུག་བྱེད་པ་བཅས་ཀྱི་སྐབས་སུ་གཞི་འཛིན་ས་གལ་ཆེན་ཞིག་ཏུ་བཟུང་བར་སྣམ།

བཞི་པ། གླིང་གེ་སར་རྒྱལ་པོའི་འཁོར་ལ་དཔྱད་པ།

གླིང་གེ་སར་རྒྱལ་པོའི་གསོལ་མཆོད་རྒྱས་འབྲིང་ཁག་ཅིག་ལས་གླིང་སེང་ཆེན་ནོར་བུ་དགྲ་འདུལ་གྱི་ཆ་བྱད་ཕྲ་ཞིང་ཞིབ་ལ་གསོན་ཉམས་ལྡན་པ་ཞིག་འབྲི་བཞེངས་བྱས་ཡོད་པར་མ་ཟད། དེ་ཉིད་ཀྱི་འཁོར་དུ་འདུས་པ་ཡོད་དོ་ཚོག་གི་བཞུགས་སའི་ཕྱོགས་དང་གནས་ཡུལ། གྲངས་ཀ ཆིབས་པ། ཆ་ལུགས་སོགས་ཀྱང་ཞིབ་མོར་འབྲི་བཞེངས་བྱས་ཡོད་པས། གླིང་སྒྲུང་སྤྱི་དང་བོད་ཀྱི་རིག་གནས་ལོ་རྒྱུས་དང་། ཆོས་ལུགས་དད་མོས། ཡུལ་སྲོལ་གོམས་གཤིས་སོགས་ལ་རྒྱུས་ལོན་དང་ཞིབ་འཇུག་བྱེད་པའི་དཔྱད་གཞི་རྩ་ཆེན་ཡིན་པ་རེད། དེ་ཡང《དགྲ་ལྷའི་རྒྱལ་པོ་སེང་ཆེན་ནོར་བུ་དགྲ་འདུལ་གྱི་གསོལ་མཆོད་ཆེན་མོ་ཕྲིན་ལས་དོན་བརྒྱད་དགེ་ལེགས་དཔལ་སྟེར》དང་། 《གསོལ་མཆོད་ཕྲིན་ལས་མྱུར་འགྲུབ》《འཛམ་གླིང་རྒྱལ་པོ་གེ་སར་གྱི་བསང་མཆོད》སོགས་སུ་བཀོད་པ་ལྟར་ན། གླིང་གེ་སར་རྒྱལ་པོའི་མདུན་ཕྱོགས་ནམ་མཁའ་ཡངས་པའི་དཀྱིལ་འཁོར་དུ་ལྷ་ཆེན་ཚངས་པ་དཀར་པོ་གཙོ་མཛད་པའི་ལྷ་དམག་བྱེ་བ་འབུམ་དང་། གཉན་ཆེན་སྐུ་ལྷ་གེར་མཛོ་འཁོར་དང་བཅས་གཉན་དམག་འབུམ་ཕྲག ཀླུ་རྒྱལ་གཙུག་ན་རིན་ཆེན་གཙོ་མཛད་པའི་ཀླུ་དམག་བྱེ་བ་འབུམ། ཞུ་བོ་དུང་ཁྱུང་དཀར་པོ་གཙོ་མཛད་པའི་ཁྱུང་མགོ་ཅན་འབུམ་

ཕྲག སྲིང་མོ་ཐ་ལེ་འོད་འཕྲོ་སོགས་མཁའ་འགྲོ་འབུམ་ཕྲག སྨན་ཨ་ནེ་གོང་སྨན་རྒྱལ་མོ་གཙོ་མཛད་པའི་ལུང་བསྟན་མཁའ་འགྲོ་འབུམ་ཕྲག དགྲ་ལྷའི་མེ་སྟག་དམར་པོ་དགྲ་ལྷ་སྟོང་དང་ལྷ་བརྒྱའི་འཁོར་དང་བཅས་པ། མ་ཡུམ་འགོག་ཟ་ལྷ་དཀར་གཙོ་མཛད་པའི་ཡུམ་མཆོག་དང་སྨན་མཆེད་ལྔ། སེང་ཆེན་དཀར་མོ་སོགས་སྨན་མཆེད་བདུན་གྱིས་གཙོས་མོ་སྨན་མཁའ་འགྲོའི་ཚོགས་བཅས་ཀྱིས་ཀུན་ནས་བསྐོར་བ་དང་། དེའི་ཕྱི་རོལ་གྱི་ཤར་ཕྱོགས་ནམ་མཁའ་ཡངས་པའི་དཀྱིལ་འཁོར་དུ་རྣལ་འབྱོར་ཡོངས་ཀྱི་དགྲ་ལྷ་དཔལ་མགོན་ལེགས་ལྡན་སོགས་ལྷ་ཀླུ་གཉན་གསུམ་གྱི་དམག་ཚོགས་བྱེ་བ་དུང་ཕྱུར་འཁྱིད་པ་དང་། ཕྱོགས་མཚམས་སུ་མགོན་པོ་དགྲ་ལྷ་བཅུ་གསུམ་སོགས་ལྷ་དམག་བྱེ་བའི་ཚོགས་ཀྱིས་བསྐོར་བ། ལྷོ་ཕྱོགས་ནམ་མཁའ་ཡངས་པའི་དཀྱིལ་འཁོར་དུ་དཔའ་བརྟན་དམག་དཔོན་ཆེན་པོ་གཙོ་མཛད་པའི་དགྲ་ལྷ་མཆེད་དགུས་བསྐོར་བ། ནུབ་ཕྱོགས་ནམ་མཁའ་ཡངས་པའི་དཀྱིལ་འཁོར་དུ་ཚེ་སྲོག་སྐྱོབ་པའི་དགྲ་ལྷས་གཙོས་དགྲ་ལྷ་བཅུ་གསུམ་གྱིས་བསྐོར་བ། བྱང་ཕྱོགས་ནམ་མཁའ་ཡངས་པའི་དཀྱིལ་འཁོར་དུ་རྨ་ཆེན་སྤོམ་རས་གཙོས་ཀླུ་བཙན་གཉན་བདུད་འབུམ་ཕྲག་ཡངས་པའི་འཁོར་དང་བཅས་པ་བཞུགས་པ། གཞན་ཡང་། ཕྱོགས་དང་ཕྱོགས་མཚམས་སྟེང་འོག་བར་གསུམ་ཐམས་ཅད་དུ་དགྲ་ལྷ་ལྔ་གསུམ་བཅོ་ལྔ་དང་འཁོར་སུམ་བརྒྱ་དྲུག་ཅུའི་ཚོགས་དང་། ཞེར་མ་ཕོ་ཐང་གཡུ་འབྲུག་སྔོན་མོ་སོགས་ཞེར་མ་སུམ་བརྒྱ་དྲུག་ཅུའི་ཚོགས་ཀྱིས་བསྐོར་བ། གླིང་གི་དཔའ་བརྟུལ་ལྔ་བཅུ་དང་གཅེས་ཕྲུག་དགྲ་ལྷ་རྩེ་རྒྱལ་སོགས་གཅེས་ཕྲུག་དར་མ་བཅུ་གསུམ། སྤྱི་དཔོན་བླ་མ་ཀུན་དགའ་སོགས་བླ་མ་སུམ་ཅུ། ཨ་ཁྲུ་སྒོམ་ཆེན་ཉིང་མེད་སོགས་སྒོམ་ཆེན་སུམ་ཅུ། སྐྱ་ལོའི་སྟོན་པ་རྒྱལ་མཚན་སོགས་སྟོན་པ་སུམ་ཅུ། ལྷ་རྗེ་ཀུན་དགའ་ཉི་མ་སོགས་ལྷ་རྗེ་སུམ་ཅུ། མོ་མ་ཀུན་ཤེས་བཟང་པོ་སོགས་མོ་མ་སུམ་ཅུ་ལས་བྱེད་ཀྱི་ཚོགས་འཁོར་དུ་གཏོགས་པ་ཐམས་ཅད་ཉི་མའི་ཟེར་གྱི་

རྟུལ་འཁྲིགས་པ་ལྟར་བཞུགས་པར་བསྟན། དེ་ཡང་དོན་གསལ་བ་དང་ངེས་སླ་བ། འཛིན་བདེ་བ། དཔྱད་ཞིབ་པ་བཅས་ཀྱི་དོན་དུ་འཁོར་གྱི་རྣམ་གྲངས་ཁག་ཅིག་ཕྱོགས་སྡོམ་གྱི་ཚུལ་དུ་རེའུ་མིག་ཏུ་བཀོད་ན་འདི་ལྟར།

1. ལྷ་ཆེན་ཚངས་པ་དཀར་པོའི་ཆ་བྱད།

ཞལ་མདོག	དབུ་ཆས།	ཕྱག་མཚན།	སྐུ་ཆས།	ཆིབས་པ།	ཀླད་དུ་ལྡིང་བ།	རོལ་དུ་ཁྲིད་པ།	འཁོར།
དཀར་པོ།	དུང་ཏོག	ཕྱག་གཡས་མདའ་དར། ཕྱག་གཡོན་པས་མདུང་དར་བསྣམས།	སྐུ་ལ་དར་དཀར། དུང་ཁྲབ་གསོལ་བ། སྟག་རལ་གཡས་དང་། གཟིག་ཤུབས་གཡོན་དུ་འཕྱང་།	དུང་རྟ་དཀར་པོ།	དུང་བྱ་དཀར་པོ།	དུང་ཁྱི་དཀར་པོ།	ལྷ་དམག་ཁྲི་འབུམ་གྱིས་བསྐོར་བ།

2. གཉན་ཆེན་སྐུ་ལྷ་གེ་མཛོའི་ཆ་ལུགས།

ཞལ་མདོག	དབུ་ཆས།	ཕྱག་མཚན།	སྐུ་ཆས།	ཆིབས་པ།	ཀླད་དུ་ལྡིང་བ།	རོལ་དུ་ཁྲིད་པ།	འཁོར།
སེར་པོ།	བསེ་ཏོག	གཡས་པས་མདའ་དར། གཡོན་པས་མདུང་དར་བསྣམས།	བེར་སེར་བསེ་ཁྲབ་གསོལ། བསེ་ཐུབ། གསེར་མདའ། གསེར་གཞུས་བརྒྱན། སྟག་རལ་གཡས་དང་། གཟིག་ཤུབས་གཡོན་དུ་འཕྱང་།	གཉན་རྟ་ཁྲ་བོ།	གསེར་བྱ།	གསེར་ཁྱི་སེར་པོ།	གཉན་དམག་འབུམ་ཕྲག

3. གླུ་རྒྱལ་གཙུག་ན་རིན་ཆེན་གྱི་ཆ་ལུགས།

ཞལ་མདོག	དབུ་ཆས།	ཕྱག་མཚན།	སྐུ་ཆས།	ཆིབས་པ།	གཡང་དུ་ལྡིང་བ།	རོལ་དུ་ཁྲིད་པ།	འཁོར།
སྔོན་པོ།	གཡུ་རྔོག	གཡས་པས་མདའ་དར། གཡོན་པས་མདུང་དར་བསྣམས།	བེར་སྔོན་གཡུ་ཁྲབ་གསོལ། གཡུ་ཞུབ། གཡུ་མདའ། གཡུ་གཞུས་བརྒྱན། སྟག་རལ་གཡས་ལ་གཟིག་ཤུབས་གཡོན་དུ་འཕྱང་།	ཆུ་རྟ་སྔོན་མོ།	གཡུ་བྱ།	གཡུ་ཁྲི་སྔོན་མོ།	གླུ་དམག་བྱེ་བ་འབུམ་ཕྲག

4. མ་ཨ་ནེ་གནམ་སྨན་དཀར་མོའི་ཆ་བྱད།

བྱད་རིས།	ཕྱག་མཚན།	ཆིབས་པ།	རོལ་དུ་ཁྲིད་པ།	འཁོར།
ཞལ་གཅིག་ཕྱག་གཉིས།	གཡས་པས་སེང་ལྡིང་ཞྭ་མ་ཏྲ། གཡོན་པས་དངུལ་གྱི་དྲིལ་བུ་དཀྲོལ།	སེང་གེ་དཀར་མོ།	མ་དྲེ་སྔོན་མོ།	ལྷུང་བསྟན་མཁའ་འགྲོ་འབུམ།

5. དགྲ་ལྷའི་མི་སྟག་དམར་པོའི་ཆ་བྱད།

བྱད་རིས།	ཕྱག་མཚན།	ཆིབས་པ།	འཁོར།
མི་དམར་ཁྲག་གི་རལ་པ་ཅན། ཞལ་ནས་མེ་འབར། ཤངས་ནས་དུད་པ་འཕྲུལ། སྤྱན་ནས་མེའི་ཚ་ཚ་འཕྲོ།	གཡས་པས་མདུང་དར། གཡོན་པས་ཞགས་པ་བསྣམས།	རྟ་དམར་བྱི་ཏུའི་གདོང་ཅན།	དགྲ་ལྷ་སྟོང་དང་ལྔ་བརྒྱ།

6. དགྲ་ལྷ་དཔལ་མགོན་ལེགས་ལྡན་ཚོགས་ཀྱི་བདག་པོའི་ཆ་བྱད།

བྱད་རིས།	ཕྱག་མཚན།	ཆིབས་པ།	འཁོར།
མི་དམར་ཁྲག་གི་རལ་པ་ཅན། ཞལ་ནས་མེ་འབར། ཤངས་ནས་དུད་པ་འཕྱུལ། སྤྱན་ནས་མེའི་ཚ་ཚ་འཐྲོ།	གཡས་པས་མདུང་དར། གཡོན་པས་ཞགས་པ་བསྣམས།	རྟ་དམར་ཕྱི་རུའི་གདོང་ཅན།	དགྲ་ལྷ་སྟོང་དང་ལྷ་བརྒྱ།

7. དགྲ་ལྷ་དཔའ་བརྟན་དམག་དཔོན་ཆེན་པོའི་ཆ་བྱད།

བྱད་རིས།	ཕྱག་མཚན།	སྐུ་ཆས།	ཀླད་དུ་ལྡིང་བ།	རོལ་དུ་ཁྲིད་པ།	འཁོར།
སྐུ་མདོག་དཀར་ལ་འོད་དུ་འཚེར།	གཡས་པས་སྤྲ་ལྕག་དཀར་པོ་ཚིགས་གསུམ་དང་། གཡོན་པས་སྲུབ་མདའ་འཛིན་པ། ཕྲག་གོང་གཡས་ན་སེང་ཆེན་འཁྱིལ། ཕྲག་གོང་གཡོན་ན་རྒྱ་སྟག་ཁྲུས་མ་འཁྱོ་བ།	གནམ་ལྕགས་ཀྱི་རྨོག་ཁྲབ་སེར་པོ། སག་ལྷམ་ཡུ་རིང་། སྟག་རལ་གཡས་ལ་གཟིག་ཤུབས་གཡོན་དུ་བཅིངས། རལ་གྲི་སྐེད་ལ་འདོགས་པ།	ལྕགས་ཀྱི་བྱ་ཁྲ།	ཁྱི་ནག་དོམ་དྲེད། སྤྱི་བརྒྱད་མང་པོ།	མཐུ་ཆེན་དགྲ་འདུལ་ཆེན་པོ་དང་། དགྲ་ལྷ་མཆེད་དགུ།

8. ཚེ་སྲོག་སྐྱོབ་པའི་དགྲ་ལྷ་ཆེན་པོའི་ཆ་བྱད།

བྱད་རིས།	ཕྱག་མཚན།	ཆིབས་པ།	འཁོར།
ཞལ་མདོག་དཀར་པོ། མཛེས་བརྗིད་དཔའ་བའི་ཉམས་ལྡན་པ།	གཡས་པས་མདུང་དར། གཡོན་པས་འཕྲུལ་གྱི་ཞགས་པ་འཛིན་པ།	རྟ་དཀར་སྨ་སྲུབ་གོང་རྔེད་ཅན།	བསྟན་པ་རྒྱས་པའི་དགྲ་ལྷ་སོགས་མཐུ་ལྡན་དགྲ་ལྷའི་རྒྱལ་པོ་བཅུ་གསུམ་ཚོགས།

9. ཟྭ་དོར་གྱི་རྒྱལ་པོ་རྣ་ཆེན་སྦྲོམ་རའི་ཆ་བྱད།

བྱད་རིས།	ཕྱག་མཚན།	སྐུ་ཆས།	ཆིབས་པ།	འཁོར།
སྐུ་མདོག་དཀར་ལ་དབང་གི་གཟི་བྱིན་ཆགས་པས་ཅུང་ཟད་དམར་འོད་འབར་བ།	གཡས་པས་ནོར་བུ་འབར་བ། གཡོན་པས་མདུང་ར་བསྣམས།	དབུ་ལ་ཟངས་རྨོག་བྱ་རུའི་ཏོག་ཁབ་ཅན་གསོལ། སྐུ་ལ་ལྷང་དམར་བརྩེགས་པའི་བེར་དང་། ཞབས་ལ་སག་ལྷམ་གསོལ།	ཅང་ཤེས་དང་དམར་རླུང་གི་གཤོག་རྩལ་ཅན། གསེར་སྒ་གསེར་སྲབ་གཡུ་མཐུར་བྱུ་རུས་བརྒྱན་པ་ལ་བཅིབས།	ཚངས་པ་དགེ་བསྙེན་སྤྲུལ་བ་བཙུན་མོ་དང་། སྤྲུ་གཞན་བཙན་བདུད་དམག་དཔུང་བྱེ་བ་འབུམ།

གླིང་གེ་སར་རྒྱལ་པོའི་འཁོར་དུ་གཏོགས་པའི་ལྷ་སྤྲུ་གཞན་གསུམ་དང་དགྲ་ལྷ་ཕྱེར་མ་རྣམས་བཞུགས་སའི་གནས་དང་། རིགས་ཀྱི་དབྱེ་བ། སྐུའི་ངོ་བོ། ཐུགས་ཀྱི་འགྱུར་བ་སོགས་མི་འདྲ་བའི་དབང་གིས་དེ་དག་གི་ཞལ་མདངས་དང་། སྐུ་ཉམས། ཆིབས་པ། འཁོར་ཚོགས་སོགས་ལའང་ཁྱད་པར་ཅུང་ཟད་ཡོད་མོད། ཞིབ་ཏུ་བརྟགས་ན་དེ་དག་སྤྱི་ལ་ཁྱབ་པའི་ཁྱད་ཆོས་ཤིག་ཀྱང་ཡོད་པ་ནི། དེ་དག་ཚང་མའི་དབུ་ལ་རྨོག་དང་སྐུ་ལ་ཁྲབ་བེར་གསོལ་བ། ཕྱག་གཡས་གཡོན་གྱིས་མདའ་དར་མདུང་དར་རམ་འཕྲུལ་གྱི་ཞགས་པ་དང་ཕུབ་བསྣམས་པ། སྟག་རལ་གཡས་དང་གཟིག་ཤུབས་གཡོན་དུ་འཕྱང་བ་དང་། ཞབས་སུ་སག་ལྷམ་གསོལ་བ། ཆིབས་སུ་མགྱོགས་འགྲོ་རྟ་བོའམ་མ་ཧེ་ཆིབས་པ་དང་འཁོར་དམག་བྱེ་བའི་ཚོགས་ཀྱིས་བསྐོར་བ་སྟེ། དགྲ་འདུལ་དམག་དཔོན་ཆེན་པོའི་ཆས་ཡོངས་སུ་སྤྲས་པ་དེ་རེད། གནད་འདི་ལས་ཀྱང་གླིང་གེ་སར་རྒྱལ་པོ་ནི་དགྲ་ལྷ་ཕྱེར་མའི་གཙོ་བོའམ་རྒྱལ་པོའི་སྐུར་བཞེངས་ཤིང་། དེ་ཉིད་ཀྱི་འཁོར་དུ་འདུས་པའི་ལྷ་སྤྲུ་གཞན་གསུམ་དང་དགྲ་ལྷ་རྣམས་ཀྱང་གཙོ་བོར་དགྲ་འཐབ་ཀྱི་ལས་ལ་དཔའ་ཞིང་མཁས་ལ་གྲོགས་མཛད་མཁན་རྐྱང་རྐྱང་ཡིན་པ་མངོན་པར་གསལ། འཁོར་དུ་འདུས་པའི་

དགྲ་ལྷ་དང་དཔའ་རྟུལ་གཙོ་བོ་འགའི་མཚན་གྱི་རྣམ་གྲངས་ཀྱང་འདི་ལྟར།

མགོན་པོ་དགྲ་ལྷ་བཅུ་གསུམ།

1. སྐྱེས་བུ་ཕྲག་ལྷ་དཀར་པོ། 2. དགྲ་ལྷ་མ་ལྷ་བུ་ཐི་སེར་པོ། 3. ཐབ་ལྷ་ཡུ་མོ་སྔོན་མོ། 4. ཁྱིམ་ལྷ་གེའུ་ཐུང་དཀར་པོ། 5. རྒྱལ་ཆེན་རྣམ་སྲས་སེར་པོ། 6. ཨཪྱ་ཛམ་ལྷ་སེར་པོ། 7. ཚོང་ལྷ་ཚོགས་བདག་གླང་སྣ་དཀར་པོ། 8. མགྲོན་ལྷ་དཀར་པོ། 9. དགྲ་ལྷ་འཐབ་སྐྱེན་སྣ་ནག་མཐིང་བ། 10. མགོན་པོ་ཇག་ལྷ་དཀར་པོ། 11. མགོན་པོ་དགྲ་ལྷ་དམར་པོ། 12. མགོན་པོ་ཟས་ལྷ་དམར་པོ། 13. མགོན་པོ་སྲོག་ལྷ་དཀར་པོ་བཅས་སོ། །

དགྲ་ལྷ་མཆེད་དགུ།

ཨང་རིམ།	དགྲ་ལྷའི་མཚན།	བཞུགས་གནས།
1	དཔའ་བརྟན་དམག་དཔོན་ཆེན་པོ།	དབུས།
2	མཐུ་ཆེན་དགྲ་འདུལ།	ཤར།
3	སྣང་གྲགས་འབྲུག་ལྡིར།	ལྷོ།
4	དྲག་རྩལ་ཐོག་འབེབས།	ནུབ།
5	སྐྱེས་པ་སྲོག་འཛིན།	བྱང་།
6	སྲུང་བ་སྲོག་གཅོད།	ཤར་ལྷོ།
7	སྐྱེས་བུ་རང་ཆས།	ལྷོ་ནུབ།
8	བྱ་ཁྲ་སྔོན་པོ།	ནུབ་བྱང་།
9	དགྲ་སྨན་གཞོག་རྩལ་དཀར་མོ།	བྱང་ཤར།

མཐུ་ལྡན་དགྲ་ལྷ་བཅུ་གསུམ།

ཨང་རིམ།	དགྲ་ལྷའི་རིགས་དང་མཚན།	ཆ་བྱད།	བཞུགས་གནས།
1	ཚེ་སྲོག་སྐྱོབ་པའི་དགྲ་ལྷ།	གོང་གསལ།	དབུས།
2	བསྟན་པ་རྒྱས་པའི་དགྲ་ལྷ།	མི་སྔོན་རྟ་སྔོན་བཅིབས་ནས་བ་དན་སྔོན་པོ་བསྣམས།	ཤར།
3	མི་གྲངས་སྤེལ་བའི་དགྲ་ལྷ།	མི་དམར་རྟ་དམར་བཅིབས་ནས་དར་སྨུག་ལྷེ་བརྒྱད་བསྣམས།	ལྷོ།
4	དགྲ་སྟང་འདུལ་བའི་དགྲ་ལྷ།	མི་ནག་རྟ་ནག་བཅིབས་ནས་བ་དན་ནག་པོ་བསྣམས།	ནུབ།
5	གནོད་བྱེད་འདུལ་བའི་དགྲ་ལྷ།	མི་སྨུག་རྟ་སྨུག་བཅིབས་ནས་བ་དན་དར་སྨུག་ལྷེ་བརྒྱད་བསྣམས།	བྱང་།
6	དཀོར་ནོར་སྤེལ་བའི་དགྲ་ལྷ།	མི་སེར་རྟ་སེར་བཅིབས་ནས་མདུང་དར་སེར་པོ་བསྣམས།	ཤར་ལྷོ།
7	མི་ཚེ་བསྲིང་བའི་དགྲ་ལྷ།	མི་དམར་རྟ་དམར་བཅིབས་ནས་བདུད་རྩི་བུམ་པ་བསྣམས།	ལྷོ་ནུབ།
8	མཛེས་བརྗིད་ལྡན་པའི་དགྲ་ལྷ།	མི་དཀར་རྒྱ་སྟག་བཅིབས་ནས་རྭ་མཚོན་འཛིན།	ནུབ་བྱང་།
9	དཔའ་རྩལ་བསྐྱེད་པའི་དགྲ་ལྷ།	མི་དཀར་རྒྱ་སྟག་བཅིབས་ནས་དར་ཁྲ་འཛིན།	བྱང་ཤར།
10	དཔའ་བརྗིད་བཙན་པའི་དགྲ་ལྷ།	མི་དཀར་རྒྱ་སྟག་བཅིབས་ནས་རལ་གྲི་འཛིན།	སྟེང་ཕྱོགས།
11	ཀུན་གྱིས་བཀུར་བའི་དགྲ་ལྷ།	མི་དཀར་གླང་ཆེན་བཅིབས་ནས་དར་མདུང་འཛིན།	འོག་ཕྱོགས།
12	སྙན་པ་ཐོབ་པའི་དགྲ་ལྷ།	མི་དཀར་གཡུ་འབྲུག་བཅིབས་ནས་དུང་དཀར་འཛིན།	རྒྱབ་ཕྱོགས།
13	བསམ་དོན་འགྲུབ་པའི་དགྲ་ལྷ།	མི་དཀར་དུང་ཁྱུང་བཅིབས་ནས་ཡིད་བཞིན་ནོར་བུ་བསྣམས།	མདུན་ཕྱོགས།

ཞེར་མ་བཅོ་ལྔ།

ཨང་རིམ།	དགྲ་ལྷའི་གནས་དང་མཚན།	ཆིབས་པ།	ཁྱད་ཆོས།
1	ནམ་མཁའི་ཞེར་མ།	འབྲུག་ཆིབས།	ངར་སྐད་ཅན།
2	བར་སྣང་ཞེར་མ།	གློག་ཆིབས།	ཐོག་སེར་ཅན།
3	གངས་དཀར་ཞེར་མ།	སེང་ཆིབས།	གཡུ་རལ་ཅན།
4	རྫ་ཁྲ་ཡག་ཞེར་མ།	འབྲོང་ཆིབས།	རྭ་ཐུར་ཅན།
5	སྤང་དཀར་ཞེར་མ།	རྐྱང་ཆིབས།	ཛ་རྫོག་ཅན།
6	ལ་ཁ་བཞིའི་ཞེར་མ།	ཤ་ཆིབས།	ར་དར་ཅན།
7	ནགས་ཙན་དན་ཞེར་མ།	སྟག་ཆིབས།	འཛུམ་དྲུག་ཅན།
8	བྲག་དཀར་ཞེར་མ།	རྒོད་ཆིབས།	གཤོག་དྲུག་ཅན།
9	ས་གཞིའི་ཞེར་མ།	གླང་ཆིབས།	སྣ་ཞགས་ཅན།
10	ཆུ་བོའི་ཞེར་མ།	ཉ་ཆིབས།	གསེར་མིག་ཅན།
11	རྒྱ་མཚོའི་ཞེར་མ།	ཆུ་སྲིན་ཆིབས།	ཛམ་བཟེད་ཅན།
12	རྒྱ་ཤོད་ཞེར་མ།	རྒྱ་བྱ་ཆིབས།	སྒྲོ་མདངས་ཅན།
13	ལྗོ་བྲག་ཞེར་མ།	ནེ་ཙོ་ཆིབས།	སྨྲ་བརྗོད་ཅན།
14	སྐྱི་བསེར་ཞེར་མ།	རླུང་ཆིབས།	མྱུར་མགྱོགས་ཅན།
15	མིའུ་རིན་ཆེན་ཞེར་མ།	རྟ་ཆིབས།	མགྱོགས་དར་ཅན།

གོང་དུ་གསལ་བའི་མགོན་པོ་དགྲ་ལྷ་བཅུ་གསུམ་དང་། དགྲ་ལྷ་མཆེད་དགུ། མཐུ་ལྡན་དགྲ་ལྷ་བཅུ་གསུམ། ཞེར་མ་བཅོ་ལྔ་སོགས་ཀྱི་མཚན་ལ་བརྟགས་ན། དེ་དག་ནི་ནམ་མཁའ་དང་བར་སྣང་། གངས་དཀར། རྫ་རི། སྤང་ལྗོངས། ལ་མགོ། ནགས་

ཚལ། བྲག་རི། ས་གཞི། ཆུ་བོ། རྒྱ་མཚོ། རླུང་སོགས་རང་བྱུང་ཁམས་ཀྱི་གནས་ཡོད་ཚད་དང་ཕྱོགས་བཞི་མཚམས་བརྒྱད་ཀུན་ཏུ་མེད་ས་མེད་ཅིང་། བྱེད་ལས་ལ་མཚོན་ན་འང་སྤྱིར་དགྲ་ལྷ་ཕྱེར་མ་ནི་གཙོ་བོར་དགྲ་འཐབ་ཀྱི་ལས་ལ་སྟོངས་གྲོགས་མཛད་མཁན་ཡིན་ཡང་། ནང་གསེས་སུ་ཁྱིམ་ཐབས་ལ་མགོན་བྱེད་པ་དང་། ཚོང་ལས་ལ་མགོན་བྱེད་པ། ཇག་ལས་ལ་མགོན་བྱེད་པ། ཚེ་སྲོག་སྐྱོབ་པ། བསྟན་པ་རྒྱས་པར་བྱེད་པ། དགྲ་སྡང་འདུལ་བ། དཀོར་ནོར་སྤེལ་བ། མི་གྲངས་སྤེལ་བ། དཔའ་རྩལ་བསྐྱེད་པ། སྙན་གྲགས་རྒྱས་པར་བྱེད་པ། མི་ཚེ་བསྲིང་བ་སོགས་ལའང་མགོན་དང་གྲོགས་མཛད་པའི་དབྱེ་བ་མང་དུ་མཆིས། དེ་བཞིན་དུ་ཁོང་ཚོའི་ཕྱག་མཚན་དང་སྐུ་ཉམས་ཀྱང་ཞི་དྲག་སྣ་ཚོགས་བཀོད་ཡོད། འདི་ཡང་གདོད་མའི་དུས་སུ་ཤེས་རིག་གི་ཆུ་ཚད་དམའ་ཞིང་འཚོ་བའི་མཐུན་རྐྱེན་ཞན་པ། རང་བྱུང་ལ་འགྱུར་ལྡོག་ཆེ་བའི་གནས་ཚུལ་འོག་མི་རྣམས་ཀྱིས་འཇིགས་རྟེན་ཡོད་དགུ་ལ་ལྷ་གནས་པར་བསམ་པའི་འདུ་ཤེས་ཀྱི་མྱུ་རྒྱུན་ཡིན་པར་སྙམ།

སྒྲིང་གི་དཔའ་རྟུལ་ལྷ་བཅུ།

ཨང་རིམ།	དཔལ་རྟུལ་གྱི་མཚན།	ཆིབས་པ།
1	སེང་བློན་ཀ་ལ་རིག་ཤེས།	རྟ་ཕོ་དགུ་བརྒྱ་རྣ་གཅིག
2	རོང་ཚ་ནོར་བུ་ལྷ་དར།	རྟ་ཕོ་ཐང་དཀར་གཞོག་ཡག
3	སྤྱི་དཔོན་རོང་ཚ་ཁྲ་རྒན།	རྟ་ཕོ་སྨུག་ཆུང་དྲིལ་མགོ།
4	སྣང་ཏུ་གཡུ་ཡི་མེ་ཏོག	རྟ་ཕོ་རྨ་བྱ་ཁྲི་ཆེན།
5	སྟོད་གླིང་ཉི་འབུམ་དར་ཡག	མགྱོགས་པའི་ངང་པ་གསེར་སྒོང་།
6	བར་གླིང་ཨ་ནུ་དཔའ་སེང་།	མགྱོགས་པའི་གསེར་མདངས་ཉི་མའི་འཕྲུལ་འཁོར།

7	སྨད་གླིང་མུ་སྟུང་དར་ལི།	མགྱོགས་པའི་གཡུ་རྟ་ཁྲི་འཕེལ།
8	གདོང་བེ་རུ་ཉི་མ་རྒྱལ་མཚན།	བེར་རྟ་སྒྲོག་དམར་འབྲུག་ཤེས།
9	འབྲུ་རྫེ་ཐར་བ་རྒྱལ་མཚན།	འབྲུ་རྟ་གསེར་མདངས་རག་དཀར།
10	གླིང་ཨ་ཡག་ཤྲཱ་རྒྱལ་མཚན།	རྟ་པོ་ནམ་མཁའི་མདོག་ཅན།
11	གོ་འཇོའི་བླ་མ་རྒྱལ་མཚན།	རྟ་པོ་སྤྲིན་གྱི་ཤུགས་ཅན།
12	ཨུ་བའི་དར་འཇམ་ངོ་ལུག	གཡུ་རྟ་ནོར་བུ་འཕུར་ཤེས།
13	འོམ་བུ་ཚངས་པའི་ངོ་ལུག	རྟ་པོ་ཀ་བ་ཀས་རིང་།
14	སྟག་རོང་སྤྲིན་ཚ་ངོ་ལུག	རྟ་པོ་སྔོན་པོ་ཆུ་མདོག
15	འབུམ་པའི་རྒྱ་ཚ་ཞལ་དཀར།	རྒྱ་རྒྱུག་རྒྱ་བྱ་སོག་དཀར།
16	ཚ་ཞང་འདན་མ་ཞང་ཁྲ།	མདོ་བ་དངུལ་ཕྲུག་ལྡེམ་པ།
17	གདོང་ཆོས་ལུ་བུ་ཡི་དར་འཕེན།	རྟ་པོ་ཁྱུང་ནག་དགུ་འགྲོས།
18	འབྲུ་སྨ་བདེ་ཆོས་སྐྱོང་བེར་ནག	རྟ་པོ་རླུང་ནག་ཤ་ཟན།
19	དཔའ་ཡ་མེད་སེང་སྟག་ཨ་དོམ།	རྟ་སྔོང་རི་ནོར་གྱི་བང་མཛོད།
20	ལྷ་སྲས་དགྲ་ལྷ་རྩེ་རྒྱལ།	མདོ་བ་ཁྱུང་གཤོག་རླུང་ལྡན།
21	རོང་སྲས་ལྷ་རྐོད་འབུམ་ལི།	ཆིབས་ཆེན་སྨུག་ནག་རླུང་འཛིན།
22	འཇང་སྲས་གཡུ་ཁྲི་གོང་སྟོན།	འདོ་ཆེན་གཡུ་འབྲུག་སྤྲིན་ཤུགས།
23	སྡིག་གཙོད་ཤན་པ་རྨེ་རུ།	དམར་རྐྱང་ཁ་ལ་མེ་འབར།
24	འཇང་ཕྲུག་གཡུ་ལྷ་ཐོག་འགྱུར།	འདོ་བ་གནམ་ཡག་སྔོན་མོ།
25	དུང་སྐྱོང་སྟག་ལྷ་ཁྲི་དཀར།	འདོ་བ་བྱ་ཁྲ་འཕུར་ཤེས།

26	འབྲུ་མི་དཀར་ལྷ་བུ་བསམ་འགྲུབ།	ལྷ་རྟ་དང་དཀར་གྲོ་སྐྱིད།
27	རྨ་ཉིན་རྫོང་དཔོན་པོ་ལྷ་ཀྱུ།	འདོ་བ་རྨ་བྱ་མཚལ་ལུ།
28	སྟག་རོང་ཨ་ནུ་གཟིག་འཕེན།	མགྱོགས་པ་ཕོ་རོག་སྟོང་འཕྲུམས།
29	སྟག་རོང་ཨ་ནུ་ཁྲ་ཤོག	འདོ་བ་སྤྱང་ཁྲ་འཕྲུམས་ཤེས།
30	སྟག་རོང་ཁྲོ་ཚ་འཁྱིལ་ཆེན།	རྟ་ཕོ་ནོར་བུ་ཁྲི་དཀར།
31	སྟག་ཏུང་གཟུ་བ་རིན་ཆེན།	རྟ་ཕོ་སྤྲབ་ནག་འཇུམ་ཤེས།
32	ཁྲོ་ཐུང་ཉ་ཚ་ཨ་བརྟན།	རྟ་ཕོ་ནམ་མཁའི་སྒྲོག་དམར།
33	སྨུ་བའི་དར་འཕེན་ནག་པོ།	དྲིལ་རྟ་གསེར་མདངས་ཡ་མེད།
34	གདོང་བཙན་སྣང་ཏུ་ཨ་འཕེལ།	ཉིས་ཆུང་ཁྲི་འཇམ་ཡ་མེད།
35	མི་ཆེན་རྒྱལ་བའི་ལྷུན་གྲུབ།	རྟ་ཕོ་ཤ་བ་རྒྱ་འཛོང་།
36	བརྒྱ་དཔོན་ཁྲོ་ཚ་དམར་ལེབ།	བརྒྱ་རྒྱུག་གསེར་མདངས་ཡ་མེད།
37	སྟོང་དཔོན་ཡ་མི་སོ་ཁྲ།	སྟོང་རྟ་ཤུག་པ་འཕེལ་ལོ།
38	འབུམ་དཔོན་ཐོག་རྒོད་འབར་བ།	འབུམ་རྟ་སྒྲོག་དམར་འཕྲུག་ཤེས།
39	འབྲུ་སྨ་བདེའི་མི་ཆེན་སེར་པོ།	འདོ་བ་གསེར་བྱ་འཕུར་ཤེས།
40	བཙོ་ལྷའི་དཔའ་གསར་ཟླ་བ།	རྟ་ཕོ་ས་ལ་འགྲོས་ཆེན།
41	འབུམ་པའི་རོང་ཚ་དམར་ལེབ།	མགྱོགས་པ་སྟོང་རི་རག་དཀར།
42	སྐྱུ་ལོའི་ཁེར་བུ་འབྲུག་རྒྱལ།	རྟ་ཕོ་ནོར་བུ་འཇམ་ཤེས།
43	བཙན་པོ་བུ་ཡི་ཨ་དཔལ།	མགྱོགས་པ་གཡུ་བྱ་རྟེའུ་སྔོན།
44	བཙན་རྒོད་ཕུར་བ་ཁེར་སྐྱེས།	བཙན་རྟ་སྒྲོག་དམར་འཕྲུག་ཤེས།
45	སྡེ་བ་སྒྲོ་རྒོད་མདའ་བཙན།	རྒྱ་བྱ་མི་ལང་འཕྱུལ་འཕོར།

46	ཤོང་ཚ་ཨ་ནུ་ཁྲ་རྒོད།	ཤོང་རྟ་གུ་གུ་མགྱོགས་ཆེན།
47	ཨ་སྐྱིད་ནམ་མཁའི་སེན་ཞལ།	དུང་རྟ་ནོར་བུ་འཁྱམས་ཤེས།
48	བོད་ཕྱུག་མི་ཆུང་ཁ་བདེ།	རྟ་པོ་ཁམ་སྐྱ་མཆུ་དཀར།
49	མ་བཞི་དཔོན་པོ་ཁྲོ་ཐུང་།	རྟ་པོ་གུ་གུ་རོག་འཛོང་།
50	གཟུ་ཆེན་ཕྱེར་མ་ལྷ་དར།	རྟ་པོ་བྱ་དཀར་ལྡིང་ཤེས།

གླིང་གེ་སར་རྒྱལ་པོའི་གསོལ་མཆོད་རྣམས་ལས་དཔའ་རྟུལ་ལྔ་བཅུའི་མཚན་དང་ཆིབས་པའི་མིང་སོགས་གསལ་པོར་བཀོད་པ་འདིས་ཆོས་སྐྱོང་དགྲ་ལྷའི་རྒྱལ་པོ་གླིང་གེ་སར་གྱི་འཁོར་དུ་འདུས་པའི་དཔའ་རྟུལ་ལྔ་བཅུ་གང་དག་ཡིན་པ་གསལ་པོར་ངེས་ཐུབ་པར་མ་ཟད། དཔའ་རྟུལ་རྣམས་ཀྱི་མཚན་ལས་ཁག་ཅིག་གིས་བོད་ཀྱི་རིགས་རུས་ཚོ་འབྲང་གི་འབྲེལ་བ་མཚོན་པ་དང་། ཁག་ཅིག་ལས་དཔོན་རིགས་མི་སྣའི་རིམ་པ་མཚོན་པ། ཁག་ཅིག་ལས་དཔའ་བོ་མི་སྣའི་ཁྱད་ཆོས་མཚོན་པ། ཁག་གཅིག་ལས་ཡུལ་དང་ཚོ་པའི་རྣམ་གྲངས་མཚོན་པ་ཡིན། ཆིབས་པ་སོ་སོའི་མིང་ཡང་དེ་བཞིན་ཏེ་ཁག་ཅིག་གིས་མགྱོགས་འགྲོའི་རྟ་བོའི་བང་རྩལ་མཚོན་པ་དང་། ཁག་ཅིག་གིས་རྟའི་གཟུགས་བྱད་བསྟན་པ། ཁག་ཅིག་གིས་རྟའི་མདོག་ཤེས་མཚོན་པ། ཁག་ཅིག་གིས་རྟའི་སྤུ་ཁ་མཚོན་པ། ཁག་ཅིག་གིས་རྟའི་གཤིས་ཀ་མཚོན་པ་སྟེ། བོད་མི་རིགས་འདི་འདོ་རིག་རྟ་ལ་དགའ་ཞིང་དཔྱད་པར་མཁས་པའི་ངེས་ཤེས་བསྐྱེད་ངེས་རེད།

མདོར་ན། གླིང་གེ་སར་རྒྱལ་པོའི་འཁོར་གྱི་རྣམ་གྲངས་དང་། མཚན། ཆ་བྱད། བཞུགས་གནས། མཐུ་སྟོབས་སོགས་ལ་བརྟགས་ན། གླིང་གེ་སར་རྒྱལ་པོའི་གསོལ་མཆོད་ནི་གླིང་གེ་སར་རྒྱལ་པོར་གསོལ་མཆོད་བྱས་ནས་སྐྱབས་སམ་གྲོགས་གསོལ་བ་དང་། འདོད་པའི་འཕྲིན་ལས་བཅོལ་བ་ཙམ་མིན་པར་བོད་ཀྱི་རིག་

གནས་སྣ་ཚོགས་གསལ་བའི་མེ་ལོང་ངམ་གནས་རྟེན་གལ་ཆེན་ཞིག་ཡིན་པས། དེ་ལ་ཞིབ་ཏུ་བརྟགས་ན་ངེས་ཤེས་འདི་འདྲ་བསྐྱེད་ཐུབ།

1. གླིང་གེ་སར་རྒྱལ་པོའི་འཁོར་དུ་ལྷ་ཆེན་ཚངས་པ་དཀར་པོ་དང་། ཀླུ་རྒྱལ་གཙུག་ན་རིན་ཆེན། གཉེན་ཆེན་ཐང་ལྷ་གེར་མཛོ། མ་ཨ་ནེ་གོང་སྨན་རྒྱལ་མོ། དགྲ་ལྷ་ཕེར་མ། བཀའ་ཡི་བློན་པོ་དཔའ་རྟུལ་བརྒྱད་ཅུ་སོགས་སྤྲུལ་པ་ཡང་སྤྲུལ་དང་བཅས་པ་བྱེ་བ་འབུམ་གྱིས་ཕྱོགས་བཞི་མཚམས་བརྒྱད་དུ་བསྐོར་བར་བསྟན་པ་ལས་གླིང་གེ་སར་རྒྱལ་པོ་ནི་མདོ་ཁམས་གླིང་གི་དཔའ་བོ་གཙོ་བོ་ཞིག་གི་རྣམ་སྤྲུལ་ཙམ་མ་ཡིན་པར་ཁྱད་དུ་འཕགས་པའི་འཛམ་གླིང་དགྲ་ལྷ་ཕེར་མའི་གཙོ་བོའམ་རྒྱལ་པོ་འགྲན་ཟླ་བྲལ་བ་ཞིག་ཡིན་པར་མཚོན།

2. མདོ་ཁམས་གླིང་གི་དཔའ་བོའི་གཙོ་བོ་ཞིག་འཛམ་གླིང་དགྲ་ལྷ་ཕེར་མའི་རྒྱལ་པོ་ཁྱད་དུ་འཕགས་པ་ཞིག་ཏུ་གྱུར་པའི་རྒྱུ་རྐྱེན་གཙོ་བོ་ནི། བོད་ཀྱི་མཁས་གྲུབ་དམ་པ་རིམ་བྱོན་གྱིས་དེ་ཉིད་རིགས་གསུམ་ཀུན་འདུས་སློབ་དཔོན་པདྨ་འབྱུང་གནས་ཀྱི་རྣམ་སྤྲུལ་དང་། ཆོས་སྐྱོང་དགྲ་ལྷ་ཕེར་མའི་རྒྱལ་པོར་ངེས་ནས། གསོལ་མཆོད་དང་བསྐང་གསོལ། གསང་མཆོད། ལྷུང་རྟ་བསྐྱེད་པ། གཡང་འབོད་གཡང་འགུགས། ཕྱག་ཚན་དང་མདའ་མོ། ཕྲ་བཅས་ཀྱི་སྒྲུབ་ཐབས། མདའ་དཔྱད་དང་མོ་དཔྱད་སོགས་མཛད་པ་དེ་ཡིན། བོད་ཀྱི་མཁས་གྲུབ་རིམ་བྱོན་རྣམས་ཀྱིས་གསོལ་མཆོད་སྣ་ཚོགས་མཛད་པ་དང་ཆབས་ཅིག བོད་མི་རིགས་ཀྱིས་དེ་དང་མཐུན་པའི་ལྷ་ཁང་དང་། ཐང་ག སྐུ་བརྙན་སོགས་བཞེངས་ནས་གསོལ་མཆོད་བྱས་པ་སྟེ། འདི་ནི་བོད་མི་རིགས་ཀྱི་མེས་པོར་མཆོད་བཀུར་དང་རྗེས་དྲན་བྱེད་པའི་རྣམ་པ་ཁྱད་པར་བ་ཞིག་ཡིན་ལ། བོད་མི་རིགས་ཀྱིས་དཔའ་བོ་མི་སྣར་དགའ་ཞེན་དང་དད་གུས་བྱེད་པའི་མཚོན་རྟགས་དངོས་མ་ཞིག་ཀྱང་རེད།

3. གསོལ་མཆོད་སྣ་ཚོགས་སུ་འཁོད་པའི་དགྲ་ལྷའི་རྒྱལ་པོ་གླིང་གེ་སར་གྱི་

འཁོར་གྱི་གཙོ་བོ་ལྷ་སྐུ་གཉན་གསུམ་དང་། ཨ་ནེ་གུང་སྨན་རྒྱལ་མོ། ཞུ་བོ་དུང་ཁྱུང་དཀར་པོ། ནུ་བོ་སྐུ་ཕྲུག་འོད་ཆེན། དགྲ་ལྷའི་མེ་སྟག་དམར་པོ། གཞན་ཡང་དགྲ་ལྷ་མཆེད་དགུ་དང་། དགྲ་ལྷ་བཅོ་ལྔ་སོགས་ནི་གླིང་མཐོང་བ་ཀུན་སྨོན་གྱིས་སྐད་ཅིག་ཙམ་ལའང་འབྲལ་བ་མེད་པར་རྒྱུན་དུ་བསྟེན་པའི་ལྷ་ཡིན་ཞིང་། བཀའ་ཡི་བློན་པོ་དཔའ་རྟུལ་ལྔ་བཅུ། གཅེས་ཕྲུག་དར་མ་བཅུ་གསུམ། བླ་མ་སུམ་ཅུ། སྨོམ་ཆེན་སུམ་ཅུ། སྟོན་པ་སུམ་ཅུ། ལྷ་རྗེ་སུམ་ཅུ། མོ་མ་སུམ་ཅུ་སོགས་ནི《སུམ་པའི་དྲིས་ལན》ལས། “ད་ལྟར་ཁམས་ཆབ་མདོ་སོགས་ན་གླིང་པའི་ཞུ་ནུ་སུམ་ཅུ་སོགས་ལས་འགའ་ཞིག་གཞི་བདག་ལྟ་བུར་སྐྱེས་པ་ལུས་ཁོག་ལ་ཞུགས་ནས་ལུང་སྟོན་པར་བྱེད་ཟེར། དེ་བཞིན་དུ་ཡུ་གུར་གྱི་ཡུལ་སོགས་ནའང་གུར་རྒྱལ་དང་དཔའ་བོ་སོགས་ཀྱི་ལ་ལ་ལྷ་འདྲེར་སྐྱེས་པ་ལྷ་པ་ལ་བབ་འདུག་གོ”ཞེས་པ་བཞིན། སྟོན་ཆད་གླིང་དཀར་པོ་མཐོང་བ་ཀུན་སྨོན་གྱི་མིར་སྐྱེས་པ་རྣམས་ཆེ་འཕོས་རྗེས་ཚོས་སྐྱོང་དགྲ་ལྷ་ཕེར་མའི་རྒྱལ་པོ་གླིང་གེ་སར་གྱི་འཁོར་གྱི་སྐྱེ་བ་བཞེས་པ་རྐྱང་རྐྱང་རེད། འདི་ནི་ནང་པ་སངས་རྒྱས་པས་སྐྱེ་བ་སྔ་ཕྱི་ཡོད་པར་འདོད་པའི་ལྟ་བའི་ཐོན་དངོས་ཡིན་ཏེ། འདི་ལས་གླིང་གེ་སར་ཞེས་པའི་ལོ་རྒྱུས་མི་སྣ་ཞིག་དངོས་སུ་འབྱུངས་ཐོང་བའང་ངང་ངམ་ཤུགས་ཀྱིས་མཚོན་ཡོད།

ལྔ་པ། གླིང་གེ་སར་རྒྱལ་པོའི་གསོལ་མཆོད་ཀྱི་རྗོམ་ཉམས་ལ་དཔྱད་པ།

གླིང་གེ་སར་རྒྱལ་པོའི་གསོལ་མཆོད་ཀྱི་ནང་དོན་གཙོ་བོ་ནི་དགྲ་ལྷའི་རྒྱལ་པོ་དེ་ཉིད་འཁོར་དང་བཅས་པའི་སྐུའི་ངོ་བོ་དང་། ཡོག་འདྲེན་དགྲ་བགེགས་ཚར་གཅོད་པའི་མཐུ་སྟོབས་དང་མཛད་པ་འཕྲིན་ལས་སོགས་ལ་མངོན་པར་བསྟོད་པའི་སྒོ་ནས་གདན་འདྲེན་ཞུས་ནས། ཕས་ཀྱི་རྒོལ་བའི་བསམ་ངན་སྦྱོར་རྩུབ་དྲུངས་

ནས་འཁྱིན་ཞིང་ཡོག་འདྲེན་དགྲ་བགེགས་ཚར་གཅོད་པ་གཙོ་ཡིན་པའི་འདོད་དོན་འཕྲིན་ལས་བཅོལ་བ་དེ་ཡིན་ལ། དེ་ཕྱིར་བཏང་གི་སྙན་ངག་དང་ཅུང་ཟད་མི་འདྲ་ས་ནི་ངག་གི་དབྱངས་རྙ་ངེས་ཅན་ཞིག་ལ་དྲངས་ནས་གྱེར་འདོན་བྱ་དགོས་པས། དེའི་ཚིག་གི་ལུས་ལའང་བཅད་ལྷུག་གིས་ཚོད་འཛིན་མེད་པར་རང་གིས་གསོལ་བར་འདོད་པའི་དོན་དེ་ཚིགས་བཅད་གཙོ་བོ་དང་ལྷུག་པ་ཡང་ཅུང་ཟད་འདྲེས་པའི་སྒོ་ནས་གཅིག་རྗེས་གཅིག་ལ་ལྷུགས་པོར་གྱེར་འདོན་བྱ་དགོས་པ་ཡིན། དེས་ན་གསོལ་མཆོད་ཀྱི་བརྗོད་བྱའི་ནང་དོན་དང་གྱེར་འདོན་བྱེད་སྟངས་གཉིས་ཀར་མཐུན་པར་བྱེད་ཆེད། སྐུའི་ངོ་བོ་དང་། ཡུལ་གྱི་བཀོད་པ། མཆོད་པའི་ངང་ཚུལ། མཐུ་སྟོབས་ཀྱི་ཁྱད་ཆོས་སོགས་བརྗོད་སྐབས་རྟག་ཏུ་བོད་རང་གི་སྐད་ལ་ལྷུན་གྱིས་གྲུབ་པའི་ཕྲེང་བའི་རྒྱན་དང་ངང་ཚུལ་སྟོན་པའི་རྒྱན་སོགས་ལ་བཅིངས་ནས་བརྩམས་ཡོད།

དཔེར་ན། 《གསོལ་མཆོད་འཕྲིན་ལས་ལྷུན་གྲུབ》ལས། ཡི་དམ་ཞི་ཁྲོའི་ཁྱབ་བདག མ་མོ་མཁའ་འགྲོའི་ཚོགས་རྗེ། ཆོས་སྐྱོང་སྲུང་མའི་གཙོ་བོ། ནོར་ལྷ་རྒྱ་མཚོའི་སྙིང་ནོར། དགྲ་བླ་ཡོངས་ཀྱི་རྒྱལ་པོ། ཕྱེར་མ་ཡོངས་ཀྱི་སྲོག་སྙིང་། སྡེ་བརྒྱད་ཡོངས་ཀྱི་སྤྱི་རྗེ། དྲེགས་པ་ཡོངས་ཀྱི་སྲོག་བདག དཀར་ཕྱོགས་ཡོངས་ཀྱི་ཁ་འཛིན། སྐྱེ་བ་ཡོངས་ཀྱི་དགྲ་བླ། སེམས་ཅན་ཡོངས་ཀྱི་དཔལ་མགོན། རིག་འཛིན་ཡོངས་ཀྱི་སྲོག་ཤིང་། བན་བོན་ཡོངས་ཀྱི་རྒྱབ་བརྟེན། བདུད་འདུལ་ལས་ཀྱི་དབང་ཕྱུག ནག་ཕྱོགས་ཀུན་གྱི་གཤེད་མ། དམ་ཉམས་ཀུན་གྱི་སྲོག་གཅོད། བདུད་སྲིན་ཀུན་གྱི་ཤན་པ་ཆེན་པོ། འཆི་མེད་ཚེ་ཡི་བདག་པོ། བདུད་རྩིའི་ཆར་པ་འབེབས་པ། བདེ་སྐྱིད་སྙན་གསུམ་འཕེལ་བའི་གཡང་འཕེལ་ཆེན་པོ། བཀྲ་ཤིས་པ་ཐམས་ཅད་ཀྱི་འབྱུང་གནས། སྐལ་བ་བཟང་པོ་ཐམས་ཅད་ཀྱི་གཞི་མ། ལེགས་པའི་ཡོན་ཏན་ཐམས་ཅད་ཀྱི་རྟེན་གནས། དཔལ་དང་ཕུན་སུམ་ཚོགས་པ་ཐམས་ཅད་ཀྱི་བདག་ཉིད་

ཆེན་པོ། རྒྱུད་པ་སེལ་བའི་ནོར་བུ། ནད་འཇོམས་པའི་བདུད་རྩི། དམན་པ་རྣམས་ལ་དབུགས་དབྱུང་བའི་གཡུལ་རྒྱལ་ལྷ་ཡི་ཇ་ཆེན་པོ། རྡོ་རྗེ་ཚེ་གཡང་ལོངས་སྤྱོད་ཀྱི་རྒྱལ་པོ། ཞེས་པ་ལྟ་བུར་མཚོན་ན། ཕྲེང་བའི་རྒྱན་གྱི་ལམ་ནས་གླིང་གེ་སར་རྒྱལ་པོ་དེ། ཁྲབ་བདག་དང་། ཚོགས་རྗེ། གཙོ་བོ། སྙིང་ནོར། རྒྱལ་པོ། སྲོག་སྙིང་། ཁ་འཛིན། དགྲ་ལྷ། དཔལ་མགོན། སྲོག་ཤིང་། རྒྱབ་བརྟེན། དབང་ཕྱུག གཤེད་མ། སྲོག་གཅོད། ཤན་པ། བདག་པོ་སོགས་ཀྱི་གཟུགས་སུ་བཀོད་པའི་ཚིག་གི་ཕྲེང་བ་བསྟར་ལ་བརྒྱུས་པ་དེས་གླིང་གེ་སར་རྒྱལ་པོའི་སྐུའི་རང་བཞིན་དང་ཁྱད་ཆོས། མཐུ་སྟོབས། མཛད་པ་འཕྲིན་ལས་སོགས་སྣང་བརྙན་ལྡན་པའི་སྒོ་ནས་གསལ་པོར་མཚོན་པར་མ་ཟད། ཚིག་ཀྲང་སོ་སོའི་ཚིག་སྦྱོར་འདྲ་ཞིང་ཚིག་ཁྲིམ་ཕལ་ཆེར་མཉམ་པས། དབྱངས་སུ་གྱེར་ཚེ་བརྗིད་ཉམས་དང་དབྱངས་ཉམས་ཀྱང་ངེས་ཅན་ཞིག་ཐོན་པ་ལྟ་བུ་དང་། 《ཕྱིར་མའི་ལྷ་བསང་རིང་མོ་དགྲ་ལྷའི་དཔའ་སྒྲ》ལས།

སྐུ་རྗེ་འཛམ་གླིང་གེ་སར་ཁྱོད། །
དུས་ད་ལྟ་དགྲ་འདུལ་དམག་དཔོན་ཚུལ། །
དབུ་དར་འཕྱུ་དགུང་དུ་ལམས་སེ་ལམ། །
ཆོས་སྐྱོང་སྲུང་མའི་ཟེ་མ་ཁྱོལ། །
དར་འཕྱུ་སྔོན་སྒྲ་ཐགས་སེ་ཐག །
མ་མཁའ་འགྲོའི་གར་སྟབས་ཁྲིགས་སེ་ཁྲིག །
དབུ་རྫོག་དཀར་འོད་ཟེར་ལམས་སེ་ལམ། །
དགྲ་ལྷའི་ཁ་ཕོ་ཐམས་སེ་ཐམ། །
ཁྲབ་འབུམ་ཡིའི་རྒྱན་ཐག་སྒྲུངས་སེ་སྒྲུང་། །
ཕྱིར་མའི་དམག་དཔུང་ཁྲིགས་སེ་ཁྲིག །
སྐྱིད་མདོ་དྲུག་འཁོར་གསུམ་ཤ་ར་ར། །

བཀའ་སྟོད་ཀྱི་བྲོ་གར་ཤིགས་སེ་ཤིག །

ཁྲག་འཐུང་བཞུད་སྒྲ་ཉེ་ལི་ལི། །

རྟ་འདོ་བའི་རྒྱུག་འདུར་ཤ་ར་ར། །

བཀའ་སྟོད་ཀྱི་བྲོ་གར་ཤིགས་སེ་ཤིག །

དཔའ་དགྲ་ལྷ་བྱས་ན་གེ་སར་ཡིན། །

ལྷེར་མ་བྱས་ཀྱང་གེ་སར་ཡིན། །

ཕྱི་མའི་བླ་མ་གེ་སར་ཡིན། །

འདི་གང་དཔོན་པོ་གེ་སར་ཡིན། །

ཞེས་པ་ལྟ་བུས་ཚིག་རྐང་སོ་སོའི་མཐའ་རུ་ལམས་སེ་ལམ། ཐགས་སེ་ཐག ཁྲིགས་སེ་ཁྲིག ཐམས་སེ་ཐམ། ཕྱུངས་སེ་ཕྱུང་། ཤིགས་སེ་ཤིག ཤ་ར་ར། ཉེ་ལི་ལི་སོགས་སྙེབ་སྦྱོར་མཉམ་པའི་རྒྱན་ཚིག་དག་ཕན་ཚུན་ཆ་འགྲིག་པར་བཀོད་ནས། གླིང་གེ་སར་རྒྱལ་པོའི་དར་འཕྱུ་གཡོ་སྟངས་དང་དེའི་སྐན་སྒྲ་གྲག་སྟངས། འཁོར་དུ་འདུས་པའི་མཁའ་འགྲོའི་ཚོགས་ཀྱིས་གར་སྟབས་སྒྱུར་སྟངས་དང་། རྩོག་དཀར་པོའི་འོད་ཟེར་འཚེར་སྟངས། དགྲ་ལྷའི་ཁ་ཕོ་འཐེན་ཚུལ་དང་གོ་ཁྲབ་ཀྱི་རྒྱན་ཐག་འགྱུལ་སྟངས། ལྷེར་མའི་དམག་དཔུང་འདུ་ཚུལ་དང་འཁོར་གསུམ་འཁོར་བའི་སྒྲའི་ངང་ཚུལ། དགྲ་ཁྲག་འཐུང་བའི་བཞུད་སྒྲའི་ངང་ཚུལ། རྟ་འདོ་བའི་རྒྱུག་འདུར་བྱེད་སྟངས་སོགས་མིག་ལམ་དུ་ཤར་བ་ལྟ་བུ་ཞིག་མངོན་ཡོད་པ་ལྟར་རོ། །

ཡང་། 《གསོལ་མཆོད་ཕྲིན་ལས་མྱུར་འགྲུབ》ལས། རིག་འཛིན་རྣལ་འབྱོར་པ་བདག་ཅག་ལ་གནོད་ཅིང་འཚེ་བར་བྱེད་པ། བསམ་སྦྱོར་ངན་པ། སྡང་བའི་དགྲ། གནོད་པའི་བགེགས་ཐམས་ཅད་གང་ན་འདུག་པ་འབར་བའི་སྤྱན་གྱིས་གཟིགས་ལ། འགུགས་བྱེད་ཀྱི་ལྕགས་ཀྱུ་སྙིང་ལ་ཐོབ་ཅིག སྡོམ་བྱེད་ཀྱི་ཞགས་པས་ཡན་ལག་ཆིངས་ཤིག གཙོད་བྱེད་ཀྱི་རལ་གྲིས་མགོ་བོ་ཆོད་ཅིག འབིགས་བྱེད་ཀྱི་

མདུང་གིས་དོན་སྙིང་ཕུགས་ཤིག འཕེན་བྱེད་ཀྱི་མདའ་མོ་སྲོག་ལ་ཐོབ་ཅིག སྙིང་བསྐལ་པའི་མེས་སྲིགས་ཤིག ལུས་རྡོ་རྗེའི་མཚོན་གྱིས་གཏུབ་ཅིག ནད་མཚོན་དུག་གི་ཚར་ཕོབ་ཅིག ལྟས་ངན་ཚེ་འཕྲུལ་གྱིས་སྤུ་བཀོངས་ཤིག ཕོ་རྒྱུད་ཀྱི་རྩ་བ་དྲུངས་ནས་ཕྱུངས་ཤིག མོ་རྒྱུད་ཀྱི་མངལ་མཐའ་ནས་སྐེམ་ཅིག བསམ་སྦྱོར་སྟོབས་ནུས་ཀྱི་དཔུང་ཤིག་ཅིག བསམ་ངན་དུག་མདའ་རང་བདུད་དུ་ཕོབ་ཅིག སྦྱོར་ངན་གྱི་མཚོན་ཆ་རང་གཤེད་དུ་སློངས་ཤིག ལོ་དང་ཟླ་བར་མ་བཞག་པར་ཞག་དང་ཟ་མའི་ནང་སྒྲོལ་ཅིག བྱད་ཕུར་རྦོད་གཏོང་བསམ་ངན་སྦྱོར་རྩུབ་ཐམས་ཅད་བཟློག་ཅིག དགྲ་ནག་པོ་ས་འོག་ཏུ་མགོ་འཇུག་ལྡོག་ཅིག གཉེན་དཀར་པོའི་ངོ་འཕང་དགུང་དུ་བསྟོད་ཅིག བདག་གི་མཐུ་སྟོབས་ནུས་པ་བསྐལ་པའི་མེ་བཞིན་དུ་སྦོར་ཅིག མདོར་ན་དྲག་པོ་མངོན་སྤྱོད་ཀྱི་ཕྲིན་ལས་རྣམས་ཇི་ལྟར་བསམ་པ་ཡིད་བཞིན་དུ་མཐར་ཕྱིན་པར་མཛོད་ཅིག ཅེས་པར་མཚོན་ནའང་འདོད་དོན་འཕྲིན་ལས་གསོལ་བའི་ཚིགས་བཅད་རེ་རེའི་མཇུག་ཏུ“ཅིག”གམ“ཤིག”གང་ལ་གང་འཐོབ་ལྟར་དོ་མཉམ་པར་བཀོད་པ་འདིས་སྒྲ་རྒྱན་གྱི་ནུས་པ་སྟེ་དབྱངས་ཉམས་ལྡན་པའི་སྒོ་ནས་འདོད་དོན་འཕྲིན་ལས་བཅོལ་བའི་དོན་རྣམས་ནན་ཏན་དུ་བསྟན་པ་ལྟ་བུའོ། །

མདོར་ན། གེ་སར་རྒྱལ་པོ་འཁོར་དང་བཅས་པའི་གསོལ་མཆོད་ཀྱི་ནང་དོན་གཙོ་བོ་དེ་ཆོས་སྐྱོང་དགྲ་ལྷ་རྒྱལ་པོའི་སྐུའི་ངོ་བོ་དང་། དགྲ་ལྷ་ཕྱེར་མའི་ཆ་བྱད། ནག་ཕྱོགས་བདུད་སྡེ་འཇོམས་པའི་མཐུ་སྟོབས་སོགས་ལ་བསྟོད་པའི་སྒོ་ནས་སྤྱན་འདྲེན་ཞིང་། དགྲ་འདུལ་གཉེན་སྐྱོང་གི་འཕྲིན་ལས་ནན་གྱིས་བཅོལ་ཞིང་བསྐུལ་བ་དེ་ཡིན་ལ། དེ་ཉིད་གསལ་བར་བྱེད་པའི་ཚིག་གི་རྒྱན་ལ་གང་ལ་གང་མཐུན་དེ་ལ་དེ་སྦྱར་བས། བསླགས་མ་ཐག་ཡིད་ལ་འཇིགས་པ་འཕེལ་ཞིང་དཔའ་ཞུམ་པའི་འགྱུར་བ་ཅིག་ཅར་དུ་སྟེར་བ་སྟེ། འཇིགས་རུང་གི་ཉམས་དང་བརྗིད་

པའི་ཉམས་ཀྱིས་ཁེངས་ཡོད།

དྲུག་པ། གསོལ་མཆོད་ལས་ཐོན་པའི་དུས་ཚིགས་དཔྱད་པ།

གླིང་གེ་སར་རྒྱལ་པོའི་གསོལ་མཆོད་ནི་གླིང་སྒྲུང་སྤྱི་དང་བོད་ཀྱི་རིག་གནས་ལོ་རྒྱུས་དང་། ཆོས་ལུགས་དད་མོས། ཡུལ་སྲོལ་གོམས་གཤིས་སོགས་མཚོན་པའི་ཡིག་ཚགས་གལ་ཆེན་ཞིག་ཡིན་པར་མ་ཟད། བོད་ཀྱི་ལོ་རྒྱུས་ཀྱི་དུས་སྐབས་སོ་སོའི་དུས་ཚིགས་ཚོགས་ཀྱི་བྱུང་བ་དང་། ངོ་བོ། བྱེད་ནུས། འཕེལ་འགྱུར་བཅས་མཚོན་པའི་འཕྲུལ་གྱི་མེ་ལོང་ཞིག་ཀྱང་ཡིན། འདིར་ཚིགས་ཞེས་པ་ནི་ཆོས་ལུགས་ཀྱི་བཤད་ཚུལ་ལ་མི་རྣམས་གསོན་དུས་ལུས་ལ་གནས་ཤིང་ཤི་ལས་འདས་རྗེས་ལུས་དང་བྲལ་ནས་གནས་ཐུབ་པ་ཞིག་ཡིན་ཞེས་པ་ཙམ་ལ་མི་གོ་སྟེ། ད་ལྟ་འཛམ་གླིང་སྤྱིའི་བཤད་པ་ལྟར་གཉེན་ཉེ་དང་སེམས་པོ། སྐྱབས་གནས་བཅས་ཀྱི་བདག་ཉིད་ཅན་ཞིག་ལ་གོ་བ་ཡིན། དེ་ལྟ་ཡིན་ན《དགྲ་ལྷའི་རྒྱལ་པོ་སེང་ཆེན་ནོར་བུ་དགྲ་འདུལ་གྱི་གསོལ་མཆོད་ཆེན་མོ་ཕྲིན་ལས་དོན་བརྒྱུད་དགེ་ལེགས་དཔལ་སྟེར》སོགས་ལས། གླིང་གེ་སར་རྒྱལ་པོའི་ཕྱག་གཡས་གཡོན་དུ་གཉན་གྱི་ཚིགས་མདུང་དང་ཁྲོ་བོ་སྟོང་གི་ཚིགས་ལྕགས། ཞེར་མའི་ཚིགས་གཞུ། མ་བརྒྱུད་སྟོང་གི་ཚིགས་ཤུབ། མགོན་པོ་བེར་ནག་གི་ཚིགས་གྲི། ལྷ་ཡི་ཚིགས་མདའ། ཀླུ་ཡི་ཚིགས་ཞགས། དམ་ཅན་ཚིགས་རྡོ་སོགས་བསྣམས་པ་དང་། ཆིབས་པའི་གསེར་སྐྱ་རི་མོ་དགུ་སྐོར་དེའང་སངས་རྒྱས་ཤཱཀྱ་ཐུབ་པ་དང་སྟོན་པ་གཤེན་རབ་མི་བོ་ཆེ་ལ་སོགས་པའི་ཚིགས་གནས་གསེར་དངུལ་རིན་པོ་ཆེ་སྣ་ཚོགས་ཀྱིས་བརྒྱན་པར་བཀོད་པའི་ཚིགས་གནས་རྣམས་དེར་གཏོགས་པར་མ་ཟད། དགྲ་ལྷ་ཞེར་མ་དང་ཀླུ་སོགས་སྐྱབས་གནས་ནང་གི་ཁག་ཅིག་ཀྱང་དུས་ཚིགས་གཏོགས་པར་སྣམ།

དེ་ཡང་འཛམ་གླིང་སྤྱིའི་དུས་ཟླ་བྱུང་འཕེལ་གྱི་གོ་རིམ་དང་རྣམ་གྲངས། སྔོན་ཆད་བོད་འདིར་དུས་ཆེན་ལྷ་བྱུང་བ་རྣམས་ཀྱིས་སོ་སོར་ཤ་བ་དང་། གཡག རྐྱང་། ལུག ར་བཅས་ལ་ཟླ་བྱེད་པ་ཟུར་དུ་སྤྲེལ་ནས་གཞིགས་ན། སྲོག་ཆགས་དང་འདབ་ཆགས་སོགས་ལ་ཟླ་བྱེད་པ་ནི་ཆེས་ཐོག་མའི་སྲོལ་ཡིན་ཞིང་། རི་དང་། མཚོ། ཤིང་། རྡོ་སོགས་རང་བྱུང་དངོས་པོ་རྣམས་རང་གི་གཉེན་ཉེ་དང་མེས་པོ། ལྷ་བཅས་གང་རུང་དུ་ངེས་ཤིང་། དུས་རྒྱུད་ཀྱི་ཁྱད་པར་འཕྱེད་བྱེད་བྱས་ནས་བྱུང་བ་རེད། དགྲ་ལྷ་ཕེར་མ་དང་ཀླུ་སོགས་ཀྱང་དང་ཐོག་གཉེན་ཉེ་དང་མེས་པོར་ངེས་པའི་དུས་ཟླ་དེ་དག་ངོ་བོ་དང་རྣམ་པ་འགྱུར་ནས་སྐབས་གནས་སུ་གྱུར་པ་རྐྱང་རྐྱང་ཡིན་པར་འདོད། དེ་ཡང་དགྲ་ལྷའམ་དགྲ་ཟླ་ཞེས་པ་དང་། གནའ་བོའི་དཔེ་རྙིང་ཁག་ཅིག་ལས་སྒྲ་ཟླ་ཞེས་བརྗོད་པ་ནི། རྒན་ནམ་མཁའི་ནོར་བུ་ལགས་ནས། སྤྱིར་ན་སྒྲ་ནི་མིག་གི་མཐོང་དུ་རུང་བའི་དངོས་པོ་ཞིག་མིན་ནའང་རྣ་བས་ཐོས་སུ་རུང་བ་དང་ཕན་ཚུན་གོ་བརྡ་སྤྲོད་བྱེད་དུ་རུང་བ་ཞིག་ཡིན་ལ། སྒྲ་ནི་སྐྱེས་བུ་སུ་ཡང་རུང་བ་ལ་འགོ་བའི་ཕྲ་དང་། དེ་དག་ཀྱང་སྐྱེས་བུ་དེ་ལ་འགོ་བའི་ལྷ་དང་སྲུང་མ་རྣམས་དང་ཐད་ཀར་འབྲེལ་ཆགས་པ་ཞིག་ཡིན་པར་མ་ཟད། སྒྲ་ནི་སྐྱེས་བུ་སུ་ཡང་རུང་བ་དེའི་ཟླ་དང་འབྲེལ་ཐག་གི་གཙོ་བོ་ཞིག་ཀྱང་ཡིན་སྐབས་དགྲ་ཟླ་ཞེས་དགོངས་པ་དགོངས་གཞི་རྒྱ་ཆེན་པོ་དང་ལྡན་པའི་ཚིག་ཅིག་ཡིན། ཞེས་དགྲ་ལྷ་དང་། དགྲ་ཟླ། སྒྲ་ཟླ་རྣམས་དོན་གཅིག་སྟེ་ཟླའམ་ཡང་ན་དེ་དང་འབྲེལ་བ་དམ་པོ་ཡོད་པ་ཞིག་ཡིན་པར་གསུངས་ཤིང་། སྒྲ་ཟླའི་བྱེད་གཟུགས་དང་གྲོལ་ལུགས་ཀྱང་འདི་ལྟར་བརྗོད་དོ། །ཡེ་སྲིད་འཕྲུལ་གྱི་སྒྲ་ཟླ་ནི་སྒྲ་ཟླ་ཁྱུང་ཆེན་ཞེས་བྱ་བ་དེ་ཉིད་ཡིན་ཞིང་། དེ་ལས་ཡེ་མཁྱེན་སྒྲ་ཟླའི་དམག་ཚོགས་རྣམས་གྲོལ་བ་སྟེ། དེ་ཡང་སྤྱི་གཙུག་གི་ནོར་བུ་རིན་ཆེན་ལས་སྒྲ་ཟླ་ཡིད་བཞིན་ལྷ་དབང་གྲོལ་བ་དང་ཁྱུང་རྒྱུ་གསས་གཡོན་ལས་སྒྲ་ཟླ་ལྷ་གསས་དར་མ་གྲོལ་བ་དང་། རྣ་བ་གཡས་གཡོན་ལས་སྒྲ་ཟླ་དར་ཆེན་

གཡུ་འབྲུག་གྲོལ་བ་དང་སྤྱན་མིག་གཡས་གཡོན་ལས་སྒྲ་བླ་ཡོད་ཁམས་ཀུན་གསལ་གྲོལ་བ་དང་། ཁྱུང་མཆུ་བར་དུ་བགྲད་པ་ལས་སྒྲ་བླ་ཁྱུང་ནག་ཤ་ཟན་གྲོལ་བ་དང་སྒྲོ་ཆེན་སུམ་བརྒྱ་དྲུག་ཅུ་ལས་སྒྲ་བླ་སུམ་བརྒྱ་དྲུག་ཅུར་གྲོལ་བ་དང་། ཐེལ་ཤོག་གསེར་གྱི་འདབ་མ་ལས་སྒྲ་བླ་ཉི་ཁྲི་དགུ་འབུམ་གྲོལ་བ་དང་། ཁྱུང་སྟེར་ས་ལ་འཛུགས་པ་ལས་སྒྲ་བླ་གླུ་འདུལ་ཁྱུང་ཆེན་སྲིད་པ་སྟེ་དེ་ནི་སྲིད་པ་ཆགས་པའི་དུས་ནས་སྲིད་པས་ན་ཡེ་ནས་སྲིད་པའི་སྒྲ་བླ་ཟེར་ཞེས་གསུངས།

སྒྲ་བླའི་མེས་པོ་ཁྱུང་ཡིན་པ་དང་དེའི་སྤྱི་གཙུག་དང་རྣ་བ། མཆུ་བར་སོགས་ལས་མཆེད་པའི་སྒྲ་བླའི་བྱད་གཟུགས་ཀྱང་འབྲུག་དང་ཁྱུང་ཆེན་ཡིན་པར་བརྗོད་པ་དེ་ཡང་གསོལ་མཆོད་ལས། "ཕོ་ཐང་གཡུ་འབྲུག་སྔོན་མོ། རྩ་རླུང་འཁོར་བའི་དགྲ་ལྷ། ལྕགས་ཀྱི་ཕོ་རོག་ནག་པོ། ཆོས་སྐྱོང་འཁོར་བའི་དགྲ་ལྷ། གསེར་གྱི་ཝུག་པ་སེར་པོ། སྨན་པ་སེལ་བའི་དགྲ་ལྷ། འཛམ་ཡག་རྒྱ་སྟག་དམར་པོ། འཛམ་དྲུག་ཅན་གྱི་དགྲ་ལྷ། ལྕགས་ཀྱི་བྱ་ཁྲ་ཧོར་བ། བློ་གྲོས་རྒྱས་པའི་དགྲ་ལྷ། མྱུར་མགྱོགས་བྱ་སྐྱག་རོག་མོ། གསོད་བྱེད་ཅན་གྱི་དགྲ་ལྷ། འདུར་མགྱོགས་སྤྱང་ཐང་སྔོན་མོ། ཟ་ཁ་དར་བའི་དགྲ་ལྷ། རྩལ་ཆེན་སེང་ཆུང་དཀར་མོ། གཡུ་རལ་ཅན་གྱི་དགྲ་ལྷ། འཁྱིལ་རོགས་གསེར་སྦྲུལ་སེར་པོ། ཞེ་སྡང་ཅན་གྱི་དགྲ་ལྷ། འཁྱིད་རོགས་ཤ་བ་རྒྱ་འཛོང་། ཉུ་དར་ཅན་གྱི་དགྲ་ལྷ། འཕགས་རོགས་སླ་བ་སྨུག་ཆུང་། བཟང་དྲུག་ཅན་གྱི་དགྲ་ལྷ། གབ་རོགས་རི་བོང་དཀར་པོ། རྣ་མཆོག་ཅན་གྱི་དགྲ་ལྷ། ཇམས་བརྗིད་དྲེད་མོང་སོག་དཀར། ཁྲོ་གདུམ་ཅན་གྱི་དགྲ་ལྷ། དཔའ་བོ་དོམ་བུ་སྙིང་དཀར། དཔའ་སྙིང་ཅན་གྱི་དགྲ་ལྷ། སྟོབས་ཆེན་འབྲོང་གཡག་དར་མ། ཉུ་ཐུར་ཅན་གྱི་དགྲ་ལྷ། ཟིལ་གནོན་བྱ་ཁྱུང་རྒྱལ་པོ། སྙན་གྲགས་རྒྱས་པའི་དགྲ་ལྷ། འཁྱིད་གྱི་གཟིག་ཐང་རི་བཀྲ། དྲག་རྩལ་ཅན་གྱི་དགྲ་ལྷ། གསེར་གྱི་ཉ་མོ་གཤོག་དྲུག ཆབ་སྲིད་མཚོ་ལྟར་རྒྱས་པའི་དགྲ་ལྷ། རབ་བརྟན་སླང་ཆེན་ལ་དཀར། དབང་ཐང་ཅན་གྱི་དགྲ་ལྷ་སོགས་ཞེར་མ་སུམ་

བརྒྱ་དྲུག་ཅུའི་ཚོགས”ཞེས་ཕྱེར་མ་རྣམས་ཀྱི་བྱད་གཟུགས་བསྟན་པ་དང་ཀུན་ནས་མཚུངས།

བོད་ཀྱི་རྩ་བའི་ཝུས་ཆེན་ཧེ་སྨོ་རིགས་ཀྱི་ཝུས་ལྷ་དང་དགྲ་ལྷ་དུང་མི་དུང་ རྟ་ཅན་ཡིན་པ་དང་། སྦྲ་རིགས་ཀྱི་དགྲ་བླའམ་ཝུས་ལྷ་སྦྲ་མོ་སྦྲ་ཁྲ་ཞེས་པ་བྱ་ཁྲ་གནམ་ལྷུགས་འབར་བའི་མཆུ་སྐྱེར་ཅན་ཞིག་ཡིན་པ། འབྲི་རིགས་ཀྱི་དགྲ་བླའམ་ཝུས་ལྷ་ནི་འབྲུ་མོ་ཕྲུམ་ཕྲུམ་ཞེས་པ་དུང་གཡག་དཀར་པོ་དཔལ་གཡང་གི་རྣ་ཅོ་ཝུ་ཐུལ་ཅན་ལ་ཆིབས་མཁན་ཞིག་ཡིན་པ། ཨ་སྨྱོ་ལྡོང་གི་དགྲ་བླ་ནི་ལྡོང་ལྷ་ཁྲིམ་ཁྲིམ་ཟེར་བ་གཡུ་འབྲུག་སྔོན་མོ་ཟེངས་ཀྱི་ཟེ་བ་རྒྱས་པ་ཅན་དང་ཐོག་འབྲུག་མགྱོགས་ལྡིམ་སོགས་སྐྱེས་ལྷ་ཝུས་ལྷ་རྣམས་ཡིན་པ། སྨ་ཡི་དགྲ་བླ་ནི་སྨ་མོ་སེང་ཁྲིམ་ཞེས་པ་གསེར་གྱི་སྟག་སེར་པོ་ལ་མཚལ་གྱི་སྟག་རིས་བཀྲ་བ་ཁམས་སུ་རྒྱུ་ཞིང་སྨ་ཡི་བླ་ཉུལ་བ་སྨ་རིགས་དར་རྒྱས་ཅན་གྱི་དགྲ་བླ་འཁོར་བ་དེ་ཉིད་ཡིན་པ། དབའ་ཟླ་གཉིས་ཀྱི་དགྲ་བླ་ནི་ར་སྐྱེས་ཁམ་གཟུགས་དང་ཁྱི་མོ་དཀར་མོ་གཉིས་ཡིན་པ། དེ་མིན་རྒྱལ་རོང་གི་རྒྱལ་རྒྱུད་རྣམས་ཀྱིས་ད་ལྟ་ད་ཝུང་ཝུས་བླ་ཁྱུང་ལ་བྱེད་པ་བཅས་ལ་བརྟགས་ན། དགྲ་ལྷའམ་དགྲ་བླ་དང་སྲོ་བླ་གསུམ་ནི་དང་ཐོག་དངོས་གནས་དོན་གཅིག་སྟེ། ཝུས་རྒྱུད་ངེས་ཅན་ཞིག་གི་བྱུང་བ་དང་འཚོ་བ་སོགས་ལ་འབྲེལ་བ་ཡོད་པའི་ཝུས་བླ་ཡིན་པར་སྣམ། དེས་ན་གསོལ་མཆོད་ལས་བསྟན་པའི་དགྲ་ལྷའི་བྱད་གཟུགས་སེང་གེ་དང་། སྟག ཁྱུང་། སྤྱང་ཁྱུ། སླག དོམ། ཁྲ། ཤ་བ། དྲེད་མོང་སོགས་ཡིན་པར་བཀོད་པ་ནི་བོད་ཀྱིས་རྡོན་ལས་གཙོ་བོར་བྱེད་པའི་དུས་ཀྱི་ཝུས་བླ་དེ་རིམ་གྱིས་སྐབས་གནས་སམ་སྲོག་རྟེན་ལྟ་བུར་གྱུར་པ་ཡིན་ཞིང་། བྱ་རྒྱལ་ཁྱུང་ཆེན་གྱི་བྱད་གཟུགས་ནི་གནའ་མི་རྣམས་ཀྱི་ཝུས་ཚོའམ་མི་རིགས་ནང་ཁུལ་དུ་འཕེལ་རྒྱས་དང་འཕོ་འགྱུར་བྱུང་བ་དང་། ཡང་ན་ཕྱི་ཕྱོགས་ཀྱི་ཤུགས་རྐྱེན་ཐེབས་པ་དང་བསྟུན་ནས། སྔར་ཡོད་ཀྱི་བླ་གནས་བྱ་དང་། གཅན་གཟན། འབྲོང་། སྤྱལ། ཤ་བ་སོགས་

རྒྱང་གཞི་བྱས་ཏེ་རྟོག་བཟོ་བྱས་ཤིང་། འབྲུག་ནི་ཤ་བ་དང་། ཛ་མོང་། སྦྲུལ། ཉ། བྱ་རྒོད། སྟག གཡག་བཅས་རྒྱང་གཞི་བྱས་ནས་རྟོག་བཟོ་བྱས་པའི་བླ་གནས་རེད།

ལྷེར་མ་ཡང་གསོལ་མཆོད་དུ་མི་སྐྱེར་དང་ཚ་ཁག་སོགས་ལ་མགོན་དང་གྲོགས་མཛད་པའི་སྐྱབས་གནས་སུ་རྟེན་ཞིང་གསོལ་ཡང་། 《ནམ་མཁའི་ནོར་བུའི་གསུང་རྩོམ་ཕྱོགས་བསྒྲིགས》ལས། སྔོན་ལྷ་སྲས་དབོན་གསུམ་གྱི་རྫུ་འཕྲུལ་ལས་ནམ་མཁའ་སྟོང་པའི་དབྱིངས་ནས་རིན་ཆེན་སྣ་ལྔ་སྒོ་ང་ཞིག་རང་བཞིན་ཤུགས་ཀྱིས་བརྡོལ་བའི་སྒོང་ཤུན་ལས་སྐྱེས་པའི་སྒོ་ཏ་སྲིད་པ་དང་སྒོ་ངའི་བདར་ཤ་ལས་སྲུང་བའི་མཚོན་ཆ་དང་། སྒོང་ཆུ་ལས་དཔའ་བའི་ངར་ཆུ་དང་སྒོང་སྦྱི་ལས་འཕྲ་བའི་མཁར་ཏེ། ཁྲོ་ཆུ་དམུ་རྫོང་མུན་གྱི་མཁར་ཆེན་པོ། གསལ་བ་ཉི་མའི་ཁ་འོད་འཁྲིག་པ་དེ་ཉིད་སྲིད་ཅིང་། སྒོ་ང་ནང་གི་སྙིང་པོ་ལས་རྫུ་འཕྲུལ་གྱི་མི་བོ་གཅིག་ཏུ་སྲིད་པ་ནི་སེང་གེའི་མགོ་བོ་ལ་དབྱི་ཡི་རྣ་བ་དང་ལྡན་པ། ཁྲོ་བོའི་གདོང་པ་ལ་གླང་ཆེན་གྱི་སྣ་ཞགས་ལྡན་པ། ཆུ་སྲིན་གྱི་ཞལ་ལ་ཀྱ་སྟག་གི་མཆེ་བ་ལྡན་པ། རལ་གྲིའི་རྐང་པ་ལ་ཆུ་གྲིའི་གཤོག་པ་དང་ལྡན་པ། ཁྱུང་ཆེན་གྱི་རྣ་དབལ་ལ་ཡིད་བཞིན་ནོར་བུའི་དབུ་རྒྱན་དང་ལྡན་པ། མཚན་དུ་དཔལ་ཆེན་ལྷེར་མ་ཉི་ཉ་ཞེས་སུ་གྲགས་པ་དེ་ལས་ལྷེར་མའི་གཞུང་བཞི་ཏུ་གྲོལ་བ་སྟེ། ལྷེར་དང་བསྡེབས་པ་ལས་ལྷའི་ལྷེར་མ་བདུད་འདུལ་སྲིད་པ་དང་ལྷེར་མ་གཉན་དང་བསྡེབས་པ་ལས་གཉན་གྱི་ལྷེར་མ་དགྲ་འདུལ་སྲིད་པ་དང་། ལྷེར་མ་ཁྱུང་དང་བསྡེབས་པ་ལས་ཁྱུང་གི་ལྷེར་མ་ཀླུ་འདུལ་སྲིད་པ་དང་། ལྷེར་མ་སེང་དང་བསྡེབས་པ་ལས་དཔའ་ལྷེར་མཆེད་གསུམ་དུ་སྲིད་པ་དེ་དག་ལ་ལྷེར་མ་དཔའ་བའི་གཞུང་ཆེན་པོ་བཞི་ཏུ་གྲགས། ཞེས་ལྷ་སྲས་དབོན་གསུམ་གྱི་རྫུ་འཕྲུལ་ཤུགས་ཀྱི་སྒོ་ངའི་སྙིང་པོ་ལས་བྱུང་བའི་ལྷེར་མ་ཉི་ཉའི་བྱད་གཟུགས་ནི་སེང་གེའི་མགོ་བོ་དང་། དབྱི་ཡི་རྣ་བ། འཁྲོ་བོའི་ངོ་། གླང་ཆེན་གྱི་སྣ་ཞགས། ཆུ་སྲིན་གྱི་ཁ། ཀྱ་སྟག་གི་མཆེ་བ། རལ་གྲིའི་རྐང་པ། ཆུ་གྲིའི་

གཞོག་པ་བཅས་ཀྱི་བདག་ཉིད་ཅན་ཞིག་ཡིན་ཞིང་། ཁྱུང་གི་ལྷེར་མ་སྒྲུ་འདུལ་དང་དཔའ་ལྷེར་མཆེད་གསུམ་གྱི་མེས་པོ་ནི་ཁྱུང་དང་སེང་ཡིན་པར་བསྟན་ལ། 《སྣང་གསལ་སྒྲོན་མེ》ལས་ཀྱང་ཕྱོགས་བཞི་སྲུང་བའི་ལྷེར་མ་རྣམས་ཀྱི་བྱད་གཟུགས་ནི་བྱ་ཁྱུང་ཆེན་དང་། ཁྲ་དཀར་པོ། ཐོག་ཆུང་དཀར་མོ་སོགས་ཡིན་ཞིང་། མཐུ་ཆེན་ལྷམ་དྲལ་ཞེས་པའི་ལྷེར་མའི་བྱད་གཟུགས་ནི་སེང་གེའི་མགོ་དང་། ཆུ་སྲིན་གྱི་སོ། གློག་གི་ལྕེ། མིའི་ལུས་སྟོད་དང་འབྲུག་གི་ལུས་སྨད་སོགས་ཀྱིས་གྲུབ་པར་བརྗོད་པ་བཅས་ལྟར་ན། ལྷེར་མ་ཞེས་པའང་དང་ཐོག་ཉེ་དུ་དང་མེས་པོར་ངེས་པའི་ཁྲ་དང་ཐོག་ཆུང་དང་། ཐོག་མའི་ལྷ་གནས་སེང་གེ་དང་། དབྱི། གླང་ཆེན། ཆུ་སྲིན། སྟག བྱ་སོགས་རྨང་གཞི་བྱས་ནས་རྟོག་བཟོ་བྱས་པའི་རྗེས་གྲུབ་ཀྱི་ལྷ་གནས་ཏེ་ཁྱུང་ཡིན་ཞིང་། ཕྱིས་སུ་མིའི་རིགས་ཀྱི་འཇིག་རྟེན་ངོས་འཛིན་གྱི་ཆུ་ཚད་ཇེ་མཐོར་སོང་བ་དང་ཆོས་ལུགས་ཀྱི་འདུ་ཤེས་ལ་འཕེལ་འགྱུར་བྱུང་བ་དང་བསྟུན་ནས་ཉེ་དུ་དང་མེས་པོར་ངེས་པའི་ལྷ་གནས་དེ་དག་ཀྱང་ལྷའི་ངོ་བོ་ལྡན་པའི་ལྷེར་མར་གྱུར་པ་རེད། དེས་ན་གསོལ་མཆོད་དུ་ལྷེར་མ་མང་དུ་བཀོད་པ་རྣམས་ཀྱང་གདོད་མའི་ཉུས་ལྷ་རིམ་འགྱུར་བྱུང་བའི་མཐའ་འབྲས་ཡིན་པར་ངེས། སྒྲུ་ཞེས་པའང《གེ་སར་རྒྱལ་པོའི་གཡང་སྐྱབ་ཡིད་བཞིན་ནོར་བུ་བསམ་འཕེལ》ལས།

ས་གཞི་གཡང་ཞག་རྒྱ་མཚོ་ལ། །
ཉ་བོ་སྒྲུ་སྦྲུལ་འོད་འབྱུང་སོགས། །
སྒྲུ་ཡི་གཏེར་བདག་མ་ལུས་བཞུགས། །
ལོངས་སྤྱོད་ན་བུན་ཆི་ལི་ལི། །

ཞེས་པ་དང་།

འོག་ཕྱོགས་མ་དྲོས་སྒྲུ་ཡི་ཞིང་ཁམས་སུ། །
རབ་རྒྱས་དཔག་བསམ་ལྗོན་པའི་རྩ་བ་ཏུ། །

སྐུ་ཡི་རྒྱལ་པོ་གཙུག་ན་རིན་ཆེན་ལ། །
སྐུ་དམག་བྱེ་བ་འབུམ་གྱིས་བསྐོར་ལ་བསྟོད། །
དགྲ་ལྷ་ཆེན་པོའི་ཁྲ་ཚང་གོང་མ་ན། །
མི་ཡི་ལུས་ལ་ཁྱུང་གི་མགོ་བོ་ཅན། །
དུང་ཁྱུང་དཀར་པོ་གསེར་མདོག་རྟ་ལ་ཞོན། །
ཁྱུང་གདོང་ཅན་ནི་འབུམ་གྱིས་བསྐོར་ལ་བསྟོད། །
དགྲ་ལྷ་ཆེན་པོའི་ཁྲ་ཚང་བར་མ་ནས། །
མི་ཡི་ལུས་ལ་སྤྲུལ་གྱི་མགོ་བོ་ཅན། །
སྐུ་ཕྲུག་འོད་ཆེན་གཡུ་རྟ་གཟི་མིག་ཆིབས། །
སྤྲུལ་གྱི་མགོ་ཅན་འབུམ་གྱིས་བསྐོར་ལ་བསྟོད། །

ཅེས་སྐུའི་བྱད་གཟུགས་སྤྲུལ་ཡིན་པར་མ་ཟད་དེ་མི་དང་མཉམ་དུ་གནས་པར་བརྗོད་པ་ལས། མི་རྣམས་ཀྱིས་གནའ་བོའི་དུས་སུ་སྤྲུལ་དེ་གཉེན་ཉེ་དང་མེས་པོར་ངེས་ཚོ། ཟུས་ སླའི་བྱད་གཟུགས་ཀྱང་མི་དང་སྤྲུལ་གྱི་བྱད་གཟུགས་འདྲེས་མ་ཅན་དུ་འདོད་ཅིང་། ཕྱིས་སུ་མིའི་རིགས་ཀྱི་ཤེས་རིག་རིམ་གྱིས་འཕེལ་རྒྱས་སུ་སོང་ནས་རང་གི་མེས་པོ་མི་ཡིན་པ་ལས་སྤྲུལ་དང་འབྲེལ་བ་མེད་པ་ཤེས་རྗེས། སྔོན་ཆད་འཕྲུལ་སྣང་དུ་གྲུབ་པའི་ལུས་ཕྱེད་མི་དང་ལུས་ཕྱེད་སྤྲུལ་ཡིན་པའི་ཟུས་སླ་དེའང་རིམ་གྱིས་མི་དང་སྤྲུལ་མཉམ་དུ་གནས་པའི་སྣང་བརྙན་དུ་གྲུབ་པ་མཚོན་པ་རེད།

དེ་མིན་མདའ་མདུང་དང་ལྕགས་སོགས་ནི་རྗོ་ཆས་གསར་པའི་ཐོན་དངོས་ཡིན་པས། སླ་མདུང་དང་སླ་མདའ། སླ་ལྕགས་སོགས་ནི་འབྱུང་འཕྱིས་པར་སྨྲམ། དེ་ཡང《ལྡེའུ་ཆོས་འབྱུང》དང《བཀའ་ཐང་སྡེ་ལྔ》སོགས་བོད་ཀྱི་ལོ་རྒྱུས་སྔ་བ་དག་ལས།

དང་པོ་གནོད་སྦྱིན་ནག་པོ་ཞེས་བྱ་བ་བྱུང་སྟེ། །
ཡུལ་གྱི་མིང་ཡང་བཟངས་ཡུལ་རྒྱན་མེད་བྱ་བར་བཏགས། །

ལག་ཆར་མདའ་གཞུ་འཕེན་པ་དེ་ནས་བྱུང་། །
ལྷ་པ་གླུས་དབང་བྱས་ངམ་བྲང་ཅང་བྲང་ཟེར། །
ལག་ཆ་མདུང་ལ་བྱེད་པ་དེ་ནས་བྱུང་། །

ཞེས་གཉའ་ཁྲི་བཙན་པོའི་སྔོན་གྱི་དབང་མཛད་བཅུ་གཉིས་ཀྱི་དང་པོ་དང་ལྷ་པའི་དུས་ནས་མདའ་མདུང་ཐོག་མར་བྱུང་བར་བསྟན་པ་དང་། སྤྱི་ལོའི་སྔོན་གྱི་ལོ་ཉིས་བརྒྱའི་ཡན་དུ་བྲིས་པའི་བོད་ལྗོངས་མངའ་རིས་ཉ་ཐོག་རྫོང་གི་བྲག་རིས་སུ་མདའ་གཞི་མདུང་གསུམ་སོགས་ཡོད་པ་དང་། བོད་ལྗོངས་ནས་ལོ་སུམ་སྟོང་སྔོན་གྱི་ཟངས་ཆས་ཐོན་པ་བཅས་ཕྱོགས་བསྡུས་བྱས་ནས་བསམ་གཞིགས་བྱས་ན། བོད་ལ་མ་མཐའ་ཡང་ལོ་ངོ་སྟོང་ཕྲག་གཉིས་སྔོན་ནས་མདའ་མདུང་ལྕགས་གསུམ་བྱུང་ཡོད་པས། མདའ་མདུང་ལྕགས་གསུམ་ལ་བླ་རྟེན་བྱེད་པའི་སྲོལ་ཡང་དུས་སྐབས་དེ་ཙམ་ནས་དར་ཡོད་དོ།། །།

༄༅། །བོད་ལྗོངས་ཀོང་པོ་ཡུལ་གྱི་དགོན་པར་ཕོ་མོའི་མཚན་བརྙན་བཤམས་པའི་དོན་ལ་དཔྱད་པ།

དང་པོ། བོད་ལྗོངས་ཀོང་པོ་ཡུལ་གྱི་མཐོང་ཐོས་མདོར་བཤད།

དེ་སྔ་ལྷ་ས་གྲོང་ཁྱེར་དུ་ཐེངས་འགར་སོང་ཞིང་ར་ས་འཕྲུལ་སྣང་གཙུག་ལག་ཁང་ལ་མཇལ་སྐོར་བྱེད་ཐེངས་རེར་དེའི་རྒྱབ་ལོགས་རྩིག་ངོས་སུ་རྫོའམ་ཁྲོ་ལས་བཟོས་པའི་སྐྱེས་པའི་མཚན་བརྙན་ཆེན་པོ་ཞིག་བཞེངས་ཡོད་པ་མཐོང་ཚེ་ཡ་མཚན་ཞིང་དགོད་བྲོའི་ཡིད་འགྱུར་ངང་གིས་འཕེལ་བ་དང་ཆབས་ཅིག དེ་ལྷ་བུའི་གཙུག་ལག་ཁང་གི་རྩིག་ངོས་སུ་སྐྱེས་པའི་མཚན་བརྙན་བཀོད་པའི་རྒྱུ་མཚན་ཤེས་འདོད་ཀྱང་། དངོས་སུ་རྩད་གཅོད་ཞིབ་འཇུག་བྱེད་མ་ཐུབ། སྤྱི་ལོ་2007པའི་ཟླ་ལྔ་པར་བོད་ལྗོངས་སློབ་གྲྭ་ཆེན་མོ་དང་བོད་ལྗོངས་ཞིང་འབྲོག་སློབ་གྲྭར་བྱ་བར་རྟོག་དཔྱོད་བྱེད་པའི་གོ་སྐབས་ཐོབ་ཅིང་ཟླ་2པའི་ཚེས་16ལ་བོད་ལྗོངས་ཉིང་ཁྲི་གྲོང་བརྡལ་དུ་ཡོད་པའི་བོད་ལྗོངས་ཞིང་འབྲོག་སློབ་གྲྭར་ཕྱིན་ནས་རྟོག་དཔྱོད་བྱེད་སྐབས་གྲོང་བརྡལ་དེའི་ཉེ་འདབས་ཀྱི་དགོན་པ་ཞིག་ཏུ“མཚན་

རྫོའམ་ཁྲོ་ལས་བཟོས་པའི་སྐྱེས་པའི་མཚན་བརྙན།

མར་དད་གུས་བྱེད་ཀྱིན་ཡོད་པ”ཐོས་པས། ཡ་མཚན་ཞིང་དེར་བལྟ་འདོད་ཀྱི་སེམས་པ་དྲག་ཏུ་བཏོལ་ནས་རྩ་འཛུགས་ལ་དེ་ལུགས་ཀྱི་རེ་འདུན་ཞུས། ཚེས་17ཉིན་སྐབས་བབ་ཀྱི་གཞུང་དོན་མཇུག་བསྒྲིལ་རྗེས། ངེད་ཚག་ལས་གྲོགས་ཚོ་དང་མཉམ་དུ་དགོན་པ་དེར་མཇལ་སྐོར་དུ་ཕྱིན་པ་ན། ཉིང་ཁྲི་གྲོང་བརྡལ་གྱི་གཡས་འདབས་སུ་ངོ་མཚར་རྨད་དུ་བྱུང་བའི་ནགས་རི་ཕྲེང་བས་ཡོངས་སུ་བསྐོར་ཅིང་མཛེས་པར་བརྒྱན་པའི་ས་ཡི་སྙིང་པོར་བཟོ་བཀོད་ཁྱད་དུ་འཕགས་པའི་དགོན་སྡེ་ཞིག་ལྷམ་མེ་ལྷན་ནེར་ཆགས་ཡོད། དེའི་ནང་དུ་ཕྱིན་ཚེ་དགོན་པ་དེའི་མཚན་ལ་བླ་མ་གླིང་གསོལ་ཞིང་རྙིང་མ་པའི་དགོན་པ་ཞིག་རེད། དགོན་སྡེ་དེའི་སྒྲང་ལམ་གྱི་ཁ་གཏད་དུ་མཐོ་ཚད་ལ་སྨི་གང་ཙམ་ཡོད་པའི་ཤིང་སྡོང་ཉིས་ཚེབ་ཅིག་གི་བར་དུ་སྐྱེས་པའི་མཚན་བརྙན་དམར་པོ་ཞིག་བཀོད་ཅིང་དེའི་གོང་དུ་ར་ལྤགས་ནག་པོ་སྦྲུར་བ་ཞིག་ས་ལ་བཙུགས་པ་དང་། དགོན་པའི་སྒོ་ཆེན་གྱི་མདུན་དང་སྒྲང་ལམ་གྱི་འགྲམ་ངོགས་སུ་ཤིང་སྡོང་ལས་བཟོས་པའི་སྐྱེས་པའི་མཚན་བརྙན་དམར་པོ་སྨི་གང་ཙམ་ཡོད་པ་རེ་ས་ལ་བཙུགས་ཡོད།

ཤིང་ལས་བཟོས་པའི་སྐྱེས་པའི་མཚན་བརྙན།

དགོན་སྡེ་གཞན་དུ་མཐོང་དཀོན་པའི་སྣང་ཚུལ་དེ་མཐོང་ཆེ་ནང་ལོགས་ཀྱི་གཞོན་ནུ་ཕོ་མོ་རྣམས་དགོད་ཁ་ཤོར་ཅིང་རྩེད་ཁ་དགོད་གཏམ་བཤད་པ་དང་། རིག་གཞུང་ལས་རིགས་ལ་ཕྱོགས་པའི་རྒན་པ་དང་དར་མའི་རིགས་ཀྱིས་མཚར་ཞིང་གཟབ་པའི་བཞིན་མདངས་མངོན་པར་ཕྱུང་ནས་དེ་ལ་སྐོར་བ་བྱས་ཏེ་ཞིབ་ལྟ་བྱེད་ཀྱིན་འདུག ཕ་མ་བུ་ཕྲུག་གམ་གཉེན་ཉེ་མིང་སྲིང་མཉམ་དུ་འོངས་པ་རྣམས་ཀྱིས་སྣང་ཚུལ་དེ་རིགས་མ་མཐོང་བའི་ཚུལ་བཟུང་བ་དང་། ཡང་ན་དེ་ལ་བསྐོར་ཅིང་གཞོལ་ནས་སོང་། དགོན་པའི་གླིང་དུ་སྐྱེས་པའི་མཚན་བརྟན་དེ་འདྲ་བཤམས་པ་སྔོན་ཆད་མཐོང་མ་མྱོང་བས་དེ་མཐོང་མ་ཐག་ཡ་མཚན་ཞིང་དགོད་བྲོ་བའི་ཡིད་འགྱུར་ཅིག་ཅར་དུ་སྐྱེས་ནས། དགོན་སྡེ་དེའི་དཀོན་གཉེར་སོགས་ལ་དེའི་རྒྱུ་མཚན་ཞུས་པ་ན། ལ་ལས་ཁ་སྨོས་འགོག་བྱེད་ཡིན་པར་བཤད། ཁ་ཅིག་གིས་མཚན་མ་ལ་དད་པའི་རྟེན་ཡིན་པར་བཤད། ལ་ལས་ས་དགྲའི་ཁ་གནོན་ཡིན་པར་བཤད། ཡང་ཁ་ཅིག་གིས་སྐྱེས་པའི་མཚན་བརྟན་དེར་རེག་ན་བུ་ཕྲུག་སྐྱེ་བར་བཤད། ཡང་ལ་ལས་ཆོས་ལ་དད་པ་མེད་པ་རྣམས་ལ་དགའ་བ་སྐྱེད་བྱེད་ཡིན་པར་བཤད། བཤད་ཚུལ་མི་འདྲ་བ་ལྡུ་ཐོས་པ་དེས་རེ་ཞིག་མགོ་བོ་རྨོངས་པའི་རྒྱུ་ཏུ་ཚུད་པའི་ངང་ནས་གནས་དེ་དང་ཁ་འབྲལ་དགོས་པ་བྱུང་། ཟླ་5པའི་ཚེས་19ཉིན་ང་ཚོ་རྟོག་དཔྱོད་ཚན་ཁག་ཉིང་ཁྲི་ནས་གྲོང་ཁྱེར་ལྷ་སར་ཕྱིར་ལོག་པའི་ལམ་བར་དུ་ཀོང་པོ་ཉོ་ཁ་རྫོང་མཚོ་འགོ་ཆུས་ཀྱི་མཚོ་འགོ་མཆེའུ་འམ་བྲག་གསུམ་མཚོ་ལ་ལྟ་སྐོར་དུ་ཕྱིན་པ་ན། བྲག་རི་མཐོན་པོ་རྩེ་མོ་གངས་ཀྱིས་བཟུང་ཞིང་རི་འདབས་སྔོ་ལྗང་ནགས་ཀྱིས་གཡོགས་པ་གསུམ་གྱི་དབུས་སུ་གཡུ་སྔོན་ཞུན་མའི་མདངས་ལྟར་སྔོ་ཞིང་དྭངས་པའི་མཚོ་མོ་ཞིག་ཀུན་གྱི་མིག་གི་དགའ་སྟོན་དུ་ལྷམ་མེར་གནས་ཤིང་། མཚོ་མོ་དེའི་དཀྱིལ་དབུས་སུ་ཚང་ཚིང་གཡུ་ལོ་རྣམ་པར་རྒྱས་པའི་ལྗོན་པས་ཀུན་ནས་བརྒྱན་པའི་གླིང་ཕྲན་གཡུ་ཡི་མཎྜལ་ལྟ་བུ་ཞིག་མངོན་པར་ཆགས་ཡོད་པ་དེའི་སྟེང་

དུ་སྤྱི་ལོ་དུས་རབས་བཅུ་གསུམ་ཙམ་ལ་གཉེར་སྟོན་སངས་རྒྱས་གླིང་པས་བཏབ་པའི་ཆོས་རྫོགས་དགོན་པ་ཡོད་ལ། དེའི་སྒོ་ཆེན་གྱི་གཡས་ཕྱོགས་སུ་ཤིང་སྡོང་ཉིས་ཆེབ་ཀྱི་བར་དུ་སྐྱེས་པའི་མཚན་བརྙན་བཀོད་པ་ཞིག་དང་། གཡོན་ཕྱོགས་སུ་ཤིང་སྡོང་ཉིས་ཆེབ་ཀྱི་བར་དུ་སྐྱེས་མའི་མཚན་བརྙན་བཀོད་པ་ཞིག་བརྩེངས་ཡོད།

ཤིང་ལས་བཟོས་པའི་ཕོ་མོའི་མཚན་བརྙན།

ནང་པའི་དགོན་པའི་སྒོ་ཆེན་གྱི་འགྲམ་གཉིས་སུ་ཕོ་མོའི་མཚན་བརྙན་དེ་འདྲ་ཆེ་ཞིང་གསལ་པོ་བཤམས་པ་མཐོང་བས། སྔར་ལས་ཀྱང་ཡ་མཚན་ཆེན་པོ་སྐྱེས་ཤིང་དེའི་དགོས་པ་ཅི་ཡིན་པ་ངེས་པར་བྱེད་པའི་འདོད་མོས་ཀྱང་ཇེ་ཆེར་གྱུར།

གཉིས་པ། དགོན་པའི་གླིང་དུ་ཕོ་མོའི་མཚན་བརྟན་བཤམས་པའི་དགོས་པ་བཤད་པ།

ཟླ་5པའི་ཚེས་20ཉིན་རྟོག་དཔྱོད་བྱ་བ་ཡོངས་སུ་མཇུག་བསྡིལ་ནས་ཕྱིར་རང་ཡུལ་དུ་ལོག་རྗེས། རང་གཞན་ཀུན་གྱིས་བདེན་པའི་གནས་ལུགས་ངོ་མ་ངེས་པར་བྱེད་ཅིང་། རང་གི་དོགས་པ་གཅོད་པ་དང་གཞན་གྱི་ལོག་བཤད་འགོག་པའི་ཆེད་དུ། སྔོན་གྱི་ལོ་རྒྱུས་ཡིག་ཚང་དང་ས་དཔྱད་སོགས་ཞིབ་ཏུ་བསླགས་པ་ལས་བོད་ལྗོངས་ཀོང་པོ་ཡུལ་གྱི་དགོན་པའི་གླིང་དུ་ཕོ་མོའི་མཚན་བརྟན་བཤམས་པའི་རྒྱུ་མཚན་ཅི་ཡིན་པར་ངེས་ཤེས་ཅུང་ཟད་སྐྱེད་བྱུང་། དེ་ཡང《སློབ་དཔོན་པདྨའི་གསང་སྔགས་ལམ་རིམ་ལས་བྱུང་བའི་ས་དཔྱད་ཐོར་བུ》ལས། "མཚན་མ་གཟེད་པ་འདྲ་ན་ཕོ་རྟགས་གཟུགས། ཐག་སྲུ་ཙམ་སྣོའི་ཐད་ཀ་ན་འདུག་ན་ས་དགྲ་ཆེ་བས་རྟེན་འབྲེལ་མང་དུ་བྱའོ། །གཞན་ཡང་སེམས་ཅན་གྱི་གཟུགས་འདྲ་བ་འདུག་ན་དེའི་གཉེན་པོར་གང་འགྲོ་བའི་གཟུགས་བྱའོ། །"① ཞེས་འཁོད་པ་ལྟར་ན། མོ་མཚན་གཟེད་པ་འདྲ་བ་དང་སྣོའི་ཐད་ཀ་ན་ཐག་སྲུ་ཙམ་ཡོད་པ་ནི་ས་དགྲ་ཆེན་པོ་ཡིན་ཞིང་། མོ་མཚན་གཟེད་པ་ལྟ་བུའི་ས་དགྲའི་ཁ་གནོན་ལ་སྐྱེས་པའི་མཚན་བརྟན་བཀོད་ན་ས་དགྲ་བཟློག་ཐུབ་ཅིང་། དཔེ་དེ་བཞིན་དུ་སེམས་ཅན་གང་འདྲ་བའི་གཟུགས་འདུག་ན་དེའི་གཉེན་པོར་གང་འགྲོ་བའི་གཟུགས་བྱས་ན་ས་དགྲ་བཟློག་ཐུབ་པ་རེད། 《ཇོ་ལུགས་ཀྱི་ས་དཔྱད་དང་ས་གཏེར་གཞུག་ལུགས་ས་དགྲ་བཅོས་ཐབས》བྱ་བ་ལས། "བུད་མེད་འདོམ་དང་སྲིན་མོའི་མཚན། །དེ་འདྲ་ས་ཕྱོགས་གར་འདུག་ཀྱང་། །ཚུལ་ཁྲིམས་འཆལ་ཞིང་དབྱེན་ལ་དགའ། །ས་དགྲ་དེ་ཡི་ཁ་

① བསོད་ནམས་དབང་ལྡན། ས་དཔྱད་ཕྱོགས་བསྒྲིགས། [M]. ཀན་སུའུ་མི་རིགས་དཔེ་སྐྲུན་ཁང་། 1996:3.

གནོན་ལ། །རྡོ་ལ་དབྱུག་པའི་གཟུགས་བྲིས་ལ། །ཚོགས་བདག་གཟུངས་ཚར་བརྒྱད་བྲིས་ཏེ། །རབ་ཏུ་གནས་ཏེ་དེ་ལ་བསྟན། །ས་དགྲ་ཞི་ཞིང་བཀྲ་ཤིས་སོ། །"[1]ཞེས་བུད་མེད་ཀྱི་འདོམ་དང་ཤ་ཟ་སྲིན་མོའི་མཚན་མ་དང་འདྲ་བའི་ས་དབྱིབས་ནི་གྲོང་དང་ཁང་ཁྱིམ། དགོན་སྡེ་སོགས་ཀྱི་ཕྱོགས་གང་དུ་ཡོད་ཀྱང་བཙུན་པ་རབ་བྱུང་བའི་ཚུལ་ཁྲིམས་འཆལ་ཞིང་གྲོང་པ་ཕོ་མོ་རྣམས་འདོད་པས་ཉེན་པའི་ས་དགྲ་ཡིན་ཞིང་། ས་དགྲ་དེའི་གནོད་པ་ཟློག་པར་བྱེད་པ་ལ་རྡོའི་སྟེང་དུ་དབྱུག་པ་ལྟ་བུའི་སྐྱེས་པའི་མཚན་བརྟན་བྲིས་ཐོག་ལྷ་ཆེན་དབང་ཕྱུག་གི་སྔས་ཚོགས་བདག་གི་གཟུངས་སྔགས་ཚར་བརྒྱད་བྲིས་ནས་རབ་གནས་བྱས་ཏེ་ས་དགྲའི་ཕྱོགས་སུ་བསྟན་ན་དེའི་གནོད་པ་ཞི་ཞིང་ཡུལ་ཁམས་སུ་བཀྲ་ཤིས་པར་བསྟན་ཡོད། སྡེ་སྲིད་སངས་རྒྱས་རྒྱ་མཚོའི《བཻཌཱུརྱ་དཀར་པོའི་དོ་ཤལ་ལས་བྱུང་བའི་ས་དཔྱད》ལས། "སྲིན་མོ་ནག་མོ་འདོམས་གཟེད་ནི། །འདྲ་བའི་ས་ཁྲོད་གྲོང་བཏབ་བམ། །དེ་ལྟའི་ས་སྒོ་བྱུང་བ་ན། །དེའི་སྒྲོན་ཚུལ་ཁྲིམས་འཆལ་བར་འགྱུར། །སྐྱེས་པ་བུད་མེད་ཁྲིམས་འཆལ་འགྱུར། །ནོར་ལ་གང་སྟོངས་ཆེན་པོ་འབྱུང་། །ཐམས་ཅད་ཤིན་ཏུ་གཡེམ་པར་འགྱུར། །དེ་ཡི་གཉེན་པོའི་ཇོ་ལེན་ནི། །རི་རྒྱུད་མ་ཆད་རི་ནས་ནི། །རྡོ་ནི་ཕོ་མཚན་འདྲ་བའམ། །ཡང་ན་གྲུ་བཞི་ལེབ་མོ་ལ། །དབང་ཕྱུག་ཆེན་པོའི་མཚན་མ་ནི། །མཚལ་གྱིས་བྲིས་ལ་རབ་གནས་བྱས། །ས་དགྲར་ཁ་གཡར་བསྟན་པ་ཡིས། །དེས་ནི་བཟློག་པར་འགྱུར་བའོ། །"ཞེས་པ་དང་། "སྲིན་མོའི་འདོམས་དང་མོ་མཚན་འདྲ། །འཁོར་ལོའི་ཟུར་ནི་འདྲ་བ་ན། །ཚུལ་འཆལ་འཁྲིག་པ་ལ་སྲེད་འགྱུར། །རྡོ་ཡི་དབང་ཕྱུག་རྟེན་བཅས་ལ། །ཚོགས་བདག་གཟུགས་བྲིས་བསྟན་པས་ཐུབ། །"[2]ཅེས་ཤ་ཟ་སྲིན་མོའམ་འདྲེ་སྲིན་ནག་མོའི་འདོམས་གཟེད་པ་འདྲ་

① ལག་བྲིས་མ།

② བསོད་ནམས་དབང་ལྡན། ས་དཔྱད་ཕྱོགས་བསྒྲིགས། [M]. ཀན་སུའུ་མི་རིགས་དཔེ་སྐྲུན་ཁང་། 1996: 110.

བའི་ས་ཡི་དབུས་སུ་གྲོང་ཚོའམ་གྲོང་བརྡལ་འདེབས་པ་དང་། ཤ་ཟ་སྲིན་མོའི་འདོམས་གཟེད་པ་ལྟ་བུའི་ས་སྒོ་བྱུང་ན་དེའི་གནོད་པར་སོ་བྱང་རྟགས་གསུམ་གྱི་བསླབ་བྱ་དང་སྡོམ་པ་ཉམས་པར་འགྱུར་བ་དང་། སྐྱེས་ཕོ་མོ་མེད་པར་ཚུལ་བཞིན་མི་གནས་པར་འཆལ་བར་འགྱུར་ཞིང་རྒྱུ་ནོར་ཟད་ནས་སྟོངས་པར་འགྱུར་པ་དང་། དེ་ཟློག་པར་བྱེད་པའི་གཉེན་པོར་རི་རྒྱུད་མཚམས་མ་ཆད་པའི་སྟེང་གི་རྫོ་ཕོ་མཚན་དང་འདྲ་བའམ། ཡང་ན་གྲུ་བཞི་ལེབ་མོ་ཞིག་གི་ངོས་སུ་ལྷ་ཆེན་དབང་ཕྱུག་གི་མཚན་མ་མཚལ་དམར་པོས་བྲིས་ཤིང་རབ་གནས་བྱས་ནས། ས་དགྲ་སྟེ་སྲིན་མོའི་འདོམས་གཟེད་པ་ལྟ་བུའི་ས་དབྱིབས་སམ་ས་སྒོའི་ཕྱོགས་སུ་གཏད་ནས་བཞག་ན་ས་དགྲའི་གནོད་པ་བཟློག་ཐུབ་པར་བསྟན་ཡོད། ཡང་། དགྲ་བཅོམ་སེང་གེ་གླིང་པས་རྫོ་བོ་དཔལ་ལྡན་ཨ་ཏི་ཤ་ལ་ཕུལ་བའི《ས་དཔྱད་རིན་པོ་ཆེ་ཐེམ་སྐས་ཞེས་བྱ་བ》ལས། "སྲིན་མོའི་གདོང་འདྲ་བ་ཕོ་མཚན་བསྒྲེངས་པ་རྣམས་ནི་ས་དགྲ་ཆེན་པོ་ཡིན་པས་ཆུ་ནང་གི་རྫོ་ལ་དབང་ཕྱུག་ཆེན་པོའི་མཚན་མ་འདྲ་བ་བྲིས། དེ་ལ་ཚོགས་བདག་གི་གཟུངས་བྲིས་ལ་རབ་གནས་ཡིཧྣརྣམས་བྱས་ཤིང་། དེའི་ཕྱོགས་ལ་བསྟན་ནས་བཞག་པས་གནོད་པ་ཞི་བར་འགྱུར་རོ། །"[①]ཞེས་པ་དེས་ཤ་ཟ་སྲིན་མོའི་ངོ་གདོང་འདྲ་བ་དང་ཕོ་མཚན་གྱེན་དུ་འགྲེང་བ་ལྟ་བུའི་ས་དཔྱད་རྣམས་ནི་ས་དགྲ་ཆེན་པོ་ཡིན་ཞིང་། ས་དགྲ་དེ་ལྟ་བུའི་གནོད་པ་བཟློག་པར་བྱེད་པ་ལ་ཆུའི་ནང་གི་རྫོ་ལ་ལྷ་ཆེན་དབང་ཕྱུག་གི་མཚན་མ་འདྲ་བ་དང་དེའི་སྲས་ཚོགས་བདག་གི་གཟུངས་སྔགས་བྲིས་ནས་རབ་གནས་བྱས་རྗེས། ས་དགྲའི་ཕྱོགས་ལ་བསྟན་ནས་བཞག་ན་ས་དགྲའི་གནོད་པ་ཞི་འགྲོ་བར་བསྟན་ཡོད། མདོར་ན་ས་དཔྱད་ཀྱི་བསྟན་བཅོས་མི་འདྲ་བ་ཁག་ལས་གཅིག་མཚུངས་སུ་བསྟན་པ་ལྟར་ན། ཁང་ཁྱིམ་དང་གྲོང་ཚོ། དགོན་སྡེ་སོགས་ཀྱི་ཁ་གཏད་དམ་ཁོར་ཡུག་གང་

① བསོད་ནམས་དབང་ལྡན། ས་དཔྱད་ཕྱོགས་བསྒྲིགས། [M]. ཀན་སུའུ་མི་རིགས་དཔེ་སྐྲུན་ཁང་། 1996: 81.

ཏུ་སྲིན་མོའི་འདོམས་སམ་མཚན་མ་གཟིད་པ་དང་། སྲིན་མོའི་ངོ་གདོང་འདྲ་བ་དང་ཕོ་མཚན་གྱེན་དུ་འགྲེང་བ་ལྟ་བུའི་ས་དཔྱད་ཡོད་ན་དེ་ནི་བཙུན་པ་རབ་བྱུང་བའི་ཚུལ་ཁྲིམས་ཉམས་པ་དང་གྲོང་པ་སྐྱེས་ཕོ་མོ་རྣམས་ཚུལ་དང་མི་གནས་པར་འདོད་པས་ཉེན་པར་འགྱུར་བ། རྒྱ་ནོར་ལོངས་སྤྱོད་མི་ལྡན་པར་སྟོངས་པར་འགྱུར་བ་བཅས་ཀྱི་ས་དགྲ་ཆེན་པོ་ཡིན་ཞིང་། དེའི་གནོད་པ་ཟློག་པར་བྱེད་པ་ལ་རྗེ་ཡི་སྙིང་དུ་ལྷ་ཆེན་དབང་ཕྱུག་གི་མཚན་མ་དམར་པོ་དང་དེའི་སྲུས་ཚོགས་བདག་གི་གཟུངས་སྔགས་བྲིས་ཤིང་རབ་གནས་བྱས་ནས་ས་དགྲའི་ཕྱོགས་སུ་བསྟན་ནས་འཛུག་དགོས་པ་རེད།

གཞན། 《བཀའ་ཆེམས་ཀ་ཁོལ་མའི་ལྷ་ཅིག་ཨོང་ཅོང་གིས་ས་དཔྱད་རིན་ཆེན་སྤུངས་པ་མཛད་པའི་ལེའུ》ལས། "ཤར་བྱེ་མ་ལུང་སྟོང་ན་སྲིན་མོ་ནག་མོ་འདོམས་བཟེད་པ་འདྲ་བ་ཡོད། དེ་ལ་དབང་ཕྱུག་ཆེན་མོའི་ལིངྒ་ཚུགས།" ཞེས་པའམ། "ཤར་དྲང་པོ་བྱེ་མ་ལུང་སྟོད་ན་སྲིན་མོ་འདོམས་བཟེད་པ་འདྲ་བའི་ས་དགྲ་ཡོད། དེ་ལ་དབང་ཕྱུག་ཆེན་པོའི་གསང་བའི་རྟེན་ཚུགས་ལ་སྟོན།"[1] ཞེས་པ་ལྟར་ན། ལྷ་སའི་གཙུག་ལག་ཁང་གི་རྒྱབ་ལོགས་རྩིག་ངོས་སུ་སྐྱེས་པའི་མཚན་བརྙན་བཀོད་པའང་ལྷ་ཆེན་དབང་ཕྱུག་གི་མཚན་བརྙན་ཏེ་གཙུག་ལག་ཁང་དེའི་ཤར་ཕྱོགས་བྱེ་མའི་ལུང་སྟོད་ན་སྲིན་མོ་ནག་མོའི་འདོམས་གཟེད་པ་འདྲ་བའི་ས་དགྲ་ཡོད་པ་དེའི་གནོད་པ་ཟློག་པའི་གཉེན་པོའམ་རྟེན་དུ་བཞེངས་པ་རེད།

དེས་ན། རྒྱ་བོད་ཀྱི་ཚད་ལྡན་མཁས་པས་མཛད་པའི་ས་དཔྱད་དང་ལོ་རྒྱུས་བསྟན་བཅོས་སྔ་ཤོས་རྣམས་ཟུང་དུ་སྦྲེལ་ནས་བརྟགས་ན། བོད་ལྗོངས་ཉིང་ཁྲི་ཉེ་འདབས་ཀྱི་བླ་མ་དགོན་དང་མཚོ་འགོ་མཆེའུ་འམ་བྲག་གསུམ་མཚོའི་ཚོགས་རྫོགས་དགོན་པར་ཕོ་མོའི་མཚན་བརྙན་བཤམས་པའི་དགོས་པའམ་ཆོས་ལ་དད་

① རྗོ་བོ་རྗེ་ཨ་ཏི་ཤ། བཀའ་ཆེམས་ཀ་ཁོལ་མ། [M]. ཀན་སུའུ་མི་རིགས་དཔེ་སྐྲུན་ཁང་། 1989:215, 222.

པ་མེད་པ་རྣམས་ལ་དགའ་བ་སྐྱིད་བྱེད་མ་ཡིན་ལ། དེར་རིག་ན་བུ་ཕྲུག་སྐྱེ་བར་བཤད་པའང་མ་ཡིན། མཚན་མ་ལ་དད་པའི་རྗེན་དུ་བཤམས་པ་དེ་བས་ཀྱང་མ་ཡིན་ཏེ། དགོན་པ་དེ་དག་གི་ཁ་གཏད་དམ་ཁོར་ཡུག་གང་ཉུང་དུ་སྲིན་མོའི་འདོམས་སམ་མོ་མཚན་གཟེད་པ་ལྟ་བུའི་ས་དཔྱད་དང་། ཡང་ན་སྲིན་མོའི་ངོ་གདོང་དང་ཕོ་མཚན་གྱེན་དུ་འགྲེང་བ་ལྟ་བུའི་ས་དགྲ་ཡོད་པ་དེའི་གནོད་པ་སྡེ་བཙུན་པ་རབ་བྱུང་རྣམས་ཀྱི་ཚུལ་ཁྲིམས་ཉམས་པ་དང་རྒྱ་འཇོར་ལོངས་སྤྱོད་ཟད་ཅིང་སྟོངས་པ་ཟློག་པའི་གཉེན་པོའམ་ཁ་སྨོས་ངན་སྨོས་འགོག་པའི་རྗེན་དུ་བཤམས་པར་ངེས།

གསུམ་པ། སྲིན་མོ་འདོམས་བཟེད་འདྲ་བའི་ས་དགྲ་དང་དེའི་གནོད་པ་ཟློག་པའི་ཐབས་ལ་དཔྱད་པ།

དེ་ཡང་ས་དཔྱད་ཀྱི་བསྟན་བཅོས་རྣམས་སུ་སྲིན་མོ་འདོམ་བཟེད་དམ་མོ་མཚན་བཟེད་པ་ལྟ་བུའི་ས་དབྱིབས་ནི་ས་དགྲ་ཡིན་པར་བསྟན་པ་དང་། དགོན་སྡེ་དང་གྲོང་ཚོ། ཁྱིམ་གཞིས་སོགས་ཀྱི་ཁོར་མོ་ཡུག་ཏུ་རང་བྱུང་གི་ས་དབྱིབས་དེ་ལྟ་བུ་ཡོད་ན་བཙུན་པ་རབ་བྱུང་བའི་ཚུལ་ཁྲིམས་ཉམས་ཤིང་གྲོང་པ་སྐྱེ་ཕོ་མོ་རྣམས་ཀྱང་ཚུལ་དུ་མི་གནས་པར་གཡེམ་པར་འགྱུར་བའི་རྒྱུ་མཚན་ཅི་ཡིན་ནམ་ཞེ་ན། ཕྱི་རང་བྱུང་གི་ས་དབྱིབས་དང་ནང་སེམས་ཅན་གྱི་འདོད་སྲེད་ལ་འབྲེལ་བ་ཅི་ཡོད་པ་ནི་ཧ་ཅང་ཕྲོག་ཏུ་གྱུར་པའི་གནད་ཅིག་ཡིན་པས་དཔྱད་མི་ཚུགས་སོད། ས་དཔྱད་ཀྱི་བསྟན་བཅོས་མང་པོ་བསླགས་ཤིང་བརྟགས་ན། རང་བྱུང་ས་དབྱིབས་ཀྱི་བཟང་ངན་འབྱེད་པའི་ཚད་གཞི་དང་ས་དཔྱད་ངན་པའི་གནོད་པ་ཟློག་པའི་ཐབས་སམ་གཉེན་པོ་བསྟན་པ་མང་པོ་ཞིག་ནི་རང་བྱུང་ཁོར་ཡུག་གི་

ཆ་རྐྱེན་བཟང་ངན་དང་མཐོང་ཐོས་ཀྱི་ཉམས་སྣང་། ལེགས་ཉེས་བླང་དོར་གྱི་ཚད་གཞི། ཁོར་ཡུག་གི་མཛེས་པ་འཚོལ་བའི་ལྟ་བ། གང་ལ་གང་འདུལ་དེ་ལ་དེ་སྟོན་གྱི་ཐབས་ཤེས་སོགས་ལ་གཞི་བྱས་པ་སྟེ། དཔེར་ན། དུས་རྒྱུན་གྱི་འཚོ་བའི་ཁྲོད་དུ་མེ་ཏོག་པདྨ་དང་། འཁོར་ལོ་རྩིབས་བརྒྱད་ཅན། དཔལ་བེའུ་སོགས་བཀྲ་ཤིས་པའི་རྟགས་སུ་ངེས་པས། དེ་དག་དང་འདྲ་བའི་ས་དབྱིབས་ཀྱང"ནམ་མཁའ་འཁོར་ལོ་རྩིབས་བརྒྱད་ཕུབ། །ནམ་མཁའ་ཇི་བཞིན་ས་གཞི་མཚུངས། །དེ་ཡང་པདྨ་འདབ་བརྒྱད་བཏིག །བར་སྣང་ཟླ་གམ་འགུག་པ་དང་། །བདུད་རྩི་འོད་དུ་འབར་བ་འདྲ། །ཡོགས་ན་བཀྲ་ཤིས་རྟགས་བརྒྱད་འཆར། །"①ཞེས་ས་དཔྱད་བཟང་པོར་བསྟི་ཞིང་། "ས་མདོག་ལྗན་སྟུག་གཟི་བརྗིད་ཆེ། །ཡས་མར་སྲུངས་དང་མས་ཡར་བཟེད། །གཏོས་ཆེ་བསྐྱིལ་འདྲའི་རྒྱུན་མ་ཆད། །གང་ལྟར་བལྟས་ཀྱང་ཉམས་དགའ་ཞིང་། །ཡིད་འོང་བེད་ལེགས་ས་ཡི་མཆོག །"②ཅེས་པ་དང་། "མདོར་ན་རང་གི་མིག་སྡ་ཏུ། །ཡིད་ལ་མི་འཐད་བག་མི་ཕེབས། །ངན་པའི་ས་ཏུ་ཤེས་པར་བྱ། །"③ཞེས་པ་ལྟར་རང་གི་ཉམས་སྣང་ལ་མཛེས་སྡུག་ཡིད་དུ་འོངས་ཤིང་དགའ་བ་ཆེ་ཏུ་སྐྱེད་པའི་ཡུལ་གྱི་བཀོད་པ་དེ་ས་ཡི་མཆོག་ཏུ་ངེས་པ་དང་། མཐོང་མཁན་གྱི་ཡིད་ལ་དགའ་བ་མི་བསྐྱེད་པ་དང་བག་མི་ཕེབས་པའི་ཉམས་སྣང་སྐྱེས་པ་དེ་ས་དཔྱད་ངན་པར་བཤད་པ་དང་། "ཉི་མ་འཆར་སྣ་ནུབ་པ་ཕྱི། །ན་དང་སྤང་འབྲེལ་རི་ཐང་འབྲེལ། །ཆུ་བྲན་རི་མཐར་ཕར་ལ་འབབ། །རྩི་ཤིང་མང་པོ་སྐྱེས་པ་དང་། །ཁང་ས་སྟེང་ལ་ཞིང་ས་འོག །དེ་དག་ས་ཡི་དཔལ་ཞེས་བཟང་། །"ཞེས་པར་མཚོན་ན་ཉི་མ་འཆར་ཐག་རིང་ལ་སྟོ་ཞིང་དྭངས་པའི་ན་གཞུང་དང་མཐོན་མཐིང་ནེའུ་གསིང་རྒྱས་པའི་སྤང་ལྗོངས་ཉེ་བར་འབྲེལ་བ་དང་། ཐང་མཐའ་རི་རབ་ཀྱིས་

① བསོད་ནམས་དབང་ལྡན། ས་དཔྱད་ཕྱོགས་བསྒྲིགས། [M]. ཀན་སུའུ་མི་རིགས་དཔེ་སྐྲུན་ཁང་། 1996: 130.

② གོང་དང་མཚུངས། 131.

③ གོང་དང་མཚུངས། 107.

བསྐོར་ཅིང་རི་འདབས་སྤང་ལྗོངས་དང་འབྲེལ་བའི་ཁོར་མོ་ཡུག་ཏུ་དྭངས་གཙང་ཆུ་བོའི་རྒྱུན་གྱིས་ཀུན་ནས་བཅིངས་ཤིང་གཡུ་ལོ་ཚང་ཚིང་ནགས་ཀྱིས་ཡོངས་སུ་གཡོགས་པ་སྟེ། མི་རྣམས་འཚོ་གནས་བྱེད་པར་ཀུན་ནས་ཕན་ཞིང་སྨན་པའི་རང་བྱུང་གི་ཆ་རྐྱེན་འཛོམས་པས་ཡུལ་དེ་ནི་ས་ཡི་དཔལ་དུ་བསྟན་པ་ལྟར་རོ། །

དཔེ་དེ་བཞིན་དུ་ས་དཔྱད་ངན་པར་བཤད་པ་དང་དེའི་གནོད་པ་ཟློག་པའི་ཐབས་སམ་གཉེན་པོ་བསྟན་པའང་། "གཙན་གཟན་ཁ་གདངས་མཆེ་གཙིགས་པ། །གྲོང་ཡོད་མི་རྣམས་བྱེས་སུ་འཆི། །དང་པོ་དར་ཡང་ཐ་མར་གུད། །སྐྱོན་སེལ་བཀྲ་ཤིས་ཕན་བྱེད་ནི། །ཕྱོགས་བཞིར་ཐ་འམ་རྡོ་སེང་བཞག །ཟུར་བཞིར་མཆོད་རྟེན་སྭསྟི་ནི། །རབ་གནས་བྱས་པ་བཞི་བཞག་སེལ། །"[1]ཞེས་པར་མཚོན་ན་སྟག་སེང་དོམ་དྲེད་ཕ་སྤྱང་སོགས་ཤ་གཟན་རྣམས་ཀྱིས་ཁ་གདངས་ཤིང་མཆེ་བ་གཙིགས་པ་ནི་སྲོག་ཆགས་གསོད་གྲབས་བྱེད་པའི་རྣམ་པ་ཡིན་པས་དེ་མཐོང་མ་ཐག་ཡིད་ལ་འཇིགས་ཡེར་ཞིང་སྐྱི་གཡའ་བའི་ཉམས་སྣང་བསྐྱེད་པས། དེ་ལྟ་བུའི་ས་དབྱིབས་ནི་གྲོང་ཡོད་མི་རྣམས་བྱེས་སུ་འཆི་བའམ་དང་པོར་དར་ཡང་ཐ་མར་གུད་པའི་ས་དགྲ་ཡིན་པར་བསྟན་ལ། རི་དྭགས་རྣམས་ཀྱི་རྒྱལ་པོ་ནི་སེང་གེ་ཡིན་པས། ས་དགྲ་དེ་ལྟ་བུའི་གནོད་པ་ཟློག་པའི་ཐབས་སམ་གཉེན་པོར་ཡང་། "སེམས་ཅན་གྱི་གཟུགས་སུ་འདྲ་བ་འདུག་ན་དེའི་གཉེན་པོར་གང་འགྲོ་བའི་གཟུགས་བྱའོ། །"ཞེས་པ་ལྟར། ཕྱོགས་བཞིར་ས་ཐ་འམ་རྡོ་ལས་བཟོས་པའི་སེང་གེ་རྒྱལ་པོའི་གཟུགས་བརྙན་འཇོག་དགོས་པར་བསྟན་ཡོད།

དེས་ན་ས་དཔྱད་ཀྱི་བསྟན་བཅོས་རྣམས་སུ་སྲིན་མོ་འདོམ་བཟེད་དམ་མོ་མཚན་བཟེད་པ་ལྟ་བུའི་ས་དགྲའི་གནོད་པ་ཟློག་པའི་ཐབས་སམ་གཉེན་པོར་ཆུ་ནང་གི་རྡོ་ལ་ལྷ་ཆེན་དབང་ཕྱུག་གི་མཚན་བརྟན་དམར་པོ་བྲིས་ནས་ས་དགྲའི་

① བསོད་ནམས་དབང་ལྡན། ས་དཔྱད་ཕྱོགས་བསྒྲིགས། [M]. ཀན་སུའུ་མི་རིགས་དཔེ་སྐྲུན་ཁང་། 1996:109.

ཕྱོགས་སུ་གཏད་ན་ཞི་བར་བསྟན་པ་དེ་ཡང་བོད་མི་རིགས་ཀྱི་ལོ་རྒྱུས་ཀྱི་ལྟ་བ་དང་ཆོས་ལུགས་ཀྱི་འདུ་ཤེས། གང་ལ་གང་འདུལ་དེ་ལ་དེ་སྟོན་གྱི་ཐབས་ཤེས་བཅས་ལ་གཞི་བྱས་པ་སྟེ། ཛོ་བོ་རྗེ་ཨ་ཏི་ཤས་སྤྱི་ལོ་1049ལ་ལྷ་སའི་ར་ས་འཕྲུལ་སྣང་གཙུག་ལག་ཁང་དུ་གཏེར་ནས་བཏོན་པའི《བཀའ་ཆེམས་ཀ་ཁོལ་མ》ལས། མདོ་དབུས་མཐོ་སྒང་འདིར་འགྲོ་བ་མིའི་རིགས་མ་བྱུང་བའི་དུས་སུ་སྤྲེའུ་གྱད་ཧ་ལུ་མ་ད་བྱ་བས་འཕགས་པ་སྤྱན་རས་གཟིགས་ཀྱི་དྲུང་ནས་མི་སྡུག་པའི་སྒོམ་བསླབས་ཤིང་དགེ་བསྙེན་གྱི་སྡོམ་པ་བླངས་ཏེ། བྱང་ཕྱོགས་ཁ་བ་ཅན་གྱི་བྲག་ཕུག་ཏུ་སྒོམ་བྱེད་ཚེ། "བྲག་སྲིན་མོ་ཅིག(ཞིག)སྤྲེའུ་མོའི་ཆ་བྱད་དུ་བརྫུས་སྤྲེའུ་སྒོམ་པའི་དྲུང་དུ་འོངས་ནས་འདོམས་བསྟན། ས་གཏོར་འདོད་པ་བརྟེན(བསྟེན)པའི་བརྡའ་ཆོས་བྱས་ཏེ་སོང་ངོ། །ཚུལ་དེ་བཞིན་དུ་ཉིན་ཞག་བདུན་གྱི་བར་དུ་བྱས་ཀྱང་། སྤྲེའུས་མི་སྡུག་པ་བསྒོམས་པས་སྤྲེའུ་མོའི་འདོད་པ་ལ་སེམས་གཡོ་བར་མ་གྱུར་ཏེ། ཉི་མ་བརྒྱད་པ་ལ་བྲག་སྲིན་མོ་དེ་མིའི་བུད་མེད་མཚར་མོ་རྒྱན་ཐམས་ཅད་ཀྱིས་བརྒྱན་པ་གཅིག་ཏུ་སྤྲུལ་ནས་སྤྲེའུའི་དྲུང་དུ་འོངས་འདོམས་བསྟན་འདོད་པ་སྤྱོད་པའི་བརྡའ་ཆོས་བྱས་ས་གཏོར་བ།"① སོགས་བྱས་པས། སྤྲེའུ་གྱད་ཧ་ལུ་མ་དས་དགེ་བསྙེན་གྱི་སྡོམ་པ་འཆོལ་བའི་ངག་རྒྱུན་ཡོད་པ་ལས་སྲིན་མོ་ནག་མོ་ནི་མི་ཤ་ཟློན་བཟའ་དང་མི་ཁྲག་འཐུང་བྱེད་ཅིང་དགེ་བར་བགེགས་བྱེད་མཁན་ཞིག་ཡིན་པར་མ་ཟད། འདོད་སྲེད་ཧ་ཅང་ཆེ་བའི་སྤྲོག་ཆགས་ཆོད་པོའམ་འདྲེ་སྲིན་ཞིག་ཏུ་ངེས་ཤིང་། ངེས་སྤྲེའུ་གྱད་ཧ་ལུ་མ་དར་འདོམས་བསྟན་ནས་ཚུལ་ཁྲིམས་འཆོལ་དུ་བཅུག་པས། སྲིན་མོའི་འདོམས་སམ་མཚན་མ་བཟེད་པ་ལྟ་བུའི་ས་དབྱིབས་དེ་ཡང་བཙུན་པ་རབ་བྱུང་བའི་ཚུལ་ཁྲིམས་འཆོལ་བའི་ས་དགྲར་ངེས་ཤིང་། བུད་མེད་ཀྱི་འདོད་སྲེད་འཛོམས་པའི་གཉེན་པོ་ནི་ཕོ་རྟགས་ཡིན་ཞིང་ལྷ་ཆེན་དབང་ཕྱུག་ནི་འདོད་པའི་ལྷ་ཡིན་

① ཛོ་བོ་རྗེ་ཨ་ཏི་ཤ། བཀའ་ཆེམས་ཀ་ཁོལ་མ། [M]. ཀན་སུའུ་མི་རིགས་དཔེ་སྐྲུན་ཁང་། 1989:48.

པས། སྲིན་མོའི་འདོམས་སམ་མོ་མཚན་བཟེད་པ་ལྷ་བུའི་ས་དགྲའི་ཁ་གནོན་ནམ་གཉེན་པོར་ཡང་ལྷ་ཆེན་དབང་ཕྱུག་གི་མཚན་བརྟན་མཚལ་གྱིས་བྲུགས་ནས་བསྟན་པར་སྣམ་མོ།། །།

༄༅། །བོད་ལྗོངས་དར་རྒྱས་སུ་འགྲོ་དགོས་ན་སློབ་གསོ་ལེགས་པོར་བསྐྱུབ་དགོས།

དེ་ཡང《ཧང་གི་ཚོགས་ཆེན་བཅུ་བཞི་པའི་སྐད་ཞུ》ལས། "མིག་སྔར་རྒྱལ་སྤྱིའི་འགྲན་རྩོད་ཀྱི་ངོ་བོ་ནི་དཔལ་འབྱོར་དང་ཚན་རྩལ་སྟོབས་ཤུགས་རྨང་གཞི་ཡིན་པའི་ཕྱོགས་བསྡུས་རྒྱལ་ཤུགས་འགྲན་པ་དེ་རེད། འཛམ་གླིང་གི་རྒྱལ་ཁབ་མང་པོ་དང་ཁྱད་པར་དུ་ང་ཚོའི་ཉེ་འཁོར་གྱི་རྒྱལ་ཁབ་དང་ས་ཁུལ་ཁ་ཤས་མགྱོགས་མྱུར་ངང་འཕེལ་རྒྱས་འགྲོ་བཞིན་ཡོད་པས། རང་རྒྱལ་གྱི་དཔལ་འབྱོར་འཕེལ་ཚད་དལ་བར་གྱུར་ཚེ་སྤྱི་ཚོགས་རིང་ལུགས་ཀྱི་ལམ་ལུགས་སྲ་བརྟན་དུ་གཏོང་རྒྱུ་དང་། རྒྱལ་ཁབ་དུས་ཡུན་རིང་པོར་བདེ་འཇགས་ཡོང་རྒྱུ་གང་ཡིན་ཟེར་དཀའ་ངལ་ཧ་ཅང་ཆེན་པོར་ཐུག་ངེས་རེད།" ཅེས་བཀོད་ཡོད་པ་ལས་དཔལ་འབྱོར་འཕེལ་རྒྱས་གཏོང་མིན་དེ་སྤྱི་ཚོགས་རིང་ལུགས་ཀྱི་ལམ་ལུགས་གནས་ཐུབ་མིན་དང་རྒྱལ་ཁབ་བརྟན་འཇགས་ཡོང་མིན་ལ་རག་ལས་པའི་ཆབ་སྲིད་ཀྱི་གནད་དོན་གལ་ཆེན་ཞིག་ཡིན་པར་བསྟན་ཡོད། དེས་ན་རང་རྒྱལ་གྱི་མངའ་ཁོངས་ཀྱི་ས་རྒྱའི་བརྒྱད་ཆ་གཅིག་ཟིན་པའི་བོད་ལྗོངས་ནི་རང་རྒྱལ་གྱི་ལྷོ་ནུབ་མཐའ་མཚམས་སུ་གནས་ཤིང་ས་དེར་གནས་བཅའ་བའི་བོད་མི་རིགས་ཀྱི་རྒྱུ་སྐྱུས་ཇེ་ལེགས་སུ་གཏོང་རྒྱུ་ནི་བོད་མི་རིགས་ཀྱི་དཔལ་འབྱོར་འཚོ་བ་ཁོ་ན་ཇེ་བཟང་དུ་གཏོང་རྒྱུ་ཙམ་མིན་པར། དེ་ནི་རྒྱལ་ཁབ་ཀྱི་གཅིག་གྱུར་དང་། མི་རིགས་ཀྱི་མཐུན་སྒྲིལ། མཐའ་མཚམས་ཀྱི་བདེ་འཇགས་བཅས་སྲུང་བའི་ཆབ་སྲིད་ཀྱི་ལས་ཀ་གཡོལ་ཐབས་མེད་པ་ཞིག་ཡིན་པ་སྨོས་ཅི་དགོས། ལྷ་ན་མེད་

པའི་དམིགས་སྒོ་འདི་མངོན་འགྱུར་བྱེད་པ་ལ་རྒྱུ་རྐྱེན་མང་པོ་ཞིག་ཚང་དགོས་པ་ལས་སློབ་གསོ་ནི་མིའི་རྒྱུ་སྤྱུས་ཇེ་ལེགས་སུ་གཏོང་བའི་ཆེས་གལ་ཆེ་བའི་རྒྱུ་རྐྱེན་ཡིན་པས། ཐོག་མར་སློབ་གསོའི་བྱ་བ་ལེགས་པོར་བསྒྲུབ་དགོས།

དང་པོ། བོད་ལྗོངས་ཀྱི་ད་ལྟའི་སློབ་གསོའི་གནས་ཚུལ།

བོད་ཞི་བའི་བཅིངས་འགྲོལ་བཏང་ནས་ལོ་ངོ་ཞེ་གཉིས་ཀྱི་རིང་ཏང་དང་རྒྱལ་ཁབ་ཀྱིས་སྲིད་ཇུས་དང་དཔལ་འབྱོར་སོགས་ཕྱོགས་ཡོངས་ནས་གཟིགས་སྐྱོང་མཛད་དེ་ད་ལྟའི་རྣམ་པ་ཅན་གྱི་སློབ་གསོའི་མ་ལག་སྔ་ན་མེད་པ་ཞིག་བཙུགས་ཤིང་། སྤྱི་ཚོགས་རིང་ལུགས་ཀྱི་བོད་ལྗོངས་གསར་པ་འཛུགས་སྐྲུན་བྱེད་མཁན་ཤེས་ལྡན་མི་སྣ་འབོར་ཆེན་ཞིག་སྐྱེད་སྲིང་བྱས་དང་བྱེད་མུས་ཡིན་ནའང་། བོད་ལྗོངས་ཀྱི་དེང་རབས་སློབ་གསོའི་རྨང་གཞི་དང་དཔལ་འབྱོར་གྱི་ཆ་རྐྱེན་ཞན་པའི་དབང་གིས་ད་ལྟ་ད་དུང་འཛམ་གླིང་གི་སྔོན་ཐོན་མི་རིགས་གཞན་གྱི་རྗེས་སུ་ལུས་ཡོད་པ་སྟེ། ད་ལྟ་ལྗོངས་ཡོངས་སུ་སློབ་ན་སོན་པའི་མི་གྲངས་315965ཡོད་པ་ལས་46. 47%མ་གཏོགས་སློབ་གྲྭར་ཞུགས་ཐུབ་མེད་པ་དང་། སློབ་ན་སོན་པའི་བྱིས་པའང་45. 58%ཙམ་ལས་སློབ་གྲྭར་ཞུགས་ཐུབ་ཀྱི་མེད། གྲངས་ཚད་དེ་བོད་ལྗོངས་བཅིངས་འགྲོལ་བཏང་བའི་ལོ་ཞེ་གཉིས་ལྟར་བརྩིས་ན་སློབ་ན་སོན་པའི་བྱིས་པ་སློབ་གྲྭར་ཞུགས་ཚད་ལོ་རེར་1%རེ་ཙམ་ལས་འཕར་སྐྱོན་བྱུང་མེད་པས། འཕར་ཚད་འདི་ལྟར་ན་བོད་ལྗོངས་ཀྱི་སློབ་ན་སོན་པའི་བྱིས་པ་སློབ་གྲྭར་ཞུགས་ཚད་རྒྱལ་ཡོངས་ཀྱི་ཆུ་ཚད་དུ་སླེབ་དགོས་ན་ད་དུང་ལོ་ལྔ་བཅུ་དགོས་ཀྱི་ཡོད།(རྒྱལ་ཡོངས་ཀྱི་སློབ་གྲྭར་ཞུགས་ཚད་98%ཡིན།) བྱེ་བྲག་རྫོང་ཁ་ཤས་ལ་མཚོན་ན་དེ་ལས་ཀྱང་ལོ་མང་པོ་ཞིག་འགོར་གྱི་ཡོད་པ་དཔེར་ན། གཞིས་ཀ་རྩེ་ས་ཁུལ་གྱི་འབྲོང་པ་རྫོང་དང་། ནག་ཆུ

ས་ཁུལ་གྱི་ནག་ཆུ་རྫོང་དང་། སྙེ་རོང་རྫོང་། ཤན་རྩ་རྫོང་། མངའ་རིས་ས་ཁུལ་གྱི་དགེ་རྒྱས་རྫོང་དང་སྒེར་རྩེ་རྫོང་བཅས་རྫོང་དྲུག་གི་སློབ་ན་སོན་པའི་བྱིས་པ་སློབ་གྲྭར་ཞུགས་པའི་ཚད་5. 87%ནས་8. 07%བར་ཡིན་པས། རྫོང་འདི་དག་གི་སློབ་ན་སོན་པའི་བྱིས་པ་སློབ་གྲྭར་ཞུགས་ཚད་རྒྱལ་ཡོངས་ཀྱི་རྗེས་ཆོད་དགོས་ན་ད་དུང་ལོ་བརྒྱད་ཙམ་གྱི་ལྷ་ནས་དགུ་བཅུ་དགོས་ཀྱི་ཡོད་པ་དང་། ད་དུང་ཆབ་མདོ་ས་ཁུལ་གྱི་དཔལ་འབར་རྫོང་དང་གཞིས་རྩེ་ས་ཁུལ་གྱི་ས་དགའ་རྫོང་། ནག་ཆུ་ས་ཁུལ་གྱི་འབྲི་རུ་རྫོང་དང་། ཨ་མདོ་རྫོང་། དཔལ་མགོན་རྫོང་། སྦྲ་ཆེན་རྫོང་། མངའ་རིས་ས་ཁུལ་གྱི་རུ་ཐོག་རྫོང་དང་མཚོ་ཆེན་རྫོང་བཅས་རྫོང་བརྒྱད་ཀྱི་སློབ་ན་སོན་པའི་བྱིས་པ་སློབ་གྲྭར་ཞུགས་ཚད་ཀྱང་20%ལས་ཐོན་མེད་པས། རྫོང་དེ་དག་ཀྱང་ད་ལྟའི་རྒྱལ་ཡོངས་ཀྱི་ཆུ་ཚད་དུ་སླེབ་དགོས་ན་མ་མཐའ་ཡང་ལོ་བརྒྱད་ཙམ་འགོར་གྱི་ཡོད་པར་མ་ཟད་སློབ་མའི་རིག་གནས་ཆུ་ཚད་ཀྱང་ཞན་ཙམ་ཡོད་པས། ལོ་རེའི་མཐར་ཕྱིན་སློབ་མའི་ནང་ནས་78. 01%ཙམ་ལས་སློབ་འབྲིང་དུ་འཕར་ཐུབ་ཀྱི་མེད་པ་རེད།

སློབ་འབྲིང་སློབ་གསོ་ལ་མཚོན་ན་འང་གྲངས་འབོར་དང་སྤུས་ཚད་གང་ས་ཅི་ཐད་ནས་ཅུང་ཞན་ཙམ་ཡོད་པ་སྟེ། ལྗོངས་ཡོངས་སུ་སློབ་འབྲིང་དཀྱུས་མ་61ཙམ་མ་གཏོགས་མེད་ལ། སློབ་ན་སོན་པའི་མི་གྲངས་ཁྲིན་131232ཡོད་པ་ལས་17054ཙམ་མ་གཏོགས་སློབ་གྲྭར་ཞུགས་ཐུབ་མེད་པས། སློབ་གྲྭར་ཞུགས་ཚད་ཀྱིས་12. 99%མ་གཏོགས་ཐོན་གྱི་མེད་ཅིང་། ལོ་རིམ་འཕར་ཚད་ཀྱང་56. 56%ཙམ་ཡིན། རོང་འབྲོག་ས་ཁུལ་གྱི་སློབ་འབྲིང་སློབ་གསོ་འདི་ལས་ཀྱང་རྗེས་ལུས་ཡིན་ཏེ། ལྗོངས་ཡོངས་སུ་རྫོང་72ཡོད་པ་ལས་རྫོང་32ལ་ད་དུང་དམའ་རིམ་སློབ་འབྲིང་མེད་པས། རྫོང་དེ་དག་གི་སློབ་ཆུང་སློབ་མ་རྣམས་སློབ་ཆུང་ནས་མཐར་ཕྱིན་རྗེས་ནང་སར་འགྲོ་བའི་སྐལ་བ་མ་ཐོབ་ན་བརྒྱ་ཆ་གཅིག་ཙམ་ཡང་སློབ་འབྲིང་དུ་ཞུགས་

མི་ཐུབ། དེ་ལྟར་རྨང་གཞིའི་སློབ་གསོ་ཡུན་རིང་པོར་འཕེལ་རྒྱས་ཆེན་པོ་འགྲོ་མ་ཐུབ་པའི་རྐྱེན་གྱིས་བོད་ལྗོངས་ཀྱི་ཡིག་རྨོངས་པ་དང་ཕྱེད་ཡིག་རྨོངས་པ་ད་དུང་ཁག་སོ་སོར་44%དང་43%ལས་མར་འབབ་ཐུབ་མེད།

བོད་ལྗོངས་ལ་མཐོ་རིམ་སློབ་གྲྭ་བཞི་ཡོད་ཀྱང་རྨང་གཞིའི་སློབ་གསོ་ཞན་པ་དང་སློབ་གྲྭ་ཁག་གི་ཕྱོགས་སོ་སོའི་ཆ་རྐྱེན་ཞན་པའི་སྐབས་ཀྱིས་ལོ་རེར་ཁྲིན་སློབ་མ་ལྔ་བརྒྱ་ཡས་མས་ལས་བསྡུ་ཐུབ་ཀྱི་མེད་པས། དེ་དག་ལས་ཐོན་པའི་སློབ་མའི་གྲངས་འབོར་གྱིས་སྤྱི་ཚོགས་ཀྱི་དགོས་མཁོ་སྐོང་ཐུབ་ཀྱི་མེད་པ་རེད། དེ་ལྟར་གོང་དུ་གསལ་བ་ལྟར་བོད་ཀྱི་རྨང་གཞིའི་སློབ་གསོ་ཁྲབ་གདལ་དུ་སོང་མེད་པ་དང་མཐོ་རིམ་སློབ་གསོ་སྒྱོང་མཁན་ཉུང་ཞིང་ཚད་ཞན་པ། སྤྱི་འབབ་མང་ཆེ་བ་ཡིག་རྨོངས་པ་དང་ཡང་ན་ཡིག་ངོ་ཙམ་ཡིན་པས་དེ་ལྟ་བུའི་ས་ཁུལ་ཞིག་ཏུ་དར་ཞིང་རྒྱས་པའི་དཔལ་འབྱོར་དང་སྔོན་ཐོན་གྱི་ཚན་རིག་ལག་རྩལ་གོང་འཕེལ་གཏོང་ཐབས་དཀའ་བས། བོད་ལྗོངས་ཀྱི་སློབ་གསོའི་ལས་དོན་ཐབས་བརྒྱ་ཇུས་སྟོང་གིས་འཕེལ་རྒྱས་སུ་བཏང་ནས་དམངས་ཡོངས་ཀྱི་ཤེས་རིག་ཚད་མཐོར་འདེགས་ཡོང་བ་བྱེད་རྒྱུ་ནི། རྒྱལ་ཁབ་གཞུང་དང་བོད་ལྗོངས་རིགས་སོ་སོའི་མི་དམངས་ཀྱི་གཡོལ་ཐབས་བྲལ་བའི་རྩ་བའི་ལས་འགན་ཞིག་ཡིན་པར་སྙམ།

གཉིས་པ། བོད་ལྗོངས་ཀྱི་སློབ་གསོ་དར་རྒྱས་སུ་གཏོང་བའི་བསམ་ཚུལ་འགའ།

དེ་ཡང《ཏང་གི་ཚོགས་ཆེན་བཅུ་བཞི་པའི་སྙན་ཞུ》ལས། "ཚན་རིག་ལག་རྩལ་ཡར་ཐོན་བྱེད་པ་དང་དཔལ་འབྱོར་དར་རྒྱས་སུ་འགྲོ་བ། སྤྱི་ཚོགས་གོང་དུ་འཕེལ་བ་བཅས་ནི་མཐར་གཏུགས་ནས་བཤད་ན་ངལ་རྩོལ་པའི་རྒྱུ་སྤུས་ཇི་ལེགས་

སུ་གཏོང་རྒྱུར་རག་ལས་ཡོད་པས། ཞེས་ལྷན་མི་སྣ་འཐོར་ཆེན་ཞིག་སྐྱིད་སྲིང་བྱས་ནས། ཧུར་བརྩོན་གྱིས་མི་རིགས་ཡོངས་ཀྱི་བསམ་བློའི་ཀུན་སྤྱོད་དང་ཚན་རིག་རིག་གནས་ཀྱི་ཆུ་ཚད་མཐོ་རུ་གཏོང་རྒྱུ་ནི་རང་རྒྱལ་གྱི་དེང་རབས་ཅན་མངོན་འགྱུར་བྱེད་རྒྱུའི་རྩ་བའི་རྟུས་ཆེན་ཡིན།” ཞེས་རིག་གནས་སློབ་གསོའི་ལས་དོན་འཕེལ་རྒྱས་སུ་གཏོང་རྒྱུ་དེ་དེང་རབས་ཅན་མངོན་འགྱུར་བྱེད་པའི་རྩ་བའི་རྟུས་ཆེན་ཡིན་པར་བསྟན་ཡོད། དེས་ན་རྩ་བའི་རྟུས་ཆེན་འདི་ཇི་ལྟར་མངོན་འགྱུར་བྱ་དགོས་ཤེ་ན།

1. བོད་ལྗོངས་ཀྱི་གོང་འོག་ཚང་མས་སློབ་གསོའི་དགོས་གལ་རང་བཞིན་དང་ཚན་རིག་ལག་རྩལ་ནི་ཐོན་སྐྱེད་ནུས་ཤུགས་ཨང་དང་པོ་ཡིན་པར་ངོས་འཛིན་གསལ་པོ་ཞིག་ཡོད་དགོས་པར་མ་ཟད། “བོད་ལྗོངས་དར་རྒྱས་སུ་གཏོང་དགོས་ན། ཐོག་མར་སློབ་གསོ་སྤེལ་དགོས”པའི་འཐབ་རྟུས་བསམ་བློ་ཆགས་པར་བྱས་ནས། སྲིད་རྟུས་དང་། མི་སྣ། དངོས་པོ། གྲོན་དངུལ་སོགས་ཕྱོགས་སོ་སོ་ནས་སློབ་གསོར་གཟིགས་སྐྱོང་བྱེད་པ་དང་། ལག་ལེན་དངོས་ཀྱི་ཁྲིད་དུ་རང་ལ་མཐོང་རྒྱུ་ཡོད་པ་དང་གཞན་ལ་སྟོན་རྒྱུ་ཡོད་པའི་གྲུབ་འབྲས་ཤིག་བསྐྲུན་དགོས།

2. ཐབས་ལམ་སྣ་ཚོགས་ལ་བརྟེན་ནས་སློབ་གྲྭ་འཛུགས་གཉེར་བྱེད་དགོས། དེ་ཡང་གོང་དུ་བརྗོད་ཟིན་པ་ལྟར་ད་ལྟ་ལྗོངས་ཡོངས་སུ་སློབ་ན་སོན་པའི་བྱིས་པ་54. 42%སློབ་གྲྭར་ཞུགས་ཐུབ་ཀྱི་མེད་པ་དང་། སློབ་འབྲིང་གི་ལོ་ན་སོན་པའི་མི་87. 01%ཙམ་ཞིག་སློབ་གཉེར་བྱེད་ས་མེད་པས། ལྗོངས་ཡོངས་སུ་ད་ལྟ་ཡོད་པའི་སློབ་གྲྭ་འབྲིང་ཆུང་གིས་རྒྱལ་སྤྱིའི་འགྲན་རྩོད་དང་བོད་ལྗོངས་དར་རྒྱས་སུ་གཏོང་བའི་དགོས་མཁོ་ཚིམ་ཐུབ་རྒྱུ་ཕར་ཞོག་བོད་ལྗོངས་ཀྱི་ཡིག་རྨོངས་སེལ་བའི་དགོས་མཁོའང་སྐོང་ཐབས་མེད་པ་གསལ་པོར་མཚོན་ཡོད། དེ་ལྟར་བོད་ལྗོངས་ཀྱི་སློབ་གྲྭ་འབྲིང་ཆུང་གི་སློབ་ན་སོན་པའི་མི་སློབ་གྲྭར་ཞུགས་ཚད་

རྒྱལ་ཡོངས་ཀྱི་ཆུ་ཚད་དུ་ཉེ་བར་སླེབ་དགོས་ན། མ་མཐའ་ཡང་ད་ཡོད་ཀྱི་སློབ་གྲྭ་འབྲིང་ཆུང་གི་ལྡེབ་གཅིག་སྟོན་འཛུགས་བྱ་དགོས། དེ་ལྟར་བྱས་ན་ད་གཟོད་རྨང་གཞིའི་སློབ་གསོ་ཅུང་ཟད་ཁྱབ་གདལ་དུ་གཏོང་ཐུབ་རྒྱུ་དང་། བོད་ལྗོངས་འཛུགས་སྐྲུན་བྱེད་པའི་ཤེས་ལྡན་མི་སྣ་འབོར་ཆེན་ཞིག་སྐྱེད་སྲིང་བྱེད་པར་རྨང་གཞི་འདིང་ཐུབ་ངེས་རེད། འོན་ཀྱང་སློབ་གྲྭ་དེ་འདྲ་མང་པོ་ཞིག་འཛུགས་པ་ལ་གྲོན་དངུལ་ཧ་ཅང་མང་པོ་དགོས་ལ། སྔོས་སུ་བོད་ལྗོངས་ནི་མང་ཚོགས་ཀྱི་སྡོད་གནས་ཐ་ཐོར་ཡིན་ཞིང་། དེང་རབས་སློབ་གསོའི་རྨང་གཞི་ཞན་པ། དཔལ་འབྱོར་ཧ་ཅང་རྗེས་ལུས་ཡིན་པས། མི་རིགས་གཞན་དང་ས་ཁུལ་གཞན་དུ་སློབ་གྲྭ་འཛུགས་པ་ལས་དཀའ་ཚོགས་ཆེ་ཞིང་འགྲོ་སྒོ་ལྡབ་འགྱུར་གྱིས་ཆེ་སྟབས། དུས་ཡུན་ཐུང་ཐུང་ཞིག་གི་ནང་དུ་སློབ་གྲྭ་འདང་ངེས་ཤིག་འཛུགས་དགོས་ན་ཕྱོགས་མང་པོའི་སྟོབས་ཤུགས་ལ་བརྟེན་དགོས། དེ་ཡང་གཙོ་བོ་རྒྱལ་ཁབ་གཞུང་ནས་བོད་ལྗོངས་ཀྱི་དམིགས་གསལ་རང་བཞིན་དང་། རྒྱལ་ཁབ་ཀྱི་གཅིག་གྱུར། མི་རིགས་ཀྱི་མཐུན་སྒྲིལ། མཐའ་མཚམས་ཀྱི་བདེ་འཇགས། བོད་ལྗོངས་ཀྱི་དར་རྒྱས་བཅས་ལ་དམིགས་ནས། སློབ་གསོའི་གྲོན་དངུལ་ཐད་སྤར་ལས་ལྷག་པའི་གཟིགས་སྐྱོང་གནང་དགོས་ཤིང་། རང་སྐྱོང་ལྗོངས་དང་རྗོང་རིམ་པའི་འབྲེལ་ཡོད་སྡེ་ཁག་སོ་སོས་ཀྱང་འགོ་ཁྲིད་ཡོད་པ་དང་རྩ་འཛུགས་ཡོད་པ། འཆར་གཞི་ཡོད་པ། ལྟ་སྐུལ་བྱེད་པ་བཅས་ཀྱི་སྒོ་ནས་བོད་ལྗོངས་དང་ཁྱད་པར་དུ་རོང་འབྲོག་མཐའ་ཁུལ་དུ་སློབ་གྲྭ་འབྲིང་ཆུང་འཛུགས་པའི་ཕྱོགས་སུ་བཀོལ་ན། ད་ལྟ་དང་མ་འོངས། རྒྱལ་ཁབ་དང་མི་རིགས་ཀུན་ལ་ཕན་ཡོན་ཆེན་པོ་འཐོན་ངེས་ལགས།

ཕྱི་རྒྱལ་གྱི་རོགས་རམ་ལ་བརྟེན་དགོས་པ་སྟེ། ང་ཚོའི་རྒྱལ་ཁབ་ནི་ས་ཁུལ་མང་པོ་དང་མི་རིགས་སྣ་ཚོགས་ལས་གྲུབ་པའི་རྒྱལ་ཁབ་ཆེན་པོ་ཞིག་ཡིན་པས། ས་ཁུལ་སོ་སོའི་རིག་གནས་དང་དཔལ་འབྱོར་གྱི་འཕེལ་ཚད་མི་འདྲ་ལ། རང་རེ་ལྟར་

གཟིགས་སྐྱོང་གནས་ཡུལ་མང་བས། རྒྱལ་ཁབ་གཞུང་གིས་དུས་ཡུན་ཐུང་ཐུང་ནང་ཚང་མའི་དགོས་མཁོ་མ་ལུས་སྐོང་བར་དཀའ་ངལ་ཆེན་པོ་ཡོད། དེས་ན་ང་ཚོས་རྒྱལ་ཁབ་གཞུང་གི་གཟིགས་སྐྱོང་ལ་བརྟེན་པའི་རྨང་གཞིའི་སྟེང《ཧང་གི་ཚོགས་ཆེན་བཅུ་བཞི་པའི་སྐབ་ཞུ》ནང་། "མཐའ་མཚམས་ས་ཁུལ་སྟར་ལས་ཕྱི་ཕྱོགས་སུ་སྒོ་འབྱེད་དགོས།" ཟེར་བ་དང་། "ཕྱི་རྒྱལ་གྱི་མ་དངུལ་བེད་སྤྱོད་པའི་ཁྱབ་ཁོངས་ཇེ་ཆེར་གཏོང་ཞིང་། ཐབས་ཚུལ་གང་ལ་གང་འཚམ་སྤྱད་ནས། མ་དངུལ་གཏོང་ཡུལ་མུ་མཐུད་དུ་འཐུས་ཚང་དུ་གཏོང་དགོས།" ཞེས་བསྟན་པ་ལྟར། བོད་ལྗོངས་འདི་ཕྱོགས་ཡོངས་ནས་ཕྱི་ཕྱོགས་སུ་སྒོ་འབྱེད་པ་དང་ཕྱི་རྒྱལ་གྱི་མ་དངུལ་ནང་འདྲེན་བྱེད་པའི་ཆ་རྐྱེན་སྣ་ཚོགས་བསྐྲུན་ནས། བོད་ལྗོངས་ཀྱི་དཔལ་འབྱོར་འཛུགས་སྐྲུན་དང་སྤྱི་ཚོགས་གོང་སྤེལ་གཏོང་བ་དང་དུས་མཚུངས། བོད་ལྗོངས་སློབ་གསོའི་མ་དངུལ་གསོག་ཉར་ཚོགས་པ་བཙུགས་ཐོག རྒྱལ་ཁབ་ཀྱི་འབྲེལ་ཡོད་ཁྲིམས་སྲོལ་དང་མི་འགལ་བའི་ཆ་རྐྱེན་འོག མཉམ་འབྲེལ་རྒྱལ་ཚོགས་སོགས་རྒྱལ་སྤྱིའི་ཚོགས་པ་དང་སྟོན་ཐོན་རྒྱལ་ཁབ་ཁག་གི་དཔལ་འབྱོར་གྱིས་ཕྱུག་པའི་ཕྱི་རྒྱལ་པ་དང་། ལྗོངས་ནང་གི་འབྱོར་ཕྱུག་ཁྱིམ་དུད་བཅས་ཀྱི་ལྷག་བསམ་དཀར་པོའི་རོགས་དངུལ་སྟུད་གང་ཐུབ་བྱས་ནས་བོད་ཀྱི་སློབ་གསོ་དར་རྒྱས་སུ་གཏོང་རྒྱུར་ཆ་རྐྱེན་བསྐྲུན་དགོས།

3. སློབ་ཁྲིད་ཀྱི་ཕྱུས་ཚད་ཇེ་མཐོར་གཏོང་དགོས། གོང་དུ་བརྗོད་པ་ལྟར་མིའི་ཕྱུས་ཀ་ཇེ་ལེགས་སུ་གཏོང་རྒྱུ་དེ་རིག་གནས་སློབ་གསོར་ཐད་ཀར་རག་ལས་པ་ཡིན་ན། ཕྱི་ཚུལ་དུ་སློབ་གསོ་སྐྱོང་ཡུལ་ཡོད་པ་ཙམ་གྱིས་ག་ལ་ཆོག དེ་ལས་གལ་ཆེ་བ་ཞིག་ནི་སློབ་གསོ་སྐྱོང་མཁན་གྱི་རིག་པའི་ཆུ་ཚད་དེ་ཚད་ངེས་ཅན་ཞིག་ཏུ་སླེབས་ཐུབ་པ་བྱ་རྒྱུ་དེ་ཡིན་ཅིང་། དེ་ནི་ང་ཚོས་སློབ་གསོ་སྤེལ་བའི་དམིགས་ཡུལ་ཉག་གཅིག་ཡིན། ཡིན་ནའང་ད་ལྟ་བོད་ལྗོངས་སུ་སློབ་གྲྭར་ཞུགས་ཡོད་པའི་སློབ་

མའི་ཚུ་ཚད་ད་ཅང་དམའ་བ་སྟེ། 1991ལོར་རྒྱུགས་སུ་ཞུགས་པའི་སློབ་ཚུང་བ་120953ཡོད་པ་ལས། སློབ་ཚན་ཡོངས་རྫོགས་རྒྱུགས་འཕྲོད་པའི་སློབ་མ་64628ཙམ་ལས་མེད་པ་དང་། དམའ་འབྲིང་བ་15498ཡོད་པ་ལས་སློབ་ཚན་ཡོངས་རྫོགས་རྒྱུགས་འཕྲོད་མཁན་5539མ་གཏོགས་མེད་པ། མཐོ་འབྲིང་བ་4531ཡོད་པ་ལས་སློབ་ཚན་ཡོངས་རྫོགས་རྒྱུགས་འཕྲོད་མཁན་2099ཙམ་ལས་མེད་པ་ལྟ་བུ་རེད། རིག་གནས་ཚུ་ཚད་དམའ་ཞིང་དོ་མི་མཉམ་པའི་རྨང་གཞིའི་སློབ་གསོ་འདི་ལྟ་བུས་མཐོ་རིམ་དང་ཆེད་སྦྱོང་སློབ་གྲྭ་སྣ་ཚོགས་ལ་མཁོ་བའི་ཚད་ལྡན་སློབ་མ་འཐོན་ཐབས་བྲལ་ཞིང་། དཔེ་དེ་བཞིན་དུ་མཐོ་རིམ་དང་ཆེད་སྦྱོང་སློབ་གྲྭ་སྣ་ཚོགས་ལས་ཀྱང་རྨང་གཞིའི་སློབ་གསོར་མཁོ་བའི་སློབ་ཁྲིད་མི་སྣ་དང་དོ་དམ་མི་སྣ་འཐོན་ཐུབ་ཀྱི་མེད་པས། རྨང་གཞིའི་སློབ་གསོ་རྗེས་ལུས་ཡིན་པ་དང་སློབ་གྲྭ་ཆེན་མོ་དང་ཆེད་སྦྱོང་སློབ་གྲྭའི་སློབ་གསོའི་སྤུས་ཚད་དམའ་བ་དེས་བོད་ལྗོངས་ཀྱི་དེང་རབས་ཅན་བཞིའི་འཛུགས་སྐྲུན་ལ་ཐད་ཀར་ཤུགས་རྐྱེན་ཐེབས་ཀྱི་ཡོད།

གནས་ཚུལ་དེ་ཇི་ལྟར་ལེགས་བཅོས་བྱ་དགོས་ཞེ་ན། རྒྱལ་ཁབ་གཞུང་དང་རིམ་པ་སོ་སོའི་འགོ་ཁྲིད་རྣམས་ཀྱིས་བོད་ལྗོངས་ཀྱི་སློབ་གསོའི་བྱ་གཞག་ལ་མཐོང་ཆེན་མཛད་ནས། མི་ཤུགས་དང་དངོས་ཤུགས་ཐད་ཤུགས་ཆེན་པོས་རྒྱབ་སྐྱོར་བྱེད་དགོས་པ་ཕུད། ད་དུང་ངེས་པར་དུ་ཐག་གཅོད་བྱེད་དགོས་པའི་གནད་དོན་གལ་ཆེན་ཞིག་ནི་བོད་ལྗོངས་སུ་སྐད་ཡིག་གང་ལ་བརྟེན་ནས་སློབ་ཁྲིད་བྱ་རྒྱུ་དེ་རེད། ཁོ་བོས་བལྟས་ན། བོད་ལྗོངས་ཀྱི་སློབ་གསོའི་སྤུས་ཚད་དམའ་བ་དང་ཡིག་རྨོངས་པ་ད་དུང་མང་བའི་རྒྱུ་རྐྱེན་གཙོ་བོ་ཞིག་ནི་སློབ་ཁྲིད་ཀྱི་སྐད་ཆ་བོད་ལྗོངས་ཀྱི་སློབ་མ་མང་ཆེ་བའི་སྐད་ཆའི་རྨང་གཞིར་བསྟུན་མི་ཐུབ་པ་དེ་རེད། གཞི་ཁང་རྒྱལ་ཁབ་ཀྱི་རྩ་ཁྲིམས་སུ་མི་རིགས་རང་སྐྱོང་ས་ཁུལ་གྱི་མི་རིགས་ཚང་མར་རང་གི་སྐད་དང་ཡི་གེ་བེད་སྤྱོད་དང་འཕེལ་རྒྱས་གཏོང་བའི་རང་དབང་ཡོད་པའི་སྐོར་འཁོད་

ཡོད་ནའང་། བོད་ཀྱི་སྐད་ཡིག་གི་བྱེད་ནུས་ངོ་མར་རྒྱས་མེད་པའི་མི་ལ་ལ་དང་། ཁྱད་པར་དུ་རང་རིགས་ལས་བྱེད་པ་ཁ་ཤས་ཀྱིས་རྒྱལ་ཁབ་ཀྱི་རྩ་ཁྲིམས་དང་། བོད་རིགས་མང་ཆེ་བའི་སྐད་ཆའི་ཚང་གཞི་དང་རེ་འདུན་ སྣང་མེད་དུ་བཞག་ནས་བོད་མི་རིགས་རང་བཞིན་དུ་གོམས་པའི་སྐད་ཡིག་དེ་སློབ་ཁྲིད་ཡོ་བྱད་དུ་སྤྱོད་རྒྱུར་ཚོད་འཛིན་བྱེད་ཀྱི་ཡོད་པ་རེད། འདི་ནི་བོད་ལྗོངས་ཀྱི་དམངས་ཡོངས་ཀྱི་སློབ་གསོ་ཁྱབ་གདལ་དང་འཕེལ་རྒྱས་གཏོང་རྒྱུར་མི་ཕན་ཞིང་། བོད་རིགས་སློབ་མ་མང་ཆེ་བའི་སྐད་ཆའི་ཆ་རྐྱེན་དང་མི་མཐུན་ལ། མི་རིགས་རང་སྐྱོང་གི་རྩ་ཁྲིམས་དང་འགལ་ཟླར་སོང་ཡོད།

དེར་བརྟེན་བོད་ལྗོངས་སུ་བོད་མི་རིགས་རང་བཞིན་དུ་གོམས་པའི་སྐད་དང་ཡི་གེར་བརྟེན་ནས་སློབ་ཁྲིད་བྱས་ན་སློབ་མས་སློབ་ཚན་གྱི་ནང་དོན་མ་གཏོགས་སྐད་ཆ་སློབ་མི་དགོས་པའི་དགེ་མཚན་ལྷན་ཁར་རང་ཉིད་ལ་བྱུང་ཆ་ཡོད་པའི་སྐད་ཀྱིས་ཁྲིད་ན་གོ་སླ་བས། སློབ་སྦྱོང་གི་བརྩོན་སེམས་དང་མོས་པ་ཇེ་ཆེར་འགྱུར་རྒྱུ་དང་། སློབ་ཁྲིད་ཀྱི་སྤུས་ཚད་ཀྱང་རང་ཤུགས་ཀྱིས་ཇེ་མཐོར་འགྲོ་ངེས་པ་1992ལོར་བོད་སྐད་ཀྱིས་ཁྲིད་པའི་དམའ་འབྲིང་སློབ་མས་ལྗོངས་ཡོངས་ཀྱི་འབྲིང་རིམ་ཆེད་ལས་སློབ་གྲྭར་རྒྱུགས་སྤྲོད་པའི་སྐྱུངས་འབྲས་དེ་རྒྱ་སྐད་ཀྱིས་ཁྲིད་པའི་བོད་རིགས་སློབ་མ་ལས་མཐོ་བ་བྱུང་ཡོད་པ་ལས་བདེན་དཔང་བྱེད་ཐུབ། རྒྱལ་ཡོངས་ཀྱི་གྲངས་ཉུང་མི་རིགས་ཀྱི་ས་ཁུལ་གཞན་ལ་ཆ་མཚོན་ནའང་། གྲངས་ཉུང་མི་རིགས་ཀྱི་སྐད་ཡིག་ཁྱབ་གདལ་བྱས་པ་ཙུང་བཟང་བའི་ས་ཁུལ་དུ་ཡིག་རྨོངས་པ་ཉུང་ཞིང་མང་ཚོགས་ཀྱི་རིག་གནས་ཚད་ཙུང་མཐོ་བ་དང་། གྲངས་ཉུང་མི་རིགས་ཀྱི་ཡི་གེ་ཁྱབ་གདལ་བྱུང་མེད་པའམ་ཁྱབ་སྤེལ་བྱེད་ཀྱི་མེད་པའི་ས་ཁུལ་དུ་ཡིག་རྨོངས་པ་མང་ཞིང་རིག་གནས་ཚད་དམའ་བ་དང་ངོ་མི་མཉམ་པ་ལས་ཀྱང་ཤེས་ཐུབ། མི་རིགས་རང་ཉིད་ཀྱིས་དང་པོ་ཉིད་ནས་གོམས་པའི་སྐད་ཡིག་དེ་

ལེགས་པོ་ཞིག་ཤེས་ན། སྐད་ཡིག་གཞན་སྦྱོང་བའི་གྲོགས་སུ་འགྱུར་བ་ད་ལྟ་རྒྱལ་ཁབ་ཕྱི་ནང་དུ་ཞིབ་འཇུག་བྱས་པའི་འབྲས་བུས་ར་སྤྲོད་ཐུབ་ཡོད།

མདོར་ན། བོད་ལྗོངས་སུ་ཡིག་རྙོངས་སེལ་རྒྱུ་དང་། སློབ་གསོ་དང་ཚན་རིག་ལག་རྩལ་ཁྱབ་གདལ་དང་། ཁྱད་པར་དུ་བོད་མི་རིགས་ཡོངས་ཀྱི་ཚན་རིག་རིག་གནས་ཀྱི་ཚུ་ཚད་ཇེ་ལེགས་སུ་གཏོང་རྒྱུ་བཅས་ཀྱི་ལས་དོན་སྣ་ཚོགས་མངོན་འགྱུར་བྱ་དགོས་ན་ངེས་པར་དུ་བུ་བཙོལ་ཁང་ནས་སློབ་གྲྭ་ཆེན་མོ་བར་དུ་བོད་མི་རིགས་ཀྱི་སྤྱི་སྤྱོད་སྐད་ཡིག་ལ་བརྟེན་ནས་སློབ་ཁྲིད་བྱེད་པའི་སློབ་གསོའི་མ་ལག་ཆ་ཚང་ཞིག་དགོས་ལ། དེ་དང་ཕྱོགས་མཚུངས་བོད་ལྗོངས་ཀྱི་ལས་རིགས་ཁག་སོ་སོར་བོད་ཀྱི་སྐད་ཡིག་གཙོ་བོར་སྤྱོད་པ་དང་། དེ་ལ་ཚོད་འཛིན་མི་ཐེབས་པ་བྱ་དགོས། འདི་ནི་གལ་ཆེན་ནང་གི་གལ་ཆེན་ཞིག་ཡིན། ཐུན་གྱིས་འདི་ལྟར་བཤད་པ་ནི་བོད་ལྗོངས་སུ་བོད་ཀྱི་སྐད་ཡིག་ལས་སྐད་ཡིག་གཞན་པ་སྦྱང་སྦྱོད་བྱེད་མི་དགོས་པའི་དོན་མིན་པར་དེ་ལས་ལྡོག་སྟེ་ད་ལྟ་འཛམ་གླིང་ཐོག་ཚན་རིག་ལག་རྩལ་བྱ་འཕུར་བ་བཞིན་འཕེལ་རྒྱས་འགྲོ་བཞིན་ཡོད་ཅིང་། རིག་གནས་ཚན་རིག་དང་བསམ་བློ་བཟོ་རེས་ཉིན་རེ་བཞིན་ཇེ་མང་ནས་ཇེ་མང་དུ་འགྲོ་བ་དང་། རྒྱལ་ནང་དུ་བསྒྱུར་བཅོས་སྒོ་དབྱེ་བྱས་ནས་རང་རྒྱལ་གྱི་དཔལ་འབྱོར་འཛུགས་སྐྲུན་ལ་ཕན་པའི་མ་དངུལ་དང་རིག་གནས་སྣ་ཚོགས་ནང་འདྲེན་བྱེད་པའི་སྐང་ཡིན་ན། ང་ཚོས་རང་གི་སྐད་ཡིག་ཁོ་ན་སྦྱངས་ནས་བསྡད་ན་འཛམ་གླིང་སྤྱིའི་འཕེལ་རྒྱས་ཀྱི་རྗེས་མི་ཆོད་ལ། བོད་ལྗོངས་འཛུགས་སྐྲུན་བྱེད་པའི་དགོས་མཁོ་དང་ཡང་མི་མཐུན་པས་ང་ཚོས་པཎ་ཆེན་ཨེར་ཏེ་ནི་ཆོས་ཀྱི་རྒྱལ་མཚན་མཆོག་གིས“བོད་ཡིག་ཡག་པོ་སྦྱངས་པའི་རྨང་གཞིའི་སྟེང་ནས་རྒྱ་ཡིག་དང་རྒྱ་སྐད་ཡག་པོ་སྦྱང་དགོས་པ་རེད། དེ་ནས་རང་ལ་ཡོན་ཏན་འཛིན་ཐང་ཡོད་ན་ཕྱི་རྒྱལ་གྱི་སྐད་ཡིག་ལ་སོགས་པའང་སྦྱང་དགོས”ཞེས་གསུངས་པ་ལྟར། བོད་ཀྱི་སྐད་ཡིག་ཐོག་ནས་

སློབ་ཚན་སྣ་ཚོགས་ཁྲིད་པའི་རྨང་གཞིའི་ཐོག་རྒྱའི་སྐད་ཡིག་དང་དབྱིན་ཇིའི་སྐད་ཡིག་སོགས་སྦྱང་རྒྱུར་ཡང་སྔར་ལས་མཐོང་ཆེན་བྱེད་པ་ལས་ལྷོད་གཡེང་ཧོག་ཙམ་ཡང་བྱེད་མི་རུང་། དེ་ཡང་སློབ་མའི་ཤེས་རྟོགས་ཀྱི་ནུས་པར་བསྟུན་པ་དང་གཅིག་གྲོགས་གཅིག་ཏུ་འགྱུར་ཆེད། སློབ་ཆུང་གི་ལོ་རིམ་གསུམ་པ་བཞི་པ་ནས་རྒྱའི་སྐད་ཡིག་འཁྲིད་པ་དང་། མཐོ་འབྲིང་དུ་སླེབས་ཚེ་དབྱིན་སྐད་སོགས་ཕྱི་སྐད་ཀྱང་འཁྲིད་དགོས། དེ་མིན་དམིགས་བསལ་གྱི་དགོས་པ་ཡོད་ཚེ་གང་ལ་གང་དགའ་དང་། གང་ལ་གང་འཚམ་དུའང་ཁྲིད་ནས་དངོས་གནས་གྲུབ་འབྲས་འཐོན་པར་བྱས་ན་ནི་ཅི་འདྲའི་ཉམས་དགའ་བའི་བྱ་བ་ཞིག་རེད་ཨང་།

དགེ་རྒན་རྣམས་ཀྱི་རིག་གནས་ཆུ་ཚད་ཇེ་མཐོར་གཏོང་དགོས། བོད་ལྗོངས་སུ་རྒྱ་ཡིག་ལས་གཞན་སློབ་ཚན་ཚང་མ་བོད་ཀྱི་སྐད་ཡིག་གི་ཐོག་ནས་འཁྲིད་པ་དང་། སློབ་གསོའི་སྤུས་ཚད་མགྱོགས་མྱུར་དུ་ཇེ་མཐོར་གཏོང་དགོས་ན། ཐོག་མར་རིག་གནས་ཀྱི་ཆུ་ཚད་མཐོ་ཞིང་བསམ་བློ་གསོ་སྦྱོང་ལེགས་པོ་ཐེབས་པ། བོད་ལྗོངས་དང་བོད་མི་རིགས་ཀྱི་སློབ་གསོའི་ལས་དོན་གྱི་ཆེད་དུ་མི་ཚེ་འབུལ་ཐུབ་མཁན་གྱི་དགེ་རྒན་དཔུང་སྡེ་ཞིག་ཅིས་ཀྱང་དགོས་ངེས་ཡིན། བོད་ཞི་བས་བཅིངས་འགྲོལ་བཏང་བའི་ཚུན་ལ་རྒྱལ་ཁབ་གཞུང་དང་རང་སྐྱོང་ལྗོངས་སྲིད་གཞུང་གིས་བོད་ལྗོངས་ཀྱི་སློབ་གསོའི་ལས་དོན་ལ་གཟིགས་སྐྱོང་ཆེན་པོ་མཛད་ནས། དགེ་རྒན་མང་པོ་ཞིག་སྐྱེད་སྲིང་བྱས་ཀྱང་བསྒྱུར་བཅོས་སྒོ་འབྱེད་དང་དཔལ་འབྱོར་འཛུགས་སྐྲུན་བྱེད་པའི་གནས་ཚུལ་གསར་པའི་དགོས་མཁོ་དང་བསྡུར་ན་ད་དུང་བར་ཐག་རིང་ཙམ་ཡོད་པ་དང་ཁྱད་པར་དུ་བོད་ཀྱི་སྐད་ཡིག་གི་བྱེད་ནུས་ལ་དུས་ཡུན་རིང་པོར་ངོས་འཛིན་གསལ་པོ་མེད་པ་དང་། བོད་ཀྱི་སྐད་ཡིག་གིས་སློབ་ཁྲིད་བྱེད་པའི་གནས་བབ་གང་འདྲ་ཞིག་ལ་འཛོག་རྒྱུ་གཏན་འབེབས་བྱེད་མ་ཐུབ་པའི་དབང་གིས་དེའི་ཐད་ཀྱི་དགེ་རྒན་གྲངས་འབོར་ཏ་ཙང་ཉུང་ཞིང་ཆུ་ཚད་ཞན་པ་དཔེར་ན། ལྗོངས་

ཡོངས་སུ་དམའ་འབྲིང་ལ་བོད་ཀྱི་སྐད་ཡིག་གིས་སློབ་ཁྲིད་བྱེད་ཐུབ་མཁན་དགེ་རྒན་422མ་གཏོགས་མེད་ཅིང་། དེ་དག་ཁྲོད་ལས་མི་གྲངས་241ལ་རང་ལྗོངས་སློབ་གསོ་ཨུ་ཡོན་ལྷན་ཁང་གིས་1992ལོར་གཅིག་གྱུར་གྱིས་རྒྱུགས་བླངས་སྐབས་མི་གྲངས་47གྱིས་མ་གཏོགས་ཚད་ལྡན་ལག་ཁྱེར་ལོན་ཐུབ་མེད། དེ་ལྟར་ན་བོད་ལྗོངས་ཀྱི་ད་ལྟའི་དམའ་འབྲིང་སློབ་གྲྭ་རེ་ལ་བོད་ཀྱི་སྐད་ཡིག་གིས་སློབ་ཁྲིད་བྱེད་པའི་ཚད་ལྡན་དགེ་རྒན་རེ་གཉིས་ཙམ་ལས་མེད་པ་རེད། མཐོ་རིམ་སློབ་འབྲིང་ལ་བོད་ཀྱི་སྐད་ཡིག་གིས་འཁྲིད་ཐུབ་པའི་དགེ་རྒན་དེ་བས་ཀྱང་ཉུང་བའི་སྣང་ཚུལ་འདིའི་རིགས་འགྱོགས་མྱུར་བསྒྱུར་བཅོས་མ་བྱས་པར་ད་དུང་ལོ་མཐུད་ཆུ་ཚད་འདི་དང་འཕར་ཚད་དེ་མུར་བསྟུད་ན། ད་དུང་དུས་རབས་ཕྱེད་ཙམ་འགོར་རུང་བོད་ལྗོངས་ཀྱི་རྨང་གཞིའི་སློབ་གསོ་ཁྱབ་གདལ་དུ་གཏོང་ཐབས་མེད་ལ། དཔལ་འབྱོར་དར་ཞིང་ཤེས་རིག་ལྡན་པའི་བོད་ལྗོངས་གསར་པ་ཞིག་འཛུགས་སྐྲུན་བྱེད་རྒྱུ་ནི་དེ་བས་ཀྱང་ཚིག་སྟོང་ཙམ་དུ་འགྱུར་ངེས་རེད། དེར་བརྟེན་ད་ཡོད་དགེ་རྒན་རྣམས་ཀྱི་ཕྱོགས་སོ་སོའི་ཆུ་ཚད་ཐབས་ལམ་སྣ་ཚོགས་སྤྱད་དེ་མཐོ་རུ་གཏོང་བའི་རྨང་གཞིའི་ཐོག་བོད་ལྗོངས་སློབ་གྲྭ་ཆེན་མོ་དང་དགེ་འོས་སློབ་གྲྭ་སོ་སོས་དགེ་འོས་ཆེད་སྦྱོང་གི་སློབ་མ་བསྡུ་ཚད་ཇེ་མང་དུ་བཏང་ནས། དུས་ཡུན་ཐུང་ཐུང་ནང་རྨང་གཞིའི་སློབ་གསོའི་དགེ་རྒན་དང་། ཁྱད་པར་དུ་སློབ་འབྲིང་གི་དགེ་རྒན་ཚད་དང་ལྡན་པ་འབོར་ཆེན་ཞིག་སྐྱེད་སྲིང་བྱེད་རྒྱུ་ནི་བོད་ལྗོངས་ཀྱི་སློབ་གསོ་ལེགས་པོར་བསྒྲུབ་རྒྱུའི་ཁ་ཚ་དགོས་གཏུག་གི་ལས་དོན་འགངས་ཆེན་ཞིག་ཡིན་པས། སློབ་གསོའི་འཐབ་ཕྱོགས་ཀྱི་སྡེ་ཁག་སོ་སོས་འདིའི་ཐད་མི་ཤུགས་དང་དངོས་ཤུགས་མང་ཙམ་སྤྱོད་རྒྱུ་ཏ་ཙང་གལ་ཆེ་བར་སེམས།

རྒྱུ་སྒྲུས་ལེགས་ཤིང་ནང་དོན་ཆ་ཚང་བའི་སློབ་དེབ་འདང་ངེས་ཤིག་ཡོད་དགོས། སློབ་དེབ་ནི་སློབ་མས་ཤེས་བྱ་རྒྱུད་རིམ་ལྡན་པ་ཞིག་ཤེས་པར་བྱེད་པའི་ལག་ཆ་གལ་ཆེན་

ཞིག་ཡིན་པས། བོད་ལ་རང་གི་སྐད་ཡིག་གིས་སློབ་ཁྲིད་བྱེད་པའི་སློབ་གསོའི་མ་ལག་ཆ་ཚང་ཞིག་ཆགས་པར་བྱེད་ཅིང་། སློབ་ཁྲིད་ཀྱི་སྤུས་ཚད་ཇེ་མཐོར་བཏང་ནས་མི་རིགས་སྤྱིའི་རྒྱུ་སྤུས་ཇེ་ལེགས་སུ་འགྲོ་དགོས་ན། སློབ་གྲྭ་དང་དགེ་རྒན་ཡོད་པ་ཙམ་གྱིས་མི་ཆོག་པར་ད་དུང་ལོ་རིམ་སོ་སོར་འོས་ཤིང་འཚམ་པའི་སློབ་དེབ་ཆ་ཚང་ཞིག་ཡོད་དགོས། དེས་ན་དགེ་སློབ་རྣམས་ཀྱིས་སློབ་ཁྲིད་བྱེད་པ་ལ་མེད་དུ་མི་རུང་བའི་ཆ་རྐྱེན་དེ་འཛོམས་པའི་ཆེད་དུ། ཞིང་ཆེན་དང་ལྗོངས་ལྔའི་སློབ་དེབ་རྩོམ་སྒྱུར་ཨུ་ཡོན་ལྷན་ཁང་གིས་མ་བསྐུལ་དང་ལེན་གྱིས་གཅིག་གྱུར་གྱི་འཆར་གཞི་བཟོ་བ་དང་བཀོད་སྒྲིག་བྱས་ནས། རང་གིས་རྩོམ་སྒྲིག་བྱེད་ཐུབ་པ་རྣམས་རྩོམ་སྒྲིག་བྱེད་པ་དང་། རྩོམ་སྒྲིག་བྱེད་མི་ཐུབ་པ་རྣམས་གནས་སྐབས་སུ་རྒྱལ་ཡོངས་གཅིག་གྱུར་གྱི་སློབ་དེབ་ཡིག་སྒྱུར་བྱས་ནས་གང་ལ་གང་མཁོ་དེ་ལ་དེ་སྤྲོད་བྱེད་ཐུབ་པ་བྱ་དགོས།

རྒྱུགས་ཀྱི་སྒྲིག་ལམ་དམ་པོ་ཞིག་བཙུགས་ནས་ནན་ཏན་གྱིས་བརྩི་སྲུང་བྱ་དགོས། རྒྱུགས་ལེན་རྒྱུ་ནི་དགེ་རྒན་ལ་མཚོན་ན་རང་གི་སློབ་ཁྲིད་ཀྱི་འབྲས་བུ་རྒྱུས་ལོན་བྱེད་པ་དང་སློབ་ཁྲིད་བྱེད་སྟངས་ཇེ་ལེགས་སུ་བཏང་ནས། སློབ་ཁྲིད་ཀྱི་སྤུས་ཚད་མཐོར་འདེགས་དང་། སློབ་མ་རྣམས་ལ་མཚོན་ན་རང་གིས་སྦྱངས་ཟིན་པའི་ཤེས་བྱ་སྲ་བརྟན་དང་ཇེ་ཟབ་ཏུ་གཏོང་རྒྱུ་དང་། སློབ་སྦྱོང་ཐད་ཡར་ཐོན་གང་འདྲ་བྱུང་བ་དང་ད་དུང་ཞན་ཆ་ཇི་འདྲ་ཡོད་པ་ཕྱོགས་སྡོམ་བྱས་ནས། ཕྱིན་ཆད་ཀྱི་འབད་བརྩོན་བྱ་ཡུལ་ཤེས་རྟོགས་དང་། ཤེས་བྱའི་ཆུ་ཚད་རྒྱུན་ཆད་མེད་པར་ཇེ་མཐོར་གཏོང་བའི་ཐབས་དམ་པ་ཞིག་ཡིན་ཡང་། ད་ལྟ་རང་རེའི་ཁྲོད་དུ་དགེ་སློབ་མི་ཉུང་བ་ཞིག་གིས་དེ་འགྲོ་ལུགས་ཙམ་དུ་བྱས་ནས། སློབ་མ་མི་ཉུང་བ་ཞིག་གིས་རྒྱུགས་གཞི་དཀའ་མིན་དེ་དགེ་རྒན་བཟང་མིན་གྱི་ཚད་གཞིར་བཟུང་སྟེ་རྒྱུགས་གཞི་མདོར་བསྡུས་ཤིག་བཏོན་ནས་སྐར་གྲངས་མང་པོ་སྟེར་མཁན་ལ"དགེ་རྒན

སེམས་དཀར”གྱི་མཚོན་སྟན་སྒྲོན་ཅིང་། དགེ་བའི་སེམས་ཀྱིས་རྒྱུགས་ལ་ཅུང་ཟད་གཟབ་ནན་བྱེད་པ་དང་སློབ་མའི་ཚུ་ཚད་དངོས་ལ་གཞིགས་ནས་སྐར་མ་སྟེར་མཁན་ལ“དགེ་རྒན་སེམས་ནག”གི་མིང་དུ་འབོད་ཀྱི་ཡོད། དེ་དང་འདྲ་བར་དགེ་རྒན་མི་ཉུང་བ་ཞིག་གིས་ཀྱང“དགེ་རྒན་བཟང་པོའི”མཚོན་སྟན་འཐོབ་ཆེད། རྒྱུགས་གཞི་མདོར་བསྡུས་བཏོན་ནས་སློབ་མར་སྐར་གྲངས་མང་པོ་སྟེར་བ་དང་། ཐ་ན་འཛིན་གྲྭའི་ནང་རྒྱུགས་མི་འཁྲིད་པ་གཅིག་ཀྱང་མེད་པར་བྱ་རྒྱུ་དེ་རྩ་དོན་ཞིག་ཏུ་རྩི་བཞིན་ཡོད། འདི་ནི་ད་ཆ་དགེ་རྒན་མང་པོ་ཞིག་གི་ཁྲོད་དུ་ལུགས་སྲོལ་ལྟ་བུར་གྱུར་ཡོད། “སྲོལ་བཟང”འདི་ལྟ་བུའི་མཐའ་འབྲས་ནི་ཕྱི་ཚུལ་ཐོག་དགེ་རྒན་གྱི་སྟང་བརྟན་ལེགས་ཤིང་སློབ་མའི་རྒྱུགས་འབྲས་ཀྱི་སྐར་གྲངས་མཐོ་ཡང་། དོན་དངོས་ཐོག་སློབ་མའི་ཚུ་ཚད་ཞན་པ་དེ་རེད། དེར་བརྟེན་སློབ་ཁྲིད་ཀྱི་སྤུས་ཚད་ཇེ་ལེགས་སུ་འགྲོ་དགོས་ན། དང་ཐོག་རང་རེའི་ཐུན་མོང་མ་ཡིན་པའི“སྲོལ་བཟང”འདི་ངེས་པར་མགྱོགས་མྱུར་དང་བསྒྱུར་བཅོས་བྱ་དགོས། དེ་ཡང་ང་ཚོ་དགེ་སློབ་ཚང་མས་བོད་མི་རིགས་སྤྱི་དང་མི་རབས་རྗེས་མའི་རྒྱུ་སྤུས་ཇེ་ལེགས་སུ་གཏོང་བའི་དོན་ཆེན་ལ་དམིགས་ནས། རང་རྟོགས་ཀྱིས་རྒྱུགས་ཀྱི་སྒྲིག་ལམ་བརྩི་སྲུང་བྱེད་པ་དང་། ནན་ཏན་གྱིས་རྒྱུགས་ཀྱི་བྱ་བ་ལེགས་པོར་བསྒྲུབས་ནས་རྒྱུགས་ཀྱི་དགོས་པ་ཡོངས་སུ་འགྲུབ་པར་བྱེད་པར་མ་ཟད། རྒྱུགས་འབྲས་དེ་སློབ་མའི་ལོ་རིམ་འཕར་ཆག་དང་སློབ་གྲྭ་མཐར་ཕྱིན་པ། ལས་བགོས་བཀྲུག་རྒྱུ་བཅས་དང་འབྲེལ་བ་དམ་པོ་བྱས་ན་རང་རེའི་སློབ་ཁྲིད་ཀྱི་སྤུས་ཚད་ཇེ་མཐོར་འགྲོ་བའི་སྣན་དུ་འགྱུར་བར་སྙམ།

དེ་ལྟར་གོང་འོག་ཚང་མས་འབད་པ་དང་ཕྱོགས་སོ་སོའི་རྒྱབ་སྐྱོར་ལ་བརྟེན་ནས། བོད་ཀྱི་སྐད་ཡིག་སྤྱད་ནས་སློབ་ཁྲིད་བྱེད་པའི་སློབ་གསོའི་མ་ལག་ཆ་ཚང་ཞིག་ཆགས་པ་དང་། དམངས་ཡོངས་ཀྱི་སློབ་གསོ་ཁྱབ་གདལ་དུ་བཏང་སྟེ། བོད་

འཕངས་སྤྱིའི་ཤེས་རིག་གི་ཆུ་ཚད་མཐོར་འདེགས་བྱུང་ན། མགྱོགས་མྱུར་ངང་ཕྱུན་ཟླ་མི་རིགས་གཞན་དང་མཉམ་དུ་བཅོས་སྒྱུར་སྒོ་འབྱེད་དང་དཔལ་འབྱོར་འཛུགས་སྐྲུན་བྱེད་པའི་གོམ་པ་སྤོ་ཐུབ་རྒྱུ་མ་ཟད། སྟོབས་འབྱོར་ཆེ་ཞིང་ཤེས་རིག་དར་བའི་བོད་ལྗོངས་གསར་པ་ཞིག་འཛུགས་སྐྲུན་བྱེད་ཐུབ་ངེས་ཡིན་པས། རྒྱལ་ཁབ་དང་བོད་ལྗོངས་མི་དམངས་ཀྱི་བདེ་སྡུག་ལ་དངོས་གནས་ཐུགས་ཁུར་མཛད་མཁན་རྩ་འཛུགས་དང་མི་ཡོད་དོ་ཅོག་གིས་འདིའི་ཕྱོགས་ལ་བརྩོན་པ་ཆེར་སྐྱེད་གནང་རྒྱུའི་སྨོན་འདུན་ཞུའོ།། །།

ཞེས་1993ལོའི་ཟླ་3པར་གྲོང་ཁྱེར་ཟི་ལིང་ནས།

༄༅། །མཐོ་རིམ་སློབ་གྲྭའི་བོད་ཡིག་ཆེད་ལས་བཅོས་སྒྱུར་སྐོར་གྱི་བསམ་ཚུལ་འགའ།

ལོ་འཁོར་ལྔ་བཅུ་ཙམ་གྱི་དུས་ཡུན་ནང་ཧང་དང་རྒྱལ་ཁབ་ཀྱི་གཟིགས་སྐྱོང་དང་རྒྱབ་སྐྱོར་ཤུགས་ཆེན་པོའི་འོག་དང་། དུས་སྐབས་སོ་སོའི་འབྲེལ་ཡོད་འགོ་ཁྲིད་དང་ཆེད་ལས་མི་སྣ་རྣམས་ཀྱིས་དཀའ་སྤྱད་འབད་བརྩོན་ལ་བརྟེན་ནས། མི་རིགས་སློབ་གྲྭ་ཆེན་མོ་སོ་སོ་མེད་པ་ནས་ཡོད་པ་དང་ཡོད་པ་ནས་འཕྲུས་ཚང་འཕེལ་རྒྱས་སུ་ཕྱིན་ཏེ་བོད་ཀྱི་ལས་རིགས་ཁག་ལ་ཤེས་ལྡན་མི་སྣ་འབོར་ཆེན་ཞིག་སྐྱེད་སྲིང་བྱས་པ་དེས་བོད་ཀྱི་རིག་གནས་འཛིན་སྐྱོང་སྤེལ་གསུམ་བྱེད་པ་དང་། དཔལ་འབྱོར་འཛུགས་སྐྲུན་བྱེད་པ། སྤྱི་ཚོགས་བརྟན་འཇགས་ཡོང་བ་བཅས་ལ་བསྐྱོན་དུ་མེད་པའི་བྱས་རྗེས་ཆེན་པོ་བསྐྲུན་པ་ནི་ཀུན་གྱིས་མཁྱེན་གསལ་ལྟར་རེད། ཡིན་ནའང་སྤྱི་ཚོགས་འཕེལ་རྒྱས་ཀྱི་དགོས་མཁོ་དང་། སློབ་གསོ་དེང་རབས་ཅན་ལ་ཁ་ཕྱོགས་པ་དང་། འཛམ་བུ་གླིང་ལ་ཁ་ཕྱོགས་པ། མ་འོངས་པར་ཁ་ཕྱོགས་པའི་བླང་བྱ་ལྟར་ན། མི་རིགས་སློབ་གྲྭ་ཆེན་མོ་སོ་སོའི་བོད་ཡིག་སྡེ་ཁག་གི་སློབ་ཁྲིད་འཆར་གཞི་དེ་སྟབས་སྟུན་སྣ་མང་མིན་ལ། སློབ་ཚན་ལ་ལའི་འཁྲིད་ཡུན་རིང་ཞིང་སྤྱོད་གོ་ཆུང་བ། སློབ་ཁྲིད་ཀྱི་ནང་དོན་དཀའ་ཞིང་བློས་སྐྱོན་ཡོད་པ། སློབ་དེབ་རྙིང་ཞིང་ཆེ་ཞིང་ཆེད་སྤྱོད་མིན་པ་ལ་སོགས་པའི་གནད་དོན་ཡོད་པ་རེད། དེས་ན་དུས་སྐབས་གསར་པའི་བླང་བྱ་ལྟར་རྒྱུགས་སྤྲོད་སློབ་གསོ་དེ་རྒྱུ་སྤྲུས་སློབ་གསོར་བསྒྱུར་ནས། དེང་རབས་སྤྱི་ཚོགས་ལ་མཁོ་བ་ཆེ་བའི་ཤེས་ལྡན་མི་སྣ་མང་པོ་སྐྱེད་སྲིང་བྱ་

དགོས་ན། ཐོག་མར་ངེས་པར་དུ་ད་ལྟ་གནས་བཞིན་པའི་གནད་དོན་འདི་རྣམས་བཅོས་བསྒྱུར་བྱ་རྒྱུ་གཙོར་བཟུང་ནས་སློབ་གསོ་བཅོས་བསྒྱུར་བྱ་དགོས།

དང་པོ། སྐབས་སྟུན་སྣ་མང་དང་ཁྱབ་རྒྱ་ཡངས་པའི་སློབ་ཁྲིད་འཆར་གཞི་ཞིག་འགོད་དགོས།

སློབ་ཁྲིད་འཆར་གཞི་ནི་སློབ་ཁྲིད་ལ་མེད་དུ་མི་རུང་བའི་ཆ་རྐྱེན་ཞིག་ཡིན་ཞིང་། ལས་རིགས་གང་ཕྱོགས་ཀྱི་མི་སྣ་སྐྱེད་སྲིང་བྱེད་རྒྱུ་ནི་སློབ་ཁྲིད་འཆར་གཞིར་རག་ལས་པ་དང་། སློབ་ཁྲིད་འཆར་གཞི་ལེགས་མི་ལེགས་དེ་སློབ་མའི་མདུན་ལམ་དང་སྡེ་ཁག་རང་རང་འཕེལ་རྒྱས་བྱེད་ཐུབ་མིན་དང་ཡུན་རིང་བརྟན་གནས་ཡོང་ཐུབ་མིན་ལ་རག་ལས་པས། སློབ་ཁྲིད་བཅོས་བསྒྱུར་བྱེད་ན་ཐོག་མར་ངེས་པར་དུ་སློབ་ཁྲིད་འཆར་གཞི་ལེགས་སྒྲིག་བྱེད་དགོས། དེས་ན་ད་ལྟ་ང་ཚོ་མི་རིགས་སློབ་གྲྭ་ཆེན་མོ་སོ་སོའི་བོད་ཡིག་སྡེ་ཁག་གི་སློབ་ཁྲིད་འཆར་གཞི་ཕལ་ཆེ་བ་ནི་ལོ་རིམ་གཅིག་རེའམ་ཡང་ན་འགའ་རེར་འཆར་གཞི་གཅིག་བཀོལ་བར་མ་ཟད། འཆར་གཞི་རེར་སྒྲིང་ཕྱོགས་ཀྱང་གཅིག་རེ་ལས་མེད་པས་སློབ་མར་འདེམ་གསེས་ཀྱི་གོ་སྐབས་ཞིན་ཏུ་ཉུང་། དུས་ཡུན་རིང་པོར་འཆར་གཞི་གཅིག་བཀོལ་བ་དང་འཆར་གཞིར་བཀོད་པའི་སློབ་ཚན་ཡིན་ཕྱིན་འདེམ་གསེས་མེད་པར་ངེས་པར་བསླབ་དགོས་པ་དེས་སློབ་མས་རང་གི་དགའ་ཕྱོགས་དང་སྤྱི་ཚོགས་ཀྱི་མཁོ་བ་ལྟར་སློབ་སྦྱོང་བྱེད་ཐབས་བྲལ་བས། སློབ་མའི་རྒྱུ་སྤུས་བཟང་དུ་གཏོང་བ་དང་ལས་ཀ་གང་འཚམ་དུ་བགོ་བར་དམན་པའི་རྐྱེན་དུ་གྱུར། འོ་ན་དུས་སྐབས་གསར་པའི་ བླང་བྱ་དང་མཐུན་པའི་སློབ་ཁྲིད་འཆར་གཞི་ཇི་འདྲ་ཞིག་བཟོ་དགོས་ཤེ་ན། བོད་ཀྱི་སྲོལ་རྒྱུན་རིག་གནས་རྒྱུད་འཛིན་དང་བོད་ཡིག་སྡེ་ཁག་གི་ཐུན་མོང་མ་ཡིན་པའི་ཁྱད་

ཚོས་འགྱུར་དུ་ཐོན་པའི་རྨང་གཞིའི་སྙིང་དེང་རབས་སྤྱི་ཚོགས་སུ་ཤེས་ལྡན་མི་སྣ་གང་ལ་གང་མཁོ་དེ་ལ་དེ་སྤྲོད་བྱ་བའི་ཆེད་དུ། སློབ་ཁྲིད་འཆར་གཞི་ལོ་རེ་རེར་བཟོ་བཅོས་བྱེད་ཅིང་རྒྱལ་ཁབ་སློབ་གསོ་ཕྱོགས་ཡིས་གཏན་ལ་ཕབ་པའི་སྤྱི་སྤྱོད་སློབ་ཚན་དང་རྨང་གཞིའི་སློབ་ཚན་རྣམས་ཚན་རིག་དང་མཐུན་པར་བཀོད་སྒྲིག་བྱས་པའི་རྨང་གཞིའི་སྙིང་སློབ་ལོ་གསུམ་པ་དང་བཞི་པར་འདེམས་སྤྱོད་སློབ་ཚན་གང་ལ་གང་མཁོ་ལྟར་བཀོད་སྒྲིག་བྱས་ཏེ། འཛིན་གྲྭ་གཅིག་གི་ཁྲོད་དུ་སྤྱོད་ཕྱོགས་གསུམ་ཡན་གྱི་སློབ་ཚན་ཡོད་པར་བྱེད་ཅིང་། སློབ་མས་སྤྱི་སྤྱོད་སློབ་ཚན་དང་རྨང་གཞིའི་སློབ་ཚན་ལེགས་པོར་སྦྱངས་པའི་རྨང་གཞིའི་སྙིང་། རང་རང་གི་དགའ་ཕྱོགས་དང་། རྨང་གཞི། ནུས་པ། གཤིས་རྒྱུད་བཅས་ལྟར་སྦྱངས་ཕྱོགས་གསུམ་ལས་གང་རུང་ཞིག་འདེམས་ཚོག་པར་བྱ་དགོས། དཔེར་ན། སློབ་ཚན་འདེམས་སྤྱོད་བྱེད་ཚེ་འཛིན་གྲྭ་གཅིག་ནང་ཁག་ཅིག་གིས་དགེ་རྒན་ཆེད་ལས་ཀྱི་སློབ་ཚན་འདེམས་སྤྱོད་བྱེད་པ་དང་། ཁག་ཅིག་གིས་གསར་འགྱུར་དང་རྩོམ་སྒྲིག་ཕྱོགས་ཀྱི་སློབ་ཚན་འདེམས་སྤྱོད་བྱེད་པ། ཁག་ཅིག་གིས་ཚོས་ལུགས་དང་ལྗོངས་རྒྱུ་ཕྱོགས་ཀྱི་སློབ་ཚན་འདེམས་སྤྱོད་བྱེད་པ། ཁག་ཅིག་གིས་སྲིད་འཛིན་ཕྱོགས་ཀྱི་སློབ་ཚན་འདེམས་སྤྱོད་བྱེད་པ། ཁག་ཅིག་གིས་བོད་རིག་པའི་ཞིབ་འཇུག་ཕྱོགས་ཀྱི་སློབ་ཚན་འདེམས་སྤྱོད་བྱས་ཆོག་པ་བཅས་བྱ་དགོས། དེ་ལྟར་བྱས་ན་སློབ་མའི་སློབ་སྦྱོང་གི་རང་འགུལ་རང་བཞིན་ཇེ་མཐོར་འགྲོ་བ་དང་བརྩོན་སེམས་འཕེལ་བ། དུས་ཚོད་དང་བློ་ཤུགས་དགོས་མེད་དུ་ཆུད་ཟོས་མི་བྱེད་པ། སྤྱི་ཚོགས་ཀྱི་མི་སྣའི་དགོས་མཁོ་སྐོང་བ་བཅས་ལ་འདང་ཕན་པ་རྒྱ་ཆེན་པོ་ཡོད་པ་རེད།

གཉིས་པ། སློབ་ཁྲིད་ཀྱི་དུས་ཚོད་བཀོད་སྒྲིག་ལུགས་མཐུན་བྱས་ནས་ཆེད་ལས་ཀྱི་ཁྱབ་རྒྱ་ཇེ་ཡངས་སུ་གཏོང་དགོས།

བོད་ཡིག་སྡེ་ཁག་གི་སློབ་མས་རྒྱལ་ཁབ་སློབ་གསོ་ལྷུའུ་ཡིས་གཏན་ལ་ཕབ་པའི་སྤྱི་སྦྱོང་སློབ་ཚན་མ་ལུས་པར་བསླབ་དགོས་པར་མ་ཟད། རྒྱའི་སྐད་ཡིག་ཀྱང་ཅུང་ཟད་ཆ་ཚང་ཞིག་བསླབ་དགོས་པས། ཆེད་ལས་གཞན་ལས་སློབ་ཁྲིད་ཀྱི་དུས་ཚོད་ལྔ་བཅུ་ཙམ་ཞིག་ལྷག་མ་དགོས་པ་རེད། འདི་འདྲའི་གནས་ཚུལ་འོག་ཏུ་ཆེད་ལས་ཀྱི་ཁྱབ་རྒྱ་ཇེ་ཡངས་སུ་གཏོང་དགོས་ན་ད་ཡོད་ཀྱི་སློབ་ཚན་ལ་ལའི་འཁྲིད་ཡུན་ཇེ་ཐུང་དུ་མ་བཏང་ཐབས་མེད་རེད། འོ་ན་སློབ་ཚན་གང་དག་གི་དུས་ཚོད་ཇེ་ཐུང་དུ་གཏོང་དགོས་ཞེ་ན། ཁོ་བོས་བསམས་ན་བོད་ཡིག་སྡེ་ཁག་གི་སློབ་ཁྲིད་འཆར་གཞི་བཟོ་བ་དང་སློབ་ཚན་བཀོད་སྒྲིག་བྱེད་ཚེ། སློབ་འབྲིང་གི་རྨང་གཞི་དང་སྤྱི་ཚོགས་ཀྱི་དགོས་མཁོར་དམིགས་དགོས་པར་མ་ཟད། བོད་ཀྱི་དགོན་སྡེ་སོ་སོའི་སྦྱོང་བྱང་ཡང་བསམ་བློ་གཏོང་དགོས་སྙམ། སློབ་གྲྭ་ཆེན་མོར་དཔྱིས་ཕྱིན་པ་ཞིག་སྦྱོང་བར་དགེ་རྒན་དང་དུས་ཚོད་སོགས་ཀྱི་ཆ་རྐྱེན་མི་འཛོམ་ཙང་། དགོན་སྡེ་སོ་སོར་ཆ་ཚང་ཞིང་དཔྱིས་ཕྱིན་པ་ཞིག་འཆད་ཉན་བྱེད་ཐུབ་པའི་སློབ་ཚན་ཏེ《གྲུབ་མཐའ》ལྟ་བུ་ཡིན་ན། འཁྲིད་ཡུན་ཇེ་ཐུང་དུ་བཏང་ཙང་སྐྱོན་ཆེར་མེད་པར་སྙམ། རྒྱུ་མཚན་ནི། བོད་ཀྱི་སྤྱི་ཚོགས་ཧྲིལ་པོའི་ཆ་ནས་བལྟས་ན་རིག་གནས་དེ་འཛིན་སྐྱོང་སྤེལ་གསུམ་བྱེད་མཁན་ཡོད་པའི་ཕྱིར་རོ། །ཡང་གཅིག་བཤད་ན། སློབ་གྲྭ་ཆེན་མོ་པ་རྣམས་ཀྱིས་དུས་ཡུན་ཐུང་ཐུང་ལོ་བཞིའམ་ལྔའི་རིང་ལ་སྐད་ཡིག་གསུམ་དང་སློབ་ཚན་སུམ་ཅུ་ལྷག་བསླབ་དགོས་པས། སློབ་ཚན་དེ་དག་དུས་ཚོད་མང་པོར་བཀོད་སྒྲིག་བྱས་ཤིང་ལྟང་བྱ་མཐོན་པོ་བཏོན་ཙང་རེ་མོས་ཚོམ་པའི་འབྲས་བུ་སྨིན་

ཐབས་བྲལ་བར་འདོད། དེས་ན་དགོན་སྡེ་སོ་སོར་གནའ་ནས་རྒྱང་གཞི་བརྟན་པོ་ཡོད་ཅིང་ད་ལྟའང་ཁྲིད་རྒྱུན་མ་ཆད་པར་ཁྱབ་སྤེལ་གང་ལེགས་བྱེད་པ་དང་ཡང་ན་བྱེད་ཐུབ་པའི་སློབ་ཚན་གྱི་འཁྲིད་ཡུན་ཇེ་ཐུང་དུ་བཏང་ནས་སློབ་ཚན་གསར་པ་དང་ཡང་ན་སྤྱི་ཚོགས་ཐོག་སྤྱོད་གོ་ཆེ་བའི་སློབ་ཚན་ཇེ་མང་དུ་བཏང་ན་བོད་ཀྱི་རིག་གནས་ཆ་ཚང་ཞིང་ཚད་མཐོན་པོའི་ངང་འཕེལ་རྒྱས་སུ་འགྲོ་བར་ཕན་པར་སྙམ།

གསུམ་པ། རྒྱང་གཞིའི་སློབ་ཚན་འཐུས་ཚང་དུ་བཏང་ནས་སློབ་མའི་རྒྱུ་སྲུས་ཇེ་བཟང་དུ་གཏོང་དགོས།

ཉེ་བའི་ལོ་འགའི་རིང་རྟོག་དཔྱད་བྱས་པ་ལྟར་ན། མི་རིགས་སློབ་གྲྭ་ཆེན་མོ་སོ་སོའི་བོད་ཡིག་སྡེ་ཁག་གི་སློབ་མ་རྣམས་རྒྱ་སྐད་ཀྱི་འབྲེལ་འདྲིས་ནུས་པ་ཞན་པ་དང་། ལོ་ངོ་དུ་མའི་སློབ་ཁྲིད་ཀྱི་ལག་ལེན་ལས་བལྟས་ན་ང་ཚོའི་སློབ་མའི་ནང་དོན་རིག་པའི་རྒྱང་གཞིའི་ཤེས་བྱ་ཞན་པས། སློབ་ཚན་མང་པོ་སློབ་ཁྲིད་བྱེད་པ་དང་ཁྱད་པར་དུ་གནའ་རབས་རྩོམ་རིག་སློབ་ཁྲིད་དང་། རོལ་མོ། དཔྱད་འཇོག་བཅས་བྱེད་པར་དཀའ་ཁག་ཆེན་པོ་འབྱུང་བ་རེད། དེས་ན་སློབ་མའི་འབྲེལ་འདྲིས་ནུས་པ་ཇེ་ཆེར་གཏོང་ཆེད། རྒྱའི་སྤྱི་སྐད་ཀྱི་སློབ་ཚན་ཞིག་སློབ་ལོ་དང་པོའམ་གྲ་སྒྲིག་ཚན་ཁག་གི་སྐབས་སུ་ཁ་གསབ་བཀོད་སྒྲིག་བྱས་ཏེ་འཆད་ཉན་གྱི་སྦྱོང་བརྡར་བྱས་ན། སློབ་རིམ་རྗེས་མར་རྒྱ་སྐད་ཀྱིས་ཁྲིད་པའི་སློབ་ཚན་ལ་ཡང་གོ་བ་ལོན་པ་དང་རྒྱ་སྐད་ཀྱི་འབྲེལ་འདྲིས་ནུས་པའང་ཇེ་ཆེར་འགྲོ་ངེས་རེད། དཔེ་དེ་བཞིན་དུ་ཆོས་ལུགས་རིག་པ་སྤྱི་བཤད་ལྟ་བུའི་སློབ་ཚན་ཞིག་ཀྱང་ངེས་པར་མཁོ་ཆེ་བར་སྙམ། ཚང་མས་ཤེས་གསལ་ལྟར་བོད་འདིར་བཙིངས་འགྲོལ་མ་བྱས་གོང་ལ་ཆོས་སྲིད་ཟུང་འབྲེལ་གྱི་ལམ་ལུགས་ལག་བསྟར་བྱེད་ཀྱིན་ཡོད་པས། ཆོས་ལུགས་

དང་མ་འབྲེལ་བའི་རྩོམ་རིག་མེད་པ་སྟེ་ཆོས་གཞུང་གི་དགོངས་དོན་མཚོན་པའི་བརྩམས་ཆོས་ཡིན་པ་རེད། དེར་བརྟེན་ཆོས་ལུགས་རིག་པའི་གཞི་རྩའི་ཤེས་བྱ་ཙམ་ཡང་མ་ཤེས་ན། གནའ་རབས་རྩོམ་རིག་གི་བརྗོད་བྱའི་ནང་དོན་དང་བརྗོད་བྱའི་བསྟན་དོན་ཡང་དག་པར་རྟོགས་དཀའ་བ་སྨོས་མ་དགོས་ཤིང་། བོད་ཀྱི་གནའ་རབས་རྩོམ་རིག་ལ་ཕྱོགས་ཡོངས་ནས་རྒྱུས་ལོན་བྱེད་པ་དང་། མཁས་པ་སྔ་རབས་རྣམས་ཀྱི་བཟང་གི་ཉམས་མྱོང་ཕྱོགས་སྡོམ་དང་དེར་སློབ་སྦྱོང་བྱས་ཏེ་དེང་རབས་རྩོམ་རིག་འཕེལ་བའི་རྒྱུ་རྐྱེན་འགྱུར་ཆེད། གནའ་རབས་རྩོམ་རིག་སོགས་ཆོས་ལུགས་ཀྱི་གཞུང་དང་འབྲེལ་བའི་སློབ་ཚན་རྣམས་མ་ཁྲིད་སྔོན་ལ་ཆོས་ལུགས་རིག་པ་སྤྱི་བཤད་ཀྱི་སློབ་ཚན་ཞིག་ཁ་གསབ་ཀྱིས་ཁྲིད་ན་ཚན་རིག་དང་མཐུན་པའི་སྒོ་ནས་བོད་ཀྱི་སྲོལ་རྒྱུན་རིག་གནས་སྤྱི་ལ་རྒྱུས་ལོན་དང་ཞིབ་འཇུག་བྱེད་པར་ཡང་ཕན་པ་ཆེན་པོ་ཡོད་པར་འདོད། གཞན། ཅུན་ཧོང་གཏེར་ཡིག་དང་། བཙན་པོའི་དུས་སྐབས་ཀྱི་རྡོ་རིང་ཡི་གེ་དང་བྲག་བརྐོས་ཡི་གེ །བརྩམས་ཆོས་ལག་བྲིས་མ་བཅས་ནི་དུས་སྐབས་དེ་རང་ལ་ཡི་གེར་བཀོད་པ་དང་། བརྗོད་བྱའི་ནང་དོན་དག་ཅིང་རྫོད་བྱེད་སྐད་ཡིག་ལ་དུས་རབས་ཀྱི་ཁྱད་ཆོས་ལྡན་པས་བོད་ཀྱི་སློབ་གསོ་དང་རིག་གནས། ཞིབ་འཇུག་སོགས་བྱ་བ་བྱེད་མཁན་ཚད་ལྡན་ཞིག་སྐྱེད་སྲིང་བྱེད་པར་ངེས་པར་རྟོགས་དགོས་པའི་སྔོན་འགྲོའི་ཆ་རྐྱེན་དུ་གྱུར་པ་ཡིན་ན། དེའི་སྐོར་གྱི་སློབ་ཚན་གང་ལ་གང་འཚམ་རེ་ཁྲིད་སྦྱོང་བྱ་རྒྱུའང་ཤིན་ཏུ་གལ་ཆེ་བར་མཐོང་།

བཞི་པ། གཞུང་ཚད་རན་པའི་ཆེད་སྦྱོད་སློབ་དེབ་ཆ་ཚང་ཞིག་རྩོམ་སྒྲིག་བྱ་དགོས།

ལོ་ངོ་བཅུ་ལྷག་གི་རིང་ལ་དུས་སྐབས་སོ་སོའི་ཆེད་ལས་པ་རྣམས་ཀྱིས་དུས་ཀྱི་འགྱུར་བ་དང་། སྤྱི་ཚོགས་ཀྱི་དགོས་མཁོ། སློབ་མའི་རྒྱང་གཞི། མ་འོངས་པའི་རེ་འདུན་སོགས་ལ་དམིགས་ཤིང་། མེས་པོ་རྣམས་ཀྱི་མཛད་རྗེས་ཀྱི་རྒྱང་གཞིའི་སྟེང་འཛམ་གླིང་གི་སྔོན་ཐོན་མི་རིགས་གཞན་ལ་དཔེ་བལྟས་ཤིང་དེ་དག་གི་རིག་གནས་ལེགས་ཆ་ནང་འདྲེན་བྱས་ནས། དུས་རབས་དང་འཚམ་པའི་སློབ་དེབ་མང་པོ་རྩོམ་སྒྲིག་བྱས་པ་དང་། ཁྱད་པར་དུ་ཧང་གི་ཀྲུང་ཝུ་ཚང་འཛོམས་གྲོས་ཚོགས་ཐེངས་གསུམ་པའི་རྗེན་ལ་རྒྱང་གཞིའི་སློབ་ཚན་གྱི་སློབ་དེབ་གསར་པ་མང་དུ་བརྩམས་ཤིང་། སྔ་ན་མེད་པའི་གཞུང་ལུགས་སློབ་དེབ《རྩོམ་འཇུག》དང《རྩོམ་རིག་རྣམ་བཤད》《སྐད་བརྡ་རིག་པ》《སྤྱི་ཚོགས་སྐད་བརྡ་རིག་པ》《བོད་ཀྱི་ལོ་རྒྱུས》《ཡིག་སྒྱུར་གཞུང་ལུགས》《རྩོམ་རིག་ལོ་རྒྱུས》སོགས་ཀྱང་རྩོམ་སྒྲིག་བྱས་ནས་དངོས་སུ་པར་སྐྲུན་འགྲེམ་སྤེལ་བྱས་པ་དེས་བོད་ཡིག་སྟེ་ཁག་སོ་སོའི་སློབ་དེབ་དངོས་གཞི་ཅན་དང་། ཚད་ལྡན་ཅན། ཆ་ཚང་ཅན་དུ་འགྱུར་བར་གོམ་པ་ཆེན་པོ་ཞིག་སྤོས་པར་མ་ཟད། སློབ་ཁྲིད་ཀྱི་རྒྱུ་སྒྲུས་ལེགས་སུ་འགྲོ་བ་དང་། ཕུལ་དུ་བྱུང་བའི་སྤྲོལ་རྒྱུན་རིག་གནས་འཛིན་སྐྱོང་སྤེལ་གསུམ་བྱེད་པ། འཛམ་གླིང་སྟེང་དར་ཁྱབ་ཆེ་བའི་རིག་གནས་ལེགས་ཆ་སློབ་སྦྱོང་བྱེད་པ་བཅས་ལའང་ནུས་པ་བརྗོད་ཀྱིས་མི་ལང་བ་ཐོན་དང་འཐོན་བཞིན་ཡོད་པ་ནི་ཀུན་ལ་གསལ་ཞིང་ཡིད་སྨོ་བའི་གནས་ཤིག་རེད།

ཡིན་ནའང་བོད་ཀྱི་རིག་གནས་འཕེལ་རྒྱས་ཀྱི་དགོས་མཁོ་དང་དུས་རབས་ཀྱི་བླང་བྱའི་ངོས་ནས་བལྟས་ན། ང་ཚོའི་སྦྱང་བྱ་ལ་ལ་ནང་དོན་འཕྲུས་ཚང་དུ་གཏོང་

བ་དང་རྫོད་ཐབས་ལེགས་བཅོས་བྱ་དགོས་པའི་ཕྱོགས་ཀྱང་ཡོད་པར་ངེས། དཔེར་ན《སྣན་ངག་མེ་ལོང》ལ་མཚོན་ན། ཚིག་རྒྱན་དང་རྩོམ་རིག་གཞུང་ལུགས། རྩོམ་འཇུག་སོགས་ཀྱི་ནང་དོན་འདུས་པས། དེའི་ཁྱད་རྒྱན་སྤེལ་བ་ལ་བརྟེན་ནས་བོད་ཀྱི་མཁས་པ་རྣམས་རྩོམ་པ་ལ་འཇུག་པའི་སྒོ་མོ་ཆེས་ཆེར་ཕྱེས་ཤིང་། གཞུང་དེའི་འཁྲིད་སྟོན་འོག་བོད་རྩོམ་གྱི་སྐད་ཆའི་ཉམས་དང་སྒྱུ་རྩལ་གྱི་ཁྱད་ཆོས། ཚིག་གི་ཕྲེང་བ་སོགས་ལ་འཕེལ་འགྱུར་ཆེན་པོ་བྱུང་ནས། སྔ་ན་མེད་པའི་རྩོམ་གཤིས་གསར་པ་དང་། རྩོམ་ལུགས་གསར་པ། རྩོམ་ལུས་གསར་པ་བྱུང་སྟེ། བོད་ཀྱི་རྩོམ་རིག་དེ་དམངས་ཁྲིད་རྩོམ་རིག་དང་འགྱུར་རྩོམ་གཙོ་བོ་ཡིན་པ་ནས་བོད་རང་གི་མཁས་པའི་བརྩམས་ཆོས་གཙོ་བོ་ཡིན་པའི་ཕྱོགས་སུ་སྤེལ་བ་ཡིན། ཡིན་ནའང་ཚིག་རྒྱན་རིག་པའི་ངོས་ནས་བལྟས་ན《སྙན་ངག་མེ་ལོང》བོད་དུ་འགྱུར་ནས་རྒྱ་བོད་ཐུན་མོང་གི་སྐད་ལ་ཡོད་པའི་ཚིག་རྒྱན་ལ་རིགས་པའི་གཞུང་ལུགས་ཡོད་པར་གྱུར་པ་དང་ཆབས་ཅིག གཞུང་དེར་མ་འདུས་པའི་བོད་ཀྱི་ཐུན་མོང་མ་ཡིན་པའི་ཚིག་རྒྱན་རྣམས་བདག་མེད་དུ་བསྐྱུར་ནས་ད་ལྟའི་བར་བོད་ཀྱི་ཚིག་རྒྱན་རིག་པའི་གྲས་སུ་ཚུད་མེད་པ་ནི་ང་ཚོ་ཕྱི་རབས་པ་རྣམས་ཀྱི་སྐྱོན་མཚང་ཡིན་ལ། ཡང་གཅིག་བཤད་ན་སྤྱི་ལོ་ཆིག་སྟོང་བཞི་བརྒྱ་ཙམ་གྱི་སྔ་རོལ་དུ་རྒྱ་གར་གྱི་རྒྱལ་ཁྲན་ཞིག་གི་སྲས་སྲས་མོའི་སློབ་དེབ་ཏུ་བརྩམས་པའི་སྙན་གཞུང་དེ་ད་ལྟ་ད་དུང་འཕྲི་སྣོན་ཅི་ཡང་མེད་པའི་སྒོ་ནས་སློབ་གྲྭ་ཆེན་མོ་སོ་སོའི་སློབ་དེབ་བྱེད་པ་ནི་མི་རིགས་གཞན་གྱི་མདུན་དུ་ངོ་གནོང་དགོས་པ་ཞིག་ཀྱང་རེད་སྙམ། དེས་ན《སྙན་ངག་མེ་ལོང》ལས་བོད་ཀྱི་སྐད་ལ་འཕྲོད་ཅིང་རྒྱུགས་ཆེ་བའི་ཚིག་རྒྱན་རྣམས་གཞིར་བྱས་ཐོག་གཞུང་དེར་མ་ཚུད་པའི་བོད་རང་གི་ཐུན་མོང་མ་ཡིན་པའི་ཚིག་རྒྱན་རྣམས་འཚོལ་སྡུད་བྱས་ནས། དེར་མཐུན་པའི་མཚན་ཉིད་དང་ཚུལ་ཇི་ལྟར་སྦྱོང་བའི་གཞུང་ལུགས་རྩོམ་ཞིང་སློབ་དེབ་ཏུ་བཙུག་ནས་ཁྱད་རྒྱན་སྤེལ་ན་མི་རིགས་དང་

དུས་རབས་ཀྱི་ཁྱད་ཆོས་ལྡན་པའི་རྩོམ་རིག་འབྱུང་བར་སྨན་གྱི་ནུས་པ་འདོན་པར་འདོད།

ཡང་བཟོ་སྒྲོད་རིག་པར་མཚོན་ནའང་སློབ་དཔོན་ཐོན་མིས་ལོ་ངོ་ཆིག་སྟོང་བཞི་བརྒྱ་ཙམ་གྱི་སྔོན་དུ་སྐབས་དེའི་བོད་སྐད་ཀྱི་ཆོས་ཉིད་ལྟར་སུམ་རྟགས་གཉིས་བརྩམས་པ་ནས་བཟུང་བོད་ལ་བཟོ་སྒྲོད་རིག་པའི་སློབ་དེབ་ཡོད་པར་གྱུར་ཅིང་། དེར་འགྲེལ་པ་འགྲེལ་བཤད་བརྩམས་ནས་ཁྲིད་རྒྱུན་སྤེལ་བ་དེས་བོད་ཀྱི་བཟོ་སྒྲོད་རིག་པའི་ཆོས་ཉིད་རྒྱུས་ལོན་དང་། བོད་ཀྱི་སྐད་ཆ་གཅིག་གྱུར་དང་ཚད་གཞི་ཅན་དུ་འགྱུར་བ་སོགས་ལ་ཕན་ནུས་གཞལ་དུ་མེད་པ་ཐོན་དང་འཐོན་བཞིན་ཡོད་པ་ནི་ཀུན་གྱིས་མཁྱེན་པ་ལྟར་ཡིན་ཡང་། ལོ་ངོ་ཆིག་སྟོང་ལྷག་རིང་བོད་ཀྱི་སྐད་ཆའང་དུས་དང་སྤྱི་ཚོགས་ཀྱི་འཕེལ་འགྱུར་དང་། ཁྱད་པར་དུ་ཕྱོགས་ཀྱི་མི་རིགས་རྣམས་ལ་འབྲེལ་འདྲིས་དང་དེ་དག་གི་སྐད་ཡིག་སློབ་སྦྱོང་བྱས་པར་བརྟེན་ནས་རྒྱུན་ཆད་མེད་པར་འཕེལ་རྒྱས་བྱུང་བས། སློབ་དཔོན་ཐོན་མས་བརྩམས་པའི་སུམ་རྟགས་སུ་དེའི་ཚུན་དུ་བོད་ཀྱི་བཟོ་སྒྲོད་ལ་འཕེལ་འགྱུར་བྱུང་བའི་ཆ་དེ་འདུས་མེད་པར་མ་ཟད། དེ་ཁ་སྐད་དང་ཡིག་སྐད་བར་གྱི་ཁྱད་པར་ཇེ་ཆེར་གཏོང་བའི་རྒྱུར་ཡང་འགྲོ་བ་རེད། ཡང་གཅིག་བཤད་ན་ལོ་ངོ་ཆིག་སྟོང་བཞི་བརྒྱའི་སྔོན་དུ་བརྩམས་པའི་བཟོ་སྒྲོད་རིག་པ་དེ་འདེམ་གསེས་ཅི་ཡང་མེད་པར་ད་ལྟ་ད་དུང་ཇི་མ་ཇི་བཞིན་དུ་སློབ་རིམ་འགའི་སློབ་མར་སྦྱོད་པའི་སྣང་ཚུལ་འདི་ལས་ཐོན་མིའི་བཟོ་སྒྲོད་ཀྱི་ཆེ་བ་མཚོན་པ་དང་མཉམ་དུ་ང་ཚོ་ཕྱི་རབས་པའི་སྐྱོན་མཚང་ཡང་མངོན་པ་རེད།

སྐད་ཆའི་འགྱུར་བ་དང་བསྟུན་ནས་ཐ་སྙད་བཀག་བཅད་དང་བཟོ་སྒྲོད་དག་བཅོས་བྱེད་པའམ་འཕྲུས་ཚང་དུ་གཏོང་བ་ནི་སྐད་ཆ་འཕེལ་རྒྱས་དང་ཚད་གཞི་ཅན་དུ་འགྱུར་བའི་དགོས་མཁོ་ཡིན། ད་ར་སློབ་དཔོན་ཐོན་མིས་བོད་ཡིག་གསར་

བཟོ་མཛད་པ་ནས་ལོ་ཙཱ་བ་རྣམ་པ་ལ་ན་དྲའི་བར་དུ་སྐད་གསར་བཅད་ཐེངས་གསུམ་བྱེད་དོན་ཡང་དེ་ཡིན། ལོ་ངོ་བརྒྱ་ཕྲག་འགའི་དུས་ཡུན་ལ་སྐད་གསར་བཅད་ཐེངས་གསུམ་བྱས་པ་དེ་ལས་སྐད་ཆ་ནི་སྒྲི་ཚོགས་འཕེལ་རྒྱས་དང་བསྟུན་ནས་རྒྱུན་ཆད་མེད་པར་འཕེལ་འགྱུར་བྱེད་པ་དང་། ཐ་སྙད་དང་བརྡ་སྤྲོད་ནི་སྐད་ཀྱི་འགྱུར་བ་ལྟར་རྒྱུན་ཆད་མེད་པར་དག་བཅོས་དང་འཕྲུས་ཚང་དུ་གཏོང་དགོས་པ་མངོན་པར་རྟོགས། དེས་ན་བོད་ཀྱི་བརྡ་སྤྲོད་རིག་པ་དང་སྐད་བརྡ་རིག་པའི་མཁས་པ་རྣམ་པས་ད་ལྟའི་བོད་སྐད་སྤྱི་ལ་ཞིབ་འཇུག་གང་ལེགས་བྱས་ནས། སློབ་དཔོན་ཐོན་མིའི་ཚུན་ཆད་ལ་བོད་སྐད་ལ་འཕེལ་འགྱུར་བྱུང་བའི་ཆ་རྣམས་འཚོལ་སྡུད་བྱེད་ཅིང་། དེ་ལས་ད་ལྟའི་སྐད་ལ་རྒྱུགས་ཆེ་ཞིང་སྤྱོད་རྒྱ་ཡངས་པའི་རྣམ་དབྱེ་དང་ཚིག་ཕྲད་སོགས་གཞུང་ལུགས་ཀྱི་སྒོ་ནས་གཏན་ལ་འབེབས་པ་དང་། སློབ་དཔོན་ཐོན་མིའི་བརྡ་སྤྲོད་གཞུང་ལ་ཁ་གསབ་བྱས་ཏེ། བོད་སྐད་འཕེལ་རྒྱས་ཀྱི་འགྲོས་དང་མཐུན་ཞིང་དུས་རབས་ཀྱི་ཁྱད་ཆོས་ལྡན་པ། སྤྱི་ཚོགས་ཀྱི་བཀོལ་སྤྱོད་དགོས་མཁོ་སྐོང་ཐུབ་པ་བཅས་ཀྱི་བརྡ་སྤྲོད་པའི་གཞུང་ཞིག་རྩོམ་གང་ཐུབ་བྱེད་རྒྱུ་ནི་ལོ་རྒྱུས་ཀྱི་ལས་འགན་ཡིན་ལ། ཁ་སྐད་དང་ཡིག་སྐད་བར་གྱི་ཁྱད་པར་ཇེ་ཆུང་དུ་གཏོང་བ། བོད་ཀྱི་རིག་གནས་སྤྱི་ཁྱབ་སྤེལ་བྱེད་པར་ཡང་ཕན་ནུས་རྒྱ་ཆེན་པོ་འཐོན་པར་སྙམ།

ཡང་། བོད་ཀྱི་གནའ་རབས་རྩོམ་རིག་གི་སློབ་དེབ་ཏུ་སྤྱོད་པའི《གངས་ལྗོངས་མཁས་དབང་རིམ་བྱོན་གྱི་རྩོམ་རིག་གསེར་གྱི་སྦྲམ་བུ》བྱ་བའང་རྩོམ་པ་པོས་བོད་མི་རིགས་ཀྱི་རིག་གནས་སྲོལ་རྒྱུན་འཛིན་སྐྱེལ་ལེགས་པོ་བྱེད་པ་དང་། བོད་ཀྱི་རྩོམ་རིག་ལ་རྒྱས་ཆུང་བ་གཞན་གྱི་མཐོང་རྒྱ་ཆེར་བསྐྱེད་པ། བོད་ཀྱི་རྩོམ་རིག་ལ་དགའ་ཞེན་ཆེ་བའི་བློ་གསལ་གཞོན་ནུ་རྣམས་ལ་སློབ་སྦྱོང་གི་མཐུན་རྐྱེན་བསྒྲུབ་པ་བཅས་ཀྱི་དོན་དུ་ལོ་འཁོར་དུ་མའི་རིང་ལ་དཀའ་བ་ཆེར་སྤྱད་ཀྱིས་བོད་ཀྱི་མཁས་དབང་

བདུན་ཅུ་ལྷག་གི་ཕྲུག་རྩོམ་བརྒྱ་ཕྲག་གཉིས་ལ་ཉེ་བ་ཞིག་འདེམས་སྒྲིག་བྱས་པར་མ་ཟད། རྩོམ་པ་པོ་རེ་རེའི་ལོ་རྒྱུས་མདོར་བསྡུས་དང་། རྩོམ་ཡིག་ལས་གོ་དཀའ་བའི་ཐ་སྙད་རྣམས་ལ་མཆན་འགྲེལ་བརྩམས་ཡོད་པས། བོད་ཀྱི་གནའ་རབས་རྩོམ་རིག་ལ་སློབ་སྦྱོང་དང་རྒྱུས་ལོན། ཞིབ་འཇུག་བཅས་བྱེད་པའི་དཔྱད་གཞི་རིན་ཐང་བྲལ་བ་ཞིག་ཡིན་མོད། འོན་ཀྱང་དེ་ནི་སློབ་གྲྭ་ཆེན་མོའི་སློབ་མར་ཆེད་དུ་དམིགས་ནས་བསྒྲིགས་པའི་སློབ་དེབ་མིན་ལ། དེའི་ནང་དུ་བརྩམས་ཆོས་མང་དྲགས་པས་སློབ་དེབ་བྱེད་མི་བདེ་བ་དང་། བརྩམས་ཆོས་མང་ཆེ་བ་གཞུང་ཚད་རིང་བས་ལོ་གཉིས་ཀྱི་སློབ་ཡུན་ལ་སློབ་ཚན་ཉི་ཤུ་ལས་འཁྲིད་མི་ཐུབ། བརྩམས་ཆོས་མང་ཆེ་བ་གཞུང་ཆེན་པོ་དང་སྦྲེར་ནས་བརྩམས་ཡོད་པའི་དབང་གིས་སློབ་ཁྲིད་བྱེད་པར་དཀའ་ཁག་མང་བ་རེད། དེས་ན《གངས་ལྗོངས་མཁས་དབང་རིམ་བྱོན་གྱི་རྩོམ་ཡིག་གསེར་གྱི་སྦྲམ་བུ》ནང་གི་བརྩམས་ཆོས་གཞིར་བཟུང་ཐོག དུས་སྐབས་སོ་སོ་དང་གྲུབ་མཐའ་སོ་སོར་ཁྱབ་ཅིང་། རྩོམ་ལུས་སོ་སོ་འདུས་ལ། སྤྱི་ཚོགས་ཀྱི་འཚོ་བ་སྣ་ཚོགས་མཚོན་པ། བརྩམས་ཆོས་ཀྱི་གཞུང་ཚད་འཚམ་ལ་རྩོམ་རིག་གི་བྲོ་བ་ཆེ་བའི་བརྩམས་ཆོས་གྲགས་ཅན་གང་ལ་གང་འཚམ་དུ་བདམས་ནས། གནའ་རབས་རྩོམ་རིག་གི་ཆེད་སྦྱོད་སློབ་དེབ་ཅིག་རྩོམ་སྒྲིག་བྱ་རྒྱུ་ཡང་དགོས་གལ་ཤིན་ཏུ་ཆེ་བ་རེད། སློབ་དེབ་དེ་ལྟ་བུར་བརྟེན་ནས་སློབ་ཁྲིད་བྱས་ན་སློབ་མ་རྣམས་ཀྱིས་བོད་ཀྱི་ལོ་རྒྱུས་དུས་སྐབས་སོ་སོ་དང་གྲུབ་མཐའ་མི་འདྲ་བའི་རྩོམ་ལུས་སྣ་ཚོགས་ལ་སློབ་སྦྱོང་དང་རྒྱུས་ལོན། རོལ་སྒྲོང་བཅས་བྱེད་པར་ཕན་ཞིང་། སློབ་མའི་རྩོམ་རིག་གསར་རྩོམ་དང་དཔྱད་བརྗོད། ཞིབ་འཇུག་བཅས་ཀྱི་ནུས་པའང་མཐོ་རུ་འགྲོ་ངེས་རེད།

གོང་དུ་བརྗོད་པ་ནི་ལོ་མང་པོའི་སློབ་ཁྲིད་ཀྱི་བྱ་རིམ་དང་སློབ་ཁྲིད་འཆར་གཞི་དག་བཅོས་བྱེད་པའི་ལག་ལེན་ཁྲོད་བྱུང་བའི་ཉམས་སྣང་ཙམ་ཡིན་ཞིང་། དེ་

ལས་མ་ངེས་མ་དག་པའི་སྐྱོན་གྱི་དྲི་མའང་མཆིས་སྲིད་ཀྱང་། ཆང་ངན་ཉུང་སྐྱུ་ཡི་སྣ་འདྲེན་དུ་དམིགས་ནས་ཡིད་ལ་གང་སྣང་ཇི་བཞིན་དུ་གཟུར་གནས་བློ་ལྡན་རྣམས་ཀྱི་སྤྱན་སྔར་ཕུལ་བ་ཡིན་ན། བོད་ཀྱི་སྐད་ཡིག་ཆེད་ལས་འདི་ཕྱོགས་ཡོངས་ནས་འཕེལ་རྒྱས་སུ་འགྲོ་ཆེད་ལྷག་བསམ་དཀར་པོས་ཞུ་དག་དང་མཛུབ་སྟོན་གནང་བར་མཛོད།། །།

ཞེས་2000ལོའི་ཟླ་དང་པོར་གྲོང་ཁྱེར་ཟི་ལིང་ནས།

༄༅། །བོད་ཀྱི་སྲོལ་རྒྱུན་རིག་གནས་རྒྱུན་འཛིན་བྱེད་སྟངས་སྐོར་གྱི་བསམ་ཚུལ་འགའ།

བོད་མི་རིགས་ནི་མདོ་དབུས་མཐོ་སྒང་དུ་གདོད་མ་ནས་འཚོ་བའི་མི་རིགས་ཤིག་ཡིན་ཞིང་། མི་རིགས་འདིས་ལོ་ངོ་ཁྲི་ཕྲག་མང་པོའི་རིང་ལ་མདོ་དབུས་མཐོ་སྒང་གི་རང་བྱུང་ཁོར་ཡུག་དང་། འཚོ་བའི་ཆ་རྐྱེན། ཤེས་རིག་གི་ཆུ་ཚད་སོགས་དང་མཐུན་པའི་དངོས་པོའི་རིག་གནས་དང་། བསམ་བློའི་རིག་གནས། ངོ་དམ་རིག་གནས་བཅས་གསར་གཏོད་ནང་འདྲེན་བྱས་ཤིང་། དེ་ལ་བརྟེན་ནས་རང་ཉིད་འཚོ་གནས་དང་འཕེལ་རྒྱས་སུ་བཏང་སྟེ་མདོ་དབུས་མཐོ་སྒང་གི་བདག་པོ་དང་། འཛམ་གླིང་གི་ཤེས་རིག་བང་མཛོད་ཕུན་སུམ་ཚོགས་པོར་གཏོང་བའི་མི་རིགས་ཁྱད་པར་ཅན་ཞིག་ཏུ་གྱུར། དེས་ན་སྲོལ་རྒྱུན་རིག་གནས་དེ་ལྟ་བུ་སྲུང་སྐྱོབ་བྱེད་པའི་དགོས་གལ་གླིང་མཁན་རྒྱལ་ཁབ་ཕྱི་ནང་ཀུན་ཏུ་མང་མོད། དེ་རྒྱུན་འཛིན་དང་དར་སྤེལ་ཇི་ལྟར་བྱེད་པར་ཞིབ་འཇུག་གནང་མཁན་ཏ་ཅང་ཉུང་བས། རྒྱལ་ཁབ་ཕྱི་ནང་གི་བོད་ཀྱི་རིག་གནས་སྤྱིའི་གནས་བབ་གཞིར་བཟུང་ནས། དེ་ཇི་ལྟར་རྒྱུན་འཛིན་བྱེད་སྟངས་སྐོར་ལ་རང་གི་བསམ་ཚུལ་འགའ་བརྗོད་ན་འདི་ལྟར།

དང་པོ། ཞིབ་འཇུག་ཡོད་པའི་སྒོ་ནས་རྒྱུན་འཛིན་བྱེད་དགོས།

དེ་ཡང་སངས་རྒྱས་བཅོམ་ལྡན་འདས་ཞལ་ནས། "དགེ་སློང་དག་དང་མཁས་

ནམས་ཀྱིས། །བསྲེགས་བཅད་བརྡར་བའི་གསེར་བཞིན་དུ། །ལེགས་པར་བརྟགས་ལ་ང་ཡི་བཀའ། །བླང་བར་བྱ་ཡི་གུས་ཕྱིར་མིན། །”ཞེས་གསུངས་པ་དང་། འཇིག་རྟེན་གཏམ་གྱི་དཔེ་ལའང་། “བྱ་བ་ཀུན་ལ་དཔྱད་པ་ཐོངས། །འཇིག་རྟེན་ཁམས་ལ་ལྟད་མོ་ལྟོས། །”ཟེར་བ་བཞིན་སྲོལ་རྒྱུན་རིག་གནས་ལ་བརྟག་གཞིག་དང་ཞིབ་འཇུག་བྱེད་པ་ནི་དེ་ཉིད་རྒྱུན་འཛིན་བྱེད་པའི་སྔོན་འགྲོའི་ཆ་རྐྱེན་ནམ་རྨང་གཞི་སྟེ། སྲོལ་རྒྱུན་རིག་གནས་ལ་ཞིབ་འཇུག་གཏིང་ཟབ་པ་དང་ཡང་དག་པ་ཞིག་བྱས་པ་ལ་བརྟེན་ནས། དེའི་ནང་དོན་དང་། ངོ་བོ། བྱེད་ནུས། ཁྱད་ཆོས་སོགས་ཕྱོགས་བསྡོམས་དང་། ངོས་འཛིན། གཏན་འབེབ་བཅས་བྱ་དགོས། དེ་ལྟར་བྱས་ན་ད་གཟོད་སྲོལ་རྒྱུན་རིག་གནས་གང་ཞིག་རང་བྱུང་ཁོར་ཡུག་དང་གནམ་གཤིས་ཀྱི་འགྱུར་ལྡོག འཚོ་བའི་ཆ་རྐྱེན། ཤེས་རིག་གི་ཆུ་ཚད། སྤྱི་ཚོགས་ཀྱི་འཕེལ་འགྱུར་སོགས་དུས་རབས་ཀྱི་བབ་དང་མཐུན་ཞིང་རྒྱུན་འཛིན་གྱི་རིན་ཐང་ཆེ་བ་དང་། གང་ཞིག་སྤྱི་ཚོགས་འཕེལ་རྒྱས་ཀྱི་བབ་དང་མི་འཕྲོད་པ་གསལ་པོར་རྟོགས་ཐུབ་པས། རྒྱུན་འཛིན་བྱེད་མིན་གྱི་འདེམ་ག་བྱེད་བདེ་བ་ཡིན།

དེས་ན་སྲོལ་རྒྱུན་རིག་གནས་ལ་ཞིབ་འཇུག་བྱེད་པར་ཐོག་མར་དེ་ལ་མཐོང་ཆེན་བྱས་ནས་འཚོལ་སྡུད་དང་སྲུང་སྐྱོབ་བྱ་དགོས། འདི་ནི་རྨང་གཞིའི་རྨང་གཞི་ཡིན། འདི་ནི་རྩ་བའི་རྩ་བ་རེད། རང་རེའི་ངག་རྒྱུན་དུ། “གནའ་བརྗོད་མེད་ན་ད་བརྗོད་མེད།” ཟེར་བས་དོན་འདི་བསྟན་ལ། ཨ་མེ་རི་ཁར་ལོ་ངོ་ལྔ་བཅུ་འཁོར་བའི་ཁང་རྙིང་ཞིག་ཡིན་ཀྱང་། རིག་རྫས་སུ་བརྩིས་ནས་དེའི་སྒྲིག་གཞི་གཏོར་བཤིག་བྱས་མི་ཆོག་པའི་ཁྲིམས་ཀྱི་གཏན་ཁེལ་ཡོད་པ་ལས་ཀྱང་སྲོལ་རྒྱུན་རིག་གནས་ཀྱི་གལ་ཆེན་རང་བཞིན་མཚོན་ཡོད། དེས་ན་སྲོལ་རྒྱུན་རིག་གནས་ལ་ཞིབ་འཇུག་ཇི་ལྟར་བྱ་དགོས་ཟེར་ན། ཐོག་མར་འཚོལ་སྡུད་སྲུང་སྐྱོབ་ཀྱི་སྔོན་འགྲོའི་ལས་ཀ་དེ་ལེགས་པོར་བསྒྲུབས་ཐོག སྲོལ་རྒྱུན་རིག་གནས་སྤྱི་དང་ཁྱད་པར་དུ་དེ་རྒྱུན་འཛིན

ཇི་ལྟར་བྱེད་སྟངས་ལ་ཞིབ་འཇུག་ཟབ་མོ་བྱ་དགོས། དེ་ཡང་གཅིག་ནས་རྒྱལ་ཁབ་ཕྱི་ནང་གི་འབྲེལ་ཡོད་རིག་ཚན་གྱི་ཆེད་གཉེར་མཁས་པ་འདུས་པའི་ཐུན་མོང་གི་རྩ་འཛུགས་ཡོད་པ་དང་། དམིགས་གཏད་ཡོད་པ། བླང་བྱ་ཡོད་པ་བཅས་ཀྱི་སྒོ་ནས་ཞིབ་འཇུག་བྱ་དགོས། གཉིས་ནས"གཏམ་ཐམས་ཅད་འདོད་པའི་ཕྱོགས་ལ་བཤད། །མི་ཚང་མ་ཕྱུག་པོའི་བུ་ལ་དགའ། །"ཞེས་པའི་རྗེས་སུ་མ་སོང་བར་རྒྱལ་སྤྱི་དང་རྒྱལ་ཁབ་རིམ་པའི་ལས་གཞིའམ། ཞིང་ཆེན་དང་དམངས་ཁྲོད་ཀྱི་ཆེད་དོན་ལས་གཞིར་བཟུང་ནས་ཞིབ་འཇུག་བྱ་དགོས། གསུམ་ནས་རྒྱལ་ཁབ་ཀྱི་ཐབས་ཇུས་ཀྱི་དགོས་མཁོ་དང་སྲོལ་རྒྱུན་རིག་གནས་ཀྱི་འཕེལ་རྒྱས་ཟུང་དུ་སྦྲེལ་ནས་ཞིབ་འཇུག་བྱ་དགོས། བཞི་ནས་སྲོལ་རྒྱུན་རིག་གནས་ཀྱི་རིག་གཞུང་ཉིང་བཅུད་དང་དེང་རབས་སྤྱི་ཚོགས་ཀྱི་དོན་དངོས་ཟུང་དུ་སྦྲེལ་ནས་ཞིབ་འཇུག་བྱ་དགོས། ལྔ་ནས་སྲོལ་རྒྱུན་རིག་གནས་ཡོངས་སུ་མི་ཉམས་པ་དང་། རྣམ་པར་འཕེལ་བ་དམིགས་སུ་བཟུང་ནས་ཞིབ་འཇུག་བྱ་དགོས། དེ་ལྟར་བྱས་ན་བོད་ཀྱི་སྲོལ་རྒྱུན་རིག་གནས་འཛིན་སྐྱོང་སྤེལ་གསུམ་ཇི་ལྟར་བྱེད་པར་ཐུགས་ཁུར་མཛད་མཁན་རྣམས་ལ་གྲོས་འདོན་ནམ་ཕྱོགས་སྟོན་གྱི་ནུས་པ་འཐོན་པ་སྟེ་ངེས་པ་དོན་གྱི་འབྲས་བུ་སྨིན་ཐུབ་པར་སྙམ།

གཉིས་པ། འདེམ་གསེས་ཡོད་པའི་སྒོ་ནས་རྒྱུན་འཛིན་བྱེད་དགོས།

སྲོལ་རྒྱུན་རིག་གནས་ལ་ཞིབ་འཇུག་ལེགས་པོ་བྱས་པའི་རྨང་གཞིའི་སྟེང་སྙིགས་དོར་རམ་འདེམ་གསེས་ཡོད་པའི་སྒོ་ནས་རྒྱུན་འཛིན་བྱེད་པ་ལས། སྲོལ་རྒྱུན་རིག་གནས་ཡོད་དོ་ཅོག་གཅིག་ཀྱང་མ་ལུས་པ་དང་། ཐབས་དང་རྣམ་པའང་ཇི་མ་ཇི་བཞིན་དུ་རྒྱུན་འཛིན་བྱ་དགོས་ཟེར་ན། དེ་ནི་གནས་ལུགས་མེད་པའི་བླང་བྱ་

ཞིག་ཡིན་པར་མ་ཟད། ལག་ལེན་དུ་འང་འདེབས་དཀའ་བར་སྣམ། རྒྱུ་མཚན་ནི་སྲོལ་རྒྱུན་རིག་གནས་གང་ཞིག་ཡིན་ཏུང་དུས་རབས་ངེས་ཅན་ཞིག་གི་ཐོན་དངོས་ཡིན་ལ། དེ་ཉིད་གསར་གཏོད་བྱེད་ཚེ་སྐབས་དེའི་མིའི་རིགས་ཀྱི་དངོས་པོའི་འཚོ་བ་དང་། བསམ་བློའི་འཚོ་བའི་དགོས་མཁོ་ངེས་ཅན་ཞིག་ལ་དམིགས་ནས་གསར་གཏོད་བྱས་པས། དུས་སྐབས་དེ་རང་དང་དེའི་རྗེས་ཀྱི་དུས་ཡུན་ངེས་ཅན་ཞིག་ལ་ཕན་ནུས་ཆེན་པོ་བསྐྱེད་ཅིང་བསྐྱེད་སྲིད་པ་ནི་སྨོས་ཅི་འཚལ། ཡིན་ན་ཡང་འཛིག་རྟེན་གྱི་བྱ་དངོས་གང་ཞིག་ཡིན་ཏུང་འགྱུར་བའི་རང་བཞིན་ཅན་ཡིན་ན། མིའི་རིགས་ཀྱི་རང་བྱུང་ཁོར་ཡུག་ལ་འགྱུར་ལྡོག་བྱུང་བ་དང་། ཤེས་རིག་གོང་དུ་འཕེལ་བ། དངོས་པོའི་ཆ་རྐྱེན་ཇེ་ལེགས་སུ་གྱུར་པ། བསམ་བློའི་འདུ་ཤེས་ལ་འཕོ་འགྱུར་བྱུང་བ། ཡང་ན་སྲོལ་རྒྱུན་རིག་གནས་རང་སྟེང་གི་བྱེད་ནུས་དང་རིན་ཐང་སོགས་ལ་འཕེལ་འགྱུར་བྱུང་བ་དང་བསྟུན་ནས། སྲོལ་རྒྱུན་གྱི་རིག་གནས་ཁ་ཤས་དང་དེའི་མཚོན་སྟངས་ཀྱང་དུས་རབས་ཀྱི་མཁོ་བའམ་བླང་བྱ་དང་མི་འཚམ་པར་གྱུར་པ་རེད།

དཔེར་ན་དམར་མཆོད་ཀྱི་རིག་གནས་ལ་མཚོན་ན། གདོད་མའི་དུས་སུ་མི་རིགས་ཀུན་ལ་དར་ཁྱབ་ཆེ་བའི་རིག་གནས་ཤིག་ཡིན་པར་མ་ཟད། དུས་རབས་སོ་སོར་ཤེས་རིག་དར་རྒྱས་བྱུང་བ་དང་ཆབས་ཅིག བཀག་འགོག་དང་བཅོས་བསྒྱུར་བྱས་མྱོང་བ་ཞིག་སྟེ། 《སྲིད་པ་སྤྱི་མདོ》ལས་སྟོན་པ་གཤེན་རབ་ཀྱིས"བདུད་བོན་གྱི་དམར་ཐབས་ལ། །གཤེན་རབ་ནི་ཅི་དགྱེས་ཏེ། །ཁྱབ་པ་ནི་ཚོམ་ལ་ཕབ། །འབྲུ་དཀར་གྱི་གཏོར་མས་མཆོད། །དམར་ཐབས་ཀྱི་འདྲེས་བྱུང་ན། །གཤེན་ལྷ་ལ་ནོངས་པ་མཐོལ། །གདོན་བོན་གྱི་ཤ་ཚུའི་སྐྱེམས། །གཤེན་རབ་ནི་ཅི་དགྱེས་ཏེ། །གདོན་འདྲེ་ནི་ཚོམ་ལ་ཕབ། །འབྲུ་དཀར་གྱི་ཕྱུ་ཏིས་མཆོད། །ཤ་ཚུ་ཡི་འདྲེས་བྱུང་ན། །གཤེན་ལྷ་ལ་ནོངས་པ་མཐོལ། །"ཞེས་གསུང་དུང་བོན་གྱི་སྟོན་པ་གཤེན་

རབ་མ་ཕྱིན་གོང་དུ་བདུད་པོན་དང་། གདོན་པོན། བཙན་པོན་བཅས་ཀྱིས་སེམས་ཅན་གྱི་རིགས་འགའ་ཞིག་བསད་ནས་ཤ་ཏྲུས་ཀྱི་མཆོད་པ་འབུལ་བ་དང་། ཤ་ཚུ་སྟེ་ཁྲག་གི་སྐྱེམས་མཆོད་པའི་སྲོལ་ཡོད་པ་དང་། སྟོན་པ་གཤེན་རབ་སྲོལ་དེ་ལ་མ་དགྱེས་པར་བདུད་པོན་དང་གདོན་པོན་སོགས་ཆམ་ལ་ཕབ་ཅིང་། སེམས་ཅན་རིགས་འགའ་ཞིག་བསད་ནས་ཤ་ཏྲུས་ཀྱི་མཆོད་པ་བྱེད་སྲོལ་དེའི་ཚབ་ཏུ་དཀར་གཏོར་གྱིས་འཛུགས་པར་བྱས་པ་དང་། ཁྲག་གི་སྐྱེམས་འབུལ་སྲོལ་དེའི་ཚབ་ཏུ་འབྲུ་ཆང་གིས་འཛུགས་པར་བྱས་པ་བསྟན་ལ། 《མཁའ་འགྲོ་ཡེ་ཤེས་མཚོ་རྒྱལ་གྱི་རྣམ་ཐར》ལས། སྔོན་ཀར་ཤུ་བོ་སྟོང་ཕྲག་གཅིག་དུས་གཅིག་ཏུ་སྐྱེ་བཅད་ནས་ཤ་ཁྲག་གི་མཆོད་པ་འབུལ་བ། དགུན་ཁར་གཡག་ལུག་ར་སོགས་ཕོ་ཕྱུགས་སྟོང་ཕྲག་གསུམ་དང་། མོ་ཕྱུགས་སྟོང་ཕྲག་གཅིག་རེ་བསད་ནས་ཤ་ཁྲག་གི་མཆོད་པ་འབུལ་བ། དབྱར་ཁར་ཞིང་སྣ་དང་འབྲུ་སྣའི་བསང་ཕུལ་ཅེས་དུས་ཚིགས་མི་འདྲ་བ་རེར་སེམས་ཅན་མི་འདྲ་བའི་ཤ་ཁྲག་གི་མཆོད་པ་རྒྱ་ཆེན་པོ་རེ་འབུལ་སྲོལ་ཡོད་པ་བསྟན་ཅིང་། དུང་དཀར་བློ་བཟང་འཕྲིན་ལས་མཆོག་གི《བོད་ཀྱི་ཆོས་སྲིད་ཟུང་འབྲེལ་སྐོར་བཤད་པ》ལྟར་ན། རྒྱལ་པོ་སྲོང་བཙན་སྒམ་པོས་སྲོལ་དེ་ཞིང་ཕྱུགས་ཐོན་སྐྱེད་ལ་གནོད་པར་དགོངས་ནས་བཀག་འགོག་བྱས་པར་བཀོད་ཡོད།

ཡང་བཀའ་འགྱུར་མདོ་སྡེའི་ཁྲོད་ཀྱི《སྡུག་རྣའི་རྟོགས་བརྗོད》ལས། "ཤ་ཟ་བར་འདོད་པས་བྲམ་ཟེ་རྣམས་ཀྱིས་ཚོ་ག་སྦྱར་བ་སྔགས་བཟླས་ནས་ར་ལུག་བསད་ན་མཐོ་རིས་སུ་འགྲོ་བར་སྨྲའོ། །གང་དེ་ལྟ་བུ་མཐོ་རིས་ཀྱི་ལམ་ཡིན་ན་ཅིའི་ཕྱིར་བྲམ་ཟེ་བདག་ཉིད་དང་། གཞན་ཡང་ཉེ་དུ་དང་། ཕ་དང་མ། སྤུན་ཟླ་དང་། སྲིང་མོ་དང་། དེ་བཞིན་དུ་བུ་དང་། བུ་མོ་དང་ཆུང་མ་རྣམས་བསྔགས་བཟླས་ནས་བསད་པར་མི་སྟོན། མཛའ་བོ་དང་། གཉེན་དང་། བདག་ཉིད་ཀྱང་ཡུལ་ཡུལ་ན་གནས་པ་སྔགས་དེ་བཟླས་ནས་ཡང་མཐོ་རིས་སུ་འགྲོ་བ་དུག་པོ་རྣམས་ཅིའི་ཕྱིར་མི་

གཏོང་། ཐམས་ཅད་ཆོས་པས་དུས་གཅིག་ཏུ་དག་ཅིང་བདེ་འགྲོ་མཆོག་ཏུ་འགྲོ་བར་འགྱུར་ན། ཅིའི་ཕྱིར་ཕྱུགས་རྣམས་ཀྱིས་མཆོད་སྦྱིན་བྱེད་ཀྱི་བདག་ཉིད་ཀྱིས་ཅིའི་ཕྱིར་མི་བྱེད། བདེ་འགྲོ་མཐོ་རིས་སུ་ར་ལུག་འགྲོ་བར་བསྟན་པར་མི་བྱ་སྟེ། མཐོ་རིས་ཀྱི་ལམ་དེ་དག་པ་མ་ཡིན་ཏེ། བརྫུན་བསྟན་པ་ཡིན་ནོ། །བྲམ་ཟེ་རྣམས་སྟོང་བའི་སེམས་ཀྱིས་ཤ་བཟའ་བར་འདོད་པས་རྣམ་གྲངས་དུ་མས་ཐབས་བསམས་ཏེ། ཕྱུགས་རྣམས་བསད་པའི་ཚོ་ག་བསྟན་པ་ཡིན་ནོ། །"ཞེས་སྔོན་རྒྱ་གར་གྱི་བྲམ་ཟེ་རྣམས་ཀྱིས་ཕྱུགས་རིགས་མཆོད་སྦྱིན་བྱས་ན་མཐོ་རིས་སུ་འགྲོ་བར་སྨྲ་བའི་འཆལ་གཏམ་ལ་སངས་རྒྱས་བཅོམ་ལྡན་འདས་ཀྱིས་རིགས་པ་ཡང་དག་གིས་སུན་འབྱིན་མཛད་པར་བསྟན་ཡོད།

དཔེ་དེ་དང་དེ་བཞིན་དུ་སྔོན་སོག་པོའི་ས་མན་ཆོས་ལུགས་ཀྱིས་ཨོང་གོད་དུ་གྲགས་པའི་གཤིན་པོ་ཐམས་ཅད་ཀྱི་གཟུགས་བྱས་ཏེ་ཟླ་རེའི་ཚེས་བཅོ་ལྔ་གནམ་སྟོང་དང་བརྒྱད་ལ་རྟ་ཕྱུགས་བསད་པའི་ཁྲག་གིས་མཆོད་པ་དང་། ལོ་ཟླའི་མཆོད་པར་རྟ་ཕྱུགས་མཐའ་ཡས་པ་བསད་ནས་མཆོད་ཀྱང་རྒྱལ་བ་སྐུ་ཕྲེང་གསུམ་པ་བསོད་ནམས་རྒྱ་མཚོ་མཆོག་སོག་པོའི་རྒྱལ་པོ་ཨལ་ཐལ་ཧན་གྱིས་གདན་འདྲེན་ཞུས་པ་ལྟར་ཆབ་ཆ་ཐེག་ཆེན་ཆོས་འཁོར་གླིང་དུ་ཕྱག་ཕེབས་མཛད་རྗེས། ཨོང་གོད་ཀྱི་ཚབ་ཏུ་ཡེ་ཤེས་ཀྱི་མགོན་པོ་ཕྱག་དྲུག་པའི་སྐུ་རེ་འཛིན་པ་དང་། ཨོང་གོད་ལ་ཤ་ཁྲག་གི་མཆོད་པ་རྒྱ་ཆེན་བཤམས་པ་དེ་དཀར་གསུམ་གྱི་མཆོད་པར་བསྒྱུར་ནས་ཁྲིམས་སུ་ཁྲབ་བསྒྲགས་བྱས་པ《རྒྱལ་བ་བསོད་ནམས་རྒྱ་མཚོའི་རྣམ་ཐར་དངོས་གྲུབ་རྒྱ་མཚོའི་ཤིང་རྟ》ུ་གསལ།

དེས་ན་དམར་མཆོད་ཀྱི་རིག་གནས་འདིས་གདོད་མའི་དུས་སུ་མི་རྣམས་ཀྱི་བསམ་བློའི་འཚོ་བར་ནུས་པ་ཆེན་པོ་ཐོན་ཀྱང་སྲིད་མོད། ཕྱིས་སུ་བན་བོན་གྱི་སྟོན་པ་དང་འཕགས་པ་སྤྱན་རས་གཟིགས་ཀྱི་རྣམ་སྤྲུལ་གྱི་རྒྱལ་པོ་དང་བསྟན་པའི་

མངའ་བདག་རྣམས་ཀྱིས་དམར་མཆོད་ཀྱི་སྲོལ་དེ་ཕྱྭ་གློ་དང་གླུན་རྫོངས་ཀྱི་སྤྱོད་ལམ་དུ་མཐོང་ནས་སུན་འབྱིན་དགག་རྒྱག་མཛད་ཅིང་། མཁའ་དབུགས་དང་སྐྱི་ཁམས་སྲུང་སྐྱོབ། ཞིང་ཕྱུགས་ཐོན་སྐྱེད། སྤྱི་ཚོགས་ཡར་རྒྱས་སོགས་ལ་གནོད་པར་མཐོང་ནས་བཀག་འགོག་དང་བཅོས་བསྒྱུར་མཛད་པ་ཡིན་ན། མིའི་རིགས་ཀྱི་ཤེས་རིག་གོང་དུ་འཕེལ་ནས་སྤྱི་ཚོགས་ཡ་རབས་ཅན་དུ་ཕྱོགས་པའི་དེང་གི་དུས་འདིར་དེ་བས་ཀྱང་མི་འཚམ་པས། རྒྱུན་འཛིན་བྱེད་མི་འོས་པར་སྙམ།

དེ་བཞིན་དུ་རྒྱུན་གོས་རིག་གནས་ལས་རི་དྭགས་ཀྱི་པགས་པ་གོས་སུ་གོན་པའམ་གོས་ཀྱི་མཐའ་རྒྱན་དུ་སྦྱོར་བའི་སྲོལ་ལ་མཚོན་ན་འདང་། འཚོ་རྟེན་གཙོ་བོ་རྫོན་ལས་ལ་བརྟེན་པའི་གནོད་མའི་དུས་ནས་དར་བ་མིའི་རིགས་སྤྱི་ལ་ཁྱབ་པའི་སྣང་ཚུལ་ཞིག་ཡིན་ཞིང་། བོད་འདི་གཉའ་ཁྲི་བཙན་པོ་སོགས་གནམ་གྱི་ཁྲི་བདུན་གྱི་རིང་ལ་སླེབས་དུས་བཙན་པོའི་སྐུ་སྲུང་བོན་གཤེན་གྱི་སྐུ་གཙིགས་སུ་འཛིན་པའི་དན་རྟགས་སུ་སྤྱོད་པ་སྟེ། 《ལིགས་བཤད་མཛོད》ལས། "སྐུ་ལ་གཙིགས་སུ་དབྱི་དཀར་གྱི་སླག་པ་ལ་སྟག་གཟིག་གུང་གསུམ་གྱི་གོང་ལག་བྱས་པ། གསུང་ལ་གཙིགས་སུ་གཤེན་ངག་ཚིག་གསུམ་མ་སླས་པར་གོང་ནས་རྒྱལ་པོའི་བཀའ་མི་སྩལ། འོག་ནས་བློན་པོས་གྲོས་མི་འཆའ། ཐུགས་ལ་གཙིགས་སུ་དཔྱ་ཁྲལ་རྒྱལ་པོ་དང་མཉམ་པར་མཛད།" ཅེས་པ་ལས་གསལ་ལ། དེ་ནས་རྒྱལ་པོ་སྲོང་བཙན་སྒམ་པོའི་སྐུ་རིང་ལ་སླེབས་ཆེ། དཔའ་བོའི་རྟགས་སུ་འགོད་པ་སྟེ། རྒྱལ་ཁྲིམས་བཅོ་ལྔའི་ཡ་གྱལ་བསྟོད་པ་གསུམ་གྱི་ཁྲིམས་ལས། "དཔའ་བོ་ལ་སྟག་གིས་བསྟོད་དགོས། དཔའ་བོ་ལ་སྟག་གིས་མ་བསྟོད་ན། དཔའ་བོ་བྱས་པའི་དོན་མེད།" ཅེས་པ་ལས་ངེས་ཐུབ། འོན་ཀྱང་བཙན་པོའི་དུས་སུ་བཙན་པོ་སྐུ་སྲུང་བོན་གཤེན་གྱི་སྐུ་གཙིགས་སུ་འཛིན་པ་དང་། དཔའ་བོའི་རྟགས་སུ་འགོད་པ་དེ་རྗེས་སུ་རིམ་འགྱུར་བྱུང་ནས་མི་རིགས་སྤྱིའི་ཉམ་གོས་སུ་གྱུར་པར་མ་ཟད། སོ་སོའི་དཔལ་འབྱོར་

གྱི་སྟོབས་འགྲན་བྱེད་དང་ངོམ་བྱེད་དུ་གྱུར་པ་འདིས་རི་སྐྱེས་སྲོག་ཆགས་མང་པོའི་སྲོག་གཅོད་དགོས་པས། ཧང་གི་སྤྱི་ཁྲབ་ཧུའུ་ཅི་ཞི་ཅིན་ཕིན་གྱིས"རང་གི་མིག་ལ་གཅེས་སྲུས་བྱེད་པ་ཇི་བཞིན་སྐྱེ་ཁམས་ཁོར་ཡུག་ལ་གཅེས་སྐྱོང་བྱེད་དགོས། རང་གི་ཚེ་སྲོག་ལ་སྲུང་སྐྱོབ་བྱེད་པ་ཇི་བཞིན་སྐྱེ་ཁམས་ཁོར་ཡུག་ལ་སྲུང་སྐྱོབ་བྱ་དགོས།" ཞེས་པའི་དགོངས་དོན་དང་འགལ་ཞིང་། རྒྱལ་ཁབ་གཞུང་གིས་མདོ་དབུས་མཐོ་སྒང་ནི་རྒྱལ་ཁབ་དང་སྐྱེ་ཁམས་ཀྱི་བདེ་སྲུང་ལྟེགས་རི་གལ་ཆེན་དུ་བརྩི་བ་དང་། རྨ་འབྲི་རྫ་གསུམ་གྱི་མགོ་ཁུངས་ནི་རྒྱལ་ཁབ་ཀྱི་སྤྱི་གླིང་དུ་བཟུང་ནས་སྲུང་སྐྱོབ་བྱེད་པའི་རྒྱལ་རྟུས་དང་མི་མཐུན་ལ། ཤེས་རིག་འཕེལ་རྒྱས་དང་སྤྱི་ཚོགས་ཡར་སྐྱེལ་གྱི་ཕྱོགས་སུ་འཕེལ་བའི་དུས་རབས་དང་མི་འཕྲོད་པས། གོན་ཆས་རིག་གནས་འདིའི་རིགས་རྒྱུན་འཛིན་བྱེད་མི་འོས་ལ། བོད་ཀྱི་བཟོད་སྒོམ་དང་བྱམས་སྙིང་རྗེ། བདག་བས་གཞན་གཅེས་སོགས་སྙིང་པོ་ཡིན་པའི་རིག་གནས་སྙིང་སྟོབས་དང་། རི་གླུང་དང་ནགས་ཚལ། མཚོ་དང་མཚེའུ་སོགས་ལྷ་ཀླུ་གཉན་གསུམ་གྱི་རྟེན་དུ་སྲུང་བའི་རི་ཆུའི་རིག་གནས། ཚེ་རབ་པར་བཀུར་གཙོ་དང་ཚུང་གཞོན་པར་གཅེས་སྐྱོང་བྱེད་པའི་སྲོལ་རྒྱུན་གྱི་ཀུན་སྤྱོད་ལེགས་པོ་བཅས་ནི་མིའི་རིགས་འཆམ་མཐུན་དང་། འཛམ་གླིང་ཞི་བདེ་མཉམ་གནས་འབྱུང་བ། སྟོད་བཅུད་དོ་སྙོམ་དང་སྐྱེ་ཁམས་སྲུང་སྐྱོབ་བྱེད་པ་བཅས་ལ་ཕན་ནུས་རྒྱ་ཆེན་པོ་ཐོན་ཞིང་འཐོན་ངེས་པས་ཧུར་བརྩོན་གྱིས་རྒྱུན་འཛིན་བྱེད་དགོས་པ་ལྟར་རོ། །དཔེ་འདི་དང་འདི་ལྟར་སྲོལ་རྒྱུན་གྱི་རིག་གནས་གཞན་པའང་འདེམ་གསེས་སམ་སྙིགས་དོར་ཡོད་པའི་སྒོ་ནས་རྒྱུན་འཛིན་བྱས་ན་ལེགས་སྙམ།

གསུམ་པ། ཐབས་དང་རྣམ་པ་གསར་པར་བརྟེན་ནས་རྒྱུན་འཛིན་བྱ་དགོས།

སྤྲོལ་རྒྱུན་རིག་གནས་གང་ཞིག་ཡིན་ཡང་ཐབས་དང་རྣམ་པ་ངེས་ཅན་ཞིག་ལ་བརྟེན་ནས་གནས་ཤིང་ནུས་པ་སྐྱེད་ཀྱིན་ཡོད་ལ། དེ་རྒྱུན་འཛིན་བྱེད་པའང་ཐབས་དང་རྣམ་པ་ངེས་ཅན་ཞིག་ལ་བརྟེན་དགོས་པས། སྤྲོལ་རྒྱུན་རིག་གནས་ཀྱི་རྒྱུན་འཛིན་བྱེད་ཐབས་འགྲིག་མི་འགྲིག་དང་ལེགས་མི་ལེགས་དེ་སྤྲོལ་རྒྱུན་རིག་གནས་རྒྱུན་འཛིན་ལེགས་པོ་བྱེད་ཐུབ་མིན་ལ་རག་ལས་པའི་གནད་དམ་པ་ཞིག་རེད། དེས་ན་སྤྲོལ་རྒྱུན་རིག་གནས་རྒྱུན་འཛིན་བྱེད་པར་ཐབས་དང་རྣམ་པ་གང་འདྲ་ཞིག་སྤྱད་དགོས་ཞེ་ན། དེ་ཡང་རིག་གནས་ཀྱི་བྱེད་ནུས་དང་དུས་རབས་ཀྱི་མཁོ་བར་དམིགས་ནས། "གང་ལ་གང་དགའ་དེ་ལ་དེ་སྟོན"ནམ། "གང་ལ་གང་འཚམ་དེ་ལ་དེ་སྟོན"བྱེད་པར་གལ། 《སྙིང་རྗེ་པདྨ་དཀར་པོའི་མདོ》ལས། "ཀུན་དགའ་བོ་དེ་བཞིན་གཤེགས་པས་གསུངས་པའི་ཆོས་འདུལ་བ་འདི་རྣམ་པར་འཕེལ་བ་དང་། ཡོངས་སུ་མི་ཉམས་པ་དང་། ཀུན་ཏུ་སྲུང་ཞིང་སྲུ་བ་དང་། ཆུད་མི་ཟོས་པར་བྱ་བའི་ཕྱིར། ཁྱེད་ལ་དཔེ་བསྟན་པར་བྱ་སྟེ་འདི་ལ་སྐྱེས་བུ་མཁས་པ་ཁ་ཅིག་དཔེས་སྨྲས་པའི་དོན་ཤེས་པར་འགྱུར་རོ།།" ཞེས་སངས་རྒྱས་བཅོམ་ལྡན་འདས་ཀྱིས་ཆོས་འདུལ་བ་གསུང་དུས་དེ་ཉིད་རྣམ་པར་འཕེལ་བ་དང་། ཡོངས་སུ་མི་ཉམས་པ། དུས་དང་རྣམ་པ་ཀུན་ཏུ་སྲུང་ཞིང་སྣོད་དང་མི་ལྡན་པའི་གང་ཟག་གང་ཡིན་ལ་མི་སྟོན་པ། འདུལ་ཁྲིམས་དོན་སྙིང་མེད་པར་མི་བཟོ་བ། འདུལ་བའི་ཆོས་ཀྱི་དོན་ཤེས་པར་བྱ་བའི་ཕྱིར་དུ་སྒྱུ་རྩལ་གྱི་བློ་ཉམས་ཆེ་ཞིང་གོ་སླ་བའི་གཏམ་རྒྱུད་སྣ་ཚོགས་ཀྱི་སྒོ་ནས་གསུངས་པ་དང་། སངས་རྒྱས་ཀྱི་སྐྱེས་རབས་རྣམས་ཀྱང་སངས་རྒྱས་བཅོམ་ལྡན་འདས་ཀྱིས་གསུང་དུས་ཁོང་གིས་སྟོན་བསླབ་པ་ལམ་གྱི་གནས་སྐབས་སུ་ཕ་

རོལ་ཏུ་ཕྱིན་པ་དྲུག་ལ་སོགས་པའི་སྤྱོད་པ་སྤྱོད་པའི་དཔེར་གསུངས་པའི་གཏམ་རྒྱུད་ཀྱི་རྣམ་པ་ཅན་ཡིན་ཡང་། ཕྱིས་སུ་རྒྱ་བོད་ཀྱི་མཁས་པ་མང་པོས་ཕར་ཕྱིན་གྱི་རིག་གཞུང་ཟབ་མོ་འཛིན་སྐྱོང་སྤེལ་གསུམ་བྱེད་པའི་ཆེད་དུ་དུས་སྐབས་སོ་སོའི་མི་རྣམས་ཀྱི་དགའ་ཕྱོགས་དང་ཉམས་སུ་མྱོང་བའི་དགོས་མཁོ། རིག་གནས་ཀྱི་ཚུ་ཚད་ལྟར་རྩོམ་རིག་གི་རྣམ་པ་གསར་པ་གང་ལ་གང་འཚམ་སྤྱད་ཡོད་པ་རེད། དཔེར་ན། 《རྒྱལ་པོ་སྲིན་གྱི་བཞོན་པའི་རྟོགས་བརྗོད》ལ་མཚོན་ན། སངས་རྒྱས་བཅོམ་ལྡན་འདས་ཀྱིས་སྐྱེས་རབས་ཏེ་གཏམ་རྒྱུད་ཀྱི་རྣམ་པས་གསུངས་ཀྱང་། ཕྱིས་སུ་ཆོས་རྒྱལ་དགེ་དབང་གིས་ཚིགས་བཅད་ཀྱི་རྣམ་པས་སྙན་ངག་ཏུ་རྩོམ་གནང་མཛད་པ་དང་། 《དཔག་བསམ་འཁྲི་ཤིང》ཁྲོད་ཀྱི《རྒྱལ་པོ་སྲིན་གྱི་བཞོན་པའི་རྟོགས་བརྗོད》དང་། རྒྱལ་པོ་དཔལ་ལྡན་དགའ་བའི་ལྷས(590–647)འཁྲབ་སྟོན་དང་། འཁྲབ་ཚིག རོལ་དབྱངས། མཛེས་རྩལ། གར་སྟེགས་སོགས་ཕྱོགས་འདུས་སྒྱུ་རྩལ་གྱི་རྣམ་པ་སྟེ་ཟློས་གར་དུ་བཀོད་ནས་འཁྲབ་སྟོན་བྱས་པ《ཀླུ་ཀུན་དུ་དགའ་བའི་ཟློས་གར》ལྟ་བུའོ། །དེ་ནས་དུས་རབས་བཅུ་གསུམ་པར་བོད་དུ་འགྱུར་ནས་ཀྱང་དཔལ་ལྡན་ཤེས་རབ་ཀྱིས་སྒྲུང་གཏམ་གྱི་རྣམ་པའི་སྒོ་ནས《རྒྱལ་པོ་སྲིན་གྱི་བཞོན་པའི་རྟོགས་བརྗོད》སྤེལ་བར་མ་ཟད། ལྷ་མོའི་ཟློས་གར་གྱི་གླང་བྱ་ལྟར་འཁྲབ་གཞུང་དུ་བཅོས་ནས་འཁྲབ་པ་དང་། ལྗིབས་རིས་དང་མེ་ཏོག་མཆོད་པ་སོགས་ཀྱི་རྣམ་པར་བཀྲེན་ནས་ཀྱང་འགྲེམ་སྟོན་བྱེད་པ་བསམ་ཡས་གཙུག་ལག་ཁང་དང་། ས་སྐྱ་དགོན་ཆེན། འབྲས་སྤུངས་དགོན་པའི་སྒོ་མང་གྲྭ་ཚང་དང་སེར་བྱེས་གྲྭ་ཚང་། སྐུ་འབུམ། བླ་བྲང་སོགས་དགོན་སྡེ་ཆེན་པོ་རྣམས་ཀྱི་ལྗིབས་རིས་དང་མེ་ཏོག་མཆོད་པ་ལས་རྟོགས་པ་ལྟར་རོ། །

དེས་ན《རྒྱལ་པོ་སྲིན་གྱི་བཞོན་པའི་རྟོགས་བརྗོད》ནི་སངས་རྒྱས་བཅོམ་ལྡན་འདས་ཀྱིས་སྐྱེས་རབས་སམ་གཏམ་རྒྱུད་ཀྱི་རྣམ་པས་གསུངས་ཀྱང་ཕྱིས་སུ་རྒྱ་བོད་

ཀྱི་མཁས་པ་རིམ་བྱོན་རྣམས་ཀྱིས་སྙན་ངག་དང་། སྒྲུང་གཏམ། ཞྭོས་གར། ལྷེབས་རིས། མེ་ཏོག་མཆོད་པ་སོགས་ཀྱི་རྣམ་པའི་སྒོ་ནས་ཀྱང་སྐྱེས་རབས་དེའི་བསྟན་དོན་གཙོ་བོ་སྤྲིན་པ་དང་དེའི་ཕན་ཡོན་རྒྱུན་འཛིན་ཁྱབ་སྤེལ་བྱས་པ་འདི་ལས་རིག་གནས་གང་ཞིག་རྒྱུན་འཛིན་ལེགས་པོ་བྱ་དགོས་ན་དུས་རབས་ཀྱི་བབ་དང་བསྟུན་ནས་ཐབས་དང་རྣམ་པ་གསར་པ་སྤྱད་དེ་རྒྱུན་འཛིན་བྱ་དགོས་པ་ར་སྤྲོད་བྱུང་ཞིང་། 《རྒྱལ་པོ་སྤྲིན་གྱི་བཞོན་པའི་རྟོགས་བརྗོད》འདི་གསུངས་ནས་ལོ་ངོ་སྟོང་ཕྲག་འགའ་འགོར་རུང་ སྔ་མོ་བཞིན་མི་རྣམས་ཀྱི་ཀུན་སྤྱོད་དང་བསམ་སྦྱོར་ལ་འཕྲིད་སྟོན་བྱེད་པའི་དཔེར་འཛིན་པ་འདིའང་དེ་རྒྱུན་འཛིན་བྱེད་པའི་ཐབས་སུ་དུས་སྐབས་སོ་སོའི་སྤྱི་ཚོགས་འཕེལ་རྒྱས་ཀྱི་འགྲོས་དང་མཐུན་ཞིང་། རྩོམ་རིག་ཉམས་སུ་མྱོང་བའི་དགོས་མཁོ་དང་འཕྲོད་པ། མི་རྣམས་ཀྱི་དགའ་ཁ་འཁྱེར་སོ་དང་ཡང་འཚམ་པའི་རྩོམ་རིག་གི་རྣམ་པ་གསར་པ་སྤྱད་པའི་ཕན་འབྲས་ཡིན་པའང་གསལ་པོར་རྟོགས་ཐུབ། དེར་བརྟེན། ང་ཚོས་དེང་གི་དུས་ལ་སྤྲོལ་རྒྱུན་རིག་གནས་རྒྱུན་འཛིན་བྱེད་ནའང་སྔོན་གྱི་རྒྱ་བོད་མཁས་པ་རིམ་བྱོན་གྱི་ཉམས་མྱོང་ལྟར། ཐབས་དང་རྣམ་པའམ་ཡོ་བྱད་གསར་པར་བརྟེན་དགོས་པ་སྟེ། དཔེར་ན། འཛམ་གླིང་གི་ཆེས་རིང་བའི་བྱུང་བརྗོད་སྙན་ངག་ཏུ་གྲགས་པའི་གླིང་གེ་སར་རྒྱལ་པོའི་སྒྲུང་དང་། རྣམ་ཐར། རྟོགས་བརྗོད། སྒྲུང་གཏམ། གཏམ་རྒྱུད་སོགས་སྔར་ཡོད་ཀྱི་རྣམ་པ་སྲུང་འཛིན་བྱེད་པའི་རྨང་གཞིའི་སྟེང་རྒྱ་མི་རིགས་ཀྱི《རྒྱལ་ཁབ་གསུམ་གྱི་གཏམ་རྒྱུད》《ནུབ་ཕྱོགས་སུ་བསྐྱོད་པའི་ཟིན་ཐོ》《ཆུ་ངོགས་གཏམ་རྒྱུད》《ཐོག་ཁང་དམར་པོའི་སྒྲུང》བཅས་ལྟར་དུ་བརྙན་འཕྲིན་ཞྭོས་གར་དང་གློག་བརྙན་དུ་བསྒྱུར་ནས་འགྲེམ་སྟོན་བྱེད་པ་དང་། 《རི་དྭགས་ཏུ་ཏུའི་སྐྱེས་རབས》(九色鹿)ལྟར་འགུལ་རིས་བརྙན་འཕྲིན་དུ་བཅོས་ནས་འགྲེམ་སྟོན་བྱེད་ཅིང་། འོད་སྡེར་སོགས་སུ་བཀོད་ནས་འགྲེམ་སྤེལ་བྱ་དགོས། གློག་བརྙན་

དང་བརྙན་འཕྲིན་ཟློས་གར། འཁྲུལ་རིས་བརྙན་འཕྲིན་སོགས་ལ་ལུས་གཟུགས་དང་། སྐད་ཆ། རོལ་དབྱངས། རྒྱབ་ལྗོངས་སོགས་ཕྱོགས་འདུས་ཀྱི་སྒོ་ནས་བརྗོད་བྱ་གསལ་ལེར་སྟོན་པའི་སྒྱུ་རྩལ་གྱི་ནུས་པ་ཆེན་པོ་ལྡན་པས། མི་རྣམས་བལྟ་རྒྱུར་དགའ་བར་མ་ཟད། ཡི་གེ་ཤེས་མིན་ཀུན་གྱིས་བལྟས་ན་གོ་སླ་ཞིང་ཁྱབ་རྒྱ་ཆེ་བའི་བྱེད་ནུས་ཁྱད་པར་ཅན་ལྡན་པས། རིག་གནས་ཀྱི་སྙིང་པོ་རྒྱུན་འཛིན་དང་དར་སྤེལ་བྱེད་པར་ནུས་པ་བསམ་གྱིས་མི་ཁྱབ་པ་འཐོན་ངེས་རེད།

སྨན་རྫས་ལྟ་བུར་མཚོན་ན་འང་དེང་རབས་ཀྱི་ཐབས་དང་ལག་རྩལ། ཡོ་བྱད་སོགས་སྤྱད་ནས་བཟོས་ན་གྲངས་འབོར་མང་པོ་བཟོ་ཐུབ་པ་དང་། སྤྱད་ན་སྟབས་བདེ་བས། དེས་ཀྱང་བོད་ཀྱི་གསོ་བ་རིག་པ་རྒྱུན་འཛིན་དང་ཁྱབ་སྤེལ་བྱེད་པར་ཕན་ནུས་རྒྱ་ཆེན་པོ་ཐོན་པ་མིག་ཐོགས་ལག་ཟིན་དུ་གྱུར་ཡོད།

དེ་མིན་སློག་ཀླད་དང་ཁ་པར་སོགས་ཀྱི་དྲ་བར་བརྙ་འཕྲིན་སྣ་ཚོགས་འདྲེན་གཏོང་བྱེད་པའི་ནུས་པ་བསམ་གྱིས་མི་ཁྱབ་པ་ལྡན་པ་དང་། མི་རྣམས་ཀྱི་བརྙ་འཕྲིན་འདྲེན་གཏོང་བྱེད་པའི་དགོས་མཁོ་སྐོང་ཐུབ་ཅིང་བཀོལ་སྤྱོད་བྱེད་བདེ་ལ་ཁྱབ་རྒྱ་ཆེ་བས། དེ་ལ་བརྟེན་ནས་བོད་ཡིག་བཀོལ་སྤྱོད་དང་བརྙ་འཕྲིན་སྣ་ཚོགས་འདྲེན་གཏོང་གང་ལེགས་བྱས་ན་བོད་ཀྱི་སྲོལ་རྒྱུན་རིག་གནས་རྒྱུན་འཛིན་བྱེད་པར་ཕན་པར་མ་ཟད། དུས་རབས་དང་མཐུན་པའི་འཕེལ་རྒྱས་འབྱུང་བའི་དཔུང་གཉེན་དུ་འགྱུར་སྲིད་ན་དེའི་རིག་པ་དང་ལག་རྩལ་དུས་ཐོག་ཏུ་གསར་གཏོད་དང་བེད་སྤྱོད་གང་ལེགས་བྱེད་རྒྱུ་ཡང་ཧ་ཅང་གལ་ཆེ་བར་སྙམ།

དེ་ལྟ་མ་ཡིན་པར་སྲོལ་རྒྱུན་རིག་གནས་དེ་ཐབས་དང་རྣམ་པ་ཙམ་ཡང་མ་བསྒྱུར་བར་ཇི་མ་ཇི་བཞིན་དུ་རྒྱུན་འཛིན་བྱ་དགོས་ཞེ་ན། སྲོལ་རྒྱུན་རིག་གནས་འཛིན་སྐྱོང་སྤེལ་གསུམ་བྱེད་པ་ཕར་ཞོག མུར་སྐྱོབ་ཙམ་ཡང་བྱེད་དཀའ་བར་སྙམ་ན། དཔྱོད་ལྡན་རྣམས་ཀྱིས་དཔྱད་པར་འཚལ།

བཞི་པ། བཀོལ་སྤྱོད་ཡོད་པའི་སྒོ་ནས་རྒྱུན་འཛིན་བྱེད་དགོས།

སྤྱིལ་རྒྱུན་རིག་གནས་གང་དང་གང་ཡིན་ཡང་ལོ་རྒྱུས་ཀྱི་དུས་སྐབས་ངེས་ཅན་ཞིག་གི་དངོས་པོའི་འཚོ་བའམ་བསམ་བློའི་འཚོ་བའི་དགོས་མཁོ་གང་ཉུང་ལ་དམིགས་ནས་གསར་གཏོད་བྱས་པས། དེའི་རིན་ཐང་གཙོ་བོ་ཡང་དགོས་མཁོ་ཆེ་ཆུང་ལ་རག་ལས་ཤིང་། རིག་གནས་ཀྱི་རིན་ཐང་མངོན་འགྱུར་བྱེད་པ་ནི་བཀོལ་སྤྱོད་ལ་བརྟེན་དགོས། རིག་གནས་བཀོལ་སྤྱོད་ཟེར་བ་ནི་རིག་གནས་དེའི་བྱེད་ནུས་འདོན་དུ་འཇུག་རྒྱུ་དེ་ཡིན་ན། རིག་གནས་རྒྱུན་འཛིན་ཟེར་བའང་མཐར་གཏུགས་ནས་བཤད་ན་རིག་གནས་ཀྱི་བྱེད་ནུས་འདོན་སྤེལ་བྱེད་པའི་རྒྱུན་འཛིན་རྒྱུ་དེ་རེད། བཀོལ་སྤྱོད་དང་བྲལ་བའི་རྒྱུན་འཛིན་རྐྱང་པ་ཞིག་ཡོད་མི་སྲིད་ལ། རིག་གནས་མུར་སྐྱོབ་བམ་སྲུང་སྐྱོབ་ཙམ་གྱིས་རྒྱུན་འཛིན་གྱི་ལས་མི་འགྲུབ། དཔེར་ན། སྔོན་གྱི་སྦྲ་ནག་ལྷ་བུར་མཚོན་ན་དེ་ཉིད་མཁོ་མེད་དུ་མ་དོར་བར་ཉར་ཚགས་སམ་སྲུང་སྐྱོབ་བྱས་པ་ཙམ་ལ་རྒྱུན་འཛིན་མི་ཟེར་ལ། སྦྲ་ནག་ཀ་བརྒྱ་མ་ཞིག་བཟོས་ནས་འགྲེམ་སྟོན་བྱས་པར་ཡང་རྒྱུན་འཛིན་མི་ཟེར། སྦྲ་ནག་གསར་གཏོད་བྱས་པ་ནས་ད་ལྟའི་བར་དུ"སྲིན་པོ་གདོང་དམར་བོད་ཀྱི་དམག་གཡོས་ནས། །གྲུ་གུ་ཡུལ་གྱི་ཨོང་དུ་མན་ཆོད་དུ། །བོད་ཀྱི་དམག་དཔུང་སྦྲ་ནག་ཕབ་ནས་ནི། །ཡུལ་བརྣག་མི་རྣམས་མོན་གྱི་ས་ལ་བསྐྲལ། །"ཞེས་པ་བཞིན། འབྲོག་པ་དང་དམག་དཔུང་ཀུན་གྱིས་སྡོད་གནས་སུ་བཀོལ་ནས་དབྱར་དུས་ཆར་དང་ཚ་བ་དང་། དགུན་དུས་ཁྱུང་དང་གྲང་ངར་ཁོགས་པའི་དཔལ་ལ་རོལ་བར་བྱེད་པ་ལ་རྒྱུན་འཛིན་ཟེར། ཡང་། 《ཆོས་འབྱུང་མེ་ཏོག་སྙིང་པོ་སྦྲང་རྩིའི་བཅུད》ལས། "བོད་ཀྱི་རྒྱལ་པོ་ལ་སྡེ་བ་གཉའ་ཁྲི་བཙན་པོ་ཡིན་ཏེ། དེའི་སྐུ་རིང་ལ། གཏམ་རྒྱུད་དང་། སྒྲུང་རྒྱུད་དང་། སྡེབ་སྦྱོར་

དང་། བཀའི་ཀུགས། བྲོ་གར། གླུ་གཞས། ཤོན་རྩེན་དང་། རྩེད་འཛོ་ལ་སོགས་བྱུང་བ་ཡིན་ནོ། །”ཞེས་པ་ལྟར། གཉའ་ཁྲི་བཙན་པོའི་རིང་ནས་དར་བའི་གཏམ་རྒྱུད་དང་སྒྲུང་རྒྱུད་སོགས་འཚོལ་སྡུད་དག་སྒྲིག་དང་པར་སྐྲུན་ཉར་ཚགས་བྱས་པ་ཙམ་ལ་རྒྱུན་འཛིན་མི་ཐེར་ཏེ། “གླིང་མི་རེ་ཁ་ནས་སྒྲུང་རེ”ཞེས་པ་དང་། “རྒྱལ་པོ་ལྷ་ཐོ་ཐོ་རི་གཉན་བཙན་སྔོན་དུ་རྒྱལ་རབས་ཉེར་བདུན་གྱི་རིང་ལ་བོད་ཀྱི་ཆབ་སྲིད་སྒྲུང་ལྡེའུ་བོན་གསུམ་གྱིས་བསྐྱངས།” ཞེས་པ་ལྟར། དམངས་ཁྲོད་ཀྱི་གཏམ་རྒྱུད་དང་སྒྲུང་རྒྱུད་སྣ་ཚོགས་རྒྱ་ཁྱབ་ཏུ་བཤད་ཅིང་། དེ་ལ་བརྟེན་ནས་ཁྲིམས་ལུགས་དང་ཀུན་སྤྱོད་ལེགས་ཉེས་སོགས་ཀྱི་དགེ་སྐྱོན་རྣམས་སྒྲུང་གི་ནང་གསལ་བའི་དྲང་ཡོག་ཕྱོགས་ཀྱི་དཔེ་མཚོན་མི་སྣའི་གཟུགས་སུ་བཀོད་པའི་བྱ་ཐབས་སྤྱད་དེ་སྤྱི་ཚོགས་ཐོག་གི་མི་ཚང་མར་ཁྲིམས་ལུགས་དང་། ཀུན་སྤྱོད། ཤེས་རིག་བཅས་ཀྱི་སློབ་གསོ་གཏོང་བ་སྟེ་ཆབ་སྲིད་ཀྱི་དཔུང་གཉེན་དུ་བཀོལ་བ་ནི་ངེས་པ་དོན་གྱི་རྒྱུན་འཛིན་ཡིན།

དེ་བཞིན་དུ་སྲོལ་རྒྱུན་གྱི་ལྷ་རིས་སྐུ་རྩལ་ལ་མཚོན་ན་འང་ཐང་ག་རྙིང་པ་འགའ་ཉར་ཚགས་བྱས་པའམ་ཐང་ག་གསར་པ་འགའ་བྲིས་པ་ཙམ་ལ་རྒྱུན་འཛིན་མི་ཐེར། སྲོལ་རྒྱུན་གྱི་ལྷ་རིས་སྐུ་རྩལ་སྤྱད་ནས་ཐང་ག་ཚད་མ་མང་པོ་བཞེངས་པར་མ་ཟད། དེ་དག་རྒྱ་ཁྱབ་ཏུ་སྤེལ་ནས་མི་རྣམས་ཀྱི་སྒྱུ་རྩལ་རོལ་སྤྱོད་དང་ཆོས་ལུགས་དད་མོས་ཀྱི་རྟེན་དུ་བྱེད་པ་ནི་རྒྱུན་འཛིན་དངོས་ཡིན།

དེས་ན་ད་ལྟ་ང་ཚོས་སྲོལ་རྒྱུན་རིག་གནས་རྒྱུན་འཛིན་བྱེད་ནའང་སྲོལ་རྒྱུན་རིག་གནས་ཀྱི་ངོ་བོ་དང་། བྱེད་ནུས། དགེ་མཚན་སོགས་ངོ་སྤྲོད་དང་དྲིལ་སྒྲིག་བྱེད་ཅིང་། སྲོལ་རྒྱུན་གྱི་བཀོལ་སྤྱོད་བྱེད་སྟངས་གཞིར་བཟུང་ཐོག གློག་བརྙན་དང་བརྙན་འཕྲིན་ཐོན་ལས་དང་། མི་རིགས་ལག་ཤེས་བཟོ་ལས། རིག་གནས་འཁྲབ་རྩལ་ལས་རིགས། རིག་གནས་གསར་གཏོད་ཐོན་ལས། གསར་འགྱུར་དང་

དཔེ་སྐྲུན་འགྲེམ་སྤེལ་ལས་རིགས། སྨན་རྩིས་ཐོན་ལས། བོད་ལུགས་བཟོ་བཀོད་ལས་རིགས་སོགས་ཀྱི་དེང་རབས་ཁེ་ལས་དང་སྦྲེལ་ནས་རིག་གནས་ཐོན་ལས་ཅན་དུ་བསྒྱུར་བ་དང་། རིག་གནས་ལ་བརྟེན་ནས་ཡུལ་སྐོར་རྒྱུར་སྐྲུན་ཁྲིད་བྱེད་པ་དང་། ཡུལ་སྐོར་རྒྱུ་ལ་བརྟེན་ནས་རིག་གནས་དར་སྤེལ་བྱེད་པའི་རྩ་བའི་བྱེད་ཕྱོགས་ལྟར། ཡུལ་སྐོར་རྒྱུ་ལས་རིགས་དང་སྦྲེལ་ནས་སྲོལ་རྒྱུན་རིག་གནས་ངོ་སྤྲོད་དང་ཁྱབ་སྤེལ་བྱས་ཏེ་བྱེད་ནུས་འདོན་སྤེལ་དང་རིན་ཐང་མངོན་འགྱུར་བྱ་དགོས་པར་སྙམ།

ཡིན་ནའང་། སྲོལ་རྒྱུན་རིག་གནས་རྒྱ་ཁྱབ་ཏུ་བཀོལ་སྤྱོད་བྱེད་ཐུབ་མིན་དེ་ཚད་ངེས་ཅན་ཞིག་གི་སྟེང་ནས་བལྟས་ན་རིག་གནས་རང་གི་ངོ་བོ་དང་། བྱེད་ནུས། རིན་ཐང་སོགས་ལ་རག་ལས་པས། རིག་གནས་ཐོན་རྫས་ཅན་དུ་གཏོང་བ་དང་། རིག་གནས་ཡུལ་སྐོར་རྒྱུའི་ལས་རིགས་སྤེལ་བའི་བྱ་རིམ་དུ་ངེས་པར་དུ་མཉམ་འཛོག་དགོས་པ་ཞིག་ཡོད་པ་ནི་ཚོང་ལས་དང་ཚོང་གི་ཁེ་ཕན་ཁོ་ན་བསམ་པ་ལས། རིག་གནས་ཀྱི་ནང་དོན་དང་སྙིང་པོ། མཚན་ཉིད། བླང་བྱ་སོགས་སྣང་མེད་དུ་བཞག་ནས་གང་འདོད་དུ་ནང་དོན་བཟོ་བཅོས་དང་། མཚོན་དོན་ལོག་འགྲེལ། ཐོན་རྫས་ཚད་ལྡན་མ་ཡིན་པ་བཟོ་བ་སོགས་བྱེད་པ་དེ་རེད། དེ་ལྟར་བྱས་ན་སྲོལ་རྒྱུན་རིག་གནས་རྒྱུན་འཛིན་བྱེད་པར་ཕན་པ་ལས་ཉམས་པའི་རྒྱུ་རུ་འགྱུར་ལ། སྲོལ་རྒྱུན་རིག་གནས་ལ་བརྟེན་པའི་ཁེ་ལས་དང་ཡུལ་སྐོར་རྒྱུ་ལས་རིགས་ཀྱང་ཐ་མ་ཉམས་པར་འགྱུར་བས། དེ་ལ་ཀུན་གྱིས་ཡིད་འཇོག་དང་ལྟ་སྐུལ་ནན་མོ་བྱ་དགོས་པར་འདོད་དོ། །

ལྔ་པ། གསར་གཏོད་ཡོད་པའི་སྒོ་ནས་རྒྱུན་འཛིན་བྱེད་དགོས།

དེ་ཡང་ས་སྐྱ་པཎྜི་ཏ་ཀུན་དགའ་རྒྱལ་མཚན་མཆོག་གི《རོལ་མོའི་བསྟན་བཅོས》ལས། "སྔོན་ཆད་གཞན་གྱི་ཡིད་ལ་མ་ཤར་བ། །འདི་འདྲ་གང་གིས་ཤེས་

དེ་བློ་གྲོས་ལྡན། །ཀུན་པོ་རྣམས་ཀྱིས་ཡང་ཡང་རྣམ་དཔྱད་པའི། །དོན་དེ་རྟོགས་ཀྱང་དེ་ལ་ངོ་མཚར་མེད། །”ཅེས་གངས་རིའི་ལྗོངས་འདིར་སྔོན་ཆད་མཁས་པ་གཞན་གྱི་བློ་ཡུལ་ཙམ་དུའང་མ་ཤར་བའི་རིག་པ་འདི་འདྲ་གང་གིས་ཤེས་པ་སྐྱེ་གསར་གཏོད་བྱས་པའི་བསྟན་བཅོས་དང་གང་ཟག་གཉིས་ཀ་ངོ་མཚར་མཆོག་ཏུ་གྱུར་པ་ཡིན་ཚུལ་བསྟན་པ་ལྟར། གསར་གཏོད་ནི་སྤྲུལ་ཤུགས་ཡིན་ལ། གསར་གཏོད་ནི་འཕེལ་རྒྱས་ཡིན་པས། དུས་སྐབས་སོ་སོའི་མི་རྣམས་ཀྱིས་སྲོལ་རྒྱུན་རིག་གནས་རྒྱུན་འཛིན་བྱེད་དུས་ཀྱང་གསར་གཏོད་ཀྱི་ཆ་བསྟན་ཡོད། དཔེར་ན། ད་ལྟ་ང་ཚོས་འབྲུ་རིགས་སྣ་ཚོགས་ཕྱེ་མར་འཐག་པའི་རིག་པ་ནི་དང་ཐོག་རྗེ་ཆས་རྙིང་པའི་དུས་ཀྱི་མིས་རང་བྱུང་གི་རྗེ་ལེབ་སྤྱད་ནས་མ་རྫོས་ལོ་ཏོག་ཕྱེ་མར་བྱས་པ་ལས་ཐོན་ཅིང་། ཕྱིས་སུ་ལོ་རྒྱུས་ཀྱི་དུས་སྐབས་སོ་སོར་ཤེས་རིག་དང་དངོས་པོ་འཕེལ་རྒྱས་སུ་ཕྱིན་པ་དང་བསྟུན་ནས། ཐོན་དངོས་དེ་ལ་གསར་གཏོད་ཀྱི་ཆ་བསྣན་ནས་རིམ་བཞིན་ལག་འཁོར་དང་། དེ་ནས་ཆུ་འཁོར། དེ་ནས་གློག་གི་རང་འཐག་བཅས་སུ་གྱུར་པ་སུས་ཀྱང་བསྒྲོན་དུ་མེད་ལ། སངས་རྒྱས་བཅོམ་ལྡན་འདས་དང་རྒྱ་གར་འཕགས་པའི་ཡུལ་གྱི་བཙུན་པ་རབ་བྱུང་བའི་ཆོས་གོས་ལ་བླ་གོས་དང་། མཐང་གོས། སྣམ་སྦྱར་གསུམ་ལས་མེད་ཀྱང་། བོད་ཀྱི་ཡུལ་འདི་ས་མཐོ་ཞིང་གནམ་གཤིས་འཁྱག་པས་བཙུན་པ་ཕོ་མོ་རྣམས་ལ་སྟོད་འགག་དང་ཐུ་བ། ཟླ་གམ་ཞེས་པ་གསར་དུ་བསྟན་པ་དང་། དེ་བཞིན་དུ་སྲོལ་རྒྱུན་གྱི་མར་ཙམ་དང་འབྲི་ཞོ་ནང་དུ་དེང་རབས་ཀྱི་ཀ་ར་བྱེ་མ་བཏབ་ན་ཙམ་པ་དང་ཞོའི་བྲོ་བ་སྔར་ལས་ཇེ་ཞིམ་དུ་འགྱུར་བས། དེ་དག་ཉེ་བར་སྤྱོད་པར་དགའ་བའི་སྐྱེ་བོ་སྔར་ལས་མང་དུ་འཕེལ་བ་ལྟར་རོ། །

དེར་བརྟེན་སྲོལ་རྒྱུན་རིག་གནས་རྒྱུན་འཛིན་ལེགས་པོ་དང་འཕེལ་རྒྱས་ཆེན་པོ་འབྱུང་དགོས་ནའང་དུས་སྐབས་སོ་སོའི་ཤེས་རིག་གི་ཆུ་ཚད་དང་། རང་བྱུང་གི་འགྱུར་ལྡོག སྤྱི་ཚོགས་ཀྱི་འཕེལ་འགྱུར། འཚོ་བའི་ཉེར་མཁོ་སོགས་སུ་མཐུན་པའི་

གསར་གཏོད་བསྟན་ན། སྲོལ་རྒྱུན་རིག་གནས་ཀྱི་རྒྱུན་མ་ཆད་པར་སྐྱོང་ཐུབ་པར་མ་ཟད། འཕེལ་རྒྱས་ཀྱི་མཐུན་རྐྱེན་དུའང་འགྱུར་བར་ངེས། དེ་ལས་ལྡོག་སྟེ་སྲོལ་རྒྱུན་རིག་གནས་རྒྱུན་འཛིན་བྱེད་པར་གསར་གཏོད་ཀྱི་ཆ་སྙོན་མི་འདུང་བར་ཇི་མ་ཇི་བཞིན་དུ་རྒྱུན་འཛིན་བྱེད་དགོས་ཟེར་ན། སྲོལ་རྒྱུན་རིག་གནས་དེ་དུས་རབས་དང་མཐུན་པར་འཕེལ་རྒྱས་འགྲོ་རྒྱུ་ཕར་ཞོག རྒྱུན་འཛིན་ཡག་པོའང་བྱེད་དཀའ་བར་སྙམ། རྒྱུ་མཚན་ནི། དེང་རབས་ཀྱི་གློག་གི་རང་འཐག་བསྒྱུར་ནས་ཇོ་ཚས་གསར་པའི་དུས་ཀྱི་ལག་སྐོར་བཀོལ་བ་རྒྱུན་འཛིན་བྱ་དགོས་ཞེས་པ་དང་གཉིས་སུ་མ་མཆིས་ལ། དཔེ་དེ་བཞིན་དུ་མར་རྫམ་དང་འབྲི་ཞོའི་ནང་དུའང་ག་ར་མ་བཏབ་པར་སྤྱོད་དགོས་ཟེར་བ་དང་ཀུན་ནས་འདྲ་བ་ཡིན་ན། དེ་ལྟ་བུའི་བླང་བྱ་དུས་རབས་ཀྱི་མིས་དང་ལེན་མི་བྱེད་པ་གནའ་མིའི་ཁ་དཔེར"གནའ་གཏམ་བཤད་ན་ཆག་གཏམ་ཡིན"ཟེར་བ་དང་། དེང་རབས་གཞོན་སྐྱེ་རྣམས་ཀྱི་ངག་རྒྱུན་ལ"སླུ་ལ་གཞས་ལ་དགའ་ཚོ་རྒས་རྒྱགས་ཡིན"ཟེར་བ། དེ་མིན་མཚོ་སྔོན་བརྙན་འཕྲིན་ཁང་གིས་ཕབ་སྐྲུན་བྱས་ཤིང་། སྤྱི་ལོ་2008པའི་ལོ་གསར་སྐབས་ལ་མཚོ་སྔོན་བརྙན་འཕྲིན་ཁང་ནས་འགྲེམ་གཏོང་བྱས་པའི《ཁ་སང་གི་གཏམ་རྒྱུད》ཅེས་པའི་བརྙན་འཕྲིན་བློས་གར་སོགས་ལས་ཤེས་ཐུབ།

ཡིན་ནའང་འདིར་གསར་གཏོད་ཡོད་པའི་རྒྱུན་འཛིན་ཟེར་བ་ནི། གསར་གཏོད་གཙོ་བོར་བཟུང་ནས་སྲོལ་རྒྱུན་རིག་གནས་གང་འདོད་དུ་བཅོས་བསྒྱུར་བྱས་ཆོག་པའི་དོན་མ་ཡིན་ཏེ། དེ་ལས་ལྡོག་སྟེ་སྲོལ་རྒྱུན་རིག་གནས་ཀྱི་རྒྱུན་མ་ཆད་པ་དང་། ངོ་བོ་མ་འགྱུར་བ། སྙིང་པོ་མ་དོར་བ། ཁྱད་ཆོས་མ་ཉམས་པ་སོགས་ཀྱི་ཆ་རྐྱེན་འོག་ཏུ་དུས་རབས་འཕེལ་རྒྱས་ཀྱི་བབ་དང་མཐུན་པའི་གསར་གཏོད་སྙོན་རྒྱུ་དེ་ཡིན།

མདོར་ན། སྲོལ་རྒྱུན་རིག་གནས་གང་ཞིག་ཡིན་ནའང་། ལོ་རྒྱུས་ཀྱི་དུས་སྐབས་ངེས་ཅན་ཞིག་ཏུ་སྐབས་དེ་དག་གི་རང་བྱུང་ཁོར་ཡུག་དང་གནམ་གཤིས་ཀྱི་འགྱུར་

ལྟོག ཤེས་རིག་གི་འཕེལ་རྒྱས། འཚོ་བའི་དགོས་མཁོ་བཅས་ལ་དམིགས་ནས་གསར་གཏོད་བྱས་པ་ཡིན་ཞིང་། ད་ལྟའི་དུས་རབས་ལ་འགྲོད་མི་འགྲོད། མཐུན་མི་མཐུན། མཁོ་མི་མཁོ་གང་ཅུང་ཞིག་ཡོད་པ་ཡིན་ན། དེ་དག་ཡོད་ཚད་ཧྲི་མ་ཧྲི་བཞིན་དུ་རྒྱུན་འཛིན་བྱེད་ཐབས་བྲལ་ཤིང་དགོས་པའང་ཆེར་མེད་པས། ངེས་པར་དུ་ཞིབ་འཇུག་དང་། འདེམ་གསེས། བཀོལ་སྤྱོད། ཐབས་མཁས། གསར་གཏོད་བཅས་ཀྱི་སྒོ་ནས་རྒྱུན་འཛིན་བྱ་དགོས། འདི་ནི་སྔོན་གྱི་ཉམས་མྱོང་དང་ད་ལྟའི་བསླབ་བྱ། མ་འོངས་པའི་དགོས་མཁོ་བཅས་ཡིན་པས་སོ།། །།

༄༅།།《སྙན་ངག་སྤྲིན་གྱི་ཕོ་ཉའི་དོན་འགྲེལ་རིག་པའི་མདོངས་མཐའ་རྣམ་པར་གྲོལ་བའི་མཚར་སྟུག་རྨ་བྱ་དགའ་བའི་ཟློས་གར》གྱི་སྔོན་འགྲོའི་གཏམ།

བོད་ཀྱི་གནའ་རབས་རྩོམ་རིག་གི་བརྗོད་བྱའི་ནང་དོན་དང་། སྒྱུ་རྩལ་རྩོམ་སྟངས། བརྗོད་བྱའི་བསྟན་དོན་བཅས་ཕྱོགས་ཡོངས་ལ་རྒྱ་གར་གྱི་རྩོམ་རིག་གཞུང་ལུགས་དང་བསྟན་བཅོས་གྲགས་ཅན་རྣམས་ཀྱི་ཤན་ཤུགས་ཏ་ཅང་ཟབ་པས། བོད་ཀྱི་གནའ་རབས་རྩོམ་རིག་ལ་རོལ་སྦྱོང་དང་ཞིབ་འཇུག་བྱས་ནས་དེའི་ལེགས་ཆ་འཛིན་སྐྱོང་སྤེལ་གསུམ་བྱེད་པ་ལ། ཐོག་མར་རྒྱ་གར་གནའ་རབས་ཀྱི་ཡུལ་དུ་བྱུང་བའི་རྩོམ་རིག་བསྟན་བཅོས་དག་ལ་འགྲེལ་བཤད་བརྩམས་ནས་ཕྱི་རབས་པ་རྣམས་ལ་ངེས་སུ་འཇུག་པ་དང་དེ་དག་གི་བློ་ཁ་གཏད་ཕྱོགས་དང་མཐུན་པར་བྱེད་པ་ནི་བོད་ཀྱི་རིག་གནས་སྤྱི་དང་སྒོས་སུ་རྩོམ་རིག་ལས་དོན་གཉེར་བའི་ཤེས་ལྡན་རྣམས་ཀྱི་གཡོལ་ཐབས་མེད་པའི་འོས་འགན་ཉག་གཅིག་ཡིན་ན། ད་ལན་ཀན་སུའུ་མི་རིགས་དགེ་འོས་སློབ་ཆེན་གྱི་དགེ་རྒན་ཆེན་མོའམ་སྙན་གྲགས་ལྡན་པའི་རྩོམ་པ་པོ་ལྷ་རྒྱལ་ཚེ་རིང་ལགས་ཀྱིས《སྙན་ངག་སྤྲིན་གྱི་ཕོ་ཉའི་དོན་འགྲེལ་རིག་པའི་མདོངས་མཐའ་རྣམ་པར་གྲོལ་བའི་མཚར་སྟུག་རྨ་བྱ་དགའ་བའི་ཟློས་གར》ཞེས་པ་ལེགས་པར་བརྩམས་ཏེ་དཔེ་སྐྲུན་བྱས་པ་ནི་རང་གིས་མ་ནུས་པ་གཞན་གྱིས་ནུས་པར་གྱུར་

པས། ཡིད་ཀྱི་སྨོན་པ་ངང་གིས་ཕོར་བ་དང་ཆབས་ཅིག་དགའ་སྤྲོ་ཆེན་པོས་རྗེན་འབྲེལ་ཞུས་པ་ཡིན།

སྙན་ངག་གི་མཛེས་པའི་དཔེ་སྟོན་པ་ལ་མཆོག་ཏུ་གྱུར་པ་སློབ་དཔོན་ནག་མོ་ཁོལ་གྱིས་བརྩམས་པའི《སྙན་ངག་སྤྲིན་གྱི་ཕོ་ཉ》ནི་རྒྱ་གར་གནའ་རབས་ཀྱི་ཡིད་ཀྱི་འགྱུར་བག་མཚོན་པའི་སྙན་ངག་ཞུལ་དུ་བྱུང་བ་ཞིག་ཡིན་པ་དང་། བརྩམ་བྱ་ཁྱད་པར་བ། རྩོམ་སྟངས་ཁྱད་པར་བ། དགོས་པ་ཁྱད་པར་བ་སྟེ་ཁྱད་པར་བཞིའི་བདག་ཉིད་ཅན་ཡིན་པས། གནའ་སྔ་མོ་ནས་འཛམ་གླིང་གི་རྒྱལ་ཁབ་སོ་སོའི་ཡིག་རིགས་སྣ་ཚོགས་ལ་བསྒྱུར་ཅིང་སྤེལ་ནས་སྙན་པའི་གྲགས་པ་ཕྱོགས་ཀྱི་རྣ་བའི་རྒྱན་དུ་མཛེས་སོ། །རང་རེའི་བོད་ལ་མཆོན་ནའང་ལོ་ངོ་དྲུག་བརྒྱ་ལྷག་གི་སྔོན་ལ་ཁ་ཆེ་པཎྜི་ཏ་སུ་མན་ཤྲི་དང་བོད་ཀྱི་ལོ་ཙཱ་བ་བྱང་ཆུབ་རྩེ་མོ་དང་ནམ་མཁའ་བཟང་པོ་བཅས་ཀྱིས་སཾ་སྐྲི་ཏའི་སྐད་ནས་ལེགས་པར་བསྒྱུར་ནས། བོད་པ་རྣམས་ཀྱི་སྣ་ན་མེད་པའི་མིག་གི་དགའ་སྟོན་དུ་སྨིན་ཅིང་། དེའི་ཚུན་ལ་དུས་སྐབས་སོ་སོའི་མཁས་པ་རྣམ་པས་དུས་སྐབས་དེའི་བོད་པ་རྣམས་ཀྱི་རྩོམ་རིག་རོལ་སྤྱོད་གི་དགོས་པ་དང་མོས་འདུན་ལྟར་གསར་དུ་བཀྲལ་ལ། 《སྙན་ངག་སྤྲིན་གྱི་ཕོ་ཉའི་འགྲེལ་པ》འདི་ཡང་རྩོམ་པ་པོས་དེང་གི་གློག་པ་པོ་དང་གསར་སློབ་པ་དག་གི་རྩོམ་རིག་རོལ་སྤྱོད་གི་རིགས་ལམ་དང་དགོས་མཁོ། མོས་པ་བཅས་ཀྱི་སྒོ་དང་བསྟུན་ནས་ལེགས་པོར་བཀྲལ་བ་ལགས། དེ་ཡང་བགྲང་བྱ་ཉེར་དྲུག་རིང་ལ་ནུབ་བྱང་མི་རིགས་སློབ་གྲྭ་ཆེན་མོའི་བོད་ཡིག་སློབ་གླིང་དང་། ཀན་སུའུ་མི་རིགས་དགེ་འོས་སློབ་གྲྭ་ཆེན་མོའི་བོད་ཡིག་སློབ་གླིང་སོགས་སུ་བོད་ཀྱི་སྐད་དང་རྩོམ་རིག་སློབ་ཁྲིད་བྱེད་པའི་བྱ་རིམ་ཁྲོད་དུ་མི་རིགས་རང་གི་མཁས་པ་རྣམས་ཀྱི་འགྲེལ་བ་འགྲེལ་བཤད་ཀྱི་དགེ་མཚན་ཕྱོགས་བསྡོམས་བྱས་པ་དང་། མི་རིགས་གཞན་གྱི་མཁས་པའི་འགྱུར་དང་འགྲེལ་ལ་ཟུར་ལྟ་ནན་ཏན་བྱས་ཐོག་རང་གི་རིག་པའི་སྟོབས་ལ་ཉེ་བར་བརྟེན་ནས་ལེགས་པར་བཀྲལ་བས། དེ་ལ་

ཐུན་མོང་མ་ཡིན་པའི་དགེ་མཚན་དང་ཁྱད་ཆོས་འདི་འདྲ་མཆིས་སོ། །

གཅིག རྩོམ་པ་པོ་ཁོང་རང་ཉིད་ནི་རང་བཞིན་གྱིས་རྩོམ་རིག་གསར་རྩོམ་གྱི་ལས་ལ་ཤིན་ཏུ་དགའ་བ་དང་། བགྲང་བྱ་ཉེར་དྲུག་རིང་ལ་སློབ་ཆེན་སློབ་མ་རྣམས་ལ་སློབ་ཁྲིད་བྱེད་སྐབས་གངས་ཅན་བོད་དང་རྒྱ་གར་གྱི་རྩོམ་རིག་སྒྱུ་རྩལ་ལ་སློབ་སྦྱོང་དང་། རོལ་སྦྱོང་། ཞིབ་འཇུག་བཅས་བྱས་ནས་ཤེས་རྟོགས་ཟབ་མོ་བརྙེས་ཤིང་། སྙན་ངག་དང་། སྒྲུང་གཏམ། ལྷུག་རྩོམ་སོགས་བར་མེད་དུ་བརྩམས་ནས་འགྲེམ་སྤེལ་བྱས་པ་ལས་རྩོམ་རིག་གསར་རྩོམ་གྱི་ལག་ལེན་ལ་བྱུང་ཆ་ཐོན་ཐོག་རྒྱ་གར་གནའ་རབས་རིག་གནས་སྒྱུ་རྩལ་གྱི་ལོ་རྒྱུས་དང་། བདེན་བཟང་མཛེས་གསུམ་གྱི་རེ་སྒྲེག མི་ཚེའི་ལྟ་ཚུལ། རིན་ཐང་ལྟ་ཚུལ། མཛེས་དཔྱོད་རིག་པ་བཅས་གཞིར་བཟུང་སྟེ་དེང་དུས་ཀྱི་གློག་པ་པོ་དང་གསར་སློབ་པ་རྣམས་ཀྱི་མོས་འདུན་དང་འཚམ་པར་བརྩམས་པས་ན། འགྲེལ་པ་གཞན་ལས་ཁ་གསལ་ཞིང་གོ་བདེ་བ་དང་། དོན་ལ་གནས་ཤིང་ཡིད་ལ་འཐད་པའི་ཐུན་མིན་གྱི་ཁྱད་ཆོས་ལྡན།

གཉིས། གཞུང་འདིའི་རྩོམ་པ་པོ་ནི་རྩོམ་རིག་སྒྱུ་རྩལ་གྱི་གཞུང་ལུགས་ལ་ཐོས་རྒྱ་ཡངས་ཤིང་སྦྱངས་པ་ཟབ་པས། མི་སྣའི་སྐད་ཆ་ཞིབ་འབྲི་ལེགས་པོ་བྱེད་པའི་དགོས་གལ་རང་བཞིན་རྟོགས་པ་དང་། བགྲང་བྱ་བཅུ་ཕྲག་འགའི་དུས་ཡུན་ལ་སྒྲུང་གཏམ《ཁྱོད་ཀྱི་ཡི་གེ》དང་། 《དངུལ་གྱི་སོར་གདུབ》《ཕུགས་བསམ》《གྲིས་མའི་མེ་ཏོག》《རྨི་ལམ་དང་མངོན་སུམ》སོགས་མང་དུ་བརྩམས་པའི་ལག་ལེན་ལས་མི་སྣའི་སྐད་ཆ་ཞིབ་འབྲི་བྱེད་པའི་ནུས་རྩལ་མངོན་པར་རྒྱས་པས། སྙན་ངག《སྤྲིན་གྱི་ཕོ་ཉའི་འགྲེལ་བའི》ཁྲོད་ཀྱི་མི་སྣའི་སྐད་ཆའང་དོན་གྱི་འབྲུ་ཚང་ཞིང་ཚིག་གི་ཉམས་ཐོན་འདུག་པ་དང་། ཡིད་ཀྱི་འགྱུར་བག་གསལ་བའི་ཁྱད་ཆོས་མངོན་པར་ཐོན་འདུག་ལ། བརྩམས་ཆོས་དེའི་ནང་གི་མི་སྣ་གཙོ་བོ་འདོད་ལྡན་གཞོན་ནུ་གང་གིས་རང་ཉིད་ཀྱི་སྙིང་སྡུག་དགའ་མ་ལ་བཅངས་པའི་དགའ་ཞེན་དང་དུངས

སེམས། སྙིང་སྡུག་དགའ་མ་དྲན་པའི་སྡུག་བསྔལ་དང་གདུང་བ་སོགས་སེམས་ཀྱི་ངང་ཚུལ་ཡང་གསལ་ལེར་མངོན་ཡོད།

གསུམ། རྩོམ་པ་པོས《སྙན་ངག་སྤྲིན་གྱི་ཕོ་ཉའི》བརྗོད་དོན་དང་ཉེ་བར་འབྲེལ་བའི་རྒྱ་གར་གནའ་རབས་ཀྱི་རིག་བྱེད་གཏམ་རྒྱུད་དང་། རབ་དཀར་ཆུ་འཛིན་ལྷོ་ནས་བྱང་དུ་བསྐྱོད་པའི་བགྲོད་ལམ་རིང་མོའི་ཕོ་ར་ཕོར་ཡུག་དང་། ཕོར་ཡུག་དེའི་ས་མིང་ཆུ་མིང་། རང་བྱུང་སྐྱེས་དངོས། འདབ་ཆགས་རི་དྭགས་སོགས་ཀྱང་ཞིབ་ཏུ་བཀྲལ་བས་ན། སྙན་ངག་རིང་མོ་དེ་ཉིད་ལ་སློབ་སྦྱོང་དང་རོལ་སྨྱོང་བྱེད་པར་ཕན་ནུས་ཆེན་པོ་ཐོན་ལ། རྒྱ་གར་གནའ་རབས་ཀྱི་སྤྱི་ཚོགས་འཚོ་བ་དང་ཡུལ་སྲོལ་གོམས་གཤིས། རང་བྱུང་ཡུལ་ལྗོངས་སོགས་ལ་རྒྱུས་ལོན་བྱེད་པར་ཡང་ཕན་པ་རྒྱ་ཆེན་པོ་མངའ་བས། འགྲེལ་པ་གཞན་ལ་མ་མཆིས་པའི་ཞིབ་ཆ་དང་དགེ་མཚན་དུ་རྣམ་པར་གྲུབ་འདུག་གོ།

བཞི། སྙན་ངག《སྤྲིན་གྱི་ཕོ་ཉའི་འགྲེལ་པའི》མགོར་ངོ་སྤྲོད་ཀྱི་ཚུལ་དུ་བཀོད་པའི《ངག་རིག་བ་ཀུ་ལའི་སྦྲུབས་བརྒྱ་འབྱེད་པའི་ཐོས་བརྩོན་མཛེས་མའི་འགྲམ་ཆང》ཞེས་པའི་དཔྱད་རྩོམ་ལ་ནི་སློབ་དཔོན་ནག་མོ་ཁོལ་གྱི་ལོ་རྒྱུས་ཐར་ཆགས་སུ་མངོན་པ་དང་། གསལ་ཁ་ལྡན་པ། སྙན་ངག་གི་རྣད་བྱུང་བརྗོད་དོན་གཞིར་བཟུང་སྟེ་གང་དེའི་བསམ་བློའི་རང་བཞིན་སྤྲིན་ལས་ཉེ་མ་གྲོལ་བ་ཇི་བཞིན་མངོན་པར་བསྟན་པ་དང་། སྒྲ་རྩལ་གྱི་ཁྱད་ཆོས་ཆར་རྗེས་ཀྱི་འཇའ་ཚོན་འཆར་བ་ཇི་བཞིན་ཉིད་བསྡུས་སུ་མཚོན་པ་བཅས་ཀྱི་ཐུན་མིན་ངོ་མཚར་གྱི་ཁྱད་ཆོས་ལྡན་པས་ན། སྙན་ངག《སྤྲིན་གྱི་ཕོ་ཉ》ལ་ཞིབ་འཇུག་དང་རོལ་སྨྱོང་བྱེད་པའི་བློ་གསལ་རྣམས་ལ་སྣ་ན་མེད་པའི་རིག་པའི་དཔལ་ཡོན་དང་ཉེ་བར་མཁོ་བའི་དཔྱད་གཞི་རྩ་ཆེན་དུ་འགྱུར་བར་ངེས་སོ། །

མདོར་ན། དུས་རབས་ཀྱི་ཁྱད་ཆོས་ལྡན་པའི་སྙན་འགྲེལ་འདི་ནི་དེང་དུས་ཀྱི་

བློ་གསལ་གཞོན་ནུ་རྣམས་ཀྱི་རྩོམ་རིག་རོལ་སྒྱུར་གི་མོས་པ་དང་ཡོངས་སུ་མཐུན་པར་མ་ཟད། རྒན་པོའི་ཐུགས་དགོངས་དགྲེས་པའི་རྟེན་ལེགས་པོ་དང་གཞོན་ནུའི་ཐོས་རྒྱ་སྐྱེད་པའི་གསོས་བཟང་པོ། གནའ་བཟང་དེང་སྦྱོད་བྱེད་བའི་ཐབས་དམ་པ་དང་དེང་རབས་རྩོམ་རིག་དར་བའི་རྐྱེན་ལེགས་པོ་བཅས་སུ་འགྱུར་བར་ངེས་ན། བསྟོད་པའི་སྨྲ་དབྱངས་མི་ལེན་པ་དང་དགའ་བའི་མེ་ཏོག་མི་འབུལ་བའི་སྐྱེ་བོ་སུ་ཞིག་མཆིས། །ཞེས་དགེ་མིང་འཛིན་པ་ཚབ་འགག་རྡ་མགྲིན་ནས་སྤྱི་ལོ2011པའི་ཟླ8པའི་ཚེས3ལ་སྤེལ་བའོ། །

༄༅། །རྩོམ་པ་པོའི་ལོ་རྒྱུས་མདོར་བསྡུས།

ཚབ་འབག་རྟ་མགྲིན་ནི་སྤྱི་ལོ1955ལ་མདོ་སྨད་ས་ཡི་ཁོངས་གཙོས་ཚབ་འབག་གསེར་གཞོང་རིང་མོའི་རྒྱལ་ར་གྲོང་ཚོར་སྐྱེས་ཤིང་། སྤྱི་ལོ1964ནས་རྒྱལ་ར་སློབ་ཆུང་དུ་ཞུགས་ཏེ་སྟགས་འཚིང་པ་ཀླུ་འབུམ་དང་དཔའ་རིས་སྒྲོལ་དཀར་སོགས་ཀྱི་དྲུང་དུ་ཡི་གེ་འབྲི་ཀློག་སྦྱངས། 1970ལོར་མཚོ་ལྷོ་ཁྲུལ་དགེ་ཐོན་སློབ་གྲྭར་ཞུགས་ཏེ་རྒན་དཔལ་ཆེན་རྡོ་རྗེ་སོགས་བསྟེན་ནས་རྒྱ་བོད་ཡི་གེ་དང་རྩིས་རིག་སོགས་ལ་སྦྱངས་བརྩོན་བྱས། 1972ལོར་འཛིན་གྲྭ་འཕར་ནས་དམའ་འབྲིང་མཐར་ཕྱིན་རྗེས། གུང་ཧོ་རྫོང་ཅང་སི་ཞང་དུ་ལས་བགོས་བྱས་ནས་དགེ་རྒན་གྱི་ལས་ཀ་གཉེར། 1978ལོར་མཚོ་སྔོན་མི་རིགས་སློབ་ཆེན་བོད་རིག་པའི་སློབ་གླིང་དུ་ཞུགས་ནས་རྗེ་ཤར་གདོང་བཤད་སྒྲུབ་རྒྱ་མཚོ་དང་། རྒན་རྡོ་རྒྱལ་སྐྱ་ལོ། རྒན་དཔའ་རིས་བློ་གྲོས་སྣང་བ། རྒན་བདེ་མཆོག་སོགས་ཀྱི་དྲུང་དུ་སྙན་ངག་དང་། བརྡ་སྤྲོད། རྩོམ་རིག ཡིག་སྒྱུར་སོགས་སློབ་གྲྭ་ཆེན་མོའི་བསླབ་བྱ་ཡོངས་སུ་སྦྱངས། 1982ལོར་སློབ་མཐར་ཕྱིན་རྗེས། མཚོ་སྔོན་མི་དམངས་ཀུན་ཁྱབ་རླུང་འཕྲིན་ལས་ཁུངས་བོད་སྐད་རྒྱང་སྒྲོག་ཁང་དུ་ལས་བགོས་བྱས་ནས་རྩོམ་སྒྲིག་པ་དང་ལོ་ཙཱ་བའི་ལས་ཀ་གཉེར། 1986ལོར་ནུབ་བྱང་མི་རིགས་སློབ་གྲྭ་ཆེན་མོའི་ཞིབ་འཇུག་སློབ་མར་རྒྱུགས་འཛུགས་ཏེ་རྒན་དོར་ཞི་གདོང་དྲུག་སྙེམས་བློ་དང་། རྒན་བསམ་འགྲུབ། རྒན་འཇམ་དཔལ་ཕུན་ཚོགས། རྒན་དཀོན་མཆོག་ཚེ་བརྟན། རྒན་ཀླུ་རྒྱལ་འབུམ་སོགས་ཀྱི་དྲུང་དུ་བརྡ་སྤྲོད་དང་། སྙན་ངག བསྡུས་གྲྭ། རྩོམ་རིག ལོ་རྒྱུས་སོགས་སྦྱངས་པ་བྱས། 1989ལོར་

རབ་འབྱམས་པའི་བསླབ་གནས་བླངས་ནས་སློབ་མཐར་ཕྱིན་ཐེས། མཚོ་སྔོན་མི་རིགས་སློབ་ཆེན་གྱི་བོད་རིག་པའི་སློབ་གླིང་དུ《བོད་ཀྱི་རྩོམ་བྱུང་ལོ་རྒྱུས》དང་།《བོད་ཀྱི་ལོ་རྒྱུས》《བོད་ཀྱི་ཡིག་རྙིང་ཞིབ་འཇུག》《གནའ་བོའི་རྫོ་རིང་ཡི་གེ་ཞིབ་འཇུག》སོགས་དངོས་གཞི་སློབ་མ་དང་ཞིབ་འཇུག་སློབ་མའི་སློབ་ཁྲིད་ལས་དོན་གཉེར་བའི་ཞོར་དུ་རྩོམ་པའི་ལས་ལ་ཞུགས་ཏེ།《བོད་ཀྱི་རྩོམ་རིག་ལ་ཐུབ་པའི་སྐྱེས་རབས་ཀྱི་ཤན་ཞུགས་ཚུལ་གླེང་བ》ཞེས་པ་དང་། 《གངས་ལྗོངས་མི་རིགས་ཁག་གི་འབྲེལ་བ་བརྗོད་པ་གཟུར་གནས་ཡིད་ཀྱི་དགའ་སྟོན》《སྒྲུང་དཔྱད་སྙིང་གི་ལེགས་སྐྱེས》《བོད་ཀྱི་རྫོ་རིང་ཞིབ་འཇུག》《བོད་བཙན་པོའི་དུས་ཀྱི་རྩོམ་རིག》《བོད་ཀྱི་རྩོམ་རིག་ལོ་རྒྱུས》《གངས་ལྗོངས་མཁས་དབང་རིམ་བྱོན་གྱི་གླིང་སྒྲུང་སྐོར་གྱི་གསུང་སྒྲོས་སྣ་ཚོགས་དང་དེའི་དཔྱད་པ་དྭངས་གསལ་ཤེལ་གྱི་མེ་ལོང》སོགས་དཔེ་དེབ་བརྒྱད་པར་སྐྲུན་འགྲེམ་སྤེལ་བྱས་ལ། 《ཁྲི་སྲོང་ལྡེ་བཙན་རྒྱ་ཚ་ཡིན་མིན་ལ་དཔྱད་པ》ཞེས་པ་དང་། 《འཇང་ས་ཐམ་ཡུལ་ནས་ཐོན་པའི་ཐུ་སྟོད་རྫོ་རིང་ཡི་གེར་དཔྱད་པ》《ལང་ཐུའི་མཆོད་རྟེན་དཀར་པོ་གསར་དུ་བཙོས་པའི་དཀར་ཆག་རྫོ་རིང་ལ་དཔྱད་པ》《མཚོ་སྔོན་གཏེར་ལམ་རྫོང་གི་བོད་བཙན་པོའི་དུས་ཀྱི་བང་སོ་ཨང་གསུམ་པའི་རྫོ་རིང་ཡི་གེ་ལས་འཕྲོས་པའི་གཏམ》《གནམ་སྐྱོང་རྒྱལ་པོའི་བང་སོའི་རྡིག་རྫས་ཀྱི་ཡི་གེ་དང་རི་མོ་ལས་འཕྲོས་པའི་གཏམ》《བོད་ཀྱི་སྲོལ་རྒྱུན་རིག་གནས་རྒྱུན་འཛིན་བྱེད་སྟངས་སྐོར་གྱི་བསམ་ཚུལ་འགའ》《ཊཱ་ལའི་བླ་མ་ཞེས་པའི་མཚན་གསོལ་སའི་ཆོས་སྡེ།—ཆབ་ཆ་ཐེག་ཆེན་ཆོས་འཁོར་གླིང་གི་དགོན་གནས་ལ་དཔྱད་པ》《བོད་སིལ་བུའི་དུས་ཀྱི་ལོ་རྒྱུས་བསྟན་བཅོས་ལས་རྩོམ་རིག་རང་བཞིན་བཤད་པ》《བོད་ལྗོངས་ཀོང་པོ་ཡུལ་གྱི་དགོན་པར་ཕོ་མོའི་མཚན་བརྟན་བཤམས་པའི་དོན་ལ་དཔྱད་པ》《ཡིག་ཐུད་སྙན་ངག་ལ་དཔྱད་པ》《བོད་ཀྱི་གནའ་རབས་རྩོམ་ལུས་ལྡེའུ་ལ་དཔྱད་པ》སོགས་བོད་རིག་པའི་དཔྱད་རྩོམ་བདུན་

ཙུ་ལྷག《གྲུང་པོ་བོད་ཀྱི་ཤེས་རིག》དང་། 《བོད་ལྗོངས་ཞིབ་འཇུག》སོགས་དུས་དེབ་ཏུ་བཀོད་པར་མ་ཟད། དེ་དག་ལས་ཁག་ཅིག་ལ་ཞིང་ཆེན་དང་རྒྱལ་ཁབ་རིམ་པའི་བྱ་དགའ་ཐོབ། སློབ་ཁྲིད་ཐད་རྒྱལ་ཁབ་སློབ་གསོ་སྤུའུ་ཡི“མཐོ་རིམ་སློབ་གྲྭའི་ཞིལ་དུ་བྱུང་བའི་ན་གཞོན་དགེ་རྒན་གྱི་བྱ་དགའ”དང་། “རྒྱལ་ཁབ་རིམ་པའི་དགེ་རྒན་མཚན་སྙན་ཅན་གྱི་བྱ་དགའ”ཐོབ་མྱོང་། དེ་མིན་སྔ་གཞུག་ཏུ་ཨ་མེ་རི་ཁ་དང་། ཧོ་ལན། ཁ་ན་ཏ། ཧྥ་རན་སི། མོང་གོལ། ནོར་ཝེ་སོགས་རྒྱལ་ཁབ་དང་ས་ཁུལ་དུ་བསྐྱོད་པའི་རྒྱལ་སྤྱི་རང་བཞིན་གྱི་བོད་རིག་པའི་རིག་གཞུང་གྲོས་ཚོགས་བཅུ་ལྷག་ཅིག་ལ་ཞུགས་ནས་རིག་གཞུང་དཔྱད་རྩོམ་སྒྲོག་སྤེལ་བྱས་མྱོང་། རྒྱུ་རྐྱེན་དེ་དང་དེར་བརྟེན་ནས་རྒྱལ་སྤྱིད་སྤྱི་ཁྱབ་ཁང་གི་དམིགས་བསལ་གྲོན་དངུལ་ལོངས་སྤྱོད་པའི་ཆེད་མཁས་ཀྱི་མཚན་སྙན་ཡང་ཐོབ། ད་ལྟ་མཚོ་སྔོན་མི་རིགས་སློབ་ཆེན་གྱི་བོད་རིག་པའི་སློབ་གླིང་དུ་རབ་འབྱམས་པ་དང་འབུམ་རམས་པར་སློབ་ཁྲིད་བྱེད་བཞིན་ཡོད།

རྩོམ་སྒྲིག་འགན་འཁུར་པ།　འཇམ་དབྱངས་དར་རྒྱས།
མདུན་ཤོག་རྩུས་འགོད་པ།　ལི་ཅན་ཞུང་།

༄༅།།ཆབ་འགག་རྡ་མཁྱེན་གྱི་ཆེད་རྩོམ་ཕྱོགས་བསྒྲིགས།(སྟོད་སྨད་ཆ)

ཆབ་འགག་རྡ་མཁྱེན་གྱིས་བརྩམས།

པར་སྐྲུན་འགྲེམ་སྤེལ།	ཀྲུང་གོའི་བོད་རིག་པ་དཔེ་སྐྲུན་ཁང་།
པར་སྒྲིག	པེ་ཅིན་ཡེ་ཀྲི་ཀྲོའུ་པར་སྒྲིག་ཚད་ཡོད་ཀུང་སི།
པར་འདེབས།	ཀྲུང་གོའི་གློག་བརྙན་དཔེ་སྐྲུན་ཁང་གི་པར་ཁང་།
དེབ་ཚད།	787mm×1092mm　1/16
དཔར་གྲངས།	0001-2000　　དཔར་ཤོག　51.25
པར་གཞི།	2018ལོའི་ཟླ་དང་པོར་པར་གཞི་དང་པོ་བསྒྲིགས།
	2018ལོའི་ཟླ་དང་པོར་པེ་ཅིན་དུ་པར་ཐེངས་དང་པོ་བཏབ།
དཔེ་རྟགས།	ISBN 978-7-5211-0017-4/K • 512
རིན་གོང་།	སྒོར་86.00